本书得到 {河南大学黄河文明与可持续发展研究中心
国家自然科学基金
（项目编号：41471104）
地理学河南省优势学科
河南大学环境与规划学院
黄河文明协同创新中心} 联合资助

HENAN HUIZU
—ZHONGYUANDADI DE YOUXIUYIYUAN

民族地理丛书
总主编　艾少伟
副总主编　海俊亮 马晓军 原思明

河南回族

——中原大地的优秀一员

（文史资料选编）

上册

主编／原思明　艾少伟
副主编／陈廷良 宛磊 沙旭升　郭宝光　李传明 古凤英

民族出版社

图书在版编目（CIP）数据

河南回族：中原大地的优秀一员：文史资料选编 / 原思明，艾少伟主编 . — 北京：民族出版社，2017.12

（民族地理丛书 / 艾少伟主编）

ISBN 978-7-105-15216-2

Ⅰ.①河… Ⅱ.①原… ②艾… Ⅲ.①回族—民族历史—河南 ②回族—民族文化—河南 Ⅳ.① K281.3

中国版本图书馆 CIP 数据核字（2017）第 318303 号

河南回族——中原大地的优秀一员（文史资料选编）

策划编辑：李志荣
责任编辑：张华
封面设计：金晔
出版发行：民族出版社
地　　址：北京市和平里北街 14 号
邮　　编：100013
电　　话：010-64271909（汉文编辑一室）
　　　　　010-64224782（发行部）
网　　址：http://www.mzpub.com
印　　刷：北京艺辉印刷有限公司
经　　销：各地新华书店
版　　次：2018 年 7 月第 1 版　2018 年 7 月北京第 1 次印刷
开　　本：787 毫米 ×1092 毫米　1/16
字　　数：1516 千字
印　　张：95.5
定　　价：288.00 元
书　　号：ISBN 978-7-105-15216-2/K · 2648（汉 1505）

《民族地理丛书》学术委员会

（按姓氏拼音顺序）

学术顾问

高发元　云南大学原党委书记，教授，博士生导师，中国民族学会回族学分会会长

李小建　河南财经政法大学原校长，教授，博士生导师，国际欧亚科学院院士，中国地理学会黄河分会理事长，中国地理学会经济地理专业委员会副主任

朱　竑　华南师范大学党委常委，副校长，教授，博士生导师，中国地理学会人文地理专业委员会副主任

学术指导委员会

白　贵　河北大学新闻与传播学院原院长，教授，博士生导师，一带一路沿线国家研究智库联盟理事长，中国民族学会回族学分会副会长

白　凯　陕西师范大学地理科学与旅游学院教授，博士生导师，中国地理学会文化地理专业委员会委员

丁　宏　中央民族大学民族学与社会学学院原院长，教授，博士生导师，中国民族学会常务理事，中国民族学会回族学分会副会长兼秘书长

丁明俊　北方民族大学回族学研究院院长，教授，博士生导师，全国第九届青联委员，中国民族学会回族学分会副秘书长，常务理事

马　平　宁夏社会科学院回族伊斯兰教研究所原所长，研究员，中国民族学会回族学分会常务理事

马　强　陕西师范大学中国西部边疆研究院教授，博士生导师，中国民族学会理事，中国民族学会回族学会理事

马永真　内蒙古社科院院长，研究员，中国民族学会回族学会理事

米寿江　中国伊斯兰教协会副会长，教授，中国民族学会回族学分会副会长，中国宗教学会理事

许宪隆　中南民族大学民族学与社会学学院原院长，中南民族大学研究生院原院长，教授，博士生导师，中国民族学会常务理事

杨文炯　兰州大学西北少数民族研究中心副主任，教授，博士生导师，教育部“新世纪优秀人才”，甘肃省“民族学领军人才”，中国民族史学会副会长

周尚意　北京师范大学地理科学学部地理学院教授，博士生导师，中国地理学会文化地理专业委员会主任

《民族地理丛书》编委会

（按姓氏拼音顺序）

《河南回族——中原大地的优秀一员》主编、副主编个人简介

主编 原思明，1945 年出生，男，汉族，河南武陟人，教授，河南大学民族研究所原所长，2005 年牵头申报“马克思主义民族理论与政策”硕士点获教育部批准，2017 年牵头申报河南省民族学本科专业获教育部批准，中国回族学会常务理事，河南省民族团结发展协会副会长，河南省民委民族问题研究基地中原少数民族研究中心主任。主持完成多项国家社科基金项目。

主编 艾少伟，1978 年出生，男，回族，河南禹州市角坪村人，人文地理学博士，副教授，博士生导师，河南大学回族研究所所长，美国宾夕法尼亚印第安纳大学访问学者，河南省高等学校青年骨干教师，河南省教育厅学术技术带头人，文化地理专业委员会委员，曾在河南省委政策研究室挂职工业处副处长，主要致力于民族地理、社会文化地理、区域发展与规划及其学科交叉研究，主持承担多项国家自然科学基金。

副主编 陈廷良，1935年出生，男，回族，经名优素福，河南博爱县大新庄人，原河南省民专高级讲师。曾撰写教材《民族史讲义》（20多万字），合撰《河南省志·回族志》和《河南省志·伊斯兰教志》，填补《河南省志》空白，荣获专志类一等奖，在《宁夏社会科学》《回族研究》《甘肃民族研究》《伊斯兰文化研究》等杂志发表论著数十篇。

副主编 宛磊，1963年出生，男，回族，河南漯河人，哲学博士，信阳农林学院教授，兼沙特费萨尔国王学术暨伊斯兰研究中心高级研究员。在国内发表外国文学研究及英文教学论文二十余篇，在国内外发表中英文历史人类学论文二十余篇，在土耳其出版有回族学研究英文专著。现承担中国西亚历史关系中文文献英译校注两卷本主编。多次应邀参加国际学术会议。

副主编 沙旭升，1949年出生，男，回族，山东冠县人，河南省史志协会副会长、《开封市志》主编、市社科专家。主编出版《开封市志》10卷、《开封古今名人词典》《客家与开封》等15部著作。承担完成国家、省“八五”规划课题3项。《中国朱仙镇木版年画卷》获国家图书奖，《中国朱仙镇木版年画》五集影视作品获河南省“五个一工程奖”。

副主编　郭宝光，1967 年出生，男，回族，回族伊斯兰文化学者、诗人，国家级非物质文化遗产撂石锁代表性传承人，开封市民族宗教事务委员会工会主席，上河诗社社长，《上河诗刊》主编，《河南穆斯林》副主编，开封市诗歌学会副会长，河南大学兼职研究员。中国诗歌春晚发起人之一，开封会场创始人。被评为开封十大诗人、全国十大诗歌活动家。撰写大量有关回族传统体育研究论文。出版诗集《历史是条河》。

副主编　李传明，男，回族，河南周口市人，《中国回族学》副主编，中国回族学会常务理事，河南省民族团结发展协会常务理事，河南省民族书画院常务副院长，周口日报社主任编辑，周口报业集团报业书画院院长，曾参与马宝光先生主编《中国回族典籍白话丛书》1～6 册，主编《中国清真寺楹联》，撰写大型文学传记《一缕星光》部分篇章，写作散文、随笔、通讯、诗词等数百篇，约百万字，散见于国内外报刊、杂志，书画作品曾多次参加国内外巡展交流。

副主编　古凤英，1941 年出生，女，回族，河南郑州人，习读中文专业，从事技术管理工作。1994 年 9 月与努尔·马光援等人创办《伊斯兰文化研究》杂志，任主编。收集整理历史文物、古迹、史料及优秀人物事迹，宣讲现代科技知识，得到公众认可，刊文被引用、转载者众。

《民族地理丛书》总序

如果要找到一个能够唤起时代觉醒、重构文明体系、建构国家模式、推动学科生成的概念，那么，这个概念非“民族”莫属。民族在古代中国既指“宗族之属”，又指“华夷之别”，用以“类族（异中求同）辨物（同中求异）”，是构成“类聚百族、群分万形”传统文化分类体系的重要基础，在近现代及当代中国，民族更成为抟塑国家认同和凝聚集体意志的重要话语。“民族”这一通常没有被意识到的历史主体，在近现代以来渐渐被置于中心的地位加以研究并引起广泛的关注。

“民族”概念之所以变得如此重要，与近代以来的新思潮以及中国传统文化与西方思想的冲突交融密不可分，更缘于鸦片战争以来日益严峻的主权危机、边疆危机和民族危机。从 19 世纪末到 20 世纪初，在“天下”缩变为“国家”并转变为“世界”的过程中，中国各种新观念新思潮汹涌起伏，民族主义与民族认同逐渐成为压倒一切的时代最强音，甚至成为百年来中国历史发展的最大动力。不仅如此，在全球化进程中，源自西方的“民族”概念及民族主义依然是当今建构世界的重要基础。“民族”概念带来的观念变革以及对传统中国的再理解，强调“历史地看民族，民族地看历史”，注重把民族作为历史的主体，从民族关系角度观察中国文明体系的生成，这成为重新思考中国文明史的新起点。从华夏与东夷、西戎、南蛮、北狄的“五方之民”格局，到汉、满、蒙、回、藏“五族共和”，再到中华文明“多元一体”格局，民族问题始终贯穿于中国历史及文明体系的建构之中。这里需要指出的是，“中华”一词与“中国”“华夏”相通，兼有族名、国名等多重含义，用以指称包括历史上居住于当时中国境内的一切民族。这意味着，中华文明史是一部民族文化混融的历史，并通过外来文化与汉之前形成的华夏文化不断对话来完成。

近代以国家为中心的民族认同，对于唤起民族共同感情以应列强，革故鼎新以重新融入世界非常重要。在处理民族与国家关系问题上，面对“帝国中国”传统“天下”观之下多元族群文化如何能与现代民族国家理论的匹配问题，中国走过了一条不同于西方的独特道路。由于迁徙交通、文字统一及文明扩张，中国以“华夏”为中心不断扩张，各民族不断融合，“华夏用夷礼则夷狄之，夷狄用华礼则华夏之”，最终形成“谋联合国内多数之民族而陶铸之”的“中华民族”，这是中国建构统一多民族国家的重要基础。在区分“文化的民族”与“政治的国家”基础上，中国的民族国家道路，采取了“一民族可以建一国家，却非一民族必建一国家”的历史进路，综合了非西方文明体系的历史特性和对西方“一民族一国家”国族主义民族国家理论的反思性吸收，以文化（民族精神）为基础，创造以国家为中心的共同体和一体化的国家，“诚以数个民族自由联合而结成大一统之多民族国家”，形成了独具中国特色的“多民族国家”模式，从而解决了具有历史延续性的政治实体（即“天下”）如何可能运用“民族”的观念来处理政治实体长期存在的内部族群多元性的难题，避免了严格意义上“单民族国家”的民族国家关系模式。

当然，这种以民族国家的民族概念来统一多元民族文化的建构，曾经为凝聚社会力量提供了理论源泉，但在处理内部民族关系时则不可避免地造成了一定的困境。20 世纪 50 年代的民族研究及民族识别工作，主要是在社会阶段进化论观点（原始社会、封建社会、资本主义社会、社会主义社会）框架内进行的。民族历史及语言的调查，基本采取了单线式的、政治经济学理论性的历史观念来看待民族问题并以此进行民族识别，以历史社会形态学的划分来确认“被抢救的少数民族”，这与带有强烈地方“原生性族群认同”的少数民族（1953 年全国第一次人口普查，当时自报登记的民族名称达到 400 多个）形成了极大的反差。

由此观之，迄今为止，民族研究学者在理论上仍然没有找到真正解决“政治实体的中华民族”与“文化多元的民族认同”之间关系的钥匙。如何找到这把钥匙并提出解决方案，是新时代特色社会主义中国的一个重要命题。

近代世界由“共同体”（民族文化形态）向“社会”（国家文化形态）的转变，是“从原始的、共同体的生活形式和意志形态发展为社会和社会的选择意志形态的过程”，也是“从民族的文化到国家的文明”的过程。这种“共同体”走向“社会”的过程，伴随着文明化进程之现代文化对原生性之共同体认同的冲击，当前有关“族性”和“国性”、本土化与全球化的研究，也始终贯穿着原生性共同体（主要是以血缘和地缘双重关系为基础的民族地方社区）的命运关怀。中国当下的民族问题研究始终要面对文化概念的双重界定和文化价值的内在紧张，更重要的是，还要面对在一个世纪中逐渐被制度化的两个“民族”概念：“中华民族”和“少数民族”，现实中的很多问题正是由这样的一体化和多元化的文化问题而引起。放眼全球，在欧美和第三世界，处理由于“族性”而引发的社会利益冲突，也同样是当代各国政府的主要使命。

面对上述问题，迫切需要另一种科学立场或研究进路来探讨我们所处的世界，进而服务于国家的民族工作和国家的一体化建设。

对人类文明以及民族国家关系的观察，我们通常是“历史地看”，“地理”经常性地缺位，“地理地看”的观察视角及研究模式尚未真正形成。实质上，“民族的”和“地理的”方法，对于理解和阐释文明体系的形成同样重要。因为地理学科特别强调地理条件所决定的生态环境的差异性，正是由于生态环境的差异，在人类社会发展的初期，导致各民族形成不同的生活状态和精神特质，也往往因地理环境的差别，形成不同的经济生活和不同的政治组织，这为中国上古文明的构建奠定了地理基础。如果从民族关系和地缘空间来看中华文明体系的生成，那么，上古时期形成的东西格局以及后来形成的南北格局显然更有助于理解中华文明体系的发展格局，这也充分证明“民族的”和“地理的”视角对于理解中国历史及文明体系建构的重要性。

从世界范围文明生成的角度看，人类社会展现出种族纷呈、民族大千的地理图景，继而塑造了文明多元、文化多样的世界。各大陆、各族群、各民族的文化千差万别，其地理环境基础的差异是显而易见的，在民族文化形成中，各民族地域概念的形成至关重要。以黄河文明、恒河文明、两河文明、尼罗河文明为代表的农耕文明，源于人类对自然环境及人为因素的挑战与应战，更源于人类与各流域自然环境的互动，其形成的地域概念相对稳定。与农耕文明不同，游牧民族创造出不同类型的文明，其“逐水草迁徙”的生产生活方式造就的地域概念是开阔的和散漫的，既带来了对农业文明的地域性扩张，同时也带来了各民族的交往和东西方文化的交汇。可以说，脱离开民族的和地理的视角，就无法真正理解多元的文明与多样的文化。

由此不难得出这样的判断，人类多元的文明与多样的文化是各地域不同民族在特定时空纵横交织场景下共同创造、维系和演进的。当谈及民族及其创造的独特文化或文明时，无不与特定的地域建立起紧密的联系，离开特定的地理或空间，任何民族将无所作为。可以说，地理或空间是特定民族与特定地域进行交互作用的中心枢纽。民族与地理的交互作用表现为特定民族对地理或空间的关怀或争夺，这成为塑造民族文化、创造地域文明的本源，也是民族发生战争、矛盾、侵略、开拓、扩张、集中和分离的根源。对空间的关注和工具性划分及空间归属，成为任何民族或国家建立政治制度、经济秩序以及进行社会建构的地理基础。

如果把视角转向民族本身，可以发现，民族自诞生之时即天然地打上了深深的地理的烙印。可以说，地域是民族形成的地理基础和空间载体。“民族与地域、语言、性格、风俗、宗教有关”（希罗多德），“民族具有土地、起源、习惯、语言的统一”（马齐），“民族同居于一地、同一血统、同其肢体形态、同其语言、同其文字、同其宗教、同其风俗、同其生计”（布伦奇里），“地域、语言是民族的必备条件”（马克思），“一个民族没有一定的地域是不可想象的”（列宁），“民族是人们在历史上形成的一个有共同语言、共同地域、共同经济生活以及表现于共同文化上的共同心理素质的稳定的共同体”（斯大林），这些关于民族的经典论述均突出地域对于民族形成的重要作用。对地域的强调，意味着有关民族的研究不能仅仅囿于其族源、历史及文化，更应关注塑造这些多样民族文化的独特地理环境。

也就是说，开展民族问题研究，必须要把民族的认知与地域的认知充分结合起来。《管子·水地》说：“地者，万物之本原，诸生之根苑也。”《淮南子》载：“坚土人刚，弱土人肥，垆土人夭，沙土人细，息土人美，耗土人丑。”从前文所述各种经典论断来看，地域已经被视为民族构成的重要因素，从这个角度，甚至可以把民族定义为一种具有集体认同感情的领土共同体。这是因为，从氏族、部落到民族的演变中，民族成员往往聚族而居，导致民族与其所聚居的地域存在密切关联。如果追溯来自欧洲的民族概念（nation）的发展演变，也会发现其与人们生活的地理区域存在着密切关联。民族概念本身即具有表示来自同一地方人们的原生内涵，这是聚族而居的民族特征在认知领域的典型反映，希腊、埃及、亚述等一些民族的名称建构与其生活地理区域的名称建构的一致性充分证明了这一点。有关民族与地域密切结合的认知模式，广泛地见之于诸如希罗多德、亚里斯多德、斯特拉波、伏尔泰、孟德斯鸠等人的著述之中。在此，地理学成为普及民族认知的重要学科，相应地，地图也成为建构民族观念的重要认知工具。在近现代以来民族主义思想勃兴的时代，地理学不仅为人们铸造了世界由众多地理区域构成的地理认知图谱，同时也为人们铸造了人类社会由众多民族构成的民族认知图谱。在这样的民族认知图谱和地理认知图谱中，各民族寻求地域生存空间，建立社会归属空间，塑造道德价值观念，并借助于民族地理区域的山川河流等标志性自然景观，以文学、音乐、舞蹈、绘画等诸多文化形式进行讴歌与赞美，抒发各民族的特有情感。稳定一致的民族地理区域意味着，山高路远、河流横亘、湖海阻隔、大漠挡道等各种地理边界塑造了民族较为稳定的经济生活、政治结构、风俗传统以及心理素质等民族特征。但与此同时，我们也应防止过分强调共同地域及地理边界对于民族的建构作用。“一切民族主义运动都或明或暗地提出的首要问题是，作为一个民族，它的领土到何处为止；它的界限是什么，或者说，在大多数情况下，这些界限应当是什么，应当以什么标准来划定。”过分突显地理边界的民族建构作用，往往导致因地理边界阻隔而引起的民族隔阂，也意味着民族社会生活被束缚于固定的地理区域范围，即“人类被如此严格地分开和锁定在被我们称为边界的这一边和那一边，生活在一块被精确划定、被严格规定和彼此承认的领土上”。由此而导致的地理边界争端以及民族冲突悲剧，这在世界范围内不胜枚举，如欧洲莱茵河作为日耳曼与法兰西两个民族的地理边界，“一条边界在西面，它标志着法兰西影响的进退；另一条边界在东面，它是一条相对稳定的日耳曼分界线的标志”，莱茵河作为地理边界对民族的建构，成为近现代日耳曼与法兰西两个民族激烈对抗的催化剂。在民族与地域关系上，我们不仅要强调因“山水相隔”而形成的稳定的民族地理区域及民族之分，更应该强调因“山水相连”而促成的民族交往、相互连通及和谐共存。在这个意义上，如何避免“令人心碎的莱茵河近代悲剧”，怎样把具有象征意义的“莱茵河”变成“密切联系和促成相互接近的河流”，成为跨界民族地理需要深入思考的问题。

如上所言，唯有把民族的认知和地理的认知充分结合起来，才能真正理解和阐释民族发展格局及其演化路径。事实上，中国有关民族发展格局的认识，很早就开始注重民族与地理相结合的方法，这不仅见之于民族地理的知识性记载，还形成了具有深远影响的民族地理思想。有关民族地理知识记载的历史典籍卷帙浩繁，最早见于殷契卜辞和周金铭文的零星记载，之后历代正史中的地理志、民族志以及全国各地的地方志、文集、游记、族谱和碑铭，如战国时的《山海经》《禹贡》《周礼·职方》，汉代的《汉书·地理志》《史记》中的《匈奴列传》《西南夷列传》《大宛列传》等，魏晋的《水经注》《华阳国志》《佛国记》，唐代的《大唐西域记》《蛮书》《元和郡县志》，宋代的《岭外代答》《太平寰宇记》《诸蕃志》，元代的《长春真人西游记》，明代的《瀛涯胜览》，清代的《皇清职贡图》等地理名著，这些历史典籍贡献了诸多关于民族状况、生活习俗、宗教信仰等民族地理知识的生动记载。以民族与地理相结合来认识中国民族发展格局，最著名且最有影响的，莫过于“华夷五方格局”的民族地理思想。这一理论的核心是将天下民族按种类及方位分为“华夏、东夷、西戎、北狄、南蛮”五大集团。这个由《礼记·王制》提出的“五方之民”格局学说，实质上是先秦时期形成的关于大一统国家的“民族地理理想”。秦汉时期，基于中原王朝在西域地区的拓展，突破了“华夷”五方格局民族地理观的认识，后来随着三国两晋南北朝、唐宋、辽夏金、元明清等不同时期民族分布格局的剧烈变化，中国民族发展与中外民族文化交流已远远超出“华夷五方格局”的民族种类及地域范围，最终由“华夷五方之民”格局逐渐演化形成“中华民族多元一体”的民族地理格局。由于“民族结构似乎总是反映着地理的生态结构”，中华民族的多元一体格局，归根结底是由与外界相对隔绝、内部结构完整并自成体系的地理环境塑造的。半封闭、疆域辽阔且复杂多样的地理环境，不仅有利于中华民族多元成分的形成、保存和发展，而且造就了风格迥异的多样民族文化，更推动形成了中华民族由“多元”走向“一体”的发展格局。

对民族本身及民族问题的理解，既然必须要诉诸于民族认知和地理认知的相互结合，那么，毫无疑问，基于民族认知、地理认知相互交融而形成的“民族地理”理论方法，必然成为民族研究的天然的和强有力的理论武器。“民族地理”视角之所以能够产生独树一帜的理论洞见，主要来自于民族学、地理学的学科交叉及跨界整合。

事实上，如果追溯学科的源流，就能发现，“民族地理”正是在地理学、民族学的分离与结合中逐渐产生，并与社会文化地理进行深度交融。对异乡风土和其他民族的好奇心，产生了民族学与地理学这两个最接近的姊妹学科。希罗多德的《历史》、斯特拉波的《地理学》、君特·维瑟尔的《世界志》等巨著，是产生后来的地理学和民族学的共同母胎。19世纪，德国地理学家洪堡（《宇宙》《中部非洲》《新大陆热带地区旅行记》）和李特尔（《地学通论》《欧洲地理》）推动的地理学，英国学者泰勒（《原始文化》）、德国学者巴斯蒂安（《历史上的人类》)、美国学者摩尔根(《人类家庭的血亲和姻亲制度》《古代社会》)共同推动的民族学，两者在学科方法上出现了明确分化，开始各自独立发展。但德国学者拉采尔的《人类地理学》《民族学》等著作，在考察民族迁徙及民族分布问题时着重突出地理环境观，重新把开始走上分化、独立道路的地理学和民族学再次结合起来，强调民族学的“地理学的方法”，提出了影响深远的“民族迁移论”思想，从而奠定了“民族地理学”的学科基础。以拉采尔的学术遗产为基础，民族地理研究的学术中心逐渐转移到美国。在吸收借鉴20世纪美国文化人类学各分支有关民族文化地域的丰硕成果及学术积累基础上，以美国为中心形成了具有地区调查和实证分析传统，注重研究文化要素分布及传播并阐明其“地域特性”、与文化地理学深度交叉融合的民族地理学。在这一过程中，围绕“文化领域”(culture area)概念的形成、拓展以及与文化地理学的学科交叉而形成的文化领域理论体系，标志着民族地理学逐渐走向成熟。威斯勒在其标志性著作《美洲印第安人》(1922)提出的“文化领域”概念，以社会集团或部落所表现的文化特质复合体为基础，主张把自然环境看作稳定文化的因素，将文化类似性看作文化影响的结果，认为文化地域特性是由经济形态所赋予，用以进行文化类型的地域区分。后经克罗伯在其名著《北美土著民的文化领域和自然领域》(1939)中的进一步拓展，文化领域概念更加注重综合及自然环境的差异，主张文化领域与自然领域、历史领域的一致性。后来，在民族志资料整理以及广泛的民族文化比较研究中发现，不同民族地域的文化特质复合体具有内容不同但分类上类似的普遍文化要素，即人类文化的“普遍类似性”，这种比较民族志方法及跨文化研究，对追求严密的文化特质分析及其空间分布的文化领域概念而言，是一种批判和修正。不仅如此，结构性和发展观点的缺失，使以往的文化领域基本上只能标示文化要素的地理分布界限，且仅仅根据文化要素的重合来确定文化领域及其类型，这很明显忽略了规定地域差异和决定最重要文化要素的客观的方法。基于此，斯图尔德提出的从结构上把握文化复合体并突显其文化核心(culture core)特色的方法，一定程度上揭示了作为整体的文化复合体如何适应自然环境这一问题的实质，其结构的方法论加上历史文化类型的观点，把文化领域概念推向了文化生态学方向。另一方面，民族地理学又常常跟文化地理学相互交叉而共同发展，瓦格纳和米克塞尔共同编著的《文化地理学论文集》，即是包括民族地理学的广义的文化地理学的集大成者。与民族地理强调的文化领域概念类似，文化地理学通常把“文化景观”作为区分地域类型的重要手段。具体而言，民族地理学主要用“文化领域”对同一文化要素的分布以及文化类型进行类似性识别，而文化地理学则通常将其作为具有特定“文化景观”的地域来把握，索尔的古典“景观形态学”，鲍曼和佩尔泽的“拓荒村落”研究，麦克布赖德的以中美洲危地马拉聚落景观为中心的文化地理研究，以及墨菲的北非历史地理研究等，都是以“文化景观”为中心的民族地理研究的经典范例。与文化地理不同的是，民族地理通常被要求复原已逝的文化景观并考证其发展的过程，追寻其文化的起源及其传播、文化领域的分布及其特性，这就更加要求民族地理必须跟汇集着民族学、地理学、历史学、语言学、文化学、社会学、人类学等各学科成果的各项研究进行紧密的结合。

在学科发展的意义上，中国的民族地理是在20世纪前期时局动荡和民族存亡危机下，西方近代科学的传入以及有关“地理与文化”的激烈争论中发展起来的。当时的学者试图通过科学分析东西方地理环境的不同来寻找东西方文化的本质差异，进而找出中国落后的原因，并希望能够通过科学拯救危难中的中国。这种超越学术的研究动机，使得有关中西地理环境差异如何导致中西文化差异的研究在当时东西方文化问题论战以及“地理与文化”的争论中产生了广泛深入的影响。这不仅影响了中国近代地理学者的研究方向，更直接促进了民族地理学等应用性分支学科的发展，其中以中国民族地理的首篇学术著作《中华民族之地理分布》（张其昀，1935）为代表。新中国成立至改革开放前很长一段时期内，民族地理学由于政治敏感性而成为学术的“禁区”，但其间开展的新疆、青海、云南、内蒙古、西藏、四川、广西等少数民族地区综合考察活动以及组织编写的《中国民族地理资料选辑》（1959）等工作，对民族地理学的发展起到了承上启下的作用。改革开放后的20世纪80年代，由于理论体系不健全和社会实践的缺乏，民族地理学未取得系统、综合和开创性的研究。直到90年代，这种情况才得以改观，《中国民族地理学》（1993）、《中国民族地理》（1997）等初步构筑民族地理理论体系的专著相继出版。进入21世纪以来的民族地理研究，其视野日益开阔，研究队伍日益壮大，研究领域不断拓展，研究成果更加丰富，如从“民族共同体的地域分化与空间变动”“民族与自然：人地关系上的民族生态观”“民族文化形成、发展与演变的地理背景”等重要理论问题进行全面系统探索的集成之作《民族地理学》（2011）和第一部从地理学角度系统阐述中国民族问题的学术著作《中国民族地理》(2014《中国人文地理丛书》)。

但总体而言，中国的民族地理学，作为边缘学科的地位将长期存在，高层次研究队伍匮乏、研究成果偏少、研究内容松散、研究水平不高等问题依然非常突出。不仅如此，中国的民族地理研究似乎正在丢失近现代民族危亡情景下形成的“地理与文化”“民族与地理”逐渐融合的传统。这一传统源于近代民族观念的嬗变、边疆民族研究热潮的兴起和近代地理学的蓬勃发展，尤以民国时期有关民族地域分布的研究最为突出，使民国时期成为中国古代地理学向近代转型的一个关键时期，并在理论方法上实现了新的突破。一方面，民国时期关于“民族国家建构问题”“何为中华民族”等焦点问题的讨论，如《中华民族是一个》（1939）等论著，均强调中华民族的一体性，同时也指出中国各民族间存在的显著差别。另一方面，由于中国西南、西北、东北、东南等地区受到英、法、俄、日、美等国的侵入和干涉，中国的边疆危机和民族危机紧密交织在一起，民族地域分布及边疆问题受到前所未有的关注。这一时期的民族地理研究，主要以中国古代民族史志、地理资料和当时外国人进入民族地区进行考察研究留下的资料为基础，如日本民族学家鸟居龙藏专业性极强的田野调查《苗族调查报告》（1902）、英国人戴维斯考察完成的专著《云南——联结印度和扬子江的锁链》等，大量引入西方人文地理学著作和民族地理学思想，如《民族发展的地理因素》

（［美］恩格伦，1937）等，并开始重新审视中国的民族问题，掀起了边疆研究及边疆少数民族研究的热潮（据《中国历史地理学论著索引（1900—1980）》统计，民国时期与民族地域分布相关的论著，84%都集中在西北、西南、青藏、东北等边疆及民族地区）。这些研究冲破了以“华夷五方格局”为基础的传统民族地域观念和“夷夏之防”的民族歧视观念，实现了从最初的“汉族主义”、完全“排满”到汉、满、蒙、回、藏“五族共和”“大中华民族”，再到中华民族多元一体理论的民族观转变。这种为挽救民族危机和政治需要而产生的民族观念，如孙中山先生提出的影响深远的“五族共和”思想，即包涵了共和政体下“国家之统一”“民族之统一”和“民族平等”三重含义，加深了各民族人民对近代国家和民族的认同，客观上促进了边疆地区及少数民族地区的地理环境及地域分布研究。再一方面，民国时期的民族地理及地域分布研究，注重在中国传统民族地理基础上对人类学、社会学、民族学、文字学、语言学等多学科理论方法的引入及应用，强调用“空间”的视角（如经度纬度、地形地势）认识民族分布的地域差别，重视将民族地域分布研究与特定地理单元以及民族地区的实地调查进行紧密结合，如《云南民族调查报告》《云南民族的地理分布》《松花江下游的赫哲族》《贵州民族分布及其沿革》《新疆民族之分布》《川藏边境之民族分布及文化特质》等，充分体现了民族学与地理学开始融合发展的趋势。由此观之，这一时期的民族地域分布研究是在政治转型、文化整合背景下，中国传统文化与近代西方思想的冲突交融中转变发展起来的，具有鲜明的时代特点。

可以说，重视新理论方法的引入、注重民族研究与实地调查的结合、推动民族与地理的融合、突出民族地理研究的鲜明时代性，是民国时期民族地理研究留给当代中国的珍贵遗产。它为当下民族地域分布研究提供了丰富的基础性资料，并积累了民族与地理真正结合的经验，对当前民族地理学的学科建构具有深远的指导意义。

如今，中国进入新时代特色社会主义阶段，新时代呼唤能够反映鲜明时代特点的民族地理研究，对事关民族发展的重大命题作出新的理解和解释，而中华民族的伟大复兴，也更需要民族地理的突出贡献。如何发扬中国传统民族地理思想，继承近代以来形成的地理与文化、民族与地理融合发展的学术传统，开展新时代民族地理研究，这是新时代赋予的新命题。

要开展新时代民族地理研究，需要解决三个相互关联的问题：一是组织整合学术研究队伍，构建新型的科研平台；二是凝练聚焦研究方向及领域，明确新时代的民族地理命题；三是全面推进民族地理的跨界融合研究，实现"政产学研用"一体化发展。这三个问题是开展新时代民族地理研究的关键。2016 年 11 月 5—6 日在河南大学举办的第八届"黄河学"高层论坛暨"回族伊斯兰文化与黄河文明"学术研讨会是建构新型科研平台的成功尝试。这次会议由中国民族学学会回族学分会、中国地理学会黄河分会、河南大学联合主办，教育部人文社科重点研究基地河南大学黄河文明与可持续发展研究中心、黄河文明协同创新中心共同承办，地理学河南省优势学科、河南社会科学院哲学与宗教研究所联合支持，大会宣布成立的"回族研究所"，是以"回族学"与"黄河学"的跨学科整合、"政产学研"的跨界合作为特色的新型研究平台，具有开创性和里程碑意义。

新时代民族地理问题的凝练，主要是特定地理单元及研究方向的选择问题。关于地理单元的问题，以河南为主体的中原地区是不二选择，原因在于，中原地区是一直是"华夷五方格局"的中心，并在中华民族"多元一体"格局的演进中始终处于核心地位；另一方面，中原地区是"一带一路"文明交融的重要节点与关键枢纽，也是"一带一路"沿线民族人口集中与外来文化本土化的典型样本。关于民族地理研究领域问题，"回族"无疑是最理想的选择，主要依据是，回族源于唐代，形成于元末明初，由域外来华穆斯林与汉族等民族融合而成，通用汉语文，大分散小聚居于全国各地，奉行、秉承并整合儒家文明、伊斯兰文明的"中庸"和"中道"思想（于国家讲和平，于社会讲和谐，于家庭讲和睦，于婚姻讲责任），擅长经商，对古代陆上丝绸之路和海上丝绸之路曾做出重大的历史性贡献（国家主席习近平 2016 年 6 月 22 日在乌兹别克斯坦最高会议立法院演讲中列举了张骞、玄奘、赛典赤·赡思丁、陈诚、伍儒北方古丝绸之路的五位著名代表人物，其中，赛典赤·赡思丁、伍儒是回族，把南方海上丝绸之路推向高潮的世界伟大航海家郑和也是回族。可以预见，回族在新时代必将对“一带一路”建设做出新的更大的贡献），推进了中华文明与外来文明（伊斯兰文明）的交流融合，增强了中华文明的开放性和包容性。这些特性，不仅使回族成为中国分布最广泛的少数民族，更使回族成为世界上最成功的少数民族之一（英国著名杂志 *The Economist* 于 2016 年 10 月 8 日发表文章“The Hui：China's other Muslims”并提出此观点）。正因为如此，回族被认为是开展民族地域分布、民族商业集聚、宗教空间生产、民族地方与跨地方建构、民族认同与国家认同、民族传统与现代化、民族文化交流与文明交融、“一带一路”与民族地方发展等重要民族地理命题的珍贵个案。推进民族地理的跨界融合研究及“政产学研用”一体化发展，需要关注民族地理理论体系的社会建构、文化建构、话语建构、实践建构及地方建构。民族地理的生产过程与知识生产者（各领域专家学者）及其社会文化环境或特定情境（政府政策、社会制度、发展阶段、社会文化、学术机构及体制）密切相关，是社会建构的结果；民族地理的文化建构，需要从历史学、宗教学、语言学、政治学、经济学、社会学、民族学、人类学、民俗学、地理学等其他学科借用相关理论和方法，注重“民族地理”学科文化的培育及研究范式的独特性与创新性；民族地理研究不仅要注重经验描述，重视历史事实和客观事实以及数据资料的精确性，更要注重民族地理的理论总结、学术话语体系的自主建构；民族地理研究还要注重实践过程中表征与建构的结合，通过民族地理研究者、民族本身与社会环境的相互介入，碰撞出兼具理论价值和实践价值的“民族地理”知识体系；民族地理研究还需要关注民族的地方建构，把地方视为本土与全球、现实与虚拟交互的关键节点，把各具特色的民族地方看作是民族、国家及特定空间交互作用的产物。

中国地理环境复杂多样，民族文化多彩纷呈，是世界上少数民族构成最多、分布最广的地区之一。中国的锦绣河山和广袤疆域造就了 56

个民族在分布上交错杂居、文化上兼收并蓄、经济上相互依存、情感上相互亲近的民族地理特点。因此，长期以来研究薄弱的中国民族地理，理应在新时代释放出新的光彩，焕发出新的活力。

目前，我们正处于思维变革和快速成长的时刻，充满着各种具有深远现实意义的思维争辩。迁徙流动的方法、他者的视角、异质文化的碰撞、跨界的融合，一直是学术学科创新的动力和源泉。基于上述原因，我们立足中原地区，以回族为典型案例，依托注重学科交叉的新型科研平台，组织整合分散在各领域的专家学者，计划持续推出多卷本的《民族地理丛书》，推动民族与地理在新时代真正融合发展，努力寻求一种既在民族地域上具有代表性，又在理论方法上能够推动中国民族地理发展的新路径，实现民族地理研究的超越与创新发展。

《民族地理丛书》在思考民族地理问题时着重突出如下三点：一是保持清醒的政治意识，二是关注塑造民族文化的独特地理结构，三是确立宽广的跨学科、跨文化视野。丛书中相关论著的筛选，均依照这种精神，意在为中国民族地理、社会文化地理研究提供一个更加深厚的语境和更为广阔的参照系，为中国处理民族问题及“民族—国家”关系提供经验借鉴及经典范例，同时也为国际社会处理民族问题提供东方智慧及解决方案。

民族地理这样一个有限空间里充满无限言说的空间，唯有借用超凡的语言方能加以精确描述。《民族地理丛书》中的每一本著作，均是基于不同视角对重要民族地理命题的不同阐发。收集于此的诸篇论著，既可以看到基于经验分析的资料整理，也可以看到具有历史思辨的文本叙事，还可以看到具有空间阐释的地理建构。这些论著试图通过表征民族作为社会存在进行时空逻辑思辨，共同建立一种更具解释力的方式，重新将历史的建构、地理的建构与民族社会空间的生产紧密结合在一起，也将民族的创造与人文地理的构筑结合在一起，用以观察民族与时间、空间以及民族与历史、地理的结合体，并从这种富有创造性的结合中催生出各种新的可能性。这种多层次、多结构的民族地理是由民族社会创造和民族社会区分的结点性区域，使民族永远处于一种具有塑造发展动能的关键位置，从而激发对民族地理这一交叉学科的本体论、认识论、理论建构及经验性分析的现实需要。

目前呈现在读者面前的这部多卷本《民族地理丛书》，是依托河南大学回族研究所、民族研究所，河南省社科院哲学与宗教研究所，郑州工业应用技术学院中原少数民族研究中心等科研平台，由河南省内民族地理研究学者、中国回族学会的众多专家学者及海外学者协同研究的集体成果。需要说明的是，河南大学回族研究所自成立之日起，即肩负起推动民族地理学科交叉与创新发展的历史使命，是这套丛书的发起学术机构和牵头科研平台。

然而，必须要深刻意识到，中国民族地理研究是一项任务艰巨而重大的学术工程，并非仅凭一套《民族地理丛书》就能完成。如果这套丛书能够为推动民族地理研究及理论创新带来一些有益的启示，那么，这项具有创建意义的基础性工作就算没有白费。

为保证丛书质量，我们专门成立《民族地理丛书》编辑委员会和学术指导委员会，委员会的委员既有来自民族研究领域的知名专家，也有来自地理研究领域的知名专家，还有来自“政产学研”各领域的领导专家学者。

值此《民族地理丛书》出版之际，我们谨向所有参编的专家学者致以最崇高的敬意，对丛书编写给予关注、支持和帮助的领导、专家、民族企业家及社会各界人士，特别对出版丛书的各家出版社及其编辑人员所付出的艰辛努力表示由衷的感谢！

最后需要特别指出的是，《民族地理丛书》的出版，得益于河南大学黄河文明与可持续发展研究中心、国家自然科学基金、地理学河南省优势学科、河南大学环境与规划学院、黄河文明协同创新中心、河南省民族企业商会的联合资助，对此我们深表感谢！

忝为序。

艾少伟

2017年12月6日

于河南大学

序

河南地处黄河中下游，是我国古代文明发祥地之一，至迟在50万年前就有人类在这里生息和繁衍。早在七八千年前的裴李岗文化时期，这里就产生了农业、畜牧业和制陶等手工业。我国历史上第一个奴隶制国家——夏朝在此地区内建立，商代的首都西亳和殷均在河南境内，安阳殷墟出土的甲骨文，是世界上最早的文字，也是世界上最早的历史文献。

从唐朝建立到北宋灭亡，河南的经济和文化达了到鼎盛时期。隋朝末年，在洛阳建立了东都，又以洛阳为中心开凿了沟通南北的大运河，一直通航到北宋时代，促进了南北经济、文化交流。有唐一代，河南仍是一个人才荟萃之地。因为河南地位重要，经济又比较发达，所以五代都在河南地区建都立国。

据《太平广记》的记载，自唐宋以来，洛阳的经济发达，交通便利，由陆路向西，沿古丝绸之路，可抵中亚、西亚。水路向东可至扬州、杭州，进而远航直达阿拉伯，致使当时的河南有不少“胡商”和“蕃客”。

北宋时，开封成为全国的政治、经济、文化中心。大食、波斯诸国的穆斯林商人、学者、使者、宗教人士纷纷到中原进行经济文化交流，《宋会要稿》提及：“今来大食诸国蕃客，乞往诸州及东京（开封）买卖”。白寿彝先生在《元代回教人与回教》一文中说：“蒙古西征前，回教人之在中国者，虽间有赴内地贸易之事，但其集合及长期居留中心，仍限于京师及通商口岸。”可见，唐宋时期的“胡商”“蕃客”前来定居，他们及其后裔成为河南回族来源的一部分。

蒙古军西征胜利后，不断扩充军队，把大量的回回军士编入“探马赤军”和蒙古军队一同作战。《元史》记载：“河洛、山东居天下腹心，则以蒙古、探马赤军列大府以屯之”，回回军士和妇孺被编入屯田。“至元八年（1271 年）立南阳屯田总府……屯田一万零六百六十二顷七亩。”在屯田区，回回人有的是聚居，有的是同汉族或其他民族杂居，回回聚居的地方逐渐发展成为回族村镇。

这一切证明，由于河南省具有的多方面条件优势，使其不仅成为了回族先民早期到达中国的地方之一，而且也成为了后来在中国停留、居住较多的地区之一。

今日的河南省，继续了这一状况。即不仅是我国无民族自治地方省、市中，少数民族人口最多的一个省，而且也是一个全国著名的回族人口大省。据统计：截止到 2012 年末，河南省少数民族人口达 1453490 人，其中回族人口为 1241085 人①。在河南省，回族人口不仅占到少数民族总数的 85% 以上，较大的少数民族聚居区（3 个城市民族区和 21 个民族乡、镇），也全部为回族聚居区，而且其回族人口数量在全国也仅少于宁夏回族自治区和甘肃省，居第三位。特别是城市民族区，全国市属城市回族区仅有 4 个，河南省即占了其中 3 个，因而是一个名副其实的回族人口大省。

笔者长期从事散杂居民族问题研究，深知回族是我国少数民族中分布最为广泛的一个民族，加之其是我国 10 个信仰伊斯兰教民族中人口最多的一个民族，因此可以想见，河南省回族在我国散杂居少数民族及工作中，具有着何等重要的地位。正如全国政协副主席、国家民委原主任王正伟所言，河南在全国民族工作大局中具有特殊重要地位，“河南自古有‘中原’、‘中州’之称。一直以来，这里就是中华民族和中华文化的重要发祥地，是各民族交往交流交融的大舞台。进一步挖掘、整理、传播河南历史文化，对于搞好民族团结宣传教育，引导各族人民树

---

① 河南省民族事务委员会民族二处编印：《河南省民族经济统计汇编》，141 页，2013。

立正确的祖国观、历史观、民族观，增强‘四个认同’，都有重要的现实意义”。他还说：“河南56个民族成分齐全，是全国散居地区少数民族人口最多的省份。河南民族工作，是我国散居地区民族工作的一个典型代表。做好河南民族工作，关系全国民族工作大局，对于坚持中国特色解决中国民族问题正确道路，进一步增强理论自信、道路自信、制度自信具有重要意义。”因此我们看待和从事河南少数民族研究，就应当站在全国高度，站在党和国家民族政策的立场，站在服务散杂居民族工作的立场上来拓展和深化。

原思明教授是一位汉族学者，长期以来，他一直坚持活跃在民族问题研究领域。晚年供职于河南大学，积极推动河南大学建立了民族研究所，开始将自己的研究方向逐步转到散杂居民族问题研究上，且对河南回族研究投入了极大的关注。在他看来，“所谓河南省民族工作，主要就是回族的工作；只有做好了回族工作，才能说得上是做好了河南省的民族工作；做好了回汉民族的团结工作，就是做好了河南省民族团结的主要工作。相反，回族工作做不好，回汉民族团结有问题，其他工作做再多，也不能说是做好了河南省的民族工作和搞好了民族团结。”其对于回族的真情实感、对散杂居民族问题解决的关切之情油然纸上，足令晚辈我由衷地敬佩！

现在，在他的不懈努力下，编辑成了《河南回族——中原大地的优秀一员》的文史资料丛书，涵盖了河南回族的历史、文化和经济生活等方面历史文献和研究论文。这不仅给我们提供了大量回族研究的材料，也给散杂居民族研究贡献了大量的基础性文献。不仅对未来河南回族研究的加强有直接重要的意义，对我国散杂居民族研究的深化也有着极其重要的意义。

当今社会，在比较浮躁的社会风气下，所谓的“学术创新”和“学科新领域”分散了学界对基础研究的重视。殊不知，如果没有历史资料和学术文献的积累，所谓的“创新”就失去了真正的学术根基。原思明教授这种“板凳一坐十年冷”的精神，为晚辈后学端正学术态度，立足基础工作，潜心投入研究做出了楷模。

多年来，我们有过多次谈心，均使我受益匪浅。在本书编辑过程中，原思明教授电话里请我为序，因被其从事民族问题的研究赤诚之心所感动，我毫不犹豫地答应了，谨以此表示我对他的敬重！

忝为序！

许宪隆

2017年7月

前　言

河南居于“天下之中”，地理区位非常优越，是古丝绸之路的东起点和新丝绸之路经济带的重要节点。来自西亚中亚的穆斯林沿“丝绸之路”到中国及中原地区从事经商贸易和文化交流活动，把伊斯兰教和伊斯兰文明带到中原地区。伊斯兰文明与黄河文明在中国的千年互动，不仅产生了一个优秀的民族——回族，而且孕育了文明交融深厚、地域特色鲜明的中原回族文化。受益于黄河文明、伊斯兰文明两个伟大文明的熏陶，生活在中原地区的回族在不同历史时期和不同领域为河南及国家的发展做出了杰出的贡献。在这个意义上，毋庸讳言，河南回族确实是中原大地的优秀一员。

这是在2014年1月民族出版社出版《开封回族——宋都古城发展历史中的优秀一员》（《河南回族丛书》之一）（以下简称《开封回族》）后，对河南省其他地区和未曾收入的河南回族文史资料进行的又一个汇集或续编。本书定名为《河南回族——中原大地的优秀一员（文史资料选编）》（以下简称《河南回族》），并分为“历史篇”和“经济篇、文化篇”“宗教篇、人物篇”三册，除其中《伊斯兰教在河南的传播》等两篇文章内容与《开封回族》有重复外，其余全为新收集的文章、资料，目的依旧是使大家早日和更全面、详细地了解河南回族的历史文化，认识其为中原所做的贡献，为增进各民族大团结，促进中国特色社会主义建设事业更快更好发展，为以后更深入进行散杂居民族问题研究，提供一份较为全面、丰富的资料做出自己的贡献。

对于书名在“河南回族”后加一个副标题“中原大地的优秀一

员"，一些同志尤其是回族并无太大兴趣，认为优秀与否别人说，自已不讲。也有人说："如此题写，是否其他民族就不优秀了?"但是作为本书之主编和一位汉族出身的学者，却认为有必要，其理由主要有以下三点：

首先，中国56个民族，无一例外都是优秀民族，都是历史和未来建设发展的积极力量，这是马克思主义和中国特色社会主义民族理论的一个基本观点。否则，不可能存在至今，早就自然消亡了，这是我党的一贯教导，河南回族也是如此。

第二，作为一位汉族学者，通过几十年，特别是近十几年认真的观察和思考，大量事实证明，距离我们最近的这个少数民族回族同胞，确实是一个十分优秀的民族，并且其英杰人物还特别多。不仅在我国社会各领域如武术体育、书法绘画、戏剧表演、摄影、政治、经济等都有全省、全国，甚至世界著名专家、大师，而且作为占当地总人口不足1.5%的少数民族（绝大多数为回族），经济总量却曾达到全省总量的4.45%。自民国至新中国成立初的40年间，河南省商会会长职务基本全由回族人士担任；一个桑坡回族村竟能成为亚洲最大羊剪绒加工和集散地。印象中伊斯兰教信仰并不比我国西部浓郁的河南省，不仅出现多位全国著名伊斯兰教经学大师，而且创建了令世界称奇、中国现存最古老的开封王家胡同清真女寺（学）。另外，在我国有那么多中国通史研究专家的情况下，一位回族学者白寿彝主持编撰的《中国通史》却能得到罕见的，包括国家主席在内多位中央领导和许多专家、学者的广泛赞扬，被学界誉为"新中国成立后涌现出来的马克思主义史学家代表"，"中国回族学术文化研究事业指路人和导师"。还有同他人一起撰写了《县委书记的榜样——焦裕禄》长篇通讯，被誉为"中国当代新闻工作者楷模"，"中国新闻史上的擎旗人""把新闻写成影响读者时间最长、人数最多的记者"的新华社社长穆青。还有96岁仍每周五个半天上班工作、"世界眼科基金会中国分会会长"，被评为"全国十大最美医生"的著名眼外科医生张效房。他们都是河南回族人士，特别是白寿彝先生称自己70岁学术研究才开始，91岁离世前仍在医院中撰写并发表了自己最后一篇文章，而穆青社长则在退休后80岁高龄时仍赴贫困地区徒步进行调查采访，并常以“堂堂正正、无所他求”八字表达自己思想，此精神怎能不令人感动和承认其优秀的民族基因。

第三，之所以要强调其民族优秀，是因为有人并不了解该民族是否优秀，甚至有认为其只会添麻烦而非一支积极因素和力量，从而影响我们的民族工作和信任团结关系发展，加之目前缺少此方面的宣传和文字材料，因此认为不强调其优秀性，就不利于有效解决存在的问题，推进民族团结和谐及各项事业共同繁荣发展。

最后，为便于大家阅读使用，本书除将所涉及内容分成“历史”“经济”“文化”“宗教”“人物”五部分（篇）编排外，每部分还按历史先后或问题隶属的地区，从全省到地方，或影响从大到小的顺序进行编排。编辑过程中，鉴于本书资料性质，坚持尊重原文作者意见，除明显错漏技术问题，一般不作改动。为便于查对原文，在每篇文章末，均注明来源出处，未注者则为新近收入未曾发表者。

本书由原思明、艾少伟主编，其中，历史篇由陈廷良、宛磊负责，经济篇由沙旭升负责，文化篇由郭宝光负责，宗教篇由李传明负责，人物篇由古凤英负责。《河南回族——中原大地的优秀一员（文史资料选编）》经《民族地理丛书》学术委员会及编委会审定，纳入河南大学黄河文明与可持续发展研究中心回族研究所艾少伟所长总编的《民族地理丛书》系列，这将为开展中原散杂居民族地理研究及理论创新提供不可或缺的资料基础。本书由河南大学黄河文明与可持续发展研究中心、国家自然科学基金（项目编号：41471104）、地理学河南省优势学科、河南大学环境与规划学院、黄河文明协同创新中心联合资助。

这就是出版前，我们要向大家说明的几点。

原思明

2017年11月29日

目　录

上

历 史 篇

中

经 济 篇

文 化 篇

下

宗教篇

人　物　篇

上

历史篇

河南回族的来源

陈廷良　王惠民

回族是回回民族的简称。目前，河南回族的人口已超百万，遍布全省各地，具有“大分散、小集中”的分布特点。在回族聚居的地方，河南省政府已批准建立了3个回族区（县级）和20个回族乡、镇。

回回先民最早进入河南的时间，可以追溯到唐朝。唐之东都洛阳，是世界上繁华的大都市之一。唐高宗、武则天、唐中宗、唐玄宗、唐昭宗、唐哀帝等六位皇帝皆长期居住在洛阳。尤其是唐高宗李治和武则天执政期间，对洛阳进行了大规模的扩建，使其人口剧增至百万。随着生产技术的发展，商业的繁荣，加上洛阳便利的交通条件，一批批“胡商”“蕃客”因羡慕洛阳的繁荣和富饶而接踵入豫。近年来，从洛阳唐墓中出土的胡商唐三彩俑、波斯银币和其他文物，可以证明穆斯林商人早在唐朝时就已到达洛阳。

唐代颍州（今许昌）人陈黯的《华心说》记载：唐宣宗大中二年（848年），汴州（今开封）刺史、宣武军节度使卢钧推荐大食（今阿拉伯）人李彦升考中进士之事。这是唐朝时阿拉伯人来豫的确凿例证。李昉的《太平广记》卷四〇二《李勉》条记载：司徒李勉开元初（713年）任浚仪（今开封）尉，任满后赴广陵（今扬州），行至睢阳（今商丘），偶遇一位患病的波斯（今伊朗）老人，老人说他来华经商已有20年，请求李勉允许他们同舟去扬州。这是“胡商”来豫的又一例证。

北宋王朝十分重视同大食、波斯诸国的贸易，因此，大食、波斯的穆斯林商人、学者、使臣、宗教人士来中国的较之唐代为更多。《宋会要辑稿》“蕃夷四”“蕃夷七”，《玉海》《宋史·大食传》诸书记载：从宋太祖开宝元年（968年）至宋徽宗政和六年（1116年）的148年间，仅大食的使臣到京城开封朝贡就有46次，平均三年多来豫一次。《宋会要辑稿》“职官四十四”条载：“今来大食诸国蕃客，乞往诸州及东京（今开封）买卖。”可见，当时在开封以及全国各地经商的“胡商”“蕃客”已有相当的数量。

北宋王朝与伊斯兰国家之间一直保持着友好的关系，对来华定居的穆斯林更是给予适当的安排。《咸阳王抚滇功绩》载：西域布哈拉国王所非尔于宋神宗熙宁三年（1070年）同其弟艾尔莎携三子五孙和家属，率部下5300多人，驼马5000余骑，入贡京师，神宗大悦，授其为本部正使总管。西域人梁柱于神宗熙宁年间（1068—1077年）来华，以其精湛的医术被朝廷聘为“金疮科御医”，并赐名“梁柱”，梁柱的后人在开封行医，并设立“滋德堂”济世。

安徽安庆和湖北襄樊两地的《马氏宗谱》记载：马依泽，西域鲁穆人，宋太祖建隆二年（961年），应邀入华修历，越二年书成，授钦天监正。告老后，定居陕西省泾阳县永安镇。据从美国复印的《马氏宗谱》载：马依泽第三子、龙虎将军、上护军副总兵马忆，字思明，行伍出身，由小旗征讨西边有功，升百总，千总，守备，都司，游击，西宁参将，河南怀庆（今沁阳）府副总兵，死于任上，家属则定居沁阳。马依泽第十一世孙马乾玠，字枢仪，南宋光宗绍熙壬子科（绍熙三年，即1192年）乡试中第九名举人，宁宗庆元丙辰（庆元二年即1196年）会试中第四十二名进士，选保定府清苑县知县，升赵州知州，河南府（今洛阳）知府，入籍新安县。这是确有文字记载的宋代定居河南的回回马姓。《马氏谱系》卷二载：明朝成化七年（1471年），马氏家族印制宗谱（即美国所存的《马氏宗谱》）并分发马氏成员。当时河南领谱牒的有：陈留县马商陆，杞县马祖寿，鄢陵县马秉良，郑州马锋，陈州（今淮阳）马皋，禹州马舜，许州（今许昌）马鼎震，新安县马苍、马彦、马茬、马芳，信阳州马六云，新野县马节、马田、马存、马奉等，共计10县16家。

白寿彝先生在《元代回教人与回教》云：“蒙古西征以前，回教人之在中国者，虽间有赴内地贸易之事，但其集合及长期居留之中心，仍限于京师及通商口岸。”南宋人周密《癸辛杂识》云：东京的“万岁山大洞数十，其洞中皆筑以雄黄及炉甘石，雄黄则避蛇蝎，甘石则天阴能致云雾，蓊郁如深山穷谷，后因经官折卖，有回回者知之，因请买，凡得雄黄数千斤，炉甘石数万斤”。明朝人田汝咸《两湖游览志》卷一八《真教寺条》（即杭州凤凰寺）载：“先是宋室徙跸，西域异人安插中原者，多从驾而南。”

综上所述，唐宋时期，“胡商”“蕃客”留居河南的不乏其人，这些“胡商”“蕃客”及其后商，是河南的“回回先民”，然而，他们只是河南回族来源的一小部分。河南回族的主要来源则是元代的回回人。

自元太祖十四年至元宪宗八年（1219—1258 年），成吉思汗及其子孙们进行三次西征。蒙古军西征，先后征服了中亚以及波斯等伊斯兰国家，签发被征服的各国组成“西域探马赤军”，又称“回回军”，连同回回工匠、平民等，随蒙古军进入中国。

回回大将曷斯麦里，西辽谷则斡尔朵（今吉尔吉斯斯坦）人，原任西辽柯萨城八斯哈长官。元太祖十一年（1216 年）迎降蒙古军。1231 年，率回回军士伐金，驻军于怀孟州（今沁阳）。次年任怀孟州达鲁花赤。后又晋职为怀孟、河南二十八处都达鲁花赤。1251 年，曷斯麦里卒于怀孟，其子密里吉袭任怀孟州达鲁花赤。1262 年，密里吉战死，他的儿子俺撒、孙子忙兀带又先后袭任怀孟州达鲁花赤。曷斯麦里祖孙四代先后均在怀孟任官。其部下又多是回回人，因此，如今沁阳、孟州、博爱县一带不仅回族大村多，而且从姓氏上看，姓闪、拜、买、丹的回族特有姓氏的也多。

探马赤军兼具作战和生产两种职能，即“上马则备战斗，下马则屯聚牧养”。《元史·兵志·镇戍》载：“河洛、山东居天下腹心，则以蒙古、探马赤军列大府以屯之”，回回军士和妇孺均被编入屯田。《元史》卷一百《兵三》载：“至元八年（1271 年）立南阳屯田总府……屯田一万零六百六十二顷七亩。”在屯田区，回回人有的是聚居，有的是同汉族或其他民族杂居，回回聚居的地方，后来逐渐发展为回回村镇。据《明嘉靖南阳府志校注》记载：洪武年间（1368—1398 年），南阳尚存 61 屯，其中石桥屯、瓦店屯、玉池陂（黄池陂）等 12 屯，至今仍是回族聚居之地。明朝建文帝时任兵部尚书的铁铉就是元朝时居住在邓州的回回人后裔。

沈丘县槐店回族镇的清真寺创建于至元十年（1273 年），故谓“至元清真寺”。碑文记载：穆罕默德·阿力率中亚回回军士在沈丘一带屯田。

元世祖至元十八年（1281 年）诏令："括回回炮手散居他郡者，悉令赴南京（今开封）屯田。"制造回回炮专家阿老瓦丁和亦思马因的后裔率回回炮手进驻开封一带。开封的"回回寨"就是当年回回炮手屯田处之一。《元史·世祖本纪》载："回回昔宝赤（意为放鹰人）百八十户居汴梁者，申命宣慰司给田。"

《新元史》载："大德三年（1299 年）……河决原武。回回炮手居鄢陵者万余户，（王）忱督使趋工，不数日提成，民尤颂之。"说明回回炮手在鄢陵屯田者多达万余户。

元延祐三年（1316 年）的《敕赐伊川书院碑》载：勖实戴是伊川书院的创始人之一。"伊川鸣皋镇炮手总管勖实戴殆回回人而屯戍河南者欤！"明嘉靖《巩县志》载："回回凹在县西南三十里，元时牧马之地。"这就是说，洛阳一带也有回回炮手的屯田处。

元朝人许有壬《至正集》卷五十三《西域使者哈只哈心碑》载："哈只哈心之孙凯霖迁其祖考妣、考妣、兄，又葬嫂、弟侄于安阳。"凯霖居安阳。

河南的地名中，有"回回营""回回寨""回回凹""教门街""清真寺街"等称谓。这些地方现在仍是回民聚居之地。其中又多与元代回回军士屯田有关。《元史》云："今回回皆以中原为家。"可见，元代时河南回回人为数众多。这是河南回族的主要来源。

元代回回人遍天下的局面为回族的形成奠定了基础。回回人与汉人、蒙古人、维吾尔人等，经过有元代近百年的融合，至明代初形成了中国境内的一个新的民族共同体——回回民族。

（原载于《河南穆斯林》，2004 年第三期，27～28 页）

河南省回族来源考

穆宝修

河南省是我国回族人口分布最多的地区之一。据1982年全国人口普查统计，全国回族人口7219352人，其中河南省回族为727146人，占全国回族人口总数的十分之一以上，仅次于宁夏回族自治区、甘肃省，居全国第三位。

根据史书记载，河南省（包括开封、洛阳）回族的来源，主要是在元朝时期迁入的。但是，回族的先民们来到河南开封、洛阳等地的时间，可以追溯到唐宋时代。本文拟就唐、宋、元时期的有关史料，探讨河南回族的来源。

从西汉甚至更早的历史时期起，中国同中亚、波斯、阿拉伯以及东非的一些国家和地区，已经开始了经济和文化的往来。汉武帝元朔三年（公元前126年），张骞出使西域由中亚返回后，中西交通日趋频繁，汉朝每年多次遣使西域。而西域的使者商人来华朝贡经商者，为数更多，著名的“丝绸之路”就是那个时期开辟的。

唐朝是中国古代的一个兴盛时期。唐廷积极鼓励发展东西方的国际贸易和友好交往。唐太宗贞观十一年（637年），谕令广州、泉州、扬州“置三路市舶司”。此后，朝廷又多次诏谕对外商，“不得加重率税”，要“结以仁恩”，以使外商感悦。

隋末唐初，穆罕默德在阿拉伯半岛创立伊斯兰教（622年7月16日为伊斯兰教“希吉拉历”元年元旦）。以后，伊斯兰教迅速扩展，在统一了阿拉伯半岛之后，逐步控制了西亚、中亚、东非、北非，乃至西班牙和巴尔干半岛部分地区，建立了幅员广大的阿拉伯帝国（当时中国史籍称其为大食）。从这时起，伊斯兰教徒就担当了沟通东西方经济文化的主要角色。

据《旧唐书·大食传》记载："大食国本在波斯之西……永徽二年，始遣使朝贡，其姓大食氏，名噉密莫末腻，自云有国已三十四年，历三主矣。"这是中国史书有关伊斯兰教徒东来中国的第一次正式记载。我国史学界也以这一年，即公元651年，作为伊斯兰教传入中国的标志。

据《旧唐书·大食传》《新唐书·大食传》《册府元龟》《资治通鉴》等典籍记载，大食遣贡使（所谓贡使，即大食国王委派的正式使节，主要是以使者身份来华贸易的商人）来唐朝约有39次，可见来往是频繁的。而当时来华贸易的绝大多数伊斯兰教商人是以民间身份出现的，史书上不可能一一记载，我们只能根据一些零散史料去分析、推断。如大历四年（769年），李勉受任广州刺使兼节度观察使，他赴任前，"西域舶泛海至者，岁才四五。勉性廉洁，舶来都不检阅，故来年至者四千余"。

唐时来华的伊斯兰教徒中，除了商人、使节之外，也有一些是援唐平叛的伊斯兰教兵。如至德二年（757年）九月，"元帅广平王统朔方、安西、回纥、南蛮、大食之众二十万，东向讨贼"，收复两京（长安、洛阳）。

唐时的西域商人，由陆路来华者，主要沿"丝绸之路"到长安，其中许多人再由陕西到河南开封、洛阳等地经商。走海路者，主要由红海和波斯湾，经由印度、斯里兰卡、缅甸、泰国、越南、印度尼西亚、菲律宾到中国广州、泉州、杭州、扬州等沿海港口城市（这条路线也被称为海上"丝绸之路"）。许多人再由这些沿海城市转往内地。当时广州等地的外商前往内地，多取道大庾岭，再沿赣江而下，经洪州（南昌），顺长江而至扬州，沿运河北上，再转经开封、洛阳，过潼关而至长安。泉州、杭州等地的外商，也是先到扬州，然后沿上途而行的。

由于唐代水陆交通都很困难，故而有不少西域商人来华后，自愿留居中国。为此，唐朝曾规定："藩胡内附者，上户每丁纳十文，中户五文，下户免交。"可见唐代外商欲留居中国，是并不困难的。《资治通鉴》中《唐记》卷四十八载："贞元三年（787年），胡客留长安者，约四千人，皆有妻子。"因此，可以想见，唐朝时期，河南开封、洛阳等地，有许多伊斯兰教商人来往经商，其中一些，在此留居，也是完全可能的。

五代时期（907—960年），中国和西域的经济文化交流仍然在继续着。

由于河南是当时中国的政治中心，所以到中国内地来经商、朝贡的穆斯林商人活动的主要地区应在河南开封、洛阳等地。史书记载，后唐同光元年（923 年）四月，沙州进波斯锦。长兴四年（933 年）十一月，回鹘可汗仁裕献波斯锦。后唐应顺元年（934 年），贡波斯宝左脚丝（丝棠）玉带，他们既来朝贡，自然就要来到当时的京城——开封或洛阳。

宋朝时期，皇朝对中外贸易非常重视。开国不久，太宗雍熙四年（987 年），即遣内侍八人，“赍榭本金帛，分四纲。赴海外诸国，勾招进奉；博买备药、犀牙、珍珠、龙脑等”。由于朝廷的鼓励，宋时中外贸易极盛。据《文昌杂录》记载，在宋代有大食、占城（今越南南部）、三佛齐（今印尼苏门答腊岛西南部）、真腊（今柬埔寨）、天竺（今印度）、拂材（原指东罗马帝国，今巴尔干半岛等地）等 28 个国家和地区与宋朝有经商和贡使关系。其中波斯、大食、申理国（索马里）、层拔国（桑给巴尔）、勿斯理（埃及）、木兰皮（摩洛哥）等，都是伊斯兰教国家。而印度、斯里兰卡、孟加拉、缅甸、泰国、柬埔寨等国的沿海城市，也有许多穆斯林。这些地区的商人，其中包括信奉伊斯兰教的商人，也有许多来华经商的。总之，在宋朝时期来华从事贸易的商人中，信奉伊斯兰教的人数是相当多的。宋时中国与阿拉伯交往频繁，仅据《宋史·大食传》《宋会要辑稿》《文献通考》记载，北宋时期大食进贡 46 次。宋时开封设有多处接待外使的馆驿，其中“怀远驿”主要是接待大食等伊斯兰贡使的机构。另据记载，崇宁二年（1103 年）五月二十八日，宋徽宗诏：“蕃客及土生蕃客（蕃商在中国立家所生子女，当时称为土生蕃客），愿往他州或东京贩易货物者，仰经提举市舶司陈状，本司勘验诣实，给与公凭。前路照会经过官司，常切觉察，不得夹带禁物及奸细之人。”这是宋时外商，其中包括穆斯林商人可往开封朝贡经商的一个显著例证。和唐代一样，宋时的西域商人，主要是穆斯林商人，由于旅途遥远，不少人自愿留中国。田汝成《西湖游览志》卷十八中说：“先是宋室徙跸，西域人安插中原者多从驾而南。”周密在《葵辛杂识》中也说：“今回回皆以中原为家，江南尤多。”总之，在北宋时期，留居河南开封等地的穆斯林当不在少数。

唐宋时期，在中国的史书中，一般称伊斯兰教徒为“大石马”或“摩思兰”等。后来，由于迁居葱岭以西的回鹘人信仰了伊斯兰教，而“回鹘”“回纥”的读音又和“回回”相近，所以，宋末元初时起，把穆斯林商人称作“蕃客”。到了元代，大批伊斯兰教徒移居中国，他们被通称为“回回人”。而唐宋以来留居在中国的这些“回回蕃客”，因宗教信仰和生活习惯与他们相同，所以也就和元时东迁的“回回人”融为一体了。后来以这些人为主体，逐渐形成了中国的“回回民族”。由此可见，唐宋时期留居于中国（包括河南开封）的穆斯林商人（回回蕃客）是形成回族的重要来源。

元朝时期，伊斯兰教徒（回回人）大批移居中国。其中，地处中原的河南省是回回人移居较多的省份之一，可以从以下史料看出。

首先，是屯田。由于河南为中原要地，元廷便在河南地区驻扎大量军队，并实行军屯、民屯，以供所需。据《元史·兵志》载：“世祖之时，海宇混一，而河洛、山东据天下腹心，则以蒙古、探马赤军列大府以屯之。”所谓“探马赤军”，是元代由各部族人组成的军队，其中回回人为重要组成部分。至元十年（1273 年）元世祖“令探马赤军随处入社，与编民等”。至元十八年（1281 年），“括回回炮手散居他郡者，悉令赴南京（今河南开封）屯田”。大德九年（1305 年），成宗命“复立洪泽、芍陂屯田，令河南行省平章阿散（回回人）领其事”。又据《敕赐伊川书院碑》记载，伊川书院负责人勖实戴在嵩州（州治在今河南伊川县）担任回回炮手总管兼领屯田。以上说明，由于河南战略地位重要，元时派驻河南地区，包括开封（南京），从事屯田的回回军民是很多的。而大部分屯田的回回军士早在元世祖时即已“与编民等”。后来，随着元朝灭亡，这些从事屯田的回回军民，也就成为河南地区耕稼自食的回回农民了。

其次，由于连年战争的破坏，元初河南开封等地田园荒芜，因此元朝廷在河南曾多次募民耕种，以增收赋税。元时东迁的回回人很多，这些人自然要被元朝廷安插到农业生产中去。例如，至元二十六年（1289 年），以“回回昔宝赤百八十户居汴者，申命宣慰司给田”。

再次，是元时派往河南任职的回回官吏及其属民。例如，回回人阿散和撒里帖木儿曾任河南行省平章政事，阿里曾任河南省丞，你咱马丁曾任河南行省参知政事，别都鲁丁曾任宣慰使、行省参知政事。这些回回官吏被派往河南时，不仅要携带其眷属，而且还会带去一些部属，而其部属和部民也多为回回人。

最后，是跟随蒙古军队而进入河南的回回降民。蒙古军在统一中国之前，从南宋嘉定十一年（1218 年）起，曾多次西侵中亚、西亚地区，俘虏了大批当地信仰伊斯兰教的各族人民。他们或作为工匠，或被另配给蒙古诸王百官充作奴仆。因此，在元朝时期，跟随蒙古官吏和军队而迁入河南（尤其是开封、洛阳）的回回人，其人数也是相当多的。

此外，在元朝时期，回回商人和宗教职业者因经营商业，或从事宗教活动，也有不少人来到河南开封及洛阳等地定居。

总之，在唐朝时期，已有回族的先民在河南开封等地活动。宋时又有不少回回蕃客在河南留居。元朝时期，由于各种原因，使得大批的回回人移居河南开封等地。他们融为一体，这就是河南开封等地回族的主要来源。然而，不管是唐宋时代或是元代，移居河南的回回人多是不带眷属的，他们势必和当地的汉族人结婚而世代繁衍下来。因而，河南省的回族人中有不少汉族成分。在以后的年代里，其他地区的回族人由于经商等原因，也有不少人移居河南。特别是清朝咸丰同治年间，清政府大批屠杀西北回民群众，迫使不少陕西的回民逃入河南定居，以求避难。

（原载于开封地方史志编纂委员会编：《开封市史志资料选辑·民族宗教专辑》，1985 年第三期，1～3 页）

回族在河南

马　达　陈廷良　王惠民

一、回族人口及其分布

位于黄河中下游的河南省，面积16.7万平方公里，有42个民族成分。据1982年普查统计，全省总人口74422739人，其中汉族73625873人，约占全省总人口的98.9%；少数民族796866人，约占全省总人口的1.1%。在少数民族人口中，回族人口最多，有727146人，占全省总人口的0.98%，占全省少数民族人口的91.25%，占全国回族人口的10%，回族人口数仅次于宁夏回族自治区和甘肃省，居全国第三位。截至1985年，河南回族人口已达756000多人。

河南回族遍布全省17个地市，110个县。现列表叙述如下：

地、市（含所辖县）	回族人口数（人）	占全省回族人口的比例（%）
郑州市	75547	10.4
开封市	52843	7.3
洛阳市	39762	5.47
三门峡市	8680	1.19
许昌市	34625	4.76
漯河市	18139	2.49
平顶山市	50979	7

续表

地、市（含所辖县）	回族人口数（人）	占全省回族人口的比例（%）
新乡市	34343	4.7
焦作市	50973	6.98
濮阳市	3502	0.5
安阳市	2379	0.33
鹤壁市	1060	0.14
商丘地区	83968	11.5
周口地区	92331	12.7
南阳地区	104988	14.4
信阳地区	26635	3.7
驻马店地区	46607	6.4

省内回族人口在万人以上的有25个市区和县，分别是：郑州市（51651人）、开封市（30893人）、洛阳市（28123人）、太康县（22506人）、民权县（22481人）、南阳县（18754人）、淮阳县（15146人）、邓县（17428人）、镇平县（15022人）、固始县（14954人）、襄城县（14763人）、禹县（14066人）、博爱县（14000人）、沈丘县（13794人）、宁陵县（13377人）、焦作市（12990人）、睢县（12732人）、方城县（12309人）、西平县（12230人）、周口市（11885人）、商丘县（11828人）、项城县（11490人）、封丘县（10698人）、荥阳县（10396人）、南阳市（11103人）。

回族人口在5000人以上的市、县共有20个，人口在3000人以上的市、县有24个，人口在1000人以上的市、县有23个，人口在1000人以下的市、县有36个。回族人口在100人以下的县是：林县、新县、安阳县、内黄县、孟津县、光山县。

河南现有回族区3个：郑州市金水回族区、开封市顺河回族区、洛阳市瀍河回族区，还有21个回族乡、镇。

二、河南回族的来源

唐朝东都洛阳，经济发达，交通便利，由陆路向西，沿古丝绸之路，可抵中亚、西亚，向东可至扬州、杭州，进而远航直达阿拉伯地区。由于各国客商云集洛阳，致使当时的河南有不少的“胡商”和“蕃客”。这从北宋李昉等所撰的《太平广纪》卷四零二《李勉》条及卷二八《郗鉴》条中[①]可找到佐证。

北宋时，开封成为全国的政治、经济、文化中心。此时，大食、波斯诸国的穆斯林商人、学者、使者、宗教人士纷纷到中原进行经济文化交流。“今来大食诸国蕃客，乞往诸州及东京（开封）买卖。”[②] 宋朝和大食、波斯等伊斯兰国家关系密切，来往频繁，这在《宋会要稿》蕃夷四、蕃夷七和《玉海》、《宋史·大食传》等书中都有记载。从宋太祖开宝元年（968 年）至宋徽宗政和六年（1116 年）的 148 年中，仅大食人就来朝贡 46 次。

宋王朝对大食、波斯诸国穆斯林一向采取友好态度，对前来投奔，要求定居者都给予适当安排。[③] 据安徽安庆和湖北襄樊《马氏族谱》记载：马依泽，西域鲁穆人，宋太祖建隆二年（961 年）入华修历（历法），越二年书成，经王处纳上之，授钦天监监正，世袭侯爵，后定居陕西省泾阳县永安镇，成为巨族。至第十一代马乾玠，号框仪（南宋宁宗广元丙辰进士），于南宋理宗绍定五年（1232 年）四月十二日任南阳府知府，遂入籍河南省新野县，新野县至今仍有马乾玠的后裔。安徽安庆、河北中部、湖北等地一些马姓都是由新野迁出的，马氏子孙繁衍，现遍布河南及全国。民族英雄马本斋的祖籍也是新野县。

江苏省伊斯兰教协会的梁全智先生讲：其家谱序言中记载，他家是北

---

① 《全唐文》中颍州（今许昌地区）人陈黯所作之《华心》。又见陈垣《励耘书屋丛刻·元代西域人华化考》。

② 《宋会要稿》职官四十四。

③ 《咸阳王抚滇功绩》。

宋神宗熙宁年间从西域古教之地来到开封，做金疮科御医，皇帝赐其始祖姓梁名柱，二代以后转入地方，成为开业医生，御赐堂号“滋德堂”。

田汝诚《西湖游览志》卷一八《真教寺条》载：“先是宋室徙跸，西域夷人安插中原者，多从驾而南。”

以上事例说明，唐宋时期，河南省确有“胡商”“蕃客”前来定居，这些定居在河南的大食、波斯等国信仰伊斯兰教的商人和其他人的后裔，就成为河南回族来源的一小部分。

蒙古军西征胜利后，不断扩充军队，把大量的回回军士编为“探马赤军”，和蒙古军队一同作战，准备统一中国。回回大将曷思麦里于窝阔台汗（元太宗）三年（1231 年）随军伐金，驻军于怀（今沁阳）、孟（今孟县）。第二年任怀、孟州达鲁花赤，后来晋职为怀、孟、河南二十八处都达鲁花赤。蒙哥汗（元宪宗）元年（1251 年）曷斯麦里卒，其次子密里吉袭任怀、孟达鲁花赤。密里吉子俺撒、孙忙兀带又先后袭为怀、孟达鲁花赤。曷斯麦里祖孙四代在怀、孟为官[①]，其部下又多系回回人，所以，回回人定居于怀、孟则是无疑的。怀、孟州向为兵家必争之地，这里交通便利，土地肥沃，灌溉方便，是回回驻屯之地。沁阳县北大寺现存万历十一年《重修清真寺碑记》说：“我怀有清真寺旧矣，或云刱于元至正（1341—1368 年）间”，这也是回回聚居于怀州的一个旁证。

《元史、兵志二·镇戍》记：“河洛、山东居天下腹心，则以蒙古、探马赤军列大府以屯之”，回回军士和妇孺被编入屯田，“至元八年（1271 年）立南阳屯田总府……屯田一万零六百六十二顷七亩”[②]。在屯田区，回回人有的是聚居，有的是同汉族或其他民族杂居，回回聚居的地方逐渐发展成为回回村镇。据《明嘉靖南阳府志校注》记载：在洪武年间（1368—1398 年），南阳县尚存 61 屯，其中石桥屯、瓦店屯、玉池陂（即黄池陂）等 12 屯，至今仍是回族聚居之地。明朝建文帝时曾任兵部尚书的铁铉，就是元朝时居住在邓县的回回人的后裔。《元史》卷一九《成宗本纪》，大德元年（1297 年）十二月记载：合剌鲁军士在襄阳、南阳等地屯田。大德五

① 《孟县志》，《回族人物志·元代曷思麦里传》。
② 《元史》，2566 页，卷一百，兵三。

年（1301 年）十月记载：畏吾儿人在南阳屯田，这些畏吾儿人后来有一部分融合于回族之中。

从淮阳到沈丘一带，曾是来自中亚的穆罕默德·阿力率穆斯林屯田之地。沈丘县槐店回族镇的“至元清真寺”有至元十年（1273 年）的建寺碑说明此事。

元世祖至元十八年（1281 年）诏令“括回回炮手散居他郡者，悉令赴南京（今开封）屯田”①，造炮专家、宣武将军、管军总管阿老瓦丁率炮兵进驻开封一带，今开封的“回回寨”就是当年回回炮手屯田处之一。仅距开封回回寨四十里的“荆圪垱”（现名荆乡，属封丘县所辖，原属开封县）也是回族聚居地。回族李姓有“军李”和“民李”之分，“军李”系元代屯田的军人，他们和开封西郊回回寨的李姓关系密切，而“民李”则是明初由外地迁来的移民。

洛阳一带也有回回炮手屯田处。元延祐三年（1316 年）四月所立的《敕赐伊川书院碑》② 记载：“伊川鸣皋镇炮手军总管勖实戴殆回回人而屯戍河南者钦”。明嘉靖《巩县志》说：“回回凹在县西南三十里，元时牧马之地。”另外，据元朝许有壬《至正集》卷五三《西域使者哈只哈心碑》称：“哈只之孙凯霖迁其祖考妣、考妣、兄，又葬嫂、弟、侄于安阳。”这也说明当时安阳有回回人居住。从地名来看，河南有不少地方有回回寨、回回营、回回凹、教门街的称谓，这些多是元代回回人屯田的地方。上述事例进一步证实元代“今回回人皆以中原为家”之说，元代东来的回回人是河南回族来源的主要成分。

在河南回族形成过程中，有大量的汉人、维吾尔族、蒙古族以及犹太人后裔通过联姻、改变信仰而逐渐融合到回族之中。

马祖常在元初就定居并葬于潢川县小南海，其后代成为回族，今潢川县马明远先生（74 岁）是马祖常第二十七代孙，他讲马家世代与回族陈姓联姻，认为马家很早就是回族了，这是河南维吾尔族融合于回族中的又一例证。

---

① 《元史·世祖本纪》。

② 钱大昕：《潜研堂金石文跋尾续·第六》。

宋代，有500多家、70个姓氏的犹太人从印度来中国，定居于开封。经过五六百年的历史变迁，至清康熙二年（1663年），仅余七姓（李、赵、艾、张、高、金、石），即所谓“七姓八家”，尚有200余户。他们与回族杂居共处，在长期的交往中，有一部分人融合于回族之中，这是因为他们杂居在回民地区，在经济上有一定联系，并得到帮助。在习俗的很多方面有与回族相似之处。在宗教信仰方面，犹太人后裔的礼拜寺也叫“清真寺”，每天“寅、午、戌（早、中、晚）三次礼拜”，礼拜前“必先沐浴更衣”，他们“不塑像、不谄于神鬼、不信于邪术”，诵读希伯来经卷的人称为“满喇”，也有白日不吃不喝的“斋期”，禁绝猪肉、男孩行割礼，因平时多戴蓝帽，人们称之为“蓝帽回回”。由于信仰和生活习惯有相似之处，犹太人后裔融合于回族的阻力较小。① 开封犹太人后裔融合到回族之中，这也是河南回族来源方面的一个特点。

三、具有传统手工业优势的河南回族经济

河南回族居住在农村的有45万人，他们通过自己辛勤的劳动，把贫瘠、荒芜的土地改造为良田，他们不仅注意精耕细作，而且注重水利建设。早在元朝，买奴就主持修复南阳县的马头堰，可灌溉田地千余顷，使干旱的土地变成了肥沃的良田。② 凯霖在安阳做官时，也很重视农业生产。③ 回族对河南农业的发展有着一定的贡献。

过去，河南回民拥有的土地甚少，人均约几分地，与汉族农民相比，一般少三分之一到二分之一，且多沙荒地、盐碱地，生活非常贫困，单凭从事农业生产无法维持生活，种植之余，又从事养殖业，以饲养牛羊居多，从事农业兼营养殖，逐渐形成河南回族农民的历史传统。同时，与养殖业相联系的牛羊屠宰业、皮毛和肠衣加工、熬骨制胶、碾制骨粉等一系

---

① 明弘治二年（1489年）和清康熙二年（1663年）的《重建清真寺记》。江文汉：《中国古代基督教及开封犹太人》，北京，知识出版社，1982。

② 《回族人物志·元代·买奴传·凯霖传》。

③ 《回族人物志·元代·买奴传·凯霖传》。

列行业也多由回民经营。如今，桑坡村白家和博爱县后莎庄的回民都是以养牛而发家致富的。沁阳县出了全国有名的养兔、养蝎大王。长葛县后河乡百寨村肠衣专业户孙学亮加工的肠衣远销美国、日本。禹县回民熬制骨胶的户数不少，从中受益匪浅。

熟皮、制革是河南省内回族的传统手工业。全省的牛羊皮制革业和皮毛生产几乎被回族垄断，从业人数之多、技术力量之雄厚都是其他民族所不能比的。《如梦录》记载：在明朝末年，开封城内草三厅（原名凤凰巷）、西皮局、西华门诸清真寺附近，都有回回人的皮局。孟县桑坡村回族素有熟皮传统，早在清代这里就成为全国有名的皮毛集散地之一，有“只知桑坡，而不知孟县”之说。桑坡村几乎家家从事皮革生产，主要加工羊皮，制作皮衣、车马鞍具、皮条、弹花弦和其他皮革制品，远销上海、武汉及东北各地。新中国成立前，桑坡“兴盛玉”号皮作坊生产的皮货做工讲究、货真价实、言不二价，在南方市场信誉很高，每年皮货运到汉口，有 8 家皮行争相销售。在河南回族迁徙过程中，桑坡人移居全省各地，至今河南不少制革厂的技师是桑坡人。桑坡回民也有不少定居于甘肃、宁夏一带的，他们以精湛的手工技术，用国内外驰名的滩羊皮、沙毛羊皮熟制出在国内外享有很高声誉的裘皮。党的十一届三中全会后，桑坡村楼房成片，回民共同致富，靠的就是皮革生产。此外，济源县下街村、武陟县圪垱店等地，从事皮革生产的历史也很悠久。

沈丘县槐店镇到淮阳县一带所产的“槐皮”在国际市场上素孚盛誉，供不应求，每 20 张山羊皮革搭配 1 张“槐皮”就能提高出口产品的等级，每年都为国家换取大量的外汇。

河南地处中原，地理位置优越，八方来客汇集中州，促进了商业的发展。河南回族素来善于经商，尤以开封最为著名。从民国二年（1913 年）至新中国成立前，除军阀官办商会外，河南商会会长都是回族人。新中国成立后，省工商联主席也是回族人。据 1932 年的调查材料，开封商业分为 51 帮，其中回族独占的行业有电业、澡堂业、牛羊业、鲜果业、皮革业、棚彩业等。回民经营的其他行业还有：钱业、面粉业、酱园业、旅栈业、饭庄业、果店业、皮货业、古玩业、牲畜行业、洋货业、杂货业、影剧院业、中药业、卷烟业、碎货业、煤业、转运业、花生业、粮业、估衣业、鞋业、帽业、新药业、杠业、渔业等，共计30余种行业。此外，还经营卤鸡、卤鸡蛋、胡辣汤、豆沫、水煎包、黏馍、枣糕、烧卖、全牛汤、羊肉汤、熟梨、炒花生仁、花生糕、盐霜豆、玫瑰糖糕、麻花、散子、油条、黄焖鱼等小吃，回族经营的小吃虽全省各地都有，各有千秋，但以开封最为驰名。在饮食服务行业中，回族至今仍占重要地位。

河南回族工业起步较晚，在“实业救国”思想的影响下，回族中有识之士曾组织“河南实业社”筹划发展工商业。开封回民魏子青（1870—1928年）是发展河南资本主义工商业的先驱之一，对创办河南省电力工业居功至伟。清光绪三十三年（1907年）筹办开封普临电灯公司，后陆续开办郑州普照电灯公司和洛阳照临电灯公司；在密县办煤矿；在开封办了商务印刷所、第一商场、浴华楼澡堂；还修建了河南省第一个现代式剧场—“丰乐园”，为创办开封第一所回民小学——养正小学堂也出了不少力。此外，还有木栾店的王明贤在济源办有煤矿，杜秀升等人开办开封益丰面粉厂等。回族工商业的发展，对推动河南封建经济的解体发挥了重要的作用。新中国成立以后，随着全国工农业的发展，河南省的工农业生产得到发展。特别在党的十一届三中全会后，回族经济得到比较迅速的发展。在农村，注重提高粮食产量的同时，以副养农、以工促农，农、工、副全面发展。如民权县回族聚居的马庄，因地制宜，利用黄河故道土地肥沃的资源优势，大量种植苹果、葡萄等水果，年人均收入近千元。

在乡镇企业方面也有发展，如淮阳县城关回族镇，集资40万元办起了清真罐头厂，年产量达1000吨，产值40万元。太康县城关回族镇，多层次地发展乡镇企业，“两户一体”由1984年的1506个发展到1985年的2815个，全镇劳动致富，年收入万元以上的达58户，其中回族占三分之二。沈丘县槐店回族镇与上海百灵皮鞋厂联营，由槐店提供原材料，加工成半成品，上海提供资金和技术，包产包销。

沈丘槐店、淮阳城关、太康城关3个回族镇，与有关大企业、大城市、科研单位、大专院校建立经济技术协作关系，引进资金30多万元，招聘技术人才10多人。淮阳城关回族镇有25个厂与外地企业建立了业务关系，引进开发性新产品5个，该镇的制镜厂与郑州大学化学系联合研制成功新产品软面镜，为制镜工业填补了一项空白。

目前，除少数地区外，河南省回族的温饱问题已经解决，生活水平显著提高，高档日用品也开始进入回族普通家庭。

四、回族人民的革命斗争

河南回族，和其他兄弟民族一样，勤劳勇敢，富于智慧，具有光荣的革命传统，为反抗历代封建王朝的阶级压迫和民族压迫进行过英勇的斗争。

第二次鸦片战争中，郑州回族沙春元（？—1858年）任天津镇标右营游击，防守大沽口北岸炮台。1858 年 5 月 20 日在与英法联军战斗中，冒着猛烈炮火，挺身炮台之上，亲燃巨炮，击沉英舰两艘、毙敌数十名，为捍卫祖国领土洒尽了满腔热血。

《辛丑条约》签订后，清政府把巨额赔款的灾难转嫁给劳动人民，不仅加重征派赋税，又假“新政”之名巧取豪夺，广大人民陷于水深火热之中。光绪二十九年（1903 年）三月，孟县、温县回汉族群众进行了反对加赋改征的斗争。1904 年，回民李元庆又领导开封回汉族群众进行了一次大规模的抗粮斗争。在这两次抗粮事件中，回族群众坚决勇敢，冲杀在前，受到各族人民的同声赞扬。

辛亥革命前后，河南回族的爱国志士纷纷投入这一斗争的洪流。开封的丹鹏晏是仁义会区分部首领，起义前率五百人参加民军，被委任为民军敢死队队长，辛亥革命中壮烈牺牲。固始的马骧云是湖北省早期同盟会会员，参加武昌首义的筹划工作和进攻督署的战斗，被列为有功人员甲种第 35 名。河南回族参加辛亥革命斗争的业绩，是这一时期回族人民救亡图存爱国斗争的一个缩影。

中国共产党的成立，使河南回族人民的革命斗争进入到一个新的历史时期。在党的正确领导下，积极开展反对帝、官、封的斗争，为缔造新中国建立了卓越的功勋。

桐柏县的金孚光（回族），先后参加了八一南昌起义、广州起义。广州起义失败后，受党组织派遣，返乡从事农民运动，他是桐柏县地下党组织的主要创始人。1930 年 6 月，他在正阳领导了有名的白沟庙农民暴动。金孚光所领导的“中国工农红军第一军先遣总队”一直转战在豫鄂皖边区，为建立豫鄂皖苏维埃政权做出了重大贡献。

红军长征途中，师参谋长袁良惠所率的红五军团三十四师，一直担任长征部队的掩护工作，为红军顺利北上屡建奇功。

英雄的河南人民在抗日战争中，纷纷参加八路军、新四军。不少回族爱国青年投笔从戎，冒着生命危险，奔赴革命圣地延安。同时，也有不少人留在回族聚居区积极组织地方抗日武装。1938 年，水东特委书记、睢（县）、杞（县）、太（康）地区游击队政委马庆华，积极发动群众，建立革命根据地，坚持武装斗争。洛宁县长水镇回族群众自发组织抗日武装。南阳县组织“回教救国协会”，建立武装，积极参加抗日斗争。黄池陂村回族群众的抗日情绪高涨，日本侵略军妄想消灭这支回族武装，虽多次向黄池陂发动进攻，但始终未能占领该村，当时，黄池陂成为南阳地区抗战的一面旗帜。

睢县潮庄和蓼堤两个回族村庄都曾是抗日根据地。解放战争时期，这里的民兵大队异常活跃。博爱县大新庄于 1945 年秋组织回民大队，活动在新乡地区，参加战役上百次，为中国人民的解放事业贡献了力量。回民大队后编入冀鲁晋豫边区部队四十七团，抗美援朝时又奔赴朝鲜战场，为人类的解放和进步事业再立新功。

五、发展中的教育事业

历史上，河南回族的教育事业比较落后，这既是经济落后的一种反映，又严重影响了民族的发展，明清时期主要是在旧式经文学校（即经堂教育）教授一些普通的宗教知识。经堂教育多采用阿拉伯文读本，也有阿拉伯文和波斯文兼授的。由于经课之外概非所习，因此学员多不识汉字。清康熙年间，河南伊斯兰教“清真宗师”舍起灵力倡经汉两通教育，主张一面学经文，一面学汉语文，此后，经、书并授方逐渐普及。

清末，河南省内各地清真寺开始设立义学，对回族少年儿童进行文化教育。由于是靠清真寺捐资，不收学费又兼学阿拉伯文，故称作“经书义学”。这种义学相当于当时的私塾，学习国文、算术、《百家姓》《三字经》和阿拉伯文等，教师也多是义务兼职，学校时办时停。后来，热心公益的回族有识之士为解决回族子弟就学困难的问题，在群众赞助与捐募下，创办了回族小学堂。新中国成立前，河南省内回族子弟上中学者甚少，受过高等教育者为数更少，全省回族大学生不过数十名。据省民委统计，新中国成立前，河南省只有 3 所回民私立中学、26 所私立小学。这些回民学校规模小，资金不足，师资缺乏，时办时停。

新中国成立后，党和政府非常关心民族教育事业，使回族的文化教育事业有了迅速的发展。目前，全省建立回族中学 38 所、回族小学 260 多所，1983 年 9 月还新建了 1 所民族中等专业学校。国家不仅每年专门拨付民族教育补助费，而且在中学招生和高等院校招生时，采取“择优录取与适当照顾相结合”的方针，从而提高了回族学生的入学率。1985 年，回族学生被大专院校录取的近 300 名，在校中小学生近 11 万人。

随着经济的发展和生活的改善，广大回族群众渴求科学文化知识，群众集资办学之风正在兴起。沁阳县水南关村投资 40 万元修建新校。许昌艾庄、孟县桑坡、封丘县前荆乡等地也都修建了新教室，改善办学条件，发展民族教育事业。为了培养少数民族干部，省内还举办少数民族干部训练班，并选送少数民族中的优秀子弟到中央民族学院、中南民族学院学习。

六、古老的清真寺

河南省有一批古老的、规模宏大的清真寺。开封东大寺（原名大梁清真寺）是河南第一大寺，“明永乐五年（1407 年）敕赐增修”[①]，明末黄河决口，寺被冲毁，清顺治十二年（1655 年）重修。寺内大殿高 3 丈余、深 7 丈 2 尺、宽 6 丈，巍峨壮观，因它比其他寺位置靠东且建筑雄伟，故名“东大寺”。寺内原占地面积五顷，房屋计 200 多间，修盖大殿皆以大砖黄

① 开封东大寺《重建清真寺碑记》。

瓦，雕梁画栋，给人以庄严肃穆的感觉。寺内至今仍保存有明代阿拉伯文《古兰经》石碑和清康熙二十八年（1689 年）《重建清真寺碑记》等文物。北京王浩然等知名阿訇来此寺任过教长。该寺附近居住着上万名回民，属格底目教派。

开封文书寺是河南省最早改宗伊赫瓦尼教派的清真寺。1922 年阴历四月，马广庆阿訇来此寺占位改宗“新新教”。该寺尚有“万历甲辰（1604 年）岁夏五月吉立”石刻一方。清顺治六年（1649 年）重修。寺内建筑规模虽小，但结构完整，是开封市唯一保存照壁建筑的清真寺。照壁上复脊瓦，有精致的磨砖雕刻。“门楼嵯峨，颇为壮观，正院内大殿广阔，七间四进，能容纳五百回民入内祈祷”①，凰梁鸳瓦、栋宇辉煌，是典型的庙宇式建筑。

开封朱仙镇北大寺，建于明嘉靖十年（1531 年），清乾隆九年（1744 年）重修。建筑雄伟壮观，大殿之高大为全省仅见。前山门有精美雕花石柱 12 根，尤其是大殿门上装镶透明鱼鳞，独具风格，全国罕见。现正在整修中。该坊教民属格底目教派。

郑州北大寺，建于明代，建筑小巧玲珑，古朴典雅，结构完整，寺中的望月楼是河南省清真寺中唯一保存下来的建筑，已修饰一新。郑州伊斯兰经学院附设在此寺之中。

沁阳县北大寺，始建于元代，明代迁现址。它是省内现存的最古老的清真寺，寺内尚有两方明万历碑。寺内主体建筑沿轴线左右对称分布，三进三段，自成体系。轴线上厦、殿、厅、棚结构严谨，分别以孔雀蓝和三彩琉璃脊、瓦饰顶，与疏朗的庭院相称协调，古老雄伟。厅、殿里沥粉贴金，雕梁画栋，与金字浮雕的匾额、对联和壁画浑然一体。研究伊斯兰寺院和古代建筑的专家认为，该寺无论在历史年代上还是艺术、科学价值上，都是一座难得的伊斯兰古代建筑群，对研究我国古代建筑史有较重要的参考价值。沁阳清真北大寺也是河南省重要文物保护单位，可惜建筑破损，亟待维修。

博爱县西关清真寺建于明代。大门、二门重檐斗拱，巍峨壮观，尤其

---

① 《禹贡》半月刊，第七卷四期《开封回教谭》。

是大殿与窑殿（兼望月楼）上覆盖蓝瓦，在晨光、夕阳的映照下，光灿夺目，吸引不少人踯躅瞻仰。著名的哈德成阿訇曾到此求学。

博爱县大新庄清真寺建于明代，有古朴庄严的大门，大殿高大宽广。水房前新修有能转动、会喷水的假山，为古老的院落增辉不少。

（原载于《宁夏社会科学》，1986年第五期，48~55页）

河南回族分布的历史渊源

穆德全

我国是个统一的多民族的国家。回族是少数民族之一。据 1982 年全国人口普查统计，回族为 7219000 多人（台湾省和港澳地区待查）。散居全国，分布最广，以宁夏、甘肃、河南、新疆、青海、云南、山东、安徽、辽宁等省（区）和京、津两市为多。河南地处中原，有 41 个少数民族，是一个多民族杂居的省份，回族有 80 多万，占全国第三位，居本省少数民族的首位，它以大散小聚的分布特点和汉族杂居在一起。

根据调查，省会郑州市有回民 6 万余人，开封市有 3.2 万余人，洛阳市有 2.9 万余人，平顶山市有 2 万余人，焦作市有 1.2 万余人，周口市有 1.1 万余人，商丘市有 0.9 万余人，新乡市有 0.8 万余人，南阳市有 1 万余人，许昌市有 0.7 万余人，漯河市有 0.7 万余人，驻马店市有 0.5 万余人。各市回民大都是聚居在一条街或几条街上，并建有清真寺，形成一个称为“坊”的聚居点。这个“坊”字，是回民自称寺辖的居民点，是从元以前的“回回人”的“蕃坊”演化下来的。这个“坊”就代表着回民的小聚点，回民对“坊”中的清真寺有较多的依附关系。清真寺是穆斯林的宗教建筑，又是回民聚会的场所。一“坊”之中也有汉族，但以回民特有的民族风格为标志，“坊”中回、汉民众彼此依靠，互相扶持，谁也离不开谁。从历史上说，河南的回汉关系和睦相处是主流，几百年间相依为命，同舟共济，在经济生活中互相供给，共同繁荣。在各地县城中，大体上也是一样，县市中的回民以经商为主，兼营小手工业，在城市中回民的聚居点以闹市和商业点附近为多，在县城以城厢为“坊”的占多数，这都是由于商业关系促成的。小商贩摆摊设点、手提肩挑是回民商业上的特点。

在农村，回族民众大多集中生活在一个村子或几个村子里，形成了大小不等的回族自然村和自然乡。河南农村中的回民的经济生活以农业生产为基础并兼营具有一定季节性、地域性和有一定专业性的小商业。使得城镇、关厢、街道和农村中的回民在经济交往、教坊联系和姻亲之间存在着多种联系，从而为农业兼商业的经济活动提供了有利的条件。小聚居点（坊）成为他们之间的“驿站”，清真寺成为这一联系的枢纽。

河南省的4个省辖市、2个地专辖市和110个县中，皆有回民的聚居点，但仅有3个相当于县级的市内回族区和县属的11个回族乡。据调查，河南各县的回民人数分别是：荥阳市10039人、博爱县14000人、封丘县10069人、商丘市11828人、民权县22481人、宁陵县13370人、睢县12732人、禹县14066人、襄城县14763人、太康县22506人、淮阳县18146人、沈丘县13794人、西平县12210人、镇平县15022人、邓县17428人、固始县14934人、光山县40人、新县28人。太康县回族人口最多，淮阳县次之，新县最少。由此可见，河南省的回民分布状况是大杂居、小聚居。小聚居点星罗棋布，点与点之间没有形成大的面，都是孤立的点，这种情况在全国具有共性和普遍性。因此，研究这一特点形成的历史渊源，有助于探讨回族大散小聚分布特点的规律性。

一、元代的屯田和明初的移民

元以前河南有极个别信仰伊斯兰教的大食（阿拉伯）的传教士和商人在开封活动，这些人后来定居河南，他们的后裔是元以前的“回回人”之一，但是数目很少。元代有大批的回回人定居河南，为缔造河南的历史做出了贡献。元代的回回人是从中亚来的，其中以东突厥人中的回纥人（元代的回纥即回回）为主，元代河南的回回人中没有阿拉伯人，即使有少量的波斯人，也是中亚和突厥人融合的后裔。因此，笔者认为河南的回回人主要是从中亚来的。元代成吉思汗西征时，把从中国西北部西迁到中亚并皈依了伊斯兰教的突厥人送回到中原故土，他们自称为回回人，元代法典中也承认他们就是中国的回回人，而不是其他人。

《多桑蒙古史》云："盖今在此东方地域之中，已有回教人民不少之移殖，或为河中（阿姆河与锡尔河之间）与呼罗珊（今伊拉克东北部之霍腊散地方）之俘虏，掣至其地为匠人与牧人者，或因佥发而迁徙者，为数亦甚多焉。"①这些东来的回回人回到"中原"故土以后，元世祖忽必烈将他们安置在全国各地进行屯田。河南是元、金和元、宋之间久战之地，在战略上，元驻重军于河南，回回人被编在"回回亲军""西域亲军"和"探马赤军"中。河南是一个大的屯田区。《元史·兵志》说："河洛、山东据天下腹心，则以蒙古、探马赤军列大府以屯之。"又说："南北混一之后（指元朝统一全国之后），以蒙古、探马赤军屯于中原之地。"②

这些人的任务已不是作战，而是转入屯垦生产，和其他军种一样，"上马则备战斗，下马则屯聚牧养"，"皆兴屯垦，以赡军旅"。"屯聚"这两个字，就成为以后回回人"小聚"的先声，因为他们是有组织、有编制而集体到河南来屯田的。后来，元朝廷于至元二十九年（1292年）"命蒙古探马赤军人一体入社，依例劝课"③，《元典章》有专记屯田户入社条例，非常详尽。从中亚俘虏或佥发来的回回人先变成军士兵丁，又变成军屯户，最后又入了社，成为农村中的一个行政组织属下的"社员"，固定在河南的土地上，使回回人在农村生了根，这种军农合一制的演变，就形成了回回人散居全省，又聚居在屯田区的某一点内，这个点，随着回回人入社而形成回族的村子。

河南是元代回回人的屯田区。这是因为它所处的地理位置在战略上的重要性，它是"濒河而南，大江以北，其地要冲"，乃金亡归附"新入版图，置省南京以控制之"④。南京即今开封市，为战略基地，有重兵驻防。这些兵，主要是回回人，以后各省的回回军士也集中到开封来屯田。《元史·世祖本纪》载："（至元十八年七月）庚子，括回回炮手散居他郡者，悉令赴南京屯田。"又载："（至元二十六年）十一月丙午朔，回回昔宝赤百八十六户，居汴梁者，申命宣慰司给其田。"昔宝赤系军名，见《元

① 冯承钧译：《多桑蒙古史·绪言》，引波斯人，阿拉伯人所著《世界侵略者传》。
② 《元史》卷九九"兵志"第四十二，"兵二""宿卫"。
③ 《新元史》卷六九，"食货""农政"。
④ 《元史》卷五九"地理志"二，河南江北等处行中书省条。

史·阿沙不花传》。元初河南江北行中书省置南京路，后改为汴梁路，路治在今开封市，这是见于正史中最早的元代回回人定居河南屯田的记录。南阳地区也是元代回回人屯田的一个点。据《敕赐伊川书院碑》所记伊川书院的经管人勖实戴，在南阳府所属之嵩州（州治在今河南伊川县）进行屯戍。至元八年（1271年），唐、邓、裕、嵩、汝5个州均属南阳府辖。回回炮手总管兼领屯田的勖实戴，在青州的屯田是个试点，以后，回回人的屯田又在南阳府所属之各州县推广。《元史·兵志》四十八有明确的记载："立南阳屯田总府……为田一万六百六十二顷。"直至今日，南阳仍是河南省回族较多的地区。

洛阳地区也是回回人屯牧之地。据明嘉靖三十四年（1555年）修的《巩县志》记载："回回凹在县西南三十里，元时牧马之地。"这个地方以回回命名，显然是有相当数目的回回人曾在该地屯田牧马，后来发展为回回的一个聚居点。

现在，河南有不少的地名冠以"回回"二字，如开封市西郊有"回回寨"，相传其先世系元代回回屯田户的后裔，后来发展成一个回回聚居点。屯田使回回人有了土地，得以在河南落籍，这些回回屯田点的周围是汉人，他们彼此间在农业上互助，生活上交流。这些由军士而变成的屯田户，没有家眷，必然和汉族通婚，汉族加入了回回行列中，皈依了伊斯兰教，形成了回、汉民族在河南的相依为命，使小聚点在回、汉杂居中永存，回族的繁衍生息是和回、汉杂居有密切关系的，小聚居点中回回人的传宗接代是回族发展中不可或缺的条件。到了明代，回回人在河南又有了发展。

明初，朱元璋曾"徙北平在城兵民与汴梁"①。元末河南"丧乱之后，中原草莽，人民稀少"，明初曾迁山西民于河南，现在河南回民中还流传着从山西洪洞县迁来的传说。从洪武二年（1369年）到永乐二十年（1422年），有组织地、非一次性地从山西迁入今滑县、浚县、长垣、汲县、新乡、获嘉、淇县、修武、武陟、济源、温县、孟县和开封等地，这也是回汉通婚和明代河南大批出现回回村庄的一个促进因素。凡是回族村名中带

① 《明太祖实录》，卷三五。

有“屯”字的，其村民皆为明代迁民的后裔。

二、商业上的专业性和水陆交通线上的交会点是聚居的条件

元代的回回人以经商和理财著称，这和他们在南亚和中亚的传统有关。大食帝国时定居中国的元以前的“回回人”以及元代从中亚来的回回人，都是在花剌子模、撒马尔汗和塔什干等地受粟特人的影响，奔走在中亚的丝绸之路和沿海的国际商业航道上商人的后裔。元朝建立以后的中书省和行中书省的宰臣中有不少善于理财的回回人。河南的回民都是下层劳动人民和小商贩，在农村种田兼营商业，在城市以摆摊设点的小商贩居多，以饮食业中的小吃业为主，还有牛羊肉业、牲口行、浴池、旅栈、医药、皮毛、古玩业等。在农村，有百分之七十的农民兼营季节性的小商饭和短途贩运，有一部分人还兼营牧养牛羊。这些行业，使他们只有依附于回民聚居点周围或向聚居点靠拢而居，也就是以清真寺为中心聚族而居。清真寺产生了一种潜在的向心力，成为回民在商业上依附的中心。如牛羊肉屠宰业必须由寺内的阿訇下刀，才可得到信赖。回民在经济生活上对清真寺有一定的依赖性，这是小聚居点得以在历史上长存的条件。

河南地处中原，由于它所处的地理位置的优越性和它的平原地形，这就有利于回民的落脚和聚居，更有利于他们从事商业活动。京汉铁路未筑成前，水运系统是历史上主要的经商线路，短程轻便的舟楫运输适合小商贩往来活动。河南回民的分布和河南的水运动脉有着很深的渊源。河流之间的交会点是商业上的聚居点，河流之间的平原和盆地是回民自然村落出现的温床。

河南省迤东有南北大运河，这是元代从杭州到北京的南北大干线。河南省迤南是长江。运河南北横贯，长江东西纵行，省外的运河和长江成为沟通省内各水系的大动脉。运河、长江和省内黄河是内外三条大干线，与省内各条河流相衔通，形成了内外纵横的水运航线。

从北来的回民，元、明、清三代的北京回民迁入河南，是经通州沿运

河入山东向西而进入河南，这是菏泽、东明入濮阳的航线。这 线上的回民中京商较多，他们定居河南后，从事珠宝古玩业和水运业，终点是开封。从河北的大名沿卫河而达河南的浚县和新乡，沿漳河而抵河南安阳，浚县是河北漳、卫二水和由运河从山东上岸而入河南的三角交会点，浚县成为回民聚居点，他们以经营牛羊业而著称。

东南方是回民在河南经营皮毛的通道，是从安徽蚌埠西上，沿淮河经豫皖交界的界首，顺颍河，过项城而达周口。周口是历史上的名镇，水陆交通便利，是河南的皮毛集散地。这里的回民沿颍河西北行到许昌，沿沙河向南达漯河和驻马店，可与湖北入信阳的回民接踵。现在，驻马店的回民大多是从周口迁去的。

从正南方向湖北来的回民，经襄樊沿唐河、白河与南阳地区的回民相聚一起，因此，豫西南的唐河和白河流域的南阳盆地是回民分布较密集的地区。

从西方方向陕西来的回民是由华山南麓向东南经卢氏县折向东北抵偃师县，经洛、伊两河相交的杨村而抵达巩县。自古以来，由陕西入河南的回民就是走的这条陆路交通线，这一带的县城和农村，都是以农业为主而兼营商业，这是元代屯田区和明初移民建屯的地区。由巩县和密县来郑州的回民，在1938年国民党轰炸黄河花园口以前，都是折向东南而到开封的朱仙镇，顺着元代的贾鲁河而到达周口。朱仙镇是全国四大名镇之一，它与回民的开发是分不开的，那里是屠宰牛羊的中心，每天有大量的牛羊鲜肉进入城市，又是黄河北岸孟县桑坡回民皮毛业向周口贩运的一个中转地。从元代以来已是回回人的一个屯田区，明代建有著名的清真北寺。

从西北方向来的回民，沿山西、河北，经太行山到达沁阳和新乡，也有从山西进入河北，沿漳河而抵河南的林县。黄河北岸的沁阳是回民的一个大聚居点，有古老的清真寺，孟县的桑坡、武陟县的木栾店和封丘县的荆疙瘩都是黄河北岸的聚居点。

从豫东到豫西，从豫南到豫北，各水系流经之地形成了一个短程交通网，回民商人聚居在交通线上的城镇中某条街道或胡同，农民分布在两条河流交汇角的平原，进行农业兼有季节性的商业活动。在黄、淮河、伊洛河、唐河、涡河、颍河等沿岸，建立了大大小小的回民聚居点，而河流和陆路是点与点之间的交通线，点与点、线与线、点与线之间，成为回民进行商业贸易、婚姻联系和宗教活动通路，形成了生产、运输和消费之间的联系。而各点中的清真寺，又是巩固和形成这种大散小聚分布特点的纽带。

三、河南的清真寺是分布特点形成的标志

伊斯兰教是回回人普遍信仰的宗教，清真寺是回回人聚礼和聚会的场所。元以前的回回人曾在广州、泉州、杭州、明州、开封、扬州、长安和北京等地建有一批中国最古老的清真寺，但为数不多。到了元朝，随着“回回皆以中原为家”，有大批的清真寺出现，见于史书所载的，如杭州的真教寺。《西湖游览志》云：“真教寺在文锦坊南，元延祐间（1314—1320年），回回大师阿老瓦丁所建。”① 英宗时，于“至治元年（1321 年）毁上都回回寺”②。上都故址在今内蒙古自治区正蓝旗东闪电河北岸。以上记载说明，从南到北皆有回回人所建的清真寺。据摩洛哥大旅行家伊本·拔图塔于 1345 年（元顺帝至正五年）左右曾到中国游历，他亲眼见到：“中国的城市里，都有穆斯林的聚居区，他们有自己的礼拜寺，他们受到尊重”③。元、明两朝，河南修建了一些清真寺。尤其在明初，朝廷拨内帑修建的清真寺，名为“敕赐寺”，开封的东大寺挂有“敕赐寺”的御匾，便是这一批寺之一。有的寺是官僚士大夫“舍宅为寺”或独资创建的，如开封的文书寺就是由汤和的宅第改建为寺的，而多数的清真寺则是各地的回民为了进行宗教活动和聚会以及为满足生活上的婚丧嫁娶、沐浴、斋戒等需要而募捐（回民称为“乜堤”）创建或重建的。如清代回族学者蒋湘南所撰《南照镇重修清真寺碑记》中提到：“大淮东至南照镇，有寺翼然临于北岸，曰清真寺，回人事天之所也。……阿浑等走募于百里内外，醵群

① （明）田汝诚：《西湖游览志》，卷十八。
② 《元史·英宗本纪》，卷二七。
③ 张星烺：《中西交通史料汇编》第三册转引。

金，成善果，甚盛举也。”[①] 光州南照镇的清真寺是乡老捐款重建的。河南各地的清真寺皆是如此。

河南的清真寺中，建于明代的寺在城镇的较多，建于清代的寺则以在农村的居多。明、清时河南修建了大批清真寺。据了解，现仅需要进行维修的就有 74 座，其中属于明代的寺有：郑州郊区刁沟寺、开封市东大寺、开封市文书寺、开封市三民胡同（明代称凤凰街、草三亭）清真寺、开封市东郊张庄寺、开封朱仙镇北寺、平顶山市焦店寺、焦作市的两座清真寺、博爱县大新庄寺、通许县城关寺、沁阳县北大寺、民权县的 3 座清真寺、博爱县西关寺、新野县沙堰寺、南阳县黄石陂寺、镇平县城关寺、长葛县白寨寺、长葛县教庄寺、禹县山货场寺、襄城县颖桥寺、许昌县艾庄寺、许昌市寺等，以上所列并不是河南省所有建于明代的寺。有了清真寺，意味着回民的小聚居点已形成或正在形成中，这些地方已有回民定居。屯田或移民而来的回民，向清真寺集中，向县城集中。明代后期到清代，全省的清真寺已在农村普遍建立起来，回民自然村清真寺的增建，说明回民已在农村世世代代繁衍生息，人口增多，并以寺为单位形成了教坊。各教坊之间是没有隶属关系的。教坊只能处理或负责宗教上的事务，它与行政单位中的乡和村社没有统属关系，从而只能使各寺、各点之间互相孤立，不能形成大的聚居区或广泛的面，各个点的消长随历史条件的变化而有差异。但回民的聚居已稳定下来，形成了清代农村小聚居点的定型化，并且在数量上远远超过城市中的聚居点，形成村社化和街巷化。大型的清真寺的创建很少，有几间房子的寺院和小巧玲珑的清真寺增多，说明回民人口的增长速度加快，小聚居又向分散发展，发展中又有新的、更小的聚居点形成，这就是回族人口分布大散小聚的特点。

四、避难和逃荒是新的小聚居点出现的条件

从明代末叶以来，河南是西北和外省“回民起义”失败后的避难所。

---

① 蒋湘南：《七经楼文钞》，卷六。

河南的回民对外省来豫逃难的“义士”总是给以接纳和提供支援。如明成化年间（1465—1487 年），湖北回民参加荆襄流民暴动，失败后流落在南阳和信阳一带，当地回民安插他们在原回民小聚居点中定居。过去回民中流传的一句话：“千里回回是一家”，因为他们都是信仰伊斯兰教的，生活习惯相同，凡是承认自己是个中国人，而所干的事业对国家、对各族人民有利，回民总是伸出友谊的手，把他们视若家人。河南的回民是最讲义气，最讲团结的。历史上河南的回民内部和回、汉之间，总是团结和睦相处。当时，陕甘有一部分蒙古人，以贩马为名，愿意到河南谋生，参加到回回的行列，他们也信仰伊斯兰教，人们称之为“回回达达”，他们沿着豫西的山路到达南阳并定居。明正德年间，陕西回民因荒年逃到山西垣曲，再入河南济源聚居下来。明末李自成义军中，有陕北老回回马守应为首的 13 家 72 营回民义军转战于豫南一带，起义失败后，一小部分进入湖北，另一部分留居在南阳和信阳一带，他们的后裔现在尚能讲述当年酣战的片断。开封市中心鼓楼南善义堂清真寺是陕西“马客伙”的回民集体创建的，碑文上记载说是“因避乱”而逃到开封，以贩马为业，遂落籍开封。这些来河南的回民，又开辟了新的小聚居点，构成河南回族中的一部分。

综上所述，笔者认为对河南回族分布的历史问题进行研究是有一定意义的。河南回族大散居、小聚居的分布特点具有相对的稳定性，并具有典型性，在全国来说又有普遍性。

（原载于《史学月刊》，1985 年第三期，41 ~ 46 页）

河南回族人口研究

张　玮　胡云生

河南地处中原，回族历史悠久，人口数量多。新中国成立以来的四次全国人口普查显示，河南回族人口在各省、直辖市和自治区的回族人口排名中一直稳居第三位。河南回族人口的研究，对于正确认识中原回族，科学制定与实施回族人口政策与战略大有裨益。今就此略陈管见，抛砖引玉，以冀引起学术界对河南回族的重视。

一、河南回族的历史人口

河南回族历史人口的统计，可以说是十分混乱、一片模糊的“糊涂账”，直到目前为止，关于河南回族的历史人口，不论是官方的、非官方的数据，或者学者们的研究结果，都是估计的、推测性的，如1947年描写河南回族人口数量时，称“约有一百万人强”①，开封的人口总数25万，其中“回民约占总数的五分之一而弱，大约是在五万上下的样子”②，因而也就仅具有参考价值而已。尽管如此，有一点是可以肯定的，即河南回族历史人口在全国各省份中是较多的，当然，这有一个缓慢的历史发展过程。

---

① 特瓦杜阿：《中原回回》，载《月华》，1947（6）。
② 卢振明：《开封回教谭》，载《禹贡半月刊》，第7卷第4期。

（一）元以前回回人口的发轫

河南回回源于唐代。清乾隆三十五年（1770 年）许昌枣园创修清真寺碑记云："自唐渐至东都，元明大盛中华。"清嘉庆八年（1803 年）禹州城西皂角坪创修清真寺碑记云："皂角坪有教门者天方人也，由唐及今迁居多年。"唐宋时期，河南洛阳、开封地处要道，吸引了不少沿海上丝绸之路来华的大食和波斯商人。《太平广记》载唐代牛肃在天宝五年（746 年）见到"胡商"在开封卖药。[①] 开元初，浚仪（今开封西北）县尉李勉任满游广陵，在睢阳遇到一有病的年老波斯商人，称在此经商已 20 年了。[②] 宋人张知甫在《可书》中亦记载一蕃客来开封售真龙涎香。《宋会要辑稿》职官四四载："今来大食诸国蕃客，乞往诸州及东京买卖。"宋朝廷对前来的穆斯林持友好态度。南京《梁氏家谱》称，其祖"本西域天方古教"，宋熙宁时"入觐汴京"，"家世居汴，蒙宋王御赐公梁姓，又赐长名爱，赐弟名婴，赐堂名滋德，于是爱婴二公，盛名播传当世"。[③] 天文学家马依译，亦本西域之人，"精历学。宋太祖建隆二年（961 年）应召入中原，历订历象无差。世袭侯，与王处讷同时，后家陕西西安府泾阳县永乐镇。生齿日重繁，科甲连绵，至十一世分迁河南。十一世祖讳乾介，由进士出身，任河南南阳府知府；以宦籍家新野县，此由陕迁豫之始"[④]。南宋人周密所著《癸辛杂识》载有开封回回经商事：开封的"万岁山大洞数十，其洞中皆筑以雄黄及炉甘石，雄黄则避蛇蝎，甘石则天阴能致云雾，蓊郁如深山穷谷。后因经官折卖，有回回者知之，因请买，凡得雄黄数千斤，炉甘石数万斤。"这些唐宋时来豫的穆斯林定居在蕃坊，和周围汉人通婚繁衍，形成了河南回族人口元以前的"回回人"成分，当然这部分人口数量较少。

---

① 《太平广记》，卷 28，《郗鉴》。
② 《太平广记》，卷 420，《李勉》。
③ 南京伊协梁全智先生家藏《梁氏家谱》序言。
④ 湖北襄樊市《马氏宗谱》，封面上书：同治元年季春月《马氏宗谱》，马风洲氏置。

（二）元代——河南回回人口地区构成的基本定局

元代，大批回回人进入河南，或屯田落籍，或为官留居，为现代河南回族人口的构成奠定了基础。屯田落籍是其主要形式。河南是回回屯田区之一。“（至元十八年七月）庚子，括回回炮手散居他郡者，悉令赴南京屯田。”南阳府的屯田数为“田一万六百六十二顷七亩”[①]，回回人为屯田总管，此地的回回定然不少。巩县“回回凹在县西南三十里，元时牧马之地”[②]。从淮阳到沈丘一带，是穆罕默德·阿丁率回回人在此屯田，沈丘县槐店老清真寺有元世祖至元十年（1273 年）的建寺碑可证此事。至元二十九年（1292 年），元令回回人“一体入社，依例劝课”[③]。军屯变成“社员”，使其有了安定的生活条件，不再流动和漂泊，形成了一个个回回聚居地。元时回回社会地位较高，任职河南的回回不少。如回回曷思麦里三代世袭怀、孟达鲁花赤。[④]中统间，阿里“宣差孟州达鲁花赤”[⑤]。哈只之孙凯霖“迁林州达鲁花赤，升奏议大夫。彰德路总管府达鲁花赤兼本路诸军奥鲁总管府达鲁花赤，管内劝农事”[⑥]，并把其家坟迁至安阳。其他如赛典赤·赡思丁[⑦]和回回人买奴[⑧]等亦为官留居河南。

伴随着各种形式回回人入居河南的延续和发展，元时形成了“今回回皆以中原为家”的局面，并分布到省内各地。他们为了宗教活动和饮食生活上的便利，建有不少规模简陋的清真寺，由“答失蛮”主持教务活动。在清真寺的周围形成了较为集中的回回聚居地，这表明河南回族小集中居住方式业已形成，是元代回回定居河南的一个重要标志。

---

① 《元史》，卷 100“兵二”，“屯田”。

② 明嘉靖三十四年（1555 年）《巩县志》。

③ 《新元史》，卷 69《食货》《农政》。

④ 《元史》，卷 120《曷思麦里》，又《新元史》，卷 131《曷思麦里》。

⑤ 《孟县志》，又见吴廷燮：《元行省平章政事年表》，1936 年上海开明书店《二十五史补编》本。

⑥ 许有壬：《至正集》，卷 53，《西域使者哈只哈心碑》。

⑦ 《潜研堂金石文跋尾》，卷 20，《济渎重建灵异碑》。

⑧ 黄晋：《宣徽使太保定国忠亮公神道第二碑》，见《金华黄先生文集》卷 34，《四库丛刊》影印本。

（三）明清移民——河南回回人口成分的拓展

明清时期，回回迁居河南又出现一个高潮，不仅人数与年俱增，分布区域也扩展到河南省内各个村落。到清时，河南境内已建有500多坊清真寺。从分布地域上看，河南的回回已由开封、洛阳、沁阳、沈丘等地域逐步扩展到整个河南。从入居的形式来说，大致有洪洞迁民、经商入居、官宦入籍、行医传教落籍、反明义军疏散、避难入居等。①

（四）不容忽视的其他民族成分

在河南回族人口形成的历史过程中，由于回回和其他民族长期杂处一起，故又融入了一些汉人、蒙古人、维吾尔人等其他民族成员。特别是汉人。由于受到回回传统文化的影响，一部分汉人自愿信伊斯兰教，遵守教规，演变为回族。“由陕甘汉人奉回者移入，与宋时沿金沙江入川滇回纥人实不同种。”② “回民之居豫者，多系陕甘汉人；元代兵裔，崇拜回教，迁徙至此。”③ “回族禁饮酒、食猪肉，婚葬延阿衡讽经，聚族而居多。据城邑或镇市之繁盛处，数十家以上，必建一礼拜寺。……信阳、罗山、潢川、光山一带之回民，间有与汉人同化通婚姻者，此教为穆罕默德以后之十叶派，在中国传习颇盛。”④ 南阳县黄台岗乡的22户陈姓，是明末由南召县迁至陈岗的，后来，陈仪一门由于信奉伊斯兰教而改变生活习惯，在其祖坟的茔地里，上边是遵照汉族习俗修建的圆坟，下边是遵照回族习俗修建的长坟。栗河乡的李家、瓦店镇的薛家、石桥镇的姚家也都是汉族信奉伊斯兰教以后而演变为回族的。镇平县黑龙集团结村吕姓，其祖先本为汉族，后因与外人争讼，为了争取胜诉，依附当时的回族官吏，全家入

---

① 胡云生：《河南回族来源考略》，载《中南民族学院学报》，1995（5）。
② 林传甲主纂：《大中华河南地理志》第四篇第三十二章《清真》，民国九年。
③ 王幼侨：《河南地方与人文志略》，北平西北书局。
④ 林传甲主纂：《大中华河南地理志》第四篇第三十二章《清真》，民国九年。

教，从此就成了回族，吕姓前辈的祖坟是圆形，后世才改成鱼脊形。[1]

二、新中国成立以来河南回族人口的特征

新中国成立以来，由于种种原因，河南回族人口呈现新特色，与其他民族相比较，在人口数量、质量和结构等方面发生了很大的变化。

（一）人口数量和增长速度

从河南的回族人口总量看，明显地呈现两大特点。

人口基数大。据统计，1949 年河南民族人口总数为 345611 人，回族人口为 328919 人，1952 年略有下降，为 321995 人，1953 年又回升至 378792 人，1957 年为 402360 人，1958 年为 426704 人。由于三年困难时期和迁出回民的原因，1962 年下降至 423233 人，1964 年为 479443 人，1982 年为 730252 人，占河南省少数民族人口总数的 91.25%，占全国回族人口的 10.72%。1987 年为 841872 人，1990 年全国第四次人口普查，河南回族人口达到 868970 人。[2] 新中国成立以来，回族人口一直位居河南各少数民族人口的首位，而且比重较大。

人口增长速度快。新中国成立以来，河南回族人口增长势头迅猛。自 1964 年第二次人口普查至 1982 年第三次人口普查的 18 年间，回族人口增长 52.32%，比同省汉族人口增长率高出 4.51 个百分点。1982—1990 年，河南回族人口高增长率的势头明显放缓，人口形势处在相对稳定状态，增长率为 18.6%，在全国各省回族人口增长速度中居第五位。河南回族人口增长的原因是多方面的，其中自然增长率较大是一个重要原因。新中国成立以来，由于医疗卫生条件的改善和提高，人口的自然增长率便大大提高

① 关于维吾尔人、蒙古人等民族融入河南回族人口的论证详见《河南回族来源考略》。

② 1949 年、1952 年由河南省民政厅统计，1964 年、1982 年为全国人口普查数，其他为河南省民委统计。

了。迁移人口的增长也是河南回族人口增长的另一个重要原因。河南地处陇海、京广、焦枝三大铁路干线交汇之地，交通方便，物产丰富，这就为回族人口的迁入提供了有利的条件。

（二）人口质量状况

河南回族人口身体素质较高。由于河南回族有热衷健身和体育运动的历史传统及拥有良好的卫生习惯，河南回族人口身体素质较高，人均寿命也较长。1982 年统计，全省百岁以上老人 364 人，其中回族 16 人，占 4.4%，超过回族占全省人口 0.98% 的比例。

回族人口科学文化素质明显提高。1949 年，河南仅有回族中学 2 所、回族小学 26 所。回族子弟到国立中小学就学的人数不多，受过中等教育的所占比例很小，受过高等教育的不足 50 人，文盲率为 95% 以上。新中国成立以后，政府十分重视回族人口科学文化素质的提高。1957 年，全省有回民中学 4 所，在校学生 5748 人；回民小学 57 所，在校学生 50110 人。1982 年，回族人口中具有初中以上文化程度的占 35.1%，大学毕业的 2809 人，大学肄业或在校的 833 人，高中 58402 人，初中 163415 人，小学 229396 人。截止到 1987 年，全省有回族小学 267 所，比 1957 年增长 368%；回族中学 38 所，是 1957 年的 9.5 倍；回族职业高中 1 所；回族幼儿园 4 所；民族中专 1 所。在全省回族中有学历的科技干部共 9055 人，其中高级职称 19 人，中级职称 657 人，初步建立起一支回族科技队伍。

（三）人口结构状况

人口结构的研究是一种静态研究，它可以根据人口结构的有关状况，对未来人口发展走向作出预测，对人口规划有着重要作用。河南回族在人口结构上不同于西北地区回族人口结构，在类型上属于内地回族人口类型，呈现出中原回族特色。

第一，人口性别比例相对协调与稳定。这是影响婚姻状况的重要因素，这对于多实行族内婚的回族来说尤为重要。据 1964 年统计，河南回族性比例为102.6，和汉族相同（以女性为100计算）；1982年性比例为100.4，低于同省汉族的104.0，更低于青海和甘肃的104.89，趋向协调。回族性别基本平衡，与伊斯兰教不歧视女婴的规定有关。

第二，河南回族人口结构中未婚人口比重高。未婚人口系指15岁及15岁以上从未结过婚的人口。据1982年统计，河南回族未婚人口比率为29.79%，其中男54.79%、女45.28%。这和同期宁夏回族人口未婚率26.24%、青海省回族人口未婚率16.2%相比较高。[①] 按照伊斯兰教规定，男12岁、女9岁即可婚配，因此西北地区回族人口未婚率较低，即早婚现象较为严重。而河南地处中原，受当地文化影响和计划生育政策的约束，早婚现象并不严重，有配偶人口比重较小。据1982年普查，河南回族人口有偶比重为61.13%，其中男49.52%、女50.48%，比同期的汉族低4.27%，比宁夏回族人口的68.69%低7.56%，比青海低5.47%。河南人口的有配偶人口比重小和未婚人口比重高是一种现象的两个侧面，回族人口有配偶率低的原因同样是受到晚婚思想的影响。尽管河南回族女性人口再婚快，再婚率高，但现实生活中处于离婚状态的回族妇女比重仍然偏高。1982年普查，河南省回族人口离婚率为0.37%，比天津市的0.64%、青海省的1.1%、河北的0.49%偏低，但其中女性离婚率为71.43%，男性仅为28.57%（指标为100）。造成这一状况的原因和包办婚、媒婆婚有关，亦受人口文化素质的影响，这是值得注意的。

第三，河南回族人口年龄结构属于中年人口，基本处于稳定状态。河南回族人口年龄结构与全省汉族的年龄构成十分接近。据1982年普查，0~14岁的占34.32%，15~64岁占60.45%，65岁及以上的占5.23%，这和同期宁夏3个相应年龄段的45.15%、51.78%、3.07%相比，河南回族人口中青壮人口比重最大，这对河南省人口增长不会有太大的影响。

第四，河南回族人口职业结构。新中国成立以前，回族居住农村者以农业生产为主，兼营牧业、手工业和商业；居住城镇者多从事手工业、商业，就业面狭小，有固定职业者很少。新中国成立以后，回族就业面扩大。但仍存在一定问题：在业人口中直接从事脑力劳动的比例低，各类专

① 这里是举开封市维中街和杞县阳固乡的回族人口情况，详见《中国人口》河南分册。

业技术人员的比例亦低，农、林、牧、渔业劳动者比例仍很高，生产运输工人队伍蓬勃壮大，成为推动回族经济发展的有利因素。据1982年统计，河南回族人口中各类专业技术人员占5.05%，国家机关、党群、企事业负责人占1.66%，办事人员和有关人员占1.82%，商业工作人员占4.56%，服务性工作占4.34%，农、林、牧、渔劳动者占60.77%，生产工人、运输工人和有关人员占21.64%，不便分类的其他劳动者占0.14%。值得注意的是，河南回族人口中从事商业和服务性工作的人口比重远大于汉族，这也表明回族依然保持了善于经商的传统。1987年，全省回族经营的企业中，属个体和联合体的占96%。沁阳县水南关回族聚居村先后办起13个企业，全村90%有劳动能力的人都在企业从事生产，改变了过去的回族职业构成，这也是回族人口职业构成中一种新现象。

第五，河南回族人口家庭结构中传统的回族大家庭制仍较普遍。家庭人口规模直接影响着回族人口的发展。

以河南城市为例，回族家庭多为3~5人户，农村多为4~6人户，而城市的6人户家庭和农村的7人户家庭均已降到8%以下。城市回族家庭人口规模与全国平均规模极为接近，2~5人户占总户数的绝大部分。而农村回族家庭不仅3~6人户所占比重较大，而且8人及8人以上户所占比重甚高。这也说明，传统的回族大家庭制仍较普遍，而这又恰恰是人口增长的社会基础，值得关注。

第六，河南回族人口地区结构不均衡。具体表现在以下几个方面：一是回族人口向中心城市集中的趋势越来越明显，表现突出的是郑州市、开封市和洛阳市，除此之外，其他地区性的中心城市也愈益成为回族人口移居的目的地。试以郑州等几个城市为例，略作分析。① 城市回族集中度较高。平顶山市是因煤矿开采而新成立市，因此回族集中度相对较低。开封市、洛阳市和郑州市是河南政治、经济、文化中心，对于善于经商的回族来说，向省会和大城市集中是一种自然趋势。这也造成了河南回族人口城镇化水平相对较高。二是大散小聚。回族在全省分布非常广泛，各县市均有分布，但又在豫东和南阳盆地形成自己的聚居区，仅周口、商丘、许

① 1990年第四次人口普查数字。

昌、南阳四地区即拥有回族人口的51%。回族人数在万人以上的县市有24个，5000人以上的县市有18个，1000~5000人的县市有57个。从自然居住区来看，又多分布在清真寺周围。

三、河南回族人口战略制定与实施

河南回族人口战略的选择，不取决于人们的主观愿望，必须从河南回族的实情出发，遵循人口发展规律。具体的战略应是：严格控制回族人口数量，大力提高回族人口质量，积极调整回族人口结构。

为了实现河南的回族人口发展战略，必须加强人口管理，着力抓好以下几项工作。

（一）坚定不移地严格控制回族人口数量

河南回族人口从宏观上讲增长率较低，人口年龄结构呈成年人型；微观上家庭人口规模较小，基本上实行晚婚晚育，因此在未来10年内人口不会有大规模增长。慢速增长是河南回族今后一段时间人口发展的主要特征。因此，对于河南回族，应继续执行目前的人口政策，严格执行生育政策，杜绝多胎生育，尤其在农村，更要严格执行。在城市，除特殊情况外，普遍实行一对夫妇只准生育一个孩子的政策。同时，综合运用思想教育、经济奖惩、行政立法等措施，以保证控制回族人口增长政策的实现。

（二）切实注重提高回族人口质量

提高回族人口质量，是人口战略的重要内容，也是人口结构现代化必须解决的一个紧迫任务。针对河南回族人口质量状况，今后应采取的对策是：大力提倡优生，大力发展教育事业，大力加强精神文明建设。这里要强调一下河南回族人口质量中的教育问题，应正确地把宗教教育和学校教育区分开来。另外，还应注意河南回族女子教育。河南回族清真女学在全国创办较早，但近代落后了，如何提高中原地区回族女子教育，也是很迫切、很现实的问题。

（三）高度重视回族人口老龄化的趋向

人口老龄化，即老年人口增加，不可避免地要影响到经济社会发展，带来诸如年轻劳动力缺乏、经济活动人口老年负担系数提高以及老年人口的生活、医疗等问题。为把河南回族人口老龄化的消极影响降低到可容忍的范围内，我们必须未雨绸缪，及早采取预防措施。

（四）努力提高回族生产力水平

回族生产力水平对河南回族人口发展具有决定性影响。一般而言，生产力水平越高，对人口的需求会相应地减少。因此，努力提高回族生产力水平，是解决河南回族人口问题的根本途径。随着回族经济发展和消费水平的提高，回族人口质量在生产中的决定性作用日益明显，老年人口社会保障会相应改善，将逐步改变人们“多子多福”“养儿防老”的生育观念，有利于控制回族人口数量增长；同时，也会相应地改善回族生产力布局，促进回族人口城镇化发展，有利于河南回族人口地区结构、城乡结构的调整。

因此，笔者认为河南回族须始终不渝地以经济建设为中心，抓住机遇，发展自己，促进河南回族经济持续、快速、健康地增长。这样，笔者着墨于河南回族人口的目的就达到了。

（原载于《宁夏社会科学》，1997 年第五期，82～87 页）

中原回族

黄旭东

河南省古称中州，位于中原腹地，是几代中国王朝都城的所在地，也是中国文化发祥之地、兵家必争之地、商贾云集之地，因“得中原者得天下”的缘故，这里也是历代英雄豪杰向往之地。回回民族的先民们正是顺应了历史的潮流，不远万里来到这里，从而拓展了中华民族形成、发展的崭新格局。综合星星点点的珍贵史料，我们可以推断，中原回族的历史大致上源于唐宋，崛起于元，兴于明，在清代至民国年间历经磨难之后又兴盛于当代。如今在拥有近一亿人口的河南省，回族人口达到106万，占全省少数民族总人口的80%以上，位居宁夏、甘肃之后，列全国第三位。河南省现有郑州管城、洛阳瀍河和开封顺河3个回族区，21个回族乡镇，回族人口超过10万人的省辖市有南阳、周口、商丘和郑州。豫西南重镇南阳市的回族人口达15万余人，有两个回族乡和138个回族聚居村，是河南省回族人口最多的市。

一、中原回族的来源

翻开厚重的史册，中原大地始终与中华民族的命运息息相关。跨越历史的天空，上溯一千多年，我们可以看到回回先民们正穿越浩瀚无垠的沙漠、横渡波澜壮阔的海洋，沿着丝绸之路迤逦而来，他们抱着“学问虽远在中国，也当以求之”的执着信念，以前无古人的豪迈气概，带着文化交流、互通互市、睦邻友好或雇佣征伐的使命，踏上了高度文明的神州大地。从有关回族寥若晨星的史料记载中我们发现，中原回族大致有以下几个重要来源。

入仕为官，携眷定居。东土大唐是当时世界争相结交的超级大国，因此来华的域外之人络绎不绝。《全唐文》载："大中初年（847 年），大梁（今河南开封）连帅范阳公，得大食人李彦升，荐于阙下。天子诏春司考其才。二年，以进士第名显。"李彦升是史册记述的第一个做官的中原回回先民，他原不是姓李的，是及第受封后被宣宗皇帝赐的国姓。南宋时祖上来自西域的伊斯兰教徒马乾玠做了河南南阳府的知府，"以官籍家新野县"，其后世子孙辄定居该县沙堰镇，后人中有叫马家良者曾于乾隆年间出任新野知县。

元朝蒙古人和色目人的社会地位很高，入仕做官的也就很多。回回人是色目人的主要成分，按朝廷规定，担任各地官员的回回人不少，也有破格做到达鲁花赤的。通常是一个回回人做官，就有一大批回回百姓跟随。在历朝历史中，外省的回民因做官而留居河南者也有一部分。

蕃客使臣，经商外交。唐、宋时期中国的经济是相当繁荣的，强大的综合国力吸引着外国商客纷纷来华经商或从事其他方面的活动。《太平广记》记述，唐玄宗天宝五年（746 年），"胡商在开封买药"。开封在北宋时叫做汴梁，是北宋首都，它不仅是当时全国的政治、经济、文化中心，还是世界上最繁华的城市之一。张择端的《清明上河图》所描绘的不仅是昔日东京繁华的都市写照，那画面上悠然自得的驼队，就像一把金灿灿的钥匙，开启了儒家文化和伊斯兰文明的交融之门，那空灵的驼铃声仿佛跨越了时空还在激荡着今人的耳鼓。这些来自西域、有着伊斯兰教信仰的商人带来了日本的扇子、高丽（朝鲜）的墨料和大食的香料，还有象牙、珠宝、药材、犀角等珍稀物品，用以朝贡和贸易。这其中也有手工业者和宗教职业者。

开封自唐代就有了清真寺，这是有据可考的。到了北宋时期，这些东来的西域人就以开封为中心，围寺而居，形成了几个主要的回回聚居区。这些当时被称为"蕃客"的人后来被民族学家们称为回回民族的先民。

《河南少数民族史稿》汇集了作者多年的研究成果，认为当时外国蕃客和使臣主要是通过两条路线辗转来到中原的：一是海路，即经安徽入河南的固始县、光州等地，最后到达开封或洛阳，或经安徽、正阳关至河南的周家口（今周口）、郾城，然后到洛阳；另一条是陆路，翻越帕米尔高原进入新疆，然后再往东经西安进入洛阳或开封。因此，河南虽然不能说是回族先民最先到达之地，但显然是这个民族共同体的一个定居和繁衍之地，这也是开封和洛阳分别有回族区这一行政区划的历史原因。

值得一提的是，唐宋两朝的统治者对前来进行政治或经商活动的蕃客采取的是开放和包容的政策，如他们朝见皇帝可以平身不拜，君王龙颜大悦时还会受到加官爵、赐国姓、赠宅地等很高的荣誉和待遇，如此就吸引了越来越多的蕃客前来。宋神宗熙宁三年（1070 年），穆罕默德的 26 世孙亚布哈拉教主苏菲尔率亲属和部下 5300 余人、驼马 5000 余骑朝贡宋王朝，被宋神宗授为本部正使总管。这些东来的大食人中不管是作为使臣来中国进行政治交往的，还是私自来华从事经商活动的，河南是他们的主要目的地，对中国的仰慕是他们留居中原并繁衍生息的重要心理因素。

随军征战，屯田留居。据考证，大量的回回先民是在元朝初期迁入内地的。之所以形成“回回皆以中原为家”的格局，这和元军西征和军垦制度有着密切关系。成吉思汗西征返蒙古途中，带回了大批的中亚细亚各族人，包括波斯人和阿拉伯人，元朝统治者把大批信仰伊斯兰教的军士编入了“探马赤军”。这里，笔者想重点谈谈探马赤军与中原的关系。“南北混一之后，以蒙古、探马赤军屯于中原之地”，他们“上马则备战斗，下马则屯聚牧养”，“与民杂耕，横亘中原”。元朝的官方文书把这些人统称为“回回”，并代替了前朝“蕃客”“大食人”等称谓。1235 年元太宗时期，回回人被官府正式编入户籍，名曰“回回户”，有了正式的中国国籍，列为元朝重要民族之一。

这种军屯形式在河南南阳尤为普遍。军屯中信仰伊斯兰教的军士后来与周边各民族群众，尤其是汉族群众通婚，使军屯的军事性质逐渐淡化，而代之以回回聚居村镇的形式。他们聚居的地方被人叫做“回回营”“回回寨”“回回屯”或“回回凹”等。在明嘉靖年间撰修的《南阳府志校注》上讲到了明朝洪武年间，南阳县还尚存元朝军士的屯田点 61 处，其中原设的石桥屯、岳庙屯、瓦店屯、泉庄屯、黄池陂屯等 12 处，至今仍是回族人的聚居村庄。这说明元代的屯田现象是促使回回人能长期留居中原，通过婚姻、入仕、进教、经商等形式相聚而居的重要原因。

战乱迁徙，流动谋生。在河南的一些地方，至今还流传着自己的前辈是从山西洪洞县迁来的故事。上了年纪的人还有“问我祖先在何处，山西洪洞大槐树；祖先故居叫什么，大槐树下老鹳窝”的说法。那场发生在元末明初的“填河南”运动，在今人的眼里只是一种淡淡的根的情愫，至于对先祖们背井离乡的悲惨景况则知之甚少。明初，朝廷为休养生息，强制将山西的居民向河南迁移，这群强制搬迁的移民队伍当中就有部分回族人。回族聚居的河南孟州市桑坡村的丁姓始祖丁贵就是于明朝洪武年间从洪洞县迁来的，至今已有600多年的历史。丁氏后人中一部分后来又迁往南阳各地，《河南少数民族史稿》考证到南阳市镇平县贾宋镇桥北村的吴、闻、牧、马、李、王等姓回族人，以及禹州市山货回族乡山货厂村一带的赵姓、柘城县韩氏等，世代相传其始祖均是“洪洞县迁民而来的”。洛阳瀍河区马坡村的马姓回族人至今还保存着民国年间拍摄的洪洞县大槐树的照片，以作为怀念祖籍的物证。另外，陈廷良先生著的《民族史讲义》认为，河南回族中的大部分不是来自山西洪洞县，他们是在不同的历史时期从四面八方迁入河南某个地方，而后又迁徙到省内各地。如北京香椿胡同的袁氏，于明朝期间因经商迁居开封东大街，后又迁到沁阳县水南关，清初到济源县庙街镇下街村落户。宛城区黄台岗乡陈寨村陈姓于清康熙二年（1663年）从原籍陕西省渭南龙岗村迁入河南南阳。洛阳市瀍河回族区“油坊马”出于陕西扶风县，开封市经营“马豫兴桶子鸡”的马家则是在清末由南京迁来的。此外还有来自津、冀、皖、鲁等地的回族人。山东济宁市和菏泽市的回族中有一些人移居河南省东部经营皮毛业和皮革业。另外，明朝廷还把河南作为西域内附回回等民族的安置省份，明宪宗成化十一年（1475年）五月“将先年哈密残破、夷人随吐鲁番使臣入境分寄甘肃一带者，暂送腹内陕西、河南地方，拨地给粮”。

到清代前期，中原地区已成为继陕甘后全国第三大回族聚居区。郑州、开封、洛阳、南阳、商丘都有较大的回族聚居点。在县城中，则主要集中在邓州、镇平、方城、唐河、沁阳、博爱、太康、淮阳、睢县、襄城、禹州、固始、宁陵、西平等地。纯回族居住的村庄也很多，南阳的黄池陂、禹州的山货厂、太康的沙卯刘、淮阳的苏家花园、荥阳的金寨等都是回族聚居的大村落。

中原回族的姓氏也有自己的特点。孟州市桑坡村的回族姓氏有个顺口溜："丁白张、买拜王、郭马姬、闪哈杨、李卢艾、袁麻庞、彭摆沙、满刘尚"。其他回族的大姓氏还有海、虎、赵、党、黄、金、兰、梁、米、撒、赛、石、苏、孙、铁、宛、魏、吴、郑、陈等，每个姓氏都有一段生存发展的历史。

二、中国回族的经济生活

经济是一个民族生产发展的命脉，在不同的历史时期，中原回族的谋生主业也在改变，逐步形成了自己的传统优势产业。

元代，屯田是回回人在中原定居的主要生产方式，农业居于主导地位。同时回回人又是有经商传统的民族，很多回回人成为朝廷的"理财之臣"。回回商人从中亚等地络绎不绝来到中原、江南各地，活跃于全国各大城市，元时关税也多由回回人创造。手工业有了一定基础，其从业人员主要是西来的回回军匠，当时在河南鄢陵县的回回炮手达万余户，后来这些人被"悉令赴南京（开封）屯田"，也走上了农业生产之路。

明代，中原的回族经济仍以农业为主，采取的却是民垦的形式。朝廷通过强制移民，使许多荒芜的土地在勤劳的回族人民手中变成了良田，畜牧业也有了发展。中原回族手工业中以皮革业、硝盐业、制香业为传统产业。明代回族商人很出名，有"买卖回回"和"识宝回回"之称，主要从事的是茶马、珠宝、饮食等行业。海禁后，回族商人失去了自元以来的海外贸易优势，牛羊屠宰业和饮食业成了新的产业。自此，经商成了回民传统中养家致富的谋生手段。

清初除农业外，牛羊屠宰业已成为回族的重要行业。河南有"回回两把刀，一把切牛肉，一把割皮条"之说，制革和皮毛也成为传统产业，那时的桑坡村成为全国著名的皮货集散中心。民国时的回族以农业生产为主，兼营商业、畜牧业和手工业。由于局势动荡不安，加之城镇经济不稳定，广大回民以小商小贩为主，处于贫困状态。

新中国成立后，在中国共产党的领导下，中原回族的命运发生了翻天覆地的变化。经过轰轰烈烈的土地改革和社会主义改造，回族大众一跃成为了国家的主人和社会主义劳动者，生产生活得到了保障，很多人参加了工作，有了固定的生活来源。作为一个农业大省和回族人口大省，改革开放后，河南省制定了一系列加快少数民族聚居区和少数民族群众发展的切实措施，使民族区、乡、村的基础设施环境明显改善，回族群众的生产生活水平显著提高。回族群众脱贫致富的步伐明显加快，贫困人口已由1985年的25万下降到2005年的不足6万。

2005年，全省24个民族区及乡镇的GDP达96亿多元，增速高于全省平均水平。其中郑州市管城回族区的GDP达到19亿余元，人均收入近1万元，成为全省回族区、乡镇中的龙头老大。由于3个城市回族区（管城、瀍河、顺河）分别位于郑、汴、洛3个中心城市的核心位置，根据《河南省少数民族发展“十一五”规划》，今后5年，大型的经济发展项目要向这三区倾斜，将管城、瀍河两区建成商贸物流中心，顺河成为清真饮食和旅游服务一条街。

在回族乡镇中，乡域经济各具特色，形成了方城县袁店回族乡的小杂果基地、许昌市颍桥回族乡的电脑农业、平顶山郏县姚庄回族乡的清真风味餐饮业、叶县马庄回族乡的黄牛屠宰加工业等特色经济支柱产业。禹州市山货回族乡最早是由回回人开垦出来的沃土，历来以“山货”扬名，现在除了中药材传统产业外，还做大了农机配件市场。

中原的回族企业基本上都是民营企业。改革开放的政策使回族善经营、会管理的传统发挥到了极致，一时间“八仙过海，各显神通”，涌现出一大批龙头民族企业和优秀回族企业家。皮革、清真饮食等传统产业开始向规模化、集约化和产业化发展。河南范氏皮业有限公司目前已拥有资产近5亿元，年产值达到8亿元；淇县永达食业、大用实业年产清真肉鸡系列达9亿吨，上缴利税近800万元；以“双汇清真罐头”“南街村集团清真调味品”、开封市的“马豫兴桶子鸡”为代表的清真食品知名度高，信誉好，在市场中占有一定份额；“王守义十三香”调味品集团公司已成为全国最大的纯天然清真调味品生产企业，这家企业在自身发展壮大的同时，积极参加公益活动，累计回报社会600多万元，还建立了河南省“十三香女子足球俱乐部”。

当前，河南省在广大少数民族聚居地区广泛开展了建设少数民族新农村活动，受到了广大少数民族的热烈欢迎，主动参与建设社会主义新农村的热情空前高涨。

三、中原回族著名人物

回族从形成伊始，就有许多先贤为了自己的理想和民族的振兴，或挺身而出匡扶正义，或舍生取义名留汗青，或著书立说教诲后人，或大办实业造福桑梓。这些先贤的事迹炳如北斗，不胜枚举。南阳市唐河县现存一本《清真先正言行略》，就记载了许多灿若星汉的回族历史人物。

明朝是回族人才辈出的朝代，中原大地的回族先贤更是数不胜数。邓州人铁铉（1366—1402 年）在明太祖时任都督府断事，被朱元璋赐字“鼎石”，惠帝时任山东参政。燕王朱棣发动“靖难之役”时铁铉守济南，对朱棣进行了顽强抵抗，一度大破朱军，使燕王攻济南 3 月不下，铁铉因功升任兵部尚书。燕王占领南京时，铁铉兵溃被俘，慷慨就义。毛泽东参观铁公祠时盛赞：“铁铉这个人很有气节”。

河南钧州（今禹州市）的马文升（1426—1510 年）是文武兼备的名宦，他先后在浙湘闽等省为官，所到之处，除暴安良，有口皆碑，在征战杀伐、招抚绥靖、置关互市等方面表现出了高超的政治才能。他 44 岁进为兵部右侍郎，75 岁累官至兵部、吏部尚书，辅佐朝政，“功在边镇，外国皆闻其名”。马文升在戎马倥偬或操持国务中不辍笔耕，有《约斋集》《奏议》《三事记》《马端肃公三记》传世。

到了清朝嘉庆、道光年间，河南固始县出了一位博学多才的回族大学者，他就是蒋湘南（1796—1847 年）。蒋湘南的文字造诣很深，他的散文气势宏伟，自成一家，主要汇集于《七经楼文钞》一书中。他又是一位著名诗人，著有《春晖阁诗钞选》。他还是一位方志学家，先后参与编写或主编《陕西通志》《江苏通志》《夏邑县志》《鲁山县志》等。

还有领导捻军起义的永城县回民苏天福。从 1852 年起，他率领的义军纵横于豫苏皖境内，多次大败清军，军威大振。1857 年 3 月，太平军、捻军霍邱会师联合抗清，苏天福被太平天国封为“立天侯”。随后苏天福所部捻军配合太平军参加了六安保卫战和三河战役，并攻占了安徽定远。但随着天京（南京）被围和太平军的失利，捻军斗争形势也日益严峻，1863 年雉河集决战失利，苏天福因叛徒出卖而被杀害。

中原回族中为捍卫民族独立顽强抗击外侮的志士仁人也有不少。如郑州人马殿甲，他是嘉庆朝武状元。19 世纪 20 年代，新疆大和卓张格尔在英国殖民者的支持下，发动了企图分裂祖国的叛乱。马殿甲奉命征讨，大获全胜。道光二十年（1840 年），他又率军屡败入侵的英军，为维护祖国尊严做出了贡献。咸丰朝又出了一位抗击英法联军而血染大沽炮台的郑州人沙春元。辛亥革命时期，有参加武昌起义的河南固始人马骥云，有参加伊犁起义的新野县沙堰村人马凌霄。全民抗战时期，有抗日英雄济源市下街村的袁良惠、睢县东关的海风阁和开封人马庆华。解放战争时期，则有名垂桐柏革命史的金荣贞、金孚光姐弟。和全国民众一起救亡的回族英雄群体也是层出不穷。解放战争时期，河南省博爱县大新庄、民权县胡集、睢县潮庄等地都先后组建了回民大队，他们配合主力部队打击敌人，为中原的解放立下了汗马功劳。曾任河南回教救国协会南阳县支会长的水子立与黄池陂村的马振武一道组织了“黄池陂抗日救国服务队”，自制土炮、台炮和火药，修寨垣，建炮楼，指挥全村回族老少顽强抵抗日本侵略者和皇协军的进攻，保住了寨垣，打击了敌人的猖狂气焰。

到了现代，中原回族中又在各个领域出现了许多独领风骚的人物。在史学界有开封人白寿彝先生，他对中国伊斯兰教史及回族史的研究，完成了前人未竟的历史任务，对中国通史和中国史学史的研究在国内外都有很大的影响。以著作《焦裕禄——县委书记的榜样》闻名遐迩的原新华社社长穆青是河南杞县人，他在撰写报告文学和人物特写上取得了突出成绩。周口市沈丘县人马杰曾担任洛阳市第一拖拉机制造厂首任厂长，后又任国防科工委副主任、空军副司令员。在文教科技界中，有被美国传记研究中心授予“国际杰出人物”称号的南阳人吴云鹏；有河南省医科大学教授、眼科专家张效房，他为眼内异物定位技术发明的“张氏定理”至今为国际医学界所通用。宗教界人士中知名的有洛阳人马自成阿訇、孟州人庞士谦先生等。

（原载于《回族文学》，2011 年第六期，51 ~55 页）

论河南回族碑刻的史料价值

胡云生　张　玮

河南地处中原，回族历史悠久，在中国回族史上占有重要地位。但由于多种原因，河南回族史料见于正史、志书、文集等著述中颇少，给研究带来很大困难。近年，笔者在研究河南回族史过程中，接触了大量河南回族碑刻资料。今就其略作评述，以供回族史家参考并补正。

一、碑刻资料的分类及其特点

河南回族碑刻资料比明清时期的汉文译著更贴近现象形态宗教，是活生生的、现象形态的河南伊斯兰教的一种反映。任何一部河南回族史书，若抛弃这些碑刻资料都不能算佳作。河南回族碑刻资料较多，须分类才有利于研究。据已搜集抄录到的碑文，就其内容大致可分为以下十几种类别。

1. 创建清真寺碑记。如沈丘槐店回族镇元世祖至元十年（1273 年）的《建寺碑记》，此亦为已发现的河南回族碑文资料中时间最早的。此外还有开封文殊寺街清真寺的明《万历甲辰碑记》（1604 年）、禹州枣园乾隆三十五年（1770 年）的《创修清真寺碑记》及嘉庆八年（1803 年）的《创修清真寺碑记》、光绪十三年（1887 年）四月十六日的开封《善义堂记》等。

2. 重建、重立、重修寺碑记。如清代回族大学者河南固始人蒋湘南所撰的《南照镇重修清真寺碑记》、乾隆四十二年（1777 年）二月的襄城石羊街《重修清真寺碑记》、嘉庆十一年（1806 年）信阳南关《重建清真寺碑记》、开封文殊寺街清真寺《同治四年乙丑碑记》等。另外，还有河南回族撰写的他省回族碑记，如明天启二年（1622年）赐进士榜眼及第翰林院詹事兼侍读学士新野康庄马之骥撰大同清真寺的《重修礼拜寺记》、明万历十四年（1586年）郡进士义台马负图撰甘肃徽县《重修礼拜寺碑记》，明崇祯四年（1631年）赐进士及第礼部左侍郎河南新野康庄通家眷亲马之骥撰甘肃武都清真寺《重修礼拜寺碑记》等。

3. 清真寺局部增修、重修碑记。如清道光二十七年（1847年）襄城本地儒学生员王新铭撰石羊街清真寺《重修合寺殿宇暨创建南讲堂碑记》、清同治元年（1862年）石羊街清真寺《建修二门内圆门碑记》、明万历十八年（1590年）沁阳北大寺的《鼎建清真寺拜殿记》及明末崇祯辛未（1631年）的《崇祯辛未碑记》、沁阳水南关清真寺明天启乙丑年（1625年）春二月的《清真寺修圈记》、博爱县二仙庙村清真寺崇祯十一年（1638年）夏立的《重修本寺墙垣并祀田记》、禹州城朝阳门乾隆四十八年（1783年）的《创建拜殿、重修正殿碑记》等27通。

4. 敕谕圣旨碑记。如郑州北大寺乾隆四十九年（1787年）立乾隆四十七年（1782年）七月圣旨碑记、郑州北大寺乾隆四十九年立乾隆四十九年六月初一圣旨碑记、禹州砖桥坡清真寺的乾隆圣谕碑等。此类碑记是清真寺用来作为护身之符刻立的，从中可看出统治者的回族政策。

5. 御制碑记。如明洪武八年（1375年）五月二十日立的新蔡李桥乡清真寺《太祖高皇帝御制回辉教百字赞》、博爱清化南清真寺《明太祖御制百字赞》等两通，可能是仿北京安内明洪武元年（1368年）《御制至圣百字赞》而作。

6. 告示碑记。如同治十三年（1874年）开封善义堂清真寺立开封府祥符县正堂查关于批准商民在城内鹁鸽市所买民房院设立经堂、义学并仿礼拜寺内设万岁龙牌以致诚敬“告示”碑记等。

7. 堂判甘结碑记。如乾隆四十七年（1782年）开封东大寺立当局堂判不得擅行创建新寺、倡兴新教、远悖连班“具甘结”文等。

8. 教义、教旨、教理及通俗宣教碑记。如郑州北大寺乾隆乙卯（1759年）科举人牧天颜撰立的《五梦歌》碑文、同治十三年（1874年）孟夏立的信阳《清真寺碑记》、博爱西关清真寺乾隆三十四年（1769年）和嘉庆八年（1803年）二月所立的两通《宣教碑》等。

9. 禁约、议约、契约碑记。如咸丰十年（1860年）郑州北大寺《积金会公议碑记》中的公议罚约三章、嘉庆元年（1796年）菊月民权伯党集清真寺的《师长公养记》、宣统四年（1912年）正月十四日获嘉县立的当局禁杀牛羊的《合方公议碑》、睢县嘉庆二十二年（1817年）十二月《张庄村清真寺数姓公议管事碑记》和洛阳光绪二十一年（1895年）孟春《塔西清真寺建班管物碑》等是清真寺管理公约；东大寺光绪二十八年（1902年）五月《同义社碑记》是回族公共社团组织的社规公约。契约碑记多为清真寺置产情况。如襄城石羊街乾隆二十四年（1759年）十二月《清真寺买地碑记》及1926年仲春《增置地亩记》、康熙四十五年（1706年）十二月洛阳塔湾清真寺的《清真寺地基复业碑记》、汲县光绪十九年（1893年）《北门里清真寺修置房产碑记》及考城谷皮村清真寺《建立清真寺地亩缘起记碑》等。

10. 墓碑记。如元代安阳《西域使者哈只哈心碑》（《至正集》卷53）、清乾隆六十年（1795年）襄城《重立云山大师舍公碑文》及清嘉庆十七年（1812年）《重修清真宗师衮白序》（现存石羊街清真寺）、雍正元年（1723年）四月立的邓州《铁铉墓碑记》、道光二十三年（1843年）桂月的《筛诲默穆都哈之墓志》（现存郑州北大寺）、乾隆二十八年（1763年）桂月荥阳城关乡金砦立的《岜岜墓记》等。

11. 兴学碑记。如民国二十年（1931年）襄城石羊街清真寺《清真女学碑记》、清咸丰九年（1859年）二月开封文殊寺街清真寺《文殊寺街清真寺义学碑》、光绪年间开封王家胡同的《女学堂碑记》、光绪年间博爱西关清真寺《复兴德善堂兼立经书义学碑记》、清道光二十年（1840年）三月开封文殊寺街清真寺《刘氏重树先人乐输清真寺市房碑记》等。

12. 教争碑记。如明洪武年间（1368—1398年）开封东大寺立的《古制连班序》碑记、明万历十四年（1586年）开封东大寺立的《古制连班永遵》碑记、清乾隆四十七年（1782年）的《具甘结碑》记、道光二十年（1840年）开封北大寺《计开十三件候昆》碑记等。

13. 捐施碑记。此类碑记清及民国时期很多，大部分地方都有。大多仅书捐施人姓名、捐施数目等，如禹州山货厂乾隆五十八年（1793年）季冬立的《施地碑记》、道光十七年（1837年）九月洛阳塔湾清真寺《施钱地碑》等30余通碑记。但也有相当数量的捐施碑（包括功德碑）涉及寺史、教理、施理等，如乾隆二十四年（1759年）儒生李云芳撰襄城石羊街清真寺《买地碑记》、乾隆二十六年（1761年）郑州清真寺《公置供养三掌教地亩碑记》等。

14. 其他碑记。如开封北大寺宋嘉祐二年（1057年）三月《龙马负图处碑》及清阿桂撰书《龙马负图碑跋碑记》、博爱西关清真寺现存清咸丰十年（1860年）十一月《清化西关筑城记》、原阳陡门乡仁堤村光绪三十三年（1907年）和道光九年（1829年）立的两通《塌河改道重修碑记》等。另外尚有一些阿拉伯文碑记。

河南回族碑文资料大多存于各地清真寺，志书和文人文集中亦存有一二。这些碑文资料虽在系统化、体系化等方面尚存缺陷，但亦有自身的特点。

其一，数量多。河南清真寺在清代有500坊以上，新中国成立后最多时达900坊。按一坊至少两通碑文约略估计，已实为可观。每通碑记都能反映出发生在各地的一些历史事件，将这些内容融会贯通起来，即是一部中原清真寺史，一部伊斯兰教河南传播史。

其二，范围广泛。河南回族的分布特点是“大分散小集中”，凡回族集中的地方，多有清真寺，故碑文档案资料广布河南全省各地，成网络状。碑文内容范围较广，涉及伊斯兰教史、清真寺史、教理、教义、教育、人物、义举功德、风俗议约、宗教遵行、政府政令政策、寺院经济等方面。

其三，历时较长。河南回族碑记资料现存的最早时间是元代，至今历时600余年，这就为我们提供了较长期的历史资料。

其四，从中国回族史研究角度看，具有地方色彩。这些碑文资料的发掘利用，于河南回族史研究的开拓大有裨益，且必将大大丰富中国的回族史研究。

二、河南碑文资料的史学价值

历史上遗留下来的这些碑文资料，是河南回族文化的重要遗产，它对我们了解历史上河南回民的精神面貌、思想动态及伊斯兰教在中原地区的传播等具有重要参考价值。

（一）碑文资料裨益河南回族族源的研究

胡振华先生在《珍贵的回族文献〈回回馆译语〉》一文中，通过对“回回馆译语”的研究，从语源学的角度指出：“回回”一词其“波斯语的汉字注音是‘母苏里妈恩’，回回字可标作［musulman］，意即‘穆斯林’（信仰伊斯兰教的人）。这说明，到明代为止‘回回’依然是指西亚、中亚和新疆一带信仰伊斯兰教的人”。从而指出过去某些回族史家认为的“阿拉伯成分是形成回族来源的主要成分”是错误的。[①] 对此，河南的碑文资料可作旁证。虽然有少数碑碣称先民来自天方，但绝大多数称其来自西域，如洛阳北窑清真寺光绪二十一年（1895 年）三月《创修大殿碑记》载：“且夫回回，来自西域。”潇川县清真南寺乾隆十四年（1749 年）《捐施重修东清真寺碑记》载：“粤稽吾教，发迹西域。”道光二十年（1840 年）开封北大寺《刘氏捐施清真寺学堂市房碑记》载：“夫陈隋至今，千百年矣，西域去中国数万里矣，而为之后者恪守西学，尊崇祖教，历久不渝。”虽然回族族源西域说尚待进一步考证，但至少通过这些回族族内世代流传下来的口碑说明伊斯兰教是从阿拉伯传入的，但并不是说回族的主要成分就来自阿拉伯。南京伊协梁全智先生藏《梁氏家谱》序言称其祖“本西域天方古教”，宋熙宁时“入觐汴京”，“家世居汴”，可备一证。襄城石羊街清真寺清乾隆二十四年（1759 年）十二月的《清真寺买地碑记》载：“忆永乐年，西域默德纳以作宾，故籍占为中土人，厥后时久徙繁，

① 胡振华：《珍贵的回族文献〈回回语译语〉》，载《中央民族大学学报》，1995（2）。

见闻异而志趣将各歧也。”开封东大寺《古制连班序》载：“天房使圣裔哈马鲁丁赍金入贺□□太宗慕其贤，于永乐五年重修大梁清真寺，特敕赐谕护持鲁丁。”说明明代有西域回回入华朝贡，其中定居下来者，成为入附回回，当是构成今日回族的成分之一。这些事例《明实录》中亦有详载。由此发思，明代西域回回大量入华，掀起了继元以来又一次入附潮，对于回族民族共同体形成于元代说是不是又可以提出质疑。

河南碑文资料就河南回族族源回纥成分说亦有反映。如平顶山渡河乡道光二十年（1840 年）《清真寺建寺碑记》载：“唐肃宗为平定安史之乱，派汾阳王请回纥，后为巩社稷、防叛乱，将吾教散居中原，迄今久矣。”宝丰道光十九年（1839 年）桂月《重修清真寺拜殿讲堂碑记》及沈丘槐店回族镇清真寺《重修清真寺碑记》等都有记载。此外，元《敕赐伊川书院》载伊川书院的经管人勖实戴“殆为回回人而屯戍河南者钦”（《潜研堂金石文跋尾》续第六），沈丘槐店元世祖至元十年（1273 年）建寺碑载阿丁于淮阳到沈丘一带屯田事，元大德五年（1301 年）《重修玉皇庙碑》载：“拨南阳府屯田给新籍辉和尔户，稗耕以自赡，仍给粮”，等等，则是元代回回人屯田河南而终成为河南回族的史证。元安阳《西域使者哈只哈心碑》是回回人为官而留居河南的重要史料，其载：哈只孙凯霖“迁林州（今林县）达鲁花赤，升奏议大夫”，管内劝农事，并把其家坟迁至安阳。济源至元五年（1268 年）九月立的《济渎重建灵异碑记》是记载回回人赡思丁后裔为官而留居河南的又一事例。元《宣徽使太保定国忠亮公神道第二碑》（《金华黄先生文集》卷 34）亦是回回为官入居河南的旁证。蔡美彪辑《元代白话碑集录》共收 94 块白话碑，其中 53 块圣旨碑是关于保护宗教的，内有 19 块碑文中带有“答失蛮”字样，河南即有 5 块，分别在彰德、林县、辉县、许州等处，这也说明元时河南回回人数之多，并分布在省内各地。

明清时期河南回族来源增加，大量回回移民迁入。禹县山货厂回族赵姓明代《显祖考府君赵公来义之墓碑记》载洪洞迁民事。襄城石羊街乾隆六十年（1795 年）《重立云山大师舍公碑记》和嘉庆十七年（1812 年）仲春《重修清真宗师衮白序》，则是记著名经堂大师“尊经革俗”的首创者舍起灵（字蕴善）于清康熙年间因传教而落籍河南。开封鹁鸽市善义堂清真寺光绪时《创建善义堂清真寺碑记》载西北回民起义失败后有部分回民“因避秦乱”而东迁开封市定居。此外，关于明清时期因经商入居、官宦入籍、反明义军疏散等形式入居河南的回回，构成今日河南回族的一部分，碑文资料中亦略有反映。

（二）碑文资料裨益于河南回族伊斯兰教传播史的研究

伊斯兰教究竟何时传入河南，目前尚无信史可证。从现存碑刻资料中约略可以寻出一点线索。镇平县柳泉铺清光绪十四年（1888年）十月十四日《增修清真寺碑序》说：“回教之有寺，所以极造化之思，为尊祖敬宗之所，寺内设学延师劝导，使在教者同心向善义至正也。方其奉朝请入中国，首建怀圣寺于羊城，继修磨呢寺豫境，其后寺宇遍延天下。”表明河南亦是伊斯兰教入华最早省份之一。清道光十八年（1838年）菊月立开封文殊寺街清真寺碑进一步说：“河南汴梁省城，迤东北文书寺街，旧有清真寺一座，创自唐朝，历宋元明。”目前多数碑碣云为唐代入中原，如乾隆三十五年（1770年）枣园《创修清真寺碑记》云：“自唐渐至东都，元明大盛中华”。嘉庆八年（1803年）禹州城西皂角坪《创修清真寺碑记》云：“皂角坪有教门者天方人，由唐及今迁居多年。”南阳县石桥镇清咸丰十年（1860年）《重修清真寺碑》则称：“粤稽西方穆民，偏安一隅，陈隋间始入中原。”这里陈隋传入亦备一说。

关于伊斯兰教教派分化问题，学者们多从西北地区找答案。当然，这样抓重点的路子是对的，但中原回族伊斯兰教分化的问题也不容忽视。尽管史书对此几乎无载，但从现存的教争碑文资料可以寻出蛛丝马迹。开封东大寺明万历十四年（1586年）立《古制连班永遵》巨碑即是教争之遗物。明末著名新教派宗师胡登洲的弟子海巴巴和冯阿訇来河南开封传播新说，即遭到东大寺旧教教派的抵制。此后持续200余年，其中又历经抵制舍起灵、马明心等新教的传布及开封吴派的活动。一些要维护“古制”、坚持“古行”的老教阿訇，根据经堂教育中所接触到的以苏非主义为主的经典来支持自己“遵行旧规”的合法性质，如开封朱仙镇清真北大寺的清嘉庆十年（1805年）碑，其汉文部分有道“朱仙镇清真寺遵行旧规”，其阿拉伯文部分，据译铭刻的是和清道光二十年（1840年）开封北大寺的

“十二件候昆”相仿的内容，并在阿拉伯文部分最后特别说明“此碑文是中国的巴巴老筛海根据二十四部大经纠正，防后人窜改行邪”。可见派别争论中宗教思想发展之复杂。若将教派分化前后期的教争碑文档案作一比较，就会发现伊斯兰教的发展除有复杂的特征之外，归根结底要受到社会经济因素的制约，这就意味着河南可能有教派分化的萌芽，可能有苏非主义思想的传播，也可能后来有新的派别组织上的传播或涉及，而终不能成为如西北明显教派分化运动的真正策源地。

（三）碑文资料裨益于河南回族人物志的研究

人物研究是河南回族研究的一个重要部分，把一些人物的事迹联系起来看，就可以发现河南回族历史的脉络。但由于种种原因，河南历史上回族人物历史资料较少。墓志碑刻堪称很好的人物志，从而一定程度上弥补了此方面的缺憾。如元安阳许有壬《西域使者哈只哈心碑》是许有壬为回回人凯霖“铭其祖考西使公碑”，比较可信，也有史料价值。碑记中就谱系中的人物描述了其活动轨迹，从中可了解回汉通婚、政治待遇、风俗习惯变化等方面情况，对研究已转化为回回人的阿鲁浑氏族及其进入中原时期有很大帮助。

清初河南经学大师舍起灵，在中国回族人物志上占有一席之地，但除了《经学系传谱》对其略有撰述外，再无其他论述。现存襄城石羊街清真寺乾隆六十年（1795 年）孟冬《重立云山大师舍公碑记》和嘉庆十七年(1812 年）仲春《重修清真宗师衮白序》可作些补充。两通碑记结合起来可勾勒出舍太师的生平及其家族谱系。碑记云：舍公讳起灵，字蕴善，号云山，古沅陵人，其祖“有魏姓元白公举人”，其父“无锡公明乡贡进士”。舍起灵“生而颖异，聪明过人，目下十行，博极载籍，尤得贵穆罕默德圣人之真传”。清初，被聘请于襄城主教，“弟子不啻三千”。卒于襄城，葬于令武山之阳。碑碣并明确道出其生于明崇祯十一年（1638 年）九月十一日，卒于康熙四十二年（1703 年）九月七日，享年 65 岁。可补《经学系传谱》其传之生卒时间。碑记还详载其后裔在襄城县繁衍生息的谱系。因碑记俱为其后裔所立，故可靠性非常大。

再如，默穆都哈是伊斯兰教中一位高人，《天方正学》载其为天方人士，来于河南郑州城内清真寺，教化穆民得为忠信之士者多矣。归真后，葬于州城西门外大道之北。现存的北大寺道光二十三年（1843 年）桂月重修《筛海默穆德都哈墓志》对其事迹略有记述。其墓刻阿拉伯文意为："真主曰：'墓中人，完人也，殁后得享极乐。'"这对历史上伊斯兰教在河南传播中的经师人物的研究提供了线索。

其他如邓州雍正元年（1723 年）四月的《铁铉墓志》可补正《明史·铁铉传》，新郑山西桥咸丰九年（1859 年）《马中科墓碑》载"中科字连捷，为人疏财仗义，文武皆通。82 岁时被皇恩钦赐看老"的历史事实，等等。如将这些墓志铭所反映的人物串联、汇通起来，对河南回族人物研究不无裨益。

其他类型的碑文资料亦可提供一些河南回族人物的线索。此外，一些碑碣资料之中所列的回民捐施姓名、钱额及其他形式的谱系等则是研究回族姓氏学、人口学等方面的重要史料。如禹州山货厂清真寺的清乾隆四十三年（1778 年）《捐修卷棚碑记》中，记载了重修此寺卷棚时捐款人的姓名及所捐钱数。所列捐款人计 151 人，其中赵姓 87 人。一般情况下，捐款是以户为单位来计算的，凡捐款户，在碑文中只写一人的名字，这就是说，至乾隆四十三年，山货厂回族最少有 151 户之多了，可以此为依据，约略估计当时回族人口数。新野县横堤铺清真寺两壁间嵌列丁氏宗支分布状况的碑刻，记录丁氏家族于明末由洪洞迁至桑坡，复由三世祖迁至新野县横堤铺，以及后世子孙迁徙分布于南阳、镇平、邓县、方城、内乡诸县各辈人员的详细名单，是绝好的家族牒谱碑刻档案，是研究丁氏家族活动轨迹、人物情况等的可靠史料。

（四）碑文资料裨益于河南伊斯兰教制度研究

三掌教制。唐代伊斯兰教传入河南后，即以坊为单位，实行三掌教制，但究竟情况如何，尚无史料理清。碑文资料对此有详载。沁阳县北大寺和水南关清真寺中的明代石碑中称三掌教名称为掌教、副教和赞教。开封东大寺清康熙二十八年（1689 年）碑记称为伊玛目、黑忒尔和默尔精。

凡重要的清真寺掌教，必须申请领取礼部发给的札付，作为开学的凭据。凡领得礼部札付的掌教，可以“冠带荣身，仍准免差摇”，至于“敕赐札付者”，更加荣耀。沁阳县水南关清真寺明万历十一年（1583 年）《重修清真寺碑记》载，掌教要领取札付才算合法，这意味着明朝廷开了一个先例，打破了伊斯兰教传入华后独立办教、不受任何政治力量控制的惯例。朝廷发放札付的实质就是对伊斯兰教的控制。清初，在三掌教制外，增设“设教”一职。沁阳水南关清真寺中康熙六十一年（1722 年）碑记有“渭南县设教舍光隆，南寺设教李美吾”，设教高于掌教，是后来的开学阿訇（即阿衡）。清中期，阿訇制代替掌教制。水南关清真寺中清光绪三十三年（1907 年）荷月《重修碑记》记：嘉庆年间阿衡张魁宜，道光时阿衡白玉光，光绪四年阿訇王□祥，光绪十五年阿衡杨太贞，光绪二十五年阿衡帖长具，光绪三十年阿衡杨振桂，光绪三十三年阿衡丁绍周。

经堂教育制。河南回族经堂教育很发达，但其历史轨迹大多还得从碑文资料中探寻。襄城石羊街清真寺现存清代两通舍起灵墓志碑记，是记其经堂教育的档案，开封光绪十三年（1887 年）《善义堂记》是载善义堂清真寺共办义学的档案，博爱西关清真寺光绪年间《复兴德善堂兼立经书义学碑记》则是反映清末豫北经堂教育的史料，开封清咸丰九年（1859 年）《文殊寺街清真寺义学碑记》记载浙人嘉兴秀水县金传声捐建义学事，道光二十年（1840 年）开封北大寺《刘氏捐施清真寺平房碑记》载有北大寺经堂教育，等等。关于此类碑刻史料，几乎遍布河南各地，如果从中撷取出教育资料，即能汇总成河南回族伊斯兰教经堂教育状况与制度。特别要指出的是，中国回族女子教育是从清真女学始，而清真女学又以河南清真女学为最早。但河南清真女学究竟为何创办，其规制、规模及影响如何，则不得而知。现存的开封光绪年间的《王家胡同女学堂碑记》、襄城石羊街近代《清真寺女学碑记》及沁阳水北关《清真女寺碑记》《清真女寺落成碑记》等关于河南清真女学的碑刻史料，可供我们参考，并进一步深入研究。

念、礼、斋、课、朝等宗教制度。碑文资料中关于伊斯兰教教义的记载比较细致。如蒋湘南《南照镇清真寺碑记》谈及伊斯兰教传入中国的历史，“中国虞夏时，西方始有浮屠城，与婆门教为异。后二千余年，尔萨起于大秦，力辟浮屠……又五百余年，尔萨教亦传讹，穆罕默德起于天方，谬距邪，力辟浮屠，申明事之义……即今所传之回教也”。并指出清真寺是“回人事天之所也”，规定了念、礼之别。回民“自礼乐刑赏以至饮食衣服，莫不有一定之制，食其教者，虽远徙万里外，终守之而不敢戾”。（碑见《七经楼文钞》卷六）关于回族天课、捐施等制度，河南回族捐施碑碣中有大量反映。

以上仅从几方面略作论述，其他如回族婚姻制度、清真寺创修史、回族民俗学等方面，碑刻资料中都有不同程度反映。这些活生生的碑文资料具有较强的说服力。以前我们研究河南回族政治地位低下仅据传言论述，给人飘浮不实的感觉，而现存的这方面的碑文资料从具体的事实出发，客观地表露出回族在历史上受歧视的现象，诸如获嘉县宣统四年（1912 年）正月十四日《合方公议碑》和郊县北街光绪三十一年（1905 年）十一月《新立禁牛羊血碑记》，就是歧视、限制回民宗教信仰和风俗习惯的碑刻史料；开封同治十三年（1874 年）《善义堂祥符县正堂出示晓谕碑》和新蔡李桥乡明洪武八年（1375 年）五月《太祖高皇帝御制回辉教百字圣赞》、博爱清化清真寺《明太祖御制百字赞》、禹县乾隆四十九年（1784 年）《砖桥坡清真寺乾隆圣谕碑》及乾隆时郑州北大寺的两通《乾隆圣谕碑》等，不仅反映出回族受歧视、受压迫的历史事实，亦表现了历代统治者对回族的怀柔、安抚政策。这些，对我们客观、真实地评价历史上河南回族的政治状况提供了史料依据。

河南回族碑文资料具有较高的史料价值，但其搜集、整理及利用是一个亟待解决的问题。河南回族清真寺比较古老，原来大部分都有碑碣，长期以来，由于种种原因，或风雨剥蚀，或毁于战火，或移作他用，很多碑碣已荡然无存。就是目前尚存的碑碣也面临变成死碑、盲碑、残碑的危险。为能给后人留下一个较为完善的河南清真寺史料及伊斯兰教史料，对碑文进行搜集、整理、汇总已刻不容缓。每一个研究者都有必要，有责任和义务去搜集、整理这些碑文资料，以便发挥其应有的作用。倘能如此，则本文的写作目的也就达到了。

（原载于《中央民族大学学报》，1996 年第六期，52～57 页）

回回源头——沁碑赞

丁根喜[①]

回族在中华大地的历史源头与发展轨迹，历来受到学术界的高度关注，但论者大多只能以汉族文献为依据，而缺少其他文字记录的文献佐证。

20世纪90年代，富裕起来的河南省沁阳市水南关村的回族穆斯林，在对本村清真古寺进行修复扩建时，在三四米深的古寺地下，发掘出了一通阿拉伯文古碑，简称"沁碑"。人们奔走相告，最后竟惊动了河南省文物局、国家文物局。河南省文物局专门组织专家组，并邀请到我国著名的阿拉伯文专家，一道对其进行研究与考证。专家们凭借自身的业务素养，通过对沁碑阿拉伯文及所在清真寺的历史沿革及土地层叠压关系的解读和剖析，最终得出了权威性结论：沁阳市水南关清真寺发掘出来的阿拉伯文古碑（即沁碑），为至晚镌刻于宋元之交——1239年的碑刻。这不仅为揭开中原地区回族历史的源头提供了截止到目前最早的实物证据，又为确定回族最初形成的时间提供了重要的历史见证。鉴于此，河南省文物局、国家文物局将此情况分别上报至河南省人民政府、中华人民共和国国务院。

2008年6月16日，河南省人民政府发出通知，公布沁阳市水南关清真寺阿拉伯文碑为河南省文物保护单位，其保护范围为清真寺寺院围墙向南、北、西各30米，向东50米；其建设控制地带为自保护区边界线外扩50米。

2013年5月3日，中华人民共和国国务院发出通知，核定并公布了河

---

① 丁根喜，回族，新华社高级记者、历任新华社国内总编室主任、经济参政报编委、新闻中心主任、工交部主任等职。

南省沁阳市水南关清真寺阿拉伯文碑为全国重点文物保护单位。

沁碑，回回源头之见证

沁碑，高180厘米，宽110厘米，镶嵌于水南关清真寺礼拜殿“米哈拉布”壁龛内。其阿拉伯文艺术造型呈“拱门”状。其“门框”由《古兰经》第2章第255~256节经文组成；“门框”上端右、左两角分别镌有“真主创造万物”“真主养育万物”两句箴言；“门栏”上镌有“一切赞颂，全归调养众世界的真主”的赞词。“门框”内的上半部正中镌有阿拉伯文圆形图案，内容为“万物非主，唯有主宰一切、真实而坦诚的真主”的主题经文。圆形图案周围由关于礼拜朝向的经文环绕，其右下、左下两角分别镌有“智慧属于真主”“大能属于真主”两句箴言。“门框”内的下半部正中则镌有菱形四边形的经文造型。

沁碑，被我国的文物界、史学界、阿拉伯文界称之为国之瑰宝，极具历史意义。早在7世纪，就有大量阿拉伯、波斯穆斯林商人、使节来华经商通好并侨居中国，他们被国人友好地称为“蕃客”（外宾），并构成了回族的源流之一。回族源流的主体则是宋元之交随蒙古军政力量所及而移居中国的“西域回回”。据专家考证，沁碑为13世纪30年代回回大将曷思麦里驻守此间时的回族先民所立。当时，曷思麦里为西辽柯散城（塔什干东南）长官。蒙古西征，曷思麦里迎降，随哲别转战波斯、阿富汗一带，后又大败斡罗思（今俄罗斯）军，俘获其主。继征康里（在乌拉尔河之东、咸海之北），东还，随窝阔台汗伐金。1231年，曷思麦里驻军于怀（河南沁阳）、孟（河南孟县），进职为怀、孟、河南二十八处都达鲁花赤。曷思麦里死后，其子孙先后袭为怀、孟达鲁花赤。沁碑的出土，标志着以侨民身份留居中国的“蕃客”时代的结束，也标志着由“蕃客”和“西域回回”及其他民族成分融为一体的多民族穆斯林群体开始朝着新的民族共同体——回族过渡。

尽管伊斯兰教早在7世纪中叶已经传入中国，但是由于见诸记载的有关史料甚少，各地清真寺的碑刻和穆斯林墓碑就成了研究回族和伊斯兰教历史的重要来源。如镌于1348年的定州清真寺碑，被认为是中国历史上最早的伊斯兰汉文碑刻；刻立于1171年4月的泉州“碑刻群”中的侯赛因氏墓碑，为中国历史上最早的阿拉伯文碑刻。相比而言，沁碑镌刻的时间比定州清真寺汉文碑刻早100多年。虽然沁碑比泉州侯赛因氏墓碑镌刻时间晚60余年，但是沁碑揭示了回族的历史源头，而侯赛因氏墓碑只是侨居中国的一位异乡普通穆斯林的墓碑。

对拥有100多万回族人口的河南省而言，早在宋元之交已经是“西域回回”重要聚居地区之一。但这里有关回族历史的遗迹一直仅限于3座清真寺：一座是明初被称为“敕修大梁清真寺”的开封东大寺，其次是始建于明嘉靖十年（1531年）的开封朱仙镇北大寺，再其次是始建于明初后于万历八年（1580年）以后扩建的沁阳北大寺。如果以上3座清真寺的始建年代成立的话，中原地区回族历史则可上溯至明初。但是关于“明太祖朱元璋曾赐书‘精诚尚武’横匾悬挂在（东大寺）大殿内”之说，仅见诸于该寺碑刻和听之于民间传说，所以只能把中原回族有实证可考的历史上溯至1531年朱仙镇北大寺始建之时。但在镌于宋元之交的沁碑出土后，中原地区有实证可考的回族历史就可上溯至13世纪30年代。这就意味着中原地区回族有实证可考的历史至少被提前了292年。

专家们普遍认为，沁碑不仅具有显赫的历史价值，还具有独特的国际意义。这通古碑在其镌刻之日，正是世界范围内“山雨欲来风满楼”之时。众所周知，当时的中华帝国和阿拉伯世界的大食帝国曾有长达数百年的睦邻友好关系，而没有任何历史积怨。这在古今国际关系史上堪称典范。但这两个当年的超级大国，在蒙古人崛起后却每况愈下，以至于1258年、1279年先后江山易主。

由于这通古碑是中阿两大帝国处于生死存亡转折关头的产物，应该说它既是曾震撼世界的两个超级大国共存共荣的标志，又是这两个同甘苦、共命运的友好国家江山易主的历史见证。在中国的书法界，专家们对沁碑的阿拉伯文造型和书法甚为推崇。他们认为，沁碑的艺术造型极优，其镌刻的阿拉伯文既苍劲有力，又潇洒飘逸，其结构之严谨，书法之纯正、考究，领秀于中国同类碑刻之林。目睹了沁碑艺术风采的阿拉伯驻华使节认为，沁碑阿拉伯文书法的功力，可与当代阿拉伯世界大书法家的作品相媲美。

沁碑，求证揭秘者之心作

人们赞颂沁碑，赞颂回族先民，不能不赞颂为保留沁碑、求证沁碑真实面貌而做出巨大贡献的水南关村的穆斯林们。20 世纪 90 年代，时任第九届全国人大代表、水南关村党总支书记的买望真便是其中突出的代表。

1990 年，当沁碑出土时，由于这通古碑破损严重，字迹模糊，有人觉得“碍事”，便建议砸烂运往别处。但统领水南关清真寺修建、扩建工程的买望真和众多的穆斯林坚决不同意，买望真还嘱咐寺管人员保管好这通古碑，严加保护。当时，年逾古稀的买望真日夜操劳，上下求索，一求就是十多年。当地和河南省文物部门的领导、专家无不为他的执着精神所感动。河南省文物局组织专家组，多次到水南关清真寺对古碑进行考证，最后认定此碑为元代碑记，并于 2006 年 10 月对外公布了沁碑出土的消息。为全面解读沁碑，河南省文物局、买望真邀请既具有深厚的阿拉伯文底蕴，又对中国历史、伊斯兰教历史、蒙古历史有相当造诣的国家承认的专家前来参与考证。从 2006 年 6 月起，买望真及其助手买胜利，先后 16 次进京拜访国家民委、国家文物局、中国伊斯兰教协会、中国回族学会等单位的领导以及亲朋好友，并最终请到杰出的阿拉伯文专家李华英教授。

为揭开沁碑这通阿拉伯文古碑的神秘面纱，罗哲文、马自树、杨焕成、杨育彤、曹桂岑、张家泰、孙英民、丁福利、杨保群、邓宏礼、田中华等一批国家和河南省文物界的专家们功不可没。然而最让人难以忘怀的是通晓阿拉伯—伊斯兰教历史与文化，享受国务院特殊津贴，被中国翻译家协会授予资深翻译家称号的李华英教授。在年逾古稀之年，李华英教授承担起了参与全方位解读、考证沁碑的艰巨任务。

从 2007 年 6 月 30 日水南关穆斯林的突然拜访，到 2007 年 11 月 25 日完成了向河南省文物局、国家文物局书写申报材料（即申报水南关清真寺及其阿拉伯文古碑为省级、国家级文物保护单位的书面材料）的 149 天的时间里，李英华教授以严谨求实、尊重历史的治学态度，以一个爱国爱教的回族之子特有的浓郁情怀，以一个博学多才的中国穆斯林学者独有的敏锐和智慧，多次往返于北京、河南之间，一遍遍地细心考察、辨认字迹模糊的古碑阿文，用科学辩证的方法，用回族独遵的风俗习惯，旁征博引地对阿拉伯文古碑进行了详尽的、认真的考证与剖析，认定沁碑为宋元之交的碑记，并对其历史价值、宗教价值、文物价值和国际意义，一一翔实地进行了估价和解读。难能可贵的是，李华英教授还凭着自己仅有的 0.1 的视力，不分昼夜地书写研究阿拉伯文古碑的各种报告。

有谁能够相信，一个 77 岁高龄的学者，借助特制放大镜，一面死盯着电脑的屏幕，一面交替移动其在键盘上的手指，字斟句酌地奇迹般地写出了近十万字的《沁阳回回古碑考》《回回重要里程碑的失而复得》《沁碑，回回历史的记录》《回汉联袂，乃有所成》《沁碑，中国穆斯林的历史见证》等文章，为揭示回族源头这一重大历史性结论，画出了圆满的句号。

尤其令人钦佩的是，李华英教授一直以一个虔诚的穆斯林严格要求自己：多做好事，不图回报。为了考证、解读阿拉伯文古碑，李华英教授倾注了自己全部的心血和激情，却没有拿过一分钱的报酬。从 2007 年 6 月 30 日开始，李华英教授为了阿拉伯文古碑，非常紧张地忙碌了近三个月。然而在之后的日子里，直到现在，他仍然在为沁碑忙碌着。在国务院没有核定公布沁碑之前，他日夜牵挂着沁碑何时能批下来；在国务院核定公布之后，他又是回访老朋友，又是接待来访者，还在撰写沁碑的终结文章——《沁阳阿文古碑考证报告》，准备将阿拉伯文古碑出土、考证、解读的全过程，上报河南省、国家文物局的申报材料，以及河南省人民政府、中华人民共和国国务院核定公布的全部文稿等，都收录其中。

沁碑，社会反响之巨大

沁碑的出土和完美考证，在社会上引起了巨大反响。2010 年 7 月 24 日，全国政协副主席、中国回族学会名誉主席白立忱，在中国回族学会顾问刘隆、李华英的陪同下，接见了买望真及其助手买胜利，并与他们合影留念。白立忱副主席热情洋溢地赞扬水南关穆斯林和专家学者为考证沁碑所做出的巨大贡献，预祝沁碑申报国家级重点文物获得成功。2006 年 10

月，新华社、《河南日报》《大河报》《焦作日报》和沁阳电视台，依据河南省文物局对外公布的材料，先后报道了沁碑出土的消息。2008 年，《中国穆斯林》《回族研究》《中国民族报》及中国唯一的多文种对外刊物《今日中国》（阿拉伯文版），竞相发表了李华英教授撰写的《沁阳回回古碑考》《回回历史重要里程碑失而复得》等文章。同时，各家刊物在其编者按中，无不充分肯定了沁碑的重大意义，和对其考证的结论性意见。

（原载于《中国回族学》，2013 年第一期，66～68 页）

沁阳回回古碑考

——旁及古碑所在地水南关的今昔

李华英

一

著名历史学家范文澜在谈到中国与阿拉伯的关系史时说：“当时的中国文化独步在世界上为摩柯末所推荐。阿拉伯与中国在精神上的友好关系，从摩柯末时就开始了。”范老所说的“摩柯末”是先知穆罕默德的旧译，而他说的“摩柯末所推荐”指的则是先知穆罕默德脍炙人口的名言：“学问，虽远在中国，亦当求之”。先知的第三任继承者欧斯曼本此遗训，于651年8月遣使访华，在唐朝都城长安谒见中国皇帝唐高宗，这标志着中阿两大民族的文明对话的开始。伊斯兰教广泛传播之后，西域各族穆斯林建立了西濒大西洋，东至中国边陲的大食帝国。当时中国正处在盛唐时期。这两个东、西毗邻的大国，在数百年的历史长河中一向友好相处，不断加强经济、文化交流，对人类文明曾产生过巨大影响。

当年到中国沿海地区经商，后来就地定居的阿拉伯、波斯穆斯林，被称之为“蕃客”，其后裔被称为“土生蕃客”。他们是中国回族穆斯林的源流之一。而另一个源流则是宋元之交随蒙古军政力量所及进入中国的“西域回回”。这些饱尝战争蹂躏之苦的“西域回回”，以战败者的身份，万里迢迢地来到中国，他们时而被赶上战场，时而要负担沉重的徭役，过着“上马则准备战斗，下马则屯聚牧养”的生活。战争平息后，他们便“随地入社”，并与各地其他民族发生了亲缘关系。他们在逐步接受华夏文化的同时，也和中国各族人民交流了生产经验，在农业、手工业、商业、畜牧业等领域大显身手，成为国家建设的一支生力军。

经过1300多年的繁衍、生息，中国穆斯林已经有2000多万的事实，印证了中国与大食帝国，以及后来的伊斯兰世界友好关系的源远流长。但由于见诸记载的中国伊斯兰教史资料甚少，各地清真寺碑刻及穆斯林墓碑便成了研究中国伊斯兰教历史的重要源泉。

二

2006年10月，新华社、《河南日报》、《焦作日报》先后报道说："河南省沁阳市发现十分珍贵的古体阿拉伯文'清真言碑'。"与此同时，以陈廷良、邓宏礼先生为代表的专家、学者，对该碑进行了认真考证并取得了丰硕的研究成果。可喜可贺！

媒体称该碑为"清真言碑"，似不够准确。因为"清真言"应该是"万物非主，唯有真主；穆罕默德是真主的使者"。但该碑的主题经文，只有"清真言"的前半段，故只好称之为"沁阳回回古碑"为宜。但为叙述方便起见，故简称之为"沁碑"。

沁碑镌有结构严谨、笔法纯正，既苍劲有力又潇洒飘逸的阿文书法艺术造型。碑刻正中凸现的阿文圆形图案为"万物非主，唯有主宰一切、真实而坦诚的真主"，而圆形图案的外环镌以称之为"阿耶图·库尔西"的《古兰经》文："真主，除他外绝无应受崇拜的；他是永生不灭的，是维护万物的；瞌睡不能侵犯他，睡眠不能克服他；天地万物都是他的；不经他的许可，谁能在他那里替人说情呢？他知道他们面前的事，和他们身后的事；除他所启示者外，他们绝不能窥测他的玄妙；他的知觉，包罗天地。天地的维持，不能使他疲倦。他确是至尊的，确是至大的。"（3：255）另有六句宗教箴言分别对称地出现在上述经文两侧。其中"真主创造万物""真主养育万物"两句箴言并列右上、左上两角；"智慧属于真主""大能属于真主"两句箴言并列中右、中左两边；"伟大属于真主""公正属于真主"两句箴言并列右下、左下两边。碑面四周还刻有花卉图案，从而表明沁碑是融阿文书法艺术和花卉图案为一体的艺术杰作。遗憾的是该碑的下半部分，因风雨剥蚀严重而难以辨认。尽管如此，其依稀可辨部分，因秀于中国阿文碑刻之林，而仍不失为价值连城的伊斯兰文化瑰宝。该碑书丹者阿拉伯—伊斯兰文化底蕴之深厚，其书法之纯正、考究，曾受到许多行家里手的高度赞扬。著名阿拉伯文书法家陈进惠先生评论说："2007 年 11 月 15 日，一个偶然的机会，我看到了河南沁阳水南关清真寺的古碑拓片。使我感到惊奇的是，这块石碑的文字虽因长年风雨剥蚀，残缺不全，但经大家反复查看，仔细推敲，从依稀可辨的文字中可以看出其阿文书体规范，书写流畅，结构严谨，堪称是苏鲁斯体阿文书法园地的一枝奇葩。苏鲁斯体书法，被誉为'阿文书法之母'，广泛用于伊斯兰建筑装饰。从该碑经文的选用及其图案的设计，可以看出其书写者不仅是一位具有深厚功底的阿拉伯文书法家，也是一位伊斯兰教文化造诣颇深的宗教学者。阿文书法传入中国已有千年之久，福建泉州的伊斯兰碑刻是中国较早的有关阿文书法的实物记录。但是就其书法功力而言，与水南关碑刻相比，尚逊色多多。也就是说，水南关石碑碑文，是我迄今见到的具有一定水准的早期阿拉伯文书法在中国流传与实用的生动记录，也是阿文书法在中国传播、发展的历史见证。因此，本人认为研究和考证水南关碑文，对继承和发扬伊斯兰教优良文化传统，讲授和传扬阿文书法在中国的历史沿革具有重要的历史意义。"

另一位著名阿拉伯文书法家李文彩先生评论说："水南关阿文古碑镌刻的古兰经文，笔法之工整，书写之流畅，布局之匀称，在本人见到的阿文碑刻中极为罕见，的确令人叹为观止！本人应约承担其阿文碑刻的临摹任务，不仅使自己有机会领略中国穆斯林先民阿文墨宝的风采，而且使自己深深感到，提高阿文书法技艺，对于有志于此的人来说，是个永恒的主题。我虽年逾古稀，但仍愿以这次临摹水南关碑刻为契机，再接再厉，争取在阿文书法领域，百尺竿头，更进一步！"在李文彩先生临摹碑文期间，赶巧见到为其拓片的马忠杰先生（中国伊斯兰教协会副会长兼《中国穆斯林》主编）、张广林先生（中国伊斯兰教协会副秘书长）和杨慧颖先生（中国伊斯兰教经学院教师）也都对其阿文书法艺术的不同凡响赞不绝口。

尽管沁碑的镌刻年代不详，但如果我们通过回眸中国伊斯兰教碑刻历史，去推断该碑刻镌刻年代仍有可能。

我国历史上流传下来的伊斯兰碑刻，主要有汉文的和阿拉伯文的两种。西安大学习巷清真寺的汉文石碑，因碑尾缀有“天宝元年（742 年）”字样，曾被认为是中国最古的伊斯兰汉文碑刻。但日本学者桑原骘藏先生，早年以碑文中有关伊斯兰教术语的译法过于超前为由，对其真伪提出质疑。因其言之成理，得到包括中国伊斯兰教史大师陈垣教授、回族穆斯林历史学家白寿彝教授在内的专家、学者的认同。至于有定论的中国伊斯兰教汉文碑刻，历史最悠久的共有三方：一是元至正八年（1348 年），由杨受益撰写的河北定州的《重建礼拜寺记》；二是元至正九年（1349 年），由吴鉴撰写的福建泉州《清净寺记》；再就是元至正十年（1350 年），由郭嘉撰写的广州《重建怀圣寺记》。而伊斯兰教的阿文碑刻，主要见于中国沿海地区，以泉州地区居多。1984 年，宁夏人民出版社、福建人民出版社出版的《泉州伊斯兰教石刻》一书介绍的 200 多方石刻中，除少数为汉文、波斯文碑刻外，其绝大部分是阿拉伯文碑刻。其中最著名的阿文碑刻是泉州艾苏哈卜清真寺碑刻群（简称“泉州碑刻群”，即在 1009—1311 年之间陆续完成的碑刻）。在当地墓碑中年代记载最早的是伊斯兰教历五六七年（1174 年）所镌刻的一方墓碑。

由此可见，如果将“天宝碑”排除在外，中国最早的伊斯兰教汉文碑刻的上限仅可上溯到 1348 年河北定州《重建礼拜寺记》问世之日，而中国伊斯兰教的阿文碑刻，充其量只能上溯到 1009 年泉州艾苏哈卜清真寺始建之时。但是这绝不能说，从 7 世纪中叶伊斯兰教传入中国，到 1348 年镌刻定州《重建礼拜寺记》碑的近 700 年间，中国再没有别的伊斯兰教汉文碑刻出现；同样，也不能说从伊斯兰教传入中国，到开始镌刻“泉州碑刻群”的 358 年间，再没有别的伊斯兰教阿文碑刻出现。事实上，此间阿文、汉文碑刻都有可能出现，只不过是这些碑刻因受天灾人祸殃及而未能流传下来而已。尽管现有的中国伊斯兰碑刻不算太多，但这些历史遗迹已经说明：中国伊斯兰教阿文碑刻要早于其汉文碑刻。但随着时间的推移，其阿文碑刻越来越少。与此同时，伊斯兰教汉文碑刻却越来越多。这显然是由于中国穆斯林先民入乡随俗，逐步接受中国文化的必然结果。这和中国清真寺从阿拉伯—伊斯兰建筑形式逐步演变成中国传统建筑形式是同样的道理。

根据以上逻辑推论，以“蕃客之乡”著称的泉州阿文碑刻应是宋代的“蕃客”之作，而距离泉州数千里之遥的“沁碑”应该是13世纪初（宋元之交）定居沁阳的“西域回回”之作。其原因有两个：其一，尽管《宋史·大食传》等书记载说，从宋太祖开宝元年（968年）至宋徽宗政和六年（1116年）的148年中，大食人遣使开封达46次，其间光顾中原地区的“蕃客”应该是屡见不鲜。但在这里定居的“蕃客”极少，所以白寿彝教授在其《元代回教人与回教》一文中明确指出：“蒙古西征前，回教人在中国者，虽间有赴内地贸易之事，但其集合及长期居留中心，仅限于京师及通商口岸”。而中原地区称得上京师和通商口岸的地方仅限开封、洛阳两个古都而已。至于交通相对闭塞的沁阳地区，当年“蕃客”则没有可能涉足，更不可能在此地建寺立碑。因此，说泉州阿文碑刻为“蕃客”之作，而“沁碑”乃为13世纪初在沁阳定居的“西域回回”之作，当不会有误。其二，独具匠心的沁碑与朴素无华的泉州伊斯兰石刻有明显区别。如果我们从艾苏哈卜清真寺阿文“龛状石刻”中取其一例（见1984年宁夏人民出版社、福建人民出版社联合出版的《泉州伊斯兰石刻》一书）进行观察的话，便会发现其镌刻的仅仅是朴素无华的《古兰经》第24章35~36节经文，而没有任何艺术加工。这不仅表明该石刻比沁碑更为原始，而且也说明两块不同地域的阿文碑刻，既不是同一风格，也不是同一时代的作品。这不能不说是中国回族穆斯林先民逐渐本土化过程中所发生的变化。

众所周知，了解年代不详的文物，界定其上下限至关重要。

假若我们了解宋末协同蒙古军队作战的“探马赤军”中“西域回回”将领曷思麦里与沁阳的历史渊源的话，就有可能界定出沁碑的历史上限。

鉴于这位历史人物是解开沁碑神秘面纱的关键人物，固有必要将其人其事摘录于后：

曷思麦里，原为西辽谷则斡儿朵（今吉尔吉斯斯坦托克马克以东四十里）人。事西辽主直鲁古，为柯散城（在今塔什干东南）八思哈长官。

1204年，游牧于阿尔泰山与杭爱山之间的乃蛮部，为成吉思汗所败。乃蛮部首领太阳罕的儿子屈出律于1208年逃奔直鲁古。1211年，屈出律趁直鲁古出外打猎的机会，篡夺了西辽的政权。曷思麦里忠于故主，伺机为直鲁古复仇。

成吉思汗十一年（1216 年），蒙古大将哲别奉命西征。次年，哲别大军到达垂河（今译楚河）一带，曷思麦里率柯散等城官吏迎降，随即作为先锋部队，向屈出律进击。屈出律战败，曷思麦里翻越葱岭急追，斩屈出律于撒里黑昆城（今新疆塔什库尔干塔吉克自治县）下。曷思麦里以屈出律头颅传示于西辽未下诸城。诸城池都望风归附。

……

曷思麦里在西征过程中，可以说是战必胜，攻必克。他的战功经常得到哲别的夸奖。他回师之后，适逢成吉思汗准备亲征西夏，便将在征战中获得的珍宝尽数奉献，并请求随汗出征。成吉思汗顾谓群臣说："哲别常称道曷思麦里的功劳。他的躯干不高，声誉却很大。"因让他就所献珍宝尽力携取，并任命为必阇赤，常在自己的左右。

窝阔台汗三年（1231 年），曷思麦里随军伐金，驻军于怀（今河南沁阳县）、孟（今河南孟州市）。第二年，曷思麦里以败金军于三峰山，受命为怀孟州达鲁花赤，佩以金符。窝阔台汗五年（1233 年），金人自洛阳渡河，企图夺取怀州。金将强伸素以勇著称，所部也都强悍。两军为争夺洛河上的一座桥梁，进行激战。金军士兵中有一人独力杀蒙古兵卒数人。强伸即手解都统银牌佩之，以励士气。曷思麦里和蒙古军将领昔里吉思等率军力战，卒挫金兵。他并遣人招谕金总帅范真，以军民万户来降。窝阔台汗以曷思麦里在西域宣劳多年，使其以扎鲁忽赤归西域，帖木迭儿奏请留用，所以没有再到西域去。后来进职为怀、孟、河南二十八处都达鲁花赤，特许"所隶州郡不从命者，制令籍其家"。

蒙哥汗元年（1251 年），曷思麦里卒。长子捏只必早卒。次子密里吉，于窝阔台汗十一年（1239 年）袭为必阇赤，后又袭怀、孟达鲁花赤。中统三年（1262 年），他从世祖攻宋，在淮西战死。密里吉子俺撒，孙忙兀带，均先后袭为怀、孟达鲁花赤。

这段翔实的史实证明，曷思麦里从 1231 年起整整在怀、孟州地区主政 20 年之久，死后其第二、三、四代又先后承袭达鲁花赤职务。可见他与沁阳的渊源之深！

事实上，曷思麦里及其部属于1231年进驻沁阳地区安家落户之日，应是伊斯兰教传入此地之时。也可以说，这时就是沁碑的历史上限。

综上所述，“沁碑”的下限，不会晚于1239年（即1231年曷思麦里进驻沁阳的第八年，其原因本文将予说明）。

种种迹象表明，对年代不详的沁碑的下限的界定，要比界定其历史上限难得多。不过，断言沁碑的历史下限在13世纪初，则完全站得住脚。这是因为：

首先，此间是伊斯兰教在中国的大发展时期。当时穆斯林在中国不仅有了一定的经济基础，也有了一定的政治地位。在各领域出类拔萃的穆斯林受到重用的同时，蒙古将士因仰慕伊斯兰教教义而信教者已屡有所见。在这种情况下，穆斯林人口随之剧增，以至有“元时回回遍天下”之说；也有“蒙古人在军事上取得胜利的地方，穆斯林却在文化上取得了胜利”之说。在这种情况下，各地穆斯林不仅重视清真寺的实用价值，而且也开始重视其装饰效果。这说明，在有利于伊斯兰教发展的背景下，具有浓郁宗教色彩的阿拉伯文碑刻出现不足为奇。

其次，在伊斯兰文化氛围中成长的阿文书法家的作品，与在中国土生土长的阿文书法家的作品，历来不尽相同。前者一般葆有阿文书法原汁原味的自然美，后者往往留有造作痕迹。而沁碑镌刻的阿文书法之纯正，的确不同凡响。因此，说沁碑的阿文书法出自中国穆斯林先民之手，当毋庸置疑。谈到这里，也许有人会问：中亚地区和中国都不是阿拉伯语流行地区，那么，在阿文书法艺术方面，二者之间，为什么会有这样大的差异呢？

笔者认为，这是因为，中亚突厥人聚居区，“成为穆斯林的领土，是在萨曼王朝时代（874—999年）。他们的首府布哈拉和他们的主要城市撒马尔罕，作为学术和艺术的中心，几乎使巴格达（当年大食帝国的京都）相形失色”。因此，尽管这里不是阿拉伯语流行地区，但作为大食帝国的组成部分，其深厚的阿拉伯—伊斯兰文化氛围，既可以孕育出诸如圣训大师布哈里、精通阿拉伯语的哲学家兼医学家的阿维森纳以及伊斯兰教改革家哲马伦丁·阿富汗尼等泰斗式的伊斯兰教历史人物，也必然能培育出完成沁碑书丹任务的阿文书法家。承担沁碑书丹任务的书法家，想必是曷思麦里的随军宗教顾问。因为历史上穆斯林部队中往往有宗教教职人员的编制，就连抗战时期马本斋领导的回民支队也不例外。当年山东莘县的蔡永清阿訇，以宗教人士身份随八路军转战华北各地，就是例子。

如果说1231年曷思麦里进驻沁阳之日是沁碑的历史上限的话，那么，沁阳水南关清真寺竣工之时应该是沁碑的下限。因为沁碑上关于穆斯林礼拜朝向的《古兰经》文，充分说明该碑正与水南关清真寺的建筑本身年代同步。所以了解该寺竣工时间，乃是界定沁碑下限的关键。由于该寺的建筑年代已不可考，我们只能根据新的穆斯林社区创建清真寺的普遍规律，推断出该寺的竣工年代。

众所周知，大凡有一定数量的穆斯林在某地定居，他们就会马上把创建清真寺事宜提到自己的议事日程。这已经形成了规律，古今中外概莫能外。且不说当年在回回大将曷思麦里势力范围内相对富庶的沁阳，就连原来穆斯林足迹罕至的延安，在极其艰苦的抗日战争年代，随着到延安参加抗战的穆斯林人数日益增多，一座壮观的清真寺也在这里拔地而起。原中央民委副主任刘春在其《延安的少数民族》一文中回忆说："延安清真寺是1940年10月7日落成的"，其"环境非常优雅，由毛主席亲自署名题写的'清真寺'三个大字刻在寺前古老的石碑坊上，清真寺的建筑具有伊斯兰教的建筑特色和回族的民族形式，工程壮观，装饰清雅，在当时的延安，算是漂亮的建筑了"。

值得指出的是，这座清真寺的建立，始终受到党中央和边区政府的有力支持。以至当年日理万机的毛泽东还欣然挥毫为延安清真寺题字。该题字由"清真寺"、"中华民国二九年（1940年）九月"和"毛泽东"3个部分组成。尽管这个题字总共只有15个字，但在当年全国各族人民同仇敌忾、共赴国难的艰苦岁月，它对动员广大穆斯林抗击日寇曾产生过巨大影响。令人遗憾的是，"1947年，这座清真寺已被侵略延安的国民党反动派烧毁"。所以在该寺毁于兵燹之前，未到过延安者，都没有领略过该寺的风采。好在留下毛泽东笔迹的石刻被完整地保存在延安革命博物馆，流传下来，已经成为极为珍贵的革命文物，同时也是当年以毛泽东为首的党中央尊重穆斯林宗教信仰的历史见证。

另外，在特定的历史时期，穆斯林把重建清真寺当做自己的当务之急，同样也是一种普遍规律。比方说，“文化大革命”期间的一些清真寺被夷为平地的穆斯林聚居地区，在1980年举行的第四次中国伊斯兰教全国代表会议闭幕后，便立即出现了重建清真寺的热潮。尽管当时各地穆斯林的生活水平仍很不尽如人意，但他们听到已允许建寺的喜讯，便积极投入建寺工程。几年工夫，建筑形式各异的清真寺在全国许多无寺的穆斯林社区旋即拔地而起。其中，工程浩大、建筑宏伟的银川南关清真大寺从1981年破土动工到全面竣工，仅用了半年时间，在建筑史上被认为是个奇迹。1982年落成的锦州清真寺、1984年竣工的山东曹县东关清真寺，等等，无不说明建清真寺对穆斯林来说从来都是当务之急。作为经过战争考验而大难不死的“西域回回”将士，为了感谢真主的恩德，在建寺问题上，他们更是争先恐后，而不可能稍有怠慢。

根据延安、义乌两地清真寺，以及“文化大革命”之后各地清真寺的施工速度，当年解甲归田的“西域回回”在水南关建寺，既比当年投身革命的穆斯林在延安建寺容易，也不会比改革开放后各地穆斯林建寺困难。因此，即使把水南关清真寺工程浩大、工艺复杂、“西域回回”人地两生等不利因素考虑进去，他们借助穆斯林长官曷思麦里的政治影响，在8年（延安和义乌两座清真寺兴建时间之和）之内，无论如何也能完成水南关的建寺任务。这就是说曷思麦里于1231年进驻沁阳后的第8年（即1239年）应该是水南关清真寺的竣工之时。如此这般，断定镶嵌在该寺“米哈拉布”壁龛上的沁碑的历史下限为1239年，当距离事实不远。

从逻辑上推论，始建于1009—1010年、重建于1310—1311年的“泉州苏哈卜清真寺内的碑刻群”中，有的可能比镌刻于1239年的沁碑早230年，有的还有可能晚于沁碑数十年。但是，由于“泉州碑刻群”中绝大多数石刻的确切年代已不可考，人们只能笼统地断定这些石刻是该寺于1009—1010年始建，到1310—1311年重建竣工的300余年间的作品。如果与该寺石碑的上限1009年及其下限1311年对比的话，镌刻于1239年的沁碑，比其最早的石刻晚230年，比其最晚的石刻还要早72年。假若将沁碑与中国现存最为悠久的伊斯兰汉文碑记加以比较的话，沁碑要比镌刻于1348年的定州《重建礼拜寺记》早109年。

在时间上与沁碑唯一有可比性的泉州碑刻，只有镌刻于伊斯兰教历五六七年（1174 年）的一方阿拉伯文墓碑。有趣的是，这方有史可考的阿文墓碑，比沁碑的历史只早 65 年。

沁碑的价值还在于其重大的历史意义：由于 1239 年镌刻沁碑之日，正是世界范围内“山雨欲来风满楼”之时，它的问世就有着不同凡响的历史意义。当年的中华帝国与大食帝国曾有长达数百年睦邻友好关系，而没有任何历史积怨，这在古今国际关系史上堪称典范。但这两个超级大国，在蒙古人崛起后却每况愈下，以至先后于 1258 年、1279 年江山易主，而沁碑正是在这两大帝国处于生死存亡转折阶段的产物。从这个角度讲，沁碑既是这两个伟大国家数百年间共存共荣的标志，又是这两个友好邻邦江山先后易主的历史见证。不仅如此，沁碑还标志着以侨民身份留居中国的回回先民——“蕃客”时代的结束，也标志着“西域回回”朝新的民族共同体——回族过渡的开始。从这个角度讲，沁碑又堪称是回回民族历史重要的里程碑。

笔者认为，根据新的穆斯林社区创建清真寺的普遍规律，断言 1239 年是沁碑的下限，并不为早。但为了留有余地，将其下限往后推迟几年，也未尝不可。但是，无论如何也不能推迟到 1271 年忽必烈定国号为“元”之后，因为从“西域回回”于 1231 年在水南关安家落户，到 1271 年元朝开国的时间跨度是 40 年。在如此漫长的时间之内，这里未建寺立碑，不仅违反上述建寺规律，而且会影响伊斯兰教在当地连绵不断地代代相传，甚至会产生穆斯林信仰断代的后果。再说 1271 年以后，来自西域能够承担碑刻书丹任务的书法艺术大师，即使还未作古，也无力创作精美的书法艺术了。值得指出的是，只要沁碑的下限是在 1271 年以前，由于当时还没有“元”的概念，加上曾盛极一时的金朝政权此间已经土崩瓦解，故既不能称之为“元碑”，也不能称之为“金碑”，而只能将它的下限与尚在行使王权的南宋联系起来，称之为“宋碑”。

据了解，曷思麦里卒后，沁阳屡遭不可抗拒的自然灾害。其中“世祖至元三年（1266 年）七月，丹、沁二河泛涨，淹没人畜房舍田禾甚众。民皆栖于树”；“成宗大德七年（1303 年）地大震。赵寨真泽庙殿宇廊庑俱摧毁”，“顺帝至正十一年（1351 年）河内（沁阳旧称）、修武、孟州地震，裂层塌房，压死者甚众”。这些不可抗拒的自然灾害不仅使成千上万的沁阳的父老乡亲流离失所，饿殍遍野，而且使寺观庙宇、官衙庐舍几乎荡然无存。包括镶嵌在水南关清真寺“米哈拉布”上的沁碑就是在上述自然灾害中塌陷地下的。令人遗憾的是，当年的水南关穆斯林只知道这方珍贵的碑刻下落不明，可万万没想到会被埋在其原址地下。这就是沁碑长眠地下数百年之久的原因所在。不过沁碑却“因祸得福”而被完整地保存了下来，否则，很有可能被永远淹没在历史的波涛之中。

提起沁碑的再现，就不能不从1990年水南关清真寺的重建说起。在为重建清真大寺挖地基，挖到沁碑旧址地下3~4米处，突然发现一方已模糊的阿拉伯文古碑。这方已经破损不堪的碑刻，不仅未能引起村人的重视，而且有人因觉得“碍事”而建议砸烂运往别处。这时统领建寺工程的买望真哈吉（时任第九届全国人大代表）虽不了解该碑的文物价值，但他却对此主意很不认同，并告诫大家一定要保护好这块古碑。到了2006年，河南省文物局的专家来考察水南关清真寺的文物。临走时，该寺教长马福军阿訇对专家们说：“我们这里还有一块年代不详的古碑。请专家们予以鉴定。”专家们仔细端详古碑后，以他们深厚的专业素养，均赞不绝口地说：“这可是一个很有价值的历史文物！应该予以认真考证。”消息不胫而走，特别在新闻媒体争相报道了发现古碑的消息之后，沁碑在各地旋即引起轰动。

在笔者撰写本文的期间，曾蒙回族穆斯林学者杨怀中、胡振华和李振中先生的鼓励和支持。

（未发表，完稿于2009年）

略论河南几位回回先人

马肇曾

河南地处由海路入华而达长安的必由之路,① 而汴京又是北宋的都城,至绍兴元年（1131 年），大食国使臣入朝宋帝者不下四十余次,② 其中有相当一部分大食蕃客在唐宋时期定居河南，因而中原一些省份的部分回人祖籍河南，唯缺少史书详考，只能作一些推想。胡云生先生认为，伊斯兰教传入南阳当在南宋以后，而建于明天启时的沙堰清真寺尚存有万历进士马之骏等所写的碑额与记事碑文，马之骏祖上何人，南阳的回族是否系南宋时进入现依《怀宁马氏宗谱》及一些考证，根据不同人物分述如下。

马忆。据载③，“忆公字思明，行伍出身，由小旗征讨西边有功，升百总、千总、守备都司、游击、西宁参将，河南怀庆府副总兵，任终。”怀庆府今河南沁阳县，且按伊斯兰教葬制，他的遗骨当在怀庆。文中的西边是北宋地域的专有名词，《宋史》称“康定初，赵元昊反，西边用兵”④，其地为今之青海、宁夏、甘肃之地，宋名夏州。依《宋史纪事本末》载：“太平兴国七年，夏州李继迁叛。八年知夏州尹宪邦，都巡检曹光实袭继迁。雍熙二年二月，继迁陷雍州。三年继迁请降契丹，封夏王。”⑤ 太平兴国七年为 982 年，即夏州之乱始于 982 年，至宋仁宗宝元元年（1038 年，而康定初为 1040 年）赵元昊称帝（国号大夏，史称西夏），北宋的西边战事连年，马忆即参加北宋向西边的征讨，官至西宁参将。从年龄上看马依

---

① 《新唐书·食货志》。

② 《宋史·纪及大食国传》。

③ 《怀宁马氏宗谱》，卷三光绪二年修订本，美国哥伦比亚大学图书馆珍藏。

④ 《宋史·兵志》。

⑤ 陈邦隆：《宋史纪事本末》。

泽公于建隆二年（961年）入华，乾德元年（963年）即喜得长子马额，约2~3年后得次子马怀，大约再隔2~3年得马忆，故马忆大约生于968年，如以20岁入伍，其时当为宋太宗雍熙四年（987年），至真宗天禧五年（1021年）方升怀庆府副总兵之职，西边征战33年。因《怀宁马氏宗谱》创修于成化七年（1471年），故原所载官职与地名均易为明制。

除马依泽公外，马额因承袭司天监，马怀因恩荫司天监副，均长期生活在开封。除此之外，因任政府官职而较长期生活在河南的还有：

马耀颐，马依泽的四代裔孙。“耀颐公字度谨，景祐（仁宗）丙子科中第十五名举人，宝元（仁宗）庚辰会试中第二十名进士出身，选河间府阜城知县，升归德府睢州知州，衡州府知府，福建学道。”睢州为今河南睢县。

马鹤颐，马依泽第四代裔孙。“鹤颐公，字越九，拔贡出身，商南县教谕，升中牟县知县，归德府同知，汾州府知府。”中牟县今治河南中牟县，归德府即今河南商丘。

马翔颐，马依泽第四代裔孙。“翔颐公，字仲理，庆历（仁宗）壬午科中第二名举人出身，选原武县知县，升兖州府同知，东昌府知府，山西守道。”原武为今河南原阳县。

马素翁，马依泽公第五代裔孙。“素翁公，字瞻昭，庆历乙酉科中第二十三名举人，丙戌会试中第七十六名进士出身，选卫辉府淇县知县，升青州府同知，广平府知府，河南守道，云南按察使司。”淇县，今治河南，为古朝歌地。

马锦崇，马依泽公第三代裔孙。“锦崇公，字彩章，行伍出身，选骑勇营把总，大中祥符二年升陕州守备。”陕州今河南陕县。

因供职而长期生活在开封的还有：

马鸣颐，马依泽公第四代裔孙。“鸣颐公，字宣扬，宝元（仁宗）己卯科中第三十名举人，庆历癸未会试中第二十四名进士出身。选翰林院修撰，侍读侍讲学士，四川己酉主试，熙宁五年升翰林院大学士，致仕归籍。”

马滋，马依泽公第六代裔孙。“嵩公，字鹤庚，嘉祐（仁宗）癸卯科中第四十名举人，治平（英宗）乙巳会试中第六十名进士出身，选翰林院检讨，升编修、修撰、侍读，建中靖国元年升侍讲。任终。”遗骨留于开封。

马明燕，马依泽公第八代裔孙。“明燕公，字元占，治平丙午科中第五十名举人，熙宁（神宗）庚戌殿试赐榜眼及第，选翰林院编修、修撰、侍读、侍讲，山东正主试，左春坊大学士，国子监祭酒，礼部右侍郎，兵部左侍郎，大观四年五月升兵部尚书。”

马忠信，马依泽第九代裔孙。“忠信公，字诚德。崇宁（徽宗）壬午科乡试中第十五名举人，大观己丑会试中第五十六名进士出身，选翰林院检讨，升修撰，侍讲，国子监祭酒，大理寺少卿，太常寺正卿，绍兴二十五年升都察院左都御史，致仕归里。”

定居河南的马依泽公后人有：

马乾玠，马依泽公第十一代裔孙。“乾玠公，字枢仪。绍熙（南宋光宗）壬子科乡试中第九名举人，庆元（宁宗）丙辰会试中第四十二名进士出身，选保定府清苑县知县，升赵州知州，河南府知府，致仕入籍新安县。”马乾玠公为马依泽公后人迁新安之始祖，或称“十一世乾玠公出守中州”，“崛起新安”。

马礼，马乾玠公子三人，马礼公为其长子。“礼公，字睿斯。文学生员，拔贡生，选四川成都府金堂县教谕，升保宁府梓潼县知县，致仕入籍新野。”马礼公系马依泽公后人入籍新野的始祖。

马鸿粹，马依泽公十三代裔孙，乾玠公次孙，新野人。“鸿粹公，字范英，咸淳（度宗）丁卯科中第十名武举，戊辰殿试赐探花及第，选大名府开州城守游击，升东昌府参将，桂州副将，致仕回籍。”开州今河南濮阳市，桂州，即今广西桂林。

马原景，马依泽第十七代裔孙，马乾玠公六代裔孙。“原景公，字周常。至顺（元明宗）庚午科乡试中第九名举人，辛未会试中第十六名进士，选翰林院编修，升修撰、侍读、侍讲学士，至正（顺帝）戊子科湖广正主考，左春坊大学士，詹事少詹、正詹，礼部左侍郎，工部尚书。”

水子立先生称：“马原景，关中泾阳人。至顺辛未，授翰林，历官至工部尚书。奏议每为台阁所崇拜。及官大司空，器度宏阔，公而忘私，笃厚有长者之道。”①

承告水文系录自同治十三年（1874 年）河南唐河县湖阳镇李清莲焕乙先生所著《清真先正言行略》。

据载②，《怀宁马氏宗谱》成化八年（1472 年）成书后，印制 72 部，分送全国 11 个省 57 县的马依泽公后人，河南 10 州县共 15，计：陈留县马商陆，杞县马祖寿，鄢陵县马秉良，郑州马皋，禹州马舜，许州马鼎震，新安县马苍、马彦、马茌、马芳，信阳马六云，新野马节、马田、马存、马奉。从全国范围看，河南后人所得谱牒部数最多，从河南来看，新野与新安的后人居多。以上陈留、鄢陵均地属今开封，陈州即今睢阳，许州即今许昌，禹州又名钧州，今名禹县，为明马文升公故里，据马以愚先生考，文升公为马依泽公后人。③

近接河南省民族中等专业学校陈廷良高级教师考，新野尚有下述马依泽公后人：

马化龙、马之骐、马之骏父子。依民国四年（1915 年）岁次乙卯小阳月阖族同立《马氏祖谱》称：“马氏祖居陕西省西安府泾阳县永乐镇李尚书塔旁，当明时出迁：一居山东益都，一居江南安庆府，一居河南陈留，一居河南郑州，一居四川合州，其一居河南新野，即吾族也。始来新野者为玘公，故以玘公为始祖，旧奉回教，自副使云卿公出回教，其后遂不奉回教，别支则仍奉回教焉，今依家谱叙副使一支独详，唯仲良之后，流寓贵州不可考不列，至夔龙一支迁居黄石碑（即今之黄池陂），家谱未叙，亦不列。”

而黄池陂则有道光五年（1825 年）二月所立的《皇清处士马公祖义德寿碑》上有以下内容：

> 公世居新野沙堰，本贯陕西省景阳永乐镇，自始祖怀涛迁新还玺本来。

① 水子立：《回教论坛》，1940（1）、1940（2）、1940（12）。

② 《怀宁马氏宗谱·本族分系各郡邑系考》。

③ 马以愚：《中国回教史鉴》（修订版）。

怀涛　化龙　夔龙—之骄—可宗—天机—祖义

这两种记载的价值在于不仅说明马化龙父子是马依泽公的后人，同时从另一个角度证明《怀宁马氏宗谱》所载的可靠性。山东益都在成化初年的依泽公后人为马诞，四川合州者为马正绍。而仲良公似应为河北青县《马氏宗谱》所载的始迁祖。[①] 永乐镇当系永安镇之误，景阳当系泾阳之误。马玘似为马礼。泾阳有永乐镇，并有永安镇。明万历尚书李世达修的著名崇文塔，[②] 其时已在化龙公成名之后，当不是《马氏祖谱》所指，因所指者应为北宋初年前已建成的李尚书塔。而唐时，泾阳有李尚书二，一为李靖，故居与墓均在泾阳，冯家堡有李卫公祠；另一为李迥秀，为魏时尚书李大亮之后。[③] 塔似当为李靖所修。

马化龙生于明嘉靖二十八年（1549 年），故于万历三十一年（1603 年）。字云卿，号在田，万历五年会试中三甲第五十六名进士，[④] 历任山西长治知县、浙江嘉兴府同知、江苏苏州府同知、常州知府、天津兵备副使（一称天津道台，山东按察司副使）。《常州府志》称："马化龙，新野人。进士，兵部郎中，任洁已惠民，不畏强御，明年忧去，升天津兵备副使。"光绪《武进阳湖志》载："真教寺在池子巷，明初建，万历间知府马化龙重修。"《中国回族大辞典》载："嘉兴府建真教寺碑记，立于明万历三十年（1602 年），高 1.66 米，宽 0.8 米，厚 0.25 米。碑文为嘉兴同知，穆斯林文化人马化龙所撰。对研究伊斯兰教政策和嘉兴清真寺历史颇具价值。"

化龙公二子，之骥，字时良；之骏，字仲良，清康熙刻本《列朝诗集》有小传。二人均万历三十八年（1610 年）进士，之骥为一甲二名（榜眼），之骏为二甲五十一名，据考西安小皮院真教寺于万历四十二年重修之碑文："天方之一派，肇于唐初，盛于大元皇庆（仁宗）之间，以迄于今，历千余载"，出自马之骥之手，马以愚先生称"之骥，进士，新野

① 马肇曾：载《伊斯兰文化研究》，1986（2）。
② 《陕西县情》。
③ 宣统《泾阳县志》。
④ 《明清进士题名碑录索引》，上海，上海古籍出版社，1980。

回教人”。此时之骥公可能任西安知府。又据胡云生先生文，沙堰清真寺始建（1625年）碑文的碑额为榜眼（应为进士）马之骏撰。由此可见化龙公及其二子十分关心伊斯兰教，他们不可能出教，出教者仅其部分后人。兄弟二人中，之骏工诗，曾官户部主事，《明人传记资料索引》中有载。

马宏浩。宏浩公为马依泽公第三十三代裔孙，父迪驯曾任湖北安陆府知府，而举家迁出安庆。“宏浩公字凤洲，钦加五品衔，赏戴蓝翎（湖北）候选知县”，大约在咸丰年间官至河南南阳地方知县而定居河南，并于同治元年在河南创修谱牒，其中在同治以前的家史都是依默记而书成的，且大的史实无重大差错，而且某些内容较《怀宁马氏宗谱》记载细致，如马义公兄弟因世袭安庆卫领导之职而掌管的漕运也世袭；安庆探花第府曾因主人经济拮据而抵押给怀宁县，其后怀宁县曾有将探花第府改为县城隍庙之意，又因探花第府紧邻清真寺，如改城隍庙之意成现实，将极大地影响清真寺的安静，时值宏浩公伯祖光德漕运归来，“闻之即倾囊措缴赎回祖业，亦保阖教清真”。于是探花第府即由依泽公的部分后人手转移于另一后人。此外，安庆西门沟儿口清真寺于乾隆间由宏浩公高祖家贵公因于西门办理漕运之需，以捐镇海门外两住宅，而架造西门沟儿口清真寺，“并恭录明太祖御撰《百字赞》泐碑寺前，俾知吾教之正”。宏浩公所置《马氏宗谱》已续记至民国三十五年（1946年），肇字辈。

据统计马乾玠公自宋理宗绍定四年（1231年）官河南知府迁入河南，至元末的百余年间，其人员即从第十一代繁衍到十八代，男性人口则从一人繁衍至416人，人口发展非常迅速，而北宋时河南回回人不止一家，因此河南在宋时的回回人亦是可观的。笔者所在北京工业大学，冶金物理化学专业王鉴教授（汉族），系河南新野人，承告新野回族现多居于该县东新店与柳河街两地，而宋时新野回回人甚众，其部分曾加入抗金战争，随后，一部分又随高宗南迁。而新野清真寺建筑亦早于明末，后李自成攻入新野，回、汉两族人士遭大量屠杀，清真寺亦被烧毁。由此可见河南回人史料尚待进一步发掘、考证。

（原载于《伊斯兰文化研究》，1998年第五期，14～17页）

再论河南几位回回先人

马肇曾

《略论河南几位回回先人》一文，自安徽《怀宁马氏宗谱》所载，论述了在河南的21位马姓回回先人，其中16位出自宋代（而目前我国回族史所论的回回先人，绝大部分都出自元代以后）。该文所论的先人，其始祖系西域鲁豫天文学家马依泽，他于宋太祖建隆二年（961年）应召入华（汴京）编修新历即《应天历》，成书后，官至宋初司天监世袭侯爵。而《应天历》在中国官府所颁行的历法中首先引进七日曜日（星期）制度，并有以后各年月日星期序数推算方法；又以金曜日（伊斯兰教主麻日星期五）与甲子共存的冬至日为其历元，即在《应天历》中有伊斯兰天文学对中国天文学影响的具体例证。将伊斯兰天文学对中国天文学的影响，从世人尽知的波斯天文学家札马鲁丁依伊斯兰教历编撰《万年历》，并造7种天文仪器，提前至宋太祖的建隆《应天历》，时间提前300余年。这一考证结果既证明在元以前已有伊斯兰天文学对中国天文学影响的事实，又证明宋仁宗庆历四年（1044年）所敕撰的著名军事著作《武经总要》书中一反中国传统，不用降娄、大梁而用伊斯兰天文学中白羊、金牛之名命名太阳黄道十二宫并非出自偶然，这不仅填补了《宋史》的空白，也极大地丰富了中国伊斯兰教与回族史。然而，马依泽虽显居侯位，但《宋史》在记载《应天史》的编修者时却以“等”字隐去其名。唯用谱牒所载的文字与《宋史》记载作对照，既能发现谱牒所记的真实性，又能对《宋史》作出某些补充，并对我国回族的形成研究亦有价值。

一、马依泽父子任宋初司天监

陈久金等曾依《宋史·方技志》所载宋初天文名人小传获知，宋太祖建国时曾用后周司天监赵修已为兼同判监事，王处讷任司天少监（即监副），赵于宋建隆三年（962 年）卒，证明此时司天部门无监正。王处讷虽于建隆四年（963 年）修成《应天历》，但到太宗太平兴国六年（981 年）才任司天监，岁余卒。其子熙元于真宗大中祥符年间（1008—1016 年）任短时司天监，坐择日，降少监，以目疾，改将作监，致仕，天禧二年（1018 年）卒。在此期间再无他人任司天监的记载，故证明《怀宁马氏宗谱》所载马依泽公于宋初，及其长子于太宗至道三年（997 年）任司天监的记载是可信的。实际上《宋史》中也有相关文字记载。

（一）马依泽任宋初司天监

《宋史·律历志一》曾两次提到王处讷等编修《应天历》，说明《应天历》非王一人所修，但又不明确指出“等”者之名，甚至在《宋史》其他部分诸如王处讷传中也找不到“等”者之名，这种记事方法比较特殊。《宋史·律历志一与二》是将应天、乾天、仪天三历合并在一起记述的，在《乾天历》成书后，“优赐（主修员）吴昭素等束帛”。《仪天历》成书后，“修历官迁秩，改服章，赐帛有差”。唯《应天历》成书后却无此记载，且其历主修王处讷在《应天历》颁行后，又因改进漏刻，方迁少府少卿，并未在司天部门晋升。实际上在《应天历》颁行后，司天部门是有司天监的，如《续资治通鉴》载：“（太祖）乾德三年二月壬寅朔，司天监言，日当食，验天不食”，证明谱牒记马依泽任初司天监属实。谱牒曾记马依泽于建隆七年（即乾德四年，966 年）被封世袭侯爵兼司天监，由此看来，他任司天监在前，封侯在后。

（二）马额承袭侯爵与司天监

谱牒载："特进光禄大夫右柱国世袭侯马额公，字昭明，依泽公长子。至道三年（原为太平兴国二十二年，997年），岁次丁酉（干支不错）三月十六日，奉旨承袭侯位兼饮（司）天监。生于乾德元年七月十八日，故于（仁宗）宝元二年（1039年）十月初三日。"

《宋史》虽无马额任司天监的记载，但史书却载有如下史实：

《宋史·真宗纪》载："咸平四年（1001年）三月，司天监进《仪天历》。"

"景德元年（1004年）十二月庚辰，是日日食有之，真宗见之忧虑。司天监官奏云：'按《星经》主两国和解。'"

"大中祥符元年（1008年）正月丁卯，司天监奏：'三月五日有紫云护宫殿，乞付史馆。'从之。"

"天禧元年三月乙丑，司天监言：'今年丁巳（天禧元年干支丁巳）三月至岁末，天道利客——'。"

"（仁宗）天圣元年（1023年）司天监上新历，赐名'崇天'。"

"天圣二年（1024年）五月丁亥，司天监言，'日当食不食'，宰相奉表称贺。"

"宝元元年（1038年）五月戊子，权知（即代理）司天少监杨惟德等言——"

"庆历元年（1041年）十二月丁丑，司天监上《崇元万年历》。"

证明在此期间（997—1039年）上列文字中的司天监当为谱牒所载的马额，马额于宝元二年（1039年）故世后，庆历元年（1041年）的司天监当为杨惟德，可见杨为马额的继任者。依泽公自964—997年，额公自997—1039年任宋初司天监超过50年，他们父子所掌握的伊斯兰天文学知识必然对宋初司天部门有深远影响。杨惟德是《武经总要》主要撰稿人，其中有关天文部分内容当出自其手，其用白羊、金牛等命名太阳黄道十二宫，当系受马依泽父子所掌握的伊斯兰天文学影响的结果。

（三）马怀任咸平时的司天监副

谱牒载："怀公，字望明，依泽公次子。咸平四年（1001 年）岁次辛丑十一月二十一日，奉旨恩荫承德郎、司天监监副。"

由于《仪天历》于咸平四年三月成书，故马怀公于该年末授司天少监，当与《仪天历》成书有关。故此前他早已在司天部门任职了，而到此时才晋升。据《宋史·方技志》载，宋初著名天文学家苗训之子名守信，于太宗淳化二年（991 年）任权知司天少监，至道三年（997 年）真授少监，咸平三年（1000 年）卒。证明此后司天监中缺少监，为怀公晋升提供了机会。

由此可见，谱牒所载依泽公父子任宋初天文各职是属实的。

二、伊斯兰天文学影响

陈久金等人的论文中早已指出《应天历》中有关伊斯兰天文学影响的具体内容，即《应天历》在中国颁行的历法中首先引进星期制度，或 7 日记日制度，中国传统历法从来都是用干支（或六十）记年、月、日制度。采用 7 日星期制度，一方面有此社会需要，或当时生活在中国的穆斯林有此需要，同时必须有善于推算出适用中国历星期序数的学者。马依泽既能深刻体会此时期民众的需要，也熟悉这方面的推算，因而在编修《应天历》时就增加了这方面的内容。此外，他又在确定《应天历》的历元时，不仅遵照中国传统历法确定此历颁行前若干万年前的甲子岁，而其岁的冬至那一天又必须是甲子日外，还要增加是金星日或金曜日即主麻日。笔者曾遵照《应天历》所确定的推算公式，依相关数据，算出《应天历》的历元在甲子岁，而其冬至日又是甲子与主麻共存的一日。由于《宋史·律历志一与二》是将应天、乾天、仪天三历放在一起来记述的，即《应天历》中的"命从金星、甲子"，对于乾元、仪天两历亦是适用的，实际推算结果，仅《仪天历》在此相同于应天，而《乾元历》仅命从甲子，而不是金曜日，计算结果如下：

《仪天历》以咸平四年（1001 年）前 716497 年甲子岁冬至日为历元。咸平四年冬至日在咸平三年十一月十八日，干支为辛卯，星期一，如果咸平四年前 716497 年冬至日为甲子与星期五，则推算结果四年的冬至日亦应符合上列之数。

已知《仪天历》的岁实（即地球绕太阳公转一年的日数）为 365.244554455 日，则历 716497 年的总日数分别被 60 与 7 除的余数，即是咸平四年冬至日的干支与星期序数：

716497 × 365.244554455 日 ÷ 60 = 4361610.4588

0.4588 × 60 日 − 27.5 日

27.5 日已过 27 日，即已到 28 日，而辛卯的干支序数为 28

716497 × 365.244554455 日 ÷ 7 = 37385232.504

0.504 × 60 日 = 3.53 日

3.53 日已过 3 日，即已进入第 4 日，自星期五起向前数 4 日，正好是星期一。

依《应天历》于建隆三年（962 年）前 4825558 年冬至为历元，岁实为 365.24445110，建隆三年冬至为丙寅日，干支序数为 3，星期一，按上法计算亦有同样结果。

据朱文鑫先生作过校订的数据，《乾元历》历元在太平兴国六年（981 年）前 30543977 年的冬至日，其岁实为 365.24489796 日，太平兴国六年冬至在五年十一月初七日丙午，星期四。按上法推算结果六年冬至干支序数为 43，干支为丙午。唯星期序数为星期六，与星期四有 5 日之差，这一结果尚不能肯定《乾天历》不符“命从金星、甲子”这种结论，主要是不同版的《宋史》所列数据存在差别之故。

《元史》中所载札马鲁丁依伊斯兰教历向元世祖撰进的《万年历》，原书已失传，因此人们并不能确切知道此时伊斯兰天文对中国天文影响的具体内容。《应天历》等三历虽也已失传，但《宋史 · 历志》对其主要内容都作了摘录，故使得读者从中了解到一些伊斯兰天文对中国天文影响内容，可以说《应天历》《仪天历》是伊斯兰天文与中国天文融于一书的结果。

三、爱国爱教

（一）马忆参加抵抗西夏入侵的战斗

西夏是宋时的一个民族政权，不时侵犯宋的领土，影响宋的安宁。依泽公入华后一边传播伊斯兰天文学，当需要保卫当时的国家安宁时，派其三子参加反抗西夏的战争约30年。谱牒称马忆征讨西边有功，由小旗最后晋升河南怀庆府副总兵，任终。此处西边即文中所称的西夏，此一专门词语《宋史·兵志》及神宗时司马光的奏折中都有“西边用兵”等语，证明谱牒所记是当时的历史事实。

（二）马忠信反秦桧之道

谱牒八世祖忠信公，字诚德，徽宗崇宁壬午科乡试中第十五名举人，大观乙丑（三年）会试中第五十六名进士出身。选翰林院检讨，升修撰、侍讲、国子监祭酒、大理寺少卿、太常寺正卿，绍兴二十五年（1155年）十月十九日升都察院左都御史，致仕荣归。据考，绍兴年代秦桧专权，《建炎以来系年要录》载：绍兴二十五年十月辛卯（十月一日为乙亥、辛卯即十七日），秦桧以病，请与子熺致仕。壬辰，十八日熺再请父病致仕，而徐喜与张扶谋，奏请熺为宰相未允。丙申，二十二日，二人致仕，夜桧死。忠信公则于秦桧病中不能理事时升左都御史，表明所载升职时间可信，而他在政治上追随高宗南下，也是反秦桧之道的。忠信公升左都御史已年过七旬，升职后即荣归，《宋史》对此亦无记载。

（三）保卫宋土的马鸿粹

谱牒载鸿粹公，字范英，咸淳丁卯科（1267年）中第十名武举，戊辰殿试赐探花及第。选大名府开州城守游击，升东昌府参将、桂州副将。致仕回籍（新野），生于嘉定十三年（1220 年）三月十一，故于景炎（原文为元，误）二年（1277 年，即元至元十四年）四月十六。元配傅氏生于嘉定十六年（1223 年），故于德佑二年（1276 年）三月十六，奉旨诰命加赠一品夫人。而谱牒马氏世爵部分却载鸿粹公为金吾将军上护军贵州贵阳府副总兵，为何二处所写任职地点不一？其次，一位致仕的副总兵的夫人故世后尚被加赠为一品夫人，至少表明鸿粹公在保卫宋朝疆土方面有突出贡献。据考："桂州，南朝梁置，隋废，唐置，宋废。明清为桂林府地。"实际上《续资治通鉴长编》称："（哲宗）元祐四年十一月癸未，直龙图孙览权知桂州。"表明宋时仍保留桂州名未废。谱牒中前后记载上的矛盾，当与当时局势有关。景炎年间南宋已基本被元灭亡，至元十三年（1276 年）元世祖派阿尔哈雅率兵取广西，遇当地某学者所称的回回守将马暨的顽强抵抗，大战三月，静江（即桂州）城破，马暨被执遇难，引出许多可歌可泣的事情，时当在该年四月，与鸿粹公任职地点及故世年月均相同，唯是否为鸿粹尚待进一步考证。当时蒙古政权已完全统治中国，谱牒不可能如实记载鸿粹公事迹，这是可以理解的。

此外，依泽公入华后到宋元间，其子孙当会修礼拜堂，谱牒对此无记载。唯明清时子孙修清真寺传播伊斯兰教者为数不少，如安庆始迁祖十八世裔孙哈直公因长兄索罗公奉使到西域，哈直即随兄到麦加朝觐，其孙马义兄弟三人在成化初年扩建哈直公修建安庆礼拜堂为寺；马文升公贬职重庆修十八梯清真寺；马化龙父子为改建或新建江苏、西安、河南新野等地清真寺，题写清真寺重修碑文；马大用宜昌修寺等。

四、入乡随俗努力学习汉文化

按马依泽公入居中国即以中国为祖国，将其名汉译，并以马为姓，取渔叟为号，其生辰按鲁穆习惯"来中时年四旬，生于勒比阿立敖里月第二十日"，故于景德二年（1005 年）五月初十。依泽公于建隆二年（961 年）五月入华，时伊斯兰教历三五〇年四月以后，又因他生于伊历三月二十日，而入华时年已40，故他生于伊历二　〇年二月二十日，时梁龙德二年六月二十一，耶（公）历922年7月18日；故于伊历三九五年九月九日，或耶历1005年6月19日，按伊历其卒年85岁，按公历则83岁。

依泽公入华后，要求其子孙努力学习汉文化，其长孙文成公即于真宗咸平三年（1000年）庚子科中举，后任太原府知府。即从第三世起其后人不仅继承祖传的伊斯兰文化，还主要是依靠学到的汉文化参与国家治理。自第四代至第十三代其后人有11人中进士，其中第七世裔孙马明燕赐榜眼及第，而第十三世裔孙马鸿粹则是宋度宗时武探花，既说明他们的武事，尤其是汉文化的水平已经达到极高的层次了，同时还可对照所载黄甲进士各科，证明谱牒是否属实，分别是：仁宗景祐四年（1037年）丁丑科，仁宗宝元三年（1040年）庚辰科，仁宗庆历三年（1043年）癸未科，庆历六年（1046年）丙戌科，英宗治平元年（1064年）甲辰科，神宗熙宁三年（1070年）庚戌殿试，哲宗绍圣四年（1097年）丁丑科，徽宗大观三年（1109年）己丑科，宁宗庆元二年（1196年）丙辰科，度宗咸淳八年（1272年）戊辰殿试。经查明谱牒所载各科虽仅有年号干支，但各干支均在帝王年号以内；而上列各科除鸿粹公因武试，而武试在史书中记载颇欠完全，且时又战事纷纷，史书皇帝纪中基本都在记载战事，选举等方面记载很少，暂不考虑。所余其他各科，经校核除景祐丁丑科、宝元庚辰科、治平甲辰科外，其余在《宋史》中均有记载。《续资治通鉴长编·仁宗纪》称："景祐八年三月甲子（二十二日），赐闽人许将等百二十七人进士及第。"按传统本年取进士，张榜之后将有一番庆贺。但不幸的是仁宗批准中试进士名单后，次日乙丑（即二十三日）离开人世，因此张榜公布进士名单延至次年即治平元年是极有可能的。按《宋史·仁宗纪》本元景祐四年丁丑科，但《续资治通鉴长编·仁宗纪》却载有："庆历五年三月丙子（二十日），诏礼部贡院增天下解额，贡院请以景祐四年、庆历元年科场取解进士人数内，择一年多者令解"。由此可见，《宋史》中未记各科未必全无，亦证明谱牒所记主要事实可信。

这些取得黄甲进士诸后人，由于具有很高的汉文化水平，因而在官府中的任职也得到提高，如任福建学道、云南按察使司、浙江布政使司参政、翰林院侍讲、翰林院大学士、兵部尚书、都察院左都御史等。其中马明燕公榜眼及第后，于大观四年（1110 年）五月十二日升兵部尚书，他的任职在《宋史》虽无记载，但也与《宋史》所载没有冲突。此外，《宋史》还记有："大观三年四月癸卯（二十九日），兵部尚书薛昂为尚书左丞"，"大观四年六月丙申（二十九日），门下侍郎薛昂罢为佑神观使"。由此可知，大观三年薛昂迁升，兵部尚书缺额，至次年五月仍无新任记载，而薛昂降职亦未回兵部，故谱牒所记又填补《宋史》一空白。

马依泽的后人现至少已到第四十代，子孙遍及全国，包括港、台，还远及美、加各地，估计现代的后人应逾百万，因此这一家族的成长史是整个回族形成的一重要代表。此外，统计谱牒中到光绪二年（1876 年）成婚的夫妇有 3100 多对，有侧室者仅 31 人，即不超过婚配人数的百分之一。世人常以为信仰伊斯兰教的人士多行多妻制，实际是在中国仍多保持一妻，且无童养媳。依泽公妻兰氏是早期入华的泾阳回回，并非汉人。

参考文献：

[1] 马肇曾．略论河南几位回回先人．伊斯兰文化研究，总第五期．

[2] 马以愚．中国回教史鉴．上海：商务印书馆，1948.

[3] 罗香林．中国族谱研究．台北：香港中国学社，1971.

[4] 陈久金，马肇曾．回人马依泽对宋初天文学贡献．中国科技史料，1989（1）．

[5] 马肇曾．教历浅谈（二）．1992（4）．

[6] 马肇曾．安徽怀宁马氏宗谱．1986（2）．

（原载于《伊斯兰文化研究》，1999 年第六期，13 页）

考古、文献和口传：唐代丝路重镇洛阳的胡商

宛　磊

一、8世纪中叶之前洛阳的“胡商”和“番客”

对于唐朝“胡人”或称“番客”留驻洛阳者，今有关河南回族研究的学术出版物将其笼统列为回回先民，这是一个有待继续探究的课题。从考古发现判别洛阳的回回先民，必须弄清伊斯兰教在中西亚地区的发展时期、考古发现的物品所属的年代以及两者在历史上的时间契合。

唐中叶前留驻中原的回回先民，当时称胡人或番客，除了《太平广记》上的几篇“传说”，留下文字资料较少，考古发现能从另一个角度挖掘一些事实。“胡人”或“番客”未必都是回回先民，他们各有不同的身份，但是，信仰伊斯兰教的阿拉伯人、波斯人，间或有一些中亚穆斯林，若后来留驻中国者，则都是回回先民。

然而，唐中叶之前中亚人来华者，多不是穆斯林，而是粟特人。因为这一时期中亚的穆斯林还不是多数而是少数，来中国内陆城市的多数回回先民仍是阿拉伯人和波斯人商人。从以下3个方面可以证明这一观点。

首先，8世纪中叶以前，伊斯兰教在中亚广大地区尚未得到普遍认同和接受，这一地区仍以佛教为主，另有景教、祆教，这些都有历史文献可证。至于伊斯兰教，唐朝第一大都市长安，按理肯定也有以清真寺为中心的穆斯林社区，但遗憾目前仍未见证明。《长安志》记载醴泉坊十字街南

之东有波斯寺，是祆教的寺院，并非清真寺。[1] 洛阳当时是全国第二大都市，也未见有清真寺的记载。波斯国的大酋长阿罗憾于高宗显庆年间（656—660 年）入唐，拜官，并在洛阳建有府邸，然而他并非穆斯林，不可视作回回先民。

其次，从历史上看，8 世纪初，阿拉伯的呼罗珊总督屈底波征服中亚时，强迫当地居民放弃原来的祆教和佛教，改奉伊斯兰教，他摧毁了当地的火神庙和佛寺，在其废墟上建清真寺。751 年的怛逻斯战役之后，阿拉伯在中亚河中地区居于统治地位，伊斯兰教在中亚有所发展并逐渐在突厥人中得到传播。中亚的喀剌汗王朝是中亚最早将伊斯兰教定为国教的汗国，时间是 960 年。[2] 这个时间是宋朝的开国元年，伊斯兰教在中亚诸国的广泛普及，当在此之后。

最后，以今天洛阳博物馆馆藏的唐三彩骆驼来看，绝大多数是双峰驼，这种骆驼主要分布在中国和中亚，而产于中东和北非的单峰驼极少。这从一个侧面也反映，当时中东和北非的穆斯林来华者远没有中亚的非穆斯林多。

但是，从 751 年的怛罗斯战役之后，到 10 世纪的两百多年之间，由于阿拉伯人统治该地区，伊斯兰教的影响一直在扩大，这是不争的事实。所以，除了西亚的阿拉伯和波斯，中亚地区在 8 世纪中叶以后，应有较多的穆斯林来华贸易。这段时间，是唐王朝中期以后的事了，今洛阳考古发现的很多物品多属于此段时间之前，所以，笼统判断这些考古发现即是唐代洛阳回回先民即穆斯林在这一地区活动的证据，这个结论仍有待商榷。

实际上，学者庞士谦早就指出：“唐代由海道来的回回要到首都长安去，在中原有三条路可寻，其中一条是由颖、亳、商丘、开封、郑州、洛阳入京”，所以，“这条线上的回回还是很多，就是这个缘故”。[3] 这个结论说明，洛阳、长安这些地区的回回先民以大食、波斯穆斯林为主，他们在唐代取海道进入中国，随后循大运河进入内陆省份，如河南、陕西。通过

---

① 白寿彝：《中国通史（隋唐五代卷）》，862 页，上海，上海人民出版社，2004。

② 张文德：《关于中亚伊斯兰教史的分期》，载《贵州师范大学学报》，1994（1），1～4 页。

③ 庞士谦：《中原回回》，载《月华》，1947（6），17～18 页。

这种方式来华的占多数，循陆路来华者居少数。宋代开始，回回先民循这两条路径入华者则呈相反的趋势。

二、今考古发现与唐代洛阳的回回先民联系有限

从洛阳的考古发现看唐代回回先民活动，还需要了解唐三彩制作的一些情况，因为唐三彩的发现是洛阳地区考古发现的一项主要内容。唐三彩是陶瓷烧制工艺的珍品，属于一种低温铅釉的彩釉陶器。唐三彩的烧制，主要在唐代洛阳四郊，即城北邙山、城南关林、城南龙门、城西谷水一带，还有偃师、孟津、伊川、巩县等地。洛阳唐三彩出现在武则天至中宗时期（684—709 年）的墓葬中，玄宗开元天宝初期以后的唐墓中，则很少见到了。

唐三彩中胡人、骆驼、马等造型众多，但就胡人形象而言，目前尚无法判别哪些是穆斯林形象，实际上，穆斯林形象的唐三彩应该很少，因为唐三彩鼎盛的时期并不是中亚地区伊斯兰教广为普及的时期。即便如此，就这些胡人造型而言，肯定也有穆斯林，只是目前尚无学术上的定论。

最近的考古发现还有唐睿宗李旦墓中的壁画，壁画中有胡人、骆驼、马匹等图像，构成一幅“出行图”。① 这些人物和动物形象，也极易与穆斯林的活动联系在一起，但实际上是一种错觉，因为从时间上判断，应与穆斯林活动联系不大。

洛阳的定鼎门始建于隋大业元年（605 年）。考古工作者在 2007 年发掘定鼎门遗址时，在遗址的前方发现了 90 米宽南北走向的唐代路面，路面上清理出了密集的车辙、动物蹄印及人的脚印等。这些动物蹄印经确认是骆驼蹄印，昭显着这里曾经的喧嚣和繁华。② 驱双峰驼来洛阳的中亚商人是不是穆斯林，也不可一口断定。骆驼的造型众多，就双峰驮而言，不排除是由中亚的一些穆斯林驱赶而来，但为数可能很有限。然而，如前文所述，单峰驼必定来自中东、北非，其数量虽然不多，但基本可以断定是穆

① 《国内罕见墓葬壁画展示大唐盛世风情》，载《洛阳晚报》，2011 - 07 - 06，A1 版。
② 《丝路起点洛阳的故事》，载《郑州晚报》，2014 - 06 - 23，A8 版。

斯林的商旅将这种骆驼带来了中原，之后，才有这种唐三彩的模仿烧制。[①]至于洛阳出土的众多唐三彩马的造型，应属于较近的中亚品种，因为马匹不可能在沙漠长途旅行。但是这些马匹的主人，如安菩墓[②]发现的五尊“三彩胡人牵马俑”，因时间早于怛罗斯战役，彼时中亚地区尚未广泛接受伊斯兰教，因此他们可能是穆斯林，也可能不是。[③] 当然，也不排除一些可能是中亚穆斯林驾驭它们进入洛阳。

还有一项引人注目的考古发现。1955 年洛阳北邙山 30 号墓出土有完整的 7 枚波斯金币，有人以此断定这是波斯穆斯林与河南交往的证据。[④]但是，这些波斯金币属于萨珊王朝时期的货币，这个王朝并非穆斯林王朝，波斯人在阿拉伯人打败这个王朝之后，才广泛接受伊斯兰教。所以，这些金币，是否是穆斯林带入中原，也存有疑问。

其他的考古发现，还有 1971 年在关林出土的玻璃瓶，是唐代盛香料的器皿。[⑤] 玻璃最早在地中海地区出现，所以，这个物品极有可能是由西亚穆斯林传入的。

综上所述可得出结论：一方面，所谓“胡商”和“番客”，并非特指穆斯林或者回回先民，这两个词汇的使用，有一个历史范畴、地域范畴、族源范畴的限定。在唐代的中国东南沿海，“胡人”和“番客”这两个词汇，多指穆斯林，因这一地区多为信奉伊斯兰教的阿拉伯和波斯商人渡海来华者，其他信仰景教、犹太教或其他宗族的人也有，但不占多数。而在内地长安、洛阳等城市，中亚地区的人来华者居多，而在中亚地区的人广为接受伊斯兰教之前，这些“胡人”和“番客”中穆斯林并不占多数，粟特人占绝对优势。8 世纪中叶以后，中亚地区来华的穆斯林就占了绝对优

---

① 《唐三彩单峰驼开出天价》，载《楚天都市报》，2004 年 9 月 15 日，42 版。2004 年 9 月 15 日《楚天都市报》第 42 版刊有“唐三彩单峰驼开出天价”一文，报道该唐三彩单峰驼产于巩县，为阿拉伯的单峰驼造型，驼峰高于驼身 5 厘米，是丝绸之路中外文化交流产物，并认为这种单峰驼是阿拉伯打败萨珊波斯之后的百余年间，阿拉伯人频繁进入长安、洛阳时带来的。

② 1981 年，安菩夫妇墓在龙门东山北麓被发现。此地西距伊水约 1 公里，北距隋唐洛阳城的南城墙约 8 公里。

③ 徐金星、黄明兰：《洛阳市文物志》，内部资料，361～363 页，1985。

④ 徐金星、黄明兰：《洛阳市文物志》，内部资料，372 页，1985。

⑤ 徐金星、黄明兰：《洛阳市文物志》，内部资料，379 页，1985。

势，而信仰其他宗教的人则占少数了。另一方面，洛阳地区的考古发现与穆斯林或者回回先民的联系不大。

三、文献和口传之8世纪中叶后的洛阳回回先民

8世纪中叶后的洛阳回回先民，其一是沿陆上丝绸之路来自中亚的穆斯林番客，其二是沿大运河从沿海来洛阳的西亚番客，其三是从陆上丝绸之路来华的军士。

据白寿彝先生统计，唐与大食的关系，见于记载者，651—798年有36次。[①] 按说，这些所谓的朝贡（实际上多数为官方贸易往来），是前往长安的，但唐高宗、武则天、中宗、玄宗、昭宗、哀帝等，在东都洛阳驻留数十年，故不排除这些大食贡使也来到了东都洛阳。至于其随行商团，来洛者更不能排除。官方访问尚且如此，民间商旅来洛阳的会更多。但逻斯战役后的47年间，大食通华使节17次，随行商团肯定多为中亚穆斯林。

“日暮花雨游人处，铜驼无处不番客”，这是唐代诗人刘禹锡（772—约842年）的《杨柳枝词九首》其中一首里的诗句。这些竹枝词，是他在唐文宗大和六至八年（832—834年）在苏州时所作。然据诗意，皆言长安、洛阳风物。这里“铜驼”，指洛阳的铜驼陌（即铜驼街，即番坊），也就是唐代洛阳的国际贸易市场。此诗句描绘洛阳作为唐帝国东都，其番坊的繁荣景象。从时间上判断，在这里的番坊活动的人们，除了由陆路和水路来此的阿拉伯、波斯穆斯林商人，还应有众多的来自中亚的穆斯林商人，甚至中亚人应占据多数。可惜这时唐三彩制作的鼎盛时期已过，不然会留下大批中亚穆斯林造型的人物形象。

也就是在刘禹锡写《杨柳枝词九首》的时期及以后的时间里，唐王朝专门出台了处理番客遗产的法令，这么做的原因大概是由于牵涉番客的遗产案件众多，为妥善解决这些问题，陆续4次颁发法令。第一次时间不明，

① 白寿彝：《从怛逻斯战役说道伊斯兰教之最早的华文记录》，见白寿彝：《中国伊斯兰史存稿》，3~97页，银川，宁夏人民出版社，1982。

第二次在大和五年（831 年），第三次在大和八年（834 年），第四次在周显德五年（958 年）。[①] 这四次法令的主要内容，是如何处理商客和番客遗产的问题。头两项法令的用词，对象是“商客”；后两项法令，对象是“商客”“波斯及诸番人”“番人波斯”。可能波斯人人数较多，所以与其他“番人”并行列举。这些法令面向全国，但东西两都的情况，这些法令的影响，可以由此推断。

其次是来洛阳的军士。安史之乱爆发，洛阳和长安相继沦陷。唐朝曾借助西域和大食兵平叛，史载：“至德初年（756 年），大食国遣使朝贡，代宗时为元帅，亦用其国兵以收两都”[②]。两都指长安、洛阳。“（肃宗至德）二年（757 年）九月……元帅广平王领朔方、安西、回纥、大食之兵十五万，将收西京。……癸卯，元帅广平王整军容入长安，中军兵马使仆固怀恩领回纥及南蛮、大食等军，从城南过灖水东下营。十月壬戌，遂收复东京”[③]。“灖水”即今之灖河，“东京”指洛阳。

这场战争之后，“迨纥兵归国后，洛阳两次失守，河阳、怀州并陷。代宗遣中使刘清潭及仆固怀恩至回纥修旧好，且请兵。遂发师至洛阳北郊，贼数万瞥见旗帜即奔溃，复克东京。因恐贼复窥口陕，故留回纥之师驻东、西二京，以固根本，听其卜居内地，故入籍长安者近千家云”[④]。所以唐代即有大批穆斯林军士留驻中土，相比后来元代因蒙古西征才有大批军士来华而言，西安、洛阳两都有这样一批回回先民，确实是很例外的事情。

据王晓辉先生的考证：现在洛阳东郊塔湾村一带，就是当年穆斯林军队固守洛阳的军营所在地之一。所谓“卜居”之“内地”，就附近而言，当有偃师县缑氏镇马屯村、新安县五头镇等地，这里至今仍是穆斯林聚居地。[⑤]

口传的历史也值得注意。据署名“石羊马”[⑥] 的作者调查，洛阳回族

---

① （宋）宋统刑，卷 12，死伤钱物诸番人及波斯附。

② （宋）《旧唐书》，卷 210，列传 148，西戎·大食。

③ （宋）《册府元龟》，卷 973。

④ 水子立：《中国历代回教名贤事略汇编》，载《回教论坛》，1940（1～2）。转引自李兴华：《中国伊斯兰教史参考资料》，658 页，银川，宁夏人民出版社，1985。

⑤ 王晓辉：《洛阳回族文化》，3 页，郑州，中州古籍出版社，2004。

⑥ “石羊马”，千年帝都洛阳城的回族穆斯林。

群众讲，孟津县朝阳镇张阳村（汉族村）的村民和洛阳瀍河回族乡塔湾和马坡两个回族村的村民关系非常融洽。张阳村的村民说，你们回回的先人唐朝时娶了我们村的女子，因此咱们是亲戚。这种说法也得到了塔湾和马坡两村回民的认同。另外，洛阳偃师县缑氏镇爬头村的李姓汉族和缑氏镇马屯村、瀍河回族乡塔湾和马坡村的回民也互称“千年亲家”，至今还在通婚。这种说法，与千年以前的历史记载遥相呼应，彼此印证。

结　语

综上文可得出以下结论：第一，洛阳的回回先民，最早以大食、波斯穆斯林为主，在唐代取海道进入中国，随后循大运河进入，也有循陆路丝绸之路进入的。

第二，所谓“胡商”和“番客”，现学术讨论笼统列入穆斯林商人的范畴，并不严谨。这两个词汇的使用，有历史范畴、地域范畴、族源范畴的限定。在内地长安、洛阳，中亚地区人广为接受伊斯兰教之前，这些来华的“胡人”或“番客”中穆斯林并不占多数。8 世纪中叶以后，中亚地区来此的穆斯林逐渐占据了绝对优势。

第三，洛阳地区的考古发现主要是唐三彩，唐三彩有胡人及骆驼、马匹等造型，由于其历史范畴、地域范畴、族源范畴的限定，与穆斯林或者回回先民的联系不大。

第四，8 世纪中叶后的洛阳回回先民，一部分仍是沿大运河从沿海来洛阳的西亚番客；另一部分是沿陆上丝绸之路来自中亚的穆斯林番客，后者应占多数；还有一部分是从陆路丝绸之路来华的军士。一些民间口传的故事印证了来华军士与当地汉族的交流和通婚，他们可能是洛阳回回先民繁衍至今日最稳定的一部分。

（原载于《中国回族学》，2015 年第一期，34 ~ 37 页）

五则传奇：河南最早的西域“胡人”记录

宛　磊

一、五则传奇的出处

唐宋时期，阿拉伯、波斯商人来华，是最早的回回先民。他们在东南沿海城市以及大运河两岸定居，主要为的是生意买卖的便利。而内陆城市，如长安、洛阳、开封等，也有他们的足迹。他们除了沿水路，也沿陆路丝绸之路进入中原。当时，人们称之为“蕃客”“胡商”“胡贾”。

关于胡商在河南活动的最早记录，在《太平广记》一书中有 4 篇。《太平广记》是宋代编撰的一部大书，全书 500 卷，取材于汉代至宋初的野史小说以及关于佛教、道教的杂著。宋代李昉等 12 人，奉北宋太祖赵匡胤之命编纂。此项编纂工作开始于太平兴国二年（977 年），第二年完成。因成书于宋太平兴国年间，故名《太平广记》。此书引用的书目约 400 余种，篇末都注明了来源，但偶有错误。全书按题材分 92 类，神怪故事所占比重最大。

另外一篇出自《唐语林》，这是笔记体唐代文史资料集，编撰者为宋代王谠，长安人，生卒年不详，曾为京东排岸司，掌有各地至京师水运纲船运输。元祐四年（1089 年）任国子监丞，掌管国子监内部事务，后改少府监丞，掌管百工技巧诸务。《唐语林》共 8 卷，末有辑佚 1 卷，素材来自唐人 50 家笔记小说，广泛记载唐代的政治史实、宫廷琐事、士大夫言行、文学家轶事、风俗民情、名物制度及典故考辨等，对研究唐代历史具有一定的参考价值。

以下介绍该书中5则胡商在河南的故事，并对其进行评析。

二、五则传奇的情节

《太平广记》有4篇提到胡商在河南的故事。第一篇题名《宝珠》（卷四零二·宝三·珠宝）。说的是咸阳的岳寺后面，有周武帝的帽子，上镶有颗珍珠，大如瑞梅，历代都没有把它当宝贝。武则天时期（690—705年），一位士人经过此寺，见了这颗珍珠，开玩笑地把它取了下来。当时天很热，他走到寺门，换衣服时把珠子裹在衣服里，放在金刚脚下，但走的时候却忘了带上。

第二天，他去扬州收债，途中宿在陈留（今开封）客栈。夜间，他听到胡人在斗宝，就来看，并讲了周武帝帽子上珠子的事。几位胡人大惊：早就听说中土有这个宝贝，我们正要去寻。士人说，宝珠已经丢失了。胡人都感到遗憾，对士人说：你要是能弄到手，我们一定重谢你。随后，那几位胡人给了士人五百钱，充当他去扬州要收的债务数，让他不再去，而转回取那珠子。士人回到原处，见珍珠还在，就带回来。几位胡人高兴得直拍巴掌叫好，一连饮酒十多天，这才谈到要买珍珠，问士人要卖多少钱。士人用劲喊了一千缗的价，胡人大笑：你怎么污辱这颗宝珠？于是几人合计，定为五万缗的价，并凑钱买下这颗珍珠。

之后，邀士人和他们同行，到海上去一趟，看看此珠的真正价值。到了东海，一胡人用银锅煎醍醐，又用金瓶盛着那颗珠子，放到醍醐里煎，煎了七天，就有两位老人领数百人，带着许多宝物，来到胡人处，想赎那珠子，胡人不应；又过了几天，再来赎，还不应。三十多天后，两位龙女，长得洁白端丽，投到盛珠子的瓶中，于是龙女和珍珠混合成膏。原来，这颗珍珠必须有两个龙女卫护，群龙爱怜女儿，所以才用许多宝物来赎，但胡人并不贪钱。其中一胡人用膏涂脚，能在水面上行走；又叫余者用膏涂在船上，顺风回家了。

第二篇题名《李勉》（卷四零二·宝三·李勉），说的是开元（713—741年）初年，司徒李勉，做了浚仪（今开封）尉。任职期满，坐船行汴水之上，要去广陵。走到睢阳（今河南商丘南），遇上一位害病的波斯老胡人。老胡人想借搭他的船回江都，李勉同意了，还给老胡人粥吃。感激之余，老胡人说："我本是王公贵族之后，做买卖来到这里，已经二十多年了。我家里有三个儿子，估计一定会出来找我的。"

不几天，船停在泗水，老胡人病重，对李勉说：我们国丢了传国的宝珠，求人把宝珠找回，就给公相禄位。我贪图高位，离乡出来寻宝珠。最近找到了这颗宝珠，价值百万。我怕路上不安全，就剖开身上的肉把宝珠藏在里面，却因此不幸得病。感激您的恩情，现在把珠子送给你吧。说罢，抽刀剖开大腿，珠出人亡。

李勉将胡人葬于淮水之滨，把宝珠放在胡人口中离开。到达扬州后，住目旗亭，这里有许多胡人。有一个年轻胡人，模样很像死去的那位老胡人。李勉询问，竟是死去的老胡人的儿子。李勉就将埋葬老胡人的地点，告诉这位年轻胡人，年轻胡人号啕痛哭。后来，年轻人去掘了坟墓，取了遗骨而去。

第三篇题名《郗鉴》（卷二十八·神仙二十八·郗鉴），讲的是荥阳的郑曙，博学多能，有一次会客，向客人谈到一件奇事。郑曙说的是《晋书》提到的太尉郗鉴，书上说他死了，但实际上他一直活着。郑曙解释说，他有一位好友，叫段扬，是武威县人，在定襄县做县令。段扬有个儿子叫段恝，从小喜欢道术，不食酒肉，十六岁那年，他向父亲请求出外游历，段扬答应了。

天宝五年（746 年），段恝出外游历，路过魏郡（今河北邯郸以南，河南安阳一带），住在客栈。客栈里有一位客人，骑了一头小驴，买了几十斤药，全是养生药，吃了不用再吃谷物。还有些因难找没有配齐的药物，这位客人天天都到市上，向胡商寻觅。段恝见这客人，人已七十多岁，鹤发童颜，不食谷物。段恝知道，这是一位有道的人，就与他深交。几天后，老人要离开，对段恝说，他叫孟期思，住在恒山，在行唐县西北九十里。段恝为他饯行，叩头请求，愿随老人到山中，请教道术。

接下来的叙述，是段恝往恒山寻找这位客人经过，很曲折，也很艰险，但终于找到了，并被这位客人引荐给一位老先生，随着老先生学了些本事。但是，段恝在山上住久了，想家，就请求回家看一看再来。这位老先生很生气地说：回去就回去了，还回来干什么！原来，老先生对段契不能坚持到底很是生气。一年后，段契又回来，却找不见人，段契于是悔恨不已。原来，这位老先生就是《晋书》上说的那位郗太尉！

第四篇题名《刘贯词》（卷第四百二十一·龙四·刘贯词），是神仙的故事。说的是唐朝时，洛阳人刘贯词，大历（766—779 年）年间在苏州流浪要饭，遇上一个潇洒英俊秀才蔡霞。蔡霞原来也是洛阳人，是位仙人，送十万钱给刘贯词，要他回去，又交给他一封书信并交代，他家就在渭桥下，合上眼睛敲打桥柱，会有人答应的。

刘贯词记下了，就又回到故乡洛阳，来到渭桥下，如法敲开神仙的府邸，见了蔡霞的母亲太夫人，得知蔡霞已离家三年。刘贯词又按照蔡霞原先的交代，要求见太夫人的女儿，是个绝代佳人。招待吃饭时，太夫人犯病，两次两眼发红，风病发作。原来，蔡霞让刘贯词来，是消除祸患的。龙女遵信中哥哥嘱咐，赠刘一百缗，但赠物还不够，太夫人让人取来了一只“镇国碗”给刘贯词。

这只碗是只黄色铜碗，刘贯词认为很便宜，拿着到市上去卖，多次都未卖掉。一年多以后，西市店中来了一个胡客，见了碗，非常惊喜。刘贯词要价二百缗，胡客说：这东西有价值，何止二百缗！但它不是中国的宝物，却又无用，一百缗可以吗？刘想，这便是当初约定的价，于是就卖了。胡客说：此乃罽宾国的镇国碗，碗丢之后，国家就闹饥荒，发生兵戈之乱。听说是一个龙子偷去了，已近四年。罽宾国的国君正用全国半年的税赋赎它，你是怎么弄到的？刘就把实情告诉了胡客。胡客说：罽宾国的守龙上诉追寻，所以蔡霞避身异地。现在碗已经找回，他也该回来了，这是消除祸患的方法。

第五篇故事，《崔枢的故事》（笔者加的题目），出自宋朝王谠所撰《唐语林》（卷一·德行）：有位崔枢，去汴梁（今开封）考进士，“与海贾同止”，达半年之久。“海贾”即海上来的商人。后来，商人得重病，感谢崔枢照顾，不因他是外族人而看不起。商人说，看来病不可医了，按他们家乡习俗，人亡后土葬，请崔枢帮忙，崔枢答应了。商人有一颗宝珠，价万缗，送给了崔枢。崔枢觉得这样不妥，不想私藏异宝，于是在商人死后，把宝珠也葬入墓中。一年后，崔枢在亳州谋生，商人的妻子千里迢迢来寻亡夫，并追查宝珠，把崔枢告到官府，说宝珠在他手里。官府逮了崔枢，崔枢说：若如墓未被盗，宝珠一定还在。官府派人挖墓，果见宝珠。第二年，崔枢中进士，后来一直做到主考官，享有清廉的名声。

三、五则传奇的评析

传奇小说，不光有小说文化的内涵，而且具有一定的史学价值。它是社会现实最直接的反映，使读者了解一些社会现象，更真实、更鲜活。梳理一下以上五篇传奇故事，可以再现一些历史。

首先，前面 4 个故事从时间上来看，从武则天时期（690—705 年）到大历年间（766—779 年），前后跨度约 80 年，属于唐朝后期。这个时间段，都在永徽二年（651 年）这个《旧唐书》官方记录大食朝贡中国的时间之后。

第一篇《宝珠》，原书注明“出《广异记》”，系唐朝戴孚所著。他是谯郡（今安徽亳州）人，生平事略不见史传，但知他于唐肃宗至德二年（757 年）登进士第，任校书郎，后任饶州录事参军，卒年 57 岁。《广异记》一书，大概于大历年间作者死后，其子为之刊印。第二篇《李勉》，原书注明“出《集异记》”。本书由作者薛用弱撰。薛用弱，字中胜，河东（今山西永济西）人，生卒年不详。有人考证，其生活年代在唐德宗贞元（785 年）以后。第三篇《郗鉴》，原书注明“出《纪闻》”。该书由牛肃撰。此人生卒事迹不可详考，据学者岑仲勉先生研究，牛肃祖籍京兆泾阳（今陕西咸阳），唐开元、天宝（713—756 年）年间人士。第四篇《刘贯词》，原书注明“出《续玄怪录》”。此书撰者李复言，生卒年、籍贯均不详，学者们考证，当为大和、开成（827—840 年）年间人。第五篇《崔枢的故事》，虽是宋人所撰，但故事发生在唐朝，只是具体时间不明。

以上故事原书出处和撰者的生卒年龄和籍贯虽不详尽，但粗略勾画出这些故事的来源，虽然看似荒诞不经，但因有其时间和地点的限制，说明这些故事虽不是完全准确的历史记录，但不是凭空杜撰，仍有历史的影子显现。

其次，故事中牵涉到河南的地点广泛。第一篇《宝珠》提到的主人公遇胡商，在陈留（今开封）。第二篇主人公李勉是开封人，在睢阳（今商丘南）遇上一位害病的老胡人。第三篇的主人公遇胡人的地点在魏郡（今河北邯郸以南，河南安阳一带）。第四篇的故事的主要情节主要发生在洛阳。第五篇也发生在开封（汴州）。所以，豫东、豫西、豫北都有提及。由此可见，胡人当时在中原活动的地域相当广泛。

第三，胡商的来历，都是“西域”。第一篇《宝珠》，故事结尾说，胡人乘船顺风回故乡了。第二篇《李勉》直接指出，主人公遇到的是一位“波斯老胡人”。第三篇《郗鉴》未指明胡人的来历，但说一些稀见难觅的药物，需要找胡商购买配齐。第四篇《刘贯词》提到宝珠来自罽宾国，这里指中亚的一个国家，因古希腊人称喀布尔河为 Kophen，罽宾为其音译；中国自汉代至唐代，罽宾均指卡菲里斯坦（今阿富汗和巴基斯坦交界地区）至喀布尔河中下游之间的河谷平原而言。第五篇说的是主人公与“海贾”的交往，行文中又以海贾的口，说出“按他们家乡习俗，人亡后土葬”，明显是穆斯林的丧葬方式，至今回民仍是如此。

第四，这些胡商的形象，有寻宝者（《宝珠》《李勉》《刘贯词》），有卖药者（《郗鉴》和《唐语林》中崔枢的故事）。他们的生意都属药材、珠宝之类。虽然有些情节已到了神奇玄乎的地步，但总体而言，这些都符合历史的真实：最初回回先民来华大多从商，经营药材、珠宝之类的确实占很大的比重。

第五，唐朝的富足、开放以及对异族的包容使胡商能够在中土自由生活、做买卖，这些在以上所有故事中都有体现。第一篇《宝珠》，主人公在陈留，夜间，他听到胡人在斗宝。设想，异族人来中土做买卖，会聚在一起，进行商务交流和玩乐，是自然的事。第二篇《李勉》和第五篇《崔枢的故事》，讲的都是本土人对异族人的帮助，表现了胡汉关系的友好。尤其是《崔枢的故事》，借海贾之口，说胡商在中国，不因是外族人而被低看，则更是有力的例证。

第六，这些传奇故事，里面的胡人形象都是正面的，没有负面的描写。胡商虽重利，但也重义，他们对待顾客的态度豁达大度，令人感动，提升了其人格魅力。《宝珠》中的几位胡商，为了得到宝珠，给主人公五百钱，充当他去扬州收债务的数量，让他不再去，而转回长安取那珠子；随后，为展示宝珠的魅力，又亲邀主人公到东海见证。《李勉》中的波斯老胡人和《崔枢的故事》中的海贾，为报答主人公的救命之恩，都主动献出自己寻觅的珠宝。《刘贯词》中的胡商听了主人公对镇国碗的要价，主动说：这东西有价值，何止二百缗！但它不是中国的宝物，却又无用。其态度之坦率，令人瞠目。这些情节也揭示了胡人给人以好感，被广泛接受的原因；另一方面，也显示唐代文化的开放和人民的开放。

结 语

胡商在唐朝的活动充满传奇，虽缺乏系统资料，但透过虚诞的外表，仍然可以梳理出一个大概，勾勒出他们在中国经商和生活的一些境况。中原自古是交通要道，唐代东都洛阳、汴州（开封）等都是国内外有名的重镇，无论是陆路、水路，胡商抵达河南各地，甚是便利。河南出土有大量的唐俑、西域货币等，都证明唐代河南胡商众多，只可惜相关文字记录较少。以上是唐代几篇传奇，牵涉到河南，谨作粗浅评析，期待更多的文献资料问世。

明清时期河南回族分布格局研究

胡云生

明清时期，回回移居河南又出现高潮，不仅人数与年俱增，分布区域也逐渐扩展到省内各个村落。一方面，由小集中向大分散变迁；另一方面，由相对独立的封闭性寺坊聚居区转变为开放性象征聚居区。可以说，这一时期回族“大分散小聚居”的分布方式最终形成是今天河南回族分布格局产生的基础。

一、河南回回聚居区分布格局的变迁

河南回族人口数量较多，但河南回族历史人口的统计可以说是一本“糊涂账”。1949 年以前，关于回族人口数量，无论是官方的，还是非官方的，都属于估计和预测，如 1947 年称“约有一百万人强”①。河南回族聚居区村街分布格局的形成是建立在回族聚居区村街范围、乡镇区厢范围和清真寺数量的扩展三个特征基础上的。

（一）回族聚居区村街范围的扩展

明清时期，河南回族的空间分布不断发展变化：一是分布范围进一步扩大；二是回族的聚居程度有所减弱，出现了一些新的回族聚落；三是回族人口的小跨度流动频繁，民族杂居程度增强。经过明清时期的流变与重

① 特瓦杜阿：《中原回回》，载《月华》，1947（6）。

组，回汉民族广泛交错居住的空间格局逐步形成和定型。具体表现为几户或几十户回族在一城、一镇、一村的一隅自成一个聚居点，在乡自成村落，在城则自成街区。回汉混居是回族分布区居住格局的基本形式，居住区内回族的人口比例相对较大，在城镇的居住以板块式为主。明初，开封出现了许多回族聚居区。《如梦录》记载：开封城内的“草三亭又名凤凰巷，俱回子居住，有礼拜寺”。在西门大街府城隍庙以西，有皮局，“俱回回居住”。在周王府西华门西边，有街五道，亦有“回子居住”。[①] 常茂徕增订《如梦录》注称，文殊寺街皆回民居住。此外，开封城东北隅、北门外也有回族聚居区。清代，大量回民从山东、河北、江苏、安徽、湖南、广西、陕西、甘肃、青海、宁夏以及河南其他地方来开封定居，开封回族聚居区得以进一步扩展。如家庙街的回族聚居区就是因清初孟县桑坡的丁、白、买、拜姓回族移入而形成，鹁鸽市回族聚居区是因为清咸丰时来自陕西的马姓回族而形成，宋门关回族聚居区则是因为来自南阳、荥阳、商丘、封丘的回族而形成。清代，开封已有以“回回”为名称的村落，如《清史稿》载：“副总河稽曾筠奏于祥符县回回寨浚引河”[②]。清末民初，开封工商业有了较大发展，回族人口也随之增加较快，开封周围所辖县的回族人口数量和聚居区也在不断增加，如通许县“所统回教人共计 1242 人”[③]。从明代起，地方文献开始记述郑州回族的情况。据明嘉靖三十一年（1552 年）成书的《郑州志》载：州城内有“回回巷”，并注明这是“回回群处”的地方。进入清代，郑州已有“回回营”“里营街”“外营街”“清真寺街”“北大街”等多处回族聚居区。清乾隆十三年（1748 年）的《郑州志》在“山川”条目说：金水河“旧渠自回回墓东北绕旧城与祭城水合”。本书又说：“回回营在旧州治东”。由于外地回民的迁入以及内部回民的互移，郑州回族聚居点扩大到北下街、清真寺街、丁兴里、河东街、河阳街、城南路西段、南顺城街、阜民里等处。[④] 外地迁入郑州的，有山西洪洞县以及省内的开封、襄县、嵩县、偃师等地，如登封颍阳乡马

① 孔宪易校：《如梦录·街市纪》，郑州，中州古籍出版社，1984。
② 赵尔巽：《清史稿》，北京，中华书局，1976。
③ 张士杰：《侯昆禾通许县新志》，卷十一，北京。
④ 张钫修、李希白：《新安县志》，卷九，1938 年石印本。

家寨，君召乡火龙庙和石道的回民均是清初由偃师卜村迁来的。荥阳也有大量回回聚居，据清代乾隆版本《荥阳县志》卷二建置部分记述回族聚居区有丁家庄、丁家凹、虎家庄、法家庄、丁家沟、帖家沟、帖家河、丁铁庄、铁家顶、回回沟等，以回回名称及回回姓氏命名村庄者不下十多处。洛阳回族主要集中在东关、北窑、瀍西、塔湾、马坡等街道。清末，新安县"五头西坡有回民40户，计320余口；铁门10余户，50余户……与汉族杂相往来，无甚区别"，"五头西坡、铁门俱有清真寺，为回族阿衡主持"。[①] 驻马店的西平、驻马店、汝南、平舆、泌阳等县市回族人口较多，清末阳武县回民"散处阳武境内者，城内南街十余家，城东吕寨40家，齐亦集南街70家，张大夫寨数家，其余散处各村，总计约千口上下"[②]。正阳县"多数住北关……教徒90余家，人口500余名"[③]。确山县城关、新安县，泌阳县羊册、象河关、二铺、百秩店，遂平县石寨铺、玉山、和店、余庄，西平县北关、五沟营、大吕庄、花马刘，上蔡县北街、黄埠，汝南县城关、南和孝，平舆县庙湾、东和店、杨埠，新蔡县北关、李桥，正阳县北关、铜钟和驻马店市的平等路、老街等，也都是回民比较集中的村镇或街道。河南农村回族聚居区也很多，如许昌鄢陵"县东北之丁庄与丁桥有回民百余口，聚族而处"[④]。孟县"桑坡村为回民聚居之所"，回民多来自山西省洪洞县，清代已分成东西两个小村，光绪年间达1200户，全村以丁、白、张三姓为大户。

（二）回族聚居区乡镇区厢范围的扩展

今天河南回族人数比较多的一些地方，明清时期都先后向乡镇区厢范围扩展，如开封的朱仙镇、沈丘的槐店、沁阳的水南关、博爱县的城西关、洛阳的塔湾、商丘西关等。开封城内以东大寺为中心的清平南北街、清平东西街、东岳庙前街、东岳庙后街、穆家桥、学院门、南羊市街、北

---

① 窦经魁，耿愔：《阳武县志》，卷三，1936年铅印本。

② 魏松声：《正阳县志》，卷三，21～22页，1936年铅印本。

③ 靳蓉镜，晋克昌，苏宝谦等：《鄢陵县志》，卷四，1936年铅印本。

④ 李成均：《重修汝南县志》，卷十八，1938年石印本。

羊市街、铁娘娘庙街、炒米胡同、顺河街、王家胡同、草市街等街道，形成有许多回族聚居区。豫东沈丘槐店也是河南重要的回族聚居地，清世祖顺治十年（1653 年）开始外地迁入的回回增多，以李、马、庞、海、刘姓为主，形成 30 余个回族村落。豫北沁阳自治街北大寺万历十一年（1583 年）碑记记述，立碑人 384 人，以一人最少一户来计算是 384 户，此坊少算也有 400 户。沁阳水南关清真寺中明朝天启五年（1625 年）碑文上立石人有：丁（18 家）、马（8 家）、王（5 家）、卢（5 家）、闪（3 家）、白（3 家）、买（3 家）、张（3 家）、袁（3 家）、拜（2 家）、丹（2 家）、吕（1 家），由此可见回民的人口数。

（三）回族聚居区清真寺数量的增多

回族分布区内居家多以清真寺为轴心，分布区呈封闭性结构。清真寺以及以其为中心环寺而居的回回聚居区构成了回族分布独特的“寺坊”，是明清时期河南回族分布格局的一个重要特点。明朝，河南清真寺初步统计为 128 坊。其中，明确记载为正德、嘉靖年间创建的清真寺达 37 坊，占总数的 30%。这些清真寺分布于开封、郑州、洛阳、焦作、南阳、许昌等地 60 个市县。清代，河南清真寺的创建和增修进入一个新的高潮期，全省共有 800 多坊清真寺，不仅在数量上明显增加，而且分布区域也明显扩展。以驻马店为例，元末明初，回回人大量迁居本区，回族人口随之增多。其间，西平、遂平、新蔡、正阳、汝南、确山、平舆等县先后创建或重建清真寺。清朝是其发展的繁盛时期，该区各县皆有清真寺建立。汝南县“城内外有清真寺两所，大集镇如庙湾亦有清真寺”①。确山县“查回回隶确者亦只数十家，城内建有清真寺”②。至清末，全区已有清真寺 40 余座。再加周口地区，据 1933 年《淮阳县志》寺院篇记载：“清真寺本城 1 处，南关北关各一处、周口北寨 4 处、南寨 3 处、西寨 1 处，新站、水寨、高河

① 张缙璜，李景堂：《确山县志》，卷十一，1931 年排印本。

② Dru C. Gladney. Muslin Tombs and Ethnics Folklore：Charters for Hui Identity. Journal of Asian Studies，1988，46（3）：495－532.

铺蔡桥、龙泉寺方庄、城南小李庄、城北刘庄、城东北盖庄、城西北沙各一处”。又据《淮阳县志》宗教篇记述：“现分设清真寺于北关、南关、新站、刘庄、沙庄、盖庄、小李庄、汪洼、龙泉寺、蔡桥、高河铺、周口老街、韭菜庙街、天房街、陈州街、怀庆寺、荥阳寺、河西寺等处。”周口各市县清真寺数目不一，太康县有清真寺21处，沈丘县7处，扶沟县有城内、吕潭2处清真寺，淮阳县17处。

总体上来说，由于上述三个方面的原因，河南回族聚居区空间结构的特点表现为：①由于历史原因，回族社区多分布在城市外围地带，如很多城镇的西关就是回族的聚居区。②回汉混居是回族聚居区居住格局的基本形式。回族传统的聚居模式正在消退，早期形成的回族聚居区内的回族人口比例已有明显下降，回族居民在市区的分布已从板块式转向散点式，成片集中分布的格局正在逐步解体。③城市郊区回族聚居区较多，但以聚居为主的态势在逐步弱化。④回族聚居区内居家多以清真寺为轴心。⑤回族聚居区空间结构由封闭趋向开放，回族聚居区纵向格局正在加强，聚居区同大社会的人流、物流、信息流的循环逐步加快，同时回族聚居区自身的自主性亦呈减弱趋势。

二、影响河南回族聚居区变迁因素分析

涉及回族聚居区问题较早的研究成果是杜磊（C. Dru Gladney）关于中国回族穆斯林认同问题的研究。杜磊认为，工商企业主对回族聚居区的变迁至关重要。回族的民族和宗教传统使回族在文化和宗教上，更重要的是在社会经济层面上，形成了与汉族不同的特点。这些传统成为回族的生存策略，在他们保持回族聚居区发展的过程中，边缘化的商业活动及其民族传统成为重要的象征资本，而不仅仅具有经济价值。杜磊还注意到了国家政策对回族聚居区变迁的影响作用①。除此之外，还有学者从地理研究的

① Wang Weifei, Zhou Shangyi, Fan Cindy C. Growth an Decline of Muslin Hui Enclaves in Beijing. Eurasian Geography and Economics, 2002, 43 (2): 104 - 122.

角度提出应当重视聚居区所处地理位置和行政地理因素对聚居区发展变迁的影响。王文飞等通过对北京市马甸和牛街两个回族聚居区的历史及其最近的不同发展方向进行比较研究提出，牛街回族聚居区继续存在和发展，而马甸聚居区不断衰落的主要原因是其在城市中所处的不同地理位置所导致的。该研究强调了影响城市回族聚居区变迁的因素除了社会和文化因素外，地理位置和中国行政地理特点等因素也发挥了重要作用①。笔者认为，回族聚居区的变迁发展方向应该是多方面因素共同影响、作用的结果，探讨回族聚居区的发展模式，不仅要注意以上各类因素的影响作用，还应当关注回族生存发展中的大的社会历史背景以及国家与回族社会关系特点的影响。

（一）国家与回族社会关系变迁的作用

按照国家与回族社会关系的一般规律，在弱国家强社会关系的历史条件下，回族社区基本处于一种封闭的状态，社区的权力、经济和文化发展的“自主性”较强；而在强国家弱社会关系的历史条件下，回族社会很容易被国家力量渗透，回族聚居区也会因此经历一个“被分解—疏散—组合”的再分布过程。明清时期，由于国家力量强势存在，河南回族相对独立的社会空间在制度层面上被打破。具体表现在：①国家通过屯田和编户齐民，使与汉族杂居的河南回回本土化、民族化的程度越来越高。处于生存和向社会上层流动的考虑，河南回族策略地加强与国家政权互应、加大与汉族交流，其结果导致回族聚居区不断地由点状式向四面辐射，由封闭走向开放。人口数量的急剧增加不可避免地促使已经饱和的回族聚居区不断分化、拓展。②国家政权运用其行政、军事的权力直接干预河南回族聚居区的历史变迁，通过国家强制移民政策，回族被置于国家政权的直接控制之下或与汉族杂居，聚居状态遭到很大瓦解，分布更加分散。③国家通过文化和意识层面树立了正统的象征性，回族个体成员的向上流动的行为模式都融入了传统的士绅社会结构中。明清时期，大量河南回族中具有一

① 南文渊：《伊斯兰教与西北穆斯林社会生活》，115 页，西宁，青海人民出版社，1994。

定知识文化的个体通过与汉族社会成员类似的方式进入了官僚阶层，从而加强了河南回族个体成员的流动程度，进一步促进了回族聚居区的变化和拓展。因此，回回的居住区域更为分散，县与县之间构成了若断若续、点线结合的居住区。

（二）国家的回族移民政策的影响

河南回族人口较多，聚居区变化较大，国家移民政策是重要原因。据笔者的实地调查，河南多数回族称其先祖来自山西洪洞县。据河南清真寺碑文载，明代洪武四年（1371 年），山西洪洞县赵姓回族迁山货厂；洪洞大枣树刘姓回族迁梁北东刘庄；洪洞丁姓、艾姓先迁桑坡，丁姓再迁砖桥，艾姓迁皂角坪。孟县丁氏回族家谱记载，其始祖丁贵是明洪武年间来自洪洞县。禹县山货厂回族乡赵姓回族，其“显祖考府君赵公来义之墓”碑称“首自洪洞而迁移河南禹境”。洛阳“七根椽马”的马氏家谱载，七根椽马来自洪洞。淮阳穆氏家谱记载：“先祖兄弟二人率全家由山西洪洞县枣林村移民而来，在城内回民区落户。”顺治四年（1647 年），又从山西洪洞县等处迁来大量回民，李、马、庞、刘、苏、沙、白、方等姓较多，村名随姓而定，如淮阳的苏花园，刘庄、李庄、马庄、方庄、盖庄、沙庄等。明代迁入河南的回民除来自洪洞县外，还有来自北京的。明太祖朱元璋派兵占领中原后，两次驾临汴梁。1368 年 10 月，他下令“徙北平在城兵与汴梁”，迁民中除汉族居民外，还有一些居住在北平城内的回回军民，所以至今开封某些回民中仍有其祖先是北京迁来的传说。豫西南以及湖北荆襄地区回回入附者亦多，到 19 世纪中叶以后，清朝政府对回回采取强迫疏散的政策，又有从外地迁入的回民以及本地区的回民互迁。

（三）回族传统经济的作用

严格意义上来说，回族的传统经济，尤其是商业，在河南回族聚居区的发展变迁中也起到了很大的作用。随着回族商业的发展，回族人口不断地迁移，形成一个个非区域性的虚拟聚居区。河南回族商业经济的发展正是与这样的一些虚拟聚居区的发展联系在一起，从而使河南回族聚居区本身也成为一个联结城乡、开放性的跨越边界的回族聚居区。在近代铁路未筑成前，水运系统是回民在明清时期的经商路线，短程轻便的舟楫运输适合小商贩往来活动。河流的交汇点是商业上的聚居点，河流之间的平原和盆地是回民自然村落出现的温床。河南以东有从元代开通的从杭州到北京的大运河，以南是长江。运河南北横贯，长江东西纵行，运河、长江和省内的黄河是沟通省内外各水系的大干线，和省内的各河流相衔通，形成了内外纵横的水运航线。明清时期从京津和沿长城内外来河南的回民，多是经通州取道运河入山东向西而进入河南，这是菏泽、东明入濮阳的航线。这一线上的回民中经商的较多，终点是开封，在河南从事珠宝古玩业和航运业。再就是从河北的大名沿卫河而达河南的浚县和新乡，沿漳河而抵安阳。浚县是河北漳、卫二水和由山东上岸而入河南的三角交汇点，浚县成为回民聚居点，他们以经营牛羊肉业著称。东南方是回民在河南经营皮毛业的通道，是从安徽蚌埠西上，沿淮河经豫皖交界的界首，顺颍河，过项城而达周口。周口是河南历史上的名镇，水陆交通便利，是重要的皮毛集散地。这里的回民沿颍河西北到许昌，沿沙河向南达漯河和驻马店，可与湖北入信阳的回民接踵。驻马店目前的回民大半是从周口迁去的。“城关是人行必经之道，是商业贸易的好地方。”①。回族善于经商，且有经商的传统，农村的大批回民来到城市经商，城内不允许居住，便寻找城边交通要道——城关地带，既可解决居住问题，又便利其就地从事商业活动，这也是回族民众大多居住在城镇边缘的重要原因。

（四）其他因素的影响

影响河南回族“大分散小集中”分布格局的因素还有其他形式，如自然因素、传教落籍、避难疏居等亦是不可忽视的因素。

传教落籍。河南回族有请西北人来当阿訇的传统。镇平县吕坡答姓，

---

① 葛壮：《明代社会中的伊斯兰教和穆斯林》，载《世界宗教研究》，2002（1），113～122页。

元时由西域入中原，落籍陕西后又迁居湖北省钟祥县答家湖，于清代受吕坡的邀请，来此出任阿訇，遂留居于此。清初，湖南沅陵县的著名经学大师“尊经革俗”的首创者舍起灵，于康熙年间定居襄城县石羊街，至今已传12代人。因当阿訇而定居河南的回民亦不少，如西平县蔡寨回族乡黄氏，其先辈因当阿訇由甘肃凉州迁至蔡寨落户；又如确山县刘氏、汝南县盖氏、上蔡县杨氏、遂平县马氏等，也是因前辈当阿訇而落户于该地。

疏散反明义军。明末农民起义军中名列十三家之一的马守应，号老回回，率领农民起义军，在淅川、南阳一带活动频繁，起义失败后，军中不少回回疏散、隐藏居于河南，南阳现在的马、杨、吴、陈、柏、白等姓回族多半是那时留居下来的。南阳宛城区黄池陂一带的马姓回族与荥阳马沟马姓回族的辈序排列完全一致，出于一脉，海、法、虎、刘四姓回族是由荥阳县的法堂、虎沟等地迁来的。平舆、汝南、确山等县部分回民是跟随老回回马守应、李自成的起义军而落户于此。河南、山西交界的太行山区陵川、辉县等地回民于崇祯初年掀起反抗斗争，河南与山东交界的曹（县）濮（阳）一带也有回民参加，起义失败后，回民多疏散在河南，成为今天河南回族来源的一部分。

避难疏居。由于政治上的因素，明清两代多有回族人避难隐居河南。明初，“胡蓝之狱”牵连人数较多，蓝玉一党的钱姓回族因遭受迫害而隐居睢县。明成祖夺位后，又有回族刘姓流居睢县，逐渐形成了东关和西门里两回族聚居区。再如，西北回民起义失败后有部分回民以贩马为名来汴隐名落籍，集资在开封市鹁鸽市街创建了“善义堂”清真寺，建寺碑上明载其“因避秦乱”而东迁开封定居。

官宦入籍。此以方城县闻姓为典型。闻姓原籍山东，清初因闻富喜出任南阳镇台游击而落籍镇平县闻家营，后代迁入方城县闻岗，至今闻姓家族在南阳、镇平、方城、新野、社旗诸县境内分布很广。陕西泾阳县永乐镇马姓回民于明朝末年因官宦移居新野县沙堰定居。洛阳沈姓回族祖籍江宁上元县，明徙大姓实畿辅，随成祖至燕，隶属顺天大兴籍。至清，宦游河南，遂定居洛阳。

黄河泛滥、自然灾害以及交通的原因，也对河南回族分布格局产生影响。历史上，黄河多次决口，导致大量回族流民迁徙。明嘉靖年间

(1522—1566 年)，回族盖氏由汴梁迁居归德府，万历年间迁居考城县西12 里之盖庄。明万历年间，回族张氏由西华县小窑迁至考城西 10 里之谷皮村。明末回族李氏由封丘县金葛谷迁至开封草三厅（即今三民胡同），清初由开封迁至考城县大凡集，后至考城县城。近代由于陇海铁路的建成通车，河南各地火车站附近因此而形成了回族聚集区。

三、“大散小聚”居住特点的意义

目前，学术界一直认为回族在元代已经形成了“大分散小集中”的居住格局，当然这是从全国范围的层面上解构的。但如果考虑到一定区域内回回人居住方式的特点，以及明清及其以降时期回族由模块式到散点式的居住特征演变过程，显然将河南回族“大分散小集中”居住格局的形成时间界定为明清时期更加客观和合理。“大分散小集中”对加快河南回族本土化过程发挥了重要作用。

（一）形成了回族社区文化

进入明代以后，经过数代甚至十几代、数十代在中国本土上的繁衍生息，回回人已经有了与周围文化环境相一致的通用的语言——夹杂着大量经堂语词汇的汉语。而元代初年进入中原的回回人，其共同语言还没有形成或还不够稳定。其次，由于战争的需要，元代初年的回回人往往没有固定的居住区域，被编入军营的回回人常常是随军而战，不战则农，流动性较大，是作为国家机器中的一部分在发挥着作用。到了明代初年，原有军垦的回回兵士已长期固定在了全国各地，并经过开荒种地，繁衍生息，形成了稳定的居住区域，而长期经商的回回人也开始有了长期稳定的居住区域，常常聚寺而居，共同生活在一起。这些稳定的居住区域，是以一个或几个村子、一条或几条街道为共同的居住区域，并不像其他古老的民族那样，孤立地生活在同一个广阔的地理环境中。在这一区域中必定有一个或几个清真寺，由于有了共同的居住区域，才有可能形成以清真寺为核心的回族社区文化。

（二）提供了文化载体

事实上，成为“回回”的穆斯林，在入居内地，落籍屯戍于河南后，形成主要散布于交通沿线的“大分散小集中”的分布格局。这种“大分散”决定了回族要与周围的环境相适应并与生存的空间融为一体，也决定了回族必然要与分布全国且作为中国主体居民的汉族发生密切的关系。这种地域分布特点，一方面，使其事实上处于汉民族传统文化汪洋大海般的包围之中，与汉人的通婚和语言、服饰、姓氏方面的日趋本地化，显示了汉文化的强大影响力。由于长期处于大分散的状态，回族文化在与周围环境相适应的过程中表现出“汉文化”的色彩。在与汉民族的相处中，回族人从一开始就以开放的心态对待主体文化，主动学习和吸收汉文化，不少人成为有名望的学者文人，如李贽、萨都剌、高克恭、丁鹤年等。回族在形成和发展过程中不仅接受汉文化教育，而且积极提倡之。他们穿汉服、操汉语、取汉名、读汉文，在外表及社会交往上没有明显的与汉族人区别的特征。这也是产生内地回回与西域各族穆斯林之间文化差异的重要历史原因。前者因此在历史上曾被呼为“汉装回”“汉回”“熟回”或“民回”，后者则被相对应地称为“缠回”“生回”或“夷回”。所谓汉缠、熟生、民夷之分，形象地反映了二者在所受汉文化影响的程度上确实存在着比较明显的区别。另一方面，在回回人相对聚居之地所传承的以伊斯兰教信仰为内核的传统文化，又成功地为穆斯林群体提供了无形而又坚实的文化屏障。这种维系着广大内地回回人日常生活的精神纽带，和由其造成的文化隔离机制遏止了汉文化影响的进一步渗入，并使“回回人”从原属异邦宗教的文化载体逐渐地衍化为伊斯兰在中国境内具有代表性的重要民族实体——回族。

（三）提供了地域条件

因为“大分散”，河南全省不可能建立统一的宗教机关，各地的清真寺只能是各自独立，互不统属，各教坊只能是一个个独立的宗教组织单位。因为“小集中”，所以一个地区的教民能集款造寺，并以清真寺为中心组织在一起，形成一个地域性宗教集团——教坊。16世纪中叶，西北地区出现了门宦教派。后来，随着农业经济的发展，社会阶级的分化，世俗势力与宗教势力紧密结合，门宦教派的教坊单位被突破，形成门宦制度。但从河南范围看，广大回族地区实行的基本上仍是教坊制。造成这种现象的原因固然很多，其中回族“大分散，小集中”的分布特点显然是一个非常重要的因素。

（原载于《地域研究与开发》，2011年第三期，152～156页）

从《回部公牍》看民国前期回族的政治参与活动

方素梅

《回部公牍》是民国时期李谦所保存的部分回族团体和个人关于回族政治权益要求书牍的汇编，它主要反映了民国前期回族政治参与活动的一些情况。通过对其进行研究，可以从一个侧面了解民国前期中国社会政治的特点以及各民族在现代民族国家建构过程中发挥的重要作用。

民国期间，分布广泛、人口众多的回族大众曾积极从事政治参与活动。有的学者甚至认为在民国时期的回回人群中，存在一个不折不扣的“种族民族主义运动”，例如要求在20世纪30年代的国民参政会和40年代的国民大会代表选举中，按蒙古和藏族代表的额度选举回民代表。实际上，回族争取政治权益的活动在民国前期就已经开展。1924年刊印的《回部公牍》就反映了民国前期回部全权代表李谦及其他回族人士发动的要求增加回族国会议员及与蒙藏青海一样享有专额议员的政治请愿活动。虽然这只是李谦收存的相关书牍，不能完全代表当时全国回族各阶层思想意识和政治参与的状况，但其中记录的回族参与政治的活动，依然可以帮助我们从一个侧面了解和认识民国前期中国社会政治的特点以及各民族在现代民族国家建构过程中发挥的重要作用。

一、《回部公牍》成书缘由及主要内容

“回部”是清代以来对天山南部信仰伊斯兰教的各族人民，尤其是维吾尔族聚居区人民的统称。在清朝统一天山南北以前，天山北部主要是以

准噶尔为首的卫拉特蒙古游牧和活动的地区，而天山南部主要是维吾尔等信仰伊斯兰教各民族聚居的地区，故有所谓的“北准南回”之说。清统一天山南北之后，于乾隆二十七年（1762 年）在新疆设总统伊犁等处将军，统辖天山南北军政和民政事务，在全疆实行军政合一、以军统政为特点的军府制度。与此同时，乾隆帝鉴于军机处事务繁多，特将回部事务从中剥离出来，转由理藩院兼办，并下旨设立以处理回部事务为主的徕远清吏司。《清朝文献通考》卷八十二载其职责为：“掌哈密、吐鲁番及回部诸城爵禄贡赋，并移驻回民耕牧之事。”

回族自称“回回”，其民族意识至迟在晚明已经形成。由于回族源流的独特性和宗教信仰的鲜明性，长期以来人们对其民族属性认识不清，往往把它和其他信仰伊斯兰教的民族混合在一起。民国成立以后提出的“五族共和”口号里，“回”就包含了维吾尔、回等信仰伊斯兰教的民族。实际上，清代这些民族对相互之间的固有差异已经有了清楚的认识。如天山南部的回部自称突厥人，把内地回回称为“东干”；内地回回则把回部叫做“西回”，或袭用汉语中“缠回”的名称，称回部为“缠头回回”。纵使是在当时汉人和满人的概念里，回回和新疆及新疆之西的“回部”，已然是两个不同的人类群体。在清人看来，回回和回部都信仰伊斯兰教，所以他们都是“回人”“回众”。但“回人”又是由很多种类构成的，回人中的回回与回部，对清人来说明显是有区别的。他们很少会把回部称为“回回”。同时，他们更不会如同称呼回部那样把回回叫做“番人”。不过，在面对汉人群体的时候，回部很可能被内地回回，特别是对“回疆”的情形缺少了解的回回人，看做是同属于由西域迁徙而来的同一共同体的构成部分。正像“缠头回回”的称呼所显示的，内地回回仍然把回部视为“回回”的一部分。这种族际认知状况不同程度地延续到民国年间。换言之，清代民国的“回”是一个泛称，“回部”主要指天山南部的维吾尔族，但是有时候也包括回族等其他信仰伊斯兰教的民族。

《回部公牍》中提到的“回部”，自然也是包括上述意思的，但具体说来，《回部公牍》之得名，还与其汇编者李谦当时的身份有关。李谦，字公谨，回族，河南叶县人。中华民国建立以后，曾任大总统袁世凯卫队军官，授陆军中将衔。1914 年，以哈密亲王为首的新疆回部八部首领任命其为驻京代表及回部全权代表，其后在洛阳成立回部全权代表办公处。回族学者庞士谦阿訇在所著《埃及九年》中说："民国二年哈密回王麦哥苏德沙进京，向袁世凯进贡，袁氏找其部下回教人，以招待回王。适其时李谦正在其卫队中，于是就被派到回王前去招待，李与回王以同教关系，慢慢亲密起来。"书中还讲述了二人之间的一段故事，说是清廷平定新疆时李谦的祖父正在清军中任统领，清军与回部交战，哈密回王失足落马，李谦祖父因同教关系从乱军中将其救出，战事就此平息。这位哈密王就是麦哥苏德沙的父亲，他不忘救命之恩，令子孙铭记。麦哥苏德沙与李谦相识时知其姓李且为河南叶县人，便提到了此事，李谦说救回王的正是自己的祖父，由此二人的关系变得亲密起来。哈密亲王只有一子，他进京朝觐时携带同来。"不料当彼要回新时，袁世凯欲将其爱子作质。哈密王哪能舍得，百方请人斡旋。最后取得袁的同意，决定将其仁侄——李谦作为其驻京代表，李之回部代表，即由此而得。"该书所说的麦哥苏德沙，应该就是哈密双亲王沙木胡索特。

《回部公牍》中附图：李谦照

李谦获得回部全权代表名义后，即大力从事争取回部政治权利的活动，数年间屡次向北洋政府有关部门请愿，要求增加回族国民代表、国会议员并与蒙古、西藏和青海一样设立专额。1924 年，他将此期间回族各界的各类请愿书以及来往信件、电文和相关公函等，汇编成《回部公牍》一书，以回部全权代表办公处的名义刊印。

《回部公牍》记载的李谦所写关于回族专额议员的请愿书，都是以新疆回部八部全权代表名义递交的。但从文牍的具体内容来看，其所反映的争取政治权益的活动主要代表回族，与维吾尔族关涉不大。这也可以从《回部公牍》中反映出来，如这些文牍的作者主要是回族，文牍中更多提到的是“回族”或“回民”等。同时，除了哈密亲王外，其余七部的维吾尔族上层与李谦并没有过多的来往。李谦等人打着“回部”的旗号，主要原因可能有两点：一是李谦可以用回部全权代表的名义组织请愿，这样对于穆斯林群众有着更大的政治号召力，可以争取更多的穆斯林的支持；对于民国政府也形成一种压力，促使其更加重视回族，因为从理论上来讲，民国政府从来没有承认过内地回回是一个民族，“五族共和”口号里的“回”，只是一个泛称而已。二是回族和维吾尔族之间的民族认同关系相当紧密。正如一些学者所说，清代民国时期内地回回的种族认同，是将新疆的“缠回”包括在“自我”的范围之内的。因此，李谦等人以“回部”名义从事活动，有着政治和情感两个方面的因素。

然而奇怪的是，在清末民国关于回族新文化运动的相关记载中，几乎都没有提及《回部公牍》，这可能跟当时回族人士对李谦的评价有关。如庞士谦就说，李谦自从获得新疆回部驻京代表这个名义之后，“就大事活动，以五族共和为号召，向各方请愿，要求：‘议员应按全国九千万回教人之数目，平均分给我们，蒙藏部应改为蒙藏回部’。李对教内外皆如此呼号，但是无人响应。当时在北京的回教官员，如马龙彪、马邻翼、马福祥等，皆认为这位不学无术的人胡乱讲话，躲避之尚且不暇，如何能来帮他说话。一般回民更谈不到了”。而且据说，李谦在袁世凯恢复帝制的活动中扮演了很不光彩的角色。1915 年 12 月，袁世凯改次年为洪宪元年，准备即皇帝位。各地封建余孽连连催促袁早日“登极”，包括哈密亲王沙木胡索特在内的 12 处蒙回王公向袁跪地称臣，吁恳袁“为速登极”。袁世凯的丑行遭到全国人民的强烈反对。12 月 25 日，蔡锷在云南发动讨伐袁世凯的护国战争。沙木胡索特顽固坚持反动立场，于 1916 年 1 月以“回八部、新疆哈密双亲王”的名义，委派庆贺专员兼回部全体国民代表李谦向袁世凯表示，誓灭反对袁世凯称帝的“叛首”而报国家，“再次恳请早御皇极，以安人心”，并要求“仍恳我皇帝明颁诏命，付臣讨贼之权，除暴安良，恭行天讨，誓愿选全国回部中强健男儿编成军旅，即时南下”。笔者认为，李谦与沙木胡索特在袁世凯称帝活动中助纣为虐的行为，是正直的回族人士对其不齿和非议的主要原因所在。

尽管如此，《回部公牍》的史料价值仍不容忽视。《回部公牍》由康有为题写书名并作序，序后附有两张人物照片，第一张是李谦肖像，第二张是集体照，共有29人，照片上面题字说："回部全权代表提倡教众奔走国是，请愿国会加入回族议员，与回族争人格，与国家谋完善。各省××回族统兵大员马都统、马提督、马司令、马部长、各将军、各师旅长、文武官吏、绅商、学界，甲子三月均到回部办公处开全体大会，庆贺总代表李公谦先生有功于回教、勋劳于国家。回族数千年第一次盛会摄影纪念。"书的最后附回部全权代表办公处职员录，计有全权代表1人、国民代表3人、参议27人、秘书20人、书记2人、办事员24人、调查员1人、差遣13人，总共91人。《回部公牍》正文369页，收录了民国前期有关书牍340多件，主要包括几个方面的内容：一是李谦以回部全权代表名义给总统及国务院、参议院、众议院等国家有关机构的请愿书和劝告书；二是各地回族请愿书；三是各地回族代表和个人公电及给李谦或回部办公处的来电、来函和公文；四是大总统、国务院的批函和蒙藏院及其他政府机构的公函；五是哈密亲王给李谦的来函和来电；六是与马福祥、马麒、马鸿逵、马步青等西北诸马及其他回族上层往来的信函、电文；七是与吴佩孚、冯玉祥及国务总理、参议院议长，部分督军、省长、指挥使、镇守使等有关官员往来的函电，以及吴佩孚给参众两议长写的介绍函、湖北萧督军为回部请愿致参众两院电等；八是李谦等人要求政府惩办杨增新，为马福兴父子雪冤的呈文及通电，以及杨增新对李谦的驳斥和质疑。

虽然其中所收集的文牍部分存在着无具体日期等问题，但这些文牍的内容在一定程度上反映了民国前期中国社会政治的特点，以及回族的国家观念、民族意识和政治权益要求，可以帮助我们对当时回族的政治参与活动有更为深入的了解和认识。

二、《回部公牍》所记回族政治参与活动

民国时期是中国社会的转型期，国内信仰伊斯兰教的少数民族和其他民族一样，开始走出封闭状态，投入变革的浪潮。"他们的民族意识逐渐增强，并开始就穆斯林政治地位的平等、经济生活的改善、文化教育的发

展与宗教信仰的自由提出各种要求。……这些现象既是民族发展的要求，也是时代运转社会进步的标志”。在马邻翼、王宽等一批进步人士的带动下，通过创办报刊、组织民间社团、发展现代教育等途径，辛亥革命前后兴起的近代回族文化运动进入了轰轰烈烈的发展阶段。广大回族民众的近代国家观念得到进一步培植，爱国爱教意识不断得到强化，他们也和全国各族人民一样，积极参与到国家的政治生活中去。《回部公牍》就反映了民国前期回族政治参与活动的某些侧面，主要是李谦等人发起的要求增加回族国会议员及与蒙藏青海一样享有专额议员的政治请愿活动。该活动于1916年和1922年两次公开发起，延续到1924年，时间跨度近10年。

《回部公牍》开篇即说：“径启者：现值大选奠定，宪法亦快解决，一发千钧，稍纵即逝。凡我回族热心志士，应抱天然之团体，据理力争，积极进行，为穆民世代子孙谋永远之幸福，以脱从前数千百年之黑幕，万勿稍存观望，贻误时机。况蒙当道重要各大员一致赞成并回汉两族各伟人互相协助，谅不难达到回族专额议员加入国会圆满之目的。仍望各处执事急起直追，毋稍懈弛，祈切盼切，幸勿妄听奸人鼓簧造谣，阻滞破坏，一误再误，致堕奸人之术中。务乞赶紧再电请愿或快邮代电大总统、国务院及参众两院。”从这段文字可以得知，李谦等人意图利用大选及制宪的时机，敦促各地回族团体或个人，赶紧再电请愿或快邮代电大总统、国务院及参众两院，达到回族专额议员加入国会圆满之目的。正是通过这一活动，李谦等人把一些回族团体和部分上层人士组织、动员起来，掀起了民国前期回族争取政治权益活动的风潮。

关于李谦等人发起政治请愿活动的起始，《回部公牍》第一件文牍“大总统批令请愿国会增加议员由”说道：“敬肃者：民国三年奉哈密部双亲王特派谦为回部全权代表，并令有回部应办事宜就近周旋。四年十月八日开五族国民大会，谦即上书请愿加入回族国民代表。十月十日奉大总统申令，蒙藏院十月二十八日照会谦，指定加入回族国民代表四名，当派谦为回部总调查委员，共调查在京回族合格人士三十一名，十一月十五日在蒙藏院开一预备会，由三十一人中选出回部国民代表，李谦、王宽、马吉符、马廷襄等四名加入五族国民大会。后虽国体变更，而回部、蒙藏、青海所选之国民代表并未改选，惟四名中王宽、马吉符、马廷襄等三名先后身故，理应按例照补加入国会，提议宪法解决五族永远之根本大计。”其后因袁世凯称帝、护国战争爆发，国民大会停止召开。及至1916年共和再造，约法恢复，宪法起草，李谦等人于是呼吁各地回族团体和个人利用大选及制宪的时机，向民国政府请愿增加回族国会专额议员。

1916年7月14日，李谦根据哈密回部双亲王会同各回部王公贝子等“以民国成立，五族一家，续开国会，召集有期，仰该委员等据理呈请加入回族议员，以示大同而昭公允”的来电，呈请“加添回部议员”。大总统核准批交国务院，内务部于8月5日答复说：“查议员名额之分配载在国会组织法，该代表等所请加添回部议员涉及修正组织法问题，本部无权核办。”李谦遂代表回部八部，在刘志詹、罗黼、康佩珩、李景泉、阎鸿举、穆郇、耿臻显几位议员的介绍下，于8月22日向众议院请愿。

李谦等人的第一次请愿活动并没有取得实际的效果。此后，国家政局不稳，第一届国会再次解散，其后各种国会“你方唱罢我登场”，犹如闹剧一般，李谦等人也暂停请愿。1922年（民国十一年）黎元洪再次就任大总统后，第一届国会于当年8月1日在北京宣布复会。8月2日，在黄佩兰、李庶英、侯汝信、毛相印、王伊文等议员的介绍下，李谦又以回部八部代表名义上书参众两院，为回部议员名额请愿。

这次请愿活动得到了回应，参议院和众议院将他们的请愿列入讨论。但是，国会议员名额是由国会组织法规定的，增加回族议员及设立定额涉及该法的修订，所以李谦等人的请愿仍然没有达到目的。一直到两年后李谦印行《回族公牍》时，仍然有一些地区的回族向两院上书请愿。

1916年和1922年李谦等人发起的请愿活动得到了各地回族的支持和响应，许多团体个人都纷纷来电来函，一些地区回族还发出请愿书或请愿电。如安徽颍州七邑代表回教俱进会会长兼教长李振铎等人在请愿电中说：“国会数百议员，而回族未之有闻焉。推其弊非尽由于选举之偏私，亦临时约法未规定回族议员名额有以致之也。或者谓回族专指新疆等部而言，然内地回人确系回族者亦实繁有徒……奈何回族议员名额概无规定明条，不能与汉平等固矣，然其视满蒙藏亦不及远甚。临时约法草创难周，国会重光，曷敢再误，当此制定国宪。”河南漯河的回族公民代表也在公电中说：“民国成立，五族共和，宪法取诸民意，当由五族推出议员，共议制宪，方可完善国家。奈何国会之中，蒙藏各有专额议员，独回族竟付缺如。纵然临时约法之草创有所遗漏，将来宪法自应增加，以期完善。今兹回部代表李谦君暨各省全体回民请愿国会增加回族专额议员，乃本五族共和之公推，以期符合五族共和之名实。”

回族上层有相当一部分代表人物对李谦等人的请愿活动表示了一定的响应和支持。尽管庞士谦认为当时回族上层人士与李谦没有什么联系，但从《回部公牍》收存的相关书牍来看，情况并非如此。《回部公牍》中的集体照有西北回族诸马军阀马福祥、马步青、马鸿逵和回族高官马邻冀（教育部长）等人，这些人以及其他回族上层如马麒、马廷勷、马鸿宾、马振武、马步青等也都给李谦等人来过函件或电文。特别是马福祥的来函最多，共46件，可知李谦与其联系比较紧密，其态度比较积极。他在一封信中说：“至我族加入议员一节，得我兄毅力坚持，热心奔走，又承冯、萧、刘各督军函件电赞助，凡我穆民无不额手。弟亦我族一份子，倘可尽力自为，应尽天职。”他曾给蒙藏院总裁写介绍函说：“兹有启者李公谨先生，籍隶中州，系出回部，迭充哈密亲王代表、直鲁豫暨两湖巡阅署顾问各职，识见高超，目光远大，相交有年，极所钦佩。兹者便过绥城，盘桓数日，对于大局前途国是改进，谠论发抒颇多见到之语。而对于回族代议制度，言之尤为详切，并将前次请愿国会及分呈院部要求指定加入回族国民代表原文持以见示，查其所持理由亦极正大。现值元首正位涣汗、一新国会召集、法统重光、万年宪典将待完成，凡从前临时约法缺略之处，自必斟酌尽善，有所增益。……我公德望兼隆，蚧蠓幸隶，景仰之忱已非一日，即国会执政方面亦均与公多所稔识，夙相推重，九鼎一言，必获有济。关于进行一切，尤盼指导扶持。……弟以此事系乎回族全体，自当力表赞同，惟法律解释如何，究亦未敢臆度。我公远瞩高瞻，熟谙法治，必有卓见，宏所远谟。”他还“与王巡率两次联衔通电国会，声明利害，一致维持矣”。除此之外，他也对请愿活动献计献策，如他在一封信中说：“前次（蒙藏院）塔总裁来书所述，想系莅任伊始，未及稽考所致，是非有真，何损盛望？此次国会重开，组织宪法。百年大计，五族所关。……弟亦吾族一分子，公民权利所关，焉敢不勉。惟思议员隶立法范围，而选举又另有机关管辖。弟职司行政，责在治军，苟为出位之言，或来横议之诮，于事无补，徒招反动。此事既经吴玉帅专函绍介，似宜就近联络议员，请愿国会，事从根本解决，乃克有济。惟查此次我兄请愿书衔名系属八部代表，新省我族人数实居最多，议院中闻新人亦占有数席，兹事关系重大，将来部院必征及新省意见，至乞特别注意。”他还在资金方面予以一定的赞助，说是“台端年来奔走国事，心力俱疲，所须各费全由自身筹措，不假各方援助，热心毅力，钦佩夙深。而且品格高尚，廉隅自持，使非异常拮据，亮不率尔启齿。惟本区部饷积欠已久，财政困难早达极点，兼之节关临迩，开支浩繁，大有山阴道上应接不暇之势。兹特勉寄大洋五百元，希查收以备要需”。

当然，也有一些回族上层对李谦等人的活动不感兴趣，如甘边宁海镇守使马麒在给李谦的回信中说：“回族议员一层，愚见以为吾族散处华夏，无地不有，不定名额于宪法，则可与汉族自由竞争于选举，即可全体奋勉于学业，将来教育普及，人人皆有被选之望，若限定议员名额，恐权利不能普及，教育转无进步，且投票区域事实上万难适当，况宪法已定，无术挽救。鄙见如此，未识高明，以为然否?”在《回部公牍》收录的文牍中，像这样表示不同意见的只占极少数。

李谦等人的请愿活动主要针对回族进行，新疆回部八部的维吾尔族并没有过多牵涉，但哈密亲王对李谦还是给予了名义上的支持。在《回部公牍》所收存的哈密亲王给李谦的6件来函及来电中，一来函有“至国会遗漏我们回部之议员，总望我侄着实请愿，鄙已与各部函商妥协的，以后北京各省有事常常通信为盼”之语；一来电有“全体一致请愿”之语；另一来函有“请愿一节，为全五族之美名，以补一族之偏枯，理由充足，宗旨正大，依法而行，不可过烈。……贤侄毅力而行，期达目的。虽有奸人诬毁，伪造函电，而我心早悉其伎俩，万不至堕其术中。请贤侄乃无恢心，总坚厥志，以全美吾之希望，以树立子孙代议权之基础，实完备吾中华民国之宪法。今后两世之荣，全盼于贤侄者也。凡本部应办之事，尽可就近处理，是为翘企”之语。

李谦等人的请愿不仅在回族内部引起反响，也得到了民国政府相当一部分官员和议员的关照。吴佩孚、冯玉祥及国务总理、参议院议长，部分督军、省长、指挥使、镇守使等有关官员都曾给李谦或回部全权代表办公处来电、来函，吴佩孚甚至给参众两议长写了介绍函，函中说："兹有回部代表李公谨君仰慕光仪，极思一亲教益，有所陈叙。用特介予片函，嘱其趋谒左右，尚祈赐以接洽。"某些议员帮助将请愿书提交议长，或是提交两院讨论。如参议院的黄凤兰议员在来信中说："参院请愿书弟亲递议长，并面章委员长，详述请假。昨日又面章君，许以通过，则参院请愿会中亦无问题。惟事关修改法律，非请愿所能收效。拟在两院由议员将此案提出，付众公决。只要理由充足，有反对者何惧焉。"

李谦等人的请愿也遭到了一些反对，其中主要是新疆议员的反对，并因此使李谦等人的请愿在众议院遭受否决。在1922年的活动中，"请愿事新疆议员多持异议，以其为该处代表，其言颇足动人。众议院请愿书又行否决，大致亦受新疆议员影响"。马福祥在给李谦的一封信中就说道："早闻新省对此事颇不为然。……顷见新省议会缠回代表、副议长及议员等通电，对于兄建议议员事颇致不满之词。"

新疆议员提出反对，也许是不愿与内地回族分享议员名额，但可能与新疆都督杨增新的态度关系更为密切。杨增新在新疆对各民族实行防范和隔离的政策，不准内地人在新疆从事政治和宗教活动。李谦遭致杨增新的反对，是意料中事。杨增新曾给国务院等去电，对李谦的回部全权代表身份大加质疑："兹据回部各王公电称据院电所称民国三年奉哈密亲王委为全权代表呈出所奉沙亲王函件一节，查哈密亲王于民国三年进京，该李谦因与沙亲王相识，并无委托李谦为全权代表之事"，"即使沙亲王委充代表属（实?），谦亦不能以一县之代表而有全疆之代表，更不能以民国三年之代表冒为新疆回部万古千秋之代表。况该李谦冒充代表业经哈密亲王通电呈请取消，万不能认为有效"，"在从前李谦不遄冒充哈密回部之代表，近来并冒充新疆回部全权之代表；在从前该李谦不遄冒充新疆回都（部）王公之代表，近来并冒充新疆回队将领之代表，肆无忌惮至于此，极谓毫无阴谋，其谁信之"；认为"李谦以一无赖流民，实为内地回民中第一坏人，与新疆毫无干涉。我回部王公无有知识，安有委托李谦为回部全权代表之理"，要求"应请转电政府及各省，严行取缔"。国务院查明李谦的代表身份后，杨仍将通电登报10余次，说明他对李谦憎恨至极。以致支持李谦的马福祥也认为其以回部全权代表名义活动不甚妥当，希望他对新疆方面的关系多加注意:“昨接新疆议员质问书多件，对于台端领衔请增回部议员名额呈印刷物内开列绥署高等顾问职衔，疑弟主动，大加诘问。明知台端呈文用意深远，极佩尽筹。惟是新疆情形迥异腹地，鼎帅政策素主集权，其于新省安全筹之甚熟，五族爱戴，官民一心，且其见解甚高，手段甚敏……今新疆官绅对于此事均皆不表同意，且以开列敝署职衔致生隔阂，恐转无益于回部，未免有碍于边局。鄙意台端此举当日若以内地回人名义办理，有效与否当不至发生反响。而偏因新疆名义牵动许多筋络，既大负台端之初意，且恐伤甘新之感情”，“惟查此次我兄请愿书衔名系属八部代表，新省我族人数实居最多，议院中闻新人亦占有数席，兹事关系重大，将来部院必征及新省意见，至乞特别注意”。

《回部公牍》有一部分内容是李谦等人愿意遣人南下，函电交驰，劝告南方，期谋统一；关注甘省易督，抗议陆洪涛对回族的歧视；要求政府惩办杨增新，为马福兴父子雪冤的呈文及通电。这些内容也涉及此一时期有关回族及全国的政治大事，从一个侧面反映了当时回族政治参与活动的热情。

三、《回部公牍》所反映的回族政治参与活动的特点

1916 年和 1922 年李谦等人发起的回族争取政治权益活动，体现了部分回族民众在民国前期政治参与的热情和要求。从《回部公牍》中，可以看出他们的政治参与活动具有如下一些特点。

第一，强烈要求回族政治地位平等，不断表达政治参与的决心。

主张和实施民族平等是现代民主政治的重要标志。中华民国政府建立后，即声明中华民国为汉、满、蒙、回、藏五族共和的国家。在随后制定和实施的一系列的政策和措施中，亦大力宣扬民族平等观念。同时，民国政府还颁布有关少数民族地位、参政议政、各级机构组织法（条例）及办事规（章）程和规则，边疆地区公务员及少数民族官员任用条例，吸收少数民族上层参与国家管理。例如关于参议院和众议院中边疆民族地区议员

的名额分配，《中华民国临时约法》第三章第十八条规定："参议员，每行省、内蒙古、外蒙古、西藏各选派五人，青海选派一人。"《中华民国国会组织法》第二条规定：参众两院议员名额"由蒙古选举会选出者，二十七名；由西藏选举会选出者，十名；由青海选举会选出者，三名"。依据这些条例和规定，内外蒙古、西藏、青海等蒙古族、藏族聚居地区都有专额的参议员和众议员。

然而，在维吾尔族聚居地的回部和内地回族中，却没有专额议员的规定。因此，作为五族共和中的一大组成分子，李谦等人在请愿活动中强烈要求回族政治地位平等，不断表达政治参与的决心。不仅李谦在请愿书中一再强调"共和政体无地方种族之区别，权利义务全国一致"，"国体既改共和，种族当然平等，所有汉满蒙回藏人均应与以参政机会，使民意宣通，遐迩一致，方足昭公允而奠邦基，此定理也"，"特谨依各部要求，于国会组织法中，比照蒙藏青海成例，为回部规定议员若干名，以弥前缺"。各地回族也纷纷表达了同样的愿望。除了前面所引用的一些文牍外，还有如热河地区回族在请愿书中说："国会为全体国民之代表行使主权之一，然国会议员分配之额对于汉满固无论矣，而西藏、青海、蒙古亦皆有专额，即远居各国之侨民亦有特别之规定，惟对回族独付阙如。揆之共和国家之原理，五族一家之精神，恐有未合。若谓内地回族散居各省而八部回民亦在新疆省治之下，并无特设专额之必要，殊不知内蒙各族分隶于各特别行政区，而于国会选举则并不混同于省区之内。内地回族虽然散居各省，然八部回民既有特定区域，一切言语、文字、历史、习惯又无一专成一格。且划地分守，爵隆王公，实与内蒙情形相同。而于国会议员之分配，则使回族独抱向隅，殊失约法所定人民一律平等之精神。"兰州回族则说："临时约法将蒙藏、青海及中央学会、国外华侨均有专额议员之规定，惟于回族概无明文。岂回族无土地、人民之主权，无会议员之资格欤？抑地处偏僻，民多愚鲁，无国民会议员之程度欤？畛域之见犹存，权利之享独偏。吾回民若不急起直追，共争权利，诚恐宪法一颁，我回族有五族共和之名，无五族同享之实。"像这些要求民族平等、争取回族参政权益的愿望，在《回部公牍》的绝大部分文牍中都有明确的表达。

第二，强调回族的民族意识、国家观念以及加强中华民族凝聚力的重要件。

进入民国以来，回族就表现出强烈的民族意识和明确的国家观念。他们对国家与人民、回族、回教的关系，回族对国家的责任和义务等，都有着积极的思考和认识。这些也可以从《回部公牍》中得到印证。他们认为回族是一个单一的民族，在书牍中处处以“回族”称呼自己。安徽颍州回教俱进会会长兼教长等人在请愿电中就指出：“或者谓回族专指新疆等部而言，然内地回人确系回族者。”与此同时，他们在《回部公牍》的文牍中，一再强调回族是构成“中华民族的一部分”“重要成分”“主要分子”，是中国“五大民族”之一。以上这些，既反映回族的民族意识和凝聚力正在形成和巩固，也反映回族对于中华民族的认同在不断加强。

在争取政治权益的活动中，这些回族人士不断强调回族对国家的权利、责任和义务以及加强中华民族凝聚力的重要性，有的指出若不设立回族专额议员，就会予以帝国列强挑拨离间、分裂中国的借口。李谦在1916年请愿书中说：“乃此次召集国会，又无回部议员，此为我国国会组织法之缺点，不待中外智者皆知。回部虽远处边陲，实属西北屏障，拥护中央，表里佐治，对于国会急应进行。”河南泌阳回族说：“惟我回族恬居一方，翊赞共和不遗余力，即有风气壅塞稍持性强者，亦皆由李谦辈寒齿诰诫，口头疏通，不以兵革，全归和平。其扶持共和，服从民国之事实，似不得谓非铁中之铮铮者也。论功行赏，当不在汉、满、蒙、藏之下，所可异者南京约法事属草创，回部议员独形偏枯。苟置之不问，则五族国民尚缺一部，不惟为各友邦所垂怜，兼且为各友邦所窃笑。辄闻之则一族之耻，实按之乃全国之羞也。”湖南的回族说：“民国肇基，五族共建，权利义务应被同仁，乃国会代表人民，诸族均膺庶选，惟我回部独有向隅之感。长此不改，内则灰回民八部之心，外则贻强邻挑间之衅，甚非国家之福。”

第三，遵照法律程序进行请愿，并依照法律根据提出参政要求。

民国政府对于请愿有专门的法律规定。1914年12月27日公布的《立法院组织法》约法会议议决案第五章“议事及提案”第33条规定：“人民请愿书，非有议员五人以上之介绍，不得收受。”第34条规定：“请愿事件，非经审查，不得提付议院。”第35条规定：“抵触约法之请愿，不得受理。”第 36 条规定：“干预审判之请愿，不得受理。”第 37 条规定：“请愿书不合程序者，不得受理。”第 38 条规定：“请愿书对于政府或议会，措词不守相当之敬礼者，不得受理。”李谦等人在发起请愿活动时，最初也不清楚关于请愿的种种法律规定。开始他们是向国务院请愿的，得到“所请于宪法中增补回族专额议员条文一节，事关立法，请径向国会请愿可也”的答复后，“谨依约法第七条及议院法四十七条之规定提出请愿书于贵院参众两院”。接到参议院议长王家襄的来函，说“贵代表交来请愿书一件，当即交付审查。惟查《议院法》第四十六条之规定，人民请愿书非有议员五人以上不得受理，又查原请愿书所列介绍，均非本院议员”，他们又按照规定的人数找到介绍的议员。如此这般按照法律的程序进行请愿。

李谦等人在请愿书中提出的政治权益要求，也是依照法律根据的，即一为宪法规定的人民一律平等，二为五族共和，三为蒙藏青海成例。这些理由在前面引用的文牍中均有充分的反映。李谦等人开始是要求增加回族议员，国务院答复涉及国会法修改后，便将请求修改国会组织法、增加回族专额议员放在首位。他们指出这是由于临时约法的草创造成的，敦促对其修改完善：“揆厥当日议院法之规定，谅非有意歧视，心存偏袒，不过事属创举，顾虑有所未周，以致顾此失彼。然往者不可谏，来者犹可追”，“纵然临时约法之草创有所遗漏，将来宪法自应增加，以期完善”。

《回部公牍》印行之前，河南部分回族还在向参众两院上书请愿，这时他们已经能够很好地将数年来各地回族请愿的理由和根据综合在一起进行陈述，指出：“窃以为专制时代政治不良，种族阶级律无平等，故革命时藉为口实，群以除弊为目的也。……查我共和国体无分畛域，回族人民亦享自由之特权，即各负国家之责任。惟国会议员各族俱有专额，回族议员竟至缺席。以故十三年来关于回民之建议案无几，关于回民之通过案无几，关于回民之批准施行案更无几。以一万万之回民而国会中会鲜代表案诸付缺如。即此一大缺点为回族人民所不平也。然而国体为五族共和，国会成立实只四族议员。宝鉴既破，赵璧不完，又啧啧于外人之口矣。况民国之主权在国会，国会之组织在议员，各族议员代表各族之民意，而后上下相通，各无阻隔，所谓由人民而成团体，而团体而成立国家者也。而思国家其真共和也耶？其非共和也耶。其果五族共和？而其实为四族共和也耶。凡在智者皆知其名实之不符矣。现回族人民真正意旨十余年来未及宣泄，所有大利大弊诸待以除。似此加议员专额在所难缓。”在这个请愿书里，回族代表提出的根据和理由涉及民族平等、完善宪法和国会组织等几大要点。

第四，坚持时间较长，参与人数较多，涉及层面较广。

这些内容在前面的论述中已有充分的反映。从时间上来看，由1915年请求增加回族国民代表开始，到1924年印行《回部公牍》为止，李谦等人的政治请愿活动持续近10年。从地区上来看，参与回族政治请愿活动的团体和个人分布在北京、上海、河北、河南、热河、甘肃（含今宁夏和青海的一部分）、江西、浙江、广东、广西、云南、湖南、湖北、安徽、陕西、山西、四川等地，除了新疆和东北地区以外，包括了回族分布的大多数省区。从人员构成来看，参与、响应和支持的有官员、军人、知识分子、宗教上层、平民等各界代表，不仅有回族，还有汉族和其他民族。

四、余论

《回部公牍》收录的有关书牍产生于民国建立后的最初十余年，这一时期，正是中国社会新旧交替的年代，各方面都在发生着翻天覆地的变化。中国的政治民主化进程发展较快，共和政治赋予公民以选举权，特别是关于少数民族参政的立法规定，使人们在组成乡、县临时议会和省、国议会的选举过程中，对国家政治生活表现了普遍的关注，政治参与意识大为加强，参政议政之风兴起。上述这些变化，为民国以来各民族人民开展政治参与活动提供了社会历史背景条件。

《回部公牍》主要反映了民国前期部分回族在争取议员专额方面的思想和活动。从李谦个人的品格来看，他热心于组织这样的活动，肯定有着自己的打算和目的。虽然如此，也不能否认这些政治请愿的积极影响。庞士谦阿訇谈到中国回民运动时说道：中国回民在清朝时不满百年当中，有五次反迫害的重大斗争。那是清朝利用多数民族来压迫少数民族的结果。

“在回民失败以后，都消极不问国事，于是才有‘回民爱教不爱国’的说法。辛亥革命时，喊出了汉、满、蒙、回、藏五族共和的口号，要组织民主政府，而极力拉拢回民，于是回民才感觉到自己是中华的主人翁之一，既负有为国民的一切义务，亦应当享其所应享的一切权利。由于这大潮流的激荡而启发了回民运动。”尽管庞士谦对李谦个人评价不高，但是也认为他发起的政治请愿活动开创了民国时期回民运动的先声。这个活动并没有达到预期的目的，“虽然如此，他的这个运动，随着时代的前进而对回民影响不小”。

民国前期回族的政治参与活动包含的内容是十分丰富的。例如，在马邻翼、王宽等人带领下兴起的轰轰烈烈的回族新文化运动，在全国的思想界、文化界产生了巨大的影响；以马麒、马福祥、马安良三大家族为中心的回族军阀势力在西北地区的军事割据和权力角逐，也成为中国政治引人注目的现象。李谦等人发起的争取回族政治权益的请愿活动，只是民国前期回族政治参与活动的一个组成部分。这些形式多样、层面不同的回族政治参与活动，从一个侧面反映了中国各民族在近代中国民族国家建构中的地位和作用。中国资产阶级革命党人发起组织和领导辛亥革命的奋斗目标，在于废除封建君主专制制度，建立资产阶级民主共和国。南京临时政府制定的《中华民国临时约法》通过立法程序，确立了资产阶级共和国国家政治制度和政权组织形式以及资产阶级民主权利。民国前期部分回族争取政治权益的活动，就是力图通过在国会中规定回族议员的名额，获得平等参与国家政治的权利，在国家事务管理中充分表达和反映回族民众的意志。

通过对民国前期回族政治参与活动的考察，我们可以看到它一方面反映出少数民族对国家事务积极关注及其国民意识逐步增强的现象；一方面也暴露出民国政府在民族平等的口号下漠视少数民族的愿望，并在一定程度上实行民族歧视与民族压迫政策的事实。

附：

李谦历史文献资料

马景①

一、北京西单清真寺民国十五年（1926年）六月廿五出版的《穆声报》第二版、第三版、第四版刊登李谦就天津报社侮辱穆圣的辱教事件发表的《通电》《复北京清真中学电》《致天津回教联合会函》。

1. 回八部王公李总代表及其新回教将领通电

北京国务院各部院署各法院各省军民长官各法院各机关各法团各报节各名流诸公均鉴：我回教自迁入东土以来，历时二千余载，汉回相安已非一日，虽前清间有兵戎相见之举，不过帝制之淫威，而汉回民族之感情，究无丝毫破裂，辛亥而后五族一家，回族既忝为主人翁之一，自与汉满蒙藏同居，兄弟之伦，相系相维，无嫌无怨，近年汉回情□，较前尤为亲善，不仅无彼此妒视之事实，抑且无文字攻击之表征，足见汉回之间，固始终雍睦无间也，当兹国步艰难，危舟共济，我五族群众，同负国家重责，方恤死救生之不暇，何可煮豆燃萁，自启外辱，不意天津报报登莠言，公然污蔑我穆圣，侮辱我教众，为我教东迁以后，初次仅见之巨创，我教饮食起居不与他教相同，纯系卫生关系，并无何种秘密。在稍明宗教原理者，类能言之，该报竟借此为诋毁资料，辱我教众，辱我教主，似此奇耻大辱，凡有血气能不痛心，我教群众，向抱与人无忤态度，亘古迄今从未诋毁他教，该报竟敢肆口侮辱，登诸报端，揣测再三，不徒意气之争，必有他种作用，查人民信教自由，载在我国法典，该报侮拆我教，即系藐视法典、触犯刑章，除电天津同教，迅速诉请法庭当法惩治外，用特电达，特乞诸公主持公道，以顺舆情，是为至结。哈密回部□□王暨回八部王公，全权代表李谦，西北回部各将领马鸿宾、马廷勋、马麒、马麟、马绍先、马锡武、马国栋同叩感印。

2. 李总司令复北京清真中学校电

北京清真中学校定校长□九兄伟鉴，代电奉悉，此次天津报报社污蔑穆圣，侮辱我教，不徒义气之争，必有他种作用，凡有血气莫不引为奇

① 马景，中国社会科学院副研究员。

耻，尊电词严义正，毋任佩钦，查人民信教自由，载在我国法典，该报报社污蔑我教，既系蔑视法典，触犯刑章，我辈既为法制国民，惟有根据法律请求，司法衙门尽法惩治，庶足以洗教耻，而快人心，除由敝处特复通电全国，一致援助外，弟李谦有印。

3. 回部总代表李谦奉复韩村等处回民致天津回教联合会函

径启者，昨阅报端，内载报报馆侮辱回教教主一案，鄙等诵读之下，异常震怒，于是即刻召集三寺全体会议，议决情愿为贵会做后盾，一致声讨，非达到圆满结果不止，鄙寺愿效犬马誓死不辞，此致天津回教联合会，韩村镇寺北剑村寺调和泊镇寺全体教民同叩。

二、民国二十年（1931 年）《振务月刊》第二卷第五期　许世英集编

函甘肃省振务会准内政部谘送甘肃回部代表李谦呈为甘省灾重请予振济一案除函复外函达核办见复并饬知文

二（十）年五月八日

敬启者案准内政部第八五九号函开案准行政院秘书处函开奉兼院长蒋发下

国府交办回部代表李谦呈为甘肃灾情太重民无粮食望振情殷谨将难民原禀相片转呈鉴核一案奉

谕叫内政部抄发原件函达查照等因准此除函复外相应抄检原件咨请贵会查核办理为荷等因并抄原呈一件原禀二十份照片十九张到会除函复并存查外相应函达敬希

贵会查核办理见复并转饬知照此致

甘肃省振务会

三、呼和浩特《回族史料》1940 年 11 月 5 日、7 日资料

（一）《回族史料》第七集第 93 页

23. 中国回教救国会协会就河南人李谦自称西北回部总代表在各地招摇的电

（1940 年 11 月 5 日）

傅主席勋鉴：闻有河南人李谦，号公谨。自称西北回部总代（表），

并假借本会白理事长名义，在各地招摇。经陈奉白理事长电开：查李公谨素不认识，更无派充代表之事。乃该李某招摇滋事，殊为痛恶。希以协会名义，分电西北各长官，声明等语。除分电外，谨电奉达。敬希察照。中国回教救国协会。汇印。

（二）《回族史料》第七集第94页

24. 绥远省政府就河南人李谦招摇饬属查扣的代电

（1940年11月5日）

陕坝军警督察处、五、临、安、东各县局：准中国回教协会汇电开："有河南人李谦，号公谨云云，希查照。"等语；除分电外，合电遵照，饬属查扣具报为要。绥远省政府。(微) 省民印。

25. 绥远省政府就河南人李谦在各地招摇已饬属查扣的电

（1940年11月7日）

重庆。中国回教救国协会：汇电悉。已饬属查扣具报矣。特复。绥远省政府。齐巳。省民印。

（2012年6月3日）

（原载于《青海民族研究》2010年1月第一期第21卷，82~85页，中国社科院《民族研究》2010年第一期，84~94页。《伊斯兰文化研究》于总29~30期，2012年12月—2013年7月连载，32~35页、34~36页）

民国第一次回族运动豫省参与情况述评

——基于对《回部公牍》的研究

宛　磊

一、《回部公牍》和李谦将军

《回部公牍》（以下简称《公牍》）为河南叶县回族人氏李谦所编[1]，汇集了从民国三年到十三年（1914—1924 年）的 10 年间，编者任北洋政府新疆回部全权总代表时期，与北洋政府官方，还有与其有联系的社会团体和军政部门执事之间的来往公函，同时，也收录有一些事关公务的重要私函。该书 1924 年在上海出版。之所以用“回部”的名称，足见李谦对自己任回部全权总代表身份的看重，书名内涵之意，即“回部总代表来往公牍”。作者还出版有另一本书《回部纲鉴》[2]，其实是他的个人传记，也是出于强调自己的这个身份，才这样命名。

回部是新疆南部维吾尔居住区域的总称，实际上也包含东部的哈密地区。早在 18 世纪中期，清政府加强治理新疆，取消了传统的“伯克”（即“首领”）制度，维吾尔原上层首领，都被加封为王、公等封号。清光绪十年（1884 年）新疆建省后，对新疆的政治管理，推行了一系列新政，撤销驻疆各地大臣，设置道、府、州、县。到 19 世纪 60 年代，除哈密仍保留“回王”，并仍有相当的实权，其他地方回王只保留名号，实际权力撤销，生活费由政府供给[3]。但从北洋政府袁世凯任命其原部属河南回族人士李谦任回部八部全权代表来看，这些维吾尔王、公，仍对其原属地的人民有很大的影响力，所以北洋政府在京特设回部代表办公处，随后又在洛阳设立办公处，管理回部八部事务①。

《公牍》一书所汇集的信函，至少有三分之一与河南有关，这显然与编者河南人的身份有关，显示其与河南诸多社团、军争执事，以及一些个人，都有广泛和深入的联系。仔细研读这些公牍，可得知民国时期上半叶，回族人士积极要求政治权利的一些情况，尤其河南回族对政治权利的诉求。

李谦（1881—?），字公瑾。据他自己的介绍，系河南叶县人龙虎村人，回回名汗之·大晤德矛。曾任“回部总司令代表全权”，“指挥回部军民不参与内争”，在任期间，“九率回族各王公将领通电南北，劝告息争，主张和平，深蒙中外嘉许，中央政府特授谨威将军、陆军上将，特任之陕甘新三省宣慰使”。民国十四年（1925 年），“特任河南慰问使、代行督军省长职权”。55 岁时曾前往朝觐。②

民国四年（1915 年），李谦任回部总司令代表全权，当时的身份是陆军中将。据另一位同时期河南回族学者庞士谦阿訇的介绍：民国二年，哈密王进京朝贡大总统袁世凯，因回教关系，袁令其部属回族人士李谦陪同。哈密王与李谦交谈，李谦谈起祖父曾在清军平叛新疆时，任清军营长级，搭救过不慎落马的同教、哈密王麦哥苏德沙，亦即现哈密王的父亲。这样，二人攀上了叔侄关系。而袁世凯为其统治见，欲扣押哈密王随带的儿子在京做人质，而哈密王自然不舍，遂请人斡旋，最终让其“仁侄”李谦作为驻京代表。李之任回部总司令代表，即由此而来。[4]

但这种说法有不准确之处。首先搭救回王的是李谦父亲，不是祖父。二是哈密王晋见袁世凯的时间，是民国四年即 1915 年，有关文献证明是这

① 据《回部公牍》，这八部的领袖是：哈密双亲王沙木胡索特，吐鲁番亲王叶明蔷协，库车亲王买买的敏，阿克苏郡王哈迪尔，拜城贝子司迪克，乌什贝子衔辅国公木沙，阿尔泰辅国公迈梅。参见《回部公牍》4 页。

② 该纲鉴残本，由叶县符春禄等七人校订，未公开刊行。现存部分保留其任河南宣慰使（估计在 1925 年或之前已经开始）到民国二十年（1931 年）的所有事迹，此不赘述。

个年份。① 如此一来，因李谦在民国四年就任此职，庞士谦阿訇所谓李谦与哈密王之关系的这段描述是否为传言，似有疑处。

庞士谦阿訇将辛亥革命后的回民运动分为三个时期：第一个时期，李谦时期。李做了回部总代表之后，“大事活动，以五族共和，向各方请愿，以九千万之数目，议员应按全国平均分给我们回民”，并且要求将蒙藏部改为“蒙藏回部”，“但是无人响应”。第二阶段，定希程时期。定是湖北沔阳人，肄业于北大。他随北伐而起，追随回部代表李谦，在回教知识分子中广泛活动，“作回民运动”。第三阶段，“回族青年会”时期。这是民国十八年（1929 年）北平大学生的回教组织，民国二十三年（1934 年）改组，出版《回族青年》月刊，以资宣传。回族青年会“集合全国百余名知识青年成立一团体，这在回教史上是一件大事”。[4]

庞士谦阿訇对李谦这一时期的评价并不高，对其在定希程时期的行为认为有所进步，对回族青年会时期的行为大加褒扬。这是庞的一家之言。无论如何，李谦在民国初建以来领导第一次回民运动，功不可没。而且，就《公牍》所提供的文献来看，李谦的请愿活动也并非“无人响应”，除东北省份，其余全国各省都有回应。甚至，李谦携马廷勷军门为回部议员的请愿书，河南省立第一完全师范学校将其编入文牍科课本。②

李谦所领导的这场回族政治诉求运动的大致情况是：民国四年（1915 年），李谦呼吁参众两院增设回教代表名额，后经调查、投票，决定追加四个议员名额，但国会旋即解散，以至于这个名额追加未能兑现。[5] 此后，李谦锲而不舍，继续在此方面努力。这种努力直至他离开回部总代表的职位，继而由另一位接替他位置的回族人士定希程继续努力。至于庞士谦阿訇所说“回族青年会”在定氏之后的努力，只是个代表；实际上，在整个民国期间的立法及其完善的过程中，回族社会一直都在努力，争取自身的

---

① 参见本文“参考文献”［3］，214 页。又见《回光》第二卷第二号［民国十四年（1925）二月］，55 页。文称：“民国四年。蒙哈密双亲王保委回部全权代表。除大总统照准外。各省均发有明令。先生受职以来。为公如私。既不畏强权。又能依法办论。故于民国四年请于国民大会中添加回族代表四人。并屡上愿书。请求确定回族议员专额。种种事件。虽卒成功而先生之心悴矣。”

② 《河南西平回族公民吕震乙来函》，载《公牍》，71 ~ 72 页。

利益。这种努力在1947年蒋介石氏召开国民大会制订新宪法前后，达到顶峰。

对《公牍》的研究，今只见极少数研究成果问世。[6]①已发的方氏论及部分，此文不再赘述。本文作者依据《公牍》所含河南回族社团和个人与李谦的来往公牍，对其文本细加研究，同时，参考其他历史文献，对民国上半叶河南回族对自身身份的认识，河南回族社会当时的状况，其政治诉求的一些具体情况，以及设计河南回族的其他问题，再做探讨。这样，从某种程度上反映了当时国内回族的情况，对今天民族团结问题、民族区域自治等问题，也有很多的启迪。

二、《公牍》所显示河南回族参与的政治请愿

李谦的上众议院请愿书写于民国五年（1916年）八月二十二日，题目是《大总统批令国会增加议员由》，时袁世凯当政；民国十一年（1922年）第二次提交，上参众两院，时黎元洪当政。在第一次上述的同时，李谦也发出了他个人的呼吁书，列在《回中公牍》中收录的第一篇，文称②：

> 现值大选，奠定宪法亦快解决，一发千钧，稍纵即逝。凡我回族热心志士，应抱天然之团体，据理力争，积极进行为穆民世代子孙谋永远之幸福，以脱从前数千百年之黑幕，万勿稍存观望，贻误时机。况蒙当道重要各大元一致赞成，并回汉两族各伟人互相协助，谅不难达到回族专额议员加入国会之圆满目的，仍望各处执事，急起直追，毋稍懈驰。祷切盼切□（原字不清），勿妄听奸人鼓簧造谣，阻滞破坏，一误再误，致堕奸人之术中。务乞赶紧再电请愿，或快邮代电大总统、国务院及参众两院，托

---

① 笔者仅见中科院方素梅研究员《从〈回部公牍〉看民国前期回族的政治参与活动》一文，对该书的成书、内容、回族参政情况及其活动特点等方面，述论甚详。其他未见研究成果问世。

② 原文无标点，系本文作者断句。以下引文同，不再一一注释。

主默佑，大体高成。我回族应享之权利基础坚定后，定行呈中央颁发勋章，分送各处，酌给优先办事人员，以志荣庆，民国之幸，回族之幸也！为此，披沥直陈，伏乞公鉴

这个倡议，从发出到《公牍》出版的8年间，李谦收录的共约360封信函、电文、请愿书等各类公牍，只是河南回族团体和个人发出的，有40余封，除一两封与回民无关，数目仍占全部的九分之一。

究其中原因，一是李谦的回部办公处在河南洛阳，地域优势，对河南回族影响自然较大。二是回部全权代表办公处全体人员，从李谦这个全权代表，下到国民代表、参议、秘书、书记、办事员、差遣，共计91位，其中河南人占65人。这么多河南本土人，而且回族占绝对优势，他们与其家乡父老必然有所联系，多少会产生影响，因而反应较大；从地域分布来看，这些发往回部办公处的公牍，来自河南各地。他们的政治诉求粗略有以下几点：

首先，要求法律上明确回族议员配额。《河南漯河回族公民公电》一文发往“大总统、参众两议院”谓：“民国成立，五族共和，宪法取诸民意，当由五祖推出议员，共议制宪。……值此修正宪法之际，增补回族专额议员之条，恢复回族之公权，以免回族之偏枯。”国务院批函谓此事“事关立法，请径向国会请愿。”[①]《公牍》的一大缺陷是各函均未标注时间，只能以其排列和行文内容推定时间。

此电所谓“值此修正宪法之际，增补回族专额议员之条”，当指1913年制订的《中华民国宪法草案》（又称《天坛草案》），基础是1912年3月孙中山公布的《中华民国临时约法》。该《临时约法》第三章“参议院”第二十八条，有对各省，内、外蒙古，西藏，青海的配额规定，并无回族配额的说明，亦无其他各民族配额说明。所以，这个“增补回族专额议员之条”是合理的。但《天坛草案》公布后，其第三章“国民大会”第二十七条第二款，有“蒙古、西藏选出代表，其名额以法律定之”，仍无回族等配额。

---

① 《河南漯河回族公民公电》，又附《国务院批函》，载《回部公牍》13～14页。

河南回族响应李谦的这个倡议，纷纷做出实际行动。以《公牍》排列顺序，依次有漯河、卫辉（今济源）、周家口（今周口）、舞阳、信阳、西平、方城、驻马店、陈州（今淮阳）、开封、南阳、叶县、泌阳、洧川（今已撤销，分属今长葛、尉氏）、固始、桐柏、豫西某县（具体地点不明）、怀庆（今沁阳）、许州（今许昌）、洛阳等20县。河南各地回族，从不同方面阐述理由。梳理总结，有以下几方面：

其一，有赞扬回族优良品格者：汉满蒙藏，日事干戈，不遑宁处。惟我回族，恬居一方，翊赞共和，不遗余力；不以兵革，全归和平。其扶持共和，服从民国之事，实似不得谓非铁中之铮铮者也！论功行赏，当不在汉满蒙藏之下。惟我五族共任之权，利所在；亦惟我五族共享之，其理乃公①。这实际上从立国理论方面肯定了回族。

其二，有陈述历史而作辩，叹千百年来回族隐忍，民国以来亦无声息：我回教穆民，自唐朝来兹中土，散居各省，往往囿于宗教，不知振奋；泥于习惯，未能进行，几乎终于沉沦，永不能出诸黑幕矣！民国以来，何蒙藏各部均有专额议员，而回部议员独付缺？吾族销声，莫达于堂堂国会，淹没十余年，无有回人宣言。查《临时约法》第一条，中华民国由中华人民组织之，岂回族不在中华民族之内耶?② 由此道出了回族的民族特性和在中国生存状态。

其三，有以清朝覆灭作为例证陈情者：以专制时代，政治不良，宗族阶级，律无平等故，革命时籍为口实，群以除弊为目的也。清室有鉴于兹，逊位还政，改建共和③。言外之意，民国政府不应蹈其覆辙，自取覆灭。

其四，有驳斥散居回族可与他族混同选举者：或以回人散布各省，可与各省选举会混同选举，无特别规定名额之必要。不知各省回人，不尽係

---

① 《河南泌阳回民公请愿书》，载《回部公牍》101～102页；《河南西平回民请愿书》，载《回部公牍》102～103页。

② 笔者综合以下五则公牍而得：《河南信阳回族公民马润清古苪村龚杰臣来函》，载《回部公牍》69～70页。《信阳回族代表上大总统国务院参众两院请愿书》，100～101页。《河南驻马店清真寺公函》，72～73页；《河南周口请愿书》，104～105页；《许州回民请愿书》，319～320页。

③ 《豫西回民代表请愿书》，载《回部公牍》161～162页。

回族，又无确定地盘，不另设议员名额，固无置喙余地①。显然，混同选举，必将优势尽失。

其五，有设计具体方案，以期达成目的者：当由宛属（即南阳地区）多县同志，创立一协志会，以结团体，嗣各求荐信，回县办理选举，以为初选得票地步，并责成每人必须联络三五张基本票，覆选可操必胜之券。②这只是一种设计，表明在尽力取得结果。

其六，有赞扬李谦所倡政治力争，表达了心声：宣达回族之民意，义正词严。振臂一呼，各处响应者，有八省代表先后诚恳。此事若达目的，诚为千古之盛举，从此出奴入主，为回族呈无限之异彩；增我回族历史上之光荣，开我回族万事之基础。③ 这种赞颂，无疑并非过誉恭维，表达了回族社会对争取回族政治权利的领导者的诚心维护。

第二，要求回族称谓代替“回教”称谓。卫辉（今济源——笔者）回族张玉德主张，上书电请国会，应用“回族公民最当，不必用回教字眼”。④ 有关回族与回教之争，早在国民初年，南京临时政府时期，就已见端倪。官方坚持用“回教”字眼，而回族自己坚持用“回民”字眼。用回民字眼，除了是对自称的尊重之外，还蕴涵更大的外延意义，即对这个民族的承认与否的问题，也是事关回族政治权利的重大问题。[7]张氏还犀利地指出：“五族共和非五教共和也；五教必起冲突”。从河南的情况看，回族自己对“回教”这个字眼是敏感的，也加入这个争论。

第三，中国回教俱进会的活动。中国回教俱进会成立于1912年7月7日，到1936年终结，是民国初期即建立的具有国内规模的回族社团，会长马邻翼，副会长王浩然，王友三等。该会倡导回民教育，改进回民生计，发展慈善事业，调解回民内部，维护回民信教的自由等，还主张回族参与社会活动，引导回族登上政治舞台。该会全国各地均有分会，是民国前半

---

① 《怀庆公民请愿书》，载《回部公牍》312～313页。

② 《南阳回族公民函》，载《回部公牍》273～274页。

③ 笔者综合以下4则公牍而得：《河南信阳回族公民马润清古芾村龚杰臣来函》，载《回部公牍》69～70页；《洧川县回教俱进会洧文支会来函》，108～109页；《河南北舞渡回族公民丁赞岑来函》，67～68页；《河南信阳回族公民龚敬蓭来函》，68～69页。

④ 《河南卫辉回族公民张玉德来函》，载《回部公牍》60页。

叶有影响的社团。

李谦呼吁回族国会议员配额的时候，各省都有以回教俱进会发出的公牍，以示支持。《公牍》显示，其他省份致回部办事处，以回教俱进会名义者甚多。河南而言，也有一俱进会组织发函表示支持者，例如，《河南回族公民吕本固白海涵张金声来函》，虽不明他们来自何处，但行文中有“接到惠函，弟等立即邀请敝支部在会人等，共到寺内表扬阁下历来德盛请愿”等语。① 又有《洧川县回教俱进会洧文支部来函》和《开封俱进会函》，都以俱进会名义发出。而且，李谦河南的联系，从洧川来函，有“前在禹［县］清真寺会高教务见有我公电”之解释，可知从回教俱进会为线索发出呼吁。这仍循回族传统的以清真寺为中心的网状联系方式，自有其特点；同时，亦可知回教俱进会系当时河南活跃的回族社团。

其他以回民组织或社团名义或暗含组织所发呼吁者，驻马店以清真董事会，“信阳回族公民全体代表”，“泌阳回族公民全体代表”，淮阳有“旧陈［州］七属回民代表”，“桐柏清真寺首人［八人］”等，显示仍以教坊为中心开展活动。

三、河南回族对新疆、固始两案之反应

首先谈新疆案，此指杨增新杀害马福兴父子案。马福兴，云南人，杨增新主政新疆时的重要人物。杨增新初在袁大化手下，经同意组建“回队”，全系回族组成，统领即马福兴。杨增新接替袁大化之后，利用回队，平衡新疆的穆斯林各族势力，维护期统治。1914 年马福兴提升为喀什喀尔提台，赴喀什噶尔就任后，自恃功高，骄奢淫逸，作威作福，妻妾成群，但杨增新并不介意。后马氏通过其浙江夫人从北洋政府曹锟手中买一“建威将军”虚衔，以此作为取代杨增新的旗号。事机不密，被杨增新得知，杨对此“不忠”行为甚为愤恨，决心锄之。杨委任马绍武为“新疆回队”统领，1924 年夏，赴喀什葛尔，杀掉马福兴及其子马继武。[3]

---

① 《河南回族公民吕本固白海涵张金声来函》，载《回部公牍》70～71 页。

此事发生在新疆，距离中原数千里之遥。但因李谦的原因，却与河南回族发生联系。原因是，李谦发起的回族请愿运动，新疆议员并不支持，原因可能是担心与内地回族分享名额；更直接的原因，时任新疆总督军的杨增新，其政策是不准内地人从事新疆的政治、宗教活动，而李谦的活动正犯杨氏的大忌，故杨给国务院发电，质疑李谦的身份。待国务院澄清了李氏的身份后，杨仍通电十余次，谓对李谦憎恨至极，称李乃内地回民中第一坏人。[4]①另外，杀害马福兴父子之后，李谦曾公开发文予以谴责，要求惩办杨增新，这可能是杨氏最为记恨的事。②

实际上，河南回族当时对新疆具体情况了解到什么程度，是个存疑的问题。查《公牍》并未显示李谦为与杨增新之嫌隙发表何种声明，但杨增新杀回族马福兴父子之事全国知晓；杨增新质疑李谦的通电，更为人熟悉。所以，河南回族因支持李谦，争取回族政治权利而偏爱其人，是自然之事。因此，河南回族称“有奸人捏电造作空气，于事无损”，即表达对杨增新的不满，继续鼓励、声援李谦。③《河南周口请愿书》发往洛阳回部办事处，言语更为犀利：“值兹议宪之始，伏冀主持公道，勿为一二奸宄所煽惑，勿将回部一族名额，列入宪法明条”。④

洛阳回族、参议员梁文斗称：“杨贼窃权，扩张势力。铲除异己，谋杀上将。其假公济私之毒手，令人可恨。又复唆使该处议员依布拉引等，上禀中央，捏造马督之罪状，益证阴险之居心。”⑤ 马督军指马福祥，也一直支持李谦的政治请愿。《公牍》收有马氏不少信函，兹不列举。

另据发给“大总统、国务院、各部总长、各省督军、省长”的《全国回族通电》云（保留原句读——笔者）：

昨阅七月七日卍字报载有新疆杨督军否认李谦回部代表之

---

① 参阅本文“参考文献”［4］，但作者对这些资料来源没有注明。

② 李谦所发公开信名《回部全权代表为维持国纪呈请严办杨增新及雪马福兴致遭冤诬》，文中称杨氏“生而多诈，奸险异常”。时间是“中华民国十三年七月”。详见《回光》（第二卷第二号）63～64 页。

③ 《河南方城高度来函》，载《回部公牍》72 页。

④ 《周口回族请愿书》，载《回部公牍》104～105 页。

⑤ 《梁参议函》，载《回部公牍》341～342 页。

电。拭阅之下。不胜诧异。查敝族代表李谦宅心正大。作事忠纯。数十年来力谋公益。不辞劳怨。不避艰险。全是维持大局之意。毫无个人权利之私。事实俱在。何得妄诬。最可笑者。假名回王称李谦为第一坏人。……显系谋夺公权使回族不能平等之阴谋。……李谦为回王特派全权之代表。又系国民大会公举敝族全权代表。即使新疆一隅。受其假弄。我内地回族。不能同受其愚。任其随意藐灭也。……[8]

下署“各省回族公民代表”百余名，另附“该通电二千二百五十六人全体公启”。由此可知，李谦除了回部全权代表的身份，还有国民大会公举之回族全权代表的身份。除此，还兼“直鲁豫巡阅使署咨议”（参看下文）。无怪乎庞士谦阿訇称李谦为民国以来第一次回族运动之领袖。

至于李谦随后曾代表回部，向袁世凯表示，组织回军，南下“讨贼”（指云南的护国运动）[9]，一是代表哈密王说话，二是具体行为如何，尚未见准确历史文献。而且，彼时中国处于变乱时期，很多人和事，须听言观行，谨慎结论。例如，著名回族活动家王宽先生，在南京临时政府为牵制袁世凯要其南京就职时，沦为袁之工具，曾在回族知名人士“挽留”袁滞留北京的呼吁上签字[10]。但不能以此否认王宽先生对近回族事业的贡献。李谦的“拥袁”，情况与王宽相似。笔者认为，李谦能公开其回部任职时期的来往文牍，本身就是一种磊落的表现。

接下来谈固始案，此指本省固始清真寺被毁案。此案在当时的河南，不亚于新疆案在回众中的影响①。开始的时间不详，1924 年 2 月结案。此案《文牍》和其他文献记录较全面。文献所显示，固始县关外西寺，该寺后墙与东城垣相距二尺，战时妨碍射击，被兵强扒，解释说此是公地。回民派代表马烿状告到开封省城，但经年未果。又派丁畏三往开封回教俱进会，开封方面即召集七方掌教、社首讨论办法，但仍无出路。还向上海清

① 笔者依据下列五则公牍：《固始回族公民函》，载《回部公牍》149 页；《开封俱进会函》，载《回部公牍》131～132 页；《河南省长函》，载《回部公牍》291～292 页；《河南固始清真寺照旧赔偿》，载《回光》（第二卷第二号，民国十四年二月），26 页；《回教各团体呼吁 请恢复河南固始清真寺》，载《回光》（第一卷第二号；民国十三年十月一日），61 页。

真寺董事会通报情况，随后回教俱进会沪支部等江苏、上海6个回族团体再向洛阳直鲁豫巡阅使吴佩孚呼吁[11]①。最后，开封俱进会7方20人署名，送公函到回部李谦处；固始方面有18位回族署名，也送李谦处，均请求帮助。

李谦毫无疑问做了工作，但具体哪些工作不得而知。结果是：河南省长函复，提及固始方面和上海方面的要求，但认为确属于公地，妨害城防；为照顾回民“情殷礼拜”，同意择相当地点重建该寺，并饬令县府查办。除此之外，清真寺照旧赔偿，省长公署同时将此处理意见抄送开封中国回教俱进会，固始回民代表等，以及回部全权代表办公处，时间是民国十三年二月八日。

此案孰是孰非不论，但可以透露出的信息，一是李谦在河南回族中的影响确实很大，民众对其依赖很重；二是民国初期，回族在国内有了更广泛联系，互相声援，互相帮助，显示其巨大的向心力，这与回族对上述新疆杨增新杀害马福兴父子案之反应，有本质相同之处。

除力争回族议员固额之外，《文牍》还显示，有几个事件，河南回族个人和地方求助回部办事处李谦帮助。民国时期回族对自身利益的保护，除了求助政府机构，多向回民的社团组织求助。一件是修武县曹香亭被诬求赦②。求赦的电文发往回部办事处李谦。此曹氏必定是回族人士，但无具体下文，后事不知。另一件是邓县教育款案事件，邓县回族发函至“直鲁豫巡阅使署咨议李谦”，关乎该县回教俱进会所办私立同化学校校款，劝学所所长有霸占学款之嫌，致使学校陷于困顿，特请转达河南省教育厅饬令邓县妥善保护回民利益③，但后事亦不知。但李谦在《公牍》上公开了这两件事的公牍，想必已最终解决。

① 这6家回族团体是：回教俱进会沪支部、江苏回教联合会沪支部、中华民国救济土希战后妇孺会、上海清真西寺、回支师范学校、上海清真董事会。详见《回光》（第一卷第二号），同上。又见《申报》2014年2月10日之报道，可见影响之大。

② 《修武县曹香亭被诬求赦电》，载《回部公牍》105～106页。

③ 《邓县回民全体请愿书》，载《回部公牍》140～141页。

结　语

民国初期，河南叶县回族人氏李谦任回部全权代表，发起回族请愿大总统、国务院增补回族议员固额的运动，是民国初的第一次大规模回族的政治诉求运动。李谦作为该运动的发起者、领导者和积极参与者，开辟了先河，功不可没，是值得充分肯定的。

该政治诉求运动牵涉面很广，上至议员、督军和其他回族上层人士，回教俱进会各支部，清真寺各董事会，教长，社首，下至普通回族百姓。跨度也很大，历十余载，百折不回。因李谦河南人身份的关系，以及回部办事处之一设在洛阳的原因，对河南回族影响尤大，积极参与者众多。随终至无果，但其过程势必激发回族，尤其河南回族参政议政，争取政治权利的热情，因而意义重大，影响深远。

《回部公牍》所含豫省各地回族公函显示，他们对自入华以来的历史是熟知的，对前代清朝时期的民族不平等待遇，记忆是深刻的。对民国初建以来，回族政治上仍未翻身，但保持集体沉默的史实也是明了的。宪政改革是个契机，他们试图抓住这个契机，改变其政治命运，行动是迅速而坚决的。这种奋不顾身的投入和抗争，推动民国社会民主、民权之进步，是值得继承的伟大传统。

从豫省回族对杨增新杀害马福兴父子案，到省内牵涉回族利益的固始清真寺被毁案，豫省回族的反应是一致而且强烈的。这显示回族在民国初期，其国内的横向联系更加广泛，向心力更强，互帮互助的传统更得以加强。这为他们今后在政治上继续抗争，埋下了坚实的伏笔，而后来的历史事实，也确实证明了这一点。

参考文献：

[1] 李谦．回部公牍．上海：中国印刷厂，民国三年（1924 年）．

[2] 李谦．回部纲鉴（残本，叶县符春禄等七人校，校本未公开刊

行），民国二十三年（1936 年）：序言．

［3］齐清顺，田卫疆．中国历代中央王朝治理新疆政策研究（第二十六章、七章）．乌鲁木齐：新疆人民出版社，2004.

［4］庞士谦．埃及九年．周燮藩主编．清真大典（第 20 卷）：伊 20－381－382.

［5］回族力争国会名额．申报，1922－12－19，第一版（第二张）．

［6］方素梅．从《回部公牍》看民国前期回族的政治参与活动．民族研究，2010（1），84～94 页。

［7］宛磊．民国三次“回民”社团改“回教”考．中国回族学（2015 年第五期）．银川：宁夏人民出版社，2015，60～66 页．

［8］全国回族通电．左东山，李庆云编．回光（第二卷第二号）．上海：民国十四年（1925 年）二月．56～58 页．

［9］哈密政府网．http：//www. hami. gov. cn/info/1058. 9154. htm.（浏览日期：2015－03－15）．

［10］回族之热心君宪．黄钟报，1915 年 9 月 4 日．中华民国史史料外编——前日本末次研究所情报资料（第三册）．南宁：广西师范大学出版社，1997，37.

［11］回教各公团之呼吁——□请恢复河南固始清真寺．申报，1924－02－10，第四版．

豫浙回族穆斯林之交往

郭成美

一

（一）河南向浙江的输出

明万历三十年（1602 年），河南新野人、回民马化龙任浙江嘉兴府同知，嘉兴创建清真寺，马化龙撰《嘉兴府建真教寺碑记》。该碑记记述了寺的始建情况，介绍了伊斯兰教，主张汉文译经，是研究古代嘉兴乃至东南沿海伊斯兰教发展演变的珍贵资料。该碑记已引起学术界重视，被收入白寿彝《中国回回民族史》[①]（全国仅收 15 篇）。碑石现存于嘉兴清真寺。马化龙，字之卿，别号在田。万历五年（1577 年）进士，历任山西长治县令、苏州同知、常州知府、淮安知府、山东按察副使、天津兵备道等。最后任嘉兴府同知，万历三十一年（1603 年）卒于任所。他的好友嘉兴名士冯梦桢赞他“公生中原，才高气雄”[②]。

清顺治五年（1648 年）苏平宇捐款修葺杭州凤凰寺。当年韩文镜《重修真教寺记》云：“公讳见乐，别号平宇，河南开封祥符人。”凤凰寺“轮奂庄严，旧规旋改”，“盖为主差穆民平宇苏公捐奉所鼎新也。公世守

① 白寿彝：《中国回回民族史》，北京，中华书局，2003。

② 冯梦桢：《快雪堂集》，卷二一《祭马在田郡丞文》。

斯教，总镇睦州（旧地名，辖境为今浙江桐庐、建德、淳安县地）。每经寺门，即有陵谷沧桑之感。于是庀材鸠工，阅岁半而成”。[①]

乾隆八年（1743 年）丁士绅所撰《重修真教寺碑记》中捐款人名单中记有“河南马石秀、张起山三钱七分”[②]。

乾隆间（1736—1795 年），河南开封人陈国华阿訇随道台（知府）来温州。1915 年，南阳人王文兴从北平回文学校毕业，被派到温州担任阿訇，1962 年辞世。

同治二年（1863 年），衢州礼拜寺重修，当时有穆斯林 120 人，由开封府的张阿訇主持教务。1927 年，河南柘城县的韩品三阿訇任衢州清真寺教长。1949 年，因韩品三阿訇回河南，衢州清真寺教务一度停顿。1954 年，河南柘城的韩金高担任阿訇。

据《浙江省少数民族志》[③] 载，清末民初以及抗日战争前后，有山东、河南、江苏等地回族迁居杭州。杭州凤凰寺整理委员会筹备会 1953 年的调查资料称：杭州回民 932 人中，浙江籍 631 人、外省籍 301 人。外省籍中，河南 117 人、江苏 70 人、山东 51 人、河北 27 人、安徽 12 人，湖南、湖北、江西、福建、陕西、东北等地 24 人。河南居首。

温州鹿城区的回民，大多于清代和民国时期从河南、山东、江苏等地迁入。

嘉兴的情况更是如此，目前定居嘉兴的回民都是外省籍的，原籍是嘉兴的已无一人。他们大多数是在 1907 年以后因生活所迫从河南、山东等地逃荒而南迁的穷困农民。近百分之五十的回民是河南柘城的韩姓后裔，被称为“韩家大户”。民国末年，河南人在嘉兴清真寺担任阿訇的有张朝真、苏震寰、张祥臣、刘复元。

1943 年，嘉兴效仿河南教门，也开办了清真女学，周口人杨慧贞（原名王蓉，婆家姓杨，开封人）担任首任女学阿訇。1946 年，她脱离教务，创办嘉兴回教教养院，收容培养老弱妇孺，最多时达百余人。她的善举得

---

① 韩文镜：《重修真教寺记》，清顺治五年（1648 年），碑现存杭州凤凰寺。

② 丁士绅：《重修真教寺碑记》，乾隆八年（1743 年），碑无存，拓片藏浙江文物考古研究所。

③ 《浙江省少数民族志》，北京，方志出版社，1999。

到回民赞扬，也受到地方当局和中国回教协会的重视和认可，这在轻视妇女的旧中国，在中国伊斯兰教界是难能可贵的。

1948 年，为逃避战火，郭清心与堂兄郭清魁率开封河南阿文专修学校学生 80 余人南迁嘉兴。郭清心、郭清魁均为河南开封张庄人。“河南阿专”在嘉兴维持一年零两个月，1949 年 12 月解散。郭清心不久又被嘉兴清真寺聘任，在任 30 多年。

改革开放以来，浙江有的清真寺聘请了不少河南阿訇。嘉兴清真寺有马忠仁（1979 年）、李传林（1984 年）、郭清杰（1988 年）、丁存志(1990 年)、李保云（1993 年）、李尊祥（1997 年）。宁波清真寺有马富强(1991 年—)。来自郑州的马富强在宁波当伊玛目已 14 年了。

来浙江打工创业的回民更有了大发展。宁波回族企业“东伊顺”号下有 200 多员工，在宁波、杭州、上海等地及马来西亚均有分店，总经理孙玉安即郑州长葛人。他自己在浙江有了较大经济实体，还鼓励几十位亲朋来南方创业。其企业员工多为北方人，且以河南人为主。浙江义乌市原先几乎没有回民，据统计 1953 年有回民 2 人，1964 年有回民 11 人，1982 年有回民 19 人。由于小商品市场的建立，2006 年有国外穆斯林 6000 多人，有外省穆斯林阿拉伯语翻译 3000 人以上，其中河南籍翻译占 10% 以上。韩辖，毕业于河南穆斯林幼儿师范学院，现为设在义乌清真寺二楼的穆斯林幼儿园教师。近二十多年来，来嘉兴经商打工的河南回民有数百人，主要从事饮食、牛羊屠宰、建筑等。仅柘城慈圣集镇回民在嘉兴务工就有 200 多人。如韩雁群兄妹 4 人先后来嘉兴，在干河滩街 50 米内分别开设大饼豆浆店、包子熟食店、鸡鸭宰杀店及油条摊。1 人嫁当地回民，1 人已购房落户，均已成为浙江人。又如郭清峰 1986 年来嘉兴卖烧鸡、包子，已购置住房、商铺，目前他的侄子、侄女、小舅子、表侄等大大小小在嘉兴已达 28 人。这种亲带亲、亲帮亲在浙江创业的例子举不胜举。

（二）浙江向河南的输出

清咸丰九年（1859 年）三月，浙江嘉兴秀水县（今嘉兴南湖区）人金传声捐资创建河南开封文殊寺街清真寺经书义学，该义学是河南乃至全国较早的此类回族学校。文殊寺街清真寺现存金传声咸丰九年捐资办学碑刻记其事。①

据倪禹功《嘉秀近代画人搜铨》② 载，嘉兴籍回民郭小庭系沪上知名回族书画家，祖上清末迁至上海松江。后随河南西华县知县、女婿马淮士至西华县任所。士民闻之，求小庭书画者络绎不绝。其子懋仁 1908 年被知县姐夫马淮士招为助理。时值河南灾荒，懋仁曾在柘城赈灾、理账。

类似资料相当缺乏，未见浙江史籍有更多记载，或许从河南的方志碑史中可以寻得。

二

豫浙两地回族穆斯林的交往由来已久。资料显示，这种交往似乎是单方面的，主要是河南向浙江输送伊斯兰教人才，补充人员。时间上，明清即有，今日愈烈。明清时期，河南回民来浙做官，如马化龙、苏平宇；或任阿訇，如陈国华、开封府张阿訇。民国至今，则主要是经济原因促使河南回民迁徙浙江，迄今势头不减。

浙江地处东南沿海，地理优越，气候宜人，物产丰富，经济发达，这是河南不可比的。浙豫相距较近。早在 20 世纪上半叶，浙江成了河南回民逃荒避战的理想之地。而今，浙江是经济大省，市场广阔，给吃苦耐劳的河南人提供了理想的务工、经商平台。他们渴望脱离面朝黄土背朝天，围着一亩三分地转的困境，浙江成为他们的理想选择，他们为浙江经济发展作出了贡献。

河南是中国回族人口最多的省份之一，号称百万。浙江是中国回族人口最少的省份之一，2000 年第五次人口普查时仅 19609 人。两省回族人口悬殊巨大。

浙江回民和清真寺分布在大中城市。对外出务工、宗教操守相对较好

---

① 张玮：《河南回族教育述略》，载西安伊斯兰文化研究会《工作通讯》，1997（5）。
② 倪禹功：《嘉秀近代画人搜铨》，上海，上海书店出版社，1998。

的河南回民来说，大中城市既易找到合适工作，又能在现成的清真寺履行宗教功课。

数百年来，河南回民对浙江伊斯兰教的发展起到了一定的推动作用。特别是在人口的补充方面，无论是逃荒避战还是务工经商，客观上为浙江穆斯林补充了新鲜血液。正是外界的输入，浙江有了伊斯兰教；还是外界的输入，使浙江伊斯兰教得以延续，对此，河南穆斯林功不可没。例如，1925 年宁波城厢回民仅 32 人，且客籍为多。① 宁波 1953 年第一次人口普查时回族 116 人，1964 年第二次人口普查时 210 人，1982 年第三次人口普查时 378 人，1990 年第四次人口普查时 549 人。需要说明的是，以上人口数据系按户口所在地统计的，绝大多数务工经商的不包括在内。1990 年"四普"以来十多年，河南回民徙浙人口增长更快。宁波伊斯兰教协会会长孙玉安、副会长兼秘书长马富强阿訇均河南人，都是近一二十年来宁波的。孙玉安还是浙江省第九届政协常委。在义乌，豫籍饭店经理李自红是清真寺（临时活动场所）管委会成员、义乌市政协委员。在海宁，宁陵的李真军、刘艳夫妇经营拉面馆已有 6 年，他们将二楼十余平方米的店堂铺上地毯提供给当地穆斯林星期五聚礼用，为时近 5 年。

目前，河南回民来浙江，一方面可以分流人口，减轻人口压力；另一方面，外出打工经商者的汇款对当地经济和外出者家庭的补贴作用不可小视；再者，可以学习浙江人精明能干，善经商、管理的优点。

数百年来，豫浙回民联系不断，尤其是改革开放以来，河南回民徙浙步伐加快，愈演愈烈。其速度之快，人数之多，前所未有。河南回民对浙江伊斯兰教的发展影响巨大，值得探讨。

（原载于《河南穆斯林》，2006 年第四期）

① 江浙省少数民族志编纂委员会：《浙江省少数民族志》，北京，方志出版社，1999。

河南回汉民族关系史概述

水镜君

自唐至元，回族先民因种种原因或自愿或被迫来到中原。元末明初，外来穆斯林的后裔因共同的宗教信仰，融合成中华大地上一个新的民族——回族。

回汉关系的历史，源于回族的先民时代，贯穿于回族形成、发展的整个时期。我们的历史回顾因之以回族的孕育、形成和发展为主线，以河南回汉关系的历史状况分期。

自唐代回族先民来到中原到民国年间，河南回汉关系的历史大概可以分为四个阶段，即自唐至元的先民时期、明代至清初回族的形成发展时期、清中晚期的厄难时期及民国年间的变化时期。

一、先民时期（唐代至元代）

该时期的特点是，上层统治阶层实行开放、宽容的民族宗教政策，善待外来的穆斯林。本土汉族文人大多从本文化的视角，观察、理解伊斯兰教。虽然存在着文化误解，对伊斯兰教的理解也限于表面，但没有或很少有文化偏见。在这种宽容的社会文化氛围中，定居中原的穆斯林人数虽少，但社会地位相对较高。他们自觉认同中原文化，与定居地的汉族人通婚，相互之间的关系和谐融洽。这种融洽关系奠定了以后数百年间回汉关系的基调。

唐宋王朝对待外来者的态度和政策是“恩惠抚和”“怀柔羁縻”，尊重来华穆斯林的信仰和习俗，甚至为他们提供通过考试获得功名的机会。在这种积极开放态度的吸引下，来到中原的穆斯林积极学习汉文化，其中的优秀者通过考试获取功名。这段时期最著名的回族先民，是落籍汴州（今开封）的大食人李彦升。他是中国历史上第一个穆斯林进士，被赞为“形夷而心华也”。推荐李彦升参加考试的是汉族官员，欣赏并肯定此做法的是汉族文人。皇帝、官员和文人的开放心态，共同营造了有利于穆斯林生存的和谐的社会文化氛围。

元王朝的民族政策的特点是，对不同民族群体实行等级分层，穆斯林处于相对较高的位置，他们的宗教信仰得到尊重。因此，定居中原的穆斯林（多是“回回”）虽然因蒙古军队的西征而被迫东来，但他们努力适应新环境，学习汉文化，与本地汉族人通婚。通婚使穆斯林与汉族人建立了姻亲关系，中原文化开始从日常生活层面影响中原穆斯林。从元代定居安阳的凯林世家的情况看，在母族（汉族）文化的熏陶下，已有穆斯林根据儒家文化准则，自觉修正自己的习俗。这种修正拉近了穆斯林文化与本地汉文化的距离。

二、明代至清初回族的形成发展时期

明清两代对于伊斯兰教的政策基本相同，即允许伊斯兰教的生存与发展，但民族政策有差异。明统治者实行禁止“胡服、胡语、胡姓”，禁止穆斯林同类自相嫁娶的同化政策，但不限制回回作为编民的社会、政治参与。清代统治者采取“因俗而治”的政策，历代皇帝虽然贬低伊斯兰教，但并不禁止其生存发展，对回汉民众基本上采取一视同仁的原则，尤其是清前期。所以，自明代到清初，河南回汉民众和谐共存。其特点是：联姻普遍，民众之间的交往比较密切。回族人主动学习、借取主流文化和本地汉文化中的先进成分，逐步建构本民族文化。汉族人中亦有一些受伊斯兰文化影响，成为穆斯林。这一时期的不和谐音，是明末清初一些汉族文人和官员开始诋毁伊斯兰教和回族人。

明代的民族宗教政策，共同的伊斯兰教信仰，促成了回族的形成和伊斯兰教的本土化。通婚使回汉民众在外貌上的区别越来越小，用汉姓、说汉语、学习汉文化，使回族人在日常生活的许多方面汉化。姻亲关系和地方化的习俗，使回汉民众之间保持着良好的关系。1983 年沁阳市出土的明代回回买凤的墓志，反映了当地回族人用汉姓，接受本地汉族习俗，与汉族人和谐相处的情况。明末开封回族人借开封所有藩府的锦丝步障，迎接著名伊斯兰教经师的事情，表明回汉上层之间交往的密切程度。而受伊斯兰文化影响汉族人皈依伊斯兰教的事例，如博爱县程姓穆斯林的先人（系程颐的后人）、孟州市姬姓穆斯林的先人等，从另一方面证实了该时期回汉民众和平交往，两种民族文化相互影响的状况。

明末清初汉族文人和官员中出现的反对回族习俗、诋毁回族民众，甚至要求禁绝伊斯兰教、拆毁礼拜寺的声音，预示了中原一些地方已出现回汉关系紧张的状况。明代权臣严嵩、明末清初著名学者顾炎武、清雍正年间山东巡抚陈世倌、署理安徽按察司鲁国华等，曾用著述或上奏的方式，表达对回民和伊斯兰教的不满。虽然坚持回汉一视同仁原则的皇帝没有接受其建议，但这些否定回族人和伊斯兰教的声音，表明一些地方已存在着不和谐因素。

三、清中晚期的“厄难时期”

清乾隆年间，皇帝虽然重申回汉一视同仁的原则，但清廷对待回汉民众的法律有了变化。1762 年刑部颁布了将回民与汉民区别对待的刑法条例，犯同样的罪，对回民的处罚重于汉民。乾隆以后的皇帝虽然仍坚持“汉回一视同仁”的原则，但法律规定的不同等，加上一些有偏见的汉族官员采用不公正做法处理回汉纠纷，用侮辱性的方式对待回族人，导致了清中晚期河南一些地方回汉关系的紧张。外部压力的增大导致内部凝聚力的增强，族群界限因之变得明显。回汉不通婚，不向外传教的做法，抱团等民族特点的强化，应该与清中期以后全国范围内回汉关系的紧张有关。而在不利生存环境中强化的民族特点，又增加了回汉民众之间的隔膜。

郑州北大清真寺和许昌砖桥坡清真寺等处回族人，集资镌刻乾隆皇帝关于平等对待回汉民众圣谕的举动，表明他们感受到了来自主流社会的偏见和压力。在外部偏见和回族人感受到压力的相互作用下，一些地方的回汉关系变得紧张。从目前能见到的资料和了解到的情况看，历史上郑州市、周口市、漯河市、孟州市、洛宁县、南阳县、镇平县、内乡县、杞县等地的回汉杂居区都发生过或大或小的冲突。

因年代久远，冲突的具体情况已不甚清晰。从可见的资料看，冲突的发生一般与以下情况有关。一是有偏见的地方官员和士绅引发事端，如清晚期发生在洛宁县的回汉冲突和内乡县地方官强令拆毁县城清真寺的事件。二是一些汉族民众不了解或不尊重回族人的宗教信仰和习俗，在公开场合使用侮辱性的言语和行为，从而引发争端。三是回汉民众个人之间的矛盾，因涉及回族人的信仰，引发群体性冲突。冲突的范围，一般限于本地。冲突的平息，有的是有回族中有威望者（如武术大师）的调解，有的是冲突发生后达到一种自然平衡状态，也有无偏见的地方官员化解冲突的情况。

即使是在大环境对回族人不利的清中后期，冲突也只是局部的偶发事件，大多数回族社区与汉族邻居和谐相处。在一些与汉族邻居关系紧张的回族社区，同时与其他汉族社区保持友好关系，如孟州市桑坡村（回族村）与柳湾（汉族村）的世代友好关系。河南不少地方如博爱、焦作、新乡、杞县、商丘、偃师等地，都可看到这种情况。和谐相处或经短暂的冲突后和平相处，是该时期的特点。

四、民国年间

孙中山先生提出“五族共和”的主张，他与著名伊斯兰教学者建立了良好的个人关系；在西方学术思想影响下知识界普遍接受现代民族、宗教理念；推翻腐朽的封建制度，建立现代国家成为大多数人的共同追求；民国政府尊重回族民众的宗教信仰，使回汉两族先进的知识分子联合起来，倡导回汉团结。这是该时期的主流。

但由于一些汉族学人对伊斯兰教不甚了解，也引发了新的问题，主要表现为一些报纸杂志或书籍上刊登侮辱回族人信仰的文章，引发“侮教案”。

由于历史的原因，汉族民众中存在的侮辱回族人信仰和习俗的言词，一些不敬的行为也引发了一些矛盾。民国年间，新老问题都在河南发生过。1935年，郑县（今郑州）发生了《华北日报》侮教案。该报刊载侮辱伊斯兰教的文章，激起河南各县回民的公愤。在国民政府和回族民众的压力下，该报向回族民众道歉。1933年发生在商丘的回汉冲突则是老问题。当地汉族人出资举办的戏剧演出过程中，有人在台上辱骂回民，酿成回汉斗殴事件。该冲突在当地绅士的说合下以道歉了事。类似用言词或行为侮辱回族人，引发冲突的情况，在河南其他地方如淮阳、泌阳等地也发生过。

与清代一些地方官员和文人带头侮辱回族人信仰的情况不同，民国时期接受现代观念的知识分子和地方绅士，在调解回汉关系中起着积极作用。一些地方（如洛宁）还在回汉知识分子的倡导下成立了回汉联谊会。因此，虽有冲突发生，但并未影响回汉关系趋于和谐的主流。抗日战争爆发后，面对外来侵略，回汉民众团结起来，一致对外，回汉关系更加和谐。

（未发表，完稿于2006年）

豫北回族的历史与现状

张　玮　胡云生

豫北主要指河南省黄河以北的安阳、鹤壁、新乡、焦作、濮阳等地区。回族在豫北呈散居状态，据1990年全国第四次人口普查，豫北回族人口数为243227人，其中焦作和新乡为最多。笔者曾对焦作、新乡等地的回族进行了实地考察和调查。现将部分考察结果及有关史料整理出来，以供从事回族研究工作的同仁参考指正。

一、豫北回族的历史渊源

豫北的回回究竟是何时到达那里的，至今尚未确定。据传该地区唐宋时期即有信仰伊斯兰教的胡商，但主体回回当是从元代开始的，其大致情况如下。

（一）为官留居

元代回回人的社会地位虽低于蒙古族，却高于其他民族。因此，元时在豫北任职为官的回回人不少。窝阔台汗三年（1231年），回回人曷思麦里随军伐金，驻军于怀（今沁阳）、孟（今孟县）。第二年，曷思麦里以败金军于三峰山，受命为怀、孟州达鲁花赤，佩以金符。后来进职为怀、孟、河南二十八处都达鲁花赤，特许“所隶州郡不从命者，承制得藉其家”，其子密里吉又袭怀、孟达鲁花赤。中统三年（1262年），密里吉战死，其子俺撒、孙忙兀带先后袭为怀、孟达鲁花赤。[1] 曷思麦里祖孙四代在怀、孟为官，其部下有大量回回人，其后裔有定居于此地的。元朝许有壬《至正集》卷53《西域使者哈只哈心碑》载，哈只之孙凯霖葬其祖父母、父母、兄嫂弟侄于安阳。凯霖“迁林州（今林县）达鲁花赤，升奏议大夫，彰德路（今安阳）总管府达鲁花赤兼本路诸军奥鲁总管府达鲁花赤，管内劝农事”[2]。这也说明元时安阳有不少回回人居住。元至元五年（1268年）九月立的济源《济渎重建灵异碑记》中记载，赛典赤·赡思丁三子忽辛，任河南等路宣慰司同知时修建《济渎灵异碑》，至元中，赡思丁长子纳速拉丁之孙也列失任怀、孟达鲁花赤[3]时重建此碑，以纪念叔祖忽辛。忽辛、也列失的后裔留居怀孟是可能的。原河内县（今沁阳县、博爱县）回族中闪姓是大姓，纳速拉丁后裔中有闪姓，此地闪姓当是赡思丁的后裔，因为赡与闪字谐音。焦作沁阳县城北大寺万历十一年（1583年）《重修清真寺碑记》载：“我怀有清真寺旧矣，或云创于元至正（1341—1370年）间”[4]。这也说明元至正年间时，便已有一些回回人定居于豫北。以上资料足以说明回回官宦家族至迟在元末就已在豫北建立庄园、落籍久居了。

（二）屯田落籍

河南的回族形成与元代屯田有很大关系。豫北的回族来源与元代屯田密不可分。封丘县荆圪垱村（今荆乡）回族李姓来源有二，但不是一家人，一为“军李”，系元代屯田的军人，故称“军李”；一是“民李”，系明初由山西省洪洞县迁来的移民，故称民李。军李是元代在开封屯田的元代炮兵后裔，他们和开封市西北郊回回寨的李姓有关系。据《元史》载，“（至元十八年七月）庚子，括回回炮手散居他郡者，悉令赴南京屯田”[5]，

---

① 《元史》，卷120《易思麦里传》；《新元史》，卷131《易思麦里传》。

② （元）许有壬《至正集》，卷53《西域使者哈只哈心碑》。

③ 《潜研堂金石文跋尾》，卷20《济渎重建灵异碑记》，《潜研堂全书》本。

④ 明万历十一（1583年）《重修清真寺碑记》，今藏于沁阳北大寺内。

⑤ 《元史·世祖本纪》。

南京即今开封。

（三）经商传教等落籍

蔡美彪所辑《元代白话碑集录》中，共收94块白话碑，其中53块圣旨碑是关于保护各种宗教的，内有19块碑文中带有“答失蛮”字样，河南立有5块，而豫北就有2块，即彰德（安阳）、林县各一，说明元时豫北回回人不少。明清时期，大量的来豫北经商传教等落籍的回回人，也是构成豫北回回民族的重要成分。济源县袁姓，族谱上写系北京香椿胡同人，因经商在明代迁居开封东大街，再迁沁阳水南关，清初，落脚到济源县庙街镇下街村。《孟县志》载：“迁至孟州者，十、九皆山西洪洞籍。”其中有不少回民，如丁氏徙桑坡的立祖人丁贵，是从山西洪洞县迁来的。清顺治六年（1649年）一些回民又从山西洪洞县迁入造店，后来甘肃等地的一些回民也相继迁入豫北地区。清代，回回居于豫北的情况发生了根本的转变，不仅在人数上与日俱增，而且分布范围也逐步扩展到整个豫北地区，为豫北回族以城镇居住的“大分散、小聚集”分布特点奠定了基础。

二、政治状况的考察

历史上的豫北回族政治地位较低。历代志书有关回族的情况甚少。明朝制度规定，凡重要的清真寺掌教，必须申请领取礼部发给的札付，作为开学的凭据。凡是领得礼部札付的掌教，可以“冠带荣身，仍准免差徭”，至于“敕赐札付”者，那自然更加荣耀。据沁阳县水南关清真寺一碑文可知，清真寺的掌教阿訇要领取札付才算合法，这意味着明廷开了一个先例，打破了伊斯兰教传入中国后独立办教、不受任何政治力量控制的惯例。官府发放札付的实质就是对伊斯兰教的控制，并且各清真寺不能随意建造，而必须在“祝延圣寿”的名义下建造。在此情况下，豫北的伊斯兰教出现了“回而兼儒”“以儒释回”的现象。[1] 清代豫北回族深受民族歧视、民族压迫之苦，民国时期更甚。日本统治时期，采取“以回制回”的手段组织了“中国回教联合会豫北区本部”和“回教青年团”，进行奴化教育和法西斯统治。回族人民为了自身的生存，进行了不屈不挠地反封建反帝的斗争。明正德十六年（1521 年）陕西回民流民迫于饥寒举行起义；山西、河南交界处的太行山区的陵川、辉县等地的回民在崇祯初年也掀起了反抗斗争；光绪二十九年（1903 年）三月，河南怀庆府（今沁阳）所属孟县、温县等地爆发了回汉人民反对加赋改征的斗争；1904 年的开封东乡治台村回民李元庆领导了回汉抗粮斗争，震撼了河南[2]。到了近代，各阶层回族民众在各个方面开展了反帝反封建斗争。1935 年，沁阳师范学生党支部书记白健（又名白研真），在沁阳县成立“晨钟读书会”，办《晨钟》墙报，还组织沁阳师范学生到街头讲演、游行，积极开展反蒋抗日活动。博爱县大新庄回民于 1945 年秋组织了回民大队，活动在豫北地区，参加战役上百次，后编入晋冀鲁豫边区部队四十七团，全国解放后又奔赴朝鲜战场，再立新功。

三、经济活动轨迹

豫北回族的经济，历史上处于十分贫困和落后的状态，向来有“穷回回”之称。在曲折、缓慢发展的过程中，豫北回族形成了自己独特的经济特点。

（一）农业活动

元时豫北的回回人除屯田之外，还十分注重水利设施建设。史称：买

---

① 《博爱西关清真寺碑记》。

② 马寿千：《辛亥革命时期回族人民的革命斗争》，见天津《大公报》，1904 年 11 月 24 日。

奴“改河北河南道肃政廉访使。河决原武（今原阳县），亲诣其处，督视兴筑，用役夫一万人，稍草六万束。命摘夫五百，采退滩野生芦苇，得十余万束，民不扰而河患息”①。回回人还重视农事耕作。元代凯霖在安阳做官，就是主管农业。② 近代豫北回民耕地少，产量低。据 1948 年调查，辉县的 430 户回族农民中就有赤贫、贫农和下中农 414 户，占总户数的 93%。新中国成立后，完成了农业社会主义改造后，豫北回族的农业生产逐步赶上了汉族。

（二）手工业活动

豫北回族素有制革传统。清时，孟县桑坡已成为全国有名的回回皮毛业集散场所之一，以至于有“只知桑坡，而不知孟县”之说。桑坡“多业皮工，大者开作坊致巨富，次则售皮条及弹花弦”，“东桑坡村有皮作坊十八家，西桑坡村十四家，多由陕西采购羊皮，制造皮袍筒，佳者每件值三四十元，制革多沿旧法，故未能制造精致用品”。③ 当时孟县较大的皮作坊有：“全兴合”皮作坊，在汉口等地开有“兴合”商号专管销售；“义顺合”皮作坊，雇工 200 人，年产量达几十万张，在上海开设“丁达记”商号进行销售；“兴盛兰”“兴盛玉”皮作坊生产的皮货运到汉口，有 8 家皮行争相销售，相传南方有钱人家姑娘出嫁时必备“兴盛玉”的皮袄做嫁妆。此外，还有丁荣昌在汉口开办的“宏昌”“恒昌”皮行，马兰田在洛阳创办的“隆昌”皮行。清末民初，新乡有回民李帮杰、白玉良、艾全德 3 户做车马挽具。截止到 1937 年，新乡东关和桥北街有 13 户做车马挽具，有 3 户鞣制皮毛。

豫北回族工业起步较晚。武陟县汉族人鲁连城于 1916 年冬在木栾店独资创办了成光纱厂，有纱锭 3000，商标为“千佛阁”“牧童人像”。1932 年，由开封回民杜秀升租办，改名“巨兴纱厂”，商标是“二仙阁”。武陟

---

① 黄溍：《宣徽使太保定国忠亮公神道第二碑》，见《金华黄先生文集》卷 34，《四部丛刊》影印元刻本。

② （元）许有壬：《至正集》，卷 53《西域使者哈只哈心碑》。

③ 《孟县志》。

县木栾店回民王明贤于民国初年在焦作办煤矿，有当时称之为现代化的锅炉和提升机设备，生产状况颇佳，后被大官僚以势霸占，王明贤又到济源开办煤矿。新中国成立以后，豫北回族的农村工业得到了发展。沁阳县水南关村有回民2500人，工业有玻璃厂、马赛克厂、制革厂、白皮厂、翻砂厂、造纸厂等，工人共800多人。

（三）商业活动

豫北回族的商业活动久负盛名，其中也有富商大贾，在全省名声昭著，影响颇大。但是，在回族中更多的是小商贩。他们的生产经营多与其民族生活习惯相联系，如饮食、皮毛、香料、制药、珠宝玉器、服务等行业。

1880年，由回民李雅三、毕义春、宋绍荣3人集资在焦作市开办了“三春荣”的大药栈，经营有怀货（生地、牛夕、菊花、山药）、川货（川贝母、穿黄连、川山甲、川糠子）、西货（当归、甘草、大黄）、广货（人参、鹿茸），门类繁多，样样俱全，经营的四大怀药驰名中外，生产的药品择优出口，在国内畅销上海、广州、宝鸡、禹州等地。

豫北回族的饮食业历史悠久，自京汉、道清铁路通车后日渐兴盛。1937年以前新乡的回族饭馆有：李树安的“同盛馆”、邢志国的“贵盛馆”、赵景荣的“荣盛馆”、马福思的“回民饭馆”。1938年日军占领新乡后纷纷停业，1940年后逐渐恢复。当时有“同盛馆”“西域楼”“新来顺”“三义楼”等，其中尤以“同盛馆”的历史最长，是1915年开业的。在孟县桑坡，民国初年时每日均有集市。豫北回民中为数众多的是小商小贩，推车、摆摊、肩挑、提篮，沿街叫卖，本小利微。民国初年，马良骏在新乡市城里十字路口开设“泰顺成”食品杂货店，除制作销售清真糕点外，还经营海味杂货。1930年，封丘县海庄海鸿轩在新华街路南开设“万盛魁”食品店，赵景荣在新华街开设“荣盛斋”点心铺。1946年，黄静波从焦作迁至新乡市，在新荣街南口开设“协泰”酱园，制作、销售清真糕点和各种酱菜、酱油、醋。

清末，甘肃化平人马良骏从开封、郑州迁至新乡，在市内开设有“泰和裕”钱庄、“泰和成”粮行、“泰顺成”食品杂货店和“仁德堂”中药店。天津回族商人穆建光1916年在新乡开设有“长元德”杂货店的分号——德泰生煤油庄，该店坐落在新乡新华街西头路南，在武陟、博爱等地设有分号，主要经销美孚公司的煤油。另外，德泰生煤油庄还在河南各地收购牛油和各种骨头运往天津和青岛，进行加工、出口。

四、文化教育的状况

历史上，回族的汉文教育十分落后。明清时期，主要凭借旧式的经文学校，即经堂教育，教授一些普通的宗教知识，课本多为阿拉伯文读本。豫北回族的经堂教育以孟县桑坡为最盛。清时桑坡13座清真寺都设有阿文小学，其中6座还设有阿文大学，学生在百人以上，桑坡曾出过一些著名的阿訇。清时陕西周老爷（胡登洲的四传门人）去汉志朝觐回来，在家乡办经堂大学，各地穆斯林纷纷去学习，桑坡的张古东、杨振龙也去求学，“周老爷八大弟子对中国回文大学均有功绩，暮年所收之诸小弟子，学业则更驾八大弟子之上。河南桑坡之张古东、二杨（杨振龙）亦小弟子中之杰者，河南回文大学之创立即始于二杨阿衡也”①。在新乡东关、新荣街清真寺也都曾举办过此种经学。到了近代，热心公益事业的回族有识之士，倡办一些新式学校。民国十九年（1930年）二月，张文政先生在桑坡村创办小学，“小学一班，三个年级，学生五十九人，教职员二人，全年经费一百元”②，日军侵占孟县后该校解散。1941年，马长安、张文会相继办学，习学诗书兼读阿文，学生不过50人。1946年5月，在新荣街旅新清真寺内开办了私立崇正小学，共招收一至五年级学生共98名，共有教师4名，该校除向学生讲授当时一般小学课本外，还教授阿拉伯文和伊斯兰教教义。新中国成立以来，政府十分重视回族教育事业的发展，1953年在桑坡成立回族小学，1971年政府拨款重建校舍，1982年又盖教学楼一座。其

① 庞士谦：《中国回教寺院教育之沿革及课本》，载《禹贡》，第7卷第4期。
② 《孟县志》。

他各地的回族教育也得到了发展。

豫北的回族文化在此也稍作叙述。明代进步思想家、文学家李贽嘉靖三十五年（1556年）任河南共城（今辉县）教谕。辉县现存嘉靖丙寅（1566年）石刻1块，记载了李贽与邓石阳等唱和诗6首，其中有李贽诗3首和跋语3段，给后代留下了了解他这一段生活的珍贵资料。济源县的袁森是咸丰年间著名的书法家，江南虽出才子，但那里的人也以能得到袁森的字为幸。孟县桑坡人庞士谦（1900—1958年），是著名的伊斯兰教学者、回族教育家，他同伊斯兰教界知名人士包尔汉、达浦生、马坚、张杰等共同发起成立“中国伊斯兰教协会”，后又在中国伊斯兰教经学院教授阿拉伯文。

豫北回族的武术等体育项目具有广泛的群众性。早在清代，山东冠县的石太春、河北沧州的马万升就在孟县开办武学多处，曾出过不少名徒，如庞立德、庞立义二人都曾到少林寺露过身手。民国时期，石太春之子石德胜和桑坡的白存彪、拜登林、丹同春等又相继在孟县多处办武学。新中国成立后，桑坡武术爱好者组织起来，曾多次到县表演。

最后，对豫北回族的女子教育进行介绍。1989年，在郑州召开的全国回族史第五次讨论会中，与会代表提及河南回族的女学，这在全国是最早的。宁夏丁国勇先生撰文《回族女子教育的兴办与发展》，其中提到河南清真女学①，在回族女子教育研究方面开了个先例。从笔者掌握的资料来看，河南清真女学最早在开封开办，此后，建立襄城石羊街清真女学和豫北沁阳水南关清真女寺。有关河南清真女学的史料除十几通碑文资料外，其他甚少，以后需进一步深入研究。

五、豫北清真名寺

历史上的豫北出现了不少的名寺，如沁阳县北大清真寺、造店清真寺及新乡东关街清真寺。

---

① 原载《回族研究》1992年第二期。

（一）沁阳县北大清真寺

该寺是沁阳最大、最古老的清真寺，它的大殿窄而深的平面布置以及后窑殿的制度是明代奠定的，建筑则是清代改建的。明万历癸未（1583年）重修清真寺，明万历十八年（1590年）鼎建清真寺拜殿，后窑殿的建筑则是明崇祯辛未年（1631年）修建的。清嘉庆四年（1799年）重修大门，清宣统元年（1909年）创建讲堂。现存大殿仍是清初的建筑，但颇有明代作风。整个大殿内是用“彻上露明造”，内部彩画甚是华丽，多用旋子彩画，为清末重绘。前面正厅用黄色木纹彩画。斗拱多为一二跳或带重昂装饰，效果较强。在梁枋上多用回文、锦纹、花卉、水纹，梁下用苏式彩画，多灰白花加黑线，简素可观。

（二）造店清真寺

相传始建于明代。明万历五年（1577年）重建。1916年，对清真寺进行了扩建，楼台高耸，气势雄伟。房屋96间。清真寺大门口由青石砌成，两旁各有石鼓一对，大门红漆涂染。寺主殿分卷棚、二殿、大殿，连唤寺塔。房顶饰以琉璃瓦，南北有对称的宣讲楼、沐浴室、藏经楼，有长廊相通。寺景古雅，肃穆壮观。“文化大革命”中关闭，1983年重修开放，占地达10亩。

（三）新乡东关街清真寺

坐落于新乡市红旗区东关街路北，占地面积488.36平方米。始建年代不详。历经清咸丰三年（1853年）、光绪二十九年（1903年）、民国二十九年（1940年）3次重修，现在基本上保留了第三次重修后的规模。1959年被占用，“文化大革命”期间关闭。1982年5月重新开放，后又翻建了年久失修的北讲堂，建成193平方米的两层楼房，临街3间平房建成了民族风格的3层楼房，一楼除两间门面房外，还有清真寺大门和一间门道，楼顶有 5 个半圆形塔顶和新月标记，加上深浅相间的墙壁，使这座伊斯兰教的古老寺院较以前更为壮观。

（原载于《宁夏社会科学》，1995 年第五期，92 ~96 页）

郑州市的回族

胡云生

河南省会郑州（原郑县）位于中州腹地，回族人口居全省各地市的第二位，仅次于南阳地区，为91427人，占10.51%，并设有县级管城回族区。郑州回族无论是在地方志或回族志上均应有一定的地位，现略而述之。

一、来源和分布

郑州的回族溯源当于唐代。1923年的《河南通志局·郑县采访稿》提出："郑之回教，来于唐时。"1947年，著名伊斯兰学者庞士谦在《中原回回》一文中进一步论证：唐代由海道来的回回要到首都长安，在中原有三条路线可寻，其中一条是由"颍、亳、商丘、开封、郑州、洛阳入京"，所以"这三条路上的回回很多，就是这个缘故"。一些过往的阿拉伯使节和商人，无论是西去两京，或东到沿海大邑，都要经过郑州，其中有些人或停住、或留居，就成了当今郑州回族最早来源。

另外，唐代"安史之乱"时，肃宗、代宗曾借助西域和阿拉伯兵平乱，之后，"这些穆斯林军队，多留于黄河两岸"，也成为郑州回族源流之一。至宋代，建都汴梁（今开封）。由于对外商采取奖励政策，故穆斯林来华经商者比唐代更多，纷纷云集京城，"那时除首都外，尚有许多穆斯林散居在京都诸郡"。地处京畿的郑州，无疑也是他们汇集和散居地之一。他们就和唐时留居的回回人共同构成郑州回族早期来源，但人数不会太多。

郑州回族的形成主要是在元代。由于成吉思汗的西征，一些波斯人和阿拉伯人被迫东迁，这些西来的穆斯林被编入蒙古军队的“探马赤军”，在交通便利、土地肥沃的黄河两岸驻防屯田，逐渐发展起来回民聚居的村落和街道。《元史·本纪第十一》载，至元十八年（1281年）“括回回炮手散居他郡者，悉令赴南京屯田”。南京即元初的南京路，后改为汴梁路，包括今天开封、郑州一带。参加屯田并逐渐定居下来的回回军人与先后因各种原因而陆续东来的穆斯林贵族、官僚、商人、学者等一起构成了元代郑州回回民族的主体。

从明代起，郑州地方文献开始有回族情况的零星记载。明嘉靖三十一年（1552年）成书的《郑州志》在街巷条目中说：州城内有“回回巷”，并注明这是“回回群处”的地方。乾隆十三年（1748年）的《郑州志》在山川条目说：金水河“旧渠自回回墓（今巴巴墓）东北绕旧城与祭城水合，总名郑河”。同书又说：“回回营在旧州治东”（今管城回族区里营街、外营街一带）。民国五年（1916年）的《郑县志》除续录“回回营”“回回墓”外，还载有：“清真寺街即里营街北口外营街在清真寺以东”，“清真寺在州治东北”，这些地方至今仍是回民聚居的街巷。明清至民国时期，由于外地回民的迁入以及内部回民的互移，人口数增多。外地迁入的有山西洪洞县以及省内的开封、襄县、嵩县、偃师等地，如登封颍阳乡马家寨、君召乡火龙庙和石道的回民均是清初由偃师卜村迁来的。民国时，由于两大铁路干线在郑州交汇，郑州回族又有发展。人口继续增长，聚居点相应扩大。到新中国成立前夕，仅城内回族已近7000人，聚居点已由明清以来的少数几处扩大到北下街、清真寺街、丁兴里、河东街、河阳街、城南路西段、南顺城街、阜民里等多处了。城内的清真寺由过去的1坊达到8坊（不含女寺），信教的穆斯林达6233人（1935年统计数据，不含郊区）。

郑州的回族在长期的发展过程中，逐渐形成了“大分散、小聚居”的分布特点。回族人口最多的是管城回族区、中原区、荥阳县，其次是二七区、金水区、郊区和中牟县，再次是登封、密县、新郑县、巩县、上街区、金海区、新密区。管城回族区回族人口数居全市之首，全区回族15519人，比新中国成立初期增加了一倍多，占全区总人数的10.54%，占全市回族总数的37%，主要分布在3个办事处（城东路、北下街、菜市街）下辖的清真寺街、北大街、外营街、北下街、丁兴里、河东街、河阳街、城西路西段、南顺城街、后阜民里10条街道上。中原区回族有10400人，其中牛寨、十里铺为回族居住较为集中的自然村。

二、政治地位

在旧中国，由于存在民族压迫制度，回族政治地位很低，明清和民国有关郑州的志书中对于回族情况的记述很少。民国初年，孙中山倡导“五族共和”，但北洋军阀和国民党政府却坚持大汉族主义，挑拨民族关系。民国二十四年（1935年）发生的震惊中原的郑县《华北日报》侮教案，曾激起郑县和河南各县回族的公愤，迫使郑州当局出面调停，责令该报停刊道歉，才算了事，类似情形时有发生。在长期的反封建、反帝斗争中，郑州的回族人民为争得国家主权完整，也进行过英勇斗争。清咸丰八年（1858年），郑州回族武进士、大沽口营副将沙春元同闯入大沽口英法联军战舰开展炮战，以身殉国，后入祀昭忠祠，并赐云骑尉职，被誉为清代回族名贤之一。

民国二年（1913年），适逢宋教仁被刺，三官庙街回民、国民党交际员金承绪，拟以郑州为根据地相机举事，响应“二次革命”，秘密筹划，但事败被捕杀，闻者惜之。

只有当新中国成立后，回族人民才真正当家做主，和各民族一律平等。党和政府认真地贯彻了民族宗教政策，回族获得了新生。从1953年起，老城区先后建立了郑州回族自治区、金水回族区、向阳回族区。一批经过选拔的回族干部和积极分子，走上各级领导岗位，参与管理国家大事。1953年1月，回族自治区正式成立时，在区政府正副主席中回族干部占70%，回族政府委员占69%，在区政府107名干部中回族干部占50.5%。党的十一届三中全会以后，恢复了管城回族区。全市各县区都建立了民族工作机构。管城回族区各级领导班子中回族干部比原来增加了57.1个百分点，管城回族区委、区人大、区政府领导干部中，回族干部占

23.5%，区人大代表252名，回族代表占9.52%。据1983年统计，在全区全民、集体1万名职工中回族职工占14.5%，在区属28个工厂中，回族职工占20%以上的就有10个，其中耐火材料厂回族职工达85%。

同时，党和政府认真执行尊重少数民族风俗习惯的政策，切实帮助少数民族解决了一些实际问题。北大寺和巴巴墓得以重修，同时还建立了回民殡葬处，机关建立了回民食堂，恢复了“大尔代”节城镇回族职工放假一天和增供牛羊肉、食油的规定。另外，经市政府批准，市牛羊肉加工厂破格招收2名专职屠宰阿訇，新建了一座容量为80吨的清真冷库。新建了回族食品厂，该厂1983年完成产量300万斤，生产糕点、糖果100多种。不久，管城回族区和荥阳县、中牟县、新郑县、巩县也相继兴办了回族食品厂。

三、经济状况

郑州的回族经济在旧中国以农业和手工业为主，清代以前对此记述极少。民国后，尽管平汉、汴洛两大铁路干线在此交汇，郑县已发展成为商埠，但回族经济面貌变化甚微，真正属于回族经营或参与经营的企业为数不多。

1910年，南大街开设的“恭和典”当铺，其外事经理就是回族人马超然。1912年，他又在马路大街（今大同路）创办“文亦可”印刷局。1914年，开封回族企业家魏子青同城内回族人白德卿创建“郑州明远电灯股份两合公司”，开郑州供电事业先例。1935年，城内回族古中峰同资本家毛虞岑在火车站附近兴建“华阳春饭店”，颇负盛名。1936年，回族金姓兄弟在衙前街（今管城街），开办“五义永”糕点坊。此外，回族还有不少人经营骡马、皮毛、药材、牛羊屠宰等行业。也有占有大量房产的地主、富农，如北大街回族地主李福海，一家拥有土地50亩、房屋60间。

但绝大多数回族群众经济生活贫困，主要靠小商小贩和务农度日。据1937年《禹贡半月刊》载：城内北大街、北下街、清平里、阜民里一带回民多从事饮食业、牛羊肉、浴池业、渔业等，本小利微，勉强糊口。以回族聚居的北大街为例，昔日是郑州闻名的“穷北街”。这里的回民，主要靠挑担沿街叫卖为生，遇到战乱和荒年生活就更加悲惨了。据调查，抗日战争期间，这条街约有回民146户924人，除六七户地主富民外，其余全是一贫如洗的“穷回回”。1942年大旱，因生活所迫外出逃荒要饭、卖儿卖女、饿死、被炸死的竟达310人之多，约占当时该街回民的三分之一。

新中国成立后，经过土地改革、民主改革，回族人民在经济上翻了身。政府对回族人民开展社会救济，安排劳动就业，发放贷款，帮助回族摊贩和农户恢复经营活动和农业生产，开展生产自救，组织回族群众广开生产门路，建立熬火硝、蒸面筋、糊纸袋、纳鞋底、织网斗、装订印刷、短途运输等各式各样的生产小组，引导回族群众走合作化道路。到1957年末，回族个体经营的手工业、商业和农业，都基本纳入集体经济轨道。但1958年后，极“左”的路线使刚刚兴起的集体经济遭到严重挫折。

1978年后，回族经济进入一个新的阶段。管城回族区北下街办事处回族人口约占四分之一。1978年后，街道企业蓬勃发展，截止到1985年拥有工商企业19家，职工483人，年产值1346.7万元，利润126.6万元，上交税利103.3万元，同1979年比，产值增长近14倍，利润增长9倍，税金增长11倍。

北大街村委会回族人口约占80%。1978年前，只有一个27人的酱油厂，收入甚微，年人均分配275元。1985年，拥有味精厂、民族饮料厂、民族饭店等6家企业，全年产值达到296万元，是1978年的6倍，昔日的“穷回回”走上了富裕之路。

个体经营也有了较大发展。据1985年统计，仅管城回族区回族个体经营户就发展到612户，占全区个体户数的三分之一。他们主要从事饮食业、商业、服务业和修理业，其摊点遍布街头巷尾。由于回民善于经商，注意发挥技术特长，尤其是经营的清真食品，比如羊肉汤、锅贴、烧鸡、烧饼等，颇具民族特色，很受消费者欢迎。由于民族经济的发展，回族人民经济生活得到提高。以北大街回族农业村为例，1982年总收入达25万元，劳动日值3.55元，人均年收入638元；1983年总收入上升到267万元。再如中牟县南仁村1984年共出现260多个专业户，在他们的带动下，全县有776个少数民族群众利用一技之长搞商业，年收入49万元，并涌现出了10个万元户。

四、文化教育

旧中国，郑州回族教育极为落后，绝大多数回族子弟极少有受教育的机会，文盲比比皆是。据调查，新中国成立前夕，回族聚居的北大街，在383户回民中有高中毕业生2人、初中毕业生5人、小学毕业人60人，其余均是目不识丁的文盲。只有到了新中国成立后，回族的教育才得以发展。1980年前后，恢复了原有的6所回民学校。1980—1984年，国家先后拨款50万元给郑州市回民学校（不含除荥阳以外的5县）。回族群众也积极集资办学。据1984年统计，全市有回族学校和幼儿园24所，在校学生也由原来的2239人发展到8422人。1984年8月，全市民族学校的教师由原来的186人增加到589人，教师素质也有所提高。

郑州的回民教育以管城回族区的回族教育最为典型。早年管城区的回族教育仅限于经堂教育。清乾隆年间，马振九阿訇在郑州清真寺招收海里凡，设帐讲学，开郑州伊斯兰教经堂教育之先。民国以后，郑州城内清真寺猛增，几乎各寺都招有“海里凡”，讲学之风盛行，经堂教育有增无减。据北大寺统计，民国期间，该寺累计招收海里凡180人，这种教育形式一直延续到新中国成立后。

管城区回族学校教育始于清末，光绪三十四年（1908年），城内清真寺（北大寺）首创明经初等小学堂，招收学生25人，校长虎守智。这是近代郑州最早的一所回民学校。民国以后，阜民里清真寺也曾办过小学，因教育经费无着，中途夭折。1946年，北下街清真寺建初级小学一所，学生30人，不久被改为保国民学校。1947年，在回民倡导下，在今北大寺设立圣达小学，计有学生7班600人，教职员10人。次年春扩招中学生一班37人，成立圣达中学，到新中国成立初只剩下8名学生。

回民崇尚武术由来已久。清代，郑州出了一批武进士、武举人。民国以后，习武之风甚炽，城内清真寺就是当年回族习武场所。据北大寺统计，1916—1948年，先后有12名武术教师在此任教，累计有武术学员550人。

新中国成立后，民族教育得到发展。1952年11月，将私立圣达中、小学改为公办，两校分别改名为省立公办中学——郑州市回民中学及市立回民小学。1954 年，将地处回民聚居区的北大街小学改为回民初小，政府拨出专款，为回民初小建教学楼一幢共 16 个教室，拨款 8953 万元（旧币），发展幼儿和成人教育。截至 1955 年，民族教育粗具规模，回民儿童入学率达到 85%，全区回民小学在校生，由新中国成立初 10 班 320 人，增加到 30 班 1101 人，1954 年回民中学学生增加到 724 人，其中回民学生占 48%。民校发展到 6 处 28 班 779 人。回族学员占 51%，扫盲班 5 个，回族学员占 60%。

1978 年后，教育事业得到迅速发展。改建和新建回民幼儿园 2 所，恢复回族聚居区的 3 所小学为回民小学。增加民族教育投入，为回民小学新建、扩建校舍达 12657 平方米。截止到 1985 年，管城区有回民幼儿园 2 所，在园儿童 380 人，教职员 45 人。其中创建于 1958 年 12 月的管城回族区回族幼儿园，中央领导人朱德、彭真、邓小平、罗瑞卿等曾来园视察，有 70 多个国家外宾前来参观。管城区有回民小学 3 所。

五、宗教状况

郑州的回族民众信仰伊斯兰教。明代，郑州城内的“回回巷”已是“回回群处”的地方。信仰伊斯兰教的穆斯林在此建立了清真寺（今北大寺），标志着该教在郑州的兴起。传说，明万历年间，天方人士默穆都哈来郑州清真寺传教，影响极大。清代乾隆年间，著名阿訇马振九在清真寺招收海里凡，培养宗教职业者，伊斯兰教传播进一步扩大。回族举人牧天颜撰写《五梦歌》，宣传教义。清真寺的群众捐献资财和土地，为教长提供资费，并铭刻乾隆《上谕》，扩大伊斯兰教影响。道光二十三年（1843 年），城内一批回族穆斯林重修默穆都哈墓，宣传其人其事，影响所及，名噪遐迩。

民国初年，郑州成立“回教俱进会支部”，并领导了 1935 年郑县《华北日报》侮教案的斗争，威震一时。此后，教风大盛，省内著名阿訇马长清、庞士谦、尚希贤等，都亲自挂幛授徒，从者如流。据 1935 年统计，郑县全县有穆民 6223 人。抗日战争初期，中国著名阿訇王静斋来郑，发起成立“中国回民抗日救国协会”，译解《古兰经》，庞士谦来郑召集留埃及学生，为军校南宁分校回民总队招收回族青年，郑州一度成为全国伊斯兰教活动中心。

郑州解放后，郑州市人民政府发出布告，重申党的民族政策。1953 年，回族宗教生活达到高潮，当年参加“大尔代”节礼拜人数达到 3000 多人。同年，省民委拨款重修北大寺和巴巴墓，受到穆斯林的赞扬。1978 年后，拨乱反正，民族宗教政策得到落实，开放清真寺。1981 年，恢复民族区建制，区政府设置民族宗教科，宗教管理工作加强。1984 年 4 月，郑州市伊斯兰教协会成立。当年，全市信仰伊斯兰教的穆斯林群众 6.9 万人，开放清真寺 38 坊，有宗教界人士 51 人。近年来，每逢“大尔代”节，省、市、区领导同志总是亲临清真寺祝贺节日。1985 年，经国务院批准，郑州伊斯兰教经学院在北大寺开学，有正式教职工 14 人，其中专职阿拉伯语教师 3 人，宗教教师 2 人，为河南、山东、安徽、江苏四省培养具有大专文化程度和一定造诣的伊斯兰教职业人才。学院规模定为 120 人，学制三年。1989 年 5 月，伊朗送经团到管城回族区北大街、北下街、后阜民里三坊清真寺宣讲《古兰经》。

清代以前郑州唯一的一座清真寺是今天的北大寺。民国以后，随着回族聚居点的扩展和伊斯兰教的广泛传播，郑州清真寺数量有所增加，管城回族区就有 8 坊清真寺（男寺 8 坊，女寺 3 坊）。新中国成立后，划归管城辖区的清真寺有 7 坊（男寺 4 坊，女寺 3 坊）。1978 年后，除清平里清真寺外，其余 6 坊清真寺全部恢复活动，其中以北大寺最为著名。

北大寺原称城内大寺或清真寺，始建于明代，是郑州最早的清真古寺，占地十余亩。乾隆十九年（1754 年）和乾隆四十七年（1782 年）两次重修。1953 年进行过大的修葺。1982 年又一次全面翻修，次年 7 月落成。修葺后的北大寺，主要建筑由大门、望月楼、大殿、南北讲堂、陪殿、沐浴室、殡仪馆组成。望月楼为中阿艺术结合的建筑物，楼高 10 米，楼四角飞起，挂有风铃，楼顶由绿色玻璃瓦覆顶，屋脊两端彩兽伏卧，栩栩如生，优雅壮观。楼周围由 12 根石柱支撑，其中 8 根分别书有中阿对联各两幅。中槛上方悬挂有“正教昌明”大匾，据说是清光绪二十一年（1895 年），钦命会办台湾军务、福建水师提督杨歧珍所献。殿内外原挂有历代阿訇和名人所书匾额和对联，今尚存有乾隆年间和民国初年大阿訇马振九、马长清所书阿拉伯文匾 2 块，以及“天方正宗”“显扬正教”“天方净域”等汉文匾 4 块。

北大寺历经沧桑，尚存明宣德五年铸造的铜香炉两个，清代大小碑 15

涌。北大寺早年实行三掌教制。1916—1985 年，先后更迭教长 23 人，其中影响最大的有马长清、谢锡三、苏百泉等，均在回族文化教育事业方面做出了贡献。郑州最早的回民小学"明经初等小学"是该寺首创，最早的回民中学也是该寺兴办的。新中国成立前夕，寺内还创办过《天风报》。

该寺颇负盛名，不少名人慕名来访。传说清代的左宗棠、新疆哈密王民国时的马福祥、白崇禧等都曾到寺内礼拜，并题写过匾额和手谕。修葺后的北大寺还接待过日本、美国、孟加拉、巴基斯坦、伊朗等国宗教界客人，他们对中国奉行的民族平等、宗教自由政策赞叹不已。

（原载于《宁夏社会科学》，1994 年第二期，15 ~20 页）

洛阳瀍河区的回族

胡云生　张　玮

河南地处中原，回族历史悠久。在全省的少数民族中，回族占91.25%，占全国回族人口的10%。洛阳市瀍河回族区是河南省4个回族区之一，生活在这片土地上的回族人民和其他民族人民一起，为瀍河区及洛阳的繁荣昌盛做出了自己的贡献，在回族史以及地方史中应予以一定的地位。

一、来源与分布

洛阳瀍河回族区回族的渊源，与伊斯兰教的传播有一定的关系。洛阳在盛唐时期是京城，当时横贯东西的“丝绸之路”和海上“香料之路”把中阿两国商使密切地联系在一起。瀍河区是京城的一个重要物资交流中心，而多由阿拉伯人和波斯人经营的京城香料行也大多集中于此，历久自有人安家落户，他们当是瀍河区最早的回回人。元代以后，迁居该区的回民人数大大增加。当时建的清真寺还留有遗址上（在今老城区中心粮店北）。清嘉庆年间编修的《洛阳县志》（魏志）记载，元朝时洛阳城内西北隅有回回营，这些回族居民多为军人屯田安居者，后经战乱，去向不明。

从马、孙、金、海、李、买、沈、米、洪、梁等较大姓氏的祖谱分析，回族定居瀍河区应始于元朝。马姓家族在本区回族中人数最多，但有“五马不一家”之说。

油坊马。《马氏家谱》载曰：“马氏之先，出于陕西扶风县，自明朝初经商于洛，因家焉。迨后，子孙繁衍，蔓延各处，恐世远年湮，庆吊不闻，无可稽考，因碎大锅，析为数片。俾立门户者，各执锅片为志，由是迁河南者，遂名锅片马。居洛阳者，又立名为油坊马，迄今已有200余年的历史。其子孙众多，东迁西去者又不乏其人，恐后时代变迁，世系莫考，邀集族中人马鸣善、马鸣图、马良才、马定邦、马维新等重修谱牌致使昭穆之序不乱。"

石羊马。相传自明朝初期，由洪洞县移洛阳。马坤立的《建寺输田碑》记载："盖闻启其始者，贵继其后，余祖父世家马家坡，为清真教人，尊清真教训。"又云："因谋诸妇曰，余与汝齐，年同庚已九十余岁。"此碑立于清乾隆二十年（1755年），以此推断，马坤生于清顺治末期，其祖父世居马家坡（今郊区瀍河回族乡马坡村），故生卒年代应是明朝。因此石羊马居瀍河区，应始于明代。

七根椽马。《马氏家谱》上载，"七根椽马"来自洪洞。这一马氏家族因丁多田少外出谋生，临分手时共同协议以何物作为标记，将来相认好作证据，反复商酌主意不定。猛见破大门楼上有椽七根，遂每户一根作为凭证，七根椽马因此得名。相传至今已有300余年。

麻刷子马。《马氏家谱》记载，麻刷子马氏，祖居洛宁王范以北，村名厥山，清朝来洛经商、务农，先住北窑，后迁马坡，原来姓麻，到洛阳后以马易麻。

马姓中还有荥阳马、偃师马等，其族谱碑记均遭破坏，据口碑传说，相沿至今有200余年。

另外，孙姓据《孙氏祖谱》载，祖籍安徽亳县。明朝中叶由亳迁至偃师，再由偃师迁洛阳，世代务农，亦有经商或操手工业者，子孙繁衍直至今日。金姓祖籍河南卢氏县，明末清初迁于洛。海姓祖籍荥阳县刁沟村，约明朝嘉靖年间迁居洛阳。李姓祖籍新安县五头镇李家庄，清朝时迁洛。买姓祖籍沁阳崇义，明末清初迁洛。沈姓"祖籍江宁上元县，明徙大姓实畿辅，随成祖至燕，隶属顺天大兴籍。至清，宦游河南，遂定居洛阳"。米姓，据宋邓名世的《今古姓书辩证》载："西域米国者，因以为姓……供养米嘉荣及其子米和郎。"明清两代在西安存留的有关回族伊斯兰教的碑文人名中，多有安、石、米、何等姓，直到现在，米、安、何姓仍是该地回民的大姓，是唐代九姓胡国穆斯林的后裔。居住瀍河区的米姓，相传是明末清初从陕西米家崖迁来的，至今已有300余年的历史，他们世居塔湾村东头，子孙繁衍至今。洪姓祖籍陕西渭南，明朝中叶，因商于洛而定居，已有300余年。

瀍河回族区回民的分布仍是“大散小聚”的特点。主要集中在东关、北窑、瀍西、塔湾等街道。以第二、三次人口普查为例（见表1、表2）。

表1　瀍河回族区第二次人口普查数据表（1964年）

族别 / 地区	总计（人）	汉族（人）	回族（人）
东关辖区	28711	19513	9196
东关站辖区	30947	26379	4549
合　计	59658	45892	13745
总人口比重（%）	100%	76.93%	23.04%

表2　瀍河回族区第三次人口普查数据表（1982年）

族别 / 地区	总计（人）	汉族（人）	回族（人）
东关办事处	14465	10021	4436
北窑办事处	12930	10405	2524
瀍西办事处	15804	14805	997
五股路办事处	18367	17927	426
塔湾办事处	8515	8142	301
杨文办事处	3683	3567	99
白马寺办事处	3290	3265	20
合　计	77054	68132	8803

二、政治地位

历史上的瀍河区回族地位十分低下。清朝儒书仍只言“儒、释、道”三教，而不提回民信仰的伊斯兰教。东关清真寺和东通巷清真寺，在清初建成后，统治者不让书寺名，直至道光二年（1822 年），回族群众才得以学代寺，书“清真义学”四个字悬挂于寺大门上方，保留至今。东通巷清真寺迟至民国七年（1918 年）才挂“清真寺”木匾一块。辛亥革命后，封建军阀和国民党统治集团不承认回族。民国十六年（1927 年），军阀驻洛部队镇嵩军第 2 师师长张治公，借镇压“红枪会”之机枪杀回民十余人，烧毁回民房屋数十间。1942 年，天遭大旱，赤地千里，国民政府仍对回族群众派粮派款，抓丁拉夫，致使不少回族群众逃落陕、甘一带。当时如陕西的渭南、西安的道北、宝鸡的摩天院、甘肃的平凉、庆阳的西峰镇一带，都是洛阳回族群众逃荒聚居的地方，号称“小洛阳”。

新中国成立后，瀍河回族区的回族人民得到新生。1952 年，先后建立了民族乡和瀍东回族自治区。1957 年，随着形势的发展和人口的增长，在原来民族乡和自治区的基础上，经国务院批准，成立洛阳市瀍河回族区（县级），区政府配备了回族区长和一定数量的回族干部；同时还从街道和农村挑选许多回族青年，输送到各级学校进行培训；注意在回族中发展党、团员。在历届的区、市、省人民代表中，都有一定数量的回民代表。如市第六届人民代表大会 250 名代表中，少数民族代表有 14 名，其中回族代表 12 名，市八届政协回族委员 6 名；区首届政协 80 名委员中，有少数民族委员 25 名，其中回族委员 19 名。党的宗教信仰自由政策得到了全面贯彻，回族群众享受宗教信仰的自由，不受干涉和歧视。

历史上瀍河区的回民拥有的土地甚少，单凭从事农业生产不能维持生活。种植之余，又从事养殖业，以饲养牛羊居多。农业兼营养殖，逐渐成为瀍河回族的历史传统。同时，瀍河回民还多经营着与养殖业相联系的牛羊屠宰业、皮毛和肠衣加工、熬制骨胶、碾制骨粉等一系列相关行业。

三、经济状况

元朝后期（1341 年以后），瀍河区就有了从事皮革、毛皮及其制品的手工业生产，迄今已有 600 多年历史，这同回民的历史传统有关。回民中有不少人掌握制革技术，瀍河的皮革、毛皮制品行业多数是由他们创办的，少数虽是区外投资创办的，但所雇佣的工人也多是当地回民。所用原材料多为牛羊皮，按产品可分三类：一是车马挽具，包括套包、笼头、鞭子、鞭鞘、车套等；二是皮革和皮毛制品，包括羊皮、皮褥子、皮筒子、皮领子、裘服以及毛皮做面料的各种制品；三是毛皮鞣制品，包括羊皮、狗皮、兔皮等。瀍河区历史上的皮革制品业，其生产规模、生产能力、技术水平和产品质量等，不仅在洛阳市，就是在豫西地区也处于领先地位。民国三十六年（1947 年），瀍河区从事皮革、皮毛制品生产的手工业户发展到 60 多户，手工业作坊遍布瀍河区的大街小巷，盛极一时，并成立有洛阳县制革公会，会址设在东通巷清真寺内。1955 年 8 月，由王同恩、姚恩善发起，东关一带从事皮革制品生产的 41 户个体手工业户，计 64 人（回民 60 人）组织起来，成立瀍河区第一个皮革生产合作社。新中国成立后，政府大力扶持回族群众发展生产。1950 年初，洛阳市人民民主政府曾发放 3 万元中州币的贷款，扶持回民恢复和发展皮货、制革、车马挽具 3 个行业，不到半年时间，就生产出皮大衣 5000 件、车马挽具 10 万件和大量的军用皮革件，支援了刘邓大军南下。1956 年后，政府曾两次给区皮革生产合作社共投资 52338 元，在下园购地 3300 平方米，扩建为皮革厂（今为洛阳市拖拉机水箱厂）。

20 世纪 50 年代初，东关、车站、北窑一带有米面加工业余户回民糕点米醋酱菜作坊 10 多户。东关瑞丰祥、松茂栈、庆盛祥等作坊生产的回民糕点颇有名气。1981 年，该区北窑办事处创办了瀍河回民食品厂，为街道集体所有制企业，占地面积 60 平方米，其中生产建筑面积 50 平方米，可生产大金枣、单麻酥等糕点 7 个品种。当年投产，生产各种糕点 178.8 吨，1983 年上升到 237 吨，年均产值 25.42 万元。到 1985 年，全厂职工 40 人，固定资产原值6.7万元，产值21.7万元，利税1.7万元。

瀍河区回族商业尤盛，私营小店铺和个体小商贩多集中在洛阳车站的东新安街、大通街、自立北街、南新安街及东关大街、东门口、北门口一带。新中国成立前，饮食业多集中于车站一带和东关大街，文盛馆、中西楼、西华楼等均是回民餐馆。文盛馆由马文盛开办，1912年开业。中西楼1913年开业，店主刘成耀（塔湾人），经营开封名小吃。西华楼店主为王德元，陕西籍人，经营陕西风味小吃，颇受顾客欢迎。这些回民餐馆，不仅回民就餐者很多，汉民顾客慕名前来光顾的也不少。20世纪20—40年代，东关大街先后开业回民饭馆26家，其中马子顺、马长发、张重、马成和经营的4家甜牛肉馆颇享盛誉。他们的甜牛肉汤均系全骨清炖，佐料齐全，汤内下有大茴、花椒、陈皮、肉桂、草果等十六七种调料，肉片薄而不碎，汤质浓而不腻，营养丰富，乃滋补佳品。1955年下半年，开始改造私营饮食业。12月，在东关大石桥路南，成立洛阳市回民第一合作饭店，共集资600余元，经营的品种有：甜牛肉汤、羊肉汤、丸子汤、烩馍、锅盔、小碗肉和炒食等。同时，在大石桥西成立洛阳市回民第二合作饭店，由12个饮食摊点组成，在马路街26号成立洛阳市回民第三合作饭店。

1958年，市政府给区里拨款，购缝纫机40部，在东通巷清真寺内建立红旗被服厂，后并转入缝纫机厂内。政府每年均拨专款支持和发展少数民族生产，优先安排回民劳动就业。

同时，政府还大力支持回族群众发展农业生产。1950年，经过土地改革，消灭了封建土地制度。1954年，成立了互助组。1955年，北窑、东关的回、汉族农民建立了8个初级农业生产合作社。1956年，并转为北窑高级农业生产合作社和瀍东高级农业生产合作社。1958年，这两个高级社并入瀍河回族区红旗人民公社。党的十一届三中全会以后，农村实行联产承包责任制，大大推动了回族农民的生产积极性。1979—1984年，市政府提供补助和贷款资金10.1万元，重点扶持了瀍河回民食品厂和豆制品厂，保证回族群众吃到清真糕点和豆制品。

随着生产的发展，回民的生活不断提高，1984年，区民族宗族科对东关居委会56户回族群众生活进行调查。新中国成立初期，这56户回民中有农业户16户106人，城市经商户40户247人。他们平均月总收入1020

元，人均收入4.13元。十一届三中全会前，原来农业人口已全部转为城市户口，人口增至530人，平均月总收入8435元，人均收入15.91元。十一届三中全会后，人口增至654人，平均月总收入16858元，人均收入25.77元。比三中全会前增加9.86元，比新中国成立初期人均收入增加21.64元。

四、文化教育

历史上，瀍河回族区的教育事业比较落后，这既是经济落后的一种反映，又严重影响了民族的发展。明清时期，主要是凭借旧式的经文学校即经堂教育，教授一些普通的宗教知识而已，课本多为阿拉伯文读本。由于经课之外概非所习，故学员多不识汉字。新中国成立前的小学教育，有据可查的，可追溯到清朝。道光二年（1822年）东关清真寺内建有"清真义学"一所，民国初期，改为初级学堂。1949年3月，成立洛阳市伊斯兰小学，校址在东关清真寺内，有教师2人、学生43人，一至四年级复式教学。1949年11月7日，更名为洛阳市回民完全小学，校部仍设在东关清真寺内，另在东通巷清真寺内设分校，一级一班。1953年，学校脱离清真寺，在共和胡同西侧另辟新校址一处。1956年8月，新校舍建成，两处清真寺的学生全部迁入。1958年，与东通巷完全小学合并，更名为洛阳市瀍河区东关回民小学。1953—1958年，政府先后7次拨出少数民族教育专款共35700元，支持学校新建校舍，逐步改变了校舍的危旧面貌。1981年后，政府又拨专款，使学校设施得到进一步改善。截至1985年，学校占地面积7627.27平方米，建筑面积3825.78平方米，其中教室1242平方米、图书仪器实验室108平方米、教职工宿舍482平方米。学校有学生1030人，其中回族学生495人，占48%；教职工50人，其中回族10人，占20%。

回民中学建于1955年2月，是洛阳市唯一的一所少数民族中学。当时仅设初中班9个，有学生490人，其中回族学生130人；教职工26人，其中回族15人。1958年，增设高中部，成为完全中学，教学班发展到16

个，其中高中班4个。现学校占地51948平方米，有学生1456人，其中回族370人，占总数的25%；教职工112人，其中回族15人。

历史上，瀍河区回民为了生存，勤劳勇敢，在长期的社会实践和生活斗争中创造了光辉业绩，在各行各业都做出了贡献。像东关大街的马光华（1863—1946年），幼年酷爱书画，投高师，访良友，尽取所长。他擅长花卉、山水，其作品以松鹰图为景，松劲鹰雄，所画苍鹰或静栖顾盼，或展翅翱翔，或啄羽捕雀，千姿百态，栩栩如生。其绘画风格，介乎精雕细刻的工笔与豪放粗犷的写意之间，别具一格。他生前多为东关一带乡邻好友挥毫，官府豪门有求作者，则回避谢绝。现存作品十余幅，有《松鹰·松鹳图》《乌鸦归村》《三八登高》等。

医药方面以北窑的班继堂（1868—1933年）最为有名，其青年时代，立志习医，以“郎中皆吾师”为座右铭，寻医拜师，不耻下问，终于成名。以治伤寒为绝，驰名于豫西诸县。清光绪二十年（1894年），他在东关大街开设中药店，以医病为主，兼营草药，代售北京同仁堂的丸、散、膏、丹一类的中成药。班姓医药轰动于市，被人誉为“春”先生，既表景仰，且表妙手回春之意。

孙振声（1887—1960年），为著名的泥塑艺人。其父孙良田是著名的傀头艺人，振声自幼随父学艺，并有发展。1950年，洛阳市成立美术古今陶瓷厂，特聘请他为工艺师傅。他一生充满艺术情怀，泥塑技艺高超，整修的有历代人物、兵器、器皿和装饰品，仿制的有古代珍禽、异兽，制作的泥塑儿童玩具有“八仙过海”“二进宫”“稚姿娃娃”等。

瀍河区的回族武术很盛，俗语道：“吃了四眼井的水（清真寺井），都会踢趟腿。”该区流传的是心意六合拳，祖师马学礼，其后涌现出一大批高手，如马梅虎、马荣曾、孙敷华等。

同时，也出现了很多在伊斯兰教宗教学方面颇有造诣的阿訇大师，如塔湾的孙宣道（1932—1983年）、海睛川（1874—1958年）和孙开广（1842—1914年）等，对伊斯兰教的传播做出了贡献。

五、宗教状况

瀍河区的回族信仰伊斯兰教，属于逊尼派，明末清初又有新教和老教之分。全区原有7坊清真寺，只有东通巷寺是新教寺院，约在1921年座位阿訇为虎延章。伊斯兰教的传播在近代才于瀍河区得到进一步的发展。1927年，豫西回教促进会在新街清真寺内成立时，正值冯玉祥率军由陕至洛，他发布命令，要“破除迷信，拉掉各庙、祠、寺的木雕、泥塑的神像”。回族群众为保护清真寺不受干扰和破坏，由回族知名人士梁文斗、马良相等发起成立豫西回教促进会，几经斡旋，使清真寺得以保存。又发动回民集资，在瀍河辖区的7个清真寺内创办5所小学，促进了回族教育事业的发展。1934年，梁文斗等在新街清真寺内成立中华回教公会河南洛阳县支会，号召回民团结起来，齐心协力，抗日救国。1939年，梁文斗组成中国回教救国协会河南省分会，会址在新街清真寺内。1940年，白崇禧亲临洛阳，在寺内召开回民大会，号召回民消除派别，加强团结，参加抗战。同时，颁发国防部告示：“清真寺内，禁止驻兵”。1942年，白崇禧再次临洛，号召“回族同胞，加强团结，同心同德，抗战救国”。1943年，中国回教救国协会副理事长达浦生在新街清真寺召开回民大会，宣传贯彻《中国回教救国协会章程》。同年，在分会领导下，洛阳组织了回民青年战时服务队，队长金耀堂（回族），领导豫西回民青年，深入前线，做战地服务工作。1948年10月，洛阳市回民联合会成立，有主任、委员若干人，会址就在东关清真寺内。1949年6月，该会积极帮助市政府筹建洛阳市回民完全小学（即现在东关回民小学）。1982年12月，洛阳市伊斯兰教协会正式成立，大会选举协会委员13人，宣传贯彻、执行党的民族宗教政策和法令，教育穆斯林遵纪守法，爱国爱教。

瀍河回族区著名的清真寺有东关清真寺、北窑清真寺及新街清真寺。东关清真寺相传建于清乾隆年间。1822年，寺设清真义学。清咸丰八年（1858年）创建大殿3间、厦房3间。光绪三年（1877年）又建卷棚5间、遥志1间。清末民初，始具规模，有大殿5间、卷棚5间、窑殿1间、讲堂10间、沐浴室3间、过厅5间、临街房3间、西厦房3间、大门1间。大殿内悬挂对联一副："学问道渊源经书怀抱九重天，念礼舍把聚昼夜不离方寸地。"1931年5月，省、市民委拨款维新后，寺貌大有改观，雕梁画栋，焕然一新。现为洛阳市伊协所在地。有女寺一坊，建于1916年。

北窑清真寺位于北窑金家街北头。1914年，由马鹏飞捐地，回民集资兴建。1915年2月，盖大殿5间，砖木结构，歇山式瓦房，计120平方米。1916年正月，盖卷棚5间，继盖北讲堂4间、水房2间、南屋3间、大门1间、大门南北配房各2间、遥志1间、遥志两边4间。大殿内有对联一副："进寺礼拜本人职责是清心寡欲，面向克白交还奶妈子祈福求寿。"1925年6月，瀍河暴涨，水入寺内，建筑无损。1958年宗教改革后被保留，"文化大革命"中被占用。1982年重新开放使用。有女寺一坊，建于民国初年。

新街清真寺是洛阳最早的一座清真寺，相传建于明代。清咸丰年间，瀍河涨水，冲毁该寺。后回民集资重建大殿3间、卷棚3间、遥志1间、沐浴房2间、讲堂6间、街房大门3间，大门上书"清真寺"三字。大门内南北各有2间房屋，南跨院街房2间半、厦房3间，共房屋27间，寺殿内有对联两幅："五时进朝端拜似完国课，七日来复会期如到天方"，"修己克己安分守己办一些慈善事业多福多寿，忍人让人切莫害人做几件有益事情积子积孙"。清真寺重建后，被洛阳回民公认为五坊（东关、塔湾、马坡、北窑、南关）公寺。1943年，日军入侵洛阳时，遭破坏，抗战结束后重修。1958年后被占用，1981年归还东关清真寺管委会管理。

此外，还有东通巷清真寺、北窑清真寺、北窑清真上寺、东新安街清真寺等，在伊斯兰教的传播中都做出过贡献。

（原载于《回族研究》，1994年第二期，62~67页）

河南许昌地区的回族

张　玮　胡云生

许昌地区位于河南省中部，包括许昌市、禹州市、许昌县、长葛县、鄢陵县等2市3县，回族人口在4万之上，其中许昌市和禹州市的回族人口均在万人以上。许昌地区回族历史悠久，而各时期的许昌地区各县志中很少有关于回族的记载，虽在1937年出版的《禹县志》中提到过8座清真寺，但也是寥寥数语，而且多有舛误。现据综合各资料及调查材料，略述许昌地区回族历史与现状如下，并恳请知情者补正。

一

许昌地区回族形成于明代，明以前则称为回回人。回回人始居许昌地区，据传“唐代留居郑、洛等地之西域人，频繁来往于阳翟”（阳翟即今禹州）。许昌地区回民中还有唐时借回纥兵平安史之乱后，回纥兵留居许昌地区形成回族的先民之说。一些清真寺碑碣上也多有记述，如清乾隆三十五年（1770年）枣园创修清真寺碑记云：“自唐渐至东都，元明大盛中华。”清嘉庆八年（1803年）禹州城西皂角坪创修清真寺碑记云：“皂角坪有教门者天方人也，由唐及今迁居多年。”但此尚无信史明证。回回人入居许昌地区见于史籍的当为元代。

元代回回人入居许昌地区，有如下几个过程。其一，成吉思汗将西征时从中亚带回的回回人、回回炮手、回回工匠编入“探马赤军”对金作战，后由窝阔台和拖雷率领进军河南。拖雷部迂回到河南西南的邓州、唐河威胁金都南京（今开封），金军退至钧州（今禹州）三峰山、黄榆店、柿园一带，被蒙古军击败。时为蒙古太宗四年（1232 年）正月，是役后蒙古军老、弱、伤员留于战地附近，成为柿园以东的回民聚居村群的奠基者。其二，据《元史·阿合马传》载，元世祖中统四年（1263 年），“回回人阿合马领诸路转运史。以河南钧、徐等州俱有铁冶，请给授宜牌，以兴鼓铸之利……阿合马奏以礼部尚书马月合乃兼领已括户三千，兴煽铁冶，岁输铁一百三万七千斤，就铸农具二十万事”。钧州即今之禹州市。这些“括户三千”定居于此，也是今之回民的先驱。今天禹县西的皂角坪村群，包括皂角坪、枣园、马寨、白庙、砖桥、坡西；花石村群，包括花石、邵河、白沙、磨河、谷水。这些村庄都有回族人居住，这里产煤和铁，是古冶铁铸造遗址。特别有趣的是回族中的有冶、铁、卢三姓，恰似冶铁炉之音，冶姓到此已经 700 多年，来自甘肃敦煌，他们是“括户三千”之中的后裔。至今，卢姓在白沙村还从事铸造犁面、犁铧，仍为名牌产品，销往附近几省。其三，《元史·本纪第六》载，至元二年（1265 年），忽必烈分四亲王属州，其中钧州（禹州）属明里亲王，所谓属州，即亲王食禄的采邑。亲王手下的回回人有为经营钧州而入居许昌的。到至元十八年（1281 年），忽必烈推行屯田制，“南北混一之后，以蒙古探马赤军屯于中原之地”，至元十八年“括回回炮手散居他郡者，悉令赴南京路（今开封）屯田”，许昌属南京路，在“列大府以屯之”的屯田范围。今天冠以“营”名的回族村，多为元时屯田的遗址，如禹州城朝阳门内的回民聚居的两条街巷，名为“回回营”（1929 年始改名清真寺街）。蔡美彪辑《元代白话碑集录》中，内有 19 块是关于伊斯兰教的，河南立有 5 块，其中许昌地区即有 1 块，说明元代许昌地区当时有不少回回人。元代回回人是今之许昌地区回族的主要来源。

明代许昌地区辟有许多药材市场，回民有药材商户及药材加工户从外地迁进许昌地区。如高姓从山西迁到禹州山货厂，后于永乐年间因药材市场转移到城内，又从山货厂迁进禹州城内药行街附近。明清时大量外地回民迁入许昌地区，据碑文载，明代洪武四年（1371 年），山西洪洞县赵姓迁山货厂；洪洞大枣树刘姓迁梁北东刘庄；洪洞丁姓、艾姓先迁桑坡，丁姓再迁砖桥，艾姓迁皂角坪。次年，荥阳巴姓迁巴庄，郑州刁沟、海姓迁入海庄（禹州市），明末清初又从郑州、洛阳、山西、河北等地迁入长葛县的。清代由陕西、河北迁入禹县两户姓杨的回民，繁衍至今已有百余户。陕、山马客来禹赶三月会卖马的也有落户者。也有从开封迁入禹县城关南街高姓回民，从事饮食业；从郑迁入禹县城的杨姓回民，从事药材搬运，从邓县迁入许昌的艾姓回民，从事饮食业等。因此，回族繁衍即成今日之状况。

许昌地区的回族分布与其在全国的分布特征一样，即“大散小聚”，在乡村自成村落，在城镇自成街道，有大小不等的聚居区。据1991年第四次人口普查数字表明，全地区回民有41339人，其中万人以上的有许昌市和禹州市。建有长葛县阎楼回族乡、禹州市山货厂回族乡和许昌县艾庄回族乡，各县又具体分布不一。禹州市共23个乡镇，除浅井、磨街两乡外，其余均有回族定居，回族人口分布最密集的是城关、山货、砖桥、皂角坪、花石5个自然村，聚集的回民占全县回民总数的96.77%。长葛县民国初年仅有回民90余家，其中白寨30余家、辛庄10余家、于楼10余家、岗刘30余家、石固西雷庄10余家，至1985年已发展到1040户5445人，现已达6406人，其中后河、南席、石固、城关4乡镇人数最多。许昌县回民集中居于桂村乡的艾庄、岗孙两村，五女店乡的彭庄、杨庄、五女庄3个村，小召乡的断桥、赵庄两村，苏桥乡的丈地村，灵井乡的兴元铺、泉店，蒋李集乡的上坡村及张藩乡的张潘村。

二

许昌地区回族自元初屯田以来，以耕种田地为主。由于历史的原因，长期处于贫困状态。回回中大工商业者少，“回回一杆秤两把刀，一把切牛肉，一把割皮条”，亦是对许昌回回新中国成立前经济特点的概况。到新中国成立以后，回族的经济状况才有所好转，并得到很快的发展。

农业。新中国成立后，政府对回族农业扶持很大。长葛县除每年对回族拨生产补助款2万元外，还拨专款解决回民聚居村、组人畜用水问题。党的十一届三中全会后，农业更上一层台阶。许昌县艾庄回族乡从本地实际出发，在进一步巩固家庭联产承包责任制的同时，不断壮大集体经济，向着适度规模经营的方向发展，1989 年就为国家提供商品粮 112 万斤。

传统手工业。熟皮制革是许昌回族的传统手工业，历史悠久，可生产皮袄、皮褥、皮帽、手套、皮绳和各种挽具等，在省内享有盛誉。以禹州市为例，新中国成立初期，有城关、文殊、刘楼 3 个皮革手工业生产合作社。1978 年以来随着经济开放搞活，全市新增个体制革户 55 户、联营厂 7 家、村办厂 1 个。在砖桥坡村，回民发展庭院传统手工业经济，马万仑的皮绳作坊，其祖传皮革加工，以牛羊驴骡皮张为原料，制造鞭鞘、皮绳、牛套、挽具等，工艺精细，质量高，尤其鞭鞘抽声响脆，经久耐用，远近闻名。还有卢增乾皮袄作坊、杨黑周皮毛工艺厂、马永立制胶厂、丁银立皮毛购销站、张保顺等皮毛贸易货栈。禹州市山货厂回族乡有 2 家皮毛工艺厂、1 家畜产工艺厂，清真寺制革厂、山货乡尾毛厂各 1 家。长葛县回民孙学亮 1981 年办起羊肠衣加工厂，由于其重质量、讲信誉，生意兴隆，产品远销美国、日本、加拿大及中国香港等国家和地区，很受外商欢迎。截止到 1986 年，共完成产值 107 万元，实现利润 16 万元。许昌地区回民中也有不少从事副食品和与动物油有关的行业，如榨油、制肥皂、制蜡烛、做豆腐、糕点、粉条等。在回族中也有推车、摆摊、肩挑、提篮叫卖的小商贩，他们所经营的产品和行业多半与民族生活习惯相联系，如饮食、鲜货、皮毛销售、香料、制药、珠宝玉器、服务等行业。

皮行业。回民传统经营牧业，大宗生产皮张、毛料，必须给予皮张妥善的出路，才能活跃市场。鸦片战争后，民族商业应运而生，皮行业是先行项目。禹州市有万顺通皮行，开创于清光绪初年，系山货厂人赵占元所经营，行址在城关磨角坊街路西。常有沪、汉民族资本家落行，坐庄收购皮张，经营很成功，对禹州市回民开展皮行业起到带头作用。民国初年停业。马兴盛皮行，创于清光绪中叶，系砖桥坡马振乾、马振标、马振武所经营，合资在城内大牌坊街路东开设。振乾坐地经营，振武行商于禹州、汉口之间，开创了自运自销的局面，疏通了皮革输出的渠道，起到了促使禹州回族牧、副业兴旺发展的作用，于 1920 年歇业。万盛和皮行，创于民国初年，系砖桥坡人丁朝亮与城关人高明亮经营。这一时期日商有吉四太郎在许昌坐庄收购咸牛皮运往日本，继之有英国太士古公司派买办赵子美到禹开设“志记洋行分行”。来货红、白砂糖倾销，回买牛、羊皮张运往英国，1948 年停业。其他还有同聚成皮行，1948 年迁往郑州。艾增寿行商经营咸牛皮运往许昌转销，赵国玺行商经营轻磅皮运往上海转销，都起到了活跃农村牧业的作用。元茂祥皮行，由王全章等 3 户联办，代替外来客商买卖皮毛，提供货栈及各种服务，从中收取手续费为本行业收入，没有客商时，也自资收买皮张，调节市场。属于此类的尚有山货畜产品购销站、赵根波皮毛行、赵国安皮毛行、丁清振皮毛行、禹州市食品公司山货皮毛购销站等。

饮食业。新中国成立前，在各城区、公路沿线有一些回族小饭店，新中国成立后有所发展，以禹州市为例，仅县城内及南关就有回族饭馆 11 个。较大的饭店有胡新立饭店（1986 年创办）、回民饮食店（1956 年创办）、禹州市民族饭庄（1988 年开业）等。大量的还是普通饮食业，因所需资金少、周转快，且属快餐性质，便利于居民，如羊肉烩面、牛羊肉烩馍、拉面、牛羊肉汤、锅盔、缸炉火烧、单双麻火烧等。许昌回族著名的风味小吃糖糕、黄米面哈拉豆、羊双肠、冰糖红梨、枣糕、黏馍、带面鱼的油炸花生仁等，著名的食品有扒羊肉、板羊肉、酱牛肉、灌汤包子、麻花、钢炉烧饼、烧卖、油香等。长葛的咸牛肉别具风味、咸烂可口，民国时期禹州的牌子馆的小煎包味美肉鲜；1988 年开业的高才包酥火烧店的火烧，皮酥心软，远近闻名。

随着生产的发展，回民的生活水平逐步提高。以 1985 年为例，长葛县回民农工副业总产值为 850 万元。许昌县从事养殖业的 33 户，年人均收入在 600～800 元；饮食业 33 户，年人均收入 700 元；皮毛加工联合体 13 个，年人均收入 800～1000 元；其他行业 153 户，人均收入 600～800 元。桂村乡艾庄行政村有回民 328 户 1602 人，全年工副业收入 13.6 万元，其中皮毛加工联合组 4 个，纯收入 12 万元；各种专业户纯收入 6000 元，其他 75 户，纯收入 1 万元。高档家具、服装、电器逐渐进入普通人家。

三

历史上的许昌地区回族文化教育状况一直处于落后状态。清道光十五年（1835年）的禹州城关清真寺的碑记上有“将南北讲堂悉为粉补”语，表明1835年时禹州城关清真寺已有了经堂教育，其他开办经堂教育的尚有禹州市山货厂清真寺、砖桥坡清真寺、皂角坪清真寺等。光绪二十一年(1895年)，禹州回民在城关朝阳门清真寺自办义学1所。城关回族开明人士艾玉山、王文章、卢本恒等人捐资相助，在清真寺前院建成教室3间，还在清真寺山门左侧嵌上石匾1方，上书“义学”二字，至今犹存。民国十二年（1923年）改名为城厢区第三国民学校。光绪三十三年（1907年），山货厂清真寺开办义学1所，民国十二年（1923年）改名为东区第七国民学校。1929年，义学田地收归禹县教育局充为学田，两校经费改由教育局发放，将义学纳入国民教育的轨道。

新中国成立后，回民教育发展很快。许昌县1982年新建回民中学1所、小学5所，有公办教师22人，在校学生1432人，适龄回族儿童全部入学。禹州市1982年以来恢复了城关回小、山货回小、砖桥回小、皂角坪回小4所回小，又创办了6所回族学校，这10所回族学校共有学生2471人，其中回族学生有1869人，占总学生人数的76%。

许昌地区回族人民传习武术，在清代考得功名的各朝均有，如乾隆朝武秀才赵万寿，同治朝武举人赵明远、赵鸿思等。近代的禹州高四太(1847—1917年）是回族著名拳师，广收门徒传艺，前后教拳20余年，门徒颇有成名的，如高殿臣、刘丙辰都是光绪年间武举人，高登科、高殿章为武秀才。砖桥坡马振武（1872—1923年）与其堂兄马振乾、马振标3人初学七式拳，后又投师深造，深得武术奥妙，于光绪中叶在郑州考区同榜考取秀才，名噪一时，人称马氏三秀。民国时期禹州城关镇清真寺何宝光阿訇创“拳打卧牛之地”的拳法，曾风行一时。

回回医学宋时即传入我国。许昌地区回族也世代将其医术留传下来，近现代科学昌明，学习中、西医疗技术的也不乏其人。山货厂丁殿云(1892—1966年)，祖传回回医外科，擅治疗毒、恶疮、脱脚疽合并感染及阴疮等重大疾患，给穷苦人看病不收费用，人称之为“穷人吃药、富人还钱”。高小安（1850—1916年），禹州市城关镇人，擅用“白水法”医治炭疽恶疮及不开刀取除异物。

艺术方面，梁北的海连池是著名曲剧演员，扮演《卷席筒》戏中的主角，因“神似”而蜚声剧坛。艾立为禹州市城关镇人，许昌地区豫剧团导演，其导演的《倒霉大叔的婚事》参加河南省第一届戏剧大赛，获第一名。

四

元代因回回人来钧州（禹州），在钧州城关朝阳门内建有一简易的礼拜处所，许昌建有艾庄清真寺。后来有了掌教，主持宗教礼仪，也有权调解回回人之间发生的争执。明代洪武、永乐年间朝廷对伊斯兰教持怀柔态度。各地出现一批“敕建清真寺”，许昌境内创建了禹州城关、山货、砖桥坡、巴庄，许昌市聚奎街南段、长葛县白寨村，许昌县五女店北街村、苏桥乡丈地村、小台乡赵庄村，鄢陵县马坊乡丁桥村10座具有相当规模的清真寺。但明中叶后，教长只有传道权，不再掌握教民诉讼，建造礼拜寺要在“祝延圣寿”掩护下才能建造。清代各寺大殿内安置“万岁牌”以缓解地方官吏的滋扰。许昌地区伊斯兰教发展至今，已有几十座清真寺，其中禹州市21座、长葛县6座、许昌县7座、鄢陵县2座、许昌市1座。

以下对其中较为著名的清真寺进行简要介绍。

禹州市城关朝阳内清真寺。位于禹州市城内南大街路西，创建于明嘉靖十五年（1536年）。寺址以东及以西的两道街旧名东、西回回营，为元代回回军士屯田驻地。明永乐十五年（1417年）已有建筑，嘉靖十五年（1536年）正式建成正殿3楹、窑殿、望月楼、门楼、院墙等，成为一座颇具规模的清真寺。康熙五十五年（1716年）重建山门，乾隆十八年（1753年）重修正殿，道光二十一年（1841年）又扩建。卷棚前缘石柱上刻对联：“圣德难名，就日瞻云咸虎拜；天思普被，黄童白叟共山呼”。卷棚两侧尚存清代以降石碑数块。1986年，由国务院宗教局、禹州市统战部及禹州政府拨给款项，加上回民乐捐，建成基地7间、重叠3层共为21间的新山门，现殿宇10间、南北讲堂6间、男女水房4间，共41间房屋。禹州市伊斯兰教协会设于山门楼上，另有北跨院数间。

山货厂清真寺。建于明万历十五年（1587年）以前。清乾隆四十三年

（1778年）修卷棚，嘉庆七年（1802年）重修大殿，道光二十年（1840年）重修二殿，规模已甚可观。现庭院3进，面积12亩许，卷棚大殿5楹3进，窑殿望月楼1间而3层，水房8间，南北讲堂13间，南北跨院20间，共59间。寺院具有中国古建筑特色，卷棚前有松树3株，跨院内有柏树数十株。二门内亭子两侧石柱上刻有“玉壶境内无俗气，金经篇中有太和”对联，横额“天方妙境”四字。女寺在北院，于1988年创建大殿15间。1987年，南院开设皮革代售站，聘人经营，收入提成，以站养寺，颇具成效。

禹州市砖桥坡清真寺。坐落于北梁乡，创建于明天启元年（1621年），经清光绪二十九年（1903年）重修之后，有大殿3间、窑殿1间、卷棚3间、讲堂3间、水房4间、东屋3间，占地2.1亩。1983年扩建水房4间，南屋3间，在西北侧创建女寺5间、女水房5间。殿前南侧生有柏树1株，树龄数百年，是清真寺的历史见证。北侧立有清乾隆四十七年（1782年）的“圣谕”石碑1个，碑文与《天方圣实录》中的六月二十五日“上谕”大略同。

皂角坪清真寺。坐落于文殊乡皂角坪村，创建于清嘉庆八年（1803年）。清道光十年（1830年）、光绪十年（1884年）重建，大门两侧题有对联：“古兰伊斯兰灯塔，圣训穆斯林指南”。1983—1989年又重修，现有房屋12间，规模可观。

许昌市城内清真寺。坐落于许昌市聚奎街南段，属新教派。建于明永乐年间，清雍正年间重修，1979—1988年政府拨款1.3万元维修。现占地面积3265平方米，有大殿14间，南北讲堂楼10间，男、女水房12间，其他房屋30间。目前，清真寺靠炊具租赁、房租、屠宰等年收入9000元，以寺养寺。

长葛县白寨清真寺。坐落于长葛县后河乡白寨村，属新教派，建于明代中期，搬迁两次，明嘉靖年间、清光绪十二年（1886年）翻修。1950—1989年政府先后拨款26万元，集资23万元，翻修7次。现占地3.16亩，有大殿5间、北屋18间、水房22间、南房3间、女寺7间，共57间。

（原载于《宁夏社会科学》，1995年第一期，48～52页）

河南商丘地区回族的历史与现状

张　玮　胡云生

商丘地区地处黄淮海平原，素有“豫省门户”之称。这里的回族历史悠久，人口众多。据1990年全国第四次人口普查数字，商丘地区回族人口为103691人，占全区少数民族人口总数的97%，居全省第三位，杂居、散居在76个乡（镇）206个行政村。目前，商丘地区1市8县回族人口超过10万人。其中商丘市回族人口共12249人，商丘县14277人，民权县27139人，宁陵县16406人，睢县15542人，柘城县10243人，只有夏邑县、虞城县和永城县的回族人口未超过万人，分别为6934人、639人和262人。商丘回族人口较集中分布，早在1944年就建立了民权县北关回族区。现有回族区、乡、镇为商丘县北关回族区、马店回族乡，柘城县慈圣回族乡、远襄回族乡，夏邑县会亭回族镇，民权县胡集回族乡、伯党回族乡、北关回族乡，宁陵县城关回族镇及睢县城关回族镇。历史上的商丘回族在各志书里留下的痕迹较少，很难展现其历史全貌，笔者经实地考察，并结合汉文伊斯兰教碑刻资料及其他资料，将商丘地区回族的历史与现状整理出来，以供回族史学者参考并请知情者补正。

一、回族迁居商丘的变化及其特点

回族何时迁居商丘地区，目前尚未有信史可证，据当地回民传说，应为唐代。至元世祖至元十八年（1281年）部分回回入睢州“牧养、屯田”，始建草寺。据睢县回族《钱氏祖谱》记载：“吾族钱氏于元成宗大德四年（1300年）后，来祖讳恭由西夏贾到睢，随后建小寺一座。”柘城县

《韩氏族谱》载:“韩氏始祖希尧,原籍山西省平阳府洪洞县,系回族,信仰伊斯兰教,元朝末年,因战乱迁至河南省柘城县慈圣集。”民权县回族白氏是元末由河北真定府吴吉县(今无极县)高头村迁居伯党集。明万历(1573—1620年)年间,曾在伯党东大寺处建清真寺一座,是民权最早的清真寺。这表明元代已有回回人入居商丘。

明清两代,或避难隐居,或为官落籍,或为迁居等,又有大批回回入居商丘地区。根据睢县回族刘氏祖谱(弁言)记载:“后传讳颜公于明洪武初年以锦衣卫指挥使来睢,遂为我刘氏来祖之始。”后来,杨、白、韩、海、苏、马、李等姓氏回民也相继定居睢县,逐渐形成了东关和西门里两个回族聚居区。

柘城西关《刘氏先人肇基碑》载:“明宣德八年(1433年),始祖刘维经,从顺天府迁柘”。明嘉靖年间(1522—1566年),回族盖氏由汴梁(今开封)迁居归德府,万历年间迁居考城县西十二里之盖庄。清康熙二十八年(1689年)有举人盖天锡,当过河南新野县教谕。明万历年间,回族张氏由西华县小窑迁至考城西十里之谷皮村(今民权胡集回族乡张庄村),时考城县回民只有盖、张两家,张氏始祖为张元述。马氏是明以前居住北京,永乐时迁居开封,明崇祯十五年(1642年)河决开封,遂迁居考城县西南毛里(今民权县玉桥乡毛里村),后迁居考城县城。回族金氏明末一支由开封迁至考城县西金楼村(今胡集回族乡金楼村),崇祯十五年(1642年),有金时,字松,明太学生,由开封迁居金楼村,金时有四子,分居金楼、张楼、金庄、白老家等处。明末回族李氏由封丘县荆圪垱迁至开封草三厅(即今三民胡同),清初由开封迁至考城县大凡集,后至考城县城。堤角村有李慎,为清同治元年(1862年)壬戌科举人。回族朱氏清康熙年间(1662—1722年)由开封迁居考城县胡集,乾隆年间(1736—1795年)又有朱斌然、朱美然兄弟至张庄清真寺当阿訇,也定居胡集。回族袁氏清初由沁阳县清化镇迁居胡集。丁氏清康熙年间由怀庆府孟县桑坡迁居考城县,后散居李集。徐氏清乾隆年间(1736—1795年),有徐乔、徐启者,由睢州小南门里迁居尹店东南之石柱村。清嘉庆元年(1796年),太学生杨勒母孙氏携孙及孙女从山东泰安东智天庄迁到道口集陈庄定居,后分支住刘庄。张平楼、王花庄回民于乾隆五十年(1785年)

从山东单县迁至金楼，后来金楼焚于战火，徙此。

民国初年，由于陇海铁路的建成通车，豫东及鲁西南各县的部分回民迁居朱集火车站。民国六年（1917 年）数十户回民集资赁房建立清真教堂。抗战时期，由于战乱，商丘车站附近的回民逐渐增多，又形成一个回民聚居点（即今夹道街处）。

二、商丘回族经济活动的轨迹及特点

商丘地区回族在经商、屠宰、制革等方面有着悠久的历史。新中国成立前，回族民众生活极为贫苦，商丘地区曾流传着“宰一千、剥一万，到头还得去要饭的歌谣”，农村大多数回族人耕地严重不足。1948 年，民权伯党集 400 户回民中占人口 88% 的贫农和中农只有 12% 的土地。直到中华人民共和国成立以后，商丘回族经济才发生了变化。

农业方面。历史上商丘回族的农业经营特点与全国回族农业发展具有相同性。新中国成立后，农业户以及市区的半农半商户虽然分得了土地，但由于底子薄、耕作技术差，因此生活水平偏低。1983 年以后，各级政府在重视农业生产的同时，强调各地因地制宜发展多种经济，发扬回民“懂技术，善经营”的传统特长，发展林、牧、副、渔各业。1986 年，商丘地区回族共养牛 6000 多头，羊 9 万多只。一些地方也基本实现农业机械化、水利化、电力化。睢县西门里回族村，截至 1985 年共向农业投资 50 万元，购买大型拖拉机和手扶拖拉机 18 台、播种机 4 部、脱粒机 4 部，打机井 24 眼，修河灌站 1 处，架设高压线 30 公里。因此，粮食亩产大幅度增加。1991 年 3 月，商丘市黑刘庄乡回族聚居村——苏庄，全村粮食总产量达 21.6 万公斤，人均占有粮食 400 公斤，村办企业总产值达 560 万元，经济纯收入 50.2 万元，人均纯收入达 800 元，集体经济达 7 万元。[①]

民族工业方面。历史上的商丘回族民族工业极其薄弱，近年来才有所发展和突破。睢县皮毛厂是回族民族工业的典型，是由车马挽具厂发展而

---

① 数据来源于 1991 年 7 月 12 日《商丘日报》第二版《乐为穆斯林办实事》。

来的。1965年，睢县城关回族镇西门里村回民创办起车马挽具厂，1970年扩建为大队集体企业，当年就盈利1万余元。先后共生产出30多个品种，10多个规格。1973年根据市场行情，及时调整产业结构，把车马挽具厂改为皮毛制品厂，生产加工出口产品。由于重视技术更新，经过多次试验，他们成功研制出化学药物鞣制新工艺，相继推出数十个品种、上百个规格的高档产品，其中羊剪绒、山羊皮褥子、狗皮窜刀、夹条服装等产品，出口到美、日、德、意等20多个国家和地区。如今，皮毛厂已成为全省闻名的皮毛出口产品重点企业，先后为国家创外汇2000多万美元，缴纳税金250多万元。目前，皮毛厂拥有固定资本400余万元，流动资金250余万元，拥有现代化的设备120多台，形成综合性的系列化生产厂家。并以此为龙头，又先后办起了制革厂、菱镁制品厂、园艺场、民族饭店等10多个村办企业，全村70%的劳动力在企业就业，20%的农户住进了楼房。①

睢县康河村回族有传统的屠宰、加工肉类等手艺。1987年，14户村民集资14万元，建成康河村第一座清真冷库，容量为50吨，当年就获利5万多元。截至1990年底，全村60多户农民集资200多万元，又建成7座冷库，总容量为500多吨，并购买了恒温车，组织了专业购销队伍。如今产品远销上海、南京、郑州、开封等大中城市，年销售量在4000吨以上。随着需求量的不断扩大，康河村又先后建起了肉食果蔬冷冻厂、东风冷库、清真肉联厂、伊斯兰牛羊肉冷冻厂和康河南等冷库，其总容量达900多吨，年产值800多万元，实现利税70多万元。

宁陵县东关村有8个村民组，527户2824人，回族人口占98%。1989年投资50万元，新建了清真肉联厂，年产值达到300万元，盈利6万余元。1991年，实现工农业总产值2800万元，利润达100万元以上，人均收入在千元以上。如今，全村拥有汽车10部，各类机器车辆60多台。柘城县慈圣镇回族有加工牛羊皮革的传统，回民有4500多人，散居在7个村，集资或独资办起9个厂，从吊宰、分割到熟皮、制革形成一条龙生产线，加工生产冷冻肉块、卷、片和兰石凡皮、鞋面革、服装革，产品畅销全国10多个大、中城市，远销俄罗斯等国。

---

① 数据来源于1991年6月27日《商丘日报》，《共产党是咱引路人》。

饮食业方面。由于历史和宗教的原因，商丘地区回族的饮食业富有传统，以熟食为主。饮食类有烧饼、馍、油条、油果、包子、水饺、面条、羊汤、杂烩汤、豆沫、绿豆糊涂等数十种。新中国成立后，商丘市内绝大多数回民经营面食、肉食加工和从事摊贩经营，其特点是资金少、季节性强、生产门路不固定，生产上有淡、旺季节。政府采取多种措施，对经营面食和磨面行业者，在粮油供应上予以照顾；对资金缺少的商贩，银行给以适量贷款。1978 年以来城乡贸易空前繁荣，在北站道、道南人民广场的市场上，回民经营的烧鸡、烧牛肉、垛子羊肉、油条、水煎包、烩面等风味小吃备受广大群众喜爱。郊区回民逐渐从粮食生产转到商品生产上。在睢县县城东关西门里专门设有清真糕点门市部、清真食堂等饮食服务点。

三、商丘回族教育的曲折发展

商丘回族教育在历史上相当落后，整个地区都没有回族学堂，严重地影响了回族群众文化水平的提高，全区回族 95% 以上的为文盲，入学率、巩固率低于汉族，成名者则更少。回族志士热衷于本民族的教育。1924 年，光绪年间的文举张保真，商丘县西关人氏，竭力提倡经、汉两通教育。在清真寺创办元香小学，一面教授经文，一面教授汉文。回族群众纷纷响应，捐款资助设立义学。其中回族学生占 90% 以上，汉族学生占 5%，主任教师由当时的教育行政机关委派。元香小学刚开办时只有 20 多人，后学员增多，清真寺内容纳不下，在民国二十三年（1934 年）搬到西关姑子庙内办学。1939 年，日军进入商丘境内，元香小学被迫中断。在元香小学开办的十余年间，约有 400 余名回族莘莘学子在此接受过启蒙教育。

新中国成立后，党和政府先后在商丘县西关、北关、马店办起了 3 所回族小学，十年浩劫中关闭。党的十一届三中全会后，商丘县回族教育事业得到恢复和发展，1981 年，县政府恢复了北关、马店两所回族小学。截至 1985 年，商丘市有回民中学 1 所，回民小学 2 所。回族正副校长 7 人，教师 73 人，在校回族学生 3623 人，适龄儿童入学率达 96%。现在商丘地区共有 47 所回族中小学，已有 30 所被评为市县级教育先进单位，3 所被评为省级先进单位，商丘市回中在全国试验室评比中名列前茅。然而，商丘回族教育发展尚有不足之处，如民权县伯党回族乡回民中学，图书、仪器、运动器材严重缺乏，甚至连篮球架都安装不起；伯西村回民小学有300多名学生，教室只有13间，其中危房6间，另外7间是租来的民房，又分散在4个地方，给教学活动的开展带来了很大的困难。

四、商丘回族的宗教状况

商丘地区回族信仰伊斯兰教，属逊尼派，但在寺坊组织具体仪式上，则有“新行”与“老行”之分。清真寺的建立，是根据附近回民的意愿，为方便正常的宗教生活而定，因此，寺坊的范围大小，差别很大，商丘县（含市）有回教徒3752人，北关有回教会一处，第一区有清真寺二，第六区有一，第八区有一，第十区有三。① 清真寺历史发展以元代为起点，明清时达到兴盛，近代又平稳发展。

在历史上，商丘出现过许多名寺。

商丘县西关清真寺。其创建年代久远，无文字记载可考，但据传始建于宋末元初。清真寺大殿檩牵条上，至今尚有明“正德穀旦重修”6个字，黑红相间，字迹清晰，是该寺重修年代的确凿的历史依据。该寺目前存有两块明代烧制的特大天沟青色琉璃瓦、清嘉庆十三年（1808年）十一月立《清真寺碑记》残碑一块及两块保存完好的重修碑刻，其年代分别为民国七年（1918年）和民国十三年（1924年）。清康熙五十二年（1713年）秋，因大旱之年求雨成功，由“归德府正堂加二级”陈姓官员恩赐“诚祷甘霖”和“诚能格天”两块金字匾额，以示褒奖。整个清真寺主体建筑大殿雄伟壮观，还设有北讲堂、南讲堂、水房、内宅，门楼两侧各有一门，当中为正门，门前有石狮一对，大殿上有琉璃瓦盖顶，明柱下是青石柱座，整个寺院方形，是座极完整的宫殿式建筑。清嘉庆十三年（1808年）大殿重修。1938年，日本入侵商丘，清真寺受到严重破坏。“文化大革命”

---

① 民国三十二年（1943年）九月，《商丘县一般情况·商丘县宗教情况调查表》。

十年浩劫中又遭破坏。1980年清真寺礼拜殿山墙裂缝，鸳瓦欲飞，门楼将堕，此种情况下，西关回民踊跃捐款，并先后到西安、青海等地集资，1985年动工重修清真寺，1990年5月又对水房、大门楼和月台重新翻盖和整修。

睢县城关东关清真寺。始建于元代中叶，之后屡次重修，逐渐宏伟壮观，成为一套完整的古建筑群，有大殿、望月楼、讲经堂、南北廊房、水房、碑楼、门楼、武学堂、花园等，有房舍75间。建筑格式多为三层脊背、蓝砖绿瓦、雕梁画栋、飞椽花壁、红柱花雕、前出后包、四角八挑的中国明、清时期伊斯兰教宫殿式寺院建筑，雄伟壮观。现寺内尚有古皂角树1棵，树围5米余，高35米，据专家鉴定，已有500余年的历史了。

民权伯党东清真寺。该寺位于伯党乡东北，由回族白氏于明万历年间所建，清乾隆年间重建，清嘉庆元年（1796年）扩建，现存有嘉庆元年所立“师长公养碑”1通，其他4通碑在“文化大革命”中被毁。民国时期，马姓回族与其邻姓在对经典的认识上发生矛盾，因而马振波于民国三十五年（1946年）在伯党乡南门里路又建清真寺一座，人称为“南寺”。

（原载于《宁夏社会科学》，1996年第二期，101～104页）

河南周口地区的回族

张 玮 胡云生

周口地区位于河南省东南，有淮阳城关回族镇、太康城关回族镇和沈丘槐店回族镇。回族人民勤劳勇敢，对周口地区的经济、文化乃至社会的发展都做出了一定的贡献，在河南的回族史上占有重要的地位，现略而述之，以供回族史研究者参考。

一、来源与分布

元以前，周口地区有无回族居住，尚未有文献可证。至元代以后，周口地区的回族形成大致有三个阶段：第一阶段是元至元十年（1273 年），一部分信仰伊斯兰教的波斯人在穆罕默德·阿力的率领下，被元朝征发到周口地区的古项城秣陵镇（即今沈丘县槐店回族镇）和陈州（淮阳）定居，并在此首创第一座回回教坊（原址即今槐店镇小溜子，60 年前尚存遗址）。这批波斯人后与当地居民建立姻亲关系，繁衍至今，当为周口地区回族的先民。第二阶段是明代，明洪武五年（1372 年）下诏：“色目人居中国，与中国人结婚，不许与本类自相嫁娶”。周口地区的“回回”人口因此也得以发展。明隆庆六年（1572 年），又从山西洪洞县枣林村迁入部分回民。据淮阳穆氏家谱记载：“先祖兄弟二人，兄天才，弟永禄率全家由山西洪洞县枣林村移民而来，在城内回民区落户。”明洪武年间淮阳城内新街（现为新新街）扩建清真寺（明末焚于战火）一处，为回民活动场所。第三阶段是清代，顺治四年（1647 年），又从山西洪洞县、河北荆圪塔村、封丘椿树胡洞及开封北刁村等处迁至周口地区大量回民，以李、马、庞、海、刘、苏、沙、白、方等姓较多，分居周口地区的城镇及附近村庄，村名随姓而定，如淮阳的苏花园、刘庄、李庄、马庄、方庄、盖庄、沙庄等，也有后来从南京、许昌、商丘、开封等处先后迁徙而来的。据淮阳李氏家谱载：从荆圪垱迁至太康马头集分支迁至淮阳刘庄已12辈，历时300余年。《淮阳县志》（1933年）载来祖由南方庄繁衍分布：东西方庄、蔡桥方庄、周口、水寨、新站、搬口、道岭岗、太康常营、城内、南关、苏马庄以及天津等地。苏氏繁衍更多，仅淮阳就有12个村庄，迁居上海、南京、汉口、西安、洛阳等地的不在其内。高河铺李氏则是从孟县桑坡迁来。清后又有从外地迁入回族以及本地区的回民互迁。

周口地区的回族分布与全国的回族分布一样：大分散小集中，在乡自成村落，在城镇自成街道，有大小不等的聚居区。现周口地区回族人口在万人以上的有周口市、沈丘县、太康县、淮阳县、项城县。1956年，建立淮阳城关回族镇、观音回族乡。1983年，在回族居住较多的地方建立太康县城关回族镇和沈丘县槐店回族镇。周口地区的回族集中于周口市、太康县、项城县、淮阳县及沈丘县，各县具体分布不一，沈丘县以槐店镇、北郊乡为居住中心，其他各乡也有居住。扶沟县则大部分住在城关镇、吕谭、崔桥，其次是马村、练寺、秦岭、郭庄、丁庄、刁陵、尹部、白潭、屯门庄等村镇。

二、经济状况

回族人民在周口定居数百年来，由于历史的原因，生活状况很恶劣。新中国成立前，经济上长期处于贫困状态，过着衣不蔽体、食不果腹的悲惨生活。农村回民多为贫农、雇农、佃农，间有小商小贩或屠宰牛羊者，能够勉强维持生计。城镇回民90%以上的为小商小贩，以卖汤、卖馍、卖烧鸡以及其他小吃或屠宰牛羊为业，少部分以挖土打坯、抬轿、卖水度日，多处于半饥饿状态。新中国成立以后，周口地区的回族经济才有了根本好转。

农业。新中国成立后，周口地区回族群众利用政府给的发展生产补助款，购买水利工具、小型农具，逐步改善了生产条件。党的十一届三中全会以来，他们从实际出发，因地制宜，大抓种植业、养殖业和副业生产，如今，“光棍汉，头碰头，一年四季忙到头，家家吃的是窝窝头”的时代一去不复返了。

工业。新中国成立前，周口回族本无工业可言。近年来，在经济体制改革的推动下，周口地区的回族群众充分发挥了善于经营的优势，发展多种经营，工业经济呈现空前繁荣景象，不少有经营才华的人物脱颖而出，有的开发了过去从未有过的新产品，也有的挽救了濒于失传的民族工艺。如沈丘县槐店回族镇糖精厂狠抓科学实验和技术攻关，改进了配方，使磺铣氯的回收率由原来的1.26吨提高到1.41吨，仅此一项每月就净增利润近6万元。项城县回族聚居的丁集村回族企业家马明甫过去只能生产“黄板皮”，现在从羊皮到制成皮夹克服装，已形成一条龙系列化生产线。扶沟县皮毛厂发明的“静电植绒”新工艺已向全国11个兄弟省市的企业转让了技术，而对省内回族聚居地方的皮毛生产，他们采取外加工形式为其代培技术，按规定的工艺、款式及质量要求分散生产，由该厂统一交外贸出口，自然形成了松散型的专项集团企业，为皮毛加工的专业户打开了销路，铺平了脱贫致富的通道。太康县马头乡东行政村支部书记王西山（回族）于1985年组织5户农民集资5000元，从外地引进小型设备和技术，办起了太康县第一回族罐头厂，年产值达到120多万元，创利润18万元，向国家上缴税金4万元，生产的清真牛肉罐头在全省民族产品评比中获“优质奖”，远销十多个省市。太康县城关回族镇，多层次地发展乡镇企业，全镇年收入万元以上的达85户，其中回族占三分之二。沈丘槐店、淮阳城关、太康城关3个回族镇，引进资金30多万元，与有关大企业、大城市、科研单位、大专院校建立经济技术协作关系。淮阳城关回族镇有25个厂与外地企业建立了业务关系，引进开发性新产品5个，该镇的制镜厂与郑州大学化学系联合研制成功新产品软面镜，为制镜工业填补了一项空白。1988年，沈丘槐店回族镇与外地联办企业达14个，引进资金251万元，引进先进设备46套（台），引进技术人才197人，达到了借助外部力量解决本身的困难。周口从事皮毛生产的回族群众自行沟通了与西北地区原皮基地的联系，解决了皮毛生产的原料问题。为了打开产品销路，他们还与北京、上海、东北等地的有关企业建立了业务关系。

商业服务业。周口回族有善于经营商业、饮食业、服务业的传统，具有开展多种经营、发展商品生产的优势条件，是活跃城乡市场的一支重要力量。沈丘槐店皮行主要由回族商人经营。清末，因周口皮商来槐店交易需要一天的时间才能到达，故槐店皮行交易多为夜市，以后，随着交通发展，逐渐转为日市。新中国成立后，槐店皮行计有40多家，其中“庆和强”“泰盛恒”“祥盛玉”等8家皮行资金量最大，他们每年自行收购槐店山羊皮数万张，直接运往汉口或上海的洋行。饮食业也如百花争艳，店铺种类多，经营品种丰富多样，八宝稀饭、油茶、绿豆稀饭、胡辣汤、豆沫、羊肉烩面、肉粽、黄焖鱼、鱼汤、豆腐皮、焦虾米、豆腐脑、菜角、糖糕、羊肉包子、烧饼、卤鸡、咸锅盔、牛角锅盔、水煎包等品种先后上市，尤其是曾闻名城乡的淮阳白玉宽的羊肉包子、朱麻子的炖肉胡辣汤、方叶明的油炸卤鸡等也都重新问世。沈丘槐店回族商户经营的咸牛肉和熏羊肉成品色泽朱红，咸淡适宜，香烂爽口，抗腐性强，耐存放，清顺治年间已享誉开封、蚌埠、武汉等地，300多年来，盛行不衰。回族经营的浴池也很多。民国时期，沈丘老城和槐店共有3户。槐店最早的是清末民初设在顺河街的“水缸浴池”，民国十年（1921年）“庆华”浴池也在五福街开业，设有水池、床铺，从而取代了“水缸浴池”。

三、文化教育状况

周口地区的回族文化教育在历史上一直处于停滞落后状态。清光绪七年（1881年），淮阳仅城内清真寺有经学（阿文）一处，学生不足10人，由阿訇教授经书，培养宗教职业者。光绪九年（1883年），教长陈万善、董事白金忠创办义学，聘请袁秉文为老师，教授汉文，有学生30人。民国元年（1912年）董事孟泽远、袁谦德、方厚斋、穆鹤年等聘请范廷三创办公立广化高初两等小学堂，有高级三年制一班，初级国民班一班。据1933年《淮阳县志》记载：“民国元年（1912年）原有清真公立广化两等小学堂一处，地址在民族南街，民国十七年（1928年）改为清真公立广化小学学校，有学生两班78人，全年经费640元（硬币）由屠宰税附加项下支给”。校长原为方芝亭，1934年由方祥庭接任（义务职），1938年淮阳沦陷，学校停办。1939年春，董事许友义、沙应先、方绍周、李庆庭、白彬甫和教长杜洗尘创办伊斯兰学校，有学生高初两班。1945年8月，学校迁回原广化学校地址，改名为第六保校，不久改为代用中心学校，有学生6个班202人，1947年停办。

沈丘槐店回族镇有明远小学，位于寺西北隅。民国元年，由槐店回民促进协会会长海香廷出面，用槐店牛羊屠宰所得税将清真寺花园口和武术馆旧址扩建而成。第一任校长李遇春，聘请教师2人，是年招收学生甲乙两班10人，1913年2月正式开学，当时开设课程有《回文》《论语》《修身》《地理》《算术》等，经费由屠宰税支付。1924年发展到4个班，学生120人，教师6人。1926年有学生6个班200人，学校改为“沈丘县立第五小学校”，1968年改为“红旗小学”，1978年改为“槐店镇东关小学”，1982年始改为“槐店回族镇小学”，沿用至今。

新中国成立以后，党和政府对回族文化教育很重视，以太康县为例，1954年9月建立回民小学，截至1985年，全县回族小学已发展到13处，有10个班，学生4653人，其中回族学生2948人，占总数的63.4%，教师212人，基本上在回族聚居区普及了小学教育。1949—1966年，淮阳先后在回族聚居的城区、观音、赵寨办起了3所回民小学，共有学生34班1350人，其中回族学生有450人。党的十一届三中全会后，又将城内原回民小学改为回民中学，并恢复了赵寨、观音回民小学2处，新建回民小学6处，即大连乡的段屯，刘振屯乡的方庄、东方庄、段庄，白楼乡的苏马庄，城关回族镇的苏花园等学校。这8所小学共有学生5班2276人，其中回族学生1324人，占总人数的58%。共有小学教师104人，其中回族教师48人。回民中学建立后，淮阳县委、统战部、城关回族镇各级党委、政府极为重视，拨款新建教学楼一幢共15个教室，1985年已有教师56人，其中回族教师13人；学生785人，其中回族学生275人。

周口地区的回民素有爱好武术、重视体育锻炼的历史传统。据《淮宁县志》载：崇祯十五年（1642年），李自成围陈州（淮阳），清真寺掌教率领的清真营就是由300名会武术回民组成，这说明在明代回族武术已独具特长了。明清时，在周口、沈丘、淮阳等地都设有武场。淮阳城内清真寺及尚庄、刘庄、高河铺、方庄等武场都收徒传技。清代武举就有方万勇、方金赢、袁长山等人。流行于周口回族的武术有七势拳、查拳、西泽拳等。查拳相传为清嘉庆年间河南省怀庆府博爱县大辛庄查拳名师石太春高徒丁纪林所传。1813 年，丁纪林来到沈丘县，在槐店旧清真寺传授查拳，后有徒弟郭登轩承师传授，教徒百余人，查拳在回民中广为流传，有“喝口槐店四眼井水，都会踢趟腿”之说。回民中高徒名手迭出，其中王效荣、李相荣、李尊思、李尊三、李尊劲、王天聚等人在地、省以至全国都颇有影响，王效荣被誉为“中原大侠”，1943 年曾在上海登台打擂，击败白俄力士卢佼。刘峙任河南省主席在开封举行省运会时，也曾邀请淮阳武术队。

周口还培育出不少的回族文化名人。如淮阳的袁邦政，是豫东有名的兽医，对治疗牲畜瘘蹄、掉胯、倒一草、瘦虫等病有特效办法。袁占春祖传喉科，尤其擅长治疗血喉。方增华擅长小儿科，闻名城乡。于歧山则不但是著名的武术拳师，且善绘太湖石，用笔婉转畅达，苍劲雄健，刷剔飞白，交相应用，重笔点苔，浓淡适宜，七穿八孔，玲珑剔透，甚为美观。

四、宗教信仰状况

伊斯兰教在周口地区施行寺坊制，各寺坊自行公推乡老管理教务，互不统属，是一种单一的教坊制。

清真寺的建立，是根据附近回民的意愿，为方便正常的宗教生活而定，因此，寺坊的范围大小差别很大。据 1933 年《淮阳县志》寺院篇记载：“清真寺本城一处、南关北关各一处、周口北寨四处、南寨三处、西寨一处、新站、水寨、高河铺蔡桥、龙泉寺方庄、城南小李庄、城北刘庄、城东北盖庄、城西北沙庄各一处。”又据宗教篇记述：“回回教在治城内西北隅，清康熙八年教长舍起灵、社首苏应元创设，现分设清真寺于北关、南关、新站、刘庄、沙庄、盖庄、小李庄、江注、龙泉寺、蔡侨、高河浦、周口老街、韭菜庙街、天房街、陈州街、怀庆寺、荥阳寺、河西寺等处。”周口各市县清真寺数目不一。新中国成立前，太康县有清真寺21处，有房307间，阿訇23人。1985年，有寺20处，房388间，阿訇20人。沈丘县新中国成立前夕有寺7处，现槐店清真古寺建于元至元年间，为沈丘目前最大最古之寺，李安庄寺建于光绪二十八年（1902年），其他有海楼寺、马海寺、老城寺和槐店东寺、西寺。扶沟县有城内、吕潭两处清真寺。淮阳县1949年前共计17坊（除周口外），1958年宗教改革，保留11坊，1981年春全部恢复，并建立了由阿訇、乡老、群众代表及基层干部代表参加的清真寺管理委员会，代替过去的社头管理寺务。各寺经常有一定数量的穆斯林到寺守时礼拜。大的节日，特别是古尔邦节，回民都衣着整洁到寺礼拜，举行庆祝活动。

在历史发展过程中，周口也出现了许多名寺。

淮阳城内清真寺。淮阳元代建清真寺规模甚小，明初淮阳扩建清真寺于治城内新街（今新新街），后于崇祯十五年（1642年）三月被焚。清康熙八年（1669年）经教长舍起灵、社首苏应元创建。规模仿北京牛街清真寺建筑，楼台高峻，气势雄伟。从东边开始建影壁墙、大门、二门，左右有角门，主殿分前廊（卷棚）、二殿、大殿，后连唤醒楼，共四部分，南北有对称宣讲堂、沐浴室、藏经楼均有长廊相通，共80余间，占地14亩4分。布局巧妙，层次分明，雕刻精美，古朴雅致。大门、卷棚前均有青石台阶，前廊前左右各立碑楼一座。北宣讲堂正中间立有明代遗碑一座，高7尺，碑文内容为：“保护清真重地，尊重回回风俗。”大门两门帮挂有木质诰语牌，曰：“回回宗旨效法穆圣敬天爱人归根复命，万物非主唯有真主穆罕默德是主钦差”。寺前后三院均有清代所植松柏、梧桐，古木盘曲，苍劲葱翠。

沈丘槐店清真古寺。位于沈丘槐店回族镇清真寺街路西。坐西向东，总面积为2664平方米。创建于元至元年间，原名至元清真寺。在西天寺西侧。明弘治十五年（1502年）因迁入回民渐多，方迁于今址重建。明末遭战火焚毁，后经马辉祖孙4代，历经50余年捐款筹办，1704年第二次完成重建工程。有拜殿、南北讲堂、武学院、男女水房。屋前及后花园树木菊翠，走廊全数雕刻。殿堂内外以及周围走廊匾额悬挂无数，均属历代名人所赠。1939年又修缮扩大，增建望月楼，旋梯登楼，全览镇景。中华人民共和国成立后，有寺房70余间，在各级民委的关怀下，不断修整，更加巍峨。党的十一届三中全会后，拨款3.8万元修整。今日古寺，除望月楼尚未开建，大殿、卷棚、南北讲堂及其他设施基本恢复原貌。有清真女寺，建于光绪末年，有大殿3间、北屋3间、水房1间，在清真古寺南邻。

扶沟县城关镇清真寺。坐落在城关西后街。创自明代，清康熙初年（1663年）第一次重修。光绪元年（1875年）又修补。民国二十七年（1938年）重修时规模为：北讲堂4间，南讲堂3间，东学堂2间，南水房屋2间，大殿3间，大殿后窑1间，大门及两边耳房5间，大门里北屋学堂3间，共计23间。新中国成立后屡次重修。

五、回民的革命斗争

周口地区的回族人民，为反抗帝国主义入侵及封建势力的压迫和剥削，曾发动和参加过各种武装斗争或政治活动。1919年5月，北京五四运动爆发后，淮阳清真公立广化高初两等小学学生，在老师的领导下整队游行，反对卖国条约，坚决不当亡国奴。1928年，日本出兵占领济南，残杀无辜民众和中国士兵2000人，制造了“五三”惨案，消息传到古城淮阳，清真公立广化学校组织宣传队深入城乡公演话剧，剧中表演了日本兵把国民党山东政府特派交涉员蔡公时绑在椅子上割耳、割鼻、剜眼等惨绝人寰的罪行，并教广大人民唱救国歌曲，号召民众起来抗日救国。

1928年，中共地下党马建农到沈丘县，在槐店小学任教，不久庞立端加入中国共产党，此后又发展2名教师、4名学生入党（全是回民），建成了沈丘县第一个党小组。1931年，中共槐店镇党组织通过庞立端的关系，利用国民党镇长庞子刚，在回族居民区开办了一所女子小学，即黎明女校。党派孟广真任校长，以交朋友、拜姐妹等形式，组织妇女会、姐妹团，领导妇女反对封建礼教。1934年8月，槐店青年40余人，组织青年业余读书会。搜集、捐献进步书刊2000余册，在元一阁办起了大众图书馆，设阅览室。

英雄的周口人民在抗战中，纷纷参加八路军、新四军，不少回族青年投笔从戎，冒着生命危险，奔赴革命圣地延安。同时，也有不少人留在回民聚居区积极组织抗日武装。1938 年，水东特委书记、睢（县）杞（县）太（康）地区游击队政委马庆华，积极发动群众，建立革命根据地，坚持武装斗争。在各个阶段革命斗争中，周口回民英雄层出不穷。庞立端（字正斋，1902—1960 年），沈丘槐店镇人。1925 年在明远小学任教时，就与进步教师一起，倡导组织槐店工商各界千余人集会，声讨日英帝国主义屠杀上海工人的罪行，游行示威，支援上海“五卅”运动，开沈丘爱国反帝斗争先河。7 月，明远小学在全县建立学生联合会，后沈丘县学联成立，共同领导学生运动，以演剧、漫画、标语等形式，积极开展宣传活动。庞立端团结了不少进步知识分子，借回民的地方势力，保护了学校师生。李道祥（1902—1980 年），字瑞安，槐店回族人。求学期间就积极参加爱国主义活动，“五四”运动中，参与反帝抵制日货斗争。1925 年“五卅惨案”发生，在河北参加游行。1931 年“九・一八”事变，他极为愤怒，在其主编的《河南教育月刊》第一卷第十二期上办“抗日救国”专号，以东三省彩色地图为封面并署名撰写《民主以来日本在华暴行统计》和《为暴日横行报告教育界》两文，以唤起读者抗日热情。国民党面对强敌压境不思抵抗，河南省主席刘峙一意反共，李道祥激于义愤，毅然辞去编辑职务，以示抗议。苏堃（1916—1986 年），槐店回族人。1937 年毕业于淮阳中学，不久就加入中国共产党，赴豫皖苏解放区，任《抗大生活》编辑。

（原载于《宁夏社会科学》，1994 年第四期，58 ~ 72 页）

四沿古井与沈丘回族

倪胜章　海兆仁

四沿古井位于沈丘县县城——槐店回族镇东关大什字西，今百货大楼南门外侧。古井呈方形砖砌，井口周宽两米，井底周宽4米，深12米。井上原有古亭，并南临路处有一碑楼。四沿古井原是元代探马赤军中波斯营队军人的专用井，井的四周驻扎四个营队，每个营队按方位使用一个井沿，可供四个营队同时提水，故称“四沿井”。民国时期周边回族群众为安全起见，在井上放置一木十架，提水的人可以站在架上，新中国成立后木十架改用混凝土结构架，故当地群众又俗称此井为“四眼井”。1975年，沈丘县饮食服务公司在此一带建国营食堂和门市部，加之县府街扩路，井被盖板封住，停止了使用。

一

古井的开凿与蒙古平金有关，南宋绍定四年（1231年，金正大八年，蒙古太宗三年），蒙古国窝阔台大汗，在被蒙古军征服的中亚、西亚、南欧诸地强征一批波斯、康里、高加索人随蒙古军入中原讨伐金朝。其中康里人被编入康里卫军，而波斯人被编入探马赤军与金国作战，蒙古军以势如破竹之势包围了金朝都城汴京（开封），金帝完颜守绪败退归德（商丘），经古项城（槐店回族镇）再撤蔡州（汝南），豫东的开封、商丘、周口、驻马店地区成为了金军抵抗蒙古军的最后战场。交战双方营寨林立，造成今沈丘境内70%的村镇名称多以“某营”“某寨”冠称，仅沈丘县城周边就有大辛营、小辛营、窦寨、赵寨、毕营、杨营、腾营、王寨、焦营、兀术营、大金营、小金营、师寨、时营、高营、贾寨等。南宋端平元年（1234 年，金天兴三年，蒙古太宗六年）初，蒙古汗国派王楫通使宋理宗，与南宋联合灭金。双方议定，如攻克蔡州，城郭土地归蒙古，金国皇室俘虏押解南宋，以雪靖康之变徽、钦二帝受虏之辱。宋将孟珙、蒙古将察罕带兵合围蔡州，蔡州遂破，金朝覆灭。

在这次蒙古平金战役中，有一支穆罕默德·阿李率领的波斯你沙不儿（今伊朗尼沙普尔）人组成的探马赤军驻屯于淮阳、项城（槐店）、沈丘（临泉）一线，其中有 4 个营队驻扎在古项城县东郊（今槐店回族镇），时称后寨。你沙不儿人信奉回教（伊斯兰教），由于风俗习惯与探马赤军中的蒙古人、汉人、唐兀、畏兀、回鹘、亚述及高加索人不同，故你沙不儿人在驻营内开凿一口四方沿井，封闭使用，避免与外教人公用，以保持清真习俗和宗教信仰之纯洁。

元至元十年（1273 年），忽必烈下诏："令探马赤军随地入社，与编民等"。这支波斯你沙不儿士兵由军转民，留居于此。开凿古井的这批波斯人成为了沈丘回族的早期先民。据民国二十八年（1939 年）《重修槐坊厅至元寺碑记》载："殆元世祖忽必烈，驱使回疆各族人及波斯人移入中原，以阿李为首驻屯古项之秣陵镇（槐店宋元以前称秣陵，时为古项县治所），此批波斯人与当地居民发生姻亲，繁衍至今，槐之回民遂起此源，历代递嬗。"经元、明、清至20 世纪 70 年代的 700 多年里，当地回族穆斯林群众一直饮用着这眼古井中的井水，四沿井可谓是沈丘回族历史的见证。

二

由于沈丘回族早期先民源自你沙不儿军人，其后裔具有尚武遗风，习武强身成为世代回民的传统习俗。西域拳、汤瓶拳、七式拳、查拳、西一门、心意六合拳等都曾在这里流行，有"喝了四沿井的水，都会踢趟查拳腿。学会教门四趟拳，出门防身不作难"之说。一方水土养一方人，四沿井的水在历史上曾哺育出不少回族武童、武生、武举，甚至武进士。如清代小教胡同（今生产南街）的马廷襄，在光绪六年（1880 年）考中庚辰科武进士，马廷襄历任清廷御前侍卫、正定府镇台（总兵），官居武职副将从二品，在沈丘建有马将军府（位于清真古寺大殿西面，1989 年被列为县级文物保护单位）。1943 年，在上海，日寇以举办国际擂台赛为名，豢养一批洋人大力士向上海武术界叫阵，以欺侮国人。沈丘籍回族拳师王效荣为了民族尊严，置个人生死于度外，把白俄大力卢梭诺夫摔下擂台，为敌占区人民出了一口恶气，大长了国威，被沪上媒体誉为“中原大侠”，上海武术界向王效荣赠匾“武林至尊”。新中国成立后，王效荣先后担任过上海市体工大队总教练、全国武协委员、上海市武协副主席，曾受到毛主席、刘少奇等中央领导的接见并合影。四沿井的水不但培育了一代武林宗师，更培养出一代民族精神。

三

四沿井是沈丘境内为数不多的元代古迹之一，是沈丘境内唯一的一眼方口井（当地汉族的水井均为圆形），是多元文化在中原的遗存。历史上四沿井出现过很多传说，如井能通河、鱼鸭在井河之间游荡、三山夹一井、井河连筋及河床北徙到四沿井时沙河就不再北陷等。也有传说四沿井并不是开凿的，是天仙从西方用三座山夹着一口井运来的，落位后，天仙随手一扔这三座山落在了不同方位，即小顶山（今小顶寺）、卞路口乡高山店和洪山乡，但如今这三处地方只有山名而不见山影。也有老人讲：元代古井确实有一条通往沙河的隐蔽通道，是兵营一旦被围困时，供军士逃生或传递情报及运送物资用的。1972 年 8 月，沙颍河槐店五孔闸建成并投入使用，老河道成为了西蔡河的入河口，深壑的河床底暴露出来，但人们并未找到沙河与古井的通道，想必是年久泥沙淤塞，地道早已封埋，使人们难免对美丽的传说未能成真而失落。但人们盼望的河床不再北徙，临河居民房屋不再遭陷河之苦，在国家治淮工程中得以实现。

四沿井临街处原有一通清代碑刻，1966 年“文化大革命”开始，造反派为破“四旧”，砸了石碑，碑基扒开后，埋在石墩下的百年乌龟竟爬了出来，碑身被砸碎烧成了石灰。庆幸的是碑文早在1964年被爱好国学的回民小学教师海兆亿抄存了下来。

而今，四沿井作为一种民风文化已深深地铭刻在沈丘回族人的潜意识里，从文化角度看，古井以它无形的力量凝聚着民族共生，回族在沈丘生生不息的700多年里，能始终如一地形成一个群体，就源于这种井文化的凝聚力，它蕴涵着共同的生活愿望，传承着共同的文化，留下深深的民族印痕。虽然古井已被封盖，但世居这里的回族人仍割舍不了对古井的那份情怀。近期在全市文物普查中，四沿古井已引起有关部门的重视，古井因此有望得以保护和修缮，人们盼望着古井重现风采。

附：清《重修槐坊厅四沿井碑记》

易传曰：上古结绳以纪事，后世易之以书契，于是乎，宗史乃得传焉。人云：参天之木必有其根，怀山之水必有其源。槐坊厅东镇之四沿井，乃吾先民之迹也。

蒙古太宗三年（1231年），大汗窝阔台掳吾旧国波斯你沙不儿部，充五投下探马赤军入中原伐金，金平，吾你沙不儿酋长阿李率部屯聚牧养于此，于屯地四营之中开凿一口方井，供沐浴拜主及饮用，曰：四沿井。泉通沙河，清澈甘洌，饮之不竭，不啻乳汁，养育吾百代穆民众生矣！

古井始为土壁，洪武三十一年（1398年）大河南徙，旧城塌于水，井淹壁坍。先贤你麻剌丁率族人复淘古井，砖石砌之。然宣德三年（1428年）黄水再犯，井复遭没，民庐殆尽，县署迁南顿殄寇镇。

古项地世代水患不绝，古井屡屡遭损。时隆庆年（1567—1572年）河北穆民移入，族长李孟胥率众修复古井，延至国朝。道光二十一年（1841年）六月，河决漫溢古井。迄光绪十九年（1893年），东镇首事刘拔贡超文，约士绅共议：念古井兴废关乎吾穆民占籍项地之源，继祖上善德以承之，坊人马辅臣君、倪启铭君率先响应，众皆赞拥。芳衔捐资，鸠工运材，即时开工。至立秋历时三月有余，既竣事。新井壁以砖砌之，井口四沿青石墁面，修葺井亭，观之焕然如新。

夫，饮水思源，槐镇之穆民念其根本，感吾先祖奔征安天下之功德，悟吾教门之大化也！斯固仰赖真主垂慈，吾族历代贤人，急公好义，薪火相传焉。今竖石契文，述其源流本末，惟冀后之来者，以时展缮，是为记耳。

书丹：李缙绅

槐坊厅东镇众穆民仝立

大清光绪岁次癸巳（1893年），光绪十九年孟秋之月谷旦

（原载于《河南穆斯林》，2008年第二期，23～24页）

沈丘回族

倪胜章

沈丘隶属周口地区，是河南省的一个偏远县份。地处沙颍河中游，东部、南部与安徽省的界首市和临泉县毗邻。沈丘属暖温带半湿润大陆性季风气候，土壤肥沃，一马平川。全县总面积 1007 平方公里，总人口 1068570 人。这里居住 14 个少数民族，其中回族两万人。95% 的回族分布在县城槐店回族镇及相邻的北郊乡，跨近 30 个村庄，是河南省较集中的回族聚居群落。

饮井思“源”

在县城东关什字西侧，有一古井，名“四沿井”，是全县唯一的一眼方口砖砌井。元代至元十年（1273 年）被元世祖忽必烈征迁来的一支波斯人部落，在穆罕默德·阿李率领下，驻屯此地，分四队居住，为饮水之便，在四队之间挖凿了这眼四方口井，供四队人马饮用。700 多年来，这里穆斯林世代饮用着这眼井水。开凿这口古井的波斯人就是沈丘回族的最早来源。

自元以后，明、清两代又有数批回族迁入沈丘。据明崇祯十五年（1642 年）修的《李氏族谱》记载：“太祖高皇帝龙登宝位，天下一统，四海清宁，万邦拱贺。广济兄弟等献表纳贡称臣，封为燕州牧，随改为宛平令，济生彦刚，刚生明善，于洪武四年因茶马事发，彦刚同明善迁于大梁为民……后至正统二年大河水决，作伐乘水载于南顿”，又“高祖公李彦刚，大梁祥符人，其先祖西域哈白”。这支李姓先祖祖籍在西域，元时在京做官，明初任宛平令，因茶马事件被罢官，居开封为民。后到南顿，世居沈丘、项城。

另一支马姓回民，称“七根椽”马，于明隆庆年间迁入。据《项城县志》记载：“马氏为陈巨族，始自洪洞，又迁南顿、槐店诸处”。此李、马两姓今仍为沈丘回族中的多数。清代是回民迁入沈丘之盛期，据《重修清真寺碑》记载：“清世祖顺治十年（1653 年），西北及河北回民又相继迁来，以李、马、庞、海、刘五姓居多，散居槐坊镇及东郊，共 30 余村落，多以姓氏命村名，以经商耕田为业”。

由以上可以看出，沈丘回族的来源有三：①元代，来源于波斯；②明代，来自北京和山西洪洞；③一是由山西洪洞经怀庆府桑坡迁入，二是经黄河北封丘迁入。沈丘回族目前有李、马、庞、海、刘、倪、唐、陈、郭、杜、高、蒋、麻、方、英、吴、穆、陶、洪、买、虎、龚、吕、朱、胡、张、杨、许、巴、常、段、姚等 33 姓，其中李姓分 7 支，马姓分 8 支。另外，商、杨、张（部分）、吴（部分）姓回民，大多是清代及民国期间汉民入教而随改回族的。

（原载于《伊斯兰文化研究》，1994 年第一期，20 ~ 21 页）

豫东槐坊回族的发展与现状

倪胜章

"槐坊回族"聚居在豫东沙颍河畔的沈丘县城及东郊，分布在槐店、北郊两个乡镇所辖的3个街道办事处和6个行政村，人口18509人，东城的30余条回民街和近郊的近30个回民自然村相连，形成一个较集中的回民社区，是河南较大的回族聚居群落之一。

一、"槐坊"由来

槐坊是今沈丘县北郊乡和槐店回族镇的旧称，这两个乡镇驻地均在县城。新中国成立前分属沈丘、项城、淮阳三县分管，为古项城县治所。明弘治十五年（1502年）"诏民垦荒"，西北洪洞县大槐树移出的穆斯林，辗转怀庆诸地，发现此处有穆斯林居住和一座至元清真寺，便围寺而居，落户入籍。移民喜植槐树，来自"槐树"，言其为大槐树人；又因回民围寺（当地清真寺旧称教坊）而居，故称"槐坊"。清代沈丘志书中把"槐坊"列在"集店"条目下，现存北郊乡李安庄的清代墓碑及民国年间马楼西寺碑记均刻为"槐坊镇"。民国十七年（1928年）槐坊划为特别行政区。1951年3月，建立槐店民族镇（包括槐店回民自治区和海楼回族乡）。1958年后，分设槐店镇和槐店人民公社。1980年，槐店人民公社更名为北郊乡。1983年4月，槐店镇改建槐店回族镇。

二、饮“井”思源

元初，蒙古汗国木华黎率“五投下探马赤军”平金后，为镇戍中原，从中亚征签一部分色目人和当地汉人加入窝阔台的“探马赤军”。其中由波斯人穆罕默德·阿李率其部落的4个营队驻屯于项城县城（今沈丘县城）东郊（另有4个营队驻屯于淮阳、鱼同城等处），战时出征，平时屯聚牧养。阿李所部皆穆斯林，元世祖至元十年（1273年），在此创建了豫东第一座“麦斯吉德”（今至元清真古寺）。为饮用、沐浴之需要，在4个营队之间挖凿了一眼四沿方口井，4个营队的穆斯林可以同时从四面来提水。700多年来，这口“四沿井”成为当地穆斯林的专用井。开凿、使用这眼古井的波斯人，就是豫东槐坊回族的最早来源。

明、清两代，又有数批回族迁入沈丘槐坊。据明崇祯十五年（1642年）所修《李氏族谱》记载：“太祖高皇帝龙登宝位，天下一统，四海清宁，万邦拱贺。广济兄弟等献表纳贡称臣，封燕州牧，随改宛平令，济生彦刚，刚生明善。于洪武四年因茶马事发，彦刚同明善迁于大梁为民……后至正统二年大河水决，作伐乘水载于南顿”；又“高祖公李彦刚，大梁祥符人，其先祖西域哈白”。这支李姓先祖祖籍西域，元末明初在北京做官，因茶马事件，其后人迁居开封，后迁入沈丘、项城。另一支马姓回民，称“七根椽”马，于明隆庆年间迁入。据《项城县志》记载：“马氏为陈巨族，始自洪洞，又迁南顿、槐坊诸处。”李、马两宗占今槐坊回族的多数，他们先在南顿（今项城市西南3公里南顿回族镇）安身立足，其后裔支派逐迁槐坊，故为陈州（时沈丘、项城属之）望族。

清代是回民迁入槐坊盛期，据《重修清真寺碑记》载：“清世祖顺治十年，山右枣林庄及河北荆疙瘩回民又相继迁来，以李、马、庞、海、刘姓居多，散居槐坊镇及东郊，共三十余村落，多以姓氏命村名，以经商耕田为业”。

由此可见，槐坊回族的形成主要分三个阶段。①元代波斯人，在此“随地入社，与编民等”。②来自北京及西北洪洞。③一是由洪洞移民经怀庆桑家坡迁入，二是经黄河北封丘荆疙瘩村迁入。槐坊回族目前有李、马、庞、海、刘、倪、唐、陈、郭、杜、高、蒋、麻、方、苏、吴、穆、陶、洪、买、虎、龚、吕、朱、胡、张、杨、王、许、巴、常、段、姚等33姓，其中李姓分4宗，马姓分3宗。另外，高、杨及部分张、吴、李姓回民，是清代及民国期间汉民入教而随改回族的。

据1990年第四次人口普查，槐坊回族人口17461人，占全县总人口的1.63%。与1947年河南省统计年鉴公布数比较，当时沈丘汉族人口32130人，回族860人。说明1947—1990年的53年里，全县汉族人口增长33倍，回族人口增长了19.3倍，汉族人口同期增长速度高于回族1.7倍。这是有其历史原因的，主要是新中国成立前回民外出逃荒和新中国成立后几次支边、移民和下放造成的。新中国成立前，因躲避黄水战乱及饥荒逃亡上海的达100人。1955年1月，上级委托沈丘县委统战部招收20名高小以上文化程度的回族青年去青海支边。1956年2月26日，沈丘县移民委员会从商丘调来数十部大卡车，把槐店回民自治区和海楼回族乡的回族青壮年连同其家属老幼共计2117口运往青海。这批移民被安置在青海大通县的吉洛、薛口、上河、桥头、宗羊沟、小叶坝、阳坡、拱北湾等乡村。1956年5月，121名回族青年支边新疆石河子。20世纪60—70年代，不断有青年自愿去新疆找工作并在那里落户。1968年12月—1969年5月，沈丘县搞了一次居民下放，把居住县城的回族居民4163人和回族知识青年367人，分散下放到农村汉族村庄。直到1980年落实政策，才允许这批下放居民回城定居。

槐坊回族人口按户籍划分：1996年年初为18509人，其中农业人口9920人，占总人口的53.6%，城镇人口8589人，占总人口的46.4%；男性9138人，占总人口的49.4%，女性为9371人，占总人口的50.6%，性别比例为97.51。

三、爱国爱教

槐坊回族具有追求进步和爱国爱教的传统。1928年春，中共豫东特委派回族地下党员马建农来槐发展组织，通过槐坊清真老寺阿訇张振武介绍，在县立五小（与寺院一墙之隔，原明远学堂）以教员身份作掩护开展工作。当地回族知识分子刘宝珊对马建农的进步思想很感兴趣，资助了一部油印机，创办《颍河》期刊，宣传革命。1932 年，中共槐坊特支发动五小、黎明女校、乐成、崇实小学回汉师生近千人，在地下党员马梦霞（汉族，化名）带领下，开展了声势浩大的“打教堂驱洋人反奴化”的反帝爱国学生运动，举行游行示威，砸毁了福音堂，槐坊镇警察局局长张国修对这次运动进行镇压，逮捕了马梦霞。回族群众为营救马梦霞纷纷捐款捐物，回族校长庞正斋变卖了家中仅有的 8 亩田地，筹集了 800 吊大洋，由当时的回民镇长李栋才出面担保，才把马梦霞救了出来。当时槐坊流传一首歌谣：“第五小学校，砸了外国教。押了马梦霞，花钱八百吊。家长受连累，学生赶出校。苦了庞正斋，田地卖干了。”

1937 年 8 月，槐坊回族学生苏坤、李端等 40 多人组织青年业余读书会，在天一阁创办大众图书馆，主办《大众周刊》，宣传抗日救国，这批青年后奔赴延安，投身革命队伍。1938 年，槐坊镇成立“回教救国协会”，进行武装抗日。

1939 年，青海马步芳的一个回民骑兵师东征抗日，被编入何柱国十五集团军骑二军第八师，其中一个团驻防槐坊城内。另外，西安事变后原张学良部骑二军副军长安俊才（回族，保定人），率部驻防槐坊西小顶寺一线，一些回民青年从军抗日。骑八师在中原一带连年与日军作战。1943 年，骑八师在安徽河六、王市集一线与日军进行了一场恶战，后被日军围困，抵抗七天七夜，由于何部不派兵增援，骑八师孤军作战，终因寡不敌众，伤亡惨重，全军覆没。何部遂取消了骑八师番号和给养，致使残余兵无人照管。槐坊回民旋即在老寺、东寺成立了“教胞伤兵救难所”，为伤兵募捐食品、衣物、药品和返乡路费，使残余伤兵得到救助。

1947 年春，槐坊回族青年马捷，由新四军调入地方工作，担任沙河支队队长，后任界首县县长兼县大队队长，配合主力部队解放了沙河沿岸各县。

1950 年冬，槐店清真老寺阿訇李道全当选为沈丘县抗美援朝委员会副主任，他积极动员回族青年参加志愿军，一批回族青年奔赴抗美援朝战场。

党的十一届三中全会后，宗教政策得到落实。全县现有7坊清真寺开放，信教群众爱国爱教，为两个文明建设服务，维护安定团结的政治局面，促进改革开放和民族经济的发展做出了贡献。现有8名阿訇当上了县政协委员，先后有6位阿訇被省、地、县评为“民族团结进步先进个人”。

四、明远学堂

明万历十年（1582年），陕西黑伯李阿訇在槐坊老寺坐位，并在沈丘开创经堂教育，这是沈丘回族教育之始。清末，本地秀才马遇奇在老寺开办“经汉学堂”，学生同时学阿拉伯文和汉文。民国元年（1912年），槐坊镇回教俱进会会长李铭科、清真寺教育会会长海会同在老寺北园林内创办“回民公义明远学堂”。据《杜沛村手记》文，“时国民觉悟到自身文化之落后，各地穆民自办教育，以挣脱愚昧。周家口沙南回民办定远学堂，河西回民办惠远学堂，沙北回民办宁远学堂，槐坊镇回民遂办明远学堂”。据明远学堂第一任堂长李遇春的后人讲，学堂取名为“明远”，寓意教育能给回民带来希望和光明。民国十六年（1927年）学堂改为沈丘县立第五小学校。民国十七年（1928年）中共豫东特委以该校为掩护开展活动，校长庞正斋加入地下党。民国十九年（1930年），该校成立党支部，支委3人全是回族。是河南省成立较早的一个少数民族支部。民国二十七年（1938年）10月，中共沈丘县委在该校成立。民国三十四年（1945年），该校与相邻的伊斯兰学校合并，更名“伊斯兰成达学校”。1948年，学校更名“槐店市立一小”，即今回民小学。明远学堂的创办开槐坊近代民族教育之先河，受其影响，当时槐坊社区的9个私塾馆被废除，先后办起了7所小学。到1943年，全县各回民学校共17个班，32名教师，600名回族学生。但1947年受内战影响，仅存五小、庞庄、程楼3所小学9个班，学生不足300人。民国时期，虽然一部分当地回族开明人士出于民族责任感，创办学校，但国民党政府漠视民族教育，全县除五小外，其他回民学校均为民办私立，这些学校教学设备简陋，师资缺乏，教学水平低下。据统计，新中国成立前全县只出了4个回族大学生（其中1人留学美国芝加哥大学），90%的回民没念过书。

新中国成立后，党和政府十分重视少数民族教育事业的发展，使停办的民族学校复课，在回民较集中的村镇新建学校，到1956年底，全县民族学校6所43个班，学生1740名，入学人数比新中国成立前增长2.9倍。但在“文化大革命”中，取消了民族学校名称，停发了回民教育补助费，民族教师遭到迫害，民族教育受到破坏。

党的十一届三中全会以后，民族教育逐渐恢复。1979年，在县城恢复回民小学1所，并拨款40万元兴建回民中学1所。截止到1990年，全县先后恢复或新建回民学校10所，有106个班级，回族学生3195人，入学率有所提高。但目前全县10所回民学校（回中2所、回小8所），有3所在县城（1所回中、2所回小），7所分布在农村，而全县的回族学生近60%集中在县城的回小、回中。7所农村回民学校规模较小，每个学校平均不到200名学生。又由于历史原因和受民族传统观念影响，沈丘回族的入学率和升学率与全县相比一直偏低，入学率只有70.3%，小学辍学率为9%，初、高中辍学率为20%。例如回小回汉族毕业生和按考试升学分数线对照，汉族学生达到分数线的占93%，回族学生达到分数线的只有69%，远远低于汉族学生的升学水平。农村回小情况更糟，如马楼回民小学，数年来无一人突破升学最低分数线。农村回民小学出现这种情况的主要原因是师资水平低。例如北郊乡李营回民小学，18名教师中公办教师只有2人，民办教师7人，乡村筹民师9人，公办教师只占1/9，乡村筹民师（不在编）占了一半。这18名教师中达到中专中师水平的只有3人，高中文化7人，初中文化8人。又如北郊乡程楼回民小学11名教师中没有一名公办教师，民办教师中还有4人是属乡村筹民师。而县城师资力量从数量、质量上都比农村高得多，如回小95名教师中公办教师87人，民办教师（全民工性质）8人，其中具有中师文化程度的86人、大专文化程度的1人，高中文化程度的8人。又如回民中学（在县城）与第二回民中学（在庞庄村）相比较，回民中学有18个班，124名教师，平均每班6.8名教师，而第二回民中学有6个班，20名教师，平均每班3.3名教师。农村回民学校的师资水平与城镇回民学校相比较，差距很大，直接影响着农村民族教育事业的发展。

五、经济发展

“彩映归飞鸟，明霞露远槐”，槐坊的兴起，是随着回民的不断迁入而日渐繁荣起来的。槐坊处于蔡河入颖的交汇处，沙颍河中游，便于商贸往来，回民从商日盛，“商贾云集，店铺林立，潜运兴旺，墙桅树密”，使槐坊形成水陆交会之乡，财源堆积之薮。清康熙年间，槐坊出现了两支回民商队，一支由马氏族长马延络率领，一支由海氏族长海现琳率领，商队南至淮海楚越，北返秦晋燕赵。马、海遂成一方绅领士商。马延络在槐坊东建马楼庄园一处，海现琳在东郊建海楼庄园一处。他们还用所获之资建寺。出资修城池，建广惠堂（《沈丘县志》乾隆年刻本卷三、卷十二记载）。清末民初槐坊回民的商贸活动已成规模，南起顺河街埠口（今南关立新街），经大街（今南关解放街）北至小教胡同（今生产南街），为回民从事商业活动的中心。店铺商行林立。老字号店铺有俊兴铜匠铺，马广来染店，李道修牛条铺，马记“悦和”果店，“聚丰永”山窑杂货铺，李氏兄弟开的三、兴、祥三大陆陈行，麻敬甫皮行等。有一定规模和实力的商号有李道中的“中义长”宰羊场，日屠宰槐羊千余只，由六安、黔县、款县、山河等地商人坐等收购；刘记“祥成豫”槐山羊皮行，每240张为1捆，运往汉口经海上出口英、法、德、意等国，年产销板皮2万多张；马化堂的“庆和祥”则是集陆陈行、京货铺、山窑店、皮行、纸烟庄、当铺为一体，用自家行商船队往返于淮河、长江一带，是当时的行商大户。另外，还有杜绍棠的“万国洋庄”专营洋货。回民从事的漕运业也相当兴盛，当地人过去把从事航运业者称之为“使船的”，故有人说槐坊是“驶出来”的。至民国年间，槐坊回民驶船的达百余户，最大的船队是“驶大船”的李崇文，联桦达百吨级。当时槐坊一带停泊的过往商船达千艘。客船上至深河、临颍，北达朱仙镇（开封外港），下通长江至上海，近驶淮河，远至长江中、下游等支流河域。吞以竹、木、盐、糖、茶、山窑、京货为大宗，吐以大豆、芝麻、槐羊桶、槐羊皮及土布等。漕运是当时槐坊民族经济发展的动脉。

民国年间，山陕商人在槐坊建起了“山陕会馆”，他们的商业活动对当地民族经济产生影响，民族经济受到一定冲击。抗日战争爆发后，军阀与地方武装团练巧取豪夺，骚扰地方商人，产业活动举步艰难。“山陕会馆”依仗其婿亲田姓国民党军长的势力，开始垄断槐坊商业活动，他们利用各种恶势力，对回民商人采用加重税赋、增派丁捐等方式，迫使回民商人让出地盘。至新中国成立前夕，“山陕会馆”已控制了槐坊70%的商业活动。回民商人除马化堂等人因亲属中有人在国民党军政任职，可以与“山陕会馆”抗衡外，其余多被逼改行。至新中国成立前，大部分回民的营生靠搬运、商贩、屠宰、饮食业等无本或小本经营。出现了清真名小吃，如李同义的烧卖，马登云8斤重的杠子面锅盔，聂子六的不腥刺软黄焖鱼，马孝然的胡辣汤及锅贴、麻花、肉盒等都饮誉一方。回民马连魁的双合楼餐馆，也深受当地居民青睐。

中华人民共和国成立前，槐坊回族人均耕地3亩，一部分回民在城里、农村均有宅田。但60%的土地集中在不到槐坊回族人口2%的地主手中，另有10%的土地属于清真寺寺产。常住镇上的回民，或多或少地拥有一些薄田，但大部分自己不耕种，或出租或作坟地用。农村中的回民80%为佃户，但农闲时都兼营商贩或以养羊为主的畜牧业。20世纪40年代后期，平均每亩耕地年产粮100公斤左右，棉花单产10公斤左右，低于当地汉族经营的土地收成。中华人民共和国成立后，城镇土地划归国有，县唯一的一个国营农场建在了回民村的土地上，加之城区扩建，回族人均耕地不足1亩。

中华人民共和国成立前，槐坊回民的生产从业结构多以搬运、驶船、耕田、商贩、手工作坊、店员为主。农村回民佃农多兼营畜牧和商贩，其他如行医、教书等职业者很少。中华人民共和国成立后产业结构有了变化，特别是农村公社化以后，农民主要从事农业生产。在商业服务业方面，1955年，回族商业与汉族商业全部并入合作总店，其中二至五店为回族店组，共105人，资金5900元。另有4人参加杂货店，1人参加百货店，5人参加山窑店，2人参加中药公司。1958年，商业合作店并入槐店人民公社商业大队，每人月工资3~6元。不久之后，实行一县一社，商业大队并入国营商业，昔日回族的个体商行、商贩、饮食摊点被取消。1961

年8月，恢复合作店组，回族商贩逐步恢复营业，有证商贩130户，无证商贩75户。“文化大革命”中再度取消。1969年6月，取消合作商店，店里财产全部划归县商业局，每人补助420元生活安置费，下放到农村，回民只有6人过渡为全民职工。1979年1月，恢复合作商店，大部分下放的回族店员回店工作。

20世纪60年代的沈丘工业还比较落后，全县只有机械厂、糕点厂两个工厂和镇办的白铁社、皮革社两个手工业厂。1964年，东关街回民为搞生产自救，利用清真寺场地办起了东关农机翻砂工厂，生产弹花机、农业生产用具及配件，这个近百人的街办集体小厂从几百元办厂起家，5年内发展成为固定资产20万元的企业。1969年元月，连同设备、人员下放到赵德营，民族企业变成了“赵德营人民公社农机厂”。20世纪70年代，全县工业开始起步，县办、镇办工厂发展很快，很多回族青年进工厂当了工人。同时民族工业也在发展。自东关农机翻砂工厂被下放后，镇里又在清真寺里办起了化工厂，职工有一半是回族，到1975年工厂固定资产已发展到100万元，但不久化工厂被平调为县办全民企业，厂址搬迁到沙南。镇里又在此重新办了一个化工厂，后迁址蔡河东街，即今有机化工厂。这个厂在回族厂长李尊兴的带领下，从10多名职工的小厂开始，发展到30多名职工的中型企业，其中回族职工占53%，该厂占地2.6公顷，建筑面积2万平方米，有4个工段。固定资产总值1200万元，1988年12月，被省命名为二级企业。1990年，生产糖精钠700吨，环氧树脂300吨，年总产值不变价计算为2043万元，全员劳动生产率达9.05万元，实现利税120万元。1993年开始，该厂进行年产4000吨糖精钠生产线扩建。20世纪70年代末发展起来的镇办民族企业除有机化工厂外，还有炼钢厂、丝绒厂、织布厂等，在当时全镇办的50多家镇办企业中，这几个民族工厂从规模效益上无法与其他企业相比。但是凭着这几个厂的回族厂长们的苦干，进入80年代开始步入快车道，产值连年递增。到了1990年，全镇镇办企业因亏损破产变卖了30多家，还有一些亏损倒闭企业靠租赁支撑，而后崛起的这几家民族企业如今成了镇财政的主要经济支柱。另外，在20世纪70年代，回民村办、街办的集体企业也有了发展，如东关街的玛钢厂、印刷厂、食品厂，东关村的骨胶厂、玻璃厂、影剧院、面粉厂、矿山机械厂，马楼、海楼村的肥皂厂、砖窑厂等。

党的十一届三中全会以来，全县民族经济得到进一步发展，民族特长得到发挥，一批传统生产项目得到开发和发展。“槐皮”是槐坊特点，清乾隆年间，李安庄程楼一带回民牧养一种无角山羊，这种羊适合平原气候养殖，且皮面方正，毛短而细，质韧而软，弹力较大。当时“祥成豫”皮行就是采用这种羊皮制革，加之做工精巧、运刀讲究，皮呈蜡黄色，油润光亮，皮板洁净，无痕伤，无血斑，有自然花纹图案，深受外商青睐。当时“祥成豫”的板皮全部运往汉口，由外商收购，因皮面上印有“祥成豫槐皮”字号，故称“槐皮”，因从汉口出口，又称“汉口路槐皮”。目前槐皮生产在槐坊回族中形成规模，规模较大的生产制革厂 6 家，还有 100 余户手工作坊制作槐皮，1993 年沈丘被国务院定为槐山羊生产基地，因此槐皮生产将得到更大的发展。

改革开放促进了市场的大流通，槐坊回族在传统生产项目上挖潜创新的同时，逐步打破经营局限，不断拓宽择业渠道，向化工、冶炼、机械、纺织、工艺、建材、客运等行业发展，使各种经济成分并举，东城合成板厂、大理石厂、汉皮纸厂、东关长途汽车客运站、船民航运公司、照相馆、针织内衣厂、淮海毛巾厂、丝绒厂、印刷机械厂、翻砂铸造厂等一批新型民族企业在不断壮大发展，工业企业达 153 家。截止到 1995 年底，县城有回族商场 2 个，回族经营的商店门市 265 个，小商品摊点 353 个，伊斯兰饮食街的小吃摊位 45 个，其他饮食摊点 103 个，清真饭店 16 家。加上从事屠宰、运输、建筑、个体工商业的，共 1000 多户。经调查，沈丘县回族当前的就业状况如下：城镇回族人口 8589 人，其中国家公职人员（含公办教师）246 人，占城镇回族人口的 2.86%；职工 1170 人（全民工 478 人、集体工 692 人），占 13.62%；个体工商户 1783 人，占 20.76%。就业人员占城镇回族人口的 37.24%。农村回族人口 9920 人，兼搞建筑业、运输业者 528 人，占农村回族人口的 5.32%。兼营屠宰、商贩者 921 人，占 9.28%。兼营皮革加工业者 506 人，占 5.1%。季节性砖窑工、搬运工 302 人，占 3.04%。从事种植养殖业者 2142 人，占 21.59%。

（原载于《回族研究》，1997 年第四期，65～71 页）

南阳地区的回族

胡云生

南阳地处河南西南隅，回族历史悠久，人口众多，据1990年第四次人口普查，南阳地区回族人口共124454人，占全地区总人口的1.2%，回族人口数居河南各地市之首。回族遍布该地区13个县市，其中万人以上的有南阳市、南阳县、邓州市、方城县、镇平县。南阳的回族人民以自己的民族特点，在缔造南阳地区文明的历史进程中，做出了卓越的贡献，在南阳地方志和民族史上都应留下一定的篇幅。

一、来源和分布

宋以前，南阳一直为汉民族的居地。自理宗绍定五年（1232年）起，始有回回人来新野定居。但其主要来源，当是元代初期随蒙古军中的“探马赤军”而进入的。这些回回人，因“随处入社与编民等”，受南阳屯田总府统辖，留居从事农业生产，成家立业，正式成为南阳的居民。清光绪《南阳县志·兵防》载：“元至元六年（1269年）始于申州立屯，八年（1271年）散还原屯户，别签南阳诸色目人，户设营田使司领之。寻废，改立南阳屯田总管府。复罢止，隶有司”，“为户六千零四十一、为田一万零六百六十二顷七亩”。唐河县湖阳陈姓于元至元七年（1270年）来南阳屯田落籍于此；另一屯田户陈姓，曾受命围攻开封，散居于开封附近，后因水患，又返回南阳县、唐河一带。元大德二年（1298年），“又移襄阳哈剌鲁万户府于南阳，户受田百五十亩”。元大德五年（1301年）《重修玉皇庙碑》记载：“拨南阳府屯田给新籍辉和尔户，俾耕以自赡，仍给粮。”明嘉靖《南阳府志校注》载：明洪武年间，“南阳县尚存六十一屯”。至今，瓦店屯、石桥屯、黄池陂屯、界中屯、泉庄寺等地及其附近仍是回族较为密集的地方。清光绪《浙川直隶厅志》载：“境内居民。汉族以外厥有，回族本系土耳其人，南（宋）未造，始自西域迁入本境，户约一百七十，口约七百有畸，散处境内。”元代屯田后，明清两季大批移民的迁入，使南阳的回民日益增多。迁入的方式有宦官入籍、经商、行医、传教和反明义军疏散于南阳等。

宦官入籍以方城县的闻姓为典型。闻姓原籍山东省，清初因闻富喜出任南阳镇台游击而落籍镇平县闻家营，后代迁于方城县闻岗。道光年间，其后人闻远又曾出任过新野县守备及芜湖协镇，至今闻姓家族在南阳、镇平、方城、新野、社旗诸县境内分布很广。南阳县丁、李二姓于道光年间自封丘县因经营商业与旅店业而迁至新店镇，其后代在此衍为大族。南阳市的水姓，原籍陕西省渭南县良天坡，高祖水好成行医到镇平县定居。明末农民义军中名列13家之一的马守应，号老回回率领的农民义军，在浙川一南阳一带活动频繁。崇祯十一年（1638年），李自成因作战失利，投浙川马守应营，卧疾半年多，在马守应的支持下再度起事。义军失败后，一部分人流散在南阳。现在的马、杨、吴、陈、柏、白等姓，多半是那个时期从陕西方向来的。南阳县黄池陵一带的马姓与荥阳马沟马姓的辈序排列完全一致，显然是出于一脉。海、法、虎、刘四姓也是那个时期由荥阳县的法堂、虎沟等地迁来。

回族在南阳定居下来以后，与其他民族，尤其是与汉族互通婚姻后，使自身扩充了新的成分。另外，由于受伊斯兰教意识的影响，一部分汉族自愿信奉伊斯兰教，遵守教规，而演变为回族。南阳县黄台岗乡田里村、东田及小陈寨的22户陈姓，是明末由南召县迁来的。后来陈义一门由于信奉伊斯兰教而改变生活习惯，在他们祖坟的茔地里，上边是汉族习惯的圆坟，下边是遵照回族习俗所建的长坟。粟河乡樊营村的李家、瓦店镇的薛家、石桥镇的姚家都是汉族信教以后而演变成回族的。

回族在南阳每个县城四关和商业繁盛的大镇以内，几乎都有相应集中、沿街成块的聚居区。在农村也呈现出相对集中的特点。他们遍布于13个县市的350个自然村。其分布情况如下表：

南阳历年来回族人口变动统计表 单位：人

县　别	1949年	1953年	1954年	1959年	1962年	1966年	1973年	1982年	1990年
南阳市		2199	2782	2199	3730	4722	3200	10103	13226
南阳县		14895	15701	15330	13539	15329	17335	18754	20876
邓州市		8797	9755	10553	10891	12067	16000	17428	20490
新野县		3544	4148	3337	4084	4523	5100	6317	7464
桐柏县		660	686	927	800	1342	1400	2070	2250
唐河县		4761	6865	6569	3572	5454	7600	8071	9334
方城县		6787	8129	7255	7311	9329	9660	12359	13966
南召县		2404	2438	2456	2597	2769	2860	4562	5892
镇平县		9013	9042	9384	9821	10483	15000	15022	18428
内乡县		1309	1985	2115	1776	2332	3006	3166	3616
淅川县		997	1105	1093	317	974	1300	1423	1657
西峡县		1189	1449	1357	1073	1640	1800	2074	2821
社旗县							3074	3685	4434
合　计	55481	56555	64085	62575	59511	70964	87335	105034	124454

二、经济状况

回族人民在南阳定居数百年来，由于历史的原因，生活状况可概括为六多：研肩磨领（肩担小贩）多，背外债多，破草房多，全家一条被子的多，逃荒外出的多。只有在中华人民共和国成立后，南阳回族人民的经济状况才发生了根本的变化。

（一）农业

土改前，农村的回民除少数拥有较多土地外，绝大多数是少地或无地的贫民。当时南阳县有回族3573户，有土地6500亩，其中一半以上的土地又被57户地主所占有，无地的有1981户，占总人口的55%以上。土地改革中，全区回民分得土地50894.42亩，牲畜1518头，房屋17365间，大件农具308425件，粮食1284914斤，取得了均等的生产生活资料，不少人转为以农业为主的生产经营。党的十一届三中全会后，回族农业生产由单一的粮食生产变为以粮食生产为主，因地制宜，改革种植结构，发展多种经营。如方城县十二里河村，改建苗圃260亩，套种瓜类200亩、药材20亩、葡萄40亩。仅此4项经济作物实现收入31万元，人均增加收入150元。

（二）工业生产

中华人民共和国成立前南阳回族的工业生产几乎为零。近年来，南阳回族在经济体制改革的推动下，充分发挥了善于经营的优势，发展多种经营。不少有经营才华的人物脱颖而出，有的开发了过去从未有过的新产品，也有的挽救了濒于失传的民族工艺。镇平县城郊王庄有164户，除3户汉民以外，全为回族，是一个具有400多年皮毛加工历史的专业村。近年来，90%以上的人家重新从事这一专业，所加工的皮毛衣料销售到湘、鄂、云、贵、川等十几个省区。1984年，工副业总产值上升到160多万元，占总产值68.2%，净盈利42万元，户均2557元，出现万元户12家，双万元户6家。镇平贾宋镇有705户回民，多以屠宰为业，年经销牛、羊、鸡、鸭肉达数十万斤。1985年又兴建一座日结冷力6吨、储存能量50吨的小型清真冷冻库，年经销牛羊鸡鸭等肉类450多吨。穰东皮毛厂为河南省裘皮出口服装重点厂，创办于1966年，该厂借用清真寺的房屋作厂房，现在共有职工143人，其中回族121人，固定资产50万元，流动资金27万元，总产值110万元，全部采用机械化生产，产品由单纯的内销发展为多品种的外销，产品远销美、苏、日等国。截止到1985年底，为国家创外汇280万美元。其他如邓州市穰东毛纺厂、社旗县的清真糕点厂、邓州的清真食品厂等，也都是效益很好的民族企业。

（三）畜牧养殖业

南阳以产黄牛出名，近几年，南阳回民因地制宜，发挥传统优势，开创了经济繁荣的新局面。方城县有 9 个回族村，1983 年养牛 1516 头，1985 年发展到 2578 头。杨集乡红土河村的 30 户人家养牛 90 头。镇平回族聚居村田岗，全村 142 户，过去只有 9 头牲畜，到 1985 年，全村养牛 109 头，养羊 528 只，年产奶量由 1984 年 8.1 万斤增加到 1985 年的 27 万斤。

（四）商业服务业

南阳回族有善于经营商业、饮食业、服务业的传统，具有开展多种经营、发展商品生产的优势和条件，是活跃城乡市场的一支重要力量。南阳县瓦店镇有商贩 318 户，属回族经营的就占 115 户，其中饮食服务 7 户、屠宰 40 户、皮革加工 27 户、烟酒店 10 户、修配 6 户、百货 8 户、缝纫 7 户。地处农村的黄池陂回民聚居村，在 419 户居民中有商贩 176 户、屠宰 54 户、皮毛加工 37 户、饮食服务 35 户、小商店 2 户、饲养业 2 户，占总户数的 73%。

三、文化教育

南阳回族的文化教育在历史上一直处于停滞、落后的状况。明代至清初，只有少数清真寺里开办经文学校，由本寺阿訇或延聘名师进行阿拉伯文及伊斯兰教教义的初步教育。清代末叶以后，不少清真寺里公费开设义学，对回族少年儿童进行更为广泛的基础文化教育，称为“经书义学”或“经汉义学”。南阳县境内瓦店、刘营、田里，五里堡、黄池陂、新店、石桥、凉水泉、老秦营以及社旗、方城等县的清真寺内举办过这样的义举。

民国元年，回族知名人士水子立率先在南阳县城东关创办回民同化小学，1935 年改为景穆小学。1936 年，南阳县在汉口经商的马汉三捐资创办瓦店私立同化小学，设一至四年级班，收纳学生 300 余名。1941 年 1 月，国民党军事委员会副参谋总长白崇禧来南阳视察工作时，分别在城内和武侯祠召开了有各县回族代表参加的会议，听取汇报后，对代表们提出的回族教育落后和军队占驻清真寺影响正常宗教活动的问题极为重视，当即命令县政府着手在城内筹建小学一所，并要求在回民聚居的五里堡、凉水泉两地开办回民小学各一所。1929 年，内乡回教俱进会会长杨质岑，于清真寺内开办私塾一处，有学生 20 余人。1936 年，改为清真小学，由杨丽生担任校长，有回、汉学生百余人。1913 年，邓县回教俱进会会长马宪岑在城关西阁西北角的北岗（今公安分局处）创办民族学堂一所，后改为同化学堂。初创为一班，后为四班，有学生 160 名，经费从牛羊屠宰税中增收“回民教育捐”，不足部分由马宪岑个人补助，他曾先后捐助白银两千两，1930 年停办。1939 年，唐河县回族有志之士吴天清和柏德生，相继在城关清真寺开办回民小学一所，学生 60 余人，不到两年停办。

新中国成立后，回族教育工作发生了巨大变化。截至 1985 年底，南阳共有民族学校 98 所，其中 12 所中学内有回族中学 6 所，86 所小学中有回族小学 63 所。

南阳地区的回民，素有爱好武术、重视体育锻炼的历史传统。早在明清时代，就有练习拳械、锻炼武功的世家。许多富有民族特色的武术遗产至今仍留传于世，有些项目不仅得到了新的发展，还培育出一代新人。南阳市业余体校副校长兼任武术班教练丁功和出自武术世家，自幼跟父亲习得一身武功，历年来，多次在省内外武术比赛中获得一等奖。1983 年，河南省与香港合拍电影《杨家将》时，南阳地区受聘参加武打场面的就有丁功和、刘林发、答邦俊等 8 位有武功基础的回族人士。

南阳还培育出不少回族文化名人，如河南曲剧团编剧导演马立前、书法家吴翼修（1876—1947 年）等。

四、宗教信仰状况

南阳的伊斯兰教有老派（即逊尼派）和新教之分。老派在南阳施行寺坊制，各寺坊自行公推乡老管理教务，互不统属，是一种单一的教坊制。南阳新教是在1943年左右由丁炳南、赵子珍等阿訇到西北学习后传入。主要分布在新野县、南阳县、镇平县、唐河县、方城县、邓县、南召县、西峡县、淅川县境内。除此之外，南阳还有三抬派，但此教派的传播范围较小。

南阳地区清真寺的建立可分为三个时期，始于明代，盛于清代，继于民国年间。始建于明代的清真寺有10座，当首推唐河县三基屯清真寺，建于明宣德年间（1426—1435年），距今已有550多年的历史。早期所建清真寺大都毁于战乱，随后多数清真寺均在原来基础上加以重建。始建于清代的有42座，以乾隆、嘉庆年间为最多。至民国期间又建造了24座，但其建筑规模、形制、设备与早期相比均显逊色。

清真寺是根据附近回民的意愿，为方便正常的宗教生活而建的。因此，寺坊的范围大小差别很大。1938年3月，南阳各县逐步成立了以宗教界知名人士为核心的“中国回教救国协会××县支会”组织。1939年，有部分县在协会领导下，又成立了“回教抗日救国青年服务队”的武装组织。新中国成立前，有清真寺120座。1958年，宗教改革后仅保留30处。1963年，恢复到49处，并建立由阿訇、乡老、群众代表及基层干部代表参加的清真寺管理委员，代替过去的社头管理。“十年动乱”后，大部分清真寺恢复了活动，重新建立起清真寺民主管理委员会。各寺经常有一定数量的穆斯林到寺守时礼拜。大的节目，特别是古尔邦节，回民都衣着整洁地到清真寺内礼拜，举行庆祝活动。

南阳前往麦加朝圣的也不乏其人，仅民国时期就有镇平县的柏振选、南召赵法、方城李谦、邓县马万年等人，新中国成立后每年都要有人随政府组织的朝觐团到麦加朝圣。

在历史的发展过程中，南阳也出现了许多名寺。

新野县沙堰清真寺，始建于明熹宗天启五年（1625 年），有榜眼马之骏撰额，邓县人彭而述撰写的记事碑文。此寺规模宏大，设施完备，具有清真寺建筑的典型特征。

唐河县湖阳清真东寺，始建于明代，后被焚毁。康熙三十四年（1695 年）昭勇将军晋都督佥事、琼州总镇李顺回乡后重建，拜殿内悬挂着清圣祖玄烨皇帝所赐一面配有百鸟朝凤图案、题写“天方典礼，教隆真一”的匾额。至雍正十一年（1733 年）又建立了一座清真寺，世宗胤禛又为李顺颁赐“福”字家匾一面及御书匣等礼品，恩崇倍加，从而使清真寺的声誉更显著一方。

新野县横堤铺清真寺，于民国十四年（1925 年）由丁文生在本族中募资建造，是一座兼作丁氏祠堂的礼拜寺。正面设为礼拜寺，北偏房作祠房。两壁间嵌列丁氏宗支分布状况的碑刻，记录丁氏家族于明末由山西洪洞迁至桑坡，复由三世祖迁至新野县横堤铺，以及后世子孙迁徙分布于南阳、镇平、邓县、方城、内乡诸县各辈人员详细名单。像这种以家族为单位，将纪念先祖与敬奉安拉合立的做法，未尝不是一项创举。

社旗县城关清真寺，明崇祯年间（1628—1644 年），是由镇内回族居民 202 户和外地客商 183 人推举恒泰大经理闪自振为首事，集资兴建的。占地五亩一分。康熙八年（1669 年）、乾隆二十二年（1757 年）经过两次重修，至中华人民共和国成立初期仍保持完好。

镇平县礼拜清真寺，始建于明末，后经顺治七年（1650 年）、光绪二十八年（1902 年）两次重修。大殿及卷棚前后 8 间，宏伟壮观，仿宫殿式高台建筑，上边的五脊六兽装点华丽，殿内精工描绘镇平县 8 个风景点的图画。

南召县云阳清真寺，始建于明成化年间，早期只有草房数间，后在西北骆驼客商们的重金资助下，全部改为瓦房并扩大了寺舍。清乾隆和嘉庆年间先后沿着中轴线，依次建成了大门楼、南北厢房、卷棚、大殿、望月楼等 24 间。民国期间一度被毁。1933 年由郑州、漯河、洛阳等地捐款资助重修。望月楼高 3.5 丈，楼顶装置着宝瓶与拱斗。整个结构严谨，雕花造型古朴，富有民族特色，是云阳古老建筑之一。素著称于豫西南，被列为县级文物保护单位。

五、回民的革命斗争

南阳地区的回族人民，为反抗帝国主义入侵和封建势力的压迫剥削，曾发动和参加过各种武装的或政治的斗争。

清道光二十年（1840 年），邓县回民广西提督马殿甲在鸦片战争中坚决抗击英帝国入侵，胜利地防守海口阵地。光绪末年（1908 年），唐河回族武士王振铎（号称“主八老虎”）在乡里组织起一支义军，他们打官府、打豪绅、救贫民。光绪二十六年（1900 年），回族人民参加围攻靳岗天主教堂的反帝爱国运动。1911 年，内乡革命志士杨守田率众攻克县城。1933 年农历七月，南阳县石桥镇以回族商民为首，发起驱赶厘金局长曾子杰的斗争。1941 年夏末，五区驻地南河店一带农民 5000 余人，发起持续半年之久、震惊全省的抗粮暴动，回汉两族人民携手共肩，经过长时间的坚持斗争，终于取得胜利。

中国共产党诞生后，回族中的先进人物积极投身于革命洪流之中，为新民主主义革命做出了贡献。

1927 年秋，桐柏县回族青年、中共桐柏县特别支部书记金孚光曾领导信阳洋河农民暴动，1930 年又领导了有名的正阳县白沟庙农民暴动，在桐柏山播下了革命的火种，他出任红军第一军先遣总队长以后，转战鄂、豫、皖边区，为建立这片根据地，做出了重要贡献。

1930 年，中共南阳县三十里屯支部组织回汉群众万余人集会，迫使驻军杨虎城将南阳县公安局长耿纯、三十里屯公安分局局长胡正元枪决。

1923—1927 年、1946—1948 年，中央湖北省钟祥县农运委员马伯荣曾两次来南阳，借用回族身份寄居在唐河县和南阳县回族聚居的黄池陂、瓦店、田里等村，进行地下活动，促使黄池陂村抗日武装力量接受宛东地下党组织的领导。1941 年 1 月，南阳县石桥镇回教抗日救国青年服务队武装人员在镇平县交界处的杏花山下阻击日军，取得胜利。1945 年 3 月，南阳县黄池陂的回民群众奋战一昼夜，击退了数百名日伪军队的进攻。黄池陂村保家卫国的旗帜一直举到抗日战争的胜利。

1948 年 1 月 15 日，中国人民解放军桐柏军区第三分区第八十五、八十六团攻进邓县外城以后，回民群众积极支援进攻内城的战斗。城关西清真寺依玛目麻光甫主动腾出寺内大部分房子做临时医院。

（原载于《宁夏社会科学》，1993 年第二期，34～39 页）

南阳石桥镇回族概述

杨运鹏

南阳市卧龙区石桥镇，位于南阳市（简称宛）北20公里处，东临白河，南望蒲、独、隐三山，西靠紫山，北依伏牛山，景色秀丽，土地肥沃，气候宜人，是宛北最大的农贸集散地。石桥又是东汉时伟大的科学家张衡（字平子）故里，国家级文物保护单位张衡墓及省级文物保护单位鄂城隋塔等位于镇南边。石桥，又是南阳市最著名的回族聚居区之一，回族人口达4500人，其中包括回族家庭中户口登记为汉族的妇女等约500人。现将石桥回族有关情况介绍如下。

一、来源

石桥回族历史源远流长。早在元至元八年（1271年）就有信仰伊斯兰教的色目人到此屯田，但可能由于没有礼拜寺或战争、迁移等原因而使他们的后裔销声匿迹了。明末清初，陈姓自山西洪洞被迁来此处，经过300余年的发展，逐渐成为当地回族中的大姓。清咸丰年间，周金良来石桥当阿訇落籍，其后代人口发展亦很快。马、沙、丁、柏、胡、赛、张、王等30余姓因经商或传教而来此地居住。回回人绕寺而居，逐渐形成闻名遐迩的石桥坊。

二、石桥回族经济

在中华人民共和国成立前，石桥回族绝大多数在经济上长期处于贫困落后状况，过着饥寒交迫的生活。1949 年，除了清真寺、李姓家族、柏姓家族等有门面瓦房外，其余家庭均为草房或无房。除农业以外，绝大多数农民还经营屠宰、饮食、皮毛、运输、医药、浴池、理发、染织等行业，作为维持生活的主要手段。民国时期，石桥方园 60 里内牛羊屠宰、皮革加工到出售几乎全为回族所经营。另外，当地著名的三兴泰和孙、沙、李等药店也是回族民众所从事的传统行业。马姓、水姓都是较有名望的中医世家。

中华人民共和国成立后，石桥回族人民步入了新的生活。减租减息、土地改革时，全镇回族分得了土地和房屋。由于过去的底子薄，缺农具、少牲畜，更缺乏农业耕作技术，亩产只有百斤左右，生活虽然有初步改善，但大多数人仍处于贫困状况。“文化大革命”中，石桥各回族生产队，特别是石桥二村的回族生产队，农业生产秩序被破坏，传统的加工、养殖、个体饮食服务等，都被当成“资本主义尾巴”割掉了，回族社员们过着“吃粮靠统销、花钱靠贷款”的日子。党的十一届三中全会以后，石桥回族经济开始进入飞速发展时期，1999 年石桥二村回族人均纯收入已达 1490 元，创有史以来最高纪录。现在的石桥回民区楼房林立，摩托、电话、电视等各家都有，有些家庭还拥有汽车，生活越来越好。

三、文化教育

1958 年以前，石桥一直是南阳回族文化中心之一。清末民初自陕西求学归来的沙炳耀阿訇任石桥东寺教长后，倾数十年之心血先后培养了 300 多名学生，其中著名的有周化民、李德芳、胡文学、陈丰辉、周化亭等。陈丰辉于民国三十年（1941 年）至 1958 年间任石桥西寺教长，他又培养了许多学子，其中著名的有现在西安市任教长的李殿军阿訇；周化民于民国十二年（1923 年）至民国三十年（1941 年）任石桥东寺教长，他先后培养了一大批宗教人才，其中著名的有刘金耀、周国栋、周国俊、周国良、陈丰志、李国士等，他的学生曾在全国各地任教长。周化民阿訇在宗教界颇有影响，1954 年，他被选为中国伊协委员。

中华人民共和国成立前，石桥回族文盲多达 60%，但相对于南阳其他地方回族的文盲率要少些，这是因为 1936 年石桥回族绅士李平甫在石桥东寺创办了一所回族小学——建国小学，孙绍先曾长期在此小学任教，这所小学培养了一大批回汉族人才。另外，1948 年，丁杰三在石桥创办了 1 所私立商业小学，也培养了一些回汉族人才。中华人民共和国成立前，石桥坊共有 9 名大学生，他们分别是：丁玉海（河南大学）、周华选（河南大学）、丁玉全（信阳师范）、姚松龄（南京中央大学）、姚澎龄、沙葆书（信阳师范）、柏长青（信阳师范）、王国凤（1949 年毕业于开封中原工学院水利系）、沙葆琚（居台湾，任东南亚伊斯兰宣教团讲师）。中华人民共和国成立后，政府十分关心民族教育事业的发展。不仅每年专门拨款，而且还开办各类教育学校，从而大大提高了回族人民的知识水平。1956 年，石桥回族小学创办，回族儿童入学率一直为 100%，巩固率也一直是 100%。现在回族小学拥有 20 名教职工（其中回族教师 14 人），拥有 600 余名学生（其中回族学生 500 名）。目前，石桥籍的回族高级工程师、副教授 3 人，工程师、讲师 8 人，技术员 20 人，在全国各条战线上工作的石桥籍回族多达 700 余人。目前正在高等院校上学的学生有 17 人。

石桥回族的传统体育历史悠久，回族在武术运动方面特别有名。明末清初石桥清真寺（东寺）请武师专门教授武术。清中期至 1958 年，石桥回族武术家著名的有唐万义、王子范、唐九州、王坤、沙金榜、孙春元、丁长兴、陈书堂、丁长顺、周德文等。现在仅剩下少数拳师仍从事武术活动。1999 年秋，在郑州工作的沙兰涛回石桥探亲，他即兴表演了一套回族武术套路，并很遗憾地对笔者说：“回族武术是回族文化之瑰宝，可惜我们石桥回族武术却失传了，这是历史之不幸。”

四、清真寺

石桥原有两座清真寺，分东、西二寺，石桥西寺建于1913年，其房屋于1958年被毁，场地现已被几户回族人占用，现仅剩下石桥东寺，称石桥清真寺。1999年，回族群众集资43万余元，加上海外教胞、台湾教胞及汉族友人的捐款7万余元，共50余万元，重新扩建了大殿。1999年12月，新大殿胜利竣工，采用中国宫殿式和园林式相结合的形式，宏伟壮观的大殿，为名胜古迹遍地的石桥又增添了一道亮丽的风景线。现在寺内存有石碑8通，笔者将其中的3则碑文抄录如下。

《宛北石桥镇南畔重修清真寺碑记》

粤稽西方穆民，偏安一隅，陈隋间始入中原，至今多历年所，户口日增，良莠难齐，合众公议，恐失大食国旧习，因于所寓之处，各立一寺，名曰清真寺，一以尊崇先师，一以规诫后昆，诚义举也迨。雍正年间，陈九林建修草房叁间，暂为礼拜之所。乾隆五十年间，陈子林、陈万仓等捐资重修窑楼、拜殿、卷棚、望月楼，焕然一新，功莫大焉。嘉庆四年，陈子林施宅基一处，紧靠寺北门面两间，通前至后，俱许寺中照管。十六年，陈万苍施地拾伍亩，其地坐落石桥街西，四至有约，大粮银施主交纳。陈姓两次施舍，原为修坟祭祖请师之费，于旁人无干及。道光二年，陈灼等写化驼客银两，添修临街东房两间，并补修窑楼。落成之后，俱无笔记，恐世远年湮，难叙颠末，并杜强梁之徒紊乱寺规，因列之于石，以垂不朽。谨序。施宅地同首事人：丁宗才、周从仁、沙环洲、周士科、王梅、陈姓族人仝立。大清咸丰十年后三月二十七日。

《陈君文科义事纪实》

夫乐善好施之行，富而有力者易为，而惮于为；贫而无力者难为，而且乐为。惟其难而必为之，此其所以谓难能而可贵也。如吾方陈君文科，岂非慷慨好义人乎！自其生平，相守于贫，自食其力，使他人处此方且汲汲啬利之不遑，而文科超然达观，不牵于世情，孑然一身不萦于妻室，竟以所有已业南砦外菜园贰亩余，悉数捐入清真寺内，办理公益，同众发表，书立契约，一俟身后践约实行。慨当以慷，实可敬也。同人等溯念渠之先世有此义举，彼能继先人之志为孝，博身后之名为智，不私于己而谋公众利益，为仁且义，一介草野，备此美德，庸可没乎！爰泐诸石，以劝来者。合方教胞仝立。中华民国三十五年冬月念日立。

《陈君文重义行录》

自来向善慕义之心人所固有，苟无以倡导之，乌能激发其志气哉！陈君文科，既以菜园地捐入清真寺，其弟文重见兄之所为如此，亦以己业与兄连壤地贰亩余，慨然捐赠，立券书约，毫无吝惜。轻财尚义为何如也且文重孑然一身耳，使其守此不变，亦不过碌碌没世泯然一庸俗人而已，惟其认识明确，见义勇为，故能慷慨仗义竭诚输将，致起穆民景仰动教胞之爱敬也。宜矣！此不足以愧守财之虏，钻营自肥，拔一毛而利天下，不为之鄙丈夫欤虽然莫为之先，虽美弗彰，莫为之后；虽盛弗传，彼之所为，兄能倡之，弟能继之，固谓难兄难弟，相得而益彰者也。同人等不忍其义事泯没，勒占并峙，以为好义者之兢云。合方教胞同立。中华民国三十六年桂月立。

五、回族人民的抗日活动和早期的回族党员

1938年秋，南阳回族抗日救国协会正式成立，水子立（1885—1970年）任会长，石桥绅士李平甫任副会长。是年冬，在水子立先生领导下，李平甫在石桥组建了“石桥回教战地服务队”，拥有队员60人，枪50支，

中共早期党员沈荣田（1911—1945 年）、沈虎田（1914—1994 年）兄弟俩（南阳回族人），先后来石桥对队员们进行过军事训练。1941 年农历正月初八下午，日军约 6000 余人由博望西渡白河进攻石桥。石桥“回教战地服务队”配合国民党军队阻击日军，战斗中队员胡振德、丁玉如等牺牲。正月初九，日军向镇平进军，石桥“回教战地服务队”在镇平杏花山下伏击日军，打死日军 150 余人，获得许多战利品，孙连仲将军曾授予他们“共赴国难，为国争光”锦旗一面，当时南阳的《前锋报》上曾刊登了他们杀敌的战绩。1939 年，中共党员孙绍先（回族，南阳南河店人）根据上级党委指示，在石桥镇成立了中共党支部，发展 3 名回族党员（周子富、周玉亭、海鹏翔），这些回族党员都为南阳的解放做出了很大贡献。

六、回族人物略记

刘金耀（1912—1991 年），石桥人，周化民阿訇的学生。1937 年任河街清真寺教长，1953—1966 年又先后任南阳县新店、方城县马庄等地教长。他刻苦钻研《古兰经》等，深受穆斯林的尊敬。1979 年 8 月，他再次被南阳河街清真寺聘为教长。1981 年，任南阳地区伊斯兰教协名誉主席，并兼任南阳市（县级）伊协主席，并被选为中国伊协委员。刘永凤，女，现任青海省人民图书馆副馆长。刘永平，刘金耀阿訇之女，主编了《科圣张衡》。柏长松，女，现任南阳教育学院副院长，副教授。沙保林，原任南阳地直党组书记。王建英，女，全国六届人大代表。沙保祥，原河南省财经学院高级经济师。水子平，现任南阳市眼科医院副主任医师。陈振江，现任河南省民族宗教委员会主任兼宗教局局长。王国凤，女，原任甘肃省水利水电勘测设计院高级工程师。马丹尘，一生从医，又精于书法，他书写的“清真寺”匾额现存于南阳清真寺内。马建生，现任郑州大学党委副书记。水自富，原甘肃省金昌市有色金属公司高级工程师。柏长青，原任南阳地区行署办公室主任，现为南阳市书法家协会会员。丁琳，现任青海大学党委副书记。沙兰英，女，阿訇，现任郑州伊斯兰经学院讲师。李朝兴，副主任医师，原任河南省潢川卫校校长。丁平，女，现任青海省党校教授。陈斌，副主任医师。姚长龄，副主任医师。马建平，现任解放军某部少将。姚澎凌，1947 年毕业于河南大学生物系生物专业，从事植物解剖教学和科研工作，曾著有《植物制片技术学》《双子叶植物资源调查研究》等，兼任河南省植物学会理事，1986 年 11 月被评为教授。

（原载于《回族研究》，2001 年第三期，95～97 页）

驻马店市的回族

杨少华

驻马店市是一个多民族居住的地区，除汉族外，有回、满、壮、苗、藏、朝鲜、维吾尔等42个少数民族成分，其中回族历史悠久，人口最多。在漫长的历史岁月里，驻马店市回族和其他民族和睦相处，相互依存，在开拓祖国疆域，抵抗外国侵略者，维护祖国的统一和完整，进行革命斗争，发展生产和文化科学技术等方面，都曾做出过应有的贡献。只是在旧社会，由于阶级压迫和民族压迫的缘故，有些情况没有被充分记载下来，已有的历史资料又很分散，本文仅就作者搜集到的部分史料和调查的结果，进行简要的介绍。

一、回族人口及分布

中华人民共和国成立前，封建统治阶级不重视民族问题，没有统计过少数民族人口，因此，回族人口无法统计。中华人民共和国成立后，随着人民生活水平的提高和医疗条件的改善，回族人口自然增长率得到提高。据河南省民族事务委员会统计，1964年驻马店市回族人口30775人，1976年全市回族人口增长到44056人，1982年第三次人口普查时全市回族人口为46560人，1990年第四次人口普查时全市回族人口53928人，2000年全市回族人口63340人。2011年，驻马店市回族人口已达71850人，约占全市总人口的0.85%，占全市少数民族总人口的96.4%。九县三区都有回民居住，人数多者万余人，少者千余人。他们在乡下自成村落，在城则成街区，并在聚居区建有清真寺。西平县、驿城区、平舆县、汝南县、泌阳县等县区回族人口较多，分别占全市回族总人口的24.2%、13.8%、10.8%、9.6%、9.5%。确山县的盘龙镇、新安店，泌阳县的羊册、象河关、二铺、百秩店，遂平县的石寨铺、玉山、和店、余庄，西平县的北关、蔡寨、五沟营、大吕庄、花马刘，上蔡县的北街、黄埠，汝南县的汝宁镇、南和孝，平舆县的庙湾、东和店、杨埠，新蔡县的北关、李桥，正阳县的北关、铜钟和驿城区的平等路、老街等，都是回民比较集中的村镇或街道。

二、回族的历史渊源

驻马店市回族来源，最早可追溯到唐代。据《驻马店地区志》载："唐则天后长寿年间（693年），有东来的'胡商'在泌阳象河留居，伊斯兰教随之传入本区。"宋代大食、波斯商人来华经商者比唐代更多，这些人除云集京城外，还有许多散居在各郡。汝南曾是他们的散居地之一。

驻马店市回族的主要来源是元朝屯田的"色目人"（元统治者将人分为四等，其中把回回列入第二种，称色目人）和明清以来因经商、避难或其他原因迁居而来的回民。

元代，统治者把从中亚带来的一些"色目人"中的"回回军""回回工匠"编为"探马赤军"，与蒙古军并肩作战，战后将这些人遣往各个要塞驻防屯田，长期居住下来。《元史》载："太宗四年（1232年），首将拖雷带东归蒙军，迂回到邓州、唐州、蔡州（汝南），威胁金朝京都开封。"这些蒙古军中的老、弱、伤员曾被留于上述诸州，汝南回回人口开始增多。"至元二年（1265年），忽必烈分四亲王属州：郑州隶合丹；睢州隶孛罗赤；钧州隶明里；蔡州隶海都。"所谓属州，就是亲王食禄的采邑。亲王手下有一些回回人为亲王经营蔡州出力，这些人也有定居蔡州的。《元史》说："南北混一后，以蒙古探马赤军屯于中原之地"，"列大府以屯之"。"至元十八年（1281年）世祖诏令：括回回炮手散居他郡者，悉令赴南京路屯田。"蔡州在元代属南京路，在"列大府以屯之"的屯田范围，于是进驻了前来屯田的回回军士。至元二十九年（1292年）世祖命

"探马赤军一体随地入社，依例劝课，与编民等。"这样，在蔡州等地屯田的探马赤军取得普通农民的身份，不再是"外来人"了。"英宗至治三年（1323年）正月，遣回回炮手万户赴汝宁（汝南）、新蔡，遵世祖旧制，教习炮法。"另据汝南、平舆、新蔡等地回民口碑代代相传，认为当地回民的祖先是阿拉伯人，元朝时被调到咱这里造炮、屯田，并在聚居地创建有礼拜寺，由长者担任领拜、宰牲并主持婚丧、节日等事宜。

元末，河南各地爆发了农民起义，驻马店市是主要战场之一，受战争影响，人口大量减少，土地大面积荒芜。明初，朝廷强迫山西等人口相对较多的地方向河南等地移民，其中有不少回民迁到驻马店境内的确山、西平、平舆、遂平等地定居，从本市一些回族家谱和清真寺创建碑文中可以反映出来。据西平县柏城镇吕氏家谱记载，吕氏回族世代信仰伊斯兰教，元末明初，由山西省洪洞县城西北七里涝迁居于西平县北关，后分居于西平县的王店、狄庄、大吕庄、东吕庄、小吕庄、韩庄、五沟营、高桥、吴堂、小王庄、花马刘、蔡寨、徐庄、重渠，遂平县的濯阳镇、赵庄、石寨铺，泌阳县的小吕庄、沙河店、百秩店和上蔡县的黄埔等地。另据遂平县石寨铺张氏回族家谱记载，张氏祖籍河南孟县桑坡，元末明初，为逃避匪患，始祖弟兄二人分别迁至遂平县石寨铺和西平县城东代庄，后又分居于西平县北关、花马刘、蔡寨、狄庄、张坡、吴堂等地。

明末清初，随着回族商业的不断发展，不少外地商贾纷纷迁入本区各县定居经商。如西平县蔡寨回族乡肖洼村的白氏，原籍孟县桑坡，明代因经商迁居肖洼，后分居于遂平县的诸市、泌阳县的百秩店及上蔡县的北关、宁庄等地。在这一时期迁居本区的回族还有：西平县芦庙乡坡寨村的周氏由郾城县周庄迁入；五沟营镇的李氏由郾城县前油李村迁入；芦庙乡大吕庄的艾氏由叶县红岭沟村迁入；芦庙乡小赵庄的赵氏由禹州市山货场迁入；蔡寨回族乡的黄氏由甘肃凉州（今武威县）迁入；遂平县玉山镇杨庄和泌阳县百秩店、王店的杨氏由封丘县后荆乡迁入；汝南县的马氏由潢川县迁入；新蔡县吴庄的吴氏由睢县迁入；另外，象驿城区的马、王、杜、杨、陈、沙、宛、穆、方、韩、买、孙等姓氏回民大多是在清光绪三十年（1904年）后，因经商先后由周口、郾城、开封、南阳、沈丘、淮阳、太康、长葛等地迁入。

进入民国时期，由于受京汉铁路的影响，驻马店市的回族又有所发展，他们的聚居点由明、清以来的几十处已扩大到百余处。回族人口达27000人。新中国成立后，由于大学毕业生分配工作，干部、职工的正常调动和不同地区的联姻，回族人在驻马店市的分布更加广泛，回族人口也相应增多。

三、回族的社会地位

旧中国，由于长期存在民族压迫制度，驻马店市回族历来是受压迫、受歧视的。在政治上，除少数回族上层人物外，绝大多数回族同胞一直处于无权地位，一向被视为“穷回回”。在法律上，统治者推行民族歧视政策，挑拨回、汉族之间关系，制造重重矛盾，以达到他们压迫和剥削少数民族的目的。更有甚者，有些地方官吏窥视朝廷意向，矜张办事，诬民邀功，致使回族群众长期处于水深火热之中。如在清宣统三年（1911年），泌阳县象河回民因在清真寺做礼拜，被地方豪绅看见，认为回民在清真寺“夜集明散”，准备谋反，便报告官府，官府派重兵将象河层层包围，一次血洗回民40余口，并将该清真寺化为灰烬。1942年，新蔡县李桥乡常湾村回族在一个月内7次遭到土匪的袭劫，不少回民家破人亡。1945年，新蔡县保丁赵俊五因没拉着回民方德功的壮丁，就将其父亲拖到李桥镇公所毒打了6天。1947年，泌阳县百秩店回民马常，因不愿给国民党地方团队宰抢来的耕牛，全家3口人被杀，其惨状令人不忍目睹。

中华人民共和国成立后，党和国家推翻了民族压迫制度，主张国内各民族一律平等，把少数民族的发展进步事业视为己任。为了让少数民族当家做主，从各县市中选举出少数民族的代表人物和先进工作者，作为人民代表大会代表和政治协商委员会委员，参与地方重要事物的决策和政治协商。1956年，经河南省民族事务委员会批准，在回族较集中的新蔡县李桥和西平县蔡寨分别建立了李桥回族镇和蔡寨回族乡。多年来，中共驻马店市委非常重视对少数民族干部的培养、选拔，通过选送民族院校深造、各级党校短期培训和实际工作锻炼，把优秀的少数民族干部不断选拔到领导岗位。截止到2008年年底，全市有回族干部2660人，分别工作在党政机关、企事业单位和文教卫生战线。

为了扶持少数民族发展生产，人民政府除妥善解决回族群众的劳动就业外，每年都在财政预算中专列少数民族扶助款，帮助发展集体经济。此外，政府还明文规定，凡有回族干部职工的单位，另设回民灶；每年开斋节，回族职工放假一天，平价增供回族居民食油每人50克，牛羊肉各500克，届时，各级党政领导要亲临清真寺与回族群众共度佳节。由于党和政府大力宣传贯彻民族政策，在民族团结方面做了大量工作，目前，一个新型的平等、团结、互助的社会主义民族关系已经形成，民族团结蔚然成风，有力地促进了社会主义现代化建设事业的发展。

四、回族的文化教育

历史上，驻马店市的回族教育比较落后，受教育者为数很少。明清时期，泌阳县百秩店、象河，遂平县石寨铺、玉山，西平县蔡寨街、五沟营、北关，汝南县城关，新蔡县北关、李桥和驿城区等清真寺先后创办了经堂教育，寺内招收一定数量的学生，由开学阿訇向他们教授伊斯兰教知识和一些简单的汉语知识。清末，回族中的一些有识之士创办了类似私塾的私立学堂，仅遂平县就有4座，分别为石寨铺的张华骞学堂、韩店的马贺学堂、赵陈的吕文明学堂、尹庄的吕富宾学堂。他们除教授本村学生外，还广收方圆数十里的回、汉族学生入学，为当地培养了不少人才。

民国时期，部分热心于公益事业的回族人士，看到自己民族教育事业的落后，非常痛心，在回族群众的共同支持下创办了一些回族义学，对回族少年儿童进行文化教育。义学在文化程度上相当于私塾，除学习伊斯兰教基本知识外，还学习国语、算术、百家姓、三字经等。民国元年（1912年）正阳县回民创办“伊斯兰回民小学”，招收初小一班，是驻马店市开办最早的回民学校。民国二年（1913年）汝南县清真寺设立初级小学，学生一班38人。民国五年（1916年），由驿城区回族群众集资创办了私立育英小学，校址在铁路东共和街西口南边，首任校长白润清，经费来源为回族牛皮行、油行、估衣业公会捐助。据统计，在这一时期创办的回族义学还有：泌阳县公立第一小学、泌阳县民众小学、确山县回教公立小学、西平县回教公立小学、西平县清真初级小学、驻马店育英中学等。由于这些回族义学规模小、资金不足、师资缺乏，时办时停。

中华人民共和国成立后，回族的教育事业得到了较快发展，全市先后建立了一批回族小学。1966 年前，全市有回族小学 3 所，有教师 86 人，在校学生 2079 人。2008 年增加至 17 所，其中回族小学 14 所、回族中学 3 所，有教师 589 人、在校学生 8146 人（其中回族学生 5274 人）。

五、回族的经济

回族人民在驻马店定居数百年来，由于历史的原因，生活状况很恶劣。中华人民共和国成立前，经济上长期处于贫困状态，过着衣不蔽体、食不果腹的悲惨生活。农村回民多为贫农、雇农、佃农，间有小商小贩或屠宰牛羊者，还能勉强维持生机。城镇回民 90% 以上的小商小贩，以卖汤、卖馍、卖烧鸡以及其他小吃或宰屠牛羊为业，少部分以挖土打坯、抬轿、卖水度日，多处于半饥饿状态。中华人民共和国成立以后，驻马店市的回族经济才有了根本好转。

农业。中华人民共和国成立后，驻马店市回族群众利用政府提供的发展生产补助款，购买水利工具、小型农具，逐步改善了生产条件。党的十一届三中全会以来，他们从实际出发，因地制宜，大抓种植业、养殖业和副业生产，如今，“光棍汉，头碰头，一年四季忙到头，家家吃的是窝窝头”的时代一去不复返了。

工业。中华人民共和国成立前，驻马店市回族本无工业可言。近年来，在经济体制改革的推动下，驻马店市的回族群众充分发挥善于经营的优势，发展多种经营，工业经济呈现空前繁荣景象，不少有经营才华的人脱颖而出，有的开发了过去从未有过的新产品，也有的挽救了濒于失传的民族工艺。如新蔡县李桥回族镇新达畜产品公司根据民族特点，发挥资源优势，进行了以牛羊为主的繁殖、饲养、收购、屠宰、加工、销售一条龙的畜产品系列开发，初步形成了区域支柱产业的新格局。西平县回族青年王建超创办的三星制衣厂是近年涌现出的少数民族企业后起之秀，该厂现拥有400多台制衣设备，600多名职工，总资产3000万元，年产各种标志服30万件套，产品覆盖河南、山东、陕西、北京、天津等省市。驻马店市回族企业家王银良，潜心钻研中药性能，将中药的性能与膳食口味有机地结合起来，以纯天然中药材香料为原料，在传统工艺的基础上，研制生产出纯天然调味品——王守义十三香，创办了享誉全国的驻马店市王守义十三香调味品集团有限公司。公司在抓好产品质量的同时，非常注重新产品的开发，目前，十三香调味品的系列产品已达十余种，改变了调味品市场以往粗糙单一的产品结构，领导了调味品行业纯天然、多功能、集饮食保健为一体的新潮流。现在十三香调味品已成为驻马店市实力最强的私营企业。

商业服务业。驻马店回族有善于经营商业、饮食业、服务业的传统，具有开展多种经营、发展商品生产的优势条件，是活跃城乡市场的一支重要力量。驻马店地区回民历来善于经营制革业，他们生产出大量牛、羊皮张并以个体形式走乡串集收购皮毛交售给国家，支援对外贸易。新蔡、平舆、西平、上蔡等地回民生产的羊皮以柔软、毛细密、弹性好、拉力强、油质适当等特色而闻名全国，其皮革成品或半成品销往安徽、浙江、江苏、上海、武汉、西安、青岛等省市，深受各地用户的欢迎。饮食业也如百花争艳，满街开放，回民善于经营熟食小吃，且品种繁多，味美色鲜。如八宝稀饭、油茶、绿豆稀饭、胡辣汤、豆沫、羊肉绘面、黄焖鱼、豆腐皮、焦虾米、豆腐脑、菜角、糖糕、羊肉包子、烧饼、卤鸡、水煎包等品种，历来为人们所称道。新蔡县李桥回族镇的羊肉汤以其肥而不腻、淡而不膻为特色，颇受八方食客的赞美，另如西平县蔡寨回族乡的清真罐饺、五沟营回民的清真胡辣汤、汝南县汝宁镇的清真五香牛肉、驿城区的清真烧鸡等都久负盛名。

六、回族的武术

驻马店市的回族群众一向喜爱武术，为丰富和发展中华武术贡献了自己的智慧和力量。自明清以来，回族武场（俗称“教场”）遍布城乡，习拳练武成风。在逢年过节时组织规模较大的武术比赛和表演活动（俗称“亮场子”）。各武班之间常互相观摩交流拳艺，以增进友谊，提高拳术。回族中不少有志青年，自幼苦练武功考中了武举、武进士或武状元。据民国《西平县志》载：“自凤鸣以武状元获跻显秩，于是习弓矢刀石者日益加多，武进士、武举连翩而出，故满清同、光年间西平武科之盛甲于汝南。”如清末著名将领张凤鸣（1849—1908 年），西平县环城乡花马刘人，同治十三年（1874 年）乡试中武举，翌年殿试中一甲第一名武进士，授头等侍卫，赏戴花翎。光绪二十二年（1896 年）署（西宁）巴燕戎格营参将。后选拔为云南督标城守营副将。张忠祥（1845—？年），西平县环城乡花马刘人，清同治六年（1867 年）丁卯科武举，光绪二年（1876 年）丙子科中一甲第二名武进士，授三品衔二等侍卫。嗣后官居广西郁林营参将。吕时中（1829—？年）西平县柏城镇东吕庄人，清光绪十四年（1888 年）、十七年（1891 年）长子桂枝、次子桂荣先后乡试中武举，二十一年（1895 年）桂荣殿试中武进士，嗣后官居浙江处州镇都司。吕桂荣，西平县柏城镇东吕庄人。其兄吕桂枝，清光绪十七年（1891 年）辛卯科中武举，二十一年（1895 年）乙未科中武进士，官居浙江处州镇都司。张盘铭（1850—1941 年）西平县环城乡花马刘人，从小喜欢舞枪弄刀，跟随叔父张成祥习武。有膂力，善行走，人称张家飞毛腿。传说从西平县到汝宁府一天打个来回。清同治十二年（1873 年）癸酉科中武举。后因守卫西平县城有功，奖六品顶戴。张凤图（1861—1933 年）环城乡花马刘人，张万林孙，张成祥次子，武榜眼张忠祥侄。自幼随父习武，剑枪刀棍，拉弓射箭，无不精，尤以九节鞭和连环腿为最。清光绪十一年（1885 年）乙酉科中武举。另外，西平县东吕庄吕逢荧、吕振乾、吕宪端、吕宪章，西平县花马刘村的张凤冈、张盘新、张凤起、张秀成，西平县狄庄的张桂忠，西平县芦庙乡小赵庄赵鹏举，西平县重渠乡黄庄李明海，上蔡县朱里的白琳、白新照，平舆县马楼的马振贤，新蔡县吴庄的吴英，泌阳县百秩店的海坤、张瑞铭，遂平县韩店的马金铎，遂平县赵陈村的吕新忠，遂平县玉山镇杨庄的杨发荣，遂平县余庄的吕天义、吕正义等均考取了清代武举。

如今，随着武术运动的普及与推广，驻马店地区回族武术承上启下，代有传人。如查拳代表人物苏传清、辛文采、白尚仁、韩志义，形意拳代表人物陈金英、陈登旭、马富安，八卦拳代表人物马俊图，醉拳代表人物方振魁，西洋掌代表人物童凤山、海朝阳等。他们吸收民族武林之精华，形成了各自独特的武术套法，对普及和推广驻马店地区的武术运动做出了贡献。

七、回族的医疗卫生

医药业是驻马店地区回族的传统行业。回族中从事中医内科、外科、儿科、妇科者不胜枚举。

海朝聘，回族，原籍南阳。清光绪年间在正阳县行医。海先生擅长儿科，俗语云“能治十男子，不治一妇人；能治十妇人，不治一小儿”，这说明儿科病不易诊治。海先生对病儿的诊断，着重是“望”，即观察病儿的神色、口腔以及手指纹，据此判断病情。为了便于婴幼儿服药，他自己炮制了一些散剂，使用效果很好。其子海子平对儿科也很有研究。中华人民共和国成立后，海子平在正阳南关城郊医院任职，慕名前往求医者络绎不绝。

李祥普，回族，清末西平县五沟营著名中医，在北街开设大众诊所，在长时期的医务工作中积累了一定的经验。其子李丙申自幼随父亲习医，以中医内科为主，擅长针灸。他根据外感、内因自拟了治疗方案，走村串户，为患者服务，针药兼用，双施病除，因此，誉振乡里，时有“李神仙”之称。

吕子仁，回族，西平县五沟营人，生于1900年，五代从医。子仁自幼随父学医，专攻外科，16岁开始行医。民国十四年（1925年），在本街设“仁人医院”，任院长，以治痈、疽、疔、疮为主，并理杂症。民国三十四年（1945年），曾为三十余名八路军战士医好了病，受到了中央领导的嘉奖。

李希贤，回族，上蔡县崇礼乡人，自幼继承祖传中医外科，于民国初期创办了“联合诊所”，并制作中药，施医舍药，周济贫民。1956年，该诊所转办为县公立医院，李希贤任院长。

宛彦荣，回族，驿城区人，中医外科，已传3代，以善治疮疡瘰疬等症痼疾而闻名。运用自配中药散膏丹剂治疗痈疽疔疖等一周内痊愈。治疗“复杂性肛瘘”采用分次穿线，逐一开瘘管分支、外敷生肌散，数月可根治。

白宗鲁，回族，原籍周口市宁庄街人。1933年迁居汝南观音堂街开设中医外科。他给穷人诊治疾病，不收费或少收费，在群众中有“白善人”之称。1952年参加城关联合诊所，1955年任城关联合医院副院长，1973年调至县人民医院中医外科，1984年病故。他一生行医50余年，对疔毒、瘰疬、下肢溃疡、发背、乳痈等外科病症治疗有独到之处。

杨林尉，回族，遂平县阳丰乡人，自幼随名师学中医外科，21岁开始行医，医道渐精，治疗多效。1951年创办民族中医外科诊所，既行医又制药，享有很高声誉。杨林尉医术高明，医德高尚，关爱、同情病人，平易近人，在50余年的行医生涯中，为万余名患者解除了痛苦。

遂平县玉山镇的马国成阿訇，自幼受名医真传，精于医术，在当阿訇期间经常为回汉族群众针灸治病，深受各族群众敬重。上蔡县宁庄的白九高、白九如两弟兄，自幼随名师学医，成名后经常免费为当地回汉族群众看病，深受群众好评。上蔡县北街的袁学德，其家三代同堂行医50余年，开设中医外科门诊，以治疗疮疗为绝，熬制的膏药颇有盛名。

八、回族的革命斗争

驻马店市回族和其他兄弟民族一样，勤劳勇敢，富于智慧，具有光荣的革命传统，为反抗历代封建王朝、帝国主义的阶级压迫和民族压迫进行过英勇的斗争。

明朝末年，驻马店市回民配合老回回马守应和李自成统率的起义军，在信阳、南阳、驻马店、漯河一带打击明朝地方政权，曾经攻占舞阳县城。

1919年5月，北京传来了传单，揭露北洋军阀政府在巴黎和会上丧权辱国的罪行，激起了全国各界人士的极大愤怒，驻马店回族私立育英小学的全体师生于5月下旬整队游行，沿街高呼：“反对卖国条约”“严惩卖国贼”“打倒帝国主义”等革命口号，这一举动得到了广大民众的拥护和支持，纷纷表示：“坚决不当亡国奴！”

1928年，日本军队突然出兵占领济南，残杀无辜人民和中国士兵两千多人，制造了骇人听闻的“五三”事件，激起了全国人民的强烈愤恨。消息传到汝南，汝南回民公立小学积极组织有30余人参加的宣传队，口号是“国家兴亡，匹夫有责，有钱出钱，有力出力，誓死不当亡国奴”，以唤醒民众，抗日救国，他们的宣传形式有：街头讲演，唱救亡战歌，演话剧等，并利用课余或假日下农村开展宣传。

1937年，日军大举侵略中国，抗日烽火遍及全国各地，这个时期驻马店地区的正阳、遂平、西平、新蔡等县的一些清真寺相继成立了“回教救国协会”，宣传、发动回民群众参加抗日救国斗争。正阳县大小阎庄及泌阳县百秩店、新蔡县李桥等地的回族群众还建立了回民救国服务队，收集枪支数百条，联合汉族地方武装，防御日军南进。同年6月，回族革命战士金孚光在正阳领导了著名的白沟庙农民暴动。9月，金孚光将正阳、罗山、息县农民暴动队整编为中国工农红军第一先遣队，他出任总队长，这支队伍后来转战于鄂豫皖边区，为建立鄂豫皖红色政权做出了重大贡献。

马鸿谟（1919—1996年），男，回族，汝南县城关人，1937年毕业于武汉大学历史系，同年10月，由马鸿谟、刘敬波、游志昆等人发起，成立了“汝南县青年救国团”，组织、发动汝南青年，掀起了抗日救国高潮。这个组织，实际上形成了地方统一战线，积极配合汝南县党的抗日斗争，做出了许多贡献。

吕海涛（1920—1967年），原名季莲，女，回族，西平县出山乡吴堂人。1937年毕业于西平县简易师范，1938年在西平县的吕店乡谢庄小学任教导主任时，购买平民识字课本，组织妇女识字班，同年2月入党，9月离校，参加了西平县抗敌战时服务团，曾转战于西平县的衡坡、芦庙、出山、合水、权寨、师灵、刘店、陈老庄、冯张庄等地宣传党的抗日主张。1939年在权寨小学任教时，参加了中共地下党领导的“西遂边区心声剧团”，演唱《义勇军进行曲》《谁愿意做奴隶》等抗日救亡歌曲。改编

《难民哭五更》，扮演《放下你的鞭子》中的老汉，博得观众的好评。

盖世祥，回族，原汝南县清真里寺阿訇。1939 年，他为中共竹沟留守处买药、送药、送情报、隐蔽伤员。当时中共河南省委在外寺办了医疗培训班，学员 80 人，学期半年，盖阿訇及其父为培训班讲解医疗理论及针灸、包扎技术，并发动回民群众为伤病员募捐，为中国新民主主义革命的胜利做出了贡献。

丁一（1920—1984 年），原名丁俊雅，女，回族，确山县盘龙镇人。她出生于贫苦的农民家庭，在学生时代积极参加了党所领导的抗日救亡活动，因此被学校开除。1937 年 5 月，她奔赴延安参加革命，同年 10 月在陕西云阳入伍，次年 2 月在延安入党。抗日战争和解放战争时期，历任延安抗日军政大学区队长、军事教育干事、军委卫生部队长、白求恩卫生部学校党委书记、冀中军区国际和平医院党委书记等职，为抗日战争和解放战争的胜利做出了贡献。

（原载于《驻马店驿城文史》，洛阳，河南省广电出版社，2012）

郑州真人墓志

古凤英

郑州真人墓志原文

真人道号默穆都哈天方人也来于河南郑州城内清真寺教化穆士林得为忠信之士者多矣昔于七月七日归真真体大发真香敬谨墓于州城之西门外大道之北为固土补奥师建有墓亭立有碑记斯地自安墓之后渐长为山其道旁浊水小沟变而为清泉大涧迄今山渐长而高水渐大而河矣昔日平地今则岗陵昔有三尺之沟今乃河水洋洋须过桥东上而上其山坡至其墓亭乃见碑记也当日郑州城内回汉愚民结仇已深约期打仗期前暮时西关有白帽回子进城者如云涌而来济济而入时至三鼓回子来有数十万遂鸣锣喊曰回汉宜和不宜结怨明日不打仗矣明日不打仗矣待旦寂无声色安堵如常明日刺史查城内回子并无添人西门外地方报曰真人墓内出白帽回子约有数十万是即奥师所显因化解其祸也此即固土补感应人可不敬乎其可不畏乎当日刺史诣清真寺劝化愚氓曰回汉皆毋嫉妒从来甚是相安自此感慕真人允宜保合大和造尔生民之福本州幸甚之至尔等懔之慎之凡属回汉百姓均当敬谨毋违

（选自《天方正学》中华民国十四年乙丑春（1925 年）北京牛街清真寺书报社印，原书作者清蓝予羲）

郑州真人墓志译文

真人（著名学者、高级修士）道号穆默都哈，天方（阿拉伯）人，来到河南郑州北大清真寺宣传伊斯兰教义，教化很多穆斯林，使他们成为虔诚的穆斯林。晚年，于农历七月七日归真（逝世），遍体散发浓郁的清香。葬于郑州西门外大道以北的地方，尊奉为“固土补奥师”（阿拉伯译音，即获高级教职，能创造特大奇迹的人）。后人为他建墓造亭树碑立传。

此地自为默穆都哈建墓以后，地势渐渐增高而成为山丘，路边的浊水小沟也慢慢变成清泉大涧，迄今山逐日增高，水也缓缓变大成河。往日的平地今天已是岗陵，旧时的三尺小沟而今已是洋洋河水，往返必须过桥。若到墓地去，过桥向东登上山坡就能到达墓亭，看见墓碑。

当时郑州城内的回汉两族百姓不和，结怨很深，双方约定了械斗的日期。但开仗的前一天晚上，西关有戴白帽子的回民进城，来者多如云涌，济济而入，到夜半三更之时，进城的回民已达数十万之多。他们敲锣呐喊：“回汉两族应该讲和不应结怨，明天不要打仗了！明天不要打仗了！”但到黎明声迹俱无，和往常一样安静。白天郑州的州官到城内查看，回民并无增加一人，唯有西门外地方官吏报告说：“约有数十万戴白帽子的回民从真人墓内出来。”这是“奥师”为化解这场灾祸而显现的特大奇迹，对此“固土补”感应怎能不令人敬畏呢！

当天州官到清真寺去规劝回汉民众。他说：“回汉两族皆不要相互怨恨，应一如既往和睦相处。从今后应该感激真人的功德，特别要保持友好安宁的局面。这就是我们大家的幸福。作为一州之长我也感到非常荣幸。所有回汉百姓都必须严肃认真地遵照执行真人的意旨，不得违犯。”

（原载于《伊斯兰文化研究》，1994 年第一期，5 ~6 页）

瀍河回族区筹建始末

宋丕祥

1953年5月，中华人民共和国政务院颁布《民族区域自治实施纲要》。

同年10月，市、地委决定，成立洛阳市瀍东回族自治区（乡级），办公地址设在东关大街（今市第五粮油公司院内）。

1957年7月，市委决定，市第二届人民代表大会通过，划出老城区的瀍东回族自治区，新安街和爽明街两个办事处以及郊区民族乡，建立洛阳市瀍河回族区（县级），马端（回族）任筹备组组长，办公地址设在瀍东回族自治区院内。

同年7月30日，经省委批准，成立中共洛阳市瀍河回族区工作委员会，由冯福顺、马刚道（回）、吴敏组成，冯福顺任书记。

同年11月10日下午，老城区和瀍河回族区进行交接，主要内容是：

街道。老城区移交给瀍河回族区的有瀍东回族自治区和新安街、爽明街两个办事处，共20个居民委员会（其中包括两个铁路家属委员会），共40431人。自治区和办事处有干部14人（其中正副主任级7人、办事员7人）

农业。老城区移交给瀍河回族区的有旭升、瀍东、北窑、前进、红军5个农业生产合作社。旭升农业生产合作社826户4529人，土地2824.08亩（其中水地2446.88亩）；瀍东农业生产合作社160户868人，土地962亩（其中水地482亩）；北窑农业生产合作社360户1734人，土地2323.12亩（其中水地240亩）；前进农业生产合作社276户1282人，土地2659亩（其中水地140亩）；红军农业生产合作社93户387人，土地963.42亩（其中水地12亩）。5个农业生产合作社，共1715户8800人，土地9731.62亩（其中水地3320.88亩）。

手工业。老城区移交给瀍河回族区的有漂染社、皮革社、一罗社、鞭鞘社、粉笔社、梳篦社、黑瓦盆社、皮革组8个社（组）。漂染社21人(其中社员17人、非社员4人)，皮革社64人（其中社员62人、非社员2人)，一罗社29人（全部是社员)，鞭鞘社21人（其中社员17人，非社员4人)，粉笔社14人（全部是社员)，梳篦社24人（其中社员18人、非社员6人)，黑瓦盆社14人（其中社员13人、非社员1人)，皮革组20人（全部是社员)。8个社（组）共207人（其中社员190人、非社员17人)。

商业。老城区移交给瀍河回族区的有第三合作饭店，31人；第六合作饭店，33人；第八合作饭店，18人；第十八合作饭店，11人；回民一饭店，22人；回民三饭店，17人；蔬菜二店，8人；蔬菜四店，6人；农民贸易服务部，30人；生牛肉店，14人；回民肉食店，13人；烟酒四店，13人；铁路副食品加工厂，29人；百货一店，10人；废品店，7人。共计15个店（部、厂)，262人。

文教。老城区移交给瀍河回族区的有北窑小学，12个班，学生536人，教职员工18人；新街小学，14个班，学生665人，教职员工23人；新安高小，15个班，学生692人，教职员工23人；新安高小附中，10个班，学生492人，教职员工17人；上窑小学，8个班，学生352人，教职员工13人；东通巷小学，10个班，学生469人，教职员工17人；下园街小学，4个班，学生206人，教职员工6人；回民小学，14个班，学生694人，教职员工23人；爽明街小学，11个班，学生528人，教职员工18人。共计学校9所，98个班，学生4634人，教职员工158人。

另有文化站1个，工作人员1名。

卫生。老城区移交给瀍河回族区的有车站诊所1个，17人；东关诊所1个，12人。两个诊所共29人（其中西医5人，中医7人，司药7人，护士、护理员6人，会计2人，炊事员2人)。

另有个体医6人，天主堂诊所5人，车站接生站1人，北窑接生组2人，东关接生站3人，私人接生员2人。

劳动。老城区移交给瀍河回族区的有高小以上文化程度的青年劳力登记表185份，工人683人（其中基建壮工145人，市建壮工116人；基建钻探工384人，市建钻探工38人）。

民政。老城区移交给瀍河回族区的有烈属6户，军属142户，一等残疾军人1人，二等残疾军人1人，三等残疾军人2人，复员转建军人95人（已就业91人、未就业4人）；烈军属定期补助户8户、临时补助户26户，复员军人补助户3户，市民定期补助户111户、临时救济户136户，农民临时救济户96户。

老城区副区长锁明伦、瀍河回族区筹备组组长马端（回族）分别在交接书上签字。

同时移交给瀍河回族区的还有郊区的民族乡，辖马坡、塔湾两个回族聚居的农业生产合作社。

1957年11月15日，经国务院批准，洛阳市瀍河回族区正式成立，马端（回族）任代区长。

1958年4月，洛阳市瀍河回族区召开首届人民代表大会（按原洛阳市第二区和老城区人代会序列，认定为第三届人代会）。大会在洛阳军分区礼堂（今东新安街市农机公司院内）举行。出席会议的代表72名，列席代表23名。大会选举马端（回族）为区长，刘迎祥为副区长；选举人民委员会委员13名；选举刘敬德为人民法院院长；选举出席市第三届人民代表大会代表26名。

（原载于《管城文史资料》第二辑，110～113页）

商丘回族姓氏溯源

杨少华

回族是中华民族大家庭中的一员，在中国，回族信奉伊斯兰教，然而伊斯兰教并不等于回族，更不能简单地判定回族仅是西亚、中亚穆斯林移民中国的后裔。中国的回族在长达千余年的历史里，由于信奉伊斯兰教，以此为纽带，自相婚姻，并通过同当地居民的婚姻，让这些居民皈依伊斯兰教，在血统上呈现融合和融化性质，特别是在明朝初年，朝廷用法律条文形式固定下“不允胡人（包括了当时信奉伊斯兰教的回族、维吾尔等民族）自相嫁娶”，因此可以说，回族的族源，既来自于西亚、中亚各地穆斯林移居的先民，也与当地居民有血缘关系。中国回族和我国其他民族一样，都是中华民族大家庭的一员。

商丘回族人口十余万，是河南省回族人口最多的城市之一，商丘回族的来源可以追溯到唐宋时期，那时已有大食人、波斯人和其他信奉伊斯兰教的“胡客”来河南经商和留居，但为数甚少。据回族谱牒、族谱和历史文献资料记载，商丘回族的主要来源则是元朝屯田的“色目人”和明清以来因经商、避难或其他原因迁居而来的回民。屯田和商业活动逐渐形成了商丘回族分布“大分散、小聚居”的显著特点。

姓氏源于上古，历代相承，流传至今。姓氏是氏族、种族的标志，又是人们在生活中相互交往所必需的。回族的先人来华后一般都保留着自己原来种族的姓氏，即阿拉伯人名、波斯人名等。随着时间的推移，由于政治、经济、生活等原因，他们本人或他们的后裔逐渐使用汉姓汉名。

据人口普查资料显示，商丘回族共有艾、安、白、巴、拜、包、鲍、常、蔡、陈、曹、长、崔、程、丁、杜、董、戴、邓、狄、法、傅、范、方、付、高、古、郭、盖、顾、关、海、哈、韩、何、洪、胡、虎、黄、金、蒋、贾、姜、姬、李、刘、柳、吕、黎、路、卢、鲁、罗、芦、陆、梁、孔、库、马、买、穆、孟、满、倪、钱、屈、曲、邱、祁、乔、潘、庞、赛、沙、闪、单、石、苏、尚、孙、宋、沈、锁、任、唐、帖、佟、陶、铁、田、宛、王、魏、吴、伍、武、洪、位、徐、许、谢、夏、薛、杨、姚、袁、于、尹、尤、颜、余、阎、严、张、赵、郑、朱、周、褚、詹等120姓，因情况不同，对各姓氏源流不能逐一记述。有史可考者，予以简述。

艾姓　回族中的艾姓主要来自阿拉伯语经名首音，其分布多在河南、河北及江苏等地。商丘市睢阳区艾氏祖籍叶县，始祖于清康熙年间（1662—1722年）因生计由叶县红岭寺沟迁居睢阳等地。

白姓　回族中的白姓是回族大姓之一。商丘市民权、睢县、柘城、梁园等地白姓回族祖籍河北，元末由河北真定府吴吉县（今无极县）高头村迁居民权县伯党集，后分居其他县区。另外，柘城部分白姓回族称其祖籍为怀庆孟县（今孟州市）桑坡，明中叶迁居柘城。

丁姓　丁姓为回族古老的姓氏之一。“西域人多名丁，既入中国，因以为姓。”丁姓回族在全国均有分布。商丘市睢阳、梁园、民权等地丁姓回族祖籍孟县（今孟州市）桑坡。清康熙年间（1662—1722年）由桑坡迁居考城县，后散居李集（今民权县城关镇老城）、睢阳等地。

郭姓　回族中的郭姓早期见于元代福建泉州、山东菏泽和河南郑州等地。据睢阳回族《郭氏族谱》载：郭氏回族，祖籍山东郭庄，世代信奉伊斯兰教，明代因经商迁居商丘。

海姓　回族中的海姓主要源自元朝时屯田中原的“探马赤军”经名译音，主要分布在中原、西北和山东等地。商丘市海姓回族祖籍山东沙海，始祖弟兄四人因生计于明朝嘉靖年间迁居睢阳。另外，民权、睢县等地海姓回族称其祖籍为荥阳县（今荥阳市）刁沟村，明末定居于此。

韩姓　回族中的韩姓主要分布在山西、河南和东北地区。柘城县《韩氏家谱》记载：我韩氏回族，原属山西平阳府洪洞县，世代信仰伊斯兰教，元朝末年（约1367年）来祖韩希尧兄弟三人因战乱迁居柘城县慈圣。后分居于睢县、睢阳、梁园、宁陵、太康等地。山西省洪洞县《大槐树志》也证明了此说。

金姓　回族中的金姓主要源自祖上阿拉伯语经名和赐姓。开封《金氏宗谱》载："吾族原籍天方国，西（经）名亦不喇金（古时将伊卜拉欣译为亦不喇金，金姓就取自名后的金字），（后）移居撒马儿罕。唐贞观（年）间请助讨贼始入中原，至元季尚公，主封指挥使司，族乃滋大。及明太祖起兵，先锡爵公以土司率义勇助剿寇党有奇功，敕赐锦衣卫指挥使司，遂赐姓金，敕封护国将军。"商丘市金姓回族主要分布于民权、睢县、睢阳、梁园、宁陵、夏邑等地。据民权金氏回族老人讲，明末金姓回族由开封迁至考城县西金楼村（今胡集回族乡金楼村）。崇祯十五年（1642年）河决开封，有金时，字松，明太学生，由开封迁居金楼村。金时有四子，分居金楼、张楼、金庄、白老家等处。金氏四世孙金世隆，为乾隆七年（1742年）武进士，官至福建永建营守府。十世金梦简，1909年拔贡，同盟会会员，曾任河南省通志馆协修，主编宗教志六卷，其女金韵1933年河南大学中文系毕业，为民权县最早的女大学生。

李姓　回族中的李姓主要源自赐姓，如唐代时的"李光颜，本阿跌失，敕勒十五部落之一也。因世有武功，赐以国姓荣之"。再如五代十国前蜀的李舜弦（诗人）、李珣（文学家、药物学家）、李成三兄妹，本波斯人，其先于隋朝时来中国经商并定居，后封官入仕后赐给了李姓。李姓回族主要分布在河南、河北、西北和东北地区。李氏回族在商丘市分布较广，却同姓不同宗。据民权李氏回族族谱载：李氏明末由封丘县后荆圪答（现名后荆乡，也是回族聚居地）迁至考城县大凡集。1778年河决考城县。后散居北关堤角、伯党集等地。堤角村有李慎，为清同治元年（1862年）壬戌科举人。另据睢阳区李庄乡吴楼村李氏回族家谱记载，其先祖于明末从山东曹县迁来。此外，夏邑、梁园等地李氏回族修《李氏族谱》记载："太祖高皇帝龙登宝位，天下一统，四海清宁，万邦拱贺。广济兄弟等献表纳贡称臣，封燕州牧，随改宛平令，济生彦刚，刚生明善。于洪武四年因茶马事发，彦刚同明善迁于大梁为民……后至正统二年大河水决，作伐乘水载于南顿"；又"高祖公李彦刚，大梁祥符人，其先祖西域哈白"。这支李姓先祖祖籍西域，元末明初在北京做官，因茶马事件，其后人迁居开封，后迁入沈丘、项城、夏邑、商丘等地。

刘姓　刘姓回族在商丘市分布较广，几乎本市所有县区都有刘姓回族定居。据睢县刘氏族谱记载："我刘氏始祖世居金陵（南京），迁居沧州代远年湮，无所考核，后传诿彦公于明洪武初年以锦衣卫指挥使官睢，遂为我刘氏来祖之始，于今十有五世矣。"另据柘城县西关《刘氏先人肇基碑》记载：明宣德八年（1433 年），始祖刘维经从顺天府迁柘。

吕姓　商丘市吕姓回族人口不多，主要分布于宁陵、睢阳等地。据宁陵县东关吕姓回族老人介绍，明初，吕姓始祖吕克军率吕姓从洪洞县迁宁陵东关定居，迄今已历 10 世。另据睢阳区吕姓回族传，其祖籍为兰考县，清初由兰考迁睢阳，世代务农，亦有经商或操手工业者，子孙繁衍至今。

马姓　回族中的马姓最多，有"十个回回九个马"的说法。马姓主要来自阿拉伯语祖名（经名）首音，"我教之马，则多为阿拉伯人名之译音。首音，均可以马字译也"。马姓虽众，多有同姓不同宗者，在本市有"五马不一家"之说，如油坊马、锅片马、七根椽马（又称项城马）、开封马、山东马等。据民权县马姓回族宗谱记载：马姓回族明以前居住在北京，永乐时迁居开封，明崇祯十五年（1642 年）河决开封，迁居考城县西南毛里（今民权县王桥乡毛里村），然后迁至考城县城，清康熙至乾隆年间有进士马成等三人、武举人马伦等四人。清乾隆四十三（1778 年）年河决考城，马氏一支迁居伯党。清光绪至中华人民共和国成立前，伯党马氏人才鼎盛，曾出过武举、武进士各一人，文举三人。举人马振滨做过清朝的广西滨州知州，民国初年做甘凉道尹。马振濂民国初年任河南省议员、河南河务局工长。举人马振波曾任过安徽省政府秘书，中华人民共和国成立后任河南省文史馆研究员，著作有《二知斋诗集》，现存诗 900 多首，1986 年曾在是本影印《二知斋诗集》摘录封。马予真，1939 年参加中国共产党，领导人民进行抗日战争。新中国成立后历任开封专员公署副专员，河南省民委副主任，曾当选第一、二届全国人大代表。马德耀（现名马光）是新华通讯社驻巴基斯坦特派记者。马尉慈是河南大学附中特级数学教师，他所教的高三毕业班，1986 年升学率达到 97%，为全省之冠，为河南省教育事业做出重要贡献。睢阳另一支马姓回民，于明隆庆年间由项城迁人。《项城县志》记载："马氏为陈巨族，始自洪洞，又迁南顿、槐坊诸处。"李、马两宗占今槐坊回族的多数，他们先在南顿（今项城市西南 3 公里南顿回族镇）安身立足，其后裔支派逐迁槐坊、商丘、太康、淮阳等地。

沙姓　沙姓为回族中的大姓。故《千家姓》称："今回族多此姓，别为一族。"该姓大多取自阿拉伯语经名首音和尾音。沙姓回族主要分布在山东、河南、西北、江浙地区。据睢县沙姓回族世代口碑相传，其祖籍系山东沙海，明末因经商迁居睢州，后分居睢阳、梁园、宁陵、民权、柘城等地。

苏姓　苏姓为"回族十三姓"之一。苏姓大多取自阿拉伯语经名首音。商丘市苏姓回族祖籍淮阳，明末由淮阳县苏花园迁居睢阳区西关，后苏氏繁衍更多，仅睢县就有数个村庄，民权、夏邑、永城、柘城等地都有苏姓回族定居。

王姓　回族中的王姓主要来自唐初时到中国传播伊斯兰教的阿拉伯人宛葛思的谐音。王、宛、安、万等回族姓氏皆由此而来。王姓回族在商丘市分布较广，却同姓不同宗。夏邑《王氏宗谱》载：始祖王武，原籍山西省洪洞，于明洪武十四年（1381 年）迁居夏邑。再有，宁陵县《王氏家谱》载：其祖籍为北京王府井，明代因经商迁居宁陵。另有睢县王姓回族，族谱上写系杞县人，明末迁居睢县。

吴姓　吴姓为回族分布较广的大姓之一，在中国各地均有分布。商丘市吴姓回族主要分布于睢县城内、东关、平岗、潮庄、西吴庄、东吴庄、后刘庄、袁坟、长岗、聂楼、轳辘湾、段吉屯、尤寨，民权县车站、伯党、石柱，宁陵县的城内、东关、谢集、付堂，柘城县的西关、慈圣、远襄、睢阳区、梁园区等地。《睢州吴氏族谱》（1988 年修）记载："睢县吴氏家族原籍山东沧州（今为河北省辖市），我始祖于明朝初年携眷任睢州知州，建宅于城内西大街，来祖坟茔建在小南关，按世系计到仁字辈已二十三世。"

杨姓　杨姓为回族主要姓氏之一，其分布也相当广泛。商丘市杨姓回族主要分布于柘城远襄、大仵、起台、慈圣，睢阳区郭村，睢县康河、西门里、潮庄、辘轳湾，夏邑县城关和虞城县陈庄等地。睢县杨氏族谱记载："杨氏祖籍封丘县后荆圪答（现名后荆乡），明初来睢为阿訇，建宅于城内清真寺南。"另据虞城县的杨姓回族家谱记载，他们是随"燕王扫北"而来的南京钦天监杨家。清嘉庆元年（1796 年），太学生杨勒母孙氏携五子一孙女从山东泰安东智天庄迁至虞城县王集乡陈庄定居，后分支住刘庄。

张姓　回族中的张姓主要源自赐姓。据《回族人物志·明代》载，明天启五年（1625 年）进士，河南夏邑知县张忻，祖籍西域，“赐姓于明初，才改称张氏。”其子张瑞，曾任清代《明史》纂修官、《太宗文皇帝实录》副总裁、礼部左侍郎和擢国史院大学士等职。又据民权县《张氏族谱》称，张氏明万历年间由西华县小窑迁至考城县西十里之谷皮村（今民权县胡集回族乡张庄村）。时考城县回民只有盖、张二家，张氏始迁祖为张元述。王桥乡麻花庄张氏即其一支，制作麻花已有 7 世，近 200 年，麻花是民权县著名风味小吃。此外，《商丘张氏回族宗谱》记载：“适嘉靖间大梁（今开封）张氏迁至归德州。”

赵姓　据山东青州城南扈家子薄板台立于明代万历五年（1577 年）的赵氏茔蝎记载：“吾始祖伯颜，乃西域人也。仕元（后）赐姓赵……迨其子明远（伯颜之子），始奉我朝，命徙青（州），为编户”。后分支住安徽怀远、河南淮阳等地。另外，商丘市部分赵姓回族称，其祖籍为山西洪洞，明洪武年间，迁居于宁陵和禹州山货场等地。

朱姓　回族中的朱姓为明朝皇帝赐给的国姓。“明初，皇帝赐姓有国姓、民姓之别，国姓是皇帝的朱姓。”朱姓回族主要分布在河南、山东、安徽、陕西、江浙一带。商丘市朱氏回族于清康熙年间（1662—1722 年）由开封迁居考城县胡集。乾隆年间（1736—1795 年）又有朱斌然、朱美然兄弟至张庄清真寺当阿訇，也定居胡集。清末有朱树棠，为反清团体“仁义会”头领。宣统三年（1911 年）曾组织千余人赴开封起事，响应辛亥革命，后因奸细告密，领导被捕杀，人员解散归里。

钱姓　在明代初期，由于政治斗争激烈，朱元璋时期搞了胡惟庸、蓝玉两大案，牵连数万人，一些文武官员先后来到河南避难。蓝党将士中的钱姓回族系在这一时期迁居睢县，原居住在南魏张（今魏张屯），后移居城南核桃园（东关）。

盖姓　盖姓是回族大姓之一，主要分布在河南、河北、山东和西北地区。明嘉靖年间（1522—1566 年），盖姓回族由汴梁（今开封）迁居归德府，万历年间（1573—1620 年），迁居考城县西十二里之盖庄。清康熙三十八年（1699 年）有举人盖天锡，当过河南新野县教谕。盖氏为考城县最早的回民。

徐氏　商丘市徐氏回族祖籍山西王庄，明代迁居河南睢州，清乾隆年间（1736—1795 年）有徐乔、徐启者，由睢州小南门里迁居尹店东南之石柱村。徐乔有 5 子 29 孙。嘉庆二年（1797 年）为徐乔所立石碑，现在石柱南门处。该村现有回民 1300 余人。

潘氏　潘氏回族定居商丘市始于清朝中叶，民权县潘氏族谱载：潘氏祖居开封，明正德年间（1506—1521 年），河决开封，潘氏先祖由开封迁居考城县城西南隅（今堤角前）。清乾隆四十三年（1778 年），河决考城，潘氏先祖祭家由考城迁城东建庄。此后，分支住睢县西门里、东吴庄、睢阳区等地。

另外，宁陵县的关姓、姚姓，民权县的袁姓，睢县的顾姓、柳氏等姓氏回族都是在明清时期先后由山西洪洞、怀庆府沁阳县清化镇（今博爱县）、南京、开封等地迁居本市的，因篇幅所限，这里不再逐一记述。

（原载于《商丘政协文史资料》，1999）

周口回族姓氏及来源初探

李传明　倪胜章

周口少数民族近16万人，其中回族15.66万人，遍及全市八县一市一区。周口回族姓氏有百余个，其中形成村落的姓氏近50个。笔者不揣简陋，通过走访和对一些文献、碑刻、家谱的搜集、整理，现就周口回族姓氏及来源作一管窥，不当之处，敬请方家斧正。

一、多元族群融聚之地

中原是古代华夏族——汉族的发祥地。《尚书孔氏传》称“冕服采章曰华，大国曰夏”，华为荣，夏为中国、大国之人。而华夏形成之始就开始融入了羌、夷、戎、狄、苗蛮诸族，说明华夏社会当时发展较快，已处于诸“国”领先地位。《诗经·大雅》中载：“惠此中国，以绥四方”，形成“华戎同轨”，“冠带百蛮，书车万里”，“惟我中华，合极错杂之族以成国……合之民族愈众，斯国家之疆域愈恢”。①

《周口地区志》载：“东汉末年及三国时期，长期战乱，民众避乱而外移，以至中原荒芜……西晋永嘉之乱，西北少数民族大批涌进中原，永嘉五年（311年）进入区内。宋元时期，北方少数民族南下，部分汉民随宋南迁，南宋建炎二年（1128年），金人占领淮宁府（今淮阳）……元代至元年间，西域波斯人被忽必烈征迁中原，部分波斯色目人在穆罕默德·阿力率领下来区内定居”。史称十六国时期（304—439年）的135年中，先

① 民国《中国民族史》。

后出现了20多个政权，而汉人政权只有3个，且只有一个处于中原核心地带，其余为各少数民族政权。涉足河南地区的有匈奴人建的前赵，鲜卑人建的前燕、后燕、南燕，羯人建的后赵，氐人建的前秦。历史上北方少数民族融入中原并同化于汉族之中人数最多的，当数南北朝时期的鲜卑族和唐时的西域人以及金元时期的契丹、女真、蒙古诸族。南北朝的西秦、南凉、高齐、拓跋魏、宇文周等政权，皆为鲜卑人创建，493年北魏孝文帝迁都洛阳后，大批鲜卑族汉化融入中原。唐安史之乱，大批西域兵参与平叛，《新唐书》本纪六载："至德二载九月，以广平郡王为天下兵马元帅，率朔方、安西、回纥、南蛮、大食等兵二十万以进讨"。《纲鉴·纪事本末》载："唐至德二载……克复西京……遂引回纥西域之兵营于浐水之东"，这批军人助唐收复西京（长安）、东京（洛阳）后多留居于河南境内。唐时为安置被俘的铁勒部"尚十余万，诏议处置之宜，温彦博请徙之兖、豫之间，分其种落，散居州县"。唐朝对内附的西域等地酋长、部族首领、将领封臣赐姓的有：靺鞨人李突地稽、李嘉庆，东突厥人李思摩，奚族人李宝臣，河曲羌人李光进，党项羌人李思恭，安息人李之谅，沙陀人李国昌，回纥人李茂勋等，他们率大批族群臣民内附后留居中原。《新唐书》卷二一五中记载了沙陀（西突厥别部）将领李克用率军进入周口平叛，"（中和）四年（884年）……克用乃由河中济，趋许州，合徐、汴兵破尚于太康，战西华，又破之。贼（黄巢）走，河南平"。1140年，金兀术再破淮宁府（陈州），大批金兵入驻境内。1232年，蒙古军队包围金国都城汴京（开封），金帝完颜守绪经周口境内逃亡蔡州（汝南），周口境内成为金兵抵抗蒙古军队的最后战场，交战双方营寨林立，以至于这一带村庄今仍多以"营""寨"为村名，如沈丘的兀术营和兀术沟，项城的大金营和小金营等。1234年初，蒙军将领察罕和南宋将领孟珙，率军联合灭金，平金后，大批外族军士留居周口境内。

今周口境内姓氏中留有不同时期的少数民族融聚周口的印迹。如尉迟、慕容、宇文、呼延、赫连、贺、巴、候、莫、高、齐、达、奚、段、刘、韩等姓为典型的鲜卑族姓氏或匈奴人汉化后的姓氏。窦、薛为铁勒部姓氏。金国女真（满）族后裔留居周口境内最多，汉化后除少数使用原姓氏外，大多数随改汉姓。史料记载的女真姓通汉姓达31个，如"完颜汉姓曰‘王’，乌古论曰‘商’，纥石烈曰‘高’，徒单曰‘杜’，女奚烈曰‘郎’，兀颜曰‘朱’，蒲察曰‘李’，颜盏曰‘张’，温迪罕曰‘温’，石抹曰‘萧’，奥屯曰‘曹’，孛术鲁曰‘鲁’，移剌曰‘刘’，斡勒曰‘石’，纳剌曰‘康’，夹谷曰‘仝’，裴满曰‘麻’，尼忙古曰‘于’，斡准曰‘赵’，阿典曰‘雷’，阿里侃曰‘何’，温敦曰‘空’，吾鲁曰‘惠’，抹颜曰‘孟’，都烈曰‘强’，散答曰‘骆’，呵不哈曰‘田’，乌林答曰‘蔡’，仆散曰‘林’，术虎曰‘董’，古里甲曰‘汪’”①。普、查、同、李、王、金等姓为蒙古（鞑靼）人隐族后的改姓。从文献及周口现有姓氏中可以验证，历史上这里确系多民族融聚之地。

二、回族徙居周口的几个时期

唐宋时期周口是否有回族先民（时入中国的阿拉伯、波斯及中亚诸族穆斯林）活动已无法考证，但进入周口周边地区倒有记载。《全唐文》卷767陈黯《华心》载：“大中初年，大梁（开封）连帅范阳公，得大食（阿拉伯）人李彦升，荐于阙下。”《宋会要稿·官职》44载：“今来大食诸国蕃客，乞往诸州及东京（开封）买卖。”开封与周口毗邻，历史上周口部分县图多隶属于开封。回族先民大批进入周口是在元代，并且是分两次进入，一次是平金，一次是伐宋。

1217年，成吉思汗令国太师木华黎率探马赤军攻金，赤军初为蒙古五投下组成，后扩大至有汉人、波斯、阿速（信奉东正教的北高加索人）、康里（乌兹别克撒马尔罕）、畏兀儿（维吾尔）等族群参加，是攻金的主力军，最早进入周口境内的有维吾尔将领阔阔台和康里国木速蛮人答失蛮（从军教长）海鼻耳。《元史》列传二八载：“察罕贴木儿，字瑞廷，系出北庭（新疆巴里坤以西），曾祖阔阔台，至祖乃蛮台，父阿鲁温，皆家河南，为颍州沈丘人。”《辞海》注：“察罕帖木儿，元末畏吾儿人，字瑞廷。曾祖时自蒙古随军入河南，家于沈丘。”蒙太宗窝阔台平金后，按当时

① 《金史》卷一三五。

“上马则备战斗，下马则屯聚牧养”的政策，察罕所部及海鼻耳部分别留住沈丘和古项（今槐店回族镇），有的还担任了当地的总辖官，《新元史》列传二八载：“乌马儿，陈州达鲁花赤”。第二次则是1258年的忽必烈伐宋，原被蒙古大将曷思麦里（西辽谷则斡耳朵人，即今吉尔吉斯，从蒙太宗窝阔台征汴京，授孟州达鲁花赤等职）征服的波斯倪沙步耳（今伊朗尼沙普尔地区）部落，被征调至周口境内淮阳、沈丘一线驻防，这支队伍的首领为穆罕默德阿李。1273年，忽必烈下诏：“令探马赤军随地入社，与编民等”，这批军士由兵转民，留居在这里。据沈丘至元寺《重修清真寺碑记》载：“殆元世祖忽必烈至元十年，驱使被征服回疆及波斯人移中原，以波斯人穆罕默德阿李为首，驻屯古项之秣陵”，古项县治秣陵，即今沈丘县城。今沈丘县城东关大什字西侧有一口元代古井，名“四沿井”（1982年城区扩建时用板盖入地下），就是阿李所部为军中穆斯林饮用和沐浴之需在四个营队中间开凿的，提水时四个营队站在井沿四边同时提水，封闭式使用，以保持教门之纯洁。直至20世纪80年代初的700余年里，“四沿井”一直是当地回族穆斯林的专用井。沈丘的古寺、古井是元代回族先民留居周口的历史见证。

明代和清初为回族入周口之盛期，明代回族入籍周口主要与明朝廷实行“均田”导致的大槐树移民有关。元末社会矛盾加剧，天下大乱，江淮一带战事频繁，“时兵革连年，道路皆榛塞……北方郡，县近城之地多荒芜”。据项城《高氏族谱》记载：“元末豫寇充炽，歼灭居民，地荒人稀，荆棘丛生，寄径无从，荒荫遮蔽天日，中原数千里，浑如洪荒草茫之区”。明初，为开发中原农业生产，实行“均田”制，从山东、山西人口日繁之地进行南北移民，把居民从窄乡移到宽乡，从人多的地方移到地荒人稀的中原。自明洪武至永乐年间，西北一带居民，不断地被官府集中到山西洪洞县南门外的广济寺内树身数围、荫蔽数亩的大槐树下，发“凭照川资”，被迁往豫北怀庆府孟州诸地中转，有相当一部分被中转到周口境内。今周口境内回族中流传有“问我老家在何处，山西洪洞大槐树”的民谚，移民中一部分回民来到沈项淮三县边隅之地的项城旧治（即今沈丘县城，因明宣德三年项城治地陷河，后迁南顿殄寇即今秣陵）废城内栖身，因这里有元时建的教坊（清真寺），便围坊而居，后回民把这里称作“槐坊”，意为住在教坊上的大槐树移民。“槐坊”一名后又称“槐坊店”，清末设立“槐坊厅”（七品散厅），民国设“槐坊镇”，后简称“槐店”。明代回民入周口，可以从李、马两大姓的家谱中得以佐证。南顿回族《马氏宗谱》谱叙：“马氏世居山西洪洞县，三迁以至项城之南顿……自九丰公以来，历代两朝纪世十二地，分数州支别百派”，“马氏沈邑之巨族也，户大而散处于四方，初雪卜居于怀庆府之桑家坡，后迁郑州、陈州、通许、南顿、新站集、栏埠口以及太和等处。”据淮阳《穆氏家谱》载：“先祖兄弟二人，兄天才，弟永禄率全家由山西洪洞县枣林庄移民而来。”另外还有一支李姓大户回民由北京迁入。《李氏宗谱》叙表：“前明犹由燕州牧改为宛平令，洪武四年，至吾彦刚祖，始罢厥官，彦刚祖乃自宛平迁汴梁……正统二年，大河水决，作筏乘水，载于南顿原置房舍，就便安住为业。”清初迁入的回民大姓仍以李、马二姓（与明代迁入的李、马大姓不同宗）居多，主要是彰德（安阳）、卫辉（汲县）、怀庆（沁阳）三个移民屯居点的移民后裔逃荒或经商南迁而来。据沈丘老寺十三通碑记载：“清世祖顺治十年，西北及黄河北岸回民又相继大批迁来，以李、马、庞、海、刘五姓最多，徙居槐坊镇东关，东郊共计三十余村落，多以姓氏命村名，以经商耕田为业……马氏来祖马辉倡导修寺，后至马辉四世孙马延缙，经 50 年之艰辛，于清康熙四十二年完工。”碑文中马氏与明代迁入的马氏不是一宗，但与沈丘、淮阳交界一带的汉族鲁姓为同宗，当地人称其为“鲁马一家”。今沈丘北郊乡李安庄清真寺南有一清代墓碑，碑文载：“清初自河北后荆圪搭迁于槐坊镇，李氏始祖讳兰雨之墓”，荆圪搭系波斯语，其意今人不解，此地即今封丘县荆乡回族乡。《淮阳县回族志》载：“顺治六年，将回回内徙调迁，从山西洪洞县，河北省荆圪塔村，封丘椿树胡同及开封刁村等处迁至淮阳”。

随着周口水陆码头的形成，市井日渐繁荣，清末民初省内外一些跑反（躲匪患）、避乱、逃荒、传教、经商的回民不断涌入并定居下来。民国年间北平西北书局发行的《河南方舆人文记略》一书载：“回民之居豫者，多系陕甘汉人；元代兵裔，崇拜回教，迁徙于此。”书中把回族表述为“汉人”，可能与当时国民政府对回族的政策有关，蒋介石于 1938 年 10 月 17 日的一次讲话中指出：“中国的回教同胞，除一部分来自西域外，其余大多数还是内地固有的人民，实际上不过是信仰不同，并没有种族的分别”，并在其著作《中国之命运》一书中称“回民是生活习俗特殊之国民”。清末民初的回民确系来自陕甘，历史上陕西省大部分地区是回民聚居区，陕西回族占当时全国回族人口的三分之二，是清代回族人口最多的一个省。清同治年间，清廷为减轻太平天国反清运动的压力，为转移以汉族为主体的反清斗争视线，以驱逐异族为由，把矛头指向当时政治经济上处于弱势的族群回民，操纵并支持地方武装团练，在陕西发起对回民的大规模掠地屠杀，引发西北回民反清起义，清朝廷又以通捻为由，遂派左宗棠率军屠杀，陕西省除西安城未屠外，全省回民皆被赶杀殆尽。清政府为灭回付出了沉重的代价，客观上加快了清王朝的覆灭。（孙中山说：“没有马化龙领导的西北回族的抗清运动，辛亥革命不会如此顺利地成功。”）对回民起义的镇压减缓不了全国的反清浪潮，清政府遂又采取“招安”“以回制回”政策，来稳定西北局势，经过这次大屠杀，大动荡，大迁徙，大安置，形成了我国现在的回族区域格局。大批西北回民为避“秦乱”，隐名埋姓，其中一部分逃亡疏居于河南怀庆、洛阳、郑州、开封、归德各地。后为了生存又分散南迁，其中流入周口境内的为数不少，至今周口回民中流传有“宁往南走一千，不往北挪一砖”的说法，道出了清代西北政治社会环境、生存环境之险恶。

三、周口回族分布与姓氏特点

历史上淮阳即是周口区域内的行政中心。也是回族的分布中心，据民国二十二年（1933 年）纂修的《淮阳县志》卷四《民政上·宗教》载：“回回教在治城内西北隅，清康熙八年教长舍起灵、社首苏应元创设，现分设清真寺于北关、南关、新站、刘庄、沙庄、盖庄、小李庄、汪洼、龙泉寺、蔡桥、高河铺、周口老街、韭菜庙、天房街、陈州街、怀庆寺、荥阳寺、河西寺等处。”这 18 坊寺应是当时回民的聚居地，其中有 7 坊在今川汇区内，周口市区一部分街道原属于淮阳县管辖。今周口回族主要分布在太康、淮阳、川汇、沈丘、项城，这五县、市、区的回族人口达 13.15

万，占全市回族人口的84%。其次为西华、扶沟和商水、鹿邑，郸城回族人口最少，只有数百人。全市回族分布格局为“大分散，小聚居”，遍及各县市区103个乡镇（街道）的220个行政村（居委会）所辖的622个自然村（街）。回族人口主要分布在太康县的县城及城郊、马头、老冢、逊母口、大许寨、朱口等乡镇；淮阳县的县城及刘振屯乡的东、西方庄及蔡桥方庄、尚庄、孟庄、高河铺，白楼乡的沙茆刘、苏马庄、翰林楼，大连乡的小苏庄、方李庄、新陈、郭庄、马庄、寨门等庄，新站镇的西街，以及郑集、齐老、黄集等乡镇；川汇区有沙南、沙北、河西等20余条回民聚居街区；沈丘县主要集中在县城东关及相连的北郊乡的8个居（村）委会，人口两万余，是省内最大的回族聚居社区，该县的城关、留福、李老庄等乡镇也有分布；项城市的南顿、秣陵、水寨、丁集、永丰、付集等乡镇；西华县的县城东门、逍遥镇、东夏亭乡的姚庄，西夏亭乡的道陵岗、方庄及艾岗乡等地；扶沟县主要聚居于县城；商水县的县城及袁老乡的二府村；鹿邑县的县城及太清宫镇；郸城属零星散居。全市15.66万回族人口中，居住在县城及市区的人口达8.16万，占全市回族人口的52.1%，回族成为全市城镇化人口较高的民族。在全市8县1市1区中，有4个县城（区）建制回族镇（办事处），占全省建制民族乡镇总量的18%。

据不完全统计，周口现有回族姓氏112个，有“李马苏穆、白海沙丁、方王陈庞、倪买金艾、许徐张龚、吕闪吴姚、孙朱郑蒋、包鲍盖郭、袁铁岛尚、高戴孟段、巴田杜拜、刘唐韩褚、石史麻虎、洪胡窦陶、常查孔厉、乔邹安党、芦赵宁黑、陕麦古兰、周普解付、程卜贾柴、单闫范寿、霍柳武辛、崔于文祁、冯曾宋岳、毕伍郎申、薛尹冷赫、欧司雷鲁、黄靳肖秦”。由于回族是我国形成较晚的一个民族，其姓氏来源特点为外来型、融合型和多元型。

外来型。回族姓氏来源与汉族不同，汉族姓氏产生于母系氏族社会及远古的图腾崇拜，即“姓”为女生，父系社会时期又产生了氏，后合二为一。姓为别婚姻，氏为别贵贱，有同姓、异姓、庶姓之分。而回族先民在唐宋元时，多来自阿拉伯、波斯、中亚细亚诸族，明代大多为葱岭及天山一带阿尔泰语区的“朝贡”商人，这些姓氏多为阿拉伯语、波斯语、突厥语的译音。伴随着民族的不断融合，回族的母语使用不断减少，转而统一使用我国主休民族语言汉语。自明代实行“禁胡服胡语”政策后，回族舍弃了原母语姓氏的本名、教名、父名、祖父名、族名、地名、部落名的结构形式，有的取其首、尾或中间的某一个字音作为姓氏，如周口回族姓氏中的李、马、苏、白、丁、买、海、闪、巴、黑、拜、麦、沙、杜、穆等就属于这一类。其中买、海、闪、拜、麦为准回姓，海姓除巩县一支因出教成为汉族外，现各地海姓均为回族。另外还有把原姓名拆散取姓的，如元代浚州达鲁花赤海鲁·纳速剌丁·马合木，其后代子孙分别姓海、鲁、纳、苏、拉、丁、马、何、穆。李、马字面上看为汉族大姓，但由于元时中原回族先民多为波斯人，属什叶派，取名阿里者较多，“李”与“里”谐音，这是周口回族李姓人口较多的原因所在。把先知穆罕默德之名用作名字，是穆斯林的一种荣耀，穆罕默德历史上译法较多，如阿赫马德、谟罕蓦德、马哈茂德、马合木、摩诃末、马黑木、马黑麻、阿合马、马哈麻等，由于这些译音均与“马”近音，故取马姓者较多，既而形成“十个回回九个马”的现象。

融合型。明代以后回族姓氏基本上使用汉姓，如张、王、刘、赵、孔、孟、倪、窦等这些中国较古老姓氏。

多元型。回族姓氏中的一些姓氏，如铁、帖、脱、妥、达、朵、火、忽、虎、和、萨（这些姓氏西北地区较多）是蒙古族入籍回族后的姓氏。如蒙古人虎儿赤也先·帖木儿，“居河南汝宁府汝阳县，葬汝阳陶公堡”，其后裔取“虎”姓，今郑州、驻马店、周口“虎”姓皆源于此。“赵、艾、张、高、金、石”为开封犹太人使用的姓氏，清末犹太人（青回回）融入回族后，这些姓氏成了回族姓氏。

回族姓氏中的近音借字古汉姓现象也较普遍。周口倪姓原由开封倪家胡同迁周，倪姓为中国古姓，源于战国时郳国（今山东枣庄一带）。《姓氏考略》载：“小邾国，又称郳国，子孙以国为姓。”回族倪姓与波斯语姓名中的侯赛尼、麦尔尼、巴推尼、穆厄尼、艾玛尼、尼达尔、伊玛尼有关，周口与“倪”音相同的还有皃、泥、妮、你、尼姓，借用“倪”代替“尼”，不仅符合明代“禁胡语”的政策，又保留母语中的译音。其他还如苏来曼、曼稣尔、尤稣福借字古汉姓“苏”等。周口回族姓氏中的还有一种现象是同姓不同源，如“南顿李”“荆结答李”“鬼李”“光武李”“军李”“民李”“石桥口马”“七根椽马”“鲁马”“侍卫府马”“汝南马”“水西门马”等。

回族姓氏发展至今与汉族姓氏趋同，但纵观周口回族姓氏来源及演变过程就会发现其民族性、特殊性和地域性。在文化传承上既适应了我国通用语言汉语的文化特点，又强化了自身的民族认同感。把回族姓氏与周口区域文化、经济、社会结合起来探讨，可以大大丰富周口姓氏的历史文化研究的内涵，从而对促进民族团结进步和构建周口和谐社会将起到积极的推动作用。

（原载于《第15次全国回族学研讨会论文集》，184~188页）

河南南阳黄池陂回族的英勇抗战历史

田济铨

黄池陂是一个回民聚居的村庄，位于南阳县城东约45华里。新中国成立前，村民多以屠宰牛羊、加工皮革或经营其他小本生意为生，只有一户规模较大的食盐批发商。1945年，占领南阳城的日军指挥伪军高俊卿部三次攻打黄池陂，均被舍生忘死、英勇善战的村民击退。这三次战斗在南阳县的抗日斗争史上留下了光辉的一页。

早在1927年以前，中共党员马伯功（回族）就曾多次从湖北钟祥县到黄池陂宣传救国救民、反帝爱国的道理，从而使村民们得以较早接触革命思想。1937年7月，日本帝国主义发动全面侵华战争。东北、华北相继沦陷后，无数同胞家破人亡、流亡各地。在民族危亡的紧急关头，全国人民在中国共产党“团结抗日”的旗帜下团结起来奋起抵抗。1937年八九月间，在京、津、郑、汴等地求学的南阳籍学生张剑功、张跃华、袁宝华（1926年在北大加入中国共产党）、陈玉玺、王理平（女）等先后回到家乡，经积极筹备，于10月在南阳成立了宛属平津流亡同学会。在同学会的影响和支持下，南阳妇女抗敌后援会、民族解放先锋队、东北妇女抗敌救援会等群众性抗日救亡团体也先后建立起来。这些抗日救亡团体积极开展抗日救亡宣传，教唱抗日救亡歌曲，创办《炮火》周刊和壁报，排演《放下你的鞭子》《血泪仇》《张家店》等话剧并在南阳城乡演出，激发了群众的民族义愤和抗日救国热情。1938年1月，黄池陂村民在抗日救亡宣传的启发教育下成立了回教协会。1939年4月，该村又成立了回教抗日救国战地服务队，积极开展抗日宣传活动。

1941年农历正月初九，大批日军路过黄池陂。因准备不足，大部分村民暂时撤离。日军进村后，奸淫烧杀，无恶不作。他们将全村的千余间房子烧毁达700余间；用刺刀将年迈未撤离的村民李老太太活活刺死；还奸污了未撤出的村民沙二姐，使其因羞愧难当，投河自尽。日军的暴行，更加激起了村民们的愤怒，全村男女老幼同仇敌忾，誓与日军血战到底。

1945年4月初，日军第二次占领南阳城。黄池陂寨主、回教抗日救国战地服务队队长马振武等爱国志士，总结教训，研究对策。他们将村民组织起来，做好思想上、物资上的充分准备，决心以武力保卫家乡和村民的生命财产，为死难者报仇雪恨。首先，村民们加固旧寨墙，将寨子划为18段，全村男女编为18个排，分段把守；在水寨（寨河）南边出水口筑堤，提高水位（达3米深）；对36个炮楼进行加固，组成多层防御体系。其次，对回教抗日救国战地服务队的150余名青年队员进行训练。马振武任队长，丁洪俊任教官，队员每人1把大刀、1支长枪或短枪，进行射击、刺杀、投弹和武术操练。村民们还自制生铁小土炮135门、抬炮35门、火药1000余斤。通过训练和自制武器，全村的成年人人人有武器，个个能参战，成为一支颇有战斗力的民间武装。其三，进行联防抗敌。黄池陂与汉民村胡李张、方堂，回民村亚庄、皮园等协商组织联防，一村有事，共同支援。马振武还派人与中共地下党员郜士芳所领导的宛东抗日游击总队取得了联系，以便相互支援。

1945年农历三月初三，伪军司令高俊卿带领300余人，从茶庵直扑黄池陂。敌人此次攻打黄池陂，一是抢夺食盐（当时食盐奇缺，价格昂贵，黄池陂有一大盐店存有大批食盐），二是企图消灭黄池陂的抗日武装。在村外放哨的村民瞭望到日伪军要来黄池陂，立即跑回村内向马振武报告。马振武一声令下："鸣锣上寨！"全村男女老幼均各自带上武器，迅速到达所守地段，严阵以待，准备打击敌人。位于黄池陂西北约3华里的胡李张村的李定国、李元仓也带领30余人（装备有轻机枪1挺、步枪20余支），立即赶往黄池陂进行支援。上午8点多钟，来犯之敌占领了西寨外的清真寺和南寨外的民房等有利地形，架起机枪疯狂地向寨内扫射。村民们立即用步枪、机枪、"鱼目喷"、罐炮、抬炮等武器进行猛烈还击。敌人受阻，又用迫击炮连续向寨内发射炮弹30多发，企图迫使村民投降。面对强敌，村民斗志高昂，愈战愈勇。激战至中午，双方仍相持不下。马振武等人边指挥战斗边商议，认为长久固守决非良策，只有主动出击才能迅速解围。

于是，马振武命令李定国、马林武带领30余人出西门，马风书带领30余人出东门，在寨内炮火支援下从东、西两面向敌人猛攻。马风书出寨后，利用东埂高地为掩护，向敌人进行射击，首先击毙了敌军的机枪手，缴获轻机枪1挺，又利用缴获的机枪向敌军猛烈射击。出西门的30余人迂回到敌军侧后，向敌军进行猛烈射击。伪军被黄池陂村民打得狼狈不堪，只得撤退。这一仗，黄池陂村“民军”共打死伪军10余人、活捉5人，缴获战马1匹和部分枪支弹药。伪军司令高俊卿也被打伤。初战告捷，极大地鼓舞了黄池陂全体村民的斗志。战后，马振武立即召开了排以上负责人会议。他在会上说：“敌军虽然败退，但其亡我之心不死，还会卷土重来。全村村民一定要提高警惕，不可轻敌，要做好思想上、物资上的准备，发扬敢于对敌斗争、不怕牺牲的精神，以‘穆圣’（指穆罕默德）为榜样，狠狠打击来犯之敌。”

伪军司令高俊卿败退到南阳城内后，立即向日军司令部汇报，乞求增兵再次攻打黄池陂，以消灭黄池陂的抗日武装。当天下午5点多钟，日军、伪军700多人在高俊卿带领下，再次攻打黄池陂。敌军先后占领了西寨外清真寺和南寨外的民房，以密集的火力向寨内击。村民李文彬、马长青不幸中弹牺牲。伪军还叫嚣：“打进黄池陂，连个回子渣也不留。”新仇旧恨更加激怒了全体村民，在这紧急时刻，马振武一面指挥战斗，一面召开有关人员会议，研究对付敌人的办法。参加会议的人员一致认为：只有决一死战，组织敢死队，烧掉寨外民房，使日伪军没有藏身之地，才能更好地打击敌人；烧毁的民房以后由全村出钱盖，牺牲人员家庭生活费用由全村摊。这一决策宣布后，全村家家拥护，人人赞成。为报国仇家恨，保卫全村群众的生命财产，村民们争先恐后报名参加敢死队。最后选定村民马富贵、马聚胜组成敢死队。他二人分别带上汽油、火柴等物，冒着密集的炮火涉水过了寨河，点燃了民房。当时正刮东北风，风助火势，寨外顿时成了一片火海。日伪军被烧得没有藏身之地，东跑西窜，乱成一团。守寨村民精神大振，村民法玉芳和胡秀莲连续装火药炮罐40余个。土炮能手马顺安被敌军炸弹炸起的土埋住，一经救出，就立即投入了战斗。全村135个罐炮、30个抬炮和所有的步枪、机枪全部发射，把日伪军打得、烧得鬼哭狼嚎、喊爹叫娘。此时已是凌晨，中共地下组织领导的宛东抗日游击队也从东边赶来支援。敌军见援军来到便仓皇溃逃。此次抗击日伪军的战斗，共击毙、击伤日伪军 100 多人。

日伪军两次攻打黄池陂均惨遭失败，遂恼羞成怒。4 月 28 日，日伪军 1000 余人携带大炮数 10 门第三次来犯，企图对黄池陂进行毁灭性打击。马振武等得知消息后，认为在敌我悬殊的情况下，若冒险抵抗必遭重大损失。于是，为保卫全村的生命财产，马振武动员村民把粮食掩埋起来，在武装人员的掩护下向东撤退。当敌军赶到黄池陂时，那里已是一座空寨。在得知村民向东撤退后，日伪军立即追赶。当他们行至黄池陂东埂时，遭到了埋伏在那里的黄池陂武装力量的伏击，被打得晕头转向，只得停止追击，立即撤退。

黄池陂村回族群众三次抗击日伪军的胜利，既体现了回族同胞反帝爱国的斗争精神，也体现了回汉两族人民团结合作的深厚情意。他们的英雄事迹至今仍在当地的回汉族群众中广为流传。

（原载于《伊斯兰文化研究》，2009 年第六期，60 ~ 61 页）

记南阳回民战地服务队

水普慈①

1939年，日军侵占了河南的大部地区。省会开封沦陷后，河南省政府及所属各部门迁到了南阳一带。省民政厅迁到南阳县城东门外的河南省立南阳中学，教育厅迁到了城内的实验小学（旧文庙），建设厅迁到城内崇正小学，其他的省级机构迁往镇平等地。一时间南阳地区成了河南的政治、教育中心。

在战云密布的情况下，南阳地区的民众也组织起来，准备抗击侵略者。当时南阳各县的民团武装联合组成了河南第六区抗日自卫军，总部设在南关天妃庙，由内乡民团司令别廷芳任司令。（抗日自卫军司令一职原由专员兼保安司令朱玫莹担任，朱为了调动宛西武装共同抗日，特呈请当局改由别廷芳担任）南阳的回民在爱国主义的激情下，也准备献出保卫中华的一片忠心。

当时，国民政府军事委员会副总参谋长白崇禧在重庆组建了回教救国协会，要求各省设立分会，各县设立支会。军事委员会中的中将参议马德乾（字健之，回族，河南淅川县人）受白崇禧的委派，来南阳邀请回族名人水子立组织中国回族救国协会河南分会。马德乾于民初在陕西省长刘镇华处工作时与水子立是好友，1931年任宛属剿匪总指挥。水子立当即应允，并向全省发出通电、宣言，要求各地回族代表来南阳聚会。宣言内容记得有“……国事纷纭，征象杌陧，内忧外患，纷至沓来，危急存亡来，有甚于此时者也。……凡我教胞，忝列国民，祖宗的庐墓俱在，生斯歌斯，身家之性命攸关。……同心同德，共赴国难，挽救危亡，以尽天职

① 水普慈，1920年出生，曾任南阳市第五中学教师。

……”言词激昂慷慨。同年秋，在南阳回民景穆小学礼堂召开了中国回教救国协会河南分会成立大会。建设厅厅长龚浩代表河南省政府出席并讲了话。党政军各机关送了贺幛和贺电。代表们选举水子立为中国回族救国协会河南省分会会长。笔者当时任景穆小学校教员，参加了此次大会，并在该会宣传股工作。

为了加强抗战力量，河南分会建立了一支抗日武装，叫做回民战地服务队，回民健儿踊跃参加。其组织情况是：主任理事水子立，副理事李平甫、马振武。下辖几个区队：石桥区队，队长周化殿、李耀亭，有队员123名，枪98支；黄池陂区队，队长马凌五、黄杰三，有队员293名，枪217支；瓦店区队，队长王鼎臣，有队员134名，枪99支；南田区队，队长徐海亭、李文长，有队员84名，枪79支；赊镇区队，队长铁廷芳，有队员28名，枪26支；新店区队，队长马明军，有队员38名，枪34支；五里堡区队，队长王化亭，有队员66名，枪64支；城关区队，队长丁长新，有队员32名，枪25支；凉水泉区队，队长王化章，有队员24名，枪20支。全县共有队员822名，长短枪662支。

这支回民抗日武装，平时除进行抗日宣传外，各队还分别进行军事训练、战场救护训练等。城关队和五里堡队的队员们，常在景穆小学的操场上进行操练。枪支、弹药多得到南阳警备司令孔繁瀛和第六区自卫队联防司令别廷芳的援助。

1941年，日军调集了约5个师团5000余人的兵力，在旅团长小野带领下，经确山、驻马店、西平、叶县、方城等地，直指南阳。南阳驻军将宛属各县地方团队改为宛属自卫军第六纵队，回民战地服务队抽调部分队员，由马明远带领编入第六纵队，驻防在城北英庄寨，归联防司令别光汉（此时别廷芳已去世）指挥。笔者曾随回教救国协会人员去慰问。春节前，这支队伍转赴方城，驻扎在广店一带阻击日军。农历正月初七日下午3时许，日军前哨进到南阳城北50里的石桥镇附近。我第三十六师十六炮兵团在石桥东白河西岸与敌遭遇，炮战激烈，回民队员有的参加作战，有的输送弹药、救护伤员、掩埋地雷，并准备巷战。5时许，日军步兵在飞机掩护下，逼近寨垣，我军炮兵从东线自北门向镇平方向转移，南门尚有步兵和回民队员在抵抗。7时许，日军又从南面的夏村渡过白河，我三十六师的步兵营、机枪连和回民队员于当晚11时向紫山转移。在巷战中，我回民战地服务队小队长胡振清（绰号胡大娃，擅长武术）只身一人，在敌人四面围攻下，借短墙掩护与敌激战，使敌人无法冲入南门。敌人潜绕到胡的身后，佯装中国军人去接近他，胡在黑暗中误认为是自己军队，放松警戒，被包围击伤，后被敌人用刺刀扎死。回民队员陈风志（现在江西省九江市回族清真寺任阿訇）、沙明礼等多名队员负伤。

这次战役，敌人死伤很多。寨内的敌尸都由敌军焚烧在回族清真寺的大门外了。另据当地老人王炳申（现住南阳市）谈，他和石桥镇的商人吴德元，初九日上午由乡下回石桥镇时，见镇东南角的寨河沟中有日军尸体11具，南面4华里的树林里有敌尸8具。另据沙山包庄的人说，他们那里有20多具日军尸体。此次战役，约毙敌150多名。这是回民战地服务队的英勇战绩。同年3月，南阳回教救国协会举行追悼会，悼念牺牲者，大会以教礼进行，向家属发了恤金。国民革命军第二集团军总司令孙连仲向南阳回教救国协会石桥镇回民战地服务队赠送了“为国争光”的锦旗。

日军攻陷南阳后未久停即向唐河方面撤退了。他们经过黄池陂寨时有5个敌兵掉了队，回民战地服务队在队长马凌五等带领下，正隐蔽监视着敌人，当这5个敌兵正在寨外草屋中睡觉时，我队员突然冲向前，将其击毙，获步枪3支。

1945年春，南阳沦陷。皇协军总司令马国恩亲函水子立，请他出来组织伪政权。水子立拒绝了，避居于镇平县马庄。马又邀英庄寨的李承授组成了维持会并任会长。我回民队员无一人参加伪政权。

1945年3月26日，日伪方面组织的“兰工队”队长高亚轩（又叫高俊卿），带500余伪军，还有日军一个营，从茶庵向黄池陂进犯，妄图洗劫全寨回民。傍晚双方接触，全寨男女老少在寨主马振武和回民队长马凌五指挥下，坚守寨垣，奋勇抵抗，连续打退敌伪的三次进攻。敌人以寨外的民房为掩体，挖穿后墙向寨内射击，用炮轰击寨门，寨垣危急。队长马凌五、寨主马振武向全体回民宣布，要确保全寨安全，这是爱国爱教的表现。遂组成敢死队，凡牺牲者，其家属的生活由全寨负责。当即有队员马聚福（绰号老粗腿）等人，在寨上炮火掩护下，渡过寨河，用煤油浇烧民房（多系草屋），敌人无法躲藏，纷纷逃跑，回民分路出击，杀向敌阵，敌人乱了阵脚，向西北方向逃去。日军百余人由南阳前来增援，刚刚过河，见前面大乱，不明真相，掉头就跑。回民乘胜追击。战斗持续到深夜，计打死打伤敌伪兵 37 名，俘虏 4 名，缴获重机枪 1 挺，子弹千余发。我队员丁振国、丁五德等多人牺牲。翌晨，高亚轩又组织反扑，我方在中共地下党员郜士芳领导的宛东抗日游击队的增援下，击伤敌人 20 多名，缴获战马 1 匹和一些军用物资，俘敌多人，高亚轩也身负重伤逃走。

日伪方面对回民战地服务队怀恨极大，随即大肆捕杀。凉水泉队长王化章在外地被枪杀，三里堡队长马明军被枪杀在家中，李庄队长李文长被捕后，在严刑拷打下惨死在联合街囚房中。在白色恐怖下，石桥队的队员们隐藏在北山，黄池陂队的队员们化整为零，进行伏击战。南阳回民战地服务队不屈不挠地和日伪军战斗着，直到 1945 年 8 月 15 日日本投降。

（原载于《河南文史资料》，1990 年第三十四辑，139 ~ 143 页）

驻马店市驿城区回族姓氏考略

杨少华

姓氏源于上古，历代相承，流传至今。姓氏是氏族、宗族的标志，又是人们在生活中相互交往所必需的。我国的回族是外来民族与国内的一些民族相融合而形成的民族共同体。由于回族历史发展的特殊性，其姓氏也有自身的特点。笔者通过社区走访和对一些文献、碑刻、家谱的搜集、整理，现就驿城区回族姓氏及来源进行简要介绍，不当之处敬请读者批评指正。

回族是一个信仰伊斯兰教的少数民族，在居住较集中的地方建有清真寺，又称礼拜寺。7世纪中叶，也就是唐宋时期，波斯和阿拉伯商人经海路和陆路来到中国的广州、泉州等沿海城市以及内地的长安、开封等地定居。13世纪，随着蒙古人的西征，大批中亚和近东、中东的阿拉伯、波斯穆斯林官吏、学者、军士、商人以及工匠等，被签发或迁徙到中国来，分布在全国各地，当时被称为“回回人”。他们定居后，与汉族杂居，并与汉、蒙古等民族通婚，繁衍生息，融合形成回族。极少数官宦和士大夫出身的人，既使用原来以阿拉伯、波斯语为主的回回名，又受汉族的影响，起用字或号，如回族著名诗人萨都剌，字天锡，号直斋。有的为了避免回回名字的重复，在原回回名的前面冠以汉姓，如金阿里、马吾德等，以便称谓。还有少数人采用汉姓名字，如马慈悯、萨天锡、丁鹤年等。

明代，姓氏文化得以发扬。朱元璋采取了大民族的同化政策，歧视、压迫少数民族，禁止回族内部通婚和使用“胡语”“胡姓”。回族迫于压力，隐去原来的名字，开始采用汉名。但在取姓方式上，与汉族有着很大的区别。他们大多取回回原名和伊斯兰教先贤名中某一字的译音为姓，如伯笃鲁丁的后裔取其祖辈名字中的“伯”字立姓，后又改“伯”为

“白”。这种得姓方式，具有一定的独特性，所以出现了汉族姓氏中没有或少有的姓氏，如赛、纳、哈、速、虎、摆、拜、闪、忽、萨、麻、沙、海、回、巴、买等。这些我们看似奇怪的姓氏，很多实际已经被回民沿用了数百年。截至2012年初，驿城区回族姓氏有70多个，其中以宛、李、白、杨、马、买、巴、丁、穆、吕、张、艾、蒋、刘、柳、潘、庞、赛、沙、闪、孟、周、范、方、付、高、古、郭、佟、海、苏、郑、拜、韩、柏、陈、曹、倪、钱、吴、武、洪、刁、关、唐、尚、孙、王、陶、铁、田、黄、姚、袁、赵、许、辛、朱、傅、金、何、徐、杜、龚、盖等姓氏居多。

驿城区回族如今同汉族一样，用汉字立名立姓。同时，还按照自己民族的风俗习惯，在孩子出生后，请阿訇给起一个阿拉伯语的名字，称“回回名”或“经名”。起回回名是驿城区回族婴儿出生后的一种礼俗，也是将孩子引入教门的宗教仪式，更反映了孩子的长辈对伊斯兰信仰的坚守。既起汉字名，又起回回名，反映了如今驿城区回族姓名文化中，伊斯兰文化与汉文化并存的现象。

驿城区回族的姓名与驿城区回族的族源密切相关。元末明初，伊斯兰教随回民入境传入。明初，官府强迫山西洪洞县等人口相对较多的地方向河南等地移民，其中有不少回民迁到沙河店、百秩店等地定居。

在回族中，马姓最多，故有“十个回回九个马”之说。马姓主要来自祖名（经名）首音。马姓虽众，多有同姓不同宗者，在本区有“五马不一家”之说，如油坊马、锅片马、七根椽马（又称项城马）、社旗马、叶县马、郾城马、汝南马、荥阳马、新野马等。《项城县志》记载：“马氏为陈巨族，始自洪洞，又迁南顿、沈丘诸处。”驿城区马姓多是明代由周口、社旗、沈丘、项城、叶县、襄县、新野、汝南等地迁入。回族中的白姓也是大姓之一。据西平县蔡寨回族乡的肖洼《白氏家谱》记载，明弘治年间(1488—1505年)，白氏回族兄弟二人因经商由怀庆属孟县（今孟州市）桑坡迁居百秩店、沙河店、诸市等地。清代，又有周口、西平等地的白姓陆续迁入境内。回族中的张姓主要源自赐姓。据《西平张氏回族宗谱》记载：元末明初张氏回族因经商由怀庆属孟县桑坡迁居西平东坊廓保代庄。张氏始居城东方桥、代庄，再迁至城西花马刘，后又分居于酒店乡狄庄、韩庄、专探乡小张坡、柏城镇北关、蔡寨回族乡蔡寨、遂平县石寨铺、驿城区百秩店等地。清末又有从宝丰、孟县桑坡等地的张姓迁入，新中国成立后还有从郏县三郎庙、西平、遂平县石寨铺等地迁入者。

清代，孟县（孟州市）、叶县、西平、社旗、方城、封丘等地回民到沙河店、诸市、臧集、尹庄、小吕庄等地安家落户，开拓创业。清光绪三十年（1904 年）京汉铁路全线通车，始售客票。远近商贾云集车站，竞相购地建房，开店设铺，形成驿城新市区，成为郑州、武汉间重要商埠。其间，周口、开封、郾城、沈丘、西平、淮阳等地不少回族商人相继迁入驿城经商谋生。这一时期迁居驿城区的不同姓氏的回族人口比较多，如宛姓、丁姓、杨姓、李姓、苏姓、铁姓等。

回族中的宛姓，出自唐武德年间（618—626 年）来华传播伊斯兰教的宛葛思，宛葛思其后，有王、宛、安、万“四姓不分”之说，皆取自宛的谐音。驿城区宛姓回民祖籍系山西洪洞县，明初迁居郾城县新店乡东宛村，清代由东宛村迁入境内。丁姓为回族古老的姓氏之一。“西域人多名丁，既入中国，因以为姓。”（《东里文集》）驿城区丁姓大多来自周口和西平县蔡寨街。据周口《丁氏家谱》载，周口丁氏家族原籍孟县桑坡，世代信奉伊斯兰教，清康熙年间（1662—1722 年）由桑坡迁居周口，后散居项城、驻马店等地。杨姓是回族大姓之一，据周口《杨氏家谱》记载，杨氏先祖因经商于清乾隆年间由怀庆属孟县桑坡迁居周口。遂平县玉山镇回族杨庄的老前辈们也互传：“其先祖弟兄三人于清初自封丘县荆圪笞村分别迁居至遂平县的横山店（今玉山街）、驿城区百秩店和泌阳县王店。”据考察，驿城区杨姓多是清代由周口、许昌市艾庄、遂平、息县、禹州市山货场等地迁入。回族中的李姓，主要源自赐姓。李姓回族同姓不同源者较多，如“南顿李”“荆圪笞李”“郾城李”“汝宁府李”“蔡寨李”等。《沈丘李氏族谱》记载：“先祖原居黄河北封丘县荆圪笞村（现名后荆乡，也是回族聚居地），兄李广，字兰亭，文秀才；弟李安，阿訇，字兰雨。来槐后置买庄田，分别以人名命村名，即今沈丘县槐店镇马楼行政村的李广庄和北郊乡的李安庄。其后裔在周口、沈丘、驻马店、项城、太康、淮阳者居多。另据《漯河市源汇区文史资料》记载，清初，李姓回族从襄城县茨沟迁入源汇区。他们家族原居住在南大街红石桥附近（现已拆迁），历代置有田产，祖坟占地面积很大，位于原盐市（现中学路）与南大街交汇处路东的住房后边。其后裔分布郾城县归村、西平、驻马店等地。苏姓为“回族十三姓”之一。苏姓大多取自经名首音。淮阳《苏氏家谱》记载：“先祖苏龙基时值山西洪洞县灾荒连年，颗粒不收，先祖高龄率领三子苏立增、苏立端、苏立魁及其家眷，从山西省洪洞县枣林村迁入淮阳县境内。二世主苏立魁生子苏应元，先定居城内西北隅老车园，后迁居至苏花园、周口、驻马店、商丘、民权、夏邑、永城、柘城等地。”回族中的铁姓，主要源自元代回回人自取或赐给的蒙古名“铁木尔”之首音。据考察，驿城区铁姓最早于清代由周口迁入。民国时期，又有从平舆县庙湾、泌阳县等地迁入本区者。

进入民国时期，由于受京汉铁路的修通和孙中山提出“五族共和”主张的影响，驿城区回族又有发展，他们的聚居点由明、清以来的少数几处已扩大到二十余处，回族姓氏也随之越来越复杂。如由叶县、西平等地迁入的艾姓，由西平、遂平等地迁入的吕姓，由周口迁入的穆姓，由太康县迁入的韩姓，由鲁山县西关和周口等地迁入的买姓，由新蔡、平舆等地迁入的常姓，由沈丘、开封等地迁入的倪姓，由宝丰县、周口、确山县新安店等地迁入的巴姓，由周口、淮阳等地迁入的方姓，由襄县迁入的舍姓，由周口、项城、亳州、西华等地迁入的王姓，由西平县赵庄、禹州市山货场、泌阳县象河关乡罗庄、郏县三郎庙东街、遂平县韩店等地迁入的赵姓，由西平县蔡寨回族乡迁入的黄姓，由泌阳县象河关、西平县蔡寨回族乡、平顶山市叶县、荥阳市刁沟村等地迁入的海姓，由泌阳县象河关、襄县等地迁入的虎姓，由新蔡县吴庄、西平县等地迁入的吴姓，由开封、沈丘、西平等地迁入的洪姓，由周口迁入的庞姓。另外，周口的陈姓、盖姓、沙姓、高姓，平舆县庙湾的潘姓、辛姓，正阳县的武姓，新蔡县的蒋姓，襄城县的古姓，沈丘县的杜姓，西平县蔡寨街的佟姓、周姓，临颍县繁城的刘姓，泌阳县象河关的刁姓等，都是在中华人民共和国成立前或因经商，或因工作调动而先后迁徙至驿城区的，因篇幅所限，这里不再逐一记述。

综上所述，纵观回族姓氏来源及演变过程，就会发现其民族性、特殊性和地域性。在文化传承上既适应了我国主体语言的文化特点，又强化了自身的民族认同感。把回族姓氏与驿城区区域文化、经济、社会结合起来探讨，可以大大丰富驿城区姓氏历史文化研究的内涵，从而对促进民族团结进步和构建驿城和谐社会将起到积极的推动作用。

（原载于《驻马店驿城文史》，洛阳，河南省广电出版社，2012）

黄河油田与濮阳穆斯林

徐思静

濮阳市的穆斯林，据粗略调查已增加到近万人。濮阳从什么时候开始有穆斯林居住？从何处迁来？史乘无考，地方志书也无记载。据考证，最早迁往濮阳的回族人大都是因逃避黄河洪水而迁徙来的难民，新中国成立后濮阳穆斯林人数迅速增多，是随着中原油田的开发扩展而增加的职工、家属及服务人员。

笔者祖居于濮阳市，但笔者的曾祖父却不是濮阳人，他生前常对人说："老家是东明县王庄的。"曾祖父逝世于1927年或1928年，享年96岁，当时他眼不花耳不聋，精神矍铄，思绪清晰，而且行动自如，还能礼拜。他逝世那年我已七八岁，许多事情还记得，特别对他所说的年轻时身上披张羊皮逃黄水来到濮阳的事迄今记忆犹新。

曾祖父的青年时代，当在1850—1860年。据查黄河史料，1855年（清咸丰五年）黄河的确涨过一次大水，并且从兰阳（今兰考县）铜瓦厢决了口，改了道。这次黄河大改道淹没了今河南东北部、山西西南部和大清河两岸数十县广大地区，特别是首当其冲的兰考、东明、长垣、濮阳、菏泽等县，洪水横流，许多村镇被淹没，灾区人民流离失所，四处奔逃，灾情最为沉重。对照曾祖父追述的逃黄水年代，正是1855年左右。现在濮阳徐姓穆斯林人数众多，都认为"老家是东明县王庄的"。濮阳的王姓、海姓等穆斯林也都说："老家是东明县王庄的。"另外还有从菏泽马垓、定陶沙垓、东明店子村迁来濮阳的穆斯林也都说他们的前辈人是逃黄水来濮阳的。并且濮阳穆斯林们的老坟地也还都在东明、菏泽故居地，在濮阳新开辟的坟地里坟数不多，截止到新中国成立前夕，这些新坟地里的前辈人也都不超过五代人。由此完全可以佐证，濮阳穆斯林主要来源于1855年以后的黄泛区。至于1855年以前濮阳是否有穆斯林居住过，不敢断言，实是闻所未闻，若有也是凤毛麟角了。

说到黄泛区的穆斯林为什么能定居于濮阳，这当然与穆斯林文化素质及濮阳的地理环境密切相关。概括来说，穆斯林们吃苦耐劳，有坚强的毅力，善于经营开拓，具有擅长的生产技艺，尚团结，好侠义，能够适应新环境，就地生根落脚营生，再加上濮阳南临金堤为黄水屏障，且土地肥沃，物产丰富。黄水过后，其他泛区灾民都纷纷返回故居，众多的穆斯林在濮阳定居下来，而且大都渐渐富裕起来。

到了清光绪七年（1881年），濮阳修起了第一座雄伟壮观的清真寺，并增置了一批相当数量的寺产，以后又建起了一座女寺。1881年距1855年仅只26年，濮阳穆斯林能在这样短暂的时间里建筑起这两座宏大的清真寺来，不能不使人敬服，因为1855年他们还都是像笔者曾祖父所说的那样的难民，一个个是披着羊皮从黄水里逃出来的。

到了清末民初，濮阳市又有从外地，特别是河北大名迁来的穆斯林，但户数不多。至1937年抗日战争开始时，总户数不超过60户，总人数也不超过400人，庆祖、两门、坝头等乡镇也有少数穆斯林散居。新中国成立后由于人口自然增长和外地穆斯林迁入，濮阳穆斯林人口急剧增加。据两次人口普查统计，1965年为926人，1982年为1622人。1982年以后濮阳穆斯林人口呈飞速增长态势。据近期粗略调查统计已接近万人，这主要是油田开发的原因。

1970年在濮阳开始石油钻探，1975年打出第一眼油井，1982年探明油气储藏面积300平方公里，油储量15000万吨，天然气储量200亿立方米，一个新兴的石油化工城市在濮阳市迅速崛起，为濮阳市百业带来了活力。据1995年统计，油田会战以来濮阳市区新增在职穆斯林职工2000余人，连同职工家属及为油田开发服务的各行业穆斯林约7000余人，若将老城区原有的穆斯林人口统计在内，有近万人口。

（原载于《伊斯兰文化研究》，1995年第十二期，13～14页）

亲切伟大的关怀

——回忆中南民族访问团在开封

马致远

开封是七朝古都，历史上各民族经过长期的在政治经济文化多方面的交流融会，加之新中国成立前后又是河南省会，因而，会自然地成为一个多民族聚居共处之地。解放初，在市区24万多人口中，有回族、满族、蒙古族、朝鲜族以及犹太人后裔等两万余人，约占当时人口总数的十分之一，其中的回族人口在少数民族中占了大多数。

新中国成立前，由于反动统治的剥削和压迫，各族人民都极为贫困，相对而言，少数民族尤甚。回族除少数人家经营浴池、甜食、电料、牛羊屠宰等行业外，大多从事小商小贩或体力劳动，生计相当困难。满族同胞在清朝统治被推翻之后，除少数人外，不少人也沦为城市贫民，大多以熬硝制小盐、挖卖煤土或小商贩为生，散居在龙亭后，原里城大院及文昌街、北门大街、豆芽街、北仁义胡同一带。当时的硝盐户中流行着一首歌谣：“迎春黄到杏花红，硝盐碱土潮上层；楝花臭来桂花香，硝盐碱土堆如岗；秋涝积水漫城坡，硝盐碱户开了锅；冬寒雪花压梅花，硝盐碱户苦辣辣。”这首歌谣既是述说他们生产的季节变化，更是他们生活艰辛的真实写照。日伪时期设有硝磺管理局，国民党统治时期也设有管理处，既限制生产，又压价收购，使他们的生活更为困难。（注：从事硝盐生产的也有少数汉族、回族）

“一唱雄鸡天下白”，开封解放使各少数民族迎来了新的生活。在党和政府的关怀下，与全市人民一样，少数民族群众扩大了就业门路，增加了收入，生活逐步得到改善。中华人民共和国成立后，市委、市政府将发展生产、改善人民生活作为主要任务来抓。在1949年市第一届各界代表会上专门成立了以刘玉柱、市委副书记武璇声为首，并由民政、工商、税务、劳动各局领导及各界代表，包括少数民族代表参加的41人组成的开封市生产就业委员会，加强领导并采取了一系列措施。如1949年内，由市合作总社与各区街相继组织了生产、运输、消费等合作社，由银行贷款26500万元，从资金上大力扶持。对城市贫民、手工业者、生产生活困难者给予小额扶贫贷款，全年达2293户，贷款金额2990余万元。对城区及郊区农民中的贫困户，由民政部门发放救济款8970余万元及小麦、杂粮6.9万斤等。对少数民族给予更多的照顾。如对以生产销售硝盐碱为主的硝盐户（全市约500户），通过市新建的炼硝厂，以合理的价格，或以粮食换购的形式收购他们生产的土硝、火硝，加工精炼首批30吨运销上海，博得用户好评，迅速在上海、天津等城市打开了销路。回族聚居较多的顺河区，有不少户以纺麻、织麻袋、纺羊毛线、炒卖花生、制作花生糕为生。当时，由畜产品公司、油脂公司等每月专供所需原料，使之增加了收入。随着生产的发展和就业面的扩大，到1953年，各族人民的生活状况较之新中国成立之初已经有了很大的改善。党和政府还十分重视对少数民族干部的培养、选拔工作。当时已有不少人在市、区、镇、街道、各机关团体或公营企事业部门担任干部或走上领导岗位，为民族工作的开展和联系各界群众打下了良好的基础。

1953年1月14日，对河南省也好，开封市也好，是一个各族人民喜庆难忘的日子。受党中央、毛主席、中央人民政府委托，传达对各少数民族关怀重任的中南民族访问团莅临河南访问，并首先乘火车到达省会开封市。访问团阵容强大，以中南军政委员会秘书长兼民族事务委员会主任张执一为团长，一行100余人，副团长有陈经畬（中南民族事务委员会副主任，回族）、李明灏（中南民政部副部长）及中央民族事务委员会中南视察组组长马杰（回族），并随团带来一大批慰问品。

到火车站迎接的省市领导同志有省人民政府主席吴芝圃，副主席嵇文甫、贾心斋，省协商委员会副主席任芝铭，省委统战部副部长刘鸿文，民政厅厅长欧阳景荣，省军区政治部副主任王全国，开封市市长黎巍以及省市各民主党派团体负责人，包括马云五（中国伊斯兰教筹委会委员，回族）、民盟河南支部筹委会主席王毅斋、民革河南分部筹委会委员刘积学、民革开封市支部委员宋聿修、民建开封市分会筹委会委员李武乔以及各界人民代表会代表，回、满、蒙古等各少数民族代表人士，还有专程先期来汴的各县少数民族代表，共6000余人。他们云集车站，对访问团的到来表示热烈欢迎。访问工作进行得紧张有序。于1月15日、16日，先后在行宫角省政府筹建的大礼堂，由中南民族访问团召开了慰问大会。到会各民族代表五六百人，张执一团长发表了热情洋溢的慰问讲话，传达了党中央、中央人民政府、中南军政委员会对省市各少数民族的亲切关怀，详细、全面地阐述了党的民族政策，强调指出加强民族团结的重大意义。副团长马杰（回族）指出："过去我们说天下回回是一家，今后，我们应当说天下人民是一家，蒋介石反动派、美帝国主义，他们不但是回族的敌人，也是汉族、满族、蒙族，各族人民共同的敌人。所以各族人民一定要在党中央、毛主席、中央人民政府的领导下，加强团结，齐心协力，建设新中国。"访问团内还有一位年长的邵力子先生（国民党的元老，1949年春，系国民党和谈代表之一，当协议被反动派拒绝后，留在北京，与国民党反动派彻底决裂），他在讲话中特别赞扬了河南省及开封市，在党的领导下，于新中国成立后短短3年内，使各项建设及民族工作取得了辉煌的成就！第二天，还由省市各领导机关，几位名人及各人民团体联合召开了"河南各兄弟民族联合大会"。这两次大会，气氛之热烈，规模之隆重，为新中国成立初期所仅有。1月15日下午5时，中南民族访问团还举办了盛大宴会。16日下午5时，又有中共河南省委、河南省人民政府及中共开封市委、市人民政府再次联合举办宴会，招待各民族代表。在联欢慰问的宴会上，人们一次又一次为毛主席的健康干杯！为全国各民族的大团结干杯！人们一再振臂高呼，中国共产党万岁！伟大领袖毛主席万岁！中国各民族大团结万岁！几天来，不论是在联欢会上，还是在清真寺里、在街道上，少数民族同胞们奔走相告，喜笑颜开，纷纷以兴奋无比的心情诉说着：毛主席派了访问团来看我们！这真是天大的喜事！欣慰与兴奋之情溢于言表。

之后，访问团深入下去，先后访问了河南省民族干部训练班，养正中小学、东大寺、北大寺、文殊寺、善义堂等十余处清真寺，还走访、慰问了数十户少数民族中的知名人士及劳动人民，详细地了解了他们的生产生活情况，征求他们对民族工作的意见和建议！接受访问的有回族张涛千、马运五等人，满族那士平、艾凤鸣等人。

访问团还向各清真寺及省市各少数民族代表赠送了随团带来的礼品、慰问品。最为珍贵的是一幅装裱精致，由毛主席亲笔题写“全国各民族大团结万岁”的条幅。条幅长约120厘米，宽约40厘米，四周为红色绢边，人们以兴奋、荣幸的心情，将题词挂在家中最为明显的位置！访问团还赠送了专门定制的，上边印有“中南民族访问团赠”红色字样的毛巾等生活用品。

当时，省市报纸及省广播电台，对访问团到来后所开展的各项活动逐日进行连续报导。为了表达各族人民群众对党中央、毛主席、中央人民政府关怀的感激心情，马运五先生以中国伊斯兰教协会委员会的名义，写了《感谢毛主席》一文，分别刊登在1月23日及24日的《河南日报》上，对党中央和毛主席的关怀表示衷心的感谢，并为党的民族政策所鼓舞。运五先生在文中强调，要努力学习、宣传党的民族政策，希望回族群众与汉族及其他各少数民族要加强团结，互相尊重，希望在民族访问团分赴到省内各地访问时，回族父老群众都要尽力协助，使访问工作开展得更为顺利！回族青年兄弟姐妹们应当与各族人民共同为经济文化建设，为巩固人民民主专政，为争取抗美援朝的胜利，齐心协力，以实际行动来报答党和毛主席的恩情，要克服狭隘的民族主义，虚心向各兄弟民族学习，更要高度警惕帝国主义及个别民族败类的挑拨离间，要更加紧密地团结在党中央周围，为我们祖国的繁荣富强而共同努力奋斗！

中南民族访问团在开封访问五天，时间是短暂的，但给各族人民所留下的幸福与美好的记忆则是永恒的！当前，全国各族人民在党的领导下，正以百倍的信心与自豪感，昂首阔步，迎接即将跨入的新世纪，奋发图强，共同努力创造更加幸福、美好的明天！

（原载于《开封文史资料》，总第十七辑，114～118页，《岁月如鉴——开封政协五十年》）

开封回族历史钩沉

——浅谈李元庆与清末开封农民抗粮起义

盖　巍

李元庆（1838—1904年），回族，河南开封治台村（清末属开封祥符县）人。他出身于农民家庭，自幼习武，是清道光年间（1821—1850年）武庠生。成年之后“身材魁梧，相貌堂堂，美髯飘胸”①，性情耿介，处事公允，曾担任开封治台清真寺社首。因性情耿直，不满清朝廷河南地方官吏的盘剥，组织贫苦农民成立民间组织“棉花会”“老虎会”，进行反清斗争，并被推举为“会首”,② 后又加入河南反清秘密会社“仁义会”，成为其中重要成员。

一、抗粮起义的起因

从清道光二十年（1840年）“鸦片战争”后，帝国主义国家接连发动侵略中国的战争。每次战争之后，他们都要强迫软弱无能的清朝廷签订不平等条约，在这些丧权辱国的不平等条约中，或多或少都要涉及清朝廷向帝国主义侵略国赔款的问题。每次战后赔款，都成为国库不济的清朝廷不小的经济负担，而最终清朝廷要把这些沉重的经济负担转嫁到广大农民头上③。河南作为农业大省，首当其冲受到祸害。

---

① 刘海永：《为民请命的李元庆》，载《开封日报》，2012年11月23日第5版。

② 开封市地方史志办公室编：《开封市志》第7册《人物传·李元庆》，13页，北京，燕山出版社，2003。

③ 白宗正：《硬骨头——李元庆》，政协开封市委员会主办“议政网”。

清朝廷在豫官吏为了完成摊派到河南的122.8万两纹银[①]巨额赔款，想尽一切办法，对广大农民进行搜刮。清道光以降，黄河多次水淹开封城，开封祥符县境汪洋一片。黄水过后，土地尽被黄沙覆盖，遍地沙丘和盐碱，人民衣食无着。清咸丰八年（1858年），时任闽浙总督王懿德由杭州进京，途经祖籍开封，见百姓之惨状，遂上疏请求蠲免开封沙荒地的粮税，[②] 清廷遂免除了包括祥符县在内全部开封地区十多年的沙荒地粮钱。早在清光绪十年（1884年），时任河南巡抚鹿的传霖也曾令祥符县清查沙压已垦荒地，并令农民定期交租。后因农民反对，以“舆情不靖，事遂中止”[③]。经过休养生息，勤劳的祥符县村民在寸草不生的沙地上逐渐种植出庄稼作物，但产量极低，农民们食不果腹，逃荒要饭、冻饿而死者甚众，而清朝廷在豫官员却认为“豫省各属粮赋，缺额甚巨，尤以祥符县为最多”[④]。

于是，清光绪三十年（1904年）农历八月二十，时任河南巡抚陈夔龙为完成清朝廷摊派给河南的赔款钱，张贴出“压沙地征粮”告示，在开封祥符县清查多年因沙压和盐碱抛荒的土地，并强迫人民补交“欠赋”（其中含有加征的以往18年间的粮税），当即引起周边各村各社广大农民的恐慌和不满。[⑤] 各村中的一些有识之士互相联络，商议对策，最终他们推举出德高望重，时年66岁的李元庆作为首领向官府请愿，争取让官府收回成命。

---

① 开封市地方史志办公室编：《开封市志》第7册，《人物传·李元庆》，14页，载清廷摊派给河南的赔款额为122.8万两白银。马迎洲、王惠民：《李元庆抗粮斗官府》，见黄成俊主编：《回族杰出人物》，144页，西安，陕西人民教育出版社，1999，载摊派额为126.8万两白银。本文采纳前者之说。

② 马迎洲、王惠民：《李元庆抗粮斗官府》，见黄成俊主编：《回族杰出人物》，144页，西安，陕西人民教育出版社，1999。

③ 答振益：《清末开封抗粮斗争首领李元庆》，见原思明主编：《开封回族：宋都古城发展历史中的优秀一员》，488页，北京，民族出版社，1994。

④ 王振峰：《李元庆抗粮》，开封文化网。

⑤ 开封市地方史志办公室编：《开封市志》第7册，《人物传·李元庆》，14页，北京，燕山出版社，2003。

二、抗粮起义的经过

（一）李元庆组织请愿斗争

李元庆首先联络刘国柱、韩大德、郑文林等10人为代表，先后4次率众到祥符县衙（位于今开封市内县街）请愿，要求时任知县孔繁杰①上呈“免粮书”。孔繁杰表面向农民代表们保证转呈，暗中却和时任河南巡抚陈夔龙通气，派劣绅阮林等人劝说李元庆等放弃请愿，并指使劣绅和流氓打入请愿斗争的群众队伍内部。同时，他迅即申报巡抚衙门，做好武力镇压的准备。

最后一次请愿，知县孔繁杰并未露面，而是差派一位师爷与请愿群众见面。李元庆面对官府代表，义正词严地阐明了因土地贫瘠，田赋漕粮无法完纳的道理。官府代表不顾客观事实，只是一口咬定“种地不完粮不好，也办不到！”② 请愿群众的合理要求最终被河南官府拒绝。③ 请愿之后，官府即刻派人暗中监视李元庆的行踪。

（二）起义农民封锁开封城

请愿失败后，李元庆联络开封祥符县的农民代表，其中黄河以南有54社，以北有14社，黄河以南的54社皆派代表参加协商会议。④ 齐聚开封

① 开封市地方史志办公室编：《开封市志》第7册，《人物传·李元庆》，以及事涉李元庆事迹的文章资料均为“孔繁杰”。仅刘海永《为民请命的李元庆》，《开封日报》，2012年11月23日第5版载，时任祥符知县为孔繁浩。此处存疑。本文认为前者所据较为可靠，故当为孔繁杰。

② 刘海永：《为民请命的李元庆》，载《开封日报》，2012年11月23日第5版。

③ 开封市地方史志办公室编：《开封市志》第7册，《人物传·李元庆》，14页，北京，燕山出版社，2003。

④ 答振益：《清末开封抗粮斗争首领李元庆》，原思明主编：《开封回族：宋都古城发展历史中的优秀一员》，489页，北京，民族出版社，1994。

治台村，多次商量对策，并议定实施“禁止开封五门四关米、面、柴草进城”及相关武装抗粮斗争的方案。因李元庆是反清秘密会社“仁义会”的主要成员之一，所以这次斗争中“仁义会”也有部分成员参与其中，如丹鹏晏（回族，后文专述）、于化龙等人。其间，开封治台村清真寺阿訇洪福海[1]负责书写抗粮传单，并由苏全发送信下帖，联络各社各村农民群众。苏全发，回族，开封祥符县鲁屯村人，不识字，以种菜卖豆芽为生。李元庆率领群众武装抗粮起义时，他30多岁，身高力强，三四个人不能近其身，能肩挑300余斤，行走60里不歇，他平时爱打抱不平，敢打敢拼。

李元庆率领农民群众数次请愿无果，群众合理的要求被拒后，不得不走上武装起义的道路，决定实施“禁止开封五门四关米、面、柴草进城”这一封锁开封城的起义计划。计划中约定了如果发现有米、面、柴草违禁私运入城时，立即放火烧毁，并以击鼓传帖为号，协调行动。[2] 起义计划的实施收到了一定的效果，对清末开封城一度造成经济封锁，致使开封城内物价上涨，农业、工商业一片混乱。时任河南巡抚陈夔龙、开封祥符知县孔繁杰，随即要求打入起义群众内部的劣绅和流氓采取有效行动，瓦解起义斗争并准备暗地里派兵镇压。

（三）抗粮誓师大会召开

为在全县及更大范围内采取统一行动，防止突变，李元庆与各社首领决定在开封东南25里薄酒店村[3]召开“全县农民抗粮誓师大会”。苏全发担任传帖送信任务，他连夜将文帖传遍全县及邻近各县村庄，帖上写明“大家都要停犁住耙，击钟为令，一村击钟，各村传击，钟响集合，见字不存”等字样。大会之前还封锁了交通，丹鹏晏等人带领村民将茶岗、小

---

① 据答振益所著《清末开封抗粮斗争首领李元庆》为“洪福海”，白宗正所著《硬骨头——李元庆》载为“洪枢海”，此处存疑。本文采用前者之说。

② 白宗正：《硬骨头——李元庆》，政协开封市委员会主办“议政网”。

③ 开封市地方史志办公室编：《开封市志》第7册，《人物传·李元庆》，14页，为“薄店”；王振峰：《李元庆抗粮》中为“薄酒店”。文中此处据刘海永：《为民请命的李元庆》，《开封日报》2012年11月23日第5版载，当为“薄酒店村”。

黄铺、招讨营等处的电线杆砍毁。武装抗粮起义斗争已从自发变为粗具规模且有组织、有步骤的斗争。

1904 年 9 月 28 日晨，钟声一村接一村地响遍全县，各村农民齐赴薄酒店村。在薄酒店村北的泰山庙聚集了 3 万余人，各社首领推举苏全发主持会议，李元庆发表讲话。李元庆站在庙前的石狮背上大声号召，讲道："祥符地瘠民贫，五门有四门是沙，现在官府开征粮赋，我们用什么交?"下边众人高声回答："我们不交!"李元庆接着说："我们要活下去，就得让陈夔龙收回成命。他不收回成命，我们就不准米、面、柴、草进城！大家说中不中?"众人齐呼："中!"这时苏全发在旁边高声呼喊："谁向城里运粮草，我们就砸谁的车!"众人群情激奋地答道："对，砸粮车!"继而，李元庆说："从今日起，咱们都是兄弟，我们全换帖了。以后我们有福同享，有难同当，一村有难，村村支援。"恰在此时，有清兵身佩马刀，押着一辆运粮车从村边路过。数万村民一拥而上，将粮车砸毁烧掉，把清兵打得头破血流，关在薄酒店村泰山庙里。

（四）治台村激战

抗粮誓师大会的消息在开封迅速传开，震动了豫省官吏，他们担心数万村民会趁进城赶庙会之机攻城。于是，他们一方面紧闭城门，令驻军严加防范；另一方面，急派两营清兵，清剿开封治台村。开封城中知情者将"开封清兵要血洗治台村"的消息密告给李元庆，李元庆等人得到消息后，立即传帖给各社、各村，约定以击钟为号，广大农民手执武器聚集到治台村，准备举行武装起义，进取开封。

1904 年 9 月 29 日晚 7 时许，李元庆鸣钟，集合远近农民。广大村民手拿锄头、桑杈、铁锨、棍棒、鸟枪、土炮等齐奔治台村，治台村及附近村庄已人山人海。当夜，陈夔龙派常备军分统副将杨荣泰带领开封城内两营清兵，包围了治台村，并在村子四周布防。他们先派十几名清兵化装进村打探，不料刚一进村便被村民识破，遂遭痛打。即刻，清兵便由南向北开始包围治台村。李元庆当即派人调集精壮村民，划分各村农民防守地段，击钟呐喊，与清兵展开激战，清军军官见状，强令士兵向人群开枪。[①]村里村外枪声大作，喊杀声震天，抗粮村民虽多次击退清军的进攻，但由于大多数村民手无寸铁，又缺乏战斗经验，在清军的炮火中，村民们前仆后继、勇往直前，有的倒在血泊中英勇就义。激战一直持续到30日下午，抗粮队伍开始败退。[②] 清军遂攻入村中展开屠杀，抗粮起义宣告失败。

三、抗粮起义的结局

由于村民组织不严密，步调不一，又因官府奸细混入村民队伍中，致使清军轻易入村，并对农民展开血腥屠杀，当场杀死7人，打伤多人，洪福海阿訇、于化龙等50余人被捕。后来，被捕农民大多身受酷刑，于化龙被清兵残忍杀害，洪福海阿訇被关押在开封八府仓内，备受酷刑，直到民国成立方才放出。[③] 李元庆、苏全发、丹鹏晏等人逃脱险境，官府悬赏捉拿李元庆等人。李元庆在拳师丁仁的保护下转移到埽街村，后又化妆隐藏到杞县玉皇庙村亲戚家和曹庄清真寺，丹鹏晏等人则逃往山东曹县。李元庆原计划再次联络杞县乡间的“仁义会”，准备再度起义，在官府急迫缉捕以及其弟李元安、岳父王如雷、妻弟王金华等恐遭灭门横祸，逼其自裁的严峻形势下，李元庆虽拒绝投案，但东山再起已力不从心。

1904年10月5日夜，李元安等人在开封陈留县韩岗北马庄将李元庆勒死后，伪装成自缢的假象，并在旁边地上用刀子刻出“城东治台李元庆”等字。官府得报后，把李元庆尸体运到开封石方院。10月26日，时任河南巡抚陈夔龙开堂审理，宣判将已死的李元庆枭首，将其头颅游街游乡3日，并悬于李家门庭示众3天。[④] 数日之后，村民托人花钱把李元庆的头颅和尸体赎回，依回教之礼安葬。

---

① 刘海永：《为民请命的李元庆》，载《开封日报》，2012年11月23日第5版。

② 马迎洲、王惠民：《李元庆抗粮斗官府》，见黄成俊主编：《回族杰出人物》，146页，西安，陕西人民教育出版社，1999。

③ 白宗正：《硬骨头——李元庆》，政协开封市委员会主办“议政网”。

④ 刘海永：《为民请命的李元庆》，载《开封日报》，2012年11月23日第5版。

李元庆领导的开封祥符县农民抗粮斗争历时近两个月，与陈留、通许、中牟、郑县（今河南郑州）、归德（今河南商丘）、封丘、孟县、滑县、武陟、阳武等豫东、豫北各县农民建立了联系，起义还波及河南考城（今河南兰考）、柘城以及安徽亳州、颍州（今安徽阜阳）等地。抗粮起义虽然以失败而告终，但有力地震慑了腐败无能的清开封地方官府，并迫使其最终撤销了开征钱粮的通告，农民需补交的“欠赋”也被迫免除。后来清廷分别给予开封祥符知县孔繁杰暂行革职、开封府知府石庚记过、河南巡抚陈夔龙调离他用的处分。[①] 至今，开封回汉人民提及清末李元庆，仍然颂扬他是“硬骨头”！

（原载于《河南穆斯林》，2015 年第三期，21 ~ 23 页）

① 开封市地方史志办公室编：《开封市志》第 7 册，《人物传 · 李元庆》，14 ~ 15 页，北京，燕山出版社，2003。

回族在河南抗战事迹述论

宛　磊

回族在河南省的人口比例很大，1949 年的统计就超过 34 万，[①] 而且分布广泛，在 100 多个县级区划里几乎都有回民的居住群落，其“大分散、小集中”的特点非常突出。河南是抗日战争时期的沦陷省份，生活在这里的回族民众和汉族群众一样，积极地投身于抗击日寇侵略的斗争之中，是中华民族全民抗战的重要组成部分。本文所探讨的，主要包括中国回教救国协会的贡献、国民党军队回族将士正面战场的战斗、半官方的中国回教救国协会下属的中国回民青年战地服务团在豫的对敌斗争，还有回族群众协助国民党军队作战以及他们组建的游击队所从事的抗日活动。

一、中国回教救国协会的贡献

中国回教救国协会（以下简称“回协”），原名中国回民抗日救国协会，由时子周、王静斋等于 1937 年创立于河南郑州。该组织在白崇禧建议下，1938 年春转至武汉；同年 5 月，更名为中国回民救国协会，唐柯三、孙绳武等政府官员纷纷加入，性质遂由民办变为官办。该协会出版《中国回民救国协会通告》（以下简称《通告》），自 1938 年元月出版第 1 期，1939 年 9 月出版最后一期（总第 37 期）。1939 年 1 月，中国回民救国协会召开第一次全国代表大会，更名为中国回教救国协会，在各地建立分、支会及附属组织，如各种战时服务团体，“战时服务队”“回民青年战地服务

① 绍文杰：《河南省志：民族志》，7 页，郑州，河南人民出版社，1994。

团”“战地巡回服务团”“回教服务团”等。同年7月，会址迁到重庆。

1939年10月，中国回教救国协会创刊出版《中国回教救国协会会刊》（以下简称《会刊》）。并从1940年11月第3卷第1期起改名《中国回教协会会报》（以下简称《会报》），直到1948年末停办。1945年抗日战争胜利后，该协会于8月迁回南京。中国回教救国协会经费来源主要靠国民政府当局拨款，第一任理事长白崇禧，副理事长唐柯三、时子周。1946年更名为“中国回教协会”，1949年迁至台北，协会名字至今未变，出版《中国回教》杂志。

中国回教救国协会由国民党的上层回族人士领导、参与，当时也是国内抗战力量的重要组成部分。该会最基本的成员是广大的回族民众，他们在维护国家独立和民族尊严、抗击日寇侵略、继承和弘扬回族传统文化等方面做出了很大的牺牲和贡献。抗日战争时期，“回协”在宣传、组织、指导回民参与抗日活动中发挥了不可替代的、巨大的历史作用。①“回协”活动的宗旨，一如它在章程里所言：阐扬救国真谛；宣传长期抗敌的意义并实际协同抗敌；促进回民教育；提倡实业，增加生产并誓与敌人断绝经济关系；倡导新生活运动以改善回民生活；其他有关发扬教义、抗敌救国的活动等。②

“回协”是一个战时全国性的组织，本质上属社团组织而不是军事组织，所以以回民的自身建设为主要工作方向，包括招募回民青年参加国军、募捐、救济、抚恤、收拢难民、宣传抗战、祈祷和平，致力于解决生计问题、清真寺建设问题、创办回民学校、解决回汉冲突等。1944年5月，该会曾有明确指示：“函各省分会，遵照社会部令，人民团体，不得有武装组织。”“呈谨社会部，通知本会各分支区会，不得有武装组织。”③这与中国共产党人积极倡导的“发动民众武装起来，建立自卫队”政策相比，缺乏务实精神且不符合广大回族民众抗击日寇侵略的主观热情。所幸它的下属机构“回民青年战地服务团（队）”（以下简称“回青战地服务

① 杨惠云：《中国回族大辞典》，上海，上海辞书出版社，1993。

② 马有光：《青海骑兵师抗战史略》，见政协西北五省文史委：《西北回族与伊斯兰教》，银川，宁夏人民出版社，1993。

③ 倪胜章：《马彪周口抗日旧事》，载《中州统战》，1997（12），37～38页。

团”）是军事武装，从事的也多是军事行动。由于“回青战地服务团”自1938年秋以来取得很大战绩，“回协”于1941年10月发出了“促豫等九省成立战时服务队”的号召，大大调动了回族民众参与抗战的积极性。①

从1938年初“回协”成立，到河南分会的成立，仅一年时间，河南就有17个县成立支会，其时间顺序分别为：内乡、舞阳、荥阳、西平、泌阳、新野、郾城、叶县、汜水县、遂平、登封、南召、邓县、陕县、周口、许昌、洛宁。1939年12月28日，河南分会在洛阳召开第一次代表大会，会址设在洛阳的新街清真寺。省军政代表、各县回民代表、回民学生共2000余人参加，主席梁光夫致开幕词，“仪式隆重，情绪热烈”。1940年和1942年，回协会长白崇禧两度来洛，并在清真寺召开回族各界群众会议，号召回族群众加强团结，积极参加抗战。1940年“七七事变”纪念日，分会又举行向卫立煌将军献旗仪式。据笔者不完全统计，1939年10月—1944年8月，5年时间内，《会刊》上所提及的开展会务活动的“回协”下属的河南县、市支会、区会及回民青年战地服务团就有将近50个。1944年洛阳沦陷后，河南回协迁往豫西南的内乡县。它下属的回青战地服务团主要工作除了宣传抗日救国、教育和发动群众活动之外，就是从事组建武装力量，对敌伪进行军事打击，协助国民党军队或八路军、新四军作战并进行爆炸、刺杀敌酋和锄奸等活动。

中国回教救国协会是回民统一组织的肇始，在此之前，尚未有类似的全国性组织领导全国回民事务。这也是在国家和民族面临外敌入侵，前途命运攸关的关键时刻，全国回族民众顺应历史潮流、勇于担当历史责任的正义之举。除了宣传和鼓励回民参加抗战，它还号召回民加强自身建设，联合汉族，不分畛域，使回族认同中华民族，强调爱国是信仰的一部分，具有强烈的进步意义。

---

① 答振益：《湖北回族古籍资料辑要》，银川，宁夏人民出版社，2007。

二、国民党正面战场的回民军事斗争

国民党正面战场上的回民军事斗争，以抗战初期在河南的马彪将军领导的豫东抗战为代表。1937 年 8 月，蒋介石电令驻青海陆军第 82 军军长马步芳、驻河西陆军第 5 军军长马步青，组编以回民为主体的暂编骑兵第一师，开赴抗日前线。1938 年初，暂编骑一师进入河南的第一战区，布防陇海铁路沿线。6 月，国民党军事当局决堤黄河花园口，以水代兵，阻挡西犯日军。骑一师奉调贾鲁河流域黄泛区的扶沟、西华、商水一带驻防。马彪率师部驻扎在商水县周家口镇。同年 7 月，该师第二旅马禄旅奉调赴开封以东的兰封、商丘一带，堵击西犯之敌。继而又担负黄泛区的尉氏、扶沟、鄢陵和西华等县的河防任务。不到一个月时间，日本侵略军的一个中队及伪军千余人就偷渡黄河，侵占了暂编骑一师防守的七八个村寨。日军扬言将西进洛阳，马彪电告洛阳求援。第一战区长官部派庞炳勋的两个师开到郑州等地，准备堵击西犯日军，但这两个师进至离前线 200 里处却停了下来。暂编骑一师决定利用当时寒冬风雪交加、对敌不利的恶劣天气，出动两个旅的兵力，向敌伪军展开进攻。经过激烈交战，敌势顿挫，毙伤日、伪军数百人，其余溃退者数百人，一半被歼，一半跳河溺毙，无一生还，连续收复了一些村寨。洛阳后方曾一度人心惶惶，待胜利喜讯传来，该防区各县百姓，无不箪食壶浆，犒军慰问，并给马彪师长赠送“万民伞”，对抗日将士表示崇敬与慰劳。①

1939 年春末，经过补充的马彪的暂编骑一师又调驻周口至界首一带，主力驻项城，以防御淮阳的日军。4 月，在淮阳万寨与日寇激战并取完胜。时报记载：

---

① 绍文杰：《河南省志：民族志》，70～72 页，郑州，河南人民出版社，1994。马有光：《青海骑兵师抗战史略》，见政协西北五省文史委：《西北回族与伊斯兰教》，169～170 页，银川，宁夏人民出版社，1993。

青海部队骑一师马彪将军自镇守豫东以来，屡建奇勋，迭至各报，本年四月十八日淮阳之敌军千余人，附汽车千余辆，炮十余门，战车八辆，分两路进犯我万寨对面，青庙孔庙关庙阵地，先以大炮猛轰，继以战车掩护寇兵突进，我将士奋勇抵抗，战斗极烈，激战五小时，终以阵地尽毁，人马损失过大，青庙孔庙关庙许湾依次被敌突破，民众亦被屠杀甚多，我以火力终逊，忍痛转至万寨据点，严密戒备河防，此役我旅长马元祥身临阵地指挥，臂部受伤，团副赵廷玺，头部受伤，营长马得禄团副马占英因固守阵地，壮烈殉国，我士兵微有伤亡。至敌军死伤约四百人，内并有将官二人。二十二日，我马师长发动快速部队，以机敏部署，复向敌反攻，猛烈进击，激战终宵，毙敌无算。迨二十三日敌不支溃退，淮阳随告克服，另有一部进击朱仙镇，当冲入镇内，敌死甚众。同日另一部神速部队，一度冲击开封，先将郊外之敌，一举歼灭，并切断铁路交通，迨午夜猛攻城垣，迎而涌进，当冲入城内，与敌展开激烈巷战，格杀至二十三日晨，毙敌极多，敌营房仓库被纵火焚毁，青天白日之旗，遂高悬城上。

同年8月，盘踞在淮阳的日军向南进犯，骑一师把师部从水寨（今项城市）西关移到距淮阳城仅15公里的新庄一带。暂编骑一师遂渡河与日军主力拼杀，日军败退回城，急电开封增援。由于守城日军火力强，使暂编骑一师打了一夜攻坚战，阵亡300多名战士，至凌晨才攻进南关，并打开西门缺口。9月12日，开封日军调集一支机械化部队，乘100多辆卡车和装甲车，载10门大炮，突破国军7个主力师的防线，兵临淮阳。暂编骑一师3个旅从四面向增援的2000多名日军突袭，战事异常惨烈：

骑兵师在南刘新庄一带与敌遭遇，马秉忠率所部，奋勇冲杀激战竟日，肉搏数次，卒将敌据守之十二王店村克服，残敌退到淮阳近郊。是役毙敌逾两百，获步枪数十支，马八十余匹，暨军用品无算。午后敌增援反攻，炮火益烈，并释放毒气。马旅长冒弹雨指挥官兵奋战，壮烈殉国……马旅长以下官兵三十余人，均壮烈殉国。

淮阳战役，总计俘虏日军20多人，歼灭日寇800余人、伪军1000余人，缴获机枪130挺、迫击炮3门。但日军武器精良，又使用毒气攻击，暂编骑一师阵亡将士达2000余人，损失战马千匹，被俘战士30多人。回到驻地水寨，马彪命人把城里的白布全部买下，在水寨城南（今项城市火车站一带）和新站集郊外隆重安葬阵亡官兵。下葬这天，水寨城万人空巷，中央社曾对此进行了采访报道，各战区战报和后方报纸，也都报道了该师血战日寇的壮举。① 这一年的开斋节，回协号召全国回胞，为抗敌救国将士及死难同胞祈祷，并追悼马秉忠旅长。

1939年10月，集结到淮阳的日军两个旅团，在战机的掩护下又向项城扑来，准备一举消灭暂编骑一师。马彪与新四军彭雪枫部主力协同作战，彭部从袁楼出击到敌人背后，对日军形成南北夹击之势。两军合围，杀得日军尸横遍野。项城保卫战大获全胜，迫使日军退守淮阳城。②

马彪将军率领暂编骑一师在豫东的抗战，是国民党军队在正面战场上取得并值得大书特书的辉煌战绩，也是回族军人报效国家的壮烈之举；尤其此役发生在中原地区，并有中共领导的新四军的真诚合作，对凝聚回、汉民族团结，推动抗日统一战线的发展，激励全民同仇敌忾、共同抵击日寇侵略大局，具有重大影响。

三、回民青年战地服务团在河南的军事斗争

回教救国协会下属的“中国回民救国协会青年服务团”，在河南的对敌斗争活动亦很突出。该团于1938年8月在汉口民权路清真寺成立。笔者注意到，在当时多处报道中，“回青服务团”和“回青战地服务团”并未

① 倪胜章：《马彪周口抗日旧事》，载《中州统战》，1997（12），37~38页。

② 倪胜章：《马彪周口抗日旧事》，载《中州统战》，1997（12），37~38页。

区分。它由回民青年马鸿章、杨兴瑞、魏运刚等人发起，孙绳武任团长，其任务最初列为四项：宣传、慰劳、救护、救济回民难民、难童。[①] 其前身是“汉口回民战地服务团”，并早已开展活动，如1938年6月，回民战地服务团一行十多人，由团长李承霖率领到豫南信阳，在阴雨连绵中，积极宣传抗战意义，并推动救济难民难童等各项工作。[②] 1940年春，回青战地服务团又由李承霖团长率领，前往豫东中牟、尉氏、鄢陵、扶沟和周口各县，召集回胞，进行抗日宣传。他们还亲临骑一师劳军，向骑一师马彪师长赠旗致敬，并慰问殉国烈士马秉忠旅长遗族。另据《会刊》1941年7月报道，该团团长李承霖率回民青年多人，驻扎郑州，从事宣传、救护、慰劳、劝募、侦探敌情、破坏敌人交通等工作，成绩颇佳。

随着形势的发展，回青战地服务团在各地，尤其是河南，设立分支会。这些分支会由当地回民青年组成，多从事军事行动。以下择其要者，简述数例。

1940年冬，回青战地服务团侦察得知，开封南关医院街二号，住有敌宪兵司令部翻译官兼南关伪警局指导员日籍韩人李某，精通汉语，担任要职。2月27日下午7点，李某正与人谈事，该团行动队第三组组长李风岐，率队员李银舟、李同舟、尚清珍、董庚申四人，闯入他的住室，将其捉获。当时本拟活擒，待扭出门外，李某坠扯不走，并高声呼喊，街巷商民由于惊恐，纷纷关门，伪岗警鸣哨呼援。势不得已，行动队向其脑部即射两枪，当即毙命，随后，李组长等安全退回防地。

1940年12月6日，河南的回青战地服务团十余人，在开封南关电灯厂北端，与驻铜元局的敌军大木部队的巡哨敌兵约30人遭遇，该团员们隐蔽不及，出枪射击，毙敌3人，余敌逃跑，团员安全撤退。敌人惊恐万状，如临大敌，随即动坦克车一辆示威，至第二日晨才离去。

1941年1月6日，在开封北路东刘庄，回青战地服务团炸毁敌兵车一列，实施爆炸者是孙少武、李华东、韩清、王玉春等28名回青战地服务团团员。该火车正由徐州开往彰德兵库，顷刻之间铁皮车厢毁三倾一，死伤

① 答振益：《湖北回族古籍资料辑要》，银川，宁夏人民出版社，2007。
② 答振益：《湖北回族古籍资料辑要》，199～203页，银川，宁夏人民出版社，2007。

90 人，重伤 7 人，轻伤多人，敌少将联队长宫峙上郎也同时毙命。1 月 7 日晨，敌人立即率 700 余人，乘汽车 30 余辆，至炸车地点两侧的新城亢村进行大搜索，一连 7 天，至 13 日才撤去。

1941 年 8 月 19 日，回青战地服务团团员刘国桢、刘国定等 3 人，在开封附近，捕获伪军中队十班班长陈守川，经审讯得知，属伪剿共第二路军高德林部，该伪军高部驻扎南彰德沙和三王村山坡煤窑，担任保护彰德至新乡的公路。还查得该伪军证书及手册各一件，随后，将该伪军交送国军某集团军处置。

南阳的回民较多，而且回协组织成立较早。早在“中国回民救国协会”时期，河南的分会就成立于南阳。该会于 1938 年的 11 月 15 日举行筹备会，水子立、李平南等为主要筹备人，12 月 9 日下午，在水子立所办的“景穆小学”正式成立，各县代表 60 余人；在南阳的政府各机关长官及代表出席者有百余人。马德乾为主席，水子立等 11 人为干事。随后，“中国回教救国协会”南阳支会于 1940 年 11 月 10 日成立，在南阳的国民党党、政、军等各界代表 300 余人参加，水子立、李平甫、赵子亮 3 人为常务干事，水子立为总干事。同年 12 月 9 日，该县回教协会黄池陂区会成立，马凌云为主任干事，李振东、马春光为干事。该区会成立后，立即组织战时服务队，原国民兵团大队长马振武为队长。回民青年踊跃参加报名，达 200 余名。并自备枪支，自愿受训。

1941 年 1 月，日军从方城县博望西渡白河桥，进攻南阳石桥。南阳的回教青年战地服务队 50 余名队员，配合国军第 68 军第 36 师的一个加强营，阻击日军进犯。2 月 3 日，日寇袭击石桥镇，回教青年战地服务队队员 30 余人，坚守寨垣，与敌巷战，白刃相接，毙敌兵 6 名。队员胡振清、丁裕如阵亡；沙保立受重伤；虎遇山腰部被刺，伤势濒危。分队长陈德行率队员 20 多名，协助国军，转战杏花山、龙王沟一带，后敌军经南阳东窜，分队夺取敌轻机枪一挺，步枪两支，赠交国军第 38 师。6 日，敌东窜黄池陂，遭黄池陂服务队迎击，击毙敌兵 4 名，伤者甚多。此时，敌大队增援突至，黄池陂服务队不得已且战且退，队员马占魁、李得胜阵亡。敌人遂将全村纵火焚烧，毁房 1100 余间，将柴、粮、财物洗劫一空。次日大雪，数千灾民无家可归，其状甚惨。敌攻陷南阳后，城关回民房舍被烧 80

余间，尤以黄池陂损失最重。3月5日，南阳各界举行“宛东战役阵亡将士暨殉难同胞大会”，国军对区会主任干事李平甫授奖，对阵亡、受伤队员发抚恤金。[①] 回协总会电复南阳支会对石桥镇、黄池陂两战时服务团，对他们的英勇抗敌行动予以褒奖。

新乡的“回民战地服务团”于1941年在阳武县（今原阳境内）刘庄炸毁由徐州开往彰德的日本军车，当场炸死日军90余名，伤数十名。[②] 但具体的时间，现有资料不明晰，尚需更深入的研究。

回民青年战地服务团，系回民青年组成的准军事组织，虽名义上归属中国回教救国协会的领导，但其从事的工作，至少在河南境内却是军事活动。这也是在战争时期，打破了传统的民间协会的规则，在特殊情况下采取的特殊的军事手段。战地服务团所采用的战术多系游击战，他们灵活机动，骚扰和打击敌人，在敌后形成了一股不容小觑的抗日武装力量。

四、回民百姓协助国民党军队作战和回民游击队的对敌斗争

沈丘回民对暂编青海骑一师给予了很大支持。暂编骑一师驻扎豫东，招募了一些新兵，沈丘有一批回、汉青年参加了骑兵师。[③] 1939年8月，该师马秉忠旅长牺牲的那天黎明，在部队出发前，沈丘回民李静宁阿訇领官兵做了晨礼，每位官兵都洗了大净，有的非穆斯林战士也洗了。之后，部队开始冲锋。

1941年2月5日，安徽太和县茨河东岸孤堆、玄阳一带，发现敌骑二百余，伪军千余，向马彪的暂编骑一师进犯，国军遂将其四面包围，次日，在大桥上展开激战，并在十里沟沉溺敌人坦克两辆。战斗之前，回协沈丘县支会曾于槐店、上溜集之间，协助国军构建工事，破坏交通。战

① 周殿军：《抗日时期南阳有关军事方面的情况》，见政协南阳县文史委：《南阳县文史资料：第三辑》，内部刊行，35页。

② 绍文杰：《河南省志：民族志》，68页，郑州，河南人民出版社，1994。

③ 倪胜章：《马彪周口抗日旧事》，载《中州统战》，1997（12），37~38页。

后，一面宣慰民众，一面督导民众，从事向导及运输工作，给予国民党军队极大的便利。

暂编骑一师在中原连年与日军作战，后改番号骑8师。1941年11月，骑8师在安徽河六、王市集一线与日军进行了一场恶战，后被日军围困，抵抗7天7夜，由于附近的友军105师、135师及骑2军不增援，致使骑8师孤军作战，寡不敌众，伤亡惨重，最后全军覆没，其中800余名被打散的伤兵与部队失去联系，残余伤兵无人照管。槐坊回民旋即在老寺、东寺成立了“教胞伤兵救难所”，为伤兵募捐食品、衣物、药品和返乡路费，使残余的骑兵伤员得到救助。

郑县也是回民人口较多的县，早在1937年夏，桑坡回民庞士谦受托组织“中国法鲁克留埃（及）学生团”，在郑县召集留埃学生；同时，也为中央陆军军官学校南宁分校第十五期建立回民总队招收回族学生。[①] 1941年12月，郑县的日军受国军痛击，抱头鼠窜。日军曾在郑县杀人放火，无恶不作，百姓惨苦万状。回协在曲梁镇设立茶站，专务队员10名，供应国军饮水。12月16日，李蓬庵队长率十余名队员，引护国军至郑州南35里古城村，袭击敌军；该支队也利用有利地形，协助国军作战。

孟县桑坡有回民2000余户，到1939年秋只剩下600多户，有清真寺7所，小学校1所。桑坡4次遭轰炸，加之该年秋天洪涝，大街上瓦砾斑斑，商铺十室十空，战争影响之巨可见一斑。因豫北战事激烈，日军于1939年春进犯孟县，国军某部在南庄与敌激战，桑坡回民送食送水，帮助国民党军队抗战；驻沁阳敌军被国民党军队包围，不久即告歼灭，敌势顿挫。在此期间，回民青年组织分服务团进行前线服务。1940年12月4日，孟县回教救国协会成立，总部设于此，袁禹门为总干事。

博爱县大新庄为豫北回民大村庄之一，回民不下千余户。1938年该县沦陷，敌人煽动少数地痞，强令建立回教联合会，旨在分化回民。而回民暗中开展救国工作，竭力援助国军，打击敌人。如第四十军曾在这一地区作战，村中回民抢运伤兵，捐输慰劳，无不奋勇当先。沦陷后，回民因不堪蹂躏压迫，密派代表前往回协山西分会，并携捐款千元，请求成立支

---

① 管城回族志编纂委员会：《管城回族志》，16页，郑州，中州古籍出版社，1995。

会。晋分会派刘朝轩干事及马孝庭阿訇，实地调查后，据情报告，回协总会给予了函准。

抗战时期，河南在豫东、豫西各有一支游击队，前者为“豫东人民抗日游击队第三支队”，后者为“洛宁回民抗日游击中队”。

马庆华（1914—1939年），生于开封，其父是铁路工人，因家贫，马庆华小学毕业便自谋生路。1935年加入中国共产党。1938年6月，他参加吴芝圃领导的“豫东人民抗日游击队第三支队”。[①] 不久，带领干部赴民权县开辟抗日新区。短时期内，建立了道北两个支部，并成立中共民权县委。胡集、北关、任庄等党支部也纷纷成立，发展了李德樵、马青林、钱振德、王永亮、钱振福、赵春芳、丁要先、马怀祥等一批回族党员。成立了“胡集文化协进会”和“北关青年救国会”，组织回、汉青年，从事抗日救国活动。[②] 1938年10月，彭雪枫从竹沟率领东进部队与“豫东人民抗日游击队第三支队”等合编为新四军游击支队，建立豫皖苏抗日根据地，主力部队撤走后，马庆华担任睢（县）杞（县）太（康）游击大队政委，水东特委书记。在敌人“铁壁合围”下，弹药缺乏，给养难筹。马庆华率领游击队，组织“农民抗日自卫队”，破坏敌人交通，消灭敌军事力量。建立了“睢杞太抗日自卫总团”，并在各村建立20多个分团。[③] 1939年8月，日寇百余人路过杞太公路，马庆华亲率一个中队，在杞县南宋庄、孟庄之间截击日寇炮车，打死打伤日寇数十人，获战马3匹，军车3辆，弹药不计其数。马庆华在这次战役中英勇牺牲。[④]

洛宁县回民抗日游击中队是洛宁县的一支回民组织的抗日游击队，由洛宁县的长水、缝衣口和孟家峪3个村庄的回族青年组织而成。[⑤] 1944年5月，日寇凭借飞机、大炮的强势，进攻洛宁的长水街，国军败退，百姓捡得枪支30多支，机枪2挺。当地回民富裕户，把这些枪支买下，又将原藏有的十多只枪支也集结起来，组成武装力量，于7月组建了“洛宁回民

---

① 杨少华：《商丘回族史稿》，内部刊行，98页。
② 杨少华：《商丘回族史稿》，内部刊行，98页。
③ 绍文杰：《河南省志：民族志》，67页，郑州，河南人民出版社，1994。
④ 杨少华：《商丘回族史稿》，内部刊行，98页。
⑤ 绍文杰：《河南省志：民族志》，67页，郑州，河南人民出版社，1994。

抗日游击队”，长水街丁振兴，又名丁老六，名声较大，公推为游击队长。不久，该游击队加入洛（宁）卢（氏）抗日自卫纵队，编入地方自卫武装刘维礼支队，共80余人。该游击队于1944年下半年至1945年春对日寇开展游击战。1944年8月，在长水东马店，配合国民党军队38军孔从周师某团，成功打了一场阻击战。同年10月，在县城西崖底塞袭击日伪治安队。同年11月，在泥鳅沟配合国民党军队96军，阻击西犯之敌，有队员以身殉国。1945年4月初，日军大举西犯，该回民游击队在缝衣口村孤军作战，并成功组织群众转移。①

回民百姓协助国民党军队作战和回民游击队的对敌斗争，有鲜明的民族特点。他们围清真寺而住，形成教坊，因而具有很强的内部向心力，容易组织，统一行动。回民百姓能够集体支援国民党军队抗战，以及回民游击队的建立，与他们这种教坊制度息息相关。同时，从河南这两支游击队来看，国、共两党的影响都有，回汉百姓均有参与，充分体现了全民参战、共同御敌的抗日统一战线的正确与威力。

结 语

综上所述，就回族军民在河南地区的抗战而言，我们可以得出以下的结论：

首先，回族的抗日斗争是全民抗战的一部分，他们从事的对敌、伪的斗争，既是挽救中华民族的命运，也是挽救他们自己的命运，家国一体，国家和民族的利益至高无上。其次，回族在河南的抗战，联合了河南省内其他兄弟民族民众，协助国民党军队，也配合了共产党的新四军，充分展示了爱国统一战线的伟大力量。第三，上述回族的这些斗争形式，都带有军事斗争的性质，也具有鲜明的回族自身的特点。

除了军事斗争，其他的斗争形式，如抗战宣传、教育和发动群众、募

---

① 丁护国、丹庭林：《一支回民抗日游击队》，见政协洛宁县文史委：《洛宁文史资料：第一辑》，内部刊行，1987，52~56页。

捐以及自身的生产建设等形式，在全民抗战的大背景下，也都分别具有积极的抗击日寇侵略、保家卫国的性质。限于篇幅，笔者将另文专述。

（原载于《许昌学院学报》，2013 年第三期，87～91 页）

中国回教救国协会豫省分会之变迁

宛　磊①

引言：中国回教救国协会的流变

中国回教救国协会这个组织，最初在河南郑州成立的“中国回民救国协会”是其基础。当时由时子周、王静斋、马亮等回族名人于1937年冬创立于河南郑州，最初是“民办”。1938年3月，协会转至武汉；同年5月，更名为“中国回民救国协会”，白崇禧将军任会长，唐柯三、孙绳武等政府官员纷纷加入，性质遂由民办变为“官办”，随后迁入重庆。[1]抗战结束，回协迁回南京；内战之后，又迁入台湾。笔者根据该协会各个时期发行的会刊及其他历史文献，将该协会的名称、地点、发行刊物等项列表如下，可清晰见其流变（参见表1）。

河南作为回族人口大省，又是抗战时期大多数县份被日寇占领的省份之一——只有九县未落入敌手，其最大的回民抗日组织“中国回教救国协会河南的分会”（以下把总会简称“回协”，回协河南分会简称“豫省分会”），在回协的领导下，活动非常活跃，做出了很多对抗战有益、对维护回汉团结有益的事情。战后重建，又处理很多战时遗留问题。

随着总会的变化，豫省分会的成立时间、地点、主持人物也有变化。简略而言，豫省分会经历了“回民救国协会”（总会）的郑州时期、豫省

① 作者简介：宛磊（1963—），河南漯河人，回族，哲学博士，主要从事外国文学评论及回族学研究，现任职信阳农林学院副教授。

分会的南阳时期，“中国回教救国协会”洛阳时期，“中国回教协会”的洛阳、内乡以及两次“中断”时期，以及抗战后“中国回教协会”重建以后的开封时期。本文根据回协当时发行的会刊以及其他历史文献，对豫省分会各个时期的变迁进行探究，分述如下。

表 1　中国回教救国协会流变一览表

名称	时间	创办人/理事长	地点	出版刊物及出版地
中国回民救国协会	1937 年 12 月—1938 年 3 月	子周时任理事长，马亮、王静斋等任副理事长	河南郑州	《中国回民救国协会通告》第一期（1938 年 1 月 10 日）至第五期（同年 2 月 28 日），郑州三马路三德里 15 号
	1938 年 3 月—1938 年 9 月	白崇禧任理事长，唐柯三、孙绳武等任副理事长	湖北汉口	《中国回民救国协会通告》第六期（1938 年 3 月 10 日）至第十三期（1939 年 4 月 7 日），汉口
	1938 年 9 月—1939 年 9 月		四川重庆	《中国回民救国协会通告》第十四期（1938 年 11 月 18 日）（重庆骡马店 105 号），发行至第三十七期（1939 年 9 月 1 日），重庆张家花园 62 号
中国回教救国协会	1939 年 10 月—1942 年 12 月	第一次全国大会，蒋介石自任主席，白崇禧任理事长	四川重庆	1939 年 10 月 5 日，创刊发行《中国回教救国协会会刊》，重庆张家花园 62 号；1940 年 11 月，改为《中国回教救国协会会报》（三卷第一期起），发行至 1942 年年末，重庆张家花园 62 号

续表

名称	时间	创办人/理事长	地点	出版刊物及出版地
中国回教协会	1943 年 1 月	白崇禧任理事长	四川重庆	《中国回教协会会报》，1943 年 1 月（五卷第一期）起，发行至 1948 年年末，重庆张家花园 62 号、南京太平路 310 号
	1945 年 8 月 20 日		江苏南京	
	1949 春—1958 年			
	1958 年	时子周任理事长（至 1967 年），之后，赵明远任代理事长	台湾台北	《中国回教》，台北丽水街

资料来源：《中国回民抗日救国协会通告》《中国回教救国协会会刊》《中国回教救国协会会报》各期（以下行文分别简称《通告》《会刊》《会报》）；李桂玲：《台港澳宗教概况》，204 页；马天英：《中国回教协会今昔》，载《伊斯兰之光》第 39 号（吉隆坡：1972 年 9 月），2 页；《月华》1938 年十卷一期（4 月 5 日出版），《〈中国回民救国协会〉移汉出版》，20 页。1938 年十卷十八期（9 月 25 日出版）《中国回民救国协会近闻》，14～15 页。

一、“中国回民救国协会”时期的豫省分会：南阳

这是豫省分会的开创时期，为后来在河南的发展奠定了良好根基。

豫省分会的建立，今多有误以为 1939 年 12 月在洛阳的第一次代表大会开始，其实是在 1938 年于南阳成立，到 1939 年 10 月地址搬迁至洛阳，南阳时期共主持豫省分会工作 11 个月。当时，回协白崇禧理事长派马德乾，前往南阳县主持筹备。（南阳县即今南阳市；下文提及开封、洛阳等，也称县，并不是今天的“市”的设置，但县治在今天的市区。）

回协豫省分会的变迁，与抗战时期河南省政府的流亡一直有密切关系。1938 年 6 月，日军侵占省会开封，省政府迁驻镇平，而镇平属于南阳

地区，“回民救国协会”在南阳设豫省分会，符合回协的省分会应在省会设立的要求。

马德乾于1938年11月3日抵达，即邀水子立、李平南拜谒“龚厅长、别司令、朱专员”等，“蒙应允协助”。第二天，通知了南阳地区各县清真寺，推荐代表，于11月15日在南阳县召开筹备会。与会代表70余人，地点在水子立所办的“景穆小学”。该筹备会推定各筹备员，马德乾为主任。随后，马氏赴临时省会洛阳，拜见“程司令长官”（即程潜——作者注），将计划予以核准，报国民党省党部备案。成立大会于1938年12月9日下午在南阳举行，“代表六十余人；在南阳各机关各长官及代表莅临者约一百余人”，并选出海无波、水子立等十一人为干事。[2]

从以上史料记载可知，回协河南分会在南阳，回协《会刊》的记载，只有“海无波、水子立等十一人为干事”。但是，通过《会刊》的随后多处报道看出，水子立工作很活跃，应是“总干事”；但是，并未见水氏担任官职的记录。幸今人水普慈先生在其回忆文章里，旁证了水子立是当时豫省分会的领导。

> 抗战期间，水氏担任中国回教救国协会会长（应为“中国回民救国协会河南分会总干事”——本文作者），会址先在南阳，后移至洛阳。在南阳他组织了回民战地服务队，民国三十一年日军犯宛时，这支队伍在城东南的黄池坡寨（应为“黄池陂”——本文作者），与小股日军作战半日，敌共三次，未得侵入。在城北石桥镇一带，配合驻军炮兵团，打死打伤敌人多名，小队长胡振德阵亡，多人负伤。第二集团军总司令以第五战区司令长官名义，曾授大型锦旗一面，上书“为国争光”四字。[9]

水子立（1885—1970），南阳人，北京政法学院结业后，曾任陕西省禁烟委员，后任河南宝丰县县长、南阳县参议员等职。抗战时期，他在南阳创办回族小学“景穆学校”。水子立与白崇禧关系密切，曾向白氏索千元助校。[9][8]

回协在“回民救国协会”时期的主要成绩是：第一，其在郑州的创立，具有奠基意义，没有这个创立，随后的“回教救国协会”发展可能是另一种局面。这一时期，其宣言、章程业已发表，组织架构如总会、分会（省级）、支会（县级）的形式也有了雏形，对后来回教救国协会影响甚大。

第二，这一时期在南阳就成立了豫省分会，其意义重大。这个协会的初期，可分为“回民救国协会”和“回教救国协会”的两个时期。“回民救国协会”因其总部所在地不同，又分为“郑州时期”“汉口时期”“重庆时期”，分别历时3个月、6个月、5个月，从1937年12月至1939年9月，共1年9个月。

郑州时期，名义虽是冠名“中国”，但其组织及主要活动在河南省，这个时间有近3个月，其会刊《通告》，前五期也在郑州编辑发行。这个会刊的发行，就其意义而言，无论就当时或是今天来看，无论给予多高的评价都不为过。汉口时期，其发行的《通告》，对河南回胞动向的关注仍较多。另外，原成立于汉口民权清真寺的“汉口回民青年战地服务团”归属中国回民救国协会后改称“中国回民战地服务团”，曾于1939年8月1日在郑州举行成立一周年大会，在郑州的军、政代表，各界回族代表二百余人参加，影响甚大。① 后来，回青团的主要工作也在河南，在河南做出很多对敌伪斗争的大事，激励了河南回胞的抗战。[12]

第三，重庆时期，回民救国协会的工作模式已经完善，改为“中国回教救国协会”，只是一个名字变更而已。这个名字变更，由蒋介石直接确定。[6]这具有很大的政治背景，即对回民的民族性持否定的意味，但此论题不是本文讨论的范畴，兹不赘述。这一时期，回协豫省分会各县支会发展迅速，在1年9个月的时间里，全省成立支会16家，这在全国各省份中名列前茅，为全省各地回民树立了榜样；其运作模式业已形成，为回教协会后来在河南各地支、区会的建立奠定了基础。

1939年10月，因抗战形势变化，河南省政府再次搬迁，由镇平县迁洛阳县，回协豫省分会也随迁洛阳，这样回协豫省分会就结束了南阳时

① 详见“国内短讯　三、回民青年团举行周年纪念大会”，载《会刊》，1939年1卷1期第31～32页。

期。《会报》有以下记录："本会河南省分会原设南阳，自随省政府迁至洛阳后，南阳县支会即着手筹备，兹闻定于［1939年］十一月十日开成立大会"。① 同时，回协也结束了"回民救国协会"，步入"中国回教救国协会"时期。

表2 "中国回民救国协会"时期豫省分会所属各县支会一览表

县支会名	成立时间	备注
内乡	1939年1月11日	
舞阳	1939年1月14日	
荥阳	1939年1月19日	
西平	1939年1月20日	
泌阳	1939年1月20日	
新野	1939年1月20日	
郾城	1939年1月22日	今漯河市区，当时含今西平县五沟营
叶县	1939年1月22日	
汜县	1939年2月4日	即汜水县，已撤，县治今属荥阳县
遂平	1939年2月13日	
登封	1939年2月17日	
南召	1939年3月11日	
邓县	1939年3月21日	今邓州市
周（家）口	1939年9月12日	今周口市区
许昌	1939年9月28日	今许昌市区，又一报道为9月24日

资料来源：《中国回民抗日救国协会通告》1939第三十六号144页所列13个县支部，加上《中国回教救国会刊》1939年第一卷第三期（11月15日出版）19～20页所刊登的"各省支会筹备情形"："周口已于九月十二日筹组成立"，"许昌县支会已于九月二十八日成立"之报道。

① 详见"分支会活动情形（十六）四县成立支会"，载《会刊》，1940年11月3卷1期第28页。

二、“中国回教救国协会”时期的豫省分会：洛阳

这是豫省分会的辉煌时期，其会址稳定，工作生机蓬勃，取得的成绩冠于全国各省分会。

1939 年 10 月，抗战形势起了变化，河南省政府由镇平迁至洛阳，故豫省分会也随迁洛阳。也从这时开始，回协开始其“回教救国协会”时期，从 1939 年元月到 1942 年年末，历时三年又两个月，这期间，豫省分会的总部，一直在洛阳。

根据 1940 年 2 月出版的《中国回教救国协会会刊》（第一卷第八期）记载，中国回教救国协会豫省分会的第一次代表大会于 1939 年 12 月 28 日下午两点，在洛阳市新街举行开幕典礼。

> 长官司令郭参谋长，警备部陈参谋长，财政厅曹厅长，省党部刘委员，县党部赵书记长暨各机关各县回教代表，回教学生，约两千余人，主席梁光夫，开会如仪后，即席致开会辞，辞毕，由郭参谋长代表卫长官（即卫立煌——本文作者），刘委员，赵书记长暨本会李视导员冀安相继致词，仪式隆重，情绪激烈，旋即摄影呼口号散会。郭参谋长刘委员对于回教之特殊精神，同胞之爱国情结，极多赞许，闻参加该会各县代表三十余人，并有沦陷区数处参加，其团结抗战致情绪热烈，可见一斑。（第 32 页）

全省第一次代表大会时，回协的名称已改为“中国回教救国协会”，洛阳回民梁光夫任主席，而南阳“中国回民救国协会”时期的负责人水子立先生任副主席。[①] 这个职务称呼前后有变化，后来称分会理事长、副理

① 《会刊》1940 年 2 卷 10～11 期第 39 页“南阳回胞欢迎白理事长”一文，记录了白氏视察洛阳后又到南阳时，南阳支会对他的欢迎情况，提及水子立系回协豫省分会副会长。同时，他还兼任南阳支会会长。

事长。

梁文斗，字光夫（1888—1950），洛阳人，保定陆军军官学校毕业，曾任洛宁县保安自卫团团长，中央军校洛阳分校中校教官，洛阳第一战区司令部少将高参、点校委员会主任。[10]抗战时期国防部“清真寺不准驻兵”的命令即由他向白崇禧提出并得到应允。[15]

豫省分会洛阳时期，县支会有了突飞猛进的发展。但是，由于豫省是日寇侵占地区，敌伪控制区受到限制；而且一些县支会由于中日军事上的拉锯，时常发生变化，致使某些支区会工作不能顺延，豫北地区尤为突出。但总体而言，取得的成绩是惊人的（参看表3、表4）。

从“表3”和“表4”可以看出，这一时期的豫省分会各县支会有36个，约占全省当时县份的三分之一，其中拥有区会的有20个，少则一个，多则七八个。本文作者在2009年于马来西亚吉隆坡发现了抗战时期“中国回教近东访问团”团长王曾善先生遗留下来的一份原始文献，名为《欢迎白公健生大会纪事》，系豫省分会所编，记录了该分会1942年8月在洛阳第二次欢迎白崇禧理事长的情形。该手稿前半部系分会主席梁光夫讲话，其中有这样的陈述：

> 回忆二十九年（即1940年——本文作者）八月二十九日，白公莅洛，到会训话，即以此旨剀切告诫（所谓“此旨”，指前文所谓“兴教必先建国，建国勿忘兴教之旨”——本文作者注”），言犹在耳。我们遵照各点，竭尽菲薄，向前猛进，至今转瞬两年。在此期间，本会所属支会已增至五十七县之多，冠于各省；战时服务队，已成立三十五中队，队员三千余人；各县清真小学，次第成立四十余校；赈济会洛阳小本贷款处，由本会介绍难、贫教胞贷款数目，约计十万元之多。皆白公对本会指导有方，与及伟大精神感召之成就。[11]

根据这份手稿，截止到1942年8月豫省分会第二次欢迎白崇禧理事长，其支会数目，已达57个县份。这个数字已占河南省县份的一半左右。由此亦可知，回协官方《会刊》对各地的详情记录仍然非常有限；探究回协抗战时期这段历史，还需从多方面入手。可惜57个县份中的21个，目前没有资料发现，不知都有哪些县份，其活动情况如何更无从知晓。

这些支、区会的主要分布区域，在豫中、豫西、豫南地区；豫北极少，只有孟县；豫东有周口、沈丘，这一地区是国民党军队控制地带。豫东北半壁以开封为中心点的河南领土，咸遭日寇沦陷，系回协运作力所不及的地方。

这一时期，在回协总的指导下，豫省分会积极协助各地支会各项工作：一、宣传抗战，有各种形式，如大会、壁报、各类献旗仪式；二、支援抗战，如募捐、“七七献款”活动；三、参加抗战，如成立战时服务队，协助国军作战；四、大力兴办回民教育；四、维护传统、保护宗教；五、救济难民、维持生计；六、秉公办案、扶持弱小的回族利益，等等。[12][13]这些工作成绩，因本文作者曾有专门述论发表，兹不赘述。

表3　“中国回教救国协会”时期豫省分会各县支会一览表

县支会名	成立时间或报道时间	备　注
项城	1939年11月16日	
桐柏	1939年11月27日	
陕县	1939年10月31日	此系报道时间，成立时间当在此前。
洛宁	1939年12月20日	
方城	1940年3月15日	
卢氏	1940年3月9日	
汝南	1939年	具体时间不明。《会刊》1940年7月2卷6、7期称其“去年业经成立（报迟）”。
孟县	1939年12月4日	该县1938年沦陷，后由山西分会帮助成立，1940年12月回协函准。
汜水	1940年1月19日	今已撤，县治在今荥阳境内。
陕县	1939年12月10日	
宝丰	1940年5月15日	
偃师	1940年4月22日	
沈丘	据估计为1940年12月	1939年11月15日报道筹备。1940年1月报道其支会活动。

续表

县支会名	成立时间或报道时间	备　注
临汝	1940年9月5日	
南阳	1940年11月10日	豫省分会迁洛阳后组建支会。
唐河	1940年10月25日	属南阳地区，但因两次沦陷，时间延迟至此。
临颍	1940年9月7日	
新蔡	1940年10月1日	此为报道改选日期，成立日期不详。
镇平	1941年1月5日	
济源	1940年12月28日	
固始	1941年3月	1941年3月《会报》3卷5期有事迹报道，支会成立时间不详。
息县	1941年3月	《会报》1941年3月3卷5期的报道时间。
宝丰	1941年1月24日	在该县焦店镇。
郏县	1940年12月14日	《会报》1941年4月3卷6期称其“报晚”。
新郑	1941年4月2日	在该县华阳寨，又一报道称“4月3日”。
长葛	1941年2月10日	
禹县	1941年3月10日	
正阳	1941年5月	1941年5月《回报》3卷7期有支会事迹报道，成立时间不详。
渑池	1941年7月15日	
西平	1941年3月1日	在该县曲梁镇。
襄县	1941年10月	该日期系报道其成立清真寺董事会的事迹，成立时间不详。
伊川县	1941年11月19日	在该县白沙镇。
西华县	1941年7月6日	该县接近战区。
潢川县	1941年11月2日	
扶沟县	1941年	1942年3月4卷2~3期报道“去年成立”。
新安县	据推测为1942年7—8月	《会报》1942年4卷5~8期合刊有报道；该期出版日期不详，推测在1942年7—8月。

资料来源：中国回教救国协会．中国回教救国协会会刊（重庆）1939年10月第一卷第一期至1940年10月第二卷第十二期各期。

表4　“中国回教救国协会”时期豫省分会各县支会所辖区会一览表

支会名	所辖区会名	成立或报道时间	备　注
许昌县	艾庄区会	1940年5月26日	
	石鼓镇区会	1940年5月27日	
	兴源铺区会	1940年5月28日	
	赵庄区会	1940年6月11日	
	五女店区会	1940年6月23日	
	游罕教门庄区会	1940年7月14日	
	张潘镇区会	1940年8月1日	
	繁城镇区会	1940年9月8日	今属临颍县。
鲁山县	下汤镇区会	1940年5月25日	
西平县	董桥渠区会	1940年6月27日	
南阳县	黄池陂区会	1941年2月	
	石桥区会	1940年冬	《会报》1941年4月3卷第6期称其“于去年冬即已成立”。
	赊镇区会	1941年6月	此为报道时间。
舞阳县	尚店区会	1940年12月5日	
	舞渡区会	1941年8月25日	
	渡北河岸区会	据推测为1942年7—8月	《会报》1942年4卷5~8期报道；该期日期不详，据推测在1942年7—8月。
济源县	源邵区会	1941年1月18日	
息县	陶镇区会	1941年3月	此为《会报》1941年3月3卷5期的报道时间，成立时间不详。
内乡县	马山口支会	1940年12月	
固始县	柳树店区会	1941年3月	此为该区会事迹报道时间，其支、区会成立时间均不详。
邓县	穰东区会	1941年1月5日	
	张村镇区会	1942年1月	1942年1月4卷1期报道其成立清真寺董事会事迹，区会成立时间不详。

续表

支会名	所辖区会名	成立或报道时间	备　注
正阳县	铜钟镇区会	1941年5月	
唐河县	井楼区会、马营区会、郝寨区会、三基屯区会、祁仪区会、田店区会	1941年6月	均为报道时间。
临汝县	半扎镇区会	1941年6月	报道此时请求组织区会。
镇平县	贾宋镇区会	1941年5月25日	
	王庄区会、山王庄区会、贾林区会、水沟区会、马庄村区会、礼拜寺村区会、刘庄村区会	1941年10月	1942年3月《会报》2~3期报道“以上七区会均系去年十月间成立”。
固始县	柳树店区会	1941年3月	1941年3月《会报》3卷5期有事迹报道，支会成立时间不详。
郾城县	五沟营区会	1941年10月	为成立清真寺董事会事迹报道时间，其成立时间不详。五沟营今属西平县。
桐柏县	固县镇区会	1941年7月6日	
西平县	蔡寨区会	1941年7月20日	
登封县	东五司区会	1941年12月16日	
	西五司区会	1941年12月17日	
	大树湾区会	1941年9月	
	石道西窑区会	1941年10月	此为报道时间。
新蔡县	李庄桥区会	1941年10月20日	

资料来源：中国回教救国协会：《中国回教救国协会会刊》（重庆）1939年10月第一卷第一期至1940年10月第二卷第十二期各期。

三、“中国回教协会”抗战时期的豫省分会：洛阳、内乡及两次中断

这是豫省分会的艰难辗转时期，抗战形势在该省呈复杂态势，会址屡遭变迁，工作艰难推进。

从1943年元月开始，中国回教救国协会改称“中国回教协会”，这是最后一次更名。更名的原因，仍是蒋介石氏的个人意见。[6]这次更名到抗战结束，豫省分会经历了洛阳时期、第一次中断时期、内乡时期、第二次中断时期，共四段，情况甚为复杂（参看“表5 回协豫省分会地址时间流变一览”。）

1. 洛阳时期

回协再改名“中国回教协会”，洛阳仍是豫省分会会址，直到1944年5月25日洛城沦陷，历时约一年。

在“回教协会时期”分会洛阳时期，河南各县支会发展，远比不了此前的“回教救国协会”时期，只在1943年发展两个支会，即豫东的淮阳县和豫南的信阳县，时间分别在1月和5月（系报道时间），显然与军事上的胜利息息相关。但是，也失去了豫南的固始县支会，时间在在该年度8月份（亦系报道时间）。①

2. 第一次中断时期

洛阳沦陷后，豫省分会已经不能正常运作，但是，随后的内乡支会代理豫省分会会务的工作，还未开始。这期间历时5个月，本文称“第一次中断时起”。

在洛阳沦陷之前的1942年4月，河南省政府由洛阳迁驻鲁山，1944年5月再由鲁山迁至内乡县丹水镇（现属西峡县）。因此，1944年9月，

① “会务报告　十四　各组工作简讯1”，载（《会报》1943年8月5卷6～8期第18页），内容是：因敌寇攻陷固始，回协函豫省分会转固始支会，开列支会的文件清单，以便今后备查。（原文有些字不能明辨，大意如此。）

回协令豫省分会随河南省政府亦迁往内乡县办公。

> 豫省分会自洛阳沦陷后，即迁移西安，兹悉河南省政府已迁往内乡，分会应设省政府所在地组织处理会务，本会除函内乡支会暂代分会会务外，同时函请该分会理事长梁光夫理事速赴内乡主持，并函豫省各支区会一体知照。[①]

豫省分会主席梁光夫先生，因洛阳家乡沦陷，避难西安，未能如回协要求尽快前往内乡。直到1944年10月14日回协“常务理事会第七次谈话会”（因理事会未达到法定人数，故称“谈话会”），回协再次表示，有条件应允豫省内乡支会的请求，即梁氏未到内向之前，内乡支会代理豫省分会工作；同时再函梁光夫先生，速往内乡主持工作。[②]

3. 内乡时期

梁氏是否应允回协要求，迅速前往内乡县支会主持工作，详情不知；但内乡支会开始主持豫省分会会务，这一点却是历时事实。内乡作为分会的地址，自1944年9月到1945年3月28日内乡城沦陷，历时半年。

内乡支会是河南最早建立的支会，时间是1939年1月1日，会址设内乡清真小学。当时，全县2200余口回民，散居八坊清真寺。成立时，本地党、政代表，回胞代表，不下五百余人。杨博荃任主席，干事9人，候补干事5人，监事3人，通电全国回民加紧抗敌。支会建立一年后，回协《会刊》介绍其成绩如下：设立回民小学、创办图书馆阅报室、出版壁报、举办讲演会、救济流离异乡回胞等。[③] 1941年11月，教育部视察内乡清真国民学校，这是抗战时期豫省回民学校所受最高规格的视察，也是唯一一

---

① “豫省分会迁内乡”，载《会报》，1944年6卷6~9期合刊第19页。

② 详见“会议记录　常务理事会第七次谈话会记录”，载《会报》，1944年12月6卷10~11期合刊第8页。

③ 详见“河南内乡西平两支会成立”，载《中国回民救国协会通告》第28号第112页；“分支会活动情形　一、河南内乡支会概况”，载《会刊》，1940年2卷3期第19~20页。

例。1942 年年底；支会成立了成立战时服务队。[①]

但遗憾的是，1943 年 5 月回协的《会报》报道，内乡支会业经改选。[②] 因报道简短，不知改选后该支会的人事有何种变化；而这个新改选的支会领导团队，也正是代理洛阳失陷以后豫省分会会务的领导团队。更遗憾的是，由于回协刊物《会报》1945 年度的缺失，刚好缺少分会内乡时期运作情况的资料。

4. 第二次中断时期

抗战结束后，豫省分会内部出现了纠纷，但这个纠纷的具体内容什么，却不甚明了。有关文献资料隐约显示，豫省分会自洛阳沦陷后会址迁内乡，可能就埋下了这个纠纷的种子；本文作者认为，应是人事问题的纠纷。内乡时期之后，1945 年 4 月，河南省政府由内乡县丹水镇迁至豫西卢氏县朱阳关，豫省分会是否随迁，也无资料可证。故内沦陷一直到 1946 年 3 月豫省分会在开封重建，历时一年；本文作者将这段历史称为豫省分会的“第二次中断时期”。

豫省分会从洛阳 1943 年元月开始到 1946 年 3 月在开封重建，其主要会务工作，除了延续上述“回教救国协会”时期的各项工作以外，还有两件大事值得提及：一是 1943 年 4 月发生在豫北县的“桑坡惨案”，桑坡沦陷后，回胞多数逃出，在实力微弱之际，当地区长李振翰，县长张伯华，联合驻豫北的国军十八支队任生荣以及一些地方武装人员，围攻桑坡村，屠杀回胞。豫省分会会同回协积极善后，解决这一重大事变；虽不尽如人意，但已竭尽全力，成绩仍是第一位。二是民国三十二年河南大旱，造成史无前例的年馑，饿殍遍野，民不聊生，豫省分会会同回协积极救灾抗

---

① 详见“河南内乡清真国民学校蒙部视察”，载《会刊》，1942 年 4 卷 5 ~ 8 其合刊第 39 页；战时服务队的成立，1942 年 12 月四卷 9 ~ 12 期合刊第 28 页“各分支区会情形二四”有报道。

② 详见“会务报告 十一、工作简讯 内乡、新野、正阳支会改选”，载《回报》，1943 年 5 卷 2 ~ 5 期合刊第 19 页。

灾，拯省内救各地回胞，有不少帮助。[①]

豫省分会的纠纷问题到1946年9月底回协“常务理事会第一次谈话会纪要”，专门把“河南分会纠纷应如何解决案”提到桌面，决定“派员赴豫指导筹备”：由孙燕翼、马骥良、马子翔、王农村四理事负责办理。到了该年10月25日“第二次常务理事会谈话会议决”，回协再做决定：一、已成立支会限期推举参加省分会代表，二、未成立者限半月成立并推举加省分会代表，三、分会方面由本会定期后另案通知。[②] 这意味着，回协有意在河南重建其分会。

表5　回协豫省分会地址时间流变一览表

协会名称	地址	开始时间	结束时间	历时	备注
中国回民救国协会	郑州（总会）	1937年12月	1938年3月	3个月	会长时子周。该时期尚未成立豫省分会。
	南阳	1938年12月9日	1939年10月	11个月	分会总干事水子立。因省政府搬迁分会随迁洛阳结束。
	洛阳	1938年10月	1939年9月	11个月	分会理事长梁光夫。
中国回教救国协会	洛阳	1939年10月	1942年12月	3年2个月	分会理事长梁光夫。

① 详见拙著《中国回教救国协会对回族利益之保护——以河南省的情况为例》之“秉公办案辅助弱小”部分有关“桑坡惨案”的述论，载《濮阳职业技术学院》，2013年第5期第68页。关于民国三十二年（1943年）年馑，回协帮助豫省回胞所做的工作，详见《会报》1943年5卷各期有关河南救灾的报道。

② 详见“常务理事会第一次谈话会纪要　第二次（三十五年九月二十九日上午）”，“第二次常务理事会谈话会议决（三十五年十月二十五日上午）”，分别载《回报》1947年7卷1期第7页、第9页。

续表

协会名称	地址	开始时间	结束时间	历时	备注
中国回教协会	洛阳	1943 年 1 月	1944 年 5 月 25 日	1 年 4 个月	分会理事长梁光夫。因洛阳沦陷结束。洛阳作为分会会址，历经回协 3 个名称各时期，总计 5 年 8 个月。
	第一次中断	1944 年 5 月 25 日	1944 年 9 月	约 5 个月	日军陷洛阳，分会工作中断，代理机构未开始工作。
中国回教协会	内乡	1944 年 9 月	1945 年 3 月 28 日	半年	内乡支会代理豫省分会会务，因内乡沦陷结束。
	第二次中断	1945 年 4 月	1946 年 3 月	11 个月	内乡沦陷、抗战后豫省分会人事纠纷，直到在汴重建。
	开封	1946 年 3 月	1948 年 10 月	2 年 7 个月	分会理事长杜秀升。从分会重建，到解放军进攻开封。

资料来源：回协各名称时期全部期刊文献整理。请参阅本文所列“参考文献”[1]、[2]、[3]、[4]。

四、“中国回教协会”抗战后的豫省分会：开封

这是豫省分会的战后重建时期，基本恢复了元气；但因战后遗留问题众多，又政府在民族政策所导致的民国后期回汉冲突的广泛发生，回协豫省分会的工作成果，喜忧参半。

1945 年 9 月河南省政府由卢氏县朱阳关迁返开封。作为豫省分会会址，在河南光复后，理应设于省会开封。但因抗战后期豫省分会从洛阳往内乡的搬迁以及随后的中断，引起了人事上的纠纷，结果在抗战结束后，这个纷争仍在继续，又持续半年之久，到 1946 年 3 月才在开封重建。

河南省分会于去年（即 1946 年——本文作者）六月间即由各县教胞代表召开选举大会，曾选定理监事，本会于豫省会务重

要，曾迭次督侣（应为“促”——本文作者）早日办公，推进会务，始于三月三日正式举行理监事会议，所有当选各理监事及理事长杜秀升等均于是日就职，豫省会务当可逐渐步入正轨，各县未成立之支区会亦将相继组织云。①

杜秀升（1881—1960），原名杜光俊，开封回民，实业家。曾与人一起创办河南第一所回民小学“开封养正学校”，后任河南铜元局代局长，开封商会会长益丰面粉公司董事长。抗战时期，他在西安任第一战区面粉益丰面粉公司董事长。1946 年，当选为“国大代表”。[10](489页) 杜秀升所主持的抗战后豫省分会开封时期，从 1946 年 3 月重建，到 1948 年 10 月开封解放，计两年半的时间。

梁光夫先生在分会在抗战后，就不再担任理事长的职务；但他作为豫省分会理事长，具体什么时间结束，却没有相关资料记载。他本人仍关怀豫省分会的事务，例如，迟至 1947 年 4 月，梁氏访问了当时设在南京的回协总会，并出席了协会含有报告河南分会情形的该年度“第十次常务会”。②

战后豫省分会的重建后，回协对分会的工作十分重视。在回协 1946 年 12 月 29 日的“第五次常务理事会议”上，杜秀升先生报告了河南分会成立经过。③ 也在同时，回协开封籍闪克行理事访开封时，业访问了豫省分会：

本会闪主任克行于上月二十日赴汴省亲顺便视察河南省分会会务，并参观开封养正学校……闪主任与开封十四方清真寺教长乡老代表百余人在东大寺所举行之欢迎会上，恳切讲述河南省分会之重要，希望全体回胞认清当前的回教之危机早日展开会务，以义务之精神，成绩之表现，博取教胞之互助，各方教长乡老听

① 详见“河南分会展开会务”，载《会报》，1947 年 5 月 7 卷 7 ~ 8 期合刊第 13 页。

② 详见“穆斯林动态”，载《会报》，1947 年 5 月 5 卷 6 ~ 7 期合刊第 20 页相关的报道。

③ 详见“第五次常务理事会议　甲、报告事项　二、杜秀升先生报告河南分会成立经过”，载《会报》，1947 年 2 月 7 卷 3 ~ 4 期合刊第 7 页。

后，诚极表同情，闪主任因京事繁忙，在汴仅勾留五日即行返京。①

闪克行回南京后，在回协1947年2月举行的“第四次理监事联席会”上，报告了视察河南分会的情形。②

豫省分会开封时期的两年半时间内，工作甚多。因未见有研究成果问世者，此稍多作叙述：第一，致力于抗战期间日战区未建之各县支会的工作。这项工作，由于抗战胜利河南光复，得以较为顺利的展开。但随着国共内战的发生，随即在一些地区又陷入了停滞。

第二，善后抗战时期的一些问题。这些问题，林林总总，主要的有：其一，如何解决抗战时期各支会的“战时服务队”问题。这个问题，回协1946年10月“常务理事会第三次谈话会”决定，战时服务队已无必要，所以各支会予以解除。③

其二，抚恤抗战时期牺牲的回胞。这个问题主要是南阳支会请抚恤战时服务队殉职人员，有回协函国防部转内政部办理，最后圆满解决。

其三，解决豫北回汉长期积成的回汉仇视问题。这一地区战后回汉仇视仍未消除，豫北联合支会请示回协派人前往解决，回协派出丁珍亭前往；同时，函河南省政府刘茂恩、省政府办公厅主任龚五修协助丁氏的工作。随同丁氏视察豫北的有豫省分会豫北联合支会负责人张国彦、买韵公、李养斋等。同时，应回协要求，国民党郑州绥靖公署也表示“饬属维护豫北回教利益”。经与博爱县当局交涉，当局答应减掉回民捐税，保护回民产权，组织回民还乡自卫队等。除此之外，还有博爱教胞买安义住宅被县府拆除一事，省政府交涉制止；第三、四区专会公署，也下令保护回

---

① 详见“会议记录　第四次理监事联席［会］　报告事项　一、闪主任报告视察河南分会情形”，载《会报》，1947年2月7卷3~4期合刊第14页。

② 详见“闪主任报告视察河南分会情形”，载《会报》，1947年2月7卷3~4期合刊第6页。

③ 详见“战时服务队相继结束”，载《会报》，1947年11月4卷1期第17页。

胞。至 1947 年 3 月，博爱县支会表示，回汉积压问题已经解决。①

第三，解决因内战造成的豫北难民问题。抗战时期，由于日寇入侵，豫北县份博爱、沁阳、孟县、济源、武陟等大批回胞涌向豫省主要城市开封、郑州、洛阳避难，民不聊生，状况甚惨。战后，善后工作极为重要。豫北联合支会负责人张国彦、买韵公、闪雨农等前往回协报告，并谒拜白崇禧理事长。随后，回协派王农村专程前往负责解决此问题。②

第四，牵涉回汉纠纷问题的解决和回民的政治权利诉求。这一时期，新的回汉纠纷，甚至比抗战时期愈发普及，频率也攀高。针对豫省所发生的种种回汉冲突、辱回案件等，豫省分会协同回协尽力处理，其中多数都解决得很好。回民的政治权利诉求，牵涉到 1947 年国民大会代表回民席位的配额问题，全国回民和回协做出种种努力，但结果却归于失败。这种很失败的本质，是对回民民族性的否认以及对少数民族权利保障的缺失。实际上，本文所探讨的回协从“中国回民救国协会”，改名为“中国回教救国协会”，再改名为“中国回教协会”，这个回协组织的名字变迁，可谓每况愈下，也是渐次否定回族民族族性的一个侧面反映；该论题不是这篇文章的主题，此不多辩，容另行述论。

由于解放军攻打开封，省政府主席张轸于 1948 年 10 月 3 日，将河南省政府迁于豫鄂两省交界的信阳县，这实际上宣告了国民党政府在河南统治的基本结束，回协豫省分会的工作也自然随之停止。回协这个从 1937 年 12 月在郑州开始运作的协会，在河南历经南阳、洛阳、内乡各时期，至此在开封宣告终结，共历时 10 年零 10 个月。

---

① 详见“常务理事会第五次会议纪要（三十五年十月十八日）一、豫北联合支会请示案”，载《会报》，1946 年 7 卷 1 期第 8 页；“解决豫北回汉仇视问题”，载《会报》1947 年 7 卷 3 - 4 期第 5 页；“常务理事会第九次　报告事项　二、郑州绥靖公署准维护豫北回教利益”、“常务理事会第八次谈话会　报告事项　二、丁珍亭报告豫省会务情形”、“第十次常务理事会谈话会　报告事项　三、博爱支会电回汉融洽积压问题解决”，以上三个标题均载《会报》1947 年 7 卷 5 期，分别为第 5 页、第 5 页、第 6 页，是同一事情的连续报道。

② 详见“分支会之活动　豫北问题重重”，载《会报》，1946 年 7 卷 1 期第 15 页；“第六、七次常务理事会谈话会记录　讨论事项　四”，载《会报》1946 年 7 卷 1 期第 9 页。但结果如何，未见记载。

结语

中国回教救国协会是中国历史上第一个有完善纲领和统一组织的回回民族社团组织，其活动内容涉及政治、军事、经济、宗教、文化等诸方面，影响极其巨大，意义及其深远。豫省分会的建立及地址和组织结构变迁，尤其发生在近代中国遭受外强入侵的时候，反映出回族人民辗转挣扎，不屈不挠抗争的一个侧面。河南地处中原，回民散居，又处于抗战前哨，对其进行探究，极具典型代表意义。

总结回协豫省分会的成绩，有五个闪亮的特点。首先，该协会滥觞于河南郑州，后辗转汉口、重庆，在重庆时期协会开始其地方分会建设的时候，河南即属于最早设立分会者，而且，发展迅猛，规模广泛，就时间及早和数量众多而言，在全国分支会中首屈一指，此为特点之一。其次，抗战时期河南处于敌我交战的“锋面”，豫省回民所受敌寇蹂躏甚深，因而豫省回民抗战意志之坚决，参战之踊跃，尤显突出，此为特点之二。再次，也因河南处于敌我交战的“锋面”，豫省分会辗转流离，历经多地，坚持不懈，展示了顽强的生存力，此为特点之三。再次，民国三十二年年馑，民不聊生，这是天灾；近代回汉畛域，积淀甚深，屡屡引起豫省回汉冲突，譬如孟县“桑坡惨案”之发生，为全国所罕见，此为人祸；所有这些，为回协豫省分会的工作平添更大的难度、强度，此为特点之四。最后，战后豫省重建，继往开来，再加倍努力，善后抗战时期诸多遗留问题为精彩之收笔，此为特点之五。

综上五点，是较其他省分会情况相比情况特殊者。因文献资料局限，仍免不了对豫省分会变迁一些细节的疏漏，甚至错误。此为抛砖引玉，还望更多研究成果问世，填补、匡正史实，是本文作者的真实愿望。

参考文献：

[1] 中国回民救国协会．中国中国回民抗日救国协会通告．1937 年

12 月至 1939 年 9 月（郑州、汉口、重庆）第一至三十七号各号.

［2］中国回教救国协会．中国回教救国协会会刊（重庆）1939 年 10 月第一卷第一期至 1940 年 10 月第二卷第十二期各期.

［3］中国回教救国协会．中国回教救国协会会报（重庆）1940 年 11 月第三卷第一期至 1942 年第九卷第十二期各期.

［4］中国回教协会. 中国回教协会会报（重庆、南京）1943 年 1 月第五卷第一期至 1948 年 10 月第八卷第二期各期.

［5］月华编辑部．月华（重庆）1938 年 10 卷 1 期（4 月 5 日出版），1938 年 10 卷 18 期（9 月 25 日出版）。

［6］马天英．中国回教协会今昔．伊斯兰之光．吉隆坡：第 39 号（1972 年 9 月）：2.

［7］李桂玲编著．台港澳宗教概况．北京：东方出版社，1996：204.

［8］南阳民族宗教史编辑室．南阳民族宗教志．南阳［未公开出版］：豫内资料准印通字宛新出发字 58 号，1989：53.

［9］水普慈．水子立与南阳回族教育．政协河南文史资料委员会．河南文史资料（第十七期）．郑州：豫刊证字第 16 号，1986：126－130.

［10］杨惠云主编．中国回族大辞典．上海：上海辞书出版社，1993.

［11］梁光夫署．欢迎白公健生大会纪事［原始手稿，吉隆坡王乐丽博士存］．洛阳：民国三十一年八月九日.

［12］宛磊．回族在河南抗战事迹述论．许昌学院学报. 2013（3）：87～91.

［13］宛磊．中国回教救国协会对回族利益之保护——以河南省的情况为例．濮阳职业技术学院学报. 2013（5）：65～73.

［14］宛磊．*Identity and Struggles*. Istanbul：Fatih University Press，2012.

［15］李贤主编．洛阳回族文史资料选编．洛阳：洛阳市伊斯兰教协会［内部资料］，2004：230～232.

（原载于《回族研究》，2014 年第二期，44～53 页）

中国回教救国协会对回族利益之维护

——以河南的情况为例证

宛　磊

中国回教救国协会（以下简称“回协”），原名“中国回民抗日救国协会”，由时子周、王静斋等回民上流人士于1937年12月创立于河南郑州。该组织在白崇禧建议下，于1938年春转至武汉，同年五月，更名为“中国回民救国协会”，唐柯三、孙绳武等政府官员纷纷加入，性质遂由民办变为官办。1939年元月召开第一次全国代表大会，更名为“中国回教救国协会”，并在各地建立分、支会及附属组织。同年7月，会址迁重庆。抗战结束后，该会迁南京，改名为“中国回教协会”。1949年再迁台北，协会名字至今未变。

该会是民国时期最庞大、影响最广泛的回民组织。本文作者主要研读了《中国回教救国协会会刊》（其第三卷第一期之后，称《中国回教救国协会会报》，本文行文一概简称《会刊》），并参考其他原始资料，梳理出自1938年至1949年的10年间，该会会对河南回族利益维护的措施，举出若干事例，剖析了该会对回族事业发展正反两方面的得失。

一、支持豫省回民教育

多数回民学校在民国期间仍承继清末民初回民教育的模式，既开设普通国民教育的课程，又开设阿拉伯语及伊斯兰教育的课程。[①]这种模式，也是回民既普及国民教育，又传承传统的经堂教育，以保留其文化特质的有益而可行的教育模式。但这类学校，要么是附属于某坊清真寺，要么是回民自己筹资办校，中国回教救国协会在将其纳入政府固定的财政补助方面起到很大作用，但仍未完全列入国民教育系列。[②]白崇禧理事长在1939年元月回协第一届全体会员代表大会上提出了回协计划在每一个清真寺都要设立一所小学的目标，以培养回民子弟。在随后的多次讲话中，又提及普及回民教育的问题。[③]由此看出，该会把教育作为回民改造之根本，引起高层的极大关注。在教育改造方面，回协所做的贡献，表现在小学教育、中学教育和大专教育，以及军事教育几个方面，以下分别论述。

首先，对普及小学教育所做的努力。

第一项措施是帮助建立很多回民小学校，并申请教育部给予经费补助。回协通过各分区分会、支会，在各坊回民中创办回民小学。除了号召回民自身作努力，也联系政府的教育部门，敦促在各县清真寺设立附属小学，所需经费，从义务教育补助费中给予酌量补助。[④]但由于回民小学并未

---

① “全国回教学校一律加授教义：或浅近阿文，或聘开明阿訇。宗教前途实有厚望焉。”参见“会务报告：全国回教学校一律加授教义”载《会报》七卷六、七期合刊（1947年5月），9页。

② 关于这类学校的优点，前人早有总结，如庞士谦在“中国回教寺院教育之沿革及课本”（《禹贡》第七卷第四期，99～103页）中，就有详细论述。

经堂教育，是中国伊斯兰教传统教育制度。因此种教育在清真寺内举行，故亦称寺院教育。其宗旨是传授经学知识，培养讲学经师和从事宣教及率众举行宗教活动的宗教教职人才。某坊清真寺：依某一清真寺而居的回民称“一坊”，大的回民居住区可能会同时有若干坊。

③ 白崇禧的讲话指出：“教育方面：本会……对于提倡与普及教胞的教育，这却是应尽的义务。……计划着每一个清真寺都要设立小学一所，以培养教胞的子弟，同时在教育上不仅注意儿童的教育普及，尤其努力于成人教育的发展。”详见白崇禧，“中国回教今后的展望——在本会第一届全体会员代表大会上之讲词”，载《会刊》一卷一期（1939年10月15日），7页。

1943年在重庆举行的第三届理监事会议上，通过了“中国回教救国协会章程”；在大会闭幕式上，白崇禧会长致闭幕词，再谈回民的教育与贫穷，是两大问题。（见“白理事长致闭幕词”，载《会报》四卷四期（1942年4月））。在该期《会报》中所刊“白理事招待报界”（50～51页）的报道中，除了谈及抗战宣传及对应日寇对回民的挑拨问题，又专门谈及“设法救济回胞两病”，即“贫”和“愚”的问题。

④ 《会刊》一卷一期（1939年10月5日，29页），刊有回协1939年腊月发函给教育部蒙藏教育司的报道。

纳入国民教育体系，所以各地方政府并未完全执行教育部的通令。原因多囿于以往回汉畛域，对补助回民学校的规定，多数藉辞推却，甚至依建校条件不足而取缔。[1]针对这个问题，回协从1940年提出建议，但两年后仍未得到根本解决。到1942年3月，为了方便回民小学申请补助，回协又派代表与教育部商妥，将回民小学统一冠以“清真”为校名，[2]这样，方便教育部对回民小学的补助。至于这方面的补助有多大，没有资料显示具体数目，但多少肯定是有的。

第二项措施，是以回协的影响力，直接发函给各省、县地方政府，请求他们解决回民小学在办学过程中遇到的困难。抗战时期，仅1941和1942年，就有多个案例，涉及回民教育的多个方面：有要求当地政府给予回民小学建校备案和对现有学校继续维持者，牵涉荥阳和舞阳两县；也有对回民学校教师应援引公立学校教员给予津贴补助，并对学校经费无着给予帮助者，涉及许昌、内乡、舞阳等县。[3]这些举措，在抗战时期经济凋敝，民生不振的情况下，能坚持维持一批回民小学，实属不易。除此之外，由于回协的努力，国民政府教育部也对回民学校表示了一定关注，有省教育厅领导视察回民学校的活动。[4]开展这种活动，对回民教育的发展，也有一定的声援支持的作用。

第三项措施，回协自身筹集资金，对回民小学以奖励或帮助。一是对

---

① “会务消息：一、为回民教育向教部呼吁”，载《会刊》二卷四期（1940年6月1日），18页。该文详述了回协1940年5月4日，回协为回民教育之事，再呈教育部函的具体内容。

② “组织·训练·调查”，载《会报》四卷一期（1942年3月），26页。回协派出的代表为孙绳武先生。

③ 《会报》三卷九期（1941年7月），27页，刊有“教育·教务·宣传（6）”，报道“为金寨村清真寺另设回民小学事，函请河南荥阳县政府扶助，予以备案建校，并予补助；函请舞阳县政府，对于南店镇回民小学校予以维持；函请许昌县政府，对回教私立小学教员，准援津贴公立小学教员之例，予以津贴。”

《会刊》第三卷第九期（1941年7月），27页，“教育·教务·宣传（10）”，报道有“函内乡县政府，因该校经费无着，势将停办，请设法补助。”

《会报》第四卷第一期（1942年1月），25页，“教育·教务·宣传（10）”，报道有“函请舞阳县政府，经常补助该县伊斯兰小学。”

④ “国内回教消息：十五、河南内乡清真国民学校蒙教部视察”，载《会报》四卷五~八期合刊（1942年8月），38~39页。文称：1941年11月15日下午，教育部孙爱棠及河南省教育厅吴子清督学，偕内乡县督学张俊源、周兆临，亲临内乡回协所属清真国民学校视察，校长杨丽生引导视察各级学生、校舍、图书馆诸种设备。

经费紧张的学校，给予资金上的帮助，一是对成绩卓著的学校给予奖励，这样对其他回民小学力求发展，起到榜样的作用。资金上的例子，回协在1940年，对许昌回协支会附设回民小学的资金帮助，还有对遂平石寨回胞，积极筹组区会并创办回民学校，回协将旧有清真小学进行整理、改善，扩充规模，给予补助。对成绩卓著的学校给予奖励的例子，有周口伊斯兰小学，也在同年。这家学校很有特点，除了儿童教育，还对回商进行培训。①

第四项措施，统筹编著小学教材。抗战时期，各地回民小学缺乏适当的课本。为统筹全国回民小学课本，回协特委托成达师范学校编纂回民小学课本一种。成达师范的校长当时是马松亭阿訇。到1940年6月，委托编纂的小学课本，初级共八册，已编撰完毕，寄送到回协审查；回协第二十五次常务理事会议决定，由王静斋、孙绳武、王增善、马策、薛文波、王农村、王梦阳、艾宜载、闪鸿钧等先生组成审查委员，分别审查，刊印出版。②这些人物，时至今日仍是回族人民熟悉的名字。这个举措有很深远的意义，有这样一批回民文化人士的参与，使得回民小学统一了教材，极大地方便了回民子弟的学习；同时，就其内容而言，对继承民族传统，维护回民文化也起到了重要作用。

抗战胜利后，上述维护回民小学的各种举措，由于战事结束，回协的影响力已扩大至全国，而远非局限于战时政府管辖的区域。就河南而言，仅1946年到1947年两年间，回协饬令各地方政府帮助回民小学的事情就有很多，仍是呼吁地方政府给予帮助，其中多是资金补助的形式，受益的

---

① 对许昌和遂平两县的帮助，详见“会务报告：十、补助许昌回民小学”，载《会报》三卷一期（1940年11月），25页。文称：许昌回民小学，截止到1940年已创办若干年，成绩优良；学生分六班，共二百余名，由于人数增加，校方聘李振基阿訇专门教授阿文。但经费支出甚大，回协支会向回协总部申请补助，总部一次性补助了150元。又称：遂平石寨回胞，积极筹组区会并创办回民学校，将旧有清真小学整理改善，扩充规模，收学生45名，回协也给了补助。

对周口伊斯兰学校的奖励，详见同期“会务报告：八、奖励周口伊斯兰小学”，24～25页。文称：该校成绩卓著，1940年春，回协核发补助费百元，以示奖励。

② 详见“会务消息：一、回民小学课本行将编竣”，载《会刊》一卷十一期（1940年3月15日），20页；“会务消息：四、审查回民小学课本”，载《会刊》二卷五期（1940年6月15日），21页。

学校，涵盖河南全境；特别的案例，有邓县、渑池、灵宝等县。也有豁免杂捐的案例，有项城、灵宝两县。①还有因办校条件勉强，但仍准予备案建校者，例如，渑池英豪镇铜沟村清真国民学校，从1946年起，屡次呈请县府立案，但均未获准；到1947年，回协“函请河南教育厅迅予饬准立案。”②显然，回协在这一时期的影响，比以前更大。

其次，是中学教育及大专以上教育。

中学教育远不如小学教育普及，专门的回族中学甚少；回族子弟多零散就读于不同的国民中学。抗战时期，回协调查了全国回族中学生。回民青年学生，虽不是全部，但多数限于家境原因，往往中途辍学。为救济失学的回民中学生，回协从1940年春，制订一份调查表，函请各地中学查填回复。这个工作，在当时毫无疑问是艰难的。随后，依据调查结果，回协函各省、县私立中等学校，按照回协补助回族中学生清寒学生的办法，通知该校回族学生，照章申请补助。③没有详尽的史料显示，有多少回族中学生受益，但对他们的这种直接的资金资助，一定会帮助一些无力继续求学者，完成中学教育。

民国期间无回民专门大学，为促进回族学生就读高等学校，接受高等教育，回协做了很大努力。主要表现，在以下三个方面：一是帮助回民子弟就读当时数量有限的国立大学；④二是经多方活动，使教育部令饬三家大学，即国立中央大学、国立西北联合大学、国立云南大学设立阿拉伯语文

① 以上各例，1946年的案例，参看“各组工作简报：第三组（一三）”，载《会报》七卷一期（1946年11月），13页；同期“各组工作简报：第三组（一五）”，载13页（原文无标点）。文称：函河南省教育厅，请饬属遵照教育部令，补助各地清真小学，以维护教育；函河南项城县政府，豁免伊斯兰学校校产杂捐；函邓县县政府，补助开办费。

1947年的案例，参看“各组工作简讯 二月份 第三组（二）”，载《会报》七卷五期（1947年3月），第七页。文称：灵宝县支会筹备设立学校并请免寺捐，转告灵宝县政府协助并予豁免。

② 详见“各组工作简报：第三组（二一）”，载《会报》七卷一期（1946年11月），14页；“各组工作简报、四月份：第三组 四”，载《会报》七卷六、七期合刊（1947年5月），10页。

③ 详见“会务消息：七、调查全国回教中学生”，载《会刊》一卷十一期（1940年3月15日），20页。又见“教育·教务·宣传”，载《会报》三卷十一、十二期合刊（1941年10月），23页。

④ 例如，1939年，回协函请复旦大学续招回民新生，这表明，在此之前，该项活动就已经开始。详见“会务消息：六、本会函请复旦大学续招新生”，载《会刊》一卷二期（1939年10月31日），29~30页。

暨伊斯兰文化讲座。①三是奖助专科以上学校回族学生。

奖助专科以上学校回族学生的工作做得特别出色。1939年秋，回协出台了《中国回教救国协会奖助专科以上学校回教学生办法》，②紧接着，对回族学生进行调查，其中，河南回族学生受益者，接近20名。③ 1940年6月，专科以上受奖助的清寒回民学生，奖助名额50名；经回协常务理事会会议议决，审查合格学生49人。④在此之后，回协又确定了民国二十八年(1939年）年度下学期（第二次）回协奖助专科以上学生的名单，理、工、医等科共20名；其中河南籍占9名，殊属不易。⑤ 1940年，回协又确定了民国二十九年年度上学期（第三次）回协奖助专科以上学生名单，河

① “教部令饬三大学”，载《会刊》一卷六期（1940年1月1日)，45页。

② 详见“中国回教救国协会奖助专科以上学校回教学生办法”，载《会刊》一卷二期(1939年10月31日)，27~28页。

③ “回教学生调查一览”，载《会刊》一卷四期（1939年12月5日)，38~39页；一卷五期，20页（1940年1月1日)；一卷八期（1940年2月1日)，30页；一卷十期（1940年3月1日)，31页；二卷一期（1940年4月15日)，26~27页。

河南回生计有：“航校转学自费”生，河南宝丰寨集闪庄张国玺；两江女校体师的新乡回生陈秀华；国立西北师范学院史地系的辉县回生马福善，体育系的南阳回生马凤阁，理化系的开封回生陈心声；朝阳学院的临汝县回生张振兴；国立西北大学农学院畜牧兽医系的陕县回生买永彬，国立西南联合大学历史社会系的淅川县回生马连捷，化学系的开封回生郭鸿运，电机系的信阳回生丁占龙；甘肃学院医学专修科三年级的开封回族女生拜淑琴，河南大学一年级的开封回生马育英、二年级的睢县回生金长增、三年级的鲁山回生马春阳、一年级的洛阳回生孙瑾庵、一年级的开封回生张效房，水利工程专科学校高级职业科一年级的睢县回生马培柱。

④ 见“会务消息：九、增加回生奖助金名额”载《会刊》二卷四期（1940年6月1日)，20页；“会务消息：十、专科以上受奖助回生审查完竣”载同期20~21页。

河南的回生计有：西北农学院畜牧兽医系的陕县人买永彬，西北大学外交系的开封回生金荣庭，西南联大历史社会系的淅川县回生马连捷，西北大学政治系的洛阳回生马世荣、化学系的开封回生杜世俊、商学系的开封回生郑国显，朝阳学院法律系的临汝回生张振兴，西北师范学院体育系的南阳回生马凤阁，西北师范学院史地系的辉县回生马福善，西南联合大学信阳回生丁占龙，西南联合大学化学系的开封回生郭鸿运，西北师范学院理化系的开封回生陈心声。

⑤ “会务报告：十一、本会奖助专科以上学生名单（第二次)，二十八年度下学期 理工□医等科共二十”，载《会报》三卷九期（1941年7月)，28~29页。

河南籍回生计有：河南大学医学院的开封回生张效房，西北大学化学系的开封回生杜世俊，西北师范学院理化系的开封回生陈心声，西北工学院机械系的信阳回生丁占龙，河南省立水利专科学校的睢县回生马培柱，西北师范学院史地系的辉县回生马福善，西北大学政治系的洛阳回生马世荣，西北师范学院体育系的南阳回生马凤阁，西北大学商学系的开封回生郑国显。

南回生又占5名。①到1943年，奖助回民大专学生的办法有了改订，名额与奖助金也有所改变，并把奖励对象，扩展到初、高中生。②从中也可以看出，这个提供奖学金的办法，虽然回协力图连续，但中间仍有暂歇；这显示出战争时期，由于各种原因，操作起来确有实际的困难。

最后是军校教育。

因回族对抗战积极投入，组织回族青年到军校接受教育，是当时军事教育不可或缺的一部分。回族学生接受军校教育，集中在中央军校。这也是在特别时期，该校历史上第一次公开大规模招收回族青年。

首先是招生工作，由回协统一组织。从抗战全面爆发到1940年的四年间，中央陆军军官学校的回族学生招生，都是回协组织的。例如，1937年夏天，桑坡回民庞士谦，就受托组织了“中国法鲁克留埃（及）学生团”，在郑县召集留埃学生，为中央陆军军官学校南宁分校第十五期建立回民总队招收回族学生。[1]同年，中央军校六分校（桂林）为该校第十五期，录取回族学生一千名。③该校的录取，虽未有详细资料证明，但考虑到回协理事长白崇禧将军在广西的影响，这个招生工作应该是由回协广西分会主持的。接下来，在1939年，回协主办的《会刊》，更是公示了《中央军校招考回教学生办法》。1940年，中央军校六分校又续招回民学生一千名，其招生办法，明确由中国回教救国协会拟定。④回协很关心回民青年报考军校者，考虑到回民的生活习惯之特殊，外出旅行饮食的不便，通函各分支

---

① “会务报告：八、本会奖助专科以上学生名单”，载《会报》三卷十期（1941年8月），21～22页。

河南的回生计有：西北农学院畜牧兽医系的陕县人买永彬，河南大学医学院的开封回生张效房，西北工学院机械系的信阳回生丁占龙，西北大学史学系的开封回生马育英，西北大学商学系的睢县回民余长增。

② “会务报告：十七、奖助回教学生办法改订”，载《会报》五卷六～八期（1943年8月），21页。

该年度专科以上学生的公布人名单中，明确省籍的有西师（西北师院）的河南郾城回生马鸣岐。

③ “国内短讯：三、中央军六分校将续招回教学生”，载《会刊》二卷八、九期合刊（1940年8月），30页。

④ 详见“会务消息：三、中央军校招考回教学生办法”，载《会刊》一卷四期（1939年12月5日），26页；“国内短讯：三、中央军六分校将续招回教学生”，载《会刊》二卷八、九期合刊（1940年8月），30页。

会，给予投考的回生以沿途食宿的便利。①回协虽名义上是人民社团组织，但介入军校招生，明显已经向准军事组织的方向靠近，这也是在全民抗日救亡的特殊历史时期一种必然的发展趋势。

其次，回族学生在校学习期间，回协给予了帮助。第一批学员，1937年冬入学。入伍训练以士兵教育为主；期满后，学科开有战术、筑城、兵器、地形、通讯、交通等八大教程；专科教育一年后，再分别调入各军事学校学习，如炮兵到贵州都匀陆军炮兵学校，工兵到湖南零陵陆军工兵学校，通信兵到贵州麻江陆军通信兵学校，继续接受专业训练。[2]从中可以看出，军校的学习分为三个阶段，并且在不同的地方。但是，这些回族学生，入伍训练均提供回族伙食，入伍期间也允许有宗教活动。②倘若没有回协的努力，统一对这些军校的回族学生给予生活上的照顾，可以想象会非常困难。

再次，回协关心军校回族学生毕业后的去向，继续照顾他们特殊的生活方式。据陶文清的回忆，1940年夏天，中央第六分校第十五期回民学生的学生，分别分配到青海马步芳的部队、甘肃武威马步青的部队、宁夏马鸿逵的部队以及五原地区马鸿宾的部队。[2]明显，这些部队的将领，都系回族人士，在这些部队服役，更便利他们的生活。除此之外，因西北天冷，回协还特函请军训部资助毕业的回民学生。③

由此可知，从回族学生的报名，到入伍训练，到毕业分配，乃至分配以后的生活，回协都给予了很大的帮助，甚至可以说基本上是包办。在整个过程中，充分考虑到他们的生活习惯性和宗教与汉族的差别，可谓是体贴入微。

---

① “会务消息：四、通函各分支会予投考回生以食宿便利”，载《会刊》二卷一期（1940年4月15日），24页。

② “会务消息：四、通函各分支会予投考回生以食宿便利”，载《会刊》二卷一期（1940年4月15日），100页。

③ “会务消息：二、函请军训部资助毕业回教学生”，载《会刊》一卷十期（1940年3月1日），30页。

二、维护传统　保护宗教

回协在维护传统、发展宗教方面做了很多努力，主要的表现有以下五个方面：

第一，维护清真寺的利益。这又分两个方面，其一，禁止军队在清真寺驻兵。这个禁令，仰仗白崇禧在军事委员会的势力，抗战开始，就已经施行了。到1940年，回协重新印制清真寺禁止驻兵的布告。① 1941年，又函请陕、豫各省当局，切实保护清真寺，不得驻军。② 1946年，国防部又通令全国军队禁止占用清真寺。③这个举措非常得力，在时局混乱的战争时期，对清真寺有一定程度的保护。其二，从1941年到1948年，回协多次特转河南省政府暨多家县政府，免去清真寺杂捐，免派清真寺民工，豁免清真寺田产摊派，以维回民的宗教。④由于抗日战争和随后的内战，军需大增，经济凋敝，回协依其影响力，免除清真寺税收，对保护回民公共利

---

① “会务消息：一二、印制清真寺禁止驻兵布告”，载《会刊》二卷八、九期合刊（1940年8月），第二四页。布告称：清真寺为回教最尊严之地，各界人士自应认真保护，军事委员会为恐军队驻内扰乱，前特准印制禁止驻兵布告以便分发各寺张贴。

② “会务报告：六、函请陕豫各省当局切实保护清真寺”，载《会报》三卷五期（1941年3月），22页。文称：“本会为保护各地清真寺，曾呈准军委会颁发‘清真寺禁止驻兵布告’，分发各地清真寺张贴，籍资保障，惟施行以来，陕豫各省部队对清真寺仍有侵害事情发生，本会时有□报□来，兹为切实保障计，特分函西安办公厅及第一战区司令部，□□对于回教清真寺，澈底（按：原文如此）予以有效之保障，以重公令云。”（“□”表示原文不清或漏缺，下同。）

③ “国防部通令全国军队禁止占用清真寺”，载《会报》七卷二期（1946年12月），扉页（原文无标点）。文称：国防部代电（卅五）监科二字第二二一三号对南京中国回教协会十月十五日总（三）字第一六四八号代电予以回复，谓：“除分电徐州绥署及云南总司令部饬查明分别迁让具报并通令全国军队对贵会所属各地分会清真寺不得擅驻。”

④ “会务报告：七、函请河南等省县政府维护回民安全及回民小学”，载《会报》三卷五期（1941年3月），22页。文称：转河南省政府暨襄城县政府，准豁免清真寺田产摊派数项，以维回民的宗教；函请四川省政府对彭县政府准予免派清真寺民工，以维宗教。

“会务报告：七、各组工作简报 第三组（11）”，载《会报》六卷三～五期合刊（1944年5月），30页。文称：函河南南召县政府请豁免清真寺之杂捐。

“各组工作简报：第三组（一一）”，载《会报》七卷一期（1946年11月），13页。文称：函河南密县县政府饬属豁免清真寺杂捐。

“各组工作简报 卅六年五月至卅七年二月 第三组 四三”，载《会报》七卷八～十二期合刊（1948年3月），26页。文称：函准河南省新郑县政府饬属切实豁免寺捐。

益，大有裨益。

第二，培养阿訇，壮大教门。具体的措施多样，有抗战时期举办的教长讲习会，也有对教长及阿文专修科学生缓服兵役，还有抗战后帮助设立经学班。抗战时期的1941年，中央举办回教长讲习会，各省阿訇共一千人，各地适当分配了名额，分两期举行。①关于教长及阿文专修科学生缓服兵役，由于政府在战时施行兵役政策，并无缓服兵役的办法。为此，回协于1942年特呈请军事委员会，准予回教教长及阿专学生缓服兵役，经中央批准通过，回协通饬各分、支会周知。②举办经学班的例子，在1947年，淅川县刘占元等请协助设立经学班，回协函复，请回协支会办理。③这表现出对回民宗教人才培养的极大关怀。

第三，回教官兵可获得饮食便利。经回协的努力，获得了一个宝贵的经验，很有利于回族青年服役。这个经验，是以各部队的师级为单位，回民官兵，编入其所部的一营或一连，以便利其饮食。这个规定，于1939年7月，由中央军事委员会下达。1940年9月，再次下达。④抗战结束后的1947年，可能该命令的执行有所松弛，回协再函请国防部，准重行申令，并在壮丁入伍时就注意该问题，对回民青年及时编排。⑤同时，又重申各部队禁止驻扎回民住宅，尤其不得在回民住宅内饮食回民违忌食品，以重团

---

① “国内短讯：一、中央将举办回教长讲习会”，载《会刊》二卷八、九期合刊（1940年8月），30页。

② “会务报告：三、教长及阿专学生缓服兵役”，载《会报》四卷一期（1942年1月），24页。

③ “各组工作简讯 二月份 第三组（八）”，载《会报》七卷五期（1947年3月），7页。

④ “会务报告：七、回教官兵可获得饮食便利：军事委员会三十九年九月十日办四渝（二）字第三一七〇四号批令”，载《会报》三卷十一、十二期合刊（1941年10月），19页。

民国二十八年（1939年）七月，由中央军事委员会以“渝孝役募字第一七八九八号鱼代电”下达该令。民国二十九（1940年）年九月，再以“办四渝（二）字第二一七〇四号”，批复回协该令。

⑤ 一九四七年，该问题旧事重提，国防部再复电：“（本年四月三日暑欲岩字第二九七八号）中国回教协会公鉴：卅六年四月五日总三字第二〇一六号公函敬悉，除饬全国各部队对贵教官兵集中编练外。特复。国防部（卅六）卯养暑欲岩”。载《会报》七卷六、七期合刊（1947年5月），9页，题目是：“会务报告：解决饮食困难，回教官兵集中编练”。

结，杜绝纠纷。[①]这种举措，极大程度上保护了回民特殊生活习惯，维护了回汉之间的团结；同时，也鼓励了回族青年入伍，不再为其生活习惯问题躲避兵役。

第四，劝导汉化的回民归附祖教。由于历史的原因，回民汉化的案例全国有很多。民国期间，经回协努力，所做过的工作，就涉及福建的陈埭乡、广西潜经村，以及湖南城步县的案例。在河南，突出的一件案例，是劝导唐河县胡杨镇东八里仝湾村的前清康熙时副都御使回民李顺后裔五六十户回归回民传统。因该村无清真寺，年久教义失传，但男女年节来往以及老幼，“对猪一物，仍不食不畜，均有特禁，宗教生机，尚留一线”。回协函该县三基屯清真寺教长李聘三阿訇，其他两坊教长教胞等，前往该村演讲劝导，归附祖教。回协并致李姓首人李一臣信函，希其率导族人归附祖教。该事发生于 1940 年；到 1941 年斋月，唐河李顺后裔已归返祖教。由李阿訇讲解伊斯兰，举行复教仪式，并讲解如何发扬祖教，以及参加抗日建设工作。[②]

第六，维护回民公共财产和利益的事例，庞杂而繁多，笔者在此提及几例，窥一斑而知全豹。1941 年，协会呼吁全国，抗议日人统治下省城开封伪政府，会同日本特务机构，借口发展“新都市”，计划将铲除回民墓地。[③] 1942 年，固始许仲达叔侄霸占校产，回协函请县政府解决。[④] 1948 年，荥阳清真寺被歹徒破坏，回协经函县府，秉公处理。[⑤]同年，回协函知

① 1947 年，该问题旧事重提，国防部再复电：“（本年四月三日暑欲岩字第二九七八号）中国回教协会公鉴：卅六年四月五日总三字第二〇一六号公函敬悉，除饬全国各部队对贵教官兵集中编练外。特复。国防部（卅六）卯养暑欲岩”。载《会报》七卷六、七期合刊（1947 年 5 月），9 页，题目是：“会务报告：解决饮食困难，回教官兵集中编练”。

② 详见“会务报告：五、劝导李顺后裔归附祖教”，载《会报》第三卷第一期（1940 年 11 月），24 页；“教育·教务·宣传（1）”，载《会报》三卷九期（1941 年 7 月），27 页。

③ “国内回教消息：十一、河南伪政府计划铲除开封回教公墓”，载《会报》三卷十一、十二期合刊（1941 年 10 月），31 页。

④ “组织·训练·调查”，载《会报》四卷二、三期合刊（1942 年 3 月），26 页。原文不清。

⑤ “各组工作简报 卅六年五月至卅七年二月 第三组 七”，载《会报》七卷八～十二期合刊（1948 年 3 月），26 页。

河南分会改选回民代表，清除恶人。①河南舞阳尚店镇公所妨害会务，侮辱宗教，经函县府，严予查办。②函修武支会，请查复焦作李兰勾结闪景阳，把持会务各节。③

其中，镇平清真寺一案，最为棘手。镇平原清真寺经管人王西平等，勾结保长，霸占清真寺与清真小学，纠纷久而未决。协会为处理该案，于1941年函请该县政府查明，公平处理。1942年，再特函请第八区行政专员公署饬县政府，严令移交。1943年5月，再函镇平县政府，准回协镇平支会函报该案，转请即令迁出；是年8月，再函镇平县政府，准该会镇平支会函报该案，转请即令迁出清真寺。④由此可见，回协在此事上，坚持不予妥协。

这些事例，或是外部势力侵害回民利益，或是回民内部有不法分子勾结外部邪恶势力侵害回民利益，情况都有，回协配合地方政府，都给予了有力打击，切实保护了回民的公共利益。

三、救济难民　维持生计

首先，救济战争难民。抗战和内战期间，由于日寇入侵，狂轰滥炸，致使河南回胞流离失所，很多人生计无着，奄奄待毙；还有1943年中原年馑，使百姓生活雪上加霜，饿殍遍野。回协采取的办法，一是拨款相助；二是函令其分会，设法救济；三是设机构收拢难民。

---

① “各组工作简报 卅六年五月至卅七年二月 第二组 一三”，载《会报》七卷八～十二期合刊（1948年3月），25页。文称：“为镇平县回教代表李金禄（按：“禄”字不清）等呈以□□二人非法毁坏宗教，请彻查改选。”

② “各组工作简报 卅六年五月至卅七年二月 第三组 五〇”，载《会报》七卷八～十二期合刊（1948年3月），26页（原文无标点）。

③ “各组工作简报 卅六年五月至卅七年二月 第二组 三六”，载《会报》七卷八～十二期合刊（1948年3月），25页。

④ “教育·教务·宣传”，载《会报》三卷十一、十二期合刊（1941年10月），23页；同标题报道，载《会报》四卷一期（1942年1月），25页；“会务报告：十一、各组工作简讯”，载《会报》五卷二～五期合刊（1943年5月），18页；“会务报告：十四、各组工作简讯（11）”，载《会报》五卷六～八期合刊（1943年8月），17页。但笔者最终未查到有关该案最终的结果资料。

1941年，因敌机三次狂炸郑州，清真女寺被炸毁坏，回民区域落弹甚多，毁房屋三百余间，死伤回胞一百多人，回协拨一千元，函嘱该团会同协会郑县支会，发放赈灾。同年，许昌回民住区被敌机狂炸，灾情惨重，回协拨发二百元紧急救灾。① 1942年，回协函河南等八省分会，谓沦陷区归来难民，流离无地，其情可悯，极宜抚恤，嘱难民站接洽办理。② 1943年，河南大灾，回协函赈灾委员会转沈丘、固始、渑池等县支会，因灾情过重，请设法救济；又函河南省分会，由于登封的旱灾，转请赈灾委员会，予以救济。③ 1948年，回协函商丘县政府，协助回协支会，收容因内战造成的难胞。④这些举措，对于生死之间的回族难民，多少是一种帮助和支持。

其次，提供小本贷款，扶助回民。回协筹集一部分贷款，资助回民从事小手工业发展。抗战以来，沦陷区回胞逃亡后方各大城镇者，为数极多，其生计无着。回协于1940年特筹小本贷款项目若干项，帮助他们谋生糊口。试点先从河南、江西、云南等省开始，委托回协各分会在洛阳、吉安、昆明等各处举办贷款。⑤关于贷款的数目，据陕西回协当时情况，可作参照了解：回民每户可借小宗贷款者，多则十元，少则两元，作为经营小商贩的本钱。[3]是年秋，回协已审核了河南分会第三期小宗贷款期报表。⑥到1942年5月，资料显示该项工作仍在推进，河南回胞可就近在贷款出办理贷款。⑦

---

① 详见“会务报告：三、救济郑州回胞”，载《会报》三卷五期（1941年3月），22页；“教育·教务·宣传（10）”，载《会报》三卷七期（1941年5月），22页。

② “会务报告：十、各组工作简讯（7）”，载《会报》四卷五～八期合刊（1942年8月），30页。

③ “会务报告：十一、各组工作简讯（一七）”，载《会报》五卷一期（1943年1月），15页。原文“渑池”之后的字不清，应为“等”字。“登封旱灾”报道，详见“会务报告：十一、各组工作简讯”，载《会报》五卷二～五期合刊（1943年5月），18页。

④ “各组工作简报 卅六年五月至卅七年二月 第一组 一四”，载《会报》七卷八～十二期合刊（1948年3月），24页。

⑤ “会务消息：一一、举办小本贷款”，载《会刊》二卷八、九期合刊（1940年8月），24页。

⑥ “教育·教务·宣传”，载《会报》三卷十一、十二期合刊（1941年10月），23页。

⑦ “会务报告：十、各组工作简讯（23）”，载《会报》四卷五～八期合刊（1942年8月），31页。文称：“回协函河南分会：据密县支会呈问，回协请转省府工作处贷款，请回胞就近办理。”

再次，筹设消费合作社，以增进回民生活福利。协会分函各分会建立该合作社，实施于抗战时期，一直持续到内战后期。①所谓消费合作社，是用赈济款卖食盐等必需品，交合作社代为经销，供回民食用。[3]这些办法，能较好并较为长期地解决回胞的生计问题。

最后，是涉及回民宰牛的问题。民国期间，这是一个很大的争议。作为农耕大国，若干省、县实行禁宰耕牛政策，但这对于回民之肉食消费影响极大。牛羊肉是回胞的主要食品，在北方羊多之地区，禁宰耕牛，问题尚小；惟在南方羊少之地区，若禁宰牛只，无疑直接断绝回胞之肉食，予回胞之生活以莫大之困难。

关于此事，湖南汉寿安乡，福建邵武，四川江津，湖北松滋石首等地迭起纠纷，回协先后向各县政府及湘、闽两省府交涉，后接闽省电称，宰杀耕牛，歉难照办。笔者粗略统计，从四十年代初之后不足十年间，计有若干涉及“宰牛”案例，回民与当局发生冲突，②由此可知回民屠牛之难。一些政府高层官员也不愿解决，甚至有抵触情绪。这个问题，实际触及回汉两民族生活差异，甚至深层思想意识的差异，非一蹴而就能彻底解决。

回协认为，此事关系整个回胞之生活问题，在这方面做了很大努力。

---

① “各组工作简报 卅六年五月至卅七年二月 第一组 一二”，载《会报》七卷八~十二期合刊（1948 年 3 月），24 页。合作社的建立，最晚在 1939 年，参看下注释。

② “会务报告：十、各组工作简讯（六）”，载《会报》三卷五期（1941 年 3 月），24 页（原文无标点）。文称：浙江省分会函请本会转请省府，令饬鄞县准该县各牛□及回教□馆复业，并□发老弱残牛运证，已准情转请。

“会务报告：十、各组工作简讯（九）”，载《会报》三卷五期（1941 年 3 月），24 页（原文无标点），文称：本会前曾建议内政部，请特准回民宰食黄牛办法六项，奉内政部批示，仍遵照前经第二次全国内政会议决议特许宰杀耕牛三□办法中办理。

“会务报告：四、各组工作简讯（二十）”，载《会报》三卷八期（1941 年 6 月），25 页（原文无标点）。文称：函河南方城政府，为转据回民买世英等呈请，准回民遵照部颁三项办法，宰食老废牛只。

“生产·救济（1）”，载《会报》三卷九期（1941 年 7 月），27 页（原文无标点）。文称：回胞法裕等呈请江津县政府，发给屠牛执照，业据情转请。

“会务报告 一、禁宰牛只影响回胞生活”，载《会报》三卷十期（1941 年 8 月），20 页。文称：闽分会函请，咨请闽省府转饬晋江县政府，仍照原业，准回民日宰菜牛，函复，已电请闽省政府核办矣。

“教育·教务·宣传”，载《会报》三卷十一、十二期合刊（1941 年 10 月），23 页（原文无标点）。文称：湖南省汉寿桃园各县，因回民宰牛迭声纠纷，经湖南分会函请交涉前来，本会当即函请湖南政府通令各县，对验宰牛只，因得留难。

结果可从1941年10月的《会刊》报道中得知：关于宰牛问题，因各地多不遵照第二次内政会议决定三项办法，以致迭起纠纷。回协呈内政部函，请各省市切实遵照第二次内政会议决定宰杀废牛办法，不应再有阻遏，以维回胞生活。①这个“第二次内政会议决定三项办法”，资料来源不甚明了，但从行文判断，对回民屠牛，有一定保护政策；至少权宜政府与回民百姓双方。

第四，调查、抚恤回族抗战军人家属。这项工作，在河南突出的案例有三起，一是周口，二是南阳，三是方城县。周口的工作，早在1940年之前就开始了，具体时间不清，由回协周口支会负责。到1940年，回协周口支会第二次派人，调查前次纰漏的回族抗战军人家属，计有巴卓英等十户，呈报专署优待。但经此两次调查，仍有疏漏，到1941年，再派人详为调查，又查出庞立鋆等十七户系抗战家属，符合抗敌军人家属之条例，即由支会造表备文，转请河南第七区行政督察公署，发放荣誉标志，以资褒扬。②南阳在抗战时期，回胞英勇杀敌，损失严重。1944年，倭寇两次犯南阳，南阳支会所属的战时服务队，奋力协同国军抗战，回胞死难队员数名。抗战胜利后，回协南阳支会呈请回协总会，给死难者以抚恤，回协立即照办，于1946年年底完成此事。③方城县也有类似的情况，也在1946年，经方城回协支会申请，回协转此申请，交地政府核办处理。④这凸显了回协在民国时期的作用。可以想象，类似事件，远非限于回胞，抗战是中华各民族的共同事业，为国捐躯者，比比皆是；但由于回协的存在，其分支会遍布全国，它们的努力，使得回胞为抗战做出的牺牲，得到应有的荣誉和抚恤，实乃回民之幸事。

---

① “教育·教务·宣传”，载《会报》三卷十一、十二期合刊（1941年10月），23页。

② “分支会活动情形：五、周家口支会会务紧张”，载《会刊》二卷八、九期合刊（1940年8月），26~27页；“会务报告：八、周口支会优礼抗属扩充小学”，载《会报》三卷九期（1941年7月），第三一页。

③ “区会活动 四、南阳支会请求奖恤出力及殉职之战时服务队队员”，载《会报》七卷二期（1946年12月），17页。

④ “各组工作简报 十一月份 第一组（七）”，载《会报》七卷二期（1946年12月），15页。

四、秉公办案　扶持弱小

民国时期，大汉族主义欺压回民的事情常常发生。就河南而言，抗战时期发生的案件，典型的，是发生在豫北孟县桑坡的两件大事。

孟县桑坡战前有回民两千余户，到1939年秋只剩下六百多户，有清真寺七所，小学校一所。是年，桑坡遭日寇四次轰炸，加之秋洪涝，大街瓦砾斑斑，商铺十室十空，战时影响之巨，可见一斑。因豫北战事激烈，日军于1939年春进犯孟县，国军某部在南庄酣战，桑坡回民送食送水，帮助国军抗战；驻沁阳敌军被我包围，旦夕即告歼灭，敌势顿挫。回民青年又组织分团，预备前线服务。[①] 1940年12月4日，孟县回教救国协会成立，总部设于此。[②]由此可见，桑坡的回民，对日寇有刻骨的仇恨，对抗战救亡，更是奋不顾身地投入。

但不幸的事情发生了。1941年，驻河南博爱新庄游击第十三支队，勾串敌伪，蹂躏回胞，致使回胞损失惨重。之后，回协“据形特请军政部饬□严究。”再后来，协会“特转点军政部饬属严予查办，兹核该部电复谓‘已电卫长官查照严办’云。”[③]

第二次更加严重，是非常时期回汉关系积怨恶化的一个实例，也显示国民党党、政机构对回民政策的失败。1943年5月，桑坡沦陷，回胞多数逃出，在实力微弱之际，当地区长李振翰，原为地痞，宿与回民结怨，勾结十八支队长任升荣及县长张汉英等，率匪徒千余人，两次包围桑坡，大肆杀掠，回民死伤者百余人，清真寺焚毁三座，其状之惨，空前未有。此事引起全国回胞公愤，西安王静斋阿訇，组织救援会，并呼吁公推萧毓清

---

① “豫北火线前哨的桑坡村——回民青年战地服务团战地通讯（三九年）九月二十五日”，载《会刊》一卷三期（1939年11月15日），29页。

② “各地支区会纷纷成立”，载《会刊》二卷二期（1940年4月15日），25页。文称：袁禹门为总干事。

③ 详见“会务报告：四、各组工作简讯（十五）”，载《会报》三卷八期（1941年6月），25页；“会务报告：八、军政部严办滋扰回胞之部队”，载《会报》三卷九期（1941年7月），26页。

（德珍）阿訇、艾敬之，赴重庆报告请愿。二人7月20日面谒回协白崇禧理事长报告。随后，回协数次电函第一战区蒋长官及李主席彻查，要求秉公处理。[①]最后，回协接河南李主席电称，已与蒋鼎文长官商订妥善办法，祸首十八支队长任升荣已扣押，区长李振翰撤职究办，县长张汉英撤职留任，并令速修复被烧清真寺，抚恤伤亡回胞等事宜，“此案可告结束”。[②]1944年5月，回协又电请河南省政府，抚恤桑坡回胞及减免重税。[③]

除了桑坡惨案，在河南，有迹可查的代表性事件还有三件：一是新蔡葛陵镇联保主任仇视回民，凭借实力压迫回胞，回协函请第八行政专署派员查办；二是河南炮二团二营二连壮丁队强占南阳的回民小学景穆小学，回协与军政部交涉，饬令让出；三是南阳地方当局征派壮丁有不公允之处，影响回胞生活及回协分会会务，回协函请河南省政府饬令县政府查明，秉公办理。[④]

抗战结束后发生的案件反倒更多，据笔者不完全统计，牵涉河南的大汉族欺压回胞案例，《会刊》报道有十多起，覆盖豫东商丘、豫西鲁山、豫北博爱、焦作、豫中南的新郑、遂平、舞阳、西平、正阳、唐河等县，小到回汉争执，强行派捐，扣押财产，大到回民被非法搜宅，严刑拷打，

---

① “桑坡回胞惨遭屠杀”，载《会报》五卷六至八期合刊（1943年8月），24页。

② “桑坡案暂告结束”，载《会报》第五卷第九至十二期合刊（1943年12月），32页。

③ “各组工作简报 第三组7”，载《会报》六卷三至五期合刊（1944年5月），30页。

④ 以上案例分别见：“教育·教务·宣传（7）”，载《会报》三卷九期（1941年7月），27页；“教育·教务·宣传（5）”，载同期27页；“会务报告：十六、各组共组简讯”，载《会报》三卷十一、十二期合刊（1941年10月），22页。

无辜枪杀。①所有这些案件，回协都为解决问题做了不懈的努力。

还有一个案例，记述较为详细：1938年，方城县海家岗回民在东关大桥下挖一吃水源泉，县政府一姓李的法官太太，到泉坑洗衣服，当地回民去劝阻，因而引发冲突。李法官仗势欺人，率人殴打回民。后来，回民先后到回协南阳分会，通过会长水子立，向司法部门提出诉讼。结果，李法官输了官司，向受害者赔礼道歉，县政府还撤了他的法官职务。[4]

以上可以看出，多数案件只是治标不治本，很难杜绝类似的事件重复发生。至于回汉畛域，以及回回作为一个小民族，从晚清以来，长期处于

---

① 舞阳县尚店回民小学与当地汉族的中心小学争执案，刊于“教育·教务·宣传”，载《会报》三卷十一、十二期合刊（1941年10月），23页。文称：河南省舞阳县尚店回民小学与当地中心小学生争执，特函请该县政府，秉公处理。

西平县强征回胞戏捐案，刊于“会务报告：十一、各组工作简讯（一四）”，载《会报》五卷一期（1943年1月），15页。文称：“回协函西平县府，据西平□方清真寺教长□志存等令将镇长李光普追令回民缴征酹戏捐□次，□□□□传讯，请予讯判追缴摊款。”（按：原文无标点）。

唐河回民被扣羊只案，刊于“会务报告：十一、各组工作简讯”，载《会报》五卷二至五期合刊（1943年5月），18页。文称：“第五战区请饬发还河南唐河回民被扣羊只，以□惠灾。”

南阳唐河县无辜枪杀回胞案，刊于“各组工作简报：第一组（一六）”，载《会报》七卷一期（1946年11月），12页。文称：唐河县府转据教胞葛焕武呈，前联队长兼保长唐文生，帅丁放枪，戕杀马任有。

新郑县滥向回民募捐案，刊于“各组工作简报 十一月份 第三组（一四）”载《会报》七卷二期（1946年12月），16页。文称：新郑支会呈称，该县地方商团体庙、院会首敬神演戏，滥向回民募捐。

遂平先侮辱回教案，刊处同上。文称：遂平支会据电，侮辱回教案已圆满解决，复准备查。

博爱回胞住宅被县政府非法拆除案，刊于“各组工作简讯 二月份 第三组（一五）”，载《会报》七卷五期（1947年3月），7页。文称：博爱教胞买安义等住宅被县府拆除。

商丘回胞被害案，刊于“各组工作简报 三、四月份：第一组 一二”，载《会报》七卷六、七期合刊（1947年5月），11页。

鲁山县非法拘禁回胞案，刊于“各组工作简报 三、四月份：第一组 一八”，载《会报》七卷六、七期合刊（1947年5月），11页。文称：鲁山下汤区会呈，劣绅非法捕人。

汉族镇长欺压回胞案，刊于“各组工作简报 卅六年五月至卅七年二月 第一组 四”，载《会报》七卷八～十二期合刊（1948年3月），24页。文称：回协支会龚五修请迅彻查下汤镇长欺压回胞案。

商丘非法搜查回胞住宅案，刊于“各组工作简报 卅六年五月至卅七年二月 第一组 一三”，载《会报》七卷八～十二期合刊（1948年3月），24页。文称：回协函河南保安三纵队在商丘稽查无辜，搜查回胞住宅。

正阳县警察局苛索回民牛捐案，刊处同上。文称：正阳县府警局苛索回民牛捐。

焦作警察局指使侮教、刑拷回胞案，刊于“各组工作简报 卅六年五月至卅七年二月 第三组 四二”，载《会报》七卷八～十二期合刊（1948年3月），26页。文称：焦作警局指使侮教，并非刑拷打回胞。

弱势群体的状态，其迥异于大汉族生活方式和信仰差别，皆非案件逐一解决，就能一了百了，这实际上显示出国民党政府通盘的民族政策制定和贯彻，存在根本问题，有重大缺陷。

五、不能逾越之历史局限

中回教救国协会因处在特殊的历史时期，虽然对回族的发展、对国家级民族的壮大，起过不可替代的作用，但由于民国期间，政府软弱无力，更由于国民党的民族政策有本质的偏差之处，所以回协不可能超越历史，突破历史局限。有几件大的事例，证明了这一点。

首先，上文叙述桑坡惨案，据桑坡人庞士谦阿訇言，土匪围攻桑坡，携机枪、迫击炮等武器，杀人毁寺，虽然回协调解，做了一定的善后工作，但抗战胜利后，张汉英照做县长，李振翰仍为区大队长。桑坡人民自己作歌传唱，不忘这一惨案。[5]从桑坡两次惨案来看，从本质上讲，迟至抗战胜利之后，回民的地位仍未得到根本保障。实际上，第二次桑坡惨案的始作俑者张汉英和李振翰，直到1950年，才被新政府抓获，押回孟县处以极刑。[6]

其次，晚清以来，仇回、侮回者，常以“回匪”“叛回”等称呼回民，或将回字加“犬”字旁书写。这种侮辱性的称呼，并不只见于民间，在一些官方行文中也有发生。回协于1940年7月10日，借云南分会给总会的函件，特呈请行政院通令全国，一致取缔对回民的侮辱称谓。全文于1940年7月10日呈上。①但这并没有结果。实际上，民国时期的辱回案屡屡发生，政府也曾发布公报，严禁侮辱宗教，但都不能得到彻底根治。中华人民共和国成立后，1951年5月16日，政务院发布了《关于处理带有歧视或侮辱少数民族性质的称谓、地名、碑碣、匾联的指示》，并在落实上面狠下工夫，这才在官方上杜绝了对回民的侮辱称呼。

① “会务消息：二、本会呈行政院通令全国取缔对回教含有侮辱之一切称谓”，载《会刊》二卷八、九期合刊（一九四〇年八月），22页。

再次，除了新闻和会务的消息外，《会刊》在很多方面的报道是回民传统观念的折射。如1941年刊登的“回教女子因择偶失慎被夫戕害”一文，即表达了回民传统上不愿意将女子嫁汉男的思想。[①] 1946年刊登的“禁止异教人民通婚——内地回民将作何感想?”是国民党政府自1944年直接管理新疆以来，经主席张治中批准的、引起少数民族较大争议的一项规定。文称：抗战后，回汉结婚，触目皆是，入教者固多，而离经叛道之男女，亦属不少，此种现象，影响回教之前途，内地回胞将作何感想?[②]实际上，文中批评了这种禁止民族间通婚的禁止。

以上尚为民间习俗的争议。最后要谈的是回族的政治权利。1946年年底到1947年，回民广泛讨论的国大代表回民人数问题，则直接关乎回民的政治利益。回民国代名单公告，共17人。这对人口众多、分布广泛的回民而言，极不公平。国大代表名额过少，全国回胞深表愤慨。[③]究其原因，无非是众所周知的回民实为“回教”，是宗教团体而非中国境内一少数民族，这一点已为历届国民政府高官达成之共知，根本是罔顾历史和现实，是十足的大汉族主义的表露，以及毫无遮掩的民族同化政策之贯彻。《会刊》在1946年年底的一则报道，是回协国民大会回民代表发布的一则声明，读者可窥视，当时全国上下回民的愤怒之一斑：“本会及同仁等接到各地分区会及回胞呼吁之函电，日必数百起，兹将此种不平之鸣，代陈舆论界及国民大会，希望宪法内于规定少数民族权利时，不应忽视内地之四千万之

---

① “国内回教消息：十、回教女子因择偶失慎被夫戕害”，载《会报》三卷十一、十二期合刊（一九四一年十月），31页。18页。原文如下：“河南南阳水子立先生来函云：穆霞光女士，哈尔滨人，与非回教男子孙敬亭司令之胞弟，由同学发生情爱，结为夫妻，穆女对宗教信仰，极为坚纯。本月四日发生冲突，宗教信仰，各不相同，谈话间有抱恨之意，闻被戕害。”

② “会务报告：禁止异教人民通婚——内地回民将作何感想?”载《会报》七卷一期（1946年11月），14页。原文如下：即令男女双方之同意，但为社会家庭所不许，亦即等于强迫，本省施政纲领业已颁布，在民族章第六条有‘取缔破坏各民族风俗习惯宗教信仰之行为’之规定，极应切实执行，特通令各军政机关普遍晓谕全体汉族官兵员役及民众，除已婚者不予追究外，今后必须恪守此项信条，不得再有与信仰伊斯兰教人民通婚情事，否则应由当地军政长官严加制止，予以惩罚，除分令外，合行令仰遵照并饬属遵照为要。此令。主任兼主席张治中。

③ 详见“回教世界 国内 回民国代名单公告”，载《会报》七卷八～十二期合刊（1948年3月），28页；“国大代表名额过少，全国回胞深表愤慨”，载《会报》七卷五期（1947年3月），3页。

回胞，而蒙其失望。”①回民的国大代表甚至做了调查，再提回民是不是一个民族，文称“回教”的国大代表，有新疆回族、新疆哈族、新疆维吾尔族等称呼，很清晰。②但是，回民的权利最终也没有争得到。《会刊》最终所发的关于国民大会总结性社论，不疼不痒地谈写无关的话题，闭口不谈回回民族问题和回民族的政治权利。③这表现了中国回教救国协会在国民党统治下，所不能逾越的政治底线。

以上是笔者就以河南回民的情况为例证，总结了中国回教救国协会为维护回民利益，在支持回民教育，维护传统、发展宗教、维持生计、救济难民，以及秉公办案、扶持弱小等几个方面所做出的种种努力。无论如何，回协尽其能力，最大限度地保护回胞的利益，其历史功绩是不可磨灭的。最后，指出了在特定的时代，该协会所受的历史局限。笔者希望，该文所提供的例证，说明了，国家民族政策是化解民族间的矛盾，保障少数民族利益的根本，问题不在于一时一事的解决，而在于承认他们的平等地位，持久保障他们维护自己民族的传统。笔者希望该研究有益于当今政府对回族的政策制定和各级民族宗教部门从业人员对回族事务的处理，更希望回族在自身寻求发展方面，能从中获得一点启示。

参考文献：

［1］管城区回族史志编纂委员会．管城回族志．郑州：中州古籍出版社，1995.

［2］陶文清．回忆在抗战时期中央军校回族学生的情况．江苏政协南京政协．文史资料：第五辑．内部发行，100～111 页．

［3］马靖夷．“回协陕西省分会成立前后”．政协西安委员会．西安文史资料：第十二辑（陕西省内部登记证第 250 号）．西安：1987，48～

---

① “会务报告：书面谈话”，载《会报》七卷二期（1946 年 12 月），14 页。笔者注：所谓“四万万回胞”乃抗战时期带有宣传色彩的夸大人数统计。

② “小统计：回教国大代表调查”，载《会报》七卷一期（1946 年 11 月），14 页。

③ “关于国民大会”，载《会报》七卷八～十二期合刊（1948 年 3 月），2 页。

51 页.

[4] 瓮金明. 从中华回教公会到伊斯兰教协会. 政协方城县文史资料研究会. 方城文史资料：第七辑. 内部刊物：1990，147 ~ 150 页.

[5] 庞士谦（特瓦杜阿）. 桑坡案. 回协月刊（北平），一九四七年四月号. 转引李兴华. 中国伊斯兰教史参考资料选编. 银川：宁夏人民出版社，1985，1629 ~ 1631 页.

[6] 李华英. 古豫焦作——回族历史源头所在地初探. 中国回族学会. 第十八次全国回族学讨论会论文汇编. 打印文稿. 郑州：2009 年 10 月.

（原载于《濮阳职业技术学院学报》，2013 年第五期，65 ~ 73 页）

马彪周口抗日旧事

倪胜章

马彪率骑兵师驻防周口英勇抗日的壮举，已事隔50余载，对于这段历史，如今当地80岁以上的老人仍记忆犹新。关于马彪骑兵师驻防周口抗日，志书把马彪部队属系搞混了，其实马彪属青海马步芳部。

一、奉命东征

1937年8月，蒋介石电令驻青海陆军八十二军军长马步芳、驻河西陆军第五军军长马步青组编骑兵师，开赴抗日前线。同年10月，该师在马彪的统领下东征，转战陕、豫、皖诸省，在豫东皖北河防一线与日军作战达8个年头，成为中原的一支抗日劲旅。

骑兵师番号初为暂编骑兵第一师，是一支以撒拉族为主的民族联军，实际上是马步芳从自己的看家队伍两个师中抽出来的一个师。马步芳拿出自己的精锐参加抗日，蒋介石给予嘉奖，目的是让各地军阀效仿马的行动，拉出各自的队伍抗日。1938年，国民政府任命马步芳为青海省政府主席、第四十集团军总司令。根据八战区司令长官朱绍良的指令，骑兵师开向中原战场。一路上，骑兵利用机动性强的优势不断打击日寇。在途经陕西潼关时，渡河奇袭山西运城，把1000余名日寇汉奸一举剿灭。1938年初，骑一师进入河南一战区，布防陇海铁路沿线。6月，国民党军事当局扒开黄河花园口，以水代兵，阻挡西犯日军。骑一师奉命调往贾鲁河流域黄泛区南沿的扶沟、西华、商水一带驻防。马彪的师部驻扎在周家口镇。

二、恶战淮阳

1939年8月10日，盘踞在淮阳的日军向南进犯，骑一师把师部从水寨（今项城市）西关移到距淮阳城仅15公里的新站集一带，在郭平楼消灭日寇一个中队，遂渡河与日军主力拼杀，鬼子退回淮阳城。马彪命令二旅攻城，一旅、三旅策应。日军急电开封增援，一面加强防守。由于守城日军火力强，骑兵师打了一夜攻坚战，阵亡了300多名战士，至凌晨才攻进南关，西门也打开缺口。正值此时，开封日军调集的一支机械化部队，乘着100多辆卡车和装甲车，载着10门大炮，突破国民党7个主力师的防线，兵临淮阳，日军里应外合，骑兵师腹背受敌，双方展开了一场残酷厮杀。二旅旅长马炳忠甩掉军褂，手持大刀与日军拼杀。这时担任火力掩护的两名日军机枪手开枪射击，二旅旅长马炳忠阵亡。马彪见旅长阵亡，手持捷克式机枪，加入了战斗。骑兵与日军展开了肉搏，在淮阳城杀了三进三出，双方均伤亡惨重。这时城外日军的10门重炮连续向骑兵阵地发射，骑兵死伤无数，日军的装甲车也冲破了三旅阵地。马彪急撤出城外，重新集结队伍，让团长韩有才接任二旅旅长指挥战斗。

1小时后，骑兵师3个旅从四面向增援的2000多名日军突袭，使日军措手不及，慌忙退到10里以外进行调整。调整好的日军开始反击，向骑兵发射毒气弹，数百名骑兵顷刻之间倒在黄烟之中。马彪急令部队后撤，增援日军乘机进入淮阳城。

淮阳一战，俘虏日军20多人，歼灭日寇800余人、伪军1000余人，缴获机枪130挺、迫击炮3门。骑一师则阵亡将士2000余人，损失战马1000余匹，被俘战士30多人。这场恶仗使马彪悲痛万分，回到驻地水寨，命人把城里的白布全部买下，在水寨城南（今项城市火车站一带）挖了1500余坟坑，以安葬死亡官兵，另500多名阵亡官兵葬在新站集郊外。

由于骑一师损失的兵马、武器得不到补充，师长马彪进退维谷，一筹莫展。新任二旅旅长韩有才的一名部下（地下党）与当地新四军有联系，遂建议马彪与共产党领导的新四军联手抗日。马彪权衡再三，虽心有余悸，最后还是派人去见新四军领导人彭雪枫。彭雪枫为团结这支抗日力量，答应在抗日方面与马彪合作。

10月，集结到淮阳的日军组成两个旅团，在战机的掩护下向项城扑来，准备一举消灭骑一师，占领豫皖边区。马彪急电彭雪枫支援。这次战斗，最初由于日军装备精良，骑兵失利。后来彭雪枫的主力部队从袁楼出击到敌人背后，对日军形成南北夹击，杀的鬼子尸横遍野。项城保卫战在新四军的支援下大获全胜，迫使日军死守淮阳城，使日军占领豫皖边区的梦想破灭。

三、兵败蒙城

战区对骑兵整编后，骑兵师番号改为中央陆军骑兵第八师。战区给该师调来八百支德国造冲锋枪，以换回从日军手中缴获的大炮、迫击炮、重机枪等重武器。

骑八师驻防蒙城，战区司令部仍把该师布防在突前位置，3个旅分别驻扎在板桥集、河溜集、王市集。1940年11月17日，骑八师被日军独立十三旅团和二十一师团围困，骑八师孤军抵抗七天七夜，终因寡不敌众，伤亡惨重，只有2000余人冲出重围，其中800余名被打散的伤兵与部队失去联系，伤兵们只得沿路乞讨返回西北。

在这次战役中，有两名沈丘籍士兵死里逃生，一位是李开义，在战斗中他救了马营长的命，李开义收了马营长奖给的100块大洋后逃往上海谋生。另一位马孝生（1920—2003年），他在死人堆里待了两天两夜，是蒙城战役的见证人。1991年12月6日，笔者在槐店幸福街68号马孝生家中，他曾向笔者叙述了他的这段经历。

1942年，马步芳派马步康赴阜阳任骑八师师长。马彪则调到十五集团军骑二军任副军长，后调任国民党军事参议院中将参议。由于随他东征出战的万名西北子弟大多战死沙场，自感无颜再回甘青面对家乡父老，遂四处漂泊，后客死于西安。

骑八师在豫东皖北抗日8年，伤亡将士8000余人，为中国人民抗日史谱写了一曲魂与火的壮歌，给中原人民留下了无法泯灭的记忆。

（原载于《伊斯兰文化研究》，2013年第七期，65~67页）

白崇禧对洛阳回族讲话史料的发现和考评

宛　磊

一、史料的发现

抗战时期，中国回教救国协会会长白崇禧将军，两次莅临河南省临时省会洛阳，受到回协河南分会的欢迎。第一次莅临，其讲话《白理事长对河南回胞训词》，刊于《中国回教救国协会会刊》1940年第二卷第十、十一期合刊。第二次莅临，在1942年8月29日，但是迄今尚未发现相关历史文献的发表。

笔者在2009年12月中旬，访问居住在马来西亚吉隆坡的王曾善先生的女儿王乐丽博士，王曾善先生是抗战时期"中国回教近东访问团"的团长，遗留一些原始手稿。由于笔者与王博士长期交往，成了朋友，又考虑到我是回民，并对该历史事件有一定的研究，她同意我以拍照的形式，将其父王曾善先生的这些遗稿和其他遗存资料带走，将来整理好了，找机会发表。随后，又介绍笔者到总部设在吉隆坡中华大会堂的"华社研究中心"，对其婆家公公马天英先生的手稿，也进行了拍照保存。马天英先生是"中国回教南洋访问团"的团长，他的手稿，原来也在王博士手里保存，只是在我拜见她之前不久，她捐献给马来西亚的"华社"。这些珍贵的史料原来都散于海外。

在对王曾善先生手稿整理的过程中，我发现了白崇禧第二次莅临洛阳时回协河南分会的记录。现抄录如下：

［封面］欢迎白公健生大会纪事　梁光夫　署

中国回教救国协会河南省分会欢迎白公健生大会纪事

民国三十一年八月九日，白公健生因公莅洛。豫分会干事长梁光夫于八月十日召集洛市教长、教胞两万余人，在洛新街本会，热烈欢迎。于上午九时，梁干事长随同白公暨安高参宾尧，到达会门。由马旅长造时、马省委述尧、穆高参衡伯、白参义云飞、满校长兴邦、刘教官佐余、马团长承霖、袁委员幹拯，暨常务干事梁亚轩等，恭迓白公进会入座。白公对于会务进行垂询綦详，经梁干事长一一报告后，颇表满意。旋即如仪开会，主席梁光夫致欢迎词，请白公训话。毕，高呼“兴教建国”等词口号，全体摄影纪念，即行会餐。情况极为热烈，直尽十二时以后，始和欢而散。

主席梁光夫致词

各位教长、教胞：

今天本会代表全省二百余万教胞，欢迎白理事长莅会训话，其意义是很重大的。第一就国家立场上说，白公此次代表委座，视察西北各省，不避溽暑炎热，不辞奔走辛苦，为国家争生存，为民族图自由，坚定全民抗战必胜信念，其忠肝热肠，人格伟大，足为全国人民之楷模，此应热烈表示欢迎者一。第二，在民族立场上说，回教为中华民族之一环，白公主持中国回协会，组织训练，不遗余力，领导教胞在抗建旗帜之下，使皆晓然于兴教必先建国，建国勿忘兴教之旨，我们有所遵循，莫名感激，此尤应为热烈欢迎者二。第三，回忆二十九年八月二十九日，白公莅洛，到会训话，即以此旨剀切告诫，言犹在耳。我们遵照各点，竭尽菲薄，向前猛进，至今转瞬两年。在此期间，本会所属支会已增至五十七县之多，冠于各省；战时服务队，已成立三十五中队，队员三千余人；各县清真小学，次第成立四十余校；赈济会洛阳小本贷款处，由本会介绍难、贫教胞贷款数目，约计十万元之多。皆白公对本会指导有方，与及伟大精神感召之成就。兹值白公重莅本会，本会同人，万分切盼，此尤应热烈欢迎者三。白公莅洛，机会难得；今日又能恭聆训示，自当敬谨接受，奉为本会之圭臬。我们全体教胞，应严肃立正，向白公慰劳，致敬虔，颂健康，并请训诫。

白理事长建生训词

主席、各位教长、教胞：

今天承豫分会热烈招待，听主席致词，十分感激，又十分惭愧。余此次奉命到长江以北各省视察，乘便也来看看各地教胞。抗战至今，已五年有余，我国在军事上胜利之基础，业已奠定。自太平洋战事爆发以来，参加同盟方面者，已达二十七个国家，对我国抗战，颇为有利。于此，我们对抗战胜利之信心，应该特别加强。不要以目前之胜负为转移，现在之胜负，并不算胜负；最后之胜负，才是真正之胜负。民主同盟之国家之人力、物力，皆可压倒轴心国家。在长期不断的奋斗下，吾人绝对可以获得胜利。关于会动方面（原文如此——笔者注），余此次道经陕、甘、宁、青，在许多教胞繁众之地，余曾常以“中国回教与世界回教”一题来讲述，今天和大家见面，特地也将此题提出。回教在隋唐传入中国，至今已有一千三百余年之历史。传入之道路有二：一，由海道传至广州和福州，现在广州寺院之多，可资明证；另一，系由西北陆路传入。

在中国，回教最胜之时期，是在元朝。其时，有几个大将，如常遇春、胡大海等，帮助明太祖建立过很大战功。又如郑和下南洋，开疆扩土，立下不世之功业。最衰之时期，是清朝。清帝对汉人，是以汉制汉；对蒙、藏同胞，是利用佛教来麻醉，叫人民拜佛、做喇嘛，以致蒙、藏同胞缺乏国家观念。现在，蒙人做喇嘛者，竟达百万之众；藏人亦有五十万之多。至于满清之对回教，惟在挑发回汉感情，互相敌视、仇杀。光绪二十一年，数次大屠杀之结果，酒泉、张掖、皋兰、临洮、河州诸处，许多坟墓，殆皆千千万万之回教死骨。但此并非汉杀回，亦非回杀汉，乃满人之离间政策所致也！今天，余对回汉同胞宣告：吾人对满洲之旧账，业已清除。现在，回汉同胞，应该互相亲爱，不要挑起回汉恶感。豫省回汉同胞，近年和爱相处，以后更应倍加自勉。中国回教救国协会成立以来，分支、区会，已经遍布全国。其最大使命之一，就在团结：求回汉间之团结，求教胞之团结。穆圣训示："天下穆民皆兄弟"；又云："大家要抓住主的绳索（原文有空格——笔者注），紧紧地握起手来"。过去，回教本无派别。世界回教之进步国家，如土耳其，即是政教分离的政府为主，宗教不能干涉政治；马丁·路德宗教革命以后，欧洲各国之最大进步，亦在政教分离；而且，不仅如此，在土耳其，教派亦已消除，盖因每个穆士林，都是直接属于真主的，真主不要代理人。教派之教主，皆曰其受命真主，实如佛教活佛自称曩。昔，土耳其就是这样，但自土耳其宗教革命后，将此弱点一扫而空。教派在天经圣语中本不存在。有人以为穆圣留有胡须，于是就误以留胡须是"圣行"，标立派别。穆圣当日吃饭用手，走路赤脚、乘驼，那末，吾人穿鞋、用筷、乘车、骑马，就不是"圣行"，而用手吃饭、赤脚、乘驼吗？闹派别之结果，是互相厮杀（原文有空格——笔者注），乃满清统治之政策！吾人尊奉"圣行"，应该尊奉"圣行"之重大而必要者，譬如穆圣注重科学之研究，吾人为何不照行呢？——注意小节毫无意思！余站在救国协会立场上，诚恳相告：闹派别实即愚民政策；讲派别之教主，无非出于自私。——余不利用回教，所以可以讲此；余爱护回教，余当然要讲！因为余之待人处事，唯在"正其谊而不谋其利，明其道而不计其功"。又有进言者：土耳其凯末尔革命后，女子大加解放，如男子一样。而吾西北回教之妇女，仍处于束缚之境地，此又待吾人之努力。

综云，余愿中国回教能够做到：（一）政教分离；（二）教派消除；（三）男女平等。希望大家尊奉真正之"圣行"，不闹教派，注重读书。最近，近东回教国家，希望吾国派往使节是回教人；然而，回教人中并无此项人才。印度政府要协会派遣十位回教大学生前往留学，然而，吾人找不出这样之回教大学生。吾人提倡宗教，应由知识方面着手，庶几才能建国兴教。

上文的记录，原来书写在白纸上，毛笔竖行书写，自左往右排列。封面单独一张，正文3大页对折装订，形成16开页面样式的6小页。原文无标点，标点系笔者添加。另外，上文标题，笔者加了黑体字区别。其余部分，皆以原样处理，只不过变成了横排版。

二、史料的考评

上述手稿有几个关键点需要考察，最关键的是，该史料是否真实。笔者认为，这是真实的。原因有以下几点：

其一，该手稿和王曾善先生的其他手稿一起存放，截至笔者发现，已历近70载，保存者王博士也一直认为，所有的手稿均系其父亲留下，不曾想有这一篇例外，故不存在伪造之嫌。

其二，笔者整理王曾善先生手稿多篇，有钢笔书写的材料，也有毛笔书写的材料，但该篇的笔迹，明显不是王曾善先生的手迹。该手稿封面有“梁光夫署”的字样；“署”者，“签名”“签署”之意，故该手稿拟或是梁氏本人所书写，也或系当时回协河南分会其他人员抄写，而梁氏签发核准。

其三，手稿中“中国回教救国协会河南省分会欢迎白公健生大会纪事”部分所叙述的白氏的讲话，以惯例应刊在《中国回教救国协会会报》（下称《会报》）之中，但1942年是中国抗战最艰难的年份，该《会报》在后半年仅以“第四卷五—八期”和“第四卷九—十二期”两册代替六册出版，编辑出版也不能如常进行，所以白氏该行程及讲话记录未能刊载，情有可原。另据《洛阳文史资料》特邀撰稿人、回族老人李贤的回忆，也可旁证白氏的此次讲话：民国三十一年（1942年）夏，白崇禧再次来洛，仍在新街清真寺召开回族群众大会。号召全国回族同胞与全国各民族一道，加强团结，同心同德，抗战救国。并给每寺发了“建国兴教”四个大字，让各清真寺制匾悬挂留念。另外给每个清真寺发怀表一块，表后壳制有白的钢印头像，还在新街清真寺与海晴川阿訇合影留念。①

---

① 李贤：《白崇禧第二次来洛召开回族群众大会》，见《洛阳回族文史资料选编》（内部资料）。

李贤老人的这个回忆，尤其提及白氏书写“建国兴教”四个大字，与笔者所发现的手稿中白氏的讲话主题之一，完全吻合。

再者，李贤老人提到这是白氏第二次莅临洛阳。白氏第一次来洛，在民国二十九年（1940年）春，回协的刊物《会报》有所报道。白氏第一次讲演的主要内容，首先是讲回协的主旨，在救教救国；其次，除了抗敌之外，协会对回民大众，一是“治愚”，二是“救贫”；第三，呼吁回民积极参与抗战建国，有钱出钱，有力出力。最后落款，也是“本刊河南分会记录”。[①] 这与新发现的手稿落款一致。

其四，据该手稿内容考察，在“白理事长建生训词”部分，白氏曾有“余此次道经陕、甘、宁、青，在许多教胞繁众之地”之语，说明他从西北考察归渝途中，顺道路过洛阳。而且，据《会报》第四卷五至八期合刊的内容，内有白崇禧《西北问题》一文，是该“会报编者”以“白理事长在陪都文化界十月份国民厅会议”的讲话整理。从这一点看，时间是一致的；在对西北问题的讨论方面，也与白氏在洛阳的讲话精神一脉相承。[②]

综上所述四点，这个发现的手稿是真实的历史文件。王曾善先生是民国时期回族的上层人士，曾组织“中国回教近东访问团”，到近东诸国开展国民外交，宣传抗战，又位居中国回教救国协会理事的位置。故由于某种原因，该手稿流入其手中，随后由其后人收藏，也是极为自然之事。

从该手稿的内容来看。白氏第二次莅临洛阳对回胞讲话的主题，其层次非常清晰：首先回顾了回教在中国的演进历史，并指出回民昔日的辉煌和成就。接下来谈回协工作的方向，指出回汉团结的重要，回族内部不应分派别，“真主不需要代理人”，并从历史上分析，清朝间离回汉的贻害。团结的目的是为了建国兴教，只有建国，才能兴教，这个关系必须厘清。最后，是主张妇女解放，向宗教改革以后的土耳其学习。

对比白崇禧两次莅临洛阳对河南回胞的讲话，团结抗战是贯穿的主题，但新发现的第二次讲话内容，显示白崇禧在考察西北这个“教胞繁众

---

① 白崇禧：《白理事对河南回胞训词》，载《中国回教救国协会会报》，第二卷，10～11期合刊，1940（9）。

② 白崇禧：《西北问题》，载《中国回教救国协会会报》，第四卷，9～12期合刊，1942。

之地”以后，对该地区存在的一些问题感触很深。所以，虽是对河南回胞讲话，但仍免不了对西北回胞存在的问题提及甚多。例如，教派之争并因此引起的回胞内部的不团结问题，他给予了高度的重视，引经据典讲了道理，并以自己的认识解释什么是真正的“圣行”。又如，西北妇女回胞地位低下，也引起他的重视，故此他呼吁学习土耳其，解放妇女。

从洛阳回陪都重庆后，白氏随后在“陪都文化界十月份国民厅会议”又有讲话，这个讲话，可以使读者更清晰认识白氏对西北问题的高度重视。在这个后续的讲话中，他又重复洛阳讲话的部分内容，呼吁肃清清朝时期积累下来的回汉的积怨，“先求民族的安定团结，消灭历史上的恶感和惨案”，这一点，对“建国大业”最为重要。①

三、结论

笔者所发现的马来西亚王乐丽博士所存《欢迎白公健生大会纪事》手稿，是抗战时期中国回教救国协会理事长白崇禧将军第二次莅临河南洛阳时，河南分会对其欢迎大会记录的真实历史文件。从文献资料等方面考证，都可证明这一点。该手稿由于某种原因，传入中国回教救国协会王曾善理事的手中，并由其后代人保存至今。

该历史文件显示，回协白崇禧理事长在1942年抗战最艰难时期，以及国内呼吁“建设大西北”的声浪渐高的背景下，考察西北后，对西北回胞中存在的问题所给予高度重视。因此，他呼吁国内全体回胞，化解回汉畛域，团结一致，“建国兴教”。这个历史文件，对研究抗战时期的中国回教救国协会和回协河南分会的工作，以及白崇禧理事长对回协工作的思路，都有很大意义。

（原载于《中国穆斯林》，2014年第五期，48~51页）

① 白崇禧：《西北问题》，载《中国回教救国协会会报》，第四卷，9~12期合刊，1942。

本书得到 { 河南大学黄河文明与可持续发展研究中心
国家自然科学基金
（项目编号：41471104）
地理学河南省优势学科
河南大学环境与规划学院
黄河文明协同创新中心 } **联合资助**

HENAN HUIZU
—ZHONGYUANDADI DE YOUXIUYIYUAN

民族地理丛书

总主编 艾少伟

副总主编 海俊亮 马晓军 原思明

河南回族

——中原大地的优秀一员

（文史资料选编）

中册

主编 / 原思明 艾少伟

副主编 / 陈廷良 宛磊 沙旭升 郭宝光 李传明 古凤英

民族出版社

中

经济篇

河南回族经济

陈廷良　王惠民

中华人民共和国成立前，河南回族人民过去由于长期遭受历代统治阶级和本民族剥削阶级的压迫和剥削，经济上处于极端贫困和落后的状态。约三分之二人口居住在农村，土地数量少，且多系沙地、碱地、坡地、沟渠、低洼地等，农业产量低，仅靠耕作难以糊口，为了生存，形成回族农民亦农亦牧、亦农亦工、亦农亦商的经济特点。居住在城市的三分之一人口，多住在关厢或城内的偏僻地区，房屋简陋，仅能避风雨，除从事手工业外，多系小商贩，挣一顿吃一顿，家无隔宿之粮。回族中大工商业者屈指可数。“回回一杆秤两把刀，一把切牛肉，一把割皮条”，生动地概括了城镇回族在新中国成立前的经济特点。

中华人民共和国成立后，在党和政府的亲切关怀和大力扶持下，回族传统的熟皮、制革、饮食服务等手工业和商业得到恢复和发展。党的第十一届三中全会以来，在改革、开放、搞活方针指引下，在继续发展传统优势产业的基础上，回民中的个体户、专业户、联合体、乡镇企业都得到很大发展；工业企业大量涌现，以工养农、以工促农，农业技术得到提高，现代化农业设备增加，产量增长，形成工农业共同发展的态势。

随着改革开放的不断深入，回族传统行业继续发展；同时大力发展现代工业和交通运输业。依靠现代科学技术，发展外向型企业，抓紧大市场建设。回族的工商业已成为河南省个体、集体工商业中的一支重要力量。

农业产量不断提高，工商业发展使农村面貌正在发生根本变化。人均收入不断增加，居住条件迅速改善，人们的服饰也在追赶潮流，很多回族聚居村成为当地致富榜样，有些已达到小康水平。“穷回回”一词已经成为历史名词。

一、中华人民共和国成立前的回族经济

（一）农业

1.“屯田”获取土地

封建社会中，农业是根本。一个民族能否生存下来，农业生产起决定性作用。

回回人从迢迢万里之外被征调、签发来到河南，举目无亲，不可能拥有土地。能在久经战乱、赤地千里的中原大地上居住下来，是根据元王朝的需要，用屯田的方式取得了土地。屯田分为军屯和民屯两种方式。另外，职田、兼并和购置土地也是拥有土地的手段。

金与北宋的战争、金与南宋的战争、蒙古军与金的战争、元王朝与南宋的战争等主要战场都在河南，使河南备受战争的蹂躏，人民逃亡，形成赤地千里。元王朝为解决军饷，完成统一大业，在河南大规模实行屯田制度。元宪宗二年（1252 年）“屯田唐、邓诸州”。宪宗四年“以真定、相、卫、怀、孟之兵，使屯于唐、邓二州”。元仁宗皇庆元年（1312 年）“遣户部尚书马儿经理河南屯田”。在河南设有屯田万户、南京屯田总管府、南阳屯田总管府等。封丘县荆乡回族乡李姓先民即为“军屯”户，自称为“军李”，以区别于其他李姓。从淮阳到沈丘一带，回族相传为名叫阿力的人带领一支回回人来此屯田，属于“民屯”。

元代回回取得土地的另一重要来源是“军户”的“赡军田”。元朝廷为加强统治，实行“军户制”，要求他们“上马则备战斗，下马则屯聚牧养”。“回回炮手居鄢陵者万余户。”曷思麦里所统带的中亚回回兵屯驻于怀孟一代。后来，元世祖“令探马赤军随处入社，分编民等”。这样，许多军户也就成了一般的农民。元朝灭亡之后，军队随之瓦解，原回回军户中的绝大部分变成了普通的农民。

元代有众多的回回官吏，河南仅省级官吏就先后有 9 人，其他各级达鲁花赤等大小不等的官吏不计其数，按元朝廷规定他们拥有大小不等的“职田”。“外任官无公田，官标拨公田，无田则量支禄米。”有的回回官吏既有一定数量的职田，又利用多余的俸银购置土地或利用权势侵占土地，在各地建立起他们的庄园。

元代回回人在河南屯田分布很广，主要分布在今开封、郑州、洛阳、南阳、邓州、唐河、固始、潢川、许昌、禹州、鄢陵、淮阳、沈丘、西华、商丘、睢县、荥阳、巩义、伊川、嵩县、渑池、沁阳、博爱、孟州、封丘、安阳、濮阳等地方，屯田使他们拥有了土地，得以在中原大地落户生根。

2. 重视兴修水利

水是农业的命脉，这个道理人们很早就知道。在封建社会农业是根本，是关系到社稷安稳的大事，搞好农业生产就要兴修水利。赛典赤在云南抓滇池和江河的疏浚工程，使农业产量不断增长。河南的回回官员和河南的回回人都重视兴修水利。

元代，河南河北道肃政廉访使回回人买奴，在任上时，黄河暴涨，于原武县（今原阳县）境决口，他亲自督筑堤防，用以工代赈的方法，让群众自愿交售柴草，没有过多地扰及百姓，就把河患治理了。南阳城东南八里地有个马头堰，为白河上一个重要水利工程，已淹废多年，经买奴主持修复后，灌溉从南阳到新野县田地千余顷，使干旱荒废的土地又变成良田。

元大德三年（1299年），黄河在原武县境决口，河水漫溢，急调屯驻鄢陵县的回回炮手万余户前往。他们奋力工作，数日便修好河堤，堵住决口，河水又归河道。

元文宗三年（1330年）三月，怀庆路同知、回回人阿合马上《请开水利表》，称：“有沁水亦可溉田，中统间（1260—1263年）王学士亦为天旱，奉诏开此渠……设官提调，遇旱则官为斟酌，验工多寡，分水浇溉。”因年久失修，渠口淤塞，“渠口及旧渠迹具有可考，若蒙依前浚制，引水溉田，于民大便，可令河内五县，使水人户自備功疏通渠口，立闸起堰，仍委谙知水利之人多方区划，视水缓急设立闸堰，自下使水，遇旱放闸浇田，值涝闭闸退水，公私便宜”。阿合马在表中详细报告修制沁河之法，很快得到元朝廷批准，彻底整修沁河由山西进入河南的水利工程——五龙口（在今济源市）。如今，此项工程仍在使用。清代，郑州地区黄河不断决口，同治七年（1868 年），荥泽（今郑州邙山区）段黄河漫溢，“大吏未敢请旨诸塞”，郑州京水镇回民，柘城县儒学训导马汝骏（字伯良）率当地绅民请愿治河，黄河河道邵葛民请马汝骏做其副手，数月治河工程即结束。彰德（今安阳市）、卫辉（今卫辉市）、怀（今沁阳市）道台徐振祎闻马汝骏善于治河，请其为治河顾问，问治河良策，马公说：“黄河为中患两千年于兹矣，但知黄河之患中国，而不知治河者之患中国也：堤工不固，患一；楷料不实，患二；河厅侵渔，患三；营汛捏报，患四；委员克扣，患五；库吏短发，患六。六患不除而欲河之治也难矣！”切中治河中的流弊。沁河决口，河内县（今沁阳、博爱二县）令袁镇南请马汝骏督办工程，认真经理，节约经费十余万两白银。光绪十五年（1889年），河东道总督许振祎请马汝骏主持河防局工作，他为治河献策：“天下大势，汧陇为首，秦晋为脊，豫鲁为腹，水入中州，如硝黄之入腹内，以上攻下，一发而莫可收拾，且豫鲁土性松活，势如散沙，加以洪波巨浪触之，鲜有不败溃者，宜思所以抵制之。”认为要彻底堵塞堤溃决口问题，必须硬化堤防。派人采购石料，自荥泽而下，两岸每约四里许，筑一石坝，参差相间，直至山东界。河归中流，不能近堤，如有塌陷，随时修整，四年完工。自此，中州绝无水患。马汝骏治河四十年，不言劳，不言功，河道总督许振祎上奏朝廷，光绪二十一年（1895 年）朝廷下诏表彰马汝骏，河道总督在马公大门上挂“天语嘉奖”匾额，清朝廷授予他五品官衔。

附：清光绪皇帝对京水镇马汝骏的嘉奖圣谕（即圣旨）

诏　曰

上　谕

马汝骏，明治于河，深资指臂，实事求是，裨益良多。若如许振祎所奏，功成不居，尤觉谦德可风，求之近今儒林中，殊属不可多得之人。前柘城训导马汝骏着传旨嘉奖，以为急公好义者劝，特此通谕知之。

二十一年十月

回回人在居住地不断开垦荒地，扩大耕种面积。为建立新的家园，他们一次又一次地与大自然展开艰苦卓绝的斗争，取得一个又一个胜利。从明代中叶至新中国成立前，黄河在河南多次泛滥改道，现今安阳市、新乡市、濮阳市、开封市、商丘市、周口市等地黄河故道中有不少回族村庄，人们水来出逃、水退又回，在荒芜的土地上重新耕作，重建家园。如兰考县葡萄架乡回回营村就是在黄河水尚未退尽时，人们在水中孤岛上建立的新村庄。

3. 农业牧业并举

回回人重视农事耕作。元代，回回人凯霖在安阳做官，其有一项工作即主管农业。历代回族村庄把牛羊粪便施于田中。这种有机肥料不但增加土壤肥力，而且能有效改善土壤结构，使粮食产量不断提高。同时，虚心向汉族学习耕作技术和传播种植秫、稻、桑、棉花、麻、蒜和养殖业的技术，对河南省农业的发展也做出了贡献。

从回回先民的民族构成上看，原从事畜牧业的人口居多。元代，中原地旷人稀，遍地荒野，形成天然牧场，具备发展畜牧业的自然条件。从事畜牧业对于回回人来说驾轻就熟，当地畜牧业生产很快发展起来。《巩县志》载，巩县（今巩义市）回回凹就是元代时的牧马之地，可见从事畜牧业生产的回回人不在少数。由于生活习惯的原因，回族农民农闲时多从事牛羊屠宰业，与此相联系的牛羊饲养也遍及全省的回族村庄，并逐渐成为一项重要副业，在山区、坡地和沙荒地区，甚至成为回族农民的主要收入来源。

（二）工业

1. 手工业

回族的手工业除熟皮制革外，在冶炼、铸铁、熬盐、榨油、制皂、制醋、食品等行业也积累了丰富的经验。

元世祖中统四年（1263 年），回回人阿合马任诸路都转运使专理财政。为聚财支援统一全国的战争，他在钧州（今禹州市）、徐州兴办了炼铁业，每年产铁一百零三万千斤，铸成农器 20 万件，与农民换粮食，以充军粮，这些农业器具的使用非常有利于农业的发展，并在犁面、犁铧的冶铸方面积累了一定的经验。钧州回回人参加了冶炼和铸造，有趣的是回回人中有姓冶、铁、卢的，正合“冶铁炉”之音，至今禹州市回族卢姓仍有生产铁制农具的，销路颇佳。

开封和豫东一带，由于黄河的改道和决口淹灌，土质严重碱化，春季干旱，到处是白茫茫的厚厚的一层硝盐土。穷回回没有资金，遂就地取材，用刮来的盐土熬制皮硝和硝盐。明代，开封周王府“后宰门、西贴萧墙居民，多业熬盐，俱无租课”。“北门大街……东南俱是盐池。”这里是回族聚居之地，有不少人从事此业。新中国成立前，从北门到宋门，沿惠济河两岸盐池连绵不绝，两岸回民多以此为业。

回回在生活习惯方面有许多禁忌，为了方便生活，有不少回回人从事榨油、制肥皂、制蜡烛、做豆腐、制酱油醋、做粉条、磨面等行业，供回民使用。较为有名的作坊或店铺如开封五福号酱馃店、新乡协泰酱园、武陟县木栾店东门里的和顺东酱菜园等。

2. 兴办现代工业

中日甲午战争（1894 年）后，帝国主义列强为了掠夺中国人民，攫取高额利润，争相向中国输出商品和资本，进一步破坏了中国自给自足的自然经济，扩大了中国的商品市场和劳动力市场，这为民族资本主义的初步发展创造了某些客观条件，这时所谓“洋务新政”的官办或官督商办的企业已进入末世，给民族工业的发展造成了一些缝隙，使它们得以在艰难的岁月中一步一步地成长起来。当时有很多进步人士投资创办新式企业。辛亥革命虽然未取得理想成果，但在一定程度上推动了中国资本主义的发展，全国掀起了一个兴办工业的热潮。河南虽地处内地，属落后地区，也出现了兴办工业的小浪潮。

回族中有识之士，从实业救国观念出发，用手中积累的资金开办电厂、煤矿、面粉厂、纱厂、烟厂、铁工厂等企业，为河南省民族工业的发展贡献不少力量。

清末，武陟县木栾店镇王李庄（今称胜利街）王明贤（1864—1956年）集资35万两银子，在修武县寺河村（今焦作市马村区寺河村）一带和博爱县柏山村开办煤矿。他曾经当过井下工人，懂技术，他开办的煤矿出煤量大，煤质好，购买者络绎不绝，获利甚丰，却时常受到英商福公司的挟制，疲于应付。民国元年（1912年），修武人王印川（1878—1939年）当选国会众议院议员，王明贤想借他的势力对抗英商福公司，便聘请王印川为煤矿总经理，把寺河煤矿改名为豫泰公司，公司主持人的名字写成王印川。他这是引狼入室，王印川把公司的实权都交给他的亲属掌管，王明贤大权旁落，后公司被王印川霸占，王明贤又到济源盘谷寺下的大社村（今克井镇）另起炉灶，重开新矿，名叫申顺号，后与振兴煤矿（克井煤矿）合并叫“中兴煤矿”。1950年，王明贤在《平原日报》上刊登声明，把煤矿无偿捐献给国家。

开封回族人魏子青联合杜秀升等曾先后在开封、郑州、洛阳创办3家电厂。为解决电厂用煤问题，于1919年在密县（今新密市）创办煤矿，配备有当时设备先进的蒸汽机和提升机。因缺乏经营煤矿经验，又无精力照管，加上交通不便，致使他的“自己电厂用自己的煤”的美好愿望终未实现。抗日战争时期他儿子把煤矿卖掉。

武陟县的汉族人鲁连城于1919年在武陟县木栾店沁河滩创办成兴纱厂，纱锭由1919年的3000锭子发展到1930年的8000锭子。由于经营困难，1931年秋季由开封回族人杜秀升租用并改名为钜兴纱厂，租期6年，产品商标为“二仙阁”。

1924年，杜秀升接办了因经营不善而倒闭的开封永丰面粉公司，改名益丰面粉公司，杜任经理。公司改组后，改进经营管理方式，已能赚取利润，逐渐增设英式机磨6部。但仍出现资金不足、产量较小的问题，而后得到金城银行贷款，始周转灵活，经营状况逐渐转好。“民国二十二年改装三部德式机磨，产品较前更佳”，获利较丰。1939年，日本帝国主义军队侵占开封后该厂被军管。抗日战争胜利后，该厂又被国民党河南省政府霸占，后经公司多次请求，一年后才发还自营，因资金短缺，周转不灵，勉强维持，直至开封解放。

1935年，杜秀升在西安创办华峰面粉公司，任公司董事长兼总经理，该公司是西北最早的现代化面粉厂。公司里有不少回族工人。1941年，杜氏当选陕西省面粉同业公会理事长。他领导西安的华峰、成丰、福豫、和合，宝鸡的福新、大新，汉中的大新和蔡家坡等面粉厂，统一接受当地政府的抗日军粮生产任务，给各厂分配生产任务，协调各会员厂之间的关系。为了保证军需任务，华峰公司挖掘潜力，日产面粉由4000袋提高到6000袋，成为当时大后方三大面粉厂之一。当大片国土沦丧后，大后方整个军需、民用的粮食主要依靠四川的大米和陕西的面粉。在这种严峻的形势下，杜秀升领导的陕西面粉工业，克服了重重困难，保证了抗日战争时期的军需和民用，为全民族抗日战争的胜利做出了贡献。

1942年，固始县回民王金生采取“召股集资，按段分红”的办法，集资数十万元，在东关北大街兴建厂房，购置卷烟机两部及切丝机和轧梗机各一部，聘请经验丰富的技师，招工50多人，于1943年2月正式成立光亚烟厂，王金生任经理兼营业部主任，生产蓼城牌、国光牌等普通香烟和高档熊猫牌香烟，一经问世，供不应求，效益颇佳。“该厂全年税收占全县各行业总数的50%左右。”抗战胜利后，由于物价飞涨，民不聊生，加上同行业的竞争激烈，外省的纸烟源源不断地涌入固始市场，致使光亚烟厂的业务由兴盛逐渐走向衰落。1946年，回民夏致卿、王宝文、张文德三人集资，每股250银元，共1万元，创办商丘华孚烟厂，工人有50~60人，70%是回民。烟厂生产铁牛牌、环球牌和原子牌香烟，生意兴隆。1948年，工人增加到70~80人。1951年，公私合营华孚烟厂有250人，1952年，改为地方国营，更名叫商丘烟厂，成为豫东最大的烟厂。

为了适应传播科学知识的需要，1915年，郑州京水镇回民马超然(1885—1962年)，字冠群，号大河居士，在郑州马路大街（今大同路）创办文亦可印刷局，为郑州印刷业先驱，曾名噪一时。1920年后，魏子青在开封鼓楼街路南创办商务印刷局，设备有园盘机、四开机等，主要印刷商业上用的单据，日本投降后，印刷所因不慎失火被烧掉。

20世纪初，开封回族人魏子青在“实业救国”思想影响下，先后在开封、郑州、洛阳创办3家电灯公司，开河南电力工业发展之先河，为河南电力工业发展做出了巨大贡献。当时报纸称他是“工商巨子”“河南巨商”。

普临电灯公司是魏子青创办的第一家电灯公司，也是河南省第一家民营电厂。清光绪三十三年（1907 年），魏子青邀请杜秀升和杨绍泉等参加董事会，共集资 25 万两银子，其中杜、杨二人共投资 4 万两，魏氏个人投资 21 万两。公司由魏任董事长兼总经理，杜、杨为副董事长。

清宣统二年（1910 年），开封地方政府同意普临电灯公司申请，将开封南关三里堡四营房北乱葬地 50 亩征用为电厂厂址（今开封供电局所在地）。1912 年建成发电。有职工 50 ~ 60 人，绝大部分为回民。

公司营业部设在城内鼓楼街路北魏家院内（现开封市供电局鼓楼街营业所）。电厂有 100 千瓦的蒸汽机一台，60 千瓦的蒸汽机一台，最大功率可带动 16 支光灯泡 1 万盏，供应鼓楼街、马道街、寺后街、南北书店街、西大街、南北土街、中山路至火车站照明用电。民国六年（1917 年）又从美商慎昌洋行购买交流电机两部，名曰脱平（译音），各发电 70 千瓦，扩大了用户范围。

1932 年，河南农工银行向公司投资 2 万元，购置一台 375 千瓦的蒸汽机。由于亏损严重，1934 年，由上海大资本家祝伊才接管，更名为普临电气有限公司。原电厂作价 16 万元，祝伊才投资 16 万元，增加一台 300 千瓦和一台 80 千瓦的煤气机。祝伊才任董事长，杜秀升为副董事长，梅香谷（回民）任经理。

1929 年，河南省政府主席韩复榘以电厂供应蒋介石用电为名，将电厂收归官办。1932 年，移交工银行官办，造成严重亏损，且使电厂设备严重受损。1938 年 6 月，日本侵略军侵占开封，魏相民（魏子青长子）、杜秀升等逃到郑州、西安，电厂被日本侵略者霸占，直到 1945 年 8 月日本投降为止。1945 年，国民党河南省政府把电厂作为敌产接受，生产停顿，亏空严重。

1946 年 8 月 1 日，省政府把电厂退还给魏家。董事长杜秀升任命李勋庵为副董事长，主持厂务。毛汝采为经理，梅香谷为协理，后魏志远（魏相民之子）当副经理。这时电厂有职工 100 多人，大多数是回民。

1948 年 10 月开封解放，普临电灯公司也获得新生，人民政府派军代表接管了电厂。1956 年公私合营，电厂改名为开封电灯公司。

1914年冬，魏子青与实业家白吉甫（回民，白寿彝之父）在郑州开办电灯公司。1915年，魏在郑州大同路创办郑州明远电灯股份有限公司，原名为郑州普照电灯公司，投资20万元，魏任公司董事长兼总经理，白穗清（白吉甫之子，魏子青之婿）任经理，负责日常事务。

公司有75千瓦的立式蒸汽机一台。本拟于1916年6月发电，因第一次世界大战爆发，交通受阻，机器未能按时运到，至1917年建成发电。当时发电厂设备简陋，仅有十余名工人，供应照明用电。

1919年公司扩大规模，迁至郑州西关外金水河旁（即今郑州市二马路郑州供电局院内），安装一台175千瓦的卧式蒸汽电机。工人增至30人左右。1928年魏子青去世，董事长由杨绍泉接任，并将公司更名为郑州明远电气公司。

“九一八”事变后，社会动荡，公司经营不善，1932年与上海金城银行合股经营，董事长由金城银行经理金松涛担任，杨绍泉为副董事长，经理为魏相民，又增添设备，时发电容量为45千瓦，有职工近百人。

1940年，郑州沦陷前夕，国民党第三集团军司令长官孙桐萱派部队炸掉电厂机器，工人各自逃生。

1945年，抗日战争胜利后，郑州明远电气公司为国民党第七粮秣厂接管。1946年，开封普临电灯公司副董事长李勋庵在郑州组建新厂，定名为郑州明远电气股份有限公司，租用水利部黄河机工总队的发电机。由于亏损严重，在1948年9月电厂移交给水利部黄河机工总队，公司更名为水利局水利工程机械工作队电力厂。1949年3月被郑州人民政府接管，改名为郑州电力公司。

洛阳照临电灯公司在1917年由魏子青筹备，杨绍泉为董事长兼经理并具体经办。厂址设在洛阳东站西闸口以西，南临铁路，东、西、北面是沟，发电厂设在岗子上（即今洛阳东站五股路铁路商店处），其营业部设在城内北大街。

公司投资5万元购一台75千瓦蒸汽机，于1918年发电，供照明用电。厂房设备简陋，因大烟囱成为敌机的导航目标，所以被拆去。电厂发电时有职工20多人。1922年因机器主机毁坏，资金困难，电厂关闭。

（三）商业

1. 回族商业的发展

阿拉伯民族是一个善于经商的民族，伊斯兰教的创始人穆罕默德就是商人出身，有长期的从商经历。因此，产生于阿拉伯半岛的伊斯兰教重视商业，赞赏经商活动。经典中所包含的商业经济思想对穆斯林乐于经商、善于经商影响巨大。唐宋时期到中国来的回回先民，主要是为了经商贸易。元明时期来的穆斯林中有大批从事经商活动者。他们以优越的政治地位，享有各种经济特权，受到官府优待，以雄厚的资本和丰富的商业经验，经营珠宝、香料、粮食、盐、牲口、药材，甚至也做兵器买卖。明代，回回仍以善于经商闻名。洪武二十三年（1390 年）谕旨中就特别提到回回商人的往来买卖，“如过关津渡口，不许阻滞”。明宣宗（1426—1435 年在位）说：“回回善营利。”因为回回商人有经营珠宝业的传统，明代又有“识宝回回”的说法。

河南回族始终把经商当做传统的、最基本的谋生手段。元代，开封称南京，洛阳一带是河洛“列大府以屯之”之地，都属于名城巨邑，为回回商人活跃之地。

明代，统治者对回族采取的是既笼络又防范的政治策略，元代回族在政治上享有的特殊待遇，到明代受到很多限制。明代对海上贸易时禁时开，后期以禁为主，实行闭关政策，严禁民间随便出海贸易，回族在元代享有的海上贸易和官商贸易特权被取消，失去外贸优势。明初，明太祖把元代的回族官商家族从北方迁至江南，明成祖又把江南的回族富商大贾迁到北方和西北，明英宗又把西北的回族迁到浙江。这种强迫迁移，使回回商人失去了他们熟悉的市场环境和商业上的优势。一些原先资产雄厚的商人的资金削弱了，再也做不起大买卖，失去了内贸优势。回族商业的经营内容主要转到牛、马、羊及其畜产品（羊毛、肉类、皮革等），运输业，少量珠宝业，粮、盐、茶、布和鲜货、饮食服务，生活用品等。

明代，河南回族在全国大环境的影响下，商业活动也大受限制，从现有资料看，回族经商内容主要是：饮食服务、牛羊肉类、皮毛皮革、香料、制药、珠宝玉器、粮油贩卖等。明代人撰写的《如梦录》详细记载了明代开封街市和店铺生意情况。其中除三个礼拜寺附近有“皮局”“熟皮作坊”外，许多店铺匾额题写皮金、羊皮金、羊肉车、羊肉、羊油、羊皮、牛肉车、皮店等，经营牛羊肉和皮革制品，说明河南的畜牧业由元代满足自己生活需要转变为明代满足市场需要。《如梦录》中又记载：“羊肉面店，日宰羊数只，面如银丝，扁食、夺魁，各府驰名。”回族传统行业的畜牧业到明代派生出屠宰业和饮食业两个新兴行业。由于饮食业的兴盛，清真菜系和食品在明代已逐渐形成了自己独具风格的系列，并且风行河南各地。《如梦录》中记载有“香铺、攒香、俺答香、香袋”等铺面，说明香料买卖仍是回族的传统行业。

清代，河南回族的商业曾有较大发展，江浙和西北各地的回民中有迁入中原经商者。回族人在开封经营皮货、皮革、牛羊肉、饮食业、香料、古玩玉器、医药等传统行业。回族人的商业活动对开封、朱仙镇（清代是中国四大名镇之首）和新兴城镇的开拓和发展做出很大贡献。回族人在开封经商人数之多、资本之雄厚，驰名全国。民国以后任开封商会会长兼河南商务联合会会长的都是回族人。1913 年，商会改总理制为干事制，魏子青为主任干事，嗣后又改干事制为会长制，魏子青为会长，杜秀升为副会长。1918 年后，杜秀升为会长，直至中华人民共和国成立前。中华人民共和国成立后，马运五历任河南省工商业联合会副主任委员和主任委员。

回族经营的行业以不违背民族的生活习惯为原则。但随着商品经济的发展，除传统行业外，开始经营其他行业店铺。据 1932 年的调查材料，开封商业分 51 帮，其中回族独占的行业是电业、澡堂业、牛羊业、鲜果业、皮革业，棚彩业等。经营的其他行业有钱业、面粉业、酱园业、旅栈业、饭庄业、果店业、皮货业、古玩业、牲畜行业、洋货业、杂货业、影剧院业、中药业、卷烟业、新药业、杠业、渔业、货业、煤业、转运业、花生业、粮业、估衣业、鞋业、帽业等，共计 31 个行业。另外，还经营不在行业的各种小吃。

1932 年开封的澡堂有汇芳泉、新华楼、清朗阁、浴华泉、浴华春、浴华楼、宝熏泉、德华池、天香泉、泳沂泉、新华池、万香泉、记景泉，共 13 家，从业人员 533 人，大部分是回族人。回族人还投资益丰面粉公司、开封宏昌银号（在书店街）等。

2. 回族商业在城乡所占的地位

回族商业在省内占有重要地位，它在促进省内外经济交流，提供优质产品，传播工艺，对交通要道的关津渡口和新兴城镇的开拓和发展等方面都做出了自己的贡献。

民国时期，开封古楼街是闹市区，驰名全省。不足一里长的街道，两边店铺林立，回族经营者占很大比例，从东头路北向西数有庞家宜生斋烧鸡店、德宝斋古玩店、韫玉斋古玩店、明星电影院、松鹤龄中药店、味美饭馆、普临电灯公司营业所、全美斋甜食店、汇芳泉澡堂、桂香斋饭馆、顺记鲜果店、丁记饭铺、颐和园饭庄、五福东号酱馃店、浴华泉澡堂、聚记甜食铺，从古楼街西头路南向东数有钱姓鲜果店、金陵马豫兴鸡鸭店、新美甜食店、新生饭庄、中西楼（后改中兴楼）饭庄、某姓甜食店、商务印刷所、万盛魁酱果店、尚豫兴鸡鸭店、天香泉澡堂、东方旅社、李郑合营的金店、王姓开办的电料行、缸炉烧饼店、振记果铺、杜家饭铺、紫罗兰甜食铺，共计 13 个行业，33 家大小店铺。开封回族人经营的商店之多由此可见一斑。

豫东南边远的固始县城，回民中先后经营粮行的有丁氏、穆氏、马氏、答氏等，经营盐行有的“丁万盛永”和“海丰盐行”等，城关 4 个浴池中 3 个由回民经营，其他如百货、布匹等行业也有回民经营者。

孟县桑坡村驰名全国，这里的居民多靠硝皮的制造与贩卖为业。其中有 1200 户居民，人口在 1 万人以上，村子大并且村民多从事手工业生产，所以村内商业比较兴盛。村里设有本地面馆，经营饺子、炒馍、胡辣汤等。此外还有白全泰家的滚良（凉）粉及远近驰名的浆面条，白玉宪家的蒸馍、枣糕，老彭家的炖肉、肉丸，白金玉家的烧牛肉与肉包，杨保书的烧饼，拜吉的肉合以及白恩林的水煎包。同时因为穆斯林不食外人的食物，所以一切都靠自己来做，有全兴正的酱园制造各种酱菜，还有各种点心和糖果的制作、加工作坊，如豆腐、粉条、酱油等，供给全村。

周口市在明朝永乐年间（1403—1424 年）为一渡口，因可通航，回民于明朝隆庆元年（1567 年）即在此经营饮食服务业。河南盛产牛羊板皮，可通过这个物资集散地向外运输。皮毛皮革生产、皮毛皮革购销为回回人的传统行业，大量的皮毛、皮革行业技工和商人云集此地。康熙九年（1670年）清朝廷在此设管粮州判，这时回民已在周家埠创建四坊清真寺。到民国初年，周口镇清真寺已有八坊，说明回族人口较多。1949年，周口回族人口占总人口的11.8%，周口回族人在商业、饮食服务业、皮毛皮革业、牛羊肉业、医药业、机器榨油业等都有所作为。

漯河原为漯河渡口，是豫中著名的牲畜交易市场，当它还只是渡口时回族即来经营商业，主要在此开展牲畜交易，贩卖牛、羊、马、驴等家畜。随着市场逐步固定，回族于康熙五年（1667年）创建清真寺，成为漯河最早的一坊清真寺。

商丘原是朱集村。陇海铁路通过这里，铁路修筑之时，豫东和山东西南各县有不少回民搬迁至朱集，散居在车站一带，形成4个回民聚集点。随着铁路开通，回民迁来的越来越多，到新中国成立时，回民人口占总人口的20%。商丘建有市区的东、西两坊清真寺。回族人拥有华孚烟厂和企华铁工厂两家工厂，另外，在棉织厂中也占有一定资本，开办有18家皮行，还有烟行和粮行。饮食服务业中由回族人开设的占多数。

（四）饮食业

到了明代，随着回族人口的增多、居住地域的扩大和民族生活习惯的限制，传统畜牧业又分化出屠宰业和饮食业，并逐渐形成为新的传统行业，其中尤以饮食业影响最大。

回族人开设的饭馆或饮食摊点以清真为其基本特点。饭馆或摊点上都悬挂清真牌，牌上有“清真回回”“清真古教”“西域回回”等字样。牌上有一把壶的图案，牌下面坠有红布条。壶叫汤瓶壶，表示洗手用的壶，红绿布条表示手巾。清真牌逐渐成为回族食品的标志。

回族经营的饮食业有许多特点。食品基本上都是经过炖、煮、蒸、炸工序，经过高温处理，吃起来放心。饭馆、摊点的家具和器皿都洗涮干净，使人赏心悦目，食欲增加。

清真食品的主要原料是牛羊肉、肚、心、肝、肺和骨头。主要辅料有油，花椒、茴香等香料及葱、姜等调味品，价格便宜，成本低。它的成品一般为大众化食品，且属于快餐类，像全牛汤、羊肉汤、胡辣汤、豆沫等食品，不必等候，随到随吃，快捷方便。炒花生仁、油炸花生仁、炸虾米、凹板牛羊肉等，吃用方便，物美价廉，为佐餐之佳品。

回民食品因其清洁卫生、物美价廉，深受各族人民的欢迎，操此业者，人多面广，成为回族人们经营的重要行业。大到高档饭庄，小到挎篮小卖，食品精益求精，品种繁多，花样翻新，脍炙人口。

河南省各地回族食品各有千秋，今仅以开封为例做一介绍。

民国时期，开封有回族饭馆四五十家，大饭庄先后开设有 4 家。古楼街靠西头路北的卧和园始建于清光绪二十四年（1898 年），雇工四五十人，经营各种高档饭菜和承包筵席，为达官贵人经常出入之所。在马道街偏南路东开设的丰乐园饭庄，假丰乐楼遗址于清宣统二年（1910 年）农历十月二十四正式开业。开业广告云："本馆假马道街丰乐楼基址，沿用其名，添造游廊，装新雅座，聘请京沪厨师，创办满汉回番名席。精制南北小吃，汤干卤甜各色点心齐全，另有兔膻，炉灶均属特制，其他如应时蔬菜、菊花、羊肉、鸡鱼、酸菜、锅子等类，随便点要。"古楼街路南的中西楼由买金章于民国元年（1912 年）开办，有工人四五十人，承做中西大菜，并备有两桌全银器餐具。这里经营鱼翅、广肚、燕菜等名贵高中档宴席，成为当时开封社会上层人士和回族头面人物经常出入的社交场所。这里的牛羊肉菜，如烩三代、烩金银丝、涮羊肉、靠山肉、大葱爆肉片、火爆肚、油爆肚、锅烧肉、焦烧肉、软烧肉等，更受各方食客的喜爱。特别是烩三代，成为汉族食客在回族宴席上的争尝之物。中西楼因屡遭亏损，于 1938 年破产。后由会计吴玉茹，堂倌李振亭，厨师袁国贤、李国建筹资经营，将中西楼易名中兴楼，以图中兴。中兴搂开业以后，由于精心管理，服务周到，半年之后便重现了当年盛景，成为民国时期开封回民饭庄之冠。1930 年，吴长庆、王学孝合资于鹁鸽市路东开办新庆楼，系经营羊肉烩馍为主的小吃铺，以馍筋、肉烂、汤鲜闻名。1940 年，吴长庆将新庆楼迁至鼓楼街路南，更名新生饭庄，仍以烩馍为主，同时供应拉面、小笼包子、单麻火烧、双麻火烧及小件酒菜，以经济实惠、物美价廉为人们所称道，生意极为兴隆。开封金陵马豫兴鸡鸭店是马永岑于清同治三年（1864 年）创办的。它的桶子鸡早在清末年间就以选料考究、制作精细、色泽杏黄、肥而不腻、醇香脆嫩而誉满中州，与北京烤鸭齐名。1925年又重金聘请名师，增加烧鸡、五香牛肉干等十多个品种，产品远销上海、广州、武汉等地。

开封五福酱馃店的前身为“福盛恒”号，系马有义于1909年创建。1914年马有义去世，其子马运五承继父业。因马运五弟兄五人，1926年更名“五福”号，计划兴办5家五福店。终因种种原因，顶峰时只建成4个五福号，即五福、五福东号、五福南号、五福西号，都经营清真糕点和酱腌咸菜、大头菜。糕点作坊设在东号，所经营产品有哈拉豆、芙蓉糕、京八件、各类各味月饼等共100多个品种。咸作设在鹁鸽市清真寺南院，主要产品有五香大头菜、包菜心、西瓜豆酱等，大头菜里外颜色一致、咸中透甜，远销上海等地。

开封回民风味小吃驰名中州大地，有些是开封特产食品。

花生糕据传是北宋宫廷食品，历经近千年，到清末流传于社会，成为回族人生产、制作的特色食品。制作花生糕最有名的是家住顺河南街的李中信家，已传三代人。开封盛产花生，为制作花生糕提供了丰富的原料。花生糕以花生另加糖稀、白糖等精制而成，属于茶点类食品，多在冬季食用。其特点是香、酥、甜，可口，营养价值高，特别适宜老年人、儿童及病人食用，是馈赠亲友、探望病人的美味佳品。李家产的花生糕可存放一两个月不变质、不变味。

黄焖鱼也是回族风味名吃，起于何时不可考，到清末卖者日益增多，最著名的是洪河沿街沈根家，也已传三代人。黄焖鱼的用料考究，一般以3寸左右的小鲫鱼或小鲢鱼为宜，但必须是鲜的，第一道工序是宰鱼，即刮鳞、挤内脏、挖腮，用水洗净后微晾，再用少许盐渍一下，接着滚面、撒醋、过油炸。然后用香料、葱、姜、蒜等做汤，汤与鱼量相适宜。黄焖鱼的特点是汤鲜、鱼嫩、味美。

开封的回族风味食品还有全牛汤、羊肉汤、胡辣汤、羊肉胡辣汤、豆沫、绿豆面糊涂、肉盒、水煎包、烧卖、单双麻火烧、散子、年糕、枣糕、玫瑰糖糕、甜咸麻花、炒花生仁、油炸花生仁、花生沾、熟梨、焦虾米、盐霜豆、酱牛肉、烧羊肉、凹板肉等60多个品种。

（五）皮革业

制革是河南省回族的传统工业，全省的牛羊制革业和皮毛生产几乎被回族所垄断，从业人数之多、技术力量之雄厚是其他各民族所不能比的。北起新乡、焦作，南到信阳、驻马店、周口，东自商丘，西至三门峡、洛阳以及中部的郑州、开封、许昌、平顶山等地，都有回民从事皮革业生产。《如梦录》记载：明代，开封城内的“草三亭，内有熟皮作坊。草三亭又名凤凰巷，俱（是）回子居住”。“西华门……迤西三街……亦有皮局，回子居住。”“六府角……再西，有皮局，硝熟各样皮张，俱回回居住。”清同治年间（1862—1874年），开封从事制革业的有40户，从业人员200多人；开设皮毛作坊的有40户，从业人员200多人。民国初年，国际市场皮革紧缺，日商在开封抢购皮革10万张以上。皮革生产规模随之扩大，高峰时皮毛作坊达200家，工人500多人。后因销量锐减，停业或破产达80%。1938年，日本侵略军占领开封后，野蛮掠夺皮毛资源，把皮革列为军需物资进行管制，不准私人熟制牛皮，羊皮作坊也化大为小，仅剩西门里板桥街3户，家庙街12户，东大寺街附近17户，且多是勉强生存。抗日战争胜利后，皮革业有所复兴，达到68家。

新乡市回族叶福登墓碑上记载：他于清咸丰初年（1851年）来新乡落户，以经营制作皮毛皮革为业。清末民初，新乡市有回族李帮杰、白玉良、艾全德3户做车马挽具。以后，随着城市经济的发展，封丘、原阳、辉县和孟县桑坡等地的回族熟皮制革户迁到市内者日益增多，1937年“七·七”事变前，东关和桥北街有13户做车马挽具，有3户鞣制皮毛，他们均属手工制作。1936年，白启富从开封请来技术工人，用化学原料和栲胶制作皮毛底革，揭开了新乡制革业生产“重革”的历史。日寇侵占新乡后，对皮革业控制很严，组织“皮业组合”，垄断皮革市场，每张板皮都需日本人检查加盖钢印，否则不仅皮张被没收，还要逮捕问罪。由于日本军用和市场民用对皮革制品需求量的增加，制作牛皮底革、带子革、鞋皮革的行业有了较大发展，当时共有制革坊30户，从业人员40～50人。新中国成立前夕，由于国民党的横征暴敛，生意萧条，皮革手工业仅剩20余户，从业人员30人。

随着畜牧业的发展，板皮产量大增。板皮生产刺激了熟皮革业的发展；熟皮制革业的发展，又需要大量板皮，要求人们解决供、销的问题，因此，皮革交易场所的“皮行业”应运而生。清康熙年间济源下街的袁世芳即在济源城内开设皮行。禹州市山货厂人赵占元于清光绪年间（1875—1908年）在城关磨角坊街路西创办万顺通皮行，常有上海、武汉客商来此采购，对禹州回民开办皮行起到带头作用。清光绪中期，砖桥坡武秀才马振乾、马振标、马振武三兄弟合资在城内大牌坊街路东开设马兴盛皮行，振乾坐庄经营，振武来往于禹州汉口之间，开创了自购、自运、自销的局面，疏通了皮革输出的渠道。此外，禹州还有万盛和皮行、同聚成皮行等。

居住在农村中的回族几乎家家户户都喂牛羊。因水土、气候自然条件各异，不同的地区有不同的饲养品种，形成不同的饲养优势。

在沈丘、淮阳、项城沿沙颍河一带，气温冷暖适宜，水草丰盛，养羊业发达，出一种称为“槐皮”的山羊板皮，它柔韧油润、厚薄均匀、拉力强、弹性好、无伤痕，制成的革为上乘佳品，远近闻名。外国客户非常喜爱这种板皮，每捆（一捆五十张）羊皮上有一张槐皮，其他则不再检查，即可作为免检产品出口。

南阳地区地处盆地，气候温和，河流纵横，牧草茂盛，畜牧业的优良品种有南阳黄牛，它以体高、身长、发育快、骨骼粗、四肢匀正、力大、行动快而驰名全国。黄牛皮以其张大、坚韧致密、厚薄均匀、拉力强、弹性好成为牛皮中的上品，新中国成立前，南阳城有16家皮行，主要收购黄牛板皮，组织外运到武汉和上海等地。

河南出产黄牛板皮和槐皮，省内皮行林立，不但吸引着国内客商，而且外国客商也经常光顾河南，通过武汉、上海等地向日本、英国、美国等国出口。

在孟县桑坡群众中流传着这样一句话：“桑坡”是坡，既吃“土”，又吃“皮”。这句话概括了当地亦农亦工、亦农亦商的经济特点。桑坡地少人多，务农不足以满足温饱，人们把熟皮制革当做养家糊口的主要行业。这里人素有熟皮传统，早在清代这里已成为全国有名的皮毛集散地之一，有“只知桑坡，而不知孟县”之说。至光绪年间，桑坡回族已达“一千二百户，一万余人”。“多业皮工，大者开作坊致巨富，次则售皮条及弹花弦”，“东桑坡村有皮作坊 18 家，西桑坡村 14 家，多由陕西采购羊皮，制造袍筒，佳者每件值三四十元，制革多沿旧法，故未能制造精致用品”。产品运销上海、武汉和东北各地。当时村中大型的皮作坊主要有全兴和、义顺合、兴盛玉、兴盛兰等。

全兴和皮作坊由丁有贵兄弟四人于清末合资开设。雇工 300 多人，工人专管熟皮，然后拿到各户由妇女缝制成筒子。有数十人到陕、甘、宁、青、新等省去采购皮张。每天熟皮不断，最多时可达2000 张。在汉口等地开设“兴合”商号，专营销售。

义顺合皮作坊由丁长江在清末开设，雇工 200 人，伙计 20 多人。专熟白猾皮（小羔羊皮），年产量几十万张。白猾皮为中国特产，做成褥子向英、美等国出口。在上海开设“丁达记”商号进行销售。

兴盛玉、兴盛兰皮作坊由白桓芳在清末开设。资本雄厚，皮货做工考究，货真价实，言不二价，在江南信誉很高，每年皮货运到汉口，有 8 家皮行争相销售。相传南方有钱人家的姑娘出嫁时非要“兴盛玉”的皮袄做嫁妆，否则便不出嫁。

清末，丁荣昌在汉口开设宏昌皮行、恒昌皮行。皮货在汉口熟制，加工西口货在国内销售，加工北口皮货专供出口。南阳县瓦店镇来庄人马汉三（1897—1954 年），又名德聘、宝山，回族。1913 年他与丁荣昌接触，丁见汉三曾拾金不昧、品德高尚，便邀请他到丁家开设的皮行内任采购。经常去宁夏、平凉一带进货。他善识行情，几次购进皮货均获巨利。1917 年后，他在汉口接办恒昌和宏昌商号，又开办大中华皮货店，而后又在北京、西安、张家口、平凉、宁夏（今银川）等地设庄收货，一时成为全国皮货业之冠。1937 年，他被推选为汉口皮货业主席。

桑坡回族人从明朝开始即向外迁徙，从清末到抗日战争时期又进行三次大规模外迁。桑坡人遍布全国各地，把他们长期积累的精湛熟皮工艺也带到全国各地，对西口皮和北口皮的熟制加工做出了贡献。

二、新中国成立至党的十一届三中全会前的回族经济

（一）工业

1. 传统手工业的恢复

中华人民共和国成立初期，在政府的支持和帮助下，回族传统的皮革业有了恢复和发展。省政府每年都制定发展少数民族生产方案。在第一个五年计划期间，1953 年 3 月 13 日省民政厅制订出《河南省少数民族五年工作计划》。省民族事务委员会建立后，主要任务之一是发展少数民族生产。

皮革业是回族传统的手工业，人们拥有祖传的娴熟工艺，易于恢复和发展。政府发放贷款扶持皮革业生产，并帮助推销皮革产品。1951 年，洛阳市政府对回族皮革生产发放贷款，不到半年，就生产皮大衣 5000 件、车马玩具 10 万件、大量军用皮革产品，政府全部收购。1953 年，国家实行牛皮统购统销、禁宰耕牛的政策，皮革生产资料严重短缺，一些皮革厂家被迫转业。1954 年，省民委请示中南行政委员会民委调拨水牛皮 6 万张，帮助解决各地回族皮革业生产的暂时困难。1956 年，新乡市百货公司组织回民用帆布代替皮革，加工制作手提箱，以解决面临停工的燃眉之急。开封市也通过提供政府贷款、收购产品的方法使奄奄一息的皮革业得到新生，并且恢复到 68 家。其他手工业也和皮革业一样，在政府的大力扶持下得到恢复和发展。

2. 手工业合作化

在社会主义三大改造高潮中，1954 年皮革业开始走向合作化道路。开封市先后建立了群力、协力、五和 3 家皮革生产小组。1955 年 3 月，与汉族的皮革小组合并组成开封制革生产合社。1957 年，因回、汉族群众生活习惯不同，分为两个厂，回民成立开封中原制革厂。新乡市 1953 年统计，

全市牛羊肉业共有145户，从业人员188人，1954年合成牛羊加工厂。全市回族皮革业从业人员91人，组成皮革合作社，是新乡制革厂的前身。郑州市的回族屠宰业、制革业，分别组成牛羊肉加工厂和制革厂。

其他行业的回族手工业者响应中央号召很快也走上合作化道路。开封市在第一个五年计划期间，国家为发展少数民族生产，1953到1958年，共发放少数民族生产补助金13万多元，分别建立了各种生产合作社，分别为榨油生产合作社、制革社、机绣加工组等。1957年以后，又建立了红旗化工厂、化肥厂、化学工艺厂、服装厂、皮毛厂、炼钢厂、造纸厂、棉织厂等小型工厂，共计30多个厂社。1960年，经过调整，回族造纸厂合并到开封市糖果食品厂，皮毛加工厂合并到开封市第二毛纺厂，服装厂合并到开封市东风服装厂，化学工艺厂合并到开封编织袋厂，这些工厂都粗具规模，成为开封市骨干企业的重要组成部分。独立发展的粗具规模的工厂有开封树脂厂、开封汴绣厂等。

开封市顺河回族原先的工业厂社逐渐上升为国营或市属企业，又从无到有、从小到大地把生产自救小组扶植起来成为新的集体厂社。这样的企业有织布厂、机模厂、棉毛织厂、童鞋厂、塑料厂、综合厂、皮鞋厂、日用化工厂、水泥厂、化工一厂、化工二厂、中华鞋厂、造纸厂、海洋通讯设备厂、电气设备厂、清平服装厂、搬运队、电工队、水电安装队、建筑公司等25个企业。

3. 集体企业转国营

1958年4月2日，中共中央发出《关于继续加强对残存的私营工业、个体工业和对小商贩进行社会主义改造的指示》，企业转为国营企业。全省先后有几十个皮毛厂决定把集体工商业并入或转为国营企业。根据中央指示，河南省很多回族集体企业转为国营企业。

郑州市转为地方国营的回族集体企业有郑州市皮革厂、郑州市牛羊加工厂、郑州市回族食品厂、郑州市化工三厂等。

开封中原制革厂于1958年由集体所有制转为地方国营。1962年5月与开封第一制革厂合并，改名为开封制革厂，回族工人占50%。1974年，经轻工部批准开封制革厂被列为全国18家山羊革厂之一。开封市牛羊肉加工厂也升格为地方国营企业。

新乡制革厂是由合作工厂升格为国营企业的，由手工加工到机器生产，从土到洋，发展为一个现代化的山羊制革的专业工厂。目前新乡制革厂拥有国内最先进的技术，年投皮量达250万张，年产山羊轻革613万平方英尺，居全国首位。总工程师买立智（回民）研制的金象牌山羊苯胺鞋面革荣获1984年全国金质奖。金象牌山羊正面服装革在1990年10月获金质奖章。该厂产品在国内外市场上享有很高的声誉。自1980年以来的6次全国行业评比中，这个厂的山羊苯胺鞋面革6次蝉联第一名，山羊正面服装革获3次第一名。全厂80%产品用于直接或间接出口，远销美欧等30多个国家和地区。

周口市毛皮工艺厂于1970年5月由周口镇皮毛生产合作社转为地方国营。1976年，河南省皮革研究所在该厂研制脲环树脂合成鞣剂，投入使用后，鞣制出来的毛皮质地洁白、柔软、耐高温水洗、出裁率高，产品质量比甲醛鞣制有明显提高，这一新工艺使该厂成为河南出口裘皮制品的重点厂家，所产裘皮翻毛服装及剪平绒毛革两用服装款式新颖、做工精细、轻柔保暖。所产地毯、挂毯用优质改良细毛羊皮做原料，经过精细的化学鞣制、直毛处理、染色美化及手工配料、拼裁、缝制及整修，带有各种山水、花卉、鸟兽和名画彩色图案，既实用大方，又富有珍贵的艺术欣赏和收藏价值，在国内外市场上享有较高声誉，1983年荣获国家对外经济贸易部颁发的荣誉证书。近几年来又开发新产品30多种，其中狗皮、兔皮仿染服装被评为省优产品。狗皮仿金豹翻毛服装获国家轻工部优秀产品一等奖。1990年，芳苑牌甲醛鞣制狗皮在首届全国轻工业产品博览会上荣获金奖。狗皮翻毛服装在苏联召开的第十四届毛皮专家评议会上获国家奖。

（二）商业

中华人民共和国成立初期，善于经商并以经商为荣的回族商业有了起色。国家对粮、油、畜产品实行统购统销，缩小了个体和私营商业的原料来源。截止到1955年，约有三分之一的回民经营户失业，其中，以肉业、皮贩最多，摊贩、面食业次之。通过各级政府对回民进行的技术培训、招工照顾等措施，大部分失业者找到了工作，有了固定的工资收入。

通过对农业、手工业和资本主义工商业的社会主义改造运动，回民经营户逐步由互助组、联合社走向集体化、公私合营。开封市顺河回族自治区从1953年起对资本主义工商业进行社会主义改造，到1955年9月回族自治区商业户涉及50个行业，有875户，其中有证户636户、无证户239户。在全国合作化运动到来之后，纷纷要求公私合营和组织起来。经过申请、批准、改造组织起841户，占全自治区商业户数的95.3%；由于其他原因未改造的仅有5个行业的33户，占全区商业户数的4.7%。基本上完成了对其改造的工作，组织起来后，激发了他们的积极性，使这部分回民群众的经济生活有了很大变化，得到了稳定和提高。

农村回民中纯商业户大部分在1956年三大改造运动中过渡到国营和供销社成为职工，少部分到合作商店（组）工作。亦农亦商户的回民，划为以农为主，不再兼营商业和手工业，他们参加初级社、高级社、人民公社，强调以农为主，禁止个体经营手工业和商业。

1959年6月，中共河南省委召开全省多种经营会议，确定发展多种经营，要贯彻中央提出的工农商并举，自给性生产和商品性生产并举，公养和私养并举以及农林牧渔综合发展的方针，提出各地可根据自己的特点优先发展重点产业。此后，一些地方的回民根据传统的经营方式，宰牛羊卖鲜肉，牛羊皮卖给畜产品公司，个别在集体单位工作的回民辞职从事个体经营，个体户的营业额不断上升，收入逐步增加。郑州市管城回族区77户回民，1962年10月份宰羊3238只、宰牛8头；11月份宰羊3704只、宰牛60头。周口镇78个个体经营户中存款500～1000元的有7户，1000～2000元的有4户，5000元以上的有1户，存款户占经营户的15.3%。政策放宽，经济搞活，商业经营就活跃发展。

“文化大革命”中市场关闭，一些回民利用农闲从事一些有限的传统商品经营活动，被当做发展资本主义去批判，有的地方更实行“断白”运动（即不准养牛羊），不准搞饮食摊点等，使回族的商业经济发生倒退现象，给回族民众生活带来诸多不便。

三、党的十一届三中全会以后的回族经济

（一）中央、省的有关政策和措施

1978年12月，中国共产党举行十一届三中全会。中共河南省委根据中央指示，在全省少数民族地区放宽政策，因地制宜地建立专业承包、联产计酬，定额管理、小段包工，统一管理经营、联产到劳，包产到户4种形式的农业生产机制。提高了农民生产积极性，农业生产有了较大发展。

1981年底，全国农村工作会议召开，会议强调：各级实施多种经营的方针，市场开放、搞活，使各业兴旺起来。改革、开放、搞活的春风吹绿了中原大地，在回族聚居的乡镇、村庄，从事屠宰、皮毛加工、皮革加工、饮食服务等民族传统产业的专业户如雨后春笋般地迅速增长起来。为了抓住典型，推广先进经验，1980年10月，省政府召开全省农村少数民族先进经验交流会。1982年11月，经省委、省政府批准，省民委召开全省少数民族先进生产单位和个人经验交流会。1984年5月，省政府又召开全省少数民族生产生活会议，并下发豫政〔1984〕81号文件。强调要扩大开放，实行优惠政策，各级政府积极扶持少数民族发展经济，帮助少数民族解决生产、生活中的困难。这些举措促进了回族工农业的快速发展和少数民族群众生活的改善。

为帮助少数民族发展经济，从1980年5月到1985年，中央和省财政共发放少数民族生产补助费1105万元，充分发挥少数民族的传统特长，进一步发展少数民族专业户、重点户、联合体和乡镇企业。省有关部门在计划和物资供应方面，对少数民族给予优先照顾。税务部门对少数民族新办企业可免征产品税1年、所得税2~3年等，为促进回族经济的发展提供了有利条件。1986年5月9—16日，省民委举办了河南省少数民族传统产品展销会，有173个国营、集体、个体厂家参展，主要产品有皮毛制品、皮革制品、食品、工艺美术产品及其他工业产品，共613个品种。产品荣获

省级以上优质奖的有77种，其中荣获国际优质奖的1种、国家优质奖的1种、部优质奖5种、省优质奖70种。会上展示少数民族地区经济的发展成就，进一步鼓舞广大少数民族群众的改革创新和开拓精神，加快了民族地区脱贫致富的步伐。1987年，省乡镇企业管理局公布年总产值达1000万~2000万元的村庄中，回族村庄有4个。1988年，全省少数民族中被评为全国少数民族企业家的6人，被评为全省少数民族企业家的22人。

1988年1月和1990年1月，省民委先后两次召开民族经济交流会，省政府下发豫政〔1990〕32号文件，主要内容是：管好、用好少数民族经济开发扶持资金；充分注意民族特点，发挥少数民族的内在优势；积极扶持少数民族的开发性生产，办好扶贫经济实体；确定民族乡镇财政收入基数，超收部分全部留成，用于发展民族经济；加强民族乡镇的建设。这些政策和措施为少数民族地区脱贫致富，加快民族乡镇的发展打下了坚实的基础。

1992年1月，中共中央、国务院召开了中央民族工作会议，标志着我国民族经济工作进入了一个新的发展阶段。国发〔1991〕70号文件，对少数民族地区的经济和社会发展提出了具体要求。为贯彻中央精神，进一步加强河南省民族工作，省政府下发了《关于进一步加强民族工作意见》，即豫政〔1992〕53号文件，为帮助少数民族发展经济制定了一些优惠政策和措施。1994年省政府下发了《关于加强我省民族经济发展的通知》，即豫政〔1994〕27号文件，强调要认真落实各项优惠政策，加强对民族经济的扶持；强化农业基础，大力发展二三产业；加强基础设施建设，搞好扶贫开发；大力开展横向联合，积极发展外向型经济等。这些文件为民族经济的进一步发展创造了良好的条件。为使民族经济快速、持续、健康发展，省政府每年都提出具体的目标。1993年，围绕省民族工作会议制订“解放思想，开拓进取，发挥地域优势和民族特长，用现代科技改进传统产业，大力发展商品经济，引导和帮助少数民族面向大环境、发展大外贸、挤进大市场、参与大流通，促进民族经济跃上新台阶”这一总体思路，坚持抓典型、抓落实、办实事、讲实效的方针，促进了少数民族经济的进一步飞跃。1994年，伴随着改革开放的不断深入和发展，根据省委“开放带动战略”和全国第二次民族团结进步表彰大会精神，结合河南少数民族经济发展的实际情况，围绕“解放思想，抓住机遇，发挥优势，快速发展”的总体指导思想，以民族乡（镇）工作为重点，分类指导，抓落实，办实事，使河南少数民族经济在规模化经营和开放引进方面有了新的突破；以民族聚居村为基础，以少数民族个体、私营经济发展为突破口，分类指导，突出重点，抓基层，打基础，经济发展出现了令人鼓舞的新成就。1993 年 8 月，国务院批准《民族乡行政工作条例》《城市民族工作条例》，1994 年 9 月，河南省人大常委会第九次会议通过《河南省少数民族权益保障条例》。这些条例的颁布实施，为进一步保证散杂居少数民族在政治、经济、文化等方面的平等权利和合法权益提供了法律保障，必然促进回族经济的更快发展。

（二）农业的发展

党的十一届三中全会后，河南省农村实行各种形式的生产责任制。同时，国家拨付少数民族地区生产补助费 360 万元，重点扶持困难比较大的少数民族社队发展生产，农民生产积极性提高，增加了对农业生产的投入，使少数民族农业社队的生产有了较大发展。

淮阳县白楼乡刘庄大队有 3 个自然村（沙庄、卯庄、刘庄），10 个生产小队，460 户 2349 人，全为回民。刘庄大队共有耕地 3324 亩，过去大部分是“晴天白茫茫，雨天水汪汪，风天沙打脸，产碱不产粮”的泡沙地。由于平均主义压抑着群众的生产积极性，形式主义束缚着群众的手脚，长期以来全大队粮食亩产徘徊在 75 公斤左右，全年人均收入不足 130 元。10 个小队中 3 个小队粮食尚能自给，7 个小队靠吃返销粮。党的十一届三中全会以来，认真贯彻落实党在农村的各项政策，充分调动和发挥群众的聪明才智，大抓改土工作，实施科学种田，同时抓养殖和副业生产，经过 3 年努力，全大队面貌发生了可喜变化。1983 年，全大队小麦亩产平均 282.5 公斤，是 1978 年亩产的 377%；全年人均收入达 560 元，是 1978 年人均收入的 430%。

据 1981 年对 154 个回族聚集大队的统计，人均口粮在 250 公斤以下的大队有 103 个，250～400 公斤的大队 45 个，400 公斤以上的大队 6 个。人均分配150元以上的大队30个，80~150元的大队92个，80元以下的大队32个，其中有26个大队向国家贡献粮食95万公斤。

1983年以后，各级政府在重视农业生产同时，强调各地因地制宜发展多种经营。全省回民发挥懂技术、善经营的传统特长，根据当地特点，充分利用地力和资源优势，农、林、牧、副、渔各业共同发展。1987年，新乡市回民养牛4840头、羊19万只、鸡7.4万只。封丘回族村280户，县荆乡养牛3头以上的131户，其中养4头以上的81户、养5头以上的48户。

民权县胡集回族乡是有名的贫困乡，1992年后本着“强农兴工全面发展，借船下海，举债创业”的指导思想，投资40万元，先后打井50眼，修建于楼提灌站，改变了部分农田的水利灌溉条件，使全乡的农田灌溉面积达到6000余亩，较1985年扩大了近5000亩。强化农业生产，粮食产量逐年提高，经济作物种植面积逐步扩大，人均纯收入逐年增加，由1985年的580元上升到1995年的1853元。1995年人均收入较1985年增加219%。许昌县艾庄回族乡强化农业基础地位，根据本乡实际制定了“346工程”，即抓好吨粮田、烟叶生产和林果种植这3个拳头；积极扶持养殖业、林业、农产品加工业、服务业4业；通过完善服务体系，实现统一机制、统一防治病虫害、统一浇水、统一种植区域、统一产后服务等6个统一，加强对中低产田的改造，改善农业生产条件。全乡先后在1.3万亩耕地上打机井256眼，并全部实现电机双配套，埋地下输水管道1.3万多米，达到水旱保丰收，1995年粮食亩产已突破752公斤大关，名列全县榜首。在稳定粮食生产的基础上，有计划地扩大烟叶种植面积，提高单位面积的产量和质量，仅此一项，全乡农民人均收入就达1030元。

禹州市山货回族乡是平原农业乡，一直把农业生产放在首位，从抓农业基础建设入手，努力改变生产条件，增强抵御自然灾害的能力，经过几年努力，全乡共打井219眼，1992年全乡1.2万多亩耕地全部实现井灌田化。1993年又投资85万元，兴修节水灌溉工程，共埋地下管道2.2万米，建成高标准万亩旱涝保收田，保证粮食的高产、稳产，积极调整农作物种植结构。

郑州市企业生产的天方牌方便面被评为优质产品。河南省著名的清真食品有开封桶子鸡、周口关德功烧鸡、博爱县大新庄马家真空软包装烧鸡、临颍县樊城回族镇的胡辣汤、开封的花生糕等。

进入20世纪90年代，各地服务公司投资兴建或改建一批清真饭店，如郑州市的穆斯林饭店、合记天下第一面饭庄，开封市的中兴楼饭店、新生饭庄，许昌市的望月楼饭庄等，都是在经济发展、饮食业繁荣的情况下兴建的高档次的清真饭馆。

为切实加强对全省清真食品的管理，根据《河南省少数民族权益保障条例》的规定，政府制定了《河南省清真食品管理办法》。同时，根据省政府〔1993〕44号文件精神，省民委和省工商联合下发了《关于颁发清真食品生产经营牌证的通知》，制定《关于颁发清真食品经营牌证的具体实施办法》，1994—1996年共发放铜质清真食品牌1.1万多个，分大中小三种，其中大牌600多个（供一级店、星级店使用），中牌近3000个（供大型饭店使用），小牌近8000个（供小饭店使用）。

（三）回族区、乡（镇）的经济发展

全省23个回族区、乡（镇）大多是在20世纪80年代初恢复或新建的。自恢复和建立以来，始终坚持以经济建设为中心的基本路线，认真执行党的民族政策，力争用足、用活、用好各项优惠政策和措施，充分发挥回族传统优势和资源优势，拼力赶乘社会经济发展的快车，使民族区、乡（镇）的面貌发生了深刻的变化，人民群众的生活有了明显改善，小康村建设蓬勃发展，呈现出喜人的局面。

全省三个回族区经济发展情况表

年份（年）	工业企业数（个）	社会总产值（亿元）	比上年增长百分比（%）	财政收入（万元）	比上年增长百分比（%）
1992		7.6	36		
1993		10.7	41	9278	74
1994		16	67		
1995	2187	23.27	45	6815	

郑州市管城回族区 1995 年完成社会总产值 17.25 亿元，比上年增长 32.7%；全区工业总产值 10.87 亿元，比上年增长 49%；区财政收入达 5220 万元，比上年增长 25%；全区人均纯收入 3406 元。开封市顺河回族区和洛阳瀍河回族区的经济和各项社会事业也同样出现了较好的发展势头。

全省 20 个回族乡（镇）经济发展情况表

年份（年）	工业企业数（个）	社会总产值（亿元）	比上年增长百分比（%）	财政收入（万元）	比上年增长百分比（%）
1992		17	84		
1993		27.6	56	2854	71
1994		42	67	9311	
1995	2187	50	19	9161	

1995 年，社会总产值超亿元的回族乡（镇）有 15 个，占全省回族乡（镇）总数的 75%；人均收入千元以上的有 13 个，占全省回族乡（镇）总数的 65%。

沈丘县槐店回族镇于 1993 年初步形成化工、纺织、皮革、食品、机械、手工艺品六大系列企业群体，26 个大类 430 多种产品畅销全国各地，有 8 种产品打入国际市场。1995 年，全镇共有四级企业 580 余家，产值达 5.2 亿元，是 1980 年的 50 多倍，15 年翻了 9 番多；利税 3435 万元，是 1980 年的 50 多倍。1995 年，全镇工农业总产值 5.58 亿元，实现财政收入 940 万元，占全县财政收入的四分之一，人均收入 1400 元。自 1990 年以来，该镇在周口地区乡镇企业实力排行榜和财政收入排行榜上一直都在五强之列，先后获得全省农村发展集体经济先进单位、全省发展城镇集体工业先进单位、全国“发展乡镇企业 300 强”等荣誉称号，受到农业部等有关单位的表彰。

叶县马庄回族乡，自 1985 年建乡以来，紧紧抓住改革开放的大好机遇，带领群众发挥传统的屠宰技艺，以畜产品加工为突破口，大力发展乡镇企业，形成了较为完善的畜产品加工和盐业开发两大体系，建成了肉食、皮革、骨粒加工三大行业集团，1995年，全乡共创社会总产值8.8亿元，实现利税近亿元，人均纯收入超过2000元。1996年，马庄乡被河南省政府确定为50个改革、发展、建设综合试点乡（镇）之一。马庄乡综合指数排在平顶山115个乡镇之首。

洛阳市郊区瀍河回族乡、宁陵县城关回族镇、睢县城关回族镇、淮阳县城关回族镇、太康县城关回族镇、临颍县繁城回族镇等在当地经济发展中均处于领先地位。

近几年来，过去基础条件较差、发展相对缓慢的几个回族乡（镇）以改革开放为契机，发扬艰苦奋斗、开创务实的工作作风，带领各族群众克服重重困难，使民族经济和各项社会事业都有了较快的发展。如新蔡县李桥回族镇，1988年全镇人均收入不足90元，其中有12%的农户年人均纯收入低于50元，大部分群众住的是泥巴房，吃的是救济粮。农业基础薄弱，产量低而不稳，工业上一片空白，村镇集体经济落后，全镇年税收收入只有6万元，财政收入不足20万元。在最近几年里，李桥镇从当地的实际出发，解放思想，更新观念，甩掉包袱，充分发挥回族的传统优势，以扶贫开发为契机，大力发展乡镇企业，全镇上下一条心，几届领导一股劲，坚持一张蓝图绘到底的决心，使全镇发生了翻天覆地的变化。1995年，全镇共有四级企业668家，从业人员5000多人，总产值2.87亿元，实现财政收入186万元，农民人均纯收入1360元，远远高于全县平均水平，甩掉了“穷”帽子。李桥回族镇被列为驻马店地区乡镇企业发展“十三强”之一，多次受到地委、行署的表彰。

目前有3个回族乡基础差、困难大、问题多，群众生活还比较困难，扶贫脱贫工作量仍很大。同时，还有一些回族乡、镇由于建乡晚，存在基础设施不健全、经济发展环境差、后劲不足等问题。

（四）传统行业的发展

党的十一届三中全会后，全党工作重点转移到经济建设上来。省委、省政府贯彻中央精神，把全省少数民族群众脱贫致富的程度作为衡量民族工作的重要标准之一。

积极扶持传统行业的发展。随着党的各项方针政策的深入贯彻落实，回族群众解放思想，更新观念，充分发挥传统优势，积极发展商品经济。如屠宰业、皮毛皮革业、饮食服务业等行业形成专业户、联合体、私营企业及乡镇企业各种经济形式并存，传统行业得到长足发展。

1. 皮毛皮革业

党的十一届三中全会前，回民从事皮毛皮革生产的主要形式是以个体为主。随着经济的发展，各地先后出现皮毛皮革加工专业户、联合体和专业村。截止到 1985 年，全省回族皮毛皮革加工专业户 2288 家，联合体 409 个。

项城县丁集乡河北行政村是回民聚居村，1987 年全村 132 户中有 109 户从事皮革生产，开办了 109 家生产羊皮革的小工厂，除鳏寡孤独、无劳动能力以外，家家户户都办有大小不等的工厂，形成皮革加工专业村。1986—1987 年，河北行政村制革业总产值达到 2875 万元，上缴税款 117 万元，创利润 306 万元。1987 年，西平县常村全村有 70 多户从事家庭皮革加工，年产值 70 多万元，实现利润 20 万元。孟县桑坡村在 1987 年有 80% 的农户从事皮毛加工业。

全省民族乡镇企业中，从事皮毛皮革产品加工业的占很大比例。1988 年评选出的 22 名少数民族企业家中有 10 位企业家所经营的企业是皮毛皮革加工业，占总数的 45.4%。据 1987 年的统计数据，沁阳县（今沁阳市）共有 21 家规模较大的企业，其中有 19 家企业是回民经营的皮毛皮革产品加工厂。全县企业年总产值 2.4 亿元，其中仅皮毛皮革业的总产值即达 2 亿元，占总产值的 83.3%。新中国成立后，回族的皮毛加工生产技术有了很大提高，逐步改变了传统的简单、笨重的粗加工方法，使传统技术与现代科学技术相结合，皮毛产品质量有了较大的提高。镇平县回族王立昭于 20 世纪 50 年代刻苦钻研，大胆革新祖传皮毛加工方法，采用硫酸、苏打、皮硝、食盐等配料，加工后的皮毛货料质地更加柔软耐用。宁陵县东关皮毛制革厂研制出“KS 鞣剂”，在生产中应用后，产品质量有了很大提高。该项技术被国家科委列为 1986—1988 年国家“星火计划”技术推广项目。

随着皮毛皮革业生产的发展，一些皮毛皮革加工企业通过技术引进，采用了新工艺、新设备，使用了脱毛机、清洗机、剪绒机、去肉机、干湿伸展机、三足离心机、褪色机、卷花机、染色机、烫绒机、压光机、破皮机等，既能摆脱繁重的体力劳动，又能提高皮毛皮革质量。传统手工破皮最多能破三层，使用破皮机后可以破五层以上。

孟县桑坡回族村继承祖辈皮毛鞣制工艺，成为桑坡人独有的传家宝。乘改革东风，生产发展很快。1991 年，皮毛加工业发展到 800 多户，年加工能力达到 100 多万张羊皮，产值 6000 多万元，人均收入 1500 元。但以落后的庭院经济为主要形式的皮毛加工业已不适应经济发展的步伐，制约了经济发展速度。为适应市场经济需要，探索皮革业发展的新途径，村委会试行公司加农户的新的经营模式，提出“作坊变工厂，工厂上路旁，公司加农户，小富到大富”的发展思路。村里以农户入股的方式于 1993 年成立“焦作市雪羊皮毛集团公司”，以公司为龙头，把全村 26 家私营皮毛厂和 1026 个个体皮毛加工户组织起来，统一指导生产，集科、工、贸、产、供、销为一体，作为一个整体，面向竞争激烈的国际大市场。每年从澳大利亚进口羊皮 250 万张，占全国进口澳皮的 80%。新的生产方式，在国内外建立了良好的声誉，产品供不应求，使皮毛生产效益大幅度提高。1993 年，创产值 2.1 亿元，实现利润 2500 万元，企业创外汇 500 万美元，年人均收入 5000 余元。传统生产的皮毛加工村已经变成了新型的皮业城。

项城县丁集镇河北村搞羊皮革粗加工和初加工，生产蓝湿皮，劳动强度大且利润低。他们不断增加新的机械设备，高薪聘请高级科技人才，使用最新加工工艺，生产高质量的成品革和皮革制品。产品不断更新换代，达到了出口标准，产品远销国内外。1992 年，全村有 110 户建立皮革加工厂。1994 年，全村有 115 户建立皮革加工厂，安排附近村庄劳力数千人。1993 年，完成产值 7500 万元，上缴税金 210 万元，人均年纯收入 5500 元。

（五）工业的发展

回族工业的发展主要表现在：皮毛皮革加工业产品的再加工和其他行业，发展非传统行业的机械加工和科技含量高的行业，交通运输业。

1. 皮毛皮革加工业和其他产业

人们逐渐认识到皮毛皮革初级产品生产存在劳动强度大、产值小、利润低、无法形成系列生产、创不了名牌、污染严重等问题，只有提高科技水平，增加产品的科技含量，才能逐步解决上述问题，促进皮毛皮革向深加工方面发展。宁陵县城关回族镇成立河南省皮革皮毛技术开发集团公司，下属6个分公司，主要产品有4大系列，公司资金5200万元，拥有固定资产3400万元，流动资金4600万元。为提高产品质量，增加产品附加值，1995年，他们从国外聘请34位专家，与马来西亚合作生产皮鞋，总投资5646.4万元，年生产各式中、高档皮鞋80万双，年创产值1.2亿元，年利税达到2914.6万元。

睢县城关回族镇西门里村，全村有468户1989人，其中回族占85%。1973年把生产队的车马玩具厂改为皮毛加工厂，生产出口产品，1974年纳入河南省外贸出口计划。党的十一届三中全会后，工厂不断提高产品质量，产品远销欧美、日本和中国港澳等20多个国家和地区，与十几个省市市场有业务联系。产品连年被评为省、地名优产品，1990年在国家第二届出口产品博览会上被评为国家一等金杯奖。1988年，建制革厂。1991年，兴建“胶囊厂”。1992年，办“万只凤凰养鸡场”。1993年，与澳大利亚嘉意贸易公司合资兴办嘉凤皮革制品有限公司，生产高档服装。1994年，拥有全省最大的高档饼干生产线，日产值1万元。现有村办企业15家，29个联合体，132个专业户，形成以皮毛、制革为中心，带动养殖、运输、园艺、服装、装潢以及食品加工等行业同步发展的工业群体。

长葛市后河镇白寨回族村共有540户2800人，现在村里初步建成以皮革制作、服装加工为主，商贸、化工、熬胶、肠衣、陶瓷、餐饮、旅馆服务等多业发展以及生产系列化、经营集团化的新格局。皮革制品在1990年全国少数民族名优产品展览会上被评为一等奖。

柘城县城关镇总人口34228人，其中回族有3228人，大多居住在西关。1986年根据回民素有屠宰、贩运、善于经营、崇商重商的传统，镇里划出专门场地让回民办6个屠宰和2个牛革交易市场。1994年，西关屠宰户达270多家，每年加工牛羊达几万头（只）。镇政府进行“三引一联”，聚集资金500多万元，先后兴办民族制革厂、皮鞋厂、骨粒厂、骨粉厂、皮革皮件厂等。1994 年，成立了集经营、管理、服务为一体的皮革开发公司。1993 年，全镇工农业总产值近两亿元，其中西关回族村即达 1 亿元；全镇年人均纯收入 1299 元，其中西关村人均纯收入 1650 元，高出镇人均纯收入 351 元。

2. 科技含量高的工业

随着市场经济的发展，回族除发展传统行业外，有人跳出“回回两把刀”的圈子，大胆闯入高科技的现代化生产领域。临颍县繁城回族镇在传统行业发展的基础上同漯河 3515 鞋厂横向联合办制鞋加工厂，生产的皮鞋达两大系列 37 个品种，其中 5 个品种连续 3 年获省优，3 种获全国乡镇企业出口展览会二等奖。镇里运用民族企业实行横向联合和股份制，先后招股、引资 3800 多万元，兴办生铁冶炼厂、铸铁厂、砖瓦厂、纺织厂、礼拜巾厂、造纸厂、挂面厂、橡胶厂等 26 个镇、村集体企业，年产值达 6000 多万元。镇木工机械厂与信阳木工机械厂搞横向联合，开发三大类 5 个系列 40 多个新品种。其中 319 型和 316 型普通木工带锯机获部优产品称号，在全国同类产品评比中质量名列第一，在国际同类产品评比中名列第二，产品进入中国名牌木工机械行列，在国内供不应求，并出口到巴西、俄罗斯等国。

禹州市山货回族乡有 2810 户 11584 人，其中回族 5445 人，占总人数的 47%。全乡有农业、皮毛皮革业、铸造机件加工业三大经济支柱。1995 年，乡镇企业总产值达到 1.5 亿元，是 1984 年恢复重建乡时的 41 倍，农民人均纯收入达到 1662 元。铸造机件加工业是振兴经济的一大支柱。几年来，山货乡从保护、鼓励、支持、服务入手，使分户作坊式经营、生产低档次产品转变为股份制联合体，发展骨干企业，使企业上规模；调整产品结构，加大科技投入，增加产品的技术含量，使产品上档次；以高质量的产品提高企业的竞争能力。目前全乡有机械制造、铸造加工、汽拖配件厂 219 家。有各种车、磨、刨、铣、滚齿、插齿等机械设备 358 台，从业人员 1000 多人，各类技术人才近百名。生产方式由原来的单纯加工变为现在的铸造、锻打、车、铣、刨、磨等一条龙生产。产品从原来的简单民用产品到高精密度的汽车、拖拉机零部件，主要产品有“195”“2105”柴油机系列配件，各种三轮车配件，“泰山－12”“红卫－12”“洛阳－15、17”

等各种四轮小拖配件，“东方红 - 75”“上海 - 50”“江西 - 180”系列配件，各种汽车、农用车配件以及其他农副食品机械配件等 30 多个系列 1000 多个品种，产品畅销除西藏、台湾外的国内各地，个别产品以质优价廉打入国际市场。

新乡市太行振动机械厂是 1984 年由 30 岁的黄全利和几位回族同胞创办的集体企业。第一年即研制出称量自同步振动给料机及电气控制系统等新产品，企业从小到大，形成以科研、生产、推广系列矿用振动机械设备为主体的少数民族企业，主要为国内冶金、化工、建材、煤炭等国有大中型企业生产振动机械设备。1987 年 11 月 17 日成立太行振动机械研究所，全厂现有职工 400 人，回族职工占职工总数的 40% 以上，有高级工程师 8 人、中初级技术人员 41 人、经营管理人员 60 人。厂区占地面积 35000 平方米，拥有主要生产设备 130 台，设有微机室，将计算机用于管理和辅助设计。厂固定资产 700 万元。黄全利先后与北京、天津、河北等地的科研部门及大型骨干企业进行技术合作，聘请 20 多名专家担任技术顾问，组织跨省市、跨行业的科技协作群体推动太行振动机械研究所快速发展，科研项目越来越多，科学水平越来越高，科研目标越来越大。黄全利不但重视人才的引进，更重视人才的培养，厂里每年从利润中提出2% ~5% 的资金作为职工培训费，使一大批优秀的回、汉族青年脱颖而出，一举成为厂里的技术骨干、革新能手。几年来，共有 16 名职工获得助理工程师职称，8 位获得工程师职称，累计完成技术革新成果 14 项。黄全利及其主办的研究所共承担 112 项科技计划项目、新产品试制项目，获得国家、省、市科技进步奖、优秀新产品奖共 13 项奖励，设计研制的热矿振动筛、耐高温电机、活动衬里振动磨筒 3 项新产品已获得国家专利。黄全利主持设计研制的 JZS 系列矿用振动筛于 1989 年被评为农业部优质产品，1990 年被评为省星火科技二等奖，1991 年被评为国家星火科技三等奖，在“七五”全国星火计划成果博览会上荣获金奖，1993 年 3 月国家科委向全国正式发函推荐采用该产品。黄全利领导研制成功的 13 个系列产品性能好，质量稳定，已推广到全国 29 个省、市、自治区，出口到东南亚和中东地区，累计创汇 400 万元。为全国 134 家大中型冶金矿山企业提供 6000 台振动机械，产品仅在冶金系统的覆盖率就达 80% 以上。涟源钢铁公司使用后，一年中可节约焦炭3万吨，增产生铁4万吨；1989为国家重点工程莱钢公司提供的振动设备，比使用日本同类产品可节约2367万元人民币。

1996年3月27日，由少数民族科技人员和少数民族企业家组成的河南省民族科技企业家协会在郑州成立。协会的成立，进一步密切了全省少数民族科技界与企业界的联合和合作，标志着河南省少数民族依靠科技发展经济，搞好“两个转变”进入了一个新阶段。

3. 交通运输业

煤炭是国民经济发展的重要动力原料。山西盛产煤炭，河南、山东、安徽等地的县级电厂和化肥厂急需煤炭，但缺乏运输工具，造成电厂和化肥厂不断停产待料，而山西煤炭积压。焦作市地处河南、山西交界处，为山西煤炭南下的咽喉要道，沁阳市水南关村带头买车运送煤炭，博爱县西关村大力发展汽车运输业，带动博爱县、沁阳市、武陟县、济源市各大回族聚居村庄成立汽车运输公司，昼夜不停的运输，为数省的电力行业和化肥行业做出贡献。

博爱县清化镇西关村有回族近7000人，1983年农村生产队解体时有13部汽车，部分村民学会了驾驶技术，从事运输业收入超过其他行业，带动其他村民纷纷购买汽车。1985年，全村拥有42辆汽车，成立西关汽车队。1987年，大型运输车增加到80辆，在县有关部门的支持下组建博爱县第三汽车运输公司。公司健全各项管理制度，推出系列服务措施，修建停车场、汽修厂、加油站、煤炭中转站、汽车配件门市部等，统一办理手续，联系货源、处理事故，为当地运输行业的发展提供了有利条件。“要想富，跑运输”成了人们的口头禅，不少人卖小车、换大车，卖旧车、换新车，运输队伍不断壮大。1994年，第三汽车运输公司拥有大型运输车35辆，年利税达980万元。汽车运输成为西关村的龙头企业，带动了其他各业全面发展。1993年，全村社会生产总值达到1.35亿元，成为全县唯一的亿元村，人均纯收入1350元。1994年，全村社会生产总值达到2亿元，人均纯收入1500元。

武陟县木城镇胜利街（原来的王李庄）共有288户1091人，是回族聚居村。该村紧临县城，又是詹店泗沟公路必经之地，是山西、焦作煤炭外运的咽喉要道，为发展运输业、服务业创造了得天独厚的条件。村里干部集资、贷款20多万元，购置了3辆东风牌汽车，一年盈利3万多元。榜样的力量是无穷的，第二年全村汽车拥有量猛增到50多辆。车子增多，但一家一户的个体运输困难重重，如找货源、寻用户、催讨货款、事故处理、解决不正当竞争等都为运输业带来麻烦。村里把运输车辆组织起来，成立武陟县胜利汽车运输公司。对外形成一个具有合力的群体，对内仍是各自运营、自负盈亏，公司设立办公室、运输科、事故科等。公司的健康发展，使临近群众和社会上的一些个体运输户也纷纷要求加入公司。1987年，成立联营车队，车辆增加到300多辆。1993年，经县政府批准，将公司纳入县级管理，编为武陟县第五汽车运输公司。1994年，胜利街已积累资金5000多万元，拥有东风运输车352部，载运量5200多吨，兴办3个加油站、2个运输站、5个货场。

博爱县大新庄村、二仙庙村，沁阳市水南关村、崇义镇，济源市下街村、水运庄村等地也先后把运输车辆组织起来，建立县级汽车运输公司。

沈丘县槐店回族镇东关村利用村民在上海的亲属关系，把汽车运输队的业务发展到上海，承担上海港的运输任务。

郑州市祭城乡牤牛赵村是回民村。1988年，在村长马恩慈带领下到郑州东站办货场，成立郑州市城东铁路货场。开始仅靠租用部队铁路专用线，仅有50个货位，12名职工，业务仅限于卸点煤沙，年产值100万元，利润几万元。针对企业规模小、经营范围单一的状况，马恩慈积极进行市场调查、分析，根据当前铁路运输状况紧张的情况，提出只有扩大规模、扩大经营范围，企业才能生存、发展。在乡政府的大力支持下，1990年引进资金400万元，对企业进行大规模扩建和技术改造，建成占地50000平方米的两条1050米长的铁路专用线，现代化库房7000平方米，站台2800平方米，有效使用货位230个，柏油路面6000平方米，建成水电及大型装卸机械齐全，配套优良，具有现代化、标准化的铁路货场。可以承担整车、零担、集装箱的发运、到达，笨重货物吊装卸、散卸，高温货物、贵重货物的到达、发送等业务。1994年，为提高经济效益，成立了货场建材经销部、木材经销部、信托服务部、汽车运输队4个经济实体，为货主提供代办发送运输业务。改造了旧库房、大型机械对外服务等综合性运输业务，使城东铁路货场有了飞速发展，货场职工由1988年的12人发展到

1994年的220人。货场连续三年被郑州东站评为标准化专用线，1991—1993年被郑州市经委评为先进集体。随着企业规模的不断扩大，业务项目不断增多，经济效益一年上一个台阶。1988年，实现产值40万元，利税5万元；1989年，实现产值100万元，利税8万元；1990年，实现产值210万元，利税20万元；1991年，实现产值250万元，利税25万元；1992年，实现产值1000万元，利税200万元；1993年，实现产值3500万元，利税350万元，年吞吐量80万吨；1994年，实现产值4000万元，利税400万元，年吞吐量达到100万吨，真正做到社会效益和经济效益双丰收。

（六）发展外向型企业

为促进民族经济更快发展，河南民族企业充分发挥自身优势，加大开放力度，因地制宜，眼光向外，努力探索，企业家们积极走出去、引进来，外向型企业和中外合资企业数量连年增长，出口皮毛皮革制品、牛羊肉制品、机械工业品、农产品等，赚取外汇。1992年，有35家出口创汇的少数民族企业，其中中外合资企业12家，出口创汇额达6500万美元，占全省出口创汇额（13.03亿美元）的5%，比1991年增长25%。1993年，出口创汇企业43家，其中中外合资企业15家，出口创汇8500万美元，比1992年增长31%。1994年，出口创汇企业56家，其中中外合资企业26家，出口创汇9000万美元，占全省总出口创汇额的7%，比1993年增长6%。

在盛产黄牛的南阳地区，少数民族屠宰加工的传统优势与当地资源优势相结合，建立15个黄牛养殖、育肥基地。南阳黄牛的养殖已普及到7个县（市）13个乡，个体养殖专业户有500多家。与养殖业相配套，建立清真冷库18座、制革厂15家。为了充分发挥优势，又引进国外设备，建立集屠宰、分割、系列加工为一体，年产值上亿元的南阳黄牛系列加工厂，使这个地区的民族传统产业焕发了生机，产品远销到阿拉伯国家，促进了整个地区的经济发展。

沁阳市河南长城集团公司始建于1987年，前身为一个镇办民族小企业，与日本合资成立沁阳市长城皮革（集团）公司。今天它是一个集生产、科研、金融、国际贸易、保税仓储为一体的少数民族外向型企业和中原地区较大的出口创汇基地，是承担国家“八五”重点攻关研制项目“高档皮革及皮件精加工”的厂家。公司有职工800余人，其中各类专业技术人员170余名，回族占职工总数的35%左右。拥有固定资产3400万元，流动资金6000万元。该公司开拓奋进、勇于拼搏，依靠科技推动，积极走外向型企业的新路子，使企业得到了快速的发展。产值、利税和创汇连年翻番，分别由1988年的650万元、49万元和18万美元增长到1993年底的1.6亿元、1300万元和500万美元。企业被省统计局授予“同行十强”“河南省乡镇企业利税百强企业”，被省轻工厅列为产销大户、利税大户和创汇大户。

（七）市场建设

建设有中国特色的社会主义的主要内容之一，就是要建立社会主义市场经济，逐步建立和扩大各类市场是其重要内容。

河南回族在建立社会主义市场经济方针的指引下，参与建立和发展专业批发市场，通过市场联系千家万户，集散产品，走以市场发展促进经济发展的新路子。目前全省回族聚居地已建成几个有影响的形成规模的专业市场。

焦作中站区造店村是回族村庄，全村有1100户7000多人。党的十一届三中全会后，大力发展个体服装加工业，从低档到中高档，从单一冬季服装到生产四季服装，产品适合乡、镇及农村消费水平。服装加工业普及到全村90%以上家庭，成为名副其实的服装加工村。随着生产的不断扩大，外地客户不断增多。为适应发展的需要，村里集资修整街道，硬化路面1万平方米，建临街营业房1000多间，变庭院销售为大街销售，形成服装批发一条街，天天有集，日日有市。

博爱县清化镇西关村位于新乡济源公路、郑州常平公路旁边，有临城靠路的良好地理优势，适于农工商各业发展。1993年以前，在村西公路两侧自发形成废旧钢材市场，内有26个网点，但随着钢材品种的增加和交易量的扩大，场地狭小不能满足发展的需要。村委会认为没有规模就没有市场，没有市场就没有效益，经统筹规划，1993年在村西划出60亩地，设立博爱县废旧钢材交易市场，场内经营户达90家，年成交额600万元，创利税75万元。西关村还利用交通便利的条件，在新济公路两边修建长1公里多长、具有民族建筑风格的“民族商业一条街”。

洛阳市郊区瀍河回族乡位于洛阳市东大门，处于陇海、焦枝两大铁路干线和310国道的交汇点，背靠邙山岭面向市区，地理位置优越，交通便利，为发展乡村企业、振兴民族经济提供了有利条件。回族乡认真贯彻《关于加快发展第三产业的决定》，坚持“先有市，后有场；先发展，后规范”的指导思想，使农民走出家门，走向市场，闯市场，办市场，致富于市场，个体、联户、私营、联合体、股份合作、集体企业等一齐上，共同投入第三产业，积极培育市场体系，改造现有市场，兴建专业市场，强化、规范管理。在市、区工商行政部门的大力支持、协助下，两年内先后兴建下园街蔬菜交易市场，北关、塔东村的农贸市场，爽明街的商业市场，熙春东路的饮食业市场，小李村沿310国道的唐三彩专业市场和洛阳市农机、汽车交易市场等。截止到1994年，参与第三产业经营的各类企业总计1449家，年产值为18183万元，比1993年增长60%。

1991年底，郑州市中原区中原乡牛寨回族村经过考察论证，率先投资160万元建立8000平方米的桐柏路农贸市场，以服务群众为宗旨，主营皮货及农副产品，方便群众，增加效益。1993年又投资300万元对农贸市场进行改造，功能更加完备，改名为河南省皮货大世界。1992年初，得知省、市政府要在郑州市建设纺织大世界的信息后，在中原区工商局的大力支持下，向省、市政府部门报告，阐述牛寨村毗邻陇海铁路，紧邻六大纺织、印刷企业，场地开阔、政策优惠等优势。4月13日，经河南省人民政府省长办公会研究，确定把郑州纺织大世界建在牛寨村。大世界占地90亩，是一个以布匹、服装批发为主的现代化大型纺织品专业市场，是我国中部地区最大的服装、布匹交易中心。1994年，招商引资2000万元，建设与之相配套的基础服务设施。香港广辉发展有限公司投资800万元兴建大世界娱乐城。郑州市电信局投资500万元开通4000门程控直拨电话。郑州市交通局、公用事业局投资300万元，设立纺织大世界汽车客运总站。另投资300万元建设邮政所、储蓄所、浴池、招待所等15个服务项目。纺织大世界可纳客户3000家，预计年交易额可达5亿~7亿元。开业一年来，辐射中南及西北各省，年交易额达到2亿~3亿元，成为全国十大市场之一。

（八）小康村建设

在中共中央、国务院一系列发展民族经济的指示下，省委、省政府积极扶持民族经济的发展，并在少数民族聚居地方加快小康村建设步伐。小康村的建设，关键是增加经济实力，同时促进文化教育及精神文明建设。

回族在民族经济发展过程中，充分发挥自身优势，发展传统行业，增强经济实力，因地制宜，利用当地资源，结合本地社会经济实际，创造出各具特色的发展模式。如孟县桑坡回族村发展公司加农户走向世界大市场的模式；沁阳市水南关回族村以村办集资企业为基础共同富裕小康的模式；宁陵县东关回族村抓好一个领头雁，组成企业集团实现共同富裕的模式；郑州市中原区牛寨回族村依托城市建设大市场带动全村奔小康的模式等。榜样的力量是无穷的，各地回族村镇、街道，大力发展民族经济，牢牢把握“抓住机遇，深化改革，扩大开放，促进发展，保持稳定”的工作大局，进一步促进回族经济持续、快速、健康发展；促进回族的教育、文化、科技、卫生、体育等各项事业不断前进，努力改善和提高群众生活；增强民族团结，进一步巩固和发展平等、团结、互助的社会主义民族关系。在大力发展经济的同时，紧紧抓住社会主义精神文明建设，把物质文明建设和精神文明建设融为一体，坚持两手抓，实现小康村（街）的建设目标。经济的繁荣、发展有力地推动了小康村的建设步伐。全省有少数民族人口500人以上，人口比例占50%以上的少数民族聚居村近400个。1992年和1993年，全省各级政府命名的小康村中有71个是少数民族聚居村，占村总数的17.7%；1994年，全省被县以上政府命名为小康村的少数民族村有80个，占村总数的20%。1995年，被县以上政府命名为小康村的少数民族村有103个，占村总数的25%以上。

焦作市有回民聚居村36个，已有32个跨入小康村行列，占村总数的91.5%。许昌市有回族聚居村18个，有11个已初步建成市定小康示范村和县（市）达标村，占村总数的61%。

四、回族生活变化

（一）新中国成立前的苦难岁月

新中国成立前，居住在农村的回民多是无地、少地的赤贫户或佃户，不少人家上无片瓦遮身，下无立锥之地。耕地严重不足，人均只有几分地，而这些土地又集中在回族地主手中。据辉县市1948年的调查，430户回族农民中有赤贫、贫农和下中农414户，占总户数的93%。民权县伯党回族乡，1948年有回民400多户，占人口88%的贫农和中农只占有12%的土地，而占人口12%的地主、富农却占有88%的土地。南阳县回民共有3579户，拥有土地6500亩，其中一半以上的土地被57户地主占有；无地户1981户，占总户数的55%以上。一般农户平均不足1亩地，且多系坟园、丘陵、薄地，易旱、易涝的回民聚居村有22个。1946年，博爱县大新庄有回民602户2539人，其中卖地户44家，当地户有163家，卖、当地259亩。回族农户利用农闲及农忙间隙经营与其生活习惯有关的商业、畜牧业和工副业，如贩卖盐、粮、瓜果、蔬菜及牛羊肉，以弥补生活之不足。

城镇中的回民多住在贫民区，房子低矮狭小，多系草棚，环境卫生条件极差。他们多为本小利微的小商小贩，卖汤、卖馍、卖牛羊肉及风味小吃，生意受季节影响很大，挣一顿吃一顿，经营所得终年难以维持生计。开封市解放初统计：清平镇、南羊镇共有回民商贩647户，他们经营的范围包括：油炸类小食品，如麻花、油条、炸虾、炸鱼、炸豆腐、炸花生仁、菜角、油饼、哈拉豆等；季节性食品，如粽子、凉粉、白薯、蜂蜜糕、山楂串、花生糕等；面食，如馍、锅盔、面条、包子、汤、粘馍、烧饼等；粮食油料，如兰花豆、花生仁、玉米花、绿豆糕等；此外还有破烂、估衣、烟摊、线绳、文具、青菜等。新中国成立前，有人对开封回民的职业编有顺口溜："拾街头、皮毛行、干澡堂、当茶房、卖零食、宰牛羊、当经纪、闯五行。"普通民众经济生活极不稳定，遇有天灾人祸，乞讨现象相当严重。郑州市北大街是回族聚居区，也是郑州闻名的"穷北街"，多数人靠挑担沿街叫卖为生。抗日战争初期，这条街有回民 146 户 924 人，除 7 户地主富农外，其余全是一贫如洗的穷人。1942 年大旱，因生活所迫大部分外出逃荒要饭，途中卖儿卖女、活活饿死、被日寇飞机炸死等竟达 310 人之多，占全街人口的三分之一。回族农民曾流传着一首辛酸的歌谣："街东硝滩白茫茫，尽长盐硝不长粮，街西坑坑污水满，回民年年泪汪汪。"人们把昔日的北大街概括为"五多"："挑担叫卖的多，住破漏房子的多，目不识丁的文盲多，逃荒要饭的多，卖儿卖女的多。"淮阳城内西北隅回族中流传："天不怕，地不怕，就怕老天把雨下；生意停、房子漏，小孩哭、男人愁，女人打着小孩'不该生我家'。"以卖水为生的穆宗智自嘲说："打不完的井水，磨不坏的肩膀，吃不完的野菜，穿不烂的鞋袜（赤脚）。"

农村中穷苦的回民日子更为悲惨。淮阳县汪洼、小李庄没有一户住完整的草房，房无门窗，用"薄"作门以挡风遮雨。每逢阴雨连绵，外面下大雨室内下小雨，多数村民无一席之地可以避雨，只有坐以待旦。男女衣服破烂不堪，男孩 12 岁左右还光腚；女孩用大人的破衣服围着下体，形同乞丐。很多人过着"住的破草房，穿的烂衣裳，吃糠咽菜度时光"的日子。1929 年，南阳县溧河乡五里堡村离乡外逃的计 29 户 66 人，途中饿死 23 人，卖儿女 23 人，仅有 20 人幸存返家。南阳县皇池陂村刘长聚一家 7 口人，途中饿死 1 人，卖掉 2 人，送做童养媳 1 人，后来他自己外出当兵，家中父母几乎饿死。方城县东岗村在 1929 年卖出人口 180 人，当时有民谣说："罗汉山下一溜坡，十家九户苦熬渴，任凭别处做牛马，可别进那回回窝。"这些铁的事实反映了旧社会回族人民的生活状况。

（二）回族人的新生

新中国成立后，居住在农村的贫苦回民都分到了土地、房屋和农具；一部分城镇贫穷无业回民迁到农村定居，分田务农。沁阳县水南关村的刘兰香、袁成、丁小有、丁长怀在新中国成立前属地无一垄、房无一间的雇农户，经过土地改革，平均每户分到土地6亩、房屋3间，生活有了保障。由于回民辛勤劳作，粮食产量稳步上升。据1956年调查，博爱县大新庄1953年全乡缺粮户610户3200人，1954年缺粮户降为553户2416人，1955年缺粮户再降到501户2277人。该村回民买丰官全家5口人，1953年全年收获粮食900斤，人均180斤，属缺粮户；1956年收获粮食2100斤，人均420斤，变为余粮户。

1953年后，国家对粮、棉、油及畜产品实行统购统销，皮革统一调运，严禁私宰耕牛等政策，回民传统的经商及手工业原料受到很大限制，很多人转产转业，弃商务农。农村粮食产量不断增长的同时，城市副业收入大大减少。据1954年8月对全省12个市、1个矿区的调查统计，各行业中回民困难户近2000户，约占城市回民人口的16%。开封市1953年下半年调查：第一类，受影响的有牛羊屠宰业、酱肉业、皮革业、土磨业共422户，依其生活的有1810人，占市区回族总人数的10.7%；第二类，稍有限制但尚能进行生产的面、油业955户，依其生活的4321人，占总人数的25.8%；第三类，影响不大，原系小商贩，靠季节性农副产品买卖，旺季时尚可维护生活，共计1200户，依其生活的6010人，占总人口数的35.2%；第四类，短时没有困难，将来有困难的棚采业、火硝业有87户，依其生活的409人，占总人数的2.43%；第五类，生意减少的浴池业、旅栈业996户，依其生活的4221人，占总人数的25.17%。对此，市政府采取有效措施解决他们的困难。①根据国家建设需要，有计划地做好劳动就业和转业工作，1950—1957年9月少数民族长期就业的有693人，临时就业的2728人次。②为少数民族创造就业条件，开办电工班、电器班、妇幼保健班、幼教培训班、文化补习学校等，提高少数民族群众的文化水平和专业技术。③劳动就业，1952年至1954年上半年，实现劳动就业896人。④实行归口领导、分工负责，帮助少数民族发展生产。分工如下：面食、油业、土磨业由粮食公司负责，牛羊屠宰业、甜食业由饮食公司负责，皮革、火硝、棚采业由手工业管理局负责，摊贩、浴池、旅栈、百货等行业由商业局、工商联负责，劳动调配和劳动就业由劳动科负责，市委统战部负责统一协调。1954年1—6月，市政府拨放生产补助费2600多万元（旧币)，组织以工代赈。同时政府还发救济款4000万元（旧币），使1086户3494人得到临时补助和救济。漯河市100多家牛羊屠宰户失业，失业率达50%以上，政府给予失业者一定的生活补助，同时帮助其寻找就业门路。1949—1959年，国家共拨少数民族社会救济款502万元。

1953年后，全国开展对农业、手工业和资本主义工商业的社会主义改造运动。截止到1956年底，全省已有85.5%的回族小商贩和95.4%的回族手工业者得到各种不同形式的改造。其中有30%的小商贩成为国营、供销社的从业人员。据省食品公司统计，归口经营的少数民族从业人员8163人，过渡为公司干部工人者1740人，占少数民族从业人员总数的21.38%。这些人都有了固定的工资收入，生活有了保障。开封市1956年统计：全市牛羊肉业、饮食业、棚采业、商业、零星商贩共计2160户11900人，截止到年底，纳入改造的占总户数的87.6%，占总人数的93.9%。手工业33种，从业人员354户584人，组织起来的有307户，占从业户数的86.72%。组织起来后，生产积极性高涨，生活有了保障。

到1957年，农村回民全部由初级农业生产合作社过渡到高级农业生产合作社。截止到1956年5月，博爱县1694户回民中分别参加39个回汉族联合农场的有1626户，占总户数的98%，其他户也于1965年下半年加入农庄。合作化形式的发展，促进了农业生产的发展，农民收入有所增加。建立初级农业生产合作社前，长葛县教门庄村回民8户70人中有5户41人经常靠救济生活，3户29人生活不能自足，进入高级社后，过去的救济户多数变为余粮户或自给户。

1958—1978年人民公社时期，头三年，农村刮起“浮夸风”，继之出现的“高征购”致使农村多数回民粮食短缺，多以南瓜、萝卜野菜充饥。1961—1963年的生产恢复时期，国家允许农民搞多种经营，同时提高其口粮标准，回民生活得以改善。此后，生活来源主要根据出勤率，按工值标准分配，生活水平依然偏低。不少生产队“吃粮靠统销，生产靠贷款，生活靠救济，医疗靠免费”。城市中部分回民也靠救济粮款为生。十年动乱期间，极“左”路线的干扰破坏，使刚刚兴起的集体经济遭到严重挫折，仅存的个体经营被当成“资本主义尾巴”全部割掉，市场成了一潭死水，回族群众的生活重新陷入困境。

（三）生活水平节节升高

1978年后，农村土地实行联产承包责任制，连续3年实现农业大丰收，回民收入增加，生活水平提高。兰考县红庙公社东大队第九生产队有308人，其中回民256人，占总人数的83%。1980年，粮食总产量达16万斤，人均口粮440斤，人均收入120元。1981年，粮食总产量达20万斤，人均口粮630斤，人均收入180元。1982年，粮食总产量达27万斤，人均口粮830斤，年人均纯收入350元，解决了群众的温饱问题。

1983年以后，各级党委和政府在重视农业生产的同时，强调各地要因地制宜发展多种经营。全省回民充分发挥“懂技术，善经营”的传统特长，发展商品经济。回民专业户、联合体遍布各地，发展了生产，活跃了市场，增加了个人收入。人们的饮食也由“白薯汤，白薯馍，离开白薯不能活”变成“早上炸（油条），中午炒（鸡蛋），晚上捞（面条）”，更加多样化。

孟县桑坡村回民白有相，全家23人，1980年后投资6130元买奶牛6头，到1984年发展到27头奶牛，年总收入4.9万元，人均收入2126元，成为养殖专业户。

洛阳瀍河回族乡回民米素婵，1981年养鸡300只，年收入2400元；1982年养鸡1200只，年收入5700元；1983年养鸡2800只，年收入1.6万元；1984年养鸡5600只，年收入2.6万元。他带动了全村养鸡业的发展。

长葛县南席镇教门庄村有1700多人，从事屠宰业的有60多家，联合加工白条鸡的有100余家，1987年全村总产值400多万元，人均收入达500元。

据郑州市管城回族区、洛阳市瀍河回族区、太康县城关回族镇及宁陵县城关回族镇5个回族区、镇统计，1978年人均收入198元，1986年增至791元，为1978年的4倍。开封市顺河回族区1987年12月统计资料显示：全区少数民族2861户12986人，其中国家职工7392人，年人均收入495.12元，人均住房8.23平方米；拥有自行车6726辆、摩托车72辆、电冰箱243台、电视机2837部、缝纫机1272台、洗衣机1954台、收音机810部、收录机1281部。

据1987年底统计，农村少数民族年人均收入378.5元，城镇少数民族年人均收入532.9元。少数民族人均收入150元以下的有101851人，人均收入150~500元的有483116人，人均收入500~800元的有199938人。

洛阳市瀍河回族区东关办事处东关居委会56户回民的生活情况，反映出城市回族在新中国成立后生活水平逐渐提高。1950年，56户353人，其中农业户16户106人，城市居民40户247人，平均每户6.3人。每月总收入1020元，人均收入4.13元；文化程度方面，中专1人、初中7人、小学25人、文盲23人；固定资产方面，有住房142间。1977年，有56户530人，比1950年增加177人（16户农民转为市民），参加工作的241人，月总收入8435元，人均收入15.92元，比1950年增加11.78元。文化程度方面，有大学1人、中专2人、初中14人、小学22人、文盲18人；固定资产方面，有房189间，比1950年增加47间。过去没有较高档商品，现有自行车21辆、手表20块、缝纫机1台。1984年，有56户654人，平均每户11.68人，参加工作的383人，占总人数的56.6%，月总收入16858元，人均收入25.78元。文化程度方面，有大学10人、高中50人、初中129人、小学64人、文盲26人。固定资产方面，现有住房274间。有自行车278辆、手表313块、缝纫机61台，新添电视机80台、电风扇61台、收录两用机14部、洗衣机4台。

镇平县柳泉铺乡田岗村在党的十一届三中全会前后生产生活的变化也具有一定的代表性。全村142户706人，全部是回族。有岗、坡、黑土上浸地883亩，人均1亩2分地。在“以粮为纲”“吃大锅饭”的年月里，农业连年歉收，小麦单产不足百斤，地少的年份夏季每人只分到27斤口粮。经济死滞，劳动日值只有8分钱。不仅历年对国家毫无贡献，而且每年吃统销粮4万多斤，花救济款3千多元，是全乡有名贫困村。党的十一届三中全会后，在一系列富民政策指引下，选准并将大力发展传统畜牧业作为治穷、致富的突破口，重点发展养羊业，采取“以小养大卖成羊，母羊繁殖卖小羊，发展奶羊卖羊奶，屠宰菜羊卖肉、骨，加工皮毛纺毛线”方式，搞系列生产，多层次增加效益。全村有105户养羊，共养羊528只，其中奶山羊432只，绵羊96只，有67户养牛，共养牛169头，其中奶牛44头，日产鲜奶1300多斤。5年来田岗村向用户提供鲜奶110多万公斤，用户由3年前的800余户发展到1986年的1400多户。在“以牧促农”方针的指导下，农业生产实现快速发展，粮食总产量1984年达到43.5万公斤，比1980年增长6倍多，1981—1985年向国家提供商品粮22万多公斤，每年向国家缴纳税款9100多元。

沁阳市水南关村过去是个穷村，穷到村里办公买支蜡烛也要折成两截用。村太穷，划给城关镇，镇不要；划给城关乡，乡不留，“穷光蛋，人人怕”的名号广为人知。改革开放以来，党支部善于抓机遇，带领群众闯出一条以集体企业为基石，多种经济同时发展，共同富裕奔小康的模式。坚持走集体致富的社会主义道路，自筹资金，采用借鸡下蛋、滚雪球的办法，从无到有，从小到大，先后建起群英造纸机械厂、腾飞制革厂、新星制革厂、光华制革厂、飞跃造纸厂、玻璃厂、第二汽车运输公司、民族煤炭经销处和面粉厂等13个村办集体企业，形成制革、玻璃、造纸、运输、皮毛服装五大企业群体。开发水上游乐园、医疗康复中心、天然矿泉水厂、恒温水产繁殖厂4个项目。呈现个人与集体都富、工业与农业齐发展、物质文明与精神文明并进的整体效应。1993年，全村工农业总产值达到2.35亿元，人均产值93760元。实现利税2150万元，人均纯收入达到6000元。1995年，工农业总产值4亿元，创利税2400多万元，人均纯收入近7000元。在全村520个农户中，家家户户住上了新楼房，装上了有线电视，有380多户高档装修了住室，装上空调，家庭高档耐用消费品普及率达95%以上。全村拥有31辆汽车，其中私人汽车有15辆，有价值2万元以上的豪华型摩托车31辆。装有程控电话120部，移动电话20部。村里的干部群众在谈到全村变化时说：“咱村解放前是一根扁担两只筐，山西、陕西去逃荒。改革前是红薯汤、红薯馍，离开红薯不能活，看眼前是吃喝讲营养，穿着讲排场，住的新楼房，彩电、录像、电冰箱，出门办事骑摩托，男女老少喜洋洋，改革开放政策好，衷心感谢共产党。”水南关村先后被河南省人民政府命名为“双文明建设先进单位”“中州新村”及“河南十佳明星村”，被国务院授予“全国民族团结进步先进集体”荣誉称号。1996年6月3日，国家主席江泽民一行兴致勃勃地到水南关走村串户，访问农家，察看村办企业，对富裕起来的回族群众正走向小康之路感到由衷的高兴。

洛阳市郊区瀍河回族乡政府为满足群众对住房条件改善的迫切要求，为了使村镇规划和建设适应小康村建设的需要，加快小康村建设步伐，确定在塔西回族村搞新村建设试点，得到群众的拥护和支持。群众集资215万元，在河南省建设厅的协助下，采取统一组织、统一设计、统一施工、统一管理、保证工程质量的方式开展施工建设。1992年，在1万多平方米的土地上建起70余户独具风格的塔西穆斯林新村。经国家建设部检查、验收，达到国家村镇建设质量要求标准。时任国家建设部部长侯捷和副部长谭庆琏现场考察后给予高度评价："造价不高质量高，面积不大功能全，占地不多环境美。"被国家建设部定为全国村镇建设试点。中窑回族村群众集资560万元，由河南省建设厅设计，建设成占地23310平方米共140户的具有民族风格的花园式新村。下窑回族村也已规划140户的民族风格建筑，旭升村也有100户村民集资规划建新房。村村有规划，掀起小康村建设的高潮，形成了良好的发展势头。

河南省农村少数民族1992年人均纯收入614元。

全省20个民族乡镇中有7个乡镇经济发展起点高、速度快，超过当地经济平均水平。1993年，7个乡镇创造社会总产值18.8亿元，占20个乡镇总产值的67%；财政收入1754万元，占20个乡镇财政总收入的61%。建乡镇晚、起点低、基础差、社会经济发展仍处在贫困状况的有6个民族乡镇，占20个民族乡镇的30%。1993年，实现社会总产值2亿元，占民族乡镇社会总产值的7.2%，年财政补贴80.6万元。尚有3万人的人均年收入在300元以下，人均占有粮食200公斤左右，占总人口的30%。制约经济发展的主要因素是：①自然条件差，致使农业生产徘徊不前；②交通、能源、通信跟不上生产发展的需要；③机构不健全，缺乏发展经济的基础条件；④乡镇集体企业空白，优惠政策落实不好；⑤领导班子不稳定，也未按规定的比例配备少数民族干部；⑥信息闭塞，没有资金，影响了回族传统行业优势的发挥。民权县伯党回族乡、胡集回族乡，每年财政支出都超支一倍，每年都需要财政补贴。1994年，财政补贴53万元，人均收入在500元以下，低于全县农民收入的平均水平，两个乡人均收入在

300元以下的近万人，占总人口的30%。它们的乡镇企业发展呈空白状态，经济发展位居整个商丘地区100多个村镇的倒数第一、二位。

河南省回族1994年仍有5万人温饱问题尚未根本解决，他们大多数人居住在偏僻的边远山岭、半山地区，自然条件差，缺水少肥，有的虽住平原地区，但商品经济观念淡薄，只搞单一的农业生产，经济效益低，经济发展比较迟缓，成为各级党委和政府扶贫开发的重点工作对象。

五、党的十一届三中全会以后回族经济发展的特点

过去回族从事的单一的养殖、屠宰、卖肉、熟皮制革等行业多为初加工和粗加工，污染环境，浪费资源，经济效益低。在民族传统产业飞速发展的今天，形成养殖、屠宰、系列加工一条龙的民族经济体系，搞系列产品深加工，提高了产品的档次和技术含量。项城市河北村过去加工山羊蓝湿皮，只赚取极少的利润，为人作嫁衣裳。现今发展为进村是山羊板皮，出村是高档广皮服装和其他皮革制品，大大提高了经济效益。盛产黄牛的南阳地区，建立了养殖、育肥、屠宰、冷库、分割、制革、系列加工为一体的民族经济体系，成倍提高经济效益，提高产品的附加值。

回族重商、崇商的民族传统得到充分发挥。农村中居住少数民族67万，有11万人干季节工，有19400个个体工商户，私营企业达2116家，形成养殖、屠宰、皮毛、制革、餐饮服务等区域性经营群体，不仅本村、本乡致富，而且带动附近村庄致富。

回族区、乡、镇工农业发展较快，有的是一年上一个台阶，3年就要翻一番。全省3个回族区，1992年实施社会总产值7.6亿元，比1991年增长36%；1993年社会总产值为10.7亿元，比1992年增长41%；1994年社会总产值为16亿元，比1993年增长67%；1995年社会总产值为23.27亿元，比1994年增长45%；1993—1995年3年社会总产值增长2倍多；1993年3个回族区的社会总产值比1985年增长9倍。1993年20个回族乡镇的社会总产值比1985年（恢复民族乡）增长7倍。1980年沈丘县槐店回族镇社会总产值为800万元，1993年社会总产值为3.05亿元，是

1980 年社会总产值的近 40 倍；1980—1993 年的 13 年中，社会总产值翻 5 番多，成为周口地区乡镇企业和财政收入双“十佳”乡镇，被评为全国发展乡镇企业 300 强之一。叶县马庄回族乡 1994 年创社会总产值 6.2 亿元，实现利税 8383 万元，全乡人均收入 1888 元，高出全县人均收入近两倍。1995 年社会总产值为 8.6391 亿元，比 1985 年建乡时翻 11 番，其综合指数居平顶山市 115 个乡镇之首。

民族企业逐步向规模化、集团化、系列化方向发展。通过培育和发展公司加农户、创办合资企业、发展系列加工、组建企业集团等方式，增强市场竞争和抗御风险的能力。沁阳、孟县、宁陵、淮阳、睢县、项城、许昌、叶县等地都已建立皮革业集团公司，镇平县贾宋镇建立清真肉食集团公司。孟县桑坡回族村为了发挥皮毛加工业的整体优势，村里以农户入股的方式成立焦作市雪羊皮毛集团公司，由公司承揽出口订单，分配到各农产私营工厂中进行加工，并提供信息、技术、原料供应、产品出口等系列化服务，使桑坡的皮毛工业产品在国际市场享有较高声誉，产品出口供不应求。

民族企业已把引进技术、向科学技术要效益提到企业发展的重要位置。中原地区人才济济，具有中高级职称的少数民族科技人员 3300 人，占全省中高级职称人数的 1.6%。为不断提高少数民族企业的科技素质，1996 年 2 月成立河南省民族科技企业家协会，除组织科技人员对少数民族企业进行科学咨询活动外，还帮助民族企业引进科技人才 3000 多人，增强了民族经济发展的实力，创出不少名优产品。回族青年企业家黄全利创办的新乡市太行振动机械厂是一个以研究、生产、推广系列矿用振动机械设备为主体的少数民族企业。厂里自建科研所，重视科研，仅 1989 年投入科学实验经费即达 110 万元，目前有高级工程师 8 人。1987 年以来研制成功 13 个系列、250 种规格的振动筛产品，其中热矿筛等 4 项发明获得国家专利。产品远销日本、印度尼西亚和阿拉伯地区，创汇 400 万美元，真正把科技变为第一生产力。

回族企业家们积极推广产品，面向国际市场，参与国际循环，把产品同国际市场接轨。在周口、商丘、焦作、许昌、漯河、平顶山等地市已形成少数民族外向型生产加工和出口创汇基地。孟县桑坡在天津、上海等外贸出口部门建立出口基地，同时通过与外商合资的形式，促进产品的生产和推广，1993年创汇500万美元。1992年，全省有35家出口创汇的少数民族企业，出口创汇额达6500万美元，占全省总出口创汇额（13.05亿美元）的5%，比1991年增长25%。1993年，出口创汇企业43家，出口创汇额达8500万美元。1994年，出口创汇企业56家，出口创汇额达9000万美元，占全省总出口创汇额的7%。出口创汇在全省所占百分比大大超过回族人口占全省人口的百分比（1%）。少数民族的骨干企业以通过创办合资企业的形式，引进资金、先进技术、管理经验和外销渠道，使传统皮革产品的档次、营销、资金筹措等与国际市场接轨，形成新的经济生长点。沁阳市长城皮革（集团）公司通过与日本企业合资，以皮革生产为支柱，引进资金、技术、管理等，企业规模迅速扩大，效益成倍增长，成为集生产、科研、房地产、金融、国际贸易、仓储为一体的少数民族外向型企业集团。1992年，全省有少数民族企业与外资企业共同创办的合资企业12家；1993年，合资企业达15家；1994年，合资企业达26家，成为当地出口创汇企业中的骨干。

党的十一届三中全会后，在党的改革开放政策指引下，回族经济发展速度超过当地平均发展速度，人均纯收入超过当地平均人均纯收入。1993年，全省少数民族社会总产值65亿元，比1992年增长16%。1994年，实现社会总产值96亿元，比1993年增长48%。1995年，创社会总产值122.7亿元，比1994年增长27%，超过河南省平均增长速度。1988年，当时的23个回族区、乡、镇社会总产值比1978年增长3.5倍以上。1993年同1985年相比，3个回族区社会总产值增长9倍，20个回族乡镇社会总产值增长7倍。1993年农村回族贫困人数降到5万人，比1992年减少1万人，比1985年的25万减少80%。在全省17个地市中，农民人均收入在500元以下的有1个地市，500~800元的有12个城市，800~1000元的有3个地市，1000元以上的有1个地市。1993年，23个民族区、乡、镇农民人均收入比1985年提高1倍的有10个，提高2倍的有8个，提高3倍以上的有5个。3个民族区人均收入在1000元以上，20个民族乡镇中人均收入在500元以上的有15个。1953年全省少数民族人均收入不足50元，1992年全省人均收入达到614元，1992年人均收入是1953年的12倍半。

焦作市有少数民族人口6.5万人，占全市总人口的1.78%，1994年少数民族社会总产值22.13亿元，占全市社会总产值的22%；农村少数民族人均纯收入2011元，高出全市农民人均收入800元。焦作市的沁阳市少数民族人口占全市总人口的2.4%，1994年少数民族完成总产值10亿元，占全市社会总产值的14.4%；少数民族人均纯收入3000元，高出焦作市农民人均收入1800元。沁阳市水南关村农民人均收入6000元。叶县马庄回族乡1994年人均收入1888元，高出全县人均收入近两倍。

各地在小康村建设中，结合本地社会经济发展实际，创造出各具特色的发展模式。孟县桑坡村、沁阳市水南关村、宁陵县东关村、郑州市中原区牛寨村等模式带动回族聚居村镇经济发展，加速了小康村建设。1992年，全省达到小康村标准、少数民族人口在500人以上的聚居村有35个，占全省400个少数民族聚居村的8.8%；1993年，小康村有71个，占聚居村总数的17.5%；1994年，小康村达到80个，占聚居村总数的20%；1995年，小康村达到103个，占聚居村总数的25%以上。

焦作、周口、许昌、南阳等地市工商户已经形成养殖、屠宰、皮毛、皮革、服装、饮食服务等区域性经营群体，不仅带动了本地少数民族致富，而且也带动了周围村庄的汉族群众打工致富，在劳动中增强了回、汉族友谊，加强了民族团结。镇平县贾末镇回族企业家创办的食品系列集团股份有限公司，龙头连接国内外市场，龙尾摆向千家万户，辐射发展养殖专业户9000多户，1993年每户人均纯收入达到1000元以上。孟县桑坡熟皮旺季时，附近村庄有上万人到此干季节工：长葛市白寨村、焦作市中站区造店村，每天都有数千人来此做工，日工资10~20元不等，使打工者脱贫致富。项城市丁集镇河北村富了，没有忘记世世代代相处的汉族兄弟，村里商定：汉族兄弟愿到我们村做工的优先安排；愿学技术的，包教包会；愿意办工厂的，大力扶持。附近村庄的汉族农民纷纷来此做工，旺季时可达4000多人。与河北村有一路之隔的汉民村，一农民在学到技术后想办制革厂，但缺乏资金，河北村委主任主动借给他2万元并帮他购买原料。另外，回族民众帮助汉族人搞供销，解决困难。在经济合作、交往过程中，回汉民族群众间增进了了解，加深了感情，联络了友谊，彼此尊重，相互帮助，十多年来从未发生过不团结现象，形成民族团结、和睦相处的新风尚。沁阳市水南关回族村与邻村马庄汉族村土地相连，新中国成立前两村不断发生矛盾。水南关村富了，工厂内需要增加工人，村里首先考虑招收马庄人，并且与本村工人同工同酬，使两村人化解了多年的积怨，加强了民族团结。河南省凡是回族民众富裕的地方，都能够很好地理解“汉族离不开少数民族，少数民族离不开汉族”的道理，回汉民族要同呼吸、共命运、心连心。有的地方成立“民族团结促进会”“回汉团结友好协会”或建立“友好村”，加强回汉民族团结，所以凡是回族民众先致富的村庄，都被各级政府授予“民族团结进步先进单位”的荣誉称号。

（原载于《河南穆斯林》，2008 年第四期至 2012 年第四期）

近年来河南回族经济发展概况

陈廷良

20世纪80年代以来，河南回族的传统经济优势得到充分发挥，形成了独具特色的经济发展模式，具体表现在以下6个方面。

第一，党和政府的政策保证回族经济的健康发展。1993年，省民族工作会议制定了“解放思想，开拓进取，发挥地域优势和民族特长，用现代科技改进传统产业，大力发展商品经济，引导和帮助少数民族面向大环境，发展大外贸，挤进大市场，参与大流通，促进民族经济跃上新台阶”的战略。省政府坚持抓典型、抓落实、办实事、讲实效的方针，促进了少数民族经济的进一步飞跃。1994年，省民委围绕“解放思想，抓住机遇，发挥优势，快速发展”的总体指导思想，进行分类指导、狠抓落实、办实事，使河南回族经济在规模化经营和开放引进方面有了新的突破。

1994年9月，河南省人大常委会第九次会议通过的《河南省少数民族权益保障条例》，为进一步保障散杂居少数民族在政治、经济、文化等方面的平等权利和合法权益提供了法律保障，也保证了回族经济的快速、持续发展。

第二，皮毛、皮革业实现了深度发展。全省回族企业中，从事皮毛、皮革产品加工业者占很大的比例。随着生产的发展，很多企业采用新工艺、新设备，使用了脱毛机、清洗机、剪绒机、去肉机、干湿伸展机、三足离心机、褪色机、卷花机、染色机、烫绒机、压光机、压花机、真空喷浆机、破皮机等。传统手工破牛皮最多达3层，使用破皮机后可以破5层以上。

孟县桑坡回族村继承祖辈皮毛鞣制工艺，成为桑坡人独有的传家宝。1991年，皮毛加工业发展到800多户，年加工能力为100多万张成羊皮。

村里以农户入股的方式于1993年，成立焦作市雪羊皮毛集团公司，以公司为龙头，把全村26家私营皮毛厂和1026户个体皮毛加工户组织起来，统一指导生产，集科、工、贸、产、供、销为一体，每年从澳大利亚进口羊皮250万张，占全国进口澳皮的80%，使皮毛生产效益大幅度提高。1993年创产值2.1亿元，创外汇500万美元。桑坡由传统生产的皮毛加工村变成了新型的皮业城。

沁阳市水南关村有3家牛皮制革厂。20世纪80年代初期手工生产牛皮革，产品质量低。随着经济实力的增强，不断更新设备，现在拥有生产牛皮革的各种先进机械，包括电脑控制机器染色等，能生产300~400个花色品种的牛皮革，吸引众多国内外客户来洽谈购货。1996年6月3日，国家主席江泽民到水南关视察，在村新星制革厂二楼展厅看到琳琅满目、做工精细、式样别致的羊剪绒、皮衣和箱包制品时连声称赞："做得不错！做得不错！"

皮毛皮革初级产品劳动强度大，产值小，利润低，形不成系列生产，创不了名牌，污染严重。只有提高科技水平，增加产品的科技含量，才能逐步解决上述问题，促进皮毛皮革业向深加工方向发展。1995年，宁陵县城关回族镇河南省皮革皮毛技术开发集团公司从国外聘请34位专家，与马来西亚合作生产皮鞋，年生产各式中、高档皮鞋80万双，年创产值1.2亿元。睢县城关回族镇西门里村皮毛加工厂于1993年与澳大利亚嘉意贸易公司合资兴办嘉凤皮革制品有限公司，生产高档皮革服装。

第三，发展科技含量高的现代工业。临颍县繁城回族镇运用民族企业实行横向联合和股份制的办法，先后招股引资，兴办生铁冶炼厂、铸铁厂、木工机械厂等。镇木工机械厂与信阳木工机械厂搞横向联合，开发三大类5个系列40多个新品种，其中319型和316型普通木工带锯机获部优产品称号，在全国同类产品评比中荣获质量第一，在国际同类产品评比中名列第二。产品进入中国名牌木工机械行列，在国内市场供不应求，还出口巴西、俄罗斯等国。

禹州市山货回族乡的铸造机件加工业为乡三大经济支柱之一。主要产品有"195""2105"柴油机系列配件，各种三轮车配件，"泰山－12""红卫－12""洛阳－15""洛阳－17"等各种四轮小拖配件，"东方红－

75”“上海－50”“江西－180”系列配件，各种汽车、农用车配件，其他农副食品机械配件等30多个系列，1000多个品种，产品畅销除西藏、台湾外的全国各地，个别产品打入国际市场。

新乡市太行振动机械厂是1984年由30岁的回族青年黄全利和几位回族同胞创办的集体企业，是一个以科研、生产、推广系列矿用振动机械设备为主体的少数民族企业。1987年成立太行振动机械研究所，先后与北京、天津、河北等地科研部门及大型骨干企业进行横向技术合作，聘请20多位专家担任技术顾问，组织跨省市、跨行业的科技协作群体。该厂共承担112项科技计划项目和新产品试制项目，有13项已荣获国家、省、市科技进步奖和优秀新产品奖，设计、研制的热矿振动筛、耐高温电机、活动衬里振动魔简3项新产品已获得国有专利。黄全利主持设计、研制的TZS系列矿用振动筛，1989年被评为农业部优质产品，在“七五”全国星火计划成果博览会上获得金奖，1993年3月国家科委向全国正式发函推荐该产品。该厂生产的13个系列产品性能好，质量稳定，已推广到全国29个省、市、自治区并出口到东南亚和中东地区。为全国134家大中型冶金矿山企业提供6000台振动机械，产品在冶金系列的覆盖率达80%以上。

第四，交通运输业获得发展。煤炭市场开放后针对山西煤炭积压，而豫、鲁、皖、苏等地的县级电厂和化肥厂又急需煤炭的现状，沁阳市水南关村率先买汽车运送煤炭，博爱县清化镇西关村也大力发展运输业，带动博爱县、沁阳市、济源市、武陟县、修武县等各大回族聚居村庄都先后成立汽车运输公司，大力发展交通运输业。

博爱县清化镇西关村1983年有13部汽车，1985年发展到42部汽车，成立西关汽车队。1987年，大型运输车增加到80辆，组建了博爱县第三汽车运输公司。1994年，拥有大型运输车350辆。郑州市祭城乡牤牛赵村是回族村，1988年在村长带领下于郑州东站成立郑州市城东铁路货场。根据铁路运输紧张的状况，在1990年对货场进行大规模扩建和技术改造，占地5万平方米，拥有两条1050米长的铁路专用线等设备，为货主提供代办发送运输业务。货场连续三年被郑州东站评为标准化专用线。

第五，建立外向型民族企业。为使民族经济更快腾飞，以便进入竞争激烈的国际大市场，在企业家们的努力探索下，外向型企业和中外合资企业稳步增长。以出口皮毛皮革制品、牛羊肉制品、机械工业品和农产品等为主，积极创汇。1992年，有35家出口创汇的少数民族企业，其中中外合资企业12家，出口创汇额达6500万美元，占全省出口创汇额（13.03亿美元）的5%，比1991年增长25%。1993年，出口创汇企业有43家，其中中外合资企业15家，出口创汇8500万美元，比1993年增长31%。1994年，出口创汇企业56家，其中中外合资企业26家，出口创汇9000万美元，占全省总出口创汇额的7%，比1993年增长6%。

沁阳市河南长城集团公司始建于1987年，前身为一个镇办民族小企业，与日本合资成立沁阳市长城皮革（集团）公司，逐渐发展成为一家集生产、科研、金融、国际贸易、保税仓储为一体的回族外向型企业和中原地区较大的出口创汇基地，是承担国家“八五”重点攻关研制项目“高档皮革及皮件精加工”的厂家。该公司产值、利税和创汇额连年翻番，分别由1988年的650万元、49万元和18万美元增至1993年底的1.6亿元、1300万元和500万美元。

第六，建设商业大市场。河南回族在建立社会主义市场经济方针指引下，参与建立民族专业批发市场，走以市场发展促经济发展的新路子。目前回族聚居地方已建起几个有影响具有一定规模的专业市场。洛阳市郊区瀍河回族乡利用优越的地理位置两年内先后兴建下园街蔬菜交易市场、爽明街商业市场、小李村沿310国道唐三彩专业市场和洛阳市农机、汽车交易市场等，1994年实现产值为1.8亿元。

郑州市中原区中原乡牛寨回族村1991年投资建立桐柏路农贸市场，1993年扩大为河南省皮货大世界。1992年建成的纺织大世界占地90亩，以布匹、服装批发为主，是我国中西部地区最大的服装布匹交易中心，可容纳客户3000家，成为国内十大纺织市场之一。

1995年3月21日，中共河南省委、河南省人民政府发布《关于表彰发展乡镇企业新进单位和百强乡镇企业的决定》，在100个发展乡镇企业先进村中回族聚居村（回族人口500人以上或全部为回族的村庄）有：孟县南庄镇桑坡村、沁阳市城关镇水南关村、博爱县清化镇西关村、邓州市穰东镇穰西居委会、项城市丁集镇河北村、长葛市后河镇白寨村、辉县市城关镇西关村、沁阳市景义镇景义村、宁陵县城关镇东关村9个村。全省百强乡镇企业中，回族办的企业有：孟县焦作市雪羊皮毛集团公司、镇平县贾宋食品系列股份有限公司、沁阳市河南长城集团公司、长葛市白寨实业公司、宁陵县河南省皮革皮毛技术开发集团公司、项城市丁集镇制革总厂、武陟县第五运输公司7家乡镇企业。在100个发展乡镇企业先进村中，回族村占总数的9%；在百强乡镇企业中，回族办的乡镇企业占7%。河南有上万个村庄，回族聚居村庄只有400个，只占总数的3%左右，而发展乡镇企业先进村却达到9%；回族创办的乡镇企业数在全省只占1%~2%，而先进企业高达7%。回族人口占全省人口的1%，而回族聚居的发展乡镇企业先进村和回族创办的百强乡镇企业的百分比都大大超过回族人口所占的百分比。回族在河南省当代经济发展中做出了自己的贡献。

（原载于《回族研究》，1997年第二期）

河南省少数民族经济发展研究

杜建辉[①]

在建立社会主义市场经济体制的新时期，河南少数民族经济面临着难得的机遇和严峻的挑战。本文分析了河南少数民族经济的发展环境、产业结构、资源情况和综合竞争能力，进而指出：促进民族经济持续快速发展，必须抓住机遇，通盘布局；由成本领先逐步过渡到优质优价，提高产品档次；转变经济增长方式，不断提高企业素质；由分散经营逐步过渡到集约化经营；抓专业村建设，大力发展第二三产业；优化产业结构，提高整体经济效益；努力提高劳动者素质，重质量、增效益、促发展。只有如此，才能促进经济发展，为民族进步做出贡献。

河南省有50个少数民族，人口103万，占全省总人口的1.18%，主要聚居在3个市辖回族区、23个回族乡和400个少数民族聚居村。帮助少数民族发展经济是我们党民族政策的重要内容，是增进民族团结、实现民族平等、做好各项民族工作的关键，也是关系全省政治稳定和社会安定的大事。新中国成立以来，尤其是党的十一届三中全会以来，河南省少数民族经济得到了快速的发展，所创社会产值已达全省经济总产值的4.45%，90%以上的少数民族生活水平达到和超过了当地汉族群众的生活水平。在建立社会主义市场经济体制的新时期，河南少数民族经济发展出现了一系列的新情况、新问题，如何适应社会主义市场经济发展的要求，保持民族经济持续、稳定、高速度发展的势头，就成了当前民族工作乃至整个经济工作面临的一个重要课题。因此，对少数民族经济增长模式和总体发展进行探讨和研究，是十分迫切和必要的。

---

① 杜建辉时任中共河南省委统战部宗教处处长。

一、河南省少数民族经济生活的基本特点及经济发展中问题的分析

（一）基本特点

河南少数民族自迁入中原以来，虽然与汉族群众杂居，交往频繁，在政治、经济、文化等方面均受到汉族的影响，但由于多种原因，他们仍然长期保留着本民族的风俗习惯，仍然有着自己独特的生产生活方式，从发展经济角度看有如下几个显著特点：

第一，河南少数民族成分多，但各个少数民族的人口数量十分不均衡。河南少数民族人口共103万人，其中回族占总数的90%以上，有94万人，超过万人的还有蒙古族、满族，其余的都在万人以下，有的只有几十人。

第二，城镇人口比重大，有崇商、重商的传统。河南的回族从唐宋迁居中原之始就以从事工商业生产为主，因其懂技术、善经营而名扬四海，相沿至今，工商业生产依然是回族经济活动的主要方式。从全省情况看，少数民族居住分布比例大致是城市、集镇、农村各占三分之一。

第三，居住形式上大分散、小聚居，使民族经济发展占据“地利”优势。河南少数民族分布广泛，全省每个县（市）区都有，但每个县（市）的少数民族群众又形成小聚居的形式，即集中居住在少数几个乡镇。即使是少数民族比较多的县（市）中，虽然分布各个乡镇，但也多集中居住在这些乡镇的一两个村庄。

第四，民族经济发展不平衡，农村人均土地占有量少是普遍现象。河南少数民族群众多居住在城镇或城乡结合部，但由于历史上的种种原因，农村少数民族群众土地占有量往往偏少，通过全省抽样测算，少数民族人均土地占有量一般低于当地汉族群众人均占有量的30%。对于部分居住在边远山区的少数民族群众，由于自然条件和经营条件的差异，经济发展一直滞后，有些少数民族群众连温饱问题还没有完全得到解决。即便是居住

在平原农村的少数民族群众也有少部分生活水平与周围群众相比仍然有一定差距，甚至同一民族内部的发展落差也很大。如商丘地区共有4个回族乡、镇，其中两个是全区有名的富裕镇，两个是省级贫困乡。

（二）问题分析

当前我国正处在建立社会主义市场经济的重要历史时期，空前广泛的社会经济变革，将使各行各业、各族各界无一例外地卷入市场经济的竞争大潮，河南少数民族经济同样面临着难得的机遇和严峻的挑战。因此，全面分析民族经济发展形势，实事求是地评价民族经济发展潜力，制定合理的发展目标，及时提出保护民族经济高速、稳定发展的对策措施，无疑对民族经济的全面发展、促进民族团结进步是十分重要的。

1. 环境分析

环境是经济发展至关重要的因素。自党的十一届三中全会以来，河南少数民族经济乘开放之机，借改革之风，出现了历史上从未有过的十几年持续、高速发展，整个民族经济面貌焕然一新，可以说这与全省经济发展的宽松环境是分不开的。但我们也应当清楚地看到，随着我国社会主义市场经济体制的建立、竞争机制初步形成，在计划经济条件下形成的对民族经济的一些扶持政策将逐步失去效用，民族经济中资金、技术、人才以及原料的供需矛盾更加尖锐，缺口将逐渐拉大，会给一些基础条件薄弱的民族企业提出新的要求和挑战。少数民族经济发展的环境变化会逐步加快，局部压力逐渐增加，分化组合将不可避免。再加上当前整个社会经济生活处于一种不完全的市场调节状况，各地发展的机遇肯定是不相等的，从而给“大分散、小聚居”的少数民族群众带来新的不平衡。特别是在经济转轨时期，社会主义市场经济运行机制和各项法律建设尚在探索之中，在经济环境总体宽松的情况下，一段时期内在某些方面经济形势还相当严峻，在不同地方还不同程度地存在着无序竞争，人才流动不断加快，技术创新和保持技术领先地位越来越难，资金拖欠现象也相当普遍，不少企业常驻外地催款要债已经成为一个不小的负担，严重影响了企业的正常生产经营。因此，创造一个宽松的外部环境仍然是发展社会主义市场经济不可忽视的重要方面。各地环境、条件的差异造成的不平衡发展，将是今后一个时期河南少数民族经济发展的一大特点。

2. 产业结构分析

河南少数民族围绕牛羊等畜产品加工的产业链条，十几年来以产品增殖为导向，不断向深加工方向发展，利用产业链条的相互关系带动经济增长，同时也引导产业结构不断调整，收效十分明显。从目前情况看，随着市场竞争的加剧，也逐渐暴露出一些不可等闲视之的问题：一是由于少数民族经济短时间的高速发展，形成产业竞争结构极不合理，尤其是进入障碍低，造成行业急剧膨胀，行业利润下降趋势明显。由于产业启动资本小、技术档次低、规模经营尚未形成，无法构成绝对成本优势等因素，几乎没有形成多少进入障碍，生产企业数量大幅度增加。如1980年全省仅有十余家皮革皮毛加工企业，而到1995年已经发展到上千家皮革皮毛加工类企业，这其中还不包括众多的家庭皮革作坊。产业不能有效地构建进入障碍使得一些企业能够“打了就跑”，干上两三年马上转产，形成整个行业收益率下降的趋势，部分企业利税率已逐渐接近“竞争水平”。二是由于民族经济这条主导产业链条长，发展机会不均等，受到新技术、新资源，甚至新的销售渠道等因素影响，整个产业后续加工能力发展过快，新建项目过多、过滥，生产能力过剩，整个链条前轻后重，原材料缺口不断拉大，造成不必要的浪费。三是由于产业结构中以上两个问题的存在，造成产业利益少，生产分散，积累不足，进而产生了民族企业规模小、效益低、经营范围狭窄等一系列问题。所生产产品多数属于初级产品，受市场的限制、影响很大。据统计，全省民族工商企业中，有83%以上的属于个体和私营工商户，不少还属于行业混杂的加工作坊型小企业，即使是国有、集体的正规工业企业也多处于规模、效益初级发展阶段，缺乏竞争实力，持续发展后劲不足。

3. 资源分析

河南省少数民族经济持续十多年的高速发展，无疑与成功地利用了各种资源有着密切关系。然而随着经济的持续发展，民族经济在资源利用方面也逐步暴露出一些深层次的问题。

资源虽然是构成价值的基础，但绝不会自然而然地形成价值，无论产品还是服务要实现其价值，必须通过一系列的价值活动。这些活动包括直接参加生产的基本活动和支持生产的辅助活动，两者结合才构成一个完整的价值链，其中辅助活动如企业决策、技术开发、人才管理、企业管理等，在某种意义上讲显得更为重要。河南省不少地方的少数民族群众和企业，往往重视生产、轻视管理，重视产品、轻视包装，重视硬件、轻视软件，缺乏对资源利用价值体系的分析，把资源仅仅看成实物资源，而没有把实物资源与人才、决策、资金调度和抽象资源等放在一个完整的价值系统中去考察、利用，因此对如何提高资源效率、有效地实施资源控制缺乏必要的理解和认识。

4. 综合竞争能力分析

河南少数民族经济经过十几年的高速发展，总量增长年平均都在15%以上，不少民族聚居的乡、镇、村和民族企业已是当地经济发展的排头兵，在全省工业化进程中发挥着独特的重要作用。然而，把河南少数民族经济放在市场竞争中去分析，尤其是从民族企业乃至整个民族经济素质上去思考，仍可见有不少环节影响着综合竞争能力的提高。其主要有以下几个因素：一是整个民族经济基础薄弱，抗御风险能力差，再加上社会主义市场经济发育不完善，各项法规政策配套建设不足，经济运行环境尚不宽松，更增加了竞争的风险，不平衡发展将会更加突出。二是少数民族经济主导产业传统工艺多，设备陈旧率高，除个别行业少数单位引进一些国外先进设备外，其余70%以上的设备是自制或技术档次较低的设备，不仅严重地影响着新产品的开发和新工艺、新材料的利用，而且还直接造成浪费和污染，又从整体上造成竞争能力差，整体效益下降的趋势。三是民族企业管理粗放，信息不灵，经营不活。不少民族工商企业内部管理至今实际上还是家族式管理和合伙管理，当然这种管理手段在一定的规模之内也不失为一种选择，但随着企业的发展，这种模式却日益成为提高效益的障碍。家族合伙式管理以家庭长幼顺序和合伙资金的多少自然形成企业的等级管理制度，决策的基础不是管理经验和技术能力，而是家庭里的地位和资本的大小，再加上信息来源渠道少、经营范围狭小等因素，势必在很大程度上影响决策和用人的科学性，进而影响企业的发展进步。四是人才匮乏，技术落后，整体竞争潜力不足。就人员素质看，民族企业多数职工是近年来由农村转为职工的农民，不少企业的管理者则是原来的乡村干部，虽有一些长期从事管理经营的厂长、经理，也多是自学成才的“土专家”。尤其是企业的科技开发、供销、财务等人员严重不足，往往是一人身兼数职，同时不少民族企业很少开展职工上岗培训，多是采用带学徒的办法对职工进行培训，而且劳动组织、管理制度、管理体制乃至管理方法都比较落后，在一定程度上影响着人才的开发和职工素质的提高。

当然，综合分析民族工商企业的竞争能力是相当困难的。市场是衡量能力的唯一的度量，一个产业、一个行业，甚至一个企业的综合竞争能力不能仅仅局限于对企业本身能力的分析，而应从所处行业的生命周期和市场结构的大背景中去看待它们的潜力。很显然，河南少数民族经济经过十几年的高速发展，已经初步形成了一定的优势，但这些优势又是由全省生产要素的比较优势所构成的。因此，从总体上讲，民族经济随着全省工业化进程的加快，毫无疑问竞争能力会不断提高，但面临的主要压力也是随着全省比较优势指数变化、资源配置逐步合理而带来的竞争。这一竞争与以往肯定有着诸多不同之处，机遇瞬间即逝，形势也会十分严峻，稍有懈怠就有可能丧失原有的优势地位。

二、对河南省少数民族经济发展的思考

今后一段时期是我国由计划经济向市场经济转变的重要时期。市场经济归根到底就是要建立一个公平的竞争机制，从而达到合理配置资源的目的。因此，我们讲发展就必须要讲竞争，而要讲竞争就要理出一个符合实际的发展思路，通过对经济发展现状分析、评价，形成一些概念和共识，以促进民族经济持续高速发展。

（一）解放思想，抓住机遇，通盘布局，全面启动少数民族群众发展经济的内在动力

民族经济工作的基本指导思想和发展目标是坚持以邓小平同志建设有

中国特色社会主义理论为指导，深刻领会邓小平同志“发展才是硬道理”的深刻含义，进一步破除旧思想、旧观念的束缚，破除小富即安、小进即满的小农经济思想影响，正确地分析河南省民族经济发展的新形势，既要看到成绩，又要找出差距，充分认识民族经济发展中面临的新情况、新问题、新挑战，振奋精神，抢抓机遇，树立发展意识、竞争意识，启动全省少数民族群众努力发展经济的内在动力，整体推进民族经济的工业化进程，争取几年再上一个新台阶。

河南少数民族经济是全省整个经济的有机组成部分，整个经济的发展对民族经济发展起着至关重要的影响。河南少数民族经济发展的基本思路是，充分认识民族经济的特点、优势，能工则工，宜农则农，市场缺什么就生产什么，什么有利就经营什么，确保质量、效益、速度协调发展，尤其要对民族经济产业链条的薄弱环节给予足够的重视，在宏观规划中予以弥补，做到合理分工、区域开发、优化结构、提高素质。各级党委和政府应把民族经济的发展放在整体经济规划中通盘布局。河南省不少地方经常提要“找准经济发展的突破口”的口号，然而在民族经济工作中则不宜生搬硬套，而应当根据当地实际，多从种、养、加、农、工、贸多种经营，综合开发一体化的角度去思考、规划民族经济的发展。从产业相互关系中发现和培养经济发展的增长点，使其能够协调、稳步发展，特别是要抓住薄弱环节，注意安排好产业之间能够促进相互关系的投资，不断地改善民族经济的产业结构，这对于保证整个产业链条效益是必不可少的。

当然，民族经济的发展有着十分复杂的内部和外部的相互关系，在总的规划框架之内还必须有配套的政策措施，因此在政策导向方面，各级党委和政府应着重把少数民族农业、畜牧养殖、科研教育以及改善投资环境等因素列入计划，除安排必要的发展基金外，更应给予一定的政策倾斜；注意在引进技术人才、提供信息、采购运输、解决原料等方面制订方案，给予支持，要特别注意通过政策逐步改变民族经济粗放型增长方式，引导经济向集约化发展，从宏观上促进生产力要素的调整和重组，不断提高民族经济的自身发展潜力。各级政府主管部门还应大兴调查研究之风，根据少数民族经济发展中不断出现的新情况、新问题，因时、因地制宜，分类指导，不断地探索、掌握少数民族经济发展的规律，提高宏观指导能力。

（二）由成本领先逐步过渡到优质优价，提高产品档次

河南少数民族经济之所以能高速发展，很大程度上讲依靠的是成本领先的优势，即以物美价廉的产品开拓了市场，尤其是出口创汇企业，成本可以说是进行竞争的主要武器，而开拓国外市场始终是带动民族经济增长的发动机。然而，若认真分析则不难发现，造成成本领先的基础又是原材料和劳动力的廉价以及严格控制的管理、推销和研究费用，而并非技术先进和规模效益所致。随着市场经济的建立，价值规律将使各类资源逐步实现等价交换，原材料和劳动力价格不断上涨的压力将越来越大，要继续保持成本领先的地位，或是加大投入，更新设备，提高技术水平，或是进行规模生产集约化经营，但无论企业走哪条路，有一点可以肯定，那就是不可能使多数企业在一定的市场需求范围内同时扩大市场份额。因此只有走通过提高技术水平，促使企业产品逐步过渡到差异化，大力进行新产品开发，提高产品质量档次，实现产品优质优价的道路。

产品差异化，一是要营造名牌，二是要通过产品开发和生产活动在满足用户某些方面需求中独树一帜，或是在社会某一群体中赢得市场，从而获得特殊的地位。洛阳市根据少数民族群众的传统优势，先后创办了马屯鼓乐厂和九都文物地质工程钻探公司，鼓乐厂的产品占领了国内大半个鼓乐产品市场，在13个省市建立了分厂，还出口韩国、新加坡等国家和地区。钻探公司编队承包技术工程，业务遍及北京、江苏、山西、陕西等十几个省市自治区，为城市建设做出了贡献。

（三）转变经济增长模式，不断提高企业素质

经济增长是由多种因素在价值活动中相互作用决定的，不同因素的不同作用决定了不同的增长模式。促使河南少数民族经济高速发展的因素固然很多，但主要还是靠投入实现了增长。马克思说：“劳动生产力是随着

科学和技术的不断进步而不断发展的。”[1] 依靠科技进步提高企业素质，是民族经济发展进步的不可缺少的重要因素，只有抓住转变经济增长模式这一杠杆，才能在竞争中找到出路。我们必须看到，当前整个经济发展已经到了这样一个转折点，即经济发展的内在矛盾和客观规律都要求必须转变经济增长方式，改变过去那种“吃苦耐劳”“大干快上”就能挣钱的观念，大幅度提高企业的科技含量，提高管理水平，在同量的资源消耗或是少投入的情况下，努力提高质量，获得更大的经济效益。从河南省不少地方的成功做法看，转变经济增长模式，一是要把“科学技术是第一生产力”的思想作为兴工兴农指针，加强科技指导，不失时机地推广科学技术；二是拓宽科技教育渠道，抓好职业技术培训；三是加大科技投入，从管理制度和组织形式上保障技术进步；四是努力抓好“三引进”（即技术、人才、资金的引进），推动企业挂靠大专院校、科研单位，开发企业的核心技术；五是推广科学管理，促进企业全面进步。

提高企业素质的另一个重要问题就是要求企业必须树立长远的、全局的价值评判标准，树立总计成本意识，如目前反映较多的污染问题就是一例。在民族经济主导链条中，不少产业生产都可能造成污染。制革行业的前期工序排放大量含有重金属、染化料、腐败脂类等物质的污水，这类污水渗透性强，处理工序复杂，目前吨处理成本均在 1.1 元以上，远远超过市场水价，而且时间越长费用越高。从长远的角度看，污染无疑要加重生产的成本，影响企业和地方的长远利益，特别是在当前千家万户上项目的情况下，治理污染问题就显得更为紧迫，懈怠、忽视后果堪忧。有个村子 5 年竟未能体检上一个合格的兵，有的村里嫁出的姑娘不生育，招来的媳妇不会生，足见其危害程度十分严重，不仅会给企业和群众带来无法承受的危害和经济负担，而且在一定程度上也会成为邻里之间、村与村之间，甚至回汉族群众之间矛盾的焦点。因此兼顾长远利益，规范企业行为，已是迫在眉睫了。

---

① 马克思著，郭大力、王亚南译：《资本论》第一卷，664 页，上海，上海三联书店，2009。

（四）由分散经营逐步过渡到集约化经营，不断提高开拓市场的能力

实现资源经济利用最有效的方法就是规模生产，而集约化经营又是在规模生产的基础上，实现集团化、系列化、深加工、外向型发展的经营方式，也是我们工业化进程中的必经之路。目前河南省民族企业中已有规模企业集团8家、松散集团公司4家，预计随着我国改革的深入，市场的竞争将更加激烈，企业的优化组合进一步加剧，集约化经营将逐步替代各自为政的分散经营。从河南少数民族经济的主导产业结构和“大分散、小聚居”的生产生活特点看，都有利于集约经营的形成。因此不失时机地采取相应的措施，推进民族经济向深加工、系列化方向发展，实现规模生产、集约化经营，对于提高整个民族经济市场竞争能力和抗御风险的能力都是十分必要的。

镇平县贾宋镇回族农民吴天喜10年前办起一座库容60吨的清真冷库，实行个体经营，一度亏损30多万元。县政府有关部门建议他走发展股份制的路子，并帮助吸纳股金350万元，成立贾宋食品系列集团股份有限公司，在一定范围内合理配置了生产要素，承租土地1300亩，发展养殖业，使企业由单一加工型向种养加一体化转变，由单向运作、自我封闭转向千家万户辐射、国外与国内市场对接，大大增强了对市场风险的承受能力。目前该企业已经发展成为一个集种植、养殖、加工、运销为一体的庞大的企业集团，拥有各类企业11个，1994年创产值1.56亿元，利税1200多万元，带动本县和相邻六县（市）的9000余户回汉群众走上富裕之路。促进民族经济集约化经营，还要注意政策协调问题，由于各地民族企业既有国营又有集体、私营和个体，因此实际操作时应特别注意处理好各种不同所有制企业间的关系，以效率效益为杠杆，股份合作、一体多制、优势互补，切实保护好群众的生产积极性。

（五）抓专业村建设，大力发展第二三产业，不断优化产业结构

实践证明，一户一品、一村一业是河南民族工业发展的成功经验。市场经济的发展为专业化分工提供了基础，以街道村落为框架建立专业化生产经济模型，走区域开发的道路，将成为今后一个时期民族经济发展的主要途径。宁陵县张庄多年来都是一家一户搞屠宰，能宰不能储，近销有余，远销不便，阻碍了经济的发展。1992 年，他们以个体和股份制形式建立了清真冷库群，按照收购、屠宰、储藏、运销等环节进行科学分工、专业化经营，产销两旺，效益大增，成为冷储运输专业村，全村人均收入以每人每年增加 200 元的速度递增。专业村建设为整体经济的发展提供了基础，拉长了产业链条，优化了产业结构，提高了整体经济效益。目前，河南省少数民族已有养殖屠宰、皮毛加工、食品加工、小商品生产等各种工业小区、专业村近 200 个，为区域开发奠定了基础。内乡县根据全县少数民族聚居的 19 个村的专业生产情况进行规划分工，形成了牛羊养殖、地毯草编加工等七大生产基地，形成了一批龙头企业，带动了整个区域经济的发展。

今后抓好专业村建设，首先是抓好龙头企业，正确引导和培育有特色的产业；其次要不断地开发名优产品，努力开拓国内外市场；再次要组建符合民族习惯、具有民族特色的专业市场或工贸小区，并通过一定的经济模型，辐射千家万户，促进支柱产业的壮大；最后要把专业村建设和扶贫开发结合起来，广泛推广“三帮三带”活动，即富户带贫户，大厂带小厂，富村带贫村，内联千家万户，治穷致富，共奔小康。

（六）优化产业结构，提高整体经济效益

从河南省实际状况看，少数民族经济主导产业利润下降、收益率低的原因不仅有技术水平低、产品档次低、劳动生产率低等因素，产业内部的

无序竞争和新资本继续进入，也已经成为产业利润下降的重要因素。例如骨粒骨粉生产，目前开工的厂家70%是近5年建立起来的，加工能力的扩大，最直接的反映就是抬高了原材料价格，加剧了市场竞争。以现在原料收购价1100元/吨计算，1.4吨原料可生产1吨骨粒骨粉（1600元/吨），形成500万吨生产能力，约需投资400万~500万元，实际收益已是利不足息。河南最早、最大的骨粒生产厂家——阿力集团的亏损乃至倒闭已经证明了这个问题。优化产业竞争结构除了因经济规律所致的部分原因难以左右外，立足点应放在规范内部竞争和建立进入障碍上，使部分产业由现在的“可竞争行业”逐步成为“难进入行业”，在不影响技术进步的前提下，实现必要的产业保护政策。要做到这一点，除有计划地引导现有企业实行规模经营、推动技术进步，造成成本领先优势、产品差异等行业措施外，不可缺少的办法就是政府政策的调节和限制，政策是促进产业向效益质量型发展最有价值的工具。各级政府要根据本地资源状况，因地制宜，加强分类指导，要根据全省民族经济底子薄、起点低而又有优势和特点的状况，能工则工，宜农则农，借助城郊结合部的地理优势，引导群众大力发展第三产业，建立各类专业市场，不断开拓生产经营新领域，分流生产要素，使主导产业能够在保证效益的前提下稳步协调发展。第一，农业生产要坚持高产、高效的开发，养殖业要以牛羊系列开发为主，大力推广圈养技术，提高出栏率；第二，工业要重点抓住老企业改造，下决心淘汰一批污染严重、能耗高、原材料浪费严重、产品档次低、规模效益差的企业，压缩过剩的生产能力，引导建立一批高新技术产业；第三，发展第三产业是发挥少数民族群众传统优势的一个重要环节，凡是有条件的地方都要建立有特色的伊斯兰一条街，既方便少数民族的生活，又为发展生产创造条件。同时还要结合专业村建设和区域开发建立各类专业市场，通过一定形式的联合辐射千家万户，促进民族经济持续、高速发展。

（七）努力提高劳动者素质，重质量、增效益、促发展

社会主义市场经济体制的建立和经济增长方式的转变，无疑将给各种经济活动提出更高的标准和要求。我们应当清楚地看到，实现经济增长并

不困难，主要依靠自然资源、劳力、物质生产能力和资金供给 4 个条件。然而，增长和发展则是两个完全不同的概念和范畴。增长侧重数量的增加，而发展却更多地反映质量、效益的提高。质量是知识存量、劳动生产率和生产结构的总和，是制约经济长期稳定发展的基本因素。我们要保持少数民族经济高速、高效的发展势头，就必须在经济的内涵、质量上下工夫。目前，不少地方、企业反映资金缺乏，认为资金是制约经济发展最稀缺的资源。当然，加大资金注入，无疑是促进河南省民族经济增长的一个杠杆。然而投资速度超过了人才培养速度和科技开发能力，同样是不经济的。如果仔细研究整个民族经济的发展过程，不难看出经济发展的波折乃至大起大落，往往是与忽视人才的开发和技术的进步分不开的。从河南省的实际情况看，不少新的投资带来的多是生产能力的扩大，重复建设项目过多、过泛，并没有带来多少新的技术，这些投资造成的效率、效益低下反过来成了资金紧张的主要原因。效率、效益是资源利用获得收效增殖程度的度量，它综合原料产出率、能力利用率、劳动生产率、利润率、流动资金、生产系统实用效率等多种因素，但主要取决于技术和产品结构，群众说得好：企业靠产品，产品靠技术，技术靠人才，人才靠政策，说到底就是人才的开发、科技的进步。因此，不断地提高新技术在整个投资中的份额，优化产品结构，提高产品档次，是保证效益的前提。

与提高效益效率相辅相成的另一个方面，就是提高民族的群体素质。当前，一方面存在着大量的向非农领域转移的劳力无业可就，另一方面则是具有不同技能的熟练劳力严重不足，尤其是民族企业多数是劳动密集型产业，资本替代比较困难，对各种技能的要求越来越高，因此，加强人才培养应当作为提高劳动生产率最可靠的手段而放在优先的地位。要做到这一点，一是必须切实把民族的科学教育事业放在显著位置，予以高度重视；二是必须大力开展职工技能和专业知识的培训，注重引进人才；三是必须逐步改变目前不少企业实行的季节合同工制，提高职工的专业化水平。新野县民族灯具厂是一家 1987 年创建的只有 70 人的小厂，多年来依靠科技兴厂，坚持科技投资，坚持科技培训，平均每人每年接受培训 3 次以上，先后改进工艺 108 项，自制设备 30 余套，开发水下彩色喷泉、光控灯具等 8 个系列 500 多个花色品种，不少工艺达到 20 世纪 90 年代先进水平，人均产值、税利均大大高于同行业的平均水平。该厂的经验充分说明，不断提高劳动者的素质是企业提高产品质量、增加效益、促进企业发展的根本所在。

总之，河南省少数民族经济由多种行业构成，受多种因素影响，面对国内、国外两个市场，相互之间有着十分复杂的关系，是全省经济的有机组成部分。发展民族经济不可能只通过制定一个发展规划，或是设计一个投入产出模型就可以一蹴而就的。要保持民族经济稳定、高速发展势头，就必须根据经济发展中不断出现的新情况、新问题，不失时机地总结、探索新的经验和新的规律，制定新的对策和措施。尤其重要的是应在“九五”期间采取各种措施，因地制宜，切实转变经济增长方式，以适应我国社会主义市场经济体制的建立，确保全省民族经济发展实现再翻一番的目标，如此，才能为民族的进步和繁荣做出新贡献。

（原载于《河南大学学报》，1997 年第二期）

民国时期回族民族工业剖析

答振益

回族近代新式民族工业，于清末至民国期间开始兴起并有所发展。虽然它在全国整个国民经济中，乃至在回族经济中所占的比重极其微弱，但毕竟反映了回族经济的新发展。然而在以往的回族史研究中则很少涉及此问题。本文想就所接触到的零散资料勾画出其轮廓，并提出一些尚不成熟的看法，目的在于引起对此问题的重视和探讨。由于回族居住分散，经济方面资料奇缺，本文内容可能挂一漏万，不当之处也在所难免，欢迎批评指正。

一

回族是一个商业意识极强的民族。早在明代就有“回回善营利”之说。但直到民国时期，回族以农业经济为主，以商业、手工业经济为辅的经济结构几无变化。从全国总体角度看，经营牛羊屠宰、清真饮食、制革、小商小贩等行业，基本上概括了城镇回族经济全貌。

回族又是一个勇于开拓进取，具有强烈爱国精神和时代感的民族。19世纪60—70年代，随着民族资本主义的产生，特别是中日甲午战争之后，帝国主义列强掀起了瓜分中国的狂潮，民族危机空前严重，激起了全国人民救亡图存的高潮之后，在民族资产阶级和爱国知识分子“设厂自救”的号召下，回族爱国志士紧跟时代的步伐，在辛亥革命前夕投资创办了一批近代新式工业。天津穆氏回民经营的正兴德茶庄于1900年以后，在周口寨（今河南商水县）设香茶熏制厂，后又于福州设厂。湖北留日回族学生马积缨（冠周）回国后，自1909年起，先后担任上海至诚图书局副经理、汉口经武军装皮件公司副经理，并经营汉口济公矿务公司和阳新铜矿公司。1910年，河南开封回族富商魏子青征得地方当局同意后，于开封南关三里堡征地50亩，集资25万元，招收工人约200人，创办了普临电灯公司。清末任重庆总商会会长并任重庆生丝帮负责人的回民温友松及其堂兄温希谷创办了机器缫丝厂，为发展重庆机器缫丝业，开创了风气，有过较大的影响。上述近代新式工矿企业的出现，是回族民族资本主义工业产生的重要标志，尽管当时兴办的回族新式工矿企业为数甚少，但它与全国经济发展的节拍相吻合，反映了回族经济的发展并产生了积极的影响。

民国初期，在孙中山“振兴实业”的号召下，在中国民族资本主义发展的影响和推动下，回族有识之士丁竹园提出了发展实业、振兴回族的主张。他针对回族文化、经济生活的实际，劝告回民要自强自立，“以后务必多多提倡教育，提倡实业。但求教育于实业日渐发达”。进而提出：“大家齐齐心，先由多立工厂入手。好坏贵贱，家家购买本国货，穿布的，高低必买爱国布；抽烟的，高低必抽叶子烟，自造火柴更好……”上述思想主张，反映了回族人民发展近代新式工业的强烈愿望和爱国之心。是时确有一些回族商人、手工业主，某些经济地位上升的小商小贩、手工业者和少数耆绅，将其商业资本、长期经营积累或榨取民众的钱财投资于新式工业，创建了一批回族独资经营或与汉族合资兴办的工矿企业。就其设厂和经营情况来看，大体上涉及以下部门。

纺织工业 清代咸、同年间，南京回民蒋翰臣靠在长江中游贩卖食盐发家致富，后与邑人刘鉴中合资开办了“二金陵春生鉴号”，经营绸缎业。他们自设作坊，自织、自运、自销，产品遍及赣、鄂、湘、川、滇、黔等省，获取了丰厚利润。1894年，“春生鉴号”自行歇业，复在长江中游经营典当业和盐业，后又集中财力于上海经营房地产业，遂成江南巨富。至蒋家俭时，正值辛亥革命时期，他在“实业救国”思潮的影响下，将商业资本投资于苏伦纱厂、苏州丝厂、南通大生纱厂和安徽鞠湖裕中纱厂，开回族经营纺织业之先河。民国初年，著名阿訇王宽为解决回民生计及就业问题，让刘德厚于北京牛街输入胡同西口设慈善工厂，专门生产毛巾。1919年冬，鲁连城投资10万元于河南武陟县木栾店独资创办成兴纱厂，生产12～20支纱，产量3800锭，采用千佛阁牧童像为商标，是河南纺织工业中较早的厂家之一。由于经营不善，1932年为开封回民杜秀升出资接办，更厂名为巨兴纱厂，采用二仙阁牌商标。1920年前后，天津回民马泽民创办吉庆公号，于竹竿巷生产麻袋。云南河西回民马汉波、马振和、马泽如、马千里四兄弟，通过肩挑及赶马帮到缅甸经商积累了资金，在昆明开原信昌号，在思茅设信昌分号，在江城开敬昌茶业号，在墨江开源信斋，分别经销皮革、百货和生产酱油等副食品，拥有资本曾达200万半开（地方银元）。以后他们又用经商所得资金在昆明开设明德织布厂，从四川运来织布机50台，进行资本主义性质的工业生产。

随着纺织业的发展，对于棉花的需求增多，为便于棉花的运销，1932年，由西安回民白楚珍、冯梦麟等人集资，于渭南创办西安棉花机器打包厂。该厂拥有19个弹花车间、1个仓库及回汉工人近千人，有从德国礼和洋行进口的50匹马力的柴油机作动力的两斗推盘式打包机，并聘请俄罗斯人作技师，每天打包600多件（每件重250公斤），在西北地区和东南沿海均有较大的影响。

化学工业 1915年，在抵制美日货物，收回利权的反帝爱国斗争中，回民陈经畬将义顺成商号的2.4万两白银投资于汉口开办了汉昌烛皂厂无限公司（以下简称“汉昌”）。建有老式五开间厂房四进，购置煮灶锅、镔钱冷桶、晒皂架、脚踩手捶木模打印机、铜模脚踩打印机、拉条机及其他设备若干，招收职工40多人，生产七星牌、军人牌、禄字牌肥皂。生产周期一般为7～9天。头几年年产量约2万箱左右，因质量欠佳，国内外同行竞争激烈，获利甚微，仅能维持生产。后不断提高质量，改进装潢，在省内沙市、宜昌、黄石、襄樊等地，省外长沙、南昌、九江、信阳、驻马店等地开拓了市场。于是“汉昌”产品很快在省内外获得了信誉，扩大了销路。1920年生产肥皂7万箱，年盈利1万两，1930年资金增至10万两，到1935年猛增到30万两，为其扩大生产、更新设备创造了条件。1936年下半年，工厂进行了扩建，将向上海购买生产肥皂的整套机器设备和向德商谦信洋行订购的甘油机运回武汉安装，8月正式投入生产。由于技术原因和日寇逼近武汉，1938年机器生产暂停。9月，日寇占领武汉前夕，“汉昌”将部分手工生产设备及少数职工迁入川。1939年8月于重庆开业，日产肥皂百余箱。1940 年 8 月，工厂遭日机轰炸后遣散职工歇业，迁渝前存放于汉口厂内及租界里的所有设备丧失殆尽。抗战胜利后，“汉昌”于 1946 年 7 月返汉复业，其流动、固定资产权相当 1935 年的三分之一，只好先以手工生产，日产肥皂 110 多箱。11 月，陈经畲将抗战时期标买的上海无敌肥皂厂的机器设备运回武汉安装，1947 年 4 月正式投入生产，日产七星、金钱皂 300 余箱。但随着内战深入，市场萧条，勉强维持到解放。1921 年，天津回民马泽民在张家口购置设备试制肥皂，产品行销包头、北平等地。1923 年，马又亲自赴包头投资设厂，所生产清真牌肥皂迅速占领北平、兰州乃至整个西北市场，深受各族人民，特别是广大穆斯林群众的欢迎。日寇侵占绥远后，生产遭到严重损害。解放战争时期，由于国民党横征暴敛，损失更加严重，1949 年被迫转卖。1936 年，回民穆伊光于天津创办长元德皮革厂，由于穆伊光技术熟练，善于经营，效益甚佳。“七七”事变后，日军将牛皮划为军需物资，该厂陷于停产状态。1939 年，穆伊光增设橡胶制品设备，更厂名为长城橡胶厂，生产自行车内外胎、三角带和皮胶底等橡胶制品，销路逐渐打开。1947 年，生产规模日益扩大并设立分厂，获利颇丰。

面粉工业 1912 年，回民候补知县张普元、商人李茂亭等集资库平银 4 万两，于开封创办永丰面粉公司。1913 年投产后，营业始终不佳，延至 1924 年终于倒闭。同年，由回民杜秀升接办，将厂名改为益丰面粉公司，杜任经理，“因经营有所改进，民国十六七年，已能赚取利润，逐渐增设英式机磨六部（原有旧机磨三部——作者注），但仍因资金不足，产量较小”。后得到金城银行贷款始周转灵活营业渐好。“民国二十二年改装三部德式机磨，产品较前更佳”，获利颇巨。1938 年日寇占领开封后，面粉厂被军管，抗战胜利后复被河南省政府强占，后经公司多次交涉，一年后始发还自营，终因资金短缺、周转不灵，勉强维持到解放。1935 年，杜秀升在西安创办华峰面粉公司，是当时西北最早的现代化面粉厂。抗战时期，杜迁居西安，于 1941 年任陕西省面粉工业同业工会理事长。他领导的西安华峰、成丰、福豫、和会，宝鸡的福新、大新，汉中的大新和蔡家坡面粉厂，统一接受当时政府的军粮生产任务，给各厂分配生产指标，协调各会员厂生产关系，他经营的华峰公司挖掘潜力，把日产面粉 4000 袋提高到

6000袋，保证了抗战时期的军需民食，为全民抗战胜利做出了贡献”。1946年，回民孙文魁于归化（今呼和浩特）创办文魁堂磨坊，初以马拉石磨从事面粉加工，次年改为电动石磨，雇佣工人20余人，生产效率大为提高。1948年初，将厂名改为争光，以“望月楼牌”为商标，并添置钢磨1部，以图发展。1949年绥远解放后改名为争光恒记面粉厂，为发展当地回民米面加工业做出了贡献。

电力工业 清宣统年间魏子青在开封筹办的普临电灯公司于1912年正式开业，当时电厂有1台100瓦的蒸汽机，不久又购置1台60瓦的蒸汽机，开足马力时可带16支光电灯1万盏。1916年春，魏子青又在郑州大同路创办郑州明远电灯股份有限公司（原名郑州普照电灯公司），投资12万元，魏任董事长兼总经理，白德清任经理，负责日常工作，购置外国产75瓦立式蒸汽机1台，招收工人十余人，拟于1916年6月发电，因恰值第一次世界大战期间，机器未能按时运到，延至1917年才发电营业。1919年公司扩大规模，迁至郑州西关外金水河畔，工人增至30人左右。1917年由魏子青筹备，杨绍泉任董事长兼总经理，于洛阳创办照临电灯公司，购置75瓦发电机一台，职工20余人，1918年开始供电。然而，魏子青苦心经营的3个电厂结局均极悲惨，开封普临电灯公司除1938年日寇占领开封为侵华日军霸占外，还先后于1927年、1932年、1945年为韩复榘、伪河南省政府分别以“通敌”“敌产”等罪名收归官办。虽然又三次发还魏氏，但设备受损，亏损严重，始终未能恢复元气。郑州明远电灯公司几经劫难，由于亏损严重，不得不于1948年9月移交给水利部黄河机工总队经营。洛阳照临电灯公司开业不久，因资金短缺、设备受损严重，于1922年关闭。1948年，回族工商业者马辅臣投资20万银元并集资部分股金，于甘肃临夏筹办民生水力发电厂，修建了部分机房、宿舍，新中国成立后始安装发电。

火柴工业 20世纪30年代，镇江回民金子如投资于江西九江创建大中华火柴厂，产品主要经销江西、湖北等长江中下游省区。1937年，回民马辅臣于甘肃临夏西堡子村创办民生火柴厂，商标为飞马牌，经营至中华人民共和国成立。

食品工业 清末民初，湖南邵阳江北陇回民合资创办了同生利手工制糖作坊。自1923年起，由木榨改为石榨，1938年又由石榨改为铁榨，将红糖加工为白糖，并用制糖废料进行综合利用，用来酿酒和提炼酒精，基本上已属现代化工业行列。1927年，由刘彬如倡议，上海回民集资创办上海春申食品有限公司，刘任总经理，购进部分机器设备，采用先进技术，聘请江南名师制作饼干、面包、奶油蛋糕、陈皮梅、蜜饯等西式糕点和糖果，并生产牛肉、鸡、鸭、水果罐头，颇受上海、江浙及香港等地穆斯林的欢迎，成为回民创办新式食品工业的开端。

卷烟工业 民国时期，北京、南京等地有回民经营烟业，南京公顺烟号、顺昌烟号，是以回族人为主的合资企业，几乎垄断了当地的卷烟批发业务。到了20世纪30—40年代，已有回民投资设卷烟厂，如豫南偏僻县城固始，就由回民王金生出面，联络许殿云（回族）、崔少恒（汉族）等，采取招股集资、按股分红的办法，于1942年在东关北大街创办了光亚烟厂，购置卷烟机、切丝机和轧梗机等设备，雇佣技师、工人数十人，1943正式投产，所产蓼城、国光牌普通香烟和熊猫牌高级香烟一经问世，供不应求。当时该厂全年税收占全县各行业总数的50%左右，效益极佳。

制药业 制药业是回族的传统行业。民国时期天津著名中医回民刘秉彝开办的中西大药房所生产的保赤一粒丹、金丹、坤中第一丸、仙丹较为有名。河北回民马歧山于1919年在武昌斗极营开设北京马应龙定州眼药分店，所生产的马应龙眼药等均以疗效显著而享有盛誉。其中最具有代表性的是在传统手工制药的基础上，采用西方先进技术将手工制药作坊改造成为现代工业的回民企业白敬宇眼药厂，所制白敬宇眼药疗效可靠，成为全国同行业著名厂家之一。

机械工业 1916年，天津回民穆成波于北营门福泉里创办盛立合桅灯厂，产品十分畅销，该厂迅速发展到五六百人规模。20世纪20年代，德商以商标相似为由逼其停产，穆为唤起工人的爱国之心，改进生产，以航空牌为商标，生产更趋发展。1939年，西安回民陈亚光、马福泽、傅小和等，各投资2000银元于西安大麦市街中段回民聚居区创办建国机器制造厂，设机械加工、锻压制造、钳工装配、烧炼4个车间，生产手摇电话机、汽车轴承，炼制供汽车用的轻质油。1944年，因大量美货冲击中国市场遭到严重亏损，次年5月被迫关闭。民国时期回民马成章于镇江苏北路蒜山下创办马万兴机器修理厂，雇用各类工人近20人，主要经营轮船修理，经营效果极佳。

采矿业 回民经营采矿业历史悠久，清代咸、同年间，云南东川巧家铜矿、南安（双柏县）石羊厂银矿、他郎（墨江）金矿，都有回族矿主、矿丁和矿业技师开采，在新疆塔城等地也有回民开采金矿。光绪年间，河南禹州回民丁启云在三峰山开采煤矿。民国时期有不少回民经营采矿业，就目前所知，民国初河南武陟县木栾店回民王明贤在焦作兴办煤矿，采用提升机、锅炉等设备进行生产，粗具规模后为当地官僚依仗权势强行霸占，后他又在济源开办煤矿，直至中华人民共和国成立。魏子青在兴办普临、普照、照临3家电厂后，为解决电厂用煤，于1919年在蕴藏量丰富，地处郑、汴、洛交界处的密县兴建煤矿，购进部分机器设备进行生产。由于经营不善、设备陈旧，严重亏损。后亦被当地恶霸霸占。云南巍山县回民忽亮光与人合资兴办铁矿，一度曾开采铁矿出售。

此外，民国时期回民经营的企业还有天津穆氏的正兴德茶庄在盛产优质茶叶的安徽六安设立的茶叶加工厂，镇江有新苏印书馆、华生印书馆、三山报馆，开封有商务印书馆，呼和浩特有德义成皮鞋厂，山东益都有永华鞋料（鞋厂），云南巍山有忽德龙皮革厂。它们均属回族新式轻工行业。

二

综上所述，民国时期回族所经营的近代新式工业已涉及轻重工业诸多部门，从总体看，他们除具有中国民族资本主义工业所共有的资金少、规模小、设备简陋、技术落后、轻工业比重居多等共同特征外，还具有如下4个特点。

第一，资金主要来自于商人、手工业主、少数经济地位上升的手工业者和小商贩的长期经营积累，多由商业资本转化而来，和官僚、地主联系较少。如民国时期在回族工业界较有影响的魏子青，由提篮叫卖的商贩靠经营珠宝发家致富后与人合资创办郑、汴、洛3家电厂。陈经畬出身于南京一个织缎的小手工业家庭，1901年单身到汉口义顺成广货店当会计，

1905 年任义顺成经理后，将经营所得在汉口与人合资创办“汉昌”。富甲金陵的南京蒋氏创业者蒋翰臣，虽由军士因战功累官至四品衔同知，但长期没有补到缺，生活艰难，不得不退出仕途，靠经商发财致富，其后人投资于苏州等地丝织、纺织业。云南马汉波四兄弟靠肩挑贩运，赶马帮经商积累资金后，于昆明创办明德织布厂。可以说，回民所经营的民族工业在资金来源方面和封建地主、官僚、买办资本联系较少，基本上没有什么派生关系。民国时期回族新式工业的经营者中，不少人反对国民党反动统治，反对帝国主义，特别是日本帝国主义发动的侵华战争，并且在发展民族教育、兴办社会福利事业等方面做了不少有益的工作，受到当地人民，特别是回族人民的尊敬。

第二，具有民族性和分散性。民国时期回族所兴办的民族工业涉及纺织、化工、面粉、电力、火柴、卷烟、印刷、制药、制茶、食品、制革、机械、采矿等轻重工业许多部门，其中食品、制革、面粉、制茶、制药、制皂等行业和回族传统经济及其生活习俗有着密不可分的联系，就其分布情况来看，它绝非如中国近代民族工业产生时主要集中在沿海地区几个通商口岸，而是既有沿江、沿海商品经济比较发达的上海、南京、镇江、九江、武汉、天津等地，又有内地及地处边缘地区的北京、开封、郑州、洛阳、邵阳、六安、西安、包头、归化、昆明等交通便利的大中城市，还有河南济源、武陟、周口、固始，甘肃临夏，陕西渭南等当时的小县城。但上述各类城市，无一不是历史上或当时回族人口居住相对集中的地区，它和回族大分散、小聚居的分布特点相一致。因此，民国时期回族工业具有明显的民族性和分散性。

第三，发展的微弱性及其不平衡性。民国时期，回族民族工业虽然开始兴起并有所发展，但它不仅在全国新式民族工业中所占比重极其微弱，即使在回族经济中所占比重与其传统经济相比也是沧海一粟，且在各地发展也极不平衡。一般说来，沿江、沿海、中原地区及回族居住相对集中的省区发展较快，其他省区的发展则较为缓慢。看不到其产生与发展的微弱性，或对其发展估计过高，都是不可取的。

第四，经济发达的滞后性和与国家民族总体利益的一致性。中国近代民族工业产生于 19 世纪 60—70 年代，到甲午战争后出现了一个持续设厂的高潮，据不完全统计，1895—1898年间，国内设立的商办工厂62家，资金总额达1240多万元，所设厂矿涉及缫丝、轧花、纺纱、火柴、碾米、榨油、面粉、食品、矿冶等多种行业，表明民族资本主义工业得到初步发展。就目前所接触到的资料来看，回族近代民族工业大约最早产生于20世纪初，民国初期到抗战爆发前夕设厂日益增多，与全国民族资本主义工业的产生和初步发展相比，一般说要滞后30~40年左右的时间，但作为中华民族大家庭一员的回族，其前途和命运与祖国各族人民是紧密地联系在一起的。在国民党反动统治下，随着四大家族官僚资本的形成，民族工业遭到严重的摧残。特别是日本帝国主义侵华战争和第三次国内革命战争时期，不少回族民族工业遭到严重损害甚至倒闭，这与当时整个国际、国内的政治、经济形势相一致，反映出国家命运对回族经济所产生的强烈影响，说明回族的利益和祖国各族人民整体利益是一致的。今天，增强民族团结，维护安定团结的政治局面，同样是发展回族经济的前提条件。

（原载于《伊斯兰文化研究》，2000年第七期）

“一带一路”战略中回族企业的历史机遇和社会担当

张　宇①

一、“一带一路”战略思想提出的背景

“丝绸之路经济带”和“21世纪海上丝绸之路”（简称为“一带一路”）是2013年习近平主席分别出访中亚四国和印度尼西亚时提出的中国和相关国家合作发展的重大战略构想，2014年政府工作报告将其列为本届政府的一项重要工作任务。“一带一路”是对古代丝绸之路、海上丝绸之路的继承和发展，具有划时代的战略意义。

众所周知，古代丝绸之路可以追溯到汉武帝派遣张骞出使西域之前。张骞到达中亚后，发现那里已经大量使用中国的竹制品和纺织品。西汉使团“凿开”亚、欧、非三大洲的通道，被19世纪德国地理学家李希霍芬（1833—1905年）命名为“丝绸之路”。于是这个名字很快传播开来，为世界各国学者和人民所接受。其实就功能而言，还可以叫“香料之路”“瓷器之路”及“茶叶之路”等。

丝绸之路的开拓，历史性地创建了一条由东亚至欧洲的陆上交通大动脉，将中国与中亚、西亚直至南欧的广大区域连接在一起。唐宋时期，从泉州、广州出发的商船经南海、印度洋、波斯湾，到达东非和欧洲。明

①　张宇为河南德正集团董事长。

代，著名回族航海家郑和曾七下西洋，郑和的船队最远更是到达了非洲东南部的一些地区，从而使海上丝绸之路达到了巅峰，大振国威，令世界刮目相看。所以，从历史上看，开辟丝绸之路绝非仅仅出于经济目的，当时的中原王朝为了巩固边界的安全，在信息极端闭塞的情况下，凭借着勇气和信念，搭建起连接东西的桥梁，巩固边疆，强化制海权。

值得一提的是，在这条横跨东西的古代丝绸之路上，唐宋时期的阿拉伯商人曾经为东西文化的交融做出过巨大贡献，这些被称为“大食”或“蕃客”的穆斯林商人，是中阿文化交流的友好使者和东西穿梭来往的国际巨商，享有很高的经济地位，史书上称他们“皆富有”，“富盛甲一时”。他们在唐宋时期曾对国家的经济发展做出过突出贡献。据史料记载，在宋朝，每年税收的20%来自阿拉伯大食商人的国际贸易，仅仅香料税收一项，最多时竟占整个财政税收的10%，从而创造了一个时代经济的辉煌。他们把香料带入中国的同时，也把中国的丝绸和陶瓷制品带到国外，把中国古代的四大发明传播到了世界各地。因此，丝绸之路不仅是古代东西方经济贸易交流之路，也是古代中国走向世界，向全世界展示其伟大创造力和灿烂文明之路，也更是古代中国文化与东西方文化相互交流、影响，共同促进人类文明发展的合璧之路。

明后期至清代，封建王朝实行海禁，闭关锁国，中断了海上丝绸之路贸易，造成丝绸之路一蹶不振，国威也一落千丈，中国逐渐落后于世界，以致后来遭受到西方列强的侵略和殖民。丝绸之路的兴衰轨迹显示，丝绸之路繁荣之时，正是我国民富国强、经济繁荣、国威大振之时，丝绸之路没落之时，正是我国愚昧落后，遭受外侮与侵略和殖民之时。“以史为镜，可知兴衰”，这正是丝绸之路的历史轨迹给我们的启迪和借鉴。

当今世界，全球政治格局和经济格局都发生了深刻变化。二战以后形成的“两极”格局随着苏联的解体已经成为多极世界。从目前的发展情况来看，金融危机爆发至今，欧美国家虽然表现出阶段性复苏迹象，但总体仍未摆脱发展的困境，要完成金融整治和经济结构的调整，可能还需要较长的时间。发达国家经济实力虽然日渐衰落，但在短期内其主导和影响世界经济的能力仍未发生根本的变化，仍是控制国际贸易规则制定及全球治理的主要力量。与此同时，欧洲各国和美国、日本正在不断强化其在新一轮贸易规则中的话语权。

从国内经济发展趋势看，改革开放30多年来，中国的经济发展速度令世人瞩目，中国对世界经济的影响力也进一步上升。上海自贸区的试验将进一步为我国实行高标准开放提供有效经验并将被不断复制。但中国经济的发展很不平衡，东部沿海经济的国际化程度已达到相当高的水平，我国作为一个海洋大国，对东亚及东南亚沿海各国的经贸合作和双边关系仍有拓展和巩固的空间，海上丝绸之路的合作仍面临着诸多的挑战。中西部地区改革开放由于起步较晚，仍处于发展的初级阶段，而中国经济的全面振兴及中国梦的实现离不开中西部整体发展水平和竞争力的提升。目前，中国对内改革和对外开放都面临着新的突破。一方面是金融危机后，欧美市场需求明显减弱，中国以出口为主的外向型经济发展受到了一定制约。另一方面则是随着中国经济的高速发展，结构性矛盾和新一轮的产能过剩已形成了新的压力，同时欧美等发达国家对正在崛起的中国耿耿于怀，不断通过对贸易结构的调整及规则的重塑，试图从多方面限制中国的发展。

在这种国际、国内大背景下，国家主席习近平提出了“丝绸之路经济带”和“21世纪海上丝绸之路”即“一带一路”的宏伟构想和战略发展规划，将形成一个东起西太平洋沿岸、西到波罗的海，横跨欧亚大陆的新兴经济合作区。这一战略思想的提出，为内陆和沿海经济发展和对外开放指明了发展方向，受到国内外的高度重视，沿途国家也纷纷表态支持。为了使欧亚各国经济联系更加紧密、相互合作更加深入、发展空间更加广阔，中国和沿途国家可以用创新的合作模式，共同建设“一带一路”，以点带面，从线到片，逐步形成区域大合作。相关各国要打造互利共赢的“利益共同体”和共同发展繁荣的“命运共同体”。这一跨越时空的宏伟构想，从历史深处走来，融通古今、连接中外，顺应和平、发展、合作、共赢的时代潮流，承载着丝绸之路沿途各国发展、繁荣的梦想，赋予古老丝绸之路以崭新的时代内涵。

二、“一带一路”给中国企业带来的商机

“一带一路”倡议给我国企业家带来了无限商机，具体表现在以下几个方面。

从国际领域看，“一带一路”倡议将东亚、东南亚、南亚、中亚、欧洲南部、非洲东部的广大地区联系在一起，该区域覆盖40多个国家和地区，总人口超过40亿，经济总量超过20万亿美元，分别约占全球的63%和29%。国际发展空间广阔，经济实力雄厚，消费潜能巨大。

从资源富集方面看，“一带一路”覆盖区域是全球最主要的能源和战略资源供应基地，区域内资源互补性强。目前我国石油对外依存度超过60%，天然气对外依存度超过30%，能源安全已成为国家经济安全的最核心部分。中亚、西亚地区是全球石油、天然气最富集地区，目前中哈石油、天然气管道为中哈两国的共同繁荣奠定了良好基础，也为我国深化与周边其他国家的能源合作提供了可借鉴的范本。

从比较优势来看，“一带一路”沿途国家多为处于不同发展阶段、具有不同禀赋优势的发展中国家。这些国家经济发展潜力巨大，在农业、纺织、化工、能源、交通、通信、金融、科技等诸多领域有着进行经济技术合作的广阔空间。“一带一路”沿线国家基础设施互联互通建设比较滞后，多数骨干通道存在缺失路段，不少通道等级低、路况差、安全隐患大，一些国家之间铁路技术标准不统一，运输周转环节多、时间长、效率低，海上航道安全问题频发，海上运输信息合作水平不高。这种滞后状态既是“一带一路”发展的瓶颈，更是“一带一路”建设的机遇和重要内容。而中国的发展经验和成果，可供各国借鉴。公路、铁路、油气管道、网络通信设施等不断修建，正在形成古丝绸之路上的现代商队。这正是中国企业家大展宏图、重整旗鼓的大好商机。

从行业领域看，金融行业方兴未艾，发展前景不可小觑。金融是现代经济的血脉，扩大金融合作是促进区域经济融合的重要内容。随着“一带一路”沿线国家经贸往来的不断扩大，对金融服务的需求势必进一步增

长。国家正在鼓励符合条件的中资金融机构到沿线国家设立分支机构和营业网点，为“走出去”企业提供融资、结算等金融服务。金融机构宜积极探索以境外股权、资产等为抵押提供贷款，加大对沿线国家投资的贷款支持力度。发展多种形式的境外股权投资基金，支持和鼓励符合条件的企业在境内外资本市场上市融资，用于沿线国家项目投资。推动政策性和商业性保险机构加大对境外投资的支持力度。中外金融机构在支持“一带一路”倡议建设方面加强全方位金融合作大有空间。深化中国—东盟银行联合体、上合组织银行联合体务实合作，以银团贷款、银行授信等方式开展多边金融合作。推进亚洲货币稳定体系、投融资体系和信用体系建设，扩大与沿线国家货币互换、本币结算的规模和范围。加强与沿线国家金融监管合作，逐步建立区域内高效监管协调机制，构建区域性金融风险预警系统。

从区域经济发展角度看，“一带一路”将政策重心放在中西部地区，西部大开发和中部崛起形成于2000年之后，同东部沿海相比起步较晚，必须加快对外开放，通过开放实现体制和机制的创新，全面提升内陆和沿边开放性经济水平，建设“丝绸之路经济带”可以成为扩大中西部开放、打造中西部经济升级版的主引擎。目前“一带一路”规划中所涉及的14个省区市中有9个位于中西部，国家从基础设施、财政扶持、人才培养就业、对外开放等多方面予以更多扶持，有利于增强这些中西部省区市的发展潜力。这些省区市由“内陆”变“前沿”，通过承接东部产业转移、加强交通物流通达能力、设立内陆港和海关特殊监管区等多种措施，将经济潜力变为实实在在的经济发展成果，不仅有利于实现东中西部的协调发展，还能够增强中西部地区对人口、人才聚集的吸引力，对新型城镇化三个“一亿人”的奋斗目标的实现大有裨益。

三、“一带一路”给民族企业发展带来的新机遇

首先是要“走出去”。所谓“走出去”战略就是以中国的公司为主导，服务于中国公司战略的一种跨国整合模式，通过“走出去”，我们不仅可

以增广见闻，也可以从中获得更大发展空间。众所周知，“一带一路”途经中亚、中东、非洲、东南亚，而沿途这些地区的许多国家都是伊斯兰国家。这些国家有两大特征，一是能源丰富，二是发展缓慢，生活用品需要进口。这些国家正是我国企业“走出去”发展最合适的国家。

当前，无论从开拓市场空间、优化产业结构、获取经济资源、争取技术来源，还是突破贸易保护壁垒，培育中国具有国际竞争力的大型跨国公司，“走出去”都是一种必然选择，也是中国对外开放提高到一个新水平的重要标志。“走出去”的战略意义在于：第一，在更加市场化、更加开放、更加相互依存的世界，国家必须考虑通过具有宏观影响力和国家长远发展战略意义的对外投资，提高国家在全球经济中的地位，在国际资源分配中争取一个更加有利的形势并改善与相关国家和地区的关系。第二，在中国成为“世界工厂”，对外贸易依存度超过70%的情况下，国家必须考虑通过提高引进外资质量和扩大对外投资两个轮子，主动地在更广阔的空间进行产业结构调整和优化资源配置。在保持制造业优势的同时，向产业链高增值环节迈进，提升中国在国际分工中扮演的角色。然而，由于受意识形态等因素的影响，在国家“走出去”战略中，国企在国外会受到一定程度的制约，而民企尤其是民族企业则可以利用其天然的文化因子关系，在中亚、中东、非洲及东南亚等伊斯兰国家得心应手地发展，这正是民族企业走出去发展的最大优势。

其次是要尝试涉猎高科技、金融等新兴行业。民族企业一般从事传统行业者多，涉及高科技、金融等新兴行业者少，尤其是进入伊斯兰金融者更不多见。众所周知，“一带一路”沿途很多伊斯兰国家都实行伊斯兰金融，如沙特阿拉伯、科威特、阿联酋、卡塔尔、巴林、阿曼、马来西亚等国家，因此，我国企业在“一带一路”金融交往中不可避免地会遇到伊斯兰金融这个问题。伊斯兰金融是一种新兴的国际金融形式，我们对伊斯兰金融应当有所了解。

伊斯兰金融是伊斯兰经济体制与现代金融体制相结合的产物，是按照伊斯兰教法运作的一种现代金融交易模式。虽然现代伊斯兰金融是20世纪60年代才出现的金融模式，但是其体制本身则源自7世纪的伊斯兰教经济制度。现代伊斯兰金融以禁止利息，拒绝投机、买空卖空，提倡利润共享、风险共担等特点而著称，它独辟蹊径，自成体系，发展稳健，当西方传统金融体系面临次贷危机而摇摇欲坠、步履维艰时，伊斯兰金融则稳如泰山，岿然不动，令世界金融界刮目相看。

现代伊斯兰金融虽然起步较晚，但是其发展速度和规模非同凡响，全球化速度十分迅速。目前，全球 70 多个国家有 250 支伊斯兰共同基金，350 家伊斯兰金融服务机构。近 80% 的金融资金由 6 个经济发展较快的伊斯兰国家掌控，即卡塔尔、阿联酋、沙特阿拉伯、马来西亚、印度尼西亚、土耳其。近年来，巴林异军突起，大力发展伊斯兰教金融业务，并且成为了伊斯兰金融结算中心。据伊斯兰金融专业研究机构的相关报告显示，2005 年伊斯兰金融的总资产规模达 8050 亿美元。1995—2004 年，伊斯兰金融持续以 15% 以上的年增长率发展，伊斯兰金融在 2011 年已达到的 1.5 万亿美元，2013 年达到 1.7 万亿。西亚海湾伊斯兰国家主权基金规模已达 2 万亿美元。据有关方面统计，“假设伊斯兰金融依照目前的速度持续发展下去，则资产规模将于 2010 年达到 1 兆 6200 亿美元；2015 年在进一步升至 3 兆 2580 亿美元”。仅以伊斯兰债券为例，据香港金融管理局资料显示，2009 年全球共发行 230 亿美元伊斯兰债券，比 2008 年增加 56%。

目前，美国有 15 个州开设了伊斯兰金融服务。早在 2006 年 6 月，英国财政大臣布朗就公开抛出言论：欲将伦敦打造成全球最大的伊斯兰金融中心，允许各银行在英国销售伊斯兰金融产品并制订一系列措施，使包括符合伊斯兰法的储蓄账户和抵押服务合法化。与此同时，渣打、汇丰、法国东方汇理银行等跨国金融机构近年来也纷纷扩大旗下的伊斯兰金融业务。

香港特区政府在 2007 年提出要发展伊斯兰金融。2007 年 8 月，香港金管局批准马来西亚丰隆银行（香港）有限公司推出香港市场首个伊斯兰银行业务窗口。2007 年 11 月，丰隆银行（香港）有限公司发行了首支针对零售投资者的伊斯兰基金。同月，恒生投资管理有限公司推出一支伊斯兰基金，首月就募集到 6500 万美元。2008 年初，香港特别行政区行政长官曾荫权在沙特阿拉伯首都利雅得表示，香港金融服务基金建设稳固，法律制度灵活完备，完全可以成为东亚地区的伊斯兰金融交易中心。香港之所以欲成为亚洲伊斯兰金融中心，其主要原因就是香港力求成为伊斯兰石油美元投资中国的平台。

“9·11”以后，阿拉伯伊斯兰世界彻底转变了对欧美的看法，从以往完全“向西看”开始转变为“向东看”，或采取“指东打西”的金融战略，或抱着不把鸡蛋放在一个篮子里的想法，看准了中国投资市场。伊斯兰金融家跃跃欲试，开始投石问路进入中国投资市场。2006 年，巴林沙密尔银行和中国中信集团公司成立了 1 亿美元的伊斯兰基金，投资中国房地产。2006 年 6 月，迪拜达马克投资约 27.30 亿美元开发天津塘沽区滨海项目。2006 年中国工商银行全球首次发放基金（IPO）以及后来的中国银行的国际配售中都有伊斯兰金融的投入。这部分资金投入对坐拥庞大石油资源、经济实力雄厚的伊斯兰金融来说可以说是九牛一毛，牛刀初试，如果中国制定相关法规和政策允许发展伊斯兰金融业务，引进伊斯兰金融机构，那么大量的伊斯兰金融项目和金融产品会进入中国金融市场，那将会为我国的金融事业和金融投资市场带来新的商机。所以我们民族企业也不能甘落人后，而要敢做第一个吃螃蟹的人，利用我们的民族文化优势走进伊斯兰金融，造福民族，回报社会。

四、民族企业发展途径探索——以河南省民族企业商会为例

民族企业由于受历史、地域、经济、历史文化特征等因素的影响，在经济发展过程中会遇到一些发展瓶颈。回族企业基本上是单打独斗，各自为政，没有形成合力，社会影响力不大，严重制约了民族经济的规模化、现代化和国际化发展，目前“回商”的经济实力与当年唐宋时期的“蕃客”早已经不可同日而语。作为一个少数民族企业，要想在茫茫商海中立于不败之地，不能各拉山头、各自为政，还必须具有跨民族、跨国际合作发展的大格局意识。“小胜以谋，中胜以智，大胜以德，常胜以合”，作为少数民族企业，要想长期稳操胜券，永远立于不败之地，不仅要有谋、有智、有德，更要联合。以下通过介绍河南省民族企业商会的理念和格局，对民族企业发展途径进行初步探索。

河南地处中原，历史悠久、文化灿烂，不仅是中华文明的重要发祥地，也被称为“中国之中”和“天地之中”。它承东启西，连贯南北，其得天独厚的地理位置和经济文化地缘优势，自古就是历代兵家逐鹿之所，古今商家必争之地，可谓得中原者得天下。河南有回族、蒙古族、满族、维吾尔族、苗族、彝族、土家族等55个少数民族。2010年末，全省有少数民族142.93万人，占全省年末总人口的1.52%。其中回族122.68万人，约占河南少数民族总人口的85.83%。河南省回族总人口仅次于宁夏回族自治区和甘肃省，居全国第三位。河南的民族企业虽然具有一定规模，但一般都是单打独斗，面临经济转型等诸多发展瓶颈，为了突破发展瓶颈，更好地发挥民族企业家的积极作用，全省民族企业界的同仁们一致认为只有成立民族企业商会，拧成一股绳，形成合力，才能把生意做好、做大、做强，展现民族企业的风采与综合实力，为社会做出更大贡献。这就是我们组建民族企业商会的初衷。

2014年6月23日，河南省民族企业商会终于在社会各界大力支持下于郑州成立了。商会恪守爱国守法、诚信敬业、尚德惠民、精诚团结、继往开来的民族商业精神，初步制定了“三大宗旨，八大规划，四大目标”。

（一）三大宗旨

1. 爱国守法，服务社会

河南省民族企业商会遵守法律、法规和国家政策；坚持党的基本路线，坚持各民族共同团结奋斗，共同繁荣发展；弘扬社会道德风尚，着眼经济建设大局，维护河南省民族企业的合法权益，增进河南民族企业与国内外企业之间的合作，沟通信息，交流经验，促进河南省民族企业的健康发展，为河南民族企业商会成长和事业发展服务。商会始终以服务社会为己任，关心民族福祉，热心社会公益和慈善事业，回报社会，报效国家。

2. 遵纪守法、服务尚德

商会将通过强化依法治企和以德治企相结合，使广大会员自觉形成依法经营、照章纳税、诚实守信、大胜以德的商业理念，遵守敬业爱岗、办事公道、服务会员、奉行社会的基本职业道德。服务会员是商会的基本职责，首届理事会将突出服务宗旨，尽心尽力，在实践中努力提高商会的服务能力和服务水平。建立商会自己的网络信息和法律服务中心，切实维护广大会员的合法权益，拓宽商业渠道，广结天下商友，为会员提供更广阔的商业平台，使商会成为一个充满关怀的温馨家园。

3. 承担责任、肩负使命

一个负责任的企业应该具有强烈的使命感与责任感，自觉承担起民族责任和社会责任。民族责任感是中华民族生生不息、永远不倒的万里长城，是中华民族屹立于世界先进民族之林的坚强基石，是激励人们奋发图强的有力武器，一个伟大而优秀的民族，一定是一个民族责任感至上的民族。因此，商会将以中华民族的伟大复兴为己任，为中华民族的伟大复兴做出应有的贡献。所谓社会责任，就是一个组织应以一种有利于社会的方式进行经营和管理。一个企业不仅要承担法律上和经济上的义务，还应承担“追求对社会有利的长期目标”的义务，这才是一个有责任感的企业和单位。社会责任包括企业环境保护、社会道德以及公共利益等方面，由经济责任、持续发展责任、法律责任和道德责任等构成。因此，河南省民族企业商会将认真履行社会责任，肩负起时代赋予的使命。

（二）八大规划

1. 强化和完善商会组织机构和规章制度

“打铁还要自身硬”，商会要发展，必须强化自身，完善组织，规范制度，发展会员，扩大影响，以创始会员企业为核心，成立专业部门和行业委员会，责任到人，各司其职，有机组合，齐心协力。

2. 创建学习培训机制和交流平台

聘请相关行业专家学者，组织学习培训和座谈交流，定期举办培训班，主要培训内容包括企业管理、资本运营、现代金融、业务承揽、国际贸易、国内外经济发展局势及文化知识，解放思想，开阔视野。为了增进会员之间经验的交流，商会将创建自己的网站和会刊，及时报道各会员单位的发展状况，以便相互学习，交流经验。

3. 务实合作，落实项目

2014 年 5 月，商会会员发起单位德正集团与焦作市武陟县政府签定新区开发项目，项目总投资为 240 亿元，为其他会员单位提供了一个合作共赢的平台，同时努力落实一些投资风险小、收效稳且发展快的项目，为商会会员单位提供商机和合作项目。

4. 整合资源，形成合力

以商会为依托，整合各地资源和项目，为会员企业创造商机。以商业链为单位，促进会员企业间产业链上下游合作。理事会将充分发挥商会的组织优势，集聚资金，汇聚人才，整合资源，形成合力，利用民族的综合群体优势，组织会员单位参与具有更大效益的投资，提高商业竞争力，使民族企业在竞争中增强抗风险能力和市场应变能力。

5. 坚守本位，特色多元

商会既要坚守本位，也要形成新的多元商业模式。民族企业从事传统行业居多，从事国际贸易、高科技及金融行业的偏少。为了适应现代国际市场的发展需要，商会将引导会员在坚守本位的同时，开拓进取，不断创新，发挥回族善于经商的历史传统，进军国际贸易和高科技研发及金融等新领域。据此，我们要打造民族企业特色品牌，又要发展多元式发展模式。短期规划，以传统行业为基础；中期规划，以房地产开发和国际贸易为基础；长期战略规划，要以金融领域为目标，做到短、中、长三期结合，突出特色，多元经营，纵横协调，同步发展。

6. 拓展国内市场

建立与政府及其他企业单位的沟通渠道，给商会的会员单位提供便利、快捷的商业服务，以商会为依托，与其他省市、自治区相关单位和企业建立长期合作机制，联络全国各地企业，实现商会与全国其他商会合作共赢，资源共享，拓宽商会会员单位在省内外发展领域，扩大商会在全国的影响。

7. 开拓国际市场与国际合作空间

以“走出去，请进来”为战略发展途径，组织和协助相关会员单位去国外考察项目，落实项目。在商会筹备阶段，商会的相关企业已经组成三批项目考察团前往土耳其、伊朗、阿联酋等国家进行了项目考察和项目对接，并迎来了阿曼苏丹国大使等外宾来豫考察，洽谈合作意向。近期商会还会组织相关企业“走出去”，开拓国际市场，开发国际金融、国际能源，招商引资，争当重振丝绸之路的先头兵。

8. 招才引智，开拓进取

人才资源是第一资源，人才要素是第一要素，人才竞争是第一竞争，人才战略是第一战略。因此商会始终致力于招才引智计划，并把招才引智作为长期战略发展规划，实施“人才强会”的战略，将“招才引智”摆到比招商引资更为重要的位置。在“招才引智”方面，只有做到“人无我有，人有我优，人优我特，人特我专，人专我新”，商会才会稳操胜券，长期立于不败之地。

（三）四大目标

1. 打造优秀民族商会品牌

在商业发展的历史过程中，民族企业逐渐形成了自己独特的经济特色和商业模式，除了传统民族商业模式外，河南省民族企业商会将致力于引导民族企业在国际贸易、工业制造、高科技研发、现代金融等领域发展。努力使民族企业实现传统模式与现代模式相结合，民族经济与民族文化相结合，省内民族企业与省外民族企业相联合，充分利用自己的民族文化优势，努力打造中原优秀民族企业商会品牌，是商会的基本目标。

2. 打造创新型、合作型、实力型、价值型、文化型商会

一个没有创新精神的民族，是一个没有希望的民族。创新不仅对一个民族重要，对一个商会，对一个企业更为重要。所以河南省民族企业商会以创新为魂，使商会成为一个激励创新的商业机构。商会要进行体制创新、模式创新、理念创新，与时俱进。商会就是一个鲲鹏展翅的起跑平台，商会将引导会员真诚交流，精诚团结，通力合作，让企业发挥现有产业优势，并进一步扩大规模，提高市场竞争力、经济影响力和综合经济实力。商会的会员可以凭借商会实现自己的社会价值最大化，争取在各级人大和政协发挥更大作用，提高商会及会员的社会影响力。商会积极吸纳德才兼备、具有较高文化素质的企业单位和个人。商会在打造商会文化品牌

的同时，提倡会员单位打造企业文化，以商兴文，以文助商，珠联璧合。只有把商会打造成创新型、合作型、实力型、价值型和文化型商会，才能凸显民族品牌特色和优势，为河南的物质文明和精神文明做出积极贡献。

3. 打造跨区域发展商会

当前中国经济已经形成东部、中部、西部及东北四大板块，沿海地区则形成了珠三角、长三角、京津冀与辽宁沿海、山东半岛、江苏沿海、海峡西岸、北部湾等开发格局。河南厚积薄发，在短短几年就拿到粮食生产核心区、中原经济区、郑州航空港经济综合实验区三大国家级经济开发项目，使河南在全国经济发展大局中的地位影响进一步提升。推进区域一体化发展是促进地区之间良性竞争的重要手段。当前，区域一体化发展已成趋势，竞争、合作、共赢已经成为商界的共识，河南省民族企业商会必须立足中原，放眼全国，拓宽跨区域发展视野，与其他地区商会或企业资源共享、强强联合、互惠共赢。

4. 打造具有国际格局的商会

为适应经济全球化的发展，商会必须要具有国际发展的视野。众所周知，经济全球化是当代世界经济的重要特征，又是谁都无法回避的国际经济发展趋势，所以，我们必须具有国际视野，要立足河南、放眼全国、胸怀世界，要勇敢地面对经济全球化，积极融入经济全球化进程。因此，河南民族企业商会要有国际发展目标，积极参与国家重振“一带一路”的战略计划中，把商会打造成一个立足河南，放眼全国，与国际接轨的民族企业商会，为民族增光，为祖国添彩。

当然，河南省民族企业商会是个年轻的商会，各方面都存在着很多不足，诚邀全国各地商会和民族企业家来河南参观指导，希望同仁们不吝赐教，多提宝贵意见。河南省民族企业商会愿意与全国各地的商会和民族企业家们相互交流，相互学习，真诚合作，共同携手为民族兴旺、祖国繁荣和实现中国梦、民族梦做出应有的贡献。

民族散杂居地区少数民族社区的发展与文化变迁

——河南省孟州市桑坡村调查

水镜君[①]

本文对河南省一个回族村庄做个案研究，探讨民族传统文化与民族社区发展的关系。研究结果表明，民族传统文化中的优秀成分在社区的现代发展中起重要促进作用，它在一定程度上决定社区的发展特点。社区的发展促进民族传统文化的现代变化和民族文化的繁荣，有利于民族关系的改善和社会的稳定。

大分散、小聚居是民族散杂居地区少数民族的分布特点。在中原地区，大的民族聚居区可形成一个独立的行政单位，如行政村、民族乡等；小的聚居点仅为一个自然村，或村庄、街区的一部分。与其他民族在空间上的接近有利于相互间的了解和民族文化交流，但也容易因文化差异引发矛盾或冲突。因此，深入研究民族散杂居地区少数民族社区的发展及文化变迁，不仅有助于理解“传统”与“变迁”的理论，还有利于社会的稳定和民族间的团结。

回族是中原地区人口最多的少数民族，回汉关系因而成为最主要的民族关系。为了解改革开放以来少数民族社区的发展及文化变迁状况，笔者选择河南省孟州市桑坡村做个案调查。

桑坡是河南省著名的回族聚居村，历史上有“皮毛之乡”和“小麦

① 本文写于1998年，写成后送桑坡村委，文稿存于该村。时任村支部书记白虎占和当时在村委工作的拜正省等人曾阅读此稿，并将此稿送给多位来桑坡调查的研究人员、新闻记者等。作者于2013年对稿件中部分字句进行修改。

加”的美誉。20 世纪 80 年代以来，桑坡人依靠传统皮毛加工技术起步，在短短十几年内，从一个默默无闻的穷村发展成亚洲最大的羊剪绒加工基地和集散地，居民生活和社区环境也发生了根本变化。在桑坡这个民族传统文化积淀深厚的村庄，人们如何选择社区发展之路？经济的发展和繁荣引起了哪些社会变化？民族传统文化在经济社会发展中发挥何种作用，经济社会的发展对传统文化有何影响？桑坡人如何联结传统与现代之桥？这是一些令人关心又令人困惑的问题。

1994 年以来，笔者曾三次去桑坡。第一次是做入户调查，第二次是参加一个清真寺的圣纪暨聘请女阿訇庆典，第三次是了解桑坡近几年的发展情况。此外，一些在外地工作的桑坡人和熟悉桑坡情况的其他人士也为笔者的研究提供了不少资料。尽管如此，要深刻地理解 20 世纪 80 年代以来桑坡的发展和变迁以及这些变迁给予我们的理论启示，这些资料远远不够，但仍可以据此对桑坡的发展和变迁做初步的描述和阐释。

一、社区发展背景

（一）地理位置及所在区域少数民族人口状况

桑坡位于河南省焦作市所辖孟州市（原孟县）境内，西距孟州市 8 公里，是南庄镇所辖的一个行政村。孟州市西部处于太行山余脉，东部为平原，南部为黄河滩区。桑坡位于东部平原地带。孟州市有 7 个民族成分，少数民族人口占全市总人口的 1.41%，其中 99% 以上是回族。1997 年，孟州市有 257 个行政村，桑坡是其中唯一的回族村。全村有 13 个村民小组，1050 多户 5000 余人，全部是回族。全村总面积为 3.2 平方公里，耕地面积 1389 亩，人均不到 3 分。伊斯兰教是社区全体成员共同信奉的宗教。目前，全村有 10 座清真寺，其中 5 座男寺、5 座女寺，另有一座旧女寺由家住附近的老年妇女用来做礼拜。

（二）社区历史

早在元代就有穆斯林在孟州居住。有据可考的是元代著名穆斯林宰相赛典赤·赡思丁的曾孙，任孟州达鲁花赤的也列失。如今桑坡流传着明洪武年间移民至此的丁姓是最早居民的传说。

桑坡虽是一个地处中原腹地的内陆村庄，也没有紧靠市镇的地理优势，但不像专务农事的汉族村庄那样闭塞。受伊斯兰文化影响，桑坡人没有重农轻商观念，他们凭借传统的皮毛加工技艺和务农为生，与社区之外的世界有着密切的经济文化联系。明、清两代，桑坡就以皮毛加工技艺闻名远近。据说郑和下西洋时，桑坡的皮毛服装就曾漂洋过海，远销异邦。清代，桑坡已成为全国有名的回回皮毛集散地之一。当时有“只知桑坡，不知孟县”之说。

随着皮毛加工业的发展，桑坡的人口不断增加，村庄的规模也逐渐扩大。清初，分为东、西两个村。清同治七年（1869 年），桑坡动土几十万方，修补了长约 4 华里的环村寨墙，分设 4 个寨门。清光绪年间（1875—1908 年），桑坡发展到 1200 户，1 万余人，约有 24 个姓氏。当时有人将村中姓氏编成姓氏歌：“丁白张，买拜王，郭马姬，闪哈杨，李芦艾，袁麻庞，彭巴沙，满刘尚”，其中丁、白、张为桑坡的三大姓。

桑坡“小麦加”的美誉大概始于清代经堂教育发展起来以后。信仰虔诚，能聘请到著名阿訇执教，经堂教育兴盛，培养出的伊斯兰教人才多，一般是穆斯林社区赢得“小麦加”美誉的必备条件。自清中期到民国年间，桑坡的伊斯兰教经学人才辈出，其中不少人在全省乃至全国都有名气，如清代为河南伊斯兰教发展做出贡献的著名经师张古东和二杨阿訇，二杨阿訇的后人、被誉为“阿訇之王”的杨泰贞阿訇，当代中国伊斯兰教的著名学者庞士谦等。

清真寺的规模和数量是表明伊斯兰文化状况的另一重要标志。随着经济的发展、人口的增加、伊斯兰教文化的兴盛，桑坡的清真寺数量逐渐增加，规模不断扩大。大概在清中后期，中原穆斯林独创的清真女寺文化在桑坡也有了显著发展。从此，村中男寺、女寺并存。民国初年，全村共有

13 座清真寺，其中 7 座男寺、6 座女寺。除少数富裕人家的子弟外出接受中高等现代教育外，普通村民的孩子都在清真寺接受初级或中级以上的伊斯兰教经堂教育。

伊斯兰教文化的兴盛使桑坡在中原穆斯林中享有盛名，慕名来此求学的青年学子颇多。中国伊斯兰教教育家马松亭大阿訇 20 岁时曾专程到桑坡向丁锡忍等知名阿訇求教。除回族人外，历史上一些与桑坡关系密切的汉族人也受到伊斯兰文化的影响。姬姓穆斯林的祖先本是教习儒家文化的汉族塾师，因受名阿訇影响，改信了伊斯兰教，时间大概在清中期或更早一些，光绪年间姬姓已成为村中主要姓氏之一。

民国年间，由于黄河泛滥、战乱、灾荒等天灾人祸，特别是 20 世纪 40 年代的桑坡惨案，桑坡的人口大量流失，社区经济亦随之衰落。1947 年孟县建立人民民主政权时，全村仅余 200 户，不足 900 人，村民生活处于极端贫困之中。

中华人民共和国成立后，桑坡人不再遭受战乱之苦，但由于“左”倾思潮的干扰，传统皮毛加工技艺难以发挥作用，只能在有限的土地上求生存，始终不能摆脱贫困。党的十一届三中全会以后，桑坡人依靠传统皮毛加工技术起步，艰苦创业，终于走上了经济文化持续发展之路。

（三）社区文化特点

桑坡的社区文化是在伊斯兰教价值体系基础上，与传统儒家文化和当地汉族民间文化相互影响、相互渗透中形成的。除与其他回族社区相同的宗教节日和社会习俗外，桑坡还有本社区独特的风俗习惯。这些习俗的形成与桑坡所处的社会环境直接相关。作为方圆一定范围内唯一的回族村，为了生存，除与其他回族社区保持良好的互助关系外，更重要的是社区成员团结一致，靠自身的力量生存发展。桑坡的独特习俗就具有确定社区内部不同群体的位置，强化社区认同，增进内部团结、增强社区凝聚力的功能。

在桑坡，每逢宗教节日或举办重大民族宗教活动设经堂席（清真宴席）时，必邀村中所有清真寺阿訇参加。由两个寺的阿訇轮流坐上座，一个是修建最早的清真老寺（又名白老寺），另一个是规模最大的清真上寺（又名丁大寺）。按清真寺而不是根据阿訇本人的年龄或学识排座次，是借此确定不同教坊在社区中的位置。最老的和最大的清真寺并列第一，表明当时人们重视的是教坊的资历和实力。这种次序排列得到社区成员的认可，流传下来并成为习俗。以当时社区成员共同认可的价值标准排列不同群体在社区中的位置，可以起到避免内部冲突、维护团结、增强社区凝聚力的作用。

遇人亡故，桑坡的传统习俗是"东方亡人西方站，西方亡人东方站"，即亡人家在村的东部，要请村西清真寺的阿訇站"者那则"（丧礼仪式）；亡人家在村的西部，要请村东清真寺的阿訇站"者那则"。这种丧葬习俗使一个家庭的变故成为一坊穆斯林的事，进而成为社区成员共同参与的活动。此俗不仅能够给家庭成员以安全感和实际的帮助，增强个人对社区的认同感，而且起着增进不同穆斯林群体之间合作，令社区网络更坚实的作用。坚实的社区网络无疑会增强社区的力量和自我保护能力。

仪式的共同参与促进了桑坡人与人之间、清真寺坊与坊之间的合作，增进了社区内部的人际感情和对社区的认同感，从而形成群体意识强、家族观念相对较淡的特点。清代，相传河南省西平县有一个叫张凤鸣的人考中状元，来桑坡修坟祭祖。因无正式家谱记载，未能找到正宗门第，仅在张寺修建雕花门楼并悬"状元及第"匾，在张寺门前及老坟上树立状元铁旗杆。此事表明，即使在宗族文化影响极深的清代，桑坡人最为重视的仍是穆斯林身份和伊斯兰教信仰。

回回、穆斯林、桑坡人数重身份认同，培育了桑坡人关心社区发展、热爱社区文化的传统。团结、心齐，重共同利益，团结互助，一人有事，大家帮忙，自尊、自信、自立、自强，不甘人后，社区认同感、归属感、民族自豪感和地域共存感强烈是桑坡人的特点。

二、20世纪80年代以来的社区发展

（一）促进社区发展的两个权力系统

桑坡的发展主要是在两个权力系统的相互作用下实现的。一是官方权力系统，其代表是被称为“两委”的党支部和村民委员会。“两委”是社区的政治权力机构，对社区内的经济组织、文化组织、宗教组织有管理监督权。村干部既是乡村的政治权威，又是社区成员。官方和民间的双重身份使他们在为党和国家负责的同时，注重维护社区利益。另一个是民间权力系统，其核心主要是有数百年悠久历史的清真寺组织。该系统主要依靠信仰和传统习俗的力量影响社区成员，为他们的日常生活提供伊斯兰教的解释，并依据伊斯兰教原则组织互助性的或宗教性的群体活动，使社区成员富有伊斯兰特色的生活方式得以维持，社区传统文化得以保存和发展，社区建设富有伊斯兰文化特色。正如美国著名社会学家刘易斯·科塞指出的：“宗教的功能是社会性的，因为它提供了一套统一的信仰和实践活动，因为它对社会规范和价值观给予超越世俗的权威，因为它是控制社会的一种方法。”①

20世纪80年代以来，以两委为代表的官方权力系统和以清真寺为组织形式的民间权力系统从不同方面致力于社区发展。官方权力系统依据国家政策，将各种现代经济、文化因素引入社区；民间权力系统致力于宗教领域和民族传统文化的建设，为社区成员提供今生后世的精神指导，关注他们的两世幸福。

① 刘易斯·科塞等著，周扬等译：《社会学导论》，516页，上海，上海社会科学院出版社有限公司，2011。

（二）社区的现代发展与居民生活水平的提高

桑坡与主流社会一致的现代发展是在两委领导下实现的，其特点是立足于传统，大力发展皮毛加工业；在经济发展的基础上搞社区建设，努力创造良好的发展环境；以开放的胸襟面向世界，注重引进现代科学技术，重视社区的可持续发展。

1. 经济发展

党的十一届三中全会以后，带领群众致富成了两委的重要任务。在村支部书记白虎占带领下，桑坡人经过反复讨论和认真思考，确定了发挥传统产业优势，依靠皮革加工工艺脱贫致富的思路。根据皮毛加工的特点和本村实际情况，他们鼓励并积极扶持农户从事皮毛加工业。1980 年底，全村从事皮毛加工等经营的农户仅有 100 多户，1991 年发展到 800 多家，人均纯收入增加到 1500 元，初步告别了贫困。

在此基础上，桑坡人努力改善生产经营环境，扩大生产规模，在实践中创出了“公司 + 企业 + 农户”的生产经营模式。1993 年，桑坡组建了焦作市雪羊皮毛集团公司，全村 1000 多个皮毛加工户联成一个有机的发展整体。公司开发研究并推广了羊剪绒新技术，在天津建立出口购销基地，产品很快打入国际市场。1994 年，桑坡获得外贸进出口自主权，又在香港、上海、陕西等地建立出口购销网络，基本形成原料购买在外（主要来自澳大利亚、俄罗斯、阿拉伯联合酋长国、新西兰等国），产品销售在外（主要销往日本、美国、瑞士、挪威、韩国、德国、阿根廷等 20 多个国家和地区）的发展格局。

皮毛加工由分散经营发展为大规模、现代化的市场经济活动后，整个社区经济形成一种合力，产生了显著的规模效益，促进了经济的持续发展。1994 年，桑坡的工业总产值达 3.5 亿元，约为 1991 年的 7 倍。1996 年，创产值 5.7 亿元，利税 6000 万元，出口创汇 2450 万美元，成为亚洲最大的羊剪绒加工基地和集散地。外贸部授予雪羊皮毛集团公司“出口创汇先进单位”称号，羊剪绒系列产品也被评为中国消费者协会信得过产品。

2. 社区建设

在发展经济的同时，桑坡人重视基础设施建设，努力创造有利于经济发展和民众生活的社区环境。从 20 世纪 80 年代初起，他们就根据发展需要，改建街道，扩修公路，增设花坛，安装路灯，美化社区环境，并于 1992 年开始建设皮毛城。为满足皮毛加工对动力的需要，他们集资修建变电站，扩大变压器。为解决随皮毛加工业发展出现的污染问题，保护社区生态环境，同时也为社区经济的持续发展提供条件，他们从 1993 年开始修建排放污水的沟渠，1996 年动工修建污水处理站，1997 年主体工程设备安装及调试全部结束。污水处理站的建成从根本上解决了皮毛加工造成的污染问题，为桑坡皮毛加工业的进一步发展提供了有利条件，具有显著的环境效益、社会效益和经济效益。

经济发展开阔了桑坡人的眼界，他们以积极开放的态度吸引金融、邮电、进出口商品检验等有关机构到桑坡发展业务，参与社区建设。他们为有关部门提供种种便利，吸引它们到桑坡设立网点。1994 年，两委的主要负责人多方努力，将 2000 门程控电话的项目争取到桑坡，很快建成了河南省第一个村级邮电支局。为吸引金融机构到桑坡，第一家银行在此建立代办处时，桑坡甚至为他们购买了运钞车。受桑坡经济发展和开放态度的吸引，先后有 4 家金融机构（中国银行、中国工商银行、中国农业银行、中国建设银行）的 11 个代办处在桑坡开业。变电站、郑州动植物检疫局等单位也相继在桑坡建房开业。相关单位进驻桑坡，使这里很快具备了皮质商检、新技术推广、新产品开发以及组织生产、深加工、配套服务、开辟新市场的整体功能。此外，一些服务机构，如医院等也在桑坡设点，提供相关服务。

除有关机构外，桑坡还欢迎其他外来人口在桑坡从事各种行业。据村委会提供的资料，1997 年外来人口在桑坡开饭店的约有十几家，开办小商店、鲜花店、理发美容店、租赁婚纱店等约 40 家，开办私人诊所 1 家。

3. 智力投资和文化建设

为培养人才，提高桑坡人的整体素质，桑坡较重视教育事业的发展，1982 年还不太富裕时就投资兴建了第一座教学楼。1988 年，为改善办学条件和教学质量，率先成立了“农民教育基金会”，先后捐资 26 万元，设立教育奖励资金，专门奖励对全村教育事业做出突出贡献的教师和品学兼优的学生。河南省政府为此奖励桑坡1万元，并树纪念碑一座，上刻“集资办学，泽被后代”8个大字。1982—1992年，桑坡先后建成4座教学楼，新建建筑面积6000多平方米，彻底改变了学校的面貌。1996年又投资25万元新建一个微机室。为发展幼儿教育，1997年桑坡投资150多万元修建新的幼儿园。幼儿园1998年开园，建筑面积近3000平方米。幼儿园、学校是目前村中最漂亮的建筑之一。

为了使桑坡人享受现代文明，于1994年开设了有线电视台，1997年投资约150万元兴建村委大楼暨民族文化宫。

从20世纪90年代中期开始，桑坡人越来越重视国际技术交流合作。发展羊剪绒系列产品并投入国际市场后，传统皮毛加工技术已不能满足市场需要。进入国际市场的产品需要采用现代技术进行鞣制、染色，对图案设计的要求也很高，必须不断吸收、引进国际最新技术和重要原料，引进技术人才，促使桑坡人更加注重对外交流和技术培训。1994年，桑坡主办第一届皮毛产品交易会。1995年，主办中美技术合作研讨会。1996—1997年，共开办3次技术培训班，由国外专家主讲。

4. 居民生活的变化

随着经济的发展，桑坡人的生活发生了根本变化。家家户户修建了新楼房，各种现代用品迅速进入桑坡人的日常生活。彩电、冰箱、空调、电话、摩托车和小轿车成为家庭拥有的普通消费品，有的家庭还购买了钢琴、电脑。据村委会统计，1996年全村拥有小轿车100余辆、摩托车1500余辆、空调800余台、电话900余部。平均每个家庭的住房面积约为300平方米。

20世纪80年代以来的巨大变化使桑坡成了令人羡慕的对象。一位孟州人在文章中写道：“桑坡今非昔比，‘穷窝’变成了‘金窝’‘银窝’，富得令人震惊!”“看到富得流油，如此潇洒的桑坡人，来访和参观的人无不啧啧称羡，真叫人眼红！有人说桑坡是个‘老板村’，这毫无夸张之意。全村户户从事皮毛加工，既有大老板，又有小老板，老板几乎成每个家庭一家之长的代名词了。”作者口语化的文字表达了普通孟州人对桑坡人的羡慕之情。虽然桑坡人居于财富阶梯的不同位置上，但几乎每一个家庭都成了雇佣一定数量工人、拥有一定资产的小型企业。

（三）社区传统文化建设

在桑坡，清真寺与社区成员的生活密切相关。阿訇是人们敬重的宗教权威和精神生活的指导者。清真寺既是完成宗教功课的地方，也是重要的社交场所和节庆活动场所。从生到死，桑坡人重要人生阶段的宗教礼仪活动都需要阿訇或清真寺的帮助。因此，清真寺被社区成员视为社区民族传统文化的标志。20 世纪 80 年代以后，随着经济的发展和居民生活水平的提高，修建清真寺成为桑坡社区建设的一项重要内容。两委也关心清真寺的建设和民族传统文化的发展，但他们仅起领导或指导作用，这项任务主要是由民间权力系统完成的。

和中原其他回族社区一样，桑坡各清真寺实行传统的民主管理制度，即寺务管理人员民主选举制、财务公开制和阿訇聘任制。寺管会成员是信仰虔诚、热心为公众服务、有能力、有威望的社区成员。阿訇的聘任是在社区成员推荐的基础上，由寺管会综合大家意见选聘。全村 10 个清真寺习惯上算 5 坊，每坊 1 个男寺、1 个女寺，男女寺间有历史上形成的互助关系。各清真寺无论大小，互不隶属，各自独立，平等交往。每坊有一定数量的属于该坊的穆斯林家庭。清真寺的整修、重建或举行其他活动所需的资金，主要由本坊的穆斯林自愿捐助，各项具体工作由寺管会成员负责。80 年代以后，桑坡的陆续整修或新建 10 座清真寺，所用资金基本上是各坊穆斯林自愿捐助，村委会只在某个清真寺有具体困难时提供帮助。

除整修、管理房屋外，清真寺管理委员会和阿訇还负责其他有关文化事务，如宗教教育、寺办公益事业、宗教节庆活动及日常宗教生活等。清真寺传统的公益事业（如丧葬服务、喜庆服务等）和济贫制度（或传统）成为社区福利事业的重要补充。受伊斯兰文化影响，济贫是桑坡人重视的善行，平时若有穷人或遇到困难的人需要救助，人们都会慷慨解囊。每年开斋节是宗教规定的交纳济贫金的时间，按人交纳的麦子钱专门用来济贫。白拉提月家家请阿訇诵经，贫困户无论到哪家，都能得到慷慨的捐赠。村委会的济贫措施（如为特困户修建住房等）和在宗教影响下形成的济贫传统共同作用，使桑坡因老弱病残而陷于贫困的家庭得到较好的照顾。

三、社区的变迁

经济发展使桑坡与外部社区的交流或互动愈来愈多，开放性越来越强，社区外部关系和内部文化都发生了或多或少的变化。

（一）区域地位的变化

20 世纪 80 年代以来的发展使桑坡赢得了前所未有的社会荣誉。1994 年桑坡被评为河南省“十佳明星村”，1995 年被焦作市政府定为小城镇建设试点村，1996 年被河南省建设厅授予“中州新村”荣誉称号，此外，还多次被河南省、焦作市评为“民族团结先进村”“民族团结先进集体”。曾经到过桑坡的党和国家领导人有胡锦涛、吴阶平等，还有十多个国家的记者来此参观访问。

经济实力和荣誉使桑坡的区域地位发生了变化。昔日，桑坡是南庄乡所辖的一个贫困村，如今，成为孟州市东部地区的邮电通信、金融服务、皮毛原料、产品进出口中心和商业中心。90 年代开始桑坡成立集市，每逢农历有六的日子，周围居民纷纷来桑坡赶会购物或出售物品，到会人数在一万多人以上。南庄镇和周围村庄的新建工商服务业用房也向桑坡靠拢。原来南庄距桑坡约 1 千米，如今已连在一起。周围村庄大多发展起与桑坡有关的经营项目。有的在桑坡学到皮毛加工技术后回村搞起了皮毛加工，但产品的销售仍依靠桑坡。紧邻桑坡的田寺村专门为桑坡生产包装用品，加工编织袋。另一邻村谢庄最初在桑坡搞建筑，现在专门为桑坡各企业装卸原料和货物。邻村马付庄从事皮衣加工、梳皮等业务。孟州东部地区约有十几个村庄像这些村庄一样发展起与桑坡有关的经营活动。

2. 外来人口的增加和民族关系的改善

从 20 世纪 80 年代开始，来桑坡打工的人数逐渐增加。80 年代每年最多 4000～5000 人。1992 年以后常年在桑坡务工的人数增至 8000～10000 人左右，最多达1.5万余人，其中女工占40%。此外，还有季节性短工。打工者来自全国十余个省（区），其中以山东、安徽、四川、甘肃、宁夏等省区的人居多。甘肃、宁夏的打工者多是回族人，其他省的多为汉族人。为开发新产品，各厂先后聘请的80多名专家技师也多是汉族人。外来汉族工人和科技人才进入桑坡，改变了昔日回族人到汉族聚居的城镇或乡村经商，而汉族人很少到回族社区工作的状况。进入回族社区的汉族人置身于回族文化环境中，与回族人朝夕相处，对回族人和回族文化多了了解和尊重。回汉民众之间因文化差异和隔膜造成的不理解以及由此产生的偏见渐渐消解。

历史上，因信仰、风俗习惯、生活方式等的差异，桑坡人曾与周围汉族村庄发生过不止一次冲突。从清末到民国年间，桑坡与邻近汉族村庄的关系一直处于极易发生摩擦的紧张状态。汉族村民若出卖土地，决不卖给桑坡人。与桑坡保持不寻常的世代友好关系的只有数里外的柳湾村（汉族村）。两村之间并无通婚关系，各自的信仰和文化传统也不同，但相互之间可以任意开玩笑，无论开什么玩笑，都不能翻脸。如果两村人因不认识发生冲突，只要讲明身份，天大的事马上化为乌有。桑坡人对这种友好关系有两种说法：一是桑坡人受人欺辱，柳湾人曾帮忙；二是柳湾人是杨家将后裔，有一女儿嫁到桑坡。两村人虽说不清为何产生这种情谊，但都非常珍视它，一直恪守着永不冲突、永葆友好关系的约定。

20世纪80年代以后的经济发展使桑坡人意识到安定、和谐的社会环境的重要。两委引导村民积极改善与邻村的关系。他们善待来村务工的外村人，帮他们解决生活困难，发展经济。支部书记白虎占曾借给殷家洼（邻村）资金3万元，帮他们解决发展经济缺少资金的困难，还帮助在桑坡打工的汉族工人解决家庭困难。为帮助柳湾村发展经济，桑坡人赠送他们一套价值十几万元的面粉加工机械。桑坡人的主动态度使回汉群众之间、回汉社区间的关系得到改善，昔日时常发生摩擦的紧张关系很快变为新型的相互依存、相互竞争的伙伴关系。桑坡村的土地大多承包给邻村人耕种，邻村来桑坡打工、从事各种经营活动的也很多，彼此之间有频繁的经济往来和人员交流。

3. 观念的更新和习俗的变革

改革开放使更多外社区文化（同质文化和异质文化）流入桑坡。在这一过程中，社区固有的以伊斯兰文化为基础的民族传统文化对外来文化做初步的价值判断和选择：接受相容的或无大冲突的文化，如各种现代消费品、科学技术和文化教育等；排斥某些不相容的东西，如舞厅、酒及不符合伊斯兰教义的非清真食品。同质文化的传入强化着桑坡的民族文化传统，但现代科学文化观念和与现代消费相伴的文化观念也在不同程度上影响着桑坡的文化传统。在不同观念、不同力量的互动中，一些旧有的传统观念和习俗开始发生变化。

一个明显的变化是桑坡人对国家政策和社会安定的关心以及积极开放的心态。改革开放政策使桑坡人得到了实实在在的好处，经济发展与国际国内大环境的密切关系，使他们切实感受到国际国内局势动荡对经济发展的影响以及政策稳定和社会安定的重要性，因此，他们普遍关心国家政策，关心国际局势，也最希望社会和平安定。20 世纪 90 年代以来，国际经济往来的增多和国外客商的来访，促进了桑坡人对国际社会的了解，他们对国际间的经济文化往来持更加积极、开放的态度。这种态度促使他们以开放的态度对待社区文化，使社区文化在与外来文化的互动中既能保持传统的文化特色，又不保守。

接受回汉通婚是近年来桑坡人观念的另一变化。过去，即使汉族姑娘婚后信奉伊斯兰教，成为穆斯林，桑坡人也不能接受。多年前，有一位极力反对回汉通婚的桑坡人，儿子与邻村汉族姑娘相爱。不管父亲如何反对，儿子与自己所爱的汉族姑娘结了婚，当然，姑娘和她们的孩子都成了穆斯林，但这位做父亲的始终觉得无颜面对他人，好长时间避免与众人会面。20 世纪 80 年代以后，桑坡人从宗教规范和优生优育的双重角度对回汉通婚作出新解释，破除了绝对不允许回汉通婚的传统观念。近两年已有 6 个附近村庄的汉族姑娘嫁到桑坡。此外，关心桑坡人口素质、有远见的社区成员对桑坡富裕起来后姑娘不愿嫁出村以及为抢先嫁到富裕家庭而订婚早、结婚早、近亲结婚渐渐增多的现象颇感忧虑。

桑坡历史上形成的一些传统习俗也逐渐发生变化。随着经济的发展和社区地位的提高，与周围汉族村庄关系的改善，广泛的社会流动，更重要的还有对国家改革开放政策和民族政策的了解，如今的桑坡人不再像历史上的桑坡人那样有着强烈的生存危机感，而是对自己和社区的未来充满自信。这种变化使桑坡人对一些传统习俗有了不同的看法并产生了改变习俗的要求。如不少人对“东方亡人西方站，西方亡人东方站”习俗不满，要求加以改变。两委顺应这种要求，在《依法管理规范》中作出了规定：“请经、走坟，站‘者那则’等宗教仪式应由事主自由选择阿訇”。传统的设“丧家席”的习俗（遇人亡故，埋葬当天待客，称“丧家席”）也被当今的桑坡人认为不合情理而废除。对按清真寺排阿訇座次的习俗，也有人提出质疑，认为按阿訇本人的学识和年龄排座次更为合理，这表明如今的桑坡人更重视个人的能力和表现。

此外，一些新习俗正在形成。重视社区成员普遍参与的共同活动是桑坡人的特点，每逢节日（开斋节、圣纪等）和迎送阿訇等重大活动，社区成员和应邀前来的外社区成员欢聚一堂，隆重热烈的气氛令人难忘。近年来，桑坡人利用此类公共活动机会举办个人或家庭活动。如邀请亲友，特别是未来亲家参加有关活动，个人只需交钱到主办活动的清真寺包若干桌菜肴，既方便又热闹。个人或家庭活动与社区成员共同活动的融合，使传统习俗得以延续并强化。

四、结语

桑坡的发展和变迁对我们思考散杂居少数民族社区的发展问题有着多方面的启示。

第一，发展少数民族传统文化中的优秀成分，使其与现代文化相融合，有利于创造崭新的、富于理性的民族文化。

当代诠释学宗师社会学家加达默指出：否定传统，就抹杀了我们仅有的立足点。“传统乃理解自我与世界的唯一基础。所谓理解，就是把自己置身于传统的过程——过去与现在不断融合并创造出新的视野领域。理性/理解与传统/历史并非互相对立，从来就没有非历史的理解，理性必须在传统中才可发挥作用。”① 传统的重要性对任何文化和任何民族都是适用的，对研究和理解少数民族文化也许更为重要。由于深藏于社会结构和历史文化中的民族中心主义，人们往往对少数民族及其文化传统持有偏见。对其他种族群体的传统持批评态度比否定自己的文化传统要容易得多，而简单的否定会摈弃文化中真正有价值的东西，也会远离理性。

桑坡的发展实践证明，无论是少数民族成员还是其文化，包括宗教文化，都在不断地做适应社会变革的努力，都在或多或少地发生变化。作为散居于多数民族中的少数民族，和平和安宁的社会大环境对他们的生存和发展更为重要。每当社会大环境和谐宽松时，他们的处境就有明显的改善。当然，“即使面对顽强的反对，富有潜力和机会的少数民族也会使自己的利益得到发展”，“有些少数民族的文化传统和技巧能帮助他们战胜歧视”，使自己在社会和经济的阶梯上向上移动。② 20 世纪 80 年代以来，传统文化中的优秀成分与现代理性的融合促进了桑坡经济的发展，使其迅速走上现代化轨道，个体经济和私营经济的发展逐渐形成利益集团和共同体，使社区向现代条件下的民间社会进步。在这个过程中，新的、更为丰富多彩的社区文化正在孕育、创造。

民族传统文化中的优秀成分，如兴办公益事业、社会互助、济贫制度，富人多为公共事务做奉献的传统等，至今仍在社区生活中发挥重要作用，而且有无法否定的永存的正面功能。诸如此类少数民族传统文化中的优秀成分不仅属于本民族，而且属于全人类。合理引导、促进少数民族传统文化中的优秀成分与现代文化融合，创造新的、富于理性的文化，不仅符合少数民族的利益，也有利于整个社会的发展。

第二，少数民族社区的全面发展，有利于不同民族间的相互理解和民族关系的改善，有利于创造安定和谐的社会环境。

在少数民族社区发展的基础上自然形成的不同民族人口在民族社区内的平等交流，增进了彼此之间的了解，消解了历史或文化造成的偏见或隔膜，对创造和谐、安定的社会环境，增强民族团结是非常有利的。桑坡与

---

① 李明、黄绍伦主编：《社会学新论》，97 页，香港，香港商务印书馆，1992。

② 刘易斯·科塞等：《社会学导论》，311 页，天津，南开大学出版社，1990。

周围汉族社区关系改善的事实表明，少数民族社区的发展成就令汉族民众从新的角度评价、认识少数民族及其文化，从而消除了因不了解而产生的偏见。少数民族也因与汉族民众交往的增多，对本民族传统文化、与其他民族的关系等问题有了更理性的认识。这种变化促进了不同民族民众间的和谐相处。

第三，发挥地方代表人物的作用有利于民族社区的健康发展。

回族社区一般有两种民间权威，一是关注人们心灵世界的宗教职业者，二是热心社区服务、关心并代表社区整体利益、能力超群的世俗领袖。宗教职业者向社区成员提供关于今生后世的解释，学识素养较高的阿訇受人尊敬，能够起到改变社区既定习俗中不合理因素的作用。但因其关注的范围限于宗教领域，主要从宗教的角度考虑问题，对社区生活的影响主要限于宗教生活和与信仰相关的社会习俗，其对社区生活影响力的大小受其自身宗教素养高低及适应社会变革能力的制约。

基层政权组织的负责人是官方承认的地方权威，他们可以利用手中的权力树立权威，但能否成为真正的社区权威或代表人物，取决于他们为社区服务的情况以及为社区共同利益所做的努力。桑坡的党支部书记白虎占被赞为有超前意识的人。从十余年来桑坡的发展历程看，他是一个明智的、极富理性的、充满民族情感的领导者。在探索社区经济发展道路、妥善处理国家利益与社区利益的关系、争取上级有关部门支持、改善社区内外关系及回汉关系、调动各方面积极性、创造良好的发展环境、保护社区整体利益、重视智力投资和社区传统文化发展等方面，他都起着重要作用。桑坡20世纪80年代以来的发展在相当大的程度上体现着他个人的理想和追求，这种理想与追求与社会发展方向和社区整体利益一致，因而获得了极大的成功。

参考文献：

［1］纳为信．元咸阳王赛典赤·赡思丁世家．北京：今日中国出版社，1996.

［2］李明坊，黄绍伦主编．社会学新论．香港：香港商务印书

馆，1992.

［3］刘易斯·科塞等，周扬等译．社会学导论．天津：南开大学出版社，1990.

［4］孟州市桑坡村依法管理规范，1996.

［5］白虎占．带领群众治穷致富是共产党人的历史使命．国务院第二次民族团结进步表彰大会典型材料，1994.

［6］拜正省．《桑坡村史》手稿．

［7］金歌："白虎"弄潮——记河南省孟州市桑坡村党支部书记白虎占，手稿．

［8］孟州市南庄镇桑坡村污水处理站工程简介，1997 年 11 月．

洛阳回族经济

洛阳市民委　市地方史志办

一、精湛的考古钻探技术

洛阳历史悠久，先后有13个王朝在此建都，古人以“生在苏杭，葬在北邙”为荣，以至于“北邙山头少闲土，尽是洛阳人旧墓，旧墓人家归葬多，堆着黄金无置处……”故有“邙山无卧牛之地”之说，再加上古人“视死如生”的习俗，使得洛阳地下保存了大量的文物遗存，探知地下文物，成为历代探墓者梦寐以求的事情。

明代已有简单的探墓工具出现，到了民国年间探墓工具洛阳铲问世。传说，洛阳瀍河马坡村回族村民李鸭子平时靠做小买卖维持生计，马坡附近凡有集市，他都往那儿跑，支个棚子卖凉粉、大绿豆、包子等。由于棚杆固定不牢靠，每遇大风易倒塌，影响做生意，成了李鸭子的烦心事。在一次雨后赶集路上，李鸭子看到马拉车前进时马蹄子竟将土路上的泥土带起，在地上呈现一个近似圆形的马蹄印。李鸭子立刻有了灵感，想着能否将铁铲打造成半圆形。回家后，立即找到了马坡村西邻的金家沟一个姓吕的铁匠，让他打了一把形如马蹄的铁铲，用此铲打棚挖坑，果然省工省事，效果十分明显。此后多年，马坡村附近村的回族群众纷纷仿效打造这种铁铲，并不断完善铁铲的大、小、长、短，逐渐形成了今天的洛阳铲。

随着洛阳铲的出现，洛阳回民探墓技术得到提高。回民俗称文物钻探为“捣窝”“做工”，这是一项技术性很强的工作，也是建筑工程中重要的一环。这项技艺在回族中世代传承，钻探业便成为洛阳回民所从事的重要行业。

1952年、1953年，全国第一届、第二届“考古工作人员训练班”学员均到洛阳实习，学习钻探知识，洛阳回民文物钻探技术在正式场合被外界所传知，自此不断有河南籍钻探工到全国各地工作，洛阳铲及其钻探技术得以迅速在全国范围内传播开来。1952年11月，洛阳市在基本建设过程中，文物部门组织钻探人员勘测、钻探了519座古墓，这是洛阳第一次大规模的考古发掘，也是第一次将传统的勘探古墓的方法应用在考古工作中，意义重大。1953年，国家开始实施第一个国民经济五年计划，确定洛阳为国家重工业基地之一，156个重点建设项目中有7个安排在洛阳，要摸清方圆十几公里的地下情况，成为当时的一大难题。洛阳市政府组织钻探队，在1953年春至1953年冬，对拖拉机厂拟建设区域开展了大规模的考古钻探，当时参加钻探的有马坡、小李村的回民钻探工，还有孟津等地的农民，一共2000多人，这是文物钻探第一次在基本建设考古工作中显示了巨大的力量。1953年春，古城西安拉开了大规模经济建设的序幕，急需地址文物勘察和勘探技术人员，便来洛阳请求支援。经双方协商，洛阳派出了大批人员到西安参与了大型企业的地质勘探工作，洛阳铲发挥了重要作用。

1954年，洛阳开始大规模城市建设，急需处理地基，探明地下古迹遗存，这为回民文物钻探技术的进一步发挥提供了机遇和发展空间。在洛阳市政府的组织下，东关、北窑、马坡、塔湾一带回民群众成立文物钻探队并逐步发展壮大队伍，开始大规模开展考古钻探工作，回民钻探队成为城市基本建设的一主要力量，从而在洛阳形成了以回民为主体的考古钻探队伍，担负起洛阳市基建工程钻探和文物普查任务。1958年，政府为加强文物钻探业的技术力量，成立了瀍河区钻探队，后来北窑、东关办事处相继建立街道钻探队，各钻探队积极投入洛阳涧西及市外城建工作。据洛阳市民族事务委员会原主任回族人马金永先生讲，1958年北京建人民大会堂等建筑时，为搞好地质基础情况，曾邀请苏联专家和洛阳马坡回族钻探工同到北京，共商地下钻探、地质普查问题，洛阳回民为北京城市建设做出了贡献。1963年，为加强文物钻探管理，集合力量支持城市基础设施建设，各街道钻探队合并，成立了瀍河回族区钻探社，职工发展到178人，成为一个区属大集体企业。1978 年 10 月，瀍河回族区钻探社并入市建工程局，改名为洛阳市钻探队。1981 年 11 月，洛阳市钻探队更名为洛阳市钻探工程公司，并将瀍河回族乡 10 余个钻探队、800 余名职工划归公司领导。1983 年 5 月，洛阳市钻探工程公司更名为洛阳市文物地质钻探公司，归市文化局和建设工程局双重领导，并统管市辖区的钻探队。1984 年，郊区瀍河回族乡政府有计划地进行钻探技术培训，提高钻探工人技术素质，培训技术工人 943 人。同年，成立了九都文物地质工程钻探公司，开办设计图纸、普探、打大孔、回填等专项业务，形成了一支专业性强、技术力量雄厚、具有市场竞争力的回族企业，年收入达 150 万元。1985 年，洛阳市文物地质钻探公司开设了工程地质勘查业务，新组建一个地质工程队，经省有关部门审查批准，开始承担乙级工程地质勘查业务，当年就承担了大小工程 23 项。同年底，洛阳市文物地质钻探公司拥有固定资产 25 万元，流动资金 22 万元，在西工区西小屯征地 4 亩作为新场区，企业得到进一步发展。该公司下设有办公室、勘察队、业务劳资科、技术安全科、文物钻探工程处、综合勘察处、土质化验室、化学清洗公司等，拥有 26 个钻探队，以回民为主体，职工达 1000 余人。

1985 年，《洛阳市文物保护法实施细则》出台，这为洛阳市文物钻探业的发展提供了法律保证，也为回民传统钻探技术的发挥开拓了更为广阔的空间。为更好地保护洛阳丰富的地下文物资源，配合城市基本建设，同年，洛阳市政府成立了洛阳市文物钻探管理办公室，负责全市配合基本建设和主动性考古调查的文物勘探工作、文物勘探队伍的培训考核以及管理等相关工作。1995 年，洛阳市各回民文物钻探队纳入洛阳市文物钻探管理办公室统一管理，洛阳回民文物勘探工作走上了规范化、科学化、法制化的轨道。在洛阳市文物钻探管理办公室的组织领导下，以回民为主体的洛阳市文物钻探队伍不仅为洛阳市的城市建设进行常规勘探，还多次承担本地、外阜的大型调查勘探及专题性科研项目。在洛阳市文物勘探方面，从 1995 年以来，年平均勘探工程 170 余项，年平均钻探面积约 200 万平方米。先后完成洛阳大化纤项目、洛界高速公路、洛阳老城旧城改造、洛阳高新开发区 1～7 期、洛阳关林商贸城、洛阳东周王城文化广场、春都集团食品工业园、一拖工业园区、升龙地产西小屯城中村改造、87 条市政道路、18个村民安置小区及洛阳新区数十个投资开发项目等国家、省、市大型重点工程的文物勘探工作，发现并探明了东周王城文化广场贵族墓群和“天子驾六”车马坑、纱厂西路东周烧窑遗址、二十七中东周贵族墓地、大型东周车马坑、龙康小区秦墓群、汉魏阊阖门遗址、隋回洛仓遗址、隋唐定鼎门遗址、义勇街唐五代瓷器窑藏遗址、唐睿宗孺人壁画墓、宋代衙署遗址、北宋富弼墓等一大批重要遗存，极大地丰富了考古界对洛阳东周王城、汉魏洛阳古城、隋唐洛阳城等遗址的认识，补充、完善了各时期墓葬以及建筑基址等不同类型地下遗存的考古资料。在外埠大型遗址调查勘探及专题性科研项目方面，受中国社会科学院考古研究所委托，2011年，承担了扬州唐子城宋堡城遗址的考古调查勘探，基本查清了唐子城宋堡城的布局结构，为扬州市建设国家遗址公园提供了翔实的田野资料。2012年，承担了新疆吉木萨尔北庭故城遗址的考古调查勘探，探明了北庭故城的平面布局，为新疆丝绸之路的申遗及大遗址保护工作提供了资料。2013年，承担了扬州曹庄隋唐墓葬的考古调查勘探工作，完成勘探面积10.9万平方米，现已确认，曹庄墓即为隋炀帝陵及其皇后陵。承担了内蒙古辽上京遗址考古调查勘探工作，2013年的勘探工作主要位于皇城的北部，完成勘探面积70.3万平方米，为辽代上京城大遗址保护和考古发掘研究工作提供了翔实的田野资料。以回民为主体的洛阳市文物钻探队伍，有力地支持了城市发展和经济建设，为文物保护事业的健康发展做出了积极的贡献。

二、精良的皮革、皮毛加工技艺

元朝时，回族先民就把精良的皮革、皮毛加工技术带到了洛阳。洛阳俗语说“回回手上三把刀，宰牛宰羊割皮条”，道出了洛阳回民的经济生活状态。由于穆斯林有严格的饮食规定，对可食动物的屠宰有着特殊的要求，所以屠宰成为一些男性回民所从事的职业生计。割皮条，洛阳俗称“熟皮子”，也就是皮革、皮毛加工，这一行业技术含量高，多为家传。因此，屠宰业、皮革加工技术成为许多回民安身立命且世代相传的技能。新中国成立前，洛阳皮革、毛皮制品行业多数是由回民创办的，少数虽然是外资创办，但雇佣工人也多是当地回民。这个行业原材料多是牛、羊、兔、狐狸、貂、狗皮，按产品类别划分，可分三类：一是车马挽具，包括套包、笼头、鞭子、鞭鞘、车套等；二是皮革和皮毛制品，包括皮鞋、皮褥子、皮筒子、皮领子、裘服以及用皮毛做面料的各种制品；三是毛皮鞣制品，包括羊皮、狗皮、兔皮、狐狸皮、黄狼皮、貂皮等。民国三十一年（1942 年），洛阳盛行制作红蓝皮生意，生产各种皮制品，作坊有四五十家，产品主要支援抗战前线。同年，由回民孙庭祖出面，成立洛阳皮革业公会，总部设在东通巷清真寺内。当时的皮革制品工业，其生产规模、生产能力、技术水平、产品质量等，不仅在洛阳，就是在豫西地区也处于领先地位。比较有名的是桑坡人马兰田开办的隆昌皮行，设有洛阳、汉口、上海等多个分号。据《洛阳市瀍河回族区志》记载：民国三十六年（1947 年），洛阳从事皮革、皮毛制品生产的回民手工业户发展到 60 多户。其中，从事车马挽具生产的有丁才娃、黑老根、王德聚、丁来妞、丁长实、孙芳春、丁三镇、马万年、王骡子、丁孟松、马广恩等人，以丁才娃经营的车马挽具作坊规模最大，雇佣多名工人，在东关大街设有销售点，从事皮毛制品生产的有孙老四、孙老五、郝积善、郝满堂、吕文明、张逢喜、郝老顶、郝子明、黄书奇、马道、王森、李长安、李森、郝应道、李老四、李老八、孙文德、孙光善、马明奇、梁五杰等人；从事皮毛鞣制品生产的有李清华、马占、金定奇、马赞臣、刘振邦、韩明甫、孙殿文等人。这个时期，皮革生产作坊遍布于洛阳瀍河的大街小巷，盛极一时，并成立有洛阳县制革公会，会址设在东通巷清真寺内。在制革行业中，有几家大户，他们资金都在万元（银币）左右。当时曾流传有“金一万（金长顺），李八千（李清华），马占发的没有边，后边跟个刘小川（刘振庭）”的顺口溜。

新中国成立后，回民皮革制品业在政府的帮助、扶持下得到发展，他们的产品也为中国革命和建设做出了贡献。1949 年，回民企业生产的皮大衣 5000 件，车马挽具近 20 万件，都直接卖给人民政府，支援解放军。为发展经济，1955 年政府开始实施合作社制度，8 月，东关一带从事皮革制品生产的 41 户个体手工业户，计 64 人（其中回民 60 人）组织起来，成立皮革生产合作社。1956 年，成立了李瑞祥皮革生产合作社和丁文郁皮革生产合作社。不久，这3个皮革生产合作社合并组建成立瀍河皮革生产合作社，职工发展到95人。同时，又成立瀍河鞭鞘生产合作社。经过近30年的发展，尤其是改革开放政策的实施，洛阳回族皮革业得到迅速发展，效益不断提升。1985年，回民皮革工业企业主要有洛阳市皮革厂、瀍河皮毛制品厂、瀍河皮革厂、瀍河皮鞋厂、瀍河制鞋厂，总产值达267.5万元，实现利税17万元。在政府的引导、支持下，洛阳回族皮革制作技术不断进步，专用设备得到更新，生产已由初期的手工操作逐步发展成为机械操作，机械化程度达到70%以上，各道工序基本上改变了过去“脏、臭、累”的劳动条件，减轻了劳动强度，提高了产品质量和劳动效率，产品种类不断增加。

洛阳属县回族村皮革业在政府的引领下也在不断发展壮大。20世纪80年代前多为手工制作，家坊式经营，条件简陋，产品种类少。90年代后，随着市场经济的深入发展，回族村积极发挥民族传统产业技术优势，皮革产业发展迅猛，尤其是偃师马屯村、布村等回族村以及新城的一些回族群众在市场经济大潮中大显身手，皮革产业发展迅速。为提高市场竞争力，各企业转变经营模式，积极开发市场，改进工艺，更新设备，摆脱以往那种简单加工形式，变单一生产型为开发、销售综合经营型，生产规模扩大，机械化程度提高，品种日益丰富。除了生产皮衣、皮裤、皮背心、皮袄、围巾、毛领、手套等皮革、皮毛服装类，还生产各种鼓类产品。新村回民制作的兔毛围巾、狐狸毛围巾、各种毛领选料讲究、制作精细、保暖性好，特别受到女性青睐。马屯回民制鼓业发展快，市场影响不断扩大，到21世纪初，鼓乐器制造已经成为村里的支柱产业。2010年，马屯村有鼓厂30多家，制革厂116个，制鼓面的25家，做鼓圈的5家，小配件2家，从业人员达1000余人。他们开发、生产各种军鼓、腰鼓、排鼓、高音战鼓、威风鼓、花铃鼓、定音鼓、太平鼓、板鼓、花盆鼓等数百种产品。各厂家在保持传统销售方式的同时，开通网络销售渠道，产品不仅销往全国各地，还出口到新加坡、朝鲜、韩国等国，并成为团中央定点鼓厂，马屯村因此成为偃师远近闻名的富裕村和发展民族经济的先进典型。西安鼓楼上直径3.1米的大鼓及2006年湖南旅游节开幕式上所用的直径3.5米的大鼓都出自马屯鼓厂。2008年，马屯各鼓厂受命参与北京奥运会开幕式

2008 面缶（鼓）的制作，各鼓厂以优异的质量按期完成任务，为回民村赢得美名。特色产业的发展带来了经济效益的提高，2010 年马屯村的鼓业年产值达 2500 万元，利润 300 万元。

三、娴熟的种植技术

洛阳回族群众多以种植业为生，种植品种主要是小麦、玉米、谷子、豆类、红薯、棉花、蔬菜等。多数地方粮食类种植采用一年两熟或一年三熟制，夏季以小麦为主，兼种大麦、豌豆等小杂粮，麦收后种植玉米、谷子、红薯，兼种黑豆、绿豆、黄豆、高粱等小杂粮。此外，还种少量芝麻、花生等油料作物。有的地方在种植粮食作物的同时套种蔬菜。岭地多种棉花、红薯、小麦、玉米及少量豆类作物，地势平坦、水源好的地方多种植蔬菜、瓜果，洛河滩地常常种植花生、瓜果，蔬菜区的农民往往与粮食区的农民交换农产品，如蔬菜换玉米、换红薯等。

洛阳回族从事种植业历史悠久，《洛阳市志》记载："自元朝开始，回回军士以屯田方式在洛阳定居或自成一屯或与汉族杂居一村。回回官吏拥有多少不等的职田，或利用多余的俸银购置土地，或用权势兼并土地，形成了回回人聚居的村庄。"清朝时，部分通过经商和手工业生产的方式逐渐富裕起来的回族人也用多余资金购置土地。到民国时，战乱频繁，大多数回族人的土地已严重不足，土地多集中于回、汉族地主手中，加之生产工具、生产技术的落后及自然灾害的影响，农作物产量极低。大多数回族人单靠农业生产收入已很难维持温饱生活，再加上苛捐杂税和豪强盘剥，生活艰难。洛阳郊区马坡、塔湾等回民村，粮食年均亩产 50 余公斤，棉花年均亩产只有 5 公斤多，蔬菜年均亩产量数百公斤，群众终年不得温饱。民国三十一年（1942 年）河南大旱，洛阳饥民以树皮、树叶、麸皮和树根为食，病饿致死者甚多，尸骨遍野。偃师县有 343 户回民被迫卖妻卖儿、典庄卖地，有的携带家小外出逃荒要饭，390 多亩土地被巩县回郭镇大地主赵彦章掠夺，回族人民所受的苦难极为深重。为了寻找生计，许多回族群众背井离乡，离家外逃。据调查，逃往陕甘一带的回民数目最大。如陕西渭南、西安道北、宝鸡摩天院等地方的回民多是由洛阳逃难而至的，所以宝鸡回族聚居地区有“小洛阳”之称。此外，甘肃的天水、平凉、兰州等地，洛阳逃去的回民也为数不少。其他属县回族种植业更是落后，回民土地少，产量低，群众生活困苦不堪。

新中国成立后，人民政府实行土地改革，把地主多占的土地、农具、牲畜、房屋分给无地或少地的回族农民。新获得土地的回族群众在政府的带领下生产条件得到改善，生产技术不断提高，种植品种丰富，产量提高，生活得到了改善。在生产技术上，1952 年以前，育苗方法基本上是沿用老方法，多在春季把种子直接种入田里，完全依靠自然条件使种子发芽、生长。1953 年，学习方坑育苗法，在地里挖一个方坑，先铺上 1 ~2 尺厚的马粪，再点上 4 ~5 寸厚的肥土，然后把种子播在土地里，并在坑上加盖草苫，借助马粪散发的热量，使种子提前发芽。1954 年，开始修盖向阳畦，在田里打起土埂，做成长方形，北高南低，面向太阳，上盖玻璃，用来吸收阳光，提高内部温度，促使种子发芽。同时，在育苗方法上也做了改进，变芒苗直接下地为倒栽分苗下地。1956 年，回族地区种植方式由田畦发展成温室，温室内生火取暖，减少了植物对自然气温的依赖，变被动为主动，室外大雪纷飞，室内却春意盎然，各种菜苗茁壮成长。后来，回民又掌握了营养钵育苗法和玻璃育苗法。前者是先糊成直径为 6 厘米的纸筒，在筒里装入粪土，把种子种在里面，待发芽出苗后，连筒栽入田里；后者是在玻璃上平摊 2 ~3 厘米厚的煤渣和草粪混合物作培养基，再把种子播在培养基上，出苗后先倒栽入纸筒，然后再植入大田。上述育苗方法使得播种期提前，菜苗的成活率也大为提高，为蔬菜早日上市提供了良好的条件。

1956 年起，随着国家重点项目落户洛阳，大量移民为支援洛阳建设入住洛阳，导致城市人口迅速增加，蔬菜需求量也随之增大。为满足市民需要，政府调整传统种植区域，千方百计扩大蔬菜生产，把塔湾村西段定位为纯菜区，同时，塔湾村东段也规定了菜地面积，使菜地面积猛增。为改善生产条件，各级政府不断加强水利设施建设。1957 年后，随着邙山大渠、中州渠、瀍河水站、深机井 4 项水利工程的先后完工，回族聚居区域水利条件得到改善，水浇面积增加，种植产量得到提高。另外，在种植方式上，种植户普遍采用轮作、套种法，充分利用地力，农产品总产量得到提高。

为解决土地不足的问题，1969 年冬季，洛阳掀起以平整土地为中心的农业学大寨运动，回族区社员组成两路大军，“向邙岭宣战，向河滩要粮”。地处邙岭的马坡村提出“改变邙岭坡地，修建水平梯田”的口号，抽调 30% 的劳动力组成平整土地专业队，塔东、塔西蔬菜区也组织力量前往支援。连续几年，冬季各生产队都组织力量平整土地，共挖垫土 300 多万立方米，平出梯田 3000 多亩，修成田间大道 2 条。洛河北岸的塔东、塔西等村也挖沙垫土，植树造林，扩大耕地面积，巩固堤防，沿河工开辟滩地 1000 多亩，植树造林 280 亩，为农业生产的发展奠定了基础。经过土地平整运动，加上政府调控等措施，回族聚居区蔬菜种植面积得以扩大。

为提高蔬菜产量效益，回族群众在政府的带领下，一方面注意蔬菜品种的继承和更新，另一方面加大科技种植含量，在保持萝卜、白菜、韭菜、葱、蒜、茄子、黄瓜、辣椒、菠菜、南瓜、豆角、芹菜等传统菜种外，大力引进蔬菜新品种。1957 年，引进“华东 10 号”番茄种子 1 号，试验种植。由于品种优良，很快在菜区推广，第二年种植面积迅速扩大。接着，又引进“北京早熟”和“北京 110”两个番茄新品种。1959 年，引进豆角新品种“红嘴燕”，这种豆角长，耐存放，味道适口，很受欢迎，取代了旧的“隔夜老”豆角品种。1962 年，从山东引进的莲豆新品种，不但肉厚味道好，而且耐存放、产量高。1971 年，引进“汉中冬韭”韭菜，这种韭菜秆粗、叶宽而肥厚，比原有品种具有许多优点。接着，又陆续引进“齐齐哈尔柿椒”，“津研”1、2、3、4、5、6、7 号黄瓜新品种，蔬菜品种由 20 个发展到 70 多个，基本上做到了品种多样，四季新鲜，淡季不淡，旺季不烂。

科技是第一生产力，政府部门重视科技在农业生产中的作用，采取了多种措施发挥科技优势。1972—1973 年，瀍河人民公社成立农业科研小组，大队一级配备科研人员 89 人，实行人员、基地和试验项目三落实。同时，各生产大队有 1 ~ 2 名技术人员，负责本队的农业技术推广工作。1979 年，瀍河农业技术推广站成立，每逢夏、秋季节，根据作物成长的各个环节，推广站举办大队科技人员学习班，进行技术培训，安排试验项目，其中有农作物栽培技术、植物保护、繁育良种和改革耕作技术等。农技站还不断引进外地先进经验，进行试验、示范和推广，有力地推动了农业生产的发展。科学技术的引进使农业生产面貌一新，粮食产量逐年上升。1972年，小麦平均亩产202.5公斤。1973年，玉米亩产204.5公斤。

党的十一届三中全会以后，农村实行联产承包责任制，大大激发了回族群众的生产积极性，各级政府积极引导农民调整种植结构和作物布局以提高土地效能。1979年开始，停止播种棉花作物，全改种粮食作物。1985年，粮食单产217公斤。为提高回族群众种植技能，早日脱贫致富，还坚持为回族群众举办生产技术培训班，帮助他们提高生产技能。在蔬菜种植上讲求科学种植，不断改革栽培技术，大力推广立体种植，使用地膜覆盖及大棚、中棚、小拱棚技术，调节市场旺、淡季节供应，同时引进优良品种，大胆试验立体种植，合理安排茬口。1988年，菜农总收入达850万元。当年上市鲜、嫩、细菜1050多万公斤，冬贮上市412万公斤。1990年，回族聚居区为城市提供鲜、嫩、细、优质品种蔬菜2733.80万公斤。截止到1990年，洛阳回族农业总产值已达7951.69万元，粮食总产12381吨，人均纯收入420元。

20世纪90年代后，回族聚居区群众依据地区特色发展种植业，农作物品种更加丰富，粮食、蔬菜、油料作物种植面积不断扩大，种植技术日益娴熟。农民种植常常根据地势、土质不同及其后的变化，因地制宜选用不同作物品种，采用多种种植方式，其中以小麦、玉米、水稻、谷子等粮食作物轮作、复种最为普遍。丘陵地区的回民根据土质状况种植红薯、烟叶等耐寒作物，水源充足的地区大面积发展蔬菜种植。随着洛阳农业综合开发项目的实施，“一优双高”（优质，高产、高效）成为回民区农业发展目标。1993年，小麦“一优双高”创亩产445公斤，玉米高产开发亩产511公斤。按照河南省小康村建设18条标准要求，瀍河区北关村、下窑村、中窑村被命名为“洛阳市小康村”。2000年，农民人均收入达3100元。

21世纪初，回族区开始大面积推广无公害蔬菜种植，在回民蔬菜种植区到处可见阳光棚、地温棚，反季节蔬菜种植技术得到大面积推广，一年四季都有绿色无公害蔬菜种植。与此同时，由于洛阳城市建设加快，近郊一些回民村土地被征用，回族种植业受到一些影响。如瀍河塔东村，20世纪50年代，洛阳市在其地域建立铁道部洛阳机车工厂，占去一部分土地。随着工厂不断发展壮大，占用塔湾村的土地日益增多，到20世纪末塔东村北部土地征用殆尽，田地被工厂厂房、住宅楼所覆盖。据统计，1990年机车工厂占地面积达95万平方米；进入21世纪，洛阳城市框架不断拉大，塔湾村南修筑洛阳东出入口，征用塔东村洛河滩地600多亩，原来的麦田、菜地被高楼大厦、绿化花木和公路所替代，种植田地寥寥无几。

属县回族村种植业发展较快，偃师回族村在保持传统种植品种的基础上，学习新的种植技艺，积极开发新品种。他们利用当地优越的生态环境以及肥沃、平整的土地，大力开发葡萄种植。为提高葡萄种植效益，回族村的种植户积极学习外地先进经验，结合本地实际情况，不断提高种植技术，在生产上严格按照“绿色环保、无公害”的标准规程进行操作，即喷无毒药、施农家肥、浇地下水、套防污染袋等环保措施。在管理技术上，变传统的扇面架形为小棚架种植模式，增加通风透光效果，有效地改善了葡萄的生产环境，既提高了果品产量，又提升了果品质量。为适应不同顾客需要，农户们不断开发新产品，先后引进品种达86个，种植面积连年增加，效益明显提高，亩产量由原来的2000公斤提高到3000公斤，形成了观光农业和高效农业有机结合的发展模式。他们种植的葡萄种类多、颗粒大、色度鲜、糖分高、穗型美、口感好，含有多种微量元素，葡萄产品被农业部认定为“无公害农产品”，种植基地被河南省认定为“无公害农产品基地”。葡萄种植成为回民村新的经济增长点，亩产收入达到8000元，果农的纯收入增加了四成。每年的葡萄采摘节吸引无数市民观光采摘，形成一道亮丽的风景线，也成为洛阳生态旅游的一个亮点。

四、充满智慧的经商艺术

擅长经商是回民的生存特点。受《古兰经》及《圣训》的影响，洛阳回民传统上就具有较强的经商意识，喜好经商，做生意成为众多回民的行业选择。《古兰经》中包含了十分丰富的经济思想和经济制度，正是这些经济思想和经济制度，大大影响了回族穆斯林的经济生活方式。由于伊斯兰经典多次强调经商的地位和意义，加上穆圣本人亲自从事经商活动，这种价值观念和生活方式，对穆斯林产生了极大的影响。这种崇尚商业的思想，激励着一代又一代的回族人步入商海。洛阳回族中多数人具有经营商业、饮食业、服务业的传统技能，小到提篮叫卖，大到店铺饭庄，都勤奋经营。所从事的项目与回族生活习惯紧密相关，如饮食小吃、牛羊肉食品、糕点酱菜、干鲜果品、皮毛皮货、香料制药、珠宝玉器等，涉及门类繁多。经营场所多集中在城镇、集市。新中国成立前，洛阳回族群众经营的店铺主要集中在火车站（东车站）一带以及东关、新街等商业街。东关大街两边店铺林立，有百货、副食、杂货、杂修、旅社、理发店、照相馆等；东关大石桥东牛肉馆用木板架在桥边搭棚营业；桥西新街和闸口街皮行、干果行、羊行、骡马行一个接一个；火车站一带商业尤为繁华，网点扩展至东新安街、大通街、自立南街、南新安街等地。散居各县的回民从事小商小贩的也较多，如洛宁王范回族镇，明清时期即为豫西商贸重镇，民间有“只知王范镇，不晓永宁城”之说，为洛宁历代商业中心。新中国成立后，人民政府积极发挥回民特长，鼓励、扶持回民发展商业，特别是改革开放后，搞活经济政策的实施使得回民商业又有新的发展。据《洛阳市志》记载：“1990 年，瀍河回族区商业网点达 80 个，其中全民所有制商业 48 个，集体所有制商业 32 个，从事商业的回族职工 773 个，年销售额 5000 万元，上缴税金 80 万元。西工区回族商业网点 54 个，其中全民所有制 1 个，从业 264 人，年人均收入 1542 元。”20 世纪 90 年代到 21 世纪初，回族商业开始向规模化大商业方向发展，形成多层次、多形式、多渠道的特色商业发展模式，市场发展空前繁荣，城区发展到哪里，回民经营的店铺就开到哪里，洛阳一市八县八区都有回民开的商业网点，且生意兴隆。在市场经济大潮中涌现出一大批善经营、懂管理的民族企业家，他们创立的企业成为洛阳经济的重要组成部分，为洛阳经济发展做出了贡献。最典型的是伊盛祥餐饮连锁管理有限公司在短短几年时间已在洛阳各区都开办有分店，且个个经营红火，座无虚席，供不应求。公司在经营过程中秉承“诚实守信、打造品牌、特色兴业、质量取胜”的经营理念，在董事长黄玉方的带领下，以回族文化的深度挖掘和表现为突破口，吸取各大菜系之精华，囊括民族风味之特色，着力弘扬回族饮食文化，结合本地特色，不断研究、改良，推出了一系列符合本地口味的特色餐品。而且各店在继承、完善清真传统菜肴的同时，进行多元化、差异化经营，分别推出不同风味特色的美食，使就餐宾客在各家分店不仅能品尝到质量统一的伊盛祥佳肴，还能够品尝到不同特色的创新菜品，为清真餐饮连锁品牌的形成奠定了坚实的基础，一直被广大宾客所喜爱，引领了洛阳清真饭店的潮流，在业界也受到了专家的首肯。曾先后数次接待过许多重要的国家领导人和穆斯林外宾，得到食客的高度评价，取得了良好的社会效应和经济效益。

洛阳回民在他们长期的经商实践中，受伊斯兰文化的影响，形成并积累了许多世代传承的经商本领和经验。一是坚守教门规定，远离教门禁忌。拒绝经营违法、违规、违禁的商品是洛阳回族经商者坚守的信条。2013 年，洛阳属县栾川县推行清真食品管理承诺制，各餐馆与政府签订了清真食品生产经营承诺书并将承诺书挂在饭店醒目位置，接受顾客监督。二是平等待客。无论顾客的身份高低一律热情相迎，礼貌待客，诚信经营。洛阳回族在经商中秉承这一精神，只讲先来后到，杜绝特权。回族商人认为热情、和气能生财，无论是坐商还是行商，无论经营什么商品，都要做到诚实经营、老少不欺。在洛阳一些餐馆，经营者还会张贴一些表白经营理念的标语告知消费者，如伊盛祥餐厅的“鲜羊肉、鲜养骨加纯水熬汤，决不使用任何添加料，保证原汤浓白味纯”，“保证食品安全、卫生、质量是伊盛祥发展的关键”，“提倡消费，杜绝浪费；崇尚节约，倡导光盘”等。受伊斯兰文化影响，回民坚守诚信，视坑蒙拐骗为有罪行为，在交易中明争一分，不暗亏顾客。三是公平交易。回民在经商活动中，讲究秤平、斗满，不在秤上作假，反对亏人、坑人，认为用秤亏人是有罪行为，交易时争价不争秤。洛阳回民无论是和本族人做生意，还是和其他民族人交易，无论是在本地，还是外出到其他地方做生意，都要求做到互惠互利，以诚信取得对方的信赖和好感。四是凭约守信，有借有还。回民在经商中，还注意守约，凡是立了契约合同，一般都以合同为准，不单方面撕毁。特别是在经商中，如果借了别人的钱财，一定要还，人在临终时都要交代家人偿还债务。五是善抓机遇，机智勇敢，灵活多样。20 世纪 50 年代初，洛阳刚刚解放，百废待兴。面对交通运输业落后，但又极为重要的形势，马坡、塔湾、北窑、东关等回族群众抓住机遇筹集资金，购买骡子、马、驴等牲畜，设法打制马车发展运输业，形成了有规模的运输队4个，有车辆300余辆，还有4个马车场。各车队还设有专门联系运输的业务员和会计。回民马车队风雨无阻，每日装货、运货、卸货，奋战在运输线上，不仅支援了洛阳建设，方便了人们生活，也增加了自己的经济收入，取得了良好的效果。洛阳回民在经商中不死守家门，能够漂流四方，敢于走出去闯荡，积极探寻更好的生活出路，哪里赚钱就往哪里走，有的一去就是许多年，有的就在新的地方长期定居下来。六是吃苦耐劳。洛阳回民经商无论是外出采购、赶会买卖商品，还是挑担子、赶车、以物易物、贩卖商品都特别能吃苦，做到勤俭节约。在没有清真餐的地方，回民常常是自备干粮，起早贪黑，风餐露宿，艰苦至极。七是由小变大。从做小生意开始，具有一定经济基础后再扩大生产，用滚雪球的办法发展经济。八是自信、自强、精明、能干。“善商贾之道，精于计算”是回民生计文化的写照。

五、精致的食品制作技艺

洛阳回民信仰虔诚，其饮食习惯严格遵循伊斯兰教的规范要求，特别讲究清真特色，因此制作清真食品成为回民首选的职业，饮食业也就成为回民的一项传统行业。经营者历来重视自家食品和风格，各餐馆、商家在食品开发、技艺创新上是八仙过海，各显神通，努力打造自己的品牌，他们将技艺传承后人，并不断发扬光大，清真饮食成为洛阳食品行业的重要组成部分和民族经济的支柱产业。

20世纪20—40年代，洛阳东关大街先后开业回民饭馆26家，其中，马子顺、马长发、张重、马成和经营的4家甜牛肉馆颇享盛誉。这4家的甜牛肉汤均系全骨清炖，汤内下有大茴香、花椒、陈皮、肉桂、草果等十六七种调料，煮出的肉切成肉片薄而不碎，汤质浓而不腻，营养丰富，被人们视为滋补佳品。每天清晨，顾客盈门。顾客中既有回民，也有不少汉民。此外，古运良经营的小碗肉，采用新鲜牛肉做主料，加配多种调料，进行清炖，肉味醇香，鲜美可口，光顾者甚多。孙少堂、孙小堂和马财饭馆经营的水席，是洛阳很有名气的传统宴席，每席（桌）8盘16碗（8个大碗，8个小碗），俗称24件。8盘有4荤4素之分，均为冷面。盘先上桌，碗是吃一碗上一碗，行如流水，最后一碗多为鸡蛋汤。孙少堂、孙小堂的会友馆和马财的财盛馆做出的水席，选料讲究，刀工精细，调料适宜，烧、炒、拌，技术娴熟，味道鲜美，醇香可口，“孙、马一席菜，大悦赴约宴人”传为佳话。洛阳、偃师回民经营的水煎包子历来品质优良，外焦内软，配馅讲究，包子入口，肉香四溢。洛阳东关丁大奇的灌汤羊肉包子、马换成的硬面锅盔、张步高的江米粽、冀蝎子的牛舌头馍均为受顾客欢迎的食品。著名的回族糕点有瑞丰祥、松茂栈、庆盛祥和祥太恒等作坊，祥太恒回回糕点店位于东关大街，创始人沈中秋，因其祖居北京，对京式糕点的风味颇为熟悉，故而在洛阳仿制京式糕点。糕点分上8件、中8件、下8件，上8件是8块糕点为0.5公斤，中8件是16块糕点为0.5公斤，下8件是24块糕点为0.5公斤；糕点品种有苏糖、玫瑰糖、回回月饼、芙蓉糕、百合酥等。由于用料充足，配料齐全，多为上等原料，且制作精细，因而所生产出的糕点精美、甘甜。食品酿造方面主要是生产酱菜和米醋，东关沈家和“松茂栈”生产的醋味道柔和，稍有甜味。沈家醋畅销到豫西各县，松茂栈醋闻名全城，北窑马家醋也负有很高的声誉。沈家酱分西瓜酱和面酱两种，由于香味醇、味道鲜，在洛阳一带也颇受欢迎。此外，洛阳清真餐馆文盛馆、中西楼、西华楼等都颇有名气，其食品技艺深受回汉顾客的赞赏。洛宁县回民经营的小吃名噪一时，买天官的胡辣汤、张同的粽糕、买世平的锅盔馍、张双印的油旋馍、马科的包子等特别有名。

新中国成立后，各级人民政府认真落实民族政策，尊重少数民族风俗习惯，积极发展少数民族经济，采取多种有效措施鼓励回族群众发展饮食业，回族群众在继承传统的同时，不断研发新的食品制作技艺。1955年，政府改造私营饮食业，先后成立洛阳市回民第一、二、三合作饭店。其中第二饭店大石桥西回民饭店经营的小笼包子肉馅鲜香，皮软可口，供不应求。西华楼回民饭店在秉承传统技艺的基础上，根据顾客需求不断提升水平，其经营的水煎包、胡辣汤、烩面味道鲜美，特别受回族群众欢迎，该店是20世纪60—70年代回民进城最喜爱的就餐饭店之一。

20世纪80年代后，改革开放不断深入，市场经济的确立为回族饮食业的发展带来无限生机，一些清真餐馆厨师虚心学习、精心研究全国其他有名菜系，积极引进技术，按清真菜的要求开发，粤菜、湘菜、川菜等菜品开始摆上清真饭店的餐桌，满足不同口味人群的需求，极大地丰富了人们的生活。全市比较有名的清真饭店有涧西区的天方斋、民族饭店，西工区的穆斯林饭店，老城区的清雅斋，瀍河回族区的豫秀斋、得月楼、东来顺、五羊城、杨氏食楼等。市属各县，不论城镇或回族聚居的村庄，回民食堂到处都有，回族名吃比比皆是；食品加工企业有与天津联营开办的桂顺斋食品厂、穆斯林麦盛斋食品厂、穆斯林酱菜厂、瀍河回族食品厂、洛阳市金香斋食品有限公司等。

20世纪90年代，回族一些有识之士为发展民族经济，满足回族同胞生活需求，积极争取政府的支持，学习、借鉴汉族火腿肠生产技艺，在政府民族工作部门、社会团体的大力支持下，于1992年成立了洛阳春都集团清真食品公司，1993年开始研发、生产清真牛肉肠、鸡肉肠等产品。这在全国为首创，它的诞生丰富了回族清真食品的种类，方便了回族人的旅行生活。该公司共有职工207人，专职阿訇2人，回族职工占职工总数的41%。公司设备多引自国外，绞肉机引自德国，灌装机引自日本。产品有春都清真牛肉肠、鸡肉肠、王中王、素宝肠等；真空软包装产品有春都清真五香牛肉、五香牛腱、香菇凤翅、香酥凤爪等。产品原料是由回族采购员到省内外考察，在确保清真的前提下购置活鸡、活牛、活羊或清真肉类。为提高生产技艺，确保产品质量不断提升，公司还通过座谈会等形式加大清真灌肠系列的宣传工作，宣传介绍西式清真肠的性能、特点及原料配方、肉类来源、生产过程，并广泛听取意见，改进生产工艺，提高洛阳清真食品公司产品的知名度和美誉度。1994年10月，企业先后到甘肃、青海等省举行产品新闻发布会，并在兰州、西宁建立了西式清真灌肠销售中心，服务西北广大穆斯林和消费者，受到当地广大群众的欢迎。1995年，该公司产值达1亿元，实现利税1020万元。其生产的清真系列产品获新加坡博览会金奖，获第三十二届布鲁塞尔食品博览会银奖；春都清真素宝肠被省、市定为科技开发成果，获得国家专利；清真牛肉肠、鸡肉肠

1995年被评为全国名牌产品。

进入21世纪，回族清真食品也发展迅猛，2011年生产经营清真食品的企业和工商户已达1401家，成为洛阳市经济发展中的一个亮点。为规范洛阳清真食品生产、加工、制作、储运、销售行为，2011年10月28日，洛阳市成立了清真食品协会。协会在市民族事务委员会的业务指导和有关部门的监督下履行职能积极开展工作，一是要求会员在公平竞争的基础上，互相学习、交流，取长补短，彼此促进，加强行业自身建设；二是积极推进清真食品行业的技术创新，在继承传统的基础上发展、创新，开发叫得响的穆斯林特色佳肴，实现整个清真食品行业服务情感化、个性化、标准化；三是实施清真食品的品牌战略，振兴老字号饭店和餐饮名店以提高市场竞争力；四是大力发展穆斯林的绿色饭店、绿色餐饮，组织清真食品企业积极参加各种形式的促销和餐饮文化交流活动，实施“名师、名品、名企”三大工程，扩大清真食品行业的档次和水平；五是发展清真食品连锁经营，探索建立适合洛阳的清真快餐发展模式。协会的成立，对做大做强清真食品行业、规范行业经营行为、提高从业人员整体素质、弘扬和发展穆斯林文化发挥了积极作用。在协会的引领下，洛阳清真食品行业呈现出前所未有的繁荣景象，洛阳所属各县（市）区皆有清真食品店，各店为提高市场竞争力，在制作技艺上下足功夫，靠自己独创的技艺打造品牌，力争在饮食业闯下自己的一片天地。洛阳清真餐饮业呈现出分布广、产品种类全、知名品牌多的显著特点，如具有悠久历史的马杰山清真牛肉汤馆由于其绝佳的风味儿成为外地游客到洛阳的必选光顾之地，也是洛阳市民喜爱的早餐饭店之一；瀍河区马坡村具有穆斯林特色的牛羊肉烧烤也是蜚声省内外，“马坡烧烤”成了洛阳小吃的知名品牌。尤其值得一提的是，洛阳伊盛祥餐饮连锁管理有限公司旗下的伊盛祥清真饭庄，其三绝产品——盛祥第一碗、酱香牛腱块、精致羊肉烩面极受群众欢迎。旗下另一餐馆鹿鸣清真食府融合全国其他菜系精华，制作各种清真菜品，其中鹿鸣烤羊排、雪上牦牛掌、葱烧黄玉参、特色烤羊脊为经典招牌菜。公司董事长黄玉方不断钻研清真菜系烹饪技术，多次参加全国烹饪技术大赛，屡获殊荣。其中，1994年获全国首届清真烹饪技术大赛金奖，1999年获中国烹调技师称号，2011年被评为国家烹饪大师。再如大丰收鱼庄，其厨师独具匠心推出的干锅鱼、虾火锅系列等美食各具特色，都很受食客喜爱。此外，洛宁回民制作的酸牛肉、粉蒸肉、麻辣羊蹄、烩面等也颇具地方风味，深受食客欢迎，很多人远道前去品尝。

近年来，随着人们食品安全意识的提高和健康饮食观念的深入人心，崇尚绿色、卫生、科学的清真食品越来越受到消费者的青睐，这为制作清真菜的大师们提高技艺提供了广阔的空间，也为清真食品业的发展带来了机遇。一些企业应运而生，特色食品不断出现，清真食品行业不仅成为洛阳民族经济的重要亮点，而且成为洛阳第三产业不可或缺的重要组成部分，更成为广大清真食品喜爱者享受美味的理想之地。为加强洛阳清真食品管理，打造优质清真品牌文化，2011 年，洛阳市民委积极组织清真饮食企业参与河南省首届清真食品展暨清真名企名品名店评选活动。通过有关部门的严格审查，洛阳市清真食品行业获得多项荣誉。洛阳伊众清真食品有限公司、洛阳甜咸斋食品有限公司被评为河南省清真食品知名企业；洛阳伊众清真食品有限公司的“伊众”牌牛肉系列产品、洛阳金香斋食品有限公司的“夹马营”牌鸡肉系列产品被评为河南省清真食品知名品牌；洛阳鹿鸣斋清真食府、洛阳伊盛祥餐饮管理有限公司、洛阳伊香源饭店、洛阳豫秀斋餐饮管理有限公司荣获“河南省清真餐饮名店”称号。2012 年，为了宣传洛阳市清真食品知名企业、知名品牌，弘扬穆斯林饮食文化，提升洛阳清真饮食行业的知名度，洛阳市、县两级民族宗教部门深入调查、走访、搜集、整理，编纂《洛阳名优清真食品指南》，为群众描绘了一个鲜明、具体的洛阳清真食品世界，为清真食品爱好者提供了饮食指南。2013 年，洛阳市民委组织清真食品协会会员参加第七届全国烹饪技能竞赛清真烹饪比赛，洛阳市豫秀斋餐饮有限公司的 2 名选手刘江、贾相礼获得一金一银的好成绩。两位厨师通过他们的作品充分展现了洛阳清真餐饮厨师技艺的实力和水平，为洛阳清真饮食业增添了光彩。

（一）油香

油香是回族对油饼的一种特殊称法，是回族人民喜爱的一种传统节日食品，凡是回族聚居的地方，都有吃油香的习俗。油香包括烫面、发面两种，在节日和重要活动时，也做些油饺子、糖糕、焦花、麻花等。烫面油香是宗教节日、家庭纪念活动必须做的食品，做工较复杂。烫面须用开水和凉水兑成的偏热温水再加食碱、花椒粉、食盐的水来烫面，揉成面团后醒2小时，切开面团看断面小孔蜂窝是否均匀，有的为使油香更加松软，便在白面粉中添加一点黄面粉，这样面团不粘手，面发得也快。面团发好后，将面团掐成球形，推平成直径约22厘米、厚约1厘米的圆饼，待油热时，轻轻沿着锅边溜到锅中，漂起后翻转，炸成金黄泛红的颜色后捞出。这样做的油香上下两层，内部蜂窝状，吃起来香软可口。发面油香分甜油香和原味油香两种，甜油香用面粉、油、鸡蛋、糖、少许发面和面，加工方法与烫面油香相同。不同的是：一是发面油香和原味油香要用刀在中间轻切二至三道孔以便快熟。二是加糖的油香味道甜酥，原味的油香面香味十足，可谓各具特色。油角子、糖糕都是用烫面做成，油角子用韭菜、鸡蛋做馅儿的较多，糖糕用白糖做馅，做成圆饼状，二者的特点是外皮松软可口、馅香或甜。焦花是用凉水和面，面中放盐、香料、芝麻，揉成面团后，推成薄饼，再将薄饼分切成15厘米长、6厘米宽的菱形，中间切开，两头从中套穿，做出花形。制作麻花须用温水和面，揉进少许发面，兑入鸡蛋，再加糖或盐等调料，将面搓成螺旋条状合成4股，用油炸后，黄焦酥脆，甜香适口，久放不干。油香系列色泽鲜亮，入口油而不腻，甜中有香，是居家、旅游、馈赠的佳品。

（二）烙馍

烙馍有多种，常见的有油馍、饼馍、菜馍。油馍有发面和死面两种，分五香和咸味两种，死面油馍通常夹杂葱花，又称葱花油馍。饼馍最具特色，是回族传统婚宴的主食，技术性非常强。首先面要和好，用凉水和面，面要硬些，和好后放一会儿，再点水用拳头砸面，直至砸软，面团光滑为好。把面掐成核桃大的面团，用约50厘米长的擀面杖，双面反复推擀，擀成直径为50厘米左右的薄饼，接着用擀杖把饼卷推在鏊子上。烙馍用的煤灶是用泥土和麦秸秆制成的坯砖砌就的，称为八风灶，火力猛而均匀，上置铁铸的鏊子。烙馍时火候一定要好，饼放上去后用竹竿快速翻转，快速挑下，待热气退去，抹上水，稍凉，密封储存，一周左右质软而不变，这样做出的饼入口香软不累牙。20 世纪 80 年代前，回族群众用白菜叶包裹饼馍，放在瓷缸中保存，后使用保鲜膜保存，饼馍最忌见风，因薄如纸张，极易风干，饼馍太干了难于卷菜，所以整个过程中推擀、翻烙、抹水都需要一定的技术，技术不好烙馍粘连、烙糊、出孔、吃时拽牙等问题随时会出现。由于饼薄，所以在鏊上时间短，需要快速翻转，节日喜庆活动需要大量烙饼时，常常是两三人和面、七八人推馍、一人翻馍、一人烧火、一人出灰、一人抹水、一人晾饼，互相配合才能烙出好饼。没有食品用塑料袋前，回族群众用饼馍装盛婚宴上的凉菜，称“捎馍”，通常 4 张一叠，共两叠 8 张，四折包叠，内放干肉、芹菜、莲菜、银条等。随着社会的发展，人们追求高效率的生活节奏，传统的烙饼馍的技艺和设施现在很难找到，目前常见的饼馍制作较为简单，没有以前烙得直径大，且不是主流食品了，与传统方法、工具制作的饼馍有很大的区别。现在日常食用的饼馍直径仅有十几厘米大，在清真餐厅常与孜然羊肉、豆芽菜或土豆丝搭配，称“孜然羊肉卷饼”。菜馍俗称“塌菜馍”，其做法是用两张饼馍中间夹菜，通常用南瓜丝、白菜叶、苋菜、菠菜等易熟菜类，再将上下饼馍边沿拍成一体，然后在鏊子上翻转烙熟，吃时配以香辣酸蒜汁，味道极佳，爽口开胃。

（三）清真水席

水席是洛阳特有的传统风味菜肴，始于唐而至今不衰。水席制作中选料十分讲究，烹饪程序非常精细，味道鲜美多样，酸辣甜香，非常可口，深受洛阳人的喜爱。清真水席是勤劳聪慧的洛阳回族群众用牛、羊肉做主料，在洛阳水席的基础上改用清真配料，形成了今天清真水席的独特风味。平时回民婚丧嫁娶、年节喜庆等礼仪场合，人们惯用水席招待亲朋好友，作为地方饮食特色，洛阳回民也喜欢用水席款待远方来客。清真水席由 24 件组成，即 24 道菜，分 8 个凉菜、16 个热菜。其特点是每道菜皆带汤水，咸汤类通用肉汤作料，甜汤以糖为作料，冷热合理搭配，甜、咸、香、辣、酸五味俱全。且上菜有严格的菜序。首先上 8 个凉菜，通常是 4

荤4素，高档则是5荤3素，冷盘拼成的花鸟图案七彩鲜艳，构图别致，以色、香、味、形取胜，先将食客的胃口高高吊起，食客一上席面，未曾动筷，就会食欲大振。凉菜过后，接着是16个热菜依次上桌。16个热菜分8大8小，先上8小菜，后上8大菜。8小菜为连汤肉片、滑肉、肝花汤、三丝汤、丸子汤、小酥肉、肚片汤、蜜汁红薯汤（山楂酪或苹果汤），8大菜通常为洛阳燕菜、烧牛肉、假海参、清炖牛肉、八宝饭、干肉、干菜（芹菜或莲菜），最后是鸡蛋汤或凤凰玉米羹，表示宴席结束。由于清真水席主料不腻，口感细滑，风味独特，受到众多食客的青睐。加之水席中燕菜来源于唐代女皇武则天之“没膳”的传说故事，周恩来总理定名“牡丹燕菜”的典故，使得洛阳水席声名远播，闻名遐迩。

洛阳属县偃师的回民根据洛阳水席的特点，结合偃师地方特色，创造出具有浓郁偃师风情的水席——民族十三花。偃师水席民族十三花通常由连汤肉片、炖粉条（俗称宴菜）、烩肚肺、烩海带、丸子汤、烩烧肉、清炖牛肉、冷片（凉拌牛肉）、山楂酪、小酥肉、八宝饭、凉菜（时蔬）、鸡蛋汤组成，总共13碗，故称“十三花”。也有搭配8个凉菜及其他热菜的，丰俭由己。其特点是制作精细，麻辣适中，油而不腻，色香味俱全，老少皆宜。

连汤肉片。水席主打菜，先把鲜牛肉洗净切成薄片，加上鸡蛋、淀粉、盐、香油拌匀，下到油锅滑热。做水席时在肉汤中放入肉片、木耳、大绿豆、玉兰片、胡椒粉、精盐，汤煮沸时勾少许芡汁，加入香醋、味精、香菜即成。

丸子汤。将鲜牛肉洗净做成碎末，加上凉的蒸馍碎末，再加鸡蛋、红薯粉、盐、香料粘在一起，揉成球状，然后下入油锅中炸熟。做水席时，待肉汤煮沸放入丸子，沸腾时加入葱花、香菜、姜末、胡椒、味精即可。

小酥肉。先将鲜牛（羊）肉洗净、切成约1寸长条状，再放盐、香料适量放入肉中拌匀，撒入一些干淀粉。揉匀使肉表面沾满淀粉；然后放入热油锅中炸至颜色稍稍变红捞出，冷却后把粘在一起的肉撕开。最后将炸好的酥肉放在扣碗内，加入肉汤，放少许精盐、酱油、香料上笼蒸透，取出后扣在碗内，撒上香菜即可。

滑肉。把鲜牛肉洗净切成条，加拌淀粉、鸡蛋，用手抓匀后上笼蒸，熟后加上香料、葱、姜、盐及香油。做水席时，待肉汤煮沸后，放入滑肉、葱、姜，沸腾时勾少许芡汁，加味精即可。

肝花汤。将新鲜牛肝洗净一半切透（过油后呈条花形），一半不切透（连接不断），轻轻地下在油锅，炸熟后，放在牛肉汤中，沸腾时放入葱花、姜末、胡椒、味精等即可。

三丝汤。将粉丝、熟肉丝、煮熟的百叶或肚丝放在肉汤中，煮熟后加入葱花、香菜、姜末、胡椒、味精即可。

蜜汁红薯汤。选甘甜的红薯，切成寸长菱形，放在油锅内炸熟。做水席时，待水开时，加入白糖，勾芡汁，煮沸时放入炸好的红薯即成。

八宝饭。先将糯米洗净，用清水浸泡2个小时，放锅中煮熟捞出备用。红枣用温水洗净，去核后切成两段；什锦果脯改刀分别切成条或者小块。在不锈钢小盆抹上香油，再摆成花形。将剩余的果脯放在糯米中，加白糖拌匀，装在碗中，上笼屉中火蒸30分钟，取出扣在盘中。将炒锅上火加水，放白糖、蜂蜜，用小火熬至白糖溶化，勾入芡汁熬至成蜜汁，浇在八宝饭上即可。

洛阳燕菜。洛阳水席主打菜。将白萝卜洗净去皮，选用中段，切成2毫米粗、6厘米长的细丝，将萝卜丝放入冷水中浸泡20分钟，捞出沥干水分，放入绿豆粉中拌匀，摊在笼布上蒸5分钟，蒸好的萝卜丝取出晾凉，将粘在一起的萝卜丝撕开不使其粘连，撒上精盐拌匀。然后再上笼蒸5分钟即成素燕菜，下笼后放在大品锅内。用熟牛肉丝、熟鸡肉丝、鸡蛋皮丝、笋丝分别间隔码在锅内的素燕菜上。将生鸡脯肉剁砸成泥，放入蛋清、湿淀粉、精盐打成糊状，再加入清汤，搅匀成糊放在小碗内。制牡丹花形的蛋皮插放在小碗内的鸡糊上，上笼蒸透取出放在锅中央。汤锅放旺火上，添入牛肉汤，放进精盐、味精、胡椒、香醋，沸腾调好味，加入香菜，盛入汤盆中即可。简单的也有用白木耳做牡丹花的，还有用红萝卜做牡丹花的。

肚片汤。将煮熟的肚片用刀侧切成半边厚、半边薄的小方片，有两种做法，一种过油，一种清炖。过油时须稍加淀粉、鸡蛋、香油，拌匀后放入油锅，快速捞出；清炖则较为简单，直接把切好的肚片放入肉汤中。二者都是在肉汤沸腾时放入肚片，再加葱花、香菜、姜末、胡椒、味精即可。

山楂汤。将山楂压碎，放在白开水中，再将苹果切成花刀片形状放在山楂汤里，煮沸时勾少许芡汁加白糖少许即可。

烧牛肉。先将熟牛肉切成小方块，用红薯粉、香料、盐、鸡蛋拌匀，再放入油锅中过油。做水席时，先将肉汤煮沸，然后放入炸过的肉块、姜末、盐、香料，待沸腾时放入葱花、香菜、胡椒、味精即可。

假海参。先将红薯、粉条煮熟、剁碎，再加香料、盐、鸡蛋拌匀，再放入油锅中过油。做水席时，先将肉汤煮沸，然后放入炸过的肉块、姜末、盐、香料，待沸腾时放入葱花、香菜、胡椒、味精即可。

干肉。将熟牛肉切成薄片，加上葱花、香菜，再拌以盐、酱油、醋、味精、香料即可。有的和莲菜、芹菜拌在一起食用。

清炖牛肉。先将肉汤煮沸，放入方块或条形熟牛肉、姜末、木耳，同时放香料、盐，沸腾时加入葱花、香菜、胡椒、味精即可。

鸡蛋汤。肉汤煮沸时加入西红柿、青菜、泡好的木耳及盐，煮熟后勾芡，鸡蛋搅散在汤内打成丝，最后放入葱花、香菜、胡椒。出锅放香油、醋即成。

（四）浆面条、糊涂面

浆面条和糊涂面是洛阳城乡居民最普通、最经济、最富有特色的家常小吃，洛阳俗语“清清白白浆面条，糊糊涂涂糊涂面”，二者皆为面食，做法相近但口味不同，糊涂面味道中和，浆面条偏酸，通常商家都是同时经营，供食客挑选。浆面条独具地方风味，配料主要有豆浆（绿豆磨成）、面条、土芹菜、香油、辣椒、大绿豆和花生米。其做法是先将豆浆煮沸，加入泡涨的花生米、大绿豆，用文火将豆煮熟，起沫时用香油打沫，之后下面条，面条快熟时倒进生芹菜，若芹菜事先炒熟，则要等面条煮熟时才能下锅，也有待浆面熟时将熟绿豆加入锅中的，也有直接放于碗中的。食用时放些辣椒油、韭花酱等提味。浆面条和糊涂面所用面条以手擀面为最佳，面条的制作很讲究，和面时讲究“三光”，即手光、面团光、面盆光。做到这一点，面团需要几次醒面，通过点水、砸面，使面团从硬到合适软度，然后推擀成合适厚度的面片，再用刀切成均匀的条状。糊涂面配料与浆面条不同，用清水煮面，可搭配各种蔬菜，常使用碾碎的焦香花生米来增加香味。面条煮熟后，用炒熟的玉米面或白面打汁和锅煮稠，也有撒面粉煮稠的。煮出的面营养齐全，既有面条，又有蔬菜，又顶饥又好吃，因此经久不衰。

（五）牛（羊）肉泡馍

“郑州烩面洛阳汤，开封一楼包子香”，道出了郑州、洛阳、开封三地饮食文化特色，各种汤食是洛阳人不可或缺的饮食品种。其中最具影响力的是肉汤，用牛（羊）肉做出的汤味道鲜美、营养丰富，是洛阳人的主要汤品。牛（羊）肉汤泡馍是洛阳人最喜爱的早餐，做法、吃法与西安牛（羊）肉泡馍完全不同。洛阳肉汤泡馍关键在汤，做法是先把牛（羊）骨及牛（羊）肉泡入水中若干时间，待血水泡净，再放入锅中用文火煮，煮时放入姜及花椒，大、小茴香等调料。煮出油时（甚者将骨煮成白色），汤即可食用。汤分淡、咸两种，以适应不同人的口味。此汤常与较硬的馍类搭配食用，如锅盔、烧饼、烙饼馍等。食用时，先将馍掰成小块或切成条状放入碗中，再放些熟牛肉或羊肉及葱花、香菜、味精之类，最后将汤沏入碗中即可食用。其特点是肥而不腻，入口喷香，且有强筋壮骨之功效。因此，有俗话说：“清早一碗汤，神仙也不当；没喝牛肉汤，枉然到洛阳。”西安泡馍是用牛（羊）肉高汤、粉丝、熟肉片、掰碎的硬馍块烩制而成，风味独特。两地泡馍各具特色，地域特征都较突出。

洛阳马杰山清真牛肉汤。马家汤馆历史悠久，其祖辈做汤的历史相传可追溯到清代，自马家祖辈创始以来，至今已传6代之多。马家汤较为讲究，自成风格。一是用肉讲究。凡购进的牛肉必须是当天新鲜的牛后腿肉，用骨也是精选的精光腿骨。自汤馆开始经营，至今从无例外。二是用料讲究。严格按照祖方选料配料，精研细磨，分季节选配。三是焖汤必经三锅，一锅去血紧肉，二锅六成熟放料，三锅边煮边卖，不加水，不留汤，卖完关门，卖不完倒掉，确保新鲜原汁原味。人们总结马杰山牛肉汤的吃法是一看二闻三品：一看汤色，汤清微黄，热利凉粘；二闻汤香，回肠荡气；三品汤味，先舌感，再腮感，而后慢咽，满口余香。泡上柔韧的烙馍或金黄甜的硬面锅盔，配以香葱、香菜、香辣子，细嚼慢咽，令人胃口大开，回味悠长。

白沙羊肉汤。由伊川白沙村兴起，因其做法独特、味道鲜美逐渐名扬全县乃至于洛阳。无论是羊肉馆还是羊肉铺子，无一例外的是都有一口直径约 1 米的大锅架在炉火上，做时将泡净的羊骨头投入大锅里熬汤，再将新鲜羊肉与清洗干净的羊杂一起投入汤锅中熬煮。炉膛内火光熊熊，锅内奶白色的汤在咕嘟咕嘟地翻滚，随着热气，烟雾升腾、弥漫，羊肉的香气肆意飘散。肉煮熟后捞出来沥干，然后切薄片放入开水里一汆，再倒入汤碗中，冲入滚烫雪白的羊汤水，撒上碧绿的香菜、葱花，一碗热气腾腾、香气四溢的羊肉汤就做成了。再趁热泡上独具特色的焦香筋道的白沙火烧馍，真是美味无比。此外，为满足爱吃辣味的食客需求，饭店还自制辣椒油，辣椒油是用新鲜的羊油放在锅内炼制，捞出油渣，再放入切碎的红辣椒，炸至香味溢出才行。一碗羊肉汤不仅弥漫羊肉的鲜香，而且飘逸着香菜、葱花、辣椒油的芳香。

（六）烧烤涮

20 世纪 80 年代后，烧烤涮大排档在洛阳兴起，21 世纪初风风靡全市。清真烧烤涮较有名气的是马坡烧烤和塔西烧烤。回民村的村民们利用村边空旷地带开发各种烧烤涮饮食品种，其中马坡烧烤影响最大，马坡村村民利用本村位于空旷的邙山脚下且离城区较近的独特地理优势，创立发展特色食品业——马坡烧烤涮，简称“马坡烧烤”。“马坡烧烤”1978 年面世于洛阳，1995 年由中国烧烤大师、豫小吃泰斗波乐两兄弟在此基础上秘制出特殊配料，其总店设立于三门峡湖滨区五原路，当时取名“马坡烧烤”。店面总面积约 200 平方米，主要经营涮锅、烧烤等。其产品在口味上保持了麻辣、烧烤的优势，吸取了南北美食的精华，突出了精品涮锅的特色。2005 年正式注册商标。由于马坡烧烤所选牛肉肉质鲜美，涮锅价廉物美，经营品种多样，加之经营者善于把握食客的口味，提供热情周到的服务，且地处城郊空旷地带，空气清新，夏季凉爽惬意，乡村情调浓厚，深受市民盲爱，成为朋友聚会、家人聚餐的理想之地，迅速风靡全市。除马坡村外，城郊一些地方纷纷竖起“马坡烧烤”招牌，以大排档的形式在洛阳流行。尤其是2000年后洛阳城区改善环境取缔露天烧烤政策实施，洛阳烧烤市场集中在以马坡、塔西为中心的回民村，形成了全市闻名的小吃品牌。烧烤涮行业成为回族村经济重要组成部分，是回族村收入的又一来源。2010年，瀍河回族乡从事烧烤行业的就有3000多人，区域烧烤年产值近5000万元。

（原载于洛阳市民委、洛阳市地方史志办公室编：《洛阳回族文化》，68~102页，郑州，中州古籍出版社，2014）

河南怀川两大回族典型经济述略

李华英　拜存星　买胜利

华夏母亲河——黄河之北、巍巍太行山之南，有一片广袤的牛角川，古为怀庆府辖地，故以“怀川”著称，现为中原重要工业基地焦作市辖区。这里历史悠久，物产丰隆，堪称镶嵌在华夏文明摇篮上的一颗璀璨明珠。

怀川（即当今的焦作地区）有汉族、回族、满族、蒙古族、土家族等32个民族，总人口352万人，尽管当地的少数民族人口只有7万余人，但其中的99%都是信仰伊斯兰教的回族人口，回族人口密度居河南省第二位。焦作市辖各县（市）均有回族人口聚居，但是各县（市）回族人口分布情况却有所不同。本文所涉及的沁阳和孟州两市的回族不仅人数悬殊，而且分布格局也有很大差异，前者辖水南关、水北关、自治街、广利作、北鲁村、崇义等回族村镇，后者仅有桑坡一个回族村庄。尽管这样，由于两市回族的历史渊源、文化传统以及自然环境别无二致，他们走过的发展历程也大体相仿。

历史上，无论是以水南关为代表的沁阳回族村，还是孟州的桑坡村，都和全国多数回族村落一样，耕地十分有限，“以副补农”是两地回民的历史传统。他们虽长年为生计奔波，但生活仍十分艰难。当一贫如洗的沁阳水南关和孟州桑坡的回民欲变不能之际，从安徽凤阳兴起的改革风云给他们送来了福音。从此，水南关人和桑坡人的生产积极性像火山爆发似的喷发出来。经过多年的苦心经营，水南关和桑坡都成为闻名全国的回族经济发展的典型。现仅将笔者耳闻目睹的有关情况濡笔成文，作为对“首届回商文化论坛”的献礼。

一、水南关篇

在水南关村建筑规模最大、最为壮丽的清真寺门前，耸立着两通白玉石碑，铭刻着胡锦涛、江泽民两位党和国家领导人视察该村的谆谆教诲，闪耀着水南关穆斯林铸就“中原回族第一村”的光辉。两通标志性碑记将永远鼓舞着回族民众为推动当地经济社会快速、健康发展而努力奋斗。

1994 年 5 月 17 日，时任中共中央政治局常委、中央书记处书记的胡锦涛同志莅临水南关视察，与村干部、群众亲切交谈。在清真寺门前，他握着村支书、村主任买望真的手说：“你们商品意识强，能吃苦耐劳，富裕的步伐会更快。你们修建清真寺，增进民族团结，国泰民安。”

时任中共中央总书记、国家主席、中央军委主席的江泽民同志于 1996 年 6 月 3 日前来水南关村进行考察。总书记走街串巷，深入回族家庭，受到全村干部群众的热情欢迎。总书记对全村在经济建设、民族团结工作中取得的成绩给予高度评价。在座谈会上，总书记高兴地说：“你们村的发展实践说明一个问题，农村基层组织建设要做到两条：一条是有人办事，一条是有钱办事。”从此，首次提出的“有人办事”，“有钱办事”的指示传遍全国各地，名不见经传的水南关也因此声名鹊起，被誉为“中原回族第一村”，成为回族经济社会发展的一个典范。

总书记还亲切地拍着青年阿訇马福军的肩膀说：“一定要搞好民族团结，这是一件大事，责任重大。一定要贯彻执行好党的民族政策和宗教政策。”

江总书记强调的搞好民族团结和落实民族宗教政策这两条要求，对保证回族村庄的健康发展具有特别重大的意义。事实上，水南关早已从中尝到了甜头。正如《中国穆斯林》杂志为《中原回族第一村》[①] 一文加的编者按中所说：“水南关除了具有一般脱贫致富村庄的共性外，还有其作为回族村庄的两个个性：一个是主动与周边汉族村庄搞好民族团结；另一个

① 李华英：《中原回族第一村》，载《中国穆斯林》，1997（4）。

是认真落实党和国家的宗教政策。前者为之创造了一个良好的外部环境；后者使之始终在一种和谐、健康的社会机制中运转。”寥寥数语，高度概括了加强民族团结和落实民族宗教政策对回族村庄经济的发展的重要意义。

（一）物质文明

水南关在焦作地区是唯一的纯回族村，有人口750多户3100多人，分为8个村民小组，有耕地650亩，地处沁阳市北郊、沁河之南，为太行办事处所辖。

昔日水南关曾被人们称为“生死关”。“盐碱地、大沙岗，晴天白茫茫，雨天水汪汪，种啥啥不长”是水南关的真实写照。那时人均不足3分地，亩产不到50斤，每年除了吃掉国家十几万斤统销粮外，还要跑到外县借红薯吃。“解放前一根扁担两只筐，山西、陕西去逃荒；改革前红薯汤、红薯馍，离开红薯不能活”的民谣流传县内外。老百姓生活如此，大队部更穷。夜里开会，一根蜡烛截成几段用，甚至因买不起煤油而开“黑会”。

党的十一届三中全会以后，水南关人也随着历史的脚步进入了新的天地。

1984年，历任小队长、村副支书的买望真当上了村支书。他的就职演说犹如铁锤敲在铜锣上一样铿锵有力：“如果水南关富不起来，作为村支书，我将死不瞑目！”

坚定的誓言唤起两委班子和党员群众脱贫致富的激情。然而，没有资金怎么办？老支书买全德带头卖掉了儿媳的自行车，村长卖掉牲口，还有的卖鸡蛋、卖豆腐，最感动人的就是一队队长买全义拿出了妻子买桂荣的卖血钱，大家的热情更加坚定了买望真创业的决心和信心。

本着投资少、规模小、效益好的原则，一下子办起了小翻砂厂、小皮革厂、小铸造厂、小造纸厂、小清真食堂等。买望真向东风机械厂借了一个旧小炉，又向县农机局借了8根钢筋，加上大伙儿东拼西凑才办起了翻砂厂。村干部在买支书的带领下走南闯北，身背牛皮件、肩扛铸管件跑销售，渴了喝口冷水，饿了啃口干粮，夜里蹲房檐不肯住店，硬是打开了销路，当年获利25万元。

到1994年，颇具规模的腾飞制革厂、新星制革厂、光华制革厂、东方制革厂4家民族企业，成为沁阳新兴的明星企业。在这些龙头企业带动下，玻璃、马赛克、煤炭运输公司迅猛崛起。全村工农业产值达3亿元，创利税2350万元。个体工商户发展到360家，个体经济收入接近全村工农业总产值的50%。1996年，水南关工农业总产值增加到5亿元，实现利税4661万元，人均收入7100元，人均拥有固定资产7.3万元，人均私有财产5.6万元，一举成为河南有名的小康村。

水南关人没有忘记养育过他们的“三分田”，反哺农业，着力推动农业增产增效。几年来，村里累计投入240万元，购置了拖拉机、播种机、脱粒机、发电机等136台大型农用机械；打机井、修水渠、架农用电线，达到了路、机、水配套和耕耙、播种、施肥、浇地、治虫五统一的免费服务，实现了机械化生产和旱涝保丰收。农民实种实收，村里不收任何提留，不搞任何摊派，这在豫北尚属第一。

2000年5月，买望真从太行办事处副书记、水南关党总支书记位置上退职，享受国家科级干部退休待遇，这在沁阳农民中首开先河。与此同时，水南关人中涌现了一批合格的接班人。其中时任市政法委副书记的丁树忠，毅然回水南关接任党总支书记重任。身为沁阳市伊斯兰教协会名誉会长、水南关清真寺管委会主任的买望真，继续为民族经济和社会发展奉献自己的聪明才智，建功立业。

在村总支书记丁树忠、村委主任丁建业的领导下，村支部和村委会传承勇于拼搏、勇争一流的民族精神，带领全村群众谱写新篇章。为了壮大民族企业，增强发展动力，投资400万元建成了焦作中油公司大型加油站，投资300万元建成了温泉宾馆，投资400万元建成了彩色钢瓦厂，投资100万元建成了玻璃钢修配厂，投资3500万元建成了造纸机械城等。在招商引资的同时，对现有企业进行股份制改革，以适应新形势发展的要求。现在，共有各类改制企业14家、个体工商户150余家，从事三产的有150余户，安置从业人员1000余人。经改制之后的股份制企业，盘活企业资产近4000万元，2007年上交国家税金550万元。集体年收入150多万元。在广泛征求农户意见的基础上，对农业经营体制又进行了转换。对土地实行集约化经营，耕地全部收回，统一对外租赁承包。这项改革被称为“土地流转”，为沁阳市“土地流转”成为全省先进经验提供了水南关样板。16家土地承包大户每年向村委提供35万斤小麦，村里又从企业收益中拿出30万元，无偿为农户提供粮食和食用油。有一家承包商投资340万元种植花卉苗木，有两户承包者投资270万元建成了百头奶牛场及肉牛场。

水南关取得如此丰硕的成果，让沁阳人刮目相看，为全省所瞩目，全国各地慕名前来参观者络绎不绝。买望真被评为全国劳动模范，当选为第九届全国人大代表，丁树忠当选为河南省第十一届人大代表，马福军阿訇当选为河南省、焦作市、沁阳市的政协委员，焦作市伊协副会长、沁阳市伊协会长。除了胡锦涛、江泽民两位党和国家领导人到水南关视察外，前来这里参观、访问的还有国家领导人乔石、李长春、姜春云、费孝通、布赫等。

（二）精神文明

有人办事，有能人办事，创造了水南关前所未有的经济实力，从而为有钱办事奠定了坚实的基础。在取得物质文明辉煌的同时，水南关的精神文明更加灿烂。

走进水南关，迎面门楼格外耀眼夺目。用阿拉伯文书写的“太思米”和由江泽民题写的中文村名“水南关”，洋溢着回回爱国爱族的光荣传统；以绿色为主调的彩色门楼，展现着广大回族群众热爱和平、崇尚和谐的精神风貌；高大雄伟的门楼建筑，显示出水南关人海纳百川的博大胸怀。

为了彻底改变村容村貌，进一步改善居住环境和生活条件，村里共投入100多万元用于补助村民盖房，全村村民按照新规划盖起了两层或三层以上楼房，人均住房面积达30平方米。清真街和兴福街这两条主干街路两旁是鳞次栉比的楼房，笔直的大小通道、栽满树木花卉的池苑、设有体育活动器材的小区、装饰标语绘画的文化墙，构成了小康村的美丽风景。

累计投资300多万元建成学校和幼儿园，每年投入资金1万元，用于补充教育经费不足。实行了奖学金制度，凡考上高中的奖励200元，凡考上中专的奖励500元，凡考上大学的奖励1000元，从而为培养更多的民族人才奠定了基础。

在福利待遇方面，每年以实物形式向群众提供35万斤小麦，实行免费向村民供应口粮制度。斋月期间村委免费供应6000斤食用油，春节免费供应2.6万斤大米。村委对村民每人每月补贴水费1元，年补贴达5万余元，同时，实现了无偿向清真寺、学校供水。每年照顾困难户、军烈属、村老干部的资金达2.5万元。

于1990年破土动工，历时5年精心施工建成的清真寺，总投资700多万元，大寺占地面积5841平方米，建筑面积3187平方米，有殿宇91间。几年来，累计投入100多万元对清真寺进行完善。其规模之大、水平之高，誉满河南全省，就是在全国范围内也享有盛誉。

占地220亩，总投资280万元的“伊华苑”民族公园坐落在村西，一期工程于2007年10月开工建设，投入资金150万元。该公园以穆斯林文化为主题，以民族之魂为核心，通过文化墙、雕塑、亭廊等弘扬悠久的回族历史文化传统，领略博大精深的民族文化内涵，成为革命传统和民族传统教育基地。

水南关文化活动广场与民族公园遥相呼应，总投资350万元占地21.3亩的广场，有灯光篮球场、乒乓球室、棋牌室、图书室、演艺舞台、廊亭、花园、健身场所等，为人们休闲、养性、锻炼的好场所。

2008年计划投资700万元新建回族公寓楼，于6月动工，预计2008年竣工投入使用。

目前，助人为乐、克己奉公、命人行好、止人干歹等道德风尚已蔚然成风。因而，水南关被评为河南省、焦作市、沁阳市“双文明单位”。

（三）民族团结

新中国成立前，由于民族歧视等多种原因，水南关与邻村的马坡、东关汉族村结下了“世仇”，老死不相往来，还经常发生械斗。

新中国成立后，在党的民族宗教政策教育下，矛盾虽有缓和，但积怨并未完全消除。1986年双方因地界发生争执，一场集体械斗一触即发。支书买望真知道后，立即赶往出事地点，先劝退本村群众，然后主动找到马坡村支书傅永祥说："老傅，你年龄比我大，党龄比我长，我听你的，你说地界在哪，咱就定在哪。"傅支书被他的宽厚大度所感动，双方推来推去，最后各让出一半，标定了地界。后来，将原来阻挡马坡村的水流往本村的"隔阂堤"平掉，合挖了一条"民族渠"。原来两村不通道路，后又共修了"团结路"。水南关搞村建，马坡村主动开来履带拖拉机帮助压地面。农忙时节，水南关地少，也主动派人带上农机具去马坡无偿援助。如今，东关村汉族菜贩在水南关卖菜，以优惠价卖给村里人，村委也以免收管理费、卫生费予以照顾。

在水南关的各类企业中，从业的汉族员工最多时达2000多人，他们享有与本村回族一样的权利，有的还当上了副厂长、会计、保管员，成为企业的中坚力量。远近8县市20多个村街1300多户各民族群众，在水南关帮扶下走上了脱贫致富之路。宁夏、内蒙古、甘肃、新疆、青海等地区，也有不少贫困村来水南关学习致富经验，建立了朋友式的贸易伙伴关系。

沁阳的西万村、盆窑村、邗部等汉族村，在历史上与水南关是"社亲"，只要道出对方村名，吃喝不论，谈笑风生，亲如一家。解住村的汉族人每逢春节时给水南关送来丰富多彩的文艺节目，受到回族群众的热烈欢迎。水南关干部也经常回访表示感谢，共商发展大计。

水南关650亩土地横跨沁阳、博爱两县（市）4个乡镇9个自然村，犬牙交错的零碎地块不仅给该村生产带来不便，也造成该村与邻村土地纠纷，加之信仰、习俗等差异，水南关与周边村庄的矛盾、问题时有发生。建立民族团结、友好关系对于社会稳定、经济发展至关重要。多年来，水南关与9个汉族村结下盟约，盟约协议规定了干部互访、村民互助、经济互帮、发展共享等内容。目前，又与5个经济往来密切的汉族村结盟，这14个村也互相结盟，而15个村的村干部每年正月初六在水南关共谋发展大计已成为惯例和制度。在三夏三秋期间，水南关利用农业机械力量强的优势，以低于市场价的价格为友好村收割、耕种，友好村以同村同价优先为水南关供电，并给予多方便利。西荒村变电器被盗，浇地受到严重影响，水南关送去1200元救助；水北关小桥垮塌，行人受阻，水南关无偿支援1000元。

为了展示民族团结进步成果，促进民族团结进步事业发展，拟在水南关清真寺内建立“沁阳市民族团结进步展览馆”。规划面积为200平方米，投资15万元，陈列实物、证书、画册、音像资料等。目前，该项目已得到省民委、焦作市民宗局及沁阳市政府的肯定和支持，前期准备工作已展开。

水南关在加强民族团结和落实宗教政策方面的成功经验，得到了党和国家的充分肯定。水南关两次荣获国务院颁发的“全国民族团结进步先进集体”和“全国民族团结进步模范村”，清真寺荣获“全国模范清真寺”光荣称号。

值得指出的是，在水南关的村办企业中工作的汉族职工一般有一两千人之多，周边的东关、马坡两村的汉族职工在其中占较大比例。这样既解决了水南关的劳力不足问题，又帮助一批汉族同胞脱贫致富。多少年来，水南关的村办企业一直呈现“回汉民族团结，共同发展致富”的大好局面。1996年，江泽民视察水南关时见到这种局面，曾感慨地说：“在中国，一般来说是少数民族地区相对比较落后，汉族要帮助少数民族发展。在水南关却是回民村带动周围的汉民村发展。这体现了各民族‘同呼吸、共命运、心连心’的大同精神。”这在中国回汉民族关系史上应该说是个成功范例。

二、桑坡篇

（一）历史

沁阳以南20公里的孟州市同属焦作市。孟州市区往东8公里处的南庄镇桑坡村，虽是孟州唯一的一个回民村庄，却是整个焦作地区最大的回族聚居地。全村有13个村民小组，有1100多户4800多人，占地面积3.2平方公里，耕地1389亩。

桑坡虽然是一个地处中原腹地的内陆农村，也没有紧靠市县的地理优势，但并不闭塞。受伊斯兰文化的熏陶，桑坡人没有重农轻商的观念，他们以传统的民族皮毛加工技艺为生，与外部世界有着密切的经济文化联系。明清以来，桑坡就以皮毛加工和伊斯兰文化闻名遐迩。

世代相传的皮毛加工技艺是桑坡人谋生的重要手段。据说郑和下西洋时，桑坡的皮毛服装就曾漂洋过海，远销异国他乡。清代，桑坡已成为全国有名的皮毛集散地之一，当时民间就有“只知桑坡，不知孟县”之说。

民国年间，由于黄河泛滥、战乱、灾荒等天灾人祸不断发生，加上汉族地主武装血洗桑坡，村民流失，经济衰落，皮毛加工业濒于破产。

改革开放前，由于受到“左”倾思想的影响，传统皮毛加工业处于停滞状态，桑坡人只能在人均不足 3 分的土地上求生图存。花救济款，吃返销粮，穿粗布衣，住土坯房，是当时桑坡人的生活状况。

改革开放的春风为桑坡人带来了极好的机遇，他们迎来了民族经济社会发展的春天。

（二）崛起中华

以皮毛业为主导的桑坡回族经济，其发展经历了 3 个阶段。20 世纪 70 年代末到 90 年代初为第一个阶段，重点在于发展个体加工业。1991 年，皮毛加工户发展到 800 多家，年加工能力 100 多万张，产值 5000 多万元，人均收入 1500 元，初步告别了贫困。

20 世纪 90 年代至 2000 年为第二个阶段，重点是组建集团公司，实行公司加农户的经营模式。全村 1000 多个皮毛加工户组建了雪羊皮毛集团公司，1994 年工业总产值达 3.5 亿元，为 1991 年的 7 倍，直至发展到 50 多家规模企业，固定资产 6000 万元，年加工羊皮 500 万张的规模。

进入 21 世纪后步入第三个阶段，皮毛产业发展步入辉煌时期，外向型经济崛起。

2007 年，全村皮毛规模企业 148 家，加工羊皮 1500 万张，实现产值 36 亿元，利税 2.38 亿元，资产总值 16.7 亿元，不仅成为河南省重点产业集群，而且壮大为亚洲最大的羊皮加工集散地。占地 10 平方公里的桑坡皮毛城分为皮毛鞣制加工区、高新技术区、商业贸易区及居民住宅区 4 个区域，得到中国皮革工业协会的极大关注和支持。2008 年 5 月，中国轻工业联合会副会长、中国皮革工业协会名誉会长徐永等领导赴桑坡，与孟州市和桑坡村签订战略合作协议，打造“中国毛皮之都”，向国内最强、世界先进的皮毛加工基地冲刺。2008 年 7 月 18 日，中国轻工业联合会和中国皮革工业协会授予桑坡“中国毛皮之都”称号。

几年来，桑坡先后举办了第一届皮毛产品交易会、中美技术合作研讨会以及 3 次大规模的国内外专业技术培训班，为企业走向外向型发展奠定了基础。目前，全村 48 家企业拥有自营出口权，“两头在外”的产业格局初步形成。原材料购买在外，进口澳大利亚皮张的 80%，左右澳皮进口中国的价格；产品销售在外，80% 以上产品远销日本、美国及非洲等 20 多个国家和地区。

全球最大的羊剪绒生产企业——中澳合资隆丰皮草有限公司鹤立鸡群，拥有世界先进的“生态鞣制”工艺，是羊剪绒产品 5 个行业标准的制定者，是桑坡皮毛群的领军企业，位居河南省外商投资企业外贸出口第二位，2007 年出口创外汇 1.4 亿美元，占桑坡皮毛集群出口创外汇总额的 60% 左右，隆丰牌羊剪绒被评为河南省出口名牌产品，迪奥牌、莱澳牌羊剪绒在广交会上被确定为最佳产品。董事长王和平介绍，2～3 年内，企业年产值将超过 20 亿元，利税超亿元，出口创汇将实现更高的奋斗目标。

（三）繁荣进步

“三万五万不算富，十万八万刚起步，百万富翁也有不少户”，流传于桑坡村民之间的这句顺口溜，在孟州、焦作一带传为佳话，足以反映出皮毛产业带来的累累经济硕果。

经济的发展促进了社区的发展和进步。

1994 年，2000 门程控电话建成并投入使用。居民电话普及率达 120% 以上，一跃成为“中原电话第一村”，接着又开设了有线电视台。

截止到 1995 年，中国银行、中国工商银行、中国农业银行、中国建设银行等 8 家金融机构竞相在桑坡开办 15 个储蓄所，孟州市电力局开办了变电站，连省动植物检验检疫局也在桑坡设立了办事处。

1997 年，投资 150 万元兴建了村委大楼暨民族文化宫。建筑面积 2000

多平方米的民族文化宫有村情、村史、企业史陈列及乒乓球、台球、图书、卡拉 OK 等各类馆室。

1998 年，总投资 600 万元建成了回民中小学校，总投资 150 万元建成了回民幼儿园。村里设有教育发展基金，每年投入 2 万元用于补充教育经费不足，对涌现出来的模范教育工作者和优秀学生予以隆重表彰。

村党支部书记、村委会主任丁赞富兴奋地介绍，水泥硬化的街道平整宽广，绿树、草坪、花坛比比皆是，大大小小的商铺林立，造型别致、富有民族风格的楼房和厂房错落有致，大街上车水马龙，行人川流不息，称为“乡村都市”一点也不为过。

经济的发展促进了民族、宗教事业的发展。

目前桑坡共有 10 座清真寺，其中 5 座男寺、5 座女寺，满足了回族群众正当的宗教生活需求。

桑坡的伊斯兰教经学人才辈出，其中不少人在全国颇有名气。如清代为河南伊斯兰经堂教育发展做出贡献的著名经师张古东和二杨阿訇，二杨阿訇的后人杨泰贞阿訇曾被誉为“阿訇之王”。特别值得指出的是，作为具有国际影响的中国伊斯兰教的著名学者庞士谦（1902—1958 年）的出生地，桑坡已经成为遐迩闻名的游览胜地。

富裕起来的回族群众踊跃捐款修寺、建寺，村委会无不鼎力相助。每逢开斋节，总有村委、南庄镇、孟州市、焦作市的党政领导亲临桑坡各清真寺恭贺佳节。

穆斯林乐善好施的精神在桑坡得以充分体现。四川汶川地震发生之后，桑坡的企业、群众慷慨解囊，首批共捐献 274.6 万元及大量衣物，在第一时间为灾区人民献爱心。

常年在桑坡务工的外来回汉群众达 1.5 万余人，其中女工占 40% 左右，他们来自全国十余个省、市、自治区，其中来自山东、安徽、四川、甘肃、宁夏的人数居多，也有来自浙江、云南等地。

一方面，外来的回汉职工同桑坡人团结一心谋求发展，另一方面，桑坡周边汉族村庄与桑坡人心连心共同致富。邻村田寺村为桑坡生产包装用品，加工制作编织袋。马付庄也建立了皮衣加工企业，与桑坡建立了密切的经济合作关系。谢庄农民工以前在桑坡搞建筑，后来专门为桑坡企业装卸原料和货物，成为固定、专业的队伍。周边十多个汉族村的工农业生产都与桑坡的生产经营活动密不可分。

桑坡取得的辉煌成绩，受到党和政府的充分肯定和高度赞扬。1994 年 5 月 17 日，时任中央政治局常委、中央书记处书记的胡锦涛同志在莅临桑坡考察时曾高度评价："看到你们富裕后，我很高兴。党中央就是让你们先富起来，你们给中西部带了一个好头。"桑坡村被授予"中州新村""发展乡镇企业先进村""河南十佳明星村"等称号，多次被省、市评为"民族团结先进村"。国务院文明办授予其"全国精神文明创建工作先进单位"，国务院授予其"民族团结进步先进集体"等荣誉称号。

（原载于《首届中国宁夏回商大会文化论坛论文汇编》，2008）

焦作：少数民族经济一枝独秀

杨家卿

也许你很难想象到河南省焦作市是一个多民族聚居的地区，有25个民族成分，少数民族有6万多人，以回族为主，比较集中的民族村有25个，呈明显的大分散、小聚居的特点。焦作市委、市政府因势利导，积极扶持，使民族经济在焦作近年来经济快速增长中展现出其独特的魅力，一枝独秀，以明显高于全市平均速度的态势发展，对推动各县市的区域经济发挥了积极作用。

1994年，焦作少数民族社会总产值达23.13亿元，人均收入2011元，已有18个村提前跨入焦作市小康村的行列。民族经济的发展，进一步促进了民族平等和民族团结，为实现各民族共同繁荣奠定了基础。几年来，全市先后有19个回民村和回汉民杂居村分别被国务院、国家民委及省、市人民政府命名为“民族团结先进集体”。

一、从传统优势起步，向现代工业开拓

在焦作市6万多少数民族中，回族占96%。历史上回族群众就有经商和从事手工业的传统，饮食业、屠宰业、皮毛加工业、商业是他们的传统产业。焦作市紧紧围绕经济建设这个中心，从少数民族的实际出发，充分利用回族崇商重商的特长和优势，把帮助少数民族传统产业作为突破口，积极引导少数民族抓住改革开放的有利时机，立足民族特色，发挥地域优势，走“集体带动、个体联动、共同富裕”的经济发展战略，形成了以皮毛制革为龙头，集服装、运输、商业、饮食、服务于一体的民族经济体

系，从而向现代工业开拓。焦作市从少数民族的实际出发，制订了一系列有利于民族经济发展的政策措施，并在投资贷款、税收以及生产、供应、运输、销售等方面给予扶持和照顾。

孟县桑坡村是一个回族聚居村，皮毛加工是该村独特的传统手工业，在历史上久负盛名。近年来，随着党的改革开放政策的实施，该村群众如鱼得水，出现了“家家机器响、户户变工厂、人人忙熟皮、群力奔小康”的景象，成为闻名遐迩的皮毛加工专业村。随着市场经济的发展，该村由过去产品单一的家庭作坊式生产发展到有组织、大规模、现代化的焦作市雪羊皮毛集团总公司，形成了以公司为龙头、企业为骨干、农户为基础的强大利益共同体。

沁阳市为了发展民族经济，制订了四优先（优先安排项目、优先解决资金、优先提供场地、优先提供服务）的优惠政策。该市所属的渠沟乡广利作村是个回汉杂居的小村，仅有 700 多口人。过去是个“电不通，水不流，农业生产靠天收”的贫穷村庄。1986 年，市、乡两级政府帮助他们贷款 77 万元，自筹资金 10 万元，办起了一家民族集体企业——广利制革厂，使该村首批跨入“小康村”的行列。

二、既发展集体经济，又提倡多种经济成分并存

在发展民族经济过程中，焦作市采取因地制宜、分类指导，集体、联合体、个体、私营经济一起上的方针，取得了较好的效益。他们认为，不管是发展集体经济还是个体经济，只要有利于群众脱贫致富，有利于国家繁荣，有利于社会主义事业发展，就应该大力帮助、支持。

由于多种经济成分一起上、集体个体齐发展，焦作的民族经济显露出生机和活力。据 1994 年底统计，全市共有少数民族乡村办集体企业 106 家、股份合作制企业 117 家、私营企业 866 家、个体工商户 5271 家，实现税利 2. 11 亿元。还有 6 家民族企业与日本、美国、中国香港合资经营 13 家企业。

目前，焦作少数民族经济大致形成了 4 种模式。

一是靠发展集体经济实现共同致富的“水南关模式”。沁阳市水南关村是个2400多人的回民村，1994年，全村工农业总产值达3.1亿元，实现利税2350万元，农民人均纯收入6100元。他们坚持走集体致富道路，全村已经形成制革、玻璃、造纸、运输、皮毛服装五大企业群体，呈现出个人与集体共富，工业与农业齐发展，物质文明与精神文明并进的整体效应。水南关被誉为“中原回族第一村”，先后被河南省人民政府命名为“双文明建设先进集体”“中州新村”及“河南省十佳明星村”之一。被国务院、国家民委授予“民族团结进步先进集体”。

二是靠发展个体经济、联合体经济使群众普遍致富的“桑坡模式”。这些村大力支持群众搞运输业、饮食业、服装加工业、皮毛工业等多种产业，“八仙过海，各显其能”，村里重点做好组织和服务，使群众普遍致富。1994年，桑坡村共完成产值3.5亿元，人均纯收入达5000多元，夏天全村一次购买空调400台。目前，该村拥有高级轿车25辆、万元以上摩托车8000余辆。有90%的农户安装了直拨电话。

三是利用农闲，大力发展庭院经济的“造店模式”。中站区造店村现在有6000多人，他们根据本村实际，以服装加工为主，家家户户发展庭院加工业，集体提供供销服务，经过十几年的发展，该村服装加工从小到大，从低档到高档，全村95%以上的农户都做起了服装加工，成为省内外闻名的服装加工专业村。

四是靠发展合资企业大踏步前进的“长城模式”。河南长城皮业（集团）公司前身为沁阳市长城制革厂，始建于1987年。近年来，这个镇办企业积极探索走外向型经济的道路，使自己的产品走出国门，远销日本、美国、英国、德国、韩国等国家和地区。大开放带来了大变化。由于起点高、跨度大，该企业目前已跻身全省同行业十强的前3名。1994年，实现产值1.6亿元，利税1413万元，创汇600万美元。

三、严格执行民族政策，切实加强民族团结

长期以来，“天时、地利、人和”使少数民族在焦作市得以安家落户，

繁衍生息。全市各民族群众彼此尊重，和睦相处，共同奋斗，携手前进，洋溢着团结和谐的友好气氛。

正因为这样，焦作市社会稳定并以经济发达闻名全省乃至整个中西部地区。正如水南关村党总支书记买望真同志所说，“民族团结是个宝，发展经济离不了。我们富起来，是汉回民族团结结出的硕果。十几年来，水南关民族经济发展的轨迹，烙印着一支民族团结的颂歌”。

水南关村现有13个村办企业，用工2000余人。本村在厂人数只有400余人，其余都是外村人，而且大多是汉族，汉族工人占企业职工70%以上。村党总支和村委会的指导思想是“共事要共心”，对兄弟民族同胞大胆使用，放心使用，并经常教育干部群众要维护和加强民族团结。在水南关的村办企业里，本村、外村工人待遇一个样，回族、汉族一个样，50余名汉族同胞担任班组长以上职务，从供销科长、车间主任、会计到技术骨干都有汉族职工。他们高薪聘请40多名汉族高级工程技术人才，这些汉族技术人员为水南关经济的发展做出了巨大贡献，使牛皮加工从原来一天只能加工3~5张发展到加工数百张乃至上千张。水南关干部群众无不深有感触地说，离开汉族兄弟的帮助，我们少数民族经济不可能发展得这样快。这些年我们真正尝到了民族团结带来的甜头。

1994年，中共中央政治局常委、书记处书记胡锦涛到该村视察，给予充分的肯定和高度评价：“水南关在脱贫致富方面是模范，在民族团结方面也是模范。”

由于强化了民族之间的团结，为招商引资创造了良好的环境，焦作的民族经济有了迅速发展，少数民族经济发展位居河南省第一位。全市各族群众呈现出平等互助、团结合作、共同繁荣的可喜局面。

（原载于《瞭望新闻周刊》，1995年第50期，28~29页）

试论历史文化名镇回族文化产业开发的优势

——以河南省开封市朱仙镇为例

马　佳[①]

朱仙镇作为宋朝都城开封的南大门，是宋金以来的水陆交通要道和商埠重地，与沿海几大港口城市一样，也是回族先民入驻较早的地方。朱仙镇回族人口占全镇总人口的20%，远远高于河南省回族人口只占全省人口1%的比例。朱仙镇历史源远流长，在河南回族史中占有重要地位。做好朱仙镇的回族文化研究和开发，不仅对河南全省经济社会发展有直接、特殊的意义，而且对全国少数民族散杂居地区的民族工作也具有积极的意义。为此我们组成课题组，试图以朱仙镇为支点，对其回族文化开发提出有参考价值的观点和建议，以点带面，为促进全国历史文化名城名镇中回族文化的发展尽绵薄之力。

一、朱仙镇发展概况

朱仙镇距开封市22.5公里，面积69.98平方公里，总人口3.4万人，其中镇区面积3.8平方公里，镇区人口1.8万人，1986年被河南省政府命名为“河南省历史文化名镇”，2008年被住房和城乡建设部、国家文物局授予“中国历史文化名镇”称号。

朱仙镇自宋金以来成为水陆交通要道和商埠重地。北宋建都开封后，

① 马佳：南京理工大学博士研究生。本文为河南大学2008年度校内科学研究项目《开封朱仙镇回族文化产业开发研究》（项目编号：2008YB2R120）的部分成果。

朱仙镇开始成为北宋都城周边的一个重要驿站，开封的南门户。1140 年，岳飞精兵大破金兵于朱仙镇，朱仙镇便以与岳飞有关的古战场及军事重镇而闻名于世。

1351 年，即元顺帝至正十一年，以元工部尚书贾鲁为名的贾鲁河开通后，发源于豫西山地的京、索、须、郑诸水，则经郑州、中牟过朱仙镇汇入古河道而达于淮河，而流经开封城区的汴河、蔡河、金水河、五丈河 4 河则多被淤塞，舟楫渐不至，朱仙镇便逐渐发展成为一个大的水陆运输码头。至清康乾时达到了鼎盛时期，成为中原乃至全国的一个水陆货物转运中心，与江西景德镇、广东佛山镇、湖广汉口镇一起被誉为中国的“四大名镇”，并成为四大名镇之首，达到了空前的繁荣。当时全镇镇区面积 25 平方千米，人口 27 万，聚集了来自山西、陕西、甘肃、安徽、福建等地的商户 5 万多家，经济繁荣，文化昌盛，成为新春对联、木版水印年画及豫剧祥符调的发源地。作为开封南大门的朱仙镇，经历了元明清的日渐繁荣，许多穆斯林在这里繁衍生息，定居下来。清朝中期以后，由于黄河多次决堤改道，朱仙镇赖以发展的运河（运粮河）逐渐淤塞，加之 20 世纪初汴洛（陇海）铁路、京汉（京广）铁路开通，火车、汽车等新兴交通运输方式迅猛发展，朱仙镇交通枢纽、商业重镇地位丧失，逐渐衰落。

改革开放以后，开封市、县两级政府认识到了朱仙镇的历史、文化、旅游价值，从 20 世纪 80 年代就开始了古镇保护和修缮工作，对木版年画资源和岳武文化进行挖掘和开发，朱仙镇被授予“中国木版年画艺术之乡”称号，朱仙镇木版年画入选国家首批非物质文化遗产名录。但由于缺少资金和系统规划，整个镇区距离重现“历史文化名镇”风采的目标还有较大距离。

二、朱仙镇回族文化产业开发的重要性和必要性

（一）文化产业是 21 世纪的朝阳产业

所谓文化产业，是指通过工业化和商业化方式所进行的文化产品和文

化服务的生产、再生产、供应和传播。文化产业的一切产品（包括物质、知识、技能、教育、娱乐、服务与精神消费等产品），都必须具有能够提升人类生活，尤其是精神生活品质的特性。

“十一五”以来，时任河南省委书记的徐光春和省长郭庚茂曾经分别就开封朱仙镇加快发展、再现历史名镇工作数次做出批示，张大卫副省长深入朱仙镇做了专题调研，梳理出该镇有待开发整合的十二大文化元素，其中有两项涉及回族文化。发掘、整合朱仙镇包括回族文化在内的各种优秀文化资源，深入开拓与发展朱仙镇的文化产业，提高文化软实力，提高朱仙镇的吸引力、凝聚力和影响力，最大限度地实现文化产品的价值和附加值，进而促进朱仙镇经济的发展，使古老的朱仙镇重新焕发出生机和活力，是朱仙镇的当务之急。

各民族共同团结奋斗、共同繁荣发展，是党的一贯政策，也是社会主义的本质要求。中原回族文化是中华民族文化中的一朵奇葩，是中原文化不可或缺的组成部分。朱仙镇回族人口占全镇总人口的五分之一，且历史源远流长，在河南回族史中占有重要地位。因此，古镇风采的展现，回族伊斯兰文化的弘扬必然是其不可或缺的一部分。做好朱仙镇回族文化的研究和开发，打好文化品牌，不仅对河南实现“从文化大省向文化强省”跨越的目标有着直接、特殊的重要意义，而且对全国少数民族散杂居地区的民族工作也具有积极的意义。

（二）朱仙镇文化产业中独具特色的回族文化因素

虽然朱仙镇的木版年画资源和岳武文化很有价值，但是朱仙镇文化中所包含的回族文化成分也是不容忽视的，如果将回族文化充分开发并展示出来，将使朱仙镇的文化色彩更加丰富，也更有特色。发展朱仙镇的文化产业，应该大力倡导开拓、发展回族文化产业，把它作为文化产业发展的一个重要方向，进行深入挖掘、培育和扶持。

一是从民族渊源或从文化渊源追索，朱仙镇古代历史与地域文化都与回族文化有着不可分割的联系。这是因为朱仙镇的繁荣有与景德镇、佛山镇、汉口镇明显不同的特点，就是在朱仙镇的发展、繁荣过程中，穆斯林所从事的商业活动起到了不可低估的作用。京杭大运河通航后，处于通济渠（汴河）要冲的唐汴州城是通往东都洛阳和唐都长安的重要门户，向南通江淮，大批江南的物资直达汴州。水运使沉寂了800年的开封再次复兴。宋代是中国历史上最富裕的王朝，其财政收入在最高年份达到了16亿贯。都城开封不仅是当时全国的政治、经济、文化中心，还是世界上最繁华的城市之一。唐、宋时期强大的综合国力吸引着外国商客纷纷来华经商或从事其他方面的活动。开封城文殊寺街自古就有了清真寺。宋朝与大食、波斯等伊斯兰国家来往密切，仅从宋太祖至徽宗148年间，大食人就朝贡46次。《宋会要稿》载："今来大食诸国蕃客，乞往诸州及东京买卖。"当时水陆丝绸之路起着关键作用。海路即经安徽省入河南省的固始县、光州等地最后到达开封或洛阳，或经安徽、正阳关至河南的周家口（今周口）、郾城，然后到洛阳；陆路即翻越帕米尔高原进入新疆，然后再往东，经西安进入洛阳或开封。这些远道而来的西域人就以开封为中心，围寺而居，形成了几个主要的回回聚居区。据有关研究，朱仙镇在最盛时人口达30余万人，这其中应有相当数量的穆斯林。有材料说，明清时"京货街、杂货街就位于现在的回族聚居区，朱仙镇不仅是屠宰牛羊中心，又是黄河北岸孟县桑坡回民经营的皮毛向周口贩运的中转地"。还有材料说："朱仙镇穆斯林们在元、明、清等各个朝代，仰仗开封的南大门优势，以水旱码头地理环境有利条件，与海内外穆斯林商贾进行皮革、制革、香料、京货、贩马等贸易活动。同时还占有利地理位置经营饮食业。穆斯林传统食品，回族风味小吃饭铺遍布全镇"，如京货街的德兴斋糕点铺，火神庙门的金家油茶铺，马宏盘饭铺的炒菜，赵家的羊肉烧卖，李记花生糕、焦枣、梨膏糖，陈景贵拉面馆的空心面等。可见，朱仙镇的发展与回族是息息相关的，这也充分证明朱仙镇的回族文化源远流长。

二是回族文化是颇具中国特色的伊斯兰文化，又是中华民族传统文化的一枝奇葩，是中外文化交流和谐创新发展的中华文明多样性的典型，并且在不断创新发展与传承。尤其在中原地区，回族文化是在宋到元、明、清的历程中，汲取中华文明传统，艰辛创造、世代传承的物质与精神的生产能力和积淀的物质与精神财富的总和。朱仙镇作为宋代都城开封的南大门，其回族文化集中展示了中原回族的精、气、神，吞吐了伊斯兰文明与华夏文明的真、善、美，昭示出伊斯兰文化与华夏中原文化大融合的历史轨迹和现实特征。

三是回族文化内容十分丰富，和中外历史联系十分紧密，可供发掘、研究、弘扬、利用的资源深厚，是一方未得到很好开发的处女地。它集中凝结在物化的回族文物古迹上，体现在回族历史进程和革命的史迹中，蕴含在非物质文化遗产的技艺内，中华民族文化的重要组成部分，具有重要的历史、艺术和科学研究价值。回族文化通过回族的繁衍生息和他们创造的建筑、工艺、文学艺术作品与辛勤的劳作进行弘扬与传承。所以，弘扬与发展、繁荣回族文化，必须抢救、保护、发掘、研究回族的各类文化遗产。

回族文化的抢救、保护与发掘、研究，已在全国各回族集聚地陆续开展起来，目前已取得阶段性成果，如回族历史和回族人物传记资料的调查搜集与集成整理、回族文献典籍资料的调查搜集与集成整理、回族民间文学艺术作品的调查搜集与集成整理、回族文物古迹的调查征集与资料的集成整理、回族革命史迹资料的调查征集与搜集整理、回商文化资料的调查征集与集成整理、回族科技和回医文化资料的调查征集与集成整理、回族非物质文化遗产资料和传承项目与传承人的调查搜集与确认整理。关于回族文化遗产的弘扬利用，目前在全国各回族集聚地如宁夏回族自治区已有良好的开局，革命先驱马骏纪念馆和抗日英雄马本斋纪念馆的建立，宁夏中华回乡文化园与回族博物馆的建成与开放，宁夏同心红军西征纪念馆的建立，大批回族历史和回族文化研究成果的图书与影视作品的出版、发行、上映，对回族文化遗产的抢救、保护与发掘、研究的成果已初步显现。这些弘扬、利用回族文化遗产的尝试与创意还在摸索和培育阶段，还处于初始阶段，在河南等广大中原地区还没得到足够的重视，因此还需要扎扎实实地把各项各类工作做细、做透，进行核实、补充和完善，将回族文化这项基础性工作不间断地进行下去，为弘扬和发展文化产业、提升文化软实力提供丰厚的资源和创意的素材。

四是回族文化有广阔的社会文化需求空间，它不仅仅面对国内文化旅游市场，而且面对着世界十几亿穆斯林和众多的伊斯兰国家，在海内外有很高的吸引力、凝聚力和影响力，对构建和谐文化、和谐社会、和谐世界都具有重大战略意义。朱仙镇处在回族先民入驻较早的中东部地区，对倾慕中国深厚历史文化底蕴的外国友人来说尤其具有吸引力。因此，发掘、整合、利用中东部回族文化资源，展现中东部回族文化特色，对于开发回族先民入驻较早的东部沿海城市和中部地区的回族文化无疑是一个很好的思路。

三、朱仙镇开发回族文化产业的优势

（一）政策优势

“十一五”以来，河南省委、省政府对发展文化旅游产业十分重视，将其作为全省国民经济新的增长点和支柱产业来培育，制定了由文化资源大省向文化强省跨越和旅游立省的宏伟战略，张大卫副省长带领省委宣传部、省发改委、省建设厅等十几个部门到朱仙镇调研，亲自撰写了调研报告，明确了发展定位、开发原则、规划编制、基础设施建设、环境保护等主要问题，并对朱仙镇的开发提出了指导性意见，梳理出该镇有待开发、整合的十二大历史文化元素，其中有两项涉及回族文化，这在河南旅游发展史上是少有的。

（二）区位和交通优势

从地理区位和全省经济布局看，朱仙镇所隶属的开封市是“中原城市群”核心层郑汴一体化区域，既是中原城市群发展先导区，又是河南全省城乡统筹发展引领区，这个区域将实现交通一体、产业链接和社会公共资源共享“三个统一”。朱仙镇还紧邻正在构建中的带动全省经济社会发展的核心增长极郑汴新区。郑州和开封也有管城和顺河两个城市回族区，这种得天独厚的地缘优势出于对朱仙镇在中原地区回族文化地位的认同，使朱仙镇可以充分接受来自郑汴新区的强大辐射。河南承东启西、连南贯北的重要战略位置，“得中原者得天下”，这种地理优势作为一种“地利”，对于朱仙镇发展文化产业有极大的便利。

朱仙镇周边已经形成了由航空、高速铁路客运专线、高速公路组成的立体交通网络。郑州新郑国际机场是国家干线运输机场，国家一类航空口岸，2008 年被国家确定为全国八大枢纽机场之一。朱仙镇距离新郑国际机场仅 60 公里。除了已开通的郑开大道，还将拓宽、改造连霍高速公路和 310 国道郑州至开封段，新建开封至新郑国际机场高速公路，与郑州西南环和连霍高速公路形成环形高速公路大通道。郑徐铁路客运专线已经开工建设，郑州至开封城市轻轨已列入建设计划，这也使全国各地以及河南省内的游客能够享受到多种交通工具提供的便利。

（三）民俗文化资源优势

1. 寺坊文化

朱仙镇清真寺的历史源远流长。朱仙镇很早就是穆斯林同胞的集聚地，明清时期，以赛氏家族（阿拉伯人的后裔）和被称作“马客”的陕西人为代表的大批中外穆斯林商贾挺进中原地区的这座商业重镇进行商品贸易，现有回族人口还占全镇总人口的三分之一。镇内建有东寺、西寺、南寺、北寺、中心寺以及两座女寺，共 7 座清真寺，其中又以北寺年代最久、规模最大、保存最完好。

北寺也叫朱仙镇清真寺，现在通行的说法是始建于明代。朱仙镇因河而兴，鼎盛时期跃居中国四大名镇之首。朱仙镇作为北宋京城的南大门和供应京城的水运码头，作为开封周边的一个以商业和水陆交通发达著称的地区，应当有伊斯兰教较易传入的优越条件。伊斯兰教在北宋时已传入开封，无论从理论上还是逻辑上分析，都应该是包括朱仙镇在内。至今朱仙镇穆斯林中仍有“北宋时阿拉伯商人来这里经营香料，尤其是玉器，都用斗量，本钱很大”的传说。有一民谣中提到，“悠悠惠民水，浩浩宋都门，阿贾得恩赐，建寺谢主恩”，意思就是大食、波斯穆斯林商人依赖原为梁惠王开挖的惠民河从广州、扬州等地来到了宋都的门户朱仙镇，为感谢真主的回赐，这些落户朱仙镇的商人建清真寺以报答主恩。朱仙镇清真北寺现仍幸存有经过有关古建筑单位鉴定的宋代建筑遗迹。这是在党的十一届三中全会后由河南省古建筑所负责的“全部按原样翻修”的“落架整修工程”，进行到拆除九间北讲堂屋的东五间时，发现该屋木架结构属宋代结构。后经省古建所所长兼工程师带领考古专家来朱仙镇评定，此屋确系宋代建筑。朱仙镇清真寺于清乾隆三年重修，现存山门、大殿和两座牌楼，院落较为完整，独特的风格体现了伊斯兰文化与中原文化的融合。整个寺院面积 14 亩，建筑雄伟壮观，是河南省现存规模较大较完整的伊斯兰教古建筑群之一，带有浓厚的民族色彩与阿拉伯装饰风格。精致的木雕和什叶派穆斯林的文化遗迹非常珍贵，为全国重点文物保护单位，也是豫东地区最大的清真寺。寺坊面积大、户数多、历史久、文化深。2006 年 6 月 6 日，开封市朱仙镇清真寺成功晋级为全国重点文物保护单位，并于同年 10 月 1 日全面对外开放。由于朱仙镇是河南回族长久和重要的集聚地，民族风俗保存较为完整，以寺为中心的寺坊中浓郁的宗教、民族、经济、民俗民风集中体现了朱仙镇回族文化的精髓，极具文化开发价值。

2. 清真饮食文化

朱仙镇聚集着较多的回族人口，形成了独特的清真饮食文化和丰富的清真食品资源。朱仙镇的回族特色小吃五香豆腐干久负盛名，相传最早为战国时齐国的名产，唐朝时其制作工艺传入朱仙镇地区，具有清香利口、生津止渴、健胃顺气、增强食欲等特点。各种回族风味小吃饭铺遍布全镇，如京货街的德兴斋糕点铺，火神庙门的金家油茶铺，赵家的羊肉烧卖，李记花生糕、烤全羊、焦枣、梨膏糖、葱油饼，陈景贵拉面馆的空心面，等等，吸引不少食客前来品尝。朱仙镇的特色饮食与清真食品息息相关，清真饮食的开发是回族文化开发不可缺少的一部分，进行饮食方面的旅游开发是一项较好的选择。

除此之外，回族还有传说、故事、民间歌舞。回族有尚武的习俗，有许多民间体育、民间游戏活动以及婚姻习俗、节庆文化、服饰文化等，这些都是有待开发的文化资源。

（四）巨大的现有和潜在文化市场优势

河南是全国人口第一大省，人口总数约占全国总人口的 9%，具有广阔的消费空间。河南人均 CDP 已经超过 1000 美元，恩格尔系数城镇下降到34%，农村下降到48%，文化消费需求呈日益扩张之势，市场潜力巨大，发展文化产业已经成为经济增长的内在需求。朱仙镇还处在河南省旅游大格局的“三点一线”上，不仅能分享开封、郑州两个城市的旅游客源市场，而且能共享郑州、开封和许昌三大城市的居民休闲资源。而不断增加的周边城镇人口将成为朱仙镇最为可靠的旅游客源保障。

（五）经济后发优势

第一，由于朱仙镇文化产业起步晚，其包袱也少，文化产业发达地区成熟的做法和经验教训能够使其少走很多弯路，有利于朱仙镇进行模仿、创新。第二，悠久的历史和丰富的资源也使得当地政府和民众希望通过开发民族文化，实现重现繁荣和超越发展的愿景。第三，朱仙镇由于开发较晚、工业化进程较滞后等，当地的人文景观保留得较为完整，生态环境得到较好保护，从而为民族文化的开发提供了坚实的基础。

丰富的资源、良好的环境、独特的市场优势，再加上通过体制创新实现的后发优势，朱仙镇回族文化产业的发展完全具备了实现跨越式发展的主观和客观条件。在全面建设小康社会、奋力实现中原崛起的过程中，按照落实科学发展观、构建和谐社会的要求，改革文化体制，大力发展回族文化产业势在必行。

四、结语

对于回族先民入驻较早的历史文化名城（镇），可根据各地的不同特色，以民族文化艺术、民族风俗、节日习俗、信仰等为主要内容，本着先易后难、有一个先发展一个的原则来开发其回族文化产业，具有政治、经济、文化等多方面的特殊意义。对朱仙镇来说，首先，从经济上看，发展回族文化产业对朱仙镇经济结构调整、实现农业劳动力转移、增加群众收入有非常重要的积极作用。其次，发展朱仙镇回族文化产业，拉动地区发展，对于散杂居地区少数民族的文化发展问题更应该给予重视，也是响应国家号召，落实民族政策的有效途径，对于维护民族团结，实现多民族文化百花齐放意义更加重大。此外，发展回族文化产业也是朱仙镇少数民族文化实现自身产业价值和自我发展的重要途径。朱仙镇发展具有特色的回族文化产业迫在眉睫，时不我待。

参考文献：

［1］李亚卿．论朱仙镇开发的旅游项目选择．开封大学学报，2003（4）．

［2］魏小安．中国旅游业新世纪发展大趋势．广州：广东旅游出版社，1999.

［3］开封旅游网．朱仙镇清真寺——伊斯兰文化和宗教建筑的代表，http://www. kfcour. corn/.

［4］李兴华．朱仙镇伊斯兰教研究．回族研究，2004（4）．

［5］程遂营．唐宋开封生态环境研究．北京：中国社会科学出版社，2002.

［6］穆德全，胡云生．开封的回回民族．开封文史资料，第十辑，1990.

［7］周一星．城市地理学．北京：商务印书馆，2003.

［8］屈春山．开封旅游指南．北京：中国旅游出版社，1988.

［9］（清）赵灿著，杨永昌、马继祖标注．经学系传谱．西宁：青海人民出版社，1989.

［10］扬学燕．宁夏回族民俗文化旅游资源开发探析．中国自然资源学会：干旱区资源与环境，2009（1）．

［11］雷润泽．发展回族文化创意产业，提升民族文化软实力．中国穆斯林，2009（4）．

（原载于《第二十次全国回族学研讨会论文集》，242～252页，2012）

中原回族第一村——桑坡

魏泽明

中央总书记来了，全国政协主席来了，省委书记、省长来了，新华社记者来了，中央电视台来了，各大媒体的记者都来了。桑坡，一个河南北部的回族自然村，究竟有多大的魅力，竟然能够吸引这么多人纷至沓来，让我们一起走进河南，走进桑坡，了解其中的奥秘。

桑坡是豫北孟州市唯一的回族村，有1415户6187人，耕地面积800余亩，人均一分多地。自古以来桑坡人赖以生存的手艺就是传统的皮毛加工业。在桑坡流传着这样的民谣："风毛、耳套、弹花弦，挑个扁担游街转。土硝、大缸、日头晒，挣的不够吃饭钱。"前辈们的心酸史，正是中原"穷回回"的真实写照。

30多年前，桑坡村人均年收入53.03元，在孟州市排名第200位。改革开放的春风，为勤劳的桑坡人带来了极好的发展机遇，善于经商的回族人迎来了民族经济发展的春天。以皮毛加工业为主的桑坡回民，在党的十一届三中全会精神的指引下，大力发展个体皮毛加工业。从20世纪80年代初到1991年的10年间，从事皮毛加工业的农户发展到了1000多户，80%的村民通过自己的勤奋劳动，告别了贫穷，步入了小康。小富即安，陶醉现状，落后的技术和生产设备，家庭式的经营管理，这些现实问题成了制约桑坡村经济进一步发展的主要因素。这时村党支部制定了工业强村的大胆计划，鼓励有能力、有条件的"能人"购买现代设备，建设现代化的皮毛加工厂，并在用地、用电、用水等方面给予优惠政策，鼓励企业家做大生意，闯大市场，争当大老板。到了1995年底，桑坡村第一批50多家粗具规模的皮毛加工厂建成了。村里还成立了雪羊集团公司，形成了以集团公司为龙头，企业为骨干，个体户为依托，公司加农户的经营模式。

桑坡人又面向国内外聘请来了近百位专家、技术人员，在产品上先后开发了羊剪绒、服装革、毛革两用皮等新品种。还向市场推出了高档汽车垫、床毯、沙发垫、羊毛被等数十种皮毛制品。先进的制作工艺，改变了原有的产品结构，拉长了皮毛加工的产业链，提高了皮毛产品的附加值，扩大了知名度，增强了在国内外市场的竞争力。随着经营规模的扩大，产品科技含量的不断提高，桑坡人把眼光拓展到了国际市场。村干部积极帮助企业做工作，鼓励有实力的企业与国际接轨，引进外资，兴办合资企业，开拓国际市场，大力发展外向型企业。桑坡还先后成功举办了全国皮毛交易会、全国皮毛博览会、中美技术交流会等大型活动，从而提高了桑坡皮毛产品在国内外的知名度，开阔了桑坡人的眼界，广交了朋友，为企业向外向型发展奠定了坚实的基础。目前，桑坡村有42家企业拥有自主外贸经营权。“两头在外”的生产经营格局基本形成，原皮采购在国外，加工所需的羊皮主要来自于澳大利亚、新西兰、阿联酋等国。产品有80%以上销往俄罗斯、美国、日本、中国香港以及欧洲等数十个国家和地区。目前桑坡村每年加工羊皮1500多万张，年产值20亿元，上缴各项税金超亿元，出口创汇近亿美元，被河南省政府授予“出口创汇第一村”的荣誉称号。

经济大发展，村民的物质文化生活得到了极大的发展。1994年，在我国的通信业尚不发达，农村电话普及率极低的年代，桑坡村投资数百万元建成了2000门的程控电话大楼，村民电话普及率达百分之百，一跃成为当时的“中原电话第一村”。接着又创建了村级有线电视台。投资2000万元完善了供电设施，建立了孟州市第一个村级变电站。中国银行、中国工商银行、中国建设银行、中国农业银行等多家金融机构纷纷在此设立营业部、办事处。1997年，投资200多万元建成了2000多平方米的民族文化宫，内设村史陈列室、图书室、乒乓球室、台球室、卡拉OK室等各类活动室。2012年，村里又投资1000多万元，建成了孟州市（桑坡）回民中学和回民小学，投资200万元建成了回民幼儿园。村里还设有教育基金，每年拿出数十万元奖励考上大学的学子，对优秀的教育工作者进行表彰。曾经给胡锦涛总书记汇报过工作的老支书丁赞亮介绍说，俺这“乡村都市”一点也不比城里差，柏油马路平整宽敞，街心花园比比皆是，穆斯林特色的楼房、别墅错落有致，大街上店铺林立，行人车辆川流不息。

如今的桑坡楼房高了，马路宽了，小轿车也多了。老支书丁赞亮讲，我们村现有小轿车近千辆，世界名牌轿车最少也有100多辆。

桑坡是纯回族村，这里的伊斯兰文化氛围一直非常浓厚。中国著名的回族学者庞士谦就出身于桑坡一个穆斯林家庭。他曾于1938年率领16名中国穆斯林学子赴埃及留学，回国后教书育人，著书立说，著有《埃及九年》等。他是桑坡穆斯林的骄傲，也是中原穆斯林的骄傲。

目前桑坡共有清真寺11座，其中男寺5座、女寺6座。男寺分别是清真老寺、清真上寺、清真东寺、清真张寺、清真西寺，女寺分别是东女寺、西女寺、张女寺、白女寺、寨内老女寺、寨内新女寺。虔诚的桑坡穆斯林在神圣的清真寺内祈求人民安康，祈求社会安宁，祈求风调雨顺，祈求世界和平。朝觐是穆斯林的主要功课之一，伊斯兰教法规定：凡成年男女穆斯林，只要身体健康，经费充足，没有外债，旅途平安，理智健全，一生中至少朝觐一次。改革开放以来，桑坡穆斯林在经济方面有了突飞猛进的发展，赴麦加朝觐所需的数万元经费对大多数桑坡穆斯林来说已不成问题。近年来，每年都有数十位桑坡穆斯林赴麦加朝觐，老支书丁赞亮讲："我们桑坡现在共有哈吉450多位，是全国人均哈吉最多的地区之一"。

乐善好施是回族的优良传统。四川大地震发生后，桑坡的回族企业家和广大群众慷慨解囊，先后捐献数百万元和大批救灾物资。

现在有近两万外来务工人员在桑坡打工，他们来自全国各地，以西北青海、甘肃、宁夏的回族青年居多。在民国时期，反动统治阶级挑拨回汉矛盾，与桑坡相邻的汉族村曾经与桑坡村的回民打架，如今在桑坡打工的邻村人有三四千人，他们每年有数万元的工资收入，也过上了富裕的日子。正是：回汉团结一条心，黄土也能变成金，昔日打架今打工，和谐同富兄弟亲。桑坡村富裕了，荣誉也来了，"河南十佳明星村""河南发展乡镇企业先进村"等省、市政府授予的荣誉牌匾，挂满了整个村荣誉室。更让桑坡人骄傲的是，国务院先后授予桑坡"全国精神文明创建工作先进单位""全国文明村镇""全国民族团结进步先进集体"等荣誉称号。

特别让桑坡人难忘是，在1994年视察桑坡的14年后，胡锦涛总书记于2008年9月8日再次莅临桑坡视察。胡总书记到来的消息传开后，整个桑坡村沸腾了，激动万分的桑坡穆斯林簇拥在总书记身边。总书记激动地对大家说："乡亲们，我1994年来过桑坡，时隔14年，今天我再次来看望大家，看望乡亲们。来了以后，看到桑坡发生了很大变化，马路宽了，房子高了，你们也富裕了，我看了以后特别高兴。希望大家不要满足，还要继续努力，山外有山，我们应该把经济、社会发展得更好。"

胡锦涛总书记日理万机，能在14年内两次视察桑坡，来看望这里的穆斯林群众，使得大家激动万分。老支书丁赞亮感慨地说："我们桑坡村之所以能取得今天的成绩，离不开党的富民政策，离不开各级党委政府的关怀，离不开桑坡人民的勤奋努力。我们决不辜负总书记的希望和重托，要做民族团结的模范、民族经济发展的模范、环境保护的模范、科学文化发展的模范。努力工作，万众一心，开拓进取，桑坡村的未来一定会更加美好"。

中原焦作市，孟州桑坡村；自古人勤劳，祖业传至今；改革开放好，人民心欢喜；皮毛加工业，户户进斗金；家家搞商贸，处处楼林立；民族大团结，和谐促经济；开创新局面，万众一条心；共圆中华梦，祖国日日新。

（原载于《伊斯兰文化研究》，2013第十二期，82～83页）

桑坡经济发展模式研究

王正儒①

有“皮毛之都”之称的桑坡村位于河南孟州市城东 8 公里，现有 13 个村民小组，6000 余人。依托传统的皮毛加工业，桑坡村成了远近闻名的小康村。

加工羊皮是桑坡村人的传统手工业，改革开放以来，羊皮加工业得到迅猛发展，特别是近十年来，企业发展到了 153 家，其中规模以上企业 34 家、外商投资企业 12 家、自营进出口企业 69 家，从业人员达到 5 万人，传统手工业已发展成为大规模、现代化的产业集群。

目前，全村发展上规模的皮毛加工企业 127 家，其中拥有自营进出口权的企业 40 家，年加工羊皮由 1994 年的 100 余万张一举扩展为 2008 年的 1500 万张，成为亚洲最大的羊剪绒加工集散地。产品种类由过去的单一原皮处理拓展为羊剪绒、汽车装备、生活用品三大系列 30 多个品种，拥有自主品牌 20 多个。

桑坡村瞄准国际市场，先后推出了高档裘皮汽车坐垫、沙发垫、地毯、裘皮服装等系列产品，远销日本、美国、意大利、韩国、俄罗斯、澳大利亚、中国香港等国家和地区。

① 王正儒，回族，宁夏大学回族研究院助理研究员，宁夏大学中国少数民族史专业博士研究生。

一、“集团加企业加农户”带来的规模效益

桑坡村被誉为“亚洲毛皮第一村”，在20世纪90年代初，针对农户一家一户投入高、效率低、产出低，想实现技术、产品升级换代的愿望，通过采取股份制的方式扩大生产规模，投资6000万元兴办股份企业60家，采取统一指导生产、统一组织购销的协作方式，使企业、加工户生产有服务、技术有指导、原料有供应、销售有市场、价格有保证，以集团公司为龙头、以企业为骨干、以农户为基础的强大利益共同体，实现了生产的专业化、规范化、商品化。桑坡村现成为亚洲最大的羊剪绒加工基地和集散地，并在上海、深圳、天津、陕西建设了四个进出口购销基地，闯出了一条“轻型、外向、高速”的“集团公司加企业加农户”的发展模式。

2007年，桑坡村实际加工羊皮2500万张，实现产值42.9亿元，完成销售收入41.6亿元，出口完成1.38亿美元，实现工业增加值22.2亿元，占孟州市GDP的19.6%。其龙头企业隆丰皮草企业有限公司，是世界最大的羊裘皮鞣制企业，日加工能力达2.8万张，员工2900多人，是国家羊剪绒行业标准唯一制定单位，拥有世界最先进的生态鞣制工艺和一支世界级羊裘皮鞣制专家组成的技术团队。与工厂建设同步，投资5000万元建造了占地2万多平方米、日处理5000吨废水的处理厂，经处理的废水的有害物大大低于国家污染物排放标准，是河南十大环保形象工程之一。毛皮加工业成为桑坡村少数民族赖以生存的产业支柱。

1996年，桑坡村农民人均生活消费支出3182元。在人均生活消费支出中，食品支出所占的比重（恩格尔系数）仅占29.8%，这表明桑坡村的恩格尔系数已达到富裕水平。在高档消费品上，全村有120辆轿车、1100辆豪华摩托车、1337台空调、1425部电话，平均每户农民拥有轿车0.1辆、摩托车1辆、空调1.1台、电话1.2部。全村人均收入远远超过全国平均水平，是农民人均收入在全国104个民族自治县（旗）中排第二位的河北大厂回族自治县、排在倒数第四位的云南巍山彝族回族自治县的3倍和11.2倍。

表一 农民人均纯收入 单位：元

年份	宁夏	河北大厂回族自治县	云南巍山彝族回族自治县	桑坡村
1990	569.8	856	557	851
1993	619	1211	308	516
1995	867	1712	452	5500

资料整理自：1. 国家民族事务委员会经济司、国家统计局经济综合统计司：《中国民族统计年鉴》，24～36页，1991；2. 国家民族事务委员会经济司、国家统计局经济综合统计司：《中国民族统计年鉴》，246～257页，1993；3. 国家民族事务委员会经济司、国家统计局经济综合统计司：《中国民族统计年鉴》，188～197页，1995；4.《中国经济年鉴》，650页，1994年。

这表明桑坡村经过多年的建设和发展，已打破我国中西部地区经济发展中普遍存在的“马太效应”，迅速走向工业化、城市化。在国内市场发育不健全、市场机制不完善、配套措施跟不上的情况下，桑坡村的村办企业由于发展快、投资回报率高、经济效益好，势必在市场自发作用下，吸引大量的资金、技术、高素质的人才，从而推动经济的持续发展，并将实现该村经济的再一次腾飞。

发展经济学家钱纳里根据对多个国家的实证研究，把经济发展划为几个阶段，也认为经济发展的前期就是工业化的过程，因此经济发展阶段就是工业化阶段。

表二 经济发展阶段 单位：美元

发展各阶段	人均国民生产总值
工业化初期	280～260
工业化中期	前期560～1120
	后期120～2100
工业化后期	2100～5040

资料来源：根据钱纳里《工业化和经济增长的比较研究》第71页整理。

依据钱纳里的标准，桑坡村从工业化初期迅速跃至工业化后期，仅仅用了7年时间，变换极为迅速；而全国1994年人均国内生产总值仅为431美元，经济发展阶段仍处在工业化初期。桑坡村的人均国民生产总值超过上海、广州、深圳及全国经济第一强县锡山市，是全国平均数的6.6倍，是西部地区平均数的14倍。处于工业化后期阶段，其经济整体水平已达到中等发达国家的水平，提前57年实现国民经济第三步战略目标。

二、货币要素投入分析

货币要素，是指可以用货币的价值或价格来衡量，可以进行买卖或交易的资源、商品或劳务，在经济学上通常是指三大要素：土地、劳动力及资本。桑坡村在面对这一制约经济发展的先决条件时，大胆地先从土地、劳动力、资本3个方面着手，解放思想，发展经济。

（一）土地

桑坡村在1991年皮革、皮毛加工业已发展到一定规模后，从家庭手工作坊向现代化规模经济发展首先遇到的难题就是土地问题。在一边向南庄镇、孟县请示的同时，一边开始建皮毛城，对农户采取“先建厂、先生产、先发展、后规范”的策略，并取得县里的支持，仅用半年的时间就完成了郑孟公路拓宽工程，并规划好占地300亩的经济区，为来区办厂的村民提供了“四通一平”的优良环境，每年每亩地仅按吨粮产折价收钱，其他均免费。

1993年，桑坡村共办17个工厂，用地170.8亩，平均每个厂10亩多。其中，丁仁树用地23.8亩、麻胜利用地15.9亩、白明用地15.8亩、麻和平用地14亩。17个工厂全都当年投资、建厂，当年全部收回资金。群众要求改善经济区北部的投资环境，1994年村里修了村北公路，村经济区的北部也实现了“四通一平”，24名村民又进区建厂办企业，共用地77亩，平均占地3.2亩，其中只有10个工厂占地超过5亩。1995年，村委为服务各厂，拓宽了道路，装了路灯，修了排水沟，又有22名个人、1个外地企业进区办厂，使用土地181亩，平均占地8.2亩。桑坡村集团公司抓住皮毛加工业占地多这一突出特点，大胆尝试村集体出土地、村民出资金的运作方式，从而克服了家庭手工作坊的低产低效，使皮毛、皮革业走上大生产、大流通、大市场、大发展的良性循环道路。

（二）劳动力

劳动力是社会生产力的能动因素，也是最重要的因素，主要是指人所具有的能运用于劳动过程的体力和脑力的总和。桑坡回族在经营过程中深深体会到脑力劳动在现代化生产中的决定性作用，大力强化了生产、管理、销售、培训工作。村支书白虎战是郑州纺织机械学校1962级的高材生，由于家境一贫如洗，上不起学而中途辍学。他从1981年主持村里的工作以后，做的第一件工作就是解放思想。首先组织一批有经济头脑的村民去温州参观考察，使他们受到震动。随后，他带头把村集体的生绵羊皮分至各家各户。为了普及皮毛加工技术，村里先后聘请村里的老师傅，轮训了全村2000多人次，为全村家家户户从事皮毛业打下基础。桑坡村重视知识、尊重知识，吸引了国内外众多的皮革专家、技术人员。他们用超常规的举措以年薪30万引进意大利专家，随后又聘请澳大利亚、新西兰、德国等外籍专家，斥巨资引进国内外先进皮毛加工设备上百台，解决了“设备落后、工艺粗糙、技术含量低、产业链条短”的致命伤，产品种类由过去的单一原皮处理拓展为羊剪绒、汽车装备、生活用品三大系列30多个品种，拥有自主品牌20多个。

目前村里拥有25名工程师、88名经济师、150多名技术人员。桑坡村的发展还吸引了邻近乡镇2000多人，外省市2万多人。一方面，桑坡村吸引2万多名外地劳动力，满足了村经济发展中的客观需要，另一方面，高素质、高层次人才的引进，使桑坡村步入了持续、稳定、快速增长的可持续发展快行轨道。

（三）资本

十年动乱期间，桑坡村传统行业陷入绝境，十多年吃返销粮，村民一穷二白，更谈不上资金积累。改革开放后，各家各户又重操旧业，干起皮毛加工。当时，由于计划体制的制约，原皮市场为买方市场，精明的桑坡回族人在没有资金的情况下，凭信誉赊货，走遍周边省、区，经历千辛万苦，千方百计赊原皮，拉回家后进行皮毛粗加工。小打小闹地到周边集市搞原皮，市场小、质量差的制约因素束缚桑坡村的皮革、皮毛加工，村支部的成员四处奔波，为加工户争取贷款 180 万元，并把村皮革厂的 8000 张生绵羊皮分给农户加工。1981 年，村皮毛加工户发展到 100 户，产值突破 1000 万元；到 1991 年，加工户发展到 800 多户，产值达 6000 多万元，人均收入达到 1500 元。

桑坡村企业资金流量激增，中国工商银行、中国农业银行、中国人民银行、城市信用社、农村信用社等 8 家金融机构在桑坡村开办了 18 个储蓄所、办事处，主动向企业贷款，服务于村内企业的发展。桑坡村的加工户用房产做抵押，每户平均贷款 6 万元，多个企业在发展时期建厂房、进设备等在项投资全部使用银行贷款，负债经营。由于市场需求旺盛，1993 年办的 17 个厂中有 13 个贷款在 100 万元以上，并且在年终全部收回投资，偿还银行贷款。1995 年，新增 28 个企业，大多贷款 30 万元左右。桑坡村在巨大的市场需求中采用负债经营方式，实现了经济的超常规、跳跃式发展。

三、非货币要素——文化禀赋作用分析

当今世界杰出的经济发展研究学者速水佑次郎和拉坦，1985 年进一步完善他们在 20 世纪 70 年代提出的诱导变革模型，强调文化禀赋等非货币要素的作用，他们的诱导变革理论成了一种具有世界意义的社会经济变革模式。近年来，世界著名的发展经济学家也开始强调文化禀赋的重要作用。罗斯托麦、克莱伦德和荷赛里茨一致认为，在经济增长之前，传统社

会封闭保守的价值取向必须转变为开放与进取的价值取向。①

新古典经济学的效用分析方法也证明了这一理论。当经济活动投入的货币与非货币因素的边际收益相等时，才可以取得最大效益或最大收益，即当“某一经济活动所使用的 A 要素成本所取得的边际效益/货币要素 A 投入的单位成本 = B 要素单位成本所取得的边际效益/货币要素 B 投入的单位成本 = …… = E 要素单位成本所取得的边际效益/非货币要素 E 投入的单位成本 = F 要素单位成本所取得边际效益/非货币要素 F 投入的单位成本 = ……”时，这个经济活动才能取得较大收益，从而表明非货币投入对取得最大效益的边际作用是极其重要的。

桑坡回族同全国回族一样，素以擅长经商著称。桑坡村还有便利的交通、浓郁的商业文化，促使桑坡村在发展工业时，从实际出发，坚持实事求是，根据村里具体情况，上适合本村发展的皮革加工厂，大胆试，大胆闯，在生产经营中运用利润最大化机制、分工协作机制、资本积累制、负债经营制等有利于市场运行的机制，从而把握住经济机会，实现了超常规、跳跃式的发展。

桑坡村的非货币要素主要体现在以下三个方面：

（一）重商的传统

自 1262 年元代回回大将曷思麦里的孙子俺撒任怀孟的达鲁花赤与部下的部分回回人开始在这里生活后，他们的后裔便在此定居。明初，村里人大多以贩卖为生。清末，桑坡村是一个繁荣的市场，两个集市分别轮流在东西桑坡开设。田寺的长把儿酥梨，孟江的大甜桃，化工的西瓜、甜瓜，柳湾的青菜及西乡的兰柿、空柿、柿饼等各种水果云集桑坡集市，集市上还有面馆，如白全太的滚凉粉、江面条，白玉宪的蒸馍、枣糕，老彭家的炖肉、肉丸，白金保的烧牛肉和肉包，杨佰书的烧饼，拜吉的肉合，白恩林的水煎包。又因回民的饮食禁忌，全兴正酱园制作的酱菜、豆腐、粉条、酱油、糖果、点心，供全村人食用，生意兴隆。

---

① 张培刚：《发展经济学教程》，北京，经济科学出版社，2001。

桑坡村更有制皮革皮毛的传统，清代就成为全国有名的皮毛集散地之一，以至于有“只知桑坡，不知孟县”之说。大者开作坊致巨富，小则售皮条及弹花弦。那时东桑坡有作坊 18 个，西桑坡有作坊 14 个，多是到陕、甘、宁、青等省采购羊皮。旧社会熟皮全部手工操作，生皮买来后用打皮条一张张抽打，全村一片打皮声，然后用铳再一张张梳理，一个劳动力一天不过十张八张。洗皮更是原始操作，几个大缸围成一周，每缸放四五张皮加上皂角沫，捞出皂角核，一缸中下去一个人，用脚不停地猛蹬，几个人相互配合，动作一致，十分热闹，一般称作“登缸”。制革也用旧法，油皮、剥皮全用手工铲，熟皮用自然温度，将皮下缸再投入秫米面和硝，在太阳光下加温，一般十五天成熟皮。产品有羊皮、皮袄、弹花弦、马鞍具皮条等，货物远销武汉、上海等地。当时主要作坊有：

“全兴和”。丁有贵四兄弟合力开办，最多时雇工达 200 人。工人专生产熟皮，老板再交给各户妇女缝制。派数十人到外省购生皮，熟皮每天出 2000 张左右。卖价老羊皮一张 5 元（白洋），西口二毛一张 2 元多。

“义顺全”。由丁长江办，雇工 200 多人，长工 20 人。专熟白猾皮（小山羊皮），年产达几十万张。每张售价白洋 2 角。白猾皮当时是中国特产，制成褥子后出口美、英等国。此外还大量收购黄鼠狼皮直接出口。

“兴盛玉”。作坊主白恒芳，资金雄厚，“兴盛玉”皮货做工讲究，货真价实，言不二价，在南方信誉极高，每年皮货运到汉口，有八家皮行争相销售。相传南方姑娘出嫁时，非要“兴盛玉”的皮袄做嫁妆，否则不出嫁。

（二）积极进取的商业精神

当生产达到一定规模，把产品作为商品进行交换，并在较大规模上组织商品在地区间、民族之间流通时，这种促进社会进步的巨流是不可逆转的，成了历史发展的必然要求。桑坡回族商人明末清初时开始到洛阳、南阳、信阳、周口等地收购原皮、推销皮货，光绪二十一年（1895 年）由于桑坡人的大量移入，在西安、平凉形成了居住区，时至今日平凉仍有以桑坡人后裔为主的西桑坡村。民国期间，桑坡商人很多到甘肃、宁夏、河北、陕西、湖北、上海、江苏等地及省内的绝大多数地区，也有少数人移民欧美。如丁有贵四兄弟合开的“全兴和”号在汉口等地设有“兴和”商号专营店，卖老羊皮、西口二毛等；丁长江开的“义顺全”号在上海开设“达记”商号，并通过马晋卿的“协兴公司”出口产品到欧美市场；白恒芳开的“兴盛玉”号在汉口开“兴盛玉”分号；汉口还有丁荣昌和南阳人马汉三合伙开的“鸿昌”号、“恒昌”皮货局等。

“劳动生产力最大的增进，以及运用劳动时所表现的更大的熟练、技巧和判断力，似乎都是分工的结果”，从生产中分离出商业是一个伟大的历史性进步，它冲破了中国传统农业社会的自然经济方式，推动了桑坡回族经济迅速扩张，成为全国的皮革、皮毛加工中心。正如马克思所指出的：“一个民族生产力发展的水平，最明显地表现在该民族分工的发展程度上。”① 桑坡村早在明末就出现了生产方式的变革以及这种变革的两大外在表现形式：分工和专业化。

（三）自由竞争的价值取向

伊斯兰教鼓励教民勤奋经商。桑坡回族穆斯林很好地继承了伊斯兰教重商、崇商的精髓，厚实的商业文化激发了桑坡回族人发展经济的能动性，他们将生产剩余积累底蕴再投入到生产中，增加了经济增长初期所必须达到的资本积累规模，从而使经济增长迅速启动，这更加强了桑坡人经济活动中自由竞争观念的成长。

自由竞争的文化价值取向，使桑坡回族人认识到市场经济的运行规律即优胜劣汰。为了能在竞争中立于不败之地，就必须不停地更新人才观、机遇观、企业观。要敢于破传统、破常规，干前人没有干过的，干别人想都不敢想的事，充分调动生产力要素，来构筑企业庞大的生产力参与竞争，从而做到人尽其才、物尽其力、货畅其流，只有这样，才能使企业在新一轮竞争中处于有利位置。

桑坡回族人已具备强烈的冒险意识、建功意识、竞争意识，从而把生产力诸要素中最积极、最具决定性的劳动力因素调动起来，调动、发挥企

① 转引自盛洪：《现代制度经济学》，北京，北京大学出版社，2002。

业家及生产、技术、管理人员的劳动积极性。

四、产业组织方式分析

桑坡村发展了新制度经济学，费孝通根据桑坡村变化的经济学根据和绩效，提出集团公司加企业加农户的组织形式。它是由两部分构成：一是集团公司提供一部分生产资料、技术和销售服务给企业，企业投入绝大部分资金，一部分生产资料在企业的工厂内生产和管理；二是企业提供一部分生产资料、技术和销售服务，农户投入绝大部分资金和一部分生产资料及劳务，在自己的庭院进行生产和管理，其产品由公司以市场价收购。这种组织形式是建立在桑坡村高度发达的商品经济、良好的文化禀赋基础之上的，即企业、农户具有高度的独立性，同时也要承担主要经营风险。桑坡人独创的模式产生了积极的经济效应。

（一）制度创新的突破

“集团公司加企业加农户”的产业组织形式的原则是：在追求各自经济利益最大化的同时，风险自担。这种组织形式打破了行政区域、所有制约束、风险意识误区而自发结合起来，是一种集产、供、销的内外贸一体化经营的新体制。它有别于目前国内正在盛行的“公司加农户”的较新体制及非一体化经济体制。它强化了产品生产过程的买卖制经营，在这一体制下建立了“阶段商品所有权制”，以市场经济观念解决了“公司加农户”产业化组织形式解决不了的一些捏合、强制命令的传统组织形式的政府行为，更重要的是实现了服务的系列化，集团公司为企业、企业为加工户提供商业性服务，使桑坡村成为中国皮毛、皮革加工中心。

（二）新集团化的优势

新集团化的优势在于：原来的相互分离状态内化到纵向一体化组织

中，便利、合理分工；在市场销售上企业的拳头产品可以促进集团内部所有产品的销售，旺盛的市场又使集团公司内的各个组成部分保持生产的连续性与稳定性；在广告策划上，集团公司同类产品用共同主题的广告费用。马克思指出：“对外贸易一方面使不变资本的要素变得便宜，一方面使可变资本转化成的必要的生活资料变得便宜，它具有提高利润率的作用，因为它使剩余价值率提高，使不变资本价值降低，一般说来，它在这方面起作用，是因为它可以使生产规模扩大。”① 桑坡村年吞吐原皮 8600 多万张，年产值 5.5 亿多元，产品由于交易费用的降低、交易不确定性的减少，远销五大洲 80 多个国家和地区，牢牢占领了国际市场。

五、桑坡村发展经济的启示

桑坡模式是经济欠发达的中西部地区村办企业颇具特色的模式，它的基本特征是在家庭工业、现代化企业、集团公司半紧密式协作中，家庭工业、现代化企业的完全私有，企业利益直接致富动力大，吸收专业技术人才、劳务人员多，所以发展迅猛。桑坡村闯出了一条适合少数民族经济腾飞的道路，给全国仍欠发达的民族乡村提供了有益的启示。

（一）要因地、因时制宜

桑坡模式最大的特点就是坚持自己民族悠久的历史传统，根据每家每户实际，在发展现代化规模经济的同时，兼顾家庭工业。

它利用现代工业分工分业和社会化协作方式，家庭工厂完成产品的粗加工，企业完成精加工，最后交集团公司到世界各地销售。由于在生产中，每个环节都实行独立核算，极大地强化了各方的风险意识、责任感。经济基础较差的家庭利用手中的闲散资金、辅助劳动、传统手艺和庭院，无需投入大量资金，依托企业、集团公司发家致富，这是桑坡村共同致富

① 转引自泰勒尔：《产业组织理论》（中译本），北京，中国人民大学出版社，2006。

的伟大探索。

（二）要创造能人效应

桑坡村经济发展的关键一点是村领导敢闯、敢干的开创精神，村里形成了由他们带头，村民效仿创办企业的态势。村领导的先发展、后规范态度，为桑坡村创造了一个宽松环境，村民各显神通，充分施展出各自的才华。

（三）要完善市场体系

桑坡村的要素市场已成规模，资金市场、生产资料市场、技术市场、信息市场、劳动力市场异常火爆，使该村的皮毛、皮革业形成了良好的运行机制，资金、资源、技术、劳动力在三个层次间的迅速发展促进了桑坡村经济超常规、跳跃式发展，产生了经济奇迹。

（四）只有村工业化，才能缩小城乡差别

桑坡村工业创举，是我国农村实现自我积累、实现农村工业化的典范。它解决了大量农村剩余劳动力就业问题，树立了现代人的价值观，造就了良好的社会环境。可以说，桑坡村经济的结构发展就是工业化，尤其是村办企业全面参与的村工业化战略实施过程。这表明工业化是一个无法逾越的阶段，也表明村工业化为桑坡村带来了巨大的比较优势，而这种优势源自桑坡村以加工业为主的区域分工。

桑坡村丰富了发展经济学的理论宝库，并在实践中首创集团公司加企业加农户这一经济发展模式。它解决了目前乡镇企业普遍被国营企业所同化而出现的“二国营”等难题，为我国乡镇企业的发展提供了可以借鉴的实践模式。

（原载于《西北民族研究》，2009 年第四期）

桑坡皮毛加工产业集群的实证研究

艾少伟　尹容喜

一、研究进展及述评

（一）研究进展

具有民族历史传统的皮毛加工产业集群塑造了桑坡村域经济独特的发展模式，其典型性值得深入研究借鉴。然而，全面研究桑坡经济社会全貌的资料并不多，笔者对与桑坡有关的文献资料认真进行了归纳梳理。

行红芳通过深入探讨全国第一个利用互联网的农村社区桑坡，就利用互联网的前提条件、互联网对农村及农民生活的影响以及目前网络经济及电子商务中存在的问题，揭示了网络经济的重要意义。① 胡杨探讨了桑坡村从宗教精英到经济精英再到社会精英的变迁过程，分析影响这一过程的各个因素。② 卫春江通过对桑坡皮毛加工产业的调查，揭示了中部农区中小企业网络形成发展的文化背景及其机制，探讨了网络的形成发展对中部农区中小企业及其所在区域产生的一系列积极和消极效应，提出了解决网络消极效应需要正式和非正式制度创新，改进节点间的网络联系。③ 王富

① 行红芳：《互联网下的农村社区——对桑坡的实证分析》，载《中州学刊》，2004（4）。
② 胡杨：《孟村精英——一个回族社区精英结构变迁的实地考察》，天津，南开大学，2004。
③ 卫春江：《我国中部农区中小企业网络及其效应研究》，开封，河南大学，2004。

伟通过揭示桑坡村的村情，描绘出了经济分化发生的社区基础，进而结合制度和行动者两种分析视角对这一分化的机制进行了探讨。他认为，在计划经济和市场经济占据不同地位时，发展能力的差异和经济成就的差异有着不同的支配地位，两者相互强化，决定了社区的经济分化。[①] 牛春娥等在对桑坡羊剪绒产业深入调研的基础上，指出了桑坡皮毛加工产业的现状和存在的问题及相应的对策，为集群良性发展提供了建议。[②] 伦蕊通过回顾桑坡村“公司+农户”型皮毛加工产业链网系统的演进与优化历程，解释了这种链网系统如何破解公司与农户正式契约关系中由买方垄断所带来的机会主义问题。同时，对正式制度演化过程中非正式制度所发挥的关键作用以及地方政府部门在链网系统日常维护中的政策导向等相关问题进行了延伸思考。[③] 王正儒运用发展经济学、制度经济学等学科的相关理论，分析桑坡回族村的发展模式，对桑坡在实践中创立的“集团+公司+农户”模式进行了分析，为民族地区经济提炼了可资借鉴的模式。[④] 更进一步地，王富伟通过对豫北两个回族村庄兴衰的解释，探讨了改革开放以来村域层次上中国社会生活的机构型变迁及动力因素。[⑤] 胡杨在其博士论文基础上，以桑坡村社区精英结构变迁为例，对转型期中国乡村社会精英阶层和权力结构变迁的动态过程进行了描述，从宏观上揭示了中国乡村社会精英阶层和权力结构变迁的动态过程。从资本转化与精英产生的角度，对乡村社会精英的流动机制做出了新的解释，指出社会资本在这一变迁过程中起到了“中介”的独特功能。[⑥]

杨爱荣、冷传明指出，欠发达农区产业集群是一种由产业、社会、市场关系组成的网络系统。区域网络创新、网络内企业间信息和知识外溢、

---

① 王富伟:《穆村的经济分化（1978—2005 年）》，北京，中央民族大学，2006。

② 牛春娥、王宏博、高雅琴：《河南桑坡村羊剪绒产业调查》，载《现代牧业》，2007（12）。

③ 伦蕊:《“公司+农户”型产业链合作机制的演进与优化研究——以“皮毛之乡”桑坡村为例》，载《乡镇经济》，2008（3）。

④ 王正儒:《桑坡经济发展模式研究》，载《西北民族研究》，2009（4）。

⑤ 王富伟:《工商活动与村庄社会的变迁——两个村庄的比较研究》，北京，中央民族大学，2009。

⑥ 胡杨:《精英与资本：转型期中国乡村精英结构变迁的实证研究》，北京，中国社会科学出版社，2009。

合作互动等网络系统的绩效是欠发达农区产业集群区域竞争优势的源泉。[①] 杨爱荣认为，作为欠发达农区重要经济形态的具有农区特点的产业集群网络，为农区创新系统提供了理想处所，构建农区产业集群的创新系统已成为实现农区经济快速发展的战略选择。[②] 李静通过揭示桑坡村经济发展历程中存在的问题并逐个分析了其产生的原因，提出了相应的解决建议，旨在通过对单一民族聚居区经济状况的分析，进而获得对我国民族地区经济发展的启示。[③] 孙金灿综合人类学和社会学的概念，分析清真女寺的宗教和社会功能，通过追溯桑坡村清真女寺的产生和发展史，描述女性穆斯林的生活现状，表明女寺在传播传统伊斯兰文化和文化教育、婚姻家庭、社会参与等诸方面深刻影响着穆斯林女性。[④] 冷传明认为，由产业、市场、社会等关系所构成的网络组织，中部农区产业集群的竞争优势在于网络经济、规模经济和分工经济的共性，同时还有文化背景、模仿创新、生产要素的个性来源。[⑤]

（二）述评

现有对桑坡的研究主要集中在社会学、宗教学等领域，从区域经济、民族经济的角度深入研究的并不多，以集群的视角对桑坡皮毛加工这一民族和区域特色产业进行专门研究的更是凤毛麟角，仅有的几篇也是对集群现状的简单梳理，或是对集群某个方面的初步探析，缺乏对集群升级路径的深入研究，本文尝试在这方面进行研究和探讨。

---

① 杨爱荣、冷传明：《基于网络系统的欠发达农区产业集群竞争优势研究——以河南孟州桑坡村皮毛加工产业集群为例》，载《兰州学刊》，2010（10）。

② 杨爱荣：《欠发达农区产业集群网络及区域网络创新研究——基于河南孟州桑坡皮毛加工产业集群的实证分析》，载《生产力研究》，2011（4）。

③ 李静：《河南桑坡回族村经济发展研究》，昆明，云南民族大学，2011。

④ 孙金灿：《河南孟州市南庄镇桑坡村清真女寺研究》，银川，宁夏大学，2011。

⑤ 冷传明：《中部农区产业集聚区网络组织及其竞争优势来源研究——基于河南孟州桑坡皮毛加工产业集聚区的实证研究》，载《时代金融》，2012（14）。

二、发展现状与基本特征

（一）基本情况

1. 村情概况

桑坡村是河南省孟州市南庄镇一个具有浓郁伊斯兰文化风情的回族聚居村。

孟州市位于河南省的西北部，在焦作市的西南隅，古称孟涂国，秦置河雍县，汉称河阳县，唐武宗会昌三年（843 年）升河阳为孟州，明洪武十年（1377 年）降州为县，始称孟县。1996 年撤县设市。桑坡村位于孟州市城东约 8 公里处，北跨新孟公路与驸马庄、谢庄相接，南至漭河两岸，西连田寺，东接南庄，方圆 10 平方公里，新孟、郑孟两条省道穿村而过，是焦作市最大的回族居住区和孟州市唯一的回族村。

新中国成立后，桑坡的人口稳步增长，2010 年第六次人口普查的数据为 5799 人。（见图 1）笔者调研时，全村有耕地 863 亩，辖 13 个村民小组 1485 户 5931 人，人均耕地不足 0. 15 亩。[①] 历史上，桑坡回族严格实行族内通婚，近年来有所松动，村内有五六位外村汉族姑娘在皈依伊斯兰教后嫁入桑坡，其他村民全部为回族。全村穆民宗教信仰坚定，商业氛围浓厚。

2. 历史溯源

（1）村名考证。据考证，桑坡村村名与桑维翰有关。桑维翰，字国桥，祖籍河南洛阳。五代十国时期，桑维翰任后晋翰林学士、同中书门下平章事、集贤殿大学士、枢密院使。后为降辽的张彦泽所害，葬于河阳桑氏私第，后人称之为桑家坡，简称桑坡。

---

① 托马斯·奥戴：《宗教社会学》，北京，中国社会科学出版社，1990；拜正省：《桑坡村志》，内部交流稿，2013；白荣宣：《桑坡史话》，内部交流稿，2000。

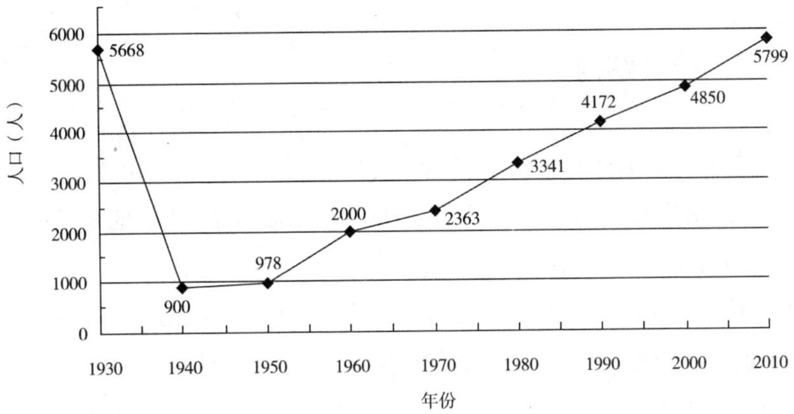

图 1　桑坡人口变动图

（数据来源：桑坡村村民委员会资料室）

（2）族源考证。桑坡开始有回族到现在已有 600 多年历史，对于其族源问题大致有以下几种观点①：一是“迁移说”。据记载，朱元璋为发展生产，应对元末以来的天灾人祸，始从山西向中原地区大规模迁民，开垦粮田。迁移来的回族除部分留在城内西街，其余聚居桑坡。二是“回纥兵说”。唐朝中后期，大将郭子仪在东都洛阳借回纥兵平定“安史之乱”后，部分回纥兵在洛阳一带定居，孟县就在洛阳附近。三是“达鲁花赤说”。回族大将曷思麦里祖孙四代任怀、孟等地达鲁花赤期间，其部下有大量回族先民，其后裔有可能定居于此并延续至今。四是“探马赤军说”。元朝著名宰相赛典赤·赡思丁的曾孙也列夫，担任孟县达鲁花赤期间，其带领的“探马赤军”，从现内蒙古地区进入山西晋南作战。“探马赤军”在无作战任务时就在当地“驻军屯田”，战争结束后留驻那里，后迁移至中原地区。

现在，确切的来源已不可考，但是可以肯定的是，桑坡回族是迁移而来的且历史悠久。

① Gereffi，G. The Oganization of Buyer – Driven Global Commodity Chains：How U. S. Retailers Shapeoverseas Production Networksin G. Gereffiand M. Korzeniewicz（eds），Commodity Chainsand Global Capitalism. West Port：Praeger，1994.

（二）经济结构

桑坡的经济结构特征可用“土”和“皮”两个字进行概括。桑坡的“坡”字，左边是“土”，右边是“皮”，当地人就形象地用“土”和“皮”两个字对其经济结构进行了很好的诠释。在这里，“土”指的是桑坡人均耕地少，不足0.15亩，不及全国人均1.38亩的九分之一，农业发展严重不足，在当地经济结构中无足轻重。“皮”指的是桑坡回族家家户户生产加工“皮毛”，这已经成为桑坡经济的突出特色。由于桑坡缺少耕地，当地回族在经济上只能另谋出路，于是桑坡回族人在乡村精英的带动下，将历史上流传下来的皮毛加工手工艺发扬光大，逐步发展成为全国闻名的皮毛加工产业集群。

从图2可以看出，改革开放前，桑坡的工农业产值相差不大，有两年（1965年、1970年）农业产值较同期工业产值具有明显优势，这期间很可能是“文化大革命”中“以粮为纲”的思想造成的，个别年份出奇的高，不排除有浮夸成分。1975年、1980年、1985年、1990年工业产值分别是43.6万元、68.4万元、717.9万元、2950万元，不仅与历史前期相比有了大幅提高，而且远远超过农业产值，两者已无可比性（图表中这几期工业产值未显示），以至改革开放后农业产值在桑坡的统计资料中被忽略不计。

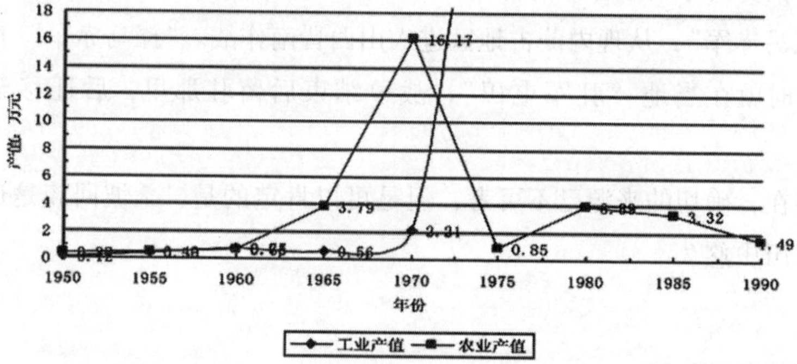

图2　1950—1990年桑坡村工农业产值趋势比较图

（数据来源：桑坡村村民委员会资料室）

在桑坡调研期间，有几户兼营养殖（牛、羊），但规模相当小。

（三）坊民与信仰

桑坡为回族聚居村，清真寺自然也就成为其文化生活的重要组成部分，它不仅是回族穆斯林精神生活的寄托，也是他们政治、经济以及宗教文化的学习场所。

桑坡村现有5个寺坊，其中老寺有新、老两个女寺，共有清真寺11座，其中最早的老寺始建于明清时期，现已有300多年历史。东寺坊包含1、2、3、4四个组，共有坊民1292人，占比21.78%；上寺坊包含5、6、7、8四个组，共有坊民2043人，占比34.45%；老寺坊包含10组的全部，11组的少部分，共有坊民618人，占比10.42%；张寺坊仅包含9组，共有坊民494人，占比8.33%；西寺坊包含11组的大部分和12、13组，共有坊民1484人，占比25.02%。（见图3、图4）

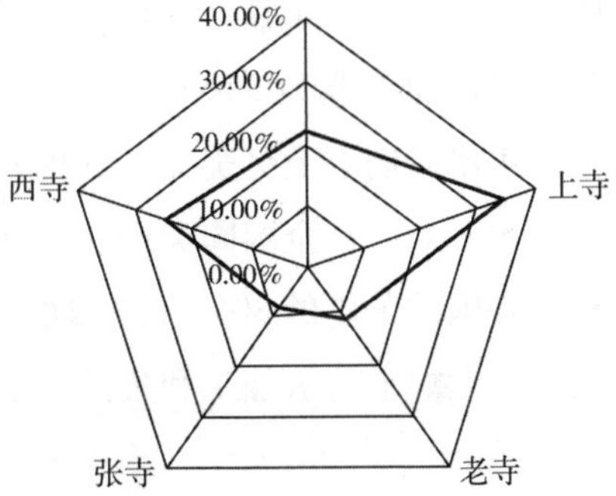

图3 各寺坊坊民数

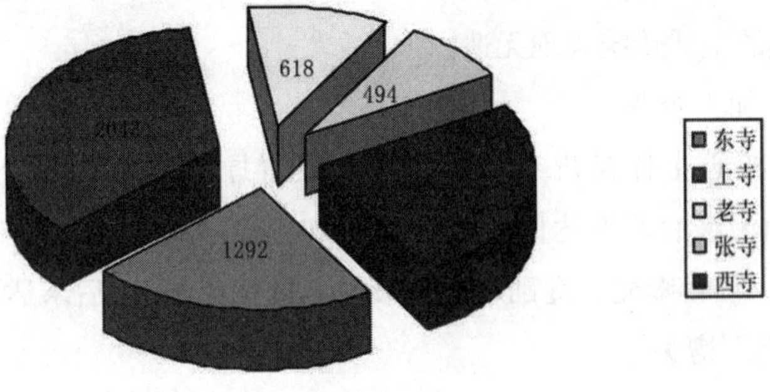

图4 各寺坊坊民占比

焦作被称为豫北首坊，桑坡是庞士谦大阿訇的故乡，该村历史悠久，全村穆民信仰坚定、勤劳朴实，恪守教义、教规，严格保持着本民族的宗教信仰和风俗习惯，教门根基深厚扎实，素有“小麦加”之称。

（四）桑坡皮毛加工产业集群现状及特征

改革开放后，经过30多年的发展，桑坡皮毛加工已经形成一个比较完善的产业集群。

近年来，桑坡皮毛加工产业集群先后开发了生活用品、汽车饰品、家居用品、婴童用品、医疗用品五大类100多种产品，皮毛系列产品地毯、床毯、壁毯、汽车靠背、沙发坐垫、鞋里皮等远销国内外。① 集群皮毛企业年设计加工能力3500万张，实际年加工量1500万张，创造产值近30亿，年出口创汇上亿美元，利税8000万元，人均纯收入超万元，从业人员达1.5万人，在全国同类产业中保持着较高的竞争优势。我国进口的澳大利亚等国的羊皮的80%在桑坡加工，鞋里皮占国内市场的80%左右，成为亚洲最大的羊剪绒加工和集散基地，“桑坡羊剪绒”已经成为皮毛行业的著名品牌。

1. 集群布局

从图5可以看出，桑坡皮毛加工产业集群的范围大致是田化路以东、东方路以西，商贸大道和新孟路之间。特别是商贸大道和新孟路成为皮毛加工企业最为密集的区域，配套支撑机构也主要集中在商贸大道上。商贸大道以南则主要是居民区，大大小小有5个寺坊，分布着11座清真寺，回族围寺而居的生活传统表现无遗。

2. 皮毛加工企业

集群的核心主体是皮毛加工企业。集群原有皮毛加工企业136家，2009年，因污水治理不达标及部分皮毛加工企业偷排污水被中央电视台《朝闻天下》栏目曝光，遂刮起史上最强“环保风暴”，后未达到生产规模的40家皮毛厂遭关停。

现集群内有皮毛加工企业96家，其中龙头企业1家，骨干企业（拥有自营进出口权）42家，其他中小企业53家，委托加工户100多家，打工户1000多户。以上5个层级，形成了金字塔形的企业结构。（见表1）

---

① 水镜君等：《从回汉“社亲”关系看和谐文化的民间创造》，载《民族研究》，2007（1）。

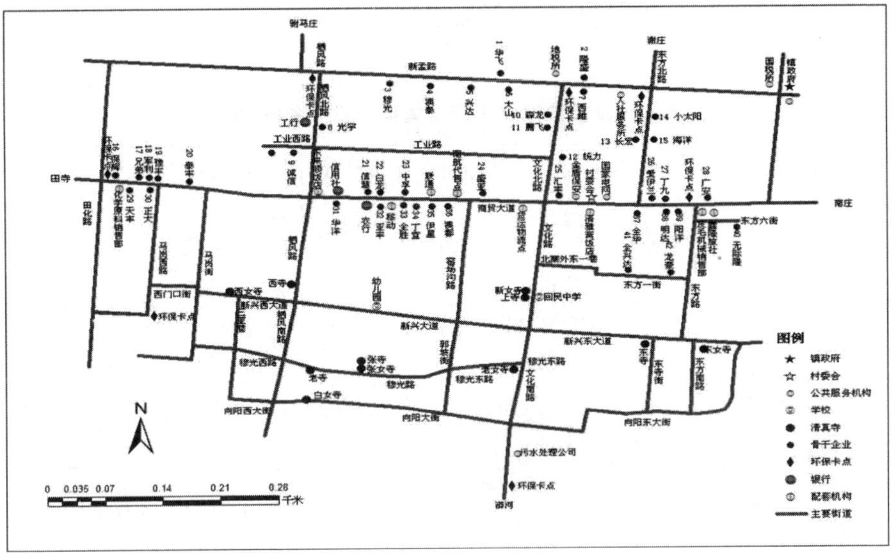

图 5 桑坡皮毛加工产业集群分布图

表 1 桑坡皮毛加工企业结构

企业类型	数量	主要作用
龙头企业	1 家	行业领跑
骨干企业	42 家	主要皮毛加工企业
中小企业	53 家	行情好时生产，行情不好时停产
委托加工户	100 多户	市场好时自己跑购销，找人代为加工
打工户	1000 多户	为企业、加工户提供劳动力

龙头企业、骨干企业和中小企业，构成了皮毛加工的主体。集群内的龙头企业——焦作隆丰皮草有限公司目前是全球最大的羊剪绒加工企业，该公司于 2002 年迁入孟州市西工业园区，因其在皮毛加工行业中的地位，仍列入集群。骨干企业指具有进出口经营权的企业，是集群皮毛加工市场份额最大的部分。（见表 2）皮毛加工的中小企业“船小好调头”，市场行情好时就开足马力生产，市场低迷时就停产。委托加工户 100 多户，市场形势好时，委托关系较好的企业主代为加工，原皮采购和成品销售由其本人负责，偶尔也找亲戚朋友帮忙。其他加工户 1000 多户主要为皮毛加工企

业打工。当地打工的人员也与皮毛加工行业密切相关。

表2　桑坡皮毛加工产业集群的骨干企业列表

1. 焦作市华飞皮业有限公司	2. 孟州市隆盛皮业有限公司	3. 孟州市穆光皮业有限公司
4. 孟州市澳泰皮业有限公司	5. 孟州市兴达皮业有限公司	6. 孟州市大山皮业有限公司
7. 焦作西维皮业有限公司	8. 孟州市光宇皮业有限公司	9. 孟州市诚信皮业有限公司
10. 孟州市森龙皮业有限公司	11. 孟州腾飞羊剪绒制品有限公司	12. 孟州市统力皮业有限公司
13. 孟州市长宏皮业有限公司	14. 孟州市小太阳皮草贸易公司	15. 孟州市海洋皮毛厂
16. 孟州市保辉皮业有限公司	17. 孟州市兄弟皮毛厂	18. 焦作市军利皮业有限公司
19. 孟州市豫丰皮业有限公司	20. 桑坡泰丰皮业有限公司	21. 焦作信慧畜产品有限公司
22. 焦作市白龙皮业有限公司	23. 焦作市中孚皮毛有限公司	24. 孟州市盛亚皮业有限公司
25. 焦作汇丰皮业制品有限公司	26. 河南爱伊兰皮业有限公司	27. 河南丁九皮毛制品有限公司
28. 焦作市广安毛皮制品有限公司	29. 焦作市天丰皮业有限公司	30. 孟州市正大皮毛有限公司
31. 孟州市华洋畜产品有限公司	32. 孟州市亚丰皮业有限公司	33. 孟州市全盛皮业有限公司
34. 孟州市丁宜皮业有限公司	35. 孟州伊星皮毛制品有限公司	36. 孟州桑坡澳都皮业有限公司
37. 孟州市全华皮业有限公司	38. 河南明达畜产品发展有限公司	39. 焦作市阳洋实业有限公司
40. 焦作无际隆皮毛有限公司	41. 孟州市全兴达皮业有限公司	42. 孟州市龙豪皮业有限公司

3. 配套支撑机构

集群形成了完善的协作配套网络。（见表3）皮毛加工机械、化学原料都可在集群内提供；村内有为企业提供经营用电的变电站，提供融资服务的银行以及通信运营商和物流货运代办处，铁路、民航等均在集群内设有代售点，孟州汽车站有发往全国大部分城市的汽车，新孟路作为交通主干道，承担着繁忙的客运货运任务。另外，桑坡村中心每天都有一个自发形成的劳动力集散地，来自周边村庄的工人聚集在那里等待雇佣。

表3　桑坡皮毛加工产业集群配套支撑机构一览表

大　类	小　类	数量	主要作用
配套部门	皮毛加工机械经销商	2	迂回生产部门
	化工染料经销商	3	迂回生产部门
	电力部门	1	提供动力
	金融部门	2	融资服务
	通信运营商	3	加强对外信息联系
	物流货运代办处	3	原料、产品集散
	铁路、民航代售处	2	人员流动，加强对外联系
	汽车站	1	人员流动，加强对外联系
	劳动力市场	1	提供劳动力
市场中介组织	律师事务所	1	法律维权
	会计师事务所	1	验资、审计
公共服务机构	孟州市政府	1	政策支持
	南庄镇政府	1	支持、引导
	村委会	1	引导、协调、服务
	环保办（污水处理厂）	1	污染治理
	孟州市皮毛协会	1	行业自律
	德众公共保税中心	1	提供一站式通关服务
	出入境检验检疫局	1	动物检验检疫
宗教团体	焦作市伊斯兰教协会	1	宗教自律
	寺管会	11	宗教事务管理
	清真寺	11	非正式联系场所

集群内还有市场中介组织——律师事务所、会计师事务所为其提供专

门化的服务。外围是政府部门、村委会、环保办（污水处理厂）、皮毛协会等公共服务机构和行业自律组织。不远的孟州市有德税公共服务中心、进出口检验检疫部门为企业提供一站式通关服务和动检服务。桑坡回族信仰伊斯兰教，宗教团体也在民族特色产业集群中发挥着重要作用。

三、演化脉络

（一）发展历程

桑坡皮毛加工业历史悠久，但改革开放前相当长一段时间，由于民族政策、经济体制等各方面原因，一直在夹缝中求生存，真正发展壮大进而形成集群形态，则是在改革开放后。根据图6显示的皮毛加工业（工业）产值变动图，结合各时期的总体发展特征，将改革开放后的桑坡皮毛加工业业分为快速成长期、迅速壮大期、波动发展期、徘徊治理期。

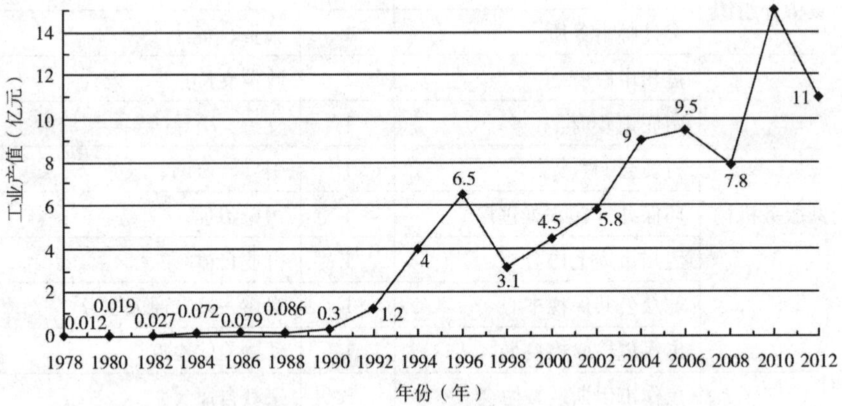

图6　1978—2012年桑坡皮毛加工业产值变动趋势图

（数据来源：桑坡村委资料室）

1. 夹缝生存：改革开放前

历史上，元代回回人就“上马则备战斗，下马则屯聚牧养”，中国皮毛生产历来几乎被回族人垄断。作为回族聚居村，桑坡村皮毛加工历史悠久，1433 年，郑和下西洋时，桑坡的皮货就漂洋过海，远销异邦。清代，桑坡就已经成为全国有名的皮毛集散地之一，大则开作坊致巨富，次则售皮条及弹花弦。清末民初到 1937 年，桑坡村民基本上全以手工加工泡皮，制作裘衣为生。[①] 新中国成立后，由于受到“左”倾思想影响，个体皮毛加工在政策上不被允许，但即使在这样的环境下，皮毛加工工艺也得到了传承。

2. 快速成长：1978—1991 年

改革开放后，在村“两委”的积极扶持下，桑坡的皮毛加工产业迅速发展壮大。皮毛经营开始出现分工，有些农户专注于羊皮加工，发展庭院经济；有些把主要精力投入产品市场，着重建立销售网络；有些农户则当起了皮毛经纪人，为产供销搭建平台。随着经济的发展，桑坡村开始着力完善基础设施建设，逐步改善村中街道状况，集资修建变电站，扩大变压器。20 世纪 80 年代中后期的宏观调控、政治风波和市场变动（如羽绒服作为替代品的出现）三重困境，使桑坡的供销渠道发生了深刻的变化，皮毛加工产品乘势实现了更新换代，开发出了鞋里皮及毛毯、坐垫、汽车靠背等羊剪绒产品。现在桑坡集群的主要皮毛产品基本上还是局限于这几种，产品的低端雷同也在当时初露端倪。

3. 迅速壮大：1992—1996 年

1992 年后，桑坡皮毛加工业所采用的家庭作坊式的庭院经济生产经营模式已逐渐不适应市场经济的发展。桑坡村“两委”果断引导：作坊加工变工厂生产，庭院经济变规模发展；产品由传统的防寒用品转向生活用品。经与县土地局等部门协商，大胆提出“作坊变工厂，工厂上路旁，企业带农户，小富变大富”的发展思路，在郑孟公路以北划出几百亩土地，规划为皮毛工业区，实施“四通一平”工程（电通、水通、路通、话通和厂地平），集中搞皮毛加工。鼓励和动员生产规模较大、有一定经济实力

---

① 袁纣卫等：《近现代回族皮货的生产与销售网络》，载《回族研究》，2008（30）。

的家庭作坊先建厂，再规范管理。至此桑坡皮毛城粗具雏形，桑坡皮毛加工形成了有组织、有规模的加工基地，彻底成了桑坡村的支柱产业。20世纪90年代中期，桑坡先后举办了首届全国皮毛交易会、首届全国皮毛博览会、中美皮毛技术交流会，桑坡集群打出了区域品牌，提升了生产工艺。同时，税务、工商、环保等部门，开始在桑坡建立办公室或营业点，动检站、邮电所和国内几大金融机构的11家营业点在桑坡成立。配套服务部门的进驻，对集群成长起到了有力支撑作用。

4. 波动发展：1997—2008年

1997年的亚洲金融危机和2007年的世界金融危机，使桑坡的皮毛企业重新洗牌。2008年全球气候变化，使世界范围内原料皮数量剧减，同时南方冰雪造成交通大面积瘫痪，致使桑坡原皮进口受限，整个集群的产值“瞬间”跌破谷底。此阶段的典型特征是，受外部环境影响较大。一方面是因其“两头在外”的外向型经济极易受到国际市场和外部环境的影响使然，另一方面也说明桑坡自组织能力较差，皮毛加工产业抗风险能力弱，没有形成能够有效抵御外部风险的机制。

5. 徘徊治理

2009年以来，在皮毛加工产业逐步发展壮大的过程中，桑坡村一直存在比较严重的环境污染问题，近年来虽然在治污方面取得不小的成绩，但在环境约束程度越来越高的背景下，桑坡村的污水处理能力不足问题也逐渐凸现。另外，集群内无序竞争非常突出，偷逃环保治污费、拖欠耕地补偿款、偷排污水废水等现象屡禁不绝。企居不分、工艺技术落后、产品低端雷同、管理粗放等问题严重制约着皮毛企业的发展和集群的提升。

（二）演化脉络

产业集群的形成和发展是一个历史演化的过程，桑坡皮毛加工产业集群也不例外。马歇尔指出，经济学家的“麦加”在经济生物学而非经济力学。生命周期作为一个严格的生物学概念，是指具有生命特征的有机体从出生、成长、成熟、衰老直至死亡的整个过程。产业集群类似于生物种群，也不断经历着形成、成长、成熟、衰退的过程。① 生物学的“演化规律”和种群生态学的 Logistic Growth 模型表明，产业集群的发展轨迹呈“S”形曲线，在拐点 P 集群发展速度最快。（见图 7）产业集群的发展轨迹之所以呈现这种形状，主要是由于集聚效应和内在结构在集群规模发展过程中的变化而引起的。

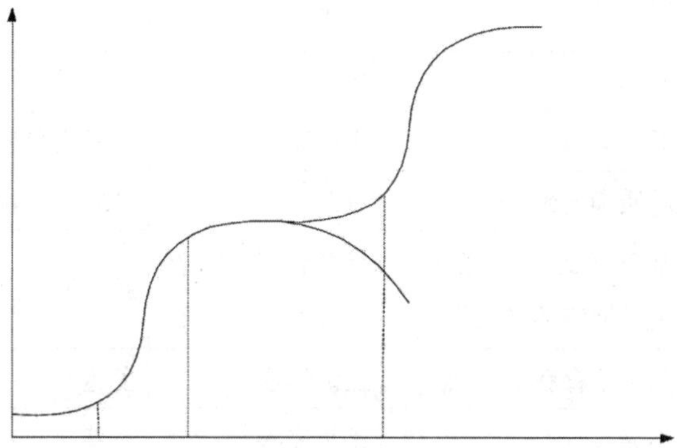

图 7　产业集群发展轨迹和演进脉络

在集群到达 P 点前后，各有一个点 A、B，集群发展到此两个点时，内在结构有了显著变化，集群发展速度开始加速和减速，这两个点是集群发展中的关键节点，分别是集群开始起飞和走向成熟的标志。经过 B 点后，集群进入成熟阶段，并且在达到一个历史最高点 Q 后因内部因素和外部环境的变化，会走向两条截然相反的路径。一个是在创新驱动下，经过集群的内部治理和外部关联互动，实现集群升级和再造（C1 方向）；另一个是因锁定效应，集群出现僵化停滞，进而走向衰亡（C2 方向）。

根据以上分析，将产业集群在 Q 点前可能出现两种路径的演化脉络划分为孕育形成期、成长发展期、成熟发达期 3 个阶段，各阶段的特征如表 4 所示。

① 李健：《生态学视角的产业集群研究》，北京，北京化工大学，2007。

表4　产业集群各阶段特征统计表

	孕育形成期	成长发展期	成熟发达期
典型特征	企业集聚	专业化分工	“柔性专精”的生产方式
企业关系	竞争为主	分工形成并加快	分工协作，合作竞争交织
政府规制	不明显	政府开始引导	规制
行业自律	尚未形成	建立并开始发挥作用	协调规范，作用发挥较为充分
集群发展速度	慢	快	慢
产品	低端同质化	多样化	多样化和高端化
关系网络	同质和内聚	过渡	异质和外联
融资网络	基于（泛）家族主义关系网络的私人借贷	社会化融资逐步增多	融资渠道出现多元化
创新网络	几乎不存在	逐渐形成	发达
基础设施	不完善	逐步完善	完善
支持机构	很少	逐步增多	健全
配套企业	几乎没有	设立办事机构	设立分支机构
区域品牌效应	无	显现	明显

需要注意的是，由于产业集群的形成环境千差万别，即使是同一行业集群，形式上也可能迥异。以上是对产业集群动态演化过程的一般性划分，各阶段的特征描述也是粗略的。产业集群的各方面发展也并非完全同步，某些方面会出现暂时的滞后和超前，因此各阶段的特征并非完全一一对应。另外，产业集群的演化周期并非完全严格的连续性路径演化，而是存在着多路径选择的可能性，有时还会出现间断。在整个产业集群的演化周期中，每个演化过程都可能出现跳跃或停滞、消亡，甚至倒退、逆转的可能。某个微小的扰动，都有可能使产业集群路径发生改变，或结束原有的演化周期，导致集群的瓦解。如果能及早识别各种锁定效应，采取有效规避措施，就有可能促进产业集群的持续提升。①

① 严莉：《珠三角产业集群升级机理及路径研究》，广州，广东工业大学，2010。

四、发展困境及原因

（一）困境及表现

当前导致桑坡皮毛加工集群陷入僵化衰退的突出问题是无序竞争、集体无规则意识和创新不足。

1. 无序竞争：打“价格战”

桑坡集群的无序竞争集中体现在打“价格战”上：企业购买羊皮时互相抬价，造成羊皮价格不断上涨；产品销售时又竞相削价，互相排挤，甚至绞尽脑汁，独辟蹊径——你搞送货上门，我就赊账发货。这种无序竞争对企业的打击十分严重，企业利润不断降低，甚至出现亏本。相互倾轧中，许多企业为此不得不减产或停产，进而陷入破产。1997 年底，仅温州就赊欠桑坡货款两千余万元，使中间商坐收渔利。

访谈记录 1：1996 年，桑坡的皮毛生意异常火爆，1997 年，各个企业便开始了原料争夺大战。一时间羊皮价位暴涨，每张澳皮由原来的每张 5 美元上涨至每张 8 美元。澳洲打包商在装箱时以次充好，许多企业苦不堪言。

在国内，一次去温州推销鞋里皮，当温州老板得知我来自桑坡，就直接说道：“你们桑坡村曾一天来我们这里 8 批推销商，第一批每平方尺价格为 17 元，第二批每平方尺 15 元，到第八批变成每平方尺 10.5 元，真不知道你们的鞋里皮有多高利润！遇到这种状况，除非白痴，不杀你们的价才怪呢！”

2. 集体无规则意识：偷逃治污费和拖欠耕地补偿

早些时候，为建立和运营污水处理厂，村“两委”环保收费按照占地面积和生产效益，用电、用水数量等间接表征生产效益的指标作为收费依据。2010

年，为使收费依据更加科学、合理，决定村企分开，成立“桑坡皮毛产业管理委员会”，设立监控室、巡逻队、卡点、办公室、财务室，对进村熟制的生皮按张、柜、托收费，用于污水处理费用。但由于入不敷出等原因，桑坡皮毛产业管理委员会于2012年8月6日解散，成立桑坡村环境保护办公室。环保办在入村的各个路口设立12个卡点，依据进村鞣制的原皮数量收费。建立环保办的初衷是村企分开，实行收支一条线，解决污水处理厂运营中的资金不足问题。但目前仍存在诸多问题。一方面环保办于2013年8月22日作出调整，目前有工作人员70余人，无形中增加了运营成本。另一方面，桑坡村偷逃环保治污费现象十分严重。随着桑坡无序竞争的加剧，偷逃环保治污费和恶意拖欠集体土地使用费（工厂上路后所占的集体土地）的现象愈演愈烈。

访谈记录2：现在桑坡的皮毛加工产业真是到了十分危险的境地，再不整治，整个产业很有可能被拖垮。我去年的工资拖了大半年，春节才发，这又拖欠两三个月了，很多住户村里承诺的米面油（指工厂上路时占用集体耕地缴纳的补偿费用，刚开始是按亩产粮量计算，现在每亩缴纳3000元，按人数发给村民）也是经常不能及时兑现。回族人情往来多，没有厂子的，靠在皮毛厂打工虽然收入比周边汉民村高，但生活依然很艰难。

很多厂子不交或拖欠厂地补偿费，不是他们交不起。我们村子的厂地很紧张，就是租赁，也远远大于3000元/亩的补偿。这些人不交，有多方面的原因。一是村“两委”曾在某些企业里拿有资金或实物，企业要求用此顶替环保治污费或厂地补偿费。其他企业见这些厂不交，他们便也拒交。二是环保卡点存在“人情执法”现象。像我们村五六千人口，基本上都是亲连亲，有的人便说情逃避缴纳治污费，很快传到其他企业，他们也拒绝缴纳。三是近年来，环保费越收越高，现在是2元/张皮，人员工资却发不下来，污水处理厂也是一直负债运营，加上财务透明度不高，谁知道交的钱去哪里了？

（访谈对象：环保卡点工作人员，地点：卡点2值班室，时间：3月11日下午）

从上面可以看出，桑坡在治污上进行了很多探索，现在的收费机制也很科学，但实践表明，运营得并不是很好。第一，村委没有切实约束自己的行为，有“把柄”落在部分企业，他们便想以此顶账，使得原本理所应当缴纳的费用收不上来；第二，某些卡点人员存在着“人情执法”现象，导致最初制定的环保收费制度遭到破坏；第三，财务收支不透明，使得村民对村“两委”和环保办产生了极度不信任。以上种种原因叠加、交织，使得皮毛加工企业相互看样，导致环保费和厂地占用费越来越难收，各方面矛盾重重。与桑坡村民的闲聊时，也印证了以上大部分说法。现在桑坡出现了这样一种不正常的局面——“谁交（治污费和厂地费）谁是傻子”。正是这种集体无规则意识，才最终导致偷逃治污费和拖欠耕地补偿等严重问题。

3. 创新不足

中国皮革业有两大特点：一是产业链条较长，很多环节缺乏行业标准；二是养殖、屠宰业的规模化和标准化程度不高，以上行业特征导致作为皮革行业原材料的生皮的标准化程度不高。随着市场竞争的加剧和对产品质量的要求日趋严格，把握货源质量就成为赢利的关键。由于原皮采购极富弹性，容易受市场周期性波动的影响，皮张大小和质量好坏全凭个人经验判断，而这种“只可意会，不可言传”的知识只有经常与生皮打交道，通过不断“交学费”，提高相关阅历才能得到。同时，在售买过程中，卖方漫天要价，买方就地还钱，整个过程可谓机巧百出，还得有耐性和过硬的心理素质，非现场耳濡目染，其中奥妙难以尽知。在皮毛加工鞣制环节，更多的是依靠眼力、经验等非标准化的工艺，有经验的师傅在缝制过程中可以物尽其用，在这样的环境中耳濡目染，甚至一个七八岁的小孩就可以很准确地判断出某张残皮的最佳用途。这种非编码的隐形知识在集群内借助于空间上的近邻关系，通过人员流动、频繁的面对面交流得以飞速传播，有些甚至是潜移默化的，比之正式传播渠道和编码知识更为便捷，形成了有利于知识和技术传播的人文土壤。

桑坡皮毛加工产业集群形成初期，集群中的非正式联系对隐性知识的传播的确起到了积极的促进作用，这些大众化非编码知识在桑坡已经相当普及。随着集群内部的“无序竞争”的加剧，标准化的行业标准显得更加重要，行业标准的缺失严重制约着桑坡皮毛加工的创新。

4. 集聚不经济与企业外迁

产业集群中的生产要素通过地理接近，获得了空间非自由流动资源的使用权和控制权，并因此产生集聚经济，形成了明显的成本优势。① 集聚经济具体表现在集群内企业主体共享基础设施，企业和相关支撑机构地理接近而形成的网络联系和创新网络的形成，集群企业外部规模经济和分工经济。随着集群的发展，公共服务机构、金融机构、市场中介组织开始在集群衍生，政府也开始关注并给予政策扶持，对产业集群的成长起到了有力的支撑作用。

当集群发展到一定阶段，缺乏必要的规划引导和网络治理时，就会发生企业“拥堵”现象，路径依赖使得集群难以快速适应变化了的外部环境，集群在僵化和无序竞争中，初期的竞争优势逐步丧失，从而引发集聚不经济和企业外迁。目前该集群内整体外迁的企业还没有，主要是在周边建立分厂或将鞣制外环节转移至广州等消费地或区域更加优越的地方。调研中得知，桑坡目前较大的几个企业已经或正在考虑在周边建立分厂，例如信慧公司、爱伊兰公司分别在温县、武陟建立了分厂，广安公司、光宇公司和华洋公司在邻近的田寺村建立了分厂，光宇公司主要在分厂从事雪地靴加工，华洋公司还投入巨资建成污水处理厂。

（二）原因分析

桑坡皮毛加工产业集群是在回族传统产业的基础上，在当地经营的推动和带动下，集合了中部农区的低成本优势内生发展起来的。集群形成、发展中，基于回族企业家重商、吃苦等精神品质的灵性资本，同一社区文化传统和亲缘、地缘关系建构的同质性社会资本，在此基础上，形成了信任、合作，企业间基于正式和非正式的契约关系，显著降低了交易成本。基础设施不断完善，企业间、企业与支撑机构集结成网，生产网络、创新网络得以形成，分工经济、创新优势显现。市场环境的不断完善与政策支

① 曹又波：《我国产业集群迁移机理与湖南经济发展研究》，湘潭，湘潭大学，2008。

持，形成了集群的外部竞争优势，通过市场经济这只“看不见的手”与村两委的积极引导这只“看得见的手”之间的“握手”，集群内部各主体实现了良性互动。(见图8)

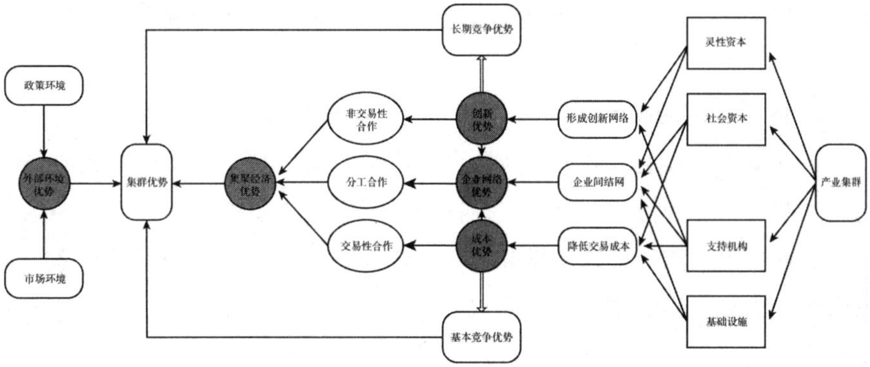

图8　桑坡皮毛加工产业集群困境分析：竞争优势的丧失分析框架

随着集群的发展，内外部环境发生了改变，如果集群不能积极适应这种变化，在发展中未能把握关键环节的提升，势必会因锁定效应陷入僵化，并进一步走向衰亡。

1. 低成本优势的丧失

20世纪90年代，由于市场经济刚刚建立，政策环境相对宽松，加上国家对民族地区的照顾，同时也缺乏对环境保护的足够重视，桑坡皮毛加工产业在乡村精英带动下，抢抓市场机遇，采取“先放任发展、后规划治理”的方式，立足原料、劳动力等低成本优势迅速壮大起来。进入21世纪后，随着我国经济社会的不断发展，由于资源和市场的双重约束，人民币对美元不断升值，毛皮行业在原材料、劳动力、能源、电力等方面成本持续上涨。随着人们环保意识的增强，国家环保力度不断加大，污染治理成本也不断上升。国际国内一系列不利因素叠加，桑坡皮毛加工产业集群的成本优势丧失殆尽。

特别是近年来，原皮价格不断攀升，生产成本也不断增加，企业利润空间越来越小。这是因为，一方面，出于保护国内毛皮动物饲养行业发展为目的的关税政策，在客观上延缓了国内生毛皮品种的优化和质量的提高，使得毛皮加工环节进口原料皮成本增加。国内毛皮企业产品的成本居高不下，致使在国际竞争中处于弱势地位，大大压缩了企业的生存盈利空间。另一方面，近年来，受加工工艺、技术装备、生产管理水平的制约，我国毛皮的出口成本一直维持在较高的水平，难以降低。同时，为了应对国外的技术壁垒，加大产品源头的质量控制，未来必然会进一步增加生产成本。

2. 内生动力的缺失

灵性资本的社会效应不足与社会资本网络的断裂、选择性开放的自我封闭、政府引导和行业自律缺失等各种因素叠加，使得集群内部出现诚信缺失，社会规则流于形式，集群内企业之间各自为战，特别是近年来，随着供过于求和产品低端同质现象愈演愈烈，在不断内耗中，集群的品牌也逐渐式微。

（1）灵性资本的社会效应不足与社会资本网络的断裂。新经济社会学把经济行为看做是嵌入社会行为之中运行的。当市场经济深入发展，社区经济社会传统发生深刻变革，个体灵性资本并未发生“外溢”，灵性资本的社会效应不足，社区出现集体的“自利”“无序”和“沦丧”。另一方面，在嬗变和重构中，当旧有的社会资本出现解体，新的社会资本并未完全形成时，社会资本出现断裂。

（2）选择性开放的自我封闭。随着皮毛产业的进一步发展，桑坡外向型经济的特征，使得企业与外部市场的联系程度远高于本地。因此，集群中企业对外的联系是开放的，而对集群内部却是相互封闭和排斥。这种本土集群外部联系的“选择性开放”导致集群开始出现内部信任度低于外部的奇特现象，集群企业之间关门发展，同质化竞争，资源难以共享。集群内企业间相互封闭，企业间只存在激烈的竞争关系，而协同、互补效应相对匮乏。加之集群内部没有必要的制度约束，机会主义盛行，创新乏力，从而导致集群间产品差异化不强、档次不高，只好通过相互间的价格厮杀获得销售渠道。利润空间被压榨得所剩无几，来不及积蓄力量在全球价值链中重新定位。因此，大多单一停留于皮毛加工环节，短期内没有能力立足于各自的优势，积极找到价值链上高附加值环节的“战略优势环节”。

（3）政府引导和行业自律缺失。政府部门和桑坡村委在集群发展的初期，无疑发挥了积极的引导作用，但集群进入成熟期后，特别是近年来，一直存在着缺位现象。亚洲金融危机之后，桑坡皮毛产业遭受重大打击，重新洗牌后的企业之间，为了各自的利益，相互压价，整个行业呈现出无序发展、恶性竞争的局面，最终导致桑坡皮毛企业整体受损。为扭转困局，2000 年，部分皮毛加工骨干企业发起成立孟州市皮毛商会。商会成立的初衷是协调企业关系，加强行业自律，规范和引导皮毛产业健康发展，但其作用却没有发挥出来。2004 年，政府部门牵头成立了孟州市皮毛协会，笔者调研发现，协会建立之初曾起到了一定的作用。后来，由于缺乏办公经费、专门办公人员不到位、工作手段单一、缺乏硬性约束等原因，现在除了传达政府文件，已经很难发挥实质性作用。

3. 外部环境的改变

（1）环境约束。皮毛加工污染主要发生在生皮鞣制环节，即鞣剂分子向皮内渗透并与胶原分子活性基结合而发生性质改变的过程。① 污染物由浸水、洗皮脱脂、浸酸和软化、鞣制等原皮处理和后期染色阶段产生，包括甲醛、六价铬、五氯酚、致癌芳香胺（偶氮燃料）、APEO（俗称环境荷尔蒙）等有害物质以及蛋白质、脂肪等会腐烂发臭的物质。桑坡村的污染物一部分通过境内河流进入黄河，黄河下游大部分地区城市自来水取自黄河，这部分地区的居民将因此直接受到危害。另一部分渗入地下，对地下水源造成污染，如饮用污染过的水源，将会危及人、畜的身体健康。桑坡皮毛加工“两头在外”的特征，曾被戏谑为世界“垃圾中转站”。

由于桑坡皮毛加工产业集群发展较早，在发展前期缺乏统一的规划，对环境保护工作也没有给予足够的重视，给当地环境，尤其是水环境造成了较大的压力。随着近年来国家的产业政策调整以及环境保护力度的加大，桑坡的皮毛经济面临着很大的压力，经常因为治污需要，政府要求停产整顿和检修，企业经营也受到严重影响。

（2）国际贸易壁垒。桑坡裘皮制品销售出口依存度高，受国际上主要裘皮制品消费国家和地区的政策影响极大，近年来发达国家不断提高进口政策门槛，对裘皮制品出口形成贸易壁垒。一是技术性贸易壁垒。由于皮

① 袁霞等：《毛皮鞣剂的研究进展》，载《皮革与化工》，2012（3）。

毛加工业是高污染行业，特别是铬鞣制过程中产生的六价铬，对人体有严重伤害。随着对外贸易的快速增长，国外一些大的买家为了避免毛皮及其制品中的化学物质对人体健康可能的负面影响而进行赔偿的风险，从发展中国家进口毛皮及其制品时往往附加一些特殊化学物质的限量规定，这种倾向已构成影响我国毛皮及其制品进入国际市场的技术性贸易壁垒，对中国裘皮制品的出口产生重大影响。① 二是动物福利贸易壁垒。国际动物保护组织一直在抵制对动物的肆意捕杀和直接取自动物身体器官的消费品，发起了动物福利贸易壁垒，造成皮草业正面临国际动物保护组织反裘皮运动的考验。

(3) 消费观念的变化和消费市场的疲软。世纪之交，由于科技的不断进步和生活水平的不断提高，在美国、欧盟、日本等经济发达地区，人们的消费观念发生了深刻的变化，由讲究雍容华贵转变为崇尚自然舒适，越来越讲求绿色环保，致使对中国的皮革制品进口量锐减。毛皮业是一个高度国际化的行业，国际毛皮市场的波动势必波及国内市场。另一方面，世界上传统的毛皮服饰消费市场主要集中在北美、欧洲，欧美曾经是世界皮草市场最稳定的销售市场。然而，近年来受到经济危机和债务危机巨大冲击的影响，欧美国家高端消费能力有所下降。

(4) 替代品的出现和全球变暖及人居环境的改善。羽绒服作为一种新型保暖服饰，在 20 世纪 80 年代初开始流行，当时面料档次和加工水平都不高，款式也比较单调，含绒率低，填充量大，外观臃肿，被称为面包服。随着工艺和技术的进步，羽绒服作为服装领域一个重要的组成部分，成为消费者冬季不可或缺的日常生活用品。随着羽绒服等保暖服装进入消费主流，皮草已经从最开始的保暖品变成了装饰品。虽然近年来随着生活水平的提高，昔日的奢侈品已能为工薪阶层承受，尤其在中国的销量步步攀升，但在世界上整体销量增速明显放缓，或在近期出现拐点。

羊剪绒产品的主要功能是保暖，从地理位置看，寒冬地区是裘皮消费的主要区域，每年裘皮的需求集中在冬季，天气变化引起整个裘皮市场的

① 张淑华：《技术性贸易壁垒对我国皮革行业的影响及对策》，载《陕西科技大学学报》(自然科学版)，2004 (3)。

连锁反映。近100年来，全球平均气温经历了冷—暖—冷—暖两次波动，总的看为上升趋势。进入20世纪80年代以后，全球变暖趋势明显。随着全球温度的逐步升高，羊剪绒制品的销售量也会自然地回落。

另外，保温建筑材料的使用，使冬天令人感觉没有过去那么寒冷，这都使羊剪绒制品的保暖功效缺乏了用武之地。

五、升级路径

产业集群的竞争优势是显而易见的，但并不是所有集群都能保持长期的竞争力，产业集群会由于陷入地方“根植性”和“路径依赖”而僵化，或由于外界和内部某些扰动丧失其竞争优势，走向衰败。产业集群发展到一定程度时，就可能出现两种情况，一种是实现集群再造，进入新一轮的发展，另一种是陷入僵化、停滞，进而走向衰亡。保持产业集群竞争优势，就必须在集群发展的各个阶段进行干预和引导，促进集群成长和发展，并要求适时进行升级改造，加快整个产业链的提升。集群企业能否沿“价值链”顺利实现跃升是决定其能否顺利升级的关键。

（一）升级分析

全球价值链治理可看作全球生产网络的治理。[①] 在全球羊剪绒制品产供销网络中，处于价值链顶端的是品牌商，然后是为其提供OEM的代工企业（如隆丰公司），价值链的低端才是半成品提供商，桑坡集群的绝大部分企业正是处于这个位置。

1. 皮毛加工业的价值分布

购买驱动型价值链的“微笑曲线”表明，皮毛加工产业链的产品价值日益集中在研发、设计、品牌、市场营销等非生产性环节。（见图9）领先企业（如美国Deckers公司的UGG雪地靴品牌）基于自身优势，在这些价

① 吴建新等：《全球价值链治理研究综述》，载《国际经贸探索》，2007（8）。

值链环节大量投资和建设，意图构建自身的核心竞争力，而将生产企业排除在外。

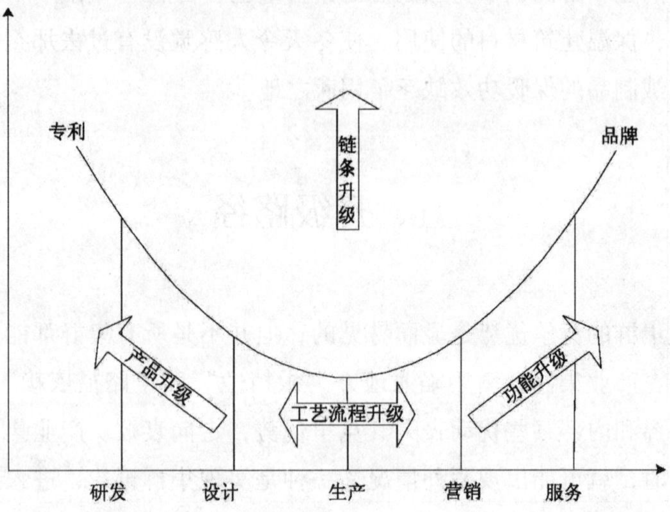

图9　购买驱动型价值链的“微笑曲线”

2. 桑坡集群沿价值链的升级壁垒

作为供应商，集群企业的生产活动主要集中在简单加工环节，大部分是应采购商的要求实行贴牌和定制化加工，采购商有着较强的品牌优势、销售渠道优势，在这种准层级全球价值链分配体系中，品牌拥有者、代工企业、半成品提供商之间存在着明显的控制与被控制关系。处于价值链低端的企业在向高端跃升时，不可避免地会遭受“进入壁垒”，主要包括市场势力、生产环节锁定和风险资本约束。

桑坡集群企业相当大一部分产品是鞋里皮，其订单大部分来自广州、温州、成都的鞋厂；即使有的企业生产成品鞋，由于缺乏品牌，只能为这些大的鞋厂提供代工生产。地位的不对等，使得领先企业可以在一定程度上对试图进入这些环节的集群企业给予制裁威胁。桑坡的皮毛加工企业长期被锁定在鞋里皮、汽车坐垫等单一的初级产品、半成品生产环节，或为领先企业提供代工，主要是对知名品牌产品的模仿性创新，缺乏自主研发和自主品牌，与价值链的高端环节越来越相脱节。拓展自有品牌产品的投资要求较高，而且还需要承担较大的风险，单凭农区民族企业一己之力是不现实的。

除此之外，价值链当中，稀缺的技术、资金、人力资源、市场资源等都可能对集群形成进入壁垒。在价值链外部，保护性产业政策、最终市场的最惠待遇、国际特定标准等价值链外生因素，也会形成集群相应的进入壁垒。

（二）路径分析

针对产业集群升级，国内外学者从不同的视角提出了很多对策和措施，本文认为，外部的价值链锁定（进入壁垒）和内部的路径依赖（僵化封闭）是制约集群升级的两大原因，结合上一节的分析，将影响产业集群升级的关键因素归类为“一体三翼”，一体即内部整合，三翼即创新驱动、网络治理和外向关联，构建了产业集群升级的机理模型，并通过理论和实践两个层面分析了这些因素对产业集群（集群企业）升级的作用机制。（见图10）其中，内部整合是实现“三翼”的保障，创新驱动是集群升级的内部动力，网络治理是集群升级的重要途径，外部关联是促进集群沿全球价值链实现升级的必要条件。这四个方面因素相互强化、协同作用，共同促进产业集群升级。

1. 内部整合

桑坡村的毛皮加工企业多是从小作坊发展起步的，长期以来，产业缺乏统一发展规划，致使企居不分，影响产业发展壮大，企业整合规划迫在眉睫。

为了彻底根治污染，在国家相关部门支持下，经过对毛皮产业的发展进行科学规划论证，在桑坡村南东至南化路，西至田化路，北至孟司线，南至化工界，面积为10平方公里内，规划了皮毛园区。初步规划建设生活区、工业区、鞣制加工区、精加工区、污水处理区和市场交易区，对每个区实行集中建设、分块管理，逐步将现有的100余家小企业整合成20家左右较大规模的企业，最终使之成为集科研、工业、贸易一体化的生态型工

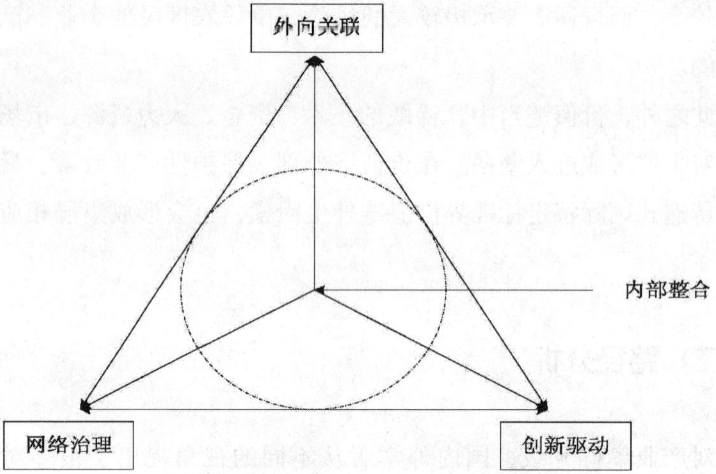

图 10　集群升级的“一体三翼”分析框架

业新区。①

建立皮毛园区是桑坡皮毛产业的根本和唯一出路。笔者从孟州市有关部门了解到，现在国家每年拨给孟州 1.2 亿元，连续拨款 3 年，支持建立桑坡皮毛园区。现实的困境是，企业不愿入驻，园区不愿被征用。一方面由于厂房建设的沉淀成本，如果到皮毛园区再建厂房，以前的投资将成为巨大浪费；另一方面，桑坡村土地稀少，良好的工业基础使得周边土地相比大多数农村有更大的利用价值，巨大的利益面前，这部分村民不愿被征用。各种矛盾面前，虽有国家支持，皮毛园区建设一直难以付诸行动。

在困境面前，政府必须切实负起责任，发挥协调和引导作用，切实推进园区建设。同时，要加强引导，积极谋划和打造企业转型升级战略，以建立皮毛园区为契机，抓大放小、兼并重组，采取股份制改造，引进职业经理人，实现扁平化企业管理，破除家族企业弊端。要加快市场建设步伐，加快建设毛皮产业原辅料市场，充分运用现代物流方式，完善国内营销网络，积极开拓国际市场。

① 《中国毛皮之都·孟州桑坡》，中国皮革网，http://tsqy.chinaleather.org/Pages/News/20130801/123720.shtml.

2. 创新驱动

桑坡皮毛加工产业集群凭借其低成本优势处于产业链的低端，随着集群的内生成长因素逐渐消耗殆尽，集群企业间的恶性竞争导致低端产品市场的利润空间越来越小，必须通过提升灵性资本的社会效应，加强制度创新、组织创新、生产创新等，实现企业创新能力升级，从而移向产业链的高附加值环节。

当前最根本的是要加强技术创新，促进产品上档升级。皮毛产业高污染的现实决定了必须走产品上档升级的道路。要积极与研发机构合作，实现重大工艺流程革新和新产品的开发。在代工和贴牌加工的同时，注重开发自主品牌，不断培育自主知识产权，在产业链的顶端获取更高的商业价值。在调整产品结构、提升产品层次的基础上，扩大生产规模，开拓占领高端市场。

特别是政府要充分发挥在实施创新驱动战略过程中的主导作用。政府和行业协会通过扶持建立公共技术服务平台，整合集群内外资源，促进企业之间的交流、合作，从整体上提升集群的创新能力，对集群克服内部僵化和无序竞争尤显重要。

3. 网络治理

网络治理对产业集群升级有着重要意义。通过集群中的网络治理，加快集群社会资本升级，为集群嵌入全球价值链并实现向两端的高价值环节攀升提供通道与保障。网络治理包括学习网络的构建和关系网络的重构，从而不断取得创新和建立新型合作关系，在此基础上形成的柔性专精（Flexible Specialization）的生产方式极好地适应了现在的市场要求。

（1）学习网络的构建。桑坡集群要想在同类企业中不断取得比较优势，其核心行为就是通过学习网络的建构来提高企业创新绩效。依据交流的正式与否，集群学习网络可以分为正式网络和非正式网络。正式网络更多的是以正式交流与合作的形式实现，非正式网络更多是以非正式交流与合作的形式实现。在产业集群中，非正式交流是实现技术学习的重要途径之一，并且占据越来越重要的地位，会导致“观念的重组”①。

① 王传宝：《全球价值链视角下地方产业集群升级机理研究——以浙江产业集群升级为例》，武汉，华中科技大学，2009。

桑坡的学习网络很不健全，具体表现在：①结构空洞，集群的很多参与者并未完全整合进网络中，学习和创新活动主要集中在极少部分大企业中；②密度稀疏，学习创新主体单独行动的多，联合创新的少，资源难以共享；③韧性不足，网络联系十分脆弱，很多联系仅仅是因为企业主具有某种关系的“偶然性”，缺乏合作约束机制。

当前要着重构建政府、公共服务机构、市场中介组织、配套部门、皮毛企业等多主体参与的学习网络。（见图11）积极同中国皮革协会、科研院所、大专院校结合，尽快组建成立皮毛研发机构，提高产业核心竞争力，加快新产品的研发，推广新的鞣制工艺和生产技术，变粗加工为精加工，全面提升集群的品牌影响力，提升毛皮产业的国际化水平。

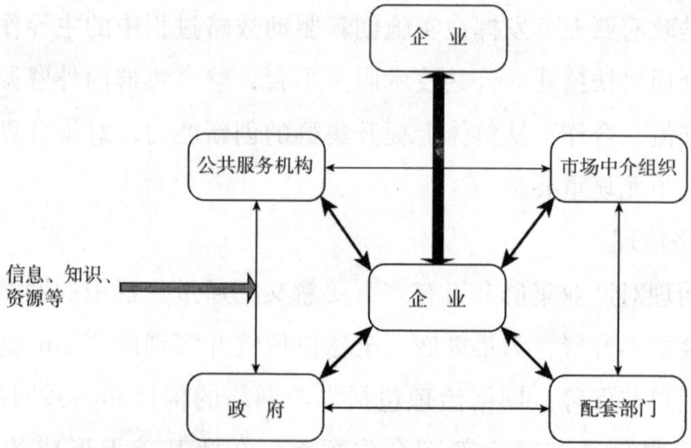

图11　桑坡产业集群学习网络的建构和治理

（2）关系网络的重构。关系网络的重构，主要是通过网络参与者之间的社会关系，如信任、声誉等非正式契约的正向演进，使集群的网络组织形式向更有利于集群发展的方向转变。

桑坡当前的社会资本表现出情感性社会资本向竞争合作等工具性社会资本过渡的特点，情感性社会资本特征依然突出；异质性社会资本开始显现，但一定程度上仍表现出强烈的同质性特征，企业表现出很强的同构性（homogeneity）。桑坡皮毛加工产业集群要想走出当前困境，必须加快社会资本的社会化和外向化进程。结合集群内部整合，建立值得信赖的合作激励机制和非合作惩罚机制，铲除机会主义滋生的土壤，确保决策人确信对方是利他的、拥有集体主义和规则的不可违反。这除了正式规则，基于关系网络的非正式规则也十分重要。

（3）灵性资本社会效应的提升。桑坡村个体层面并不算低的灵性资本并未引致相应较高的社会效应，直接原因不难看出，背后是一个类似囚徒困境的个体博弈过程。在这里由于缺乏有效的信息沟通，博弈的结果只能是最终集体利益的受损和个体利益的非最优解。破解此囚徒困境的关键一环在于在此基础上，强化规则意识，形成普遍的信任和交流合作的风气，积极促使集体利益最大化的均衡解的形成。

4. 外向关联

桑坡皮毛加工产业集群的竞争优势主要体现在，劳动力成本优势与嵌入在关系型网络中的社会资本所带来的资金借贷、亲友合作、赊账购销等低交易成本的结合，所依靠的是传统低技术能力。集群内关系型社会资本一旦与社会经济体中某种具有内生比较优势的物质资本在特定行业结合起来，成为企业核心竞争优势来源，在系统自组织自我强化机制作用力下就会形成产业结构锁定。

加强外向关联对化解“路径锁定”，实现地方产业集群升级有着重要意义。在经济全球化背景下，桑坡皮毛加工产业集群应该结合产业特色，依托区域的内生优势，在全球市场上寻找细分市场，提升价值链的定位层级，主动改变自身在价值链中的组织模式和嵌入位置，避免形成对现在生产环节的过分依赖，从而实现集群在全球价值链中定位的多元化和持续升级。[①] 地方政府、行业协会、科研机构、中介组织，要加强引导并提供有力配套，打通集群间的外部联系通道，为集群沿全球价值链的升级，提供公正、公平的竞争环境。

---

① 文婷等：《嵌入全球价值链的地方产业集群发展——地方建筑陶瓷产业集群研究》，载《中国工业经济》，2004（6）。

（三）企业升级案例：隆丰皮草转型升级之路

从微观上说，核心企业生产能力以及竞争力的提高对产业集群的升级具有重要意义。从全球价值链理论来看，产业集群升级直接表现为企业在一个全球价值链中顺着价值阶梯逐步提升的过程。

金融危机后的全球经济，依然未能走出需求不旺、经济疲软、信心低迷的颓势，导致以出口外向型为主的企业在经济全球化的变局中举步维艰；另一方面，中国国内经济正处在新一轮的变革之中，欲实现由资源分配型向经营效益型的转变，但面临新一轮的资源整合，劳动力、土地、原材料成本节节攀升的竞争压力以及环境保护的束缚，让身处产业链下游的中国制造业雪上加霜。

在“内忧外患”的格局下，如何通过自身的变革加快经济发展方式的转变，走出目前腹背受敌的困局，成为众多生产制造业面临的生死棋局。焦作隆丰皮草企业有限公司依靠自身努力，通过资源整合、科技创新，走出了一条卓有成效的产业升级之道，以稳健的姿态发展，成为全球皮草行业的领跑者。

1. 公司概况

焦作隆丰皮草企业有限公司（以下简称“隆丰公司”）是中澳合资企业，注册资本人民币1.5亿元，是世界上最大的羊裘皮鞣制企业，占地1000余亩，羊皮日加工能力4.5万张，拥有员工7000多人，是国家羊剪绒行业标准唯一起草单位，该标准于2007年11月通过国家权威部门评审。公司通过ISO9000国际质量体系、ISO14000国际环境管理体系、ISO18000国际职业健康安全管理体系及英国“BLC”环保silver（中国最高级别）等多项认证。①

隆丰公司成立于1995年4月，2002年搬迁至孟州市西部皮毛专业园区。发展至今，由初期30余名员工的家庭小作坊式皮毛加工企业发展成为世界上最大的羊裘皮鞣制企业，先后实施了总投资10.2亿元的革乐美高档服装革、6.5亿元的雪地靴等项目，产品覆盖整个皮毛产业链。截至目前，

① 隆丰公司：《公司简介》，http://www.prosper.com.cn/realize/intro.php，2014-3-15.

隆丰公司日加工羊皮4.5万张，每年羔羊皮采购量占澳大利亚供应量的60%以上，处于原料垄断地位。现拥有世界最先进的“生态鞣制”工艺和一支由世界级羊裘皮鞣制专家组成的技术团队，加之严格的质量标准，保证每一件产品的高品质及环保、健康、天然、舒适。公司产品通过“国际羊毛局WOOLMARK”、“Sanitized微生物防护”、英国“BLC”、多国莱茵TUV“SG”、Interlaken（天祥）等多项国际权威认证，其中包括高于欧洲标准的宜家第三方“IWAY”认证。

当前隆丰公司在澳大利亚墨尔本、美国洛杉矶、比利时布鲁塞尔、西班牙巴塞罗那、新西兰惠灵顿设立了分支机构，并在郑州设有办事处，业务遍及全球各发达地区，与IKEA、WAL－MART、UGG、B&Q等世界知名企业保持密切业务关系，是世界知名羊剪绒企业。隆丰公司旗下拥有迪澳、澳美、澳富丽、隆威、风华德等子品牌，羊剪绒产品线覆盖汽车饰品类、家居地毯类、服装鞋类、婴童用品类、医疗用品类几大门类数十种产品，此外公司还提供品种繁多的原料皮，包括内里皮、毛革两用、刷筒用皮、领子皮、掸子用皮等。

在为社会提供优质的羊裘皮鞣制的同时，隆丰公司始终肩负保护环境的社会责任。公司在建厂时，同步建造了占地2万多平方米、日处理能力5000吨的废水处理厂，实现了零污染排放，成为新时期羊裘皮鞣制工业企业的“绿色典范”。

隆丰拥有全球最好的环保设备用于废水的处理，掌握并采用世界领先的污水处理技术，是河南皮革行业中首家通过省级环保部门验收的企业。在所有生产运作开始前，隆丰就投入巨资建立世界一流的污水处理厂，该污水处理厂每天可以处理近2万吨废水，最大限度地减少对周围村庄和河道的影响。经处理后的污水符合国家排放1级标准，COD低于100毫克/每升。不仅如此，隆丰公司还通过优化生产流程，改良生产工艺与设备，在生产的各个环节通过内部循环、重新利用来节约用水。

2. 顺势而为：战略型转型升级之路

随着全球化及市场化的不断深入，隆丰公司面临着产品成本压力和企业外部环境嬗变的双重压力。

（1）产品成本压力。①劳动力成本。作为劳动密集型行业，隆丰公司现拥有7000名员工，一方面，随着城镇化的不断推进和“用工荒”的出现，劳动力结构性短缺越来越成为制约企业扩张的重要因素；另一方面，随着最低工资制度的出台和对企业缴纳“三金”的严格要求，企业承受着越来越高的劳动力成本。②生产要素成本。一方面原材料价格的大幅波动加剧了企业采购、生产成本的上升，也造成企业巨大库存成本负担。另一方面，因皮草行业的固有属性，无法摆脱对水、电、蒸汽等生产要素的依赖，而这些投入品近年来价格节节攀升。③环保束缚。在皮草加工生产过程中需要辅助添加一定的化工原料，在生产过程中容易产生废水、污泥等废弃物，导致企业的环保责任非常重大。

（2）外部环境压力。作为外向型的生产制造型企业，随着国际金融危机蔓延到实体经济，部分合作伙伴开始削减业务以求自保，付款周期加长、付款条件更加苛刻，这些很大程度上削弱了原本有限的生产利润。

（3）危中之机——转型升级的机会。全球性、低成本的市场采购资源，优质、批量的客户资源、为更低成本的整合资源，实现沿产业链的升级创造了外部条件；中国奢侈品消费成为全球第一大国，迎来了品牌战略最佳的切入时机，这是金融环境良好局面之下企业难得的机会。

面对危机，企业只有不断地调整管理思想及经营运作方式，实施前瞻性的变革，才能突破发展过程中的各种瓶颈。在取势与把握机会中，实施战略性的转型升级，从而为企业的发展注入原动力。在机遇与危机面前，隆丰公司果断抓住机遇的行动与化解危机的策略，将引领企业走向战略布局与弹性灵活的发展格局。

六、结论与展望

（一）主要结论与研究展望

1. 实质性发现和主要结论

本文以桑坡皮毛加工产业集群为案例，充分考虑全球化和本地化因素，通过经济资本、社会资本和灵性资本概念框架，探究了农村回族社区的经济发展模式。通过文献梳理、实地调查和案例分析，本文尝试对以下问题进行了回答。

（1）桑坡皮毛加工产业集群的演化脉络及形成机理，即皮毛加工产业集群缘何能够在桑坡农村回族社区孕育并发展。

（2）桑坡皮毛加工产业集群的类型及特征。

（3）桑坡皮毛加工产业集群的资本网络和企业网络结构特征以及宗教信仰与地方经济发展的关系。

（4）桑坡皮毛加工产业集群当前面临的困境及原因。

（5）桑坡皮毛加工产业集群的升级路径，在此基础上，进一步总结、提炼农村回族社区经济发展的一般模式。

经过深入研究，本文主要有以下实质性发现：

（1）从演化脉络看，桑坡皮毛加工产业在孕育、起步阶段，主要以“庭院经济”为主导，在成长发展阶段，“公司＋企业＋农户”模式起到了关键的作用，而在成熟扩展阶段，皮毛加工产业集群开始真正成为主体形态。在桑坡皮毛加工产业集群的成长发展过程中，有两大因素发挥了关键作用。一个是“本地化因素”，自然条件、社区经济传统、国家政策及地方扶持和本地社区精英带动为集群孕育创造了重要条件。另一个是“全球化因素”，信息化、现代物流、迂回生产、柔性生产和生产的“片段化”为集群发展提供了重要的推动力。

（2）在企业结构上，桑坡皮毛加工产业形成了龙头企业、骨干企业、中小企业、委托加工户和打工户阶梯层次明显的“金字塔”结构，并与相关配套部门、市场中介组织、公共服务机构和宗教团体共同构成了比较完善的产业集群。其中骨干企业和中小企业在空间布局上更加集中，而委托加工户和打工户在空间布局上则更加分散，但这种集群空间布局并没有改变当地回族“围寺而居”的生活传统。桑坡皮毛加工产业集群在类型上属于比较典型的马歇尔产业集群。但从发展趋向看，桑坡皮毛加工产业集群有可能进一步发展成为马库森所强调的“轮轴式”产业集群。

（3）在桑坡皮毛加工企业主的资本网络中，以“勤奋和坚韧”为主要特征的“灵性资本”对当地回族的创业具有关键作用。但在集群发展中，由于受到市场经济的巨大冲击，桑坡企业主割裂了宗教信仰和经济活动的关系，导致虔诚的宗教信仰和较高的个体精神品质未能充分形成社会效应，集群企业整体上缺乏集体主义和规则意识。阿訇在主持宗教活动的同时，加强道德劝说和感化的作用更显急迫而重要。社会资本在不同时期具有不同的作用。在企业创办期，桑坡皮毛加工产业的市场契约关系构建是以传统乡土伦理为依托的，并形成了（泛）家族主义关系网络，可利用的社会资本表现出强烈的情感性和同质性特征；在企业发展期，异质性的社会资本的作用开始显现，社会资本在整体上开始表现出多元化趋向，关系网络由内聚性向外联性嬗变。此时，桑坡皮毛加工企业的融资渠道主要有两个，即亲戚朋友借款和银行贷款、生意伙伴拆解，但仍以亲戚朋友借款为主。融资渠道多元化的趋势可归结为桑坡企业主基于差序格局的社会资本的异质性趋向，即随着社区变迁，泛家族主义的情感性社会资本逐渐让位于基于合作关系、共赢关系的工具性社会资本。

（4）农村回族社区，回族企业主对宗教事务管理的热情和参与度明显高于一般阶层，剔除该因素后，纯粹参加宗教活动的时间两者并未有明显差异；收入的差异造成了对宗教经济投入数额上的分化。需要特别指出的是，“清真寺”和“信仰”一直在桑坡皮毛加工产业集群产生发展过程中发挥着重要作用，其中，“清真寺”成为集群非正式联系的重要场所，而“信仰”则成为集群社会规范的重要调节手段。虽然桑坡皮毛加工产业具有高度的外向型特征，但集群在生产中自我封闭现象十分突出。从技术创新行为上看，桑坡村的皮毛加工企业创新严重不足，并且创新途径单一，大多数企业以单独招聘技术员为主要创新渠道，企业间合作创新较少，缺乏有效的创新网络。

（5）此世的有限性决定了“回族人”要在宗教行为和经济行为之间寻求平衡，并形成了约束条件下的典型“回族人”的“可能行为空间”。作为老年人和妇女，在满足生计需要的前提下，更愿意用较多的投资成本去履行宗教行为；作为年轻回族男人，更愿意去追求经济回报，对于宗教活动的参与较少，更多是以“天课”“乜贴”“慈善活动”等经济性的投入来履行宗教功课，取得“宗教收益”和“来世财富”。机会成本使得参与宗教活动的时间和频率在性别、年龄、收入方面有了显著的结构化差异。

（6）从宗教信仰与当地企业发展的关系上看，宗教知识的掌握对当地回族经济效益有着截然相反的两种影响。一方面是对经训中商业规则、商业技巧的把握和遵从，是当地回族企业走向成功的重要原因。很多成功的企业家，试图以经济上的方式作出补偿，减轻没有按时履行宗教仪式的负罪感，强化了创造财富的原动力，形成了在企业效益上的自强化作用。从某种意义上说，宗教促进了经济的发展，经济成就又反过来回馈了宗教。另一方面，虽然宗教知识丰富，但将表达虔诚的方式理解并体现在日常礼拜功修上，追求经济财富的动力不足，反而有碍于企业的发展。

（7）从企业“衍生/支持”网络看，由于中国乡土社会的差序格局，（泛）家族主义关系网络作为早期桑坡回族企业主社会资本网络的主要表现形式，对企业的衍生、发展起到了很大的作用。兄弟姐妹、亲戚朋友的多寡，社会经历（“五同”“五缘”产生的基础之一）的多少都在一定程度上影响着关系网络的大小，其社会资本是同质性的。随着企业的发展壮大，其社会资本趋向异质，关系网络从内聚性向外联性嬗变，当地回族企业更注重从互利协作中取得支持，政治安排（人大代表、政协委员身份等）开始成为当地回族企业家追逐和利用的稀缺资源，并日益成为企业取得支持网络的社会资本和通道，但整体上处于过渡阶段，社会资本的断裂比较突出，缺乏普遍的信任，各种机制不健全。

（8）桑坡皮毛加工工艺流程是在传统工艺上改进而成，并在引进先进技术的过程中实现了机械化，由此形成了皮毛加工的本地生产网络，而通过国际贸易则进一步形成了全球购销网络。“裁点”的出现，拉长了产业链条，推动产品不断上档升级，“裁点”和鞋厂逐渐成为一种新的经营业态，使桑坡皮毛加工业出现了空间上的分离和生产工序上的垂直一体化分工。产生严重污染的鞣制环节，由于建厂的“沉淀成本”和地理惯性，不易外迁，留在集群内；而柔性专精的剪裁设计环节外迁，与采购商实现地理接近，以便及时沟通信息。

（9）无序竞争、集体无规则意识、创新不足和集聚不经济是当前桑坡集群的困境与突出问题，其原因主要在于低成本优势的丧失、内生动力的缺失、外部环境的改变和传统文化的消极因素。外部的价值链锁定（进入壁垒）和内部的路径依赖（僵化封闭）是制约桑坡皮毛加工产业集群升级的两大主要原因。桑坡皮毛加工产业集群可通过内部整合、创新驱动、网络治理和外向关联“一体三翼”的路径进行转型升级。

本文的主要研究结论如下：

（1）皮毛加工产业集群的孕育发展需要特定的条件，本地化因素是其孕育的首要条件，尤其是特定的自然条件、社区经济传统、地方政府政策扶持和本地社区精英带动；全球化因素对其发展具有决定性影响，如信息化、现代物流、迂回生产、柔性生产和生产的“片段化”。尽管多数农村回族社区都具有皮毛加工的历史传统，但并非都适合皮毛加工产业集群的成长。

（2）回族社区“围寺而居”的居住格局及社区经济传统为桑坡皮毛加工的马歇尔式产业集群的产生和孕育提供了比较丰厚的土壤和重要条件。桑坡皮毛加工产业集群属于比较典型的马歇尔产业集群，在空间组织模式上与农村回族社区“围寺而居”的居住格局具有高度的一致性。从发展趋向看，桑坡皮毛加工产业集群有可能进一步发展成为马库森所强调的“轮轴式”产业集群，并将与农村回族社区传统居住格局发生空间分离。

（3）与已有研究相比，全球化、本地化双重视角下的“经济资本、社会资本和灵性资本”概念框架可对农村回族社区皮毛加工产业集群进行更加具有说服力的理论解释，并能对其资本网络和企业网络结构特征、宗教信仰与地方经济发展的关系、本地生产网络和全球购产销网络进行充分的说明。

（4）无序竞争、集体无规则意识、创新不足和集聚不经济是困扰当前农村回族社区经济发展的突出问题，其中，内生动力的缺失是首要原因，主要体现在灵性资本的社会效应不足与社会资本网络的断裂、选择性开放的自我封闭、政府引导和行业自律缺失，这在农村回族社区具有较强的普遍性。

（5）皮毛加工产业集群可从内部路径依赖和外部价值链锁定两个角度寻求集群升级的路径。以“内部整合”为“一体”，“创新驱动、网络治理和外向关联”为“三翼”的集群升级策略，可为类似桑坡的农村回族社区经济发展和皮毛加工产业集群升级提供一条可行的发展路径。

（二）创新点

（1）理论基点具有独特性。本文从“经济人”的经济理性出发，从博弈论的角度构建了一个“回族人”分析框架，即“经济资本、社会资本和灵性资本”概念框架，有助于揭示桑坡回族企业家的资本网络和“宗教—经济”行为，为案例研究提供了理论支撑。

（2）研究范式具有新颖性。在传统的产业集群研究中，主要围绕经济、地理等维度展开，着重分析集群的网络联系、地理区位等特征，本文加入了“民族”维度，从回族族源、宗教信仰和清真寺、阿訇群体等对集群产生发展的影响这些独特的角度进行了深入分析，并能对桑坡农村回族社区皮毛加工产业集群进行比较合理的解释。

（3）研究内容具有创新性。目前对于少数民族地区的研究主要集中在民族学、社会学、宗教学等领域，而专门研究民族地区经济发展模式，特别是对具有民族和地方特色的产业集群的研究可谓凤毛麟角。本文通过典型案例的实证研究，一方面丰富和发展了产业集群等有关理论，另一方面为少数民族地区社区现代性转型、发展因地制宜的经济发展模式及实施区域经济发展平衡战略提供了可资借鉴的样式。

（4）研究结论具有借鉴性。宗教信仰对回族农区产业集群的形成有着“另类”作用。在社会转型期，积极提升灵性资本和社会资本有助于集群内产生信任、促进非正式交易的进行和正式规则机制的确立。通过桑坡产业集群形成演化分析，本文所构建的“一体三翼”升级框架，将为我国农村回族社区乃至少数民族聚居村的经济发展提供一种可能的升级路径。

参考文献：

［1］人口普查办公室、国家统计局热门口和社会科技统计司．中国2010年人口普查数据．北京：中国统计出版社，2011.

［2］杨晓纯．散杂居回族经济与回汉民族关系研究——以山东省枣庄市台儿庄区为例．北京：中央民族大学，2007.

[3] Marshall A Principles of Economics Cambridge University Press, 1961.

[4] 韦伯，著．李刚剑，译．工业区位论．北京：商务印书馆，1997.

[5] 迈克尔·波特．国家竞争优势．李明轩，译．北京：华夏出版社，2002.

[6] 迈克尔·波特．产业簇群与新竞争经济学．经济社会体制比较，2002（3），47～54页．

[7] Michael E. Porter. Location, Competition, and Economic Development: Local Clusters in a Global Economy. Economic Development Quarterly, 2000, 14: 15－20.

[8] 魏守华，赵雅沁．企业群的概念、意义与理论解释．中央财经大学学报，2002（3），58～62页．

[9] 科斯．企业、市场与法律．盛洪，陈郁，译．上海：上海三联书店，1990.

[10] Williamson, Oliver E. 1989, Transaction Cost Economics. In Richard Schmalensee and Robert Willig, Eds., Hand book of Industrial Organization. Amsterdam: North－Holland, 135－82.

[11] 熊彼特．经济发展理论．杜贞旭，等译．北京：商务印书馆，1990.

[12] Bain, J. S., Industrial Organization. New York: John Wiley, 1959.

[13] 焦存志．基于专业镇视角的产业集群发展研究——以武威市凉州区黄羊镇为例．西安：西北师范大学，2008.

[14] 王晓雪．地区产业集群鉴别基础上的国际竞争力研究——基于对上海产业集群的实证研究．上海：上海大学，2006.

[15] 林钦．人力资本与产业集群发展的关系研究．杭州：浙江大学，2007.

[16] 刘静霞．河北省产业集群演进的动力机制研究．天津：河北工业大学，2009.

[17] 王辑慈．地方产业集群战略．中国工业经济，2002（3），47～54页．

［18］魏守华，赵雅沁．企业群的概念、意义与理论解释．中央财经大学学报，2002（3），58～62 页．

［19］李二玲，李小建．农区产业集群、网络与中部崛起．人文地理，2006，2（1），60～64 页．

［20］Michael E. Porter. Competitive Advantage：Creating and Sustaining Superior Performance. New York：The Free Press，1985.

［21］Kogut，B. Designing Global Strategies：Comparative and Competitive Value－added Chains. Sloan Management Review，1985，26（4）：15－28.

［22］Paul Krugman. Development，Geography，and Economic Theory. The MITPress，Cambridge，MA，1995.

［23］Gereffi，G.，Korzeniewicz，M. Commodity Chains and Global Capitalism. West Port：Praeger，1994.

［24］Gereffi，G，Humphrey J，Sturgeon T，ed. Introduction：Globalization，Valuechains and Development. IDS Bulletin. www. ids. ae. uk，2001：1－8.

［25］Powell，W. W. 1990，Neither Marketnor Hierarchy：Network Formsof Organization，Researchin Organizational Behaviour，12，295－336.

［26］陈柳钦等．关于全球价值链理论的研究综述．全球科技经济瞭望，2009（12）．

［27］吴建新等．全球价值链治理研究综述．国际经贸探索，2007（8）．

［28］Humphrey，J. and Schmitz，H. 2002，How Does Insertion in Global Value Chains Affect Upgrading in Industrial Clusters. Regional Studies.（9）：1017－1027.

［29］李洪胤．经济人假设的修正——基于快乐经济学中的快乐原则．石家庄：河北经贸大学，2012.

［30］谢文郁．信仰和理性．北京：北京大学，2006.

［31］费孝通．乡土中国．北京：人民出版社，2008.

［32］哈贝马斯．交往行动理论（第二卷）．曹卫东，译．重庆：重庆出版社，1994.

［33］杨桂萍．天道与人道——马德新关于伊斯兰教与儒家文化的比

较研究．回族研究，2002（4）．

［34］张志鹏．灵性资本：内涵、特征及其在转型期中国的作用．南京理工大学学报（社会科学版），2010（2）．

［35］于飞等．灵性资本、精神资本与佛教文化．深圳大学学报（人文社会科学版），2011（3）．

［36］陈柳钦．资本研究的新视野：社会资本研究的综述．云南财经大学学报，2007（23）．

［37］伍励．基于区域创新网络的传统产业集群升级研究．长沙：中南大学，2008.

［38］Markusen，J. and Venables，A.，Multinational Firmsandthe New Trade Theory，Journal of International Economics，1998.

［39］吴祖强．推进物流集成　提高物流效率．中国市场，2010（41）．

［40］王贤辉．关于我国航空工业推行“柔性”发展战略的思考．教练机，2005（1）．

［41］张辉．全球价值链理论与我国产业发展研究．中国工业经济，2004（5）

［42］张兆曙．乡村社会交换方式变迁的双重趋势．中国农村观察，2002（2）．

［43］梁漱溟．东西文化及其哲学（梁漱溟全集第一卷）．济南：山东人民出版社，1989.

［44］张清津等．宗教信仰的经济学分析．世界宗教文化，2010（2）．

［45］马瑾．人类学视野中的回族“乜贴”研究——以宁夏吴忠市为例．银川：宁夏大学，2009.

［46］弗朗西斯·福山．信任——社会道德与繁荣的创造．李婉荣，译．呼和浩特：远方出版社，1998.

新野回民马庄的皮毛贸易

——一个散杂区回族皮毛"经济共同体"的田野报告

白君涛

回族的皮毛业作为传统的行业延续至今，有回族的地方就有其经营的皮毛行业。历史上西北地区的回族皮毛业在回族商业中占有很大的分量。据统计，拉卜楞的皮毛商"多系临夏回民官绅之资本，多财善贾，生意较为兴隆。营此业者，回民占十之八"。这些史料反映出历史上西北皮毛贸易的繁荣景象，也为研究回族皮毛行业提供了丰富的材料。学术界对于回族皮毛业的研究，主要集中在甘、宁、青和内蒙古等聚居地区，而对散杂居地区则较少涉及，这对于全面了解和研究回族皮毛贸易造成遗憾。本文正是基于这种状况，采用人类学田野方法，以河南南阳市新野县一个散杂居回族聚落为聚焦点，呈现散杂居地区皮毛贸易的状况和背后折射出的商业社会结构。

一、马庄回族及其皮毛业概况

（一）新野回民马庄村

马庄回族聚族为村，有着悠久的历史。据安徽安庆和湖北襄阳《马氏族谱》记载：马依泽，西域鲁穆人，宋太祖建隆二年（961 年）入华修历（历法），越二年书成，经王处纳（北宋人，宋太祖时，上新历二十卷，拜司天监卒）上之，授钦天监监正，世袭侯爵，后定居陕西省泾阳县永安镇，成为巨族。至第十一代马乾玑，号枢仪，南宋宁宗庆元丙辰（1196年）进士，于理宗绍定五年（1232 年）四月十二日任南阳府知府，遂入籍河南新野县，新野县至今仍有马乾玑的后裔。

现在的马庄是个大型行政村，包括原来的 7 个组，组成纯回民村，后来村庄合并，加入 3 个汉民组，形成现在的“大马庄”。但是，马庄回民仍然认同原来 7 个组，并形成一个新名词叫做“内庄”，而把并进来的 3 个组叫做“外庄”，一个村庄通过分成“内”“外”标志着他们之间的不同和差异。马庄回民大约有 2460 人，汉族近 400 人。回族、汉族都是以农业生产为主，近年来两族青壮年男性开始外出打工。马庄回族历来以务农和养殖牛羊二业见长，商业因养牛羊而兴的只有屠宰和皮毛贩卖。

（二）马庄皮毛业

回族人喜食牛羊肉，与牛羊肉相关的皮毛业也多由回族经营。生活习惯、家庭的影响使回族皮毛商从小就耳濡目染，对此行业相当熟悉。当地皮毛业的发展与回族的生存环境也有着很大的关系。河南地处中原，土壤肥沃，可耕地面积较大。在以土地为根本生产资料的封建社会，生活在汉族区域的回族人很难分到足够的耕地从事农业生产，基于这种生存环境，造就了回族“耕牧结构”这一经济模式的大量应用，即家庭的牛羊养殖与种植业相结合，并延续下来。同时与种植业相联系的牛羊屠宰业、皮毛和肠衣加工、熬骨制胶、碾制骨粉等一系列行业也多由回民经营，全省的牛羊皮制革业和皮毛生产几乎被回族所垄断。

从新中国成立后到改革开放，从计划经济再到如今的市场经济，马庄的皮毛贸易经历了从“坐商”（将本地皮毛收集、加工后等外面来人收购）到“行商”（集收购、熟制、贩卖于一体）的转变，从以前信息、交通的封闭到如今的全面开放，地区间沟通的加深，这些都为皮毛贸易的发展提供了更有利的环境。但是对于皮毛行业来说，当前最大的发展瓶颈就是原料，由于现在家庭养殖越来越少，严重影响到当地的皮毛供应量，马庄的皮毛收购商不得不跑到更远的地方去收购，以前在家乡附近就能收购大量的皮毛现已经成为历史，如今收购的范围开始逐步扩大，距离也越来越远。

（三）皮毛收购商类型

1. “小收家”

马庄的皮毛商按收购层级主要分成两种类型，一种是零散的初级收购者，在当地被称为“小收家”。“小收家”主要是从屠宰户手里直接收购，后卖给“二道”贩子从而赚取一些差价。“小收家”的特点主要表现在以下两个方面：

一方面，多为兼职收购，从事收购的同时还兼有其他职业。有的只在繁忙季节收购，平时外出打工。大多缺少资金，收购规模小，行业内的接触面较窄。

另一方面，只是为了赚取少量的差价满足自己生活的需要，满足于现状，没有更远大的追求。“小收家”之所以体现出这样的特点，与其现实状况有关。由于缺少资金、行业内的社会关系，导致规模较小，从而无法与厂家进行直接交易。大多从业时间短，对销售渠道了解不够。这些都是客观上的原因。从主观上看，缺少扩大生意的动力，缺乏自信心且满足于现状。

这些主客观的因素决定了“小收家”很难赚取较大的利润。

2. “皮贩儿”

另一种收购商在当地被称为“皮贩儿”，就是所谓的“二道”贩子。他们从事专职收购，主要是收集“小收家”的皮张，平时很少到屠宰户家里收购。马庄最大的收购商老马说：“俺阵张（现在）很少去县里收，主要还是去外地收，外地量大，指望咱县这点皮子哪能中，县里主要是那些小收家往俺这送，我给他加点钱。咱干这个都知道得清清楚楚，他们又销不出去，到了还得卖给俺，再一个咱县量小，地方散，自个去收的话，费事还划不着（不划算）。”相对于“小收家”来说，“皮贩儿”财力相对雄厚，由于从业时间长，与省内外的许多皮革加工厂都有生意上的来往，销售渠道广泛，操控着当地的皮毛收购价格。由于当地的皮张数量不能满足其生意的需要，他们收购的重点开始集中到外地。

二、皮毛“经济共同体”——“聚附结构”

在“聚附”结构示意图中，外圈代表着“小收家”，中圈代表着“皮贩儿”，内圈代表着皮毛加工厂家。（见图 1）“小收家”是皮毛聚集的初级阶段，皮毛通过“小收家”“皮贩儿”，一层一层向中心的加工厂附聚。皮毛聚附的同时也是社会关系的积累。越往里聚附的程度越高，相对应的收购商的数量越少，拥有的社会资本的集中程度越高，即拥有的社会空间就越大。

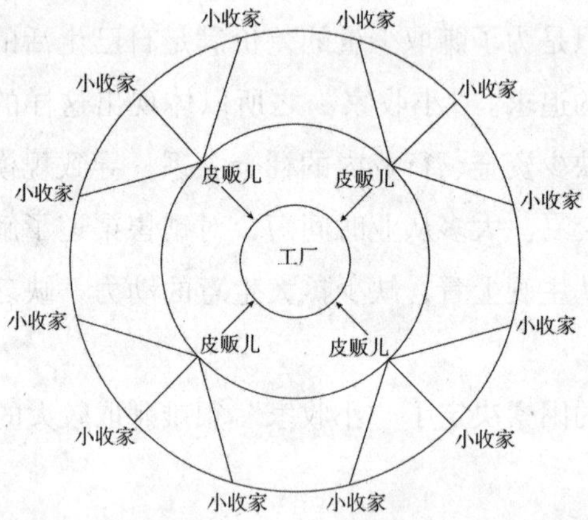

图 1　“聚附”结构示意图

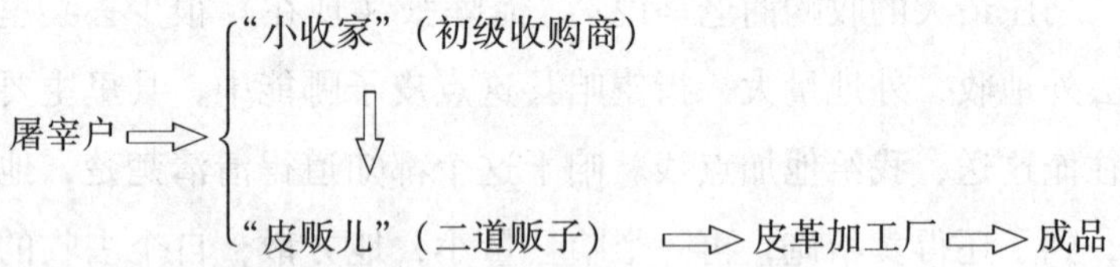

图 2　皮毛“经济共同体”内部关系图

从皮毛“经济共同体”的内部关系中看出，“皮贩儿”的皮张大部分来自于“小收家”，也有少量来自于屠宰户。（见图 2）因此在空间上，

“皮贩儿”与屠宰户呈现出“空间分离”的特点。而“小收家”与屠宰户在空间上是“同位”的，收购数量的多寡取决于活动空间的大小以及与屠宰户关系资源的多寡。

布迪厄认为，社会空间是由人的行动场域所组成的。而场域的最核心的因素是社会关系网络，它并不是一成不变的，表现出有形与无形、静态与动态、现实与历史、固定与进行的结合。这些表现形式是场域存在的意义，处于各种力量的角力之中。作为一种场域的一般社会空间，一方面是一种力量的场域，而这些力量是参与到场域中去的行动者所必须具备的。另一方面，它又是一种斗争的场域，就是在这种斗争场域中，所有的行动者相互遭遇，而且，他们依据在力的场域结构中所占据的不同地位而使用不同的斗争手段，具有不同的斗争目的。与此同时，这些行动者也为保持或改造场域的结构而分别贡献他们的力量。这些斗争的力量正是依靠行动者所拥有的资本和权力，通过斗争获取更多的资本和权力。

皮毛收购的场域是在皮毛收购行业中，由不同种类的收购者相互关系网络所表现出的依据所处的社会地位和历史条件形成的资金、社会资源等有形的物质资本和“生存心态”这一无形的精神资本等资本力量，以及在资本力量的相互关系中收购商间的象征性权力关系组成的综合体。“小收家”在经济上表现出资金的短缺，社会网络上表现出关系资源匮乏。这两方面的短板决定了在这一无形与动态的场域内，“小收家”在与“皮贩儿”的斗争中处于劣势。在这一过程中，“小收家”只能将收来的皮张卖与“皮贩儿”，从而获取少量的差价，而在价格上无法与“皮贩儿”抗衡，“二道贩子”掌控着价格话语权。

三、皮毛“经济共同体”——“空间结构”（商圈）

（一）商圈的空间范围

本地皮毛资源的稀缺决定了收购的范围开始逐渐向外沿扩展，如今以新野为中心向四周扩散，河南境内的皮毛收购范围到达平顶山、许昌、新乡等地，往南出省到湖北沙市、荆门、宜昌等地，往东到达安徽境内，往北最远到河北邯郸，也曾到达过四川等地。（见图3）新野位于南襄盆地，地属南阳管辖，紧邻湖北襄阳，地形上处于中原地带到南方丘陵的过渡带，位于我国南北方分界线的秦岭—淮河以北，在文化上处于汉文化与楚文化的接壤地。由于地缘上的关系，皮毛商经常往返于新野、襄阳。这缘于两地共同的文化背景，使得相互间有着一种特殊的认同感，不仅仅体现在民族、方言等方面的认同，更多地体现在心理上的认同。

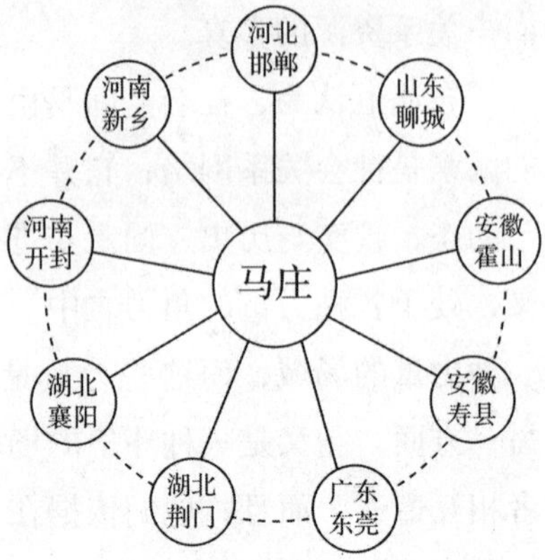

图3　新野马庄皮毛收购范围图

马庄收购商正是凭借这种地利、人和，行走于荆襄大地。襄阳、荆门、枣阳等地是马庄收购商常去的地方，当地还有嫁到这边的亲戚，这种同族加姻亲的特殊关系使得他们之间长期保持着良好的来往并延续至今。四川号称“天府之国”，其农业、养殖业发达，再加上紧邻湖北，距离新野只有一省之隔，新野马庄的回民皮毛商也曾到川地收购皮毛。随着市场经济的发展，各商品流通渠道进一步完善，西北、华北等地牛羊主产区开始供应南方、西南的肉类市场，特别是山东、河北、安徽等省开始大规模牛羊养殖，农耕区大量的农作物秸秆可以直接加工成牛羊饲料，同时拥有便利的交通运输条件，这些都成为北方养殖业的区位优势。南方牛羊养殖量的下降直接影响到当地的屠宰量，间接改变了皮毛商的活动范围，如今活动频繁的地区主要在河南、河北、山东、安徽等省。在皮毛商的活动范围内逐渐构成了一个商圈。

在这个商圈中主要是体现着商圈内皮毛的聚集与分散，在商圈范围内先将皮毛收集至马庄，再由马庄分散到商圈内的皮革加工厂，而这些皮革经过加工厂加工制成半成品、成品，运往广东进行二次加工后销往全国各地或远销国外。在商圈范围内皮毛的收集、分散再到皮革的加工、销售，马庄皮毛商人扮演着“承转”的角色，在这个商圈的运行中“皮贩儿”起着关键作用。他们辗转于屠宰户、“小收家”、生产厂家之间，编织着商圈里的社会关系网，积累着自己的社会资本。这也印证了皮毛商所说的，在皮毛行业中，只要有销路，有原料来源，生意就不愁做。这正是凸显了社会资本在人的社会活动中的重要性。在收集阶段，收购商会通过自己的社会关系网络，联系到收购地的关系人，再由这些关系人带着去收集皮张，然后通过这个商圈中的各种关系网向工厂销售皮张，从皮毛的收集到贩卖，所有的活动内容动用着个人或者商圈中其他人的社会资本。布迪厄提出，所谓社会资本就是“实际的或潜在的资源的集合体，那些资源是同对某些持久的网络的占有密不可分的。这一网络是大家共同熟悉的，得到公认的，而且是一种体制化的网络，这一网络是同某团体的会员制相联系的，它从集体性拥有资本的角度为每个会员提供支持，提供为他们赢得声望的凭证”。社会资本是经过行动者长期经营、有意识的笼络、交往及反复协调，才能形成。

（二）商圈内的竞争与风险

1. 竞争的“双向化”

竞争是商业活动行为的特点之一。商业中的竞争促进了优胜劣汰，从而更好地促进商业活动的发展。皮毛商圈内必然也存在着竞争，体现了竞争性双向化的特点，即马庄皮毛商内部之间的竞争、马庄皮毛商与外部的竞争。

（1）内部竞争

现在马庄“皮贩儿”的数量很少，屈指可数，据笔者调查得知，他们并没有类似于商会的组织，彼此之间似乎有种默契，虽不曾商定收购价格，但始终有着一个“标准”价，尽量促使价格趋于平衡，以免造成恶性竞争。他们约定俗成地遵守着这样的“行规”：收购商都有着各自的收购区域，彼此间留着“面子”。他们处于一个平衡的发展状态下，一旦有人试图打破这一平衡，就在无形中加大了自己面临的风险。皮毛原料的价格每天都有波动，这跟皮革加工厂家的需求量有很大的关系，一旦销路出现问题将造成手中皮子滞销，严重的会导致腐烂坏掉，这个时候再想寻求同行的帮衬几乎是不可能的。因此，各个皮毛商在共同的收购“势力范围”内互相谦让，同时，向外延伸开辟新的“领地”。

(2) 外部竞争

面对与外部同行的竞争，马庄回族皮毛商善于打出自己的招牌，以已经赢得的信誉招牌来为自己增加生意竞争中的筹码，虽然他们各自做各自的生意，经济上是相互独立的，但他们共同维护着自己的招牌。不断扩大着他们的影响力，以良好的信誉为最高的追求目标。

2. 风险下的内部“信任浓缩”

风险是事件未来可能发生的不确定性。风险的表现大致为两类：一类强调风险表现为损失的不确定性，说明风险只能表现出损失，没有从风险中获利的可能性，属于狭义风险；另一类强调了风险表现为不确定性，说明风险产生的结果可能带来损失、获利或是无损失也无获利，属于广义风险。

显然皮毛商所面临的风险属于狭义的风险，是损失的不确定性。风险是把双刃剑。风险在带来损失可能性的同时也淘出了人与人之间最“铁”的信任关系。这种关系不是一般的朋友式合作关系，已经压缩成了“共进退，同风险”的关系，这种关系甚至超越了年龄、地域、民族、宗教信仰等因素。

面对风险的时候，有时候带来的是经济上的损失，但同时也带来了相互间的信任，是一种浓缩的信任，在这种关系中，对他们来说“义大于利”，“义”字当先，利益服从于情谊。这是皮毛商最大的社会资本，这种超凝聚的信任关系带来的不仅仅是丰厚的经济利益，还有广阔的社会关系。这种关系压缩到最后就是一个电话、一句要求，对方就倾尽所有力量去帮衬。

四、皮毛行业的前景

(一) 原料的短缺

皮毛行业随着全球化的进一步深入，一些国际知名品牌进入中国市场进行生产、加工，产品销往全球各地。在中国境内承担国际品牌加工的企业，与国外公司有着密切的合作关系，他们对皮毛的质量要求更高，对皮张种类的要求也更多样化。大量的澳大利亚和新西兰的优质皮毛原料开始进入中国市场，这对中国本土的皮毛原料市场也是一个巨大的挑战。

在国内市场，随着市场管理的进一步规范和对食品安全重视程度的加深，市场上的清真牛羊肉逐渐由屠宰场统一提供。这对个体屠宰户来说是一个巨大的挑战，屠宰量的下降将直接影响到皮毛量。特别是随着屠宰场的大量增多，其皮张数量巨大，他们和皮革加工厂家进行直接对接，避开了收购商这一中间环节，从而降低了双方的成本。与此同时，皮革生产厂家需要大量的生皮原料，皮毛收购商有时难以在短时间内有充足的货源来满足厂家的需要，传统的皮毛收购商面临着严峻的形势。面对着这些前所未有的改变，一些人选择了改行，仍坚持下来的只能通过其他的途径来寻求出路。

（二）皮毛收购职业的“代际”矛盾

现代化带给人们最大的改变就是思想上的改变，特别是中东部地区，对外开放水平较高，人们思想比较开放，接受新鲜事物的能力较强，深受外来思想的影响。尤其在就业观念上，职业类型的多样性使得人们在择业时有了更多的选择，传统的就业观正逐渐被改变，人们在要求工作轻松、赚钱的同时还要求体面。显然，传统的皮毛业不符合这些要求，很难吸引人们的目光。在这样的大环境下，传统的皮毛收购行业所面临的最为直接的问题就是收购商的“代际”矛盾。从事该行业的人愈来愈少，从业人员以 60 后为主，70 后人数极少，人们逐渐把目光投向其他的行业，传统的皮毛收购行业将面临后继无人的危险。任何职业都应遵循新老交替的规律，老一代的收购商急需将手艺传下去，而新一代很少愿意从事这一行业。新老两代之间关于手艺传承的矛盾将持续存在。

（三）未来的发展走势

从皮毛的聚集到加工，再到制成半成品、成品运往各地销售，凝聚了许多人的劳动、情感与智慧。特别是皮毛收购这一过程蕴含着更多的人与人之间交往的情感经历。从皮毛的收购到加工，遍布四川、河南、河北、山东、安徽、湖北，再到广东进行深加工，这是一条完整的皮毛之路。纵使现代化的程度再高、城市化的进程再快，在农村地区，只要回族的“牧耕结构”存在，相关的屠宰、皮毛业依旧会存在下去，依然有它的活动空间。传统的皮毛行业也将经过不断的“自我”调适，寻求新的出路。

参考文献：

[1] 高宣扬．布迪厄的社会理论．上海：同济大学出版社，2006.

[2] 马达，陈廷良，王惠民．回族在河南．宁夏社会科学，1986（5）．

[3] 海学旺．临夏市民族宗教专辑．兰州：甘肃民族出版社，1993.

[4] 李凤藻．天成和商号．宁夏文史资料．银川：宁夏人民出版社．

[5] 丁明德，拉不愣之商务．方志．1939，9（3－4）．

[6] 袁纣卫．近现代回族皮货的生产与销售网络．回族研究，2008（3）．

[7] 钟银梅．近代甘宁青皮毛贸易中的回族商人．回族研究，2009（4）．

[8] 王正儒．论民国时期甘宁青回族的皮毛运输．回族研究，2010（4）．

（原载于《中国·泉州中国回族学年会（2012 年）论文集》）

胡锦涛总书记看望桑坡回族穆斯林

拜存星　买胜利

1994年5月17日，时任中共中央政治局常委、中央书记处书记的胡锦涛同志莅临桑坡村考察时，曾高度评价说："看到你们富裕后，我很高兴。党中央就是让你们先富起来，你们给中西部带了一个好头。"14年后的2008年9月8日，总书记故地重访，又到桑坡村考察。

幸福洋溢在桑坡回回村庄

河南省焦作孟州市桑坡村是一个回族聚居村，全村5300多人口，人均不足2分地，改革开放前，年人均收入只有53元，是当地有名的贫困村。党的十一届三中全会以后，村"两委"积极引导穆斯林群众利用祖辈留下来的手艺大力发展毛皮加工产业，桑坡人逐渐走上了致富路。

1994年5月17日，胡锦涛同志在河南考察工作时来到过桑坡村。当时，村里家家户户加工毛皮的景象给胡锦涛留下了深刻印象。

14年过去了，桑坡村现在什么样，桑坡回族还好吗？总书记十分惦念。

8日下午4时40分，总书记乘坐的汽车驶入了桑坡村。

在村口，村党支部副书记丁赞亮紧紧握住总书记的手，激动地说："这十几年，我们以您的表扬为动力，认真贯彻落实科学发展观，全村经济和各项社会事业取得了新的成绩，发生了翻天覆地的变化。"

走进桑坡村，总书记问："14年前我来的时候，你们不是家家户户都有企业吗？"

“那时的1000多家都是手工作坊，现在的100多家都是有一定规模的企业，年加工羊皮1500万张，总产值25亿元，出口创汇1亿美元，人均纯收入超万元，村里平均每10人拥有一辆小轿车。”“不错。”总书记听了很高兴。

“你们的民族团结工作是怎样做的?”总书记又问。

“总书记在全国民族宗教工作会议上有个指示，就是要‘共同团结进步，共同繁荣发展’，根据您的指示精神，我们主动与周边15个汉民村的党支部书记、村委会主任搞联欢座谈，加强联络沟通，达成共识，签订睦邻友好协议，要求村民少一分摩擦，多一分友谊。”

“这个经验很好。”总书记赞道。

在桑坡村考察时，总书记先后视察了村委会、党员活动室、明达畜产品发展有限公司、污水处理厂。

“总书记好，桑坡回回想念总书记，桑坡人民欢迎总书记!”斋月里，当胡总书记走到村民中间，向大家握手问好时，头戴礼拜帽、头顶花盖头的男女穆斯林激动地向总书记表达着思念、欢迎之情。

总书记也特别激动，特别开心。他动情地对乡亲们说：“大家都知道，我1994年来过桑坡，时隔14年，我今天特地再来看望乡亲们！来了之后，看到桑坡发生了很大变化，马路宽了，房子高了，你们也富裕了，这是你们认真贯彻党的改革开放政策的结果，也是你们共同努力奋斗的结果，我看了以后特别高兴！希望大家不要满足，还要继续努力，山外有山！大家要把经济社会发展得更好，把民族团结搞得更好，使所有桑坡的村民都过上富裕的日子!”

祈求真主护佑我们，感谢党的好政策，正如胡总书记寄语桑坡人那样：“桑坡明天更美好!”

（原载于《河南穆斯林》，2008年第四期）

古豫焦作行记——回族历史源头所在地初探

李华英

前　言

古往今来，世界上的矛盾、冲突，乃至战争，大多由民族、宗教问题引起。然而，地处河南省西北边缘的焦作地区虽是民族、宗教多元化的地方，但是这里却以民族团结进步、宗教和睦相处而不同凡响，以至令人有“风光这边独好”的感觉！作为一个生于斯、长于斯的回族新闻工作者，把焦作地区介绍给国内外是我的一大夙愿。但因自己能力有限，结果是至今“所成未几，且未善”。2007 年 7 月以来，我受河南省文物局的委托，曾先后两次到焦作辖区的沁阳市水南关村对其出土的阿拉伯文古碑进行实地考察。其间，我的心灵再次受到当地民族团结进步、社会和谐发展、经济繁荣昌盛等大好形势的震撼。故于 2009 年 4 月和新华社高级记者丁根喜先生、中国回族学会常务理事魏泽明先生结伴而行，对焦作地区又进行了一次专访。

焦作地区是一个多民族杂居地区。根据最新统计，全市有回、满、壮、土家等 32 个少数民族，人口共有 7.2 万多人。其中 99.1% 为回族。自从“西域回回”将领曷斯麦里于 1231 年率部进驻怀庆、孟州之日起，焦作地区就成了回回人繁衍生息的地方。在历史发展的长河中，勤劳智慧的回族人民对焦作地区的发展做出了巨大贡献，也遗留下许多历史文物。在古建筑史上被称为一绝的沁阳清真北大寺，已被列为国家级重点文物保护单位。规模宏大的博爱西关大寺，曾以宗教教育发达而著称的博爱大新庄东大寺以及气势恢宏的沁阳水南关清真寺，都已先后被列入省级重点文物保护单位。1990年，在修复扩建沁阳水南关清真古寺的过程中发现的阿拉伯文古碑（以下简称为“沁碑”），更给整个焦作地区增添了新的光辉。

“沁碑”的出土，不仅对焦作地区意义重大，而且还为在华夏大地上繁衍、生息的上千万回族的历史源头提供了实物见证。作为一个豫籍回族新闻工作者，“沁碑”的出土，对我的心灵更是产生了强烈的震撼！故决心以“沁碑”出土为由，以当地回族的兴旺发达为动力，分四个题目记录回族在焦作地区的发展历程。

一、西域回回扎根“怀孟”

从元朝时期起，怀庆全境（即包括当今焦作辖区在内的豫北地区）均有穆斯林居住，但是各县穆斯林的分布不尽相同。以沁阳为例，尽管其穆斯林人口仅有1万多人，但他们并未聚居一地，而是分别聚居在自治街、老南关、水北关、水南关、北鲁村、广利作、崇义等街村。孟州的回族穆斯林却集中在全县唯一的纯回族村——桑坡。由于缺乏史料，我们已无法了解焦作地区早期回族穆斯林的经济生活，但从镌于13世纪初的“沁碑”之精美考究，从沁阳清真北大寺、博爱西关大寺和大新庄东大寺建筑之规模宏大以及整个焦作地区历史上经堂教育事业的兴旺发达中，不难看出历史上焦作回族穆斯林曾经的辉煌。

凡是到过焦作穆斯林社区的人都不难发现，这里具有浓郁的民族特色。漫步街头，首先映入眼帘的是各家各户门楣上醒目的阿拉伯文门楣；如果你驻足谁家，室内最引人瞩目的，莫过于或苍劲有力，或龙飞凤舞的阿文条幅、中堂对联；如果你留意主人间的对话，你既会听到诸如“顿亚”（今世）、“疏米”（倒霉）、“白俩”（浩劫）等阿拉伯语词汇，又会听到诸如“乃玛孜”（礼拜）、“乌巴里”（贫困）、“朵斯提”（朋友）等波斯语词汇，还可以听到诸如“口唤”（认可）、“知感”（感谢）、“看守”（关爱）等由汉语异化而来的“经堂语”词汇。这一带的穆斯林大多浓眉大眼，隆准突出，他们中的老年人大多腰板直挺，银须垂胸；青年人大都体魄健壮，热情豪爽，颇具西域回族风采！焦作地区的穆斯林之所以既能顽强地生存下来，又能保有自己的民族特征，原因固然很多，但归根到底是融阿拉伯—伊斯兰文化和华夏文化为一体的回族文化起到了重要作用。

尽管回族穆斯林在意识形态方面与深受儒、释、道影响的汉族有所不同，但是汉族所崇尚的各种道德观念常被回族同胞称道；而回族同胞信守的伦理道德也常被汉族同胞所推崇。值得欣慰的是，回汉两族的传统道德，有的互为表里，有的相辅相成，有的并行不悖。这些建立在追求"真、善、美"理念基础上的传统道德相得益彰，对汉族同胞包容信仰不同的回族，对回族立于中国民族之林，无疑都是极为重要的思想和文化基础。

焦作回族的另一特点还表现在姓氏方面。在汉族中较为普遍的大姓，在焦作地区的回族社区并不多，而有民族特点的回姓却占了上风。以水南关村为例，全村除少数人家取李、张、王、郭等汉姓外，绝大多数人的姓氏都留有阿拉伯文的痕迹。比方说，丁、马、拜、买、丹、闪六大姓就有可能分别是阿拉伯名字努伦丁、马吉德、拜达韦、买斯欧德、丹布尔、闪瓦里等的缩写。无独有偶，孟州的桑坡回族村，也有许多回族穆斯林仍在沿用的特有姓氏。有人还用当地的 24 姓氏编成了歌谣，"丁白张，买拜王；郭马姬。闪哈杨；李卢艾，袁麻庞；彭摆沙，满刘尚"①。桑坡的回姓不仅包括水南关回族姓的大部分，而且还有白、哈、艾、麻、摆、沙 6 个。这些回族姓氏有可能分别是阿拉伯名字白德尔、哈米德、艾哈迈德、麻希尔、摆图泰、沙巴尼或其他阿拉伯谐音名字的缩写。若说姓这些回姓的穆斯林，大都与曷思麦里率领的西域回回大军有血缘关系，决不为谬。就全国而言，元朝时来自域外的回回人包括阿拉伯、波斯等多种民族成分，但在共同的宗教信仰逐步消除他们之间的民族差异的同时，他们必然与汉、蒙古、满等民族发生亲缘关系，并逐步接受他们的文化。这使他们向一个新的民族共同体发展，并产生爱祖国、爱家乡的民族意识。在这种情况下，他们自然而然地把自己的命运紧紧地和各兄弟民族的命运连接在一起。

---

① 庞士谦：《埃及九年》，44 页，北京，中国伊斯兰教协会，1988。

到了16世纪初，由不同民族组成的穆斯林群体已经形成了一个新的民族共同体——回族。由于受汉语文化氛围的影响，他们中“素习本音”者日益减少，以致曾有“回回已经不懂《古兰经》文”之说。在这种历史背景下，陕西经学大师胡登洲（1522—1597年）倡导的经堂教育便应运而生。这种教育实质上是融阿拉伯—伊斯兰文化与中国本土文化为一体而形成回族文化。经堂教育生命力极强，问世不久，很快就遍及全国各地。如今的焦作地区就曾是中国培育伊斯兰宗教学者的一个重要基地。历史上跻身于中原“四杆大旗”之列的马长清阿訇以及近代誉满全国的穆斯林学者庞士谦阿訇，都生长于焦作，而各地的穆斯林莘莘学子也都云集于此，负笈求学。其中，被列为中国“四大抗战阿訇”之列的哈德成、马松亭大阿訇，也分别从上海、北京远道受业于博爱县西关和孟州桑坡。

二、求同存异　适应环境

我于1980年随中国朝觐团途经卡拉奇时，沙特驻该市的总领事赫亚尔先生在得知中国有56个民族时，惊讶不已，并深有感触地说：“你们能把这样多的民族，这样众多的人口组织成一个大国，而我们阿拉伯民族却分成20多个国家，而且又各自为政，真值得向你们学习啊！”[①]

这句话不禁在我心中引起强烈共鸣。我自幼生活在回族社区，并受益于新旧两种回族—伊斯兰教育制度，这对我的一生产生了巨大影响。但是我的成长主要是得益于中华民族这个温馨和谐的民族大家庭。我也曾多次感受到了家乡“回汉一家亲”的温馨。我家与世居自治街北头坑沿的汉族靳家老户关系一直很好。靳家为人厚道，待人诚恳，左右邻舍无不视之为知己。其子靳维钧先生热爱书法艺术，博览群书，是一位见地深邃、颇有乡誉的文人，也是一位廉洁奉公的公职人员。由于维钧自幼生活在回族群众之中，他对当地回众的疾苦向表同情，并总是急我这个回族乡亲之所急，千方百计地为我排忧解难。

---

① 李华英：《麦加朝觐与沙特见闻》，载《编译参考》，1981（6），47页。

沁阳回族人口有万余人，为汉族人口的21%，但他们与汉族同胞交往密切。无论回族还是汉族，不仅邀请对方参加各自的红白喜事成了惯例，而且汉族人宴请回汉各族宾客时订清真席也成了惯例。当地汉族对回族饮食习惯之尊重，可见一斑！

我参与沁阳阿拉伯文古碑考证期间，对当地回汉民族团结友爱有更深刻的体会。作为一个生于沁阳的回族人，我参与考证此碑责无旁贷，理应对所有参与此事的汉族领导、专家、学者都表示深切感谢。但当地与我共同考证古碑的汉族朋友反而一再向我表示谢意。这种真挚的乡亲情谊使我感动不已。水南关人渴望了解回族历史源头的强烈愿望和汉族专家、学者的高度敬业精神形成了良性互动。历史学家范文澜在谈到中阿关系时说："当时的中国文化独步在世界上，为摩诃末所推荐，阿拉伯与中国的友好关系从摩诃末时就开始了。"① 范老所说的"摩诃末"是"穆罕默德"的旧译，而他所说的"摩诃末所推荐"指的则是穆罕默德脍炙人口的名言"学问虽远在中国，亦当求之"。先知的第三位继承者欧斯曼，本此遗训于651年八月遣使来华，在长安会见了中国皇帝唐高宗。这标志着中阿两大民族文明对话的开始，也是伊斯兰教传入中国的标志。此后，前来中国经商的阿拉伯人、波斯人络绎不绝，他们中有不少人留居中国各地，并被称为"蕃客"，其后裔被称为"土生蕃客"。他们的人数虽少，但作为中国回族穆斯林的先民，在与中国的交往过程中，把中国的丝绸、瓷器、茶叶以及四大发明传到了西域，又把阿拉伯的药材、香料、珍珠、玛瑙以及数学、天文知识介绍到中国。他们堪称是中国回族穆斯林的第一个源流。中国穆斯林的另一个源流则是宋元之交随蒙古军涌入中国各地的"西域回回"。这批"西域回回"不仅人数众多，而且分布地区甚广。由于年代久远且缺乏史料，要想知道来华"西域回回"源头所在地的位置一直相当困难。好在回回将领曷斯麦里奉窝阔台之命，于1231年进驻怀、孟，其祖孙四代在此地担任达鲁花赤官职的史实，在《元史》《新元史》《回族人物志》中均有详细记载。沁阳水南关清真寺阿拉伯文古碑已被认定为回族历史上最早的物证材料，也印证了沁阳是回族历史源头所在地之一。据考

---

① 范文澜：《中国通史》，33页，北京，民族出版社，1978。

证，在“西域回回”大将曷斯麦里于1231年进驻怀、孟地区前，这里为“蕃客”足迹罕至之地。因为这位信仰伊斯兰教的回回大将及其部属在现在的焦作地区安营扎寨后，这里才开始有穆斯林居住，所以这里的穆斯林源流应该是“西域回回”，而不是“蕃客”。

应该指出的是，无论是唐宋时期来华经商的“蕃客”，还是元朝时涌入中国的“西域回回”，他们定居中国后，必然与汉族发生种种关系，并在保持伊斯兰教信仰的前提下，接受中国的语言、文化。

上述种种表明，伊斯兰教是通过唐宋时期的“蕃客”和元朝时的“西域回回”两大源流传入中国的。值得一提的是，伊斯兰教在中国未曾像佛教、基督教那样受到来自统治阶级的公开排斥。究其原因，无论是唐宋时期的“蕃客”，还是元朝时的“西域回回”，他们既没有在中国传教的意向，也没有传教的举措，故未引起独尊儒术的统治阶级的顾忌。

无可讳言，回汉两个兄弟民族，由于信仰不同，生活习惯有区别，同一地区的共同生活中，难免出现一些误会甚至摩擦。但由于回族不仅与汉族有很深的历史文化渊源，而且还有很近的血缘关系，历史上两个民族素有和睦相处的优良传统。正常情况下，即使双方出现误解和矛盾，通过协商、对话，大都能够取得谅解，相安无事。这是回汉两个兄弟民族关系的主流。

写到这里，我不禁想起2004年焦作辖区内的一个村庄民主选举村官的事。该村是一个汉族人口占70%，回族人口占30%的回汉杂居村，但这次选举结果却是回族竞选者以绝对优势当选。这样的选举结果充分反映了该村广大汉族选民实事求是、不以民族成分画线的博大胸怀！然而，正当村民沉浸在民主选举的欢乐气氛中时，新选村官的门上出现了两只猪蹄。消息传开后，除肇事者外，全村回汉村民无不义愤填膺，并一致谴责这种蓄意破坏民族团结的险恶用心。经过认真排查，肇事者很快被缉拿归案。但是，村里的回族人却主动原谅了肇事者。他们这种宽大为怀的崇高精神，受到全市各族人民的交口称赞！

原来隶属沁阳，后来划归博爱县的大新庄为焦作地区最大的回汉杂居村。现有人口7000多人，其中回族人口占80%以上。1927年，该村回民与周边汉民因生活习俗不同而发生冲突。由于地主武装红枪会插手，事态遂变得愈加复杂。同年7月，国民革命军吉鸿昌将军率部进驻沁阳时，以贾明道为首的地主武装红枪会突然扬言要血洗大新庄。消息传来，村人因群龙无首而惊慌失措。当红枪会正要攻进大新庄之时，在该村东大寺任教的赵永清阿訇挺身而出，号召村民奋起抵抗，一次又一次地打退了红枪会的进攻。但由于回族群众势单力薄，寡不敌众，还是以失败告终。同年8月，国民革命军吉鸿昌将军至清化（后来为博爱县政府所在地）解决回汉民族纠纷，分别在城内的文庙和许良镇的火神庙召开汉民群众代表、政界、士绅、商号代表大会，倡导“自由、平等、博爱”，并在沁阳处决了挑起回汉纠纷的红枪会头目贾明道，解散了红枪会、花枪会。由于吉鸿昌将军在处理博爱县民族问题时坚持原则，严惩首恶分子，同时做好了群众的思想工作，提高了他们的认识水平，化干戈为玉帛，加强了当地回汉人民的团结友爱。后来，当地人民在博爱西关回族社区以南为他树立了一尊巨大的塑像，以纪念这位为促进民族团结做出贡献的爱国将领。

另一个流血事件就是1943年4月17日发生在孟县桑坡的惨案。桑坡是该县唯一的回族村庄。村民以皮业为生，他们艰苦创业，勤劳致富，生活水平历来在当地较高。由于他们相对丰裕的物质生活树大招风，加上他们抗拒当局的横征暴敛，土匪出身、先后爬上孟县日伪县长和区大队长宝座的张伯华（即张翰英）、李振汉于民国三十二年（1943年）4月17日，公然组织一批匪徒，突然向毫无准备的桑坡村发动了一次突然袭击。霎时间，桑坡的5座清真寺被毁，100多名男女村民惨遭屠杀，这个好端端的回族村旋即成了生灵涂炭、瓦砾成堆的废墟。历史上号称“人口过万”的桑坡村民，死的死，逃的逃。

为了向张、李一伙匪徒讨还血债，桑坡村的幸存者曾派代表四处请愿，但根本无人问津。村人在无路可走的情况下，只有求助于设在重庆的中国回教救国协会。以艾敬之先生为首的桑坡请愿团，长途跋涉来到战时陪都重庆后，不仅找到了回教救国协会，而且巧遇在该会任职的同乡闪克行先生。经过他的疏通，桑坡请愿团受到了协会理事长白崇禧将军的接见。他听了艾敬之一行的陈述后十分震惊，并对桑坡人的不幸遭遇表示深切同情。他虽地位显赫，但对远在沦陷区的桑坡却无计可施，只是无奈地表示要请对河南仍有影响力的国民党将领汤恩伯对桑坡人予以关照。据了解，白崇禧事后倒是给桑坡人筹集了一笔专款，但由于货币贬值，加上被中间环节截留，桑坡人实际上并未受益。这说明桑坡请愿团的重庆之行，除了得到一点儿精神安慰外，可以说是一无所获。

中国人民经过8年之久的浴血奋战，终于在1945年8月赢得了抗日战争的伟大胜利，从而为桑坡人报仇雪恨带来了希望。但令人不能容忍的是，曾对桑坡回族人大开杀戒的张伯华（张翰英）和李振汉却摇身一变，又当上了抗战胜利后的孟县县长和区大队长。好在到了1950年，张伯华、李振汉两个杀人凶手，终于在四川成都落入法网，最后被当时的孟县人民政府判处死刑，为桑坡村人伸张了正义！

三、异军突起　令人刮目

任何一个民族的经济、文化、教育发展与否，完全取决于其生产力和生产关系合理与否，回族当然也不例外。改革开放后，焦作地区回族人民的经济状况今非昔比。以焦作全市少数民族人口和他们的人均收入比例为例，现全市少数民族共有72077人，占全市总人口的2.01%，回族人口占当地少数民族人口的99.1%。截至2008年，全市少数民族规模以上企业55家，产值过亿元的有5家，年生产总值为39.2亿元，占地方总产值的3.8%。这个比例远远超过了当地少数民族2.01%的人口比例。这表明以回族人口为主的当地少数民族的人均产值明显高于汉族。

由于回族经济形势的好转，他们的教育事业也有了长足的发展。以原来经济基础最为薄弱的博爱县大新庄为例，全村共有7000余人，其中回族人口占全村总人口的80%以上，耕地面积仅850亩，人均只有1分多地，是一个典型的人多地少的回汉杂居村庄。原先村里没有任何企业，村民大多以开小煤场、做小生意为生。后来村里虽有了村办企业，但仍是一穷二白，在这种情况下，大新庄教育质量之低简直令村人汗颜。截止到1992年，大新庄回民中学的初中毕业生在升学考试中无一成功。后来，由于该村经济得到了发展，加上颇有敬业精神的新任校长赵长礼先生（河南著名经师赵永清阿訇之曾孙）的积极努力，在短短几年之内，这所破烂不堪的学校发生了天翻地覆的变化。学校先后筹资 200 万元，建造了 4 座教学大楼；1995 年创建了全县第一个村级有线电视台；1997 年又率先创建了农村学校第一个微机室，一跃成为花园式的现代化学校，其教学质量从原先的全镇倒数第一名上升至正数第一名。最近几年，大新庄回民中学高中毕业生考上各大专院校的比比皆是。在焦作地区，像大新庄这样由贫变富的回族村不胜枚举。但是其中最为风光的莫过于沁阳市水南关村和孟州的桑坡村。这也是我与同乡好友拜存星、买胜利两位联袂撰写介绍两村的专题文章的原因。尽管该文介绍的内容仅仅是蜻蜓点水，但由于水南关和桑坡的业绩在全国范围内还鲜为人知，加上读过此文者人数不多，此文仍不失为了解这两个回族村庄的一个窗口。

该文的《水南关篇》介绍的内容如下。

水南关是个纯回族村，昔日曾被人们称为“生死关”。“解放前一根扁担两只筐，山西、陕西去逃荒”；“改革前，红薯汤、红薯馍，离开红薯不能活”。党的十一届三中全会以后，水南关人也迈进了新的时代。1984 年，村副支书买望真当上了村支书。他的就职演说铿锵有力：“如果水南关富不起来，作为村支书，我将死不瞑目！”坚定的誓言唤起两委班子和党员群众脱贫致富的激情。然而，没有资金怎么办？老支书买全德带头卖掉了儿媳的自行车，村长卖掉自家牲口，最感动人的是一队队长买全义拿出了妻子买桂荣的卖血钱……大家的热情更加坚定了买望真创业的决心和信心。水南关村本着投资少、规模小、效益好的原则，一下子办起了小翻砂厂、小皮革厂、小铸造厂、小造纸厂、小清真食堂等。村干部在买支书的带领下走南闯北，身背牛皮件，肩扛铸管件跑销售，渴了喝口冷水，饿了啃口干粮，夜里蹲房檐不敢住店，硬是打开了销路，当年获利 25 万元。到 1994 年，颇具规模的腾飞制革厂、新星制革厂、光华制革厂、东方制革厂等 4 个民族传统企业，成为沁阳新兴的明星企业。在这些龙头企业的带动下，玻璃、马赛克、煤炭运输公司迅猛崛起。全村工农业产值达 3 个亿，创利税 2350 万元。个体工商户发展到 360 家，个体经济收入接近全村工农业总产值的50%。1996年，水南关工农业总产值增加到5亿元、利税4661万元。人均收入7100元，人均拥有固定资产7.3万元，人均私有财产6万元，一举成为河南有名的小康村。

2000年5月，买望真从太行办事处副书记、水南关党总支书记位置上退休后，继续为民族经济和社会发展奉献自己的聪明才智，建功立业。在村总支书丁树忠、村委主任丁建业的领导下，为了壮大民族企业，增强发展动力，又投资400万元建成了加油站，投资300万元建成了温泉宾馆，投资400万元建成了彩色钢瓦厂，投资100万元建成了玻璃钢修配厂等。水南关取得如此丰硕的成果，令沁阳人刮目相看，令全省瞩目，全国各地慕名前来参观者络绎不绝。买望真也被评为全省劳动模范，并当选为第九届全国人大代表。

中华人民共和国成立前，由于民族歧视等多种原因，水南关与邻村的马坡、东关汉族村结下了“世仇”，老死不相往来，还经常发生械斗。中华人民共和国成立后，在党的民族宗教政策教育下，矛盾虽有缓和，但积怨并未完全消除。1986年双方因地界发生争执，一场集体械斗一触即发。买望真支书知道后，立即赶往出事地点，先劝退本村群众，然后主动找到马坡村支书傅永祥说：“老傅，你年龄比我大，党龄比我长，我听你的，你说地界在哪，咱就定在哪。”傅支书被他的宽厚大度所感动，双方推来推去，最后各让出一半，标定了地界。后来，将原来阻挡马坡村的水流往水南关的“隔阂堤”平掉，合挖了一条“民族渠”。原来两村不通道路，后又共修了“团结路”。水南关搞村建，马坡村主动开来履带拖拉机帮助压地面；农忙时节，水南关地少，也主动派人带上农机具去马坡无偿援助。如今，东关村汉族菜贩在水南关卖菜，以优惠价卖给村里人，村委也以免收管理费、卫生费予以照顾。

在水南关的各类企业中，从业的汉族员工最多时达2000多人，他们享有同本村回族一样的权利，有的还当上了副厂长、会计、保管，有的成为企业的中坚力量。远近8县市、20多个村街、1300 多户，在水南关帮扶下走上了脱贫致富之路。宁夏、内蒙古、甘肃、新疆青海等省区，也有不少贫困村来水南关学习致富经验，并建立了朋友式的贸易伙伴关系。

水南关还与沁阳、博爱两县市的 9 个村建立了友好关系。在“三夏”“三秋”期间，水南关利用农业机械强的优势，以低于市场价为友好村耕种、收割，友好村以同村同价优先为水南关供电，并给予多方便利。水南关在加强民族团结和落实宗教政策方面的成功经验，得到了党和国家的充分肯定。水南关两次荣获国务院颁发的“全国民族团结进步先进集体”和“全国民族团结进步模范村”，清真寺还荣获“全国模范清真寺”光荣称号。

该文的《桑坡篇》介绍内容如下。

桑坡村是孟州唯一的一个回民村子，全村 13 个村民小组，1100 多户 5800 多人口，占地面积 3.2 平方公里，耕地 1389 亩。

桑坡虽然是一个地处中原腹地的内陆农村，也没有紧靠市县的地理优势，但并不像专务农事的汉族村庄那样闭塞。受伊斯兰文化的熏陶，桑坡人没有重农轻商的观念，他们凭借传统的皮毛加工技艺，与外部世界有着密切的经济文化联系。明、清以来，桑坡就以皮毛加工和兴旺的伊斯兰文化闻名遐迩。

以皮毛业为主导的桑坡回回经济，其发展经历了三个阶段。20 世纪 70 年代末到 90 年代初为第一个阶段，重点在于发展个体加工业。1991 年，皮毛加工户发展到 800 多家。年加工能力 100 多万张，产值 5000 多万元，人均收入 1500 元，初步告别了贫困。20 世纪 90 年代至 2000 年为第二个阶段，重点是组建集团公司，实行公司加农户的经营模式。全村 1000 多个皮毛加工户组建了雪羊皮毛集团公司，1994 年工业总产值达 3.5 亿元，是 1991 年的 7 倍，直至发展到 50 多家规模企业，固定资产 6000 万元，年加工羊皮 500 万张的规模。进入新世纪后为第三个阶段，皮毛产业发展步入辉煌时期，外向型经济崛起。

2007年，全村皮毛加工规模以上企业148家，加工羊皮1500万张，产值36亿元，利税2.38亿元，资产总值16.7亿元，不仅成为河南省重点产业集群，而且壮大为亚洲最大的羊皮加工集散地。占地10平方公里的桑坡皮毛城分为皮毛鞣制加工区、高新技术区、商业贸易区和居民住宅区4个区域，引起中国皮革工业协会的极大关注和支持。2008年5月，中国轻工业协会副会长、中国皮革工业协会名誉会长徐永等领导赴桑坡，与孟州市和桑坡村签订战略合作协议，打造“中国皮毛之都”，向国内最强、世界先进的皮毛加工基地冲刺。

几年来，桑坡先后举办了第一届皮毛产品交易会、中美技术合作研讨会，以及3次大规模的国内外专业技术培训班，为企业走外向型发展奠定了基础。目前，全村48家企业拥有自营出口权，“两头在外”的产业格局初步形成，原材料购买在外，占进口澳大利亚皮张产量的80%，左右澳皮进口中国的价格；产品销售在外，80%以上产品远销日本、美国及非洲等20多个国家和地区。

全球最大的羊剪绒生产企业——中澳合资隆丰皮草有限公司鹤立鸡群，拥有世界先进的“生态鞣制”工艺，是羊剪绒产品5个行业标准的制定者，是桑坡皮毛群的领军企业，位居河南省外商投资企业外贸出口第二位，2007年出口创汇1.4亿美元，占桑坡皮毛集群出口创外汇总额的60%左右，隆丰牌羊剪绒被评为河南省出口名牌产品，迪奥牌、莱澳牌羊剪绒在广交会上被确定为最佳产品。董事长王和平介绍，2～3年内，企业年产值将超过20亿元，利税超亿元，出口创汇将有更大的奋斗目标。

经济的发展，促进了社区的发展和进步。

1994年，2000门程控电话建成并投入使用。居民电话普及率达120%以上，一跃成为“中原电话第一村”，接着又开设了有线电视台。

截止到1995年，中国银行、中国工商银行、中国农业银行、中国建设银行等8家金融机构竞相在桑坡开办15个储蓄所，孟州市电业局开办了变电站，连省动植物检验检疫局也设立了办事处。

1997年，投资150万元兴建了村委大楼暨民族文化宫。建筑面积2000多平方米的民族文化宫，有村情陈列、村史、企业史、乒乓球、台球、图书、卡拉OK等各类馆室。1998年，投资600万元建成了回民中小学校，投资150万元建成了回民幼儿园。村里设有教育发展基金，每年用于补充教育经费之不足的费用达2万元，对涌现出来的模范教育工作者和优秀学生予以隆重表彰。

目前桑坡共有10座清真寺，其中5座男寺、5座女寺，满足了回族群众正当的宗教生活需求。富裕起来的回族群众踊跃捐款修寺建寺，村委会无不鼎力相助。每逢开斋节，总有村委、南庄镇、孟州市、焦作市的党政领导亲临桑坡各清真寺恭贺佳节。伊斯兰教乐善好施的精神在桑坡得以充分体现。四川汶川地震发生之后，桑坡的企业、群众慷慨解囊，首批共捐助274.6万元及大量衣物，在第一时间为灾区人民献爱心。常年在桑坡务工的外地回汉群众达1.5万余人，其中女工占40%左右，他们来自全国十余个省市区，其中山东、安徽、四川、甘肃、宁夏的人数居多，也有来自浙江、云南等地的。

外来的回汉职工同桑坡人团结一心谋发展，桑坡周边汉族村庄更是与桑坡人心连心地共同致富。邻村田寺村已经获得为桑坡生产包装用品、加工制作编织袋的专利。马付庄也建立了皮衣加工企业，与桑坡建立了密切的经济合作关系。谢庄农民工先前在桑坡搞建筑，后来专门为桑坡企业装卸原料和货物，成为固定专业队。周边十多个汉族村的工农业生产，都与桑坡经营活动密不可分。桑坡村被授予“中州新村”“发展乡镇企业先进村”“河南十佳明星村”等称号，多次被省、市评为“民族团结进步先进村”。被国务院文明办授予“全国精神文明创建工作先进单位”，国务院命名为“民族团结进步先进集体”等。胡锦涛同志在1994年视察桑坡村之后，时隔14年，于2008年9月8日，再次视察桑坡。他对村人说：“我1994年来过桑坡，时隔14年，我今天特意再来看望大家，看望乡亲们，来了以后，看到桑坡发生了很大变化，马路宽了，房子高了，你们也富裕了，是不是啊？这是大家认真贯彻党的改革开放政策的结果，也是你们共同奋斗的结果。我看了以后特别高兴。希望大家不要满足，还要继续努力。山外有山，我们应该把我们的经济社会发展得更好。我们也应该把我们的民族团结搞得更好，使我们所有桑坡村的村民能够过上富裕的日子，你们说这样好不好？”主席的话音一落，人群中爆发出“好”的应答声。村民纷纷表示，一定不辜负胡主席的希望和重托，精诚团结，不断开创桑坡的新局面，为国家富强、民族团结作出贡献！

四、发展奥妙“五因”铸成

历史上，焦作人的生活水平因缺乏资料，已不可考。但改革开放前后，其辖区内的水南关村脱贫致富的历程，我却亲身见证了。记得当年我和五弟陪父亲到沁阳人民医院就医时，在那里见到的情景让人不寒而栗。在因浓重药味而令人感到窒息的空间，一边是接受造反派业务监督、身着已经发了黄的白大褂的医生抢救垂危病人的身影；一边是包括花季少女在内的卖血专业队员的愁容。目睹此情此景，我不禁脱口而出地说了一句：“太值得同情了！”五弟回应说：“她们都是水南关的回族妇女，因没有别的生财之道，只好靠卖血贴补生活。好在经过体格检查和政审，她们总算是取得了卖血的合法资格。至于那些未取得这种资格的人，就更惨了。”

改革开放前穷得不能再穷的水南关村，经过20多年的艰苦奋斗，竟然一跃成为明星村，村民的生活水平发生了天翻地覆的变化。与此同时，孟州桑坡村，在1943年遭受浩劫之后，村民已所剩无多，但经过几十年的发展，劫后余生的桑坡人却奇迹般地把他们的村子建成了举世闻名的“中国皮毛之都”。

为此，我对两村之所以能在短期内实现经济腾飞的原因进行了思考。

我认为，两村除了得益于改革开放这个主要因素外，还得益于另外 5 个因素。

其一，“艰苦卓绝的奋进精神”。众所周知，大到一个国家、一个民族，小到一个乡镇，要想兴旺发达，都与其自身的奋进精神不无关系。所以，两村从无到有，从小到大，从默默无闻到遐迩闻名，首先取决于其奋进精神。在我采访孟州市郭世忠副市长时，这个问题曾是我们的主要话题之一。而且从那时起，我一直在思考什么是桑坡精神，什么是水南关精神。两村的两位杰出代表人物，著名回族学者庞士谦老师、回族英才买望真先生给了我重要的启示。

庞士谦（1900—1958 年）出身于桑坡一个贫苦的回族穆斯林家庭，青少年时代主要受的是经堂教育。他曾于 1938 年以访问学者身份前往埃及深造达 9 年之久。其间，他在世界最古老的高等学府——爱资哈尔大学开设过中国文化讲座，利用一切机会为当时的抗日战争奔走呼号。他还用阿拉伯文写了《中国与回教》，向阿拉伯世界介绍伊斯兰教在中国的发展历程，并应聘担任当时埃及法鲁克国王的东方事务顾问。回国后，他著书立说，教书育人。其弟子张秉铎、刘麟瑞先生等都是享受国务院特殊津贴的著名学者。

买望真出生在水南关村一个贫苦回族人家。他为人憨厚、精明强干，有奉献精神，不仅有带领水南关人脱贫致富、修复清真寺浩大工程的胆识，而且见多识广，曾亲自向两位党和国家最高领导人汇报过工作，担任过第九届全国人大代表，在其古稀之年又积极为回族源头古碑考证上下求索。沁阳的拜存星先生曾用“辉煌、丰碑”四字恰到好处地概括他的一生。

他们二位自强不息的精神也是桑坡、水南关两个回族村不断奋进的缩影，在当今桑坡、水南关人身上也都看得见。无疑，这样连绵不断的奋进精神，就是桑坡、水南关两个回族村庄成功的一大保障！

其二，得益于适宜回族生存、发展的自然环境。据《孟县志》载，1231 年，“西域回回”将领曷斯麦理奉窝阔台之命驻军怀、孟。战争平息后，这支军队便就地解甲为民。作为游牧民族出身的退役军人，他们继承祖上逐水草而居的传统，在沁河南岸的水关渡津一带以及黄河北岸的孟州一带定居下来。寒来暑往，这批来自域外的“西域回回”及他们的后裔，自强不息，奋力拼搏，硬是把这两个地方开辟为既适宜于他们繁衍生息，又有利于农牧业发展的水南关村和桑坡村。

其三，得益于温馨和谐的社会环境。社会环境对一个村庄的发展，乃至对一个人的成长都影响至深。尽管水南关、桑坡奇迹般地由穷变富，与两村村民所发挥的主导作用密不可分，但如果他们不从周边汉族村庄引进大量的人力资源和智力资源的话，两村的发展也是不可能的。这说明和谐的社会氛围对两村事业有成也是不可缺少的因素。

其四，得益于党的科学求实的英明政策。法制是文明社会发展的根本保障。尽管回汉之间没有根本性的利害冲突，但是两个民族之间的小矛盾一向时隐时现。回族生活习惯特殊而受迫害的情况由来已久。因无法理解回族人不吃猪肉而对他们抱偏见者，不仅历朝历代有，而且不同社会地位、不同文化层次的人也有。他们轻者对回族进行冷嘲热讽，重者认为不吃猪肉是大逆不道，以至有人要求朝廷永禁回民信教。据统计，从清末到新中国成立前夕，全国在这个问题上，对回族人进行侮辱的事件不下数十起，有的造成民族隔阂，有的导致剑拔弩张，甚至酿成重大血案，这种情况往往与统治阶级实行的民族压迫政策不无关系。新中国成立后，中国人民政治协商会议和全国人民代表大会先后制定的民族平等和宗教信仰自由政策，从法律上保证了回族人民的基本权利。改革开放后，党和国家制定的一系列强国富民的方针政策，更进一步保证了回族人民的基本权利。在这种历史条件下，桑坡、水南关回族穆斯林的政治生活和经济生活始终沿着社会主义的法制轨道运转。这也是保证两村成功的因素之一。

其五，得益于党的宗教信仰自由政策在焦作地区落到了实处。由于焦作地区的穆斯林笃信伊斯兰教，过好宗教生活对他们来说非常重要。但是在“文化大革命”时期，这里的“革命造反派”不但关闭了当地的所有清真寺，而且一旦发现有人做礼拜，便如临大敌，动辄上纲上线，进行批判斗争，闹得回族穆斯林人人自危。改革开放后，焦作地区开放了90多座清真寺，广大穆斯林生活在宽松的社会氛围之中，在努力追求物质生活的同时，可以通过礼拜、封斋等宗教生活陶冶自己的情操。有条件的穆斯林还可以跨出国门前往圣地麦加朝觐。在这种情况下，包括桑坡、水南关在内的整个焦作地区的回族社会变得更安定，邻里关系更密切，家庭更和睦，生活更富裕。这充分说明，当地认真贯彻落实了宗教信仰自由政策。

以上“五因”相辅相成，互为因果，是桑坡、水南关两个回族村庄创造奇迹的根本保证！

综上所述，桑坡、水南关村民所创造的奇迹，不仅推动了焦作地区的经济发展，而且为全国回族脱贫致富树立了榜样。其意义之大的确非同一般。

五、任重道远　前途光明

中国历来有允许诸教并存的传统，这就使得我国的社会生活显得丰富多彩。但是，民族宗教的多元化也会引起各种社会矛盾，这是不容否认的客观存在。所以，处理民族宗教矛盾任重道远，在任何时候都不可能毕其功于一役。新中国成立后，尽管中国人民政治协商会议制定的《共同纲领》就明文规定，中华人民共和国公民有宗教信仰和保持民族生活习惯的自由，但时过不久，回族穆斯林在吃不吃猪肉的问题上还是受到了误解。针对这种情况，著名回族学者马坚教授，曾于1951年3月20日在《人民日报》上著文，有理、有利、有节地批评这种错误倾向。这篇文章曾受到毛主席的充分肯定。1953年初，张执一、马杰两位同志分别给中央递呈报告，反映河南出现逼迫回民吃猪肉的情况。毛主席亲自为中央起草了《关于在民族问题上在党内和人民中进行马克思主义教育、批判大汉族主义具体地解决少数民族中受歧视受痛苦的指示》。接着，1954年公布的《中华人民共和国宪法》再次明确了我国公民有宗教信仰自由的基本权利，从而在某种程度上制止了这种错误倾向的继续蔓延。20世纪70年代末，中央重申宗教信仰自由是党和国家的一项长期根本政策。根据笔者对北京、新疆、陕西、山东、河北等省、市几个穆斯林聚居区的实地观察，笔者发现在落实宗教政策方面焦作地区是比较好的地区之一。2004年以来，全市有4个单位分别被国务院、河南省政府评为“民族团结进步模范单位”，5位个人被评为“民族团结进步模范个人”。2008年，在全省民族宗教“四争创”活动表彰大会上，焦作市作为全省民族团结进步先进市受到表彰。2004—2008年，焦作市民族宗教局连续5年被河南省民委（宗教局）评为“民族宗教工作先进单位”，连续3年被河南省民委（宗教局）评为“民族宗教工作创新单位”。2009年，焦作市人民政府被评为“全国民族团结进步模范集体”，焦作市民族宗教局局长郭伶俐同志被评为“全国民族团结进步模范个人”，受到国务院的表彰。

通过与焦作市民族宗教局工作人员的接触，笔者感到他们的思想作风、工作作风和工作业绩都与众不同。可以断言，他们从自己业务实践中迸发出的敬业精神和献身精神，是焦作地区民族宗教工作出类拔萃的一大保障！有鉴于此，笔者深感很有必要将他们的经验介绍如下。

其一，宣传教育全面展开。10多年来，坚持开展每年一个宣传月活动。特别是近年来，市、县两级政府每年都拿出专项经费用于民族团结教育宣传活动。通过弘扬以爱国主义为核心的中华民族精神，把民族团结教育纳入公民道德教育的全过程，各级干部群众增强了“汉族离不开少数民族，少数民族离不开汉族，各少数民族之间也相互离不开”的意识。他们还积极利用清真寺、党员之家、村务公开栏等活动场所，教育回汉两族群众互相帮助、互相尊重、和睦相处。每年开斋节，市、县、乡三级干部都要对全市清真寺进行慰问，宣传党的民族宗教政策，增强了全市上下的民族团结意识。他们以召开会议、举办民族宗教政策培训班、学习研讨等形式，组织民族宗教工作干部、乡村和街道干部以及民族宗教界上层人士学习党的民族宗教政策和法律法规。十多年来累计举办各级各类培训130期，培训各级各类干部6.1万多人次。

其二，长效机制得到健全。市委、市政府出台了《关于进一步加强新形势下民族工作的意见》，全市各级政府建立健全组织协调机制、培训教育机制、表彰和惩戒机制、不安定因素排查调处机制和突发事件应对机制，确保把党的民族政策贯彻到基层，把加强民族团结的各项措施落实到基层，把影响民族团结的问题解决在基层。为充分发挥民间组织的作用，他们完善了34个民族团结进步促进会组织，促使全市民族村和周边汉族村都签订了友好协议，从而使民族团结工作步入了正常化、制度化的轨道。

其三，妥善处理各类矛盾。在处理涉及民族方面的矛盾和问题时，他们坚持团结、教育、疏导、化解为主的方针，做到讲原则、讲法制、讲政策、讲策略，重大问题做到大员靠前、领导包案。市委、市政府先后出台了《焦作市矛盾纠纷排查调处工作规程》《焦作市民族宗教突发事件应急预案》等，对排查出的矛盾纠纷进行分类排队，严格实行责任制、领导包案制和台账销号制度，基本上实现了小纠纷不出村，大纠纷不出乡，把矛盾隐患化解在基层，化解在萌芽状态。

自 2004 年以来，焦作市依法处理了民族宗教矛盾和纠纷 60 多起，为全市大局稳定作出了贡献。特别是 2008 年全市上下全力做好“涉奥维稳”工作，完成了省确立的民族宗教领域零目标的任务。

“美不美，家乡水”，值此全国各族人民欢庆新中国成立 60 周年之际，笔者特将自己脑海中的杂感梳理成文，如实地把自己的家乡介绍出去，以表达内心深处对哺育过自己的焦作地区回族社会发生的不同凡响变化的喜悦之情。

（原载于《回族研究》，2010 年第二期）

中原畜牧养殖产业化第一乡

——河南省叶县马庄回族乡发展畜牧养殖产业化经营纪实

刘中林　张清顺

河南省委农村工作会议强调，以发展规模饲养和畜产品加工为重点，大力发展畜牧业，提高其对农民收入的贡献率。

省政府《关于建设全国重要畜产品生产和加工基地的实施方案》指出："加速畜牧业产业化进程，努力把畜牧业发展成一个大产业。"

在河南省叶县马庄回族乡，乡党委、政府带领干部群众，依靠畜牧养殖产业化经营改变了贫困乡的面貌，一举成为叶县财政第一乡，成为中原大地上畜牧养殖产业化第一乡。

这是记者通过对有关部门的了解，通过对马庄回族乡近年来发展畜牧养殖产业化经营情况的调查之后得出的结论。

我们先看看这组数字：

全乡2200户，有1100多户专门从事屠宰加工，其余农户全部从事养殖；全乡形成一定规模的养牛场26个、养羊场57个、养兔场23个、养鸡场36个，共存栏牛1300头、羊3800只、兔4600只、鸡2900只，形成养殖规模的369户；全乡形成一定规模的屠宰加工企业46家，其中年产值在500万元以上的有19家，13家被国家农业部评为"质量管理达标企业"，4家获国际奖，10家获省优质产品奖，2种产品成为国内名牌。

全乡月屠宰量高达5万头牛羊，最近新上了屠宰鸡、兔生产线。建有37座冷库，净贮量为1万吨。在全国各地设销售点2600多个，从事营销的人员有670余人，带动运输专业户38户84辆车，建起旅社饭店75个，外来从事畜牧产业化经营的人员近万人。为便于营销，家家户户装有电话，持手机者有上千人。企业的年产值由1985年建乡时的零，到2000年增长到5.2亿元，利税达4270万元，财政收入达321万元。

马庄回族乡的发展，引起了有关单位和领导的重视。河南省委办公厅《工作信息》专门发了调查报告，并加编者按说："叶县马庄回族乡发挥传统屠宰优势，大力发展私营经济，通过发展畜牧养殖产业化经营推动了全乡经济发展，他们的做法值得借鉴。"

马庄回族乡先后荣获国家民委授予的"民族团结进步先进集体"、平顶山市授予的"人民满意的先进集体"和"思想政治工作先进单位"等称号。2000年，马庄回族乡党委分别被县、市、省评为"先进'六好'党委"。

那么，他们是怎样取得这些成绩，获得这些殊荣，成为中原畜牧养殖产业化第一乡呢?

一、立足优势，选准产业化经营突破口

马庄回族乡建于1985年，9000多人口中回族人口占53%，人均不足1亩耕地，当时年财政收入几乎为零，农民人均纯收入190多元。怎样改变贫困面貌，尽快增加农民收入呢？乡党委、政府经过深入细致的调查研究，针对本乡回族群众多且善于从事传统屠宰业的实际，确定了"依托本地牛羊资源，发挥传统屠宰优势，强力振兴乡村经济"的发展思路。为加快屠宰业的发展，建好龙头，乡党委、政府从资金、信息、销售等方面为群众提供服务，与各地客商建立广泛联系，并与周边省市县建立了稳固的牛羊供应基地，极大地调动了回族群众发展屠宰业的积极性。截止到2000年底，全乡1100多户回民家家户户都搞起屠宰加工，购销人员达670多人，月屠宰量高达5万头（只）。为使一家一户的屠宰业增强市场的竞争能力，1997年，新一届乡党委、政府决定以现有企业为基础，大力开展股份制改造。他们一是选择试点，摸索经验，引导24家牛羊加工户进行股份制合作经营试点，建起牛羊肉加工厂，引进现代化的生产线，使企业规模迅速扩大，效益大幅度提高；二是宣传、推广试点经验，鼓励和支持优势企业兼并劣势企业，到2000年年底已建成各类股份制企业66家，农民入

股累计6800万元，实现了由一家一户作坊式加工向现代企业的转变，由家族式管理向科学管理的转变，由封闭型经营向开放型经营的转变。为了进一步提高企业的经济效益，他们努力提高肉食品加工的科技含量，使熟牛肉价由原来每公斤24元提高到39元。他们还把单一的肉制品生产向综合开发转化，成立了骨粒化工总公司和皮革加工厂，对牛羊皮和骨头进行深加工，制成皮革、皮衣、皮鞋，加工成骨粒、骨粉、骨头工艺品和蛋白胨，使每头牛的效益比原来增加4倍。同时，他们高薪聘请科技人才。几年来，乡党委、政府共帮企业从院校和科研单位聘请100多名科技人才，使企业经济效益普遍提高20%以上。

二、强力带动，使家家户户投入畜牧产业化经营之中

马庄回族乡充分利用回民群众对畜产品加工的优势，因势利导，加强组织，搞活机制，促其发展，其加工能力号称“中国黄牛产品开发第一乡”。但是乡党委、政府也清楚地认识到，在近二分之一的汉族群众中还有不少群众靠种植业过着温饱型的生活。为此，他们在加大龙头企业建设的同时，想方设法使畜牧养殖产业的链条延伸到每个农户，使全乡群众共同富裕起来。

为此，乡党委书记肖贵峰亲自负责畜牧产业化工作，同时成立畜牧产业化办公室，并由1名乡党委委员任办公室主任。首先，由产业化办公室组织80余名同志深入所有村组，对养殖情况进行调查摸底，以村民小组为单位逐户登记造册，在乡畜牧产业化办公室备案。在此基础上，他们结合加工龙头企业的需要与各个行政村的实际，确定各村、组户的重点发展项目。例如，有的村重点发展兔类养殖，有的村重点发展牛羊养殖，有的村重点发展肉、蛋鸡养殖。对于农户来说，家庭条件好就发展规模养殖、大牲畜养殖，家庭条件差就发展鸡、兔养殖。对于家庭困难户或在养殖中经费紧张的情况，乡党委、政府就协调企业担保，从银行贷款解决发展难题。在乡党委、政府的带动下，全乡从1999年8月起，家家户户都搞起了养殖。他们采取以下三种

主要方法。

一是积极引导，转变观念。乡党委、政府多次召开村组干部会和农民群众骨干会议，围绕发展畜牧养殖业的目的、意义及前景进行反复动员；召开全乡养殖能手夸富大会，使群众进一步认识到搞好养殖能致富的重要性。再就是深入农户帮助分析养殖优势，解除后顾之忧，组织加工企业与养殖户签订回收合同。

二是典型带动，引导发展。通过调查摸底，乡党委、政府动员一批文化素质高、致富愿望强的农民先行一步，乡里适当给予奖金扶持。目前，全乡扶持的86户农民已取得明显经济效益。水郭村农民王国勤兴办的肉牛育肥场已存栏肉牛80多头，年出栏可达180多头，获利20万元。雷庄村农民马良三兄弟，合伙创办了“良友”牛羊养殖场，仅28头育肥牛卖出后，每头净赚900元。为降低养殖成本，他们组织骨干带头种植优质饲草，搞好饲草、秸秆青贮。

三是加强培训，搞好服务。在技术服务上，他们请省、市、县畜牧专家和技术员定期到乡办培训班，并且请知名专家为畜牧业发展提供技术支持。在加强乡畜牧兽医站建设的同时，在各村、组都配备了兽医技术员，加强疫病防治知识的普及，做到户户有养殖与疾病防治明白人。在组织、协调、服务方面，他们成立了畜牧养殖指挥部，帮助解决畜牧养殖中出现的问题。如积极帮助村组协调养殖用地，在供、养、销、防疫等方面提供全方位服务。为此，他们协调成立了“马庄回族乡牛业集团”。乡党委、政府还采取两个70%的工作方法抓畜牧养殖产业化经营，即党政领导班子的主要领导用70%的精力抓畜牧养殖产业化，党政机关70%的干部抓畜牧生产。同时给各村支部书记、村主任明确任务，量化指标，签订目标责任书，一级抓一级，层层为畜牧产业化经营搞好生产环境、发展策划、法律咨询、聘请专家、市场信息、治安环境、宣传报道、资金协调等服务。

三、齐抓共管，让稳定的社会环境促进畜牧养殖产业化发展

马庄回族乡经过几年奋斗，物质文明建设得到了较快的发展，群众不仅解决了温饱，腰包也鼓了起来。但是，个别群众倚仗自己手中有钱，在回汉民中间制造纠纷。为使精神文明与物质文明协调发展，树立良好的外部形象，更好地促进畜牧产业化经营，乡党委、政府主要抓了三项工作：一是加强普法教育，提高全民法制意识。在企业开展以《合同法》《税法》《反不正当竞争法》等内容为主的普法教育，先后培训企业骨干及管理人员310多人。在农村开展以《治安管理处罚条例》《刑法》《计划生育条例》《河南省少数民族权益保障条例》等为主的普法教育。乡里免费为清真寺阿訇订阅《法制日报》等报刊，让清真寺在回族群众集中的节日进行普法教育，收到了很好的效果。二是开展道德教育，倡导文明之风。在搞好普法教育的基础上，全乡开展了“以德治乡”教育，提高回汉群众的道德水准。通过举行“五好家庭”“孝贤标兵”“纳税模范”等评选活动，让群众从身边典型中受到教育，在全乡形成重德、学德、积德的良好风气，营造精神文明建设的良好氛围。三是综合治理，树立良好的外部形象。注重发挥民族团结促进会的作用，调解回汉民族纠纷，处理各种矛盾。乡成立治安巡逻大队，各村成立治安巡逻中队，常年组织巡逻，及时发现和处理各种违法案件。通过这些措施，培养了群众的守法意识、道德意识和文明意识，为马庄乡畜牧养殖产业化经营创造了稳定的环境，马庄乡连续三年被平顶山市评为信访和治安工作先进乡、县精神文明建设先进单位。

（原载于《农村·农业·农民》，2001年第九期）

民权麻花

巴姝靖

1986年5月，在河南省首届少数民族传统产品展览大厅里，几包毫不起眼的麻花引起了国家民委领导同志和外省、市客人们的极大兴趣。只见讲解员拿起一根麻花，提至胸前，然后轻轻一松手，“叭”的一声落地，麻花便粉身碎骨；又拿起一根，用火柴一燃，麻花竟像蜡烛一样从头燃到尾，最后留下的只是一条细细的白灰；一位年近80的回族老人试探着把一段麻花放在口中，用平时只能吃软食的残牙轻轻一碰，落得满口碎末，喜得老人涌出了两眼泪花。看到这情景，参观者无不称奇，纷纷追问麻花的产地。

此麻花来自豫东民权县城东北方向的一个小村庄。相传当年乾隆皇帝南下巡视路过此地，尝到了回民张家做的这种麻花，不禁拍案叫绝。从此，张家的麻花便列入了清代皇宫贡品的清单，这个村也因此而得名麻花庄。

如今，经历了200年的历史之后张家的麻花已嫡传到了第七代，张培献等兄弟四人在其父张俊江的指导下分别在本村支起了4口油锅，从早炸到晚，仍然供不应求。

1987年四月，全国人大常委会副委员长费孝通来河南考察工作，吃到这种麻花后，执意要到麻花庄亲自看一看。全国十多家报刊先后报道了这一传统产品，要求传授技术的信件从四面八方飞向麻花庄，四川宜宾市甚至有人愿出重金购买其制作技术。张家麻花已同葡萄酒一起，成为民权的地方名产。

最近，年过古稀的张俊江老人为了让更多的人能品尝到这种传统食品，带领四儿子张培仁来到了省城郑州，在城东路的民族饭店旁边支起了油锅，丌起了一家张家麻花店。但由于这种麻花外表与一般麻花并无明显差别，因而并没引起人们更多的注目。那些无意中上门的顾客，只要品尝一次，无不感到“相见恨晚”。

我想，天津的桂发祥麻花能响遍全国，而我们民权麻花，为什么不能作为本省的特产而打出河南呢？

（原载于《河南少数民族》，43页，1987年创刊号）

河南回族著名企业家

河南省民族事务委员会　河南省广播电视厅

一、胆识兼备的农民企业家——水南关买望真[①]

沁水河畔有个远近闻名的回民“明星村”，村里有一位胆识兼备的农民企业家，他就是沁阳县城关镇水南关村党支部书记、水南关民族经济开发公司总经理买望真。

买望真祖居沁阳县城关镇回民聚居的自治街，因早年丧父、家境贫寒而寄居水南关外祖父家里。他未上过学，仅仅在扫盲班学习过两个月。可如今，凡外地人来村参观，或他到省里参加经验交流会介绍经验，他都讲得有板有眼、头头是道。他干农活是把好手，搞皮毛加工也是个内行。早在1960年，21岁的买望真就被推选为生产队长；1970年当选为村党支部副书记；1983年任党支部书记。后来，他亲自筹建了水南关民族经济开发公司，被城关镇任命为该公司总经理。

在改革开发的大潮中，买望真带领全村群众闯出了一条共同致富的光明大道。在实践中，他摸索出一套切实可行的经济管理方法。凡是到水南关参观过的人，无不心服口服地称赞：买望真不愧为领导群众共同致富的带头人！

---

① 田坤一撰文。

（一）路子选正，根基打牢

“水南关，多难关，面貌难改变”，这是20世纪60年代在水南关盛传的民谣。这个2000多人的回民村，人均不到3分地，1个生产队1头牛，全村只有两个村办小厂，固定资产不足12万元。在那“穷过度”的岁月，户户吃粮靠统销，花钱靠救济，生产靠贷款。

党的十一届三中全会的春风吹绿了沁河之水，唤醒了水南关的回族群众。党员们纷纷找买望真要“主意”，谋求全村致富。买望真经过一番思索，坚定地认为，凡是符合民心民意的政策都是正确的，党的富民政策不会错。他挨家挨户到群众中征求意见，而后上门找老书记商量，并召开党支部大会进行了认真的研究，他说：“党支部的战斗堡垒作用就在于带领群众共同走富裕的道路。”大伙一致同意他的看法，决心带头迈出第一步。1979年，20多名党员率先办起了个体、联合体企业。村里集体贷款买了10辆汽车，一年获利25万元，还清了债务，闯过了致富路上第一关。1980年略有积累之后，村里办起了一个玻璃厂，采取滚雪球的办法，不断扩大生产能力。目前，这个厂能生产平板玻璃、罐头瓶和马赛克等多种产品。

迈出第一步之后，买望真没有“埋头”蛮干，而是从历史的经验中探索着致富的方向和整个水南关经济发展的战略目标。通过党支部委员和村干部联席会议的认真研究，他们确定了他们这个小“天地”的“经济发展战略”，即从开发民族传统商品入手，大力兴办集体企业，打牢共同致富的根基，以此为龙头，带动商品经济的发展。

买望真带领几个骨干东奔西走，到处捕捉信息，请专家进行论证。经过大量的实际工作，他们先后建立了4个制革厂和皮毛厂，使回族群众的传统工艺特长得以充分发挥。后又根据市场需求，在原有一个小造纸厂的基础上，先后扩建和创办了3个中型造纸厂。不久，为了适应日渐兴盛的运输业的需求，村里还专门开办了一个汽车大修厂和一个汽车配件门市部。为了解决企业设备更新问题，买望真他们还想方设法把一个小翻砂厂改造成了造纸机械厂，并逐步扩大生产规模。目前，这个厂可以生产全村各个造纸厂所需要的机器设备和部分其他企业所需的机械配件。为了实现回民新村规划蓝图，满足群众建房和生活需要，他们还靠集体积累和群众集资，筹建了一个建材预制厂，开办了一个供销社，还支持清真寺建了一个酱菜厂。

截止到1988年底，十几家集体企业粗具规模，职工达1344人（其中少数民族职工904人），固定资产1451万元，流动资金740多万元，年总产值达2000多万元，年利润200多万元，集体企业产值占全村工农业总产值的91%。昔日贫穷落后的“多难关”变成了人人向往的“锦绣关”。

（二）方法科学，事业兴旺

“别看望真土生土长，可他那眉毛一动就有高招。”群众对买望真的赞誉并不过分，他既有惊人的胆略，又有较强的管理才能。企业建起来了，怎么管？这是买望真考虑最多而又不断探索的问题。正像他说的那样：“管得太死了，企业丧失自主权，就没有活力；管得太松了，就会失控，难免要出这样那样的问题；如果放手不管，各厂自行其是，更不中，发展下去会有脱离社会主义道路、改变集体企业性质的可能……”怎么管呢？既要坚持改革、开发、搞活，又要保持集体企业的性质和特点，并在竞争中经久不衰，这确实得有一套成熟、有效的管理办法。经过一番考察论证，买望真确定了一个方案。在提请党支部委员和各厂厂长联席会多次研究，报请上级批准后，建立了“水南关民族经济开发公司”。他亲自任公司总经理，负责综合协调工作，管理全村各企业。上任后，他实行宏观调控，大胆放权。公司只控制各厂的生产任务、规划指标、上交任务及财务协调，提出各类干部和骨干的职责范围与基本要求。具体经营办法由各厂自定，实行责、权、利相统一的经济承包责任制。厂与厂之间引进竞争机制，并采取“超奖亏罚”的办法。这些措施极大地调动了职工的积极性，企业产值利润逐年上升。

买望真特别注重具体指导工作，注意及时发现问题，认真解决，不抓出成效不放手。比如1987年，正当各厂效益猛增的时候，光华制革厂却因管理不善，产品质量下降，销路不畅，造成严重亏损，11月份累计贷款70

万元，无法偿还。买望真发现后没有动怒，却把该厂厂长兼村党支部副书记买胜荣请到家里，一边下棋一边闲聊。买望真对买胜荣说："只要承认你这个支部副书记的本事还不如刚选的青年厂长，你就可以把光华制革厂合并到新星皮革厂，我绝对不再批评你。"买胜荣听后红着脸在街上走了三遭，一字一句揣摩着买书记的话外之音。最后，他连夜召集厂委会7名领导成员开会，认真总结经验教训，分析了亏损原因，决心重整旗鼓，采取措施，尽快改变厂里的面貌。第二天一大早，他们集体找买书记立下了"军令状"。买望真听了他们的汇报，认为措施切实可行，同意给其"将功补过"的机会，并亲自下到厂里，帮助他们找问题，定措施，进行整顿。3个月后，该厂产品质量显著提高，效益大增。在此基础上，他们又扩建厂房，更新设备，1988年6月新厂房竣工，他们边生产边搬迁，10天就绪。截止到9月底，获利31万元。干部群众都说，望真这一军真将到点子上啦。买望真还把思想政治工作同企业管理有机地结合起来，功夫下在"渗透"二字上。大到企业发展中的问题，小到村民纠纷，他事事心中有数，三言两语就能切中要害。从经理、厂长到每个职工、村民，直至清真寺的阿訇，无人不佩服地，人们都把他当做"主心骨"，全村形成了一种无形的凝聚力。

（三）着眼未来，注重人才

买望真虽然识字不多，却善于在实践中求索，善于掌握那些有用的知识。由于他对知识的渴求，更懂得培养人才的迫切性。

在企业管理中，他大胆重用年轻人才。公司副经理、业务部部长和各厂厂长，90%是从懂技术、会管理的30岁左右的技术工和业务员中选拔的。支委、经理、业务部中层干部，多数都兼任厂长或副厂长，直接参与生产活动。

为了改善企业技术构成，他从省内外招聘工程师15名、技术员46名、技术工64名、高级技术顾问5名，为全村企业的腾飞插上了翅膀。他把这称为"借鸡下蛋"和"借翼起飞"。不过，他在每一步"棋"取胜之后，仍然保持着清醒的头脑。他一面坚持"借鸡下蛋"，又一面从长远出发，采取措施，以逐步实现“养鸡下蛋”。1987 年以来，他设法培训技术工人 27 名，并投资 6 万元，将 3 名有较好基础的青年送到郑州专业学校学习 3 年。1988 年底，又从外地招收 50 名高中生，计划培训一年再送到天津、新乡等地实习，然后当做技术骨干，充实到腾飞皮革厂的各个车间。预计每个学生将要投资 6000 元。有人开玩笑地说：“望真的小算盘拨拉得这么精细，咋还干这么多赔钱的生意呀?”买望真却笑着说：“人才投资是企业腾飞的本钱，多投点资值得!”

买望真办事从不脱离现实，而目光又时刻盯住未来。他认为，抓好少年儿童的基础教育也是水南关兴旺发达的一件大事。他任党支部书记以来，每年拨 2 万元补充教育经费；1986 年投资 42 万元为学校兴建了教学楼和教师办公楼、宿舍楼，总面积达 1510 平方米；1987 年又投资 15 万元建了幼儿园；对招聘来的中、小学教师，每人每月增发 20 元浮动工资；1985 年开始，对学校实行了奖学金制度，有效地促进了教学质量的提高。他常说：“水南关要腾飞，就必须尽快提高后代人的文化素质。”

（四）通盘运筹，本固枝荣

到过水南关的人都知道，在村委会办公室里摆着一幅象征“水南关发展蓝图”的精美沙盘，这就是买望真带领全村群众开拓奋进的宏图。

买望真胸中始终装着全村共同富裕的一盘棋，统筹兼顾，抓西瓜不忘种芝麻。在大力兴办集体企业的同时，他还注重发展个体、联合体企业，帮助他们解决场地、资金和执照等问题，为运输专业户修建了停车场，为卖豆腐专业户架设供电线路……1987 年，全村个体、联合体企业已达 232 个，实现产值 650 多万元。

在以工补农方面，买望真也花费了不少心思。他把集体企业上交的资金大部分用于发展农业。购买了 8 台大型拖拉机，配齐了各类农机具，实行耕地、播种、浇水、施肥、治虫“五统一”，全部免费，做到了农机、水电双配套，旱涝保丰收。1988 年，全村工农业总产值达 2203 万元，人均产值 1 万元，人均收入 1340 元。

集体富了，买望真在扩大再生产的同时，也抽适当数量的资金用于群众福利事业。他计划1990年前投资300万元作为新村道路、绿化等项经费。目前，全村490户中，已有380户在统一规划的“新村”街道上盖起了两层楼，共计2850间，预计1990年可全部搬迁完毕。1988年，村里投资24万元修建了750米水泥路面，为各家各户铺设了自来水管。投资17万元架设了专用供电线路，解决了工农业生产和群众生活用电不足的问题。为了解除老年人的后顾之忧，买望真和村委们一起研究制定了村民养老制度：每月分别发给70岁以上老人及60岁以上党员、烈军属、五保户25~55元的生活补助费。

沁水河潺潺有声，水南关锦上添花，买望真也名扬中原，但他却始终保持着冷静的头脑，时刻注视着未来的目标。现在水南关被命名为沁阳县商品经济发达的“明星村”，被评为河南省“双文明村镇建设先进单位”。1988年4月，买望真先后出席了河南省民族团结进步表彰大会和全国民族团结进步表彰大会，1988年下半年被评为全省少数民族企业家，还被评为全国少数民族企业家。当中央人民广播电视台有关买望真事迹的节目的电波传到豫北大地之际，水南关的群众乐开了花。就连那沁水河畔洗衣服的村妇都在赞口不绝地议论着：“望真为咱回民争大光了，许多以前连想也不敢想的事，他都领着咱大伙做到了。”可望真还是那股老劲，他在沉思，在勾画着一幅新的蓝图，筹划着“卒子过河”的新途径，准备1995年攻下那“工农业总产值一亿元”的大关。

二、开拓者的足迹——南阳邓州李书安①

1988年，对李书安这个朴实而又精明的回族汉子来说，是鲜花簇拥的一年。4月中旬，他参加了河南省民族团结进步表彰大会，被省政府授予“民族团结进步先进个人”的光荣称号；4月下旬，又光荣地出席了全国民族团结进步集体、先进人物表彰大会，被国务院授予“全国民族团结进步先进人物”称号，受到了党和国家领导人的亲切接见与勉励；5月间，连

---

① 泓恬、林平、金朝撰文。

续被省、地、县命名为“优秀农民企业家”和“优秀共产党员”；11月，他又被省民委、省广播电视厅评为省少数民族企业家；最近又被国家有关单位命名为全国少数民族企业家……荣誉接踵而来，荣誉受之无愧，可荣誉也来之不易呀！

（一）

1981年的秾东村在邓州市是出了名的穷村，全村1000户5000多人，人均收入100元左右，40%的农户吃粮靠救济，花钱靠贷款，温饱问题解决不了。再加上人多地少，不少人没事干，有三分之二的青年终日闲逛，大队仅有的几个村办企业也负债累累，濒临倒闭。面对这样的困境，怎么办？改革、开放的春潮，使干过技术员、当过采购员的李书安再也坐不住了，与其困守待毙，倒不如豁出去干一番事业。在村党支部的支持下，李书安根据南阳是一个皮毛集散地，秾东村是个回族集聚地，回族群众对经营皮毛制革有传统特长等优势，决定首先从加工皮手套入手，办手套厂。没有资金，他把某化工厂拖欠大队的3000元追回作建厂铺底金；没有厂房，他就从当地粮站借一块大帆布搭起来当“车间”；没有机器、技术人员，他就跑到南阳市一家皮件厂里“借”。就这样，经过半年多的努力，终于生产出了一批物美价廉的皮手套，一次便与北京西单商场签订了2.4万双手套供货合同，获利5万元。

然而，前进的道路并不是一帆风顺的，皮革手套仅生产一年多，市场便出现滞销，手套厂面临着倒闭的风险。就此罢手，李书安不甘心，他不忍心看着乡亲们在人均六分的黄土地上永远受苦。于是，通过研究分析当时的市场行情，李书安瞄准了国际市场上的紧俏商品——驼绒，果断地决定转产上毛纺。仅仅初中毕业的“泥腿子”李书安要办毛纺厂，玩“洋机器”，不少人认为是一件荒唐的事。20多万元的投资呀，这对于历来就局限在“以土为命”圈子里的秾东人来说，可真是一个巨大的数目，怎能不叫人震惊，让人担心呢。面对着无技术，无设备，贷款无担保，告状信四处飞的局面，李书安却是铁了心，硬是要开开“洋荤”。为了学到毛纺生产技术，李书安忍饥挨饿，行程数万里，奔波于北京、天津、上海、沈阳和省内的毛纺厂之间，想尽了各种办法，记下了毛纺生产的重要设备和技术操作程序。为筹集资金，李书安30多次来往于邓州市、南阳市之间；八方求援，使尽了浑身解数，向有关金融单位请求解决资金问题。但由于本厂自有资金不足，金融单位按规定不愿贷款。李书安只好采取借梯上楼的办法，首先求得外贸单位的支持，补足了自有资金，然后请有关单位进行论证，终于得到了银行的贷款和支持。为尽早购回原料、设备，他一连20多天穿梭在郑州、天津、兰州等地，每到一处，就向有关领导人员介绍厂里的情况、困难，争取对方的信任，请求给予帮助。1983年12月，李书安不顾家人的劝阻，和一名司机冒着零下十几度的严寒，过秦岭，翻六盘山，到兰州去拉梳毛机，困了在驾驶室打个盹儿，饿了吃自己带的干粮，就这样日夜兼程12天，往返3000多公里，提前把机器运到了工厂。机器刚运到，他马上就组织施工安装，一连45天吃住在厂里。在李书安的带动下，全厂工人日夜苦干，原计划12个月的施工安装任务，仅用6个月就胜利完成。1984年8月，针织绒试车投产，仅3个月就完成产值47.6万元，实现利税7.8万元。1985年，他及时得知毛呢短缺的信息，从天津等地购回设备，扩大了毛呢生产线。成功的喜悦振奋了李书安的心，也更加坚定了他的信念。

（二）

几年的办厂实践，使李书安深深懂得：村办企业要在激烈的商品竞争中站稳脚跟，就必须在信息、科技、管理上下大工夫，严把产品质量关。为保证企业长盛不衰，李书安一方面通过各种渠道、各种方式了解市场行情，抓信息，在全国毛纺产品重要市场上建立了信息网络，及时给企业的发展导航。一方面采取“以优质求生存、以新颖取胜、以信誉求发展”的战略措施，积极发展“拳头”产品，以求每一种新产品一出世，就在花色、品种、质量上处于领先地位，经得起市场竞争的严峻考验。

在加强技术力量上，李书安更是费了一番苦心，几年来，该厂共拿出15万元用于职工技术培训，每年还不惜重金，拿出2万多元从外地聘请高级技术人员到厂进行专业技术辅导。李书安还发动工人开展技术革新活动。针织车间主任李全坤潜心研究改进滚霉工艺流程，年节约万元以上。李书安就大胆提出送他到北京乡镇企业管理学院进修学习，从而使厂里出现了学技术、钻技术的热潮。经过努力，毛纺厂的技术水平发生了翻天覆地的变化。过去是十几个“土包子”用着6台退役的工业缝纫机，剪、裁、划、熨全是手工操作，现在经过考评，厂里有14人被评为工程师、助理工程师，90%以上的工人成了熟练工人，“泥腿子”李书安如今也成了工程师。厂里还大力进行固定资产投资，购买先进机器，现在，全厂有大小现代化机器75台，实现了原毛—织布—成品一条龙生产线。

为把好产品质量关，在李书安的领导下，厂里先后制定了50多条厂纪厂规，80多条各类人员职责条例，建立了各级承包责任制。每投产一种产品，从原料到销售，就层层建立明确的质量管理责任制。规章制度制定后，在执行中，李书安奖罚分明。一次，他妹夫羊毛洗不净，李书安对他进行了严厉批评并罚款30元。后来，其妹夫玩忽职守，损耗羊毛30多斤，按规定这是应除名的，妹妹哭着求情，老娘又是骂又是闹，厂里的干部们也劝李书安，但李书安坚持法不避亲，召开了全厂职工大会，将他妹夫除名。他的叔叔偷卖机器零件，他发现后果断将其清除出厂。这几件事的处理，对全厂工人教育很大，厂风厂纪日趋良好。

他不仅对职工要求严格，对自己也从没有放松过。为了掌握企业管理技术，他共写下了2万多字的技术笔记，掌握了8个车间30多个工序的操作技术，不管哪批产品出现疵点，都逃不过他的眼睛。职工们都说，我们李厂长既是技术总指挥，又是名副其实的质量检验员。

由于李书安的严格要求，该厂毛纺产品的质量有了很大的提高，1987年经科技部门鉴定，毛呢的各项技术指标都达到了部颁标准，针织绒达到了出口标准，该厂成为出口针织绒的重点厂家之一。就连北京王府井百货大楼、天津劝业场等单位也都宣布：邓州市毛纺厂送来的货物免检。1987年9月，美国、香港的客商到厂参观，称赞他们厂生产的针织绒、驼绒等产品“最放心”，并当场签订了10万米购货合同。

一分耕耘，一分收获。现在的毛纺厂已成为一家有380名职工，资产近千万元，可生产毛毯、毛呢、针织绒、驼绒等23个花色品种及高档服装的现代化工厂。1988年，创产值712万元，占所在穰东镇工业产值的三分之二，实现税利110多万元。产品不仅畅销北京、上海、天津、沈阳等20多个大中城市，而且出口美国、苏联、日本、香港等十多个国家和地区。

(三)

近几年，稂东村成了邓州市的富裕村，李书安也成了名人，有人就劝李书安说："凭你的两下子，恐怕早就成了富翁，还不早点收摊子算了。"他却笑着说："我想要自己富也容易，但自己富了不算富，大家富裕才算富。"李书安是这样说的，也是这样做的。

青年农民王天喜父丧母嫁，兄弟三人吃穿无保证，一家草房露着天，因无人管教，王天喜整天在社会上游荡，打架赌博。看到这种情况，李书安把他招进厂安排了工作。在李书安的关心和帮助下，王天喜成了亲，盖了新房，爱人也被招进了厂，夫妇俩月收入200多元，过上了好日子。王天喜因工作努力，还连续两年被评为先进工作者。像王天喜这样的青年，李书安在厂里先后安置了36名。

财务科长李应海，今年27岁，朴实腼腆，谈起自己的经历显然是有点激动："我高中毕业后，整天没事干，全家6口人住在两间土瓦房里，十几天才能吃上一顿白面条。后来，李厂长把我招进厂里培养，我爱人、妹妹也都先后进了厂，我们三人月收入三四百元。现在，家中盖了新房，有了存款，日子越过越好。我是跟着李厂长干出来的，知道创业的艰难，厂里给我们带来了富裕，带来了希望，我觉得越干越有劲。

全厂380名工人，进厂前80%的人生活比较困难，现在他们中间60%的人家有了电视机、洗衣机，40%的人家里有了收音机，20多人买了电冰箱，近30人盖起了新房，40多人存款在5000元以上。

李书安自己通过办厂也富了，但他富了不忘乡里人，他每年拿出500多元无偿支援家庭生活困难户。1988年底，市里奖给他2万元的技术承包奖，他全部献给了厂里的学校。每年，该厂还从厂里利润中提取十几万元支持村办教育和其他公共事业。

李书安下一个目标是什么呢？我们问李书安，他很自信地笑着回答说："党和人民给了我那么多的荣誉，我受之有愧呀！任重而道远，我争取再加一把劲，把国家级的名优产品金杯夺过来，为国家做出更大的贡献。”从他的话中，我们听到了群众对党的富民政策的拥护之声；从他的身上，我们也看到了改革开放给中国农村带来的生机和希望。

三、奋斗在商业战线的回族之子
——郑州杨贯聚[①]

1989 年 5 月 20 日，首都北京远望楼宾馆，全国少数民族企业家的颁奖仪式在这里举行。在 92 名手捧鲜红荣誉证书的少数民族企业家中，有一位年龄约 50 多岁，给人以精明强干和老成持重之感的人，他就是郑州市糖业烟酒公司经理兼党委书记杨贯聚。能够在北京参加这一盛会，无疑是对他 30 多年来热心于企业发展，执着追求理想的最高奖赏。

（一）

古人曰：民以食为天。30 多年前，杨贯聚自己也是为了“食”，从农村奔波而出；30 多年来，他又为了广大群众的“食”，坚定不移地奋斗。春夏秋冬 30 多载，或西，或东，或有风险，或喜悦，无不与“食”有关。

1956 年，20 岁的杨贯聚从封丘来到郑州，在回族食品社当了一名工人。从此，开始了他人生征途。不懂技术，他就向师傅们学习；不懂管理，就向行家们请教。他以敢学敢干敢闯的热情，如饥似渴地学习自己所需要的知识，并在此过程中，赢得了职工们的信赖，1965 年，他当上了回族食品厂厂长。

虽然厂房破旧，设备落后，技术力量薄弱，但对于他来说，这既是本钱，也是希望，更是一个新起点。在开发清真食品的基础上，他狠抓质量管理，大力开发适销对路产品，不断加强内部管理。不长时间，食品厂就出现了生机。日复一日，年复一年，经过他和全体职工的共同努力，回族

---

① 张清献、刘佩伦、赵志民撰文。

食品厂逐步发展壮大。先后兴建了五层生产大楼，增添了糕点、糖果等生产设备和配套设施。1956 年，该厂糕点年产量只有 6 万公斤，利润不足万元。到 1981 年，糕点年产量已达 91 万多公斤，创利润近 10 万元。

1982 年，杨贯聚调任郑州市糖业烟酒公司副经理，主管食品工业生产。3 年后，由于成绩显著，又晋升为公司经理。在此期间，商品市场上出现了国营、集体、个体多家生产和多家经营的局面。面对现实，杨贯聚感到压力不小。但是，他以企业家的胆识，决心变压力为动力，在改革的浪潮中勇往直前，从根本上改变公司食品工业的面貌。

改革必须破除陈旧观念。他亲自组织一批职工、干部、技术人员进行培训、学习，从思想上破除陈旧观念。在经营上他大胆突破，彻底改变了老配方、老品种、老包装的“三老”状况，生产结构逐步趋向合理。1982 年，挖掘传统品种 15 个，研究新品种 30 个，引进外地名、优、特产品 50 个。

为使公司食品工业迅速发展，他深入各厂调查研究，逐一制定出技术改造和设备更新方案。方案的实施，使生产机械化程度得到了提高。到 1988 年，电炉由 1981 年的两座增加到 27 座，食品机械设备由 80 台增加到 217 台，并拥有已形成生产能力的蛋圆饼、蛋糕、饼干、方便面等 15 条生产线。

在他的领导下，公司还逐步建立了一套切实可行的质量管理、物资管理、安全生产、卫生管理等制度，推行了以承包经营为主的多种形式的经济责任制，管理水平和产品质量不断提高。1981 年以来，公司获部、省优秀产品 40 个，其中获省民族优秀产品 5 个。

（二）

1984 年 12 月初，全国食糖会议在广东东莞市举行。会议后期，代表们在议论 1985 年糖酒交流会的地址。杨经理心里萌发出一个想法：把交流会请到郑州来。但是，如果全国厂商到郑州开会，直接与零售客户见面，会严重影响公司的经济效益。思来想去，他决定首先以大局利益为重。于是，经请示郑州市政府同意，他向中商部提出“1985 年秋季全国糖酒会在郑州召开”的请求，此请求被正式批准。

1985 年秋季，全国糖酒会如期在中原腹地郑州召开。会议期间，客商云集，各幅广告如林，摊点如海，郑州市被装点得分外美丽。这次会议，使郑州市取得经济效益和社会效益双丰收，受到了中商部和省市领导的赞扬。接着，公司一鼓作气，又承办了 1986 年、1988 年两届秋季全国糖酒交流会，效益一次比一次好，仅 1988 年成交额就高达 54.5 亿元，创全交会历史最高纪录。这几次会议，郑州市每次受益 1 亿元以上，有力地促进了本省商品流通和食品工业的发展，公司的知名度进一步提高，也为郑州市赢得了荣誉。当然，公司本身的经济效益受到了一定影响。为此，连香港记者也赞叹他：不愧为全局在胸的企业家。

（三）

糖烟酒公司在改革中连连报捷，杨贯聚并没有为此沾沾自喜，他带领全公司职工正向更高的目标攀登。

1987 年 4 月，省人民代表大会在郑州举行。一位代表说：“我们郑州是小麦多产区，小麦是饼干的主要原料，可我们郑州竟没有一个制作高档饼干的厂家。”寥寥数语，刺痛了杨贯聚经理的心，点出了他工作中的不足，他自责自己工作做得不够。

为探讨饼干生产的可行性，他与同仁们进行市场调查，分析和预测市场变化，研究食品工业的发展方向，并进行了可行性论证。在此基础上，1987 年底，决定引进英国贝克公司多功能饼干及意大利马克公司的花脸雪糕等生产线。

军事家们常说，知己知彼，百战百胜。在商业行业里闯荡几十年的杨经理也深明此理。在引进生产线中，他知己知彼，有礼有节。在筹备引进花脸雪糕生产线时，他先后派人到北京、上海和天津等地了解行情，并邀请了丹麦海耶公司、意大利马克公司等 3 家外商来郑州谈判。他根据自己掌握的信息和技术人员的建议，在谈判中促使外商竞相降价，增加优惠条件。谈判结果，意大利马克公司获得合作机会，但生产线售价从 35.7 万美元降为 33 万美元，还免费赠送 20 个 270 升电冰柜（是雪糕销售时的必需设备)，并把机械免费保养期由一年延长到两年。

在引进英国饼干生产线时，他摒除“同行是冤家”的思想，无私地将自己所掌握的价格、设备等资料通报给拟定购买同类设备的国内其他厂家，与他们联合行动，迫使贝克公司将价格降低18%，仅此一项就为国家节约外汇100多万美元。

(四)

俗话说：天有不测风云。1985年5月，公司实行经理负责制，杨贯聚主持公司全面工作。这一年，市场似乎风调雨顺，公司当年超额完成各项指标。谁知好景不长，1986年的上半年，销售额、利润占公司三分之一的批发部，经营屡屡碰壁，造成亏损，直接影响了整个公司生产任务的完成。顿时，公司上下议论纷纷。

有人说：杨贯聚的最大特点在于会因势利导，善于变不利因素为有利因素，走出逆境。是的，他对问题，一不怕，二不推，主动承担责任，赢得了同志们的信赖和支持。尔后，他抓住时机，连续召集党、政、工、团和老干部、老职工座谈会，揭矛盾、摆问题、查原因、定措施，对全公司进行了整顿。4天的整顿，激发了广大干部职工的工作热情，公司上下群情激昂，决心大干100天，重新打开局面。短短时间，商品库存结构得到了调整，购进了一批批适销对路的名优产品，销售额直线上升。在年度季节性亏损的六七月份，出现了“淡季不淡”的局面。到年底，不但弥补了上半年的亏损，还盈利300万元，比1985年增长13%。

为进一步扩大再生产，在竞争中站稳脚跟，公司先后投资20万元改建了面积达380平方米的二楼批发大厅，投资140万元兴建了刘胡兰副食品大楼，投资800万元兴建了七层综合经营大楼。逐步形成了批发兼营、食宿兼备、多功能服务的经营群体。

与此同时，公司还十分重视发展横向经济联合。他们充分利用郑州铁路、航空和公路交通方便，有较强的吸引力和辐射力这一优势，于1986年初，向全国各地发出了横向联合的邀请信，在不长时间里，就有数十个厂家前来洽谈。目前，已与安徽古井酒厂、贵州安顺酒厂等9个厂家建立了不同的联营。1986 年以来，仅与安顺酒厂的联营，公司就分得利润 70 多万元。

1987 年初，杨贯聚又迈出新的一步，毅然改革公司内部的经营机构，撤销批发部，建立专业科，实现划类经营，取得了明显的经济效益。1987 年，公司批发销售额达 5000 万元以上，实现利润 139 万元，比 1986 年分别增加 500 万元和 119 万元。1988 年，盈利高达 545 万元。公司在改革的道路上迈出了新的步伐。

多年的工作实践使杨贯聚认识到，企业要发展，必须树立人才观。开发人才，合理任用干部十分重要。在干部任用上，他实行“五湖四海”政策，做到任人唯贤，知人善任。1985 年实行经理负责制后，根据生产经营的需要，他先后破格提拔了 13 名中青年干部，让他们担任基层厂、店的正副厂长、经理和机关正副科长，调整了 8 位工作经验丰富、办事能力强却长期担任副职的干部的工作。现在，这些干部已经成为公司生产经营的重要支柱，在不同的岗位上发挥着重要作用。

同时，他还十分重视技术人才的培养。为培养糕点生产技术人才，他采取技术培训、技术考核、技术比武和请进来、派出去等办法，提高职工技术水平。几年来，公司先后开办培训班 13 期，培训本公司及全省各地学员 700 人，派出 130 人次到外地学习。1988 年糕点技师评审，公司获省命名技师 33 人，其中特级 2 人、一级 9 人、二级 22 人。

在狠抓经济效益的同时，杨贯聚还特别注意抓精神文明建设。截止到 1987 年底，有 20 个基层企业被市、区命名为“文明单位”和“物价计量信得过单位”。其中“味美思”商店被中央、商业部、省政府命名为“文明经营示范单位”，碧沙岗商店被评为“全国物价信得过单位”。

在提高经济效益的前提下，他还十分注意改善职工生活条件。几年来，新建职工宿舍 9700 平方米；为解决职工子女就业问题，开办了职业高中。职工工资逐年增加。

杨贯聚担任公司经理以来，年年超额完成与上级签订的《任期目标责任书》规定的年度指标，1985 年超过 5.3%，1986 年超过 10%，1987 年超过 30%，1988 年超过一倍多。目前，公司下属 13 个食品生产厂，40 多个商店、门市部，拥有 2400 名职工，固定资产数千万元，在郑州市商业行业占有举足轻重的地位。

杨贯聚，从一名普通工人成长为全国少数民族企业家，历经32年。他在工作上做出了很大贡献。同时，也付出了很大代价。他老伴说：老杨整天在外工作，每天晚上10点钟回来的就很少。几十年来，过春节也没有在家包过一顿饺子，3个孩子照顾不上，只好送到孩子姥姥家抚养，更不用说他管家务了。今年，杨贯聚干出了很大成绩，但他却经常谦逊地说："工作都是大家干的，功劳应当属于公司的全体干部职工，荣誉只能说明过去，对党的工作应该鞠躬尽瘁、在所不辞。"

四、险着——沈丘李尊兴[①]

险着之意，就是铤而走险，险中取胜。此种棋招说起来容易，然若非胸怀韬略、胆识过人的能手莫能为之。最近被国家民委命名为全国少数民族企业家、被河南省命名为河南省少数民族企业家的李尊兴，就是一位善走"险棋"的能手。这些年来，他凭着超人的智慧、惊人的胆识、开拓进取的精神，使沈丘县糖精厂在短短几年内步步登高，扶摇直上，成为全国屈指可数的少数民族明星企业之一。其成功之道，被人们赞誉为李尊兴的"三部曲"。

（一）起死回生的转折

沈丘县糖精厂的前身是只有十几名回族职工、厂房建在清真寺院内的小厂。1981年，这个厂因产品滞销，亏损10万多元，被迫停产一年之久。职工长期放假，部分职工看到工厂面临倒闭，纷纷另谋生路。在此情况下，回族共产党员李尊兴出任厂长。

面对工厂困境，他心里十分沉重，一股振兴民族企业、带领回族群众脱贫致富的强烈欲望在他心中萌发。通过调查研究，他认为：工厂倒闭的

---

① 王义楠、毛立鹏撰文。

主要原因是缺乏有生命力的产品。他果断地提出：眼下当务之急是调转船头，找科研单位做“靠山”，与财力雄厚的企业“攀亲戚”。然而，厂里连起码的差旅费也支付不起，怎能出得家门？李尊兴想来想去，决定变卖家产，寻找希望。他很快拼凑了1000多元钱，带领有关人员奔四川、下广州、入安徽，历时40余天，行程数千里，终于在安徽江淮化工厂找到了希望。

希望并非现实，必须付出艰辛努力。江淮化工厂的主要产品是糖精，当时糖精在市场上属于紧俏商品。可生产糖精需要4个工段，若是全部上马，需要投资400多万元。作为一个镇办小厂，生产糖精谈何容易。

李尊兴虽然感到生产糖精困难重重，但他并没有被困难所吓倒。经过细心考察，他找到了生产糖精的捷径。决定打破常规，从投资少、见效快的04工段上马。通过多次协商，与江淮化工厂达成了生产糖精的协议：由对方提供技术、设备、原料，包销产品，本厂提供厂房、资金和劳力，所获利润四六分成。

上马新产品的首要任务是资金。李尊兴找领导跑银行，四处宣传求情，得到了有关领导和金融部门的支持，所需资金很快解决了。在组织糖精生产工段建设中，李尊兴把铺盖卷搬到厂里，和职工们一起不分昼夜地大干。在安装设备的紧要关头，李尊兴突然晕倒在工地，经医院检查，确诊他患了严重的冠心病，需要立即休息治疗。然而当他醒来之后，不论医生、亲属和厂里同志怎样劝说，仍坚持回到厂里，亲眼看着安装设备。由于他精心组织，带头加班加点，结果只用了3个月时间就高质量地完成了04工段建设。1982年6月一次试车获得成功，当年获利20万元，收回全部投资。

（二）低潮中的高潮

谁知好景不长，到1985年，全国糖精行业出现了原料涨价、产品跌价的反常现象，当时产品价格和原料价格几乎持平。市场行情的变化给这个刚获得生机的企业浇了一桶冷水。眼看刚刚燃烧的企业兴旺之火有可能被扑灭，李尊兴心里十分着急。为了弄清糖精生产的前景和用户的意见，他亲自出马，用近一个月的时间，走访了全国十多家糖精生产厂和15个省数百家用户。经过调查，凭他的敏感和胆略，得出如下结论：目前糖精滞销只是暂时现象，因为全国糖精库存量甚少，而一些新兴的食品业将需要大量的糖精。眼下糖精价格下跌的原因之一，是一些不法商户掺杂兑假，损害了消费者利益。他由此作出了两项决定：一是改进生产工艺，把20目的小颗粒糖精改为8目的大颗粒糖精，以防不法商户掺杂兑假；二是上马02、03工段，减少中间环节，降低成本，迎接糖精销售的黄金时代。但这项决定在厂里公布之后，却引起了一番激烈的争论。一位生产糖精的专家说："生产8目大颗粒糖精，别说国内没有，就是在国外也没见过。那样大的颗粒还像什么糖精。"厂领导班子里一部分成员也好言相劝："现在糖精滞销，要是再投入一大笔资金上02、03工段，不是净赔本吗。"外界有些人得知这一消息后，都说李尊兴是头脑发热。面对这种情况，李尊兴耐心地用调查的事实进行说服，终于统一了认识。

在全厂技术人员和广大职工的努力下，02、03工段很快建成投产，晶莹透明的8目大颗粒糖精也迅速问世。8目大颗粒糖精问世，开创了我国糖精生产的先例，该产品很快参加了全国少数民族名优产品展销。投放市场后，广受用户欢迎，数千封赞誉的信件从四面八方飞来。贵阳市文化菜场特意为该厂赠送一面锦旗，上书：产品优质、糖精之王；信誉第一、用户至上。02、03工段的建成投资，8目大颗粒糖精的问世一举扭转了产品滞销的局面。

（三）战机不可贻误

李尊兴高人一着的见解很快变成了现实。1986年底，糖精销售价格猛涨，糖精成了市场上紧俏商品，很多用户来厂坐等提货。面对这种喜人的势头，全厂职工和科技人员以及有关领导对李尊兴更加刮目相看。在一片赞誉声中，李尊兴并没有陶醉，在他的心中正酝酿着一个更加宏伟的计划：与江淮化工厂的联营合同已经到期，产供销有了自主权，必须马上上01工段，完成糖精生产系列工序，以便满负荷大批量地生产糖精，满足广大用户需求。而要做到这些，还需要大量资金和原料。基于金融部门对李尊兴的信任和有关领导的支持，他先后从省、地、县金融部门贷款近200万元。贷款200万元，每月要付近2万元的银行利息。不少人对他说：这样太冒风险了。可他却说：“我们不能只算银行利息，不算企业利润，按我的计划扩大再生产，每月可创产值120多万元，利税12万多元，相当于银行利息的六倍多”。

李尊兴自己给自己压上了重担，更感到时间的可贵。他一面组织科技人员上难度较大的01工段，一面派人四处采购原料。可是由于糖精在市场上紧缺，原料也难以订购，尽管采购人员经过多方努力，所购原料与生产需求仍相差很大。李尊兴感到刻不容缓，便亲自外出采购原料。他先后在天津、本溪、大连、开封、无锡、苏州签订了数百吨原料合同。1987年底，他听说上海某厂有02工段所需要的甲脂油原料，便间接与对方联系，约定于1988年正月初六到上海洽谈。可谁知到了春节期间，整个上海甲型肝炎流行，国家防疫部门也郑重宣布：甲型流行期间，外地人口不要进入上海，可他一笑了之。到了正月初六，他不但决定自己去，而且还让自己的儿子李传志开车一同前往。到达上海后，上海某厂厂长与李尊兴握住手说：“我以为你不会来的！现在全上海人谈甲肝变色，你不怕传染上吗?”李尊兴却笑着说：“我不能为此失约，你们在上海能生活，我怎么不能呢?”经过10天的洽谈，签订了每年100吨甲脂油原料的购货合同。

由于资金得到合理使用，流动周期大大缩短，不但创造了高产值，而且也创造了高利润。1987年，创产值519万元，实现利税52万元。1988年，创产值1512万元，实现利税231万元。1988年4月，该厂被省民委命名为河南省少数民族工业先进单位，12月被省人民政府命名为省二级企业，并颁发了荣誉证书。1989年5月，被批准为中型企业。年人均产值8.4万元，人均利税1.28万元，在全国同行业中名列前茅。但李尊兴并不满足，最近，他又从上海引进一种高利润的紧俏产品，决心1990年创产值5000万元，争取5年内产值突破亿元大关。看来这位企业家又要走“险棋”了。

五、改革中崛起的风云人物——郏县谢孝志①

他，一位普普通通的回族农民，一个浓眉大眼、壮壮实实的庄稼汉，就是河南省郏县盛华实业公司的经理谢孝志。

10年前的他还戴着“投机倒把分子”的帽子，如今已成为河南省少数民族企业家、名扬全国的优秀农民企业家、全国民族团结进步先进个人、全国少数民族企业家。

在全县上千人参加的三级干部会上，谢孝志用他那洪亮的声音，向人们讲述了他走过的艰难曲折的人生道路和创业经历，掌声、笑声、赞扬声一片，台上台下所有的人们都被他征服了，人们都称赞他是一位80年代的中国新农民。

谢孝志家住郏县城关镇西关街，原籍宝丰县李庄乡闪庄村。旧社会，少数民族备受欺凌，他们当中的大多数人，长年累月被迫靠做小生意为生。由于受传统习惯的影响，在“十年动乱”的年月里，谢孝志不甘忍受“穷守家门难饱腹”的处境，悄悄弄辆破架子车，搞起了长途贩运。然而，好景不长，谢孝志没干几个月，就被当做“投机倒把分子”批斗，继而被判刑入狱。服刑期满，为了养家糊口，他推车卖豆腐，串街理发，经常遭到一些人的歧视。

党的十一届三中全会如春风吹暖了祖国大地。在郏县这块古老的土地上，谢孝志这位总想“出井观天”又屡遭挫折但始终不甘认输的倔强农民，终于盼来了施展才能这一天！

天时难逢，机不可失。是办厂，是经商，还是干点什么？谢孝志两眼瞄着刚刚开放的商品市场，急切寻找着他的致富目标。

农村联产承包责任制的全面实行，带来了生产力的大解放，郏县出现了五谷丰登、六畜兴旺的好年景。伴随着大多数的庄稼人温饱问题的迅速

① 王百纯、李新怀撰文。

解决，从县城到农村，一股建新房的热潮逐渐兴起，整个郏县建材市场的水泥制品十分走俏。这种势头触动了谢孝志的神经，谢孝志决定马上兴办水泥制品厂。

目标一定，谢孝志立即选场地，跑设备，招兵买马。仅用了 47 天时间，一个占地 3 亩多的水泥预制厂正式投产，当年创产值 13 万元。这是党的十一届三中全会后郏县农村出现的第一家粗具规模的个体企业。到 1983 年底，仅仅两年时间，谢孝志创办的水泥制品厂年产值达到了 30 万元。

看看日益红火的水泥制品厂，西关村的父老乡亲们朝他竖起了大拇指。在整个城关镇流传着一句口头禅："谢孝志闹翻真——旗开得胜。"然而谢孝志并没有因此而陶醉。干，就要干出个样子，干出个名堂。在他的胸中，一位 80 年代的农民的宏图大略早已形成。

他在经营水泥制品厂的同时，便开始走了另一步棋：一是对水泥制品厂进行技术改造，二是由单一经营向多品种、多门路进军。

通过广泛的市场调查，他发现随着城乡人民生活水平的提高，人们走亲访友所携礼品已由过去的两斤点心一包糖转向品种繁多的罐头食品。根据这一市场信息，他决定上马成套罐头生产设备。主意一定，他立即上山东，下四川，选定罐头机样品；引进外地先进技术，招聘技术人才，并选派文化技术素质较高的职工到上海、天津等地学习生产成套罐头设备的专业技术。

生产成套罐头设备，并非一件轻而易举的事，所需要的各种不同规格的零部件，自己厂里一件也没有。

怎么办？当时，在"横向联合"这一生疏名词还未引起人们重视的情况下，谢孝志这个在郏县大地上发展商品经济的"排头雁"已迈开双脚，走出了一条"引进—联合—利用—发展—创利"的崭新道路。

为了尽快上新项目，谢孝志马不停蹄，急速奔波，先后与西华锅炉厂和宝丰、襄城、平顶山等机械定点生产厂家结成了"亲家"，很快解决了原料、技术、设备、资金等方面的道道难题。1984 年 4 月，在谢孝志领导的仅有 84 名职工的企业里，成功地生产出了首批合格的小型罐头设备，投放市场后，产品供不应求，当年就获利润 20 万元，还清了建厂借用的全部贷款。

数十万元的巨资，对一个胸无大志的人来说可以满足了。可在谢孝志绘制的蓝图上，这只是完成了一座大厦的奠基工程。他决心拿出自己的全部智慧和力量，创出一番宏伟的事业，为回族父老争光，为四化做出更大贡献。

郏县地处半山区，有丰富的石料资源。然而到1985年，全县大、中、小型水泥制品厂已发展到十多家，却没有一家与之配套的石料加工厂，所需石子，几乎全靠从外地购买。由于路途较远，加之石子供应紧张，有不少水泥制品厂常常为此停工待料。谢孝志心想，如果就地取材，办一个石料加工厂，一可保证本厂的正常生产；二能利用剩余产品，扩大经营门路；三可为山区的剩余劳力增添个新的致富门路。一举多得，何乐而不为?！谢孝志把大腿一拍，定下了乾坤。1985年8月，他拿出6.2万元，在黄道乡办起了一座年产2万立方米石子的石料厂。当年投资，当年收益。第二年仅销售石子一项就盈利4.7万元。

这下子，谢孝志的气魄更大了。刚开始那阵儿，有人说他吃了豹子胆，他嘴里不说，手心里却捏了一把汗。现在，在商品生产的海洋中，他击风搏浪，练硬了臂膀，看到了希望。

有的人既瞧不起芝麻粒大的企业，又办不了惊天动地的事业，只会在一旁嘀嘀咕咕说三道四琢磨人。谢孝志和这些人截然两样，他的全副精力都用在琢磨事上，花在经商办企业上。他硬是靠兴办那些“不起眼”的“芝麻粒”大的企业，有了基础，有了实力。

他除了兴办工厂之外，还利用盛华实业公司地处郏（郏县）宝（宝丰县）交通要道的地理优势，面向社会，大力兴办第三产业，先后开办了旅社、停车场、清真餐馆及河南省第一家由农民与工商银行联办的储蓄所，初步形成了汽车修理、配件、停车、食宿相配套的服务体系，招来了八方客商。仅靠这些“不起眼”的小打小闹，每年净收入达10万元左右。

到目前为止，谢孝志一手经营大大小小的企业有13个，领导着200多人，拥有固定资产156万元，年产值达206万元。谢孝志构想的创业蓝图已粗具规模！

他富了，成了远近闻名的“百万富翁”，可他仍是艰苦创业，一分钱掰成两半花，把钱用在扩大再生产上，用在回、汉兄弟脱贫致富上。

这些年来，他向国家交纳产品税 11.9 万元，为支援学校、办幼儿园、修公路、建清真寺等公益事业捐款达 12.7 万元，救济贫困户资金累计达 10.5 万元。

谢孝志为社会创造了财富，受到了党和政府的关怀，赢得了回、汉两族兄弟的赞扬。他先后被评为郏县第二届政协常委、郏县七届人大代表，1984 年光荣地出席了中共中央政策研究室在北京召开的“两户一体”先进代表座谈会，1987 年 9 月又被评为全国优秀农民企业家，1988 年 4 月光荣地出席了在北京召开的全国少数民族团结进步表彰大会，1989 年 5 月他又光荣地出席了在北京召开的首届全国少数民族企业家表彰大会。

他，谢孝志，终于在改革的大潮中成为古老的黄土地上崛起的风云人物，从小天地走向了大世界！

六、经济舞台新角色——郑州白明理[①]

沙、巴、白、买、拜……郑州市回族同胞约有 8 万人，他是这个民族大家庭中的一员，他叫白明理，是市印刷包装物资公司经理，1988 年荣获河南省少数民族企业家的光荣称号。

白明理中等个头，有一双睿智的眼睛，讲起话来不紧不慢，幽默诙谐，显示出一个经营者的机警与才智。他所领导的公司近年来税利成倍增长：1985 年税利为 28 万元，1988 年已达到 80 万元，新增固定资产 100 万元，公司销售点近 300 处，遍及全国。

“蝴蝶都是蛹变的”，从 20 年前的“文化大革命”初期的老三届成长为一名精干的企业经理，在他领导下的市印刷包装物资公司发展至今，均经历过一段漫长时间的痛苦“蜕变”。1985 年初，市一轻局率先转变行政性公司职能。当时，白明理出任公司副经理，改革的浪潮把他推向一个困窘的境地，这个原称为“市印刷工业公司”的企业“二婆婆”，曾管辖过 6 家印刷厂。当时，一旦丢下行政身份，当起“二等公民”，自己找饭吃，

① 甘子茜撰文。

大家很是惶恐了一阵子。

30多年的人生之路，造就了白明理这个回族汉子的倔脾气。在他身后，留下一串串创业者的足迹：1966年，年仅20岁的白明理刚跨入社会，就曾在市东风缝纫社里“折腾”过化学实验，用简单的玻璃仪器试制出合格的“T－50”化工产品。后来，这个厂与郑州竹藤厂合并，用“T－50”生产出洗涤剂、洗衣粉、三聚磷酸钠化肥添加剂等多种产品，该厂后发展成郑州合成洗涤剂厂，白明理荣任这家工厂的生产科长。后来，白明理这个“不安分”的后生，离开生产厂家，又到公司干起经营来。不想，气候不对，正碰上行政性公司搞转轨变型。

公司切断了与企业的人、财、物关系后，要重新开拓一番事业，谈何容易！经过调查，白明理决定继续和印刷行业打交道，经营印刷器材和纸张。当时，供销无渠道，存货无场地，资金紧缺，人员素质差，交通运输工具只有一辆旧吉普车。上级批给3万元的开办费，市一轻局借给他10万元做本钱，凭借这些，白明理咬着牙拼上了。

他首先要稳住人心。当时，有些人吃惯了“行政”饭，自己找食吃，总有点风险心理，纷纷要求调走。白明理挨个谈心，交换意见，帮助他们解决家庭实际困难，并把一批有干劲和闯劲的年轻干部推上领导工作岗位，重新理顺管理层次，进一步明确科室职能。

立足刚稳，白明理拉着原一轻局局长和局生产科长登上了北去的列车，他要到国家轻工部和全国各地纸厂去“认认门”，疏通关系。他还召开订货会，征询意见，扩大公司影响，先后和52家造纸厂及同行业经营单位建立了联系。白明理的预想没有错，首战告捷。当年就组织来一大批计划外的凸版纸、拷贝纸、有光纸、牛皮纸等，解决了500多家印刷厂的燃眉之急。

“活下去”是不成问题了，如何在经济活动中找到自己的最佳位置？白明理和他的同伴们注意到，近年来，由于原材料紧张缺货，致使一些纸厂供货合同无法正常履行。从发展的眼光看，公司以互惠互利为前提帮助纸厂组织一些原材料，解决生产中的困难，是共度改革难关的一种好办法，一条新的思路形成了。桂林造纸厂曾一度缺造纸用的木浆、烧碱，公司通过各种渠道组织来货源，平价卖给厂家，运费都由公司负担。厂家感激公司“雪中送炭”，生产出公司急需的拷贝纸，又以每吨低于出厂价格1000 元的价格卖给公司，双方都很满意。

凭借“天时、地利、人和”，白明理领导的公司生意越来越活了。他们把中原地带用麦秸、草浆做原料生产的中、低档纸张输送到沿海地带，又将那里的木浆，中、高档纸张运进来。这期间还同港、台商人做成几大宗生意。去年年底，国家压缩信贷资金，有的印刷厂找到活却无钱买纸，公司为减轻用户负担，对库存纸张微利保本售出。这样做，一来吸引用户；二来加速公司内部资金周转，支援了生产。由于他们服务热情、周到，信誉好，被工商部门评为“重合同，守信用”企业。

这个公司“转轨变形”初期，一批连发票都不会开的年轻同志，经过几年的摔打，已成为业务强、素质高的骨干队伍。自 1987 年以来，公司先后派出 3 批共 10 人到市一轻局举办的会计学习班参加学习。经过培训，业务素质有很大提高。对于职工参加业务学习进修，白明理一向给予大力支持，提供方便。他明白这样一个道理：智力投资取得的经济效益是有深远的战略意义的，在这方面花钱值得。去年 11 月，在洛阳召开的“全国纸张订货会”上他手下的精兵强将发挥出的非凡战斗力，令与会代表们刮目相看。原来，公司业务员作为会外代表，连会场都进不去。他们想出办法，提前两天到会，在主会场、火车站显眼处大贴广告，还用一辆客货两用车做广告，并把纸张价目表打印了几千份散发到大会代表手中。强大的宣传声势，扩大了公司的影响力，许多造纸厂、印刷厂代表跑到他们的房间与他们联系业务，公司争取到大批货源。

白明理带人宽厚，对自己却很严格。1987 年 9 月，在出差途中，他患急性视网膜脱落症住进了医院。手术后他不顾卧床养病的医嘱，在病床前听取公司员工的工作汇报，召集会议，布置工作。出院后，他将“全休 3 个月，药物治疗”的出院证明锁进自己的办公桌，马上投入了紧张的工作。他的工作日程总是安排得满满的，而规定在一个月内打完的针，他却 3 个月还没用完。

在白明理同志的带领下，转轨后印刷公司在短短几年间发生了很大的变化。这个公司从一个靠“吃”企业经费的行政性公司，经过“脱胎换骨”，作为经济舞台新角色，已变成一个收入颇丰的“殷实户”。随着事业的发展，该公司业务范围也不断扩大，经营品种不断增加，纸张品种由1986年的5个增加到200个，印刷辅料品种由18个增加到32个。销售收入大幅度提高，销售额由1986年的936万元提高到1988年的2500万元，实现税利也由1986年的27.4万元提高到1988年的80万元。经营方式更加灵活、机动，由过去的单纯批发、零售业务发展到横向经济联合、多方调剂的阶段，现在又走向省内外结合、内外贸结合、两条腿走路的新征途。

1989年，白明理规划了新的蓝图，以商业来引导工业，搞工商联合，资金通融，与省内造纸厂合作，投资建造纸生产线，开办实体公司。

改革之年，路正长，有更多的工作需要做，有更大的风险在前头。白明理，愿你励精图治，开拓前进，为国家做出更大的贡献！

（原载于河南省民族事务委员会、河南省广播电视厅合编：《中原民族之星》，1～65页，郑州，河南人民出版社，1989）

百折不挠创大业　顽强奋进树品牌

——访河南郑州百兴食品有限公司董事长陶百兴

张　华

中秋临近，月饼再次热销。在中原市场上，提起“陶老大”清真月饼，可谓大名鼎鼎。前不久，记者前往这家产量大、花色品种繁多、市场占有份额极大的少数民族企业——郑州百兴食品有限公司，采访了该公司董事长陶百兴。

一、雄踞中原的清真食品企业

百兴食品有限公司拥有自主品牌，河南省著名商标——“陶老大”，主打产品有清真月饼、清真糕点、清真粽子、清真扣碗年货、清真花式馒头五大系列100多个品种。公司拥有国内领先的月饼全自动生产线，采用科学的生产管理流程与严格的品质控制系统，产品率先通过了ISO9001国际质量管理体系认证，连续多年获得国家、省、市级权威机构及部门颁发的“河南清真食品知名企业”“河南清真食品知名品牌”等荣誉称号。

当记者询问百兴公司何以在激烈的市场竞争中站稳脚跟，并能做到长盛不衰时，陶百兴打开了话匣子。

首先，公司坚持不懈地完善清真食品的标准化、精细化生产管理模式，以优良稳定的品质、优质的服务以及良好的企业形象和商业信誉，受到消费者的青睐。公司终端客户快速增长，形成了以郑州为中心，辐射豫、晋、冀、鲁、皖、陕等多省市的销售服务网络。

其次，公司长期坚持“产品安全与质量高于一切”的原则，以生产让消费者放心食用的产品为己任。公司根据市场和企业发展的需要，积极应对食品安全趋势，投入巨资建设了两条国内一流、河南第一的月饼全自动生产线，扩建了高标准化车间，使公司的生产工艺和生产环境都有了质的突破，确保了产品品质和生产效率的大幅度提高。

为了接受消费者的监督，公司生产车间专设了参观通道。消费者可以直观地看到月饼生产的成型、烤制、晾饼、包装等全套生产流程。公司相关配套部门设置完善，化验室、研发室、会议室、办公室等一应俱全，能够及时解决生产过程中出现的问题。

为保障食品安全与食品卫生，公司员工进入生产车间必须经过员工通道，更换车间专用工作鞋及专用工作服，经过洗手、消毒程序，再通过风淋室，携带的微小异物及灰尘消除后，方可进入生产区域。进入净化车间时，工人需要进行二次更衣，更换防静电工作服。接触包装前，工人要进行二次酒精消毒，再戴上食品级消毒手套，防止产品因直接接触而受到细菌污染。

月饼成型车间配置有两条国内先进的自动化月饼成型设备，全部实现微电脑控制，最大产能可达每分钟 200 块，单班产量达 15 万块月饼，在提高生产效率的同时，有效降低了员工的劳动强度，充分体现了现代化生产工艺的优势和高效。烘烤车间隧道炉全长 42 米，通过电脑数据控制，整条烘烤线实现了恒定速度、恒定烘烤时间、恒定温度，保证了月饼的烘烤质量。该生产线最大的优势在于一人即可操控整条烘烤线，省时、省心、省力，实现了月饼烘烤的全自动化生产控制。晾饼车间属全自动净化工作区，空气净化指标达到 10 万级标准。月饼从烘烤线上进入此区域，在冷却塔自动运转过程中完成月饼的降温晾置流程。包装车间配备了专用空气净化空调机组，通过三级防尘过滤，循环送风，保证达到 10 万级空气净化标准，确保产品质量安全。

此外，公司本着“企业发展源自品质，企业跨越源于创新”的指导思想，针对不断变化的市场需求，在保留传统经典的基础上，对产品口味进行了全新的尝试与突破，对产品包装进行了大胆的创新设计与制作，以更好地满足广大消费者的需求。

二、几经曲折成就今天大业

从当年几个人的作坊式食品厂，成长为如今雄踞一方的现代化企业，陶百兴付出的艰辛是常人难以想到的。

1994 年，陶百兴带领几个国企下岗职工和残疾人，在郑州市卫生路建起了郑州市福利回族食品厂。当时全厂只有五六名工人，以小型食品生产加工为主，主要生产糖果、蛋糕等产品。此后，为求发展，食品厂曾经几度搬迁。但是，搬迁浪费了大量人力、物力，造成企业资金短缺、骨干流失、经济效益不稳定。

在总结了影响企业发展的经验教训后，陶百兴决定先稳定下来。他获得了 11.6 亩国有土地使用权。企业人员增加了，生产品种增多了，产品向多样化、标准化发展，生产的速冻汤圆、水饺、冷饮、糕点、月饼等清真产品有了较稳定的市场。

然而，时间仅过了 6 年，为了配合郑东新区的建设需要，陶百兴积极响应政府的号召，对食品厂再次进行了搬迁。

2006 年，陶百兴在位于郑州东北郊外的庙张工业区租了一块地，并对食品厂进行改制，成立有限责任公司。为了扩大新厂区的规模，陶百兴四处奔走，筹措资金。正当公司发展举步维艰、进退两难时，区民宗局、市民委、省民委的各级领导及时对公司给予了大力支持，积极协调有关单位解决困难，企业迎来了蓬勃发展的春天。

如今，百兴公司从原来的几个人、几万元的年产值，已成长为一家集产品研发、生产、销售、食品代加工服务为一体的中型现代化清真食品生产企业。公司建筑面积 2 万平方米，现有固定资产 2000 多万元，年产值五六千万元，正式员工 200 余人，其中，专业技术人员达到 25% 以上。百兴公司的强劲发展引起了有关方面的高度重视。

郑州市政协副主席崔凡、郑州市民委副主任刘佩伦、金水区民宗局局长巴姝婧、郑州市政协多名委员都曾到该企业调研，参观了该厂的原料、生产、包装、质检等车间。当了解到公司的成长历史时，来调研的相关领导和政协委员们都大加称赞。崔凡副主席希望，企业继续做大、做强，将民族文化融入企业发展之中，为弘扬少数民族饮食文化、发展清真食品产业做出积极贡献。当了解到企业发展过程中几经搬迁，近期周边又面临拆迁，给企业发展带来了影响，企业发展信心不足的实际情况后，崔凡要求民族工作部门要协调好有关部门，保护好民族企业的合法权益，采取适当措施帮助企业免受不必要的损失。

陶百兴表示，多年来，公司从无到有，从小到大，从弱到强，虽说经历磨难，但每当企业面临困难时，各级领导都及时伸出援手，帮助他们渡过难关。陶百兴说："可以说离开了各级领导的亲切关怀和大力支持，我们少数民族企业不可能壮大、茁壮成长。所以，我们要用实际行动回报社会，争取成为郑州市民族团结进步示范单位。"

（原载于《中国民族报》，2014 年 8 月 29 日，第四版）

文 化 篇

浅议河南回族教育

陈廷良　王惠民

一

新中国成立前的河南回族教育经历了三个阶段：经堂教育、经书义学和新式学校（学堂）。

（一）经堂教育

元、明、清时代，回族教育一直以伊斯兰教文化为主。元代至明代后期，在清真寺内传播伊斯兰教义是中国穆斯林进行宗教教育的一种古老的传统形式，从事伊斯兰教宗教职业者多以父传子继或师徒单传的古老方式传授宗教知识，以延续伊斯兰教文化的发展。

明代后期，陕西著名伊斯兰教经学大师胡登洲（1522—1579 年）创办“经堂教育”，其弟子在各地推行经堂教育制度，开封东大寺明万历十四年（1586 年）《古制连班永遵》碑中提到胡登洲的弟子冯、海二位阿訇。据《经学系传谱》一书记载，冯先生长子冯少川“设帐于汴（开封），约三年”。冯少川的弟子张少山（俗称状元巴巴）曾在郑州西之刁沟村设帐教学。后与当地的海氏结婚，入籍刁沟。山东学派开创人常志美（约 1610—1670 年）、李延龄二人去刁沟拜张少山为师，约两年学成，返回山东。常、李二位先生的弟子，经学大师舍起灵（1618—1703 年）（后入籍河南襄城县）“设帐二十一处（仅河南就有洛阳、荥阳、郑州、襄城、太康、考城、淮阳等），共四十余年，门人遍及寰宇，而大成设馆授徒者，如列星然”。此时河南其他经师开馆授徒者比比皆是，经堂教育风行河南。清代中后期，胡登洲的四传弟子周老爷的小弟子张古东、杨振龙（二人均为孟县桑坡人），他们继续在河南弘扬经堂教育。直到民国时期，河南经堂教育是陕西学派和山东学派并行。

经堂教育历史上曾是河南回族教育的主要形式。经堂教育亦称“寺院教育”或“阿文大学”，这是回族在清真寺内附设学校的教育制度，主要是讲经（伊斯兰教经典）传教，培养宗教职业者和传播伊斯兰教文化。其教育场所多设于清真寺内的南北讲堂，因为清真寺既是穆斯林进行宗教活动的中心，又是穆斯林开展政治、经济、文化、体育、生活等社会活动的中心。在寺里办教育，可以以宗教的名义向群众征收学粮和施舍，以解决师生的食宿问题；另外，在寺内向学生讲授宗教知识，可避免产生另一个宗教中心，有利于巩固和加强清真寺的社会地位。

经堂教育分小学、中学和大学：六七岁的儿童到清真寺内受启蒙教育，学阿拉伯文字母、拼音、古兰经片段、杂学、穆民信仰以及浅显的伊斯兰教常识等，此为小学。小学毕业后，有的升入中学、大学，有的在各种行业从事生产劳动。为增加成年人的伊斯兰教文化常识，各地的清真寺又附设“经房”，专教成年人学念《古兰经》部分章节和宗教知识，以备他们礼拜和其他宗教仪式所用，此为中学。阿文大学的学员叫做“海里凡”。名师出高徒，学员多投奔名师深造，因此，念经求学有负笈远游的传统。他们跟随一位或几位开学阿訇念经，并随老师流徙。阿文大学没有固定学制，要依靠个人的天赋和勤奋程度，一般需要七八年，多则十几年。他们需学完规定的 13 门阿拉伯文、波斯文课程，主要学习《古兰经》、伊斯兰哲学、圣训学、教法学、认主学、修辞学、语法学以及词法、句法和文字等。能运用语法和修辞的知识来确切地辨正经义，并且具有各方面的宗教知识，经开学阿訇鉴定许可及管事社头同意，才能毕业。他们经过“穿衣”“挂幛”，应聘到各地清真寺任阿訇或开学阿訇。他们在实践过程中继续深造，有的走自己老师学派的老路，有的自行钻研，成为精通某一门学问的专家。如《古兰经》注疏学、认主学、伊斯兰教哲学、教法学和阿拉伯文、波斯文学等。

经堂教育的经费主要靠捐赠。过去河南回族经济基本上是小农经济或小商贩、手工业，殷实富户很少，开办阿文大学的清真寺受经济条件的制约，先制定出学员数量（即固定“缺”位）。招收学员，多数是一二十位，也有多达 50 人的。开学后，由群众供养和施舍“海提耶”，因此，经堂师生的经济来源既不是供养制，也不是薪金制，是供养制和施舍制的结合。学员中除当地人由自己家庭供养外，开学阿訇带来的外地学员则被分配到殷实户的乡老家中供养。学员也可接受乡老施舍的“海提耶”，住宿、灯油、取暖等项由清真寺供应，购买经典、资料和文具等需自己负担。学员在求学期间生活清苦。

河南各地经堂教育的盛衰是随经济条件而变的。开封曾是河南省会，回族人口多，经堂教育兴盛。东大寺（原名大梁清真寺）多从外省聘请教长（兼校长），如大名的宋阿訇、临清的洪五阿訇、北京的王浩然阿訇、通县的张瀛仙阿訇等均在该寺担任过职务。此外，甘肃人建的善义堂、文书寺和王家胡同清真寺等，也都开办阿文大学。清末民初，孟县桑坡皮业兴盛，经济条件很好，村中有 7 坊男寺，4 坊开阿文大学，故有“小麦加”之称。桑坡曾出过一些著名的阿訇，吸引各省学员前来投学。新中国成立后，中国伊斯兰教协会副主任马松亭大阿訇曾先后两次到桑坡与一些知名阿訇研究学问，博爱县清化镇西关清真寺、大新庄东大寺，在清末、民国期间经堂教育也很兴盛。民国时哈德成大阿訇在清化西关跟刘玉振阿訇学习 3 年，大新庄东大寺赵永清阿訇弟子上百人，现在河南省七八十岁的阿訇多是赵阿訇的弟子。大新庄在 20 世纪三四十年代，东西两坊都开阿文大学，人数多达百人。此外，洛阳、郑州、沁阳、淮阳、荥阳、禹县、许昌、长葛、漯河、驻马店、周口、沈丘、南阳等地方过去也都开设阿文大学，兴盛时期全省海里凡超过 3000 名。

在明代河南清真寺设掌教。清代康熙末年沁阳县清真寺中在掌教之上有“设教”之名称，后转称“阿訇”，主要职务是教海里凡或阿文大学。经堂教育兴起后，河南著名开学阿訇很多，《经学系传谱》中作传的有 3 人：张少山（入籍刁沟）、舍起灵（入籍襄城县）、马景新（太康人）；传中列名的有：巴继吾（郑州）、许景祥（朱仙镇）、虎清宇（郑州）、李秀峰（开封）、穆天凤（淮阳）、马之良（郑州）、李瑞寰（开封）、巴奇宗（郑州）、巴汉光（郑州）、赛振寰（郑州）、刘自明（淮阳）、古伯玉（郑州）、马炳然（太康）、李秀实（睢县）等共16人。清末至民国期间河南著名阿訇辈出，各地均有。外省来河南设帐教学的著名阿訇也很多，流归陕西学派和山东学派。

过去河南妇女也办有经堂教育。穆斯林妇女礼拜随男子之后，教务问题由师娘（阿訇之妻）管理。随着妇女礼拜人数增多，开封在清嘉庆年间于王家胡同设立“清真女学”，由女阿訇带领礼拜和传播伊斯兰教文化知识，各地纷纷效法，清真女学改为清真女寺，设立女子阿文大学，招收年轻妇女为学员。她们先学习“小儿锦”（一种经堂文学，亦称“小经”或“消经”，是用阿拉伯文字母拼写汉语的一种拼音文字，其中包含阿拉伯文、波斯文的词汇，有时也夹杂一些汉字，是学员学习汉语的辅助工具），也学习一些伊斯兰教的教理、教义和宗教活动知识。经过女阿訇鉴定许可，举行穿衣（毕业）仪式，可由各地聘任为女阿訇。

经堂教育开始只是学习宗教知识，只学习阿拉伯文、波斯文，毕业的学员不懂汉文，带来诸多不便。精通汉文的舍起灵阿訇在授徒时，让学员学习汉文，既学习经书又学习汉文，进行经汉两通教学。自舍起灵阿訇以后，经汉两通的阿訇不少，开拓了新的教学模式。民国初年，王浩然阿訇到开封东大寺任职，他在东大寺附近设立10个“经房”，以对成年人进行伊斯兰教文化教育，把阿文大学改为“中阿文大学”，采用新的教学形式，但随王浩然阿訇离开又改为阿文大学。马自成阿訇在洛宁长水镇办中阿文学校，但成效也不大。1945年秋天，开封成立“河南省阿文专科学校”，设在王家胡同清真寺内，聘请王静斋阿訇为名誉校长。此校学制定3～4年，在全国各地招收上百名学员，程度比较齐，分3个班，除讲授原经堂教育所学功课外，又增加国语（汉文）、英语、历史、地理等学科，改革了经堂教育，形成一种寺院经学和普通学校教育同时并举的教育形式。

1985年11月，建立郑州伊斯兰教经学院。办学目的是造就一批热爱祖国、拥护共产党的领导和社会主义制度，又具有相当宗教学识的年轻的宗教职业人员队伍。学制3年。这所学院的学员是经过严格考试挑选的，所学课程除正常的伊斯兰教经典外，还要学习社会科学知识。

经堂教育从明、清至民国长期存在，对传播中国伊斯兰教文化，对推动回族的发展起了重要作用。回族人保持传统的社会生活和文化生活，有强烈的民族意识，这和经堂教育不断传播伊斯兰教文化是有直接关系的。回族中爱教和爱国一致的观点也与伊斯兰教文化有关，所以，回族人在反抗统治阶级和外国侵略者时特别勇敢，如郑州回族沙春元，在第二次鸦片战争中与英法联军作战时，英勇战斗，带领部下在天津大沽口打退敌人几次进攻，最后壮烈捐躯。

经堂教育多数学员只学阿拉伯文和波斯文，不懂汉文；只学经典和宗教仪式，不懂科学知识。这是造成回族人文化落后的原因之一。因此，回族中的知识分子和有识之士大力倡导学习汉文，了解中国和世界，学习汉族人的长处，他们捐资和出力办“经书义学”和新式学校，把回族教育推向新的阶段。

（二）经书义学

清代中叶，回族中有识之士感到单纯学习阿拉伯文、波斯文不适应回族发展的需要，在发展经堂教育的同时，又办起“经书义学”。它是私人捐资或由清真寺的天课收入中拿出一部分钱作为经费兴办起来的学校。它是为照顾回族中贫苦的子弟或与回族关系密切的汉族子弟而实行的免费教育。是以学习汉文为主，兼学阿拉伯文和宗教知识的义学，所以称为“经书义学”，从性质上说，它是半宗教半普通教育的学校。

经书义学的校舍一般设在清真寺内。学龄儿童入校后，一方面学习汉文，读《三字经》《百家姓》《千字文》《应用杂字》和四书五经，一方面还要学习伊斯兰教常识，相当于当时的私塾。学制一般为2～3年。教师中除汉族人有薪金外，回族人全部为义务职。阿訇进行宗教知识教育。由于经费是自筹的，随经济条件变化，经费来源不定，因此，义学也时办时停。学校规模一般是30人左右。

经书义学成立较早的有：洛阳东关清真寺，于道光二年（1822年）开办；沈丘县槐店镇清真寺，于道光年间开办；开封文书寺，于咸丰九年（1859年）创办；淮阳县城关清真寺，于光绪九年（1883年）创办；禹县城关清真寺，于光绪二十一年（1895年）创办；新野县沙堰清真寺，于光绪年间创办。此后，全省各地不少清真寺办了经书义学。

经书义学为回族人培养不少懂汉文的人才，可惜时办时停，限制了它的发展。

（三）新式学校

清末民初，回族知识分子根据社会发展需要，呼吁改变单纯学习阿拉伯文的经堂教育，大力倡导普及社会文化教育，学习科学文化知识。废除科举后，虽办起了官立小学堂，但贫寒人家的子弟，尤其是少数民族的子弟是没有受教育机会的。由于受近代资产阶级思潮的影响，满怀振兴民族希望、热心公益的回族有识之士，为解决回族子弟就学的困难，在群众赞助与募捐下，创办了回族小学堂。

开封私立养正小学堂，于光绪三十四年（1908年）由回族商人郭荩臣等创办，校址设在东大寺内。初办时规模小，仅招收初小4个年级，分两个班进行复式教学。开封还有欣育小学、民生小学、求实小学，规模不及养正小学。宣统元年（1909年），古阴堂、妥连本、张惠安创办信阳清真寺小学，校址设在新街清真寺，学生七八十人。1911年，淮阳县孟泽远、袁谦德、方厚斋、穆鹤年等创办“公立广化高初两等小学堂”，有高级一班、初级一班，68名学生；水子立在南阳邱公祠办“回民同化学堂”。1912年，穆长青在周家口（周口市）天房街办明远小学。1914年，罗山县回教俱进会在清真寺办清真小学，招收两个班，学生100人，回汉兼收。1916年，郑州北大街清真寺办大保小学。驻马店办私立育英小学。1918年，郾城县城关镇清真寺小学招收一班，学生30人。1927年，河南督军冯玉祥命令拆除寺庙，回族唯恐此风波及清真寺，全省规模大的清真寺纷纷挂起小学堂的牌子，大多数设一个班，待风波平息后不少学校由于无经费、无教师又逐渐撤销。新中国成立前夕，回族办的小学仅余26所。

清末的回民小学堂，实施光绪二十九年（1903年）颁布的“癸卯学制”，规定修业年限：初等小学堂4年、高等小学堂5年。民国四年（1915年）实行国民政府制定的“壬子癸丑学制”，规定初级小学4年、高级小学3年。民国八年（1919年）全国教育联合会颁布“壬戌学制”，规定初级小学4年，高级小学2年。课程设国文（后改为国语）、算学、修身（后改为三民主义）、历史、地理、格致（清末对理化自然科学的统称，后改为自然课）、体育、图画和唱歌等。

回民小学堂的经费来源依靠回族屠宰业的血捐、屠宰捐和寺产收入及回族人的捐资赞助。由于回族经济落后，生活贫困，没有力量为民族教育提供应有的经费，国民政府亦不拨发教育经费，学校时办时停，有些被迫停办。同时，师资力量缺乏，教学设备简陋，限制了回民教育的规模，影响了回民教育的质量。

抗日战争前，河南没有一所回民中学，抗日战争中才成立开封养正中学、郑州圣达中学。这两所学校由于当时政府不资助，而回族经济力量薄弱，所以，仅此二校，也只是苟延残喘地存在着。

开封私立养正中学于1942年9月筹建，经过多方努力，1943年8月学校正式成立，临时租用理事厅街福建会馆为校址，招收两班学生，回民子弟占70%。学制3年，只设初中。1943年，郑州回族历经千辛万苦办起了圣达中学。直至新中国成立前夕，河南也只有这两所回民中学，且规模很小，根本解决不了回族子弟就学的困难。河南回族中受过高等教育的不足50人，文盲率占回族人数的95%以上。

二

新中国成立后，中共河南省委、省政府非常关心回族教育事业。1952年，省政府决定将两所回民中学、24所回民小学全部由私立学校转为公立学校。1957年，全省回民中学发展为4所，回民小学发展为75所。1997年底，全省有回民中学38所，是1957年的9.5倍；回民小学267所，是1957年的3.6倍；民族职业高中1所，回族幼儿园4所；民族中等专业学校1所。1985年底，全省中专以上学历或获得初级以上专业技术职称人员中有回族9055人（占全省总数的1.3%），其中拥有高级职称的为19人，中级职称的有857人，初步建立起一支回族科技队伍。1985年，全省回族文化程度有所提高，其中具有大学学历的3356人、具有高中学历的64166人、具有初中学历的177925人、具有小学学历的353339人、文盲半文盲137194人。

河南回族教育发展原因总结起来主要有两条：

(1) 各级党委和政府的重视。新中国成立后，省委、省政府十分关心回族文化教育事业的发展，采取一系列积极、有效的措施帮助回族群众改变教育落后的面貌。1952年，根据国家规定，逐步把私立中小学改为公办中小学，使这些学校在资金和师资上有了保证。

全省回族中小学除正常的教育经费外，省政府每年都拨发一定数量的少数民族教育补助费，用于新建和维修校舍，增添图书、仪器等教学设备。1949—1959年拨少数民族教育补助费290万元，1981—1986年拨290万元。省政府每年拨给民委系统40万~60万元用于扶持民族教育事业的发展。各地方财政每年也拨出一定数量的少数民族教育补助费，如1983年，淮阳县政府从县财政拨出民族教育费9.5万元。

“文化大革命”前，省政府规定在中学和高等院校招生时，对少数民族学生采取“择优录取和适当照顾相结合”的方针，从而提高了回族学生的入学率。1984年以后，省教育厅（省教委）三次行文规定，对升普通中学的少数民族考生降5分录取，报考民族中学或中专的少数民族考生降10分录取，报考大专院校的降5分录取。这些规定的实施，提高了回族学生的入学率。

为迅速提高回族文化水平，在回族聚居区，利用本辖区附近的中小学校址、师资和社会上有文化的闲散人员办夜校开展扫盲活动。在城市中办业余文化补习学校，举办电气技术、会计、卫生等各种专业学习班，既提高技术水平，又可早日就业。

为培养和提高少数民族干部政策水平，省政府组织少数民族干部训练班，并选送一批回族干部到中央民族学院、中南民族学院、河南大学、省行政干校等院校进行培训。1983年9月，省委、省政府批准成立河南省民族中等专业学校，开设民族干部、中文秘书、经济管理等专业，重点为各级民委和统战部培养新生力量，已经毕业6届610人，分配到全省各地和各个部门工作。

（2）提高民族素质、集资办学。中共十一届三中全会后，河南回族办学的显著特点是群众集资和个人捐资。如淮阳县回族群众集资40万元，新建校舍259间，添置桌凳1400件，实现了“桌凳木质化，教室砖瓦化、校园搞绿化”，彻底改变了“土桌、土凳、土讲台”三土学校的落后面貌；回族学校也由1所发展到9所，学生由1100多人增加到3000多人。历史上著名的皮革专业村——孟县桑坡村，全村人口不足5000人。近几年来村里集资修建3座教学楼，还修建了标准实验室和水塔。专门成立“教育基金会”，筹集资金，除用来办学外，还设立奖励优秀教师和学生的基金。泌阳县水南关村是一个有2000多人的富裕的回族村庄，村党支部和村委会先后投资48万元修建教学大楼、办公楼、幼儿园和教师家属楼等，把班级由8个扩大为13个，并准备增建高中部。村里增加教师工资，制定学生奖励办法，规定凡考上大专的学生，毕业后自愿回村工作，上学期间一切费用由村里无偿提供。还规定，初中不毕业不能到村办企业工作或参加农业劳动。勤工俭学的收入纳入教育经费，也用来发展民族教育。郑州市回民中学创办的化学制剂厂，产值连年上升，1987年获利105万元，解决了教师的实际问题，学校也越办越有起色。除集资和捐资办学以外，还有独资建校的。长葛县白寨村回民孙学亮是河南闻名的肠衣专业户，1986年捐款约9万元为当地学校建起具有民族风格的教学楼。

当然，河南回族教育也存在一些比较突出的问题，如回族学校数量不足，有的地方教育部门对民族学校重视不够，回族学校缺乏民族特色，回族群众的教育意识还普遍薄弱等。这里面既有实际问题也有认识问题。关于实际问题，我们认为应该坚持国家帮助和自力更生相结合的方针，一方面呼吁国家对回族学校增加经费投资，建设师资培训基地，改善回族办学条件；另一方面，回族群众不能“等、靠、要”，要发扬集资、捐资办学的优良传统，坚持自力更生精神，克服发展教育中的实际困难。关于认识问题，我们应该不懈地宣传、灌输，强化民族教育意识，努力提高回族群众的文化素养。民族要进步、要发展，我们必须把教育放在突出的位置上。

民族教育应以发展民族优良传统、弘扬民族优秀文化、促进民族发展为己任，也就是说，民族教育应具有本民族的文化特点。这个特点应体现在民族学校的教学内容中。马克思主义认为，“世界各个民族都是人类物质财富和精神财富的创造者，都对人类的历史发展与文明做出贡献，每一个民族的文化都有自己的优点和长处，都有自己文化的本质上的特点，都有只属于自己的文化而为其他民族所没有的特殊性，这些便是每个民族对世界文化共同宝库的贡献，它丰富了、补充了世界文化。”今后回族教育有必要考虑其民族文化特点，增加一些有关民族文化的教学内容，如民族史、民族理论政策、回族史等课程。在河南，要特别强调民族团结。

（原载于《中国回族教育史论集》，154～165页，济南，山东大学出版社，1991）

河南回族教育述略

张　玮①

河南回族历史悠久，但回族教育却相对落后。大体上说，河南回族教育经历了宗教教育、近代式回族学校教育、现代回族学校教育3个阶段。本文根据有限的资料，试图对河南回族教育的发展状况进行简要叙述，以供参考。

一、河南回族的宗教教育

河南回族的宗教教育以经堂教育为主。“经堂”一词，始见于清初。刘智《天方典礼·例言》载：“是书语气与经堂语气既不相合，则不能不起物议。”早期回回借用汉语词汇，将《古兰经》尊称为“天经”“天方国经”“宝命真经”，将有关伊斯兰教的其他典籍也称作“经”。这些经书，一般置于清真寺大段北侧厢房内。经堂教育兴起后，这里成为阿訇向经生讲授伊斯兰教经典的场所，故称为“讲经堂”，简称为“经堂”。近现代一些回族学者便将这种教育形象地称作“经堂教育”，回族群众则称之为“经学”。

“经堂教育”长期以来是河南回族教育的唯一形式。清代赵灿所著《经学系传谱》记述了明清时期中国伊斯兰教著名经师及其传承关系和社会活动，是研究河南回族宗教教育史的第一手资料。其中记载，冯少川

---

① 张玮，河南省图书馆古籍部馆员。

“设帐于汴，约三年”①。张少山传有继吾把师，为郑州人氏，马明龙传许景祥（朱仙镇人氏），常蕴华、李延龄两先生传有郑州人氏清宇虎师、汴城秀峰李师、陈州人氏天凤穆师。舍起灵传郑州人氏马君锡、虎巨卿、把粘之、把汉光、赛振寰，其于河南郑州、开封、洛阳、荥用、襄城、陈州等地设帐讲学，先后四十余年，“弟子不啻三千”。② 马续轩传郑州人氏右伯玉。明清以来，河南的经堂教育以开封较盛。东大寺曾多次向省内外聘请校长兼教长，如大名的宋阿訇、临清的洪五阿訇、北京的王浩然阿訇、通县的张赢仙阿訇和桑坡的杨泰恒阿訇。民国初年，王浩然阿訇任教长时，极力振兴教务，创立“中国回民促进会豫支部”，并建5个经房：信义社（维中前街）、仁义社（南羊市街路东）、遵义社（烧鸡胡同）、顺义社（铁娘娘庙街）、遵一社（洪河沿），分布于寺坊回民居住区，每日派海里凡去宣传。

清代中叶以后，不少清真寺开设义学，不收学费，对回族少年儿童进行更为广泛的基础文化教育，称为“经书义学”，也称“经汉义学”，据目前所知，最早在河南开办。

清咸丰九年（1859年）三月，由浙江嘉兴秀水县金传声捐资创建的文殊寺街清真寺经书义学是河南省内甚至国内最早的回族义学。到1925年，清真寺又创办欣育义学、汉学堂，担任教师的先后有赛紫霞、马腾骧、盖福光、白瑞三等，招收4个班的学生。武学极盛时，寺内前后院有两个武学，清末以来著名武术教师有贾兴旺、丁占奎、王世亮、陈玉廷、钱发有、李占法等人。

立于开封善义堂清真寺殿前卷棚下北山墙的两块石碑《善义堂记碑》碑文载：“自咸丰初，避秦乱来汴，艳中土人之繁，风俗之厚，多挈眷而至，聚族以居，盖三十余年于兹矣！半居市，半习经典，修庐舍，延名师，后列善堂传教而恪循祖训，前为义塾典学而作育人才。……仿各直省会馆之例，堂聚乡人于斯堂，吾愿自此以往孳孳焉。俾三百家之子弟读书明理。”从碑中可以了解到，当时建寺初衷，一是修善堂宣传教育，延续

① （清）赵灿：《经学系传谱》，35、41、44页，西宁，青海人民出版社，1989。
② 《经学系传谱》“碑文”，西宁，青海人民出版社，1989。

回族风俗习惯；二是开设私塾，教育子孙学习文化知识和回族经典。在当时的历史条件下，能有如此远见卓识而捐资办学，实为可贵！善义堂清真寺聘请陕甘宁地区贤才名士来堂讲学，其中有阿拉伯文造诣颇深的杨振彪阿訇（为陕西派周老爷的真传弟子）。在他的主持下，创立了河南阿拉伯文大学。此后又聘请云南、青海等省有名阿訇讲学，培育人才。另外，还开设有阿拉伯文教育小班，以便于回族儿童早期学习阿拉伯文。为了精心培育人才，对每个学生每日补助白米二斤，这在当时已超过一般市民的生活水平，解除了学生后顾之忧，并由寺内阿訇细心照料，培养孩子们求学上进。同时在寺内设塾，读四书五经。因此，百年来从善义堂清真寺培养出一批批有学识的海里凡，分赴河南省及西北地区开幛讲学。民国时期，善义堂清真寺改为民生小学，一直到 1949 年。

开封王家胡同清真寺设立的河南阿文专修学校曾名噪一时。1944 年，郭清心阿訇联络堂兄郭清魁于寺内创办河南阿文专修学校，简称河南阿专；聘请王静斋阿訇任名誉校长，校长为刘志三阿訇。学校董事会由政界、商界、教界几十位穆斯林社会贤达组成，董事长为狄彦臣，教师主要有郭清魁、郭清心、郑国光、孙国才等人。1946 年 5 月招生，招生简章中办学宗旨为“苏生回教文化、造就中阿兼通师资”。其时，寺门口挂着“专修学校”和“董事会”两块牌子，学校还制作了学生证、校徽。当时为避免学生遭丁役之患，校门口还悬挂“国防部布告”，其内容为清真寺禁止驻兵、骚扰等，学生们被编入第 12 保 2 甲 22 户。海里凡主要来自豫、鲁，多在 13 ~ 30 岁，均为男性。根据学生的不同程度，分低、中、高级班，教师义务授课。途经开封的阿訇，也常被邀请授课讲经。庞士谦阿訇由埃及回国后曾来汴，在清真寺向海里凡发表了热情洋溢的讲话。阿专从 1946 年 6 月开学到 1948 年 9 月止，授课两年 3 个月。后郭清魁、郭清心带领 80 余名海里凡，分三批抵浙江嘉兴，其余的海里凡或提前毕业，或因家庭羁绊不能随校南下，河南阿专在嘉兴维持至 1949 年 12 月解散。

三民胡同清真寺亦有武学、汉学、阿文学校，直到民国十几年方停，其中阿文大学有学生 20 ~ 40 人，尤以尚希贤阿訇在时为盛。

清乾隆年间，马振九阿訇在郑州清真寺招收海里凡，设帐讲学，这是郑州伊斯兰教经堂教育之始。民国以后，郑州城内清真寺猛增，几乎各寺都招海里凡，讲学之风盛行，经堂教育有增无减。据北大寺统计，民国期间，该寺累计招收海里凡180人，这种教育方式一直延续到新中国成立后。

清道光十五年（1835年）禹州城关清真寺的碑记上有“将南北讲堂悉为粉补”语，表明在1835年时禹州城关清真寺已有了经堂教育。许昌还有禹州市山货厂清真寺、砖桥坡清真寺、皂角坪清真寺等开办经堂教育。光绪二十一年（1895年），禹州回民在城关朝阳门清真寺自办义学1所。城关回族开明人士艾玉山、王文章、卢本恒等人捐资相助，在清真寺前院建成教室3间，清真寺山门左侧石匾上的“义学”两字至今犹存。民国十二年（1922年）改名为城厢区第三国民学校。光绪三十三年（1907年）山货厂清真寺开办义学1所，民国十二年改为东区第七国民学校。1929年，义学田地收归禹县教育局充为学田，两校经费由教育局发放，将义学纳入国民教育的轨道。

南阳明代至清初，只有少数清真寺开办经文学校，由本寺阿訇或延聘名师进行阿拉伯文及教义的初步教育。清中叶以后，不少清真寺公费开设义学。南阳境内瓦店、刘营、田里、五里堡、黄池陂、新店、石桥、凉水泉、老秦营以及社旗、方城等县的清真寺内都举办过这样的义学。

周口地区的回族文化教育在历史上一直处于停滞、落后状态。清光绪七年（1881年），淮阳仅城内清真寺有经学（阿文）1处，学生不足10人，由阿訇教授经书，培养宗教职业者。光绪九年（1883年），教长陈万善、董事白金忠创办义学，聘请袁秉文为老师，教授汉文，有学生30人。

豫北回族的经堂教育以孟县桑坡为最盛。清时桑坡13坊清真寺中有2所阿文小学、6所阿文大学，学生有百人以上。桑坡曾出现过一些著名的阿訇。清时陕西周老爷（胡登洲的四传门人）去汉志朝觐回来，在家乡办经堂大学，各地穆斯林纷纷前去就学，桑坡的张古东、杨振龙也去求学。“周老爷八大弟子对中国回文大学均有功绩，暮年所收之诸小弟子，学业则更驾八大弟子之上。河南桑坡之张古东、二杨（杨振龙）亦小弟子中之杰者。河南回文大学之创立即始于二杨阿衡也。”[①] 在新乡东关、新荣街清真寺也都举办过此种经学。

① 庞士谦：《中国回教寺院教育之沿革及课本》，载《禹贡》第7卷第4期，1937。

另外，随着妇女礼拜人数增加，一些地方还出现了专门为妇女设置的经堂教育——清真女学。据现存的史料记载，河南开封的王家胡同开清真女学之先河。女学由女阿訇或师娘（阿訇的妻子）带领礼拜和传授伊斯兰文化知识。于是各地纷纷效法，改女学为女寺。据笔者调查，民国时期开封有7坊清真女学，其他地方如襄县、沁阳、孟县桑坡的清真女学也负有盛名。由于种种原因，留存下来的关于这方面的资料较少，可靠的文字记载仅十几通碑文而已。河南清真女学在中国回族教育史上占有很重要的地位，也很典型，且富有特色。希望知情者和学者对此进行深入研究，厘清头绪，早日写出中原清真女寺学发展史。

这一阶段的回族经堂教育，是阿訇聘请、经生游学的宗教教育制度，附设于清真寺内。各地经堂学校，“有大学，造就阿衡之学府也；有中学，中年失学者之受权处也；有小学、儿童之教育机关也”①。小学是初级形式，最为普及。经堂教育除教学生经书外，还学习书法、语法、历史、算学和诗词等。这种民族自我凝聚方式，对河南回族以伊斯兰教文化为核心内容的意识形态起了一定的巩固作用，促进了河南回族伊斯兰教的发展，特别是促进了河南回族风俗习惯的形成。但过分的民族自我凝聚，则会导致民族文化的闭塞和落后。

二、近代回族教育

清末民初，受新文化运动思潮的影响，回族中的有识之士倡导兴办回民文化教育与宗教教育，以达到振兴本民族的目的。1912年，王浩然在北京发起组织“中国回教俱进会”，以“兴教育、固团体、回汉亲睦”为宗旨，会纲第二条规定：“倡设男女小学校及其他必要学校，均照教育部规定办理”。河南亦因此涌现了大批回民（清真）中、小学校，标志着河南的回民民族教育开始由单一的经堂教育型向以回民普通教育为主兼有宗教教育的多元教育型转化，具有划时代的意义，这被称为回族的“新式学校

① 赵振武：《三十年来之中国回教状况》，载《禹贡》第5卷第1期。

之权舆”或“时代教育之新纪元”。

这一时期回族教育的特点是：办学方式及课程设置均脱离了经堂教育模式，动员社会各方面的力量集资办学，回族女子教育开始受到重视。

私立养正小学是河南省和开封市唯一的也是最早的回民学校，于清光绪三十一年（1905年）由热心公益的回族有识之士郭荩臣、魏子青、杜秀升等人在回族群众支持下创立。校址在北羊市路东，后靠东大寺。郭荩臣任第一任校长。1912年改为养正初级小学校，1918年改为公立养正回族小学，1922年又改为私立。初办时仅招两个班，4个年级，进行复式教学，设立讲经、读经、国文修身、格致、地理、历史、算术、图画、体操等课程。1940年由郭宜甫接任校长后逐步发展到5个班。1946年，由回族群众捐款购买了国民党68军军长在乐观街西头路北一座旧宅，学校扩增5个班。1944年，郭宜甫在接办养正小学的基础上，得到王运五、杜秀升、杜超凡、许亚青、李俊岭等人的支持，在理事厅街福建会馆创办河南省第一所回民中学——私立养正中学，由郭宜甫任校长，经费主要由回族群众募集，开始只收两个班，学生百名。1946年，迁至豆腐营街，与中州私立小学合校。1948年已有6个班。

清宣统元年（1909年），古荫堂等人创办信阳清真寺小学，校址设在新街清真寺，学生70~80人。

民国元年（1911年），淮阳县董事盂泽远、袁谦德、方厚斋、穆鹤年等聘请范廷三创办公立广化高初两等小学堂，有高级三年制一班，初级国民班一班，共68人。据1933年《淮阳县志》记载：“民国元年原有清真广化两等小学堂一处，地址在民族南街，民国十七年（1927年）改为清真公立广化小学学校，有学生两班78人，全年经费640元（硬币）由屠宰税附加项下支给”，校长方芝亭。1934年由方祥庭接任（义务职），1938年淮阳沦陷，学校被迫停办。1939年春，董事许友义、沙应先、方绍周、李庆庭、白彬甫和教长杜洗尘创办伊斯兰学校，有高初两班学生。1945年8月，学校迁回原广化学校旧址，改名为第六保校，不久改为代用中心学校，有学生6个班202人，1947年停办。

民国十二年（1922年），禹州的两所义学均改为国民学校。1929年，义学田地被收归禹县教育局，充为学田，两校经费改由教育局发放，将义学纳入了国民教育的轨道。

郑州的回民教育以管城回族区最为典型。管城回族区学校教育始于清末，光绪三十四年（1908 年），城内清真寺（北大寺）初创明经初等小学堂，招收学生 25 人，校长虎守智，这是近代郑州最早的一所回民学校。1916 年，郑州北大街清真寺办“大保小学”。民国以后，阜民里清真寺也曾办过小学，但因教育经费无着，中途夭折。1946 年，北下街清真寺建初级小学 1 所，后改为保国民学校。1947 年，在回民倡导下，在今北大寺设立圣达小学，次年春成立圣达中学。

1912 年，穆长青在周家口（今周口市）天房街办“惠远小学”。沈丘槐店回族镇有明远小学，位于寺西北隅。民国元年，由槐店回民促进协会会长海香廷出面，用槐店牛羊屠宰所得税将清真寺花园口和武术馆旧址扩建而成。第一任校长李遇春，聘请教师 2 人，当年招收学生 100 人分甲乙两班。1913 年 2 月正式开学，当时开设时课程有阿拉伯文、论语、修身、地理、算术等，经费由屠宰税支付。1924 年发展到 4 个班，有学生 120 人、教师 6 人。1926 年有 6 个班，招收学生 200 人，学校改为“沈丘县立第五小学校”。1968 年，改为“红旗小学”。1978 年，改为“槐店镇东关小学”。1982 年，改为“槐店回族镇小学”并沿用至今。

民国元年，南阳回族知名人士水子力率先在县城东关创办回民同化小学，1935 年改为景穆小学。1936 年，南阳县在汉口经商的马汉三捐资创办瓦店私立同化小学，设一至四年级，招收学生 300 余名。1941 年 1 月，国民党军事委员会副参谋总长白崇禧来南阳视察，对各县回族代表提出的回族教育落后和军队占驻清真寺影响正常宗教活动的问题极为重视，当即命令县政府着手在城内筹建小学 1 所，并要求在回民聚居的五里堡、凉水泉两地开办国民小学各 1 所。1929 年，内乡俱进会会长杨质岑在清真寺内开办私塾一处，有学生 20 余人。1936 年，改为清真小学，由杨丽生担任校长，有回汉学生百余人。1913 年，邓县回教俱进会会长马宪岑在城关西阁西北角的北岗（今公安分局处）创办民族学堂 1 所，后改为同化学堂。初创时为 1 个班，后为 4 个班，有学生 160 名，经费从牛羊屠宰税中征收“回民教育捐”，不足部分由马宪岑个人补助，他曾先后捐助白银 2000 两。该学堂于 1930 年停办。1939 年，唐河县回族有识之士吴天清和柏德生相继在城关清真寺开办回民小学 1 所，学生 60 余人，不到两年即停办。

1914 年，罗山县回教俱进会在清真寺办“清真小学”。1916 年，驻马店办“私立育英小学”。1918 年，郾城县城关清真寺小学招收 1 个班，学生 30 人。1927 年，河南省督军冯玉祥命令拆除庙宇，回族唯恐波及清真寺，清真寺纷纷挂起小学堂的牌子。风波停息后，多数学校又因资金难筹而停办。民国十九年（1929 年）2 月，张文政先生在桑坡创办小学，“小学一班，3 个年级，学生 59 人，教职员 2 人，全年经费一百元”[①]。日军侵占孟县后该校解散。

三、现代回族学校教育

解放后，人民政府十分重视回族教育事业。河南省政府拨专款新建校舍，并将回族中小学校迁出清真寺。同时，河南省政府要求各地中小学校均应招收回族学生，解决回族子弟就学难的问题。1951 年，初等学校中有回族学生 1485 人。1952 年，河南省政府将 2 所回民中学、24 所回民小学由私立学校转为公立学校。1957 年，全省有回民中学 4 所，在校学生 5748 人；回民小学 75 所，在校学生 50110 人。

在政府的扶持下，各地回民学校教育呈现出新的气象。1952 年，开封市教育局将养正小学改为公立，定名为开封市回族小学。1969 年曾易名乐观街小学。1980 年恢复原名，也称“一回”。1984 年，该校与顺河北街回民小学（“二回”）合并，校名为开封市回族小学。学校占地 7500 平方米，有两座教学楼，20 个教学班。合校以来，每年有学生 800 名左右，教职工 52 人。学校设有仪器室、实验室，有仪器、教具一千余种，图书一万余册，体育器材一千余件，满足了教学的需要。开封市回族小学 1981 年被市教育局定为重点小学。1952 年，私立养正中学改为河南省立开封回民初中，这是河南省最早的一所少数民族中学。1956 年，增设高中班，成为一所完中，改为河南省立回民中学。1967 年，更名二十二中。1980 年，改名

① 《孟县志》。

为开封市回民中学。1981—1986 年，国家投资 106 万元扩建校舍，学校占地 19443 平方米，建筑面积 81046 平方米。有教学楼、实验楼、办公楼、学生科研室等，有仪器、电教器材 2102 件，图书馆藏书达 8 万余册。截止到 1985 年，学生发展到 30 个班 1535 人，其中回族学生 585 人。

回民聚居区较多的太康县，1954 年 9 月建立回民中学，截止到 1985 年，全县回族小学已发展到 13 处，100 个班，学生 6453 人，其中回族学生 2498 人，占学生总数的 63.4%，教师 212 人，基本上在回族聚居区普及了小学教育。1949—1966 年，淮阳也先后在回族聚居区的城区、观音、赵寨办起了 3 所回民小学，共有学生 34 班 1350 人，其中有回族学生 450 人。1978 年后，又将城内原回民小学改为回民中学，并恢复了赵寨、观音回民小学 2 处，新建回民小学 6 处，即大连乡的段屯，刘振屯乡的方庄、东方庄、段庄，白楼乡的苏马庄，城关回族镇的苏花园等学校。这 8 所学校共有学生 55 班 2276 人，其中回族学生 1324 人，占总人数的 58%；共有小学教师 104 人，其中回族教师 48 人。回民中学建立后，淮阳县委、统战部、城关回族镇党委等各级政府极为重视，拨款新建教学楼一幢共 15 间教室，1985 年已有教师 56 人，其中回族教师 13 人，学生 785 人，其中回族学生 275 人。

许昌县 1982 年新建回民中学 1 所，小学 5 所，有国家教师 22 人，在校生 1432 人，适龄回族儿童全部入学。禹州市 1982 年以来恢复了城荚、山货厂、砖桥、皂角坪 4 所回族小学，创办了 6 所回族学校，这 10 所回族学校有学生 2471 人，其中回族学生有 1869 人，占学生总人数的 75%。

1952 年 11 月，郑州将私立圣达中、小学改为公办，两所学校分别改名为省立公办中学——郑州市回民中学、市立回民小学。1954 年，将地处回民聚居区的北大街小学改为回民初小，政府拨出专款，为回民初小建教学楼 1 幢共 16 间教室，拨款 8953 万元（旧币），发展幼儿和成人教育。截止到 1955 年，民族教育粗具规模，回族儿童入学率达 85%，回民小学在校生由解放初的 10 班 320 人增加到 33 班 1101 人。1954 年，回民中学学生增加到 724 人，回族学生占 48%；民校发展到 6 处 28 班 779 人，回族学员占 51%；扫盲班 5 个，回族学员占 60%。1978 年，教育事业得到迅速发展，改建和新建回民幼儿园 2 所，恢复回族聚居区的 3 所小学为回民小学。

增加对民族教育的投资，为回民小学新建、扩建校舍12657平方米，截止到1985年，管城有回民幼儿园2所、回民小学3所。管城回族区回族幼儿园创建于1958年12月，朱德、邓小平、彭真、罗瑞卿等中央领导曾来此视察，有70多个国家的外宾前来参观。

民国初年，洛阳东关清真寺内的“清真义学”被改为初级学堂。1949年3月，成立洛阳伊斯兰小学，校址在东关清真寺内，有教师2人、学生43人，为一至四年级复式教学。后更名为“洛阳市回民完全小学”。1958年，与东通巷完全小学合并，更名为洛阳市瀍河区东关回民小学。1953—1958年，政府先后7次拨出少数民族教育专款35700元用于新建校舍。1981年后，政府又拨专款，使该校设施得到了进一步改善。创建于1955年2月的回民中学是洛阳市唯一的一所少数民族中学，当时仅设9个初中班。1958年，增设高中部，成为完全中学。

新中国成立后，南阳回族教育工作发生了巨大变化。截止到1985年底，南阳共有学校98所，其中12所中学内有回民中学6所，86所小学中有回族小学63所。

为改变河南省少数民族干部后继乏人的局面，从1983年起，在开封市回民学校内增设二年制“河南省民族中等专业学校”。专业学校由河南省民委主管，委托开封市回民中学代办，是省内唯一的民族专业学校。当年暑期后招收首届学生103人，1984年招收101人，1985年招收103人，以后每年都招百余人，其中回族学生占90%以上。学生为年龄不超过22岁的河南省少数民族高中毕业生，享受公费待遇。现学校占地2216平方米，图书馆藏书十万余册。

截止到1987年，河南省已有民族中专1所、回民中学60所、回族小学282所、回族职业高中1所。在回族教育不断发展的情况下，各地民族教育的发展还很不平衡，如许昌县赵庄截止到1984年仍没有一个回族初中毕业生。不少回族中小学师资力量薄弱，教育设施落后，回族适龄儿童入学率、巩固率和升学率都低于社会平均水平。部分回族群众对普通教育仍存在不正确认识，教育意识淡薄，一些地方弃学经商现象十分严重。加强并重视发展河南回族的基础教育、幼儿教育和回族聚居地方的女子教育，注意协调回族传统教育与现代教育、宗教教育与普通教育之间的关系，围绕发展回族经济办教育，号召社会办学、群众办学，各地教育主管部门对回族教育采取相应的倾斜政策等，已成为河南回族教育急需解决的大问题。

（原载于《宁夏社会科学》，1998 年第六期，97～102 页）

艺苑园丁——达吾德·丁井文

黄旭东

达吾德·丁井文是一位从中原大地走出去的杰出回族人物，他一生有多种身份，每种身份又有很多传奇故事，都体现着中原人和回族人厚重的人格品德。

他是中国画坛少有的既握手枪又握画笔的画家，曾担任过党中央的内卫连指导员，直接负责中央领导的安全，是毛主席身边唯一的回族侍卫长；他是红墙里的家庭美术教师，毛、刘、周、朱、邓等家的子女是他的学生；他是新中国美术教育开拓者，和徐悲鸿一起筹建了中央美院和美院附中，并担任附中校长达30多年；他被尊为画坛伯乐和画坛元首，对当今画坛上的诸多名流有着知遇之恩和提携之情；他是桃李满天下的画坛园丁，一大批国际国内的著名大画家都是他的得意门生；他是有名的画坛铁汉，虽屡遭政治迫害，却力保他人安全；他是德艺双馨的画家，是延安最早给毛泽东、朱德画领袖像的画家之一，被黄永玉赞为“麻雀丁”。

1912年，丁井文出生于山西省晋城的一座清真寺里。丁家是阿訇世家，是山东青州的回回丁家。祖父叫丁绍周，当时在信阳府占坊，兼营杂货生意。父亲丁占先是丁家的第七代阿訇。丁井文一生名字很多，在家中排“景”字辈，“文”是父亲起的，意寓经天纬地之才。他乳名叫知感，经名叫达吾德，初中时他给自己改名字叫丁东坡，后来到了延安鲁艺，又取艺名劳丁，这应该是他最响亮的名字了。整风时受到审查，他又把名字改为井文，从此这个名字一直伴随他的后半生，直至刻到他的墓碑上。

丁井文不到半岁时，父亲受聘到沁阳县清化镇闪拐村清真寺任教长，他跟随父母定居于此。牙牙学语时，父亲即把成为丁家第八代阿訇的希望寄托在他的身上，不失时机地对他进行经堂教育。巍巍南太行，悠悠丹河边，丁井文时常揉着饿得咕咕叫的肚子，稚声稚气地诵读着一知半解的清真言。到了入蒙年龄，父亲将他连同大他3岁的哥哥，送到信阳他祖父那里去。祖父丁绍周培养孙子继承阿訇衣钵的期望有过之而无不及，丁井文跟着满拉们念了两年的经。到了8岁这一年，他死活叫嚷着要上小学，丁绍周阿訇就把这个执拗而有主见的孙子送进信阳县立第一小学。到六年级时，已经“感到人们的不平等”的丁井文结识了思想进步的教员赵民生，接受了革命启蒙教育。赵先生让他学一样技能，作为改造社会的武器。丁井文认为，“三民主义的民生主义就是共产主义，所以在那时希望着三民主义的实现”。由是他又决然回到沁阳，开始初中生活。

14岁这一年，家乡发生了红枪会头目围攻回民村，回汉群众械斗伤亡的恶性事件。正好国民革命军第19军军长吉鸿昌率部进驻清化，及时阻止了事态恶化。吉军长向省政府主席冯玉祥建议，在清化镇设立博爱县，直接归省直辖。从此，丁井文就以博爱为自己的老家了。

丁井文在初中的各科成绩平平，但在美术方面却展露出了天赋。1931年，丁井文听说省城开封的美术学校招生的消息，遂扒火车到了开封，考入设于山陕甘会馆内的河南艺术师范学校，接受了三年系统的美术教育。三年间他没有回过家，生活基本上靠自力更生和同学们的资助。1933年夏天，21岁的丁井文从河南艺师毕业了，他先后到中牟师范、郏县师范、信阳中学、青石桥镇小学担任美术教员，生活艰辛，苦恼异常。“九一八”后，正面战场节节败退，大好河山丢失近半，日寇的铁蹄一步步向南逼近。残酷的现实迫使着丁井文不得不想：鬼子已经打到家门口了，还能靠美术这个一技之长改造中国吗？

在青石桥，他认识了蔡韬庵。蔡韬庵当时还不是共产党员，但思想进步，在当谷山拉起了几百人的武装，旗号是“豫南抗日游击总队”。日本鬼子在“九一八”事件七周年的第一天，突然袭击素有“三省通衢”的信阳城。祖父的家在日军的炮火里被炸毁大半，家里一片狼藉，家人不知去向，从此，他再也没有见过敬爱的祖父。

国仇家恨，让丁井文感觉到武装反抗的必要性。他找到朋友郭子玉，秘密发动群众、组建武装。没过一个月，丁井文就拉起了一百五六十人的游击队，后来发展到人手一枪，还有6支轻机枪和一百多枚手榴弹。郭子玉担任队长，26岁的丁井文任指导员。他这双握惯画笔的手，把对鬼子的满腔仇恨全都发泄在子弹上，曾亲手击毙3个日本鬼子。

1938年12月，丁井文从蔡韬庵那里得知李先念在信阳“扩红”的消息。他做出大胆决定，谢绝国民政府的招安，把队伍交给了李先念，他仍为指导员。由于经常出没于深山老林，精神紧张，营养不良，他的胃病复发了。他的病情引起了支队领导的重视，派他到延安学习。李先念亲笔书写了介绍信。第二年4月，丁井文带着妻子闪晓芙和另外5名战士踏上了奔赴延安的艰难之路。他们用近两个月时间，经过竹沟、洛阳、西安和新正，换过4次手续，受过4次培训，才到达革命圣地延安，队伍由最初的7人减少为3人：丁井文、闪晓芙和欧阳之真。他们被分配到抗大学习，丁井文在抗大加入了中国共产党。抗大毕业后，经中央组织部介绍，安排他到鲁艺美术系深造，成为鲁艺美术系第四届35名学员之一。在鲁艺，他使用了“劳丁”的艺名，喻义“要做劳动人民中的一园丁”。这个笔名曾受到毛主席的称赞，他此后一直使用。

美术大家王式廓曾说：“丁井文在美术创作事业上，是前途不可限量的。”他着意栽培丁井文。在鲁艺后半期的学员生活，基本上就是如何利用美术特长为工农大众服务了。他用拉洋片的方式，绘制了《如何养娃娃》的宣传画，周恩来副主席亲自前来观看并大加赞赏，说他为提高边区人民的生育水平办了一件大好事。

而最让丁井文激动的社会实践，就是给毛主席和朱总司令画像。为画好领袖画像，他得以进入领袖们生活、办公的区域，根据绘画的需要自由观察。由于这个特殊的机缘，他在延安成为画领袖像的主要画家。那时，几乎延安大小会议上的领袖画像，基本都出于丁井文之手。也由于这个机缘，丁井文的才干和为人得到了汪东兴的赏识，推荐他给毛泽东的女儿李讷教授文化课和美术课，并在她以后的成长历程中用心教导。

丁井文人生遭受的第一个挫折是延安整风。1943年新春刚过，他受到审查。这个“高个子、长脸、眼睛眯成一条缝的、不太笑”的人明白，如果不承认自己有问题，是绝对过不了关的。可他坚持不落井下石，坚持不伤害别人，只好给自己罗织了“加入国民党、青帮、骷髅团”等莫须有的罪名。在他自身难保的情况下，还担保前妻、郭生、施滨、项军等没有问题，表现出坚强的党性和高尚的品质。

后来中央发现了审干扩大化问题，丁井文的问题算是不痛不痒地结束了。没两天，中央警备团抽调他创作《张思德》连环画。他很快完成了任务，作为毛主席《为人民服务》一文的生动配图。蔡若虹评价说：“丁井文画得相当不错，十分真实和形象。”1945 年一开春，丁井文接到任务，协助他的老师王式廓给即将召开的中共七大画朱毛油画侧面像。

抗战胜利了，内战不可避免，丁井文想到前方打仗，但没有得到批准。汪东兴举荐丁井文从枣园文工团调入中央警备团政治处做美术工作。在此期间他创作出了大量的宣传画、连环画，画了很多劳模像，出了数不清的墙报，刷了无数条的标语。

1947 年 3 月 18 日，他忍痛埋葬了第二任妻子宇田，把儿子寄养在农家，毅然跟随领袖们撤离延安。1948 年，刘少奇率领的中央工委抵达西柏坡，丁井文与其他同志一起提前结束转战陕北的使命，来到西柏坡做先期准备工作。他们首先疏散群众，实际上是对村子里成分不好的群众和敌伪家属进行搬迁；其次是选择有利地形修建房屋和挖防空洞；为了满足日后指挥全国战场的需要，他们还在滹沱河上拦河修坝，从石家庄买来电机，安装了小型水电站。

在西柏坡，为适应共产党胜利在即、蒋介石丧心病狂等复杂斗争形势的需要，中央对警备团进行了整编，成立了加强性质的内卫连，来保卫毛主席和党中央的安全。突然有一天，汪东兴找丁井文谈话，宣布任命他为内卫连指导员。

在丁井文的记忆中，辽沈战役是毛泽东和周恩来最操劳的战役。当时大战在即，毛泽东经常通宵达旦地工作，在白天才能休息一会儿。而恰在这时，成群的麻雀会不识趣地飞来，停在院中那棵大楸树上，叽叽喳喳聒噪不停。丁井文安排战士们执勤时，要在口袋里装上小石子，一见麻雀飞来，就立即打过去。有次毛主席在岭上边漫步边思考问题，无意中走出了警备圈，遭到了丁井文的严厉制止。新中国成立后，在中南海怀仁堂，毛主席、周总理、刘少奇、朱德、董必武等中央领导观看中央美院的作品时，周总理特意向毛主席介绍丁井文：“他就是西柏坡时内卫连的老指导员。”毛主席笑着说：“我们很熟，就是他在西柏坡限制我的自由！”就在这次丁井文陪同毛主席观看彦涵的版画时，摄影师侯波抢抓到了这一难得的历史瞬间。这张珍贵的照片成了中央美院和丁井文的珍藏。他最自豪的是在艰难的情况下，做好了七届二中全会的保卫工作和领袖画像工作。

开国大典后，他提出了转业请求，汪东兴有意安排他到中央军委去，他却义无反顾地选择了美术事业。1949 年 11 月，丁井文到位于王府井校尉胡同 5 号的北平艺专，向徐悲鸿报到上班。他作为市委特派员，除徐悲鸿外，审查一切旧教员和地下党员。丁井文并没有雷霆万钧地搞政审，而是以座谈会这种宽松的形式和受审查对象交流、谈心。政审结束后，丁井文在美术界的威信树立起来了。他还担任素描教员兼人事科长，月薪小麦 550 斤。期间他创作出《种好棉花可以发家》宣传画，在《人民日报》上发表。他和王式廓、顾群三人共同创作的油画《毛主席和斯大林》发表在 1951 年 9 月的《人民日报》第一版。这幅画还被设计为邮票，成了国家名片。

中央美术学院成立后，丁井文的担子很重，集院长办主任、人事处长、党委统战委员和图书馆馆长于一身。他没有私心，处事公正，为人厚道，巧妙地处理助手和院长的关系、中共与党外的关系、政治和美术的关系。繁杂的行政工作和党务工作成了他的主业，绘画只能算是业余爱好了。这次角色转换，是丁井文人生中的重大转折。从此，中国少了一个优秀的画家，而多了一个画坛伯乐。他牺牲了自己的专业，却成就了新中国美术的百花园。

1953 年 2 月，黄永玉偕妻子、孩子从香港到中央美术学院报到，第一个接待他的就是丁井文。把黄永玉安顿下来，接着就是解决吴冠中的问题。两年前，吴冠中从法国归国，丁井文给他办理了聘用手续。期间，为解决吴冠中的家庭困难，丁井文所在的人事处还以学院推荐的名义，安排吴冠中的一个妹妹参了军。由于吴冠中对国内的政治运动、对美术教学的观点和看法与美院的气氛不十分融洽，有一天，丁井文奉命给吴冠中打电话，告诉他调到清华大学建筑系教课。起初，吴冠中误会了丁井文，后来时间久了，事情也就明朗了。两人交往日渐频繁起来，经常联袂出席美术界的大型活动。在中央美院最初的 3 年时间里，由于他的特殊身份，他和齐白石、李苦禅、李可染、吴作人、黄永玉等成了挚友。

丁井文是有名的画坛铁汉。“三反”运动中，丁井文因管的是“油水”部门，被隔离审查，他在反省室里要来笔墨和《共产党宣言》《中共党史》等5本书。学习完，开始给专案组写“具结书”，除为自己争辩外，就是保人。他一口气保了艾中信、罗工柳、冯法祀等12位同志绝不会有贪污行为，希望组织上大胆使用。“三反”运动结束后，丁井文不仅没被打成老虎，还证明了清白和人品。此后，他在中央美院有了“铁汉”的外号。1957年整风时，他为江丰仗义执言，被划成“中右”，还好没让靠边站。他依然故我，经常去看望“反党分子”江丰；他遇到已经打成右派的同志，总是热情地上前打声招呼，嘘寒问暖。他只要找着时机，就以边工作边改造思想为由，把一些右派分子重新安排到岗位上来。就这样，中国画坛上一个铮铮铁汉的形象，就在丁井文为别人的前程奔波、操劳之中，愈加丰满起来。

1953年，在徐悲鸿的安排下，丁井文白手起家，创建中央美院附中。他破天荒地提出了“小盆栽大树”的理论。他说：“咱附中处在首都大学林立的环境中，且相对于美院而言，只是中专规模，就相当于一个小小的花盆。但是，就是这个小盆，我们要栽出参天大树来！”他培养出了刘大为、杨力舟、周思聪、李中贵、史国良、韩书力、金鸿钧、张仁芝、金连经、徐匡、吴强年等大师级的画家，支撑起了当今共和国的美术天地。作为一个民族教育家，丁井文还十分注重少数民族美术人才的培养，每年附中招生时，都对少数民族考生给予照顾，从附中也走出了诸如曹春生、金连绣、金泰洪、张秉尧、广军、巴雅尔、占布拉等民族书画大家。黄苗子为丁井文写下的“艺苑园丁”四个大字，是对他当之无愧的真实写照。

他是当之无愧的画坛伯乐。1953年，中央美院毕业生王学仲要报名支边，丁井文找到王学仲，劝说他发挥特长在院校任教，王学仲于是受聘到天津大学教授素描和水彩。30年后，天津大学成立了王学仲艺术研究所，他当选为中国书法家协会第二、三届副主席，是继启功之后，获得书法兰亭终身成就奖的第二人。他对丁井文的提携和点拨一直念念不忘。著名画家卢沉当年来报考美院附中，丁井文得知他毕业于苏州美专后，建议卢沉直接考中央美院。毕业后，丁井文又把他要到附中任教。卢沉后来说：“是丁校长的一句话，让我节省了宝贵的四年时间。”他的妻子周思聪，当年瞒着家长考上美院附中，父亲却不让上，丁井文亲自找到周父做思想工作，这才让周思聪走上了美术之路，让周思聪更没想到的是：她被直接调上二年级。她后来成长为中国美协副主席。著名女画家郑爽和金连绣，当年考附中时成绩优秀，但她俩因是清朝皇室爱新觉罗氏的后代，附中不敢录取。丁井文看中她俩是艺术苗子，大胆摒弃唯成分论，明确表示："学校准备录取你们！"郑爽这才得以师承古元、李桦、黄永玉等大师，日后成为了著名的版画家。他还帮助金连绣申请了甲等助学金，最终使她顺利完成学业。后来，同样帮助了金连绣的弟弟金连经。何韵兰是个孤儿，15岁时只身来京报考附中，却没钱回家，丁井文亲自给她买了充足的饭票，还安排她住进美院学生宿舍。朱理存专业课考试时要提前交卷，遇上巡视考场的丁井文，他看了她的画作，严肃地说："不打铃，不许出去！"朱理存只好坐下来检查习作，真的发现了问题，及时进行了修改完善。她后来说："如果不是丁校长叫住我，我估计就考不上附中了！"六零届毕业的回族学生张秉尧，因为家庭困难，不想考大学，希望学校给他安排工作。丁井文语重心长地说："咱回民缺乏人才，你要努力争气上大学，为老回回争光，怎么能被眼前的困难吓倒呢？可以申请助学金。希望你在这件事情上，学会正确处理个人与国家的关系！"张秉尧深受鼓舞，一举考上了中央美院雕塑系，他后来成为中央戏剧学院教授。兰州人白敬周是资本家后代，父亲不支持他学画，想让他当工人，而他却一心想考美院附中。他风尘仆仆地赶到北京时，入学考试已经结束了。当丁井文听说白敬周是因为筹措路费而误了考期时，竟然给他一人安排了补考！白敬周感慨地说："如果不是丁校长网开一面，我只能灰溜溜地回家当学徒了，人生的历程自然就会截然不同了！"六二届的学生古干，考上北京艺术学院后因病休学。病愈后，北京艺术学院撤销了，师生分别并入了中央美院和中央工艺美院，他的入学问题，双方都不愿接受。丁井文在北京市文化局设计室给古干争取到一份工作，后来他又到人民文学出版社做美术编辑。他敢于推陈出新，把现代书法与绘画完美结合起来，形成了自己独特的艺术风格。他先后有6件作品被大英博物馆收藏。他不止一次地说过："这首先要归功于丁井文校长。"他给丁井文祝寿，专门送上书写的横幅"高山仰止"4个大字，并在落款时称赞丁井文有"父辈之严，慈母之爱"。像这样的例子还有不少，举不胜举。

1960 年，国家遭受自然灾害，人民食不果腹，他总是带头捐献珍贵的粮票，和同学们一起同甘共苦，吃一样的伙食。他甚至还极力协调，为初中班学生争取到早餐一个鸡蛋加一杯牛奶的“特权”。

“文化大革命”刚爆发，他就沦落为“走资派”，批判的大字报铺天盖地。多少次，丁井文被架着“喷气式”，忍受着声讨、攻击和拳打脚踢。终于学校厨师于兆芳看不下去了，他手拿两把菜刀跳上台来，说“丁校长是保卫过毛主席的老革命，毛主席也说过劳丁好，谁反对他，就是反对毛主席!”从此以后，老于头每次都拿把菜刀为老校长保驾护航。

于无声处听惊雷，人民扬眉剑出鞘。1977 年，丁井文平反了。丁井文狭小的院子里一时间高朋满座，来的人中，有祝贺的，有慰问的，有发牢骚的，也有斗过他的学生来认错的，丁井文宽厚地说：“年轻人嘛，都有迷茫的时候，我也经常犯错。搞运动嘛，错不在你们。关键是振奋精神，要往前看。”一席话，使师生情谊在经受磨难后得到了升华。

经过历次政治磨难的丁井文，更把世间万物看得淡了，他谢绝了汪东兴副主席拟安排他到南方某省担任常务副省长的提议，表达了继续画画的意愿。不久，文化部成立中国画创作组，丁井文担任常务副组长。他首先着手的工作是列名单。他列到谁，就意味着这人从此脱离苦海，获得解放。王学仲当时在北京居无定所，得到丁井文推荐后，住房问题迎刃而解，在艺术创作上也实现了突破和转机。当时长安画派的奠基者何海霞，正在陕西富平县的瓷窑里画瓷器。陆俨少到京后，禁不住与丁井文紧紧拥抱，热泪横流。而石鲁当时的处境最为悲凉。他曾因公开批评江青而险遭枪毙，受到迫害后一度精神失常。丁井文亲自到秦岭的荒山野林里找到他，将他接到北京，先治病后休养，痊愈后才让他上班。到了秋天，创作组的队伍越发庞大，群贤毕至，群英荟萃，刘海粟、程十发、朱屺瞻、黄胄、许麟庐、冯建吾、孙其峰等十几位画坛巨擘先后云集北京。劫后余生的老友们欢聚一堂，庆祝重获人身自由和艺术新生。丁井文又设法吸收史国良、郭怡孮和古干等年轻画家进入创作组，请老画家们传帮带。他在中国画创作组的时间虽然短暂，但对于中国画的起死回生、恢复发展，对于国画家的平反保护、后继有人，都起到了关键作用。

1978年，丁井文临危受命，出任中央美术学院国画系主任。面对国画教师队伍严重缺员的实际情况，他继续点名和选拔老中青画家，这样又解放或平反了一批人。李可染、李苦禅、蒋兆和等著名的老教授陆续归校，张立辰、郭怡孮和贾又福等一批中青年画家的关系也办到了国画系，很快形成了老中青三结合的教学梯队。他还在国画系招收了首届研究生，中国美协主席刘大为、副主席杨力舟和大画家杨刚、史国良都是这届的学生。

1980年前后，恢复附中建制，江丰亲自请来丁井文，请67岁的老人再次出任校长。在全体师生的共同努力下，附中又恢复了元气，实现了凤凰涅槃，在社会上的影响再次声名鹊起，又成为全国热爱美术的中学生们向往的地方，成为培养画家的摇篮。

1984年3月5日，丁井文的离休申请终获批准。他一心扑在了绘画上，好像要把过去的损失补回来。他过去最擅长写实人物画，离休后则以国画中的花鸟题材居多。他崇尚竹子的高尚气节，他向往菊花的隐逸之美。他用浓墨画过憨态可掬的狸猫，他更对小小的麻雀倾注了非同一般的喜爱之情。他的画中，这些精灵们，或在风竹里迎风翻飞，或在树梢上喳喳鸣叫，或在梅花里窃窃私语。黄永玉老先生对丁井文画的麻雀十分推崇，他曾经写道："他画得一手好水墨，尤其是麻雀特别精彩，他并不急于让人知道，换了别人，老早自吹是'麻雀丁'了。"

在丁井文的人生信条里，热心帮助别人，不提个人要求，是他一生坚守的底线。他是附中的老校长，是享受司局级待遇的离休干部，可他从未向学校提过派车的要求，参加任何社会活动都是骑自行车。到八十多岁骑不动了，才选择了坐公交车。他的儿子退伍后，想到附中工作，被父亲断然拒绝。他的女儿在空军司令部任护士长，他若肯出面找汪东兴走个"后门"，女儿的工作肯定会安排得更好，可他没有这么做。好容易遇到一次分房机会，他却谢绝组织的好意，依旧住在简陋的小屋里，直到逝世的前一年。

年龄大了，丁井文的国家和民族情结越发浓烈。国家筹备亚运会时，北京市民委组织了一场民族书画家捐赠作品活动。丁井文第一个来捐献画作。1990年元宵佳节，北京组织"民族团结书画长卷"活动，丁井文即兴画出《麻雀图》，成为长卷最出彩的亮色。"北京穆斯林书画展""全国回族书画大展”都留下了他的墨宝。1994年3月，丁井文当选为中国少数民族美术促进会常务理事，继续为振兴少数民族美术发挥余热。这一年，离休在家的他获准享受国务院特殊津贴。1998年，我国南方遭遇百年不遇的洪灾，他除了捐出8万元外，又捐出了自家珍藏的郭味蕖、关良、吴作人和黄胄这4位已故大师的画作。紧接着，中国少数民族美术促进会主办“民族书画家赈灾义卖展览会”，丁井文更是率先捐赠。老友黄永玉邀他到凤凰城散心游玩，他主动向当地领导要了10个帮扶土家族学生的名额，资助学生们的生活费，直到义务教育阶段结束。

他在当今画坛大师们中的影响力更是人所尽知，新中国的画坛巨擘们没有别的表达敬意的方式，都发自内心地送画给他。刘海粟就主动送给丁井文一幅大画作为纪念。黄永玉也专门给丁井文画过一本十开的册页《祥鸟集》。跋言中还写了这么一段文字：“余与老丁廿年甚少往来，相聚可数者，匆匆二三次耳。邂逅间只点头目成而已。然老丁为余心目中铁汉，为熟人朋友心目中之铁汉，则早已论定……”他还三次给丁井文画肖像，足见丁井文在黄老先生心中的分量。很多人知道了他和这些大画家们非同一般的关系，求画时总是托他帮忙。只要热心的丁井文一出面，李可染、李苦禅、黄永玉、吴作人等诸多大家从未驳过他的面子。石鲁遇到有人求画，曾提要求说：“要想让我画画，请北京的老丁来！”有一次，丁井文带着外地画家来李苦禅家求画，李先生爽快地铺纸就画，谁知这位画家接过一幅又要第二幅、第三幅，李夫人就出面阻止说：“可以了，别再画了！”李先生有些不高兴了：“什么可以了？你没看是谁带来的！”启功老先生则对丁井文更直接、更大方：“你的朋友多，需要的，你尽管拿去。”

他和黄胄的亲密关系，更是人们津津乐道的佳话。1951年的一天，徐悲鸿看到黄胄的彩墨小画《爹爹上前线打敌人》，就安排丁井文想方设法调黄胄到中央美院来。丁井文为调动素未谋面的黄胄，到文化部找周扬部长，又跑中宣部找胡乔木，主管部门都盖了红彤彤的公章。拟调公函一发去，兰州军区坚决不放人！这项任务直到徐悲鸿去世也没有完成，却使丁井文和黄胄成了挚交。4年后，黄胄调任总政文化部创作室创作员，他迫不及待地找丁井文报到。丁井文考虑到黄胄人地两疏，不仅在生活上给了他很多关照，还帮他联系出版画册，引荐美术界的朋友。这些帮助，对黄胄在卧虎藏龙的京城尽快站稳脚跟打下了坚实的基础。从此，丁井文家成了黄胄最温暖、最想去的地方。他经常胳肢窝挟着一大卷画作，到丁井文家中切磋画技，还说需要什么你尽管拿去。有时，他会问："有谁要画不要?"丁井文真的就拿出一些名单，说某某要人物速写、某某要山水立轴、某某要花鸟斗方……黄胄都一一满足。更能反映出二人真挚感情和大师风范的，则是两人联袂画驴的故事。经常是丁井文画人，黄胄补驴。自此，两家亲密无间的关系，延续了半个世纪。当时实行烟酒副食配给制，丁井文的烟酒票和羊肉票基本都让黄胄享用了。黄胄看到丁井文和郑学文结婚后迟迟没"动静"，就画了一幅笑嘻嘻的盘脚娃娃，让郑学文挂在床头，每晚要看上一看!

最具传奇的是黄胄为丁井文画《五十驴图卷》的轶事。1964 年一个晚上，已经靠边站、受到大批判的丁井文在家闷坐，黄胄突然登门拜访。酒酣之际，黄胄用两个钟头给丁老兄画了一幅长卷《五十驴图卷》。几天后，黄胄又来丁井文家做客，发现少画了八头毛驴，他又在画上补出了八头毛驴，竟然修饰得天衣无缝。为记下这段画坛佳话，丁井文请参与国徽和政协会徽设计的中央工艺美院第一副院长张仃题写《黄胄画驴图》，又请启功题跋。1966 年，黄胄因是邓拓"三家村死党，不为革命驮公粮，只为反革命运黑货"而受到批判。丁井文受到牵连，被打成"驴前卒"，家中被抄，其中就有这幅长卷。有一天，接受监视劳动的妻子郑学文被安排到库房里打扫卫生，她在整理杂物时，无意中看到了《五十头驴图卷》。她装出若无其事的样子，问革命小将们："这张画你们还批不批?"红卫兵不屑地说："早就批倒批臭了！立即把这些破烂儿打扫干净，该扔哪哪去!"这幅宝贵的图卷就这样失而复得了!

丁井文是有名的红墙画师，很多中南海首长的子女是他的学生。他的第一个学生是毛主席的女儿李讷，从此维持了与毛家数十年的友谊。若干年后，李讷一说起丁井文，总是说："我永远是他的小学生，衷心地祝丁叔叔健康长寿!"

邓小平的女儿邓林原在中央音乐学院附中学音乐，后来想到中央美院附中学美术。邓小平夫妇就请丁井文到家中吃四川担担面。丁井文并没有当场大包大揽，而是回校召开支委会，决定让邓林先当旁听生，期末考试若合格，再当插班生。邓林成为著名女画家后，常对人讲："若不是丁校长，哪有我的今天!"

刘少奇的儿子刘源在八九岁的时候，对水墨画产生了兴趣。这天，王光美给到家做医疗保健的郑学文说了刘源想学画画的事。郑学文爽快地说："这事让我家老丁来办吧。"丁井文很快安排好了刘源拜师的事。刘源得以从学李苦禅、李可染、叶浅予，最终拜黄胄为师。红墙里还有朱德家的朱援朝、朱和平，周恩来的侄女周秉宜，都是丁井文的正式学生。周秉宜甚至还替周总理给丁校长代话，周总理说："告诉你们的校长，附中不仅是美院的附中，也应该给工艺美院输送后备生。目前我们国家的设计水平很低，我们的产品到香港换个包装价格就成倍增长，你们学校也要加强设计方面的课程，有时间我准备与他谈谈……"1997 年，85 岁高龄的丁井文想起当时的情形，情不自禁地画了幅《长征时期周恩来同志》画像，怀念敬爱的周总理。

丁井文十分关心家乡的教育。他说："回族为啥发展慢？就是吃文化程度低的亏。再穷不能穷教育，我干一辈子教育，要给家乡的父母官们做个表率。"2002 年，他筹措 24 万元建设款，为老家闪拐村捐建一所希望小学，购置了崭新的课桌椅。县里把小学命名为"井文小学"。

丁井文一生有 4 任妻子。第一任妻子是他在沁阳师范的同学闪晓芙，新婚才 7 天，他告别妻子，毅然踏上了信阳教书的路途。后来她跟着丁井文跋山涉水来到延安，却弃他而去。他的第二任妻子是鲁艺美术系的同学宇田，他们真心相爱，育有一子，1938 年在撤离延安前，她不幸感染上斑疹伤寒，受医疗卫生条件的局限，抗菌药物奇缺，引起了很多并发症，不幸去世了。革命胜利后，他试图在济南打听宇田亲人的下落，但无果而终。第三任妻子是美院附中的老师张大音，比丁井文小近 20 岁，两人育有一女，后来张大音在丈夫去苏联访问时移情别恋，丁井文理智地成全了张大音。第四任妻子是就是前文中提到过的郑学文，也是一位老延安，曾任中南海门诊部主任，长期担负着中央首长的医疗保健工作。她前夫参加过抗美援朝，回国后因病去世。郑学文非常贤惠，她大度地处理了丁井文和前妻张大音的关系。张大音的母亲病重，郑学文竟把老太太接到自己窄小的家中，端汤喂药。张大音的妹妹从东北过来投亲，丁井文和郑学文照样接纳了她，在家中一住就是半年之久。张大音和后来的丈夫所生的女儿到北京后生病了，郑学文不仅为她延医诊治，甚至亲自给她洗澡洗衣。

2003 年 5 月 4 日下午 5 时 30 分，丁井文安详地归真了，埋葬于位于丰台区的芦井回民公墓。11 月 28 日，中央美院附中庆祝建校 50 周年，特意举行了丁井文铜像揭幕式。这是继徐悲鸿铜像之后，中央美院在校园里安放的第二尊铜像。

黄永玉老先生在他的万荷堂里，写了一篇文章《给这个党员打分》，他直率而真诚地写道："我好多年前曾经说过默祷他长寿，如果年岁可以捐献的话，老丁！拿我的几岁去吧！他活得比我有价值，我高山仰止。"华君武说："丁井文是美术界第一大好人。"王学仲说："丁老是美术界的精神元首。"力群先生则以老友的名义作了挽联，乃是丁井文一生真实的写照：

画坛伯乐，为千里良驹鞠躬尽瘁；

艺苑园丁，育神州桃李无私奉献。

（原载于《伊斯兰文化研究》，2013 年 7 月，10～15 页）

郑州回族圣达中学创建前后

马瑞轩[①]

郑州解放前中学很少，仅有省立中学、私立明新中学和基督教会创办的圣德中学。回族圣达中学是1948年暑期即郑州解放的3个月前才勉强建立起来的。

世居在郑州城北半部的回民，解放前夕约有600多户3000多人，90%以上是贫苦农民和小贩。这里的文化教育基础很差，只有两个回汉兼收的初级小学。一是北关小学，是由崇圣寺庙田开支经费；一是清真寺小学，由寺产开支经费。这两所小学是在民国二年至民国三年间（1913—1914年）创建的，设备都很简陋，都是只有一两位教师，担任参差不齐的好几个年级的课程教学。由于这里的居民生活十分贫穷，能赚几个钱就赶紧送孩子去上学，没有饭吃时就停学。开学时学生还不少，以后学生逐渐减少，到期终学生所剩无几，多数学生是上上停停，停停上上。有时因战乱，学校被驻军占用，或因筹措不到课租，经费不足也得停课。后来北关小学改名为博爱镇小学，清真寺小学改名为维新镇保立小学。

1945年抗战胜利后，清真寺小学因无人主持陷于瘫痪状态，清真寺董事会决定把清真寺小学办成寺立中心小学，开设高小，并更名为圣达小学。由于国民党政府不予支持，直到1947年暑期圣达小学才正式办成完全小学。因战乱筑城防工事，到处挖沟拉铁丝网，附近居民都迁走了，北关小学也变成了废墟，不得不几次迁移校址。直到新中国成立后，在人民政

---

① 马瑞轩，男，回族，1902年生，郑州市北大街人，1935年石家庄警官学校毕业，在平汉铁路郑州段任巡官，1938年回家务农，解放前后曾任郑州市清真寺——北大寺社首总管，第一届管城回族区委员，第三至五届郑州市政协委员，1973年病故。

府的支持下，于1953年开始创办高小，1958年又新建楼房87间，班次扩大至20个，师生达千余人，发展成为一个有一定规模的完全小学。

在创办圣达小学的同时，为了保护清真寺的寺产和解决回民子弟上中学问题，决定创建圣达中学。创办圣达中学历经周折，首先是清真寺委员会内部认识不统一，再就是国民党教育当局百般刁难，后来经过向郑县参议员、县银行行长罗叔樵和郑县教育长冯小定请客、送礼，才准予圣达中学备案。直到1948年暑期，圣达中学才在清真寺的南院因陋就简地开了课。因报考学生数量不足，只得从圣达小学五年级的学生中挑选一些成绩好的学生，凑足50名一班学生开课。

圣达中学创建初期，学校只有十几间房，大门是个“节孝牌坊”，教具及课桌是从圣达小学挤出来的。这时正巧遇上国民党十二绥靖区由新乡南迁经过郑州，火车上载有国立十中一部分教具。我弟弟马朝栋当时在郑州绥靖公署任勤务营长，利用他的职权，让圣达中学的师生到火车站列车上搬回一些黑板、桌凳和床铺，补充了学校教具之不足。

最初学校的总务处设在清真寺内，所需的笔墨纸张等每天去寺里领取，很不方便。后来校董事会一再向清真寺交涉，才把顺河街、迎河街（现解放路）寺产地皮拨给学校一部分，地皮租金收入70%归圣达中学，30%归圣达小学使用。当时地租每月收小麦1.5~2万斤。本来这些租金足以维持学校经费开支，但当时由于饱受国民政府的苛捐杂税盘剥，通货膨胀，物价一日数涨，租户们有的已食不饱腹，衣不遮身，哪还有钱向学校交租金？所以每月只能收到租金的三五成，这样学校教职员只得过着吃窝窝头、喝白开水的生活。

在学校备案时，学校校长要求必须由大学毕业生担任。解放前回族中这样的人很少，当时只得把唯一的一位医科大学毕业的医师金振铎聘请来担任校长。教职员数量也不少，但多数是兼职，有些人还不具备当教师的条件，就这样总算勉强把学校办起来了。

1948年10月郑州解放了，人民政府对全市这个唯一的回民学校在各方面给予大力支持。1952年暑假时，圣达中学已发展为8个班级600多名学生，教职员有40多人，扩建楼房24间、平房10余间，原来没有教学仪器和图书，这时已购置图书1000多册，增添了不少教学仪器。1953年春，市政府拨地80亩、基建费27.4万元，新建楼房200间。有学生24班1000多名，教职员85人，并将圣达中学正式定名为郑州回民中学。

1964年6月

（原载于《郑州文史资料》，第11辑，118～120页，1992）

郑州市回民中学

马迎洲等

郑州市回民中学的前身为私立圣达中学，是由圣达中学校董事会创办的，1948 年 8 月招收新生，于当年 9 月 1 日正式开学。1948 年 10 月郑州解放，学校复课时只有一个班，学生 30 余人。当时办学条件很差，依靠师生勤俭办校，自己动手修建了两栋教学楼和部分办公平房，共计 33 间，其余都借助于清真寺或租赁民房，教职员工共 9 人（其中两人为兼职）。其经济来源靠清真寺拨给的地皮租金，收多用多，收少用少，没有保障。

由于圣达中学是由回民群众创办的私立学校，所以，为了帮助少数民族发展教育事业，从 1949 年起，人民政府每年都拨付一定经费，用以购置设备及师生生活困难补助。如 1949 年政府拨发 100 万元（中州币）补助款，占当时学校经费总数的 25%；1950 年补助小麦 7.2 万斤，占学校经费的 100%。从此以后，该校的经费每年都由政府拨款，保证了学校教学工作的正常进行。

1953 年 2 月，根据国家关于接办私立中学的规定，经河南省文教厅批准，将圣达中学改为公立学校，定名为河南省郑州回民初级中学，一切待遇与其他公立中学相同。此时，将学校班次扩大为初中 11 个班，有学生 601 人，教师 43 人。1953 年秋，该校增设高中 1 个班，学生 49 人，成为完全中学。高中班的学生来源不仅仅限于郑州市，而是全省范围内招生，全部录取回民学生，所以，全校回民学生比率上升很快。

1953 年该校改为公立以后，除学生数、教师数不断增加以外，还积极筹建新校舍。1953—1955 年，省人民政府共拨付基建费 27 万多元，建教室、寝室、办公室及辅助用房 180 余间，为师生提供了良好的生活、工作和学习条件。截止到 1958 年，已有教学、办公、住宿用房总计 215 间，各年级共24个教学班。

1958年，随着“大跃进”运动的逐步开展，学校逐年增加班次，将河南省郑州市回民中学改名为河南省第六中学，同时停止面向外地回族学生的招生工作，回族学生逐年减少。截止到1961年，该校共有学生921人，教学规模仍保持原来的24个教学班。此后的几年时间，大体上稳定在这个水平。1960年，学校仍然恢复河南省郑州市回民中学的名称。截止到1965年，该校共毕业学生1042人，升入高一年级学校的374人，占毕业学生总数的35.9%。其中1956—1960年的5届高中毕业生基本上是回族学生，报考高校414人，考取241人，升学率为58.2%。升学比率较高的年份是1959年和1960年。1959年报考133人，考取108人，升学率为81.2%；1960年报考76人，考取71人，升学率为93.4%。

1966年7月，河南省郑州市回民中学被认为是“四旧”的东西，强令改为郑州市第六中学。根据统一部署，前后停止招生4年之久，后又提倡普及高中教育。1969年春，招收新生1169人，按照军事编制，编为8个连25个排，1973年又增加4个连，共计33个排，学生1772人。初高中全部改为两年制，一次办理毕业。毕业生的主要去向是上山下乡“接受贫下中农再教育”。他们有的插队落户，有的组织青年队、青年农场，经过一个时期的锻炼后，再招工回城，也有部分在农村安家落户。

1980年9月，该校改为郑州市回民中学，落实了党的民族政策，体现了党对少数民族人民的关怀。此后，省、市财政先后拨出学校建设经费14万多元，对学校的建设和发展起到了很大的推动作用。1981—1984年，除将原20个班的教学楼翻新并扩大为24个班外，又新建家属楼两栋、图书实验楼一幢、工厂生产办公楼一幢、仓库和其他辅助用房33间，共建成新校舍1万平方米。建新房的同时还拆除了破旧平房及办公楼75间。1984年又动工兴建八角形教学楼及其他设施，1988年以前全部竣工投入使用。

在改善教学条件的同时，学校的其他设施及情况也有很大变化，如1987年该校图书馆藏书70157册，为1952年1058册的66倍，为1958年14000册的5倍。为了方便师生借书、阅览、查找资料，还开辟了供教师专用的图书资料室，供学生课余阅览的学生阅览室，为教学和学习提供了良好的条件。该校教师的知识结构也有很大的变化。1984年，全校有教师106人，其中大学本科毕业的48人，占教师总数的45.3%；大专毕业或大学肄业的34人，占教师总数的32.1%；中专或高中毕业的24人，占教师总数的22.6%。

郑州市回民中学虽然是一所普通中学，其办学方针、培养目标、教学大纲、教学计划像其他普通中学一样完全按照党和政府的要求和规定执行，但是，它又是一所以招收少数民族学生为主的中学，因此产生了如何根据少数民族特点办学的问题。建校40年来，在党和政府的统一部署下，在校领导的具体安排、落实下，除保证完成正常教学任务外，还宣传了党的民族政策和宗教政策，强调照顾回民的风俗特点，尊重其风俗习惯，加强了民族团结。

学校坚持对回民学生入学照顾，以提高回族学生的入学率。1950年，对回族考生入学给予分数线降低5分的照顾。1952年，对回民学生入学照顾20分，同时还允许郑州市各个清真寺保送3名回族走读生入校学习。从1953年起，按照国家有关部门的规定，坚持在同等成绩条件下优先录取回族学生。1980年恢复郑州市回民中学名称后，少数民族学生入学时也都根据省政府的有关规定给予适当的降分照顾，受到少数民族群众的拥护。

对于入校的少数民族学生，学校还积极安排好他们的生活、学习，坚持对回族学生的照顾。解放初期，由于多数回族学生家庭条件较差，求学困难大。针对这种情况，政府尽可能给予照顾，有的给予免费生待遇，有的给予助学金补助。如1952年全校享受助学金的人数占学生总数的5%，而其中回族学生则占享受助学金学生的30%。除助学金外，有的回族学生得到医疗、棉衣、伙食费补助。这些照顾政策的实施使入学的回族学生能够坚持学习，避免中途辍学。在学校内，回民学生的生活习惯得到应有的尊重。在几次封斋期间，学校尽量提高学生的伙食标准，对回民教师在校外搭伙者给予伙食补贴，对改善他们的生活状况起到了一定的作用。

为了加强民族学校民族政策的宣传、教育工作，1954年1月，省教育厅发出《关于民族师范、民族中学学习民族政策和民族历史的通知》，要求在回民中学加强对民族政策的学习，一般不单独开设相关课程，可视需要每学期举办一次或数次专题报告。因此，学校进行民族政策教育，主要是结合教学进行，同时在政治活动和课外活动期间组织民族政策报告，介绍解放后党的民族政策所取得的巨大成就，以各民族一律平等、禁止民族歧视、民族间要团结友爱和互相帮助的精神教育师生。

在教师中开展民族政策教育。1954 年以后，在教师的政治理论学习中曾前后 3 次学习《中华人民政治协商会议共同纲领》《中华人民共和国宪法》，集中检查、批判了大民族主义和狭隘民族主义的思想，要求教师要从思想上认识到党的民族政策的正确性、重要性，强调教师要以身作则，模范地贯彻执行，并要利用各种机会对学生进行教育。由于师生提高了民族政策水平，所以回汉民师生都能够相互尊重，团结友爱，从没有发生过因生活习惯不同或不尊重对方的风俗习惯而造成的纠纷事件。每逢大尔代节，不仅按规定放假一天，准许回民师生到清真寺欢度开斋节，而且汉族师生还在共青团的领导下，组织游园会、文娱晚会等活动，向回民师生祝贺节日，相处非常融洽。由于一些汉族师生不习惯回民饮食，1963 年 6 月学校增设了汉族灶，使汉族师生自由搭伙，回族师生也同样予以尊重。

通过贯彻党的方针政策和深入的思想政治教育，不少回族师生思想水平不断提高。1949 年，学校成立新民主主义青年团（后改为共产主义青年团）后，不少回族学生入团，还有一部分人担任了共青团、学生会和班级的干部。就团员的情况看，回族学生中的团员比例较高。如 1955 年学生团员共计 230 人，其中回族学生就有 153 人，占总数的 66. 5%，他们在党团组织的领导下，成为学校一支坚强的骨干力量，对保证学校各项任务的顺利完成起到了很大的作用。1954 年学校党组织建立后，回族师生的先进分子被吸收入党。据 1955 年统计，在全校 14 名党员中，回族师生有 7 名，占 50%。据 1985 年统计，全校 11 名回族教职工中，有 6 人入了党，占回族人数的一半以上。建校 40 年来，担任过该校党支部书记、校长或副校长的回族有 8 人，担任过教导主任的 4 人，回族干部、教师中有 3 人被选为省、市、区人大代表。回族师生受到尊重。

1982 年以后，郑州市回民中学开始进行教育改革，取得了突出的成绩。他们坚持教育要面向现代化、面向世界、面向未来的方针，开创了学校工作的新局面。

（原载于《河南少数民族史稿》，255 ~ 260 页，郑州，中州古籍出版社，1990）

水子立与南阳回族教育

水普慈①

南阳回族教育的先驱者水子立，别名玉琮，原籍陕西省渭南县良天坡。高祖父水好成于明末清初迁居至河南省镇平县东柳泉铺北水沟村。父水应龙在南阳行医，遂为南阳人。子立生于清光绪乙酉年（1885 年），少时家贫，依父悬壶过活，曾受业于廪生陈士卿。光绪末年，在南阳东关宛南书院上学，得到老师孟广涛（系同盟会员）的器重。早年参加反清革命活动。南阳光复后，出任南阳劝学所所长，与南阳府知事杨鹤汀、县知事朱慎修及文化界知名人士张嘉谋、郭梓生等，为振兴南阳教育谋划筹措，共同努力。在回民聚居区内的邱公祠开创“回民同化学堂”，动员回民子弟上学，聘请品学优良的教师任课。校长先后有勇沛之（瓦店人）和朱乐亭，教员有水献之等。经费来源除由劝学所酌予补助外，由回族屠宰牛血捐中取款。一时间回民子弟在其号召、影响下纷纷就学。民国二年（1913 年），水子立去北京法政学院深造，同时杨鹤汀、朱慎修等离职，时局出现动荡，同化学堂遂停课。

民国十六年（1927 年），水氏因故回宛，又重新组织回民学校，定名为浚智小学校。原校址邱公祠被驻军占用，改在回族清真寺内上课。最初仅有一个班，仍由朱乐亭先生负责。到民国二十年（1931 年），学校迁至馆驿街马神庙，扩充到 3 个班，由朱人杰先生负责。到民国二十四年（1935 年），水子立获得河南第六区行政督察专员罗震、保安副司令金衍斌、专署秘书李静之等的协助，重新组织董事会，水子立任董事长，张子

---

① 水普慈，河南南阳市人，1920 年生。河南省师范专科学校毕业，历任南阳小学、中学教员，后任南阳市第五中学教师。

和（汉族）任校长，改名为私立景穆小学校，迁到旧址邱公祠上课。景穆意为景仰穆罕默德。在经费方面，除多方筹集外，仍从回族屠宰牛血捐中取用。财务由河街回族吕宏思经管。到民国三十年（1941年），已发展到学生三百多人，教职员十多名，成为完全小学校了。学生学习成绩优良，参加县里各项比赛均名列前茅。在当时米珠薪桂的困难时期中，水子立曾向商会会长乔吉甫告难，向土布行业的王谦益求援，并请南阳大华戏院的曲剧团著名演员徐庆生、赵和舟义演捐助。民国二十九年（1940年），国民政府军令部长白崇禧（回族，时任中国回教救国协会理事长）到南阳视察时，接见了水氏（时任河南省回教救国协会会长），水向白索捐款千元助校。此外，他还以自己的积蓄以及变卖物资所得以充校用。

民国二十九年（1940年）秋，笔者由西北回宛，主持景穆小学校务，当时与南阳县教育科长徐奉台商洽。景穆小学兼办南阳县公安镇第十七、十八两保国民学校4个班，政府按6个教员的人数提供薪资，给每人每月小麦8市斗（百余斤），学校赖以维持。教材除按教育部所规定的课程安排外，每周请回族阿訇刘金耀讲授回族知识一节。

景穆小学在南阳各小学比赛中多次获胜。民国三十一年（1942年）儿童节，河南第六区举行第一届童子军大检阅大露营活动，在童子军表演方面，叶县昆阳中学的帐幕露营、崇正小学的军棍升旗、景穆小学的军棍架桥和体育活动“叠罗汉”的“抗战胜利塔”同获优胜奖。当时“塔身”由回族同学丁汉章担任，他身高近两米。当时的总检阅官是第五战区副司令官兼第二集团军总司令孙连仲，检阅官有孔仙舟司令、张莘农师长、王韶五司令、鲍济唐专员、丁瑞五司令、范绍尧县长等。在战区中学礼堂（旧宛南中学校址）举行的讲演比赛中，景穆小学校学生林永发（现南阳地区棉麻公司干部）获得冠军。当时的裁判是王如冰（三青团书记）、徐奉台（教育科长）、李英扶（国民党县党部书记）、杜华谷（战中校长）、王新光（民众教育馆长）等。

该校校长先后有张子和、李怡亭、赵子亮、水普慈、水陆俊等人。教员有蔺雪帆、徐伯华、刘鸿宇、龚子忠、郭俸久、吴云艇、水宜轩、曹玉真、秦文荷、朱人杰、李升堂、郝连升、水陆曾、曾纪笃、水陆芬、马淑贞等人。蔺雪帆、徐伯华等人思想进步，常对学生进行爱国主义教育。教室布置多用鲁迅语录。《大刀进行曲》《义勇军进行曲》《流亡三部曲》等进步歌声在校园中回荡。徐伯华曾被军警督察处以“红色”嫌疑逮捕，在水子立先生作保下，获释转移。景穆小学校常组织义娱活动，宣传抗日救亡。常演《送哥参军》（哥由马凤梧饰，妹由吴桂梅饰）和《打回老家去》等街头剧。

解放战争后期的民国三十七年（1948 年）冬，国民党驻军王凌云部撤离南阳后，该校停办。

1949 年，景穆小学改为南阳市第一小学。1977 年，改为南阳市第十七中学，1983 年又改为南阳回民中学。

水子立还曾襄助杨鹤汀、张嘉谋筹办宛南中学并担任国文教员，襄助刘镇华将南阳名刹玄妙观东院开辟为宛南公园。民国二十三年（1934 年），张钫率陆军第二十路军驻宛，水氏是张的故友，就动员张钫重修医圣祠。水氏曾劝说张钫对红军免用武力。兹将其与张钫等游卧龙岗武侯祠所赋七言律诗一首录如下：

民国十三年三月四日，同张督办伯英，王司令仙峰，刘秘书剑华，及鲁葆王、方德九、李一山、张英含等，同游武侯祠志感。

武侯当在少年时，高卧龙岗避世知。
一旦风云际盛会，三分局业定昌期。
将军怀古钦同遇，我辈伤今感乱离。
但愿中原休逐鹿，茅庵草舍乐栖迟。

水氏和张钫协议重修南阳乡贤医圣祠一事，以张奉命外调，遂告终止。后来水氏又组织中医学会，并多次呈请河南省政府主席刘峙，要求拨款修建并归还祠田，开展中医学术研究，但未获允准，乃退而写《南阳乡贤医圣张仲景祠墓志》一书，详细记述医圣祠墓图形、建筑历史以及历次申请修建过程和其他有关医圣的宝贵资料，现该书已由南阳医学会重新印行，木刻线装，行销国内外。水氏还著有《抱膝轩文集》，编有《回教历代名贤事略》《中国回教史》，此二书现存于北京中国伊斯兰教协会。

水子立反对袁世凯复辟帝制，袁死后，水氏由京到陕西刘镇华处。刘当时是陕西省长，即任命他为陕西省禁烟督察委员，他秉公办事，在宝鸡禁烟工作中，发生兵变，几乎死于叛军之手。后写有《宝鸡禁烟蒙难记》一书。民国三十一年（1942 年），南阳县长范效纯贪污，水氏以参议员名义上告，迫范离去，并亲口对范说："我告你了"。

民国十八年（1929 年），南阳遭遇灾荒，水氏辞去宝丰县长的职务。他任宝丰县长期间，居官廉洁，离任时，该县曾派员到省挽留。回宛后，办理以工代赈并开凿城东南的栗河渠。民国三十二年（1943 年），南阳又遭大灾，他呼吁地方士绅、富裕人家捐款助赈，并开办粥厂多处，施放饮食。解放战争时，国民党驻军长官王凌云、专员褚怀理等要重修南阳城垣，他们起初打算令城关两镇（公安镇、中山镇）居民承担全部费用。水子立以参议员和参议会秘书长名义坚决抵制，后改为由全县 10 个区分担。后来驻军王凌云部又要拆除城外百米以内的民房，经水氏多次与驻军协商，仅拆除 50 米以内的民房，保留了几千间房屋免遭破坏。

抗战期间，水氏担任中国回教救国协会河南省分会会长，会址先在南阳，后移至洛阳。在南阳时他组织了国民战地服务队，民国三十二年日军犯宛时，这支队伍在城东南的黄池坡寨与小股日军作战半日，敌攻 3 次，未得侵入。在城北石桥镇和蒲山一带，配合驻军炮兵团，打死打伤敌人多名，小队长胡振德阵亡，多人负伤，第二集团军总司令孙连仲以第五战区司令长官部名义，曾授大型锦旗一面，上书"为国争光"四字。1945 年，日军陷宛，皇协军总司令马国恩，曾亲函请水子立组织南阳维持会，他避居镇平县境的马庄村，对来人说："宁作饿死鬼，不作汉奸"。

新中国成立后，人民政府安排他在南阳中医学会工作。1958 年被错划为右派，1979 年平反。1980 年春逝世。

一九五八年三月

（原载于《南阳文史资料》，第三辑，138～145 页，2000）

驻马店私立育英学校创建始末

杨少华

驻马店回族和全国其他地方的回族同胞一样，具有尊师重教的光荣传统，早在民国五年（1916年），驻马店回族同胞就集资创办了私立育英学校，为民族教育事业做出了不可磨灭的贡献。

在20世纪80年代末，为编纂《驻马店回族志》，受民族宗教局的委派，我和白振华等几位同事进行了广泛的社会调查，履遍全市，十余年间尽力搜集回族史料，借以考证驻马店市回族的渊源、迁徙、分布、社会经济、文化教育及宗教活动和风土民情。

在考证市回族小学和市高级中学历史沿革时，我们走访了原驻马店私立育英学校的部分老师和学生，了解到了育英学校的创建旧事，现略述如下。

回族最早迁徙到驻马店的时间始于清末。当时，驻马店仅是一个户不过数十，人不足千人的过路驿站，一部分回民迫于生计，在此开店摆摊。清光绪初年，又有孟县桑坡张、丁、白、杨等姓氏回民来此开皮货店，回族人口有所增加。清光绪三十年（1904年），京汉铁路全线通车，驻马店曾设一等宿站，远近商贾云集车站，竞相购地建房，开店设铺，商业逐渐兴盛，其间，周口、开封、郾城、沈丘、西平、淮阳、太康、泌阳、禹州、博爱等地不少回族商人相继迁入驻马店经商谋生。随着回族人口的不断迁居，逐渐形成了人民街、平等路、老街等数个回族聚居区。

历史上，驻马店的回族教育比较落后，受教育者为数很少。为照顾贫寒子弟求学，驻马店清真寺曾在寺院内创办义学，课程除普通汉文知识外，还有回族常识等。免收学费，培养了大批贫寒学子。

随着回民定居人数逐渐增加，加上经济状况有所好转，创办学校便成了回族有识之士的共同心愿。

由公会捐助，教育委员会每年补助1800元，民国五年（1916年）私立育英学校成立，从此结束了驻马店无学校的历史。

民国九年（1920年），育英小学校园占地已达3亩多，有瓦房校舍25间，主要建筑有教室、校长室、教导处、伙房、传达室、仓库等。

学校门楼朝西，分教学区、宿舍区、操场区等若干部分，中间空地是操场，因条件所限，只有为数不多的几件体育器械。学生既有本地的，也有来自外地的，回汉族学生兼收，共6个教学班，每班30~40人，全校学生250余人，校长白润清，教导主任张静修，老师有吕冠英等12人。其中校长白润清任期从民国五年（1916年）学校初建一直到民国九年（1925年）底。

每年学校经费开支2600~2800元银洋。其中校长每月工资30元，教导主任26元，高级教师22元，中级教师20元，低级教师18元。学校经费仍然由回族牛皮行、油行、估衣业公会捐助，确山县教育基金会补助。学校虽为私立，但收费甚少，无论回族、汉族学生，只象征性地交很少的学杂费，书籍、作业本自备。

育英小学的教育宗旨是："注重道德教育，以实利教育、军国民教育辅之，更以美感教育完成其道德。"并以"礼、义、廉、耻"作为日常生活的准则。学校主要课程有：国语、算术、历史、地理、卫生、自然、乐歌、体育、童训、图画、手工等。

育英小学的管理非常严格，除了班主任和任课老师外，低年级每班还配有一位生活老师，专管学生学习以外的吃喝拉撒睡。

从民国十五年（1926年）到民国二十二年（1933年），宛绪亭任校长。民国十六年（1927年）8月，在回族绅士宛绪亭的倡议下，动员驻马店回民皮行、转运业公会、商务会捐助，育英小学新聘请3名中学教师，学校新增一个初中班，报省教育厅备案，取名私立育英中学，当年招收初中生40余人，时任校长宛绪亭，老师有张敬修、吕冠英等。

第二年招收二班，教室迁驻马店商会街，校长穆华佗，老师有张敬修、刘陶初、朱乐全、张德甫、丁文俊、郑书民等。

民国十八年（1929年），育英中学依据教育部颁发的《初级中学体育课暂行标准》，每周3课时。学校当时组建的体育运动队有田径队、篮球队、排球队等。体育教师张敬修、朱乐全培养出刘其贤、吴占云、宛振业、卢克让、时文显等运动员，他们多次参加全省乃至全国的运动会。

民国十九年（1930年），中原大战爆发，驻马店成了军阀必争之地，激烈的战争使学校被迫迁至付庄，现在中华路中段，校长江清源。学校在当地乡绅和有识之士的大力支持下，新建校舍21间，随后几年学校得到了休养生息式的发展。

1933年张静修接任校长，一直到民国二十七年（1938年）。到该年的4月，育英学校已发展到12个班，在校学生400余人，教职工20余人，时为驻马店规模最大的一所小学。

民国二十五年（1936年）至民国二十六年（1937年），程华锋任校长。校园占地增加到10余亩，操场约8亩，学校新建两座教学楼，其他教室一律为平房，另有校长室2间、教导处2间、仪器室2间、标本室2间、体育室1间、伙房4间、仓库3间。实验仪器也日臻完备，图书室藏书日益增多，学校逐步形成规模，时有6个教学班，学生300余人，教师20人，其中女教师3名，均为专科以上学历，这在当时很少有。

民国二十七年（1938年）上半年学校开始招收女生，这是学校发展史上的一个里程碑。当时学生全部在校住宿，学校还开设有军训课、体育课，学校专门设立训育课，对学生进行爱国主义教育。学校体育活动也开展得相当好，在河南省的体育比赛中，学生段广先获1万米长跑第一名，为学校赢得了良好的声誉，周边学子纷纷前来求学。

抗战初期，育英中学全体学生在老师刘齐贤等人的带领下组织抗日宣传队，每天走到大街小巷，高唱革命歌曲，揭露日本侵略军的暴行，唤醒民众的爱国热情。

1938年5月武汉保卫战时，日寇对武汉外围的信阳、驻马店等地进行了数次大轰炸，日军数十架飞机对驻马店市区狂轰滥炸，中山街、长寿街、自由街被夷为平地。许多房屋被炸毁，居民纷纷外逃。导致许多人背井离乡，流离失所，学校被迫停办。

民国二十九年（1940年）2月，驻马店联合小学校长、国民党三青团区队队长段孟炎，以其在驻马店的影响，多方奔走，筹措经费，使私立育英中学复课，招生一个班，与联合小学在同一院内上课，段孟炎任校长，经费从驻马店飞机场土地租金中支付，后增招两班新生。

民国三十年（1941 年）春，学校迁到驻马店火车站西 500 米的袁寨大院，即现在的驻马店高级中学校址，有校舍 30 余间，分 3 个教学班，学生 150 余人。校长段孟炎，教导主任刘陶初，后来发展到 6 个教学班，学生 300 余人。

民国三十二年（1943 年）夏，河南省第八区专员公署举行中学生会考，育英中学名列全区第一，受到省政府的奖励。

国三十三年（1944 年）5 月，日寇侵占驻马店，育英中学停办，日伪维持会会长舒松乔受日军之命在育英小学院内创办兴亚小学，袁浑洋（字涵深）为校长，有 6 个班，教职工 12 人，推行奴化教育，存在两个学期，1945 年停办。1945 年（民国三十四年），日军投降，当年 10 月学校复办。

民国三十六年（1947 年）8 月，育英中学增设高中两个班，育英中学成为完全中学。时有 11 个班，其中 9 个初中班、2 个高中班。是年，中共信阳党支部书记孙绍先由信阳来驻马店育英中学任国文教员，在学校发展党员，输送进步学生白桦（著名作家）去解放区参加革命工作。

1947 年，高中班发展到 4 个班，高中学生 200 余人。随着扩招，学校教室发展到 60 余间，学校占地扩展到 15 亩地。

1948 年，校长段孟炎出走，董运富（苗君）接任，教导主任汪朝宗。由于解放军南下与国民党军队在驻马店展开了拉锯战，学生大量流失，到 1949 年 2 月，学生已不足 200 人。

1948 年 8 月，驻马店回族绅士韩灿章召集驻马店回族群众商议学校复课问题，并成立了以韩灿章、吕彦魁为董事长的育英学校教育董事会。同年 11 月育英小学正式复课，韩超凡担任校长，教导主任铁子房、张西淑。为恢复学校，韩校长积极捐募经费，维修教室，礼聘老师，招收学生，为学校日夜操劳，呕心沥血，很快学校规模恢复至 4 个班级，学生 200 余人，教职员 11 人。

1949 年驻马店解放，育英小学被政府接管，改为公立小学，将原有教职工全部接收下来，转为公办教师，教师工资和教学经费由政府供给。新成立的人民政府非常重视教育，当时的驻马店市政府组织全市中小学教师办简训班，教师均由市政府重新任命，同年6月1日经市政府批准，驻马店市私立育英中学改为驻马店市立中学，市长张海兼任校长，这也是在学校的历任校长中唯一由市长兼任的。

1950年6月，育英小学改为驻马店回族小学，韩智仁任校长。当时有7个班，学生300多人，教职员13人。因学校临近铁路，场地狭窄，既无发展条件，又不适合开展教学，1953年省教育厅拨专款在中华路中段路北回民聚居区新建教室21间，办公室5间，教师住室10间，厨房2间，其他房屋4间。

1956年秋，初中发展到14个班，增设高中班2个，后更名为驻马店市第一中学。

1957年4月，韩智仁校长代表信阳地区青年参加河南省赴京参观团，受到毛泽东、陈云、邓小平等党和国家领导人的接见。

1958年春，易名为确山一中。1959年4月，经信阳专署文化教育局批准在现址建校。1961年11月，新校舍落成，高、初中部分为两校，高中部师生迁入新校址，校名仍为确山第一中学。1963年春，驻马店改为专辖镇，校名为驻马店高级中学。

1966年，学校改为驻马店镇第九小学。当时有17个班，学生860人，教师38人。

1966年春，改属驻马店专员公署文教局直属学校。1969年春，校舍被地委校占用。

1971年，地委校迁出，学校归驻马店镇管理。继续开办，校名为驻马店四中。1978年春，恢复为地区教育局直属，更名为驻马店市高级中学。

1981年，为了落实党的民族政策，市委、市政府决定，将学校更名为驻马店市回族小学。韩智仁继任校长。当时有15个班，学生834人，其中回族学生302人。1983年，回族小学校长韩智仁通过社会各界筹集资金22万元，为回族小学新建教学楼一栋，有3层18个教室，并配备了先进的教学设备。

（原载于《河南穆斯林》，2010年第四期，19～21页）

周口地区回民教育的现状与出路

马明超

河南省周口地区地处豫东平原，是历史上的黄泛区，人口923万，其中回族人口11.3万，占全区总人口的1.2%，占全区少数民族人口总数的99.1%。从居住情况看，回族人口大分散、小集中，居住在农村的占64.5%，居住在城镇的占35.5%，聚居千人以上的自然村11个，聚居500人以上的自然村176个，聚居5000人以上的城镇4个。

一、回族教育的历史回顾

回族教育的发展，在周口地区大致上分为解放前、解放后至党的十一届三中全会前和十一届三中全会以后3个阶段。

解放前的回族教育有以下几种类型。

第一种是经堂教育，又叫经学，是回族教育的起源，基本上是宗教教育，学习阿拉伯文，主要是培养宗教职业者，分为蒙学、中学、大学3个层次。经堂大都设在清真寺内。据记载，周口地区最早的经堂教育起始于明朝万历十年（1583年），由陕西省穆斯林黑伯李阿訇在沈丘县槐店清真寺内创办经学，招收学生30余人。这种以学阿拉伯文为主、培养宗教职业者的经堂教育延续到现在。“文化大革命”期间，清真寺遭到破坏，经堂教育曾中断一段时间。

第二种是在经堂教育的基础上，由单一学阿拉伯文到同时学习汉文，这是宗教教育与普通教育结合的一种形式。如光绪九年（1883年），淮阳县城内清真寺创办的义学，招收学生30多人，阿訇教授阿拉伯文，同时聘请汉语教师教授汉文。

第三种是国民普通教育。清朝末年和民国初年，随着科举制度的废除，共和体制的建立，民族矛盾趋于缓和。一些穆斯林有识之士认识到，要使民族振兴，开展商贸活动，必须学习文化、学习科学知识，他们积极倡导创办以学习汉文化为主的回族教育。这时期在周口、淮阳、太康、沈丘、项城回族较为集中的地方，以个人或几个人联合名义兴办了一批回族学堂。如周口的崇正义学和致远、宁运、惠远小学，淮阳的广化小学等。有的是专为回族子弟设立的，有的是回汉子弟兼收。这些学校的兴建，为回民子弟入学受教育提供了便利条件。学校多数设在清真寺内，规模较小，一般只有一两个班级，成建制的较少，其中一部分属私塾性质。办学经费有的是由穆斯林商人捐助，有的由学校董事会筹集，有的是由学生负担。后来由于经费困难，加上反动统治阶级的民族歧视，回民子弟因生活所迫交不起学费退学者日渐增多。一些学校办办停停，有的与其他学校合并，也有少数转为公立的国民学校，经费由地方政府供给。因此，大多数回族子弟还是没有上学的机会，在贫愚的困境中挣扎。

新中国的建立，广大回族群众从民族压迫、阶级压迫中解放出来，成为国家的主人。随着民族政策的贯彻落实，各级学校向各民族子弟敞开大门，回族子弟入学人数逐渐增多。为了方便回族子弟入学，从 20 世纪 50 年代开始在回族聚居的地方兴建回民学校，到 1965 年底，全区共有回民小学 7 所，在校学生 2500 人，其中回族学生 1400 人。其他学校的回族学生也在不断增加，学龄儿童入学率由解放前的 5% 增加到 52%。但到“文化大革命”期间，回族教育遭到破坏，7 所回民小学有的被取消，有的与其他学校合并，有的被迫更改校名，回民子弟失学者增多。据 1976 年统计，回民学龄儿童入学率降到 50% 以下。

二、回族教育的现状及其发展经验

党的十一届三中全会以后，经过拨乱反正，党的民族政策重新得到贯彻落实。特别是贯彻 1980 年全国民族教育会议精神之后，各级党委和政府认识到，少数民族由于社会和历史的原因，在文化教育方面与汉族之间存在较大差距，不改变少数民族教育落后的状况，不仅影响整个教育事业的发展，也影响四个现代化的实现，提高全民族的科学文化水平也将是一句空话。各级教育行政部门把少数民族教育的发展列入教育工作的议事日程并由专人负责。十多年来，周口地区回族教育有了较快的发展，回族学龄儿童入学率有了明显提高。全区在校的回族小学生由1976年的7000人增加到1993年底的17873人。进入大中专学校的回族学生也在逐年增加，高考制度刚恢复时不到10人，现在增加到五六十人，不少优秀的回族学生考入全国重点院校，有的成为全区高考状元，进入全省高考成绩的前三名。

周口地区回民教育得以较好地发展的主要原因在于该地区从回族教育落后的实际情况出发，工作重点放在基础教育上，首先抓好小学教育的普及工作，使更多的学龄儿童能够入学受教育，不再产生新的文盲。具体措施包括以下6个方面。

第一，在回族居住比较集中的地方尽可能办回民学校或者将普通学校改为回民学校，调配适量的回族教师，现在全区已办起回民小学46所，是“文化大革命”前的6.5倍，在校学生16826人，其中回族学生9884人，占在校学生总数的58.7%。“文化大革命”前没有一所回民中学，现已办起回民中学8所，在校学生4372人，其中回族学生2172人，占在校学生总数的49.6%。回族学校的兴办，大大激发了回族群众送子女入学的积极性。

第二，制定各种优惠政策，规定各级学校对回族学生给予优先照顾，高中、初中和中等专业学校招生时，对回族子女照顾10分录取。在普及初等教育工作中，对于中途辍学、年龄较大、跟班学习有困难的回族学生，让其进入简易班学习。不能坚持全日的学半日，学习地区自编的简易小学课本，使其在较短的时间里认识2500个汉字，数学要学会四则运算，达到小学教育的最低要求。

第三，强调回民学校要突出民族特点。明确回民学校的重要任务是培养回族人才，学校的一切工作都要从这一指导思想出发。为此，规定回民学校的主要领导要由热心回族教育的回族干部来担任，回民学校必须最大限度地满足回族子弟入学。对家庭生活有困难的回族子弟，要适当减免学费，对学习成绩较差的学生，学校要因材施教，进行补课或个别辅导，不让一个回族学生掉队。为推动回民学校的工作，地、县教育行政部门不断对回民学校的工作进行检查、评估，召开民族教育会议，交流经验，表彰先进，以提高回民学校的管理水平。

第四，积极培养回族教师。师范院校招生时对回族学生分别降低5分和10分录取，各地教师进修学校培训教师时，对回族教师也给予适当照顾。一些回民学校为了吸收政治、业务素质较高的教师到学校任教，规定工资浮动一级，在住房和生活上给予优惠。现在回族教师已达634人，比1980年的380人增加了254人，其中在回民学校工作的有323人。

第五，发展回族教育，不单纯依赖国家照顾，以自力更生为主。随着经济的发展，回族群众收入增加了，舍得在下一代身上进行智力投资。各地动员广大回族的群众不等、不要，积极开展集资办学活动。集资办学从各地的经济条件出发，条件好的地方一次集资就可以把学校办起来，条件较差的地方逐年积累，逐步改善办学条件。如项城有一个村聚居回族群众600多人，经营皮革制作，生活富裕。他们一次就集资20万元，建起一所崭新的回民小学。太康县南关回族群众集资十余万元，学校搬迁了三次，建起一所有标准教室、标准课桌凳的回民小学。十多年来，在各级党委和政府的关怀下，依靠自力更生大大改善了回民小学的办学条件，过去回民学校草房多、泥台多、设备简陋的状况得到了彻底改变，54所回民中小学全部达到了“六配套”（即有大门、院墙、标准教室、标准课桌凳、防雨厕所、操场）。不少学校建立了图书室、实验室，校园实现了绿化，为回族子女创造了良好的学习环境。

第六，教育部门与民族部门密切协作、配合。各级民族部门把发展回族教育作为自己的重要任务之一，而且做了大量工作。

就当前回族教育工作来看，还存在以下几个问题。①由于社会和历史的原因，回族教育的发展水平存在着地区差异，城镇好于农村，经济发达地区好于经济较差的地区。在内地，回族多数与汉族杂居，占当地人口的比例很小，通用汉语、汉文。人们习惯地撇开民族属性，认为回族人与汉族人一样受教育，没有单独提出发展回族教育的必要，这是因为他们不了解回族教育落后于汉族的状况，因而回族教育在一些地方常常被忽视。②

部分回族群众在宗教思想长期影响下，不重视科学文化的学习，急功近利，不重视对下一代的智力投资，严重阻碍了民族文化水平的提高。回族学生存在“两多一少”的状况，即入学的多、中途辍学的多、受高层次教育的少。回族在小学、初中、高中的学生占民族人口的比例分别为11.2%、2.1%、0.22%，而汉族则分别为12.3%、4.2%、0.41%。③回族教育结构不合理，职业技术教育薄弱，特别是根据回族特点专门培养回族技术人才的教育几乎没有。④用于帮助发展回族教育的经费太少。全区每年只有7万元，54所回民小学，每校平均不到1300元，杯水车薪，只能是象征性的关怀。⑤回族师资力量薄弱，以中小学老师为例，全区汉族教师占汉族人口的比例为7.5‰，回族教师占回族人口的比例为4.2‰。

三、20世纪90年代回族教育的发展与对策

党的十四大根据20世纪90年代改革开放和现代化建设任务，明确指出：“必须把教育摆在优先发展的战略地位，努力提高民族的思想、道德和科学文化水平，这是实现我国现代化的根本大计。”党中央和国务院依据十四大提出的战略任务，制订了《中国教育改革和发展纲要》（以下简称《纲要》），以指导20世纪90年代乃至21世纪初的教育改革与发展，使教育更好地为社会主义现代化建设服务，《纲要》对如何发展民族教育提出了具体而明确的要求。作为整个教育工作组成部分的回族教育必须遵循《纲要》的要求拟定出改革和发展的规划，从回族地区的经济状况、文化教育基础出发，构建出科学的、适合民族特点的回族教育体系，尽快改变回族教育落后于其他民族的状况。

第一，把普及九年义务教育作为回族教育的“重中之重”。根据不同地区的实际情况提出不同要求，经济基础好的地区应普及九年义务教育，比较落后的地区在20世纪末应集中力量普及小学五年教育，使学龄儿童都能入学，堵塞产生新文盲的渠道，从根本上改变回族民众文化素质低的状况。普及五年教育或九年教育，都必须针对不同地区的特点，采取行之有效的措施予以保证。①宣传贯彻《中华人民共和国义务教育法》，增强政

府和广大回族群众依法治教的观念。在群众中依法制定乡规民约，对不履行《中华人民共和国义务教育法》的学生家长进行教育和必要的法制约束。②运用社会力量包括宗教界上层人士，向广大回族群众宣传要改变贫穷落后状况必须大力发展教育的道理，增强教育意识，提高回族群众送子弟入学的积极性。③在回族人口较为集中的地方尽可能办回民学校，选派热心民族教育的回族干部担任校长，为回族子女入学提供方便条件。④为保证学生进得来，留得住，学得好，要采取一些特殊措施，如为防止学生中途辍学，学校和社会都应建立责任制，层层负责，落实到人。针对回族学生入学起点低，程度不齐的特点，学校要因材施教，建立必要的补课和辅导制度，做到不使一个学生掉队。对个别家庭生活困难，需要学生做些辅助性劳动的，可允许学生参加半日制学习，只学语文、数学两科，达到小学最低要求。⑤对于宗教观念较强，经济、文化落后的边远地区，可实行男女分校制，有条件的地方实行寄宿制。⑥对学生要加强民族史的教育，了解回族对整个中华民族灿烂文化的贡献，树立民族自尊心，逐步淡化宗教的影响，增强学生学习科学文化知识的自觉性。⑦回族中小学应提供优惠条件，吸收更多的政治、业务素质较高的汉族教师到校任教。

第二，积极发展适合回族特点的职业技术教育。发展职业技术教育是培养回族初中级技术人才、促进民族经济发展的有效途径，应以初中级职业教育为主。回族群众商品意识较强，具有皮毛、医药、手工工艺、烹饪等传统技术和善于经商的特点。因此，发展职业教育既要根据社会主义市场经济的需要，又需要考虑回族的这些特点，围绕发展回族经济开展各种类型的技术培训，宜工则工，宜商则商，宜农则农。培训形式要灵活多样，宜长则长，宜短则短，既有较长时间的中高级技术培训，即学历教育，也有短期的专项初级技术培训。

职业学校可以单独办，也可在普通学校设立职业班。普通中小学应加强劳动技术教育，渗入职业教育因素。在初中、高中阶段，可以二年级分流，一部分学生继续升入高一级学校，一部分学生除完成一般文化课学习任务外，学好一两门职业技术课，增强毕业后的就业能力。

为了加强与阿拉伯地区的经贸与文化往来，在回族聚居区可开办阿拉伯语言学校或在普通学校开设阿拉伯语言班，主要培养涉外人才。发展回族职业技术教育要在政府的领导与管理下，积极动员社会各界力量，依靠回族企事业单位、回族实业家等办学，鼓励联合办学。

第三，发展回族成人教育。针对回族群众文盲率高的情况，20 世纪末应集中力量扫除青壮年文盲。要把扫除文盲与学习各种技术结合起来，使更多的人学到一两种致富技术。

第四，发展回族幼儿教育事业，提高回族儿童教育的起点。发展幼教事业要国家、集体、个人一齐上，大力提倡集体或个人办幼儿园。为了照顾民族生活习惯，在回族居住集中的地方开办回族幼儿园，在杂居的地方各幼儿园可开办回族幼儿班。要设立清真灶，为回族子弟入园创造方便条件。在农村普及小学教育的同时，还要普及学前教育。

第五，加强回族教师的培养。要改变回族教师数量少、素质低的状况，国家和地方政府应采取有效措施，继续执行师范院校招生对回族学生降分录取的政策；在回族聚居区设立民族师范；应在内地师范院校内设民族班，在培养回族师生的同时，还要重视培养回族的教育行政管理干部；各级教育学院可设立民族教育管理专业。

（原载于《中南民族学院学报》哲学社会科学版，1996 年第二期，114～117 页）

回忆马头集回教儿童教育会

李德昌

20世纪40年代初期，活跃在河南省太康县马头集的“回教儿童教育会”是对回族儿童进行宗教教育与文化教育的一个组织，曾在豫东广大回族群众中产生过较大影响。该组织对发展当地回族文化教育、培养回族人才起了很大作用。现将这个组织的情况记述如下。

马头集地处豫东太康、睢县、柘城三县交界处，是个较大的集镇，居住着二百多户回民，从事着半农半商的经营活动，长期在贫困线上挣扎。1938年沦陷后，这里驻扎有伪军，建立了伪政权。原清真寺内办的免费的“育才小学”被迫停办，儿童只能到伪政权办的小学上学，穷苦的回族孩子上不起，许多儿童失学。为了不让回族儿童流落街头，也能受到良好教育，1940年春，在马头集清真寺坐位的阿訇张瑞生（有一定汉文化水平，是伊斯兰教新派的倡导者），和我的父亲、社首李金磊（字子固，当地回族中唯一的文化人，当过教师，热心回族教育）经过多次研究，成立了“马头集回教儿童教育会”（以下简称“教育会”）。“教育会”的宗旨是组织回族少年儿童通过学习伊斯兰教教义，学习文化，成为正直的爱国、爱教的好穆民。这一宗旨宣布后，受到广大穆斯林群众的欢迎和拥护，积极送孩子参加“教育会”。

参加“教育会”的少年儿童年龄最小的6岁，最大的15岁。由于受宗教传统思想影响，参加“教育会”的儿童只限男性，开始有60多人，后来增加到80多人。“教育会”设会长1人，是从年龄较大的会员中指定的。第一任会长李德曾，后又换李成德（现名李继先，曾任淮阳县城关回族镇镇长、太康县侨办主任，现已退休）。“教育会”下分5个小组，每组15人左右，有组长和副组长。第一组组长张少臣（张阿訇之子、郑州市食品公司干部，现已退休）；第二组组长李德政（郑州市银行干部，已退休）；第三组组长李德彰（曾任太康县民族宗教局副局长，已故）；第四组组长李金鼎，后病故，由其弟李金岭继任（李金岭后来学习阿拉伯文当了阿訇，是第六届、第八届省人大代表及第七届全国人大代表）。“教育会”有会旗，每个组有组旗。旗面都是墨绿色，会旗中间是白色月牙和三颗星，白色的旗裤上写有小组的名字。每当全体会员集会和小组活动时，都要打着会旗和组旗。

“教育会”的学习内容，一是张瑞生阿訇和李金磊社首编写的《清真教义》，后改为《穆民必读》。主要是以伊斯兰教义结合民族传统文化进行的穆斯林的行为规范教育，边编边学，每编一节，都由张阿訇、李社首和几个上过学的会员进行抄写，供会员学习。为便于儿童学习、记忆，编写时力求通俗易懂、押韵和口语化。如《穆民十要》的内容是：“一要礼拜真主，二要孝敬爹妈，三要读书识字，四要热爱国家，五要和睦乡邻，六要怜惜贫家……”会员们有时把这些内容当歌来唱。二是盖兴运阿訇编著的《教义捷径》，人手一册。主要学习五时礼拜、斋戒及宗教礼仪知识。三是刘志三阿訇编写的劝人为善、遵守教规的歌曲。这些歌曲在会员集会时经常演唱。

“教育会”自编的“清真教义”，是一本集宗教礼仪与传统孔孟之道相结合的启蒙教材。1947 年，李金磊对其重新进行了整理、编辑，改名为《穆民必读》，还请知名人士题了词，拟作为民族教育的资料进行保存，可惜未能保存下来。

“教育会”由张阿訇、李金磊社首担任教师。学习时间根据回民多从事经营的特点，闲时每日半天，忙时放在晚上，当时叫“夜学”。一到晚上，会员们挑着灯笼到清真寺参加学习。要求每个会员对学习内容会念会写。实行“小先生制”，年龄大的帮助年龄小的，上过学的帮助没有上过学的。“教育会”一年考试一次。考试的内容一是教规教义，二是礼拜规范姿势，背一段礼拜时朗诵的古兰经，唱一首歌曲，考试成绩列榜公布。每逢“主麻”日，各小组打着旗子，唱着歌曲，到清真寺参加聚礼。每逢开斋节和“古尔邦”节，还要张贴标语，搞唱歌比赛活动。

“教育会”的活动，使回族少年儿童养成了良好的道德风尚，自觉遵守教规，不打人，不骂人，团结友爱。一个小会员生病了，全组的会员带点小礼品前去探望。有一个会员病故了，全体会员列队前去吊唁。会员们在家里能帮助父母做事，利用学到的知识能帮父母记账，很受家长们欢迎。“教育会”在豫东各地回族群众中产生了很大影响。商丘、柘城、睢县等地和附近的清真寺都派人到马头集参观学习。有些穆斯林商人在经济上、物质上给“教育会”以支持。如经常给“教育会”捐助灯油钱（上夜学用），为会员提供学习用品和草帽、毛巾、香皂等生活用品。

“教育会”是一个具有民族正义感的组织。不接受日伪的奴化教育，不参加日伪当局搞的活动。一次地方上通知清真寺，要“教育会”会员参加“中日小朋友亲善提携”活动。社首李金磊以“教育会”是宗教团体不参与政治活动为由，拒绝参加。还有一次，日伪军的一个头子从商丘到马头视察，当局通知“教育会”列队欢迎，“教育会”也以上述理由给予回绝。

1942 年春，李金磊社首经过与地方当局交涉，清真寺育才小学得到恢复，“教育会”的多数会员将要转入育才小学学习。同时张瑞生阿訇接受外地聘请也将要离任。因此，“教育会”的活动也要结束了。为了圆满结束，“教育会”进行了考试，召开了有全体穆斯林参加的大会，总结了“教育会”两年来的成绩，全体会员在清真寺内会餐一次。“教育会”的活动虽然停止了，但她的作用和影响是磨灭不了的，在当地回族教育史上也应有其光辉的一页。经过“教育会”的熏陶，一大批会员成了国家和民族的有用人才，有的从商，有的从政，有的从事教育事业，有的成了著名的宗教职业者，遍及西北及中原大地。

（原载于《河南文史资料》，1994 年第三辑；转载于《伊斯兰文化研究》，2015 年第四期，65 页）

深切怀念回族教育家马福善先生

丁长义[①]

马福善先生曾任郑州市回民中学校长，是知名的民族教育家，河南辉县人，1918年7月出生。1943年7月毕业于西北师范学院（即西北师大）历史系。1949年元月参加革命工作，任郑州高中（现一中）历史教师，校务委员会委员，并任郑州市历史教学研究会主席。1950年到河大师训六班学习，任学生会主席，结业后被分配到省教育厅，任职于中教科、教研室、秘书室。1953年9月奉调至郑州回民中学任校长，次年党员校长到任，改任副校长。1956年12月被郑州市委知识分子工作五人小组评为高级知识分子，享受高职待遇。1977年9月被任命为郑州回中革委会副主任，后改为副校长。1979年2月被任命为校长。1980年2月光荣加入中国共产党。1984年5月经郑州市委同意，批准离休。后当选为市教育协会关心下一代协会副秘书长。1991年元月获河南省民族团结进步先进个人称号，1993年3月被评为关心下一代先进工作者。马福善先生曾连续当选为郑州市第一、二、三、四、五届人大代表，七届人大常委会委员；省人大第五、六届代表。

马福善先生一生为民族教育事业的发展呕心沥血，辛勤耕耘，育民族人才数以千万计，功绩卓著，堪称为少数民族的精英。

20世纪50年代初，年轻的共和国诞生不久，在党的民族政策的光辉照耀下，私立民办圣达中学获得新生，改建为公办的河南省郑州回民中学。马福善先生奉调荣任校长，新校长到任后改任为副校长，主抓管理与教学。原学校师资缺乏，生源极少，初创的回中面临重重困难，重任在肩

---

① 丁长义，回族，原郑州回中校长。

的马福善校长满怀雄心壮志，开拓进取，一面广纳贤才，壮大师资队伍，一面在全省招收少数民族优秀学生，优化生源。马校长不辞辛苦，不仅严抓管理，而且亲临教学第一线任课，不过几年时间，就使新生的回中充满勃勃生机，蒸蒸日上。教育质量可与省属名校相媲美，少数民族学生也叩开了北大、清华的大门。马福善校长还全面贯彻党的教育方针，着力培养学生德智体美全面发展，回中的穆光篮球队驰名全市，航模、射击队囊括省、市冠军，回中合唱队演唱的《黄河大合唱》由河南省人民广播电台录制，响彻中原大地。郑州回中成为全省民族学校的一面旗帜，马校长培育出来的民族人才纷纷脱颖而出，真是桃李满天下，现任沈阳军区空军中将政委的沙显明，原河南省组织部长、省常委，现任河南省人大副主任兼省工会主席的马宪章，还有散布于各大中专院校、各条战线的少数民族人才，真是人才济济，灿若群星，而这些都是马校长的心血浇灌出来的民族之花。

“十年动乱”期间，党的民族政策惨遭践踏，知识分子惨遭摧残，马校长的身体与精神均受到严重的创伤，然而他宛如雪山顶上一青松，他相信黑暗即将过去，曙光即在前头，伟大光荣的中国共产党必然能拨乱反正，清源正本。就在粉碎“四人帮”不久的1980年他向党递交了申请书，光荣加入伟大的中国共产党，实现了自己多年的心愿，焕发了青春。

拨乱反正之后，党的民族政策得到落实，回中经市政府批准又恢复了原有的名称，马福善同志被任命为校长，带领全校师生艰苦努力，深化改革，提高质量，使回中由“文化大革命”期间遭破坏，降为普通学校的状况逐渐得到改变，健步跨入市重点的行列。

在离休之前，为使民族教育事业后继有人，他配合市教委党委，精心物色合适人选，毫无保留地传授管理经验，使回中很快又上一个新台阶。回中的校办工厂驰名全国，回中教职工在全市率先乔迁新居，回中的教学质量逐年上升，被省、市评为先进学校，又成为全国民族教育协会的核心成员校，所有这些光辉成就的取得，都是马校长为之奠定了良好的基础，马校长为回中的发展兴旺倾注了全部心血，功不可没。

离休后的马校长仍然时时牵挂着民族教育的发展，继续为民族教育奉献余热，他亲自坐镇，开办民族补习班，并将办学所得奉献给民委，资助贫困地区的民族学校；他还多方搜集资料，日夜笔耕，写就了反映回中发展里程的《校史稿》，成为回中校史的珍贵资料。

作为回中的校长，马校长时刻将民族政策与民族团结作为教育师生的重要内容，因此使回中的回汉民族师生能够融洽团结、亲密无间，回中所有的光辉成就都是回汉族师生团结实干、协力奋进所取得的，长期工作在回中的汉族教师无不欣喜地说："我能作为回民中学的一员而感到光荣和自豪"。

马校长是一位备受人们敬重的老教育家，民族精英，之所以如此，是因为他具有高尚的人格，他以事业为重，公而忘私；他热爱学生，视生为子；他作风正派，坚持原则；他尊贤爱能，团结同志；他勤恳能干，不夸功自傲；他关心同志，嘘寒问暖；他平易近人，不摆架子；他退而不休，老当益壮；他克勤克俭，朴实无华；他严于律己，为人师表……他堪称为师之表率。

（原载于《伊斯兰文化研究》，2001 年 7 月第十期，30 ~ 31 页，原标题为《深切怀念回族教育家马福善先生》，选入本书时有部分删减）

民国时期河南回族报刊及报人

李传明

中国回族是中华民族大家庭中一个内涵丰富、非常独特、颇具个性的民族。回族历来十分重视发展本民族文化，特别是近代以来，民族报刊的兴办，进一步丰富了民族文化。民国时期，回族民间的报刊出版业达到了鼎盛时期，先后出现了数百种报刊，涌现出了许多报刊界的拓荒者和知名报人。这些回族文化精英以其满腔的热情活跃在当时的新闻传媒界，为我国回族文化和伊斯兰文化在中国的传播发展做出了重要的贡献。

1905 年，清政府废除了科举制度，创办新式学堂，派遣海外留学生接受西方先进文化思想，在孙中山民主革命思想影响下，不少留学青年积极组织团体，创办刊物，成为中国近代民主革命运动中的一支有生力量。这一时期的河南回族有识之士敏锐地捕捉到了时代的气息，受到北京、天津、上海、武汉等地回族文化精英的影响和鼓舞，很快投身于写作、翻译和创办报刊媒体的时代潮流当中。在这一历史潮流中，回族青年中涌现出一批先进的知识分子，他们站在时代的前列，探索振兴中华民族的道路，并且呼吁广大回族与之共同奋斗。光绪三十三年（1907 年），国内十四省留学于日本的 36 名青年学生发起组织了“留东清真教育会”。第二年，该会在东京编辑出版了回族历史上第一个自办刊物《醒回篇》，这是我国近代回族知识分子创办的一本具有鲜明民族特色的进步刊物。《醒回篇》虽说仅出版了一期，但它却是在清朝末年，帝国主义列强疯狂侵略我国，中华民族面临危机，资产阶级革命运动蓬勃发展的形势下出版的。这些致力于社会改革的留美、留日学生，力主学习西方，这本刊物较全面地反映近代资产阶级知识分子的思想特征。《醒回篇》的创刊，是当时回族先进知识分子发出的振聋发聩的时代强音。“留东清真教育会”有 36 名回族成员，其中河南籍的有 4 名，他们分别是：马名骥（陆军士官学校毕业）、周在鼎（高等商业学校毕业）、巴忠祥（宏文学校毕业）、洪陈臬（振武学校毕业）。河南籍留日学生在该教育会中多为骨干分子。《醒回篇》杂志虽然只出版了一期，但作为最早的中国回族期刊之一，其影响是深远的。

一、民国时期河南回族报刊的创办和发行

《醒回篇》的创办，为河南回族刊物的兴办和发展开创了良好开端。随着 20 世纪二三十年代国内各地回族刊物陆续出版发行，对河南回族刊物的兴办提供了很好的借鉴作用，同时，新式教育的兴起和发展，使河南回族中有了一大批读者群体，特别是伊斯兰文化研究思潮的出现，又为河南期刊的创办，造就一批经汉两通的撰稿人队伍。这一切都为河南回族刊物的兴办和发展提供了良好的出版环境。郑州京水镇的马超然、马昂然兄弟于 1916 年首创《郑州日报》，主编刘瑞口。9 月 15 日创刊号发行，报纸每日两版，有光纸，单面石印，每日发行量 200 份。1921 年，又创办《郑阜日报》，由“文亦可”印刷厂铅印。1927 年，马超然迁居省会开封，又创办《大河通讯社》，兼办《大河日报》。新中国成立前，河南回族刊物的创办主要集中在 1931—1947 年，目前统计的期刊数量主要有 8 种。

（1）《警钟时报》创刊于 1931 年，由河南省漯河市警钟时报社主办，主编是袁志远。

（2）《国医月刊》创办于 1933 年，由开封国医月刊社主办，主编是陈松坪。

（3）《回教会成立特刊》创办于 1933 年，由驻马店回教会创办。

（4）《开宗月刊》创办于 1933 年，由郾城北站清真寺创办。

（5）《伊斯兰》创刊于 1935 年，由伊斯兰社创办，主编是白寿彝先生，社址设在开封鼓楼街。

（6）《新月》创刊于 1945 年，社址在开封北羊市街。

（7）《回声月刊》创刊于 1946 年，由回协豫北各县联合会主办，主编是买韵公先生，社址设在新乡。

（8）《伊斯兰复刊》创刊于1947年，由草三厅清真寺创办，主编是马学仁先生，社址在开封。

在这些期刊中，《伊斯兰》《伊斯兰复刊》属于伊斯兰学术性质的刊物，《回声月刊》属于伊斯兰知识性刊物，驻马店《回教会成立特刊》属于会刊类型，《开宗月刊》《新月》属于教义类刊物，《警钟时报》属于财政类刊物，《国医月刊》属于医药期刊。

在上述刊物中较具影响的为《伊斯兰》《回声月刊》等。

《伊斯兰》期刊于1935年1月1日创办，为不定期刊物，共出版5期。由河南伊斯兰社主办。主编是我国著名回族学者、历史学家、教育家白寿彝先生，马基光先生是办刊的主要成员，赛诚惕继白寿彝之后又主办《伊斯兰》3期。主要撰稿人有马澄浩、丁少云、马宏毅、马湘、闪克行、郑广荣、阎子清、巴国英等人，他们几乎都是北平成达师范学校的毕业生，同时大部分又是《月华》期刊的主要撰稿人。《伊斯兰》月刊办刊的宗旨在于探讨伊斯兰教原始教义及其哲学基础，伊斯兰教文学内容及其意义和价值，伊斯兰教文明的内容和特质究竟是怎样的，它如何提携了欧洲的近代文明，伊斯兰教给予中国的是什么，原居土著又给予了中国回教一些什么等问题。期刊的内容包括教义研究、历史论著、现状调查、书刊评论、译文介绍、伊斯兰消息等。还刊登有《开封养正小学的沿革》（一至五期）、《伪满洲伊斯兰教协会》（第五期）等文章。提倡兴办普通教育，揭露日本帝国主义利用伪满洲伊斯兰协会“麻醉我东北教胞之策略”。此外，在“伊斯兰消息”“伊斯兰座谈”等专栏中，还刊登了《周口回教教育促进会会务现状》（第二期）、《南皮教案》（第二期），《革新清真寺组织刍议》（第五期）以及当时河南各地回教学会组织活动情况，对研究回族社团具有一定参考价值。出版至第五期后，遂行停刊。1947年复刊，地址在河南开封三民胡同伊斯兰社内，仍为月刊。《伊斯兰》及复刊期刊的创办，不仅对伊斯兰学术研究和宣传起到推动作用，也给后人留下了研究20世纪30年代河南省伊斯兰以及回族文化活动和社会活动的珍贵史料。

《回声月刊》创办于1946年5月1日，由中国回教协会豫北各县联合支会创办，社址设在河南省新乡县蔬河街96号，该会理事长张国彦任发行人，买韵公为总编辑，白崇禧将军题写刊名。该刊的宗旨是：第一项兴教，阐扬宣传伊斯兰教义，讨论教内学术见解，消除教内派别隔阂；第二项是提高回族教胞文化知识水准，培养回民与国人共同担负起国家复兴的责任，增进回汉团结；第三项是交流民族知识，沟通中阿文化，融合民族情感，互亲互助，精诚团结。开辟的栏目有“教义讲坛”“领袖言论”“要闻转载”“大众园地”“诗文”“漫画”“经训译著”“会务动向”“国内外伊斯兰消息”等。该刊共出版、发行了 7 期。主要撰稿人有主编买韵公，豫北各支会联合会理事长张国彦、刘朗明、《月华》撰稿人孙幼真及河南著名回族学者、翻译家陈克礼阿訇等。该刊的动态性消息报道，提供了 20 世纪 40 年代中期有关河南伊斯兰教的发展，各地穆斯林的宗教活动和社会生活等情况。

民国时期的河南回族民间报刊的兴办和发展，其繁荣程度也是空前的。这一时期河南回族民间报刊在主题上宣传伊斯兰教，号召振兴民族，同时又大都渗透着抗日救国等内容。这些回族报刊既标志着回族民族性觉醒，又推动了伊斯兰文化在河南以及在中国的发展，也可以说是中国新闻传播事业发展中不可忽视的一个组成部分。

二、民国时期河南回族著名报人

（一）白寿彝与《伊斯兰》月刊

白寿彝（1909—2000 年），河南开封人，中国著名史学家、教育家、社会活动家。早年在河南中州大学和上海文治大学读书，1929 年考入燕京大学国学研究所，1932 年毕业。先后在云南大学、中央大学执教。新中国成立后曾任北京师范大学教授、历史系主任。白寿彝先生在 20 世纪 30 年代就开始创办回族报刊，他所办过的刊物有 13 种之多。他最早创办的刊物是开封的《晨星》半月刊，白先生任主编。他作为一位回族历史学家，不仅对中国回族历史研究得比较深入，而且持续时间长。在推动回族文化宣传和伊斯兰文化宣传方面，他从青年时期就倾注了大量精力和心血。1935

年在开封创办《伊斯兰》月刊，在“发刊词”《我们的自白》中说：“我们很少数的几个回教青年，平素有一个共同的实感，就是觉得关于回教或回教人的事，自己知道得太少，我们常怀着热烈的兴趣，来试探一些大的及小的问题。”在半个多世纪的时间里他利用自己创办的刊物和国内其他回族刊物发表文章数百篇。他还主编过著名期刊《月华》等。白寿彝先生是河南回族创办报刊首开先河的人物和奠基人。他的一生除了在历史学方面的伟大成就外，在早期的回族报刊兴办和发展方面，也做出了非常重要的贡献

（二）庞士谦先生与《月华》旬刊

庞士谦（1902—1958 年），中国伊斯兰教著名学者，阿訇，河南孟州人。早年曾赴河南、山西、甘肃等地访师求学。1922 年任郑州清平里清真寺阿訇，讲授伊斯兰教经典。在郑州创建伊斯兰文化研究社，20 世纪 30 年代任北平成达师范学校训育部主任。1938 年率中国法鲁克留埃及学生团赴开罗爱资哈尔大学留学。1947 年回国后在北平参与创办回族经学院并任教，参与创办“月华文化社”，主编《月华》旬刊杂志及《月华周报》。《月华》旬刊作为民国时期办刊时间最长、发行量最大的期刊，在长达 20 年的办刊过程中，产生过孙幼铭、赵振武、白寿彝、马金鹏、马松亭等多位主编。庞士谦先生在主编《月华》期刊的过程中，不但出色地完成编辑任务，在他的努力下，《月华》的内容更加丰富多彩，深受穆斯林大众欢迎，也为后人留下了许多珍贵史料，为运用媒体推动和维护少数民族权益和文化宣传开启了良好的模式和典范。

（三）陈克礼先生与《伊联》《月华》等期刊

陈克礼（1923—1970 年），河南襄城人，中国伊斯兰教著名学者，译著家。小学毕业后即在清真寺学习伊斯兰经典。日本侵华期间流亡西北，曾在甘肃平凉陇东师范学院学习深造。先后受教于著名伊斯兰学者王静斋阿訇和庞士谦阿訇，笃志钻研《古兰经》、圣训及伊斯兰哲学、教义学和

伊斯兰史，对阿拉伯文学也有所涉猎，对圣训学的钻研尤为精深。1952—1957 年，先后在北京大学东方语言文学系和中国伊斯兰教经学院任教，译著颇多。他在教学之余，参加《伊联》报和《月华》期刊的编辑工作，并为办报、办刊倾注了大量的精力，为办好刊物做了大量的工作，付出了艰辛的努力，在当时的回族报刊出版界产生了较大的影响。

《伊联》报创刊于 1946 年农历三月二十九，由伊斯兰联谊会主办，社址设在北平东四牌楼东南大街清真寺内，1949 年 2 月停刊。1947 年夏，《伊联》报的编辑工作由北京大学学生鲍承礼、刘有强、刘有信负责。陈克礼应邀参加该报工作。《伊联》报 1946 年初创刊时为周报，油印，四开版，1947 年改为旬报，铅印。陈克礼在北平回教经学院一面学习，一面利用课余时间参与《伊联》报编辑工作，并负责"答读者问"专栏工作。他对读者来信来访十分重视，坚持有问必答，经常和读者保持通信联系，因此，许多读者把陈克礼视为知己。

《伊联》报自 1946 年创刊至 1949 年 2 月停刊，历时两年零 10 个月。1949 年 1 月 21 日北平正式宣告和平解放，《伊联》报继续发行了两期。1949 年 2 月，人民政府派人进行报刊登记，第二天鲍承礼和陈克礼商量后决定《伊联》停刊。

陈克礼在北平回教经学院求学期间，还被聘为《月华》旬刊的特约撰稿人。陈克礼从经学院毕业后又被《国民大众》月刊聘为特约撰稿人。《月华》创刊于 1929 年，初为周刊，后改为旬刊，直办到 1950 年停刊。《国民大众》报是庞士谦阿訇于 1950 年 1 月在北京创刊的，庞阿訇任主编。该刊于 1951 年 2 月停刊。陈克礼为《国民大众》撰写的文章《劳动、生产、建设、富强》刊登在《国民大众》1950 年第二期，在新中国成立之初为宣传党的路线、方针和民族宗教政策产生了积极影响和重要作用。

三、民国时期河南回族期刊的重要地位和时代作用

民国时期，河南回族期刊是我国少数民族报刊史以及中国报刊史上不

可忽视的一部分。它具有特别重要的历史意义和时代作用。

第一，民国时期河南回族报刊的兴办，体现了回族人民参与社会、关心国家的优良传统和爱国主义精神。

由于长期的封建专制统治，回族人民在政治上、经济上、文化上都受到了压迫与压抑，因而他们不可能，也没有权利参与社会政治生活，特别是对国家大事更没有机会和阵地发表自己的见解。但到了清末民初，随着民主主义思想的萌发以及封建专制统治的衰落和最终灭亡，特别是辛亥革命的成功，共和政体的确立，回族人民在政治上、经济上、文化上较之先前有所改观，并开始走向发展了。回族报刊的兴办，使回族人民有了自己为本民族的生存、发展以至于国家兴亡等发表见解的阵地。从某种意义上讲，回族报刊的兴办显示了回族人民从闭关自守状态开始走向开放，体现了回族人民对社会的一种参与精神。

第二，民国时期回族报刊的兴起，也使回族人民充分认识到自我教育以及逐步提高民族素质的重要性，增强了民族大团结的意识和独立思考的意识。在回族报刊兴起之前，回族人民的自我教育以及逐步提高民族素质的活动，往往是通过开明宗教人士译经讲教的宣传方式来进行的，其主要场所，或者说主要阵地是囿于清真寺内的，尽管在诸如戒酒、禁毒以及杜绝丑恶行为的精神文明教育方面，寺内的教育可以收到相对较好的效果，但是，从形成一种全社会的监督与制约力的角度讲，还需要报刊等媒体的更强有力地引导和共同努力。所以，我们以为，回族报刊的兴起，从另一方面讲，拓宽了回族人民自我教育的阵地，从形成社会合力、提高民族整体素质的角度来说，是一个重要保障。

第三，民国时期回族报刊的兴办为以后回族报刊的大发展奠定了基础。

据不完全统计，民国期间至新中国成立以前，河南回族人所办报刊近百种，其中处于民国中后期的则占了绝大多数。民国时期回族报刊的兴起，为此后河南回族报刊的创办及报刊事业的发展奠定了基础，提供了范例。

第四，民国时期河南回族报刊的兴起丰富了同期报刊事业的内容，推动了新闻事业的发展。回族报刊是少数民族报刊，也是中国报刊事业的重要组成部分，是与整个报刊事业的发展同呼吸、共命运的。河南回族报刊与当时的一切媒体是一种同声相应、同气相投的关系。民国时期河南回族报刊的创办人以及在河南、北京创办回族报刊《伊斯兰》《伊联》《月华》等报刊的白寿彝、庞士谦、陈克礼先生，他们不仅是著名回族学者、回族新闻工作者，也是回族人民的骄傲和中国新闻报人的骄傲。民国时期回族报刊的兴起，是河南回族人在我国新闻事业史上创造的不朽业绩和民族辉煌。

（原载于《河南穆斯林》，2009 年第三期，26～29 页）

民国时期河南《回声月刊》探析

海俊亮[①]

民国时期，我国回族知识精英以倡导回教教育改革、培养回族人才及增进各民族的了解与团结为宗旨，创办了大量报刊。据统计，自民国初年到解放战争结束，全国创办的回族报刊达270种之多。

河南的回族也积极涌入这一文化大潮。据今所知，民国时期河南回族所办的报刊主要有：袁志斌任主编于1931年在漯河创办的《警钟时报》；中国回教救国协会河南分会于1939年在洛阳创办的《伊光报》等11种。[②]这些回族报刊如雨后春笋，迅速遍及中原大地，也为今天研究我国民国时期回族的政治、经济、文化和宗教生活等提供了珍贵的研究史料。

《回声月刊》（以下简称《回声》）是民国时期河南回族的一份重要刊物，但由于资料缺乏，除有个别的简单介绍之外，其他方面的研究成果甚少。近年来，笔者收集到该刊的第一期、第二期、第六期和第七至八期（合刊）。在对这些文本研究的基础上，参阅其他相关历史文献，并进行了走访调查，在此对《回声》的办刊背景、宗旨、特点、内容等几个方面进行探讨。

---

① 海俊亮（1961年—），回族，河南省焦作市民族宗教局副调研员。

② 河南民国时期的回族报刊除上述两种外，另有由陈松坤阿訇任主编、1933年在开封创办的《国医月刊》，由驻马店回教会于1933年创办的《河南驻马店回教会成立特刊》，由河南郸城车站北清真寺于1933年创办的《开栾月刊》，由王敬斋、时子周于1937年在郑州创办的《中国回民抗日救国协会通告》（后迁至武汉、重庆），由白寿彝先生于1936年在开封创办的《伊斯兰》（月刊），由中国回教青年战地服务社于1938年在开封创办、李剑霖任主编的《战地通讯》，由新月社于1945年在开封创办的《新月》（月报），由中国回教协会豫北各县联合支会于1946年在新乡创办、由买韵公任主编的《回声月刊》，由河南伊斯兰社于1946年在开封主办的《伊斯兰月刊》等9种之多。

一、《回声》的创刊背景、宗旨和特点

抗日战争胜利后，在全国人民的欢庆声中，时任新乡疏河街清真寺（后改为新荣街清真寺）阿訇的张国彦①认为，日寇的投降为民族事业的振兴带来了机遇，应借助清真寺这个平台，尽可能多地做些事情。他于1945年底在“新乡德太生煤油庄”的资助下，租用疏河街清真寺对面（路东）的一个院落，成立了“清真教义研究社”，张国彦任社长。随后又把他的同乡、沁阳合作街的回民知识分子买韵公②请来担任副社长，邀其曾在博爱大新庄跟赵永清阿訇学习时的同学买明道③也来参加。随着研究成果的不断推出，他们有了创办刊物的设想。1946年4月1日，设在新乡的“中国回教协会豫北各县联合支会”（简称回协豫北支会）改组，张国彦任理事长，买韵公任副理事长。④ 民国时期，众多的回民社团有一个共同特点：积极兴办社团刊物，这就把伊斯兰教界人士、回族知识精英和回族民众统一在一个旗帜下。创办于河南新乡的《回声》，就是回协豫北支会的会刊。

白崇禧于1946年4月29日上午，在新乡疏河街清真寺召开了由1300余人参加的回民大会，号召“穆斯林不要分老派、新派，都要团结起来，兴教建国”。白崇禧为该寺题写了“兴教建国”的横幅，后该寺将其制成匾额，挂在卷棚内上方。由此可见，这个支会当时还是很有名气的。

该创刊号载明其宗旨有三项：第一项是兴教。回族历经日寇的残酷蹂躏和清末以来的民族歧视和压迫，伊斯兰教满目疮痍，抗战胜利后穆斯林

---

① 张国彦（1896—1952年），字子俊，沁阳市自治街人，《回声》杂志创办人。1946年底被博爱西关清真寺聘请为教长，1949年被开封北大寺聘请为教长。1952年10月归真于教长任上，终年56岁。

② 买韵公（1890年—?），《回声》杂志总编辑。原名买克让，号韵公，沁阳合作街人。1946年底离开新乡后举家迁往西安，后事不详。

③ 买明道（1912—1961年），字贯一，焦作武陟小麻村人。《回声》杂志编辑。先后在沁阳北大寺、中站造店、晋城怀庆寺和洛阳塔湾清真寺任教长，著有《主麻集证》一书。后被错划为右派，于1979年平反。

④ 见《回声》(1)，8页。

的主要任务是尽快使伊斯兰教修复创伤，恢复元气。第二项是建国。其建国指的是国民党的抗战建国政策，抗战宏图业已完成，建国就成为第一要务。第三项是交流民族知识。以此来提高教胞的知识水平，沟通中阿文化，融合民族情感，从而达到各民族精诚团结，和睦相处。

纵览该刊数期，有如下几个方面特点。第一，个性特征。《回声》于1946年5月1日创刊，社址设在河南省新乡县疏河街96号清真寺，理事长张国彦任负责人和发行人，买韵公任总编，买明道任编辑。该刊为16开，繁体字，竖排版，每页分上、下两部分，新闻纸铅字印刷，由开封新豫印刷所承印。设有古兰译解、圣训讲座、专载、特载、论著、教义讲坛、会务、大众园地、漫画、回教消息（国际、国内）、回声余墨、本刊启事、编余等十多个栏目。至今所知，1946年11月1日为最后一期，共出8期。在每期封面左上角盖有“赠阅欢迎指导”的长方形印章。据知情人士介绍，该刊印数在1000册左右。

第二，白崇禧将军题写汉文刊名。时任中国回教救国协会理事长的白崇禧于1946年春到新乡，在疏河街清真寺召开回民大会后，应阿訇张国彦之请，为该刊题名。这在民国时期，除《中国回教救国协会会刊》《月华》等少数几个刊物外，是不多见的。

第三，张国彦阿訇题写阿拉伯文刊名。封面的第二排正中位置，用阿拉伯文题写“算吾图勒穆斯林敏乃”（阿拉伯语音译，意为“穆斯林之声”）。据当时在该寺求学的郭茂荣①介绍，该阿拉伯文是他的师傅张国彦阿訇所题。

第四，获正式刊号。封面阿拉伯文刊名的右侧载明，“登记证：本刊已呈准主管机关先行发刊中宣部内政部登记证呈请颁发”。《回声》各期封面都有这个标志。能获得正式刊号，在民国时期的回民刊物中也是不多见的。这反映出，办刊者是通过合法途径取得刊行权利的，足见其守法意识很强。

第五，文学色彩浓厚。该刊所表现的文学色彩，在其“大众园地”栏

---

① 郭茂荣（1920—2000年），沁阳市自治街人，沁阳市食品公司退休后，先后在焦作市马村区待王等清真寺任阿訇。本文作者于2000年对其进行了走访。

目中可见一斑。如马鸿富的《人生是一条长途》、马鸿道的《钟声》、刘朗仁的《感怀》《月夜思乡》、笑俗的《雏鸡》《呓语》、异凡的《影》等诗，张砚才的《夜长梦多》、刘朗仁的《苦笑》、笔名“旭”的《母亲的爱》等散文，陈克礼阿訇撰写的回忆录《素描我的经堂生涯》等，这些文章均极具文学气息。

以刘朗仁的《感怀》为例：“八载沦亡苦，辛酸诚难数。……满腹伤心事，片语对谁诉。”① 寥寥数语，既表达了对日寇的血泪控诉，又抒发了对和平的无限憧憬。该刊通过“大众园地”专栏，既展现了20世纪40年代河南回族知识分子的文学素养，又表达了回族知识精英对文学艺术的美好追求。

第六，用漫画形式表现深刻主题，是该刊的另一特点。其中，韩僧所绘的两组8幅漫画，值得品读。第一组4张，以人物情感的变化，表达中国人民在抗战胜利后的喜悦心情。第二组也是4张，以雏鸡生长的生命曲线来抒发对和平的美好向往。② 日寇烧杀抢掠后把掠夺的鸡子挂在枪上、扛在肩上，象征着他们的“战利品”；如今，中国人民经过英勇抗争，获得了新生，“黄鼠狼”被消灭了，连鸡子也可以逍遥自在生活了。以弱小生命的生长过程，刻画抗战胜利的宏大主题，寓意深刻。几幅漫画，也似隐喻着我国的回族穆斯林从“兴教救国”到“兴教建国”的艰难历程。

需要说明的是，在伊斯兰教的刊物中，很少有人物和动物绘画出现，而这两组漫画却人禽兼有，这也从另一角度反映出编辑者的一种尝试和超越。

二、《回声》的主要内容及评析

该刊内容丰富，按栏目划分，有如下几个方面：

第一，《古兰经》、圣训和伊斯兰名著翻译。在“古兰译解”栏目中，

---

① 见《回声》(2)，9页。

② 见《回声》(2)，11~12页。

连载王明经[①]阿訇对《古兰经》第二章（黄牛章）的翻译与注解。栏目中注明是“转载”。至于原载于何处，有待进一步查证。“圣训讲座”栏目，由买明道阿訇负责。“伊斯兰名著翻译”栏目，连载了孙幼真阿訇以《畏惧真主与盼望真主》为题，节译爱比哈窑德原著的《回教原理》等。

第二，重要消息报道。该刊第一期刊载了《创刊词》，阐明其宗旨及任务。“会务”栏目详细报道了回协豫北支会于1946年4月1日成立的概况，该会理事长张国彦在成立大会上的讲话，该会《组织系统表》《计划大纲》等。另外，以《白副总长莅新乡》为题，刊发了白崇禧于1946年4月29日在疏河街清真寺召开回民大会的盛况及讲话全文。在“回教消息”栏目，及时报道了国际、国内方面发生的重要事件，如“回协辉县支会”推选张明轩任理事长，“回协博爱支会”推选马雨振为理事长，等等。[②] 这些史料，均具研究价值。

第三，对伊斯兰文化的解读。这一部分是该刊的重点文章，有的短小精悍，有的长篇大论，从不同视角，解读了伊斯兰文化的深刻内涵，反映了民国时期河南穆斯林知识精英的理论功底。在“特载”和“论著”栏目中，分别刊登了陈汼岑的《回教与民族精神》，更生的《鸦片毒品与国家民族》，孙幼真的《从云南回教说到河南回教》，丁宝善的《我国回教教务衰颓之原因》，买韵公的《总理对于回教民族的认识》《世界和平的暗礁》《从新生活规律说到回教生活》《提倡回教天课制度来解决阶级斗争》等文章。

在《总理对于回教民族的认识》一文，买韵公首先引用了孙中山先生遗教：“三民主义，首在解放国内之民族一律平等，回族在中国所受压迫最甚，痛苦最多，而革命性亦最强，故今后宜从事于回民之唤起，使加入民族解放之革命运动。”接着阐述了回民团结起来加入“中国民族运动”的重要性。最后号召：“务要把握时机，在此千载难逢的时代中，负起使命，努力奋斗，才不负总理特殊的认识和绝大的期望。”[③]

---

① 王明经（1920—1995年），焦作沁阳人，河南赵派传人李希章、马跃龙阿訇的徒弟，先后在焦作、济源等大坊清真寺任阿訇。

② 见《回声》(2)，14页。

③ 见《回声》(6)，4~5页。

在《鸦片毒品与国家民族》一文，作者更生慷慨激扬，以无可辩驳的历史事实，对英帝国主义等对我发动的鸦片战争，日寇发动的侵华战争，并“实施其毒化政策”毒害中国人民的罪行，进行了强烈抨击。以犀利的笔触，对那些充当汉奸、制毒贩毒者，其“不顾国家利益，民族危亡”而助纣为虐的行径，进行了无情揭露。以惊人的胆略，对当局那些“特殊阶级，包庇贩运，狼狈为奸”者，进行了严厉谴责，并呼吁当局：“本除恶务尽之原则”，对制毒贩毒者进行严厉打击。最后，以“烟毒之祸，甚于洪水猛兽，足以弱我民族，亡我国家”的肺腑之言，“劝我同胞要痛改前非，悔过自新”。[①] 这篇文章针对性很强，对个别回民也参与贩毒的行为，从舆论上进行谴责，迫使其痛定思痛，重新做人。至于文章的特点等无须过多评论，仅对可能会引火烧身的话题，作者敢写、编者敢载这种胆识，就极其令人敬佩。

第四，伊斯兰教义解读。在“教义讲坛”栏目中，刊载了仲轩的《穆圣谕选录》、买明道阿訇翻译的《至圣穆罕默德传》、买祝三的《穆罕默德圣传》、更生的《回教座谈》、福顺的《穆民应有充足的基本和丰富的储蓄》、丁宝善的《说天课》、陈克礼阿訇翻译的《哈桑先生致答哈里发欧默尔书》、张国彦阿訇撰写的《酒禁》、孙幼真翻译的《嫉妒之鉴》等文。

在《酒禁》一文里，张国彦阿訇首先从伊斯兰教义的角度出发，指明酒为哈拉姆（非法），“均悬为严禁”。在引用了圣训之后，论述了酒之危害：“酒能易人之志，浊人之神，能使智者惑，节者淫，信者迂，驯者暴”，“故君臣以酒失其义，父子以酒失其亲，夫妇以酒失其敬，长幼以酒失其序，朋友以酒失其信”。接着，引用了真氏和史氏两位大家的名言，用儒家学说，进一步对酒之危害进行深刻论述。最后指出：“望吾教胞，恪守圣训，严守教规，……幸勿感于嗜欲，迫于应酬，而再忽略视之。”[②] 整篇文章不难看出，无论是篇章结构，还是道理阐释，无不体现出作者深厚的写作功底和良苦用心。作为一名阿訇，具备渊博的经学知识，的确难能可贵；同时又具有深厚的汉学功底，更是锦上添花。

---

① 见《回声》(2)，4～5页。

② 见《回声》(2)，5页。

第五，号召教派团结。该刊的“回教消息”栏目，以《鲁山县教胞精诚团结化解新旧派别》为题，报道了这样一则消息：鲁山县原有回民教胞500余户，但多年以来因教派而发生分歧，南北两寺矛盾四起，甚至发展到“虽父子兄弟多不融合”的地步，严重影响了回民内部的团结，伤害了同胞之间的感情。为此，由两坊清真寺的教长、社首组织双方教胞参加，共同商议解决之策，最后达成了互相尊重、精诚团结的共识。从此，消除了多年形成的隔阂，双方教胞互相看望，互相问安。由此，男女各寺礼拜人员大增，甚至出现了“异常拥挤”的景象。并且，由两寺共同出资创办了诊所，解决了教胞就医难的问题。①

第六，宣传抗日英勇事迹。日寇的入侵，给中华民族带来了深重的灾难。为驱逐倭寇，重获新生，中国人民进行了长达8年的顽强斗争。在抗日的浴血奋战中，作为少数民族的回民，同全国人民一道积极投身于抗日的洪流中，涌现出众多的抗日英雄，奏响了一幕幕悲壮的乐曲。该刊就以《抗战的一页》为题，在“大众园地”栏目刊载了这样一则战斗故事：据侦查，日军要从G县向C县转移，途经X村时要在此就餐。我军提前埋伏在该村附近的玉米地里，待敌人到来时，队员们对着敌人就是一阵猛射，打了一个漂亮的伏击战。②

这篇文章署名为“回青”，应该用的是笔名，让人自然联想到“回民青年战地服务团”（简称回青团）。在全民抗战的岁月里，“中国回教救国协会”号召全国回民“兴教救国”，英勇抗战。“回青团”就是该会下属的一个由回民青年组成的抗日组织。他们有的给前线将士送水送饭，抢救伤员，做战地服务工作，有的则拿起武器，直接参加对敌战斗。③

《抗战的一页》全篇以第一人称描述，作者显然是参加了战斗。关于“回青团”参加战斗这一点，从1941年《新华日报》所报道的题为《汴新

① 见《回声》（7~8），22页。

② 见《回声》（2），8页。

③ 宛磊：《回族在河南抗战事迹述论》，载《许昌学院学报》，2013（3），87~95页。

路上回民青年活跃——设伏炸毁敌兵车》的消息中也得到了旁证。[①]《回声》的这篇战斗文章，详细描写了伏击日军的时间、地点、人物及战斗细节，为研究河南回民大众积极参加抗战提供了珍贵的史料。

结 语

抗战后创刊于豫北新乡的《回声月刊》具有一定的历史价值。首先，这是河南回民报刊中一份重要刊物，也是全国回民报刊中不容忽视的一个组成部分。其次，在对全民抗战的宣传、对伊斯兰文化的解读、增进其他民族对伊斯兰文化的了解、化解回族穆斯林的内部矛盾等方面，发挥了一定的作用。最后，由伊斯兰教界人士发起、动员回族知识精英和民族企业界共同参与的回族—伊斯兰文化的宣传模式，为我们提供了另一种思考路径。

由于时间久远和资料欠缺，不当之处在所难免，此仅为抛砖引玉，希有关研究者，对民国时期河南的回族刊物继续进行挖掘、整理，以期对此问题的研究更加深入，并有更多的研究成果问世。

（原载于《中国穆斯林》，2014 年第五期，15～18 页。）

① 《汴新路上回民青年活跃——设伏炸毁敌兵车》，载《新华日报》，1941 年 1 月 24 日，第二版。消息全文如下：“（郑州二十二日电）回民青年战地服务团自开始直接武装对敌以来，成绩斐然，杀敌捷报频传不已，各情已迭志前讯，兹又接该团捷报原文如后：本团团员孙少武、李华东、韩济棣、王春等 X 余人于元月鱼（六日）晨在汴新路夸武境东刘庄实施爆破敌军兵车，该列系由徐州开往彰德，当被我英勇团员，炸三节倾一节，死敌九十余伤数十人，续经查明，敌自林部队长官大尉同时毙命。（达东社）”

元代回族文学家马祖常

马迎洲等

元代回族文学家马祖常（1279—1338年），字伯庸，河南广州（今潢川县）人。《元史》载：其“曾祖月合乃从世祖征宋留汴，掌馈累官礼部尚书。父润同知漳州路总管府事，家于光州。祖常七岁知学，得钱即以市书。十岁时见烛烧屋，解衣沃水以灭火，咸嗟异之”。元延祐初年（1314年），元朝刚开始实行科举制度，马祖常就“乡试、会试皆中第一，廷试为第二人”，官授应奉翰林文字，拜监察御史。

马祖常“工于文章，宏瞻而精核，务去陈言，专以先秦两汉为法，而自成一家之言。尤致力于诗，圆密清丽，大篇短章，无不可传者，有文集行于世”。其诗文的代表作是《石田集》。名“石田”的原因，是因为他所居读书的草堂为石田山房。《石田集》被收入《四库全书》，共有诗赋5卷、文章10卷。元朝至元年间，苏天爵撰《文类》，录其诗20首，文20篇。明朝潘是仁编纂的《宋元诗六十一种》共收马祖常的诗3卷。新中国成立初期，郑振铎所编辑的《西谛书目》中也有此3卷诗。马祖常还曾编修《英宗实录》，又修改《皇图大训》《承华事略》，编集《列后金鉴》《千秋记略》。他的文章和功绩，当时的皇帝文宗图帖睦尔赞叹道：“中原硕儒唯祖常”。

（原载于《河南少数民族史稿》，261页，郑州，中州古籍出版社，1990）

民国河南几位回族文化名人述略

海俊亮

《回声月刊》（以下简称《回声》）是民国时期河南回族的一份重要刊物。该刊创办于1946年5月1日，由中国回教协会（以下简称“回协”）豫北支会创办，该会理事长张国彦任负责人和发行人，买韵公任总编，买明道任编辑。社址设在新乡县疏河街96号清真寺（现为新荣街清真寺）。就目前所知，1946年11月1日为最后一期，共出8期。由于资料缺乏，对该刊其他方面的研究成果甚少。近年来，笔者先后收集到该刊的一些文本，在对其进行研究的同时，进行了田野调查，并参阅相关历史文献，现对《回声》涉及的几位回族文化名人，给予述略。

一、买韵公

买韵公是《回声》总编辑人。笔者在寻找有关买韵公的线索时，的确费了一番周折。在笔者走访的《回声》的一些知情人员中，大多都知道买韵公其人，但他大量的时间，不是阅读就是写作，很少与他人聊天，因而许多人对他的情况知之甚少，只知道他是张国彦阿訇请来的笔杆子，是阿訇的老乡。根据“老乡”这一线索，笔者先后到沁阳的数个回民村街进行走访，但始终没有打听到其人。这样，笔者对他的访查，不得不搁置了数年。

直到2014年夏天，笔者在与一位回族老人聊天时，偶然得知：“韵公”是他的号，他名叫买克让，是沁阳自治街人。老人的一句话捅破了窗户纸。因为，在新乡时大家都知道他的号，不知他的名，而在老家，大家都知道他的名，而不知道他的号，由此而带来了查询方面的困难。后来，经笔者到他的老家进行调查，才了解到一些他的情况。

买韵公，1890 年出生在一个回民商人家庭，经济条件很好。他自幼受教育，青年时代先后到开封、洛阳、北平等地寻访名师，熟读四书五经，积累了丰厚的汉文化功底。他还喜欢阅览各种报纸杂志，从中了解国际、国内时事，对时局往往有独到的见解，被家乡人称为“见过世面的人”。受家庭的熏陶，教门操守很好，坚持按时礼拜。每走一地，喜与阿訇一起探讨教门。后来，他担任沁阳县参议员。

1945 年底，他受时任新乡疏河街清真寺教长张国彦邀请，担任了“清真教义研究社”的副社长。后参与“回协豫北支会”的改组及筹备工作，1946 年 4 月 1 日该会成立时，被推举为常务副理事长；“回协沁阳支会”成立时，又被推举为该会理事长。《回声》创办时，他担任了“编辑者”，总揽刊物的一切事务。

据知情人士介绍，买韵公是个事业心极强的人。他住在清真寺对面的清真教义研究社的院子里，里屋一间是寝室，两间客厅是办公室。据郭茂荣①先生回忆，每逢给他送信件时，他不是在读，就是在写，有时竟连头也不抬，只是用手指一下要放东西的位置。他的书桌上总是堆满了各种书籍和材料。他的时间很珍贵，总是快到礼拜时才来清真寺，礼拜结束就立刻回他的办公室工作。除有事与阿訇商量以外，很少与乡老及学生们在一起聊天。

他不仅担任《回声》的主编，而且还是《回声》的主要撰稿人之一。自《回声》从创刊到停刊的半年时间里，他在《回声》共发表了《创刊词》《世界和平的暗礁》《从新生活规律说到回教生活》《总理对于回教民族的认识》《提倡回教天课制度来解决阶级斗争》和重要消息报道等，总计数十篇文章。

《回声》于 1946 年底停刊后，他离开了新乡，举家搬迁陕西落户，而且从此再未回过老家。他迁到了陕西的什么地方，以及到陕西后的情况，有待进一步的调研。沁阳解放后，由于他家房子久未居住，被作为街公所使用，现在是合作街居委会所在地。

---

① 郭茂荣（1920—2000 年），沁阳市自治街人，自沁阳市食品公司退休后，先后在焦作市马村区待王等清真寺任阿訇。另见《回声》第二期，4～5 页。

二、张国彦

张国彦（1896—1952 年），字子俊，沁阳市自治街人，《回声》的创办人、发行人、筹资人和撰稿人。张国彦祖籍山东莘县，出生于经学世家。自幼在本坊学习经文，后到济源下街，跟随马长青阿訇深造。后来，到博爱大新庄清真寺，跟随赵永清阿訇学习，成为赵阿訇的第二批穿衣学生。穿衣后，先后到睢县和沁阳北大寺任阿訇。据沁阳北大寺《施送房款碑记》记载，该寺教长是冯振章和张国彦，落款时间为“民国二十四年十二月”。之后，张国彦被新乡“德太生煤油庄”（以下简称“德太生”）聘请为阿訇，负责 30 多名回民职工的宗教生活。离开沁阳到一家企业坐位，而且只有数十名回民，或许不被看好，但这个需要耐得住寂寞的选择，却给他日后带来了重大机遇转折。3 年后，疏河街清真寺阿訇辞任，张国彦被聘为该寺教长。1945 年日寇投降后，在全国人民的欢庆声中，他认为黑暗已经过去，自己施展才华的机遇已经到来，能借助疏河街清真寺这个平台，办一些力所能及的事情。

一是兴办经堂教育。在新乡“德太生”的资助下，张国彦招收的海里凡（学生）逐渐增加，最多时达 30 多人，计有郭茂荣（沁阳）、白宏图（封丘，后落户博爱西关）、吕兆瑞（封丘，后落户新乡合河）、刘聚岑（落户开封）、海文清（封丘）、李德（封丘）、李庆昌（封丘，后落户开封）、齐洪真（封丘）、赵万华（封丘，后落户辉县）、杨占轩（封丘）、魏文彩（封丘）、李少彦（开封）、尚主麻（开封）、赵振英（博爱大新庄）、杨国宝（新乡）、马喜真（山东定陶）、韩某（山东菏泽）等。

这些学生受教育程度参差不齐，无疑增加了讲经种类，他又聘请在博爱大新庄跟随赵永清阿訇学习时的同学买明道。买明道后来求学并毕业于北京的“西北中学”[①]，请来后任“长学阿訇”（即专职负责授课的阿訇），

---

① 设在北平的西北中学是 1928 年由孙绳武等创建于牛街。北平解放后，西北中学、燕山中学与成达师范三校合并，成立国立回民学院，马玉槐为院长，归教育部领导。

后在此基础上，他们于1946年联手创建了“豫北中阿大学”，张国彦任校长，买明道任教务主任。

二是改组豫北回教支会。该会隶属于中国回教协会，全称“中国回教协会豫北各县联合支会”。1946年4月1日，在新乡疏河街清真寺召开了“豫北各县联合支会”成立大会，并邀请正在新乡视察的中国回教协会理事长白崇禧将军到会并发表讲话。大会选出理事19人、常务理事5人、监事5人、常务监事3人、监事长1人，推举张国彦为理事长，买韵公为常务副理事长。机构方面，设有组训股、文化股、总务股等，并协助各县成立了支会。经查，辉县支会的理事长是张明轩，沁阳支会理事长是买韵公，博爱支会理事长是马雨振。

三是救助战争难民。抗日战争胜利后，内战爆发，国共双方在豫北地区的沁阳、博爱等地展开了拉锯战。当地一些回民群众为躲避战乱，纷纷外逃。彼时新乡是国统区，尚未发生战事，一些逃亡者投奔到张国彦坐位的新乡疏河街清真寺，而且越来越多，清真寺很难容纳。他与清真寺社首“德太生”的经理张旭东商议，由“德太生”出资，将清真寺的北屋讲堂、南屋水房和临街房等加盖了两层，供难民居住。高峰时，临时居住的人员达300多人，各房间都打了地铺。这些逃难者人员复杂，其中大多数是普通百姓，但也有个别地主，甚至贩卖毒品者为了躲避打击，也混入其中。

四是成立崇正小学。在社首和乡老们的支持下，建立了“新乡县私立崇正小学校”，于1946年5月10日正式开课。张国彦任校长，赵华为常务副校长，另有专职教师4名。该校共招学生98名，分一至五年级。这些学生大多数是新乡本地的回民子弟，也有寄居清真寺的逃难者家庭的失学儿童。课程方面，除讲授国民学校的小学课本外，还教授阿拉伯文，由买明道阿訇担任阿文教师。该校虽然条件有限，师资缺乏，设施简陋，却是新乡最早的回民私立小学。

五是成立清真教义研究社。在“德太生”的资助下，租用了疏河街清真寺对面（路东）的一家院落，成立了“清真教义研究社”。张国彦任社长，其同乡买韵公任副社长，买韵公是沁阳的回民知识分子，也是“回协豫北支会”常务副理事长。另外，买明道及周围知名的阿訇和回民知识分子，也都参加进来。

六是创办《回声》。“清真教义研究社”的人员针对当时的社会现状，陆续撰写了一些文章。为将这些文章及时与大家分享，张国彦建议创办《回声》，同时也将该刊作为“回协豫北支会”的会刊，兼对重大事件在第一时间做出报道。他任发行人，聘请买韵公任主编，买明道任编辑。1946年5月1日创刊号与公众见面，至1946年11月出最后一期。

据国彦的学生郭茂荣先生介绍，国彦生性秉直，只要是他认为不合乎经训的事情，就一概不会放过。如在当时的个别回民中，有人抽大烟，也有人贩大烟，他在讲“卧尔兹”时，依据教法规定，苦口婆心劝导，激动时，毫不留情地进行呵斥，并在《回声》上刊登禁毒文章，进行严厉谴责。为此，他得罪了那些抽大烟和卖大烟的人，并且在当时就受到围攻，以至于在疏河街清真寺再也待下去了。这个结果，或许是他未曾预料到的。1946年底，正当他的事业刚初见成效的时刻，他却无奈地辞去了阿訇一职，散了学，打发其学生们回家后，他住到了清真寺对面的院子里，只负责清真教义研究社的工作。但仅此，那些人也不依不饶，他只好忍痛离开了新乡疏河街。结果《回声》、清真教义研究社、豫北中阿文大学以及崇实小学等，全部就此停办。

后来张国彦被博爱县西关清真寺聘请为教长，1948年下半年又被开封北大寺聘请为教长。1952年10月归真，终年56岁。

三、买明道

买明道（1912—1961年），字贯一，焦作市武陟县小麻村人。经学教师、阿訇，曾任《回声》编辑。

买明道出生在一个贫苦的穆斯林家庭，自幼丧父，由母亲抚养成人。幼时在本坊清真寺跟买清斋阿訇学习经文，后跟巴玉清阿訇继续深造，继而成为博爱大新庄清真寺赵永清阿訇的高徒。由于他刻苦好学，深得赵阿訇的喜爱，当赵阿訇到开封东大寺任教长时，买明道跟随师傅来到开封。成名之后，先后被沁阳北大寺等聘请为教长。后来他得到了北平等地正在招收回民学生的消息，于1939年辞去了阿訇一职，前去报考，被录取后在北平就读5年，1944年毕业。至于在北平就读于哪所学校，说法不一。据他的学生闪殿功介绍，他师傅就读于北平成达师范。然而，他在北平就学的那个时期，成达师范早因抗战爆发而搬至重庆，于1945年日本投降后才迁回北平。经查，在成达师范的学生名单中也没有其名。这种说法，似乎与事实不符。

笔者于2014年5月专程赴山西晋城，采访了已96岁高龄的买明道阿訇的妻子程树芬女士。据程回忆，当时她随丈夫来到北平，租住在教子胡同，丈夫的学校在牛街，离家里很近。其儿子就是这段时间在北平出生的（1943年），买明道阿訇特意给儿子起名为“燕生”，以作纪念。以其时间和位置判断，买明道阿訇就读的学校很有可能是“西北中学”。在该校毕业后，他到包头任阿訇。

1946年初，由张国彦阿訇推荐来到新乡疏河街清真寺担任“长学阿訇”，参与清真教义研究社的工作，并筹备创办《回声》，任编辑。“豫北阿文大学”和“私立崇正小学”成立时，买明道阿訇分别担任教务主任和阿文教师。[1] 1946年底，张国彦辞去阿訇一职后，他也随之离开新乡，回到老家武陟县小麻村。1949年春，又往今焦作市中站区的造店清真寺，先担任伊玛目（负责领拜的阿訇），后被聘为教长，继续办学。由于他经汉两通，在豫北一带早有名气，前来求学者甚多。当时的学生有丁启明（博爱）、沙光亮（博爱）、孔繁忠（武陟）、闪殿功（中站）、郭荣华（焦作）等20多人。买明道阿訇因知识渊博，为人厚道，且兢兢业业，刻苦授课，至今在豫北一带仍享有极好的口碑。

1953年，他被山西晋城怀庆清真寺聘为教长。在这里，他除了办好教务外，还潜心著书，完成了《主麻集证》一书的写作，于1957年3月由该寺负责，在新乡印刷成册。同年，他被洛阳塔湾清真寺聘请为教长。遗憾的是，在这里他被错划为右派，从此积忧成疾，被子女接回晋城治疗，并于1961年2月归真，葬于晋城，年仅49岁。后经有关部门于1979年予以平反。

---

① 详见《回声》第一期，10页；第二期，14页。

四、《回声》刊物资助人

《回声》能够创办并刊出 8 期，经济方面全仰赖新乡“德太生”的资助。新乡“德太生煤油庄”是 1916 年由天津“长元德喜寿花烛店”总号经理穆幼三兄弟创办的。后由穆建光、穆筱轩任经理。新乡“德太生”分号的地址，在新乡新华街西头路南，刘渭占全权负责。该店主要经销天津美孚洋行的壳牌煤油和英国太古洋行的白糖、香皂等生活日用品，销往豫北各县，并在博爱、武陟、汲县、辉县和滑县等地设庄收购牛羊骨、油，运往天津、青岛外销。

“德太生”入驻新乡以来，生意兴隆，资金雄厚。新乡疏河街原有一座清真寺叫“洪寺”，由于地方狭小，回民礼拜时非常拥挤。1935 年，“德太生”捐资 3000 银元，在洪寺的北边购置一块地皮，建立“旅新清真寺”（即现在的新荣街清真寺——笔者注），刘渭占兼任社首。1937 年，刘渭占卸任回天津老家，张旭东接任该店资方经理。张旭东是河北沧州人，不仅精通业务，且文化功底深厚，酷爱书法，原新乡“中华大戏院”的招牌就是由他所题。而且，他对伊斯兰文化也多有研究，经常与阿訇张国彦探讨教门，两人遂成至交，在张国彦创办清真教义研究社、救济难民、成立阿文大学和崇正小学以及创办《回声》等各个方面，都给予了大力资助。

民国末年，处于国统区的新乡，物价暴涨，“德太生”赔了 30 吨煤油，从此一蹶不振。1948 年，“德太生”曾一度迁往郑州，但仍难以支撑，于 1950 年全部歇业。①

以上对涉及《回声》的民国期间豫北回族文化名人的基本概况做一粗略要述，由于时间久远，资料欠缺，不当之处在所难免。此仅为抛砖引玉，望有关研究者对民国时期河南回族名人继续进行挖掘、整理，以期对此课题的研究更加深入，并有更多的研究成果问世。

（原载于《河南穆斯》，2004 年第四期，39～42 页）

---

① 冯成勋：《新乡德太生煤油庄的始末》，见《新乡文史资料》11 辑，103～107 页。

爱国正直的回族画家艺术教育家马基光

张绍卿①

马基光（1913—1979年），我国著名回族国画家、版画家、艺术教育家，笔名马塞、马啸，河南省开封市人。1939年毕业于杭州国立艺专绘画系。民国时，曾任教育部第四巡回戏曲教育队指导员、文物考察组组长、抗敌宣传第八队指导员，教育部艺术文物考察团团员，中华书局美术设计，河南艺术师范学校、河南女子师范学校美术教师。新中国成立后，历任河南省文联常委暨创作研究室主任、河南省群众艺术馆馆长、郑州艺术学院、开封师范学院美术系中国画教研室主任。并为河南省第二、三届政协委员，兼任《翻身文艺》《群众文艺》编辑。

马基光的艺术造诣是很高的，是个“多面手”，不仅精通木刻，且擅长绘画。此外，他对于美术理论也素有研究。他的作品有高度的思想性，人称“幅幅丹青作鼓吹”。他的国画融合传统绘画和壁画技法，将国画传统线描同西洋画的素描有机地结合起来。他的画色彩对比强烈，色彩鲜明而富有动感，吸收了北魏及隋唐壁画艺术精髓，继承和发展了传统工笔重彩的手法，形成了独特的艺术风格。《中国艺术家辞典》对他给予很高的评价，称他是我国“著名国画家、版画家”，“解放前以版画为主，解放后多创作国画。并以擅长画马著称，晚年喜绘花卉，画风朴素清新，有浓郁的乡土气息”。《中国新兴版画五十年代选集》收集了他抗日战争时期的木刻作品《打回老家去》。《中国版画家年鉴》收入其传记及木刻作品。当年的导师、著名雕塑家刘开渠先生说：“他的木刻个性强，生命力强！”当年同学、著名艺术理论家王朝闻先生对他的评价是：“作品表明，不仅题材

① 张绍卿，原郑州工业大学书画院院长。

是直接来之切身的体验，当成当时所谓大后方的现实的反映，以及人民对现实的反映，不失为一种镜子的价值”，“这些作品得到流传，这不只是他个人的历程的纪录，从中可见当时青年一代艺术青年的觉悟程度，在美术史上有一定的意义”。我国著名美术家潘洁兹先生称誉他为“爱国、正直的艺术家”。

马基光自幼读书习画，初中时有幸得到美术教师、著名画家谢瑞阶先生的精心指导。并与同学著名画家龚柯、陈锦章主办了《晨光画刊》。1933 年，他以优异成绩考入国立杭州艺专高中职业部，受教于素描教授吴大羽先生。马基光的素描基础扎实、观察力强，手上功夫好。1938 年进入国立杭州艺专绘画系，受业于著名油画家方轩民先生，国画由著名绘画大师潘天寿先生亲授。在油画中，他着力于意境，着力于民族欣赏习惯与西方现代形式法则的结合。

此时，马基光还参加了木刻研究组，任组长。他与同学王朝闻等一起从事木刻创作。鲁迅先生曾介绍德国版画家珂列惠支的木刻作品，马基光不仅创作技法上深受其影响，创作思想也受珂列惠支作品反封建主题思想的熏陶，他的反帝反封建思想亦由此升华。

1937 年抗战暴发，学校西迁沅陵，再迁昆明，同北平国立艺专合并成立国立艺专。马基光继续在绘画系学习至毕业。1941 年在重庆参加了“中华全国木刻界抗敌协会”。

抗日战争初期，马基光积极投入了抗日救亡运动，怀着高度的爱国热忱，用画笔宣传抗日救国。其间，木刻、水彩、粉画、国画皆有佳作。战争和流亡使他接近了人民群众，受到了磨炼，创作了大量揭露日本侵略罪行，号召团结抗战的作品。其木刻作品《打回老家去》，“画面上，远处是迤逦的长城；长城外不远处，飘扬着一面太阳旗，画面前部是三个带抢的农民”，表现出鲜明的主题和时代精神。这幅木刻作品于 1937 年在上海《时代画报》上发表，引起了强烈的反映。其作品《敌机过后》中，“白色背景伫立着一个令人战栗的形象。他的一只手臂，被敌机所投的炸弹炸断了，鲜血正在淋漓滴落，而那只健康的手里紧紧捏着自己刚被炸断的一截手臂。人物仰天凝视，眸子里似乎在喷发仇恨的火焰”。这幅木刻作品连同《重上前线》《殉难者》《民族恨》和《边耕边备战》等一系列作品在上海、香港的报纸、杂志上发表，颇有影响。《打回老家去》《敌机过后》《重上前线》还收录到《抗战木刻选集》。马基光以革命现实主义创作方法来反映生活，深刻地描绘出这个血火交织的狂飙时代的生活，表现出一个艺术家为民族危亡和人民苦难而迸发出的爱国精神和对人民群众的诚挚感情。这个时期的木刻作品，黑白对比强烈，刀法粗犷有力，思想感情浓烈，充分表现出豪迈、奔放的艺术风格。

抗日战争后期，马基光参加了教育部艺术文物考察团，深入到祖国大西北少数民族地区进行长期考察。在这个时期，他深入群众，一面写生，一面创作，还在敦煌临摹了大量壁画，收集了大批素材和资料。这对他提高美术创作水平起到了极其重要的作用。从灿烂的古代艺术和少数民族的丰富生活中，他深深领会了伟大的中华各民族文化的精髓，从而思想境界更加高尚，艺术作品更富思想性，对事物的观察与再现也更加深刻。此后，他由西洋画为主转向了传统工笔重彩画。这个时期的主要作品有《西北速写》《塞上风云》《藏民速写》《藏族妇女》《休息》等。他画了无数的马，成了蜚声我国画坛的画马名家。他笔下的马，都是骄纵不驯的烈马，鬃毛飞动，霜蹄腾骧，真有“斯须九重真龙出，一洗万古凡马空”之概，而驭者却是天真俊俏的藏族姑娘。这些作品充分显示出既奔腾豪放而又柔美细致的风格。国画《饮马长城窟》《奔马》《套马图》《学跃步》等，虽创作于20世纪60年代，但均为此时生活之积累，不失时代风貌。他的国画作品，以工整细密、奔放柔美、妍丽浑厚见长，融中西绘画技巧为一体，在中国画苑中独树一帜。

新中国成立后，马基光以饱满的激情、雄健的笔墨、独特的风格，用绘画来歌颂党所领导的反霸斗争、土地改革以及翻身农民的喜悦。国画《肃清隐藏的敌人》是描写劳动人民挖出匪霸埋藏的枪支弹药的反霸斗争场面。《天下农民一家》则是幅反映土地改革的图画。众多的人物、热烈的场面，画面上似乎流动着那个沸腾年代的喧闹和欢笑，充分表现了劳动人民翻身解放的喜悦、当家做主人的自豪和昂扬奋发的革命激情。这两幅画均参加了全国第一届中国画展。然后，年画《好光景》参加了全国第一届年画展，发表于《人民日报》，并收入荣宝斋《水印木刻年画集》。《喜悦》《请师傅指点》参加1964年全国美展，并发表于《广东画报》，得到了很高的评价。这些思想性和艺术性高度结合的优秀作品，无不从历史进程的高度，反映了时代精神风貌，具有浓郁的生活气息，表现了一个艺术家对党和人民无限热爱的感情。

1939—1979 年，马基光从事美术创作和美术教育事业共 41 年之久。他是一位德高望重的艺术教育家，为我国培养了大批艺术人才。他的学生遍及全国，可谓桃李遍天下。在学校里，他讲授过美术、中国画、美术理论和美术创作等多门课程，授课时言简意赅，条理分明。有着丰富的教学经验。他认为在美术教学上必须重视基础教学和基本训练，要求学生必须进行长期锻炼，付出艰苦努力，这是一个美术工作者对待生活和艺术的严肃而诚恳的态度。就中国画来说，是以水墨为主，无论“工笔”或“墨骨”，都要讲究墨色，墨色和色彩要求完美地结合。他热心于社会艺术教育，曾用很大的精力扶植和培养青年美术工作者。有时，为了帮助、指导青年人，甚至牺牲了自己的创作。

马基光在 1959 年以后，虽以从事艺术教育为主，但创作上亦颇有成就。尤其中国画从内容上，人物、风景、花卉、翎毛、走兽，皆有佳作。他创作的俊俏藏女和神骏烈马的工笔重彩画，生活气息浓烈，意境新，表现了他那炽热奔放而细腻深沉的艺术气质和感情。他笔下的花鸟，无不充满活泼生机，笔墨洒脱奔放，很见功力。他画的初生的牛犊、羔羊、小毛驴、雏鸡、小雀等，特别惹人喜爱。主要作品有《探流沙》《狮子山放牧》《不让枫叶随风去》《马》《棕榈小鸡》《蕉雀图》《紫藤金鱼》《花红雏壮》《春意图》《鱼乐图》等，大都发表于报刊或被中国美术馆收藏。

马基光是一位爱国、正直的艺术家。他襟怀坦白，豪放不羁，刚直不阿。在那史无前例的“十年动乱”中，他也难逃众所周知的厄运。他悲愁难遗，林彪、江青反革命集团覆灭的第三年，这个热爱人生的画家，在悲喜交加的心境中逝世了。

现将著名美术家潘洁兹悼念马基光的悼诗录后，以表我们的哀思。

待有豪情忆旧时，草原烈马任驱驰。
国破还有中兴日，狂寇终见树降旗。
凯歌一曲山河改，反霸土改笔相随。

心与人民同忧乐，幅幅丹青作鼓吹。
十年风雨叹家破，花草虫鸟亦含悲。
浊酒孤灯人归去，泪洒中州土一杯。

马基光一生勤奋，画帙浩繁，但几经离乱，已十丧八九，这是令人非常痛惜的憾事。1980 年，《河南画报》曾刊载其创作专题介绍。1982 年，河南省美术家协会举办了其遗作展览。1984 年，河南人民出版社编辑出版了《马基光画集》。这里汇集的虽然只是其为数不多的残存遗作，可是这些作品也展现了马基光生平的精神面貌和艺术造诣，这是很值得欣慰的。

（原载于《伊斯兰文化研究》，2001 年 7 月，总第十期，31 ~ 33 页）

我国著名回族雕塑艺术家马植文

张绍卿[①]

马植文，原名马基丕，回族，河南省开封市人。我国当代著名雕塑家、美术教育家。1938 年毕业于北平国立艺专雕塑系。新中国成立前，长期执教于河南省立信阳师范学校艺术科。新中国成立后，先在河南省立开封艺术学校教授雕塑课程，后做专业雕塑创作。

马植文生于 1914 年，自幼读书、习画，小学、中学学习成绩优异，1929 年考入河南省立开封师范学校艺术科。他勤奋学习，学习成绩优秀。1933 年，进入北平国立艺专雕塑系深造。马植文对作为造型艺术基础的素描极为重视，着力训练，日积月累，得心应手，他的许多素描能够入细灵通，笔简意周。雕塑造诣日进，作品流畅圆润，精神感情充沛，逐步形成独特的艺术风格。

1937 年，抗日战争爆发，中国人民奋起抗日，马植文积极参加抗日救亡活动。在随学校迁往江西庐山、湖南沅陵的路上，或演抗日戏剧于街头，或绘抗日壁画、写抗日标语于墙垣，以唤起民众团结抗日。在湖南省沅陵，国立北平艺专与国立杭州艺专合并而成立国立艺专，后再迁昆明。马植文继续在国艺雕塑系学习。1938 年毕业后回到河南，在禹县陶瓷职业学校教授雕塑课程。1939 年，汉奸卖国贼汪精卫投降日本帝国主义，马植文怀着愤怒讨汪的心情，为洛阳讨汪大会塑铸汪逆夫妇铁质跪像两座于洛阳市十字街中，任人唾骂，大快人心。

1941 年，马植文应著名画家丁折桂先生的邀请，赴内乡师岗，到河南省立信阳师范艺术科教授美术、劳作课程并领导学校话剧排演活动。曾先

---

① 张绍卿，原郑州工业大学书画院院长。

后演出过《雷雨》《日出》《北京人》《家》《大地回春》《蜕变》《万世师表》《升官图》等，受到当地群众的好评。

抗日战争和解放战争时期，他精心创作了不少优美而写实的浮雕和圆雕艺术品，在表现方法上，以简易而又写实的技巧，表达丰富的内容，以致能够真实地反映社会生活思想意识，其代表作品除一些生动写实的动物圆雕外，还有《十字街口》《瓜市》等浮雕，以及人物圆雕《乞丐》《渔翁》《教员》《中学生》等，不但形体正确，而且动态神情充满了活力。

新中国成立以后，马植文执教于河南省立开封艺术学校，在雕塑教学之余，还静心创作了不少有高度写实技巧的人物和动物塑像，在精神的刻画上、姿态动作上也是相当生动的，特别是他与张绍卿共同创作的雕塑作品《中苏友好》（原题为《握手》），更是一件优秀的代表之作。作者摄取毛泽东和斯大林紧紧握手这一典型情节，着意塑造了两位无产阶级伟人的光辉形象：斯大林那睿智而深沉的目光，毛泽东那博大而宽广的胸怀，都令人肃然起敬。最为传神的地方还在于那代表中苏两党两国人民友谊的两双大手的紧紧一握，这是当时最有时代意义的雕塑作品。

1953年，马植文调到晋冀鲁豫烈士陵园做雕塑工作。多年来，他精心设计，认真雕塑了抗日将领左权将军（4米多）立像，抗日战争烈士半身塑像十多座和墓前浮雕石刻等。这众多烈士雕像有极高的写实性与创造性，不仅准确地刻画出革命烈士们的外貌，又表现出他们伟大的革命英雄气概。特别是左权将军那堂堂气度、奕奕神采以及英俊雄伟的气概，都表现得恰如其分，同时，作者还巧妙地把左权将军那军事阅历之深、战争指挥自如寓于从容裕如的人物形象之中。这尊塑像确实是尊划时代的雕塑艺术品。1958年，周恩来总理到陵园瞻仰了马植文雕塑的左权将军立像和革命烈士塑像，十分满意，曾给予很高的评价。

马植文的雕塑作品，善于以形写神，构思精巧，造型完整，风格独特，富有浓郁的时代色彩，是一位很有创造才能的雕塑艺术家。他创作的历史学家、文学家、艺术家塑像，不仅准确地刻画出他们的外貌，同时表现出博大的精神世界。他雕刻的动物，无不神态生动，形象优美，栩栩如生，动人以情。

马植文热爱家乡，热爱艺术教育事业，他在抗日战争时期和20世纪

50年代初期在河南省立开封艺术学校任雕塑教师，给中原播下了雕塑艺术种子，于今大见成效，不少崭露头角的青年画家和雕塑家是他的学生，他为河南艺术教育事业做出了很大贡献。

（原载于《伊斯兰文化研究》，2001年12月，总第十一期，39页、43页）

书画艺术家尚仁义

郭宝光

尚仁义（1951—2012 年），男，河南开封市人，回族，字若水，原号炉工，2004 年改号京桥穆民。中国书法家协会会员、河南美术家协会会员、河南省美协山水画艺委会委员、河南省篆刻创作委员会委员、河南印社副社长、宣和印社社长、开封市美术家协会副主席、开封书画院副院长。

尚仁义自幼学习书法，所作行草承晋唐贵韵，跌宕起伏，节奏明快，力求表现个性，篆书则取法石鼓，浸淫钟鼎，于吴昌硕笔意领会尤深，着力于结体布白和笔墨运筹，所作质朴浑穆，别有意趣。能书善画，长于金石。尚仁义善画大写意花鸟，浓墨重彩，笔酣墨畅，风格鲜明强烈，美术作品曾多次入选国内外重大书法展览，并先后参加了全国第三届、第四届当代花鸟画邀请展和全国首届山水画邀请展，荣获河南省第四届花鸟画展览一等奖，获“全国化工职工书展”一等奖、“全国电视书法比赛”一等奖。此外，山水画《豫西秋晓》（合作）入选由中国美术家协会和中国远望集团主办的“跨世纪暨建国五十周年全国山水画展花鸟展览”。花鸟画《梅花霜禽》《清远》分别入选岭南美术出版社出版的《北国梅花扇面》画集和《河南荷花扇面》画集。山水画两件入选“首届中原山水画风探索展”，并入选作品集。花鸟画《落霞》入选跨世纪著名中国画家作品展并获最佳作品奖。花鸟画《菊花》入选“神州花韵”——中国城市花书会艺术大展。山水画《白乐天诗意图》入选“第四届当代中国山水画”并被评为“创新”奖。山水画《屹立》入选河南省首届山水画艺术展。花鸟画《听雨》入选香港回归五周年中国画精品展，并入选《国画家》2002 年增刊。1993 年荣获“河南省职工自学成才”奖，并被中共开封市委、开封市人民政府授予“开封市专业技术拔尖人才”光荣称号。书法篆刻作品入选全国第二、三、四届篆刻展，全国第二、三、四（获三等奖）、五届书法篆刻展，全国第二届中青年书法篆刻家作品展、“中意杯龙年国际书法篆刻电视大赛”金奖等。2012 年参与筹备成立开封市穆斯林书画院并书写牌匾。

（2015 年 6 月，未发表）

心意六合拳在周口

杨少华

心意六合拳，又名十大形，是我国著名的拳种之一，一直流传在以河南东部的周家口（今周口市川汇区）为中心的回族当中，并逐渐由周家口传至蚌埠、南京、上海、武汉、西安等地。为了弘扬和继承优秀的民族文化传统，挖掘丰富的周口回族武术宝贵遗产，作者通过进行实地调查，先后采访了20余位武术名家及知情人，并参考有关资料，拟就心意六合拳在周口的传播与发展做一略述，不周之处，敬祈知情者补阙。

心意六合拳，由山西蒲州姬龙峰始创。先生约生于明万历三十年(1602年)，卒于清康熙二十二年（1683年），享年80有余。姬龙峰膝下从学者众多，唯有河南洛阳马学礼（回族）独得心意六合拳的精髓，后来马学礼艺成回到河南，传拳授艺，经买壮图下传周口袁凤仪一代。袁凤仪四大弟子尚学礼、杨殿卿、卢嵩高、宋国宾学艺独精，分别在河南西部、南部及上海、湖北、江苏、安徽、陕西等地传授心意六合拳，从而形成了“河南派”心意六合拳一大支系。

心意六合拳的特点是由心生意，又由意转化为拳招，六合与心意相互联系结为一体，以心意支配行动，以六合贯穿心意。

心意六合拳的基本功是“趟腿”和“四把锤”。“四把锤”即亲扑站、横拳、鹞子入林、鹰捉。其成语曰：“出手横拳势难招，展开中平前后销，转身挑领阴阳势，鹰捉四平足下抛。”该拳主要是模仿龙、虎、熊、马、猴、蛇、鹰、鹞、鸡、燕10种动物在追杀、捕食、搏斗时的动作，取其形、会其意而发展形成的拳术，其特点是凶、狠、猛、疾、洒、刚、柔，擅长格斗。

心意六合拳的基本步法主要是依赖鸡形的体现，不管是寸步、过步、箭步、垫步等，也不管是进攻还是防守，都不能离开鸡形的根本特征。在心意门拳法技艺里面更是有“打遍天下老鸡形”的美誉，这也是对鸡形步法重要性的体现。锻炼鸡步趟腿、鸡步掂腿是心意六合拳里锻炼基本步法和身形的主要方法，在实际盘练中二者又有各自的侧重点。鸡步趟腿主要侧重于腿步基本功的训练，同时锻炼心意六合拳里足踩膝撞等的一些技术；鸡步掂腿不但是心意六合拳基本腿法的训练，同时也锻炼了心意六合拳灵活多变的基本身形以及心意六合拳主要的进身方法。

心意六合拳传入周口的时间大约是在清朝咸丰年间，由心意六合拳第五代传人买壮图传入。

买壮图，回族，河南省鲁山县西关人，生于1829年，卒于1892年，他自幼从其舅父张聚学心意六合拳。据说由于张聚晚年丧子，怪罪练拳，不愿传授拳艺给外甥买壮图，但又怕外甥纠缠，就传授了一个“鸡腿桩”和“踩鸡步”给他，并对他说，如此练习三年后再来学习。他以为外甥不能坚持下来，从此断绝学拳的念头。但是，没想到买壮图学拳之志坚定，每天在家门口的枣树下站桩，一站就是几个时辰，冬天身边的积雪都被他流下的汗水溶化。他在集上做买卖，每天从集上到村里的数里路上走过时，都用踩鸡步。村人见他这般样子都笑，但他毫不介意。三年如一日总是这样坚持，结果不负苦心人，他的桩功和鸡步功都达到了令人惊异的地步。演示给张聚看时，张聚叹服了，于是就把全部绝技都传给了买壮图。买壮图一如既往地努力练习，最后功夫达到了出神入化的境界。在心意六合拳发展史上，买壮图是一位承前启后、继往开来的人物。他创“买式四把捶”，将原有的二十八式精减，仅留四手，今广为流传。他以鸡形步与人试技，能发人丈余，随即又如影随形般疾纵而至接住对方不致其丢失脸面。为了生计，买壮图常年往来于鲁山与周家口之间做些皮货生意。有一次，周家口回、汉两族群众之间因故发生规模较大的械斗，经买壮图出面调停，使事端得以平息，之后，当地回族群众在周家口西寨清真寺宴请买壮图。他即兴表演了心意六合拳，其拳如虎之登山，如龙之行空。周家门著名回族拳师袁凤仪、武举人袁长青等为之倾倒。其后，袁凤仪遂拜买壮图为师，学习心意六合拳。

袁凤仪练功刻苦，而且天份很高，深得买壮图的器重，毫无保留地将心意六合拳的秘技悉数传给了袁凤仪。这样，袁凤仪虽然只跟随买壮图学艺四年，却已将心意六合拳练得炉火纯青。袁凤仪的弟子中有尚学礼、杨殿卿、卢嵩高、宋国宾等，其中以“周口三杰”尚学礼、杨殿卿、卢嵩高最为著名。

尚学礼，回族，周家口沙河西岸人，自幼随袁凤仪学习心意六合拳，是“周口三杰”中的大师兄，以功力见长。据说他在练习单把时能将数米之外的蜡烛打灭。民国初期，军阀刘峙在河南洛阳设“天下大擂”，广招英才，为其军队服务。有一位少林派姓张的拳师将大红拳练得出神入化，连续半个月在擂台上打败了十几位高手，好几个被打下擂台而毙命。正好尚学礼去洛阳办事，得知后十分气愤，便赶去擂台，挑战该张姓拳师。上台后尚学礼先用“踩鸡步”走了数步，只见搭擂台用的木板步步开裂，想以此技威慑张，使其知难而退，但张不为所动，依然直扑而上，用一“穿心腿”直踹尚学礼心窝，尚学礼以深厚的抗打功力不让不避，直驱而上，用胸腹硬接了张一脚，并且口发雷声，张的身躯应声飞出一丈之外，重重摔倒。张起来后再次用侧踹腿踹击尚学礼身体，尚学礼调步而避，迅速穿插到张的侧翼，以“怀抱顽石”“搬双把”将张从胯下挑起，凌空过头抛下擂台，当场摔死。刘峙为其神勇所感染，遂留其在军中效力，但尚学礼不计名利，依然回家，以种地为生。尚学礼无子，尚青癸继承其技法，另授李豪友、穆廷斌、吕瑞芳、孙少甫、周作民、王效荣、苏传癸、石耀如等，其中以李豪友最为著名。曾打败俄国大力士的上海武术家王效荣和孙少甫早年在周家口时，亦从尚学礼学习心意六合拳，后拜入卢嵩高门下。

杨殿卿，回族，周家口人，“周口三杰”的二师兄，性格持重，待人和善，不到万不得已时绝不伤人。他出手快捷，善用“虎抱头”式以肘击人，被击者常昏迷倒地，故有“笑面虎”之称。杨殿卿的“剪手大劈”也是一绝，不管对手以什么样的拳法从哪个方向打来，杨殿卿都可以以此动作将人震飞。杨殿卿晚年时曾有一次推小车到集上办事，途中撞到一青年，该青年蛮横无理，对着杨殿卿的身躯猛击了几拳，杨殿卿安然无事，该青年回家后，手臂肿胀，数日不消。一打听原来所打之人是大名鼎鼎的杨殿卿，于是托人备礼来向杨殿卿道歉，杨殿卿遂赠其中药一帖，消其肿胀。当来人问到为何挨打时不还手时，杨殿卿说：“我们练拳的人，是铁打的，挨几拳不碍事。但是一般人像纸糊的，点破了就不好了。”可见其武德之高。杨殿卿一生在河南传艺，弟子众多，比较著名的有杨洪顺、杨洪生、庆老恩、马贵龙、马孝山、郭希圣、杨响林（杨老四）、苏训魁、吕炳田、吕瑞芳等人。

卢嵩高，回族，周家口人，幼时练习少林派拳术，后在岔河口高家茶馆巧遇往来于鲁山、周家口之间做生意的心意六合拳一代宗师买壮图，专习心意六合拳。自得名师传授后，卢深得心意六合拳之精义，十余年如一日，晨昏苦练，终成一代承上启下、继往开来的拳家巨子。谱传其是心意六合拳第八代传人，为河南心意六合拳发扬光大方面做出了巨大贡献。卢嵩高艺成后，先在老师袁凤仪经营的万胜镖局充当镖师，后在湖北、安徽、上海等地传艺多年，后定居上海。从其学艺者较著名的有李尊贤、刘洪顺、于化龙、李书元、王效荣、李尊思、马晓凯、马义芳、孙少甫、陶自洪、王守贤、解兴榜、王蓝田、张兆元、凌汉兴、裴锡荣等。

买壮图所传心意六合拳是以鹰熊二式为变化核心，进攻象鹰，防守象熊，越此二式其拳艺失真。卢嵩高在此基础上将心意六合拳分为十大把，分别是：龙形格横，虎蹲山，鹰捉，熊出洞，踩鸡步，鹞子入林，猴缩蹲，夜马奔槽，燕子抄水，蛇拨草。心意六合拳所采十形，内寓六合，故称十大真形六合拳。

心意六合拳被回族群众称为教门拳，自马学礼以来，一直传回不传汉，到了民国初期才打破了这一惯例。

周家口人宋国宾系汉族，他与卢嵩高为结义兄弟，幼年从杨少同练习少林拳，经卢嵩高竭力引见，袁凤仪破例收宋国宾为徒。宋从师苦练多年，心领神会，精通心意拳法，艺成后在冯玉祥部做武术教官。新中国成立后，宋国宾在安徽定居，从其学艺者甚多，较知名的有何顺成、蒋安坡、李克俭、唐学英等。

对周口心意六合拳影响较大的另一位人物是郏县的李海森。李海森是买壮图的表弟，他自幼喜爱武术，曾学习过多种拳术，后随表兄买壮图学习心意六合拳。他两人一起来往于鲁山与周家口经营皮货生意。清同治年间，他来周家口南岸教习心意六合拳，从其学艺者众多，得其真传者只袁长青、马四等数人。袁长青的原籍是淮阳，清末移居周家口，他幼年好学，酷爱武术，青年时期便考中武举，遂拜心意六合拳大师李海森为师，专习心意六合拳。后来，他放弃考取武状元的机会，专心培养武术人才。在给弟子们教习心意六合拳时，他将心意六合拳十大把的步法、拳法绘成图像，循循善诱地讲解心意六合拳的拳法和心法要求，使弟子们逐步掌握心意六合拳之精义。由于他内功精湛，拳法奇绝，为人和善，不以武压人，讲究“文以评心，武以观德”，从其学艺者众多，得真传者有买金奎、陈金波、买老志、陈金聚等数人。

由于回族自古崇尚武功，以武勇著称于世，加上心意六合拳独具特色，民国时期，周家口回族中练习心意六合拳的人非常多。各清真寺都设有武场，收徒传技。其中以河西的西寨清真寺、河北的老东清真寺、河南的陈州街清真寺最著名。

周家口回族过去大多做小生意，一般早上做完生意后，下午就利用空闲时间或在清真寺礼拜后便开始练功。还有人喜爱武术到了不顾一切的地步，平时省吃俭用，甚至很吝啬，但是，在练武上则是不惜血本的。因此，各武场都有数十人甚至上百人练武，并经常在“主麻”、开斋节、古尔邦节等庆典中进行表演。

心意六合拳大师方老文是西华县人，回族，民国时期曾在周口宁庄武场传艺。他所传心意六合拳垫步两把半和周口河西武场所传的过步四把锤、周口河南陈州街武场所传的鸡步两把半一样，都具有一定的代表性，随其学艺者众多，比较有名的有马福贤、刘同永、孟献彬、张学梦等。

心意六合拳大师马仁贵是周口宁庄人，回族，少时爱武，长期随父亲马武举习练心意六合拳，经过勤学苦练，功力日深，后在三连坑开设武场，在当代周口武术界尚有多人受益于他的拳技。

新中国成立后，回族武术传统得到进一步恢复和发扬，从20世纪50年代始，周家口、沈丘、淮阳等地回民先后在清真寺成立“心意六合拳研究所”或武术协会，心意六合拳的拳师名将们纷纷收徒授艺。一代武林新秀茁壮成长，一批回族武术健将涌上省、市、县各级武坛，并在各级武术比赛中都取得过优秀名次。

近年来，周口还举办了数次心意六合拳研讨会，并聘请老一辈武术大师挖掘、整理濒临失传的传统技艺。周家口心意六合拳大师于化龙两次赴美讲授心意六合拳，以其精湛的武功赢得了美国武坛的尊重。于化龙的弟子徐谷鸣还在美国旧金山开设心意六合拳武馆，传授心意六合拳，使心意六合拳在美国生根开花。

（原载于《河南穆斯林》，2006 年第四期，37～39 页）

河南吕氏心意拳情结

吕延芝[①]

武术是灿烂的中华民族文化宝贵遗产，是集各学种为一体、深受国人和世界各国人民喜爱的中华国粹。心意拳是中华武术中重要拳种之一，相传是宋朝抗金英雄岳飞所创。此拳种历史上主要流传于山西、河南、河北等地，不同地域，在流传过程中表现出不同特色，如山西的精巧紧凑，河北的舒展稳健，河南的敦厚勇猛等。

心意拳又名心意六合拳、六合拳、形意拳，适合于五纲十二目统一全体之功用。拳经云：人为万物之灵，能通诸之应，心在内，而理周乎物；物在外，其理聚于心。六合分内三合，外三合，内三合即心与意合，意与气合，气与力合；外三合即手与足合，肘与膝合，肩与胯合。内外相合即阴阳相合，天地万物形体合一。因此，心意拳有很深的文化底蕴，有心得的人将会不懈追求一生。

历史上，心意拳河南杰出代表人物有马学礼（洛阳马坡人，回族）、马三元（许昌繁城人，回族）、买壮图（鲁山县人，回族）等。

我家祖孙代代相传，习练心意拳，曾祖父吕金梁、祖父吕青魁师从拳师丁四老太，习马三元式心意拳，父亲的舅舅丁兆祥是位阿訇，曾从师明末清初鲁山县传奇人物、心意拳师买壮图（人称买大侠）。舅爷丁兆祥写一手好毛笔字，后来曾撰写一本心意拳经交父亲温习。

当时买壮图在周口高台茶馆收徒的故事，至今仍在中国大东南一代流传。习武人袁凤仪慕名而来，欲与买壮图切磋技艺。袁当场拿起碾药的碾槽用手指一劈将碾槽腿打断，以示功底；买让袁随意出手，袁刚近身就不

---

① 吕延芝，女，回族，伊华心意拳文武学校校长，原河南省体委武术馆高级教练。

由自主地被抛贴在墙上，买上前一步将袁搂住放下，袁对买佩服至极，执意恳求拜师为徒。买问袁你知道咋被打的？袁回答说：只觉得你往前一进，我就双脚离地不当家了。

袁凤仪带徒投师，成为心意拳一支的传人，其徒弟中的杨殿卿、尚学礼、芦嵩高后来成为赫赫有名的周口三杰。其中，尚学礼1931年在开封打擂夺魁，在漯河收我父亲为徒。芦嵩高新中国成立前留居上海，如星星之火，将心意拳传播于中国的东南沿海一带。杨殿卿的后辈传人杨保太也继承了祖辈家传，成为河南省武术协会委员。当时这些前辈年龄相仿，据说，他们途经漯河时都要买上点心去看大师兄宝哥——我的舅爷丁兆祥。

父亲吕瑞芳（1908—1999年），字风林，祖居河南午阳北午渡，抗日战争期间迁居襄城县，后定居漯河市。自幼受家庭影响酷爱习练心意拳，成为一生不懈追求的典范。父亲有三位老师，他们分别为爷爷吕青魁、舅爷丁兆祥和周口尚学礼。在三位尊师的关爱培养下，更感赞真主恩赐给他自强不息、艰苦奋斗的超人意志力。他老人家不仅习武，更重于习文，同时还要肩负大家庭的生活重担，我家的表叔特别多，都是因战乱无奈投靠来的。父亲起早贪黑，勤学苦练，不会就问，认真苦学拳经，对拳经能背诵如流，同时还孜孜不倦地研读教门经典书籍，对《古兰经》、“圣训”、《天方典礼》《天方性理》等更是爱不释手，直到八九十岁时还目不转睛一看就是几个小时，以至于到了忘我的境地，真诚地体悟、遵行着穆圣“求知从摇篮到坟墓”的教导。父亲对《易经》《黄帝内经》等也进行研读。

长年的知识积累和苦练，奠定了坚实的根基。老人的知识境界已和拳术理论融为一体，天人合一之理，物我同然之意，执着追求，从不停息。新中国成立前，在武汉江岸和武汉一清真寺，两次与挚友进行车轮战，招式快捷多变，影响很大。当时河南的武术大师已遍布全国，如号称“中国大刀王”的浙江李青山、福建王景春、河北陈同安、青海马忠仁都是父亲的好兄弟，大家在一起操兵器，练实战，真是“拳来拳去形意同，龙争虎斗乃手足”，鸡脚、龙身、熊背、虎抱头、鹰捉、雷声是心意拳要素，习练到一定程度方能有感觉。记得小时候家中有160多斤的大刀和各种兵器，大刀1958年被作为炼钢原料毁掉了，很是可惜。新中国成立后父亲在开封比武获奖，奖状上还盖有省长吴芝圃的大印，号召培养武术接班人。其实在此之前他就教我们学武术了，教我们练弹腿、查拳、三才剑对练等，我已记不清是从几岁开始学的，这就是门里出身的好处，不知不觉就学会了。

父亲很开明，曾任漯河回民小学董事，50 多岁了还参加了万米长跑并取得好成绩。20 世纪五六十年代，漯河市武术在省里很有名，以父亲为主，习武气氛搞得很活跃。1958 年春季，父亲和我参加省武术表演，记得一位领导对我说：你年龄小练得好，送你一个第一的牌子作纪念，并说回家好好练，准备到北京去表演。当时想都不敢想，这不可能。可到了秋季，一天，市体委的同志拿着省里的通知，通知上的第一个名字就是我，真的要到北京去了，简直像做梦。到了北京，领导、专家评委们到各队视察，让我代表河南队作了表演，当时不理解为什么，其实是老师们的信任和有意推荐。

1958 年底，我们全家搬到青海省西宁市，当青海省体委得知我家来到西宁后，安排父亲、哥哥和我进入了省体训班，紧接着到北京参加全国武术学习班。学习甲、乙组全国规定套路，此间与常振芳、张文广、王效荣、何福生、黄飞福、李秉慈等建立了深厚的友谊，尤其常老师待我亲如子女，感到特别亲。接着又参加了新中国第一届全国运动会，运动会期间，总有人找我父亲，新闻媒体不断进行采访，《人民日报》《体育报》等登了“吕氏三杰”的消息与照片，老家亲戚看到后，高兴地拿着报纸逢人就让看，至今还传为佳话。1960 年，我再次参加全国武术学习班，通过不断学习探讨，进一步掌握武术套路规范。20 世纪 60 年代初，我经常被派到机关、学校、工厂教拳，还曾被派到高级疗养院教拳，记得当时青海省长张国声、省委秘书长及一些地方书记等都亲切地称我小老师，关心、爱护我。在教学过程中我也得到训练。1962 年，因三年自然灾害国家出现暂时困难，青海省专业运动队下马，我随家人回到家乡河南漯河市，市长李光明派人将父亲安排到市体委工作。因会武术，在“文化大革命”期间有效地保护了体委的枪支弹药和其他财产。

父亲一生酷爱武术，只要有武术活动，不管多远都要带学生参加比赛、交流，去山西、河北、广东，还到祖师马学礼洛阳故居马坡访问，又到大侠买壮图鲁山老家专场表演。在太原心意拳理论班讨论会上，每个发言者发言时间限制在10分钟以内，而父亲却不受时间限制，他滔滔不绝连讲带做动作讲演了近一个小时，很受欢迎。买老师之孙写信称当代心意拳出了像我父亲这样杰出的传人，实为幸事，为心意拳继承、发展做出了重大贡献。实如其言，不管是谁只要热爱武术，为人忠厚，父亲都毫无保留地把技术传给他，给学生讲解、示范无不透彻。并带徒如子，所到之处，无不留下父亲练拳、教拳的身影。漯河、开封、洛阳、郑州、商丘、驻马店等市都有学生。商丘学员张卫东参加全国武术理论研究会，在众多学者、教练发表的136篇论文中，他有22篇入选。获优秀奖的共11篇，张的论文排前几名。1991年，日本派团来中国学心意拳，称中国武术之核心是心意六合拳。日本学生很能吃苦，有个叫堀田学的壮年学生，习武十几年，肌肉隆起，十分强壮，在上海当听父亲讲到出手如放箭、回手如钢锯时，他突然伸手要父亲做示范，父亲就轻轻一拿，使其差点跪倒地上，日本朋友佩服不已，并要求多练点这样的动作。堀田学再三问道拳怎么讲?父亲认真地说：“拳也，道也”，一语说明练拳人的境界。

1964年，我被选到河南队参加第二届全运会，“十一”国庆节晚上，在天安门广场进行巡回表演，引起很大轰动。以后很快进入“文化大革命”时期，直到1973年，开始恢复武术活动，在省体育馆表演对练，气氛热烈，全场沸腾，接连三场，每场都返场重演。1975年，市体育馆武术表演，当时我高烧39度多，为了不失约，我坚持到场，副主任吕献文说：“你不来，我们就该挨骂了，因观众在买票时问有没有吕延芝的表演，我们回答说有。”结果临场对练太猛，棍都打断了。70年代，我曾多次获奖，被评为省级体育先进教师。1985年，我和丈夫一同被调到省体委工作，丈夫单子学，河南篮球名将，任篮球教练，我在武术处负责社会武术工作。

国家为抢救武术瑰宝，开展挖掘、整理三献活动，并决定将河南少林拳、太极拳、心意拳、苌家拳、梅花拳五大拳种的书籍收入中华武术文库。为完成参展任务，我不分昼夜地整理有关文字资料及父亲心意拳动作图片等，终于完成在北京的展览。

1988年，全国开展武术之乡评比活动，我参与了此项工作。河南省一些武术活动开展好的县，逐级被上报到省里的有15个县市，后经多次审改，最后赴几个参选的单位实地检查验收，筛选出登封县、温县、淮阳县、汝州县4县，中国武术院到河南一县一县地验收时，上报的4县全部验收合格，并被批准为全国武术之乡。在这次评比活动中，河南与福建省并列全国第一名。

电影《少林寺》的放映，使少林武术名扬天下，以后随着国家经济和改革开放的发展，武术校、馆在中原大地如雨后春笋般应运而生，武术呈现一派生机勃发的景象。借助这一情势，政府及时地提出“武术搭台，经贸唱戏”的方略，决定举办1991年第一届郑州国际少林武术节。省体委从上到下全力以赴投入到这项工作中。我被任命为武术表演组组长。这次武术节是一次武林精英大会演，不仅邀请了省内各武术精英、老中青少各门各派出类拔萃的杰出代表人物赴郑献艺，而且河南周边武术发达的湖北、陕西、河北、天津、福建等省份也应邀派出代表参加这一武术盛会。

作为表演组组长，要对这次武术表演进行周密、细致的组织、策划，要考虑各表演节目种类繁杂、风格各异、参赛队员年龄悬殊、专业队员与业余队员如何穿插及整场表演效果等各种情况，每项工作都要做到有的放矢，关系到武术节的成功举行，我自感责任重大，压力也油然而生。在那段日子里，工作再紧张从不叫苦，紧张而默默地工作着。会议期间，住地离家只有几十米，几天都没有回家看望一下母亲。后来回到家里，母亲见到我说：“我可（很）饿!”这句话长期以来深深地刺痛了我的心，想起来心里就颤抖，因为就在十几天后，母亲就复命归真，永远地离开了我们。对母亲的愧疚之情已无法弥补，只有努力做好事、善事，祈求真主赐福给父母亲。

这次武术节的重头戏是在省体育馆举行的7场武林精英大会演，3场安排在下午，4场安排在晚上。3场下午场，观众场场满场；4场晚上场，场场爆满，尤其最后一场群情激奋，全场沸腾，体育馆人如潮涌，熙熙攘攘，热闹非凡，盛况空前。一场过后，到第二场时门票就开始紧张，精彩的表演，令观众和全场市民群情激昂，运动员在热烈气氛的烘托下，互相激励，表演激情和劲头更加高涨，令观众大饱眼福，大开眼界。节目五花八门，百花齐放，高潮迭起，喜不胜收。号称郭燕子的河北郭瑞祥、84岁的心意拳大师吕瑞芳、武术太极拳创始人陈国安等进行了独具特色的精彩表演，全国武术冠军赵长军及天津代表队的对练等，精彩绝伦的表演将表演推向高潮，让人拍手叫绝。最后一场，中央领导李德生及省委、省政府领导到会观看了表演。整个表演的组织工作是成功的，武术节的成功举办带来了累累硕果，推动了武术事业的发展和中华武术在全球的传播，为以后的郑州国际少林武术节成功举办积累了丰富的经验。

在国家改革开放政策的推动下，20 世纪 90 年代后，武术界的涉外活动越来越频繁。为了规范统一，国家体育部门将十大拳种分门别类编排出系列规定套路。少林拳作为大拳种，早在 20 世纪 80 年代初就有北京体院教授聂柏华等多次到登封、少林寺进行调整研究，酝酿着使其尽力规范化。1988 年推出拳术规定套路，我将有代表性的动作进行了提炼、编排，在河南省武术教练、裁判学习推广班学习少林拳规定的套路。1993 年，经中国武术研究院与河南体育研究院决定将少林拳械编成系列规定套路推广，成立了领导小组，由两级领导组成领导班子，我担任编辑组组长和理论部主任职务。三年多的时间里，往返于登封、郑州之间，进行协调、调研，遭遇不少曲折。执笔人郑跃峰，不计报酬，做了大量艰苦细致的工作。经过 5 次集体评审，由专家组进行认真、严肃的评审，最后全体签字通过验收并出版发行。目前，国内外少林拳赛事和教学活动均遵照这一套规范。

1999 年，在 50 年国庆大典期间，我再次有幸带队去首都参加第二届全国少数民族传统体育运动会，担任河南代表队领队兼教练。河南队在这次运动会上取得了两金的好成绩。

中国武术研究院香港、郑州、北京文化传播中心三家联手推出武术大型系列电视片，由我负责河南专辑的策划、编辑、录制工作，推动了河南武术的传播。1997 年，中国武术研究院推出了“武术博览”节目，我哥哥吕志德、我儿子单良演练了心意拳六合拳。电视片在 1999 年 1 月 8 日在中央电视台第五套节目体育台展播。2003 年，河南卫视台进行专访，对我的武术动作、我儿子和学生的武术集体动作进行了录制，并在这次专访中回答了记者的问题。专访节目在河南卫视播出。

中华民族自古就有崇文尚武的优良传统，回族更是其中的佼佼者。但由于“文化大革命”的影响和改革开放后人们对经济的关注，我在选拔队员时发现少数民族体育培养跟不上形势发展，较以前有些落后了，尤其在农村，习武的传统退化了。1989 年，我馆决定开始对外招生，开办业余武术班，单位的技术人员分别带队，培养后备人才，但后来此项工作搁浅了。1992 年，领导再三作出指示，我决定重新带队，招收了学员，每周练习 4 次。从 1994 年开始举行全省锦标赛、武术苗子赛等，学员成绩逐渐提高，学生陈刚、杨雪、乔强、郑可也、史柯（女）等多次获全省第一名，其中有一次杨雪同学在 96 名运动员中遥遥领先，无愧第一名称号，后来他们分别考入了北京体育大学、上海体育大学、河南大学、郑州大学等高校，现在有的已在大学任教。对培养学生，我本人觉得只要尽力，比赛成绩好坏我不太介意，心得是心意六合拳经在指导着我，并结合我本人的体会来教授学生。我受家庭熏陶、党的多年培养教育，从传统思想讲，我应该继承父辈的品质，我自知，我的武艺是如何走到现在这一步的，是父亲从我不懂事时起一步步教出来的。退休后，我难以停下来安享晚年，总觉得这样做对不起父辈，对不起后辈，能继续教一些学生是我的快乐和安慰。由此萌发办学念头，现待批。2003 年，有两名学生以优异的成绩考入河南大学和北京体育大学。2004 年 3 月，在郑州武术锦标赛中，有 8 个学员获第一名，5 个学员获第二名，2 人获第三名。在世人瞩目的首届世界传统武术节中，长子单良代表河南队获金牌一枚、银牌一枚，小儿子单斌参与了裁判工作，这一年有一名学生考入了北京体育大学，一名考入河南大学。2005 年，在赛事中有 8 人获第一名，6 人获第二名，4 人获第三名；在省传统武术比赛中，6 人获单项第一，集体项目在 25 个参赛队中获第一名，心意拳再次受到专家的认可和肯定。经过努力，培养出一批武术后备人才。在涉外教学上，所教外籍学员有新西兰学员、埃及学员、日本学员、美国学员和瑞士学员，并应邀去瑞士教学。十几年来，在河南大学、黄科大联合招生工作中我受聘担任副主考。工作四十余年，我踏踏实实为中华武术精神的传承做些有益的事情，不给父母丢脸，不给本民族抹黑。今后凡事仍要尽力办好，要自强、自爱、自重。

（原载于《伊斯兰文化研究》，2006 年 6 月，总第十八期，56 ~ 58 页）

虚怀若谷诚于中　剑气书风贯长虹

——记国家级非物质文化遗产心意六合拳代表性传承人买西山

买建军①

河南周口历史悠久，距今有6000多年的文明史，素有“华夏先驱，九州圣迹”之美誉。相传，太昊伏羲氏建都这里，定姓氏，制嫁娶，燃起了人类文明的第一缕曙光；中国女神女娲氏都于此，抟土造人，炼石补天，被尊为中华人文始母；炎帝神农氏在这里尝百草，艺五谷，开创中国种植、养殖的新纪元。周口人杰地灵，名人辈出，老子为道教鼻祖，所著《道德经》流芳千古，东晋太傅谢安、文学家谢灵运、现代民族英雄吉鸿昌等，悠悠魂魄，睿思大哲，世代传承，经久不息。作为中华传统文化重要组成部分的武术在这里更是繁衍生息，不断传承、发扬。据记载，心意六合拳是我国著名的拳种之一，一直流传在以河南东部周口为中心的回族当中，并逐渐由周口传至蚌埠、南京、上海、武汉、西安等地以及美国、加拿大、日本、澳大利亚等国，是集健身、防身、搏击、养生、修心等于一体的优秀拳种。

周口人杰地灵，文化底蕴深厚。周口是国家级非物质文化遗产心意六合拳重要的传承地，历史上先后出现了众多身怀绝技、叱咤武林的心意六合拳名家。中国武术七段、心意六合拳九代传人买西山当属其中最具代表性的人物之一。

---

① 买建军，河南省周口市心意六合拳协会副秘书长。

一、百炼成钢绕指柔

买西山，男，回族，1949 年 3 月生，现任周口市武协副主席，周口市心意六合拳协会会长。买西山具有深厚的家学渊源，8 岁开始在父亲买文增的指导下练查拳腿、双刀枪、四趟拳、五趟拳等功夫。1962 年遵父命，专程到武汉深造，跟随二祖父买金奎学习心意六合拳。买金奎是武举袁常青的得意门生，他擅长心意六合拳、七势拳、孝子拳、查拳及刀、枪、鞭、剑、棍等兵器套路，尤以金钟罩、铁布衫的功夫纵横武林，硬功了得，是心意六合拳的一代宗师。

在买金奎的辛勤传授下，买西山的功夫突飞猛进。他系统掌握了心意六合拳五行、十形、二十二路查拳、十趟弹腿、回回十八肘及各种套路。尤其值得一提的是，买金奎老还把秘不外传的心意六合拳看家绝技“百花点将”“周身是法”传授给了买西山（据说，目前整个武林精通“百花点将”和“周身是法”的仅两人而已）。在器械方面，买西山传承得也是比较全面的，仅从买金奎处就学到枪术 7 套、短刀术 5 套、大刀术 7 套、棍术 6 套及双锏、双鞭等，又学习了国家规定的初级剑术套路、乙组套路、甲组套路等。这为他日后承上启下，成为心意六合拳的掌门人奠定了雄厚的武功基础。买金奎去世后，他又向同门李尊师、于化龙、张鹤年、陈景贤、董恩光等前辈学习、切磋技艺，受益匪浅。

1963 年，买西山带艺参军，到河南省军区当了一名通信兵。他利用到各地出差的机会，遍访武术名师，相继在郑州、安阳、开封、南阳、武汉等地访问了卜文德、聂增永、董建亭、李世英等不同流派的武术名师，他博收约取，虚心讨教，学到了 30 多种拳术和器械套路。

师傅领进门，修行在个人。冬练三九，夏练三伏，晨练露水功，晚修丹田气。怎能忘，隆冬时节，朔风呼啸、瑞雪飞舞，许多人正在热被窝里酣睡，而在河堤旁的冰天雪地里，早有一个中上等身材的年轻人，在遛步打拳，猛似虎、敏如猴，起若游龙出水、俯似鹰击长空……怎能忘，挥汗如雨的盛夏，夜深人静，陈州街的一个小院内，一个矫健的身影，正在距一盏老鳖灯一米开外的地方，一遍遍不厌其烦地对着灯火头推双把，练内功……

十年心血铸一剑。坚强的意志，执着的追求，换来了买西山一身钢骨铁筋和一个双把便能把一头牛击翻的真功夫，使他对心意六合拳的演练与理解达到了得心应手、运用自如、见招拆招、令对手莫测的境界。

某年，武校一教练自恃自己武功高强，借周口市举办武术运动会之机，放言想来见识一下周口的功夫，不知贵地是否有人敢与他较量？当时在场的数十位武术界人士，既不想惹是生非，又怕输给对方丢了面子，无人应声。

有好事者便找到买西山，买西山推辞不掉，只得随来人去会那位教练。买西山谦虚地与教练互通了姓名、年龄，然后立个暗门户：“我是东道主，你是客人，你先进招吧”。那教练也立个明门户，扎出个拳击架势说：“你先进三招吧。”

买西山道：“中，也中，承让了。”话落足动，疾步出手示要，意欲引教练反击。教练不知是计，出右手架挡。买西山眼疾手快，探手擒住，往右牵引。教练急施化解之法，买西山却早已左掌变拳，一式黑虎掏心，正着教练肋下。教练“哎哟”一声，“扑通”跌坐于地……

买西山进三招，三次将那教练打倒在地。买西山不好意思，搀起教练道：“来来来，你也进三招！”教练摆手推辞道：“周口果然是藏龙卧虎、高人辈出的地方，今天算是领教了。”从此与买西山结成同道好友。

二、传承发展义不容辞

买西山的家在市区悦来街一栋普通的家属楼内，以前，那里是买西山练功传艺的唯一课堂，客厅是教练场，卧室也是办公室。2008 年，周口市心意六合拳被列入第二批国家级非物质文化遗产名录后，他在周口老皮毛厂租赁了两个车间作为训练基地，目前一个 800 余平方米的训练场地已正常使用，大大促进了周口心意六合拳的传承。为促进心意六合拳的发展，买西山还建议政府利用周口心意六合拳的知名度，搭建武术文化的大舞台，吸引经贸来“唱戏”。通过各种市场调节手段，与经贸“联姻”，跟商家结合，以武术文化搭台推动旅游业发展，使这颗非物质文化遗产项目之星发出更加璀璨的光芒。

买西山长期致力于保护和弘扬国家级非物质文化遗产心意六合拳，义务担任周口市川汇区李庄小学和牛营小学的武术顾问，无偿为师生们传授心意六合拳，2008 年和 2010 年，李庄小学和牛营小学分别被河南省文化厅授予“河南省非物质文化遗产社会传承基地”荣誉称号，成为心意六合拳传承的一大亮点。

这两所学校秉承“保护文化遗产，构建和谐校园”的理念，把保护和传承非物质文化遗产融入素质教育中，将心意六合拳引入体育课程，既强健了学生体魄，陶冶了情操，又传承了民族文化，将这一宝贵的非物质文化遗产发扬光大。每学期，这两所学校都要举行一次心意六合拳文化遗产展示暨心意六合拳功夫擂台赛，通过组织比赛和表演，既确保了学校活动的质量，又带动了各班活动的开展，使每位学生既张扬了个性，展示了自我，又让他们享受到活动带来的快乐。

2013 年，在买西山的亲自指导下，其学生周口市牛营小学校长买建军带领体育教师创编了“国家级非物质文化遗产心意六合拳健身操”，并且列入体育大课间，探索出一条非物质文化遗产心意六合拳进校园的有效途径，越来越受到广大学生的喜爱，此举也受到了省市有关领导和中国教育科学研究院专家的高度评价。

随着买西山的社会知名度与日俱增，找他拜师学艺者越来越多。买西山打破门户之见，有求必应。现在，买西山已是桃李满天下，教授的弟子有 3000 余人，遍及海内外及东南亚地区。

2013 年 6 月 5 日，加拿大友人海瑞、杰克、贝晓梅（均为中文名）等一行 5 人来到周口，专程来中国拜访买西山，学习了心意六合拳经典套路四把拳和迎面单把、斩手单把、海底翻花单把及五行连环拳等徒手单练和连环套路，还有新西兰和中国台湾、香港等地武术爱好者们多次来周口学习心意六合拳，让海内外友人亲身感受到心意六合拳独特的内涵和博大精深。

三、剑气书风写华章

近年来，买西山在深入研究、发掘、整理、拓展心意六合拳动作、套路的同时，还十分注重理论研究，《中国功夫》杂志、《日本功夫》杂志、《搏击》杂志亲自派记者来周口采访他，关注其武学研究。

传统观点认为，练武之人皆赳赳武夫、粗鲁莽撞之人。然买西山立足当代，着眼长远，在掌握心意六合拳武术绝技的同时，孜孜不倦，勤奋学习文字语言技巧和诗词格律知识，经过长期的心理、文化和专业知识准备后，他锐意创新，决意踏出一条新路，用诗词释武术，把心意六合拳的一些动作、机巧、套路填写成朗朗上口、易记易用、语言凝练、文字精辟的诗词。

手出似电，弦上心惊颤。滚钻晃挣八面旋，脚踏七分横站。

迎捉要手虚张，劈削暗藏撩裆，金龙裹横滚转，千军横扫无挡。

这是买西山用清平乐词牌填写的表现“裹横”的一首词，仅用46个字，便把徒手搏击时常用的心意六合拳中裹横的用法、打法、技法、奇效高度概括地表达出来，使搏击实用与艺术审美实现了完美的和谐与统一。

他在《念奴娇·心意六合拳过步四把》一词中写道：

轻步站起，虎离窝，缩手回步足落。马踏虎剪出横拳，折身鹰擒林雀。迎面铁臂，撩阴单托，雷劈猴束坐。征缨挑领，鹰捉撕下前脚。

前打青龙出水，疾步践蹿，回转两头却，左栽鹞鹰入鸟林，右钻黄牛摆格，斩手探爪，恨天地无把，气势磅礴。一声惊雷，四把机巧全没。

虎扑、鹰捉、挑领、撩裆，落山劈、牛摆头、青龙出水、鹞鹰入林，买西山对四把拳的烂熟和入木三分的感悟，通过一个个鲜活狠辣的动作描写，动静结合、虚实分明地跃然于纸上，把四把拳的精、气、神写得淋漓尽致，巧妙地赋予了武术艺术的美。

学海无涯，艺无止境。2009 年 6 月，买西山凭借精湛的武艺和理论水平，被文化部正式命名为“国家级非物质文化遗产心意六合拳代表性传承人”。但是，他并没有因为获得了这些荣誉坐享其成，而是准备著书立说，广泛交流，兼收并蓄，继承、总结、发扬心意六合拳这一武术文化瑰宝。截止到目前，他已撰写心意六合拳文章《浅谈心意六合拳金鸡食米》《浅谈玉女观书》《浅谈托盘单把》《浅谈老妈妈纺车》《浅谈海底翻花单把》等 50 多篇，分别发表在《搏击》《中国功夫》（香港）《少林与太极》《武魂》《中华武术》等国内外武术权威杂志上。他多次作为武术名家在香港国际武术节和安徽（明光）全国心意六合拳邀请赛等大型武术比赛和武术展演上进行表演，被“河南发展高端论坛”组委会聘请为常务理事，《影像河南》组委会特聘为编委等，《中华人物》大型图册、《搏击》武术杂志都曾对其进行专门的报道。现正在组织编写心意六合拳专著《心意六合拳单把》，让更多的人分享这一宝贵的非物质文化遗产成果，把心意六合拳这一武术文化奇葩推向全世界。

近年来，周口市心意六合拳协会在买西山的亲自指导和带领下，组队参加全国、省各级传统武术比赛和非物质文化遗产展演活动，取得特别表演奖 2 个、一等奖 42 个、二等奖 48 个、三等奖 32 个、集体银杯 6 个。2011 年应韩国邀请进行文化交流，2013 年赴香港参加国际武术节，2014 年赴南阳参加河南省少数民族传统体育运动会并荣获集体表演一等奖，队员们沉实稳健、刚柔相济的心意六合拳功夫表演，令在场的各级领导和专家以及观众赞不绝口。连续成功举办两届国家级非物质文化遗产心意六合拳研讨会；2009 年、2013 年协会训练基地两次被河南省民委、省体育局联合授予“河南省少数民族传统体育项目训练活动基地”称号。海内外国际友人不顾路途遥远，慕名来周口拜师学艺者络绎不绝。

目前，周口心意六合拳发展迅速，已融入世界大文化。不仅传播到安徽、武汉、上海、香港、台湾等地，而且远播美国、澳大利亚、加拿大、韩国、新西兰等许多国家和地区，受到了海内外武术爱好者的喜爱和青睐。

我们祝愿买西山勇猛精进，砥砺琢磨，早日迈进一代宗师的殿堂！祝愿国家级非物质文化遗产心意六合拳更加发扬光大！

（原载于《河南穆斯林》，2015 年第三期，55 ~58 页）

河南（豫东）派查拳二百年述略

倪胜章

查拳源于西域，清嘉庆十八年（1813 年）经直隶省沧州传入槐坊厅（即今河南省沈丘县县城槐店回族镇），迄今已有 200 余年的历史。查拳传入豫东后，在河南发展很快，并向皖北、湖北、四川等地传播，尤其对江浙沪一带影响较大，这些地区的查拳因由河南回族人传授，故称“河南派查拳”或“豫东派查拳”。

一、查拳的传入

《沈丘县志》记载：“查拳相传为清朝嘉庆年间，河北沧州大辛庄查拳名师石太春的高徒丁吉林所传，1813 年丁吉林来沈丘，在槐店旧清真寺传授查拳。”当时丁吉林常往来于沧州、曹州、亳州、沈丘一带贩马。丁喜好拳术，故与槐坊武举人庞俊生、庞俊卿过往甚密，闲暇之时常在一起切磋武艺。后丁在槐坊厅东镇顺河街（今镇政府南侧临河处）置买房产，落户于此。丁遂将查拳传入，并请来师弟石德胜来槐“教场子”（办武馆）。丁膝下无子，只有一个女儿，后招山东曹县回族人郭登轩为婿。郭登轩钟爱武术，得到岳父丁吉林、师叔石德胜的真传。武场后交由郭管理，收徒传艺，郭在当地武术界声名鹊起，各州府县前来拜师学艺者纷至沓来，一时间，沈丘成为豫东皖北的武学中心。1843 年，丁吉林活到 90 岁时归真，丁死后由郭登轩师承衣钵。

当今河南人习惯把查拳读作“查（zhā）拳”，“查”字在这里应读作阴平声“扎”，这与查拳的创始人有关。相传，明嘉靖万历年间，倭寇常袭扰我国沿海地区，据《皇明经世文编》载："东南数郡，始被寇以来，州县望风如毁，盖以承平既久，武备尽废，仓皇窘迫，固宜至此"，"而今之所练之兵，枪不识十八法、刀不明子午、弓弩不中的、火器见敌不能引燎，乌在其为习技击乎。练不成练，知其不能取敌也"。面对这种明军素质低下腐弱，倭寇强势的局面，朝廷只得调遣"狂悍难驯"的边地少数民族士兵，招募能杀善战的西域流亡武将来抗击倭寇，以达到"夫以苗攻倭，犹以毒攻毒，以此夷制他夷"的目的。当时有一位因躲避国内战乱而留居中原的察合台汗国伯克（将军）查密尔（查密尔为经名，阿拉语译音为"埃米尔"，突厥语译音为"贴木儿"，意为"领袖""统帅"）奉诏抗倭，在行至山东历城时，因患疟疾病卧于历城清真寺，病愈后战事已结束，为感谢当地穆斯林对他的救助，就向当地回民传授西域拳以示报恩，并为中原人救他的这种义举所感动，遂改名为"查尚义"，由于此拳种为查密尔所传，故被后人称之为"查拳"，又因此拳种在清真寺传播，亦称"教门拳"和"回回拳"，"南京到北京，查拳传于教门中"，道出了查拳过去主要是在我国回族中流传。查拳虽发源于山东，但盛行于直隶沧州，而且在明清两朝，沧州回族武林人物中考中武举、武进士者比比皆是，如沧州人哈攀龙高中清雍正壬子年（1732 年）状元，其父哈元生也是武进士出身，其族弟哈廷梁、其子哈国兴均官居提督，战功卓著，被乾隆皇帝赞为"中土回人，性多拳勇，哈其大姓，每多将种"，并功绘紫光阁。又如支持康梁变法的"大刀王五"王子斌（正谊）以及被齐白石赞为"南山搏猛虎，深潭驱长蛟"的"千斤神力王"王子平均来自沧州。沈丘的武术英杰王效荣、王孝功、王天聚家族以及今沈丘回族吴姓家族其祖上也均来自沧州。沧州历史上是回族武术的中心和传播地。传入沈丘的查拳为石太春派，其石姓族人在当地武术界影响较大，较著名的武林人物自四世石长清、五世石金省、六世石井通、七世石光起、八世石同鼎，目前已传至九世。故而历史上沧州与沈丘在武学方面有着密不可分的传承关系。

二、河南派查拳的形成

郭登轩执掌查拳武门后，在吸取丁、石二位前辈拳法精髓的基础上，对查拳套路技法进行了重新组合、提炼和创新，使查拳技法更加科学、实用，招式日臻丰富、完美，由原来的十趟老拳演化出十趟正拳和副拳，自成一体，即形成了今日的“河南派查拳”，即“豫东派查拳”。郭氏查拳的特色，招式有拳歌，套路有拳诀。如十路正拳拳诀是：“一路上手母子拳，二路行手势相连，三路飞脚摇穴势，四路撩阴势当先，五路快速风魔起，六路六角埋伏拳，七路梅花上手式，八路飞花带连环，二十九式龙摆尾，串通十路先人传。”此十路拳法又简曰之：“一路母子、二路行手、三路飞脚、四路趟拳、五路关东、六路埋伏、七路梅花、八步连环、九龙摆尾、十路串拳，另加少趟拳、三趟拳。”在这十趟拳路中四路是基础拳，入门必学，因为它囊括了查拳的所有手法，沈丘回民称其为“四趟拳”，故而有“学会四趟拳，出门防身不作难”之说。

查拳属长拳类，除十路正拳外，还有十路副拳，副拳也称招式拳，其拳诀为：“查拳本是教门拳，古兰经中圣人传，起手冲拳练马步，二路跃步翻身劈，三路左右二起脚，四路摆莲腾空急，五路挑踢旋风脚，六路连环飞云里，七路歇步不落地，八路栽拳按反劈，九路扫堂下踹腿，十路箭弹势归原”。郭登轩注重“弓、马、扑、歇、丁”六步型，“拳、掌、勾”三手型，“弹、挂、踹、箭、缠、趟”六腿法等手法与身法，抡臂穿掌灵活多变，技击快而不乱，慢而不散，姿势工整舒展，手、眼、身、法、步上下相随，其进攻特点为：“缩、小、绵、软、巧、错、速、硬、脆、滑”，缩如张弓蓄巨力，出拳如放点。小而紧凑如闭封，奥妙人难击。绵而不断意相随，变化虚有实。软能克刚随机关，借力出奇击。巧中生智灵活用，四两拨千斤。错则侧身眼步进，避实以如虚。速如闪电莫怔迟，出手快打慢。硬如钢锥戳软泥，冲闯莫松弛。脆如爆竹发寸力，克坚如摧壁。滑能消化对方力，重势可入怀。查拳除徒手外，还有徒手对子和兵器单练及兵器对子，如四趟破、五趟破、拿法、六路短打、二路查刀、十八刀、春秋大刀、查剑三路、查棍二路、四路枪、单刀进枪、对撵十枪、六趟双刀、双刀破枪、滚趟刀、锁口枪、白莲棍、梢子、双手带、三节棍、九子钢鞭等。

豫派查拳的功力在于手法拳，其功夫能力打卧牛之地，出手含蓄，劲跨顺达，刚柔相济，手腿相随，举手投足，风生水起，呼吸出纳，气贯周身，行如风，站如钉，身手搭配巧妙。查刀的独到之处，在于“刀劈北海北海清”，其刀法浑然天成，相得益彰。

十路弹腿是查拳的主要基本功，有低踢、平踢、低踩、斜踩、跑腿、闯腿、扫腿、缠腿、双飞腿、旋风腿、鹞子腿等，按阿拉伯文28个字母排列组成的28个基本动作。十路弹腿拳诀曰：“头路顺步如挑担，二路十字似拉钻，三路劈盖夜行犁，四路撑扎左右盘，五路挑打钻风箱，六路扑搂似单砍，七路双劈紧收肘，八路狠脚腿连环，九路捧锁鸳鸯腿，十路箭弹势归原，看官莫道势法单，多踢勤练妙无边，能测其中玄奥义，舒展绝技武艺献。”

沈丘查拳在发展中，还移植了一些外拳拳法，使查拳技艺更加丰富，如少林拳、水浒拳（武松托铐）、太子拳等。

三、武功报国的查拳武师

查拳从传入豫东沈丘后，再到河南（豫东）派的形成，其众多查拳传人均尊丁吉林、石德胜为师祖。对河南（豫东）派查拳套路的形成做出巨大贡献的郭登轩被尊为第二代掌门师尊。而使河南（豫东）派查拳威名远扬的为第三代。第三代中最显赫的人物均出自槐店“侍卫府马”马氏家族。清光绪年间，该家族出了一位武进士、六位武举，即武进士马廷襄（字殿臣），武举马铁通、马廷仁、马廷义、马廷善、马廷良、马廷扬（字虞臣）。马廷襄（1863—1928年）是郭登轩最得意的弟子之一，为光绪乙亥恩科河南乡武举人。光绪六年（1880年），马廷襄参加全国统考即三年一次的会试，在京城考中庚辰科武进士，殿试二甲，钦点花翎侍卫，在乾清门供职。光绪十九年（1893年），选补直隶天津镇标营游击。光绪二十一年（1895 年）受袁世凯委派，任新建陆军督队先锋官。光绪二十六年（1900 年），管带（即新军营长职）山东抚标后军前营，旋改名先锋右路右营。光绪三十年（1904 年），袁世凯举任其为管带北洋新练前军后营。

光绪三十二年（1906 年），任直隶开州协副将（从二品）、署直隶正定镇总兵。宣统元年（1909 年），任直隶督标中军副将，统带练军马步各营。1912 年，中华民国成立，遂授陆军少将衔。八国联军入侵北京时，在九门提督衙门供职的马廷襄的两个儿子马骁、马勇在抵抗八国联军的战斗中殉国。

该马氏家族另一位有影响的人物就是清末武举、反清义士马铁通，光绪十五年（1889 年）二月，他应界首武举郭其昌之邀，一道赴京会试，在京目睹清廷吏治腐败，颇多愤懑，二人计议放弃功名，返乡聚众抗清。途中于省城开封结识长江水师提督程文炳之子程绍周，程亦不满清廷，欲谋起义，三人相遇，志同道合，结伴返里，共谋推翻清室、革新国政。遂联络反清义士千余人，成立哥老会，以会道门的形式反清，并提出“反清驱洋，剔除赃官污吏、土豪劣绅，绥靖天下，万民安乐”的施政会纲。光绪十六年（1890 年），哥老会在界首聚会，推选郭其昌为总督，程绍周为协统，马铁通为武英军师，李和凤为文华军师。时有民谣“界首集是北京，郭其昌坐朝廷，能掐会算李和凤，外国王子马铁通，领兵元帅岳老总。”因回族人马铁通其相貌酷似波斯雅利安种人，故人称“外国王子”。反清大旗打出后，不数月，会众数万人。后哥老会遭清廷镇压，马铁通在掩护会众突围中负伤被俘，后死于狱中。

四、查拳教练从军

郭登轩晚年归隐于颍州府阜阳县中心岗（今安徽省阜南县中岗镇）清真寺，关门授徒（只收洪姓回族），避开江湖。光绪十一年（1885 年），郭登轩归真于中心岗，并安葬于此。过去每逢郭登轩的忌日，他的沈丘弟子及再传弟子络绎不绝地去阜南为他“走坟”开经。郭之后由他的三位高徒即马忠卿（1866—1941 年）、马忠启（1878—1950 年）、马忠立

（1880—1949 年）继位，执掌河南（豫东）派查拳，成为第三代掌门人。

马忠卿、马忠启、马忠立系同族同宗兄弟，在当地人们习惯称他们为“大老师”“二老师”“三老师”。马氏家族世居槐店回族镇，属“石桥口马”，是当地回民中的望族，为武术世家。三位老师一生对查拳的传播和延承不遗余力，马氏家族在弘扬光大回族查拳上贡献较大。三位老师各有所长，大老师玩意多，二老师功夫整，三老师出手快。他们先后在亳州、阜阳、徐州、汉口、镇江、嘉兴、上海等地设立武场，特别是二老师，足迹遍及河南全境及北京、天津、山东、江苏，桃李满天下。三位老师授徒逾千，弟子遍布大江南北，门徒中更是人才辈出，如名震江湖的中原大侠王效荣、大刀李青山、腿王张岐山、快掌李树元、神鞭白云飞、草上飞李尊恭、铁拳海兆襄、拳王李尊思等。

河南（豫东）派查拳拳师在抗日战争时期从军任教的不乏其人。草上飞李尊恭是“二老师”马忠启的高徒，二战期间参加中国远征军第一路军，任杜聿明部护卫营营长，在中缅边界一带抗日。一次在一个伸手不见五指的黑夜与日军遭遇，双方短兵相接，用刺刀拼杀，而李尊恭使用的是他常用的查刀，他凭着“缠头裹脑”之刀功和敏捷的身手，摸黑一连砍死 5 个日本兵，后被一日本兵用刺刀刺中腹部。他忍着剧痛把流出的肠子塞进肚内，把军衣撕破扎紧，这时才喊护兵救他脱险。李后升任国民党四十九师师级教官、黄埔军校第六分校教官。李尊恭早年就闯荡于上海滩，民国十六年（1927 年）在上海小南门擂台赛中获第一名，后在峨眉山上收徒传艺。李尊恭曾在中央国术馆全国大赛上获七战七胜之佳绩。

早年在冯玉祥部下任军事教官的李学风（绰号老蛮子）是“大老师”马忠卿的高徒，曾任第八混成旅一营营长，抗日战争期间在三十一集团军任教官。“二老师”马忠启的高徒王孝功也曾是一位军事教官，30 岁时奉老师之命与同门师兄弟马孝良、李尊胜、李尊恭赴成都打擂，4 人均获胜，名震巴蜀。马孝良等人遂被当地人留下“教场子”，在四川传授查拳。而王孝功被一川军军长看中，见王英俊高挺，身材瘦直，二目炯神，一副军人做派，劝王从军报国。王自此留在军中任教，由连部教官逐级升到军部教官。国民党撤退台湾时，他离军返乡。另有马崇兴、李文生等也都曾出任过军事教官。

五、查拳入沪

民国年间，战乱不断，豫东一带匪寇猖獗，回民作为中原族群中的弱势民族，更容易遭到攻击洗掠。为保家自卫，纷纷习武强身，使这一时期回民坊区尚武之风日盛，也促使了查拳的普及与传播。当时在槐店回族镇东关及相连的30余个回民村街，人人都会练几招几式，“喝了四沿井（元代回族先民开凿的古井）的水，都会踢趟腿”，四五岁的幼童都能打出一趟漂亮的四趟拳，每个村街都开有武场。武术在民国时期被称作“国术”，国民政府设有中央国术馆，在槐店的清真古寺、东寺分别设立了“回民第一国术馆”和“回民第二国术馆”，习武在当时成为一种时尚。民国之初，社会动荡，据民国十八年所立《槐坊镇马搂清真寺碑》记：“民国十五年土匪猖獗，日甚一日，四乡居民移居寨内，马楼寺亦迁徙焉”。后来到蒋冯阎中原大战及抗日战争爆发，各系驻军、杂牌军到处都是，各项苛捐杂税加重，征丁征粮，逼得老百姓没有活路，加之匪患、水患，老百姓处于水深火热之中，不断纷纷外逃，至沈丘解放前夕，有近半回民逃亡上海谋生，拳师们为了谋生，也都离乡背井，一些查拳武师来到上海开设武场，自此，查拳开始在上海盛行。

马忠卿、马忠启、马忠立三位老师是较早来上海的沈丘人，大约在1935年前后来到上海开设武场，之后三位老师的弟子王效荣、马孝全、马孝凯、李大勋、李树元、李成逯、倪云奉、王东山、海肇襄、李道相、李大尚、李尊山、李尊贤、尚金荣、白恒祥等前来上海“教场子”，查拳武术教场占了上海的半壁江山。当时来自其他省籍的回民拳师对上海武术的发展也起过举足轻重的作用，如早期的山东回族拳师马永贞曾以查拳击败洋人，威震上海滩。另有山东回族拳师马金镖创办“上海群英武社”，此外还有山东派查拳传人赵金铎、杨鸿修等。又如河北籍回族武术家王子平，在上海多次与洋人打擂台，曾把不可一世的美国人沙利文击败，其女儿王菊蓉后来成为上海体育大学教授。另外还有安徽回族拳师张歧山、满锡豹、陶子鸿等。

河南（豫东）派查拳传人在上海较出名的拳师，当数王效荣，他经营的六合（得胜）武社，收徒数百。1943 年在上海八仙桥大舞台代表中国队与立擂的日方聘请的白俄大力士卢梭诺夫交手，他运用查拳技法把对手扔下擂台，大长了国威，为敌占区人民出了一口恶气，被沪上媒体誉为“中原大侠”，上海武术界为王效荣赠匾“武林至尊”。

马忠卿、马忠启、马忠立三位老师的后人对查拳在上海的传播、弘扬和发展多有建树，如“大老师”马忠卿有四子，查拳功底最精深者为次子马孝颜。马忠卿的 7 个孙子中马仁方、马仁儒、马仁慈在 20 世纪 40 年代被称为“上海马氏武门三兄弟”，他们均供职于上海民强国术团，长年在上海先施、大新、新新、福安四大公司及其舞台、大世界游乐场表演查拳，其形象常见诸沪上报刊。他们的后辈继承武风，较出名的有马义伦、马义申、马义鑫、马海宝、马海涛等，现马氏武门后人大都定居于上海，已逾百口。只有马忠卿的孙子（马孝冉次子）马仁春一支居沈丘，马氏第四代即马仁春长子马义林定居新疆，现任阿克苏地区行署副专员。

六、新中国成立后查拳在沪、豫两地的发展及现状

新中国成立后，在上海以教场子或卖艺为生的查拳拳师多走上了不同的工作岗位，也有一些直接进入体育部门工作。这些走上工作岗位的查拳拳师出于对河南派查拳的钟爱，就业余向上海的回族子弟义务传授查拳，有汉族学生愿意拜师的也收为徒弟传艺。20 世纪 50 年代初，海肇襄就以这种形式在上海浙江路清真寺（外国寺）设场授徒。其他查拳场子也均为沈丘籍回族拳师开设，如虹口青年武术队，马氏三兄弟在河南北路小花园、昆山花园开设的场子，“二老师”马忠启的门生张岐山在杨浦开设的场子，李大勋、李道广父子在凤城新村开设的场子，以及南市区、闵行区等查拳武场等。

沈丘籍回族武师对河南派查拳在上海的推广可谓功勋卓著，如全国武术协会委员、上海市武术协会副主席、国家一级教练王效荣，新中国成立

后为上海培养出了众多优秀武术人才，并多次蝉联全国冠军，如邵善康、蔡鸿祥、李福妹、郭藩、何伟琪、俞吉元、张福生等，都是王效荣的高徒，成为了全国武坛上的精英。1961 年，王效荣及其弟子表演的查拳、查刀还被上海科学教育电影制片厂摄制成科教片电影《中国武术》。王效荣曾多次率队参加国内国际大赛，多次参加全国武术工作会议，先后受到毛泽东、刘少奇、赵紫阳、万里等中央领导的接见，是新中国成立后全国武坛上一位颇具影响的人物。被誉为武坛常青树的李尊思大师，年逾九十，仍然精神矍铄，宝刀不老。李尊思为“二老师”马忠启的高徒，年轻时曾代师在亳州、汉口授拳比武，19 岁定居上海从事武术事业至今。早在 1941 年曾获得过全国选拔赛第一名。1950 年，李尊思为支援抗美援朝捐献飞机大炮，连续义演几十场。1961 年，李尊思参加上海体育馆传统武术表演，受到前来观看的陈毅市长的称赞。1981 年，出任上海市工人武术队总教练。1982 年，任全国武术大赛裁判。在全国第二、三届少数民族传统体育运动会上先后获表演项目竞技类优秀奖和一等奖。被国家体委评为全国千人武术优秀辅导员。后任上海市武术散打仲裁。1988 年，被特邀为海口中华武术馆顾问。1991 年，李尊思应其在新西兰的弟子、新西兰国际武道演真会会长颜紫兀之邀，赴新西兰访问讲学半年，后又先后到澳大利亚、马来西亚、荷兰、新加坡和中国香港等国家和地区授拳讲课，其门下的洋弟子已达数百之众，为查拳在海外的传播做出了贡献。目前李尊思虽已逾耄耋，但每天坚持习武练拳，其麾下众多弟子已成为当今上海武术界的中坚力量。

上海武术家们为更好地传承回族查拳，使这一传统文化不在工业信息化进程中湮没，自 1997 年起，由上海沪西清真寺牵头，开展回族河南派查拳武术家联谊活动，已举办 20 多次，采用以武会友、以武育苗、培养中青年骨干、举办暑期少年武术班等形式，推动河南派查拳的传承和发展，在老一辈河南派查拳武术家的共同努力下，对河南派查拳进行抢救性挖掘，录制了上海河南派查拳套路音像资料，搜集数百张查拳资料照片及有关史料、拳谱、报刊等，为上海河南派查拳的发展和学术研究打下了基础。

河南派查拳新中国成立后在本省的淮阳、项城、漯河、平顶山、洛阳、郑州等地得到不同程度的发展，主要是“大老师”“二老师”“三老师”的弟子及再传弟子在上述地区传播的结果。当今名震平顶山武术界的教练王爱民（王二象）、李道升（李三），均系沈丘县籍，20个世纪60年代因招工而迁居平顶山，遂把查拳带入当地。王爱民的老师王天聚和李道升的老师李大兴均是“大老师”马忠卿的高徒，为第五代查拳传人。王爱民现任平顶山查拳武校校长、平顶山市武术协会秘书长，为河南省特级教师、全国武术优秀辅导员、中国武术六段、国家一级裁判，曾囊括全省及全国体育数项大奖。查拳第六代传人王莉娜现任平顶山查拳武校总教练，王爱民、王莉娜培养的查拳弟子中每年都有人考入体育院校或被吸收为省体队运动员。王爱民、李道升二人在平顶山地区均有上千弟子，他们对查拳的传播贡献巨大，是查拳第五代传人中的佼佼者。由王爱民主讲、王莉娜演练的河南查拳系列（含徒手、兵器及对练）被完整收录到“中华武术展现工程”库，制作的56集查拳光碟已由人民体育音像出版社出版，在国内外发行。

与河南派查拳在上海、平顶山等地的发展不同，作为河南派查拳的发源地的沈丘却相形见绌，近年来传习查拳者寥寥无几。沈丘查拳在新中国成立后也曾一度呈现过辉煌，仅东关回族社区就有50余个习武场子，当年教场子的拳师较出名的有刘大馨、马忠山（后迁居青海）、李应茂、李相荣、李尊良、李尊法、李大兴、王天聚、王孝功、王天兴、李道凯（聋大孩）、李道扁、刘玉才、李尊三、李尊连、郭俊杰、陈兆凤、庞立生等。当时回族子弟，无论男女，都学武练拳，大有全民健身之势。在众多拳师中，出成绩者当数李尊三老师，他10岁投师马忠卿习练查拳，17岁随师赴上海大新公司国术团当武术演员，1945年在上海、成都武场任教。1997年5月，他在南宁市全国武术观摩表演赛中获二等奖（银质奖章）。1982年4月，在南阳河南省第一届少数民族传统体育运动会上获一等奖。1982年9月，在第二届全国少数民族传统体育运动会上获奖杯一个、奖刀一把。沈丘籍另一位查拳老师庞国栋，在这届运动会上获一等奖。当时回族青少年习武者参加省、地级体育比赛中获得名次者也不乏其人，如马艳平、马士红、李宗红、王红、李艳、李金良等。

1971年，曾任杜聿明部教官、新中国成立后定居浙江嘉兴的拳师李尊恭返居故里，对当时沈丘的回族查拳的传承起到了推动作用，如今在河南派查拳中起着承上启下作用的李新建以及李士亮、马珍、马士红、李传华、李战军、李五星、倪国安等都是李尊恭的高徒。继李尊恭之后，其大弟子李士亮师承前贤，开设多个武场，对查拳的传播贡献较为突出，培养了众多查拳传人，并为省体校等专业院校输送了大批优秀人才，是河南派查拳的守望者和传播者。李士亮因病去世后，河南派查拳在沈丘日渐衰微，目前沈丘的回族传统武术和当地汉族的传统武术一样，受大环境影响，基本上都处于一种停滞状态，已找不到一家正规传授武术的武场。而各种柔道、跆拳道、拳击套路之类的武馆及培训班遍及全县。这种反差与当今社会大环境有关，查拳作为少数民族传统体育文化在当今社会迅猛发展中日渐淡化，受众群体人数锐减，展示空间越来越窄。大多数家长出于各种考量，不愿让孩子学习传统武术，从而造成收徒难，后继乏力。过去一些以练习查拳健身的人，为追求时尚，也纷纷转为练习瑜伽、健美操以及柔道、跆拳道等外来体育项目。很多专业训练者，往往中途转学套路。因为在各项大赛中，裁判员执行的是国家套路评分标准。少数民族传统体育项目动作则被视为不规范，参赛运动员要想出成绩、打名次，只得放弃民族传统体育项目。此外，也与政府重视程度不够有关。少数民族传统体育运动的发展基础在民间、在基层，如果市、县、乡政府及体育部门不支持、不扶持，不把少数民族传统体育作为中华体育的重要组成部分来对待，诸如河南派查拳之类的少数民族传统武术面临失传的窘境，这给保护我国文化安全带来了隐患。

当今，沈丘的河南派查拳仍在习练者为第五代传人王爱良、庞国栋、倪国安、李五星和第六代传人庞磊、王楠、王虎威，他们利用暑期寒假为当地回族学生义务施教。

七、对河南派查拳的保护

河南派查拳在发源地沈丘的衰微，引起沪、沈两地回族查拳武术家们的高度关注，对这一非物质文化遗产面临的窘状忧心忡忡，在一些有识之士的奔走呼吁下，于2010 年 12 月成立了以第五代传人李新建为会长、马艳平为秘书长的“河南派查拳协会”。协会整合了上海、沈丘武术界，本地教体部门、地方政府、少数民族企业家、宗教界、社区等社会资源，共同参与对这一优秀文化的保护。协会以挖掘、抢救、继承、弘扬河南派查拳为宗旨，通过搜集资料，用文字、图片、音像、多媒体等手段，对河南派查拳进行全面、真实、系统的记录和实物征集，以当地体育文化部门为依托，成立了调研组，编录拳谱，制定保护计划；建立传承队伍，培育后继人才；组织开展表演参赛及访问交流，对河南派查拳进行静态和活态保护。查拳社团的成立，给河南派查拳的复兴和振兴带来希望。

河南派查拳传承的重任如今已落在了李新建身上，身为协会会长，李新建担负着河南派查拳能否发扬光大的重要使命。他穿梭于沪、沈两地，为查拳的各项事务而忙碌，在各地设立武场，收徒传艺。李新建的弟子已达千人，其中包括外国弟子。李新建积极参与国际、国内武术交流，积极与各大专院校体育专业人士合作，对河南派查拳进行本体研究，并在一些专业刊物上先后发表了《原生态武术——河南派查拳》《河南派查拳实战技法拆进》等研究文章，为河南派查拳的传承提供理论支撑。

多年来，李新建一直为查拳事业默默地奉献着。他 7 岁时就开始练习查拳，先后师从李大勋、李尊良，1971 年又拜“草上飞”李尊恭为师，遂成为了李尊恭的大弟子。李尊恭归真后，他与同门学长李士亮继承老师的事业，李士亮在本地传授查拳，而李新建则以走出去的形式在全国各地传授查拳。李新建把河南派查拳事业当成自己的生命，他始终认为，河南派查拳作为传统文化，是回族的精神载体，是回族人民在世代劳动实践中的创造，是中原回族人民智慧的结晶，他愿做回族精神家园的守护者。李新建带领的查拳团队先后参加了国际“内家拳”武术比赛、世界传统武术节、上海“精武杯”太极拳剑暨传统武术比赛等赛事并多次获奖。近几年，李新建门下的查拳新秀辈出，如新人李喆于 2009 年中央电视台举办的康龙武林大会查拳擂台争霸赛上获决赛冠军。李俊磊于 2009 年 11 月 28 日在北京奥体中心英雄榜巅峰对决中与泰国拳王丹 · 来格西决战，以“人生能有几回搏，横扫千军就是我”之豪气，只两个回合，就打败了丹 · 来格西。姚洪刚在西安“终极格斗”年终决赛中获 65 公斤级冠军。李新建团队为各体育院校输送的队员在各项大赛中多次获奖。

协会秘书长马艳平，5 岁就在东寺练习查拳，8 岁开始参加比赛，查拳徒手、兵器、徒手对子、兵器对子样样精通，属查拳全能赛手。多次参加周口地区体育运动会，先后获八个第一名。2011 年在全省武术气功大赛中获一等奖。2012 年在第十一届上海国际武术博览会上获女子组查拳一等奖。

王氏查拳始终是河南派查拳的重要支柱，当下主要为查拳第四代传人王效荣、王孝功、王天聚的后代，如上海的王文俊、平顶山的王爱民及沈丘的王爱斌、王爱良、王新民、王楠楠、王虎威等，王氏武术世家如今在苦苦支撑着沈丘河南派查拳的一片天地。王爱良现为河南派查拳协会副会长，是查拳第五代传人。2012 年 3 月，王爱良成立了“沈丘县回族文狮子武术队”，并着手筹建查拳武术训练基地，由第六代传人王楠楠、王虎威任教练，现招收有两个 4～6 岁的回族子弟幼儿班，开办有青少年暑期班和寒假班。河南省武术管理中心、河南省武术协会为王楠楠颁发了拳师证和教练员岗位证书。王虎威曾参加2014 年雅典奥运会，并在闭幕式接旗文艺演出中，以出色的表现为祖国和北京争得了荣誉，第29 届奥组委为王虎威颁发了表彰证书。

河南派查拳注重武德修养，主张“学武不自满，手脚不能懒”“遇强不阻，遇弱不欺”“为拳师需教礼，徒不贤不可传”“艺不失传，亦不轻传”，体现了查拳文化中的仁德思想，这种思想可以使习武者陶冶性情，以和为贵，提升人文精神和良好的竞技心态，树立习武者“厚德载物”和“自强不息”的精神。总之，河南派查拳二百年来，涌现出许多武术精英，在全国武坛上享有盛名。1959 年，国家制定武术“规定套路”及“自选套路”时，主要采用的是查拳大师王子平、王效荣的查拳教材及与查拳近似的华拳教材，说明查拳对当代体育文化影响之大。河南派查拳对新中国武术体系的构建，对创建武术教育技术理论做出了非凡的贡献。

（原载于《河南穆斯林》，2012 年第三期，30～35 页）

河南省非物质文化遗产——黄派查拳

郭宝光

回族喜爱武术，在历史的长河中，形成了刚健奋勇、爱国有为的传统，喜爱武术成为回族的鲜明民风。回族先民很大一部分是13世纪来自西域参与蒙古人统一全国的战争，在各地定居下来的回回军士，他们保持了习武的性格，认为习武强身是“逊奈”（圣行），是教门功修，有着浓厚的心理基础和精神动力。在反抗封建压迫、抵御欺侮、图求生存的环境中，回族更加重视武术的练习与传承。回族武术是中华武术的重要组成部分。查拳是回族重要的教门拳种之一。位居中原的河南回族由于特殊的地理环境和人文环境，更加酷爱武术，创编和传承了大量优秀武术项目，世代相传，并形成了独特的地域风格，开封黄派查拳即是其一。经挖掘整理，黄派查拳于2009年6月申报为河南省第二批省级非物质文化遗产。

一、项目简介

查拳是中华武术宝库中的一颗明珠，是武林之中影响深远、富有民族特色的回族教门拳法。明朝末年，由回族人查密尔在山东省冠县创立，以其姓氏命名，称为“查拳”。数百年来，主要在回族中流传。清道光年间(1821—1850年)，河北沧州回族查拳大师黄明新来开封东大清真寺立场授艺，首传查拳。查拳以其独到的技法深受开封回族喜爱。黄明新在东大寺立场授徒数年，培养了李占发、丁占魁等查拳高手，再传弟子中名家辈出。以开封东大寺为中心，查拳名家黄明新为宗师，历经近200年数代人相传，逐步演变、发展，形成了流传有序、风格独特、自成一体、内容丰富完整的开封黄派查拳。

黄派查拳保持了查拳的精髓，“重腿法，多摔法”，讲究“手眼身法步，精神气力功”。抓打擒拿，闪展腾挪，攻防有法，实用性强。攻防特点概括为十字诀“缩、小、软、绵、巧，速、错、硬、脆、滑”。每个套路又各有特点，表现为小巧玲珑、干净利落，刚柔互济、快慢相间，上下相随、内外相合，动静相宜、形神兼备，功架严谨、节奏鲜明，刚劲饱满、舒展大方。开封黄派查拳保存有完整的十路查拳和众多的器械套路以及对练套路和技击方法，有着鲜明的地方特色和民族特色，保存了丰富的武术文化和地方民风，大有挖掘、发展的潜力和保护价值，是一笔珍贵、丰厚的文化遗产。

二、所在区域及其地理环境

开封，古称汴梁，是一座具有悠久历史的文化名城，为我国七大古都之一。开封位于黄河中下游冲积平原的东部，全区由黄河冲积形成，低平坦荡。西距省会郑州 70 公里，北依黄河，南接黄淮平原，东连华东诸省。开封市辖 5 县 5 区，总面积 6444 平方公里，人口 480 万，其中市区人口 80 余万。开封文化底蕴丰厚，是宋文化的发源地，从宋代勾栏瓦肆中流传下来的各种民间艺术，对中原文化产生了广泛而深远的影响。

开封也是中原回族文化的中心，回族是在开封居住的主要少数民族，现有人口 8 万余人，清真寺 64 座。城区回族大多聚居在顺河回族区，县域有回族聚居村落 35 个。回族在开封有着久远的历史，民风纯朴，喜爱武术，自元、明、清历代以来，清真寺都建有武术馆，教回族子弟习武健身，在传统民族节日表演武术，保留了大量的武术功法，并在民间流传，有着深厚的群众基础和传统，开封回族传统体育至今盛行不衰。

三、项目说明

（一）分布区域

黄派查拳形成并盛行于开封一带，后在不同时期传入西安、郑州、洛阳等地，成为查拳的重要流派之一。

（二）历史渊源

回族尚武之风由来已久，据查拳典故记载，明代开国名将吴殿章，回族人，双钩鼻祖，曾帮助朱元璋夺得天下，其创编的“弹腿”在回族中流传，且成为查拳门派的代表性基本动作。查拳起源于明朝末年，由回族人查密尔在山东省冠县创立，以其姓氏命名，称为“查拳”。数百年来，主要在回族中流传。清道光年间（1821—1850 年），河北沧州回族查拳大师黄明新，慕开封回族尚武之风，以武会友结交武林人士，历经波折，三进开封东大寺，终以高超的技艺服众，并得以在东大寺立足传授武艺，传授回族教门拳法——查拳，开开封回族习练查拳先河。查拳以其独到的技法深受开封回族喜爱，黄明新在东大寺立场授徒数年，培养了李占发、丁占魁等一代武术高手，再传弟子倪势林、杨士杰、郑德顺、赵如庆等，近代拳师刘振兴、李世英、狄良臣等，至今已传承七代。以开封东大清真寺为中心、查拳名家黄明新为宗师，历经 200 年，数代人相传，逐步演变、发展，形成了流传有序、风格独特、自成一体、内容丰富完整的开封黄派查拳。从此查拳在开封生根开花，在回族群众中辈辈相传，流传至今。

（三）基本内容

开封黄派查拳在保持查拳整体风格的基础上，吸纳多家之长，不断丰富发展，体系也得以扩展。基本内容列述如下：

（1）黄派查拳十路查拳及副拳。主干套路有：一路老拳、二路行手拳、三路飞脚拳、四路埋伏拳、五路关东拳、六路母子拳、七路梅花拳、八路连环拳、九路龙摆尾拳、十路串拳。其他如弹腿、六路钻拳、大小洪拳等。

（2）刀、枪、剑、棍、大刀、护手双钩、双头蛇、双戟、双锤、乾隆双圈、丁字拐、月牙铲、九节鞭、夕阳鞭等众多种器械套路。

（3）传统对练套路有对打拳、四路查拳对练、白手取枪、徒手夺刃（匕首）、三势刀破枪、马梅刀破枪、月牙铲破枪、丁字拐破枪、大刀进枪、双刀破枪、大梢子棍破枪、棍破双枪、双圈破双枪、对扎枪、三才剑对练、龙虎斗、三英战吕布等众多对练套路。

（4）查拳功法八段锦（站八枝）、查拳技击方法、功法理论、套路拳谱等。

（5）撂石锁、抛接沙袋、耍砘子等武术功力项目等。

（四）相关制品及作品

查拳体系使用的刀、枪、剑、棍、大刀、护手双钩、双头蛇、双戟、双锤、双圈、丁字拐、月牙铲、九节鞭、夕阳鞭等众多种武术器械，查拳历史源流碑刻，《查拳精华》《黄派查拳》书籍等。

（五）传承谱系

1. 一代宗师

黄明新，男，生活在清嘉庆（1796—1820 年）、道光（1821—1850 年）年间，河北沧州人，是创立开封回族黄派查拳的宗师。其弟子有李占法、丁占魁、单三、李纲、王少平等。

2. 二代拳师

李占法（1846—1919 年），男，开封东大寺人，黄明新得力弟子，在东大寺传授查拳武艺四十余年，培养了众多弟子，打牢了开封查拳群众基础。其弟子有倪势林、杨士杰、白祝云、郑德顺、李长松、陈宏保、丁存芳、赵如庆等，均为东大寺人。

3. 三代拳师

（1）倪势林（1870—1958 年），著名回族拳师，李占发的得意弟子，开办多处武术训练馆，培养人才，传播查拳。其弟子有刘振兴、李世英、杨世忠、白云祥、李焕章、穆湘元、王世才、丁全福、丁全玉、祁永顺、郑有才、李树才等人。

（2）杨士杰（1887—1960 年），著名回族拳师，李占发弟子。其弟子有铁士杰、穆培德、杜华义、白文祥等。

（3）白祝云，李占发弟子。其弟子有尚进福、戴进忠、郑进忠、李志学等。

（4）郑德顺（1890—1972 年），李占发的外孙和弟子，学习、传授查拳。其弟子有狄燕臣、狄良臣、海全禄、李树林等。此门弟子后在郑州、西安传授查拳。狄燕臣的弟子有陈文祥、袁新义等。李树林的弟子有李锡斌、马炳君、李新忠、李保国等。

（5）赵如庆（1889—1973 年），李占发弟子，著名武师，东大寺武术掌门人。其弟子有王福林、孙志荣、张学理、张超群、郑培文等。郑培文弟子郑大明于 2015 年成立开封庆芳查拳研究会。

4. 四代拳师

（1）刘振兴（1902—1993 年），倪势林得意弟子，博采众家之长，一生传授查拳，弟子众多，开封、郑州、洛阳等地均有传承。现开封振兴查拳研究会主要成员李大明、李伯安、时进明、白文发、曹金林、王福增、李涵钧、张继生、王丙成、盖新民、刘志中、刘国富、曹伯祥、赵修良等均为其弟子，打下开封黄派查拳新的群众基础，是黄派查拳的重要支脉。

（2）李世英，倪势林弟子，查拳名师，绰号赛猿猴，其弟子有李国田、李保军、王玉生等。

（3）狄良臣（1917—2005 年），郑德顺弟子，开封查拳名师，将查拳传入西安等地。

5. 五代拳师

（1）李大明（1946 年 3 月生），刘振兴弟子，武术七段，一级武术裁判员。2007年成立开封振兴查拳研究会，任首任会长。其弟子有丁知非、王勋、李岩、牛辉、孙文斌等。2015年编著《黄派查拳》一书。

（2）时进明（1939年10月生），刘振兴弟子，武术七段，一级裁判员，开封市武术协会副主席。

（3）李伯安（1941年10月25日生），开封振兴查拳研究会秘书长。

（4）张继生（1941年6月1日生），刘振兴弟子，武术七段。

（5）曹金林（1938年6月1日生），刘振兴弟子，将查拳传入郑州等地。

（6）盖新民（1937年3月生），刘振兴弟子。其弟子有李英等。

（7）王福增（1942年7月8日生），刘振兴弟子。

（8）白文发（1933年生），刘振兴弟子。2008年编著《查拳精粹·开封查拳》一书。

（9）赵修良（1949—2003年），刘振兴弟子。其弟子有王宝顺、杨俊保等。

6. 六代拳师

（1）丁知非（1971年3月24日生），李大明弟子，武术六段，中青年查拳武术教练，多次获得国际、国家传统武术比赛冠军。其弟子有黄伊民等。

（2）李英（1946年11月27日生），盖新民弟子。其弟子有李军、李玉柱等。

（六）代表性传承人

现有代表性传承人4人：李大明、王丙成、张济生、白文发。

李大明，20世纪60年代拜开封黄派查拳第四代传人查拳名师刘振兴为师，苦练查拳40余年，从不间断，系统掌握了完整的十路黄派查拳套路和众多的查拳门器械、对练套路以及黄派查拳的练功技击方法。2002年获河南省传统武术比赛查拳第一名，2005年获河南省传统武术比赛长器械一等奖，2007年参加香港国际武术节荣获拳术亚军、长器械季军，2010年参加国际少林武术节获对练金牌。从事武术教学30余年，撰写论文多篇，

2015 年编著《黄派查拳》一书。培养了众多弟子，他们在各类武术比赛中获奖诸多，成果累累。如徒弟丁知非于2004 年参加全国传统武术大赛获金牌，同年参加首届国际传统武术节获两枚金牌，2007 年参加香港国际武术节获拳术冠军，2011 年在第九届全国民运会上获大刀银牌，2014 年在全国首届传统武术运动会上获查拳、大刀两枚金牌。

四、项目论证

（一）基本特征

查拳“重腿法，多摔法”，讲究“手眼身法步，精神气力功”，抓打擒拿，闪展腾挪，攻防有法，使用性强。攻防特点概括为十字诀“缩、小、软、绵、巧，速、错、硬、脆、滑”。每个套路又各有特点，表现为小巧玲珑，干净利落；刚柔互济，快慢相间；上下相随，内外相合；动静相宜，形神兼备；功架严谨，节奏鲜明；刚劲饱满、舒展大方。黄派查拳的独特风格是：姿势工整，舒展大方，走势流畅，潇洒飘逸。

（二）主要价值

开封回族黄派查拳保持了查拳的精髓，历经数代繁衍发展，且支脉繁荣发达，拳法、拳理日臻完善。现保存有完整的十路查拳和众多的器械套路以及对练套路和技击方法，有着鲜明的地方特色和民族特色，保存了丰富的武术文化和地方民风，大有挖掘、发展的潜力和保护价值，是一笔珍贵、丰厚的文化遗产。通过对开封黄派查拳的保护、发展和系统研究，对奠定中国回族武术文化研究基础有着重要意义，有助于丰富、繁荣绚烂多彩的中华武术文化。

（三）濒危状况

随着老一代查拳名师相继去世，能完整掌握查拳功法的人已为数不多，且年龄都在60岁以上，由于多种因素，在武术传承上出现濒危状况。坚持教学和演练的甚少，若不抢救、扶持，大有失传的危险。

五、项目管理及保护措施

第一，每年组织召开回族武术界人士武术工作研讨会，自2001年以来每年举办庆祝古尔邦节回族传统体育表演大会，展示训练成果，交流习练经验。

第二，2007年5月成立了以已故黄派查拳名师刘振兴支派众弟子为主体的开封振兴查拳研究会，设立培训基地，组织开展查拳研究整理工作。

第三，撰写开封东大寺武术历史源流、荣誉碑文，立碑进行记载。

第四，录制音像教材，防止遗失。编写了《黄派查拳》《查拳精华》等书籍。

第五，编写训练教程，举办武术比赛。通过比赛，强化训练，发现人才。

第六，广泛开展交流活动，促进查拳得到更好的发展。

（原载于《河南穆斯林》，2015年第二期，“回族武术”栏目，原名《黄派查拳——河南省非物质文化遗产》）

黄明新三进开封东大寺①

赵阿刚

一直以来，开封东大寺以经学和武学著称。经学指的是在我国流传数百年的伊斯兰教经堂教育的学问，而武学则指汤瓶七势拳、六路钻拳、查拳等回族教门拳种的传习。位居中原的开封东大寺回族武术扬名我国大江南北。黄明新大师作为开封“黄派查拳”的最早传播者，他的诸多轶事被世代开封人广为传颂，其中“黄明新三进开封东大寺”的典故更是脍炙人口。

黄明新，回族，河北沧州人，生活在清嘉庆（1796—1820 年）和道光（1821—1850 年）年间。出身武术世家的他自小随父亲苦练查拳，到了 18 岁已经在沧州一代小有名气了。那时，他年轻气盛，到处与人比武，由于他出身武术世家，所到之处的武师都让他三分。因此，每逢比试，他常占些上风而回。

一次，师兄弟几个在学屋练武，有人激他说：“你敢不敢和大师兄比试比试?”黄明新血气方刚应了声：“有啥不敢?”随即亮势要与大师兄比试。大师兄性格稳重，他说：“师弟，不可！”话音还未落，黄明新的拳头就要落到大师兄的身上了。大师兄急忙闪身躲避，边躲边退，黄明新招招逼近，寸拳不让。眼看大师兄已经退到学屋的墙上，无再退之地了，黄明新猛地使出了十路弹腿的第九路“捧锁阴阳手”，上面两手掌使出双峰灌耳势，阴阳双掌向大师兄两耳门击去，下面右脚同时向大师兄裆部弹去。大师兄面对这致命一击，急中生智，在这千钧一发之际纵身跳起两米高，来了个“墙上挂画”，将身体硬生生地贴在了墙上，这绝招没有一定功夫

---

① 本文根据开封查拳老师郑大明讲述整理。

造诣是使不出来的。再看黄明新双手扑了个空，那只右脚却实实地弹在了墙上，只听到墙“嗵”地一声露出一个窟窿。几个师兄弟早已把师傅叫来，父亲一看大怒，就要训斥他，黄明新见状知道惹祸了，扭头就跑，待父亲和几个师兄弟出门去追，早已踪迹皆无。

黄明新跑到哪儿去啦？为躲避父亲的责罚，他一口气跑到了开封东大寺投亲戚去了。黄明新一路风尘奔波，到了开封东大寺，鞋也磨破了，衣服也破烂得不像样了，亲戚赶紧给他找更换的衣服。黄明新趁亲戚给他找衣服之际，在东大寺院内转悠，只听见东大寺学屋南讲堂里“噼里啪啦”的声音。他情不自禁地上前推门一瞧，原来是武师们在练武啊！那时，无论哪个学屋，见陌生人不请自到就视为踢馆。只见一个人“嗖”地蹿到黄明新身旁，说了声：“去吧你！”再看黄明新已经落在了院子里的躺椅上。

向外撂黄明新的人，名叫王兆祥，七势门名家，脚步快得野地能撵上兔，手上功夫也是一流。黄明新见此情景倒吸一口凉气，心想：“世上竟还有此等高手！”亲戚也不见了，头也不回地走了。

黄明新回到家中，一家人正急着找他呢。父亲见他回来又气又高兴，气的是他和大师兄比试下死手，高兴的是儿子总算回来了。一旁站着的姑妈说：“你这孩子跑到哪儿啦？一家人城里城外都找遍了，也没见你的踪影。”黄明新就把东大寺的经历说了一遍，姑妈拿起身旁的剪子，伸手把黄明新的辫子剪了，说道：“以后就不要出门了，下死功夫练，给我们黄家长脸！”黄明新这样一练就是九年。

这一天，黄明新再次来到东大寺，到学屋门外说：“沧州黄明新特来切磋武艺。”学屋里的武师说：“你要展示什么？”黄明新说：“硬气功！你们给我找来一个最大的碾盘，我展示一下你们看看。”于是学屋里的几个习武健将到附近的一户人家抬来了一个重四五百斤的碾盘放到东大寺的月台上。黄明新让人搬来两条凳子，并排间隔一人宽的距离，然后将头枕在其中一条上，将双脚放在另外一条上，身体悬空。说道：“你们将那个碾盘放在我的胸口！”几个人一使劲儿将碾盘放在了黄明新的胸口。那么重的碾盘放在他的胸口上，他悬空的身子却丝毫未动。众人见了暗暗称好。这时，黄明新说：“碾盘上还可以站四个人！”于是在场的四个习武之人纵身落在上面。刚落上不久，黄明新就示意说：“快下来吧，我撑不住了！”

几个人下来并把碾盘抬下后，黄明新问：“东南角那位师傅姓甚名谁?”只见一位中等个子的中年拳师抱拳答道：“我乃七势门白三锡。”这位白拳师可了不得，他曾和一位卖西瓜的老汉打赌，“如果你的牛车能拉得动我，这车西瓜我全买了，若拉不动我，这车西瓜要白送我。”结果西瓜老汉那头牤牛就是没能拉动扎稳“汤瓶势”的他。“好！白拳师后会有期，九年后我再来向您挑战！”黄明新抱拳说道。原来黄明新的硬气功是被白三锡的千斤坠所破。

又是九个寒冬酷暑转瞬即逝，黄明新在家练功受的苦自不待言。这时的黄明新已颇有大师风范。他再次来到东大寺，向学屋里的师傅抱拳施礼道：“白三锡师傅何在?今儿我要与他一较高低！”只见一位六十开外的老者步履矫健地来到他身旁，抱拳回礼道：“黄师傅有礼了，如今我年事已高，恐不宜和你比试，就此作罢吧。”黄明新道：“我苦练九年就是想能与白师傅切磋切磋，真主不亏人的妄想，请您成全我吧！”无奈，白三锡说道：“那好吧！我们点到为止。”

这次比武的场地是东岳庙门前（现在的维中前街丁字路口），围观的群众人山人海。二人抱拳施礼后，黄明新向白三锡迎面虚晃一拳，用败式便撤。白三锡紧追黄明新，正在这时，黄明新突然用了一招“四路查拳”中的“箭弹腿”，正好弹到白三锡的小肚上。黄明新用劲儿十足，只见白三锡嗖的一声向后飞去。眼看着白三锡被黄明新弹倒在地，刹那间白三锡在空中翻了个跟头，使用一式丁步推掌，稳稳当当地站在黄明新的对面。他立即收势说：“黄拳师武艺了得，佩服佩服！”俗话说，拳怕少壮。若白三锡和黄明新年龄相仿，谁占上风还未曾可知。接着白三锡说道：“黄拳师武艺有这般修为，何不在此收徒授艺呢?你留在东大寺教拳吧！”黄明新欣然答应。

后来，黄明新在东大寺执教武学，首传查拳，为开封回族武术带来了新的拳种。以黄明新为宗师，经几代人的传承发展，遂成别具地方风格的中国“黄派查拳”，经第五代传人李大明等整理，黄派查拳于2009年申报为省级非物质文化遗产，并推荐申报国家级非物质文化遗产。

深切缅怀英雄的武林前辈。我们敬英雄、惜英雄，是他们将我回族武术传承。传承回族武术，壮我国威，扬我国威，是我们每个回族同胞不可推卸的责任。让我们牢记前辈武师的英雄事迹，行动起来，传承和发扬回族武术，为繁荣民族文化做出努力！

（原载于《河南穆斯林》，2015 年第一期，38～39 页）

耍砘子（石担）——回族传统武术功力项目

郭宝光

2011年8月8日，开封龙亭午朝门广场礼花齐放、礼炮齐鸣，精彩节目依次上演，夺人眼球。在第三个全国“全民健身日”，开封市2011年全民健身日活动在这里隆重开幕。最引人瞩目的是来自开封东大寺武术馆的6位老师们，他们身着民族传统习武服装，每人肩扛一副貌似杠铃的器械，气宇轩昂，精神抖擞，在宽大的舞台之上，摆开阵势，在高昂的《爱我中华》歌曲伴奏下，将器械绕肩缠项，在胸前背后、头顶腰间，上下左右演练盘旋，宛如风车旋舞，气势磅礴，广场掌声雷动。在看惯了回族撂石锁运动后，回族武术界经过3年的潜心挖掘，又为大家奉献出一个鲜为人知的古老体育项目“耍砘子”（石担）。该项目流传久远，是习武之人必练的强身增力功法，一度盛行，但由于种种原因，近代在江湖上销声匿迹。

开封是中原回族文化的中心，回族在此居住有着久远的历史，民风纯朴，喜爱武术，自元、明、清历代以来，清真寺都建有武术馆，教回族子弟习武健身，保留了大量的包括耍砘子（石担）在内的武术功法，有着深厚的群众基础和传统，至今习武之风盛行不衰。耍砘子这一项目在沉寂了半个多世纪后，以庞大的集体阵容登台演出，再次出现在人们的视野中，为全民健身开幕大会增光添彩。

一、历史渊源

耍砘子（石担）具有鲜明的地方特色和民族特色，文化价值厚重，是增强习练者体质、胆魄、力量和运动技能的基础武术功法之一。活动起来可使筋骨舒展，气血畅通，身体各部位充分协调运动，从而增强功夫。长期习练砘子，可增强四肢、腰背力量，利于进一步持用重型武术器械，比如大刀、重刀、开山斧等。其器械制作简单，以木杠将两个重量相当的圆形石砘子轱辘串在两头即可。由于所用石墩儿早期大多取自农村播种麦子时用于压麦陇的砘子，所以开封称石担为“砘子”，为与当今武术术语相统一，统称为“石担”。

要石担运动最早始于何时无从考究，但自元、明以来就为开封回族所喜爱，延续发展至今。开封回族具有尚武健身的优良传统，其先民主体形成于元代，当时，开封集中屯驻着大批的回回炮手，他们上马出征，下马屯田，长期保持着军士尚武的性格。明朝时期开封回族进一步发展，清真寺内都设有武术馆。据考证，清道光年间（1821—1851 年），以东大寺为中心的回族武术得到空前发展，群众基础深厚，为提高功夫，撂石锁、抛沙袋、要礅子（石担）等辅助项目也得到很好的继承和发展，它们在民间流传，为当今石担等项目的挖掘和发展提供了条件。

民国时期，20 世纪 20—30 年代，石担项目仍有流行。在河南省举办的武术运动会的举重和石担比赛中，开封回族中喜爱要砘子的武术人士发挥了重要作用，曾取得这些项目的金樽和银樽，被称为大力士。石担项目在“文化大革命”之后已经很少有人习练。20 世纪末以来，东大寺门能习练石担的老者相继去世。为挖掘和弘扬传统民族文化，2008 年以来，在市伊协的领导下，组织人员对石担项目进行挖掘，向民间老人求教，逐步恢复了石担运动。初期一招一式地挖掘、探索，练熟后，又将一招一式的动作编成协调、顺达的套路，打造成可以登台演出的功夫项目，从实践、理论、文化价值等方面进行抢救、挖掘和提高，并于 2010 年 8 月申报为开封市第二批市级非物质文化遗产项目，大大提升了该项目的技术含量和文化品位。

二、基本内容

（一）器械制作

将两个中心打有圆孔或者方孔的圆形石墩（石板），装在竹杠或者木杠两头，用木扎被紧，就制作成了一副石担（砘子），其形状就像杠铃。两圆石砘间距一般为1.7～2米，相当于习练者的身高，利于盘绕旋转而不碰伤身体。木杠多为柳树棍，一把粗细，其特点是有一定的弹性，滑溜不伤身。为了保持砘子孔不松，被紧后可以在砘子孔处浇点水，弄湿后使之更紧，不至于脱落。现在也可制作成铁质砘子。两端砘子重量相等，以便保持平衡。

（二）运动花样

石担的重量不等，每副一般为30～180斤，小的供打花样用，大的供挺举用。练功者以双手或单手握杠，进行提、举、舞、翻、抡、抛、旋转，舞动石担，在肩膀、头顶等身体各处游走，把石担耍得全身飞舞，几十斤的石担在项、肩、背、臂不停旋转，像个大风车。运动花样按照身体部位或状态，分为头花、肩花、腰花、裆花、背花、颈花、手花、脚花、大刀花等，名目可称为头顶旋转、苏秦背剑、十字披红、顺风扯旗、风摆荷叶、旱地拔葱、单臂举鼎、脚蹬千斤、三环套月、一头沉、掌上托等，有的石担高手能将石担像飞钢叉似的脱手飞舞。

三、特征和技巧

该项目器械古朴，是体现雄壮武功的一种民间传统武术功力项目。石担属重型长器械。舞动石担，石担在肩、臂、腰、项等身体部位游走，快速盘转，威风凛凛，令人喝彩叫绝。石担动作花样一般都可分为左右、前后双式，运动轨迹可分为顺时针和逆时针以及上下立圆运动方式。石担技法要求“顺、滑、连、随、活”，不用僵劲、不靠蛮力，巧用惯性，主张“石担随我意，我随石担走”。平时习练时，习练者大多光着膀子，石担与人粘连为一体，随心所欲，兴之所至，脱手盘花。习练砘子关键在手法，阴阳把换把，贴身缠绕，巧用惯性，不慌不忙。集体演练，要协调统一，聚合走步，列队分行，注意起势、收势，考虑整体效果，威武不杂乱。

四、重要价值

耍石担是一项古朴的体育运动，流传民间，其器械取自天然材料，厚重朴实，承载着丰厚的民族文化内涵。长期习练能培养吃苦耐劳的性格和健康的体魄，促进肢体协调，气血畅通，增强腰背、手臂力量，从而达到增强武术功力，保持身体健康的功效。经继承发展后，可成为一种健身运动形式和休闲娱乐的项目，并可成为武功竞技比赛的优秀项目，在传承民族体育文化、丰富业余生活、繁荣体育事业中有着深厚的潜力。

五、濒危状态

耍石担是开封回族老前辈习练武术时增加武功的一项古老的体育项目，曾经随着开封回族武术的鼎盛而辉煌。20 世纪 30 年代习练者仍然很多，在大相国寺市场经常有民间艺人习练石担，在当时民国政府举办的武术比赛中还有石担项目，以比力量为主，技术为辅。中华人民共和国成立后，特别是“文化大革命”以来，耍石担项目逐渐淡出人们视线，随着老一代武术家的去世，几乎失传。2008 年以来，为挖掘石担项目，成立了东大寺石担训练队，由 54 岁的李宝润担任教练，培养了几位年轻的石担爱好者，才使该项目得以恢复。

六、传承谱系

耍石担在民间自然传承，交流传播，早期习练者已无从考证。近代能考证的人员有：

（1）海顺（约1905—1960年），曾在20世纪初民国运动会上获得石担举重比赛金樽。

（2）穆湘元（1914—约1987年），近代回族武术名家，石担高手，18岁时就能拿起120～160斤的砘子打花。20世纪30年代，在开封华北运动场砘子比赛中获得银樽。

（3）沙银山（1912—2009年），近代石担高手，在家中自制一副120多斤的砘子，一时传为佳话。

（4）李世福（1927—2001年），近代石担高手，年轻时常随前辈民间艺人在大相国寺演练石担。1998年11月7日，《开封日报》周六专刊发表文章《生命在于运动》，报道李世福72岁仍习练石担。

（5）李宝润（1956年生），师承于李世福等，2008年以来在东大寺组织成立石担训练队，培养了郭宝光、马永春、李海波、张语超等石担爱好者。

2011年，经推荐，李宝润、郭宝光、马永春申报为该项目的代表性传承人。

七、保护措施

为更好地保护、传承、挖掘该优秀项目，开封采取了一系列措施，成立了东大寺石担队，举办培训班，培养新人，提高技术。每年举办一届回族传统体育表演大会，进行演练。积极参加国家、省、市举办的相关活动。对石担发展、演变的历史及动作花样、运动规律进行研究，推动石担运动的科学化、系统化发展。录制石担训练光碟，编制训练教材。加强对外交流宣传，举办或者参加相关比赛活动，不断提高开封石担运动的知名度、影响力。

（原载于《河南穆斯林》，2014 年第四期，45 ~46 页）

回族传统武术功力项目——抛接沙袋

郭宝光

抛接沙袋，又称扔沙袋，是以开封东大寺为中心的中原回族民间体育运动的一个特色项目，由回族武术界自创，在开封流传已久，始创年代不详。2010 年申报为市级非物质文化遗产保护项目。据考证，清道光时期东大寺武学已习练这一运动，并且产生了许多扔撂沙袋的好手。这种沙袋不同于用于踢打的吊沙袋和腰腿绑缚用的沙袋以及习练铁砂掌打击用的铁沙袋。沙袋是用民间方式衲制而成，布料为纯棉布，大小 1.5 尺见方，内装铁沙等。

扔沙袋的习练方式最早是个人手抓沙袋前后倒把，练手指的抓握力及手掌的耐摩擦力，后发展为两人传接对抛，之后为多人站成一圈，共练一个沙袋，依次传递抛接。每人扔一次为一把，一圈一圈反复循环抛递，一次活动一两个小时，撂上一两百把方才尽兴，这倒成了习武者劳动之余休闲交流的一种活动方式，为回族群众所喜爱。后发展为多人同时抛接多个沙袋，如流星赶月，运动更为紧张，要求更为协调，也更精彩。长期抛接沙袋能增强耐力、抗冲击力、手臂的抓握力、投掷力以及眼力、身体灵活性和动作的协调性。

为使这一民间运动得到发扬光大，东大寺武术馆的教练们增加难度和花样，经潜心研究、实地演练、挖掘整理，于 2002 年 5 月开封市首届宋都文化旅游展时，编排出颇具观赏性的 4 人 4 袋集体组合项目，把扔沙袋这一民间项目搬上了荧屏，使抛接沙袋活动上了一个大的台阶，令观众和行家大为赞叹。2003 年，抛掷沙袋活动被省民委、省体育局首次选中，代表河南省参加全国第七届少数民族传统体育运动会，获得银奖。2004 年，东大寺武术馆编制出适合比赛的对抛沙袋竞赛规则，被国家体育总局武术运动管理中心采用，成为全国武术功力大赛的竞赛项目。从此，抛接沙袋传统武术功力项目从濒临失传发展到逐渐被人们所认识，在多种场合进行演练，为行家看好。

一、传承所在区域及其地理环境

开封地处中原，文化底蕴丰厚，是宋文化的发源地，从宋代勾栏瓦肆中流传下来的各种民间艺术对中原文化产生了广泛而深远的影响。

回族是开封居住的主要少数民族，历史久远，民风纯朴，他们普遍喜爱武术。城区回族大多聚居在顺河回族区，有着600余年历史的东大寺曾是河南省的首坊清真寺。自元、明、清历代以来，清真寺都建有武术馆，教回族子弟习武健身，保留了大量的包括抛接沙袋在内的武术功法，有着深厚的群众基础和传统，开封回族传统体育至今盛行不衰。受其影响，这项运动在其他一些回族集聚地的回族武术界也有零星流传。

二、历史渊源

开封回族具有尚武健身的优良传统，其先民主体形成于元代，多为元朝探马赤军的西域回回炮手，驻守屯田于开封，长期保持着军士尚武的习俗。明朝时期开封回族进一步发展，所建清真寺内都设有武术馆，供回族子弟习武健身。为强化训练，增强武术功力，继承学习了多种武术功法，同时进行改进创编，扔沙袋就是回族武术界自创的沙袋习练方法。据考证，清道光年间（1821—1851年），以东大寺为中心的回族武术得到空前发展，群众基础深厚，为提高功夫，扔沙袋、撂石锁、耍礅子（石担）等辅助项目也得到很好的继承和发展，它们在民间流传，为当今传统项目的再度挖掘和发展提供了条件。

扔沙袋项目在开封回族中间一直十分盛行，特别是20世纪30年代后，开封回族酷爱中国式摔跤，东大寺附近的各回族武场都习练沙袋。“文化大革命”中，武术运动受到影响，几乎停步不前。改革开放后，沙袋运动项目逐步恢复并有新的发展。

三、基本内容

（一）沙袋的制作

沙袋是用民间方式衲制而成，布料为纯棉布，上下各10层，大小1.5尺见方，内装豆状铁沙、山楂核、绿豆、花椒等，达袋内容积的三分之一强。抓握沙袋手感就像抓中国式摔跤运动员穿的褡裢，硬中带软。平时习练的沙袋重10余公斤。现在用于演练的沙袋重8公斤，并增添了沙袋外观图案装饰，以增加观赏性，适于舞台表演。

（二）运动形式及特征

沙袋练法可自扔自接、双人对抛互接、多人围圈依次传递扔接以及集体组合等形式，两人之间的距离一般为3~5米。扔沙袋的基本动作有：倒把、里把、反把、掏腿（里合腿、外摆腿）、掏裆、背剑、腰穿等。现在加上运动员的闪转、跳跃、翻花以及用于集体组合的单对撂、双对撂、交叉对撂、集体循环追撂等动作，使抛接沙袋花样更加丰富，富于变化，已形成了一套较为固定的演练套路。

抛接沙袋，一般为两人以上的集体活动，习练时沙袋飞传，协调有序。扔沙袋讲究沙袋的运动行进路线，演练者身体动作的灵活多变和演练者间的协调配合，以稳、准、活、协调、流畅、富有变化为标准。抛投沙袋时冲击力和惯性很强，手与铁沙袋撞击，摩擦力很大，要求习练者及时观察沙袋运动状态并迅速做出反应。抛接沙袋花样可模拟中国式摔跤抓褡裢和其他一些武术动作，实用性强，接住抛来的沙袋，顺势转体，瞬间发力，玩花抛投。要求借力发力，顺势抛接。内力运转，动作舒展，往往有顺手牵羊之感。平时由左手接入，转体倒把后，再由右手抛出。个人动作和集体组合行进路线一般按逆时针方向进行，转身反把之后，也可按顺时针方向运转。

（三）运动功能及价值

长期抛接沙袋能增强耐力、抗冲击力、手臂的抓握力、投掷力以及眼力、身体灵活性和动作的协调性。沙袋运动为集体活动项目，兼具娱乐、健身、交友的功能。

抛接沙袋，具有地方特色和民族特色，在民间流传，承载着丰厚的民族文化内涵。扔沙袋同时也是健身娱乐的传统运动形式，经继承发展可成为武功竞技比赛的优秀项目，长期习练能达到增强武术功力、强身健体的作用。对沙袋项目的保护、挖掘，在传承民族体育文化、丰富文化生活、繁荣体育事业方面有着重要的价值。

四、传承谱系

抛掷沙袋项目在回族民间自然传习，历史上不少回族拳师同时也是玩沙袋的能手，其作为武术功力辅助项目，没有太明显的师承关系，仍以武术师徒关系为传承。近代比较公认的沙袋好手有沙银山（1912—2009 年）、铁世俊（1915—2006 年）、李世福（1927—2001 年）、铁世信（1928 年生）等。20 世纪 90 年代以来的沙袋高手有李开运、杨长岭、穆文明、李宝润、马青海、李海波、张利军、马永春等。市级代表性传承人有李宝润、杨长岭、张利军。

五、现状及保护

抛接沙袋是习练武术的辅助运动，沙袋制作工序复杂，习练起来十分辛苦。目前仅开封东大寺武术馆制作这种沙袋，传承这一制作技术。抛掷沙袋大多是青壮年武术爱好者开展的活动，习武者本来就少，在一定程度上制约了抛掷沙袋运动的开展。

为传承这一优秀文化遗产，开封立足东大寺武术馆，设立了训练基地，成立了沙袋表演队，挖掘项目，培养了一批抛接沙袋人才。深入研究沙袋发展历史及动作花样、运动规律，整理、编写资料，在继承的基础上，创新沙袋抛接技艺，编排新套路，结合现代技术配乐进行演出。积极组织并参加相关武术活动，演练、交流沙袋技艺。为培养后继人才，普及抛接沙袋运动，降低沙袋重量，改作内装玉米的小型袋子，重量5～6斤，仍采用现有运动花样，在回族学校青少年中开设该运动项目。

（原载于《河南穆斯林》，2015年第四期，43～44页）

回回炮

宛 磊

回回炮，又名西域炮、巨石炮，并不是火炮，而是投石机，发射的是巨石，并不是爆炸的炮弹。这是火药发明以前的一种军用武器。就汉字的表述而言，这个时期的“炮”应为石字旁的“砲”字，火药发明之后，出现了火字旁的“炮”字。

应该说，中古时期，在中国发明火药之前，波斯、阿拉伯以及欧洲等国的抛石机十分发达，能发 800 磅重的巨石，远比中国先进。

13 世纪的宋朝末年，蒙古帝国崛起，使蒙古人一时成为世界上最强悍的统治者，其统治的地域，从现在的东欧，一直到中国沿海。回回炮就是在这个时期从西亚传入中国的，传入者就是今天回族的先民。

在蒙古征服中原的过程中，曾发生了长达 6 年之久的宋、元之间的“襄阳之战”，从 1267 年起，一直持续到 1273 年。这场战争中，回回炮发挥了重要作用，因而，后来也把这种炮称为“襄阳炮”。当时由于襄阳城久攻不下，元世祖忽必烈向宗王阿不哥要炮匠来中国，阿不哥就选派了阿老瓦丁和亦思马因二人，携全家来到元大都（今北京）。

这段历史，在《元史·方技传》中有详细的记载。阿老瓦丁是“西域木发里人”，也就是今天的伊拉克摩苏尔人；另一位“亦思马因，回回氏，西域旭烈人”，即今天的叙利亚人。来到大都后，最早造了大炮竖于午门前，忽必烈命令试验，结果成功了，忽必烈命各赐衣段。

至正十年，即 1273 年，蒙古军攻襄阳仍未克服的情况下，元廷派亦思马因前往。亦思马因根据地势，“置炮于城东南隅，重一百五十斤，机发，声震天地，所击无不摧陷，入地七尺。宋安抚吕文焕惧，以城降”。这个吕文焕，也就成了宋朝在襄阳的最后一位官员。由于这场襄阳战役中回回炮贡献巨大，又得名“襄阳炮”。

元世祖忽必烈因为亦思马因的贡献，赏赐他白银250两，并任命他为回回炮手总管，佩虎符。但是，天妒英才，亦思马因年轻有为，却在受命该职位的第二年因病去世。之后，他的儿子布伯承袭了他的职位。

后来，布伯也因回回炮多次立功，先后被任命为镇国上将军、回回炮手都元帅、军匠万户府万户、刑部尚书、通丰大夫、浙东道宣慰使等职，其兄弟亦不剌金、儿子哈散、侄儿亚古等人，也都被元朝廷委以重任。

意大利的马可波罗也是在这个时期漫游中国的。他的《马可波罗游记》是很多人都熟悉的。在他的这部游记中记载，襄阳之战中回回炮的制造者是两个基督徒，名叫“尼可罗”和“马飞”，是弟兄二人，“指挥最优秀的工匠制作回回炮，其中有些是聂斯托里派的基督教徒。可以投射三百磅重石头的西方机器”。

马可波罗的这个说法，与回回炮主要制造者是阿老瓦丁和亦思马因并不相矛盾。因为，阿老瓦丁和亦思马因分别是回回炮手的总管和头领，尼可罗和马飞阿兄弟可能是回回炮的技术人员，或者具体充当指挥的下层官员。不过，回族学研究的泰斗白寿彝先生认为，马可波罗身为基督徒，他的这种描述，“似不免有掠美之嫌也”。这句话，出自他的《元代回教人与回教》一文。

根据历史记载，回回入中国，主要在蒙古人的西征过程中而来，同时，也有很多基督教徒、犹太教徒，甚至吉普赛人，随之而来，但总体势力没有回民的势力大。至于马可波罗所说，是基督徒指挥造回回炮，是掐头去尾，并非全面记述这段历史。

至元十一年（1274年），元军渡江，平章阿里海牙派使臣向忽必烈求回回炮手。“平章”是个官名，元代来讲，大约相当于副丞相。这次，阿老瓦丁以及亦思马因的儿子布伯都受命前往。彼时，元军渡江，宋兵陈于江南岸，拥舟师迎战。亦思马因之子布伯，于北岸竖回回炮击之，宋舟全部沉没。接下来，在攻克潭州（今湖南长沙）、静江（今广西桂林）等郡的战役中，回回炮再次发挥巨大作用。

至元十五年（1278年），元廷授阿老瓦丁宣武将军、管军总管。至元十七年（1280年），忽必烈接见阿老瓦丁，赐钞五千贯。次年，受命屯田于南京（今河南开封）。到了至元二十二年（1285 年），元枢密院奉旨把元帅府改为“回回炮手军匠上万户府”，阿老瓦丁任副万户。他担任这个职务，一直到元大德四年（1300 年）才告老退休。儿子叫富谋只，世袭了他的副万户的职位，直到元皇庆元年（1312 年），富谋只逝世，富谋只的儿子名叫马哈马沙，接着承袭这个“副万户”的职位。

朝廷对回回炮手和军匠的训练和组织都极为重视。在攻破襄阳的第二年，元廷设立了回回炮手总管府。至元十六年（1279 年）三月，下令两淮回回炮兵、军匠六百人，及蒙古、回回、汉人、新附人（即新归附江南汉人），凡能造回回炮者，都集中到了京师大都。至元十八年（1281 年），设置回回炮手都元帅府。至元二十二年（1285 年），改都元帅府为回回炮手军匠上万户府，为正三品。至治三年（1323 年），派遣回回炮手赴今河南汝宁、新蔡等地教习炮法。至和元年（1328 年），亦思马因的弟弟亦不剌金，奉令率所部回回炮手军匠至京师，与阿老瓦丁的孙子马哈马沙的回回炮手、军匠上万户府合并，共同监造回回炮。这些事实充分说明，元代回回炮手军匠数目可观，规模庞大。史书记载，在大都（北京）、南京（开封）、江南等地，到处都有回回炮手军匠的记录。

明朝（1368—1644 年）中叶，火药发明，火炮也随之诞生。回回炮逐渐废止。回回炮在中国军事史上，长达两百余年的垄断地位，至此也宣告结束。但是，回回炮的这段历史却不能磨灭。

（原载于《河南穆斯林》，2014 年第四期，43～44 页）

河南“回民秧歌”

拜存星

河南“回民秧歌”其实就是南顿“回民秧歌”。南顿位于项城市，现称南顿镇，旧称南顿集。至今，在南顿还流传着这样的歌谣：“南顿集靠沙河，男女老少跳秧歌。”

有关“回民秧歌”的起源，据秧歌艺人马仁杰介绍说，南顿回民秧歌的产生和流传有200多年的历史了。

传统的回民秧歌有11人参加表演。一男子领舞，左手拿一串铃，右手持伞灯；一男子扮演盲人，拄拐棍（丑角）；一人扮演背包袱的（丑角）；其余4男4女（女的由男子扮演），男角挎腰鼓，女角持二锣。打鼓演员及打锣演员载歌载舞，形式活泼。回民秧歌与北方农村汉族大秧歌中的角色颇近似。

回民秧歌演唱的内容，有历史人物、民间故事及传统戏曲小段等。其中流传最广的有《十二个月》《织手巾》《送饭》《偷瓜》《王林休妻》等。演出时间可长可短，长者可达两三个小时，短者仅几分钟。在每个唱段唱完以后，扮演盲人和背包袱的两个丑角出来即兴表演，逗趣打岔或说一段快板，表演诙谐风趣，往往令观众捧腹大笑。

南顿回民秧歌俗称“秧歌”或“小伞子”，具有4个鲜明的特点。一是服装、服饰民族化，男演员戴白色礼拜帽，女演员搭盖头巾。二是演出形式独具风格，领舞者（打伞灯的）“三进三出”。三是音乐优美，有较高的艺术价值。四是传授方法世袭。旧社会“回民秧歌”的演员仅限于回民，特别是主持人打伞者，上下七八代都是回民，一代传一代。下一代接班时，还需到上一代主持人坟前去祈祷，说明回民秧歌后继有人，请上一代主持人在“后世”放心。

新中国成立后，特别是改革开放以来，南顿回民的生活发生了根本改变，文化生活更加丰富多彩，时代赋予回民秧歌以崭新的内容和形式。

1984 年，南顿回民秧歌在河南省第五届民间音乐舞蹈比赛中荣获一等奖、搜集整理奖。1986 年，在全国第六届民间音乐舞蹈比赛中荣获丰收奖。1995 年，全国第五届少数民族传统体育运动会在云南昆明举办，代表河南参赛的“回民秧歌舞——金色串铃操”，以崭新的面貌出现在全国民运会的赛场上，充分展示了南顿回民秧歌悠久的传统文化和与时俱进的民族文化风采，荣获银奖。

回民秧歌舞——金色串铃操，由 13 人参加演出，一男子领舞，头戴彩色礼拜帽，身着回族服饰，手持小伞子，手腕上带有小铃铛。其余 12 人均为 20 岁左右的姑娘，身着回族服饰裙装（为荷花红），头搭黄色盖头，手腕上带有小铃铛。其音乐由两个乐段组成，第一乐段的旋律跳动不大，速度稍慢，唱起来如涓涓流水，委婉动听；第二乐段的旋律跳动较大，音调高亢，节奏稍快，同前乐段有较强的对比。音乐的转调是通过打击乐过渡，转得非常自然。舞姿欢快有力度，舞中有操，操中有舞，相得益彰，融体育与舞蹈于一体。

回民秧歌有着浓郁的乡土气息和民族特色，凝聚着回族人民热爱生活、美化生活的情愫和智慧，以红火、热烈的面貌和情趣盎然的风采受到各族人民的喜爱，成为 56 朵鲜花中的闪光亮点。

（原载于《中国穆斯林》，2002 年第六期）

沈丘“文狮子”舞溯源

倪胜章①

舞狮在我国是一种广泛流传的民间舞蹈，由于各地民俗不同，舞狮有南北之分，道具有大狮（两人舞）、小狮（单人舞）之别，种类有手摇狮、板凳狮、桌狮、地狮、布袋狮等。表演中有跳跃、跌扑、腾转、踩球、登杆、攀顶等动作，场面威武、热烈，衬托出节日的欢乐气氛。在豫东一带，人们把这种舞狮形式称作“武狮子”。在河南省沈丘县县城回族中流传着一种风格迥异的民间舞狮形式，表演时突出的是狮子的温驯神态，如狮子出山、走步、搔痒、舔磙、饮水、舔毛、抖毛、观景、吞绣球、生狮仔等，其情节极富生活化，因此当地人把它称作“文狮子”。“文狮子”舞最早出现在元代，但这一艺术形式的历史渊源可以追溯到隋唐以前的西域诸地。

一、海比尔中原创“文狮子”

沈丘回族舞“文狮子”始于元代，是一位被蒙古军队征签到中原，名叫海比尔（al－Khabir）的波斯人编创并流传于世的。

南宋宁宗嘉定十二年、金宣宗完颜珣兴定三年（1219年）夏，蒙古军队西征花剌子模、钦察、康里之后，西亚东欧诸国在蒙古军队的攻势下相继沦陷。南宋绍定四年、金正大八年（1231年），太宗皇帝窝阔台组织大军攻打金国都城汴京（即开封，金人称南京），并强征一批波斯人及中亚

① 倪胜章，河南省沈丘回族穆斯林学者。

人加入蒙古军队，海比尔就是这次被蒙古人征签到中原的，他跟随一位维吾尔将领察罕·乃蛮台来到了河南。南宋绍定五年、金开兴元年（1232年）四月，蒙古军队包围汴京。冬，金哀宗完颜守绪皇帝弃城，于次年二月到达归德（商丘）。八月，经秣陵（今沈丘县城）渡沙颍河，南逃蔡州（今汝南县城）固守。南宋端平元年、金天兴三年、蒙古太宗六年（1234年）初，蒙古罕国派王楫通使宋理宗，与南宋联合灭金。南宋将领孟珙、蒙古将领察罕带兵合围蔡州，2月9日，蔡州城失陷，金朝覆灭。

平金后，察罕·乃蛮台留居沈丘鲖阳城（今安徽省临泉县鲖城镇），其孙察罕·帖木儿在元未曾任汝宁府达鲁花赤、中书兵部尚书、河南行省平章政事等职。其重孙扩廓·贴木儿在元至正年间曾任左丞相，总天下兵，为元末朝廷重臣。而跟随乃蛮台的海比尔则留居距鲖阳城以北30公里的项城（今沈丘县槐店回族镇）传教，当地人多皈依伊斯兰教，成为回民。

由于豫东一带是金末抵抗蒙古军的最后战场，当时交战双方营寨林立，至今这一带70%的村镇名称仍冠以“营”“寨”。元时，豫东人民并未因金国的覆灭而摆脱战乱。元政权对中原人实行严酷管制，每七户由一名军士看管，做饭时只能轮流使用一把菜刀，做完饭军士将菜刀收回，用这种管制方式以防有人谋反。据民间流传，蒙古人统治中原时期，乡民哄小儿不哭，会说：“元鞑子来了”！小儿闻此语立刻止哭，为避嫌后改说“元狮子来了！”相传南宋保佑六年、元宪宗八年（1258年），忽必烈率军征伐南宋，兵至沙颍河项城渡口，当地船夫拒绝摆渡蒙古军队渡河伐宋，忽必烈怒，欲杀之。此时海比尔站出，出言阻谏：“英雄何必以杀人得天下，你好比一只舟船，百姓好比这河中之水，水能载舟，亦能覆舟。”忽必烈悟，自此不再滥杀无辜。后来他还重用赵壁、姚枢、刘秉忠及海云和尚等一批汉人担任大臣和幕僚。

相传，为进一步感化元朝统治者，促其减少暴政，多施仁政，海比尔结合当地居民在春节、元宵节期间舞龙灯的习俗，创编了一套“文狮”舞。以狮喻元朝统治者，以表达人民对当权者一种善良的希冀。同时，也表达了中原人民对连年战乱的厌倦以及对和平安宁生活的渴望。据清光绪十五年（1889年），同知袁五伦纂修《槐坊厅志》艺文志载：“狮为兽中之王，如怒吼一声，百兽震恐，不敢出山。雌狮闻之劝曰：不须这样，应和睦相处，仍不失尊威；雄狮点头，一改故态，远近之间，群皆赞拥。自此狮王位益尊，威益重。今教门人习尚舞狮由来于此。”这段记载，道出了海比尔当初创编“文狮子”的寓意。

二、狮源西域万里来

狮子属“舶来品”，我国在汉代以前把狮子称作“狻猊”，汉代始称“师子”，后人将“师”字加“犬”字旁，成为“狮”。《尔雅注疏》卷9《释兽》载：“狻猊，如猫，食虎豹”，郭璞注：“即师子，出西域”。狮子产于西域，以波斯为多。《魏书》卷102《西域传》载：“波斯国……又出白象、师子、大鸟卵。”《洛阳伽兰记》卷3载：“永桥南道东有白象、狮子二坊……狮子者，波斯国胡王所献也。”唐开元十年十月，“庚申，至自兴泰宫。波斯国谴使献狮子”。李肇《唐国史补》卷上载：“开元末，西国献狮子。”元代有穆斯林随朝贡狮子团晋京的记载，明朝也有西域诸国使臣入中国进献狮子的记载。中国第一尊雕刻石狮也是由波斯国运至北京的。

《通典》卷146《乐典·坐立部伎》载：“太平乐，亦谓五方师子舞。师子鸷兽，出于西南夷天竺、师子等国。”《新唐书·回鹘传》记黠戛斯“戏有弄蛇、师子、马伎、绳伎”。《通典》卷142《乐二》是这样描述龟兹伎中的狮子舞：“举止轻飘，或踊或跃，乍动乍息，跻脚弹指，摇头弄目，情发于中，不能自止”。唐代诗人元稹的《西凉伎》中有“歌舒开府设高宴，八珍九酝当前头。师子摇光毛彩竖，胡姬醉舞筋骨柔。大宛来献赤汗马，赞普亦奉翠茸裘”句。白居易的《西凉伎刺封疆之臣也》中描述道：“假面胡人假狮子。刻木为头丝作尾，金镀眼睛银作齿。奋迅毛衣摆双耳，如从流沙来万里。紫髯深目两胡儿，鼓舞跳梁前致辞。”上述文献从不同角度记述了舞狮的道具形式、表演动作，印证了舞狮这一艺术形式源自西域。《文木山山房集》卷三赠回族提督杨凯诗中有“狻猊产西域，本非百兽伦。一朝同率舞，图画高麒麟。”诗中狻猊即狮子，看来河南回民也崇尚舞狮。作为波斯人的海比尔之所以创编“文狮”舞，是有其自身民族文化背景和历史渊源的。

三、多元文化植中原

植根于中原回族中的民间舞狮艺术发展到明代，又融入了“独角虎”“麒麟”，形成狮、虎、麒三兽舞。相传，独角虎源于独角羊，独角羊在古代是法制与公正的象征。麒麟中外各有记载，李虞宸译著《天方大化历史》载：“尼来江中有兽，名龙马，又名麒麟，居于渊，其形若马，首有两耳，颊有长须，尾若狮”，是阿拉伯传说中的麒麟。美国《时代》周刊2001年8月20日一期发表的《郑和后代在非洲赢得尊敬》一文中写道：“郑和收到了他最珍贵的贡品一个麒麟，一只天鹿和一匹天马——实际上它们就是现在所说的长颈鹿、羚羊和斑马。”以上两种记载说的都是外国“麒麟”。《礼记·礼运》载：“山出器车，河出马图，凤凰麒麟，皆在郊棷”，这里记载的是中国传说中的祥兽，其状如鹿，独角，身长鳞甲，尾像牛。而沈丘回民舞的麒麟道具，形状为马首、鹿角、带须，全身披深蓝色鳞甲，狮子尾，属中西合璧之作。演出时演员擂动重音大鼓，锣钹镲敲击有节，铿锵镗铬。三个别里子（波斯螺号）手从三个不同方向吹奏出麒鸣、狮吼、虎啸之音，此起彼伏，回肠荡气。表演相互映衬，风格独具，体现出中原文化的包容性和多元化。今沈丘回民中取名“狮子”“麒麟”者甚多，无不与其舞狮习俗有关。

表演时“独角虎”先出场，多演示独角虎的智慧、公正和威严。其次出场的是“麒麟”，麒麟送子象征福庆祥瑞。“狮子”作为主角压轴出场，分巡山、观景、吞绣球、生狮仔等几个情节，重点表现母狮分娩。生狮仔时的阵痛，要人们不要忘记生养之恩；幼狮出生后笨拙、不能自立的憨态，让人油然生出一种慈悯之心和抚育下一代的责任感。整套文狮表演表现了人世间的母爱亲情，栩栩如生，精彩绝伦。

如今“文狮子”已成为豫东沈丘回民群众喜闻乐见、自娱自乐的一种民间艺术形式，每逢节日庆典都要巡街演出（春节、元宵节、国庆、元旦及重大社会活动等，但不在本民族的开斋节、古尔邦节演出）。“颖岸人如海，舞狮击鼓忙。楼前波涌月，华灯耀沈城。”场面壮观。而今，县城东关成立有

"回民公义文狮会社"。会社中有舞狮手、耍火球手、领绣球手、鼓手、锣钹镲手、吹别里子手等。狮子会社每三年要公推一位德高望重的社首负责组织和协调演出活动。现任社首李大志同志是县政协委员，热衷文狮艺术研究，并对文狮艺术进行挖掘整理，在继承传统的基础上进行再创作。如新改编的"三狮闹春""狮子望月"等情节，突出趣味性和欢快的气氛。文狮生子的情节也作了改动，传统表演母狮生5子，喻示"五子登科"和人丁兴旺福满堂。如今，为配合计划生育宣传，改为只生一只狮子，给文狮舞注入了时代气息，平添出艺术新意，使流传数百年的这一多元化综合性民族民间艺术得到创新与发展。沈丘"文狮子"在1953年3月赴省城开封演出，获二等奖。1963年，赴商丘参加专区观摩表演，获一等奖。1985年，赴省会郑州参加全省首届少数民族传统体育运动会开幕式表演，获特别荣誉奖。在2000年全省民间艺术汇演中获一等奖。沈丘回民"文狮子"至今已流传700余年，有其独特的地域文化和民族风格。2005年，周口市文化局把此项艺术形式作为非物质文化遗产向国家申报。从沈丘回民舞"文狮"的渊源中，可窥探到中亚文化在中原地区的发展演绎以及中原传统文化对回族文化的影响与融合，沈丘回民舞"文狮"成为一朵独具中原回族特色的民间艺术奇葩。

（原载于《伊斯兰文化研究》，2006年6月，53~54页）

回族家谱文化漫谈

马锦丹[1]

家谱，是一种以表谱形式记载一个以血缘关系为主体的家族世系繁衍及其重要人物事迹的特殊图书体裁，又称谱书、宗谱、族谱，古书中称为“家牒”“家乘”。

在我国古代，为了使统治稳定并得到延续，权力更替和财产继承能够顺利实现，不致落入外人之手，无论是国家统治者还是民间家庭都十分重视家族血统的纯净，为此，记录血缘关系和血统世系的谱牒就应运而生了。早在中国进入奴隶制社会初期的夏朝，王室就有了记录自己世系的谱牒，这就是夏王的家谱。商、周王室也都有自己的家谱，后人曾加以整理，编成《五帝德》《帝系》《五帝系牒》《世本》等通代谱牒。汉代史学大师司马迁在创作其不朽名著《史记》时，就曾经参考并仔细研究过这些资料，写成《五帝本纪》《夏本纪》《殷本纪》《周本纪》《楚世家》和《三代世表》，系统而具体地记录了黄帝、颛顼、帝喾、尧、舜等五帝的世系和夏、商、周三代王室及楚王室由始祖而下的本支历代世系。同时，司马迁还根据春秋时期各国国君的家谱，编成《十二诸侯年表》。遗憾的是，那些原始的家谱文献由于年代久远，早已失传。今天，我们只能见到后人辑佚、整理的本子和《史记》中的记述。

魏晋南北朝时，爵高位显的名门望族创立谱书成为当时的一种习俗。晋代贾弼撰写的《姓氏薄状》被称为“贾氏谱字”；梁代王僧儒将其改写成《十八州谱》，称为“王氏谱学”；唐代有《氏族志》；宋代司马光著有

---

① 马锦丹，男，河南洛阳人，马来西亚国际伊斯兰大学伊斯兰思想与文明国际研究院博士研究生，从事伊斯兰文明与回族历史文化研究。

《臣僚家谱》；苏洵著有《族谱引》《苏氏族谱》；《宋史·艺文志》中有“谱牒类”共110部437卷，是专门记载臣僚血脉宗亲的系统史料。古人崇敬祖先，遵从祖训，严教子孙，把功勋卓著者入谱表彰，违犯族规者清除祖谱。

家族制度的兴起，促进了封建制度的巩固和发展。同一地域，同一姓氏的家族，经过世代繁衍，人口日众，必然会推举宗族中有威望的长老主持事务，制定族规，要求大家遵守。因此，封建社会的家族制度中，家谱在维系家族体系稳定方面起到了不可替代的作用。宋代以后，记载一姓、世系和宗族著名人物事迹的谱书，被官爵名流、大户望族逐渐重视起来，家谱文化遂得到世人的广泛关注。

二

唐宋时期，中国以其博大的胸怀向世界张开臂膀，长安和汴梁成为国际化大都市，回回先民接踵而至。元明两代，西域回回形成了进入中原的高潮，长达二百多年，超过数十万人，是我国回族的重要组成部分。入附以后的回回很快就淹入了汉民族的汪洋大海之中。在古老和强大的汉文化影响与渗透下，入附回回的原生文化在保持其核心价值理念的同时，其外在层面也无时无刻不在发生着变革与更新，其中回族家谱的出现就是这种变革和更新中极其明显的一种文化现象。

尊重知识、热爱文化和接受新事物能力较快的回族先民们，在本民族形成过程中，十分注重学习汉族文化。因此，回族，尤其是内地回族逐渐接受了汉族封建宗法组织中存在的家谱文化形式，并且借鉴、吸收为记录自己家族发展史的传统文化模式，在本民族内部传播开来，为今日的回族研究积累了一批珍贵的回族家谱文化遗产，在考证回族源流和著名人物事迹及从不同角度认知回族文化等方面有着重要的研究价值和历史贡献。同时，由于回族的部分先民是阿拉伯人，回族修家谱的举动可能还受到了以谱系发达著称于世的阿拉伯人的影响。当然这一提法还有待于学者们做进一步的探讨与研究。

回族立修家谱的心理要素在许多家谱序言中都有涉及。比如辽宁回族《脱氏宗谱》序言中称："切怀人之有生，咸赖真主造化，而迩人伦之传统，子孙践迹而至，故人伦乃传世之核心也。故举凡人子应有慎终追远之怀也。"广州回族《马氏族谱（马敏慎堂）》立谱序言也说："知感真主赏赐，我族原来正道遵行贵圣穆罕默德之训教，意诚绵虔，滔滔相承，我族子子孙孙日炽日昌矣。若兹族谱不立，后代子孙欲考而无由。"回族贤达们深深感到本族因缺乏家谱而导致族人不明世系，不辨亲属，所以认识到修撰家谱的重要性。不修家谱，怎能尊祖敬宗、饮水思源？因此认为宗谱记载最应详细，子子孙孙世世接续，代代相传。

二

中国的家谱修撰，到了明清两代，其结构已基本定型。内容大致包括谱序、题词、恩荣、凡例、图、节孝、像赞、考、世系、派语、传记、宗规家训、祠堂、祠产、坊墓、先世考辨、志、杂记、文献、修谱姓氏、五服图、余庆录、领谱字号等。这些内容并不是每部家谱都具备的，由于时代、地区、家族的差异，所修成家谱的详略程度不会完全一样。和汉族相比，回族自然是个较为年轻的民族。据回族史学界的权威观点，回族形成于元末明初。我们目前所能见到最早的回族家谱也是明代初期修撰的。其特点是大量回族家谱修撰得比较简略。像广西临桂县五通镇回族《王氏宗谱》，只有一页，只是简单写明宗族成员的世系，既无前言也无传记、族规族训之类。百色回族《蔡氏族谱》（手抄本），也只是说明蔡姓回族来源于广东及简单排列世系，其余一概没有。沈阳回族《杨氏家谱（杨廷柱一支）》也不见有序，只记世次，是经第十四世祖杨廷柱及其长子绍长、绍贵、绍荣等，于民国二年（1913 年）从《杨氏宗谱》中单独摘出本支，修续而成此谱。

当然，也有一些回族族谱比较完整，如《怀宁马氏宗谱》《南海甘蕉蒲氏家谱》及流布全国的若干赛氏家族谱牒。但即使是这些比较完整的族谱，和汉族中豪门巨族的族谱也是无法相比的。回族族谱的这种简单是否反映了回族宗法制度的不完备性，这是需要专家们探讨的话题。但是有一点似乎可以肯定，即在回族的社会生活中，宗法制度（包括编撰族谱在内）并不像汉族那么重要，因为在回族的社会生活中除了宗族以外还有宗教。在某种意义上讲，对于回族而言，宗教比宗族更重要，因为许多宗族的功能在宗教中都可以获得，这可能是回族宗法制度相对而言比较简单的原因之一。

大多数回族家谱的基本内容分为“序言”“家规族训”“世系表”3个部分。

族谱的序言首先是论述族谱的性质及功能。湖南回族《苏氏三修族谱重刊惟夏祖创修序》指出：“天之生物，使之一本，是人之有祖也。虽支分派别，莫不由一本而生。但源远流长，历世久远，迁移不定，一本或分为二三同条，遂判为秦越。存孝心者惧其繁，然而莫可纪也，不得已而纪录以叙次之，此谱牒之所由作也。”这些内容清楚地说明，族谱即家族的历史，而族谱的作用就是追本溯源，维护宗族的秩序。

序言中还叙述宗族的来源。安徽和县回族《撒氏宗谱》称：“撒氏始祖居西域，为回纥人，后为唐平叛，因其功被封懋王，以居关中……明建文元年，其后撒仲谦一家由陕迁往和县西门响水沟一带居住，有祖祠名‘懋亲堂’”。广州回族《傅氏族谱》序言则开宗明义地介绍了傅姓回族是如何来到广州的：“始祖云峰公，浙江金华府浦宁县人，因入粤经营，致遂购居于羊城大新街焉。”

全国各地大量回族家谱的序言基本都具有这方面的内容，这些记述对于考察研究回族的迁徙流布具有重要的参考价值。

比较正规的回族家谱还包括族规、族训（或称家规、家训）。如广西回族《傅氏宗谱》和《翁氏宗谱》的族规、族训都在10条以上。最完整的是《翁氏宗谱》，内容涉及祭祀、守法、敦宗、睦族、正名、顾本、立业、处世、谨言、慎行、立志、存心、待人、处事、权量、教育等方面。《傅氏宗谱》的10条族规分别是：聚会、值年、储蓄、序派、添丁、教育、扫墓、拜主、敦宗、睦族。再如湖南回族《黄氏四修族谱》有家规十戒：“一戒不孝不悌，二戒不忠不信，三戒不祀祖先，四戒结交匪类，五戒弃正业，六戒淫行，七戒好讼，八戒赌博，九戒酗酒，十戒吸食洋烟。”

这些族规、族训对族内一些重要的宗族活动例如“祭祀”“会族”等作出了规定，其中不少内容至今仍有参考价值，比如强调尊老爱幼、亲戚和睦、从小立志、戒除恶习等。

伊斯兰文化和中国儒家文化同为世界上历史悠久、影响深远的成熟文化体系，而回族文化正是这两大文化体系碰撞之后迸发出的灿烂火花。它不仅吸纳了儒家文化的精粹，而且保留了伊斯兰文化的内涵，因此饱含着回族文化底蕴的回族家谱便具有了自身鲜明的特色。

与汉族家谱一样，回族家谱的族规、族训中有不少内容和儒家伦理有关。比如广西回族《傅氏宗谱》规定：“族中尊卑长幼各宜安分，尊长不可凌辱卑幼，卑幼不得违抗忤逆尊长。”回族《翁氏宗谱》也强调：“吾族自祖宗以来，皆以孝悌忠信、勤俭勤读、公平正直传家，夫孝以事亲，悌以敬长，忠以报国，信以交友。”这些都是典型的儒家思想。

同时，回族家谱中某些族规、族训和伊斯兰信仰密切相关。比如湖南邵阳回族《金陵马氏四修族谱》族训中规定家庭筵席之上不许喝酒，不能崇拜偶像，允许寡妇改嫁等。邵阳回族《苏氏三修家谱·续修家规》中规定走坟诵念《古兰经》时居家人等必须敬听，强调信仰是“为人第一要紧之事”，子女年幼时要将其送入清真寺学习等。

我国汉族的族谱，在形式上有欧体、苏体。欧体横排，每图五栏；苏体上下直排，每图也是只列五世。回族家谱的世系多取苏体，即直排式、宝塔式，但也有欧体。还有一些族谱的排列很不规范，比如桂林回族《白氏族谱》就没有遵守“叠书五世”的规则，而是将十几世的族人和其居住地用一图全部录下。

世系是回族族谱的主要内容，一般都详细地记述了宗族成员的姓名字号、生卒年月、婚姻、子嗣、入仕等方面的情况，在篇幅上占的比重也最大。这些资料对于研究我国回族的人口发展、宗族迁徙具有重要意义。

和汉族族谱不同，许多回族族谱都有比较突出的伊斯兰文化色彩，强调伊斯兰信仰的重要性。如云南昭通回族《米氏家谱·序》中提到其先祖坚守拜功，乐善好施。广西回族《白氏支谱·族谱凡例》强调族人必须学习伊斯兰经典。辽宁杨氏回族甚至在重修家谱前还请阿訇开经，以显示虔诚庄重。

有的回族族谱封面或内页有阿拉伯文。如山东济宁一派金姓与一派马姓本为一祖，金马二氏合编一谱，《金马合谱》封面上首是阿拉伯文“清真言”及其译文。济南赛氏《咸阳族谱》中有阿拉伯文印章，其意为“真主使人满足”。该谱前半部分用波斯东支语文（即元代和明代初期所称的“回回文字”）写就，内容包含对真主的赞颂和先知穆罕默德（祈主福安之）的后裔十二位伊玛目的世系。《毘陵沙氏重辑族谱》在其序后附有御制至圣百字赞（相传为朱元璋称赞穆圣的文字）、清真论、五功词序、轮回辩、跋轮回辩、戒溺风水说等内容，其版心有“清真醒世”的字样。这些都带有浓郁的伊斯兰文化特色。

此外，回族家谱还有一些独特的内容。如福建惠安回族《百奇郭氏族谱》中收有《招郎自鹿港回家临别口述笔记》《鹿港初探小记》《鹿港堂亲第二次接洽经过情状》三篇短文，记述了郭氏族人经商活动的情况。湖北回族《定氏宗谱》也载有定氏历代先人从事商贸活动的资料。这些都是回族重视商业的思想在家谱中的反映。

三

我国汉族人民重视祖先和家世，所以在写家谱时往往拉上古代名人作为自己家族的祖先，以示荣耀，这种做法叫做“冒族”。“冒族”的风气到明清时尤为浓烈，有些人专门以伪造家谱为职业，号称“谱匠”。

历史上某些回族人在修家谱时也受到此风的影响。福建惠安百奇郭姓回族所保存的《温陵螺阳奇山郭氏族谱》《奇山义房郭氏家谱》等几本谱牒，对其先民就假托为汉人。据《郭氏族谱·序》记载，早在明初四世祖时，郭姓族人就自称是唐代功臣郭子仪的后代。《华山郭氏四房家谱·序言》也提到本支族人乃郭子仪之子郭暧的后裔。《百奇郭氏族谱·适回辩》则进一步“考证”这一观点的“真实性”。为什么百奇郭氏回族要把一个汉族人当做自己的祖先呢？原来，明代的百奇郭氏回族在经济上有了很大发展（从其家谱记载族人频繁进行的经商活动中就可以看出来），但在封建统治者实行民族歧视政策的影响下，要取得与汉族同样的社会地位还是相当困难的。因此，有了一定经济实力的郭姓回族通过修家谱将自己的祖先说成是“竭忠王室，终始哀荣”的唐代功臣郭子仪，这就满足了汉族官员和知识分子的民族优越感，很容易得到他们的认同。这也是回族郭氏祖先作为外来少数民族，在中国南方封建宗族意识浓厚、宗族势力强大的汉人社会为谋求立足自存的不得已之举。事实证明，我国南方的一些回族人既在其处于劣势地位时利用族谱来证明其“汉族”身份，又在族人的社会地位发生变更后，集体要求“回本归源”时利用族谱来证明其回族身份(同一本《郭氏族谱》就收有郭氏十世孙郭梦祥撰写的《复遵回回教序》)。由此可见，回族在封建社会的数百年间，处于汉民族群体之中，为求生存、求发展并保持自身民族文化走过了艰难的心路历程。

四

我国回族史学的主要奠基者白寿彝先生指出：“历史上我国人民有修撰家谱的优良传统，家谱中保存了重要的社会史料。通过对各种家谱的研究，可以了解中国封建社会史上家族制度的形态、性质及其在社会史上的作用等等。具体到回族人的各家族谱，因为回族史的资料缺乏，可以作较多的利用，有时可以提供某些重要历史问题的线索。”

在对历史人物家世的研究中，家谱起着独特的作用。这类历史资料，由家族俊彦纂辑，记载着有关人物的活动和家族的递嬗，史料依据更为直接，常常可以补充史传的缺漏，厘正错误。回族族谱中有大量关于历史人物的宝贵资料，收集这些资料，有助于我们深入开展对我国回族历史人物的研究。以回族历史上著名人物郑和为例，像郑和这样一位中国和世界历史上的伟大航海家，洋洋 330 卷巨著《明史》中只有 700 多字的一篇传文，关于他的家世和身世，只有“郑和，云南人，世所谓三宝太监者也。初事燕王于藩邸，从起兵有功，累擢太监”寥寥 30 个字。他的籍贯、出身、民族、原来姓氏、具体官职等，都无记述。直到 1912 年人们发现昆阳马哈只墓碑和 1936 年发现《马公墓志铭》《郑氏世系家谱》，才知道郑和本姓马，名三保，今云南省晋宁县人，回族，明成祖朱棣赐姓郑，选为内官监太监，使我们对郑和有了进一步了解。明代的少数民族和寓居中国的外国人，赐姓授职的很多，但在郑和之前，唯独没有赐姓郑的，为什么朱棣赐郑和姓郑呢?《郑氏家谱首序》给我们解答这个问题提供了线索。其中记载，因郑和“数（有）功于郑州，因赐姓郑”。郑和是“从起兵有功”，即在朱棣靖难中建立战功的，而靖难中并没有在河南郑州打过仗，这里的“郑州”当别有所指。从史籍中知道，建文元年（1399 年）十月，建文帝大将李景隆趁燕王朱棣进攻大宁之机，包围北平，结九营于郑村坝（今北京东坝)。燕王还师交战，连破其七营，斩首数万，降者数万，取得了靖难之后对建文帝军队的第一次大胜利。这次战役给朱棣留下了深刻的印象，当他于建文四年（1402 年）在南京登上皇帝宝座、大封功臣的时候，想到了在郑村坝建立战功的马三保，赐其姓郑，自此，马三保改名郑和。

根据郑和十二世孙妇墓碑，得知郑和为元咸阳王赛典赤·赡思丁六世孙。但世系不明，而历史学家李士厚先生收集到的《赛氏总族牒》、沙儒诚先生保存的《赛典赤家谱》等都有关于赛典赤·赡思丁裔孙的谱系。经过史学界将上述谱牒与《郑氏世系家谱》的对照研究，证明郑和确是赛典赤·赡思丁的第六世裔孙，其曾祖父拜颜即是赛典赤·赡思丁的孙子伯颜，伯颜之子米的纳于元时受封为“滇阳侯”，封地即在云南昆明滇池南岸（滇之阳）的晋宁县昆阳。米的纳曾经到过伊斯兰圣地麦加朝觐，他是郑和的祖父。到郑和的父亲时已改用汉姓“马”，他也到过麦加朝觐，人称“哈只”(伊斯兰教对到过麦加朝觐的穆斯林的称呼)。由于赛典赤家族在元代对朝廷做出的巨大贡献，米的纳所授的滇阳侯是一个世袭爵位，一直从他传到了郑和的父亲马哈只。此时已在元末明初，明军入滇，灭了蒙古人镇守云南的梁王残元势力，郑和父亲可能因追随梁王抵抗明军而殉职，年仅 39 岁。郑和以少年之身，被明军俘虏后随军进入北京，最后伺奉燕王朱棣。朱棣登基后，因郑和屡建奇功，才干超群，深受器重。后来郑和受命为钦差，统领两万八千多名中国海军将士，七下西洋，历时 28 年，开创中国走向世界的崭新局面，成为名垂青史的中国第一航海巨人。上述有关郑和的家谱资料，是世人揭开郑和这位世界大航海家家世之谜的必读文献，在中国回族史乃至整个中国历史研究中都具有深远的意义。

另外，关于回族历史上另一位重要人物赛典赤·赡思丁家族的谱牒资料（部分内容与郑和家谱资料一致），是我们研究先知穆罕默德（祈主福安之）的后裔东亚分支中国赛典赤家族历史源流的第一手重要文献。赛典赤·赡思丁家族进入中国的历史，在《元史》本传中语焉不详，一直成为中国史学界研究该家族的一桩悬案。赛典赤家族族谱资料的发现，有效地弥补了正史中缺载的赛氏家族源流的不足，为史学界开展赛氏家族后裔在云南及中国其他地区分布的详细情形的调查提供了完备的世系线索。例如，山东青州回族赵姓近年来根据云南发现的赛氏谱牒资料，结合其先祖留下的族谱，已经明确追溯出他们的赛氏后裔身份。而在云南回族史的研究中，赛氏家族后裔繁衍出来的赛、沙、纳、马、速、撒、丁、合、哈、闪、金等十余个望族大姓，经过与赛典赤家谱资料的比照，其分布源流已经相当清晰，而这十余个大姓望族在如今云南60余万回族穆斯林人口中，占有相当高的比例。

此外，宁夏回族自治区银川市永宁县的回族之乡纳家户，其居民大多以纳为姓氏，据传是赛典赤·赡思丁长子纳速拉丁的后裔。纳家户与云南通海县纳古镇纳家营村是中国境内仅有的两个以纳姓命名的赛氏后裔村庄。因此，研究追溯赛氏族谱资料，上可考知穆圣后裔于元朝东传进入中国的历史脉络，下可考知该家族在云南和中国各地流布之详细情形，实为研究东亚伊斯兰教史，特别是云南回族史及中国回族史与伊斯兰教史不可多得的珍贵文献。

结　语

回族学者周传斌教授认为，回族文化体系是以伊斯兰价值观为统摄的，它以伊斯兰文化为“体”，以中国传统文化为“用”。回族文化是伊斯兰文化与中国传统文化互动的产物。在笔者看来，回族家谱文化可以说是回族文化的典型代表，通过分析回族家谱的文化渊源、基本内容、鲜明特色及史料价值等，我们可以深入探究回族文化特质，进一步了解二元一体文化背景下形成并发展着的中国回族。

参考资料：

［1］来新夏，徐建华．中国的年谱与家谱．北京：商务印书馆，1997.

［2］刘桐．辽宁回族家谱选编．天津：天津古籍出版社，1992.

［3］马建钊．中国南方回族谱牒选编．南宁：广西民族出版社，1998.

［4］马明龙．广西回族历史与文化．南宁：广西民族出版社，1998.

［5］白寿彝．中国伊斯兰史存稿．银川：宁夏人民出版社，1982.

［6］丁国勇（标点）．南海甘蕉蒲氏家谱．天津：天津古籍出版社，1987.

［7］伊牧之，许万荣．济南回族家谱选辑．济南：济南市伊斯兰教协会，2004.

［8］马亮生．湖南回族史料楫要．长沙：湖南出版社，1995.

［9］马建钊，张菽晖．中国南方回族古籍资料选编补遗．北京：民族出版社，2006.

［10］答振益．湖北回族古籍资料辑要．银川：宁夏人民出版社，2007.

［11］李清升．赛典赤·赡思丁评传．昆明：云南民族出版社，1998.

［12］白寿彝．白寿彝民族宗教论集．北京：北京师范大学出版社，1992.

［13］纪念伟大航海家郑和下西洋580周年筹备委员会，中国航海史研究会．郑和家世资料．北京：人民交通出版社，1985.

［14］姚继德，李荣昆，张佐．云南伊斯兰教史．昆明：云南大学出版社，2005.

［15］杨怀中，余振贵．伊斯兰与中国文化．银川：宁夏人民出版社，1995.

［16］林松，和龑．回回历史与伊斯兰文化．北京：今日中国出版社，1992.

［17］邱树森．中国回族大词典．南京：江苏古籍出版社，1992.

[18] 魏德新　中国回族姓氏溯源．乌鲁木齐：新疆大学出版社，1999.

[19] 李兴华，冯今源．中国伊斯兰教史参考资料选编．银川：宁夏人民出版社，1985.

[20] 中国人民政治协商会议洛阳市瀍河回族区委员会，洛阳瀍河文史资料委员会．洛阳瀍河文史资料．洛阳：洛阳瀍河文史资料委员会，1990.

[21] 胡云生．传承与认同——河南回族历史变迁研究．银川：宁夏人民出版社，2007.

[22] 河北省地方志编纂委员会．河北省志．石家庄：河北省地方志编纂委员会，1990.

[23] 吴丕清．沧州回族．北京：中央民族大学出版社，1999.

[24] 中国社会科学院民族研究所，中央民族学院民族研究所回族史组，编．回族史论集（1949—1979 年）．银川：宁夏人民出版社，1984.

[25] 白寿彝．回族人物志．银川：宁夏人民出版社，2000.

[26] 白寿彝．中国回回民族史．北京：中华书局，2003.

[27] 陈支平．福建族谱．福州：福建人民出版社，1996.

[28] 周传斌．雪泥鸿爪——回族历史文化论集．银川：宁夏人民出版社，2004.

（原载于《河南穆斯林》，2014 年第二、三期）

中国伊斯兰千字文

郭宝光

中国伊斯兰，永徽二年传①，
源于阿拉伯，经典奉古兰，
信仰独一主，和平是理念，
圣地在麦加，由此传世间。

至圣穆罕麦②，人祖是阿丹，
努哈劝顽徒，行船洪水间，
易卜拉欣麦，奉命天房建，
穆萨授律法，达伍授诗篇，
尔萨乃先知，穆圣传古兰。

四大哈里发，继承圣重担，
艾布白克尔，忠贞为大贤，
二贤欧麦尔，英武惯征战，
编订古兰经，三贤奥斯曼，
四贤名阿里，文武两双全。

大食使唐朝，首传到西安，

① 据《旧唐书·大食传》记载，永徽二年（651年）即奥斯曼在位时期，大食曾遣使来中国，是为伊斯兰教传入中国之始。

② 穆罕麦，阿拉伯文音译，即穆罕默德，伊斯兰教圣人，又称穆圣。

东西丝绸路，沿海贸易连，
早期圣贤来，教理传中原，
东西文化通，国际大家园。

东南留古寺，广宁杭扬泉①，
唐宋为蕃客，元代大批迁，
伊教中国化，回回教门显，
中国有回回，族教紧相连，
唐宋元明清，传承到今天。

信哉伊斯兰，诚信在心间，
一信造物主，二信有天仙，
三信主经典，四信来苏兰②，
第五信后世，第六信定然。

诚哉伊斯兰，力行是关键，
六信为基础，遵行好干办，
一心记想主，常念清真言，
坚守五时拜，忙中挤时间，
年封一月斋，圆满赖麦丹③，
富裕要济贫，天课要出散，
向往麦加城，朝觐五功全。

善哉伊斯兰，人伦行五典④，

---

① 中国的几座古老清真寺，指泉州麒麟寺（清净寺）、广州光塔寺（怀圣寺）、扬州仙鹤寺、杭州凤凰寺（真教寺）、南京清真寺。

② 来苏兰：意是众先知，第四信即信先知、圣人。

③ 赖麦丹：伊斯兰教历九月。

④ 五典：清代伊斯兰学者刘智在其著作中论述人际关系规范时提出，亦称“五伦”。刘智以经、训为依据，在其《天方典礼择要解》中融汇了中国儒家的“五常”说，分别以夫妇、父子、君臣、兄弟、朋友为序列，建构成中国伊斯兰教伦理学的“五典”论。

忠诚爱国家，尽孝父母前，
朋友贵有义，夫妻相扶牵，
穆民皆兄弟，人类皆同源。

和平伊斯兰，立教有信念，
启于真主命，传自穆圣言，
劝导多包容，穆圣垂典范，
见面赛俩目，离别道平安，
凡事多参悟，中正不极端。

教化伊斯兰，金玉和良言，
滥杀是大罪，贪婪不沾染，
信任勿歹猜，名誉要保全，
为民做仆人，勤劳亦节俭，
人品重修养，做事讲尊严。

智慧伊斯兰，阿訇做宣传，
渭城胡登洲①，经学首创办，
兴学办教育，传教习经典，
明清大学者，著述刘介廉②，
学问通四教，文字晓经汉，
融汇华夏理，丰富华夏言。

文化伊斯兰，处处有体现，

---

① 胡登洲（1522—1597年），字明普，陕西咸阳渭城人，中国伊斯兰大学者，经堂教育创始人。后人尊称胡太师。

② 刘智，字介廉（1669—1764年），中国伊斯兰教史上的思想大师，开创了古典伊斯兰汉语表达的完美范式，是“以儒诠回”思潮中的中流砥柱，不仅建立了中国伊斯兰哲学大厦的基本框架，而且弥补了中国儒家性理学的不足，对后世影响深远。有《天方性理》《天方典礼》《天方至圣实录》《真境昭微》等传世。

修建清真寺，学经练查拳，
标志是新月，汤瓶手中端，
男女受教育，家庭多美满，
门头贴独阿，客厅中堂悬，
婚姻同信仰，共享伊斯兰。

清真伊斯兰，饮食要求严，
诵念真主名，操刀要快断，
切断四根管，身动血流完，
禽畜须温顺，凶猛不能餐，
禁食猪狗肉，禁戒酒和烟，
冰毒麻醉品，避之远又远，
养生又养性，生命是关键。

中国穆斯林，勤劳又勇敢，
卫族又卫教，爱国爱家园，
生长东土地，通用汉语言，
淳朴中国人，天下装胸间，
代有英杰出，为国做贡献。

元代赛典赤，危难治云南，
推行行省制，稳固大西南，
明代航海家，郑和扬征帆，
七次下西洋，中国威名传，
清廉吏海瑞，民称海青天，
直言嘉靖帝，为国犯皇颜。

清后国力弱，列强来侵犯，
血性回回人，御侮勇当先，

巡抚伍长华①，助林禁鸦片，
总兵左宝贵②，血洒平壤边，
福禄③抗联军，侵略者丧胆，
冀中马本斋，抗日英雄赞。

中华新时代，共和开新篇，
中国穆斯林，荣辱共承担，
回回好儿女，工作各战线，
史家白寿彝，中国通史编，
记者有穆青④，留下不朽篇。

中华多民族，和谐大家园，
各族穆斯林，守法遵经典，
发挥正能量，携手共创建，
团结齐奋斗，处处做模范，
民族要复兴，勇于挑重担。

中国伊斯林，一千三百年，
国内留美名，五洲声誉远，
文化得弘扬，教门有发展，
信仰更坚定，志向更长远，

---

① 伍长华（1779—1842年），字实生，别号云卿，江苏上元县（今南京）回族，祖籍撒马尔罕，祖上曾“舍宅为寺，额曰‘清真’”。清道光十八年（1838年），伍长华升任湖北巡抚，与林则徐联手开展禁烟运动。

② 左宝贵（1837—1894年），字冠廷，乳名左盒儿，山东费县回族。行伍出身，初隶僧格林沁部，以战功升任副将。光绪十年（1884年）任高州镇总兵，仍统领奉军驻扎奉天（今洛阳）一带，光绪二十年（1894年）在朝鲜平壤抗击日寇，壮烈牺牲。

③ 马福禄（1854—1990年），字寿三，甘肃临夏回族，武进士，任宫内侍卫，历任守备、督带、总兵、统领等职，在廊坊杨村车站大败英国海军上将、驻华舰队司令西摩尔统帅的侵略军。马福禄后来战死于北京正阳门。

④ 穆青（1921—2003年），原新华社社长，回族，20世纪60年代撰写长篇通讯《县委书记的榜样——焦裕禄》。

提升文明度，光大伊斯兰，
实现中国梦，两世得乐园。

（原载于《河南穆斯林》，2015 年第一期，40 ~41 页）

清真寺楹联漫笔

孙 浩

近年来我国学术思想界沸沸扬扬，新潮蜂起，异彩纷呈，让人目不暇给。特别是以历史、人生、山水与中国文化灵魂相撞击的文化散文的异军突起，为散文艺术的拓展选取了新的角度，开阔了人们的视野。随之应运而生的“文化热”散布全国：诸如茶酒文化、服饰文化、“贬官文化”（余秋雨先生称旧时京官下贬，其诗文辉煌的现象）以及鲜为人谈的“楹联文化”，并出现了以楹联故事为贯穿线的电视连续剧《联林珍奇》这样的好作品，自然勾起我对家乡清真寺楹联的亲切回忆与神往。由于清真寺楹联毕竟是楹联家族中的成员之一，它既与楹联文化休戚相关，又具有自己独立的文化氛围，且已显露出独特的艺术个性，不妨称之为清真寺楹联文化吧！

我家世居洛阳瀍河回族区，在全区只有6平方公里总面积的土地上，就散布着清真男寺7座，女寺两座。凡进过清真寺的人，留在记忆里的除了雄伟、庄严、肃穆的礼拜大殿、望月楼等别致古建筑外，恐怕要数清真寺建筑物上那些光彩夺目、意境深远的楹联了。

古兰天经领正道
穆圣训语渡迷津

这是洛阳东关清真寺呼图白楼台两旁的一副对联，它开宗明义地宣布了自己的信仰，表达了穆斯林的共同心愿。众望所归，心齐事成，无疑它是清真寺楹联的主旨所在，民心所系，具有以圣训经语规范穆斯林行为标准的重要作用。或许这就叫宗教“情结”吧！即便是从楹联的形式、技法上推敲，它也是一副尚好的对联，因为它对仗工整、音韵合辙，着实无懈可击。

楹联又称楹帖、对联、对子，它的字句可长可短，但每上、下两联的字数必须相等，词句、音节、平仄相对，规格极严。两联的中上方又常以四字句横批作结，如上例对联倘加横批，则应是“认主独一”或“真经永存”等，这才构成完整的一幅对子。上下联与横批的关系是有机的、互补的，画龙点睛的一体结构。中国老百姓每逢新春佳节还要张贴对子，名曰“春联”。追本溯源，春联即古代的“桃符”，据说它始于五代，盛于明清。王安石《元日》诗云：“千门万户曈曈日，总把新桃换旧符”指的就是更换春联以喻政令的除旧布新。总之，楹联乃我国人民古已有之的习俗，当初很有可能是驱邪恶、求吉利的一种愿望。比如“新年纳余庆，嘉节号长春”，被认为是楹联的雏形，后来便推而广之了。楹联也好，春联也罢，都不过是人们表情达意的一种特殊方式，这种文化现象恰好又和久负盛名的古典诗词血脉相连，诗词是“源”，楹联为“流”，楹联是由诗词演化而来的。由于汉语词汇的独特结构与功能，形成其对偶工整、平仄协调的声韵美，读起来朗朗上口，听起来娓娓动人，这是外文拼音语言所无法代替的，因此，楹联文化为中国所独有。我想阿拉伯国家清真寺内决不会出现对联的。倘若将以上对联译为阿拉伯文，大概要形神俱失，读起来必会走韵变调的。我推测阿拉伯国家的清真寺里，在一些显赫地方同样会镌刻上一些经文圣训、警句名言，然而那绝不同于楹联。中国有不少回民人家的门旁时常展现类似对联的祈祷用语，即用阿拉伯文书写的“都阿”，同样那也不是楹联。对联和“都阿”虽形式相似，其实际用意、艺术色彩及文化蕴意是根本不同的。

洛阳北窑清真寺的大殿上有这样一副对联：

进寺礼拜回人职责是清心寡欲

面向克白交还乃玛非祈福求寿

显然，这是一幅涵盖了一定内容的“对联”，而不是简洁的祝愿祈祷(即“都阿”)。它的中心旨意在于回答穆斯林礼拜的目的何在，并非个人

“祈福求寿”，而是要尽做人的职责——清心寡欲。一个人如果私欲泛滥必然走向罪恶。《古兰经》第29章45节载：“礼拜确能阻止丑恶和非礼。”即便从宗教的立场看人生，也算一句积极的良言。此联还巧妙地运用了“克白”“乃玛”等外语词汇，可谓伊斯兰教中国化的一个例证。“克白”即“克尔白”，阿拉伯文意谓麦加天房，“乃玛”就是“乃玛孜”，波斯语，即礼拜。外文能恰到好处入联并不易，经过音译必须与对联自身的要求相贴合，还要适应我国人民的生活习惯，实际上就等于创造。此联的成功尝试，不愧是一幅洋为中用的好楹联。

相传建于明代的新街清真寺，气势恢宏，历史悠久，是洛阳最古老的一座清真寺。在它的大殿卷棚的明柱上，高悬着两幅凹形木制巨幅楹联：

五时进朝端拜似完国课
七日来复会期如到天方

修己克己安分守己办一些慈善事业多福多寿
忍人让人切莫害人做几件有益事情积子积孙

这两幅出手不凡的楹联，气魄之大，品味之高，为无数穆斯林群众所称赞，心悦诚服，牢记于心。所谓“五时”，指每日的五个时辰（即晨、晌、晡、昏、宵）穆斯林要按时做礼拜。这是伊斯兰教“五功”之一的拜功，必须坚持。所谓“七日”乃每个星期五的主麻日礼拜，或曰“聚礼”。穆斯林群众视礼拜如生命，认为通过礼拜可以洗涤性灵，净化思想，所以才把这种虔诚的活动当做“国课”去完成，而且十分认真，十分投入，坚持不懈，精神上便好似到了“天方”一样。这副楹联对仗相当工整，上下联匹配默契、自然。“五时”对“七日”，“国课”对“天方”，极为贴切。

另一幅19字的长联，思想更为充实，技艺高人一筹，其可贵之处在于紧贴现实，灵活运用教义以教人，通过汉语苦心编排，既严守对联之成法，又熔铸做人之规范。三“己”三“人”深入浅出，对称吻合，极富教育意义；“办一些慈善事业”和“做几件有益事情”，则上下呼应，了然于心，也完全合乎伊斯兰教的“入世”思想；最后的所谓福寿子孙，仅是个良好的愿望，决非让人们把它当做刻意追求的目标。长联面向实际，力戒虚无缥缈，是一幅针对性很强且不多见的佳作。

新街清真寺楹联庄重威严、朴实大方、有气魄、有风度，作者思路开阔、技艺圆熟，它集书法、工艺、艺术造型于一身，堪称清真寺楹联艺苑之奇葩！

据我所知，家乡郑州清真寺楹联多悬挂于主体建筑礼拜大殿或卷棚的明柱之上，不过有时也有例外，如洛阳北窑清真上寺，除大殿内有楹联外，又特设楹联于水房（沐浴室）门旁，其大殿内的楹联为：

修身正心秉承以事主

尽人合天复明而归真

它虽然中肯地正面提出了“修身正心”的有益主张，手法也相当熟练、认真，但与上面的长联相比较，其思路略嫌拘束逼仄，不及长联之舒展，放达与宽广。

其水房楹联为：

芬芳清泉涤尘欲

兰郁幽室悟玄真

我国是个诗词极为昌盛、普及的泱泱大国，楹联无疑是古诗词的嫡亲近族，先有格律严谨的诗词，后有妙趣横生的楹联。我猜楹联之风在我国可能先从户家门柱上兴起，尔后很快便扩散到名胜古迹及庙堂寺院之内，及至明清大概就大摇大摆地闯入清真寺的大殿与望月楼上，再后就连沐浴室也有精巧的对联的一席之地了。这幅水房对联运思独到、妙语天惊，对仗十分讲究，立意亦颇新颖，遣词造句既含蓄文雅又富于象征意义。水房乃穆斯林礼拜的洁身之处。《古兰经》第9章108节载：“安拉喜爱清洁之人。”伊斯兰教所说的清洁，包括身、心两个方面，既清洁肉体，更要清洁灵魂，故有穆斯林的清洁可以涤去魔鬼的污秽之说。这就是“涤尘欲”“悟玄真”的真谛所在。而“芬芳清泉”与“兰郁幽室”不恰好是水房形象而真切的比喻吗？此联含有浓烈的诗的意境，其文学品味自然就非同一般了。

我们粗略地拜读了洛阳清真寺楹联，管窥可知一斑，在郑州、开封等地的清真寺内也有许多类似的妙对真联存在，不再一一列举。可悲可叹的是像洛阳清真寺那样，几经战火动乱的袭击，很多清真寺历遭劫难与重修，楹联实物早已灰飞烟灭，荡然无存了。（以上援引的数则楹联乃回民群众深藏于心底而幸存下来的极少部分。）动乱毁坏了无数古建筑，也毁灭了清真寺楹联。

据史料记载，651 年伊斯兰教传入我国，但在很长一段历史内却找不到有关清真寺的身影，原因可能极为复杂（或因史料阙如，或因兵燹战乱，或与有争议的伊斯兰教传入我国的年代问题有关……）直到 996 年有北京牛街礼拜寺的建立，这算是我国最古老的一座清真寺了。又经历了一段漫长岁月的酝酿与积累，到了明清时期，清真寺几乎遍及华夏。有了清真寺的兴盛发展才可能产生清真寺楹联文化。洛阳清真寺最早建于明清时期，从那时起，清真寺楹联这一颇有创建性的新鲜事物就客观存在了。那么，清真寺楹联为什么会在明清两代特别盛行呢？这大概与那时清真寺的迅速普及、发展与宣传有密切联系，也可能与清代文学、考古学、音韵学的深化与拓宽有着不可分割的历史渊源，当然最重要的先决条件还在于我国老一辈穆斯林学识渊博，他们立足本国，放眼世界，既精汉学又通阿拉伯文，中外结合，根基扎实。于是，楹联文化必然朝气蓬勃，一发而不可收了。楹联能理直气壮地登上清真寺的殿堂，先辈们是需要智慧与胆量的。任何一种变革，只要它符合本国的民情，群众便易于接受，哪怕此种举措从宗教的经典上找不到什么依据。清真寺楹联的文化功能、社会效应与宣教力度，岂不出乎人们的意料之外吗？

谚云“没有规矩不能成方圆”，我说，依规矩而自由驰骋则更有乐趣。传统楹联和古典诗词一样，从内容到形式要求非常苛刻，只能在既定标准框架之内施展才华、各显其能，由此方为高手。楹联历经人们的苦心经营，其名目繁多，花样翻新，如叠字联、拆字联、嵌名联、寿联、挽联等，应有尽有，数不胜数，大有后无来者之势。然而清真寺楹联当属另一境界，不可同日而语。因为它多用于礼拜大殿及望月楼等庄严场合，无论是内容还是形式均应归属于严肃对联的范畴。这种对联的存在主要反映伊斯兰的基本教义，往往注重联系实际、浅显明了，为一般穆斯林群众能够接受为原则。总之，清真寺楹联无疑是伊斯兰教中国化的一种鲜明的文化体现，也是汉语、阿拉伯文、波斯文相互融合、渗透，洋为中用的一种开拓性思维，同时，它还是我国穆斯林学者聪明才智的结晶，是普及经文圣训的一种创造性的手段。

清真寺楹联文化，无疑是中国伊斯兰文化的一个组成部分，是宗教信仰所派生出来的文化外延，它当然具有宗教的和文化的双重意义与价值。它的内核不论被多么强烈的宗教意识所渲染、所笼罩，但在做人之道这个根本命题上，作了不少有益的探索，如修身正心、助人为乐、劝善惩恶、根除邪念、诚以待人等，即便流于空泛，也实含积极因素。综上所述，清真寺楹联在我国楹联文化史上的地位是不容忽视的，因为这份宝贵遗产还可以给人们许多超越宗教的文化启悟。

我非常佩服传统楹联之博大精深，变幻无穷；同时也十分敬仰清真寺楹联之纯真无邪，心怀坦荡。因个人学识浅陋，难免挂一漏万，贻笑大方，在楹联文化的海洋里游泳，犹如班门弄斧，只好如此随意而谈了，故题曰“漫笔”。

（原载于《伊斯兰文化研究》，1996 年第三期，3 页）

周家口回族汉文匾额楹联概述

李传明　杨少华

匾额楹联是我国传统文化特有的，为广大人民喜闻乐见的文学题材，起源于骈文和诗词中的对仗句。一般认为匾额楹联肇始于五代，发展于两宋，风靡于明清，已有1000多年的悠久历史，至今仍荣盛不衰。回族汉文匾额楹联兴起于明清，可谓异军突起，独放异彩。它借用楹联特有的艺术形式，以反映伊斯兰教义、教理、宗教伦理和回族历史、文化、人物等为主要内容，充分显示了回族的民族特点，也是回族人民对祖国传统文化的又一贡献。

凡是回民聚居的地方必然兴建清真寺。清真寺是回族穆斯林的宗教、政治、经济、文化中心，阿拉伯语称之为“麦斯吉德”，意为“礼拜之处”。清真寺不仅供穆斯林礼拜之用，还作为交流、聚会、庆祝节日、办理婚事、为亡人举行殡仪、排解穆斯林纠纷、举办民族教育、培养民族人才的场所。

清真寺在装饰艺术上受伊斯兰教信仰影响，禁止一切具体的人物或动物纹样，因为伊斯兰教严格主张“认主独一”的思想观点，反对各种形式的偶像崇拜，不能把人神化，也不能把神人格化。所以，装饰以几何纹样、植物纹样和阿拉伯文、汉文等文字装饰纹样为主，纹样形式细密工整、精巧华丽，施尽形与线的变化之妙趣，构成细腻而不繁缛，充实而不拥塞，华丽而不矫作，显现出鲜明的民族风格。从前周家口八坊清真寺的门廊、门楣、柱头以及大殿内面壁上均置有汉文楹联牌匾，遗憾的是，其中大部分都已在战乱，尤其是“文化大革命”中失毁。为抢救这些回族汉文匾额楹联，我们对周家口各清真寺进行了实地调查，搜寻出了一些清真寺汉文匾额楹联。在这些汉文匾额楹联中，有些是清真寺现存或重新开放后新置的，有些是老人们回忆的，有些则是在已折毁的清真寺残留的石柱上辨认抄录的。

这些匾额楹联，从不同的角度阐明了伊斯兰教的世界观、人生观、伦理道德观及五功遵守等各个方面。有的精奥深邃，有的通俗明了，不仅富含伊斯兰哲理，妙意无穷，而且读来朗朗上口，颇可玩味。它不仅可使人们通过这种形式了解伊斯兰教，而且具有丰富的艺术欣赏价值，更是研究回族文化不可多得的珍贵资料。

由于周家口八坊清真寺在不同的时期曾有不同的损坏和重建，难以全面收集，现将其中有代表性的选录于此，与大家共同研究欣赏，还期抛砖引玉之效。

一、匾额

“认主独一”（荥阳清真寺、东大清真寺）

“清真无二”（原天房街清真寺）

“诚一不二”（怀庆清真寺）

“真乃独一”（陈州街清真寺）

“实有真宰”（原天房街清真寺）

“真有无相”（怀庆清真寺）

“万有根源”（原天房街清真寺）

“清净无染”（怀庆清真寺）

“万化归真”（怀庆清真寺）

“普今独后”（怀庆清真寺）

“开天古教”（原天房街清真寺）

“清真古教”（原明善堂清真寺）

“教本清真”（原天房街清真寺）

“教崇西域”（怀庆清真寺）

“敬主尊圣”（怀庆清真寺）

“恪守清真”（原天房街清真寺）

"天房在望"（怀庆清真寺）
"伊教重光"（怀庆清真寺）
"道合中庸"（怀庆清真寺）
"敬主尊圣"（怀庆清真寺）
"遵循正道"（同志清真寺）
"千古正教"（同志清真寺）
"光照宇宙"（同志清真寺）
"真主独一"（东大清真寺）
"达天俊路"（东大清真寺）
"道通天地"（东大清真寺）
"明经宣教"（东大清真寺）
"化育万物"（东大清真寺）
"阐扬古教"（东大清真寺）
"万物之源"（东大清真寺）
"万有根源"（东大清真寺）
"道必三乘"（东大清真寺）
"道源无极"（东大清真寺）
"两世有方"（东大清真寺）
"亘古正教"（东大清真寺、怀庆清真寺）
"来之去之"（陈州街清真寺）
"昌明正道"（陈州街清真寺）
"正大至中"（陈州街清真寺）
"无极之真"（陈州街清真寺）
"道遵独一"（原明善堂清真寺）
"修道为教"（陈州街清真寺）
"惟有一真"（陈州街清真寺）
"诚信独一"（陈州街清真寺）

二、对联

“观树木之偃仰而知有风，睹绿翠之萌动而知有春；视己身之灵明而知有命，参天地之造化而知有主。”（怀庆清真寺）

“清无形色，妙非虚玄；真非空无，有无方所。”（原天房街清真寺）

“安拉乎真宰伟大五番朝拜扬洪恩；伊斯兰正道清真一心归依献赤诚。”（陈州街清真寺）

“满地尽是文章当思何以运笔；一天无非图画试问谁为丹青。”（陈州街清真寺）

“缅怀前人今何去谁能例外反复想亟应绝叹；坚信后世永久存自然规律善恶分毋庸废话。”（陈州街清真寺）

“朝看日出，夜观天河，星转斗移，年年中秋，月月十五，明日悄悄渡，谁主沉浮；真主独一，造化万物，古圣天经，世世传颂，代代拜读，圣贤辈辈出，功贯今世。”（陈州街清真寺）

“无中有，有中无，真有无像；主非形，形非主，主形无疆。”（陈州街清真寺）

“学富东海，丰彩照人，问多事不愧师资；经贯北斗，才华横溢，化雨露雅看教幕。”（陈州街清真寺）

“履正共登广大门；归真齐趋清高路。”（陈州街清真女寺）

“真主造化宇宙万物；经典训育穆民众生。”（原明善堂清真寺）

“目耳鼻舌口心手足显真宰之大能；观听闻尝言思舞蹈启普众之迷津。”（陈州街清真寺）

“古兰天经韶华千秋万代；穆圣教诲懿德源远流长。”（怀庆清真寺）

“感格牙之异，二百年母子重逢；破泥法之惑，七千人心悦诚服。”（怀庆清真寺）

“教本清真传自麦加圣境，天经圣训为纲领；道自西传始于阿丹人祖，坚守五功是宗旨。”（原天房街清真寺）

“乾坤广大唯一主；教道虽多无二真。”（原西寨老清真寺）

“清真映日月净化乾坤；古兰传九洲万众归心。”（原西寨老清真寺）

“按时五功，洁身洁念想真主；撇却万事，虔心实意拜安拉。”（怀庆清真寺）

“教传天方开天古兰，经降西域劈地经典。”（怀庆清真寺）

“斋口斋心，心向真主；除名除利，自悟本来。”（原明善堂清真寺）

“遵经说化苦口宣传警人醒世如霹雳；探本溯源多方劝勉承古迎今似砭针。”（陈州街清真寺）

“弘扬教门殚精竭虑醒世牖民；宣讲经典苦口婆心劝善规过。”（陈州街清真寺）

“守清真而归正道；笃忠孝以尽人伦。”（原西寨老清真寺）

“工艺必有匠；大造必有主。”（东大清真寺）

“望天堂遵五功莫求太富；警地狱信一真何不济贫。”（东大清真寺）

“敬主法圣，弃恶从善；遵经守训，远奸近贤。”（同志清真寺）

“为清真寺服务任劳任怨；替穆斯林办事尽心尽力。”（同志清真寺）

“仰俯穷天地思索大造奥妙；纵横蕴古今领悟人生真谛。”（陈州街清真寺）

“认真主守天道举目望达天俊路；信后世礼五时健步迈天堂归途。”（陈州街清真寺）

“古兰经经纬天地；伊斯兰教贯古今。”（河西清真寺）

“归真齐趋清高路；履正共登广大门。”（陈州街清真寺）

“认真主传诵天经守五功念礼斋课朝；赞至圣替圣传道尊五典孝善友忠慈。”（原西寨老清真寺）

“礼拜礼心心礼拜；真诚真意意真诚。”（怀庆清真寺）

“认主独一坚持伊斯兰正道；敬圣遵训继承穆斯林良规。”（陈州街清真寺）

“日礼五时感赞安拉至慈养育造化；封斋一月遵行天经有命去私制欲。”（怀庆清真寺）

“修身正心秉诚以事主；尽人合天复命而归真。”（陈州街清真寺）

“眼见丹青知画手；不见真主见乾坤。”（东大清真寺）

“真主降天经，护国佑民恩波远；穆圣传古教，正己化人德泽长。”

(陈州街清真寺)

“一部经，三天在内；五番拜，六圣根原。”(原明善堂清真寺)

“贵圣贤，在西域，传经典，创古教，认主独一；众穆民，来东土，遵圣行，守清真，归信无二。”(怀庆清真寺)

“修身以礼，明心以道，达真乘；物我忘尽，真一还真，归初境。”(原天房街清真寺)

“心存忠孝；志义齐仁。”(怀庆清真寺)

“清真寺，闹中静，清静无染；礼拜殿，除私望，礼功要诚。”(原天房街清真寺)

伊斯兰的丧葬制度

刘宝琦

穆斯林认为，生死是真主的定然。《古兰经》说：“凡有生命者，都要尝死亡的滋味。我以祸福考验你们，你们只被召归我。”（21：35）所以，穆斯林把死亡看做肉体消失和精神的升华，是复命归真，而不是生命的终结。故穆斯林都视死如归。《古兰经》说：“我们确是安拉所有的，我们必定只归于他。”（2：156）伊斯兰教主张厚养薄葬，使亡人入土为安。

一、穆斯林临死前

弥留之际，应嘱咐后事：还欠债，做“讨白”。并可留下遗嘱将财产的三分之一用于济贫和社会公益事业，继承人必须切实执行。守候于旁的亲属应有大净。大净即是沐浴净身。大净是穆斯林的盔甲，能抵御“伊布里斯”对病人的侵扰，病危预兆显现，在旁的亲属应向其提念：“清真言”“作证言”，以确保其同着“伊玛尼”归真。这是关键时刻，一得永得，一失永失。

二、咽气后

用手闭其眼，如口张不合，用布条兜住下颌，绑于头顶。脱其衣服，去掉耳环、戒指等饰品，放在水床上，把手足伸直放好，头北脚南，面向西，给亡人覆盖洁净白单。点燃香料防止异味，别无他意。

三、洗亡人

一人或两人领水，二人洗，洗亡人最好是儿女至亲，用温水，可用皂角、碱面等，若无此物清水洗即可。领水和洗亡人者应带大小净。

洗亡人的顺序是先洗脸，无簌口、呛鼻（可用棉花沁水擦其口鼻），先前再后，先上后下，先右后左，先侧往左边，洗后背至水床，再侧往右边洗后背至水床。洗前后便时戴上棉手套或塑胶手套。轻轻揉其肚腹，所处污物用水冲洗，不再重洗。用卫生纸擦干，不剪指甲，不梳头，把香水洒在头上、胡须上，可用冰片水抹叩头的一些肢体着地处，如额、鼻尖、两手、两膝盖、两脚趾，洗后，用冰片水在额头“太私密”。

四、穿“克番”（尸衣）

克番男三件：大卧单、小卧单，夹克，白帽。妇女克番五件：除了上述三件外，增加盖头巾、围腰布。先铺大卧单，再铺小卧单，再铺夹克。妇女把围腰布铺在小卧单和夹克之间，撒上樟脑粉，盖头三尺。铺好后，把亡人移到上面，先穿夹克，围腰、盖头分开盖在胸前，然后用小单、大单包裹，用布带系腰、足扎紧后，把亡人的脸露出，让儿女至亲做最后的面别。

五、殡礼（者那则）

殡礼是相对的主命，是集体性义务，部分人履行了，其他人则无责。殡礼不同于五时礼拜，其要素仅有举意和四个大赞，没有鞠躬、扣头、跪坐。第一个大赞抬手后念“赛纳”，以下三个大赞均不抬手。第二个大赞后念赞圣，第三个大赞后念祈祷词，第四个大赞后念求护词，然后向左右说“色俩目”，礼毕。举行殡礼应排成三班，因穆圣说过：“排三班为亡人举行殡礼，他就是被饶恕的人了”。参加殡礼必须有大小净，是男子的义务，妇女不能参加。亡人从家出时脚向前，然后转向头朝前。

六、伊玛目

按资历依次是领袖、法官、大寺教长，其次是丧主及丧主同意的阿訇作伊玛目。丧主参加了站礼后，其他人均无权再重复站礼。穆圣说：“一个亡人有上百的穆斯林给他行站礼，统统给他讲情，真主必看大家的情面而恕饶那个亡人。”

七、速葬

三日必葬，葬不择时，不用棺，实行土葬，若土质松软、为沙地或水位浅，可用无底石，又称“经匣”。严禁带任何陪葬品。穆圣说：“你们抬着亡人要快走，如果亡人是善良的，那么你们快把他送往好的地方，如果亡人是恶劣的，那么，你们快将那坏东西从脖子上放下来。”

八、挖坟掏偏洞

坟坑朝向西方开洞，深度、宽窄应根据亡人高低、胖瘦而定。安放亡人入坟者说：“依真主的尊名，愿你在真主的钦差的道路上”。使亡人面向天房，松开头、足、腰带。女亡人下葬时用尸单遮掩，男亡人不用。偏洞口堵好，填土，坟成驼峰形，不要四方形。

九、其他事项简述于下

（1）转“伊斯嘎团”（用金银、衣服、粮食、蜂蜜、糖和《古兰经》等）是阿拉伯语译音，其意是“脱去”，是代亡人赎罪的形式，按教律规定男12岁、女9岁即承担主命义务，因此所撇斋、拜等均应为亡人巡转“肥得也”（赎金）。可用金钱、实物和尊贵的《古兰经》。向着真主诚恳地说某人某人，生前撇了主命、副主命等违背教律的事情，现在他已亡故了，不能还补了，不能悔罪，祈求真主借尊贵的《古兰经》的面分恕其罪过。（这仅是活人对亡人无奈的愿望，希望活着的人努力遵行主命、按伊斯兰教法办事）。（2）七巧米，即用棉花、大米、冰片包7个棉团，念“亚西章”，吹在棉团上，放在口、眼、耳、鼻处。祈主恕其罪过，赐其乐园。（3）写胸膛“都阿”，坟坑“都阿”，拿坟坑土块，把“前定章”念7遍放于坟中，其目的都是祈主赦其罪，赐其入天堂。（4）忌日，在七天、对月、百日、周年等时间举行，没有明确的规定，是儿女为父母舍济、祈祷行善的自愿善。

注意事项：（1）当亡人咽气后，儿女家属等都要先洗大净，否则不能接近亡人。前来吊唁的人，也应该沐浴净身以表示对亡人的尊重。（2）允许啼哭，低声呜咽。穆圣禁止嚎哭、扯发、撕衣服、打脸等不文明的行为。（3）在亡人停放的“室”内外，保持安静肃穆，不得大声喧哗，更不准抽烟。（4）丧葬期间妇女要穿着典雅素妆，不浓妆艳抹、袒胸露背、穿短裤短裙、披头散发，整个过程中应保持庄重整洁。

十、游坟

穆圣说：“你们去游坟吧，坟墓会使你们想到死亡和后世”。游坟是穆斯林传统的悼念之一，每逢开斋节或亡人诞辰、周年、忌日等都要探望先人的坟墓，悼念亡人。有相当一部分穆斯林不理解游坟的意义，只是浮于形式，他们只想亡人的生前而没注意他们现在如何，有的名为悼念已故的亲人，却很少怀有伤感之情，又说又笑，有的是讲排场，邀请朋友大吃大喝，高谈阔论，热闹一番而已。游坟是引导活人，搭救亡人的做法之一。所谓引导活人，就是让活人借探望坟墓之机，来到凄凉的坟墓，以便触景生情，参悟深思，记想无常。真主说：“凡有气血者，都要品尝死亡的滋味，我以祸福考验你们，你们只被归招于我。”（21：35）这节经文明确指出，有生则有死，提醒人们不要斤斤计较今世中的福祸得失，人生今世是通向后世的必经之路。每一个人，无论他是达官贵人或是平民百姓，都不能逃脱死亡。不管是谁，虽然情况不一，迟早都在一步一步走向死亡，进入坟墓，这是无法抗拒的真主设置的无可变更的自然规律。

游坟时怀念亡者，思量自己，人的生命有限，活在世上就应勤奋工作，有所建树，为国家、为民族和社会努力尽到自己的职责。凡游坟的人，都应虔诚敬意，心怀愧念，祝愿已故前人在坟墓里安宁，祈求真主饶恕生前差错，宽宥其罪行。这无疑就是对生者对亡者都会有所益济。

穆圣到坟园里说道：“坟茔的人们啊，祝愿你们安宁，祈求真主饶恕你们和我们，你们是先行者，我们是后继者。”游坟的意义在于追悼亡人，评量亡人的生前功过，以便学习他们的品德，借鉴、警惕其差错、过失，参想死亡和后世的清算，增加对教门的信念。然而一般人对探望坟茔往往忽视或忘掉了这些重要的意义，使之浮于形式，甚至舍本逐末，有的妇女到坟上，不知为亡人祈祷，只是哭诉说“亏心、受苦、受难、早走”等违反教律的话，对亡人和生者有害无益。

总之，我们要认真按照伊斯兰教的葬礼仪式，要铲除非伊斯兰教的陋俗，净化伊斯兰教社会环境，捍卫伊斯兰教的纯洁性。

（原载于《河南穆斯林》，2015 年第三期，8 ~9 页）

青海回族与河南回族风俗习惯比较

穆殿春[①]

民族风俗习惯是一个民族在长期的历史发展过程中相沿久积而成的风尚、习惯，它通过民族的衣食住行、婚礼丧葬、节庆娱乐、文学美术、生产活动以及待人接物等内容表现出来，反映和折射出民族的经济生活、自然环境、历史传统、生活方式和心理感情等社会生活的许多内容和诸多特征。不同的民族有不同的风俗习惯，就如斯大林所说："每一个民族，不论其大小，都有它自己的，只属于它而为其他民族所没有的本质上的特点、特殊性。"[②] 这种特点和特殊性的表现形式，主要是指民族风俗习惯。回族与其他的民族一样，在长期的发展过程中形成了自己的风俗习惯，表现在回族生活的方方面面。中国的回族在少数民族当中人数较多，在我国各民族人口数中排在第三位。由于回族有善于经商的传统，加之其他原因，使回族居住比较分散，可以说全国各省市都有回族居住，除西北地区回族居住相对集中，其余都是与汉族杂居，内地杂散居的回族，由于长期与汉族一起生活，在风俗习惯方面或多或少地受到汉族的影响，使自己的风俗习惯发生了一些变化，本文就青海回族的风俗习惯与河南回族的风俗习惯作一比较研究。

---

① 穆殿春，男，回族，1953年生，河南省商丘市人，青海民族大学教授，主要研究民族理论与民族政策。

② 斯大林著：《马克思主义和民族、殖民地问题》，张仲宝译，北京，人民出版社，1961。

一、民族节日方面

回族一般每年要过两个主要节日，即开斋节和古尔邦节，有些地区除了开斋节和古尔邦节外还过圣纪节等。开斋节和古尔邦节是最盛大的节日，汉族称之为“回民过年”。在节日前夕，青海的回族男女老少都要沐浴净身，穿上新衣服，男子赴寺参加会礼，妇女在家里精心准备节日的食品，平时不多见的民族特色食品如油香、馓子、花花，以及各种肉食品等都摆上各家的餐桌，供前来祝贺节日的亲朋好友和家中老小食用。开斋节当天，大家聚集到清真寺或比较宽阔的滩地隆重举行开斋节仪式即会礼，清真寺教长发表演讲，讲解经文。政府部门负责人前来祝贺。会礼结束后，穆斯林们互致“色兰”，走亲访友，祝贺节日。古尔邦节，回族称之为“宰牲节”“忠孝节”，它与开斋节并称为伊斯兰教的两大节日。[①] 根据伊斯兰教的要求，经济条件允许的穆斯林要宰牛羊等以表达对真主的忠诚。青海的回族中经济条件较好的人家都要举行宰牲，或宰一只羊，或者几家人宰一头牛。宰牲节所宰的牲畜肉不能买卖，应用于自家食用、馈赠亲友或施济穷人。人们还要到墓地去诵读《古兰经》，为亡人祈祷。开斋节和古尔邦节的主要庆祝活动一般要持续3天。青海有些地区的回族还过圣纪节，但没有前两个节日那么隆重，主要是纪念性的，内容是诵经、赞圣、聚餐，男女老少都可参加，世俗色彩浓厚。

河南的回族由于受汉族影响和人口的限制，在过这些民族节日方面与青海的回族相比有些不同。开斋节与全国的回族一样过节，但是没有那么隆重，只是开斋节当天，有的是一个村或一个街道的人聚到一起，举行开斋仪式，大家聚餐一次，聚餐所用经费都是大家捐赠的，有钱的多捐，钱少的少捐，没钱可以不捐。聚餐时首先把孤寡老人或家庭贫困的人请来，大家一起热热闹闹过个节。每个家庭也炸点油香、做点馓子等，简单准备一些过节食品。不像青海的穆斯林那样，走亲访友，互致“色兰”，节日

① 马桂花：《回族节日文化解读》，载《青海民族研究》，2011（3）。

气氛没有那么浓厚。古尔邦节节日气氛更淡，只有极少数的家庭宰牲，大部分家庭没有宰牛、宰羊的习俗，只知道是古尔邦节，做点好吃的，就算过节了。圣纪节，只有阿訇和经常去清真寺礼拜的一些老人知道，他们诵经，做一些纪念活动，年轻人一般不知道，也不参加纪念活动。

然而，由于长期与汉族杂居并受其影响，河南的回族每年都过春节，与汉族一样提前准备过节食品，春节期间穿戴新衣，走亲访友。但与汉族过年也有区别，汉族除夕、初一吃饺子，回民在除夕、初一都不吃饺子，初一早起吃面条，中午吃烩菜，初二吃饺子。青海的回族不过春节，不准备过节食品，不穿新衣服，更不走亲访友，与平常一样。

河南的回族不但过春节，还过元宵节，与汉族一样吃元宵、看花灯，尤其是河南省项城县的回族，元宵节是他们非常重视的节日。每逢这天，当地回族要打扫卫生，家家户户做元宵、包饺子，合家欢聚。

二、婚庆和丧葬方面

青海回族的婚嫁有一套严格的程序，过程十分复杂。男女青年婚事确定后，男方送问包、茶包、彩礼，女方倒了果子茶才算是定了亲。订婚后，即选定日子（一般为主麻尔日）举行婚礼。举行婚礼那天，男方家由新郎的父亲、叔叔等长辈和陪客组成迎娶队伍，开着数辆小汽车去迎娶新娘。新娘要穿红衣服，头戴绢花。送亲的（姐姐或嫂子）要请全可人（即父母双全、儿女双全、夫妻和睦的人），新娘一般要由哥哥或舅舅抱上车。婚礼一般在女方家举行，由阿訇主持，婚礼上先由阿訇考新郎，让新郎在陪客的陪同下，当众用阿拉伯语念“清真言”。然后阿訇讲解对婚姻的要求，教导新人孝敬父母、互敬互爱等。讲解结束后，将准备好的核桃和大红枣分送给在场的人，一部分撒向院子里，让参加婚礼的孩子抢食，念“尼卡海”，以阿拉伯语宣布他们的婚姻合法。

河南回族的婚嫁程序没有那么复杂，青年男女婚事确定后，第一步是订婚（也叫下福），男方买上百斤果子（点心），买几套新娘穿的衣服或布料，送到女方家，算是定亲。第二步是过上一年半载，或者更长些日子，男方再次带上果子以及给新娘穿的衣服、首饰等去女方家商定结婚的日子，也叫“看好”。第三步就是结婚男方开车到女方家把新娘娶过来。婚礼在男方家举行，阿訇念“尼卡海”，举办结婚宴席。结婚那天，新娘也穿红衣服，但是头上不戴花，讲究一点就戴头巾，大部分则不戴花也不戴头巾，像汉族姑娘一样，去做新娘头饰。下车一般由新郎抱新娘进入新房。

在丧葬方面，青海回族与河南回族的习俗也有不同之处。青海的回族人在临终前，阿訇要为其诵经，向真主祈祷，代临终者求真主恕其罪过。归真后，亲属要当即抹闭逝者双眼，托下巴合其嘴，理顺其手脚，将逝者上衣脱去，以头北足南方向停放在铺有细绵土的停板上，将其头扶向右侧。人“无常”后先放在家里或抬到清真寺，葬礼前由专人用清洁的水为亡人洗涤周身（着水）。之后用“克蕃布”（三丈六尺白布）包裹亡人，接下来用毛毡包裹好放到单架上将亡人抬到清真寺，放到葬礼现场。在阿訇的带领下，众人要给亡人站“者那则”，以祈祷真主宽宥。站“者那则”前，亡人的家人向参加葬礼的人传递“赎罪金”，即转“非迪耶”，诉求真主宽恕亡人在世时在礼拜、斋戒方面的欠缺。站完“者那则”之后将“埋体”送至墓地安葬。送葬亲人不能大声嚎哭，妇女和非穆斯林不送亡人到墓地。参加葬礼的人也要有大小净，所穿衣服鞋袜要干净，否则会被认为对亡者不恭。

坟坑叫“麻札”，南北方向，深五六尺至八九尺，直坑挖好后，挖侧洞，俗称“拉哈子”，遗体放置其中。坟内不放任何物体，不用棺木，不许陪葬，就连烧制的砖、瓦也不能用，在封闭“拉哈子”时只能用没烧过的土块。在埋葬亡人的过程中阿訇高声诵读《古兰经》，众人静听，待埋葬完毕后，在阿訇带领下，全体送埋体，托起双手共同为亡人祈祷后世平安。回族的遗体也称埋体，送葬也叫送埋体。丧葬要求从快从简，送埋体越快越好，亡人入土为安，既不大办丧事，也不大举祭祀。有条件的可以向来参加葬礼的人散一些乜贴。

河南回族，人“无常”以后，要给亲戚朋友报丧，亡人要在家里放3天，晚辈要为其守丧。亲戚、朋友、邻居等都要前去吊丧致意，外人来吊孝，其子女要陪着哭丧。早些年的习惯是人“无常”后，其亲人、晚辈都要戴孝，有的还给子女糊白鞋，现在有所改革，男女都戴礼拜帽，女人有的戴帽子，有的戴头巾。青海的习惯是埋体用毛毡包裹，而在河南，埋体是不能用毛织品裹盖的，这是大忌。

在坟坑方面，河南由于土质的原因，没有挖直坑掏偏洞的做法，一般是在平地上先挖一个大一点的长方形直坑，再在直坑下边挖小一点的子坑，埋体就放在子坑里，子坑上面用木板（也叫棚板、盖板）盖上，再封坟，棚板厚度为20厘米左右。有的怕子坑塌方，四周用砖和水泥砌上，木板就搭在砖墙上面。现在多是用砖砌成窑洞式的墓，南北方向，整体用砖砌起来，只留底下不用砖，因埋体要放在黄土上，南面留个墓门，埋体放进去后把墓门封上，再封坟。河南回族与当地汉族一样，都有自家的坟院。本家族的人“无常”后都埋在一个坟院，坟墓由北向南按辈分依次排列。河南的回族坟上一般不立碑，多是栽些柏树。青海（西宁）的回族由于是公墓，又是在山上，一般都没有家族的坟院。公墓里面家人怕坟头混淆，不易辨认，大多都立个碑。

三、服饰方面

回族的服饰以长、密为美，主要是用来遮蔽身体。这源于伊斯兰教的宗教伦理和教法规定。伊斯兰教把男子在肚脐以下膝盖以上部分，妇女除手掌以外上至头部下至两脚都看做羞体，强调必须用服饰严密包裹起来。尤其是女性，禁止妇女穿稀薄、透明的衣服，禁止穿有意突出乳房、腰部和臀部等表现性感的紧身衣裤。正因为教法的要求，青海的回族妇女虽不像阿拉伯国家的妇女那样用长袍遮身，用面纱遮面，但大多仍遵从羞体不外露，“青丝不见青天”的传统风俗。绝大部分都戴盖头或纱巾，把头发、耳朵、脖子都遮盖起来。夏季也是同样。大部分回族男性，尤其是经常去清真寺礼拜的，都戴白色的礼拜帽，穿长衫。特别是回族集中居住的地方，这些特点更为明显。

河南的回族在服饰方面由于受地域的限制和汉族的影响，对于教法的要求遵守得不是非常严格。男性平时基本不带礼拜帽，也不穿长衫，只有办丧事时参加葬礼才戴上礼拜帽。妇女也一样，在穿衣上不是太讲究，只在参与丧事活动时才戴头巾。特别是夏天，天气热，人们穿短衣短裤比较多。成年男性很少有人留胡须，只有少数年龄大的老人才留胡须。

四、生育习俗

诞生礼是人生的开端之礼。回族把出生视为一种大礼，保留着许多传统的风俗习惯。如青海的回族，在妇女怀孕期间有许多避讳和禁忌，如不送亲、不参加婚礼、不送葬等。临产时，孕妇要洗大净。有的地方，当婴儿降生后，若是男孩，则在家中或近邻中，选一个聪明、诚实、勇敢的人先踏进产房，若是女孩，则选一位温柔、善良、勤快的人先进产房，这叫“踩生”。他们认为，孩子出生后，谁先进入产房，孩子的气质、性格就随谁。这是一种美好的愿望，

孩子出生 3 天或 7 天的时候，要给孩子全身沐浴，并为孩子举行命名礼，请阿訇取“经名”。经名多用伊斯兰教圣人贤哲的名字，如尔撒、尤素夫、达吾德等。女孩一般起名海底彻、法图麦等。在举行命名礼这一天，有条件的家庭要宰羊，一般要炸油香、撒子，请阿訇及送左邻右舍、亲戚朋友，以示庆贺。亲朋好友要送长寿面、油香、锅盔、鸡蛋、牛羊肉等以示庆贺。孩子满月时，还要举行“满月礼”，届时要做饭菜、炸油香接待亲朋好友及左邻右舍。

河南的回族对妇女生孩子的礼俗也很重视。小孩降生后，男方家马上煮鸡蛋，把鸡蛋染红，然后到亲戚家去送红鸡蛋，也叫报喜。到孩子 12 天的时候，要举行庆贺，也叫“送中米”，女方家、亲戚朋友、近邻要送礼，过去是送小麦、大米、小米、红糖、鸡蛋等，现在不送粮食了，改送钱、小孩衣服等。主人家要准备宴席，宴请前来祝贺的亲戚朋友、左邻右舍。现在有的地方孩子满月还要举行“满月礼”，做饭菜、炸油香等款待大家。

请阿訇给孩子取经名，河南的回族有的比较重视，有的就没有那么认真，也有少部分没有经名。

青海回族和河南回族风俗习惯的差异，体现了民俗的变异性。民俗作

为一种重要的文化现象，“在文化传播的过程中，存在文化元素流失现象是必然的”[①]，因而民俗的变异性也是必然的。回族的风俗习惯，总的讲差不多，但是，由于居住的地理和人文条件不同，呈现出一定的差异，体现了文化的互动交融，各地的回族风俗凭借现实的各种条件，发挥着众人的智慧、能力和想象，为人们的生存、安宁、健康服务。另一方面，风俗的差异又使民族传统文化显得更加丰富多彩，不仅满足了人们一定的生活要求，又平衡和巩固了社会秩序，促进了社会和谐。

（原载于《中南民族大学学报》（人文社会科学版），第33卷第四期，80～82页）

① 王嘉义：《论文化传播中文化元素的流失弱化现象》，载《新疆师范大学学报》，2014(4)。

周口回族人民的婚丧习俗

马毅堂

周口在河南省来说，是著名的回族聚居区之一。我曾走访过几位周口回族老人，据他们说，周口回族是在明朝嘉靖四十年（1561 年）前后开始由外地迁居周口的，最初在西寨定居，当时人数尚少。至清朝中叶，周口市场日益繁荣，舟车辐辏，万商云集，外地回族亦纷纷迁居周口，多从事商业活动，从此，周口两河三岸聚居着许多回族人民。截至目前，周口市区回族已达3652 户 11809 人，占市区总人口的 9.84%。

我是回民，且定居周口已四十余年，对于周口回族人民的婚丧习俗了解较多。周口回族人与外地回族人的婚丧习俗相比，既有相同之处，也有不同之处。由于长期和汉族人相处，在婚丧习俗，特别在婚姻习俗方面难免受到当地汉族人的一些影响。现对周口回族人的婚丧习俗进行简要介绍。

一、婚姻

一般说来，回族人民的婚姻，不论男女，其先决条件是要求在本民族范围内物色对象，特别在旧社会更讲究这一点。但今天，由于回族人数较少，合适对象不易物色，有少数回族男女青年与汉族男女青年结婚成家。在封建社会里，回族和汉族一样，婚姻不能自主，完全取决于“父母之命”和“媒妁之言”，而且非常讲究“门当户对”。正因为如此，如在当地选择不到“门当户对”者，就不惜在较远的地方加以选择，故有婆娘两家远距数百里甚至千里者，但这一现象多出现在男女双方家庭均较富裕的情况下。如今，这一现象已基本不复存在。

（一）婚前程序

婚前的第一个步骤，即最主要的一环就是“说媒”。俗话说“巧说媒”，也就是说，媒人必须善于言辞。媒人在向男女双方介绍对方条件时，不免要带些虚夸成分。男女双方家长基本同意后，就要换“庚帖”，即交换男女双方出生的年、月、日、时。对男女双方的“属相”，绝大多数是不讲究的，但也有少数人家注意“属相”是否“相克”。

双方初步应允后，为了取得保证，以昭信守，即由媒人从中互换“允贴”。男方向女方送“允贴”时，附送一些简单聘礼，如首饰之类的东西，俗称“压允贴”。互换允贴之后，即择定吉日“走启”（亦称传启）。即由媒人先将男方写好的“启”，连同备好的聘礼一并送交女方。至于聘礼的厚薄，当视男方的地位、家境而定，同时亦根据女方的要求而有所不同。在清代及民国期间，有一定社会地位而且家境比较富裕的男方，聘礼较重，包括金银首饰、四季衣服、帽子鞋袜、化妆用品、鸡鱼羊肉、糕点糖果等。有的还备有“飨糖”（用白糖精制而成，造型繁多，有人、鸟、畜等类型），俗称“下大礼”。女方收下聘礼后将事先购买的鞋帽等物品交给媒人，请其转送男方，并将男方买的大鱼馈送媒人，以示酬劳。其次是“看好”，即选定结婚吉日。一般回民结婚多择“主麻”（即每周星期五）那天，但个别人家也有请人查历书的。喜期确定后，由男方具帖送达女方，也有经过男女双方家长反复磋商确定喜期的。婚期确定后，男方要设宴款待媒人，以表谢意。如今，为了简化手续，减少麻烦，男方在向女方“下大礼”时即可共同商定婚期。

（二）嫁娶习俗

嫁娶是青年男女婚事的高潮，也是男女双方的大喜日子。因此，双方家长都要为儿女终身大事张罗一番，尤其是男方对结婚更为重视。事前，男方家长或新郎即到亲友家请客并告知婚期。临近喜期，男方根据亲友馈贺礼的名单，逐户邀请在喜期中午来家做客。如客人过多，喜期中午招待不完时，就提前或婚后设宴招待，但男方至亲一般都要在喜期中午招待。

结婚的前一天，女方的嫁妆要提前派人送往男家，或由男方派人至女家搬运，谓之“过嫁妆”。男方要给女方送嫁妆者每人一份礼，即事先用红纸包好的钱。不过嫁妆随时代而异，往昔一般是桌椅箱柜等家具，由人力搬运，今天的嫁妆就比较现代化了，诸如彩电、冰箱、洗衣机、自行车，外加组合柜、沙发，等等，形式多样，数量可观。因此，在运送时，人力扛抬已不济事，多用架子车运送，也有用汽车运送的。

嫁娶的方式，今天一般是新娘由男女送客陪同，分乘汽车到新郎家举行婚扎。在旧社会就大不相同了。那时嫁娶的方式有两种：一为送亲，一为搬亲。送亲，即在婚期的当天上午，由男方备花轿两顶，一轿内坐一女青年（俗称女迎客），另一轿内则坐一男少年（俗称押轿的），有全锣执事，即敲着大锣，扛着彩旗、金瓜及小伞子，敲敲打打，煞是热闹。花轿抬到女家门前时，新娘坐在圈椅内，由其兄长抬到轿前，再由新娘的嫂子搀入轿内。娶亲的花轿走在最前面，新娘坐的花轿夹在中间，送亲的亲属（男女兼有）及押轿的分乘二人抬的蓝轿，跟在新娘花轿的后边，花轿的前面走着一名扛毡的。当新娘坐的花轿到男家门前时，首先由男方请到的一对少女（俗称花迎客）揭开轿帘，将新娘搀出轿门，然后，由一些青年把红毡或芦席铺在新娘脚下，边走边铺，徐徐前进。同时，新郎的兄长或父亲，抱着一个装有花生、麸子、制钱（现由硬分币代替）等东西的斗或小簸箕，一把一把地将花生、制钱等撒在新娘的头上或身上，谓之“撒喜钱”。将新娘搀入大门以后，由另外两名花迎客接续搀扶新娘步入洞房。这时请阿訇举行“上头”仪式（起结婚证明作用）。除新郎、新娘外，新娘的兄长亦参加典礼。由阿訇念“衣扎布”，新郎、新娘等人聚精会神地聆听。“衣扎布”的意思是“许可”，即征得男女双方同意的意思。现今回民结婚时，除举行“上头”仪式外，亦有另外举行结婚典礼的。“上头”仪式结束后，男方设宴招待阿訇及送亲人，筵席上不饮酒，设宴酬谢贺喜亲友时亦不备酒，但宴请汉族朋友时例外，有肴有酒。

夜晚，送新郎入洞房，当由年龄较新郎小或辈分低的亲友作陪并“闹洞房”。次日早晨，新娘的嫂子或已出嫁的姐姐携带自备的饭菜及一壶茶，坐着蓝轿前往男家看望新娘，并在那里吃自带的饭菜和饮茶，叫作“打茶”，即随便茶点的意思。这一礼仪由来已久，如今，周口回民结婚已不再举行“打茶”了。

次日中午，新娘的婶母、嫂子等各带一篮烧饼，到新娘婆家看望新娘并在那里吃饭，谓之“圆饭”，新娘出嫁后再与娘家人共进午餐，以示团圆之意。这一礼仪，如今亦不复举行，一般改在结婚当天下午，新娘的嫂子等不带烧饼而带糕点数包，护送新娘到婆家，中午由婆家设宴款待。

结婚第三天，新郎、新娘携带礼品，由特邀的男性青年陪同到女方家里，探望女方父母，谓之“回门”。同时，女方也邀请男性青年作陪，并于中午设宴款待。当天下午，新娘随新郎同回婆家。

结婚第四天的上午，男方家长委托新郎的伯母或婶母前往女方家里，邀请新娘的母亲到男方家里做客，并由新娘的亲属作陪，中午由男方设宴款待，谓之“会亲母”。如今为了简化礼仪，“打茶”“圆饭”已不再举行，故“会亲母”一节即在结婚的次日提前举行了。按照从前的规矩，婚后每隔三天，女方家上午派人至男方家里接新娘回娘家，当天下午，新娘仍回婆家，如此反复进行，直至婚后一个月。新娘出嫁一个月后，再由女方派人接新娘回娘家“住对月”。在这一个月中，新娘必须给新郎全家各做一双新鞋。但如在娘家住不足一个月，仅住四天、六天或八天者，新娘就不必给新郎家里人做鞋了。如今这一习俗已不复存在。

二、丧葬

周口回族人的丧葬习俗与汉族人的丧葬习俗有很大差异，它充分显示了回族的特色。具体表现在以下几个方面。

亡故。尊亲属弥留之际，由子孙到清真寺请阿訇为他（她）“做讨白”，即请阿訇在病危者榻前念“讨白”，意在代替将要亡故之人向真主表示忏悔乞求宽恕。病人气绝后，家人举哀，并将遗体移放在水盆（即木质的“榻布盖”）上，由家属昼夜守护。然后，子孙向亲友报丧。亲友闻讯后纷纷前来吊唁，向亡人家属馈送挽联，以示悼念，或馈赠“传经礼”，亦有馈送香料的，这些香料将撒在亡人墓穴内。

服制。亡人的子女及其他晚辈要为亡人穿孝服，根据关系亲疏而有所不同。亡人的子女除穿孝衫外，均腰束孝带，不同的是，儿子头上戴的是孝帽，而女儿的头上却包着一副白布，又称大包头。其他亲族晚辈，男女均腰束孝带，男的头戴孝帽，女的头上勒一条较窄的白布。个别人家随着汉族传统习惯，子女为父母穿孝三年，主要体现在穿白鞋上。

为了纪念亡故的父母或祖父母，在其去世的第七天、四十天、一百天及周年时，由子孙到清真寺“换水”（即沐浴）后，邀请阿訇至亡人坟地“开经”悼念，谓之“走坟”，并在家中“下油”（即用香油炸油饼），有的还要宰羊，款待阿訇及亲族。此后每逢亡人的诞辰或忌辰，晚辈都要为其举行纪念活动，请阿訇诵经走坟。

殡葬。周口回民埋葬亡人有三种方式：第一种是挖“穿堂”或“偏堂”。“穿堂”是在土质坚硬的地方挖一长方形的阳坑，然后在阳坑的北头下方挖一个七八尺深的拱形土洞，“偏堂”是在阳坑西面下挖一土洞，也是长方拱形。将亡人遗体放在土洞中，洞中用土坯或砖头垒严，再堵以较厚的木板、石板或水泥板，最后将阳坑用土填满砸实。第二种用经匣。经匣不同于汉民棺材者，主要在于没有底板。有用桑木制作的，亦有用柏木或甚他木料制作的，用料之优劣，视家庭之有无而定。第三种用圈墓。圈墓埋葬现代最为流行，即在墓地掏穿堂，成拱形洞穴，然后用砖圈，既经济又牢固。

殡葬要求愈快、愈早愈好，一般等候远方亲友向遗体告别，在亡人去世后第三天举行。在出殡之前先请阿訇（如亡人系女性则请师娘）来家中为亡人“用水”洗大净，即用净水将亡人遗体冲洗干净，裹以白布（男的三件，女的五件），置放在“榻布”（清真寺为安放运送亡人遗体而制作的长方形木匣）中。然后将“榻布”放在有一定空间的地方，亡人头北脚南，在“榻布”的东边空地上铺上席子，站“者那则”。这时由阿訇念经，亡人子女及其他亲属（均须事先“换水”）肃立敬听。这一殡葬仪式是为亡人向真主祈祷恕饶的。站“者那则”以后，由亡人的亲属抬着安放遗体的“榻布”运往墓地。先将香料撒在墓穴内，继而由亡人的儿子及亲属将亡人遗体徐徐放入墓穴或经匣中，头北脚南面向西方。回民的坟墓均为长方形，与汉民的圆形坟墓迥然不同。殡葬后，亡人家属将亡人生前喜爱的衣物以及亲友馈赠的“传经礼”悉数送交阿訇，阿訇除酌留部分作清真寺经费外，将剩余衣物、金钱散发给困难的群众。

综上所述，周口回族人民的婚葬习俗有一个突出特点，即崇尚节俭。主要体现在：不论结婚或丧葬一律不吹唢呐，招待亲友不饮酒，结婚不用“三眼铳”鸣枪祝贺，殡葬时不使用花架子，墓内无任何殉葬品，亡人遗体不穿衣服，埋葬遗体多用穿堂或圈墓，而很少用经匣。

（原载于《周口文史资料》，1988 年第五辑，72～79 页）

明朝宫廷的清真御膳房

宛　磊

回民在中国古代历经唐、宋、元、明、清几个朝代，只有明代可以找到历史资料，证明在皇宫里有清真御膳房。这个资料来源，是阿里·阿克巴尔的《中国纪行》。

《中国纪行》这本书，现在有中文版，是著名学者，《中西交通史料汇编》的编撰者张煋良先生的儿子张至善先生从波斯文原版翻译而来的，真是一件了不起的工程。季羡林先生为这本书作了序。

阿里·阿克巴尔是哪国人，现在学术界还争论不休，甚至他是否来过中国，意见也不一致。但是，其书中记录的很多东西基本是真实的，虽然也有些荒诞之处。

这本书，说它重要，是因为它记录的是公元1500年前后中国明朝的事。从15世纪中叶开始，鞑靼、瓦剌犯明朝边境，明朝转入防御战略，淡化与西域的来往，远方来贡者逐渐稀少，甚至后来即使有来者也遭拒绝。在这样的时代背景下，作者能进入中国，这正是时间上有价值的地方。

其次，这本书是13世纪的《马可·波罗游记》和14世纪的《伊本·巴图泰游记》，到17世纪后半叶西方传教士开始报告中国情况，两个时间段之间唯一的一本全面描述中国的外国著作。

在该书第八章——“中国人隆冬后一年一度的过节情况”中，有这样的描述：“当严冬的四十天过后，他们在全国范围内过节欢庆一个月。到处喜气洋洋，又吃又喝，十分愉快。这时，中国皇帝的宫殿更加辉煌。”接下来，书中叙述道：大臣们一组一组地进入皇宫，世界各国来的使者也成行地坐在那里，皇帝高高在上，大殿里伴着音乐，大家吃喝谈笑。

下面的这一段就是前文提到的历史资料部分：“当外国使节来到大殿

时，他们被引进餐厅就席。餐厅里分设穆斯林席和非穆斯林席，由不同厨房供应。”

这一段落，就是今天回族学的研究者认定的有关明朝宫廷清真御膳房的描写。有关于这一认定，还有旁证。这个旁证来自现代。“北青网”的记者黄涛于 1909 年 1 月 9 日在该网站上发表一篇报道，题目是《“厨子舍”清真宴席的平民记忆》。

这篇文章介绍的是《第二批北京市级非物质文化遗产项目代表性传承人推荐名单》里的一个人物，北京清真民间宴席大棚菜的代表“厨子舍”第五代传人舍源泰先生。

舍源泰先生说：“清真宴的手艺虽然只有我们舍家传了五代人，但真正的历史却要追溯到600 年前明朝清真菜代表人物厨子仉。”他还说，“厨子仉在明朝是为宫廷办清真宴席，清真宴作为家传的手艺在仉家传了 16 代，只是厨子仉的名字和传承都没有记录下来。”

根据舍家的记录，舍家第一代传人娶的是仉家的女儿，所以舍家有仉家的血脉。舍源泰先生的曾曾祖母学到了清真宴的手艺，而她的两个弟弟改行当瓦匠了。厨子仉的技艺在 1840 年传到舍家，至今在舍家也已经传承了 5 代，总共传了 21 代。其实，厨子仉的传人有不少，新中国成立前，全北京还有 20 家，在朝阳门、花市、牛街一带最为集中，但据说到如今仅剩厨子舍一家了。

这一外一内、一古一今，证明了明朝宫廷的清真御膳房确实存在。

后来到了清朝，乾隆帝有个妃子，叫香妃，是维吾尔族，她的厨师是皇上专门挑选来的，也是维吾尔族人。这是个小灶，不能算作是宫廷的“国家级”清真御膳房。再者，清朝有不少回民，是朝廷重臣，建功立业后，皇上在紫禁城宴请他们，这样的记录，还是比较多的。毫无疑问，他们用的也是清真餐。但是，没有准确的资料显示，清朝宫廷像明朝那样，专门设清真御膳房。

（原载于《河南穆斯林》，2015 年第四期，47 页）

周口清真风味名吃概述

杨少华

周口市回族朴实、聪明、善经营，尤善经营餐饮，其风味小吃也闻名遐迩，为人们所称道。据统计，周口的回族风味小吃共有近200种，这还不算散落在民间或已经失传了的。周口回族中有60%以上的人以经营食品或餐饮为生，可以说，凡回民集中居住的地方几乎都形成了餐饮经营一条街。现如今周口回族的风味小吃除秉承了“甜咸适度、酸而有酷、鲜嫩适口、酥烂不碎”等传统特色之外，还融入了新感觉、新味道，依然是“特色鲜明”，让人“爱不释口”。

周口回族清真风味小吃不仅闻名周口，而且走出河南，走向全国，以下介绍几种。

一、关德功烧鸡

周口关德功烧鸡，又名“关记烧鸡”，是周口市传统风味食品。关记烧鸡是清代光绪年间，由关德功祖父关洪斌创制的，距今已有一百多年的历史。

关德功烧鸡的制作经验是注重培养老汤，配料讲究，加工精细。他的鸡汤已保存数十年。制作时经选鸡、宰鸡、褪毛、去内脏、整型、油炸、闷煮七道工序。煮前按比例下好佐料，然后把鸡一层层摆好，再放入老汤，上用蓖子压好，大火烧沸后，下火硝，改用慢火。一般成鸡需煮五六层香油即可食用。关记烧鸡造型美观，色佳味美，爽口不腻。不论热凉，只要提着鸡腿一抖，即可骨肉分离。它与道口、孔集烧鸡齐名，为河南省二大名烧鸡之一。

二、方布袋烧鸡

淮阳方布袋烧鸡是名扬周口的名优清真食品。烧鸡风味独特，色泽鲜亮，肉烂而脆，肥而不腻，清香诱人。不论热凉，只要提着鸡腿抖，即可骨肉分离，鸡骨头可吃，而且盛夏苍蝇不叮，存放数日不腐烂变质，有温中散寒、健脾开胃的药理功效。

三、王家五香羊头

淮阳王家五香羊头是县内南关前进大街王勤义独创的。王勤义继承了先辈们清真小吃的传统，反复查阅有关药理资料，经过多年实践，取各方小吃之长，创制了火焖羊头名吃。

王家五香羊头操作精细，清洁卫生，配料齐全、合理，食用时不用工具，香味扑鼻，鲜嫩透亮，受到客人的一致好评。

四、马头牛肉

太康马头牛肉是名扬省内外的优质食品。因产地在太康县东北马头镇，故称马头牛肉。马头牛肉源于北宋，盛于元、明，已有近千年的历史。

马头牛肉之所以历来享有盛誉，是因为这里的回民经过数代的经验积累，其制作方式异常考究。首先，瘦牛、病牛不购不宰，只宰肥牛；其次，用大盐、火硝混合缸内，慢慢将肉淹透，直到内外透红为止；再次，煮肉时，锅内同时投入两个装有多种佐料的布袋，先大火，后小火，慢熬浸渍，直至熟透；最后，肉出锅后，用炊帚将肉块刷净，稍凉，合垒成墩即成。其特点是色鲜晶亮，内外红润，闻之喷香，嚼之细腻，一不塞牙，二不顶嘴，老少皆宜，经久耐存。与别处牛肉相比，风味独特。

五、石灰窑羊肉汤

周口石灰窑羊肉汤与一般羊肉汤有所不同，其历史虽然并不太长，却以制作方法独特、味道鲜美而名扬周口。

石灰窑羊肉汤的制作方法很严格，需选用本地精心喂养的槐山羊为制作原料，现宰现用，开水下肉，稍后放上一些佐料。煮熟后，去汤再添清水，放入适当食盐，文火炖制而成，吃时再加上辣椒油、香菜、蒜苗。味道非常鲜美，不膻不腻，清淤化痰，营养价值较高。

六、王三水饺

王三，原名王绍先，因他排行老三，故人称王三。祖籍北京，在清朝初期周家口商业鼎盛时期，祖上由北京迁居周口，至今约三百多年。祖辈传统经营饮食，曾祖父、祖父及父亲先后在周口二板桥、胡家集、大渡口等处开设饭店，出售面条、锅盔、水饺等，以水饺为主。新中国成立前后，在周口老桥南卖水饺，稍有名气。

1979 年后，王三重操旧业，专卖水饺。他大胆创新，饺馅中除葱、姜外，其他一概不用，水饺味道特别鲜美，一鸣惊人。远近顾客蜂拥而至，营业额激增。王三水饺的特色是：皮薄馅饱，皮筋馅脆；肉丸不散，入口流油；肥而不腻，清香可口；不腥不膻，味道鲜美，具有独特风味。

七、逍遥胡辣汤

逍遥胡辣汤始于明朝嘉靖年间。据传，当时，阁老严嵩为了讨皇帝欢心，从一位高僧手中得到一付助寿延年的调味药献给皇帝，以烧汤饮之。该汤美味无穷，龙颜大悦，命名为“御汤”。明朝亡后，御厨赵纪携带此药逃至逍遥（今西华县逍遥镇），将此方传到了该地。该地人因此汤辣味俱全，遂改名为“胡辣汤”。

逍遥胡辣汤的主料是精粉、熟羊肉，配料为八角、胡椒、花椒、茴香、砂仁、肉扣、八桂、凉浆、粉条、味精、精盐、木耳、面芡、香油、醋等。该汤具有消食开胃、化痰止咳、祛风祛寒、活血化淤、清热解毒、行气解疟、祛虫滞泄、利尿通淋、除湿疹、祛搔痒等功效。其味美价廉，很受群众欢迎，现已推广到全国十几个省、市、自治区。

八、金记肉丁胡辣汤

周口金记肉丁胡辣汤有近百年历史。它以做工精细、配料考究著称，味道纯正，酸辣鲜香，风味浓郁，独具地方特色。

其主料有熟羊肉、羊肉鲜汤、面粉、粉皮（或粉条）、海带、油炸豆腐、菠菜、胡椒粉、五香粉、鲜姜、盐、香醋、芝麻油等。制汤时，锅内加水约5公斤，加入鲜羊肉汤，再依次放入粉皮丝、海带丝、油炸豆腐丝和盐，用大火烧沸，然后添些凉水使汤锅呈微沸状。将面筋拿起，双手抖成大薄片，慢慢地在盆内涮成面筋穗。锅内烧沸后，将洗面筋沉淀的面芡（将上面的清水沥去）搅成稀糊，徐徐勾入锅内，边勾边用擀杖搅动，待其稀稠均匀，放入五香粉、胡椒粉，搅匀，再撒入菠菜，汤烧开后即成。食用时淋入香醋、芝麻油。

九、朱家胡辣汤

淮阳朱家胡辣汤是朱金章创制的，有近百年的历史。其汤醇香馥郁，具有消食开胃、化痰止咳、祛风祛寒、活血化瘀、清热解毒、利尿通淋功效，昔有“朝食胡辣汤，暮嗝尚余香”的佳传。朱氏传人朱广亮、朱广祥及其族人发扬祖上传业，在县城南十字街、北十字街、北大关等地设置售卖点，很受群众欢迎。

十、羊肉泡馍

羊肉泡馍是项城南顿著名的清真食品，制作时，选择优质羊肉，加五香佐料煮烂捞出，切成大片，肥瘦搭配；馍是半发酵的面饼，掰碎后与羊肉同时放入碗中，加羊肉原汤即可食用。

十一、清汤牛肉面

清汤牛肉面是周口回族的传统食品，一碗正宗的清汤牛肉面具有一清（汤清）、二白（萝卜白）、三红（辣椒油红）、四绿（香菜、蒜苗绿）、五黄（面条黄亮）的特色。

制作时将特制精粉和温盐水揉制成面团。揉成团时要做到“三遍水，三遍灰，九九八十一遍揉”。之后，用双手搓成1公斤多重的长条，抓住面的两端，拉长合拢，始此反复数次，即可按要求拉成各种形状的面条，有大宽、二宽、韭叶、二细、二柱、毛细、荞麦楞等8种，由顾客随意挑选。面条又筋又光，在沸水里稍煮一下即捞出，舀上牛肉汤，撒上香菜和肉丁，调些辣子油，白里泛黄的是拉面，绿茵茵的是香菜，红红的油点是油泼辣子，酱色油亮的是牛肉丁，这些都浸在清亮香醇的肉汤里。

十二、白记薄皮包子

白记薄皮包子是由淮阳白玉宽创制的。其包子馅主料为纯羊肉加大葱，包子皮不用面杖擀，由双手掌按压而成，这种包子面皮很薄，透过外面的皮几乎可以看到里面的馅，其特点是皮薄肉嫩油多，不腥不腻，清香诱人，回味悠长，深受食客好评。可惜的是白王宽去世后，已无人能制作此种包子。

十三、苏家烧饼

苏家烧饼创制人苏传恒，系淮阳城关回族镇人民街人。苏家是经营烧饼的世家，因其烧饼味道好，销售快而出名。其烧饼的特点是：个大分量足，面白质量好，清洁卫生，芝麻多，焦香可口，在淮阳地方小吃中小有名气。苏传恒虽已谢世，他的传人苏训凯继承其遗德，质量与信誉不减当年。

十四、盖家锅盔

盖庆殿是盖家锅盔的创始人，原系淮阳黄集乡盖庄村人，清末光绪年间迁入县城，以卖锅盔为业。据盖家后人盖义贞讲，做锅盔并无特殊技巧，主要是硬面上杠，反复揉搓，面到光滑油亮，色白如雪。蒸出的锅盔一面暄白，一面焦黄。久放不霉不坏，干后用开水泡泛还可育婴儿。

十五、苏家烧卖

清末，回民苏传昌在淮阳新华大街中段路东经营羊肉烧卖，后传其子苏训谦，新中国成立后由其孙苏义恒经营，数十年来，深受顾客的欢迎。烧卖的形状是嘴捏花瓣，样似石榴；馅以羊肉为主，加葱白、白菜剁碎与香油、盐、酱油等调匀待用。另取精粉，鲜汤二三两，其余用温盐水调和。两者掺和，反复揉搓，达到面光如镜，再备面醭一斤。两小时后，用手掌将面团按成铜钱状，埋于面醭中，用小走轴擀成中间厚、边上薄的面皮，包入肉馅，上捏花瓣，装笼，武火蒸半小时，起锅洒水少许，再盖三五分钟即成。特点是白如雪花，馅香不腻，皮筋耐嚼，味美可口。

十六、清真油茶

清真油茶是周口回族著名的风味小吃，以方便、味美、能长久贮存为其特点，深受各族人民喜爱。它名为茶，实际是粥。它的主料有牛骨髓、牛肉末、核桃仁、芝麻、枸杞、杏仁、花生仁等。其做法是锅里加清油烧热，放入切碎的肉丁，煸炒一会儿，再改用小火，下入面粉翻炒，随后依次下入盐、牛骨髓丁及上述诸配料。炒面最忌用大火，这样很容易炒煳。用小火将面粉炒至颜色由白变黄、香气溢出时，出锅倒入瓷盆晾凉，遂成块状。食用时用小刀刮入碗里或锅里，冲入滚烫的开水，或用水略煮一会儿，成为糊状即成。配以饦饦馍、小菜，颇有风味。清真油茶营养丰富，具有壮骨补髓、益肾健脑之功效。

十七、清真馓子

清真馓子是周口回族的传统食品，特别是在开斋节、古尔邦节，家家户户都要炸馓子，或招待客人，或馈赠亲友。其做法简单，用料不多，经济实惠，可口香脆。普通馓子的做法是把油面制成面条粗细的长条，然后一圈一圈按照一定形状环绕后，放入沸油中炸制而成，又脆又香，在造型上别具一格。为了使馓子炸得鲜香酥脆，色泽鲜艳，须用花椒盐水（咸馓子）或红糖水（甜馓子）调制面团；然后用木杠在案板上反复揉压，使面团筋韧光滑，又紧又软；切成小块，再搓成小拇指粗的条状，放入盆中饧面。锅中加油，烧热后，掌锅人将面条子扯成圆形或椭圆形馓坯，套在筷子上边摆边扯，放入锅中，等馓子炸至挺硬时抽出筷子，待成金黄色时即成。

十八、清真麻花

清真麻花为太康回族特产，已有近百年历史。太康麻花制作精细，有酥、香、脆的独特风味，有人曾做实验：将太康麻花放在塑料袋内贮藏一冬春后，色、香、味、脆均不变。

（原载于《河南穆斯林》，2015 年第四期，48 ~ 50 页）

谈谈沈丘回族的“食文化”

海兆亿

一个国家的经济、政治、文化标志着这个国家的整体面貌和水准。一个民族的食文化，也代表着一个民族的人文底蕴，蕴藏着其浑厚的民族传统。所谓“食文化”，说白了就是“讲吃”二字。古人云：“国以民为本，民以食为本。”俗曰：“民以食为命，吃饭第一。”把“吃”排在第一位上。孔夫子说了一句最精彩的话，曰：“食不厌精”，即食物愈美愈好，美味佳肴，人皆爱之。

沈丘槐店回族的“食文化”，就具有不同凡响的特色，是值得大书特书的。

回族的老祖宗们过尽千帆、历经沧桑、呕心沥血、苦思巧想方创制了一手手饮食上的绝招秘技，言传身教，流传后人，一脉相承而至于今。

例如槐店回族的五香咸牛肉、红烧羊肉闻名遐迩，誉满九州，名扬国内外。仅煮制咸牛肉、红烧羊肉的佐料就多达三十余种。从浸泡、倒缸腌制（把一块块牛肉从一个缸里翻到另一个缸里，每天少则3次，多则5次，要翻腌20天左右）到煮、焖等，制作相当繁复。制成的咸牛肉、烧羊肉色、香、味俱全，令人望之垂涎欲食，食之回味无穷，强身健体。来槐店的外地客人、归国侨胞、国外友人，无不以品尝此佳食，一饱口福为快！

另一个为大家称道的便是回族同胞婚宴上独具特色的十大碗，尤其是十大碗之后的胡辣汤。真正的胡辣汤的全称应是“炖肉胡辣汤”，那是用炖牛肉的原汁原汤做成的，其中佐料达三十多种。做胡辣汤最为讲究，要用双耳鼓形的大铜锅来熬制，甚至盛胡辣汤、吃胡辣汤也要用木勺，目的是为了保持原味。若值寒冬，盛上一碗胡辣汤，淋上点香油和芝麻酱，浇上点辣椒油，倒上点香醋，放上一点香菜，再配两个刚出炉的黄澄澄、香喷喷、沾满了芝麻的焦烧饼，其美味真是只可意会不可言传。别看这一汤一饼，却胜似那普通的一桌饭菜的营养呐！

说到回族独特的食品了，那便是我们回族同胞过重大节日时家家户户都要“下油”做的“香纪”了。这是一门独门绝技，一般人不易掌握。

做“香纪”最关键的是用热水和凉水“烫面”。烫面时热水或凉水多了都不行，这样炸出的“香纪”生而不熟或硬而不暄。面不但要烫得好，还要火烧得好，炸出来的“大香纪”，一个个圆而暄，通体焦黄，分开来，里面像蜂窝一样，吃起来外焦里嫩，美味可口。

特别是“小香纪”，那就更美了。一种是“软角子”，也是用烫面做的，形状像小粽子。另一种是三角形，是擀饼（小烙馍）制成的。

这两种“小香纪”都可以做成荤、素、咸、甜不同口味。制作“小香纪”的工序相当复杂，却非常好吃。这是穆斯林在盛大节日里才做的，是一种隆重的节日食品了，平时是不做的。虽然回族同胞生意千千万，但无一家去做“香纪”买卖的。

美味小吃，何止这些，那真是数不胜数。

老字号如外号老海瑞的入口即化的豌豆糕，“马大嘴”的哽面馍，马存一的黄焖鸡、黄焖鱼，“杨二”的双股油条，吴金顶的烧卖，李尊厚的枣包，李尊士的年糕，刘大成的焦麻花等，如今还有李道海、海俊中的羊肉汤等，这都是远近闻名的小吃。他们各怀绝技，各有千秋。回族的小吃很卫生，品种很多，不胜枚举，这里只是略举一二。

天道酬勤，这是回族同胞对国家、对社会、对人类健康做出的重大贡献，也是沈丘的骄傲与光荣。

“一滴水而观天下”，仅从回族同胞的食文化中即可透视出回族同胞的勤劳、勇敢、智慧和创造精神。“五十六个民族，五十六朵花”，回族是这百花园中一朵奇葩！

（原载于《伊斯兰教文化研究》，2013 年第七期，79 页）

熬撒（肉粥）

——中原回族的特色节日食品

郭宝光

在中国穆斯林的传统节日中，除已经广为人知的开斋节、古尔邦节、圣纪节外，还有一个鲜为人知却十分古老的节日——“阿舒拉节”。“阿舒拉”为阿拉伯文“第十日”的译音，即伊斯兰教教历的一月十日。这一日在伊斯兰教历史上发生了许多重大的事件，因此有着重要的纪念意义。据传这一天是十大先知在危难中获救之日。此日努哈圣人劝导人们归信独一的真主，遭到人们甚至一些家人的反对。真主启示让其在酷热的天气建造方舟，以备在洪水滔天之时拯救信道的人们。洪水退却后，方舟着陆，鸽衔橄榄，信众得救。努哈圣人将舟内所存谷物混合在一起熬粥供人们食用。后来，人们为纪念此事，每逢此日，即熬粥待客，进行庆祝，相沿成习。诗曰：“努哈圣人造方舟，洪水滔天任漂流，正邪分明伊斯兰，白鸽橄榄是尽头。教生朱迪（山名）得安全，圣人集粮熬香粥，餐后分走广袤地，佳肴美味传千秋。”

这种传统至今仍在一些地方流传，在中原地区的一些清真寺还保留有这一传统，即熬肉粥，俗称熬撒，或叫熬杂。每逢此节来临之际，清真寺阿訇要宣讲在历史上此日发生的众多传奇事件，教育穆民从中参悟，清真寺也早早准备熬肉粥的材料。早先由坊民兑粮或兑钱购买各类粮食，一起熬粥、吃粥。20 世纪 80 年代，笔者曾经在开封东大寺参与用口径约 1.5 米的大锅熬撒，在老师傅们的安排下做些杂活，吃到了纯正的中原回族伊斯兰特色的肉粥。此粥质香味浓，真乃美食。中原平原辽阔，盛产优质花生、黄豆、玉米、小麦、大米、小米等，回族又爱食牛羊肉，这些为熬撒活动形成地方特色提供了自然条件和人文因素。这天，本坊穆斯林群众、寺门的居民互相传告，传播寺内熬撒的好消息，他们端着大锅小锅，以户为单位，等候粥熬好，分享节日食品，均沾真主回赐。这日，香飘寺院，喜悦满巷。

据了解，在其他一些地方也有这一习俗，只是在熬撒的时间和活动安排上以及粥的成分上有所不同。为使该传统节日原汁原味地流传，熬肉粥技术得到挖掘普及，更好地发扬和传播有着中原本土风味的清真饮食文化、节庆文化，笔者结合自身经历，并采访了开封东大寺杨长岭、李宝润等熬肉粥名师，写出本文，以飨读者，具体制作仍需在实践中摸索、掌握。

一、原料

（1）五谷杂粮类（约十余种，每种约占十分之一的量）：花生、黄豆、红豆、麦仁、小豆、绿豆、江米、小米、玉米糁、大米（粥米）、燕麦片、高粱等，其他如芝麻、莲子、枣等均可。

（2）肉类：羊肉或者牛肉（生肉 8 斤，熟肉 4 斤），生骨头 15 斤许。

（3）调料：胡椒（避腥）、五香粉（或十三香）、葱、姜、食盐、味精。

（4）水（足量）。

二、用具

一口直径为 1 米的铁锅，一个炭火火炉，煤炭，用作搅锅的方铲以及其他必要炊具。

熬粥用锅以直径为 1 米的铁锅为例，熬成后，容量可以盛平时饭碗 200 多碗。所用各类粮食总量约 25 斤。因此，每样粮食重量约在 2 斤半左右，喜欢的粮食类也可适当多一些。胡椒半小碗，先打成稠糊，之后加水打成稀糊，不让结成疙瘩。五香粉半两或者十三香两包，葱白 1 斤，切成葱花，姜半斤，切成小碎块，不要弄成丝，不用铰刀绞。食盐 1 袋许，约 8 两。味精 1 包。

三、制作程序

1. 备料：将粮食按量用水淘洗干净，将五香粉或十三香、葱花、姜末放在一个大碗内，用食盐腌上，将胡椒打成稀糊。

2. 煮肉：将生肉及骨头清水洗后，放在锅内，用清水煮到半熟（六七成熟），将肉捞出，晾凉，切成碎块。肉汤倒出备用，骨头不再用。

3. 煮豆：先煮比较难熟的豆类，可用小锅分别煮。花生、黄豆一起煮，红豆、麦仁一起煮，约一个小时，半熟后，从锅内倒出，直接泡起来。

（注：有时也用小豆，其是红色，上色且难煮。过去曾经用过绿豆，现在很少用，绿豆煮熟后会很快碎烂，只剩豆皮，又属于凉性，同其他谷类不和谐。）

4. 混合煮：

（1）大锅烧水：向大锅内加水和肉汤，肉汤须占三分之一的量。锅内留有一些空间，加上其他原料后会溢出锅外。同时加入调好的胡椒及盐，大火使汤水沸腾。

（2）按照先后次序加料：向沸腾的锅内加入比较容易熟的江米、小米、玉米糁、大米（粥米）、燕麦片等；约半个小时后，加入前期备好的花生、黄豆、红豆、麦仁等；约半个小时后，加入肉类。（注：整个过程中先大火，再中火，再小火。）

5. 调味：加入肉后，及时添加已腌制好的葱花、姜块、五香粉等佐料。加盐调味。味精在最后要盛饭时加入，用来提味。关火后，可以撒一些熟芝麻。粥成。

四、成品特点

颜色呈古铜色（花生的缘故），咸味。粥要出“油”（黏稠状），稠度适中，不淡不咸。味道香喷喷，浓香扑鼻，突出五谷杂粮香味，同时有葱、姜、肉味。粮食质软，无硬心，趁热食用。

五、注意事项

下入米类后，要不断用铲子铲翻，以避免粘锅。不要熬得太稠。整个过程不炝锅，不加酱油，不加其他油料。

（原载于《河南穆斯林》，2014 年第四期，49～50 页）

几种清真美食的来源

宛　磊

一、撇面片儿和油馍头

“秃秃麻食”是个音译，今天说，就是西北的“揪面片”，是元代回回人流行的食品。元代忽思慧的《膳食正要》中介绍了它的制作方法：“白面，六斤，作秃秃麻食；羊肉，一脚子，炒焦肉乞马；上件，用好肉汤；下炒葱。调和匀，下蒜酪、香菜末。”

元代的《居家必用事类全集》，无名氏撰，相当于今天的“家用大全”，在书中“回回食品”的类别下，有“秃秃麻失”的解释：“如水滑面和圆小弹。剂冷水浸手掌按作小薄饼儿。下锅煮熟，捞出过汁，煎炒酸肉，任意食之。”

元末明初，也就是李氏朝鲜14世纪时期，流行有两种汉语教科书，专供李朝人学汉语，可能是在北京的李朝人自己编著的，叫做《老乞大》和《朴通事》。其中，《朴通事》的意思是“姓朴的翻译（编著的教科书）”。这本书里有一段描述元朝官员吩咐驿站的管事道：“厨子你来，疾忙做饭。舍人道做什么饭？做干饭那水饭？熬些稀粥，你将那白面来，捏些匾食，撇些秃秃么思。一壁厢熬些细茶。”这里的秃秃么思即秃秃麻食。

忽思慧的《饮膳正要》和无名氏的《居家必用事类全集》所记载的相关内容相近。从行文看，其做法、吃法都很像西北的揪面片儿。我怀疑，今天的炒面片就是从秃秃麻食直接传下来的。另外，与秃秃麻食近似的还有：河南的一种面食，因其成品形似蚕蛹，称面蛹，开封就有卖这种食品的；山西有一种面食，称作猫耳朵，陕西称为麻食，应该都属于这个系列。

秃秃麻食为回民食品，还见于元代一些文艺作品。元代戏曲作家杨显之的《酷寒亭》第三折中有一段道白："小人江西人，姓张名保，因为兵马嚷乱，遭驱被掳，来到回回马合麻沙宣差卫里，往常时在侍长行为奴作婢。他家里吃的是大蒜、臭韭、水答饼、秃秃茶食。我那里吃的，我江南吃的，都是海鲜。"

这一段文字中提到的秃秃茶食，即秃秃麻食。马合麻沙是人名，是回回人。宣差，即帝王派遣的使者。卫即驻兵的地方。这里，秃秃茶食为回回马合麻沙宣差卫里的食品。这个南方人是被掳来的，因此，天天吃秃秃麻食很不习惯，所以就有这么一段抱怨的话。

这段道白反映出戏曲故事所处的时代背景。首先，元代为应对战事，把回回人作为屯田的军人集中在一起，有仗打仗，无仗屯田，如今回民聚集区仍有很多地名中有回回、回回营、回回屯的字眼，就是例证。其次，南北的饮食差异古已有之。

元代无名氏杂剧《延安府》第二折中也有一段道白："［回回官人云］：兀那厨子，圣人言语，着俺这，八府宰相在此饮酒，你安排的茶饭都不好吃。霍食买在必牙，有甚么好吃的？郭食木儿哈唧鸡，郭食呵厮哈唧马，郭苏盘曷厮哈唧羊，郭食羊哈唧牛，郭食曷厮哈唧鹅，哈哩凹甜食下，都是三菩萨。济哩必牙，吐吐麻食，偌安桌食所儿叭，霍食买在必牙。烧羊里无卤汁，软羊里少杏泥，圆米饭不中吃，安排的茶饭无滋味。经历，与我拿出去的打四十者。"文中出现的吐吐麻食即秃秃麻食。

这里还罗列很多食品名称，其中"济哩必牙"，也就是《居家必用事类全集》记录的另一种回回食品，叫"即你疋牙"，二者应是同类。其做法，以"豆粉和面为稠糊，于滚油内浇下煠，如软食之类。或去豆粉，止用面蜜饧花冷水调糊煠"，可能就是今天开封叫做"油馍头"，信阳叫"油馍尖"的食品。

从这些中外的记录以及文艺作品来看，秃秃麻食和"济哩必牙"都是当时的日常食品。

二、煎饼

煎饼如今是很普遍的食品，将五谷杂粮磨成面糊，倒在鏊子上，用煎饼筢子摊平烙制而成。种类很多，从原料上看，有米面煎饼、玉米面煎饼、高粱面煎饼等；按口味不同，有咸煎饼、甜煎饼、五香煎饼等。若卷以小菜而食，则风味别致。

元代无名氏所撰《居家必用事类全集》中“回回食品”的类别下，有“卷煎饼”的介绍：“摊薄煎饼，以胡桃仁、松仁、桃仁、榛仁、嫩莲肉、干柿、熟藕、银杏、熟栗、芭揽仁。以上除栗黄片切，外皆细切，用蜜糖霜和。加碎羊肉、姜末、盐、葱，调和作馅，卷入煎饼，油煠焦。”

这个卷煎饼，内容甚是丰富。

元杨显之的杂剧《酷寒亭》第三折中有一段道白：“小人江西人，姓张名保，因为兵马嚷乱，遭驱被掳，来到回回马合麻沙宣差卫里，往常时在侍长行为奴作婢。他家里吃的是大蒜、臭韭、水答饼、秃秃茶食。我那里吃的，我江南吃的，都是海鲜。”

这里提到“水答饼”，也是元代回回人食品，很可能就是“卷煎饼”的另一类变种。这一折下面还有一段道白：“当日那尧婆来问张保买酒；张保送去，进入后门，我张保在那里等出家火。那尧婆教那两个孩儿烧着火。那婆娘和了面，可做那水答饼，煎一个，吃一个。那两个孩儿在灶前烧着火，看着那婆娘吃。孩儿便道：奶奶，肚里饥了。那婆娘将一把刀子去盘子上一划，把一个水答饼划做两块，一个孩儿与了半个。那孩儿欢喜，接在手里，番来番去，吊在地下。那婆娘说两个争嘴。官人，他只是怕热。”

至于它的做法，不是很清楚，但据上述描写来看，与如今的煎饼相似。

三、酸梅汤

西安的酸梅汤颇有名气，是传统的消暑饮料，在北京也很流行。实际上，在很多城市现在都有售卖。酸梅汤用乌梅熬制，也有用杨梅代替乌梅者；里边放点冰糖或白糖去酸，冰镇后饮用。酸梅汤的其他原料，主要有山楂、桂花、甘草。

元代无名氏撰《居家必用事类全集》，书中“回回食品”的类别下，有“酸汤”的介绍：“乌梅，不拘多少，糠醋熬烂去滓核，再入沙锅下蜜，尝酸甜得所；下擂烂松仁、胡桃酪熬之。胡桃见乌梅醋必黑。此汁须用肉汁再调味，同煮烂羊肋、寸骨肉弹、回回豆供。”

该书记载了“酸汤”的制作方法，即制成酸甜味道的食品。所用原料是乌梅、糠醋、蜂蜜、松仁、胡桃酪。这个做法还专门强调，核桃掺入，因酸性所蚀，色变黑，但食之无妨。

第二个步骤，变成咸味的了，用的是肉汁调味，伴以烂羊肋、肉丸、回回豆（即今之豌豆）。

很显然，第二个步骤今人很少用了，直接第一步完成，即可饮用。

所谓乌梅，李时珍《本草纲目》说：“梅实采半黄者，以烟熏之为乌梅。”它能除热送凉，安心止痛，甚至可以治咳嗽、霍乱、痢疾。

清代宫廷的御膳房把酸梅汤改进成为御用饮品。今天，酸梅汤已是寻常百姓的夏季饮料了。

（原载于《河南穆斯林》，2014年第四期，47~48页）

郑州协豫兴鸡鸭店

杨福祥

协豫兴鸡鸭店，由开封回族人杨守仁1945年创办于郑州，经营烧鸡、桶子鸡、五香酱牛肉、牛肉干等传统风味清真食品，在京广、陇海铁路沿线颇负盛名。

1934年，15岁的杨守仁来到郑州，在姑夫白德清开办的鸡鸭店里帮忙。白德清先在宝昌里自然菜场开办酱味鲜鸡鸭店，由董西顺掌作，后迁至大同路西头路南，改名马玉兴鸡鸭店，由赵新田掌作。董、赵二人都是开封马豫兴鸡鸭店出徒的优秀技师。1938年正月十五，日机轰炸郑州火车站，马玉兴鸡鸭店停办，白玉清、赵新田去西安，杨守仁留在郑州帮父母在大同路东头、同善里西口经营小杂货铺。在这三年多时间里，由于他虚心好学，处处留意，在帮忙打杂过程中掌握了原料标准、制作工艺和经营管理等，为以后自己经营鸡鸭店打下了基础。1941年，日寇攻打郑州，杨守仁全家避难到洛阳，直到1945年日寇投降才返回郑州。

抗战胜利后的郑州，缺少鸡鸭等熟食满足京汉、陇海两大干线上过往旅客的需求，杨守仁就抓住这一时机，在火车站附近的大同路西头、万顺街北口处，租赁（后买下）白源升的一座二层八间临街小楼，开办了鸡鸭店，取名“协豫兴”，意为齐心协力，振兴河南。制作了黑底金字的“协豫兴”匾额悬挂店堂。高薪聘请名师董西顺掌作，杨守仁亲自采购。杨守仁十分讲究原料、佐料的选用。选购一年生的膘满肥嫩母鸡做桶子鸡，当年的公鸡做烧鸡，牛的后臀、小脖、腱子做五香牛肉、牛肉干，6斤以上的黄鳡、黄河鲤鱼、青鱼做五香熏鱼，1~2寸的活鲫鱼做酥鱼，鲜活的小河虾做焦虾，鲜活的大青河虾做油烤虾、盐水虾。新鲜嫩美的原料，加之上好的佐料，再经名师的制作，色、香、味、形俱佳。桶子鸡色泽金黄，皮脆肉香，肥而不腻；烧鸡紫红油亮，肉烂骨酥，香味四溢；五香酱牛肉色泽酱紫，肉筋俱烂，五香味全；牛肉干五香味浓，越嚼越香，干而不碎，久贮不坏；五香熏鱼香甜可口；焦虾入口即化。还有南糟牛肉，酥鱼，油烤大虾，盐水虾，腊羊肉，鸡汤卤制油炸豆腐块、豆腐皮，牛骨髓油茶粉，风干鸡，板鸭、烤鸭等，都是风味精品。这些食品，不仅享誉郑州，而且多被过往旅客购买作为旅途食用或馈赠亲友的礼品。杨守仁除早晨采购之外，还亲自参与营销。“协豫兴”在经营中因始终坚持清洁卫生、薄利多销、热情和气、童叟无欺，很快就以质量和信誉占领市场。日销售40~60元，逢年过节日销售近百元。

新中国成立后，杨守仁担任饭馆业公会副主任。他积极投入“三反”“五反”运动，1956年带领全行业走向公私合营，在由老蔡记馄饨馆、合记饭馆、葛记坛子肉焖饼馆、雪园饭店、群众饺子馆、豫香斋、岳记饭店、豫生园饭店、思来顺饭馆、桂香斋、新春楼、马豫兴鸡鸭店、协豫兴鸡鸭店13家熟食店组成的大同路熟食业中心店任私方副经理，并参加了民主建国会。

1957年，杨守仁响应帮助共产党整风的号召，在市政协召开的各界代表人士座谈会上，就搞好公私关系，应如何消除隔阂、拆墙填沟发表了一些反映私方人员意见的话，不久即被划为右派而下放劳动。接下来的三年困难时期，食品原料极其缺乏，“协豫兴”也随之销声匿迹。1962年，杨守仁右派帽子被摘而返城。随着国民经济的好转，1963年，“协豫兴”以国营的形式恢复经营，除经营原有的烧鸡、桶子鸡、酱牛肉等食品外，还增加了羊肉水饺。初时，作坊设在二马路路东、车站食堂后面的大棚里，以后生作坊迁到福寿街，熟作坊迁到三里外，职工达六七十人。杨守仁在熟作坊亲自操作，每天生产烧鸡1000多斤，由大同路、福寿街、二马路、正兴街等门市部销售，并供应旅行服务社在火车站内销售。

“文化大革命”中，杨守仁又遭受种种不实之词的攻击，直到1970年在饮食公司职工大会上得到彻底平反。

“文化大革命”结束后，国营协豫兴鸡鸭店在火车站附近的门市部逐渐减少，又在南关大街开设一家分店，但以经营面食、炒菜为主。1984年，饮食公司取消了协豫兴鸡鸭店字号。同年，落实党的政策，政府将大同路西头、万顺街北口的房屋归还杨守仁，已退休的杨守仁就在“协豫兴”的发祥地恢复鸡鸭店，指导子女制作、经营传统食品，赢得了新老顾客的赞誉。由于旧城改造，1985 年“协豫兴”迁往福寿街 1 区 7 号，除保持主要品种外，又增加了清汤牛肉挂面、小笼灌汤包子、羊肉烩面等风味小吃，由杨守仁四子杨福才经营。1986 年 5 月，该店制作的烧鸡、桶子鸡、五香酱牛肉、牛肉干参加河南省少数民族传统食品展览会，得到“传统风味、色香味美、用料考究、制作精良”的评赞。其小女儿杨小红在碧沙岗市场开设一处“协豫兴”店铺，经营牛羊肉烩馍、烩面等，也相当兴隆。

（原载于《郑州文史资料》，1992 年第一辑，总第十一辑）

合记烩面馆

利保生

合记烩面馆正式创办于1955年12月，是由老乡亲、西兰轩、顺和楼三家饭店合并而成，原名陕西合记牛羊肉炒菜馆，后主营烩面，改为陕西合记牛羊肉烩面馆，简称合记烩面馆。

老乡亲饭店1946年创办于大同路西头，经理李少卿，主要经营陕西泡馍，厨师是被人称为帖老六的陕西厨师。1947年迁至顺河路口（现解放路）后，由名厨师赵荣光主厨。

西兰轩饭店创办于大同路（时间不详），1948年时经理为帖永才，主要经营清真炒菜，厨师有夏锡义等人。

顺和楼饭店也是一家炒菜饭店（其创办年月和地址不详），新中国成立后的经理为徐连德。

1955年，国家对工商业进行社会主义改造，“老乡亲”经理李少卿、“西兰轩”经理帖永才、“顺和楼”经理徐连德在郑州市福利公司（饮食公司前身）马腾禄主持下，在老乡亲饭店基础上进行了公私合营，起名为陕西合记牛羊肉炒菜馆，马腾禄担任公方经理，私方经理由李少卿担任。经营品种主要有清真炒菜、牛羊肉烩馍、羊肉单走等；红案厨师有赵荣光、马来池、夏锡义、马洪福等人；汤锅由帖永才主理，李少卿主抓配料；服务上有马满池、夏西良、王平和，可谓人才济济。

名师赵荣光1901年生，河南省长垣人，也是合记烩面的创始人。他14岁离乡背井，到开封同天聚饭馆跟周文汉学徒，后在开封西雅园，洛阳德盛馆、华兴楼以及郑州的德盛馆、一品香、老乡亲工作。新中国成立后先后在西兰轩、老乡亲掌勺。因热心钻研烹饪技术、思想进步很快、为人正直、吃苦耐劳，多次当选为市劳动模范、市人大代表、政协委员。1986

年病逝于兰州。赵荣光本人系汉族，但一生大部分时间从事清真回族饭菜的制作，对于牛羊肉、鱼类菜肴颇有研究，他用黄鲤、淇鲫、白鳝制作的菜肴不下百余种，烹制的靠山肉、焦烧羊肉、雪山广海均是名菜，芝麻虾仁一菜曾在20世纪50年代报刊上作为名菜介绍。他的另一突出成就就是精制素宴席，是河南有名的素席大师。他用豆制品、蔬菜、面筋等原料制作的清蒸燕菜、扒鱼翅、烧海参、炒虾仁、红烧鱼、清蒸鸡、干炸里脊、红烧丸子以及炒肉丝、肉片、肉丁等菜肴，其味道鲜美、形象逼真，素菜荤名荤味，真可谓绝技。1963年被商业部任命为厨师。

赵荣光平生喜吃面食，尤其对面条特别钟爱。1937年抗日战争全面爆发后，日寇飞机时常空袭郑州，饭店经常因躲避飞机空袭而停业，有时刚端起饭碗就要忙于逃命。当时粮食紧缺，赵荣光不忍将剩饭抛弃，回来后就上灶加汤烩烩再吃。久而久之，赵荣光发现重新烩过的面也很好吃，就潜心研究，将面里放些盐、碱，使之更筋道，这样做出的面食别有一番风味，后成为店员的一种主要伙食品种。后来，顾客发现店员吃这种面津津有味，香气四溢，就要求购买，赵荣光如法炮制，遂使烩面成为店里的兼营品种。公私合营后，赵荣光将这一美食贡献了出来，并和其他厨师进一步研究，充实配料，使烩面更加完善。

1958年，因修建郑州二七纪念塔，陕西合记牛羊肉炒菜馆迁至附近的群众饺子馆，经理马腾禄，副经理李少卿，红案除原班人员外，增加了李振国、温照瑞等人，主要经营炒菜、烩馍，烩面经营得很少。

1960年，郑州市饮食公司实行三级管理，陕西合记牛羊肉炒菜馆被划归第一食堂（德化街）管理，马腾禄升为商店经理，陈怀义担任陕西合记牛羊肉炒菜馆主任（经理），职工40多名，月营业收入千元以上。

1962年6月，陈克义担任陕西合记牛羊肉炒菜馆主任，红案上增加了林永福。王平和拜赵荣光为师，学习炒菜。

1964年，根据郑州市饮食公司安排，陕西合记牛羊肉炒菜馆迁至正兴街经营，陈怀义为主任，其间红案上增加了秦子朋，招待上增加了林银芳，有职工近50人，月营业收入1200元左右，所经营的羊肉烩馍由于需客人自己掰而使需求量下降，羊肉烩面需求量逐渐上升。

1967年，该店迁至二七广场解放路与二七路交叉口，正式定名为“陕西合记牛羊肉烩面馆”，专营羊肉烩面，有职工60多人。主要生产环节是由陈秀芝主理汤锅，林永福主理配料，李少卿、王平和主理烩面，并带徒弟多人，业务日渐兴旺。到1971年，每日营业收入最高时达2000～3000元之多。其间，由于受“文化大革命”影响，先后有马腾禄、张德、陈怀义、陈克义、于惠民、韩文钦、高长生、倪东海、帖汉卿、张福才、沙玉仙等人担任主任（经理）。

1975年，为满足顾客要求，抽出部分骨干力量，在二七路与西大街交叉路口原东明饭店成立了分店，缓解了供求矛盾。先后有张云腾、海国忠、董春部、王国政等人担任主任（经理）。1981年，年营业收入达120多万元。

合记烩面是一种集荤、素、汤、菜、饭于一体的风味品种，选用上好鲜羊肉，经反复浸泡除净血污后下锅，撇出血沫，放入全大料，将肉煮烂；另用精粉兑入盐、碱和成软面，经反复揉搓，使面更筋道。下面时锅内放原汁肉汤，将面拉成薄条入锅，然后放入羊肉、黄花菜、木耳、粉丝及调料，上桌时外加香菜、辣椒油、糖蒜，其味更鲜。合记烩面严格操作规程，数十年坚持一锅一碗，在群众中有很高声誉，每天接待4000人次，顾客宁愿排一个多小时的队，也要品尝合记烩面，没有座位，顾客就端到人行道上就餐。由于食后将碗摆放在人行道旁，使合记烩面馆每月都要增添一整车的餐具。

改革开放以来，郑州市大街小巷经营烩面的饭店多达500多家，被外地游客称为“烩面城”。省内各市县饮食业同行也不断派人学习、引进，现已遍布全省各地。

1986年5月15日，因郑州市旧城改造，合记烩面馆被拆迁，人员由郑州市饮食公司分配到各基层店。1987年，合记分店亦被拆除。人民群众纷纷投书新闻单位，要求恢复合记烩面馆，但由于种种原因，未能如愿。

1988年7月，郑州市饮食公司劳动服务公司经理陈伯川、支部书记张贵堂看到《河南日报》一篇《合记烩面哪里去了?》的报道，深有感触，经请示公司，将所属的铭功路一品香饭店改为经营合记烩面，并打出“陕西牛羊肉合记烩面馆”字号，虎小黑任主任，金德霞任副主任，虎小黑等人主理烩面，金德霞等人主理汤锅，有职工27人，年营业收入28万余元。

合记烩面馆恢复经营后，郑州市民奔走相告，每日顾客盈门，当年在二七广场的景象又出现在铭功路。1989 年 4 月 6 日，该店划归公司小型企业科管理，公司小企科对该店进行装修，正式改名为“合记烩面馆”。1990 年营业收入达 44.5 万元。

为了保持和发展合记烩面这一深受群众欢迎的美食，郑州市饮食公司决定将人民路原滋补餐厅进行装修，将合记烩面馆迁入，扩大营业面积近百平方米，提高了服务档次，于 1991 年 5 月 16 日开业迎宾。每天接待顾客 6000 多人，日营业额最高时达 1 万多元。东南亚各国外宾和港澳同胞不断慕名前来品尝，食后赞不绝口，香港客商赵成章先生食后，欣然提笔写下了“天下第一面”几个大字。烩面馆主任虎小黑、金德霞，厨师朱小喜，共有职工 50 多人，当年营业收入达 102.16 万元，1992 年营业收入达到 189.67 万元。

随着改革开放的不断深入和人民生活水平的不断提高，为满足群众更高的需求，1993 年 3 月，郑州市饮食公司投资 40 余万元，对该店店堂、设施再次进行改造、装修，扩大营业面积 40 平方米。经营品种除传统普通饭菜外，又研制、增添了鸡丝、三鲜、海鲜等系列烩面。炒菜品种“粤菜豫化清真化”，引进各菜系的名菜等品种，做到高、中、低档相结合，以适应不同层次的顾客需求。

为了进一步缓解供求矛盾，探索连锁经营之路，1994 年郑州市饮食公司决定成立合记烩面经营分公司，总经理郭旺运，支部书记杨根娣，除原来的老坟岗、碧沙岗分店外，又在金海大道、华山路租赁社会网点，开办了“合记又一新”和“合记烩面城”，开业后同样顾客盈门。1994 年 5 月，国内贸易部和国家民族事务委员会在沈阳举办清真食品烹饪大赛，合记烩面被认定为“全国最佳清真风味食品”。

目前，合记烩面经营分公司正在向门面、字号、品种、价格、服饰“五统一”方向发展，力争立足郑州，面向全省，开办连锁店。在条件成熟时，走出国门，走向世界。

（原载于《郑州文史资料》，1994 年第二辑，总第十六辑）

开封回族鲜汤

拜　波

俗话说:“唱戏的腔，厨师的汤。”像兰州拉面、西安泡馍、开封烩面这些回族的传统名吃，都离不开一锅美味的鲜汤。开封的回族爱将用骨头和肉熬制成的汤叫做“鲜汤”，从一个鲜字上就不难想象出汤的味道，鲜汤不但能为菜肴提鲜增味，也是很具地方风味的传统回族经典小吃。《东京梦华录》上说北宋时开封有很多家羹店，《宋史》中关于大食国遣使来开封也多有记载，加上一些番客久居不归，想必北宋时会有清真的羹店。如今，开封同样也有许多家专营羊肉汤、全牛汤、全味汤的清真汤馆，虽说羹和汤浓稠度有些差别，但由此也以可看出这类食物在开封大地上悠久的历史。

开封的回族爱将分布在全城各处的汤馆称为汤锅。汤锅本来就是很具市井文化的事物，回族之间又多沾亲带故，也许人们觉得如此平民化的食物沾上了“馆”字好像就与大家隔了层什么，锅当然是家家都有的寻常物，让人觉得亲切，别看仅一字之差，马上就没了距离感，大家也吃得更酣畅淋漓，当端着海碗到大铁锅边添汤时自然也没扭扭捏捏的心理。汤锅添汤是免费的，这也体现出回族的淳朴与厚道，

说起开封的鲜汤，东大寺门是绕不开的地方，这里是开封最大的回族聚居区，也是汤锅分布密度最高的地方，同样也是食客们公认喝汤的好去处。店都是多年的老店，来的大多是常来的老食客，一口锅在一年的365天里，熬出的是一种货真价实的大气、一种对民族传统文化的传承，在这里不论春夏秋冬，早上还是中午，在食客们来来走走间一晃就一年，在看似平淡无奇的光阴中为人们带来美好的味道。

拂晓时分，从汤锅里飘出的腾腾热气伴随着黎明一起迎接古城新的一

天。店内临街支一口硕大的铁锅，锅里放有大量的骨头和肉，鼎沸的汤汁呈乳白色，挑吊着人们的食欲，汤汁上飘的是厚厚的油脂，诱人的味道在小店的四周肆意飘荡。无需叫卖，单是弥漫出的香味就能招引食客们的到来。

在开封早餐或午饭若说“喝的汤”，那指的一定就是这种鲜汤。开封汤锅以售卖羊肉汤居多，如今又以酥肉或炖牛腩、白肉其中的一种，外加丸子、烧面筋、烩黄花菜组合成的四味菜最热卖。四味菜，也叫烩菜，是地地道道的回族食品，组合四味菜的这些食材都能在回族传统的经堂席中见到它们的身影。四味菜出现于20世纪八九十年代，因物美价廉很快成了汤锅中的主角。除四味菜包含的品种外，像原油肉、肚肺等也都源自回族传统经堂席中的菜肴，由此可见鲜汤与回族饮食文化的关系。

只用骨头和肉，不加任何大料的汤被称作“白汤”。在开封最先出名的是20世纪80年代用全大料加羊骨头熬成的全味羊肉汤，其汤为深色，再配以酥肉，很受人们的喜爱。这种酥肉不上笼蒸，而是放在汤中滚制片刻，酥肉里饱含着料汤特有的味道，它盛到汤里会浮在上面不沉底，弹性十足。羊汤加酥肉是那时多少人心中的美味。

食客们评价一家汤锅的优劣是以汤的鲜美程度为标准的，并非是奔着酥肉、丸子、四味菜来的。据说，有的食客从不在鲜汤里加入盐、味精、香菜（芫荽）等任何调味，就是图这原汁原味中的鲜美。而汤鲜美的程度直接与加入原料的多少有关，除了要放入大量的羊骨外，还要下入成块的羊肉，煮熟的肉叫白肉。白肉不仅为汤增添鲜味，也是喝汤的主要配料。没加任何调料煮成的白肉保留着肉的原始味道，同样非常鲜美。

往碗内添加什么由食客决定。店主将食客指定的食材放入海碗中，再从滚烫的大锅内盛一瓢汤倒入碗里，食材掺杂着嫩绿的香菜或韭菜，伴着漂浮于碗中的白色油脂，放上盐，舀一勺用羊油炸过的辣椒，泡入锅盔或烙馍、硬面馒头，佐以酸辣泡菜，美美的，吃得舒舒服服，无需言语，挥之不去的味道自会深深烙在每位食客心中。

（原载于《河南穆斯林》，2015年第二期）

西峡回族习俗

李玉改[①]

回族过去称回回，是我国少数民族之一。7 世纪，一些信仰伊斯兰教的一些波斯人、阿拉伯人和中亚西亚人陆续到我国经商并定居，在与汉、维吾尔、蒙古等民族的长期相处中，逐步形成了中国回族。我国回族散居全国各地，以西北地区较为集中。元朝至元十八年（1281 年），元世祖忽必烈诏令“屯田的色目人，包括回回炮手散居他郡者，悉令赴南京（今开封）屯田”。他们奉命迁徙后以屯田为主，同时经商，相继定居于开封、许昌、南阳、洛阳等地。

西峡县城关南寺李氏回族，原籍甘肃，后迁开封，由开封分出一支定居唐河，一支定居邓州，一支定居西峡。西峡的一支约在清雍正乾隆年间（1723—1795 年），由其先祖李尚功携妻及儿子李平、李芳迁居今城关南寺岗，占地为业并经商。其后王、杨、马、吴、陈、刘、闻、姬、丁、巴、摆、买、杜、赵、沙、穆、苏等姓回民亦先后自邓州、南阳、镇平、内乡、淅川等县迁入今西峡县城关、丁河、丹水、八庙、西坪等地居住。在大分散中聚族而居是其明显特点。全县现有回族两千多人，占总人口的 0.55%，比新中国成立初期增长 48%。

目前，我国信仰伊斯兰教的少数民族共 10 个，回族是其中之一。“伊斯兰”是阿拉伯语“顺从”之意；伊斯兰教是 7 世纪初阿拉伯半岛麦加人穆罕默德创立的，是世界三大宗教之一，其教义为信仰真主安拉是唯一的神，穆罕默德是安拉的使者，《古兰经》是安拉启示人们的经典，信天使、信世间一切事物是安拉的“前定”，信死后“复活”“末日审判”。教义规

---

① 李玉改，西峡县志办公室副主任，总统室副主编。

定“念清真言、礼拜、斋戒、纳天课、朝觐”为教徒必修之五功。信仰伊斯兰教的民族，多在其人口较集中的地方建清真寺，以便教徒们沐浴礼拜。西峡县回族人亦在迁入后相继在城关修建了南寺与西寺。

回族没有自己的语言文字，教民在念经时用阿拉伯语，在日常生活中亦说少量阿拉伯语和波斯语，如“伊布里斯”（鬼）、“多斯迪”（外客儿）、“古那海”（罪过）等。在长期与汉族交错居住过程中，回族的语言、服饰皆仿汉族，但生活习俗与汉族相异，在民族心理素质与民族意识方面保留了本民族的特征。

回族忌食猪肉，不食自死和未经阿訇屠宰的牛、羊、鸡、鸭肉；逢节日、婚丧、礼拜时必按规定程序进行沐浴，很讲卫生。

回族人以好客为习尚，凡同民族者，无论是否相识，经接触互相攀谈，视双方年龄而称呼，长者为表爷、表奶、表叔、表婶，同龄者称老表。称同民族乞讨者为多斯迪（俗称外客儿），即远方来的客人，逢其至门，必招呼进家，以饭菜款待；如系临时过往，由寺师父收集粮钱，资助其上路；如住下谋生，则不拘多寡，为其凑备生意本钱使之安身。因过去回族多系穷人，所谓做生意，不过是割制皮张、补鞋、宰牛羊等小买卖，无需大本钱即可使客居者糊口度日。

内地回族除与汉族同过春节、元宵、端阳、中秋等节日外，也有自己的节日，但没有我国西部回族隆重，主要有大尔代节和古尔邦节。

大尔代节即开斋节，阿拉伯语为“尔德·菲土尔”。伊斯兰教规定伊斯兰教历九月为“斋月”。斋期内只进早暮两餐，不于白天进食。斋期满于十月一日这天，即开斋节。每逢此节，回族人沐浴盛装，五更即起，炸油香（汤面油饼）。早餐后，男女老幼会于清真寺，参加开斋仪式，此时阿訇诵古兰经，解释经文，参加者相互问候、话家常，并借此机会募捐，救济同民族贫困者。

古尔邦节即献牲节，亦称宰牲节。阿拉伯人传说“先知”伊卜拉欣夜梦安拉，安拉命其宰杀自己的儿子献给他，以考验伊卜拉欣是否真诚。正当他遵旨宰杀儿子时，安拉又命其以黑绵羊代替其子。以后便规定伊斯兰教历十二月十日为宰牲日，即古尔邦节。节日时回族人沐浴盛装，于清真寺会礼并大筵，以示庆贺。

回族提倡民族间联姻。新中国成立前严禁回族女子嫁与汉族，但允许回族男子娶汉族女子，条件是需进教并适应其生活习惯。由于本民族人数少，同民族间择偶又相当困难，只有到外县外姓回族中牵线说合。因此有年龄不相当和亲上加亲的畸形婚姻。新中国成立后颁布的《婚姻法》保护婚姻自由，旧婚习已有改变，但同民族结婚仍为多数。

回族青年男女经媒人说合成婚占多数。自由恋爱者，也请人告知女方家长，经同意后，择吉日由男方送定礼订婚，俗称“丢定礼”。礼品不论多少、贵贱，需成双成对，以求吉利。成婚日，当事男女沐浴盛装，于清真寺或家中举行婚礼，由主婚、证婚、贺婚人参加婚礼仪式，由阿訇用阿拉伯语念包含夫妻和好、偕老白头等意思的古兰经文表示祝愿，俗称此谓念“尼卡哈”，男方高堂或亲属中的年长妇女则把花生、核桃、红枣、糖果撒向贺客，表示吉庆和谢意。然后摆喜宴以酬嘉宾。

妇女生小孩后3天或7天，请阿訇给小孩洗礼并起一个阿拉伯语的名字，俗称经名。

回族人死后，葬仪从简从速，一般不过3天，谓亡人入土为安。人如病危或抢救无效时，亲人不忍目睹其痛苦状，无奈请阿訇到病床前念古兰经文让将亡人不必牵挂儿孙，放心到“后世”去，译为“打讨拜”。人死称“无常”“咽气儿”。人亡故后，身旁男女亲属需速换水（沐浴），方可接近死者并守护其旁，埋葬前需替死者沐浴净身，再用撇拉汗（用白布缝成的尸布）裹好，将尸体安放于塔布匣（俗称经匣子）中，抬至事先挖好的墓穴中深葬。丧葬过程中，多劝其亲人不要痛哭，谓亡人听到哭声落汗儿（灵魂）不肯离去，实为劝其节哀，以免伤身。

回族中也有为死者戴孝的习俗，以往多散孝布（俗称手巾儿），现多为佩黑纱，戴白色圆顶小帽，以示对死者的悼念。

总之，回族习俗有利有弊，今浅叙之，以期后人扬其长、避其短，使之不失为各民族优良风尚中的一页。

（原载于《西峡文史资料》，1989年第一辑，132～136页）

回民习俗拾遗

马德彪[①]

我国是一个多民族国家，各民族在生活习俗、节日、服装、婚嫁、丧葬等方面有各自的特点，回民信仰伊斯兰教，仍保留一些传统的习俗，现把我所了解的一些回民习俗介绍给读者，以便各民族之间相互了解、互相谅解、互相尊重，达到增强团结的目的。

斋月与开斋节

传说在610年9月，真主派天使将《古兰经》口授给穆罕默德，他欣喜若狂，决定在当月每天白天祈祷并禁食，以感谢真主的恩赐。630年，穆罕默德战胜了多神教，建立了伊斯兰大帝国，把622年作为伊斯兰教历元年。建国后规定了每年都有一个月作为斋月，要求每个健康的成年男女穆斯林都要在斋月里封斋，也就是从黎明到日落禁食所有的食物和饮料，不说伤害别人的话，不做损人利己的事，在斋月里富人要多办好事，广为施舍，把自愿捐赠施舍给教门上虔诚贫穷的人，希望他们的祈祷给自己带来好运。

开斋节是庆祝斋戒期满后的第一天，开斋节是世界伊斯兰教三大节日之一。开斋节这一天，男女穆斯林要沐浴并穿上节日盛装，到清真寺听阿訇讲经并参加聚礼，结束后，炸油香，走亲访友，互道“色俩目”（问好），表示祝贺。

---

① 马德彪，回族，伯党回族乡人，政协民权县委员会的第一、二、三、四届常委。

清真回回与阿布都瓦壶

回族经营食品都在门前或摊前挂个牌子，牌子中间画个小壶，并在牌子四角写上“清真回回”。

“清真回回”来源是伊斯兰教经典上讲：万物非主，唯有“安拉”是真主，穆罕默德是真主的钦差。这叫清真言。伊斯兰教拜主的房子为清真寺，也称清净寺。伊斯兰教通过“丝绸之路”传入中国，《明史》中有“元时回回遍天下”的记载，明代官文中称作回回民族。

牌子上面的小壶，叫“阿布都拉壶”，按照伊斯兰教义规定，每个穆斯林每天要坚持五次拜主，拜主前必须沐浴净身，拜主时间到了，因经商离不开，不能到清真寺拜主，可在当地用壶淋浴拜主。回族讲究清洁卫生，要求卖主拿食品前必须洗手，久而久之演变成现在的这个牌子，画个水壶，写上清真回回作为标志。

板布会与礼单桌

13 世纪成吉思汗西征胜利，东西交通大开，阿拉伯、波斯等国信仰伊斯兰教的商人来中国经商定居。元时来华的穆斯林遍布中华大地，逐渐形成一个民族。但是这个民族大部分没有土地，没有资产，都是经商做小生意，明宣宗朱瞻基曾说“回回善营利”。回族受封建统治阶级的歧视和压迫，生活十分贫困，人死了无力殡埋，大家酝酿成立一个板布会，要求家族亲戚邻居吊唁时捐赠几个钱，交给板布会，供死者家属殡埋亡人时买板（经匣）、布（穿衣）用。久而久之，回族亡了人，院里放上一个桌子，记录吊唁人送的礼，叫礼单桌。

尖坟头与平坟头

据传明末清初，有几个较大清真寺的阿訇，根据回族、汉族风俗不同，除改革一些殡葬习俗外，还对坟头进行改革，把原来回汉族都一样的尖坟头，改按回族“回”字的字体形封平坟头。这样，就形成了现在的汉族埋尖坟头和回族埋平坟头。

（原载于《民权文史资料》，1993 年第三辑，41～43 页）

驻马店地区回民风俗谈

杨少华

驻马店地区有5万多回民，他们主要分布在西平、泌阳、汝南、新蔡、驻马店等县市。长期以来，回民同胞与聚居区周围的汉族同胞和睦相处，亲如一家，共同致力于两个文明建设。他们虽与汉族等民族杂居，共同使用汉语、汉文，但其风俗却具有自己的传统风格和特点。

一、恪守传统　慷慨好客

从回民群众的衣着服饰看，年轻人已随时代发展变化，但中老年人仍保持着20世纪二三十年代的特点：男的经常穿中式对襟上衣，头戴白色或黑色无沿平顶圆帽，下身穿中式长裤，年龄大的还常用小黑布扎着裤口，俗称“两桶水裤子”，足穿皮底小圆口便鞋，精神十足；做买卖的小商小贩常外穿黑色或蓝色上衣，内衬小白褂，袖口挽起，露出袖头，利落清爽；中老年男子非常喜欢蓄留胡须，并经常修剪梳理；妇女们善梳洗，好装饰，不少人爱穿素色中式沿边袄，头戴绿色、白色、黑色盖头或黑丝织的头帽，也有用丝绒作头巾，从前额向后扎。

回族群众的分布，从地域来说，表现为“大分散、小集中”的特点，虽多与汉族同胞杂居，但在城中自成街道，在农村中自成村庄。回民居室具有自己独有的风格。一般家庭多住四合院式平房或瓦房，大门门框正上方常悬挂或张贴用阿拉伯文写的“经字独阿”，街房一般是客厅，厦房住晚辈，上房多住长辈。房内摆设，一般进门正面放置八仙桌，两旁放有大椅，桌后放一长方形条几，中置座钟、坐镜或插屏，钟前摆放具有民族风格的茶具一套。侧面左壁下放有小茶几，两旁亦放有椅子或小方凳。厅中墙壁上挂大型用阿拉伯或波斯语书写的图案式对联及经字中堂，墙壁上多贴由阿拉伯语写成的经字画，内容大多为指导人们做人做事的经文。多数家庭不挂人像或画有人像的字画。近来虽有一些年轻人在室内张贴人物画像，逢有宗教节日或丧葬活动时，则暂时取下，事过后再挂，以示不信偶像。

回民普遍待人慷慨，刚毅豪侠，维护荣誉，互相关心，男女老少都有交友好客的习惯。如有客人来到家中，即以茶水相待，喜用毛尖等青茶，茶味很浓，茶具清洁考究。

二、语汇丰富　别具特色

回族来源于西亚，过去俗称西域回回，阿拉伯语或波斯语现仅为宗教活动用语。由于多年与汉族杂居，现在基本上使用汉语，但语言夹着多种语言成分，因为语汇丰富，带有浓厚的民族特色，一些词语上的简化或省略，更是独具特色。

驻马店回民对亲属的称谓，对父亲叫“伯”，对母亲叫“娘”，对父亲的哥称“大伯”“二伯”等，对父亲的嫂子叫“大大”，对父亲的弟弟称“达”，对父亲的兄弟媳妇叫“婶婶”。称小孩为“玩童”，称丈夫为“当家哩”或“外先哩”，称妻子为“俺家哩”或“哈俩利”。此外，每位回民都有自己的经名或回民名，这些经名或回民名是在出生 3 天后由阿訇起的，男经名一般有阿里、奴哈、哈三、尔撒、穆萨、欧麦尔、达吾德、苏来曼、奴勒、侯赛尼、哈利德等，女经名有海底澈、阿依莎、买勒亚、阿茜亚、赛丽麦、哲米丽、法图玛等。在称呼时，有的直接将自己的姓与经名合用，如丁穆撒、王阿里、李奴哈、张苏富、刘阿茜、吕哈三等。语言中有汉语、外来语混合使用的，如“这事办得‘哲玛里’”即这事办得漂亮，“站‘则那在’”即举行殡礼等。也有将汉语词序倒置使用的，如“应答”“望想”“择选”等，意思未变，但倒置使用则显得别有趣味。

三、饮食可口　清洁卫生

驻马店回民以米、面为主食，以蔬菜、瓜果、豆类、肉类为副食。对肉类的择用非常严格。回民吃的动物有牛、羊、兔、鸡、鸭、鹅、鸽、水产动物及其他反刍动物，但所吃的动物除鱼类外，必须由阿訇宰后方可以食用。回民禁止吃的动物有：猪、驴、骡、狗、猫、蛇、鼠及凶猛野兽等，此外，自死的动物、动物的血以及不经阿訇屠宰的动物，回民也不吃。

回民向来讲究饮食，注重味、色、香，回族传统的油炸食品一般有：甜、咸油香，甜、咸软角，甜焦角，馓子，麻花等。家常食品有：臊子面、清汤面、拉面、胡辣汤、羊肉烩面、涮羊肉、豆末等。回民在喜庆或节日时多用十大蒸碗，简单时用羊肉汤或肉丸粉丝汤。大部分回民喜吃甜食，常用江豆、豌豆、柿饼为原料，做出各种豆糕，或以江米、沙枣泥制成糍糕或沙糕。这些食品不仅回民日常食用，而且作为商品上市出售，广受各民族消费者喜爱。

四、仪节隆重　节俭朴实

回族人平时十分讲究仪节，婚丧喜庆各种活动，大多受伊斯兰教律影响，形成其独特的习俗。

婚姻。回族皆为一夫一妻制，婚姻主张自愿，禁止父母包办，但要获得父母的准许。订婚不看属相，不算八字。介绍人只起牵线作用，以男女双方面谈为主。谈妥后男方备聘礼送到女方家中。聘礼大多为衣服布料和油炸果子。回民结婚不用吹奏，不用鞭炮，不拜天地，不择吉日，大多选择主麻日（星期五）或尔德节（回民节日）前后为结婚日期。结婚日期的选定由双方进行协商，商妥后男女双方到政府申请登记，然后按照预定日期举行结婚仪式。结婚当天，接新娘到新郎家中，请阿訇念证婚词，并由新娘的舅舅或叔、伯做证婚人。仪式开始时，堂屋方桌上摆上核桃、红枣、花生、糖果各一盘，阿訇坐在上方，证婚人、陪客、送客坐在两旁，新娘、新郎并齐坐在下方。由阿訇用阿拉伯语念证婚词，然后阿訇问新娘："有意见吗?"新娘说："答丹。"（即我同意这门婚事）此后，阿訇又问新郎："你有意见吗?"新郎说："盖布里克尔丹。"（即我承领新娘的意愿）这时阿訇将桌上的糖果等撒向新娘、新郎及见礼的群众，以示庆贺。礼成后由男方设宴招待阿訇、送客、陪客及来贺的宾客。

丧葬。回族是实行土葬的民族，主张速葬，停丧时间不能超过3天，同时也很注意节俭办丧事，采用单人圹，不行合葬，选穴不看风水，一律使用南北向。在土质坚实的地方挖一长方形坑，叫子坑，深2~3米，在子坑西壁上挖一圹洞，长2米，宽0.7米，高1米，以供安放尸体之用。在土质松软的地方则采用砖圈或石头、木质经匣，规格尺寸与上述土圹洞相同。洞或经匣内不准放入殉葬品、衣物等。一般男女危病或亡故前，由阿訇或常礼拜之人到家中为病人提念信仰大纲。亡故后，丧主要迅速做好以下准备：报丧，挖坟坑，缝"克凡"（包亡人的白布），准备"着水"（洗亡人用的水）。

丧主安排好以上事情后，请自己的亲朋去做，自己和家属将亡人由床上移至堂屋的木板上，将亡人的衣服脱去，将身体顺直，并盖上白布单。出殡前，先为亡人净身，男的由阿訇洗，女的由师娘（女阿訇）洗，然后用"克凡"包好置于塔布（抬亡人用的木匣子）中，请阿訇及所有的男亲属为亡人举行殡礼（宗教祈祷仪式）。仪式完成后由男子将亡人抬至墓地，女子留在家中不上坟。亡人被抬到墓地后，由其儿子轻轻将亡人抬至墓穴中，头北足南面向西放好，用土坯封上圹洞口，用土堆成北高南低鼻子形的土堆。封坟时由阿訇在一旁诵经，结束后共同为亡人祈祷完成礼仪。此后，每逢亡人的周年忌日，亡人家属请阿訇、亲友聚会一起去坟地诵经，谓之走坟。

节日。回族同汉族一起欢度国家规定的节日，如元旦、五一劳动节等。对本民族的节日非常重视，仪式庄严隆重。回族有两大节日，即"开斋节""宰牲节"。目前，政府规定，在此两节期间，回族同胞放假一天，当地政府领导还要去回族聚居区和回族同胞一起欢庆节日。开斋节又称为

“尔德节”，在每年的伊斯兰教历九月，穆斯林封斋一个月，即白天不吃不喝，每天于日出前和日落后各吃一次饭，斋月期满，即伊斯兰教历十月一日即为开斋节。开斋节当天上午，回族群众都要去清真寺沐浴净身，听阿訇宣讲教义，会礼后，回族群众分头去坟地悼念亡人。节日里，家家户户制作油香之类的传统食品，赠送亲属及邻里，互相祝贺。宰牲节又叫“古尔邦节”“忠孝节”，是回族群众的朝觐日，具备经济条件的人，在这一天去沙特阿拉伯的麦加朝觐天房，无经济能力者，则会集到本坊清真寺进行会礼，会礼后宰牛、宰羊并互相馈赠。

（原载于《驻马店文史资料》，2002 年第一辑，325～330 页）

南乐回族及其习俗

王善增

回族是我国的少数民族之一。7 世纪以来，西域与我国交往频繁，一些波斯人、阿拉伯人陆续迁入我国。他们在与汉、维吾尔、蒙古等民族的长期相处中，逐渐形成了中国又一族属——回族。

我国回族散布全国各地，以西北地区较为集中，其他地区多以大分散、小集中居住为特点，河南南乐县回民分布也属于此类。城关李姓、张姓、王姓等，元村镇张姓、马姓等，共计 500 余人。

南乐回族多系明末清初从河北省的大名、山东省的朝城等地迁入，距今已有 300 多年的历史。新中国成立前，南乐回族人数少，又多系穷人，不少人一把宰杀刀，一副破担子，经商贩卖，本小利薄，所得无几，还经常受到统治阶级的盘剥，生计艰辛。为在生活的夹缝中争得一席之地，他们勤于钻研，善于经营，烹饪蒸、煮、烹、炸俱有特色，食品不膻不臊，色香味俱佳，在市场上独树一帜。如“麻九的包子”“张二马的扁食”，当时誉满城乡，至今仍为人们所称道。新中国成立后，共产党和人民政府实行平等的民族政策，对少数民族给予优惠照顾，回族人民的政治、经济地位大大提高，风俗习惯也受到极大的尊重。

回族人民有其独特的传统风俗习惯，由于与汉族人民长期杂居，深受汉族影响，因此在某些方面已趋于汉化，但仍保留着本民族的某些特点。

回族人信仰伊斯兰教，南乐回族的习俗也具有伊斯兰色彩。

服饰。一般男人多戴白帽，亦有戴黑帽的。宗教人士和虔诚的信教者，上寺礼拜及进行其他宗教活动时则穿长袍、长衫，妇女按教义规定要戴盖头。现在，南乐妇女戴盖头、男人穿长衫的已经很少见，仅有个别老年人戴白帽，服饰已汉化。

饮食。南乐回民主食与汉族相同，只是在肉食方面有严格的区别。回民不食猪肉，只食牛、羊、鸡、鸭。屠宰牛羊时，必须由阿訇屠宰。

礼节。回民向来以热情好客著称。家中来客，一般由长辈出门相迎，客坐则献茶。外地同族称呼“老表”，平时穆斯林相遇，互道“色俩目”（阿拉伯语，表示问安之意）问候。

婚姻。形式大致与汉族相似。回民一般不与外族人通婚，南乐城内回民多与大名、濮阳和本县元村镇等地的回族联姻。订婚时视女方亲属多少，男方需给女方一定数量的点心作礼物。男女结婚时由阿訇主持举行仪式，始能正式行婚礼。近年来，回族男女与其他民族联姻已屡见不鲜，但外族女子嫁与回民需经过洗礼。

丧葬。人死回民称为“无常”或“殁了”，切忌说“死”；称死者为“埋体”，称送葬为“送埋体”。对“埋体”主张速葬，谓入土为安，如今一般三日安葬。回民不信风水，正常地方均可作墓地。人死后，先将衣服脱去，用净水洗其身躯，然后用白布缠好，置于活底经匣内（类似汉民的棺），头北脚南。墓穴须挖过胶泥层后再挖一个洞；送葬时，用一木架子将经匣抬往墓地。安放在墓洞中后，将经匣活底抽出，使尸体着土；有的不用经匣，直接置尸体与洞中。孝子守孝百日并请阿訇念经。

回族习俗很多，而且较为复杂，尽管随着社会进步而不断演变，但仍有不少习俗保留下来，保持其特色。

（原载于《南乐文史资料》，1987年第一辑，93~95页）

本书得到 { 河南大学黄河文明与可持续发展研究中心
国家自然科学基金
（项目编号：41471104）
地理学河南省优势学科
河南大学环境与规划学院
黄河文明协同创新中心 } 联合资助

HENAN HUIZU
—ZHONGYUANDADI DE YOUXIUYIYUAN

民族地理丛书
总主编　艾少伟
副总主编　海俊亮 马晓军 原思明

河南回族

——中原大地的优秀一员

（文史资料选编）

下册

主编 / 原思明　艾少伟
副主编 / 陈廷良 宛磊 沙旭升　郭宝光　李传明 古凤英

民族出版社

下

宗教篇

伊斯兰教在河南的传播

陈廷良

回族民众广泛信仰伊斯兰教。伊斯兰教创于610年。632年后逐渐传播到阿拉伯各个地区；651年灭波斯萨珊帝国，广大的阿拉伯地区和波斯都成为哈里发帝国的版图，这里的人们逐渐信仰伊斯兰教。同年（唐高宗永徽二年），第三任哈里发奥斯曼“遣使朝贡”唐高宗，两个国家建立正式外交关系，双方来往密切（中国和阿拉伯、波斯的经济贸易往来可追溯到南北朝时期）。由于信仰伊斯兰教的阿拉伯人和波斯人不断地到中国经商贸易，伊斯兰教随之传入中国。唐代以后来中国经商的阿拉伯、波斯商人和外交官，在中国的通商口岸和京城定居下来，成为最早的来中国的伊斯兰教民，他们居留中国的后裔被称为“回回先民”。

河南地处中原腹地，为东西南北来往要冲，在中国历史上向来为兵家必争之地，帝王建都之所在，也是商人争夺的重要市场，因而伊斯兰教也相继在河南广泛传播。

一、伊斯兰教在唐、宋时期的传播

洛阳是唐朝的都城之一，称之为东都。唐高宗、武则天、唐中宗、唐玄宗、唐昭宗、唐哀帝6个皇帝都曾长期居住在洛阳。唐高宗李治和武则天执政期间，对洛阳不断进行扩建，人口增至一百余万。手工业的生产规模和技术都远远超过前代，商业繁荣，经济发达。这里交通便利，由陆路向西可经陕西、甘肃、新疆的古丝绸之路抵达波斯、阿拉伯；由水路经通济渠、汴渠、泗水、淮河可至扬州，转海路达广州，进而远航直达阿拉伯地区。当盛唐之际，各国使者、学者、留学生、宗教人士、商人等频繁来往于洛阳，加强了中外经济合作和文化交流，使之成为世界上最繁荣的都市之一。近年来，在洛阳唐墓和其他遗址中出土的胡商唐三彩俑、波斯银币和其他文物，表明随着穆斯林商人、使者的到来，伊斯兰教也随之在河南传播。

唐代颍州（今许昌市）人陈黯，字希孺，作《华心说》一文，收入《全唐文》中，记载唐宣宗大中二年（848 年），汴州（今开封）刺史、宣武军节度使卢钧推荐大食（今阿拉伯）人李彦升考中进士之事。这是一个有名、有姓、有国籍等详细信息的确凿例证。《太平广记》一书中卷四零二《李勉》条载：司徒李勉，开元初（713 年）任浚仪（今开封）尉，任满，去广陵（今扬州市），行至睢阳（今商丘县南），遇一生病的波斯（今伊朗）老人，声称来此经商已 20 年，要求李勉让他乘船返回扬州，这又是一个例证。

五代、北宋、金后期，国都建在开封和洛阳，伊斯兰国家的使者和商人来河南更多于前代。北宋和阿拉伯、波斯、中亚等地的伊斯兰国家关系密切，来往十分频繁。《送会要稿》蕃夷四、蕃夷七，《玉海》，《宋史·大食传》等书中记载：从宋太祖开宝元年（968 年）至宋徽宗政和六年（1116 年）的 148 年间，仅大食就有 46 次朝贡，平均三年多一点时间就有一次，宋皇室和官吏为满足奢侈腐化的需要，每年需进口大量的奢侈品，穆斯林商人经营的有：香料、药物、犀角、象牙和珠玉等，仅香料一项就数量惊人，价格也十分昂贵。《可书》记载：一商人卖真龙涎香二钱，要价 30 万缗（折合铜钱 3 亿贯）。《宋会要辑稿》职官四四条载："今来大食诸国蕃客，乞往诸州及东京买卖。"可见当时在开封等地经商的穆斯林商人数量可观。

北宋朝廷对前来投奔和定居的穆斯林一向采取友好态度。《咸阳王抚滇功绩》中载：西域天方国布哈拉国王所非尔于宋神宗熙宁三年（1070 年）同弟艾尔莎三子五孙及家属，率部下 5300 多人，驼马 5000 余骑，入贡京师，神宗大悦，授其为本部正使总管，封其为宁彝侯。西域人梁柱于神宗熙宁年间（1068—1077 年）定居开封后，以精湛的医术被朝廷聘为"金创科御医"，其后人在开封行医，开设"滋德堂"。

安徽安庆《马氏宗谱》和湖北襄樊《马氏宗谱》记载：马依泽，西域鲁穆人，宋太祖建龙二年（961 年），充使应诏入华修历，越二年书成，授钦天监监王。告老后，定居陕西省泾阳县永安镇。据从美国复印的《马氏宗谱》载：马依泽第三子，龙虎将军，上护军副总兵马忆，字思明，行伍出身，由小旗征讨西边有功，升百总、千总、守备、都司、游击、两宁参将，直至河南怀庆府副总兵，死于任上，家属可能定居沁阳。马依泽第十一世孙马乾，字枢仪。南宋光宗绍熙壬子科（绍熙三年，即 1192 年）乡试中第九名举人，宁宗庆元丙辰（庆元二年，1196 年）会试中第四十二名进士。选保定府清苑县知县，升赵州知州、河南府（今洛阳）知府，致仕入籍新安县，为有文字记载的定居河南的回回马姓第一家。《马氏谱系卷二》上记载：明朝成化七年（1471 年），马氏家族印宗谱（即美国所存的《马氏宗谱》）并分发马氏成员。河南马依泽后裔当时领宗谱的有：陈留县马商陆，杞县马祖寿，鄢陵县马秉良，郑州马锋，陈州（今淮阳）马皋，禹州马舜，许州（今许昌）马鼎震，新安县马苍、马彦、马茌、马芳，信阳州马六云，新野县马节、马田、马存、马奉，共计 10 个地方的 16 家。

白寿彝先生在《元代回教人与回教》一文中说：“蒙古西征以前，回教人之在中国者，虽间有赴内地贸易之事，但其集合有长期居留之中心，仍限于京师及通商口岸。”南宋人周密《癸辛杂识》中记载：开封的“万岁山有大洞数十，其洞中皆筑以雄黄及炉甘石，雄黄则避蛇蝎，甘石则天阴能致云雾，蓊郁如深山穷谷，后经官折卖，有回回者知之，因请买，凡得雄黄数千斤，炉甘石数万斤。”明朝人田汝咸所著《两湖游览志》卷一八《真教寺条》（即杭州凤凰寺）载：“先是宋室徙跸，西域异人安插中原者，多人驾而南。”又是一证。

洛阳、开封为唐、五代、北宋、金后期的京师之地，有不少阿拉伯和波斯的穆斯林商人及其后裔在此定居。他们是河南的“回回先民”。唐、宋时期，穆斯林在洛阳、开封的不少，应当建有宗教活动场所——清真寺，但因年代久远，战乱频繁，或因黄河淹灌，再加上统治阶级的歧视，不予记载等原因，使这些遗迹湮没，无从考察。

二、伊斯兰教在元代的传播

1219—1258 年，成吉思汗及其子孙们进行了三次西征。在蒙古军三次西征中，地处中亚、西亚的穆斯林既是被征服者，又是征服者，他们归顺后，适于服役的青壮年被强征入伍，编为“西域探马赤军”，又叫“西域亲军”或“回回军”。西域探马赤军成为元王朝灭金、宋，统一全国的重要军事力量。

一家四代住在怀孟州的曷斯麦里，原为西辽谷则斡尔朵（今吉尔吉斯斯坦）人，任西辽柯萨城八斯哈长官。1216 年，迎降蒙古军。1219 年，率先锋部队西征，在西征中是战无不胜、攻无不克的常胜将军。1224 年，回到成吉思汗身边任职，并返回亦八里城召回过去收服的回回部卒。1231 年，随军伐金，驻军于怀孟州。次年任怀孟州达鲁花赤。后又晋职为怀孟，河南二十八处都达鲁花赤。1251 年，曷斯麦里卒于怀孟，其子密吉里袭任怀孟州达鲁花赤。1262 年，密吉里战死，他的儿子俺撒、孙子忙兀带又先后袭任怀孟州达鲁花赤。

元世祖至元十八年（1281 年）诏令：“括回回炮手散居他郡者，悉令赴南京（今开封）屯田。”造炮专家阿老瓦丁和亦思马因的后裔率炮手进驻开封一带。《新元史》记载：“大德三年（1299 年）……河决原武。回回炮手居鄢陵者万余户，（王）忱督使趋工，不数日堤成，民尤颂之。”据《敕赐伊川书院碑》载：该书院创始人之一的勖实戴在嵩州（今伊川县）担任回回炮手总管兼领屯田。碑文末说：“此勖实戴为回回人而屯戍河南者欤!”明嘉靖《巩县志》载：“回回凹在县西南三十里，元时为牧马之地。”元世祖本记载：“回回昔宝赤（意为放鹰人）百八十户居汴梁（今开封）者，申命宣慰司给田。”

河南还有很多回回人世居此地，如：安阳的凯霖字和数，汉姓荀；濮阳县的伯颜，一名师圣，字宗道；濮阳县的丑间字益谦；汝州的哈剌解；宜阳县柳泉镇的沙的；潢川的马祖常等。此外还有封丘县的荆乡回族乡的“军李”，焦作市的闪、丹、买、拜等回姓，郑州、荥阳一带的海、沙、虎、铁、帖、马等回姓，还有众多散居各地的回回人。

明王朝对蒙古、色目人采取仇视、歧视的态度，回回是色目人中的重要一支，因此，也受到当时修志的知识分子的歧视，对回回人在各地的活动不予记载，只有依靠清真寺中碑文略知一二。元末农民起义的主战场都在河南，长期的拉锯战使得玉石俱焚，清真寺也难逃厄运。鄢陵县有万余户回回炮手屯田，如以每500户建一清真寺计算，当有二三十坊清真寺，但元朝以后荡然无存，志书上也无任何记载。开封也是如此。现在可定为元代建筑的清真寺不多。沁阳市城内自治街北大寺，明万历十一年（1583年）重修清真寺，碑记中载：“我怀有清真寺旧矣，或云创于元至正（1341—1368年）间”。博爱县清化镇西关清真寺1941年8月立的《建筑后大殿落成碑记》中载：“查我寺寺大殿自永乐三年（1405年）扩建以来，迄今已五百三十五年……”另外，沁阳市城关镇关村清真寺的历史都可追溯到元朝。另外，沈丘县槐店镇清真寺、潢川小南海回回营清真寺等也是创建于元代。

河南林县、辉县、许州的道观中有元代石碑，碑文中有“达失蛮”（伊斯兰教宗教职业者）一词，由他们主持清真寺的教务活动。估计他们是外来的回回人，由于没有文字记载，无法断定他们的身份。

三、伊斯兰教在明朝时期的传播

明王朝统治阶级的基础是江南汉族地主阶级，元王朝时他们被划为第四等人，遭到严重歧视。他们掌权后非常仇视元朝占统治地位的第一、二等人（即蒙古人和色目人），对其实行严厉的同化政策。《明律》规定：“凡蒙古、色目人，听与中国人（汉人）为婚姻，不许本类自相嫁娶。违者杖八十，男女入官为奴。”其注解云：“胡元入主中国，其种族散处天下者，难以遽绝。故凡蒙古及色目人，听与中国之人相嫁娶为婚姻……”不许蒙古、色目之本类自相嫁娶。如本类中违律自相嫁娶者，两家主婚杖八十，所嫁娶之男女俱入官，男为奴，女为婢……“夫本类嫁娶有禁者，恐其种类日滋也。”回族为色目人中重要一支，按律当在同化之列。但明王朝开国重臣常遇春、胡大海、冯胜、兰玉、沐英等皆回回人，他们为创建明王朝立下汗马功劳。常遇春人称常胜将军，朱元璋在总结开国之功时说："计其开拓之功，以十分言之，遇春居其七八。"所以，明朝统治者对回回人不便直接使用镇压手段，只能施行怀柔、同化政策。回回人则仍坚持"守教不替"，坚持宗教信仰，坚持信仰相同者通婚的婚姻制度，同化政策并未奏效，由于人口繁衍与迁徙，加之汉人与回族人通婚后多改信伊斯兰教，反而使回回人口增加，河南回回人口明朝多于元朝，聚居点亦增多，清真寺的创建更加普遍。

伊斯兰教传入中国后，与其他外来宗教不同。第一，它在中国不对外传教，因此，不惹异教人的嫉视，在中国历史上佛教、基督教曾遭到禁止，而未曾波及伊斯兰教；第二，它不攻击儒家，元朝的赛典赤·瞻思丁在云南修建孔庙，伊斯兰教学者对孔子独致尊崇，使中国一般儒生对之不生恶感；第三，明确提出"祝延圣寿"，伊斯兰教徒为摆脱明朝政治上的压迫，以"祝延圣寿"为由建立清真寺，使最高统治者能够容忍伊斯兰教的存在。加之回回人对明朝贡献大，使明朝统治者虽有压抑外族之心，但对回族，对回族之宗教信仰不得不区别于其他色目人。洪武初，在南京、西安敕修清真寺，并下令"如寺院倒塌，随时修，不许阻滞"。明太祖曾御笔亲书《百字赞》："乾坤初始，天籍注名。传教大圣，降生西域。受授天经，三十部册，普化众生。亿兆君师，万圣领袖。协助天运，保庇国民。五时祈佑，默祝太平。存心真主，加志穷民。拯救患难，洞彻幽冥。超拔灵魂，脱离罪业，仁覆天下，道贯古今，降邪归一，教名清真。穆罕默德，至贵圣人。"当时，御书《百字赞》在河南各地广为刊刻立碑。武宗评论诸教说："诸教之道，皆各执一偏，唯清真认主之教，深原于正理，此所以垂教万世，与天壤久也。""世宗敕名净觉寺，行令礼部给与札付，冠带荣身……令各省随方（即坊）建寺，赴京比例，请给札付，住持寺院。"（《瀛涯胜览》）"神宗诏修天下清（真）寺，褒以封号；凡一应主持，恩及冠带。今供职焚修，以事造化天地人神万物之主。"（《皇明外纪》）在明朝，河南清真寺初步统计为128坊，其中明确记载为正德（武宗年号）（1506—1521年）、嘉靖（世宗年号）（1522—1566年）、万历（神宗年号）（1573—1620年）年间创建的清真寺达37坊，占总数的

30%。这些清真寺分别创建于开封、郑州、洛阳、焦作、南阳、许昌、周口、商丘、沁阳、博爱、孟县、卫辉、封丘、荥阳、禹州、临颍、襄城、叶县、宁陵、扶沟、鄢陵、太康、淮阳、固始等60个市、县，开封文殊寺街清真寺是万历甲辰年（1604年）由文殊尼姑庵改建为清真寺的，各地寺中现有明朝石牌、石额的有：开封东大寺（原名大梁清真寺）的洪武年间（1368—1398年）阿拉伯文碑和万历十四年（1586年）《古制连班永遵碑》；沁阳市水南关清真寺中《嘉靖四十二年（1563年）九月二十一日礼部任命张林为掌教的劄付碑》（清光绪三十年的复制品）和天启乙丑年（1625年）春二月立的《清真寺修圈记碑》；沁阳市城内自治街北大寺中万历癸未年（1583年）端阳立的《重修清真寺记碑》和万历十八年（1590年）端阳立的《鼎建清真寺拜殿记碑》；博爱县二仙庙村清真寺中崇祯十一年（1638年）夏立的《重修本寺墙垣并祀田记碑》；开封市文殊寺万历甲辰年（1604年）立的“清真寺”三字石额；新蔡县李桥回族乡常湾村清真寺大门上有嘉靖年间（1522—1566年）立的“清真寺”三字石额；博爱县大新庄东大寺南北讲堂防火墙前檐砖上铸有“大明”字样。

明代中期，河南一些“麦斯吉德”即用“清真寺”之名。新蔡县常湾村清真寺大门上的石额为“清真寺”三字，沁阳市北大寺的两块石碑刻字皆为“清真寺”，开封市文殊寺石额也为“清真寺”三字，沁阳市水南关石碑上也称“清真寺”。由此可见，明代中后期在河南即称“麦斯吉德”为“清真寺”，逐渐使清真寺成为河南各地伊斯兰教寺院的专用名称。

明代中后期一些著名清真寺的掌教已由朝廷任命。沁阳市城关镇水南关村清真寺中有石碑，为明世宗嘉靖年间寺中掌教张林请求朝廷比例任命他为掌教的碑刻碑文。

> 大明嘉靖四十二年（1563年）九月二十一奉上谕，饬礼部为比例请给劄付（即“札付”）以便焚修祝延圣寿事，照得祠祭清吏司案呈本部送通政使司连状，据张林禀称年四十五岁，系河南怀庆府河内县（今沁阳市）水南关礼拜清真寺掌教，切照京师建立礼拜寺，缘系奉敕修理，并给掌教劄付，俾专焚修祝延圣寿。各处分立寺院，事体相同，以故嘉靖三十二年易州同教李善，正

德十三年大兴县同教陈俊，成化七年凤阳府同教常福俱已敕给掌教劄付，领众焚修祝延圣寿，与京师礼拜寺毫无二致。今林，系本县在城四图人，自承祖教以来，通习经文，众举为掌教，领本郡教下焚修祝延圣寿。因思林与李善等事属一律，未曾请给劄付，恐寺无从约束，有失焚修，如蒙俯准，乞送礼部祠祭清吏司查照比例给赐翻付祝延圣寿，庶恩典便益，特请禀部送司，查有前例，相应准给案呈到部拟合就行，为此合行，劄仰张林前去本寺掌教，领众焚修，祝延圣寿，毋得混乱清规，致干未便，须致劄付者。

沁阳市自治街北大寺，明万历十八年（1590年）碑文有礼部银付掌教买汝由、副教马汝弼、赞教买希兰。以此看，明朝河南著名清真寺的掌教可以得到朝廷任命。

明朝前期，河南的阿衡（当时称掌教）怎样培养？如何聘任？至今未发现相关文字资料，可能有国外传教士来此当阿衡，郑州市解放路老坟岗的“巴巴墓”可能是国外来中国传教的，因缺乏相关文字资料，无法做出准确判断。

明朝后期，河南的阿衡是由国内自己培养，形式上可能是师傅带徒弟，也可能是父传子。从水南关清真寺碑文上看，张林自称“系本县在城四图人，自承祖教以来，通习经文，众举为掌教”。他未说明是跟谁在何地“通习经文”，可能就在本地学的，由本坊社头推荐聘任为阿衡。

明朝河南伊斯兰教已有学派之分，张林生于明正德十三年（1518年），和陕西学派创始人胡登洲（1522—1597年，字明普，咸阳人）是同时代人，并长胡登洲4岁。胡登洲50多岁方设馆授徒，此时张林已受劄付为掌教十余年，未曾受陕西学派的影响。沁阳市自治街北大寺万历十八年（1590年）石碑所载礼部劄付清真寺掌教买汝由，恐怕也不属于陕西学派。陕西学派注重学问的精而专，一般专攻阿拉伯文经典，甚至专攻认主学，强调伊斯兰教哲学的教学与研究，精于伊斯兰教辩证法学，主张伊玛目领拜时要出班，单独一班。当时河南的伊玛目仍然按老规矩，领拜时站在第一班右面，不单独一班。在阿衡出班与不出班的问题上，陕西学派与河南的传统派发生激烈冲突。胡登州的著名弟子冯、海二阿衡到开封推行阿衡出班制度，开封东大寺（河南省首坊）专立一石碑，上书“古制连班永遵”与之抗衡。陕西学派把出班问题也看得非常严重，胡登洲的四传弟子——山东学派创始人常志美对出班制度非常认真，他不去阿衡不出班的清真寺礼拜。《经学系传谱》上讲：“不期年，东寺（即今济宁运河岸上之寺）清常先生，设义学，馆于寺之隔院，五时朝礼未常赴寺（今人不论有故无故，争言者麻葛特之贵，鄙薄不随班者，一何可笑，由其胸襟之学未广也），因其以连班为当然故耳。约二年，众耆固请诣寺，先生反复示以连班，不应，其众不从，故解馆。其众之半，愿随先生之训者，修建大寺于西隅，由是二先生（指常志美、李延龄）同堂授学，而犹勿赴寺，必伺独班已久，五拜时方往焉。”河南关于阿衡出班与不出班之争，一直延续到清朝中后期。

冯、海二位阿衡在河南没有推行开阿衡出班制，但其后来者没有气馁，坚持不懈。冯阿衡长子冯少川（长安人，二传弟子）到开封城内任阿衡长达5年之久，还曾在郑州西之貂谷（今刁沟）站位。陕西学派三传弟子、冯少川之弟子张少山（陕西临潼人）开始跟冯少川在宁夏同心城念经，后随师到郑州刁沟入赘海家，遂入籍刁沟。张少山因广学博雅，咸异其才，人称状元巴巴，应聘于金陵（今南京）之敕建净觉寺中，开设义学，名重一时。山东学派创始人常志美、李延龄二人年轻时闻张少山之学识，从济宁不惜千里，负笈往从，不料误入旱西门寺。后遇张少山，相约到刁沟拜师习经。二人在刁沟各习一经，将及二年，学成返回济宁，成为胡登洲四传弟子。二人后创山东学派，注重学识的博而熟，阿拉伯文与波斯文兼授，讲究教法与教法学，同时讲授认主学与苏非哲学，注意循序渐进，由浅入深。

明末，陕西学派逐渐深入河南，河南的求学者也不惜千里到南京、武昌等地投靠三传弟子学经。如郑州人巴继吾为张少山弟子，并且“德行可嘉”。开封朱仙镇人许景祥到武昌拜马明龙为师。冯少川在开封、郑州开义学，张少山入籍刁沟，会有不少河南弟子前往习经，只是未发现文字资料罢了。

回族为信仰伊斯兰教的民族，明朝时伊斯兰教在河南的传播与回回民族在河南的分布有直接关系。沁阳市（原怀庆府河内县）自治街北大寺万历十一年（1583 年）碑文中记立碑人 384 人，以一人一户来计算是 384 户，碑上有名的是上乜贴的人家，上不起乜贴的穷户当也不少，此坊内少算也有 500 户，有闪、丹、买、拜、丁、陈、马、许、海、袁、刘、铁、傅、唐、杨、程、黄、白、张、王 20 个姓氏。沁阳市水南关清真寺中明朝天启五年（1625 年）碑文上立碑人有：丁（8 户）、马（8 户）、王（5 户）、卢（5 户）、闪（3 户）、白（3 户）、买（3 户）、张（3 户）、袁（3 户）、拜（2 户）、丹（2 户）、吕（1 户）12 姓 56 户。元代留下的回回人可考姓氏还有：封丘县荆圪挡的"军李"，潢川县马姓，郑州荥阳一带的海、沙、虎、帖、钱、马等姓。元末农民战争，河南是主战场之一，人民饱经战乱之苦，部分地区人口减少，如鄢陵县原有回民万余户，明朝时只剩寥寥数十户。怀庆府（今焦作市）为元朝回回人曷斯麦里屯兵之处，明朝时回回人口也不多了。

明朝外地迁入河南的回回人不少，洪武年间（1368—1398 年），丁贵率子由山西洪洞县迁至孟县桑坡村（这里原是五代时期后晋宰相桑维翰的坟地，叫桑家坡，回回人迁来后改为桑坡），子孙繁衍，明朝时分布全省。桑坡村另有张、白二姓移入，后来也成为大户。洪武初，宛平县李姓迁至今封丘县荆圪挡（明朝时属开封），和"军李"住在一起，为有别于"军李"，人们称之为"民李"，如今河南回族中的李姓大多出于此地。钧州（今禹州市）山货场的赵姓是洪武年间从洪洞县迁来，来时只有赵来杰、赵来义弟兄二人，如今赵姓是山货回族乡的主要姓氏。陕西省泾阳县永乐镇李尚书塔下的马依泽后裔，明朝由马圮率一支迁到新野县的沙堰镇、郑州、陈留等地，后又分布到今天南阳市及省内其他地方。睢县刘姓、吴姓先后由河北沧州迁来。袁姓回族由北京香椿胡同迁入开封，又由开封分散至全省各地，其中一支迁至怀庆府河内县北关。陕西省渭南县良天坡水姓迁到镇平县东柳泉铺北水沟村。还有其他姓氏，不一一详述。

因经商、投亲、避灾等原因在河南省内迁徙的更多。明朝回回人口明显多于元朝。他们分布在今天的郑州市、荥阳市、新密市、开封市、开封县、通许县、杞县、洛阳市、嵩县、洛宁、平顶山市、汝州市、宝丰县、叶县、鲁山县、襄城县、郏县、卫辉市、封丘县、焦作市、博爱县、沁阳市、武陟县、孟县、南乐县、许昌市、禹州市、长葛市、许昌县、鄢陵县、临颍县、郾城县、商丘市、商丘县、民权县、宁陵县、睢县、柘城县、周口市、扶沟县、西华县、太康县、淮阳县、沈丘县、项城市、泌阳县、西平县、新蔡县、南阳市、南阳县、邓州市、南召县、方城县、镇平县、社旗县、唐河县、桐柏县、新野县、内乡县、潢川县、固始县、罗山县等地。回回人的聚居区明显增多，形成大分散、小聚居的状态，整体上是少数居住在城市，多数居住在农村。

四、伊斯兰教在清朝时期的传播

（一）清朝廷的歧回政策

清王朝的统治阶级为了巩固自己的统治地位，人为制造民族差别，实行民族压迫和民族歧视政策，以利于自身的统治。

清初一些文人、学者对回族存在民族偏见，发表具有煽动性的言论，对回回颇为歧视。顾炎武曾认为："唯回回自守其国俗，终不肯变，结为党伙，为暴闾阎，以累朝之德化而不能驯其顽犷之习。"又说："天子无故不杀牛，而今回子终日杀牛为膳，宜先禁此，则夷风可以渐革。"兵科左给事中郝壁认为："此种从来叵测，与百姓同城居住，习俗不一，终为疑二。"向朝廷献策："于各府、州、县、卫五六十里之外，或有屯堡偏同（意为安静）之地，子女族党另行安置，勿令养马，藏兵器。"并且还要让回回的"掌教大人主之，制其出入，一意耕牧所有田产，以消其汇悍之性"，"仍听司道等官不时察勘，庶衅无由启，久自敉平，实民与回两便之道"。这足以反映出清朝官吏对回族的仇视。至雍正初年，山东巡抚陈世馆和署理安徽按察使鲁国华等地方大员向清廷上疏，对回民的宗教信仰和节日、服制等横加指责，妄加罪名，明确建议禁革回教。他们攻击"回教不敬天地，不祀神祇，另订宗主，自为岁年，党羽众盛，济恶害民"，说回民"不分大小建，不论闰月，以三百六十日为一年始记某日为岁首，群相庆贺，名曰拜年。又平日早晚皆戴白帽，设立礼拜、清真等寺名色，不知供奉何神”。因此，他们建议朝廷采取措施，对回民“请概令出教，毁其礼拜寺”，“请令回民遵奉正朔、服制，一应礼拜寺等尽行禁革，倘怙终不悛，将私记年月者照左道惑众律治罪，戴白帽者以违制律定拟。如地方官容稳，督抚循庇，亦一并照律议处”。但雍正帝为了清王朝的安定，未接受这些建议。

清王朝对回族采取分化、歧视、镇压的政策，即拉拢回族上层人士为其所用，对广大回族人民则挑拨分化、歧视镇压。乾隆四十六年（1781年）和四十七年（1782年）发生了两次针对回民的文字狱。乾隆年间发生了苏四十三和田五起义。咸丰、同治年间发生了西南和西北回民起义。清朝廷在西南、西北对回民的镇压必然波及河南。如当时发生了永城县的“永不留回”事件；内乡县知县出布告把回民赶出内乡县事件；陕、甘回民在开封建清真寺，县衙不准其称清真寺而被迫称“善义堂”之事；焦作市恩村以碑文公告：土地和牛羊不准卖给回民主事等。

（二）人口变迁

1. 战争引起人口流动

明末农民大起义，义军于1633年进入河南北部，在彰德、卫辉、怀庆三府与明军展开激战，以后又转战到黄河以南。河南连年灾荒，饥民纷纷参加义军。崇祯十五年（1642年）起义军号称百万之众，基本上为河南人。义军壮大后，同明军在新蔡、襄城、朱仙镇、郏县等地进行决战。老回回马守应统率的回回义军长期转战河南，一直坚持到1645年。十几年的拉锯战争，使河南又一次赤地千里，人烟稀少，野兽出没，以至于发生南阳野狗吃活人之事。因此清初向河南大量移民，再次引起人口大流动，回回民族当然也不例外。如回回义军将领马守应、马光玉、孙昂等部队长期转战于河南南部和东部一带，这里的一些马姓自称是义军的后裔。咸丰、同治年间西北回回民族大规模的抗清斗争失败后，有不少陕西回回逃到河南各地定居。开封回族中的“马客伙”人有不少是从清军虎口中逃出来的。镇平闻家营的闻姓，始祖闻富喜，原籍山东，康熙时武进士，任南阳镇游击，落籍镇平闻家营。

2. 行医、经商促进人口流动

南阳县黄石岗乡陈寨村陈姓始祖原居陕西省渭南县龙井村，以岐黄（中医）为业，于康熙二年（1663年）贸易于南阳。六世祖陈国忠始于南阳城东南之小陈寨定居。南阳城内水姓，祖籍陕西省渭南县良天坡，高祖水好成行医至镇平并定居，又从镇平移居南阳城中，已历九代。

河南各大城镇都有因经商而定居下来的外省回回人。如开封的“马豫兴鸡鸭店”“五福酱果店”的马家来自南京；开封市中心牲口市一带居住的“马客伙”人中多数人是来开封经商的陕西、甘肃等地回回人的后裔；山东济宁市和菏泽市的沙垓、马垓地方的皮毛业、皮革业很有名，不少当地的手工业者移居到河南东部经营皮毛、皮革业；河南的沙姓多数来自沙垓。此外，还有来自北京、天津、沧州、德州、正定、大名、保定、安徽等地的回回人。

3. 传经布道使人口增加

康熙年间，陕西省渭南县林口镇的著名经学大师、“尊经革俗”的推行者舍起灵定居襄城县石羊街，至今已传13代人。来河南当阿訇而定居的还有河北、北京、山东、安徽、江苏、湖北、陕西、甘肃等地人。

4. 因自然环境变化形成新的定居点

河南省内因经济状况和水陆交通的不断变化，加上天灾人祸，造成人口流动。开封、朱仙镇、洛阳、孟县、桑坡、怀庆府、荥阳、封丘、睢县、周口、淮阳等地回族人，为谋生计纷纷迁到省内新兴的水陆交通码头、城镇定居，出现众多新的回回人定居点，比较突出的有今天的周口市、驻马店市、漯河市等。清末，河南绝大部分县城、重要的乡镇水旱码头都遍布回回人，人口有较大幅度的增长。回族聚居的街道、村庄增多，出现不少回回街和回回村。开封回回人聚居区有大小街道30多条。沁阳城内的自治街、博爱县清化镇西关等也是回回聚居区。孟县桑坡为回回村庄，有男寺6坊，在清末形成东、西两部分，由17块居住区构成，居民约有1200户，人口在万人以上。以丁、白、张三姓为大户，每姓达数百户。村中有24姓，人们把姓氏编为歌唱：“丁白张，买拜王，郭马姬，闪哈杨，李卢艾，袁麻庞，彭摆沙，满刘尚”。此外，修武、武陟、封丘、淮阳，太康、沈丘、禹州、许昌、南阳、邓州、荥阳、长葛等地方都有回回人居住的较大村庄。

（三）经堂教育

河南在清朝以前，清真寺都实行三掌教制，即有掌教、副教和赞教。掌教，也称住持，即伊玛目，是阿拉伯文“imam”的音译，意为“站在前列的人”“首领”“表率”等。副教，也称协教、襄教，即海推布，是阿拉伯文“kharib”的音译，指宣讲教义的人，主麻日手持木杖站在清真寺大殿内讲坛上念呼图白的人。赞教，也称赞礼、鸣赞，即穆安津，是阿拉伯文“muadhdhin”的音译，意为宣礼员，指清真寺内按时呼唤信徒做礼拜的人。

经堂教育兴办前，阿訇的接班人是师傅带徒弟，或是父传子继。胡登洲创办经堂教育，是用阿文大学的学堂教育取代师傅带徒弟的传统教育，使阿訇的培养方式发生了一次大变革，但阿文大学与清真寺并不在一起，胡登洲在家中授课。山东学派创办的阿文大学也不在寺中。沁阳市水南关清真寺有一块《重修清真寺正殿、栏杆、并匣罩记》石碑，该碑立于康熙六十一年（1722 年）岁次壬寅秋月，碑文中记：“于是设教舍公勤营缮修缉之志，与掌教丁公、买公、拜公四人同心合力多方经营……共修正殿三间，栏杆五间，又就中修匣罩二座，以供同教丧事之用，……由此而朝夕沐浴、晨昏礼拜时之诵经，上答至尊，莫不兴维新之志，下肃教规，不致有负清真之名，则设教之舍公与掌教丁公等其有功于本教也，岂浅鲜哉，援笔为记，以志设教、掌教者之功德，并同教者之急公云尔。”碑文后边记有：渭南设教舍光隆，掌教丁建极，副教买大干，赞教拜有发，以及南寺设教李美吾、掌教买允文。碑文中出三次“设教”之词，碑尾又有设教舍光隆、设教李美吾，另有掌教、副教、赞教之职务。可见“设教”一词是新设的，可能是由“设帐教学”一词“演绎”而来的，这个词十分巧妙，既与掌教、副教、赞教等官方称谓相一致，“设”又能反映出他是办学之人，后来演变为“开学阿訇”。另外从舍光隆设教与掌教等既一起“同心合力多方经营”，又在一起署名，可以看出胡登洲、常志美等人创办经堂教育是以“学馆”的形式存在，与清真寺是分离的。康熙年间经过舍起灵推行阿訇独班制，学馆办在清真寺中，使经堂教育由学馆和清真寺分离到二者合一，成为名副其实的“经堂教育”。

经堂教育（即阿文大学）的教师即开学阿訇，俗称“阿訇老”，是受聘的外地或外坊的阿林深、品德高尚的阿訇。除了讲学，还接受伊玛目的谦让，带领穆民礼拜或应邀主持本坊乡老婚丧祭祀典礼。开学阿訇一般任期为1～4年，在接受另外一坊聘任后离去。即使是长期在这坊任教，也是连聘连任，没有终身制。其学生一部分是他们带来的，另一部分则是本坊或新来的外地海里凡。河南的“阿訇”一词始于清朝初期。

（四）著名阿訇

明朝中后期，河南经学教育日益兴盛。清初，经学教育更加发展。舍起灵的启蒙经师杨师说：“秦（陕西）、楚（湖北）、吴（江苏），梁（开封一带）皆有学者，其教授有法，人才盛集。”胡登洲创立经堂教育陕西学派后，该学派学者很快就来到开封、郑州一带讲学。胡登洲的四传弟子常志美在山东创立山东学派，招收不少河南弟子。从清初至清末，河南的经堂教育逐渐为陕西学派和山东学派传人控制。

经学大师舍起灵（1630—1703年），字蕴善，号云山，道号破衲痴。陕西渭南人，后入籍河南襄城县。他为胡登洲的五传弟子，常志美的亲传弟子。一生中在21处（陕西、河南、安徽、北京、辽宁、河北等地）任开学阿訇，前后共历时40余年，从20多岁为开学阿訇，68岁返回襄城县家中。其弟子遍及全国，有些弟子成为著名开学阿訇，他在世时已传四代徒子徒孙。他和弟子们极力推行胡登洲、冯阿訇、张少山、常志美等人的学说，尤其是阿訇独班、先开斋后礼拜等主张，并提出改革18条，当时被人们称为“侯都思”（即革新派），至清末，河南省清真寺全部成为舍起灵推行的新格底目。《经学系传谱》一书称赞舍起灵之功道：“则吾教之胡、冯、张、常诸学者之授经书，非先生恐亦必至淹没而已。”他著有《醒迷录》，译有《推原正达》（原名《迷尔撒德》）、《归真必要》（原名《默格索特》）、《昭元秘诀》（原名《艾什尔吐·来麦尔台》）。《昭元秘诀》由阿卜杜拉合曼·加米著，波斯文，被认为是伊斯兰教哲学的杰作，认主学的最高理论，是中国经堂教育13种必读课本之一，舍起灵葬于襄城县令武山麓，“滚白”上刻有“清真宗师”石额。

马景新，字恒馥，河南太康县人，舍起灵亲传弟子，经汉两通，曾代师授徒，受到欢迎。《经学系传谱》载其先后在安徽、山东、北京、河北等十余处任开学阿訇。其时“年未四旬”。据传一位外国阿訇过陕西，携有《终谷勒弗托华》之经，在折录中篇章紊乱，且缺序文，舍起灵让其整理，未几，检阅校正兼撰序文，呈于老师。舍起灵赞他：“恒馥向居门下，正如锥处囊中，虽少露锋锐，今始见其利矣！若此才华，世所罕有，我见犹怜，无怪后进之多相处也。”

李绍让，字谦居，安徽亳州人。系舍起灵亲传弟子，经汉两通。《经学系传谱》载其随师学习6年，大学而成，设帐教学。他刚直不阿，淡交寡合，廉洁清正，人咸称其学行兼优，曾于考城、山东东昌府（今聊城）、亳州、镇江等处任开学阿訇。

李美吾，河北清苑县金家集人。舍起灵亲传弟子，曾任沁阳水南关南清真寺开学阿訇。舍光隆，渭南县林口镇人，为舍起灵之侄（舍起灵之子为光字辈），曾任沁阳水南关清真寺开学阿訇。

《经学系传谱》上列名的河南学经人还有：常志美亲传弟子虎清宇（郑州人）、李秀峰（开封人）、穆天凤（淮阳人），舍起灵亲传弟子马之良（字君锡，郑州人）、虎廷辅（字巨卿，郑州人）、李瑞寰（开封人）、巴奇宗（字松之，郑州人）、巴汉光（郑州人）、赛振寰（郑州人）、刘自明（字省儒，淮阳人）。此外还有古伯玉（郑州人）、马炳然（马景新之侄、太康人）、李秀实（睢县人）等人。他们基本上是在河南任阿訇，传有众多弟子，推行陕西学派和山东学派。

《经学系传谱》成书于康熙年间，讲的皆为康熙年间及以前的事。康熙以后，有关经堂教育在河南具体情况的文字资料很少，但总的来讲仍然是陕西学派和山东学派学者执教。

咸丰（1851年）之前孟县桑坡的杨振龙（行二，也称为二杨阿訇）到陕西投于陕西学派的阿訇周老爷帐下，刻苦攻读，他学成后回河南设帐讲学，又一次掀起兴办经堂教育之风。他首先设帐于开封善义堂清真寺。

该寺为陕甘商人创建，因杨振龙在陕西求学而聘之。陕西人一向独尊陕西阿訇，待陕西阿訇高人一等。一日，陕西籍学者，知名阿訇者爷（名者豹子）旅行至开封下榻善义堂。跟随伊玛目礼拜时，仍照旅行者之礼法礼两拜。拜后杨阿訇对者阿訇说："旅行者跟随伊玛目时，应照伊玛目之礼法礼四拜。"者阿訇大悟，主麻日讲卧尔祖时，对该坊乡老大骂（陕西习惯）："如此之学者，而不以学者来尊敬，实为大错。"从此品学兼优的杨阿訇备受尊敬，曾于多处大寺设帐教学，弟子众多。

杨振龙长子杨泰恒聪慧过人，18 岁时即设帐讲学，河南各大寺都请其讲课。其四弟杨泰贞和安徽王宝云大阿訇皆为其高足。杨泰贞不及杨泰恒聪明，但刻苦钻研，学识渊博，被誉为"阿訇之王"。他在豫、晋设帐之地多于其兄。

桑坡阿訇辈出，除杨家外，清末著名阿訇还有白应堂、白恒升、白五、张秉礼、丁锡忍等人。马松亭阿訇曾随丁锡忍阿訇学经。

王宝云学成后在河南各大寺任开学阿訇，后在上海外国寺设帐。马自成、哈德成、刘朗轩等皆为其高足。王阿訇学识超众，脾气甚傲，相传常于讲学之际批驳著者说："著者不应如此说法！假如我知道著者的坟墓在哪里，我去拉起他，打他两耳光。"这固然显得他傲气，但反映出他决不亦步亦趋地盲从过去人的说法，有自己的独到见解，实在难能可贵。

普洱马阿訇，名寿清，原籍云南河西人。因其祖父在普洱任阿訇，他本人生于普洱，回到河西，人称普洱马阿訇。他求学于陕西，后在甘、陕、豫、川、滇各省设帐讲学。他中阿兼通，著有阿拉伯文的理学书，名《麦耳也》，讲真主与物质的问题，有木刻本。他曾在开封善义堂讲学。其派头为历代阿訇所不及。每日五时礼拜必令海里凡排班站队，衣冠楚楚，而他本人亦长袍大褂。若因事外出，必以数辆轿车相随。

乾隆年间，马振九阿訇在郑州北大寺设帐讲学并留下不少轶闻趣事。

开封东大寺、沁阳北大寺、沁阳水南关清真寺、博爱清化西关清真寺、博爱大新庄清真寺、开封朱仙镇清真寺、淮阳北大寺、睢县东关清真寺、禹州山货清真寺、襄城县石羊街清真寺、太康东寺等，寺内碑文中都记有很多开学阿訇之名和他们的事迹，不再一一记述。

（五）门宦的活动

清初，朝廷为了对付抗清力量，实行严格的海禁，不准人们与海外来往。康熙二十三年（1684 年），清朝廷攻占台湾，海内一统，海禁失去意义，随之决定开禁。朝觐者逐渐增多，有的在阿拉伯接受苏非派学理，回国后传播。另一方面，阿拉伯国家的一些商人和传教士，趁开禁之机到中国经商并传播各自的宗教主张，其中最为活跃的当属苏非派的传教士。苏非派属神秘主义，为了取得合法地位，常以正统派面目出现，其在中国的传播促成中国伊斯兰教的门宦制度，其中有四大门宦（虎夫耶、嘎的林耶、哲赫忍耶、库不忍耶）及其 40 个支派。它们与教派不同，教派是阿訇聘任制，门宦是子孙世袭制，教派是以每坊清真寺为活动中心，各坊之间一般无关系，而门宦则上有教主、道堂，下有清真寺，形成一个严密的组织，各寺阿訇由教主任命，教主一呼百应，教徒唯命是从。门宦由于经济、政治、宗教的原因，产生于西北地区，后向其他省份发展。有的门宦到河南传播，由于河南的经济、文化、政治等情况与西北不同，教派制深入人心，所以门宦在河南只能以正统派面目出现，不可能实现其宗教主张。马通先生所著的《中国伊斯兰教派与门宦制度史略》《中国伊斯兰教派门宦溯源》，对门宦在河南的活动进行了介绍。

虎夫耶花寺门宦的创始人马来迟（1681—1766 年，甘肃河州人），教徒称为“道祖太爷”。他在雍正六年（1728 年）经广州去麦加朝觐，于雍正十二年（1734 年）回国，经广州回河州。这几年的朝觐和游学访师，使其学问大增，声望日隆，远近穆斯林都来探望这位有阿林的哈吉，他乘机宣传他的宗教主张。他还应邀到云南、河南、陕西等地清真寺讲学。博爱县清化镇西关清真寺，时至今日尚知自己是花寺派，与别派有什么区别，至于有哪些宗教主张就不知道了，庞士谦先生在《埃及九年》一书中记有：“华派（即花寺派）与大众不同点有：‘苏补哈’完经，即是开念《古兰经》结束时念‘苏补哈’，而老念法是重念‘法提哈’完经；脱鞋站‘者那则’；以见月入斋，以见月开斋；不宰倒头羊；不吃丧家饭，即亡者家中不预备吃的，按规定是遇了丧事，亲友给他家送吃的。诸如此类共有20多条，但都是些末节问题。……河南的洛阳、荥阳、郑州、清化、山东的青州都是这一派，俗称其为新行。”

虎夫耶鲜门创始人鲜美珍（1661—1739年，青海西宁人），教徒称其为“柱子太爷”。鲜美珍曾去麦加朝觐，并访问了虎夫耶和嘎的林耶道堂，返回后，以出家人的装束云游四方，传播苏非派学理。他曾到广州、扬州、开封朱仙镇、北京等地传教。由于他的装束和修道、传教方式一反伊斯兰教的常规，遂引起穆斯林的怀疑，颇多议论，也因此驰名于西北穆斯林之中。乾隆四年（1739年），鲜美珍从扬州到达开封朱仙镇，忽得大病，病故于教徒陈平宽（道号舍木松底尼）家中，安葬于朱仙镇北门外吊桥地方。后迁葬于青海西宁东关黄花台。以后鲜门先后有两位鲜姓阿訇到朱仙镇当阿訇，其宗教主张未被接受。

哲赫忍耶第五辈教主马化龙（1810—1871年，宁夏金积堡人），教徒称其为“十三太爷”。马化龙曾参加西北回民起义，失败后被杀，其子孙被杀和为奴者数十人。其孙马进成（1865—1889年）9岁被捕，12岁时被阉割，送到开封满族小吏温姓家为奴，光绪十五年（1889年）被折磨至死，埋于开封满城的北墙根，教徒尊称其为“汴梁太爷”，是哲赫忍耶第六辈教主。哲赫忍耶第七辈教主马元章于光绪四年（1878年）派人到开封开设商号，以营救马进成。马元章住在开封城内牲口市，到善义堂清真寺礼拜。亲自见马进成，要他逃走，但没有得到机会。后来把马化龙之妾白氏从昌平县接到开封。马元章想把善义堂清真寺变为哲赫忍耶门宦清真寺，遭到拒绝。马化龙另一孙子马进西（1878—1940年）被马元章、李得仓等营救后，先后藏于杭州、济南等地。其长大后，不承认马元章是第七辈教主，认为自己是当然的第七辈教主。他到开封把马进成从开封迁葬到张家川的南川，名曰南川拱北。在李得仓的支持下，正式宣称接替马进成的教权，成为哲赫忍耶第七辈教主。马进西与马元章都称为第七辈教主，并且矛盾日益严重，马进西打伤马元章，马元章一派人告“马进西勾结白朗军”，官军要抓马进西，他一气之下于1916年旅居开封，再次提出把善义堂清真寺改为哲派清真寺，遭到拒绝。

（六）藏书

清初，著名伊斯兰教学者刘智（字介廉，1660—1730年，南京人）著述甚丰。其代表作有三部，分别为《天方性礼》《天方典礼》和《天方至圣实录》。他刻苦学习，认真著书。“予年十五而有志于学，八年膏晷，而儒者之经史子集及杂家之书阅遍，又六年读天方之经。又三年阅释藏经。又一年阅道藏经，道藏无物也。继而阅西详书一百三十七种，会通诸家而折衷于天方之学，著书数百卷，已刊者什一，《典礼》、《性礼》数种而已。”（见《天方至圣实录》第四页）为写《天方至圣实录》到各地收集资料。历齐鲁，走都门，由襄楚入西秦，过吴门，游武林，越会稽，抵粤东。赴兖州，到曲阜。1721年在南京三山写《至圣录》，一年多未写一半。复由亳州至寿州。“闻陈留许氏多藏经，访之，过朱仙镇，偶得赛氏家藏《至圣录》，西经原本也。阅之，与吾昔所得者大较真详，愕然快然，喜曰：‘造物主成就我，如此其巧耶’。”（见《天方至圣实录》第五页）“今著《至圣录》正苦无真本，而于不意中又得之，岂造物笃意于吾而欲吾成厥志耶？吾其受命矣。置旧翻新重订《至圣录》。时陈留歉疫大渐，不可居，得许子一序而归。”（见《天方至圣实录》第五页）从刘智的《天方至圣实录·著书述》一文中可知，在清朝初期，河南民间仍然保留有从阿拉伯带来的经书原本，即朱仙镇赛庄（此庄今无赛姓居住）赛氏家藏《至圣录》，使见多识广的刘智如获至宝。陈留许氏不但藏经多，而且精通经书，了解刘智的著作，所以能为刘智写一篇序言，可惜此序已佚失。

（七）清真寺碑刻

清代河南修建的清真寺很多，今日称河南首坊的开封东大寺即重建于顺治、康熙年间，其规模宏大，肃穆庄严，堪称河南之冠。河南保存至今的明代古寺建筑不多，如今河南清真寺中的古建筑多为清代所建，很多壮观的清真寺即创建于清代。

明末河南清真寺有128坊，清代中期增至284坊，清末达500坊。

如今清真寺中的碑文，除前面所列的明代碑文外，皆为清代石刻。内容包括清真寺创建、修建碑，教众向清真寺捐赠碑，著名阿訇德行碑，当地回族的大事记载碑，皇帝的圣旨碑，有关宗教改革和宗教争端碑，教义宣传碑等。清真寺中立碑有两个较为集中的时期，即乾隆、光绪年间，这时的统治者对回族和伊斯兰教较为宽松，碑刻较多。另外，这时也是相对安定之时，人们相对安居乐业，有能力，心情也愉快，所以立碑者多。

五、民国时期的传播

（一）居住地域扩大，人口增多

树立正确的人生观，创造两世吉庆是伊斯兰教信仰之一，穆斯林为了永恒后世的幸福美满，在短暂的今世，敬畏、顺从安拉令谕，努力完成念、礼、斋、课、朝五大功修，以坚忍的毅力克服种种困难，以不懈的奋斗充实美好人生，以行善取悦于主，求得更多的回赐和永恒幸福。回族是善于经商的民族。为了养家糊口、做善事，能舍弃旧家去谋新的出路，勤奋开拓，再苦再累也不怕。从明代开始，饮食业、服务业和皮革业成为回民新的传统行业。民国时期京汉铁路和陇海铁路修筑通车，很多车站都有回民从事饮食业、服务业，形成新的回族居住区。

郑州原为县城，京汉与陇海铁路在此交汇后，县城与车站之间迅速形成商业区和居民区。回族人口大为增加，原先郑州只有城内北大寺一坊清真寺，民国时期新增花园街、文华里、阜民里、清平里、北下街、裕元里、顺河街 7 坊清真寺。回民围寺而居，多为外来者，其中尤以开封人居多数，占来者之半，另一半也多为邻县人。商丘车站原在朱集村，无回民居住，陇海铁路开通后，河南、山东等地回族来此经商定居，创建东、西两坊清真寺。开封、新乡、洛阳、许昌、漯河、驻马店、信阳等地火车站附近都建有清真寺。河南回族人口除自然繁衍外，外省回民因经商、任阿訇等定居河南者也不少。新乡苏河街清真寺（今新荣街清真寺）为天津人创建的“旅新寺”，郑州清平里清真寺系陕西人所建。

明朝永乐年间，信仰伊斯兰教的菲律宾苏禄国东王来中国进贡。返回时，病故于山东德州，葬于北营村。其二子温答剌、三子安都鲁留居德州守墓，清朝乾隆皇帝批准其后裔入籍中国，成为回族中温、安二姓。民国初年，安姓一支由天津迁居开封。

回族善于经商又勤俭度日，小康之家不断增多，穆斯林大众尽力捐赠钱物，重建、改建原有清真寺，也修建新的清真寺。随着回族人口增加，居住地域扩大，绝大部分县城和交通要道上都建有清真寺，只要有回民居住，即使是村镇，也建有规模大小不等的清真寺。至中华人民共和国成立前，全省约有810坊清真寺。

（二）著名阿訇

河南的阿訇，在历史上深受陕西学派和山东学派影响，民国时期也是如此。有些是陕西、甘肃、四川、安徽、山东、河北、北京等地人，应聘到河南清真寺中主持教务，有些是河南人到西北等省求学，返回家乡任教长。外来者或本省人中成名大阿訇很多，由于收集资料有限，仅介绍其中的几位。

王浩然（1848—1919年），名宽，字浩然，经名阿布杜·拉哈曼，北京人。排行第五，回民多称之为“王五阿訇”。他自幼投师，奋发求学，废寝忘食，造诣日深，学成之后，出任北京牛街清真寺教长。设帐讲学，广收门生，督导严格，有过必纠，培养出很多高徒。1912年，发起组织“中国回教俱进会”。1913年，应聘到开封东大寺任教长，讲经兴学，宣扬教化，积极发展新式伊斯兰教育。在开封成立“中国回教俱进会河南分会”，在东大寺周围成立10个经房，晚上宣讲教义。每逢“开斋节”会礼时，前来礼拜的人多达千余人。他积极支持孙中山先生的革命活动，是一个思想进步、热心教门的爱国、爱教的先驱者。

马长清（1856—1938年），字澄晏，济源下街人，原籍郑州京水镇。马阿訇先后在济源、桑坡、博爱、沁阳、卫辉、卢氏、镇江、太和、开封、郑州等地清真寺任教长，开阿文大学数十年，经学渊博，名震中州，传教授徒，弟子众多，两次任开封东大寺教长，两次任郑州北大寺教长，各地乡老交口称赞。1938 年秋天在北大寺任上归主，郑州各坊乡老公议，念马阿訇的功德，将马阿訇和其妻马氏并葬于北大寺院内，弟子和社头们为其树碑立传。

马自成（1886—1935 年），名诚，字自成，以字行，洛阳人。19 岁开始从陕、豫各大阿訇念经，造诣甚深。25 岁时任洛宁县长水镇清真寺教长，并开办中阿文小学，教授中阿文课程。后从王宝云大阿訇读经。继任辉县薄壁镇教长。又应聘至山西省晋城清真寺任教长，创办崇实小学。后创办中阿大学和崇实中学。1927 年任开封文殊寺教长。1929 年，应聘到北京成达师范学校讲认主学和经解两门课程。兼任北平《月华报》古兰经解导师。在马松亭阿訇赴埃及等国期间马自成阿訇代理成达师范训育主任，又任学校回文课程主任，订立回文各种课程标准。1935 年在晋城家中归主。

买俊三（1888—1967 年），河南洛宁王范镇人。曾辗转于河南、陕西、甘肃、山西、北京等地求学，在北京跟随土耳其人学习经文音韵学，又到印度、麦加等地学习音韵学，造诣精深。返国后在西安、洛阳塔湾、郑州阜民里、开封文殊寺等地任教长，后应聘至上海小桃园清真寺任教长。1930 年在上海创立我国第一所伊斯兰教书局——中国回教书局，自任总经理兼发行人。自编《礼拜必读》，出版《正教真诠》《醒世箴言》《希真正答》《五更月歌》等典籍。出版马坚、林仲明、张秉铎、黄承才、林风梧等的著作《回教真相》《回教与基督教学术及文化》《回教历史》《回教人不吃猪肉的道理》《到埃及去》《汉译古兰》等。还翻印了海内外古今名著。买阿訇兼任上海伊斯兰师范学校的《古兰经》音韵学、认主学课程。抗日战争时，离开上海到陕西、甘肃一带和河南项城、淮阳等地任教长，新中国成立后在漯河南寺占位。1952 年返回上海，恢复中国回教书局，1955 年书局合营，到上海鸿寿坊清真寺和药水弄清真寺任教长。“文化大革命”中受到冲击，1967 年在陕西宝鸡归真。

庞士谦（1900—1958 年），字益吾，经名特瓦杜阿，孟县桑坡人。青少年时代除攻读经文外，还学习四书、五经等汉文书籍，是经汉两通的阿訇。1930 年，应马松亭、马自成两位阿訇的邀请到北平成达师范任教兼训育主任。1937 年 7 月，抗日战争爆发，应聘任郑州清平里清真寺教长。1938 年 1 月，率“法鲁克留埃学生团”去埃及，因第二次世界大战，在埃及停留长达 9 年时间。借朝觐之际宣传抗日救亡工作，揭露日本帝国主义的侵略暴行，并起草一份中阿文对照的《告世界穆斯林书》。在学校除钻研阿文经书外，兼任埃及国王法鲁克的东方事务顾问和“中国留埃学生部部长”。1940 年起，又受聘担任爱资哈尔大学“中国文化讲座”的讲师。回国后，在北京师范大学开设阿语课，主编《月华》杂志和《月华周报》。新中国成立后，在北京回民学院、中国伊斯兰经学院任教。1952 年，与包尔汉（维吾尔族）、达浦生（回族）、马坚（回族）等伊斯兰教知名人士共同发起筹建中国伊斯兰教协会。

赵永清（1885—1944 年），字玉光，封丘县海庄人。先后任教于开封东大寺、封丘、武陟、辉县、沁阳、桑坡、博爱大新庄等清真寺，历时 30 余载，任教的清真寺皆为大坊，身边经常有弟子数十人，其中较著名者如李希章、刘兆亮、盖世明、何国安、丹鹏举、曹世勋、买庆堂、兰玉田、孙万钧等，其长子赵殿庆也是成名弟子。众多弟子任教于河南各地，形成河南阿訇中的赵派。

赵阿訇注重安定团结，包括回汉族的团结。特别是对河南伊斯兰教派别认识深刻，强调重主流，反对争论细枝末节问题。他在任开封东大寺（格底目派）教长时，和开封文殊寺清真寺（伊赫瓦尼派）教长马广庆之间没有发生过教派之争，赵、马两人的私交甚笃，开斋节时，两家互送油香，他们还经常研讨《古兰经》。他们的弟子可以互改教派，如赵阿訇弟子丹鹏举即在新派坊上任教。赵阿訇鼓励弟子和乡老要互相学习，不要拘泥于门户、教派之见。赵阿訇重视对汉文的学习，他常说：“我们是中国人，只学波斯文和阿拉伯文是不行的，应该念四书、《三字经》《百家姓》《千字文》。”让海里凡也学算术。对旧的经堂教育作了一定的改革。长子赵殿庆、长孙赵振英皆为著名阿訇。

谢文广（1870—1927 年），郏县三郎庙人。在西北求学 12 载，造诣很深。返回河南后，先后任教于洛阳、桑坡、禹州、山货、鲁山、南召、南阳黄池陂等地清真寺。成名弟子有买明德、程明德、丁光有等人。其子谢锡三、谢锡礼，其孙谢克选、谢克亮等也是有名的阿訇。谢阿訇的弟子遍布河南南部，形成谢派。

1917 年马广庆阿訇回开封传伊赫瓦尼教派，至 20 世纪 20 年代，河南的新派成名阿訇有虎延璋（四川人）、尚希贤（河南开封人）、郭景福（河南开封人）、刘杰三（河南民权人）、杨竹平（广东人）等人。

民国时期河南成名阿訇很多，其中开封人有齐大阿訇、洪宝泉、姜阿訇、马凌霄、钱德钦、刘兆才、刘兆明等，孟县桑坡人有白玉光、白玉珩、白有顺、杨良俊、丁锡忍等，荥阳人有巴玉清、刘豫振、李彦斌、李振基、刘宗贤等，此外还有杨振桂（舞阳人）、马大名（通许人）、海晴川（洛阳人）、穆清廉（周口人）、买明德（沁阳崇义人）、程亮清（武陟人）、程明德（武陟人）等。

（三）经学教育进一步发展

民国年间，经堂教育仍为山东学派和陕西学派并举。回族聚居之地，如开封、郑州、洛阳、沁阳、博爱、许昌、周口、槐店、桑坡等地，皆开阿文大学，招收各地学子，每处海里凡有二三十名至百名不等。

民国初年，王宽到开封东大寺任教长，广收海里凡，讲经兴学，宣扬教化，积极发展新式伊斯兰教育。国内许多著名阿訇都曾在这一时期来河南从师求学。哈德成（1888—1943 年），字国桢，译名哈鲁伦丁，陕西南郑人，幼年时在上海读经学习中文，年 16 岁，父希龄先生命其去镇江学经，他曾到河南访名师习教典，在博爱县清化镇西关清真寺住学 3 年，学业大进，因父病返回上海。马松亭（1895—1994 年），名寿龄，字松亭，北京人。年轻时欲出国留学，在上海经人劝说指引，放弃出国，到桑坡跟丁锡忍阿訇学习《勒目阿提》等经，曾先后两次到桑坡研读经书。

经堂教育全盛时期省内海里凡超过 3000 名，到后期由于回族经济不景气，经堂教育也日渐衰落，所存者也不过十分之一而已。昔日桑坡招海里凡百余人，最后所剩寥寥无几。这时沁阳、博爱县西关村和大新庄的经堂教育却逐渐兴旺起来。大新庄东清真寺赵永清阿訇招收 50 名海里凡。其大弟子李希章在西清真寺也招收 50 名海里凡。这师徒二人还分别在开封、郑州、博爱、武陟等几坊清真寺任教长，从 20 世纪 20 年代到 50 年代，培养大批弟了。谢文广阿訇在洛阳、桑坡、山货、鲁山、南召、黄池陂等地任教长，传有众多弟子。

伊赫瓦尼传入河南后，提倡尊经革俗，实行新式教育，突出表现为中阿文并学。1927 年，庞士谦阿訇、刘志三阿訇及郑研真等成立“郑州研究社”“桑坡研究社”，这是研究教门中问题的机构。1945 年秋，开封王家胡同清真寺成立“河南阿文专科学校”。名誉校长为王静斋阿訇（1880—1949 年，天津人），校长为刘志三阿訇（民权县人），学校设有董事会，会长由商人郑振乎担任。郭清魁、郭清心二位阿訇担任学校教务主任兼任阿文教师。阿文课占总课时的 70% ~80%，讲授古兰经、圣训、语法、教律等，另设有汉语文、历史、英语等课程。学生的一切费用自理。第一届招收 100 多人，分别来自河南（多为商丘、周口人）、安徽、山东、江苏、浙江等地。学制为 3 ~4 年，毕业后或当阿訇或送至西北继续深造。1948 年开封解放，学校停办。

望春礼（1896—1970 年），字乐天，卢氏人，家殷富，汉族。1916 年弃家皈信伊斯兰教，成为虔诚的穆斯林。早年在山西晋城一带传教。1932 年在郑州衙前街（今管城街）授徒传教，兼行医术，自编通俗传教歌，利用城乡庙会广为宣传，在郑州穆斯林中颇有影响。1936 年 6 月，河南回教公会郑县支会派望春礼在文华里清真寺设立教义宣传所，教务甚有起色。后去西北传教。

（四）宗教著作

民国年间，河南人的宗教译著较多。

水子立（南阳人）著《中国历史回教名贤事略汇编》《中国回教史实之一斑》。

洪宝泉（开封人）著《明真释疑》。

海晴川（洛阳人）著《教款集正》。

马自成（洛阳人）著《天方历源真本》《伊斯兰之物理解》。

庞士谦（孟县桑坡人）著《伊斯兰教法史》《中国回教寺院教育之沿革及课本》《中国与回教》《古兰译解（8 章 1 节）》《认主学与认主学家》

《全国清真寺海里法教育改良》《伊斯兰与现代》《穆圣》《脑威四十段圣谕》《回教法学史》《埃及九年》等。

白寿彝（开封人）著《中国伊斯兰教史参考资料》《中国伊斯兰之发展》《中国回教史之研究》《西北回教谭》《伊斯兰在中国之发展》《回教文化研究之意义》等。

（五）河南省伊斯兰教的社团组织

1. 中国回教俱进会河南分会

1912 年 7 月，王宽阿訇等人在北京发起成立“中国回教俱进会”，取名“俱进”，即同汉、满、蒙、藏四大民族共同进步之意。办会宗旨是“兴教育、固团体、回汉和睦”，“联合国内回民，发扬回教教义，提高回民知识，增进回民福利”。在全国各地设立分会、支会。1913 年 2 月，郑州即建立中国回教俱进会郑州支会，随后在开封成立中国回教俱进会河南分会。1925 年“五卅”惨案后，该会曾组织开封穆斯林参加河南社会各界在演武厅召开的声讨英帝国主义罪行大会，并在会后参加游行示威和募捐活动。1927 年以后，为响应冯玉祥先生兴办学堂的号召，在河南分会的促进下，全省各大清真寺中纷纷设立回民小学，掀起回民自办小学的第一次高潮。1935 年，郑县支会领导郑县回民反对《华北日报》侮教案的斗争赢得胜利，威震一时。1936 年后，该会停止活动。

2. 中国回教救国协会河南分会

1937 年卢沟桥事变以后，抗日战争爆发，王静斋阿訇和时子周先生（1879—1967 年）等于 1937 年 12 月在郑州发起成立“中国回民抗日救国协会”。1938 年春，会址迁至武汉，改名为“中国回民救国协会”，唐柯三、孙绳武等国民党政府官员纷纷加入，性质遂由民办改为官办。1939 年 1 月召开第一次全国代表大会，更名为“中国回教救国协会”，选白崇禧为第一任理事长，7 月，会址迁重庆。1945 年抗日战争胜利，再迁会址于南京，改名为“中国回教协会”，理事长仍为白崇禧。该会宗旨是“促进全国回胞认识当前抗战之意义，发挥回胞固有的优良民族传统，积极参加抗日救亡运动”。1938 年秋，河南成立中国回民救国协会分会筹备组织，

1939年12月28日在洛阳新街清真寺召开第一届全体会员代表大会，正式成立中国回教救国协会河南分会，会址设在洛阳新街清真寺，干事长为梁光夫（洛阳人），副干事长为水子立（南阳人）。河南省内乡、南阳、荥阳、西平、洛阳、郾城、泌阳、新野、遂平、邓县、叶县、汜水、登封、南召、陕县、周口、许昌、沈丘、项城、新蔡、孟县、淅川、唐河、鲁山、镇平、桐柏、洛宁、方城、卢氏、偃师、灵宝、汝南、襄城等县相继建立中国回教救国协会支会。该会在抗日战争期间，创办《伊光》报，宣传穆斯林的抗日救国活动；设立回民小学和民众学校；设置图书馆和出壁报；举办抗日演讲会，激发民众对日本侵略者的仇恨；救济沦陷区逃亡的回教同胞；办理对回胞的赈灾事宜；积极募捐钱物，支援前方抗日将士等。1938年秋天又成立中国回民青年战地服务团和河南省回教青年救国会等青年组织。他们中有人拿起武器，到前线与军队并肩战斗打击侵略者；有人在后方维护社会治安，组织服务队、担架队救护被敌机轰炸致残同胞。回族青年的爱国救亡活动获得各族各界好评。

3. 公益服务组织

新中国成立前，河南回族经济落后，绝大部分群众生活困难，因此，清真寺成立了各种公益服务组织，以扶危助困。

救火会。省内许多清真寺都成立过救火会。成员是穆斯林中武功出众和机敏的青壮年，由清真寺购置水桶、扁担、抓钩等救火用具。发现火情，鸣锣报警，救火队员立即到清真寺带上救火工具，奔赴失火现场，抢救人民生命财产。新中国成立后，救火会停止活动。

救济会。城镇穆斯林多为小商小贩，往往因天灾人祸、疾病死亡或生意萧条而陷入困境。为此，一些清真寺阿訇或社头出面组织救济会，以寺内收入的一部分救济贫困穆斯林，扶持其生产生活，若所需费用较多，则由教众凑“乜贴”予以解决；外乡穆斯林缺少路费，亦可到清真寺求助。新中国成立后，由于人民政府关心穆斯林群众生活，帮助解决实际困难，因此，救济会自然停止活动。

架子会。省内所有清真寺都有架子会。架子（有的地方称为“轿”）是穆斯林送葬的公用葬具，抬架子埋亡人是穆斯林的义务。凡穆斯林亡故，不分贫贱富贵，都有人主动到丧家帮助抬架子送葬，用后将架子送回清真寺。架子会历史很长，这个习俗沿至今日。

板布会。板布会是清真寺为帮助贫困穆斯林的丧葬而设。凡穷苦无力埋葬亡人者，板布会从清真寺天课等收入中出款购买木板、白布、砖等安葬亡人。

4. 所做贡献

河南省伊斯兰教社团组织在反帝爱国斗争中曾做出重大贡献。1925年，英国帝国主义分子在上海制造骇人听闻的“五卅”惨案。6月14日，开封各界在南关演武厅召开声讨英帝国主义罪行大会，会后进行游行示威和募捐。中国回教俱进会河南分会带领穆斯林群众参加大会并成立开封回教外支后援会。17日，开封回教外支后援会发表宣言，号召联络全世界回教（伊斯兰教）组成神圣同盟，一致对抗强权。

抗日战争时期，河南伊斯兰教界组织穆斯林积极参加抗日救国活动。1938年，成立“中国回民抗日救国协会河南分会”，下设中国回民青年战地服务团和河南回教青年救国会。全省各地纷纷建立分支机构，形成保家卫国的空前高潮，南阳县的“回教抗日救国青年服务队”有8个区队29个小队，共有队员798人，枪642支，曾在黄池陂、石桥和杏花山附近激战日伪军，消灭日伪军多人，增强了当地人民抗日斗争的信心和决心。回教抗日救国协会耳城支会组织抗日宣传队，编印《警钟日报》，深入城乡动员穆斯林群众参加抗日斗争，开展捐献运动，并及时把群众捐献的钱物送往前线抗日将士手中。1939年，汝南县里寺阿訇盖世祥为中共确山竹沟留守处购买药品，隐蔽伤病员。当时，中共河南省委在汝南外寺举办医疗培训班，学员80人，学习半年，盖阿訇及其父为培训班讲解医疗理论及针灸、包扎技术，并发动穆斯林群众为伤病员募捐。1941年1月，中国回民青年战地服务团在阳武县（今原阳县）境内东刘庄，炸毁汴新铁路日军列车车厢4节，炸死日军90多人，炸伤数十人。1937—1942年，洛宁县长水镇清真寺丁育山阿訇，当时兼任清真小学教员，经常在清真寺内及学校中宣传抗日运动，宣读进步报纸，讲述各地抗日斗争事迹，使当地穆斯林深受鼓舞，群众自发组织抗日游击队，配合军队打击日寇。

解放战争时期，河南伊斯兰教界动员穆斯林青年参加中国人民解放军，组织担架队、运输队，做好支前工作。解放邓县（今邓州市）时，解放军伤病员较多，医院床位不足，城关西清真寺麻光甫阿訇主动腾出该寺大部分房屋作为临时医院。

（六）河南教派

河南的教派有格底目、伊赫瓦尼、三抬派、汉学派等，都属于伊斯兰教的正统派——逊尼派，承认四大哈里发艾卜·伯克尔、欧麦尔、奥斯曼、阿里都是穆罕默德的合法继承人，都遵行大伊玛目哈乃斐的教法学派，同时，对马立克、沙费尔、罕百里三大教法学派也给予尊重。他们之间的主要区别，既非根本信仰的互异，也非政治主张的不同，存在的一些差别，均系细枝末节的分歧。

1. 格底目

“格底目”系阿拉伯语音译，意为“尊古”，故称为“老古派”“尊古派”，普遍称为“老教”“老派”。伊斯兰教在迁都麦地那（622 年）29 年前后就传入中国，它是传入中国最早的伊斯兰教派。伊斯兰教历 80 年后，大伊玛目哈乃斐（699—767 年）成为教律学权威时，正是我国唐朝中期，这时，大批伊斯兰教职人员进入中国，所以，中国穆斯林声称自己是大伊玛目哈乃斐的门徒。他们严守老规旧矩，重视“舍若阿提”（法定干功），反对标新立异，主张“按老规矩去做就行了”。因它传入中国超过千年，长期受汉文化的熏陶，受儒学思想影响较深，是伊斯兰教中虔守正统、热爱和平、顾全大局的教派。

格底目重视宗教末节，带有一些古老风格。

2. 伊赫瓦尼

“伊赫瓦尼”是阿拉伯语音译，意为“弟兄”，又自称为“艾亥里逊乃”，意为“尊经”，故又称为“尊经派”，主张“凭经行教”“尊经革俗”。由于它产生时间较晚，一般称其为“新兴教”“新教”“新派”。

清末民初，中国伊赫瓦尼创始人马万福认为中国伊斯兰教的许多宗教仪式违背了教法经，于是他提倡改革，改革项目多达 30 多条。

开封县扫街人马广庆阿訇跟随伊赫瓦尼创始人马万福念经，1917 年返回开封，在河道街浴华楼澡堂宣传新派，时间长久，深得李拔贡等人和卖鱼的穆斯林的拥护，信此派的人日益增多。1922年农历四月，把文殊街清真寺改为新派清真寺。这里是河南省第一坊伊赫瓦尼清真寺。在马广庆阿訇的宣传下，原老派著名阿訇虎延璋（四川人）、尚希贤（开封人）等人改宗新派。

3. 三抬派

伊赫瓦尼创始人马万福归真3年后即1937年伊赫瓦尼分裂为两派。一派以尕苏个哈吉为首，对马万福的宗旨奉行不渝，属多数派，被称为“苏派”或“一抬”。另一派是以马万福的另一高徒、甘肃广河白庄的马得宝为首，改革马万福的宗旨，自称“赛来非耶”（前三辈），被称为“白派”或“三抬”。苏白两派之间的斗争非常激烈。

张家川的丁子正阿訇为三抬派，1949年来到河南临颍繁城清真寺占位，兴起河南的三抬派，传繁城的张少臣阿訇。繁城清真寺是河南省第一坊三抬派清真寺。

4. 悟派

因悟派创始人姓吴，人们称其为“吴派”。悟派属于汉学派，创始人吴宗周（1876—1937年），字荣轩，开封人。其活动场所在他家中，名曰“真一堂”。辛亥革命、五四运动后，政治形势变化快，教派活动空前活跃，吴宗周广泛、大量收集汉文译著经典书刊并精心研究，开始在开封东大寺进行宣传，他主张内心参悟，讲究性理，不重仪式，不作“礼功”。后不进东大寺活动，遂在家中宣讲，每日听众达数十人，多为贫苦小商贩和其他劳动者，也有外县人参加。宗教仪式不请阿訇，均由自己亲友主持。将有关教义及其个人见解用文字记录下来，贴在墙上或散发给听众。编写过劝世文，但未曾出版。他去世后，此派活动停止。

5. 教派之间的矛盾

1917年，马广庆阿訇在开封河道街浴华楼澡堂传新派，逐渐引起新、老派的争论。随着新派人数的增多，争论也达到高潮。老派学者与新派阿訇的辩论升级为文字辩论。开封当时的老派大阿訇洪宝泉（开封人）用阿拉伯文写出辩论专著《明真释疑》，1921年印刷出版。不久文殊寺街清真寺改为新派清真寺，马广庆阿訇在此占位三次，曾和东大寺阿訇王殿甫（安徽人）辩论，多次发表《告王殿甫书》。新老派辩论一直延续到1942

年。赵永清阿訇在东大寺占位时，马广庆在文殊寺占位，双方不再辩论。

庞士谦阿訇说："中国的回教派别，严格地说起来，是不能称为教派的，因为既无学术上的理论，又无创造的主张，不过就是在末节形式上有点不同而已。"尽管各派存在分歧和争论，但是，大家都信仰伊斯兰教，都是穆斯林，总的原则一样，在细枝末节的分歧上，应"各信各德一视同仁"，要做到互不排斥，互不干涉，互相尊重，互相帮助，互相商谈，求同存异，加强团结，只有在教门上团结，才能使回族人民团结，也才能做到中华民族大团结。

（七）封建军阀和国民党政府歧视回族

孙中山先生在辛亥革命时期曾经提出"五族共和"和"民族平等"的主张。武昌起义后，使用"红、黄、兰、白、黑"五色旗，代表"汉、满、蒙、回、藏"五个民族，表明各族人民大团结，共同建设新中国。封建军阀和国民党政府从来就没有真正实行过孙中山先生的这些主张。国民党政府根本不承认回回是一个民族，回族叫做"宗教信仰不同的国民"，在选民登记时，民族一栏不准写回族，只能填"内地生活习惯特殊之国民"。回族中的上层人士为保自己的官位，也随声附和蒋介石的这种谬论，也不承认自己是一个民族。如宁夏军阀马鸿逵就公开讲"回回就是汉人信了回教"。白崇禧更发挥说："信奉耶教、佛教的人，我们不能称他们是耶族或佛族，回教当然是同一道。"历届反动政府不但不承认回回是一个民族，就连回回自称回族也被禁止。抗日战争时期回民发起成立的"中国回民抗日救国协会"被国民党政府内政部改为"中国回教抗日救国协会"。

国民党政府虽然不承认回回是一个民族，但对回族人民却实行政治上的歧视和残酷的武力镇压。一些地方当局公然侮辱回族，不断挑起回汉冲突，发生了红枪会围攻回民村庄大新庄事件、孟县桑坡回民惨案等，封丘县时寺村等地也发生过类似事件。

（原载于《伊斯兰文化研究》，1997 年总第四期至 2000 年总第八期）

河南回族伊斯兰教碑刻述略

马子宾

河南回族130万人，居全国第三位。河南回族和兄弟民族共同创造了灿烂的中原文化。在回族文化中，河南回族伊斯兰教碑刻（以下简称河南回族碑刻）是一枝奇葩。它具有分布广、数量多、内容丰富的特点。河南18个市地均有碑刻。全省174个县、市、区，其中有100个县、市、区有碑刻。河南回族碑刻有600余通，有丰富的内容及深刻的内涵。从形制上分，均为竖碑。从文体上分，有文碑，有诗碑。就镌刻的文字来说，有的是汉文，有的是阿拉伯文。从民族宗教讲，有回族碑刻、伊斯兰教碑刻。从男寺、女寺谈，有男寺碑刻，也有女寺碑刻。河南回族碑刻的内容有回族的传入及迁徙，重大历史事件的记载，名人碑刻、清真寺碑刻、墓碑以及祖谱、家谱的记载等。由于受战乱、水灾、人为破坏等原因，河南回族碑刻破坏严重。令人痛心的是，“文化大革命”时期，元、明、清碑刻破坏惨重，幸存的碑刻已是凤毛麟角。河南回族碑刻中很多有价值的珍贵的材料，为研究回族史、伊斯兰教史提供资料，也为当地编写回族志、伊斯兰教志提供佐证。我们从碑刻中仿佛听到历史的足音，仿佛看到历史的足迹，河南回族碑刻起到“金石补史”的作用。由于资料珍贵、名人书写等，河南回族碑刻具有珍贵的文物价值。以下对碑碣的主要内容进行简要介绍。

一、回族传入及发展

沁阳县城内北大寺《万历十一年重修清真寺碑记》云：“我怀有清真

寺久矣，或云于至元至正年间。”这是回回聚居怀州的一个旁证。郑州北大寺现存清乾隆二十六年（1761 年）《郑州清真寺公置供养三掌教地亩碑》一通，碑文有：“第由明以迄大清数百年掌教者有三师……”一说该寺始建于元代。从淮阳到沈丘一带，是中亚名叫穆罕默德阿力的人率穆斯林到此屯田，沈丘县槐店老清真寺（20 世纪 50 年代已废弃）有一块元世祖忽必烈至元二年（1273 年）的建寺碑证实此事。（此碑在“文化大革命”中已毁）。南阳县大德元年（1297 年）《重修玉皇庙碑记》云：“……国朝中统建元前申州军民屯田总管马忠增筑别墅于庙之左（来威屯）”。蔡美彪先生在《元代白话碑集录》中共收 94 块白话碑，其中 53 块圣旨碑是关于保护各个宗教的，内有 19 块碑中带有“答失蛮”（元代官员）字样，河南有 5 块，分别在彰德（安阳）、林县、许州（许昌）等处的道观中，这是“今回回以中原为家”的又一佐证。元代许有壬《至正集》卷五三《西域使者哈只哈心碑》称“哈只之孙凯霖葬其祖父母、父母、兄嫂弟侄于安阳”，说明元代安阳也有回回人聚居。顺帝至元二年（1366 年）凯霖官林州（今河南林县）达鲁花赤，嗣被授奉议大夫、彰德路（河南安阳）总管府达鲁花赤。凯霖晚年定居于河南安阳，其子顽童、女儿贴里侃和女婿咬咬，成为当地很有名望的回族世家。元大德五年（1301 年）南阳县《重修玉皇庙碑》载：“拨南阳府屯田给新籍辉和尔户，俾耕以自赡，仍给粮。”

河南回族碑文中明代清真寺碑文、明代回族墓碑等近 30 通，这是研究当地回族传入、迁徙的证据。

清律规定：“回回持械聚众，罪加一等。”清光绪年间禹州知州李树基，凡遇回民与汉民争讼，先打回民 40 大板，后接偏袒汉民之断案。这一时期发生了一起歧视回民的事件：知县在郏县西关立了一块石碑，碑上载明：“打死回民，只需赔一头驴”。（此碑现已无存）

清光绪二十八年，开封东大寺立“同义社”碑，碑额自右至左横书三字。同义社为开封搭棚业行会组织，“同义社”碑的内容是同义社的社规，是行友公议的条款。

民国时期，南阳县黄池坡周围 54 个汉民村给回民村黄池坡竖立“保善碑”，反映民国时期民族团结的事迹。

南阳县清乾隆三十七年（1772 年），陈氏祖碑记载："南召县贯河至今仍是汉族八甲陈老人坡人"，于明末由南召迁到田里村南二里许的陈岗村。陈氏一门进教，后迁东田里，亡人仍葬于陈岗祖茔内，致使他家的坟形式上是依汉族习惯建的圆坟，下边是随回族习惯建的长坟。

二、清真寺的建设

（一）清真寺建于唐

河南回族碑碣中部分碑文的开头说伊斯兰教传入中原始于唐代，清真寺建于唐。如洛阳出土波斯银币。洛阳、开封是唐宋时代的首都，阿拉伯、波斯等外国穆斯林商人、贡使、旅行家和传教士因居住而修建清真寺是可能的，因此，清真寺建于唐是事出有因。清乾隆三十年《禹州枣园创修清真寺碑》记云："自唐渐至东都，元明大盛中华。"清嘉庆八年禹州城西皂角坪《创修清真寺碑》记云："皂角坪有教门者天方人也，由唐及今迁居多年。"清嘉庆十二年镇平城关西寺《重修清真寺正殿拜殿及讲堂居室碑》记云："回回本居西域，自唐时进入中原，历宋、元、明以及大清至今有千余年。"清康熙十八年《开封东大寺重修清真寺碑》记："大梁清真寺，在城之东南隅……起于唐贞观二年，其众时入中国。"郑怀玉等所立碑谓："河南汴梁城鼓楼迤东北文殊寺街有清真寺一座，创自唐朝，历宋、元、明各国至万历年重修一次……"专家通过对开封东大寺礼拜大殿上的玻璃瓦进行鉴定，认为东大寺建于宋。

（二）明礼部扎付任命清真寺掌教

沁阳县水南关清真寺现存明嘉靖四十二年九月二十一任命张林为掌教的礼部扎付碑，该碑因年久风化毁坏，于清光绪二十年按原碑文又立一通碑。碑文中的"扎"字，古代公文之一种，又称扎文或扎子。朝廷用"扎付”形式任命掌教，是由于“恐寺无从约束，有失焚修”。当时，各种分立的寺院，如明嘉靖三十二年易州同教李善，正德十三年同教陈俊，成化七年凤阳府同教常福，“俱已敕给寺扎付，领众焚修，祝延圣寿”。该碑文云：“京师建立清真寺，缘系奉敕修并给掌教扎付，俾立焚修、祝延圣寿。”明崇祯三年（1530年），北京牛街教民许林等向当时明中央朝廷保举王永寿等三人为牛街住持（伊玛目）、协教（海推布）及赞礼（穆安津）。扎付中记载：“职等俱系回回教门，一切遵旧制……领众焚修，祝延圣寿无疆，地方安静……”礼部任命的清真寺掌教张林，系怀庆府河内县（今沁阳）人，时年45岁，“自承主持以来，通习经文，众举为掌教，领本郡教下人焚修、祝延圣寿。”

（三）清真义学

晚清时期，受汉族的影响，河南回族兴办义学，如洛阳东关清真寺、禹县城关清真寺、新野县沙堰清真寺、南阳黄池坡清真寺以及开封等地先后于道光、光绪年间，创办清真义学。学生一面学习汉文读《三字经》《百家经》《千字文》和四书五经，一面学习阿拉伯文和伊斯兰教常识，由私人捐资或由清真寺天课收入中拿出部分作为办学经费，学员以回族为主，也吸收部分汉族子弟入学，实行免费教育，学制一般1~3年，学生人数在二三十人，由于经费来源难以保证，义学经常时办时停。清光绪二十年（1899年），回民在禹县朝阳门清真寺自办义学一所。禹县城关回族开明人士艾玉山、王文章、卢本恒等人捐资相助，在清真寺前院建成教室3间，当年开学。禹县城关朝阳门清真寺老山门北侧嵌有“义学”二字石匾一块，石匾题有“清光绪二十一年岁次乙未立”，是清真寺兴办义学的见证。开封文殊寺义学碑文云：清咸丰九年浙人嘉兴秀水县金传声捐建经书义学三间。洛阳东关清真寺于道光二年（1822年）创办清真义学一座，尚存青石一块，这是河南创办清真义学最早的学校。清光绪年间，博爱县西关清真寺复兴德善堂兼立经书义学碑记云程乡老立德善堂，经营20年余，置地30亩，存钱20千文，钱与地归寺，程乡老之弟，复兴经书义学于寺中，将此项半为立义学之资，为德善之用。鲁山县西关清真寺清道光八年

《公置地亩创立学堂序》碑文载：四方穆民捐金五百余，置地四十四亩，建立学堂，使回族文化得以发扬。鲁山县西关清真寺清道光三十年碑云：鲁山县西关回民捐二百余金。给寺买房两处，余钱及租用于学堂灯头费用等开支，使得学堂十分兴旺。开封善义堂“善义堂记”碑文曰：“自咸丰三年初，避秦乱来汴……盖三十余年于兹矣。半居世，半学经典，修房舍，延名师，后善堂传教而恪守祖制，前为义塾典学而作育人才……。仿各省会馆三例，常聚乡人于斯堂，吾愿自此以往孽孽焉。乐善不倦，见义必为，俾三百家之子弟读书明理……”这是建寺初衷中重要的一点。扶沟县吕潭清真寺碑文中记载曾兴办清真义学。南阳县黄池坡清真寺民国三十八年碑文载：马凌云将自己时值万余的40亩果园捐入清真寺作为兴办振穆中阿小学的教育基金。

（四）“清真义学”代替寺名

洛阳市东关清真寺，据传，该寺过厅曾作为临时大殿使用，脊檩上书有“大清乾隆七年（1743年）修建”字样。在清统治时期，推行大汉族主义，歧视少数民族，虽建有清真寺而不允书寺名，至道光二年（1822年）始在大门上方，用青石一块，上写“清真义学”代替寺名。

（五）格底目教派强调遵行的宗教习俗

格底目教派在伊斯兰教中是一个较保守的教派，它重视细枝末节的宗教习俗，反对标新立异，这从开封东大寺现存的一通明万历十四年中秋所立的石碑及清初另一通《古制通班序》的碑文中可以看得很清楚：原来伊玛目率众领拜，仅自首班中出众一肩。明末，有个姓冯的和姓海的，以为伊玛目是至尊率众礼拜时应独一班。不料此说一出，立即激起轩然大波，遭到大家的反对。东大寺从明末到清初，60余年内，曾两次刻石立碑驳斥新说，明万历十四年中秋公立的碑文云：“畏圣人言，古制连班永遵”。

（六）马彪捐资建立李寨清真寺

马彪（1869—1947 年）字甫臣，甘肃临夏人，回族抗日将领，曾任陆军暂编骑兵第一师长，英勇抗击日寇，战绩卓著。1939 年，率部在河南项城、淮阳等地驻防，路过李寨村。在他的倡议下，480 名官兵捐洋 1200 元，仅用 14 天时间，建立李寨清真寺。是年，回族群众刻碑以示纪念。碑文载："于兹今年二月，幸值马师长，印彪、炳臣者，驻防是地，师长固吾教经师山斗也，虽值戎马倥偬之际，而履行五功无缺，每至一处，凡遇教胞聚住之地，必极力阐扬经旨，整理教务，直以为惟尽之天职，而对于此清真寺，尤为体恤臻至，助以巨款，亲为督促，惟冀该拜殿早日兴工克期竣事，其关心教务轸念教胞实为历来所仅见，凡事斯役者，得师长之热烈倡导类无不踊跃奔走，以襄厥成，阅时仅十四日而工竣矣。"

（七）穆斯林经济和清真寺的关系

清真寺的建立或重修，和穆斯林的经济发展水平有着直接的关系，因为经济是基础，没钱是建不成清真寺的。改革开放以来，广大穆斯林生活水平大大提高了，建立或重建清真寺才成为可能。各地重建的清真寺，其建筑风格，或宫殿式，古朴典雅，庄严肃穆，或带有浓厚的阿拉伯风格。诸如开封朱仙镇清真寺、沁阳市水南关清真寺、开封东大寺、郑州北大寺已成为国家级重点文物保护单位。沁阳市水南关 1996 年人均纯收入达 7100 元。水南关北大寺，历经 5 年于 1994 年竣工。《重建清真寺记》载："综观全局，寺院之宽敞，布局之严谨，规模之宏大，工艺之精湛，较为罕见。各项建筑极具特色：寺大门，五开间，双重飞檐，雄伟壮观。寺窑高达 27 米，重檐琉璃瓦覆顶，飞檐凌空气势磅礴。最大建筑礼拜殿为五开间，由前后两殿衔接而成。悬、歇山七彩斗拱，画柱雕梁，朱扉藻棁，宽敞明亮，富丽堂皇。总面积为 597 平方米，可同时容千人聚礼。殿前卷棚，面积为 235 平方米，16 根巨柱高擎，上覆孔雀蓝琉璃瓦，与主殿相映生辉。明皇朱元璋御制《百字赞》匾额高悬正中，古朴庄严。三重檐望月，省心二楼蔚为大观，环行梯可登三层楼顶，极目远眺，流连忘返，寺内碑廊，碑亭铭刻着古寺的历史与文明。”

（八）清真寺职能和作用

清真寺是中国回族等 10 个少数民族 2000 多万穆斯林诵经、礼拜、传习教义的地方，其职能和作用是多方面的，这在河南清真寺碑文中多有阐述，语言言简意赅，表达深刻完美。清代回族文学家蒋湘南在他写的《南照镇重修清真寺碑记》中称清真寺是“回人事天之所也”，或云“乃教人礼拜祝国立所也”，或云“回回清心拜主之地也”。有的称：“吾侪祈福忏罪之所，岁时礼拜。”有的碑文将其作用阐述得更加明确，碑文云：“原吾教中，所以待阿訇兴教公化而拜真主之地也”，“延请教师或耕读之暇，斋戒礼拜，报答圣恩云耳，诚我穆民根本追远之所也”。

（九）清真女寺碑刻

清真女寺又称清真女学。目前全省有女寺 100 余座，主要分布在豫北、豫东及郑州、洛阳等地。女寺有女阿訇，有大殿、浴室、讲堂等设施。较大的男寺中有女寺，大殿内用布隔开。河南省属回族杂散区，为了便于穆斯林女性学习经典、礼拜，河南建立了较多的女寺。最早的女寺是建立于清嘉庆十二年至二十三年的开封王家胡同女寺，历来开展经堂教育，培养了大批女阿訇。南京市在 20 世纪 60 年代有 5 座清真女寺，其中有 4 座女寺阿訇是开封人。苏州有 2 座清真女寺的阿訇是开封人。左宝贵之媳于 1921 年在南京独建大辉复巷女寺。兰州女寺大都是河南人建的。河南女寺有十余通碑文，最早的碑文是建立于清光绪四年的王家胡同女寺碑记。碑文赞扬了女学的教育成就，行文中对女阿訇表示了敬意。碑文曰：“……赵杨氏老太太者，……因将自己日积月累所当门面，市房两间……情愿施散于女寺中，供给学堂……”沁阳市水北关女寺、水南关女寺于 1984 年重修，均立碑。沁阳市水南关清真女寺落成碑记载：“清真女寺正殿是钢筋水泥铸成的。青砖蓝瓦，屋脊和屋檐以琉璃瓦镶嵌而成，银光闪烁，烨烨生辉，四角向上翘起，若鸟翼，似飞燕，其结构坚固，工艺精巧，造型宏伟，古朴典雅，肃穆壮观。”

三、社会历史记载

（一）建筑艺术

河南清真寺的建筑风格有三种：一般都具有中国宫殿式古典建筑特征；不少为阿拉伯或有浓厚的阿拉伯建筑艺术风格，其表现形式是有圆形拱顶的礼拜堂和尖顶的塔；平房数量不多。前两种建筑风格在碑文中有所记载。

沁阳最大、最古老的寺是北寺。它的大殿窄而深的平面布置以及后窑殿的制度是明代奠定的，建筑则是清代改建的。沁阳县北大寺明万历癸未（1583 年）重修清真寺记谓：“……我怀省清真寺……或云自国初载记莫考，今广东铺其夙绩，诸教长咸谓其地近市而隘……非以崇清教……经始于嘉靖之四十年至今之十一祀……巍然而中立者大殿也，翼然而旁峙者左右二侧室也，扇其门曰清真一瓷其阶以砖石……”明万历十八年（1590 年）鼎建清真寺拜殿记：“……万历十二年秋，于是乎清真寺观厥成矣……犹以拜殿不设，寺未完也，复率众捐金建拜殿四楹于大殿之前，雕榱刻角，丹漆黝垩，其举不逾年而毕役……”但是后窑殿的建筑则是明崇祯辛未年（1631 年）修建的，见崇祯辛未碑记。光绪十三年（1887 年）重修清真寺碑记谓：“考寺之迁移于斯者，在明嘉靖间，旋以崇祯元年毁于火，四年重修门庭堂室，……殿后有砖室三楹，复从而增广之，……一无何，道光间地震，而窑之特起宵汉际者壁猷立，而崖已崩矣。……循视故基。增建沐浴所五间。”现存大殿仍是清初的建筑，但做法颇有明代作风，后窑殿则是清末光绪十三年（1887 年）重建的。整个大殿内也是用“彻上露明造”，内部彩画甚是华丽，多用旋子彩画，是乃清末重绘。前面正厅用黄色木纹彩画，也甚为可观。斗拱多为一两跳或带重昂装饰，效果较强。但因殿面阔只有3间，而进深达十六七檩，同时，光线又较暗弱，所以给人以神秘的感觉。后窑殿部分光线充足，使人不易感到平面的窄深而可厌，而是感到殿内变化多端。为了增加殿内趣味，减少平面过分窄深的弊病及增加对大梁的承托力，又在大殿后金柱的分位上加装了一道屏门式的建筑，这也是建筑匠师们独具匠心之处。大殿平面窄而深，与我国其他建筑大殿平面宽而浅者截然不同。后窑殿整个砖砌特别高起，高过大殿屋脊甚多，形成整个寺院愈后愈高的形制，它是一种较少见的做法，表达出伊斯兰教建筑的地方特色。此后窑殿三间屋脊上用砖砌的十字脊，盖以黄绿琉璃瓦件，颇精致而辉煌壮观。郑州北大寺嘉庆七年（1802年）大殿重修碑记谓："……寺由大殿二，拜殿一，俱楹檐连趾，接中通门，前月楼，后窑殿，右讲堂，右客舍。又有两厢出其前，配殿、浴房次其侧，虽规模狭隘，而拜口有地，亦足乐也。不意壬戌暑月望日，瑶殿倾圮，既无以肃观瞻，又难以历功课，……约计得金二百余千，不数月而工竣。"现在大殿内部比较可取的是彩画丰富，在"彻上露明造"的屋架、椽、枋、斗拱上彩画布满。椽上也都绘有各式的云纹、花卉、卷草等。纹样各椽皆不相同，极富变化。在梁枋上则多用回纹、锦纹、花卉、水纹，梁下则用苏式彩画。许多彩画制度不见于北京官式。彩画多灰白花加黑线，简素可观。此外，较为特殊之处，即后窑殿与大殿之间所用的花罩，罩上布满透空的花纹，花纹题材为植物花卉的几何纹样。此花罩在装饰上的成功之处不仅在于雕饰本身，重要的是后窑殿三间甚是明亮，而大殿光线较暗，由大殿向窑殿望过去，花罩因黑亮分明，呈现出一种玲珑剔透、华丽非常的特殊艺术效果。

（二）圣旨碑

1. 禹州市砖桥坡清真寺清乾隆四十七年圣谕碑

碑文记述了清廷残酷迫害回民释经家袁国柞及习经人海富润的故事，它是清廷对回民所施加的压迫政策的历史见证。

2. 郑州北大清真寺乾隆《上谕》碑

清乾隆四十九年（1784年）郑州清真寺立碑铭刻乾隆《上谕》，慎重处理回民教案。该碑尚存。

3. 博爱县西关清真寺尚存明太祖御制百字赞碑

明太祖朱元璋对回回采取怀柔政策，一是因为要争取曾给元朝出过力的回回人去反对元朝统治者；二是明朝开国功臣中有不少回回是朱元璋部下的反元大将，如常遇春、胡大海、沐英、兰玉、冯月生、丁德兴等。

（三）记载两次黄河泛滥

黄河洪水泛滥频繁，灾害严重，成为著名的害河。河南地处黄河下游，首当泛滥要冲，据有史以来的记载，黄河决口泛滥1500余次，大部分在河南。大改道6次，都发生在河南。每次决口改道，都给河南造成深重的灾难。民权县大张庄乡濒临黄河，大张庄清真寺的重建是黄河泛滥造成的。清嘉庆十二年民权县大张庄清真寺重建碑记载：“清真寺之修建也，盖教百年于兹矣，考诸前代，屡经修建，先人之功德难以枚举，后乾隆四十三年，黄河漫口，淹没颓圮。又四十八年，河道南徙，大堤以外，合入睢州，泛滥之余，遂成泽国。居民外散，而寺之故址遗址已荡然无存……”黄河于乾隆四十三年漫口，时隔5年，黄河于乾隆四十八年河道南徙，如此频繁的黄河泛滥成灾，碑文记载，给我们留下了黄河为患的宝贵历史资料。乾隆五十三年黄河安澜后，经过回族志士仁人捐资，重建了民权县大张庄清真寺，所以说清真寺的建立和重建与黄河也有着直接的关系。

（四）捐资助学刻碑留念

回族中的志士仁人历来有重视教育的优良传统，新中国成立以来，这种优良传统得到发扬光大。捐资助学刻碑留念者主要在孟县、博爱、开封县、杞县、兰考、长葛、项城等地，有20多通碑。

1988年成立孟县“桑坡教育基金会”，这是河南省第一个少数民族教育基金会。已有120户干部群众捐资10万元，此款存入银行，每年将所得利息奖励模范教师、学习成绩优异的学生，资助家庭生活困难、无力求学的学生和残疾儿童，为了表扬捐资者，村党支部、村委会给捐资2000元以上的农户悬挂“功泽后世”匾额一块，在学校内为所有捐资者刻碑纪念。村里投资 40 万元为孟县回民中心小学盖教学楼两栋。河南省教委于 1987 年命名桑坡为“集资办教育先进单位”，赠碑以志。

长葛县后河镇白寨村党支部村委会于 1989 年立碑云：“孙学亮先生，捐资助学，民族楷模。”长葛县人民政府于 1990 年立碑云：“赠给孙学亮先生，捐资兴学，泽被后世。”长葛县后河镇人民政府于 1990 年立碑云：“赠给孙学亮先生，捐资助学，恩及后代。”长葛县后河镇白寨回民小学碑文说：“学校为育才之所，故有校之村人才辈出，无校之村世代落后。白寨历代贫困，无力兴学，村干群深知农工副业兴衰系于文化，乃于六三年借民房三，日教儿童夜教成人，三迁而不得定址。……本村孙学亮先生于教育之重要自奉极俭富而好仁慨捐巨资十二万元，于一九八六年元旦奠基，十一落成。盖两层教学楼建筑面积六百四十平方米，教室宽敞明亮，教学均宜事为一流，县教委拨款四千元，创建校门并命名白寨回族学校，政府褒奖，群众感激，造福后代，流芳千古。勒石铭德以志不忘。村党支部书记：孙文周，村委主任：海全法，校长：孙振利，撰文：海世安，监工：孙晓武，公元一九八九年十二月十六日。”

博爱县许良镇回民中学建教学楼碑记：“功在千秋，惠及万代。此楼建于一九九四年六月，建筑面积五百六十平方米，包括六个教室、两个办公室、一个楼梯间，在建楼过程中受到了县镇村各级领导的关心和支持，县教委主任亲临视察指导，镇政府拨专款两万元，村委积极筹款。广大干部群众教师学生踊跃捐资，这说明我村重教助教之风正在形成，百年大计教育为本的意识业已确立。此乃我村振兴之希望也。现将捐资名单刻碑于后。以示功德，流芳百世，以教后人”。捐款 50 元至 1000 元者共 218 人（略）。

博爱西关修建回民学校教学楼碑记：“西关回民学校是西关村的文化教育中心，她为西关的人才培育和经济发展作出了巨大贡献。西关学校历史悠久，但学校教室因久经风雨已破旧不堪，一九八九年七月经上级检查鉴定：二十个教室就有十八个教室定为危房，被查封停用。学生被迫停课、休学，修缮学校成为当务之急。历来国家将全民办教育当做文明建设的头等大事，民众把修路、架桥、办学堂视为行善积德的最大好事，古人名训：致天下之治者，在人才；成天下之才者，在教化；而教化之所本者，在学校。村两委一班人深刻认识到：百年大计，教育为本。一个缺少文化教养的民族必定是一个愚昧、落后的民族，办好教育事业功在当今，惠及万代。决心再穷不能穷教育，再苦不能苦孩子。把建校办学提到重要议事日程，决定要干就要干个样，要建就建教学楼，为此成立了筹建领导小组，分工负责、全力号召、广泛动员、发布公告、多方筹资，文告明文规定：凡捐款在一百元以上的，村委将给立碑留名；凡捐款在五百元以上的，碑上留名，还要敬送玻璃镜匾；凡捐款在一千元以上的，碑上留名，并给悬挂木刻金牌，流芳百世，永作纪念。人民的力量是无穷的，我们边筹资边建楼，经过一年多的努力奋斗，分别集资款一十万四千四百一十六元五角四分，群众捐款二万一千二百一十二元六角二分，集体筹款三十八万四千九百七十元八角六分，基建总投资五十一万零六百元建教学楼两幢：计六十六间十八个教室，建筑面积一千九百平方米；建教师办公楼一幢，计二十四间，建筑面积五百平方米，于一九九零年十月由博爱县安装建筑公司七队谨新文负责承建，圆满竣工。捐款中有清化镇领导、有在外地工作的同志、有党团干部、有学校的师生、更有勤劳致富的群众，他们无私奉献、共献爱心，特别是在学校建好之后，多利化公司总经理曹俊生、西关籍台胞李凤鸣先生纷纷捐款购置新桌、凳，西关力车厂厂长庞照玉设立了个人奖学金，彻底改变了学校面貌和教育环境，使西关回民学校成为六有标准化学校，我们坚信不久的将来，茂盛的教育之花必将结出累累硕果。博爱县清化镇西关村党支部村委会敬立，教下丹忠山撰文程玉平书丹阳庙马庄毋乃禄刻石时于公元一九九七年八月一日立石，捐资助教风格高尚，流芳百世永记不忘，按建校公告规定百元以上捐款的有识之士勒石于下。”捐款 100 元至 2000 元者共 76 人（略）。

博爱县民族育才幼儿园落成碑记：“展宏图基础是教育，起新步关键在人才。兴国家、振民族、富庶民、倡文明，发展和办好教育，提高民族素质，给子孙后代留下知识财富，永葆世代兴旺，是西关村党支部村委会全体干部的共同心愿，亦是广大民族群众的期望。故在彻底改造了村里的旧校舍，重新建造了一所具二十个班规模，能容纳千余名学生的回族中小学之后，又由村党支部书记曹维义同志提议建一所新型而不落后的与学校配套工程幼儿园。此一高瞻远瞩具有战略目光的建设性提议，随即在村两委会一致通过。待建园形成决议后，村两委决定由村党支部书记曹维义总负责，副支部书记兼村委会会计丹忠山协助进行多方筹集资金，委派村民兵营长买洪亮为总监工，负责方案的实施。时于一九九五的五月十五日在一个七百余年历史，八千余人口的回族聚居的村庄里，第一所幼儿园由博爱县四建公司万明海承建动工了。社会各界有识之士慷慨解囊。有曹俊生、李风鸣、曹维义、拜安新、庞照玉、曹均瀛等捐物为幼儿园增光添彩。近两年的紧张施工，一座具有十二个班规模坐北向南，宏伟壮观，花园式的幼儿园终于在一九九七年四月十五日圆满竣工。新建幼儿园占地总面积为四千四百四十一平方米。总建筑面积三千平方米，整体建筑布局分为四个区，北楼三层四十二间为幼儿学习区，东楼二层共三十六间为幼儿休息区，北楼后一座凹形二层楼房共三十间，为幼儿生活区。西院为幼儿游乐活动区（包括锅炉房、浴室）。大门两侧一间门卫室，一间保健室。整个工程总投资为壹佰贰拾万元。幼儿园的名称由支部书记曹维义提名为博爱县民族育才幼儿园。并委任路秋瑛（退休女教师）为幼儿园首任园长。幼儿园的建筑与落成受到了省、市、县有关领导的高度重视和赞扬。省民委主任马迎州于一九九六年十月六日视察后称赞曹维义带领的一班人为群众办了一件大事。她（幼儿园）是河南民族幼儿教育一枝花。规模之大居全省之冠。儿童乐园无限好，祖国花朵别样红。这是乡亲父老们对幼儿园的称道，齐声称赞村里把钱花到了正地方，钱花得值得，干得好。村两委之壮举，实属造福当代，泽被后世，显示了他们的远见卓识，得天下英才而教育也。将起到今日祖国花朵，明天建设人才之效果，谨此勒石铭记，以示后人。公元一九九七年七月一日毅旦立石。”

四、名人碑刻

（一）李贽的碑刻诗文

在河南省辉县，现存明嘉靖丙寅（1566 年）石刻一块，记载李贽诗三首和跋语三段：李贽（1527—1602 年），号卓吾，福建泉州人，是我国明代的回族思想家，文学家。李贽 30 岁以前，曾“丐食于卫”，这里的“卫”，是明代河南卫辉府。嘉靖三十五年（1556 年）李贽出任辉县县学教谕，“百泉五年，落落竞不闻道”。李贽回泉州安葬了老人后，于嘉靖四十五年（1566 年）又回到辉县。他的两个女儿在辉县病死。同年夏秋，李贽同家人在辉县度过。辉县白云寺现存嘉靖丙寅（1566 年）石刻一块，记载了李贽与邓石阳等唱和诗六首，其中李贽诗三首和跋语三段，给我们留下了解李贽这一段生活的宝贵资料。李贽的三首诗分别是《和邓石阳》《途中怀寺上诸友》及《七律》。《和邓石阳》云：“相访过山寺，题诗欲满山。野人惊瘦病，仙客喜开颜。落笔天将幕。举头叶可攀。行吟出树下，云在欲俱闲。”《途中怀寺上诸友》云：“世事何纷纷，教予不欲闻。出郊聊纵目，双塔在孤云。雨过山头见，天晴日未曛。骑驴觅短策，对酒好论文。”《七律》云：“思君复自陟崔嵬，君独思君不顾回。一雨半犁堪种谷，三人两病懒登台。棋声忽应空山去，酒味欢从得水来。可是君宣寻到我，须臾为报洞门开。”从这几首诗和跋语中，我们大致可以了解李贽当时的生活、身体状况及交往情况。这年的夏天，可能是由于由泉州回辉县一路长途跋涉奔波劳累和连丧二女的悲痛郁结，李贽病了一场，住在白云山的白云寺，他有时“出郊聊纵月”，游览一下山中泉边的美景，有时则和“相访过山寺”的朋友对饮、谈道、论文、题诗、下棋，这些朋友有邓石阳、赵水亭、陈冬、张士允、张世乐、傅坤、王明斋、李巽川，还有名叫君宣的。从这几首诗文中还可以了解到李贽思想上的一些情况，他说：“世事何纷纷，教予不欲闻。”他从 30 岁离开故乡泉州到辉县做县学教谕，到这年整 40 岁。10 年来，由县教谕而国子监，由辉县到南京、北京，看到了统治集团的种种矛盾，他已厌倦了这种紧张而无聊的政治生活。他很想过安静闲居的生活，题诗论文，修身养性。但他也并没有忘掉世事，还想着人民群众的生活，看到了半犁的雨，他想到可以种谷了。他在跋语中说：王明斋的那首七律比李巽川的五律好，因为后者只是纯景物描写，前者则表现出对现实的关注，“憎家莫道闲游览，安石苍生亦未虚”。李贽肯定这种在“闲游览”中不忘现实，要有谢安那样卫国安民的思想，表现出他的积极态度。

（二）苏应元教子有方

清道光岁次甲辰（1844 年）六月，诰封朝议大夫河南陈州知府，主掌司为苏公立碑曰："苏淮阳，有义方，教六子，名俱扬"。苏应元，淮阳县苏园人，回族，清代诰封怀远将军乡钦大宾、淮阳县城内清真寺董事。由他和教长舍起灵于康熙八年（1669 年）创建淮阳县城内清真寺。苏公教子有方，六子登科。长子名俊，由教职起，诰封奉政大夫补内阁中书授剑事道告降同知。次子名廷，由岁进士起，诰赠文林郎贵州施秉县知县。三子名杰，由岁进士起，诰封文林郎山东兖州府阳谷县知县。四子名弼，由岁进士起，诰封文林郎广西梧州府陆州县知县。五子名卿，由武举起，诰封怀远将军潼关卫守备。六子名勋，由岁进士起，诰赠中宪大夫四川顺庆府知府。

（三）阿拉伯文碑

开封东大寺、朱仙镇清真寺、太康东寺等十余座清真寺有阿拉伯文碑，其内容有赞主颂圣、宣传伊斯兰教义和教规等。碑文多由著名阿訇书写，阿拉伯文书法俊美隽秀，苍劲有力，有较高的价值。

五、墓碑

（一）明万历年间马祖常墓碑

距潢川县 16 里付店乡河底村马祖常墓地（当地农民称为马御史坟）有明万历年马祖常墓碑残碑一块。马祖常，河南光州（今潢川）人，元代回族文学家，官拜监察御史。元至元二年（1336 年）归光州。文宗时祖常应制赋诗，尤被叹谓中原硕儒唯祖常云。其代表作《石田先生文集》由信阳师范学院古籍研究所李叔毅教授点校，作为河南省少数民族古籍之一，1992年由中州古籍出版社出版。残碑碑文已模糊不清，经过考证，残碑中间大字是：“赠摅忠宣宪协正功臣河南行台中丞上护军魏郡公谥文贞东圃马公祖常墓”。左、右侧各直写小字两行，共计4行，均系阴刻，右起第一行“□（字剩）官滇南沈汲升、吏目河间孙昌俊。”据《光州高兆煌志卷十四、秩官志》20页（清乾隆三十五年版）内载：“州判官万历年间有沈汲升注：建水人。”（滇南辖区）又：“州吏目万历有孙昌俊注：四十一年任（1613年）。”该志卷二十五之丘墓志7页有：“西二十里有元御史中丞马祖常墓赵孟頫手书墓碑，并有许有壬神道碑铭。”又该志载：“明成化年间户部尚书熊羽中，光州人奏请春秋赐祭。”

（二）马栋庐墓碑

明嘉靖十五年偃师县马屯《先人马栋庐墓记》墓碑一通，记载马屯马姓迁居马屯始末。

（三）铁铉墓碑

清雍正元年癸未岁孟夏月榖旦邓县城小东关帝庙内附祀明兵部尚书铁铉遗像墓碑。碑载：“明兵部尚书赠太保谥忠襄公铉遗像墓”奉直大夫知邓州事楚黄陈大年仝生监庞松芳、何旗、英、安倬等9人。

（四）郑州真人墓志

今郑州解放路有巴巴墓一座，每逢开斋等节日，穆斯林到其墓前为其祈祷。真人道号默穆都哈、天方人，来到河南郑州北大清真寺宣传伊斯兰教义，使很多受教育者成为虔诚的穆斯林。晚年，于农历七月初七归真，遍体散发出浓郁的清香。葬于郑州西门外道以北的地方，尊奉为“国土补奥师”（阿拉伯译音，即获高级教职，能创造特大奇迹的人），后人为他建墓造亭立传。碑文曰：当日郑州城内回汉愚民结仇已深，约期打仗，期前墓时间西关明有白帽回子进城，如云涌而泉济济而入，时至三更，回子来有数十万，逐鸣锣喊曰：“回回宜和不宜结怨，明天不打仗矣！”明日不打仗矣！待旦寂无声色，安静如常。明日刺史查城回子并无添人，西门外地方报曰：“真人墓内出白帽回子约有数十万，是即奥师所显因化解其祸也。”此即国土奥感应人不可期乎，其可不畏乎！郑州刺史利用真人出现的特大显迹这一传说，即时制止回汉一场械斗。这位州官到清真寺去规劝回汉民众。他说：“回汉两族皆不要相互怨恨，应一如既往和睦相处。从今后应该感激真人的功德，特别要保持友好安宁的局面。这就是我们大家的幸福，作为一州之长我也感到非常荣幸。所有回汉百姓都必须严肃认真地遵照执行真人的意旨、不得违犯。”

（五）舍起灵墓碑

清朝著名伊斯兰教经师舍起灵曾在山东济南拜常志美门下求学，称其为“侯都斯”，即新行创始人。在淮阳、襄县都曾重修清真寺。清嘉庆十七年襄城县重修清真寺宗师拱白序墓碑云：“舍姓白公，……守蕴善，号云山者，生而颖异，聪明过人，目下十行，……尤得穆罕默德圣人之真传，其生平游历天下，东西朔其德而善良、弟子不啻（只、仅）三千。是以既没之后，葬之襄县之野，令武山之阴、仿雁塔之意，修一拱白……”

（六）谢化墓碑

清咸六年于宝丰县李庄乡闪庄村东南隅立谢氏墓碑，碑文载：“由怀庆府孟津县桑家坡村迁徙宝丰县李庄乡闪庄村已传至六代”。

（七）闪姓墓碑

博爱县闪拐村闪殿臣家中尚保存明万历二十七年的闪姓墓碑。

（八）谢文广墓碑

谢文广（1870—1928 年），字应辰，河南省郑县三郎庙人，回族，著名伊斯兰教经师。谢文广学识渊博，被誉为河南阿訇中四大旗帜之一。民国十七年南阳县黄池坡谢老阿訇墓碑序是了解谢文广的唯一资料。谢文广青少年时期到甘肃学习 8 年，刻苦努力，“少年慕遒远方从师、午夜穷经”。为了集中时间、精力学习，在甘肃期间，未往家中写过信。穿衣挂帐后名声大振，不少学生欲投其门下求学，“一时英才仰若山斗，莫不欲及门受业焉，来学者如坐春风”。谢文广知识渊博，循循诱导，任南阳县黄池坡清真寺主讲时，整顿教规，雷厉风行，宣讲宗旨，明白雪亮，受到穆斯林群众的尊敬和爱戴。谢文广于 1928 年去世。墓碑云：“哲人其萎，典型犹存……历讲舍而追思其训，流风余韵，尚在人间。”

（九）丹鹏晏烈士墓碑

开封辛亥革命十一烈士之一的丹鹏晏烈士，乳名根柱，回族，先世河北大名人，后迁居河南怀庆。清光绪年间，其祖父凤林随三兄凤山到朱仙镇经商，即定居开封。父国宣住城内北羊市街中间略东。丹鹏晏未成年，其父即去世，遗下二子二女，丹鹏晏年最幼。因家中生活贫困，母李氏在住家之临街坊内开一小茶馆，勉强维持母子五人生活。丹鹏晏曾被任命为起义军总部敢死队长，并令他在十一月初三夜十二点到西南城坡新法校内率众集合，等看到火光时，攻打巡抚衙门。不料事机不密，这次起义计划被混入内部的奸细告发，丹鹏晏猝不及防，遂被捕去。在审讯中，丹鹏晏大义凛然，就义前从容对人说：“本想推翻朝廷，建立革新大业，不料未能成功。死是我尽到了应尽的责任，对此毫无悔恨。我是回教人，请转告我母亲，仍按教礼葬我。”开封禹王台公园河南辛亥革命十一烈士丹鹏晏墓碑载：“单烈士鹏彦传略。烈士单鹏彦者，先开封人也，居学院街，世奉天方教。少失学，家贫至不能为衣食。稍长，逢人问字，渐悉家国事。汴垣有仁义会者，志在光复。烈士隐身茶肆，倾心结纳，遂充该会区分部首领。当是时，革命潮流弥漫全国。及王庚先等组织秘密机关，烈士携会中壮士五百人加入。辛亥十一月朔，总部委任为民军敢死队队长，令初三夜屯集西南城坡新法校中，俟火起，攻督署。事泄被捕。临刑从容谓众曰：'本想推翻满清，建革新大业，事败而死，乃吾分，无所恨。寄语老母，仍以教礼葬我。'母李，年七十有二，哭子丧明，家计甚萧条云。赞曰：封隆隆邪，坎在中邪，紧君之官邪。后之过丘墓而凭吊者，其闻君之风邪！封丘杜扶东撰洛阳李显荣书。"

（十）海凤阁烈士墓碑

新中国成立后，人民政府把海凤阁烈士遗骨迁葬在邯郸烈士陵园，并立海凤阁墓碑，其墓碑上写："海凤阁，前八路军总部通讯科长兼通讯营长，无线电台大队长，河南睢县人，生于一九零六年，家境贫苦，一九三一年参加红军，一九三六年一月加入中国共产党，在军中历任分队长、总队长、通讯科长等职，一九四二年五月，于河北省沙河战斗中牺牲，时年三十七岁。一九四九年立。"（碑文中"回族"未写。）

六、家谱碑祖谱碑

据民国二十五年所立新野县焦楼《焦氏家谱碑》记载，焦氏属新野县焦楼族，共分四门。长门始祖善升，二世祖焦荣。前清顺治年察生，戊子科举人，乙未拜进士。初任福建清源县尹，补任山西安福县尹，钦取提升山东道监察御史，又升云南督学道。当地人称御史。民国四年（1915年）立新野县马坟《马氏祖谱碑》载："马祖居陕西省西安府径阳县永乐镇李尚书塔旁，当明时迁出，一居山东益都县，一居江南安庆府，一居河南新野，即吾族也。始来新野者为公，故以为始祖。"

（原载于《河南民族宗教》，2006年第一期）

河南回族掌教制度的历史变迁

胡云生[①]

某些西方学者认为中国回族“绝对缺乏组织性”[②]，对此，王建平已通过分析明清时期云南回回社团的宗教网络系统予以批驳[③]。考虑到河南回族掌教制度的实际情况，回族“绝对缺乏组织性”这种观点也是明显值得商榷的。河南回族碑刻文献和留存的生活习俗提供了掌教制度维系回族内部联系和加强回族认同的痕迹。在河南回族历史上，掌教制度是民政组织和宗教组织的统一体。它通过权力在国家和宗教之间以及在回族内部之间的不断调整、变化，一方面穿针引线，对回族内部松散的联系进行整合和维系；另一方面，又具有传承作用，使伊斯兰教在回族内部得以延续和发展。本文旨在通过对河南回族掌教制度历史变迁的考察，探讨回族内在运作机制以及回族文化传承的方式，进一步揭示掌教制度如何参与回族认同范畴的构建。

一、建立在政教合一基础上的掌教制度

河南回族掌教制度起源于何时，目前尚无信史可证，我们只能根据相

---

① 胡云生，男，河南内乡人，复旦大学历史地理研究中心博士研究生，主要从事历史地理学、回族学和人才学研究。

② Milon Stauiffer：Chrisina Occupion of China 1918—1921，中国持续会（上海），1922，356页；Condier，GLes Musulmansdu Yunnan，东方文化社（河内），82～84页。

③ 王建平：《明清时期云南回回社团的宗教网络系统》，载《云南学术探索》，1984（4），79～83页。

关的理论和文献资料加以推测。在河南，清真寺建立于唐代，从现存碑刻资料中可以约略寻出一点线索。如镇平县柳泉铺清光绪十四年十月十四日《增修清真寺碑序》载："回教之有寺……方其奉朝请入中国。首建恒圣寺于羊城，继修磨呢寺豫境，其后寺宇遍延天下。"① 开封文殊寺街清真寺碑刻亦载："河南汴梁省城迤东北文殊寺街，旧有清真寺一座，创自唐朝，历宋元明。"② 还有很多碑碣记载清真寺在唐代已建立。尽管有学者如莱斯里（Leslie，Donald）认为关于唐代清真寺的叙述只是传说③，朱容章和黄新亚甚至认为中国的第一座清真寺建于1127—1279年间的南宋④，但根据伊斯兰教的教义，要找出一个没有清真寺作为礼拜地方的穆斯林共同体是不可能的。实际上学术界并没有否定唐宋时期开封、洛阳等城市有穆斯林共同体存在的事实。唐代洛阳的铜驼陌就是著名的国际贸易市场。铜驼里坊即"蕃坊"⑤。宋时开封为都城，也建有"蕃坊"，今天开封还流传有"十三坊"的说法。

"蕃坊"即"蕃客"聚居的地方。唐宣宗大中五年（851年）阿拉伯商人苏莱曼在其游记中记述当时广州"蕃坊"的情形："其处有伊斯兰教掌教一人，教堂一所。各地伊斯兰教商贾既多居广府，中国皇帝因任命伊斯兰教判官一人，以回教风俗，治理回民。判官每星期必有数日专与回民共同祈祷，朗诵先圣诫训。终讲时，辄与祈祷者同为回教苏丹祝福。判官为人正直，诉讼公平，一切皆依《古兰经》、圣训及回教习惯行事。"⑥ 苏莱曼提到的"判官"是否就是唐代文献所说的"蕃长"，以及唐代蕃坊是不是一个行政组织，学术界还在探讨。如李兴华等人所著《中国伊斯兰教

---

① 《增修清真寺碑序》，见《南阳民族宗教》编辑室（南阳）编：《南阳民族志》（豫内资料准印通字宛新出发字58号）宗教篇第三编《伊斯兰教》，317页，1989。

② 李曾：《文殊寺街清真寺》，见河南省民族志、宗教志编纂办公室：《河南省民族宗教史志资料通讯》（内部资料），1984（1），81～82页。

③ Leslie，Donald：Islam in Traditional China：A short - History to 1800. Canberra：CCAE，1980，P. 40.

④ 黄新亚：《丝绸之路文明》，84页，杭州，浙江人民出版社，1993；朱容章：《古代中国的阿拉伯居民》，载《阿拉伯世界（汉文版）》，1985（3），9页。

⑤ 孙耀泉：《河南洛阳清真寺溯源》，载《西安市伊斯兰文化研究会工作通讯》，1998（1），38～40页。

⑥ 张星烺著，朱杰勤校订：《中西交通史料汇编：第二册》，北京，中华书局，1977。

史》就指出："蕃坊只不过是指蕃客居所而言……在唐代，并不存在名曰'蕃坊'的行政组织。设置'蕃长司'的'蕃坊'是在宋代出现的。"① 但是大部分回族史学者认为"蕃长不只是蕃商居留地之行政上的领袖。并且是法律上、宗教上的领袖"②。笔者以为，唐代蕃坊不能称作是严格意义上的行政组织，它可能是官府一个非常设性的临时外事机构。"蕃长"可能就是商队的"首领"，负责处理蕃坊的内部事务。但有一点则是不容忽视的，那就是唐朝已经开始关注对穆斯林进行管理。考虑到以后回族掌教制度的发展脉络，唐代有关蕃坊的管理和掌教制度是有一定历史渊源的。

宋代，蕃商居留中国的远较唐时为多。宋代原则上规定：蕃客不得与"华人杂处"，因此划置特定区域作为穆斯林社区。有一点需要说明的，蕃坊里的居民大部分是伊斯兰教教徒，但也有一些非穆斯林。如有的蕃客其先人"尝事瞿昙氏"。"瞿昙"即"乔答摩"的另译，实际为佛祖。在蕃客中还有善诵《孔雀明王经》者③，可以肯定这些人不可能是穆斯林。"蕃坊"设"蕃长司"。蕃长司同基层组织有类似之处，但属于非常设系统，设都蕃长或蕃长一名来管理蕃坊内部事务。蕃长的任命有一定的程序，首先由蕃坊内的穆斯林推举一名德高望重者，然后上报官府，最后由皇帝或委托地方官予以任命。于蕃长外，并且有"判官"的名称。"判官"可能是卡迪（Cadi 或 Qadi 的译名，元代音译为"哈的"）。"蕃长"和"判官"分掌行政和司法，但同时都担负宗教的责任。至于蕃坊清真寺中的宗教人员，只不过是清真寺的"职员"而已，专司领拜、宣喻、召祷等具体事务。

到了元代，大批中亚、西亚回回入附内地，"以中原为家"，"天下名

---

① 叶李兴华等：《中国伊斯兰教史》，42 页，北京，中国社会科学出版社，1998。

② 白寿彝：《番长司与怀圣寺》，载《清真铎报》，（昆明）民国三十四年 12 月第十九、二十期合刊，8 页。杨怀中亦持相同观点，详见其著作《唐代的番客》，见《回族史论稿》，51～81 页，银川，宁夏人民出版社，1991。还有其他很多学者也赞成此观点，如马娟：《唐宋时期穆斯林蕃坊考》，载《回族研究》，1998（3），31～36 页；刘莉：《试论唐宋时期穆斯林蕃坊》，载《中央民族大学学报》，1999（6），53～58 页。

③ （宋）朱彧：《萍洲可谈》，卷 2，《丛书集成初编》，上海，商务印书馆，1935—1937。

城巨邑，必居其津要，专其膏腴”[①]。由于身份特殊，回回人活跃于元朝统治的各个层面。太宗窝阔台于乙未年（1235 年）实施了“乙未括户”：“不论达达、回回、女真、汉儿人等，如是军前掳到人口，在家住坐，做驱口；因而在外住坐，于随处附籍，便系是皇帝民户。”[②] 宪宗蒙哥汗二年（1252 年）的“壬子籍户”和世祖至元八年（1271 年）颁布的《户口条画》又进一步完善了户籍管理，最终使回回人和其他境外入华的种族，正式编入了元朝的户籍。

元朝前期对回回人的管理基本沿袭宋代的蕃坊制度，在各地设立回回哈的所或哈的司[③]，由摄思廉（谢赫·伊斯兰）总管回回人一切事务[④]，其职责类似宋代的“蕃长”。吴鉴在《重立清净寺碑记》中提到：“不鲁罕丁者，年一百二十岁，博学有才德，精健如中年人，命为‘摄思廉’，犹华言‘主教’也。”[⑤] 摄思廉需要官府任命，这与宋代的情况是一脉相承的。另设有哈的一人。“哈的”有时又称“哈的大师”（“掌教哈的”）。哈的的职责是：一是掌管“回回人应有刑名、户婚、钱粮、词讼”[⑥]；二为国家“祈福”[⑦]；三是“掌教念经”，包括领拜、讲经布道于会礼之时[⑧]。哈

---

① （元）许有壬：《哈只哈心碑》，见《至正集》，卷 53，开封，河南教育总会清宣统三年石印本。

② 《通制条格·户令·户例》，杭州，浙江古籍出版社，1986 年点校本。

③ 元代“回回哈的所”和“回回哈的司”的关系大部分学者依据元朝政府对佛教、道教等其他宗教的管理模式来推断是中央和地方的关系，如李兴华等：《中国伊斯兰教史》，259 页，北京，中国社会科学出版社，1998；邱树森：《元“回回哈的司”研究》，载《中国史研究》，2001（1），93～102 页，等等。但也有学者则不以为然，认为是罢“哈的所”而后设“哈的司”，如王东平：《元代回回人的宗教制度与伊斯兰教法》，载《回族研究》，2002（4），44～50 页。笔者考虑到《元史·百官志》不见有伊斯兰教管理机构的记载，以及回回人在元代的政治地位，认为后者说法较为可信，而且“哈的司（所）”可能就是地方性机构设置。

④ 摄思廉在金帐汗国有记载：“河中大臣术术未剌图木勒克是穆斯林，他的第五子也速蒙哥的侍从巴哈丁·马儿吉纳尼袭其父所任摄思廉之职，在也速蒙哥成为察哈台汗囤可汗后荣抖丞相之职。”详见蔡志纯等编著：《蒙古族文化》，352 页，北京，中国社会科学出版社，1993。伊本·白图泰也记述：“中国每一城市都设有谢赫·伊斯兰总管穆斯林的事务。”详见马金鹏译：《伊本·白图泰游记》，552 页，银川，宁夏人民出版社，1985。

⑤ 《泉州伊斯兰教石刻·重立清净寺碑记（1507 年）》，银川，宁夏人民山版杜，1984。

⑥ 《元史》，卷 102，《刑法志》。又见《通制条格》，卷 29，《僧道》至大四年十月初四日圣旨，以及《元典章》卷 53《刑部十五问事》皇庆元年三月二十九日福建省宣慰公文。

⑦ 《元史》，卷 24，《仁宗纪一》。

⑧ 《元史》，卷 102，《刑法志一》。

的既是国家的官员，又是回回人的宗教首领。或者摄思廉与哈的由一人兼任"[①]。地方上的哈的司多设于礼拜寺内[②]。哈的司（所）是官府机构，但它的职能除了为国家"祈福"外，更多的是依据教法和教规解决和处理回回人内部的事务，明显带有政教合一和"自治"的性质。

在《元史》及相关官方文书中提到回回人的管理者还有"答失蛮"。答失蛮究竟和哈的是什么关系呢？王东平在首先肯定"哈的在中国成为国家正式官职，并在各地设立机构，行使职权"的同时，认为"答失蛮是一种宗教经师的统称，哈的只是其中的一种"[③]。而邱树森则根据黑城出土的文书Y1：W30"司属：广积仓、税使司、河渠司、巡检司、支持库、两屯百户所、司狱司、儒学、医学、阴阳学、僧人头、答失蛮"[④] 的记载，认为"此答失蛮即是管理回回人的机构——回回哈的司（所）"[⑤]。尽管邱文有将官衔（哈的）逻辑理解为机构（哈的司）之嫌，但这并不妨碍其亦将答失蛮视为哈的的观点。《元典章》有条资料曰："答失蛮、迭例威失户，若在回回寺内住坐并无事产合行开除外，据有营运事产户数，依回回户体例收差。"[⑥]《元史》卷二十三《武宗本纪二》载："河南、浙江省言，宣政院奏免僧、道、也里可温、答失蛮租税。"河南省林县宝岩寺圣旨碑载亦有类似的内容："成吉思汗皇帝圣旨：'和尚、也里可温、先生、答失蛮，不拣那甚么差发休当者，告天俺每根底祝寿有者。'依着圣旨体例里……寺院里休断事，铺马祗应都休与者，商税粮税休纳者。"[⑦] 那么，现在的问题是作为享受官府俸禄官员的"哈的"，又怎么可能向官府交纳"商税"和'粮税"呢？笔者以为比较合理的解释是，"哈的"在知识层面上

---

① 摄思廉只是在民间碑刻资料以及外国人游记里有记述，而在《元史》以及官方文书中却不见记载。考虑到"哈的""掌教念经"的职能，笔者疑"哈的"可能就是指"摄思廉"，但没有实据可证，仅备一存。

② 《黑城出土文书》F116：W58卷中，有"本府礼拜寺即奥丁哈的所管"，可知地方上的哈的司多设于礼拜寺中。见李逸友：《黑城出土文书》，164页，北京，科学出版社，1991。

③ 王东平：《元代回回人的宗教制度与伊斯兰教法》，载《回族研究》，2002（4）。

④ 李逸友：《黑城出土文书》，94页，北京，科学出版社，1991。

⑤ 邱树森：《从黑城出土文书看元"回回哈的司"》，载《南京人学学报》，2001（3），152～160。

⑥ 《元典章》，卷17，《户部·户口条画》。

⑦ 蔡美彪：《元代白话碑集录》，72页，北京，科学出版社，1955。

确实属于答失蛮——伊斯兰教士，但在职能上却有着答失蛮却没有的权力。

元代前期，在清真寺内，除了哈的和摄思廉外，还设有益绵（伊玛目）、哈悌卜（海推布）、谟阿津（穆安津）[①]，分别执掌礼拜全过程中的三种仪式：礼拜仪式、宣教仪式和宣礼仪式。这就是明清时期的三掌教制的雏形，亦称之为“三道掌教制”。但在元代前期，这并非伊斯兰教的教阶结构，只是清真寺三种专职或兼职的宗教“职员”而已，不具有掌教和司法的职权，应当是哈的和摄思廉的辅助性人员。

总体上来讲，元代前期，回回人掌教制度最大的特征是政教合一，而且偏重于“管勾蕃坊公事，专切招徕番商”的民政事务[②]。蕃坊清真寺中的其他宗教人员，专司领拜、宣谕、召祷等具体事务，只不过是清真寺的“职员”而已。其不同之处在于：①唐宋时期的设置为非常设性的临时外事机构，而元代的设置则已纳入政权的视野之内，成为官府的机构之一；②唐宋率众祈祷主要是宗教方面，而元代哈的掌教除此之外，还兼及为国家帝王祈祷并颂扬其文治武功等德政。鉴于明代以前中国回族伊斯兰教还没有出现教派分化，全国范围内掌教制度没有太大变化。所以，上述情况同样适用于河南掌教制度。

二、三掌教制度的确立及发展

元代中期以后，蒙古人渐渐熟悉了唐宋以来的传统统治制度，加之穆斯林按教规所实行的一些宰牲、沐浴等仪式和蒙古人的一些习俗相左，基督教又借此挑起事端，蒙古统治者为了打击回回人的势力便调整了相关政

① 吴鉴：《清净寺记·泉州伊斯兰教石刻》，福州，福建人民出版社，1984。
② 朱彧：《萍洲可谈》，卷2，《丛书集成初编》，上海，商务印书馆，1935—1937。

策。至大四年（1311年）宣布，“罢回回哈的司属”[1]，并在元律中规定：“诸哈的大师止令掌教念经，回回人应有刑名、户婚、钱粮、词讼，并从有司问之”[2]。仁宗皇庆元年（1312年）十二月复又颁旨：“敕回回哈的如旧祈福。凡词讼悉归有司，仍据还先降敕书。”[3] 致和元年（1328年）八月文宗降旨：“罢回回掌教哈的所。”[4] 哈的的职权逐渐被限制和削弱，并最终限制于穆斯林宗教生活和很有限的日常生活领域，如饮食、证婚、丧葬[5]。随着哈的的消失，回回人的司法词讼、税赋、差役等则由当地官府管辖，民政和执法的权力被收归国家政权所有。原来清真寺的宗教“职员”开始走上前台。到了明代，回回被纳入坊、厢、里、甲管辖之中，宗教事务由教坊负责。教坊以一个清真寺为中心，其范围与坊厢基层行政单位相吻合。清真寺的伊玛目便逐渐取代了哈的的部分职能和作用，成为清真寺的掌教，原来三掌教的地位和职能也随之发生了变化。伊玛目具有行教和掌教的职权，负责回民礼拜以及婚、丧、礼、庆、生辰、斋节等民俗活动，对不触犯刑律的民事纠纷进行仲裁、调解。海推布则置于伊玛目之下，称为二掌教或副教，协助伊玛目处理教务，受伊玛目的委派代理一部分教务。至于成为三掌教的穆安津，其职责并没有发生变化，仍然只是专司宣礼而已。马注《清真指南》中将伊玛目、海推布、穆安津分别称为大掌教、二掌教、三掌教，统称为“教领”。刘介廉在《天方典礼》中称海推布为“谕教”，称穆安津为“赞教”。三道中伊玛目是教权的体现者，可

---

① 《元史》卷24《仁宗纪》一。《通制条格》卷29《僧道·词讼》（杭州，浙江古籍出版社，1986年点校本）亦载有相关内容：“哈的大师每只教他每掌教念经者。回回人应有的刑名、户籍、词讼、大小公事，哈的每休问者，教有司官依体例问者。外头设立来的衙门并委付来的人每，革罢了者。”

② 《元史》，卷102，《刑法志一》。

③ 《元史》，卷24，《仁宗纪一》。

④ 《元史》，卷32，《文宗纪一》。

⑤ 邱树森根据黑城出土文书以及《伊本·白图泰游记》的相关记载，认为元至正年间哈的司复置，详见其文《从黑城出土文书看元“回回哈的司”》，载《南京大学学报》，2001（3），152~160页；《元“回回哈的司”研究》，载《中国史研究》，2001（1），93~102页。笔者以为二文献所反映的地区均为边缘地区，政令是否执行尚待考证；况且黑城接近西域，保持伊斯兰教制度的纯度明显会比内地高。因此将黑城出土文书以及《伊本·白图泰游记》的相关记载作为哈的司（所）至正年间复置的证据并不充分。但鉴于内地亦无正面的证据表明哈的所至正年间没有复置，故此特提出，以备后考。

以说“三道”掌教制实际是伊玛目掌教制，或者也可以说是伊玛目为首的三道掌教制。河南清真寺掌教制度也是在这样的变化中进一步衍化的。

河南回族碑刻资料中三掌教的名称是：掌教、副教和赞教。开封东大寺三掌教称为“倪麻木”“黑忒布”“默尔精”[①]。襄县清真寺的清同治元年岁次壬戌六月中潮穀旦，《重修清真寺碑记》载有“掌教马金德，谋福体李景祥，海推布舍荣安、张修儒”。掌教行时称为“长教”，如明万历三十三年三月《曹汝机长教募偿碑》载：“汴□（梁——笔者）城文殊寺长教曹汝机等同乡老王科口共施银四十两，草山亭长教张文等同乡老盖朝、许应祥共施银二十五两，西皮锯长教口海同乡老□□□、徐容共施银三十两……”[②] 明代河南规模较大的清真寺掌教是由官府任命的。在今沁阳市自治街北大寺现存的明万历十八年（1590 年）碑文有礼部札副掌教买汝由、副教马汝弼、赞教买希兰的记载。可以看出，明代河南规模较大的清真寺的掌教可以得到官府的任命。水南关也有碑载：“大明嘉靖四十二年（1563 年）九月二十一日奉上谕，饬礼部为比例请给札副，以便焚修祝延圣寿事。照得祠祭清吏司案呈本部，送通政使司连状：据张林禀称，年四十五岁，系河南怀庆府河内县水南关礼拜寺掌教，切照京师建立清真寺。缘系奉口敕修理，并给掌教札副，俾专焚修祝延圣寿。各处分立寺院，事体相同。以故嘉靖三十二年易州同教李善，正德十三年大兴县同教陈俊，成化七年凤阳府同教常福，俱已敕给掌教札副，领众焚修祝延圣寿，与京师礼拜寺毫无二致。今林系本县在城四图人，自承祖教以来，通习经文，众举为掌教，令本郡教下焚修祝延圣寿。因思林与李善等事属一律，未曾请给札副。恐寺无从约束，有失焚修。如蒙俯准，乞送礼部祠祭清吏司查照比例，相应准给。案呈到部，拟合就行。为此，合行札，仰张林前去本寺掌教，领众焚修祝延圣寿。毋得混乱清规，致干未便，须致札副者。”[③] 这种碑刻在北京和南京等地清真寺里也有发现，而且札副的公文格式基本

① 《古制连班序碑》（明万历十四年），现藏于开封市东大寺内，胡云生 1989 年抄录。

② 《曹汝机长教募偿碑》（明万历三十三年三月二十日穀旦），现藏于开封市文殊寺街清真寺内，胡云生抄录。

③ 《饬礼部为比例请给札副碑记》，大明嘉靖四十二年（1563 年）九月二十一日，现藏于沁阳市城关镇水南关清真寺内，胡云生 1995 年抄录。

相同。

明代前期河南掌教如何培养？不排除还有外国教士来此掌教。如郑州市解放路西段的“回回墓”，又名“巴巴墓”，可能就是外国来河南传教的①，但其叙述是传说，缺乏相关确凿的证据。明代后期，河南掌教基本上完全本土化，在很大程度上是父传子或师傅带徒弟的形式。从水南关清真寺碑刻资料上看，张林“系本县在城四图人，自承祖教以来，通习经文，众举为掌教”。掌教的上任是要经过本坊教民推荐的，掌教以本地人居多。关于掌教的任期，虽然河南缺乏相关文献资料，但我们还是可以从其相邻的且具有掌教制度共同特征的北京、山东、河北等地来加以推测。掌教的任期有两个特点。第一，掌教多为世袭。如山东济南清真南大寺在明正统元年（1436 年）时，有一位叫陈礼的任该寺掌教（伊玛目），他主持教务 52 年，“礼之子曰玺。于弘治戊中领礼部札副，住持是寺”，继承父业出任掌教。“正德十二年华，其弟莹继位，亦领有礼副”。陈莹之后，还有陈思等陈氏家族的后人继任该寺的掌教。② 晚明时期，北京牛街教坊“历蒙部给住持（伊玛目）、协教（海推布）、赞礼各一人，领众焚修，祝延圣寿无疆，祈祷地方宁静，凡遇有本专有缺，许本教官员士人等保举，代代相传。尊奉年久”③。另外如河北沧州刘二阿衡世代掌教，轮到其时已“十七代”④。第二，掌教任期长。在研究内地回族掌教制度时，大多学者认为三掌教制在明代逐步走向了世袭，但却在不经意间忽视了掌教任职更替速度问题。易州清真寺现存有明嘉靖年间前的一部分掌教提名抄录：杨玉，景泰二年掌教十三年；米信，成化元年掌教十四年；米广，成化十五年掌教六年；罗，成化二十一年掌教六年；白洪，弘治四年掌教九年；米正，弘治十三年掌教五年；张纪，弘治十八年掌教二十二年；张恩，嘉靖六年掌教十五年；刘永，嘉靖二十一年掌教九年；张勋，嘉靖三十年掌教

---

① 《“回回墓”的传说》，见《郑州市北大清真寺寺志》（内部资料），29 ~ 30 页，郑州，郑州市大清真寺民管会，1988。

② 奚利福、来复铭、李兴华等：《中国伊斯兰教史参考资料选编（1911—1949 年）》（上册），564 ~ 565 页，银川，宁夏人民出版社，1985。

③ 杨永昌：《漫谈清真寺》，25 页，银川，宁夏人民出版社，1981。

④ 王静斋：《中国回教掌故》，见李兴华等：《中国伊斯兰教史参考资料选编（1911—1949 年）》（上册），602 页，银川，宁夏人民出版社，1985。

五十五年[①]。我们不仅从中可以看到掌教世袭制的现象，而且也能发现掌教任期年限长的特点。从明至清回族伊斯兰教数百年的发展过程中，河南掌教世袭的情况是比较普遍的。这一方面是受汉族宗法制的影响，另一方面又有回回内部的因素。较诸唐宋元时期绝大部分来自伊斯兰教国家和地区的“回回人”而言，明代回回人的宗教操守和知识就相对地贫乏。在经堂教育兴起以前，还没有专门培养教职人员的场所，宗教知识多是通过“父传子受”的方式来传播，即主要依靠家庭教育。回族三掌教制的世袭和任期年限较长是回族伊斯兰教发展的必然产物，但它对回族伊斯兰的传衍和发展以及回族共同体的稳固和凝聚都起到了相当重要的作用。

三掌教制中掌教世袭或任期时间较长固然具有一定的历史意义，但其本身亦潜存着诸多弊端。由于长期的家传世袭，或长期把持掌教位置，掌教的素质越来越低，“其理艺难传，旨义难悉，故时代无一二精通教理之掌教”[②]，就多数伊玛目来说，已不称其职而名不副实了。作为宣教人员的海推布，也大多按照一套公式化的仪式，背诵一段套语（虎图卜辞）。清真寺的宣教工作变成了一种刻板的仪式，其后果是“经人匮乏，学人寥落，既传译不明，复阐扬之无自”[③]。伊斯兰教呈现式微趋向，“以致多人沦落迷途，漫漫长夜而甘醉梦之不觉也”[④]。在这种情况下，回族经堂教育呼之欲出。我们从明末清初河南回族汉文碑刻资料可以约略看出清真寺在三掌教制外增设“设教”一职。沁阳水南关清真寺中康熙六十一年（1722年）所立《重修清真寺正殿、栏杆、并匣罩记》载：“于是设教舍公勤营缮修缉之志，与掌教丁公、买公、拜公四人同心合力多方经营……共修正殿三间、栏杆五间，又重修匣罩二座，以供同教丧事之用……由此可朝夕沐浴、晨昏礼拜时之诵读圣经，上答至尊莫不兴维新之志，下肃教规不致

---

① 《寺史及掌教提名碑记》，见李兴华等：《小国伊斯兰教史》，377 页，北京，中国社会科学出版社，1998。

② （清）赵灿著，杨水昌、马继祖标：《经学系传谱·序》，1～2 页，西宁，青海人民出版社，1989。

③ 冯增烈：《修建胡太师住城记碑叙》，载《中国穆斯林》，1982（2）。

④ （清）赵灿著，杨水昌、马继祖标：《经学系传谱·序》，1～2 页，西宁，青海人民出版社，1989。

有负清真之名，则设教之舍公与掌教丁公等其有功于本教也。"[①] 碑文后边合渭南设教舍光隆、掌教丁建极、副教买大千、赞教拜有发，还有男寺设教李美吾、掌教买允文。碑尾又有设教舍光隆、设教李美吾，另有掌教、副教、赞教之职务。"设教"一词是从"设帐教学"演绎而来的，后来由于经堂教育的出现而演变为"开学阿訇"。

三、"主位"和"客位"系统的更替

"阿訇"来自波斯文的"Aykhun"一字，释意为王子、首领、雅典城长官、长老、东方基督教中主教之称和东方基督教徒的称呼。元亡后，一些皈依了伊斯兰教的基督教徒便把这个词输入了回族伊斯兰教。作为对回族伊斯兰教学者、教师的称呼，他们一般不担任宗教职务，也没有被官府委派为宗教官员。他们多散布于民间，业余时独自进行宗教学说的研习。他们虽非教职人员，但有知识、学问，受到穆斯林的尊敬。明代后期，他们或设学于家或馆，类似于汉族的私塾。但后来各地教坊清真寺纷纷聘请本地或外地散布民间的阿訇，担任清真寺经堂教师，经堂教育得以移至清真寺。开封东大寺有碑刻载曰："学师有二，一曰噶口，一曰阿林，譬如教谕训导也。"[②] 开学阿訇开始出现。清赵灿著《经学系传谱》记述了河南"开学阿訇"的一些情况：冯少川"设帐于汴，约三年"；张少山传有继吾把师，为郑州人氏；马明龙传许景祥（朱仙镇人氏）；常蕴华、李延龄二先生传有郑州人氏清宇虎师、汴城秀峰李师、陈州人氏天风穆师；舍起灵传师郑州人氏马君锡、虎巨卿、把松之、把汉光、赛振寰，其于郑州、开封、洛阳、荥阳、襄城、陈州等地设帐讲学，先后四十余年，"弟子不啻三千"；马续轩传郑州人氏古伯玉[③]。关于经堂教育的另一种形式是原来的

---

① 《重修清真寺正殿、栏杆并匣罩记》（洁康熙六十一年岁次壬寅秋月），现藏于沁阳市水南关清真寺中。

② 《古制连班序碑》（明万历十四年），现藏于开封市东大寺内，胡云生抄录。

③ （清）赵灿著，杨水昌、马继祖标：《经学系传谱》，35、41、55、80、86~93页，西宁，青海人民出版社，1989。

伊玛目掌教直接在清真寺里开办的。如信阳市南关清真寺有碑刻很明白地说明："申阳清真寺建自康熙初年，掌教设席其内，以之训课同教子弟讲习经典，诚善口也。"①

经堂教育改变了以往掌教培养的父子相传方式，使狭小的家传式教育改变为集中的社会化教育。掌教的培养不再是个人的行为，而成为一种影响广泛的社会活动。经堂教育推动了宗教的发展和宗教关系向四周扩散和辐射，使旧式的单一教坊制由封闭走向开放，壮大了职业化的宗教阶层。同时，它也改变了掌教体制的旧模式。教坊清真寺改行掌教和掌学的双轨组织，也就是教务和教学两个系统。掌教就是三道制，伊玛目、海推布、穆安津三道人员继续存在，三掌教制设置的人员基本上全是由本坊人担任，是清真寺组织的"主位结构系统"。随着经堂教育的发展，在主位结构系统之外又产生了一套"客位结构系统"，即"开学阿洪"和"海里凡"。"开学阿洪"或称"统教""阿洪老"，是被聘任的外地或外坊有学问的阿訇。其职责是讲学、接受伊玛目的谦让带领礼拜、参加坊民婚丧祭祀大事的执行仪式和宣讲，但没有"主位结构系统"的权力。"客位结构系统"是一个宗教教育系统。开封规模很大的东大寺现存的碑刻资料比较清晰地展示了"主位"和"客位"之间的关系："若夫设师长□□□，譬如中国州县以教民也。师长曰倪麻木，副曰黑忒布、默尔精，譬如州县之与佐贰也。学师有二，一曰噶□，一曰阿林，譬如教谕训导也。其□□满喇等，譬如口德绅士也。率众拜主，倪麻木不敢□□国君之礼第，自首班之中出众一肩，副师学师等右后倪麻木一肩。其礼拜之班亦州县率佐贰、学官、绅士等拜牌碣。"② 二者职责划分非常分明。信阳清真寺"内聘教长一人，主持教规。经师数人，阐扬教义"。③"通邑（今通许县）清真寺年代久远，无可考据。约明末所建。该寺设教长一人，管理教中一切事情，凡遇生死、婚嫁，皆得向教长报告，以便统计。设阿衡一人，专司宣传教义，每逢礼拜，公开演讲。"④ 掌学的客位系统，受掌教主位系统的制约和

---

① 《重修清真寺捐助碑记》，清嘉庆十一年，现藏于信阳市南关清真寺内。

② 《古制连班序碑》（明万历十四年），现藏于开封市尔大寺内，胡云生抄录。

③ 陈善同等：《重修信阳县志》，卷17，《礼俗·回教》，民国二十五年铅印本。

④ 张业杰、侯岷禾：《通许县新志》，卷11，《风土志·宗教》，民国二十三年铅印本。

直接管辖领导。开学阿洪实行聘任制，任期原则上为两三年。阿訇受聘于大的或中小清真寺，完全由其学识、素养决定。学识渊博、威望卓著的阿訇各地教坊无不争相聘任。所以，有不少阿訇身兼数坊清真寺的经堂教学任务。甚至有兼任外县、外省数坊的开学阿訇，轮流赴寺讲学，如舍起灵。穆斯林莫不引以为荣，优礼有加，极为尊重。

在长期发展过程中，宗教组织双轨制的主位系统“三道”掌教，权威日益滑落和削弱。经过经堂教育严格培养、训练出的阿訇，逐渐成为传教的中坚力量。这从根本上动摇了伊玛目三掌教体制，并使其逐渐解体，最终伊玛目三掌教制便为阿訇掌教制所取代了。虽然掌教是本坊“望族”，据有一坊的宗教实权，但经过严格选聘而“搬”来的开学阿訇，由于学识渊博，道德高尚，却更加受到教民的尊敬。回民更多地开始请开学阿訇主持日常宗教生活和礼仪。开学阿訇其职能开始发生了变化，不仅教学，也要兼理教务，在教坊中日益显示重大的影响和作用。开学阿訇不仅削弱了掌教的权威，又分去掌教的一部分职权，逐渐取代了伊玛目的职权和作用而成为教坊掌教和穆斯林的首领。开封市北大寺清道光二十年岁次庚子小阳月《刘氏捐施清真寺学堂市房碑记》的碑尾载“陕西西安府渭南县人阿衡杨景明暨掌教”字样①。襄县清光绪三十年孟冬之月《重修清真寺碑记》:“有李景祥掌教者，教门之领袖也，率诸众乡老劝励阖教之贵绅富商者，量力捐□，约得千余缗，以成重修之举。”辉县咸丰八年（1858年）筹建清真寺。“此节之工，筹办、捐款、监工、购料者，为李继盛阿衡。时为寺内教长率诸司事杨祯、李修来、杜秉义、孙兴发诸公，竭力而为。”②“主位系统”和“客位系统”的位置发生了变化，二者逐渐合而为一。一方面，开学阿訇排在最前面，虽然仍被称为开学阿訇，其职能已经不仅仅是经堂学校的教师，更重要的是他已拥有行教权，全面主持、掌理各项重大宗教事务，集教学、教务之权于一身，兼有多项职权和职能，有的穆斯林把他称为教领，实际已是首席掌教，亦可以说是教坊的总掌教，

---

① 《刘氏捐施清真寺学堂市房碑记》，清道光二十年岁次庚子小阳月，现藏于开封市北大寺内，胡云生1989年抄录。

② 政协新乡学习文史委员会：《辉县清真寺略记碑》，载《新乡文史资料》第11辑（民族宗教专辑），2000。

在教坊中具有极高的权威。穆斯林通常尊称为“阿訇老人家”。后来，官方称之为教长，成为名副其实的职衔。另一方面，伊玛目虽仍有掌教名义，只是因袭旧习称呼而已，实际已退居其次，成为二掌教，至于海推布更是不可同日而语了。

由伊玛目三道掌教制过渡到阿洪掌教制，经历了一个长期的过程。大体上由清末至民国时期，河南多数地区回族教坊才先后完成了这一过渡，确立了阿訇掌教制。河南有地方称阿訇为“阿衡”或“教长”。南阳县黄池陂“至光绪己亥年，（清真寺）基址日就倾颠，殿宇渐及风雨。时有李老阿衡品学兼优，役勤劝喻，议为重修之举，商及乡老，莫不云集响应，欣然捐资”①。“（民国）二十六年春，本坊同人在阿衡李公锦斋领导之下，开办振穆中阿小学一所”，但该名称和“教长”通用，在《南阳县黄池陂马君凌云捐果园兴学碑序》中又称李锦斋为“教长”②。尽管阿訇掌教制度的名称、组织形式以及行教方式各地不尽一致，但其职能是大体相同的。需要特别强调指出的是，在河南并不是阿訇掌教制度完全取代了伊玛目掌教制度。据笔者的实地考察，在河南西南部的一些回族经济发展较为缓慢地区的清真寺在民国末年甚至还在实行伊玛目掌教制度。所以，严格意义上讲，由于河南各地伊斯兰教发展的不均衡性，阿訇掌教制度取代伊玛目掌教制度的进程不一。但总体上，河南回族掌教制度在清至民国时期呈现的趋势是阿訇掌教制度成为伊斯兰教新的历史时期的主流倾向了。

四、乡老地位的日渐提升和阿訇聘任制的盛行

清真寺和寺坊管理形式在唐宋时期无可考证。元时设有“穆塔完里”管理寺务。明清以来，开始设立“乡老社头”配合伊玛目处理宗教民政事务。由于“乡老社头”在本坊的地位，明末清初以降，随着伊玛目掌教制

---

① 南阳民族宗教志编辑室：《南阳县黄池陂重修清真寺碑序》，载《南阳民族宗教志·宗教篇》，第三编《伊斯兰教》，1989，315页。

② 南阳民族宗教志编辑室：《南阳县黄池陂重修清真寺碑序》，载《南阳民族宗教志·宗教篇》，第三编《伊斯兰教》，1989，315页。

度和阿訇掌教制度的更替，他们不仅逐渐地掌握了从掌教那里分化出的对政务一定的管理权，而且制约着伊玛目的选举和开学阿訇的聘任，在一些方面开始限制掌教阿洪和伊玛目的权力。河南兰考的《录考城乡耆公议诫约》载："但恐无事乡耆频往各房，必致务学众师，妨工延接，或因闲谈而费其日课，或因琐渎而堕其寸阴，为此集众公议，申明诫约，嗣后如有乡耆仍前溷入学内，妨工饶舌者，除当面斥外，议罚银米若干，无谓言之不蚤也。"① 从中我们可以看到乡老和掌教之间的矛盾。尽管最后掌教对乡老进行了约束，但另一方面也暴露了乡老开始对寺务的渗透和控制。我们还可以从冯少川在开封设教时的遭遇约略看出一些问题。"先生设账于汴，约三年。乡耆有许小槐者，富而豪侠，与汴之七十二藩府交游，故名振中州。每问事于先生，固多缄默，意谓先生之无学也。议约众别请少山张先生，意有状元之学。"由于乡耆对冯少川不了解，便要解聘，最后因为张少山的努力才使冯少川露出"庐山真面目"，"众耆复留先生终馆事二年"②。这一方面说明了乡老在清真寺的地位，另一方面也说明阿訇聘任制初步实现了程序化。

清代西北回民起义后，清政府对西北的回族规定："回民不得复称总掌数、掌教、阿洪、阿衡、师父名目，择老成人称多约。稽查约束。循化掌教改为总练，阿洪改为乡约……"又说："嗣后严禁回民邪教及阿洪名目。"③ 开始实行乡约制。河南虽然处于内地，但阿訇掌教的权力也受到了影响。开封善义堂有碑刻《祥符县正堂出示晓谕碑》记载清真寺建立过程的艰辛："近闻左宫保勒定西陲，其善后事宜，内设有义学，延师教读，每学生一名，日给白米二斤，以资养赡□□。商民等欲仿照其法，公捐资财，在城内鹁鸽市买民房一区……名曰善义堂，内设经学，俾回民子弟，从口诵经。外设义学，聘请名师，不分畛域，俾回汉两教贫民子弟，入学

---

① （清）赵灿著，杨水昌、马继祖标：《经学系传谱》，14～15页，西宁，青海人民出版社，1989。

② （清）赵灿著，杨水昌、马继祖标：《经学系传谱》，35～36页，西宁，青海人民出版社，1989。

③ 杨怀中：《论十八世纪哲赫林耶穆斯林的起义》，见宁夏哲学社会科学研究所：《清代中国伊斯兰论集》，47～107页，银川，宁夏人民出版社，1982。

读书……正欲仿照礼拜寺，内设万岁龙牌，以致诚敬，是否可行。伏乞赏赐，只遵等情禀恳前来。查该商民等，捐资设塾，事属善举，是思仗义疏财，足堪嘉尚，已批准立案办理矣。合行出示晓谕。”[①] 在这样的环境下，阿訇掌教的地位日趋下降，其职权仅仅局限于清真寺的宗教事务。与此同时，乡老的地位日渐提升，实际上是坊众中一个统治阶层。

民国时期，乡老地位又进一步提高。民国二十七年（1938 年），中国回教救国协会在武汉成立，在中央设立总会，分省设分会，各县设支会，县以下设区会。“利用各处清真寺为最小单位，并责成各清真寺的教长遵照总会指示的纲领，实行组织教胞，策进国与教的工作。”[②] “全国清真寺应依照本会清真寺管理办法第三条之规定分别组织董事会。”河南各地清真寺董事会由董事 3 ~7 人组成，规模大的清真寺董事会设常务理事 3 人，董事均为义务职。清真寺董事会董事候选人的资格为：“一、居住该坊三年以上，恪守教律，公正诚实，所公认者。二、在一年内捐助坊内清真寺或学校在国币三百元以上者。三、热心教务教育及地方公益为众公认者。四、与本坊清真寺或回民学校之创兴有历史及特殊关系者。”清真寺董事选举或改选在每年开斋节举行。选举或改选由中国回教救国协会所属分支区会派员监选。清真寺董事任期为一年，可以连任，但常务理事的连任以 3 次为限。清真寺董事会管理该清真寺一切事宜。“清真寺教长之聘请或解聘、寺产之购置或出售、寺款之动支存放或募集，以及各种寺务兴革事项非经董事会会议通过不得举办”，“清真寺董事会每月举行会议一次，由董事轮流主持”。[③] 乡老的权力由此可见一斑。

---

① 《善义堂祥符县正堂出示晓谕碑》，清同治十三年十月二十九日，现藏于开封市善义堂清真寺内，胡云生 1989 年抄录。

② 白崇禧：《中国回教与世界回教》，载《月华》（桂林），民国三十一年，14（11 – 12）。

③ 《清真寺董事会组织通则》，载《月华》（桂林），民国三十年，13（4 – 9）。

表1　内乡城关清真寺阿訇任职时间统计

姓名	任教时间	任教期限（年）
马长太	咸丰元年至十年	10
王明科	同治元年至光绪年间	>20
王李坤	光绪年间至民国	>10
马祥成	民国年间至1950年	>10
王文策	1951—1960年	9
陈汉昌	1961—1970年	9

资料来源：据《内乡县民族志》，初稿（内部资料），中共内乡县委统战部编，内乡，1988年1月。

随着乡老地位的提升和阿訇掌教职权的式微，阿訇掌教的作用走向纯粹宗教，阿訇聘任制逐渐盛行。呈现以下特点：第一，规模较大且回族历史悠久的清真寺阿訇任期时间一般为3年左右，可以连任，阿訇更替较快，程序化和制度化较高。相反，规模较小或者地处偏僻、经济贫困的清真寺聘任阿訇任期较长，更替较慢。以内乡建于明崇祯十四年的内乡城关清真寺为例进行说明。由于历史上内乡经济相对落后、文化相对闭塞，清真寺虽然数量很多，但规模都不是很大，阿訇掌教聘任期限相对较长。表1展现的城关清真寺阿訇任期时间基本上都在10年以上。

与此相反，表2所反映的开封东大寺的情况与内乡城关清真寺的情况完全不同。东大寺历史悠久，规模巨大，曾号称河南省清真寺的首坊。从表2中可以看出，其阿訇聘任制已经实现了一定的规范化和制度化。洪泉宝于1919—1931年连续12年在东大寺任阿訇，但其属于连任，其他基本上都是2~3年的任职期限。1950年以后，东大寺的阿訇聘任期以3年为限。河南淮阳也是回族聚居区，1933年《淮阳县志》载："回回教在治城内西北隅，清康熙八年教长舍起灵、社首苏应元创设，现分设清真寺于北关、南关、新站、刘庄、沙庄、盖庄、小李庄、汪洼、龙泉寺、蔡桥、高河铺、周口老街、韭菜庙、天房街、陈州街、怀庆寺、荥阳寺、河西寺等处。"① 表3《淮阳县城内清真寺历代教长统计》中，除了舍起灵在康熙八年至二十二年任职15年外，陈万善、代金玉、孙敬修、穆锦章4位阿訇在1883—1906年间任职7年左右；1906年以降，阿訇聘任期基本在3年左右。南阳"坊上的阿訇施行聘任制，一般任期为3年，大的寺坊有阿訇、二师傅、寺使夫"②。笔者搜集到一份郑州北大清真寺1916—1957年间历任阿訇、伊玛目以及管事名单，发现其中阿訇没有连任的现象，任期2～3年。伊玛目有在任2～3年的。如李青山，1929—1933年连任2届，共5年；达秀生，1934—1937年亦连任2届，共5年；贾奉楼，1944—1949年连任3届，共6年。阿訇掌教聘任制度的实施，使得阿訇任职时间短，考评表现特别优秀的可以连任，一般情况下辞聘。阿訇聘任期的缩短，既加强了竞争的力度，利于阿訇自身素质的提高和伊斯兰教的活跃发展，又使阿訇无法形成绝对的权威，利于乡老职权的稳固和提升。

表2 开封东大寺1882—1948年历任掌教阿訇统计

姓名	籍贯	掌教时间	掌教年限（年）
马阿洪	云南	1882—1888年	6
洪宝泉	开封	1889—1894年	5
吕阿洪	开封	1895—1896年	2
穆振铎	开封	1897—1903年	6
杨太亨	孟县桑坡	1903—1904年	2
李文明	开封	1905—1908年	3
刘德全	开封	1908—1909年	2
杨竹平	广东	1910—1912年	3
王浩然	北京	1913—1915年	3

① 郑康侯修，朱撰卿纂：《淮阳县志》卷4《民政上·宗教》，民国二十三年铅印本。详见《中国方志丛书》华；化地方第470号，286页，成文出版社，民国三十一年。

② 南阳民族宗教志编辑室：《南阳县黄池陂重修清真寺碑序》，载《南阳民族宗教志·宗教篇》，第三编《伊斯兰教》，303页，1989。

续表

姓名	籍贯	掌教时间	掌教年限（年）
张　三	北京	1915—1916 年	2
马长清	济源	1916—1918 年	3
洪泉宝	开封	1919—1931 年	12
赵永清	封丘	1932—1934 年	3
小　马	陕西	1935—1936 年	2
马长清	济源	1936—1938 年	3

资料来源：《开封市顺河回族区回族志》，初稿（内部资料），顺河回族区地方志总编室编，开封，1990 年 10 月。

表 3　淮阳县城内清真寺历代教长统计

姓名	籍贯	任教起止时间	任职年限
穆进京		明崇祯十五年	
舍起灵	樊城	康熙八年至二十二年	15
陈万善	太康	1883—1889 年	7
代金玉	安徽	1889—1895 年	6
孙敬修	淮阳	1896—1902 年	7
穆锦章	济南	1903—1906 年	4
丁世奇	天津	1907—1910 年	4
洪福海	开封	1911—1914 年	3
白景生	开封	1915—1918 年	3
白玉海	开封	1919—1922 年	3
穆清廉	周口	1922—1925 年	5
李锦文	卢氏	1926—1931 年	5
马明道	卢氏	1931—1933 年	3
丁少云	安徽	1933—1935 年	3
舍学仁	樊城	1936—1937 年	2
杜洗尘	永城	1937—1941 年	4

续表

姓名	籍贯	任教起止时间	任职年限
马清超	民权	1941—1943 年	3
张少岭	许昌	1944—1947 年	3
买永新	鄢陵	1948—1950 年	3
买俊三	上海	1950—1952 年	3
范好古	淮阳	1952—1956 年	5
代宝真	淮阳	1956—1968 年	12

资料来源：宋撰卿等编纂：《淮阳县志》卷四《民政上宗教》，民国二十三年铅印本；《淮阳县回族志》编辑组编：《淮阳县回族志》，内部资料，淮阳，1984 年 12 月。

第二，阿訇的来源地不再仅仅局限于本地，外地阿訇来源增多，聘任阿訇不受地域限制。

我们可以从表 3 中看出，淮阳城内清真寺 50 多年间阿訇绝大多数是从淮阳以外聘请的，河南其他地区情况亦如此。如，开封文殊寺街清真寺改宗新教后（1917 年）历任阿訇以外地人占多数。马廷选，宁夏同心人；虎彦章，四川人；吴振明，西安人；李振基，安徽人；果甘马阿洪，甘肃人；王洪贤，镇江人等。[①] 睢县“宣统三年，阿衡印玉恩，字鸿慈，直省沧州人，聘于颍水之西”。[②] 相对而言，河南从外省聘请的阿訇多来自西北的陕西、甘肃和宁夏，以及河北、山东和北京等地。即使聘请本省的阿訇，也多不在本坊聘请。“新野沙堰清真寺过去历届阿洪多是从开封聘来的。”[③] 如果和本坊沾亲带故更是不在聘请之列。叶县清光绪十八年岁次壬辰桂月下浣吉日立《增修清真寺碑记》记述得很清楚：“延师，本坊人、系亲，俱不请”。从河南省内聘请的阿訇多来自开封、洛阳、周口、孟县、禹县、襄县等回族聚居集中且经堂教育相对发达的地区。当然，还有一种情况需要注意，即阿訇有的是兼职，如遂平县城关消真寺清末李阿衡，籍

① 开封顺河回族区地方志总编室：《开封顺河回族区回族志初稿》（内部资料），1990。

② 郑州市北大清真寺民管会编：《郑州市北大清真寺寺志》（内部资料），郑州，1988。

③ 南阳民族宗教志编辑室：《南阳县黄池陂重修清真寺碑序》，载《南阳民族宗教志·宗教篇》，第三编《伊斯兰教》，305 页，1989。

贯南阳人，半经商半任教[①]。笔者1989—1994年在开封市作调查的时候也发现有类似的情况。阿訇聘请不再局限于本坊，清真寺由封闭走向开放。

第三，阿訇的文化程度参差不齐。相对来说，阿拉伯文水平较高，而汉文水平较低，甚至是文盲。以表4所反映的开封市顺河区1956年各寺阿訇文化程度为例，11位阿訇中，中文水平为高小的有3人，占36.67%；初小文化水平的3人，占36.67%；文盲5人，几乎占一半。而阿拉伯文受教育水平，几乎都在10年以上。这充分说明阿訇对汉语的忽视和抵制以及对阿拉伯文的重视和崇拜。这种情况在清末民初尤为明显。再加上经济的贫困落后以及其他种种原因，“各地教胞之关怀教门者日少，而各地清真寺行政之机构，多不健全，寺产管理不力。故各地清真寺经费日渐支绌，而阿衡之待遇，亦随之日见微薄。生活发生问题，于此种情形下阿衡之热心教门者，固能艰苦支持，维持一时，然亦不能执经直言，专心传教。其意志不坚定者，遂改就他业”[②]，阿訇艰难支撑现状。一些回族有志之士看到这点，提出了改良意见：建立学校，“以造就具备推动回民教育、‘领导回教民众’、‘主持寺政’三种能力，并能适合时代需要，改进回教社会之新式阿衡为主持”。[③]

表4　1956年各寺阿訇文化程度统计

寺名	姓名	性别	年龄（岁）	中文水平	阿拉伯文水平（年）
东大寺	常荣华	男	64	高小	20多
文殊寺街清真寺	尚希贤	男	72	高小	20多
洪河沿清真寺	白金镛	男	68	初小	20多
教经胡同清真寺	程海云	男	38	初小	15
王家胡同清真寺	沙情操	男	31	初小	16
洪河沿女寺	倪信芝	女	50	文盲	20
北羊市女学	杨王氏	女	77	文盲	10

① 《遂平回族文史资料》编写组：《遂平回族文史资料》（内部资料），1991。
② 《论今日阿衡问题之严重性》（社论），载《月华》（桂林），民国三十一年，14（7-8）。
③ 《论今日阿衡问题之严重性》（社论），载《月华》（桂林），民国三十一年，14（7-8）。

续表

寺名	姓名	性别	年龄（岁）	中文水平	阿拉伯文水平（年）
清平东西街女寺	白秀云	女	69	文盲	15
清平南北街女寺	李李氏	女	75	文盲	22
草市街女学	禹俊卿	女	49	文盲	8
王家胡同清真女学	王永真	女	35	初小	7

资料来源：《开封市顺河回族区回族志》，初稿（内部资料），顺河回族区地方志总编室编，开封，1990年10月。

五、分化与整合：掌教制度与回回认同

作为回族社会内在运作机制之一，回族掌教制度的嬗变在明以前河南大体上和全国其他地方相同。明以后，随着苏非主义的传入以及伊斯兰教在中国的地方化和民族化，河南回族掌教制度的发展呈现出明显的地域性中原特色。分析河南回族掌教制度的历史变迁，可得出以下结论：第一，河南回族掌教制度的组织形式从唐宋政教合一的卡迪制、元代的三掌教制、明清时期的开学阿訇和掌教并列，一直到清中叶以后乡老地位的崛起以及阿訇掌教聘任制的盛行，其组织结构愈来愈严密，掌教内部权力模式逐渐由单一化向多元化方向发展。

第二，河南回族掌教制度的功能、效用由元中期以前的政教合一到其后的政教分化，国家政权逐渐淡出掌教权力体系。变直接管理为间接管理，掌教的出任由官府任命到世袭，再到乡老推荐和聘任，与官方关系愈来愈淡薄。掌教权力体系逐渐由开放走向封闭，发展成为纯粹宗教管理性质的民间组织。

第三，河南回族掌教制度权力体系的中枢由掌教执掌而逐渐被乡老阶层替代，回回群众对掌教的顺从和依附程度随之减弱，回回上层加强了对掌教的控制。民国时期一些地方的“阿訇虽名为穆民之官长，遇事判断，

行使一切法权。实则为万人之奴隶，毫无自由。如有请游坟者、请念经者，稍一推诿，则以请你来是做什么的？有事不干。岂不叫我们反教吗’恶言相加。尚有所谓大乡老者，寺内之权，均由个人操纵，阿訇之去留，海里凡之收逐，工程之动修，一些乡老阿訇尽皆仰其鼻息，因而无气节之阿訇遂不得不迎合之，以固其位。或有洁身自好者不肯阿附，轻则加之恶名，重则饭碗打碎，阿訇之地位可悲也夫！”① 掌教权威的式微，宗教势力和世俗势力结合的缺失，使得河南回族伊斯兰教终究没有形成像西北地区一样的门宦制度。

河南回族掌教制度的这种历史变迁，适应了不同历史时期宗教活动的需要，可以说是在河南特定环境中的产物。长期处于中原汉文化圈的包围之中，河南回族掌教制度的每次变革固然都有着外部压力和自我调适的原因，但它带给河南回族社会，特别是回回民族认同的影响却是毋庸置疑的。河南回族掌教制度的变迁过程实际上就是回回民族认同、整合的过程。

首先，不断地凝聚和传承回回文化，使回回民族认同的整合成为可能。不论河南掌教制度的功能、效用发生怎样的变化，但其宗教职能却是始终不变的。社区回民对伊斯兰教的传承，除了通过家庭环境的耳濡目染，更多的是通过掌教等清真寺宗教人员的宣讲。掌教制度在具体的时空条件下，传递并创造着伊斯兰文化，而且不断地根据形势的发展，与时俱进地自我调适，同时也借助自身的象征意蕴，以真主或礼拜以及相关内容作为宗教认同的核心。伊斯兰教的基本思想认主独一，信圣人、天使、前定和后世等，加上被归纳为“五典”的伦理道德思想，成为社区回民的基本思想和生活准则。这些思想观念的巩固更多则是通过掌教制度来实现。而在血缘上互不连接的回回家庭，就是在这种思想观念的影响下，产生了共同的世界观和人生观，在民族心理上产生共鸣，形成了强烈的民族宗教认同意识和感情。“昔日阿衡地位在中国回教社会中，向为教胞所尊重。各方教胞一言一动，亦莫不以阿衡之命是从，即向来不接近教门之人，亦均能尊重阿衡之地位。故阿衡于维系回教民众之道德，转移社会之风气，

① 《沧县回民概况》，载《月华》第7卷第23～24期合刊。转载于李兴华等编：《中国伊斯兰教史参考资料选编（1911—1949年）》（下册），1353～1355页，银川，宁夏人民出版社，1985。

实有莫大之感化力。”① “中国回民的文化、思想、生活、习惯在一种特殊的制度下而保袭独立的系统，这种特殊制度即是在回民聚居之处的清真寺。清真寺在中国是这一方回民文化的、社会的一切活动中心。这清真寺首脑人物就是阿衡。阿衡固然都是学识渊博、品行道德高超的，而同时又具有行政的能力。例元明时代回教对于文化、武功的贡献，有清一代国民之屡次革命，大都皆出于阿衡之手。”② “凡是真切了解回教的人，都知道一般回胞的观念视清真寺重于衙门，阿衡重于官吏。”③ “在一个四五十岁的穆民不难想到三十年前一位阿衡在一个穆民心中的地位，阿衡老人家的话是颠扑不破之理，虽然有些地方是盲目的崇敬，但是在这种约束上，建立起我们的生活特殊的典型！在这种典型上建起了回教社会的整体机构。没有阿衡，什么也没有了。”④ 掌教的作用由此可见一斑。

其次，不断地校正回回民族认同的偏差，促使回回认同向心力的形成和稳固。掌教制度的发展与回回认同的整合可说是相伴而发展的。民族成员纳入掌教管理体系的过程也是整合的过程。掌教制度充分发展的结果必然是回回民族认同由整合的提高而走向统一。宗教生活与世俗生活相互结合，决定了掌教的管理作用。回民的宗教活动在掌教的主持下进行，收取天课、调解回民内部纠纷、处理教争矛盾，宗教信仰与崇拜在掌教的作用下转化为组织指令和服从的关系。叶县清光绪十八年岁次壬辰桂月下浣吉日立《增修清真寺碑记》：“吾教顺主命，遵圣行，守其教规，凡穆民永不许用血，即如猪肉死物外教所杀之畜。”新安县“回教五头西坡、铁门俱有清真寺，为回教阿衡主持教规之所，凡回民之宰杀者均于寺内行之，违者自罚”。⑤ 掌教领导的教坊，无论是理论或实践上都是确定的组织中心。回回内部的同一性依赖这个中心，组织的号召力也源于这一中心。而这个组织中心来自回回社会下层，往往独立于政权中心之外，因而产生了新的

---

① 《论今日阿衡问题之严重性》（社论），载《月华》（桂林），民国三十一年，14（7－8）。

② 庞士谦：《全国清真寺海里法教育改良刍议》，载《月华》，民国十八年，16（4－6）。

③ 《寺政教育之重要》，载《月华》（桂林），民国三十一年，14（9－10）。

④ 《阿衡缺乏之重要》（社论），载《月华》，民国二十九年，12（18－30）。

⑤ 张钫修、李希白纂修：《新安县志》卷九，《社会·宗教》，民国二十七年石印本，见《中国方志丛书》华北地方第439号，589页，成文出版社，民国三十一年。

宗教意义上的中心。对于河南回民来说，开封东大寺、郑州北大寺、洛阳塔湾、孟县桑坡、沈丘槐店等地的作用和意义超过了郑州、开封等城市。掌教体系和相关的清真寺成了回回认同的标志，是回回在信仰与超血缘上的向心场，回回教民通过礼拜及其相关宗教形式完成心理向心场的建构。掌教制度不仅从局部巩固了本坊回回的宗教信仰，形成一种有组织、有领导的群体行为；而且通过掌教制度，把处于大分散之中的回回结成一个个群体或社团，通过信仰制度和仪式的一致性，把他们统一在伊斯兰文化的生活方式之中，为民族共同体形成和发展提供了稳定性和连续性基础。如此看来，掌教体系与其说是回回信仰的中心，毋宁说是回回认同的标志。

最后，河南回族掌教制度的变迁过程也是民族认同和国家认同相统一的过程。回回民间的自我认同主要体现在口头叙事、地方性仪式以及民间的各种地方性文献中。在国家政权的控制下，这种认同受到了制约和压抑。无论是回回民间的社会组织还是民间的自我认同声音都被纳入到国家的建设秩序，整个国家处于高度一统之中。国家政权对河南等内地回族掌教制度由直接管理而间接管理，主要是以代表了国家正统文化——汉文化的扩张方式。作为回应，河南回回一边“皆守教不替”①，一边是与汉文化的调适，民间社会上层开始分化掌教权力。“全青海几百所礼拜寺，各寺都有教长，而许多教长的派遣都是由于全省最高的总教长——马祥臣阿衡一人所派出的。”② 但河南回族却最终没有像青海那样实行总教长制，回族社会比较松散，缺乏足够的严密性。所以，河南以清真寺为单位的掌教制度体系从其结构上看可以说是对国家政权体系的一种模仿。它不仅仅是为了凝聚回回力量、认同一体化的象征性体系，也是回回基于共同的利益对外协作、相互间互助而依附、顺从国家认同等社会事实的一种文化方式的演绎。在清代回民起义的高潮时期，河南回民非但没有卷入，而且还获得了发展。考察今河南各地的清真寺史可知，大部分现存清真寺是创建于清代乾隆年间以后的。考察河南回族掌教制度变迁中主动或被迫适应汉文

① 《明史·西域传》，转引自金吉堂：《中国回教史研究》，北平成达师范出版部，1935。
② 马全仁：《回民当前之任务》，载《月华》，民国四年，12（4-9）。

化、模仿国家权力治理模式的现象不难得出结论。所以，构建回族历史发展的理论模式，我们在强调回族“面”上整体性的同时，也不能忽视区域性回族发展“点”上的差异。

（原载于《回族研究》，2004 年第一期）

河南回族伊斯兰教经堂教育历史分期及格底目赵门学派传承

海振坤

河南是回族穆斯林大省，是中国伊斯兰教文化传承的活跃地域之一。自明清以来，其经堂教育蓬勃发展，经几代先贤、经师的卓绝奋斗，形成了格底目教派的两大传承体系，即人们所称的赵门派、谢门派。伊赫瓦尼的经堂教育体系，人们称之为新学或新门、新派。研究中原大地上仍然活跃着的经堂教育的各门派的教育思想及教学特征，既是对先辈经师们缅怀纪念，也是对现状的反思。“前事不忘，后事之师”，对赵派著名传人、经堂教育家何国安阿訇教学思想的探讨，会使我们从中获益，使河南回族伊斯兰教的经堂教育在借鉴中更好地传承发展。

一、河南伊斯兰教经堂教育的三个历史时期

经堂教育的渊源，是中世纪伊斯兰教国家存在的寺院教育。伊斯兰教历史上最早的学校教育设施相当简单，在椰枣树下，或在帐篷里，或在私宅中学习，后发展至在清真寺中教授《古兰经》诵读。至阿巴斯王朝时期，出现了寺院教育的较高形式《智慧大学》，以及其后明确逊尼派正统信仰系统的教育方式和制度——“马德拉沙”。从中国伊斯兰教的发展历史上看，唐、宋、元时期似乎没有经堂教育，原因恐怕与寺院管理制度有关。清真寺及番坊不论世袭三掌教制或者“哈的”所，均没有开设经堂教育的职能和必要。胡登洲在渭州开办私塾式的经堂，设帐授徒，是与那一时期中国传承中通晓经典的人员匮乏的形势有关，也与穆斯林在明中前期

的华化外部形势有关，是历史发展的必然。纵观伊斯兰教的经堂教育，从现有的文献碑石等资料可以了解到，河南地区伊斯兰教经堂教育大致可分为3个历史传承时期。自明隆庆六年胡登洲开始设帐授徒至胡的二传弟子冯少川“设帐于汴，约三年”，其三传弟子张少山于郑州貂谷（即现中原区刁沟村）设帐收徒为第一个传承期开端。这一时期清真寺的宗教制度是否沿袭元代处理穆斯林事务的两个系统［一是教务系统，即由筛赫伊斯兰（摄思廉）为首席掌教的“三掌教”及管理寺务的“设塔完里”，二是由中央到地方各级回回掌教“哈的”教法执法系统］，无准确的史证资料。但有一点是清楚的，那就是在清真寺开设经堂教育的初始阶段清真寺在教法执行中已经有较为激烈的争论。开封明万历十四年所立的《古制连班永遵碑》就是明证。这一传承期，由陕学而起东传的结果促成了山东学派的形成，胡登洲的四传弟子常志美、李延龄倡导的阿、波并重，“博而熟”的经学风格，经舍蕴善（明崇祯七年至清康熙四十九年，即1634—1710年）设帐四十余年，在开封、郑州、洛阳、陈州、考城、太康、襄城等省内各地开馆而发扬光大。学术界称之为“舍学”，舍学的影响及经学风格对河南的经堂教育的影响是深远的，以至于后来在河南格底目的赵派仍沿袭了这种“博而熟”的学风。舍蕴善在河南的经学传播其及事略见于《经学系传谱》以及《淮阳民族宗教志》和《中国伊斯兰教史》等典籍。

河南伊斯兰教的经堂教育第二个传承期，按著名学者庞士谦先生在《中国回教寺院教育之沿革及课本》一文的说法，“河南回文大学之创立即始于二杨阿訇也”，又说：中国回教寺院教育“学问更为渊博……回文大学之林立，人才之辈出，亦皆在于此时”。显然，这一历史时期的经堂教育，不论教育目的、教材选用、教学方法均与舍蕴善及以前的那个历史时期有延续继承，但又有明显不同。

二杨阿訇即杨振龙，河南桑坡人，因排行老二，世称二杨阿訇，出自陕西派的实际奠基人周老爷周良骏门下。清咸丰年间在开封善义堂清真寺设帐授徒，出其门下，在河南著名的经师有其子杨泰贞、杨泰恒以及马长清和名噪豫、皖、苏诸省的大尔林王宝云。

清末民初，河南的经堂教育犹如风云际会，波澜壮阔，人才荟萃，名师辈出，形成了各具教育特色的传承系统，即格底目教派的“赵永清门派”“谢文光门派”“李彦彬门派”和伊赫瓦尼教派的“马广庆门派”，以及由格底目改传伊派瓦尼派的李振基、虎彦章、尚希贤诸位著名阿訇的“经堂教育学门”。这一历史时期经堂教育的目标偏重为培养能指导普通穆斯林从事日常宗教生活和信仰操守的学识和能力的阿訇人才，而不是舍学及以前倡导的苏非理学的经典和道德要求，培养“洪福完人”的追求目标。所讲授教材从义理诸经如《母噶麻忒》《米而撒德》等转为重点传授《尔歌一德》《讳嘎业》等哈乃斐教法学方面的教材，可以看出这一变化。[①] 在这一时期产生、发展并逐渐形成规模的赵永清学门传承体系，是河南伊斯兰教经堂教育的亮点，也极具中原地区格底目教派的风貌和地域特征。这一传承期延续至1958年的宗教改革。

1984年落实民族宗教政策后，开始第三次传承期。笔者曾在《河南经堂教育历史脉络及谢门学派初探》一文中对河南格底目教派的经堂教育的“谢派”“赵派”的传承及教学风格特征作了探讨，文章侧重对谢派的风格归纳、探讨，对赵派的形成及传承关系和教学风格未作过多地论述，遗漏不少有研究价值的口碑史料，在此作较为详细的探讨很有必要。

二、赵门学派的形成及传承

赵门学派创始人赵永清阿訇，生于1876年，归真于1945年，原籍开封县海庄，即现封丘县海庄。自幼在开封东大寺学习经典，其启蒙导师为开封东大寺四大掌教之一的杜云卓阿訇，成名于大新庄东大寺。关于赵永清阿訇的求学及穿衣有两种口碑资料。其一，据《造店村文化史略》记载：据赵永清的二传弟子，已故归真的程云海、程云孝阿訇生前讲述，赵永清系王宝云（王四阿訇）在1898—1910年任焦作造店清真寺12年开学教长时穿衣挂帐的。王宝云阿訇原籍安徽亳州，在河南、安徽、上海等地

---

① 《母噶麻忒》系阐释苏非品位晋级的著作，原意为“站、阶段”。《米而撒德》系波斯文，专讲“理学炼性入道”的著作，又名《归真要道》。《尔歌一德》即《教典》，是教义学著作又称“教典诠释”马坚先生有汉译本。

开学授徒，出其名下的著名经师有哈德成、马自成、刘朗轩、赵永清、丁锡忍等。其二，赵阿訇于光绪二十年（1894 年）先在化觉巷张少川阿訇门下求学，一年后投平凉马寿清阿訇，于光绪二十七年（1901 年）穿衣挂帐。平凉马寿清阿訇，又称为普洱马太爷。清光绪十年时曾在开封善义堂开经堂，经生多达 40 余人，出其门下的著明经师还有河南的马长清阿訇。《中国经堂教育与陕学阿訇》一书中记载，普洱马在 1902 年归真，归真前的 18 年一直在成都皇城寺开学。出其门下的阿訇名录中没有赵永清阿訇。此说只能存疑。

赵永清阿訇以博爱县大新庄清真东寺为主要开学地，并先后兼任郑州北大寺、开封东大寺及封丘、武陟、辉县五地的教长，据郑州北大寺寺志记载，赵任开学教长期间也曾招收经生 40 余名。赵的名声在河南显赫，其经堂教育方式兼容并蓄，培养的经师多为“经汉两通”的博才、通才，而非专才。“博而熟”本来是山东学派的风格，作为陕西学派的赵门学派针对河南伊斯兰教信众基数大、教务需求各异的具体情况，在开学的过程中，除教授宗教经典，还要求经生学算术、算盘、读古汉文典籍，如《千字文》“四书”等。赵永清阿訇的教学风格及以大带小、以长带幼、以老带新的教学方法，都是紧紧地围绕使经生对经典“博而熟”这一主要目标安排的。他的教学风格、教学模式以及方法，对他帐下的弟子产生了深刻的影响。我们在其一传弟子、二传弟子开学、办学的观察、研究中可以明显地感觉到“赵氏风格”的鲜明印记，如前期的李希章阿訇、刘兆亮阿訇，后期的何国安阿訇和孙万生阿訇，二传弟子中的丹云峰阿訇、何中平阿訇、巴连生阿訇、买红星阿訇等，无不沿袭其行之有效的教学方式、方法，甚至能使一些接触过赵派两代开学阿訇的穆斯林称誉他们“真像老赵阿訇”。

赵永清阿訇所开创的经堂教育方式及教学方法培养出的经师适应了河南回族穆斯林的现状环境和时代需求，使精神净化需求和日常宗教生活现实有机地溶合在一起，得到了广大穆斯林的高度认可，各寺坊竞相聘赵派经师担任开学阿訇，成为河南回族伊斯兰教发展传承历史上特有现象，值得大书特书和应更深入细致地研究。

赵永清在河南回族伊斯兰教经堂教育史上的历史贡献和突出地位的成

因，除了经堂教育的模式，还在于他的人格魅力及行为感召力。诸如1927年的团结大新庄、邢邵村回汉群众抗击“红枪会”的事件中的胆识，1931年在“洛阳河南伊斯兰教格底目教派教务会议”上被阿訇界公推为“教门”四杆旗，为促进开封格底目与伊赫瓦尼的团结、平息教务分歧和纷争所作的贡献，等等，都在河南伊斯兰教界内外得到了极高赞誉和久远的深刻影响。赵永清阿訇的口碑传说很多，限于篇幅，不再作赘述。

赵派的经堂教育对河南伊斯兰教的传承发展的历史贡献，可以在不同时期三代经师开学规模上反映出来。

赵门学派自赵永清起，到李希章，再到孙万生等，门下经生通常保持在40余人，分为大班和小班，即高级班和初级班。受过赵教诲的经生数目无确切的统计，据郑州北大寺志记载，赵在一年任教长时，招收经生40人。李希章在西寺也是招40人。在开封等地清真寺招收教授多少，虽无文字记载可查，但是这些清真寺都是省内外知名的开学大坊，经生数量历来众多。1945年赵归真后，其弟子为其立碑纪念，碑上有名单可辨识的56人。

买金秀、马跃龙、李希章、卞玉堂、刘兆亮、丁殿荣
曹国详、曹金柱、马　忠、黄宇贤、舍学增、张国彦
马振东、买化宝、曹世勋、何国安、买立庆、范学正
闪太杰、白清彦、买庆堂、沙子玉、黄延兰、李长科
刘鸿儒、买明道、闪保真、艾廉斋、曹　康、买　楼
闪殿清、买庆详、沙云章、丁绍友、刘子元、尚希明
范学良、黄宪章、魏文峰、马良庚、杨占波、海景河
于庚恒、王明德、王文彬、白俊卿、白志先、兰玉田
李鑫馨、金光玉、孙延杰、买凤荣、马光跃、王鸿玉
钱玉祥、洪德志等

这个名单并未包括他全部弟子，从已知的资料看，有些知名的阿訇也是赵的弟子，但由于不同原因而未能在碑上刻名，例如，为平息开封东大寺和文书寺格底目和伊赫瓦尼之间的教法纷争，1942年赵永清阿訇兼任开封东大寺教长，上任不久，即把自己的成名弟子杜青和与丹鹏举二位高足

送到文书寺伊赫瓦尼派的马广庆阿訇那里，在学习阿拉伯语经典后，丹鹏举长期担任该寺伊玛目，丹阿訇的口才很好，卧兹讲得很受穆斯林大众的欢迎，至今开封很多父老还清楚地记得丹阿訇每讲完一次，后面有一句必说的结束语："常出乜提，甩手进天堂"。

杜青和即开封东大寺四大掌教之一杜云卓之子，著名女阿訇杜淑贞的父亲，女杜阿訇也曾多年跟随马广庆学习阿文经典。又如在赵派经堂教育传承中起到承上启下作用的孙万生阿訇及一些未从事阿訇职业的弟子马重康等人。

三、赵派著名经师何国安、孙万生阿訇传略

赵永清自1917年在博爱县大新庄清真东寺开设经堂教育，至其1945年归真的28年间，赵阿訇及其高足刘兆亮阿訇含辛茹苦地培养了近百名阿訇，其徒李希章是在民国后期名噪一省的大尔林。能坚持赵派教育特色且成果卓著的是何国安阿訇及孙万生阿訇。

何国安字少亭，原籍北京，阿訇世家，出生于安徽亳州，生于1913年，卒于1985年12月23日，享年73岁。自幼由其父何炳涛阿訇启蒙，后投著名经师王殿甫，在著名大阿訇李振基学内专攻《古兰经注学》，22岁穿衣挂帐后任安徽宣城清真寺阿訇。24岁时经李振基推荐至上海，考取公派留学资格，到埃及爱资哈尔大学深造，因时局动荡未能成行。来河南后先求教于马长清阿訇，后带4名小海里凡寻学到大新庄赵永清处继续深造，于1941年以第一名的优异成绩与同班范学正、白清彦、买庆堂、曹世勋、闪太杰、买立庆共7人同期结业，第二次又穿衣挂帐，成为赵派的传人。

赵永清阿訇兼任开封东大寺教长后，在大新庄的教学任务基本委派给何国安担任。由成名弟子代师授徒，以老带新、以大带小是赵派的基本特征，刘兆亮、何国安二位经师都是代师授徒的典型代表。

何国安阿訇自1941年毕业成名后，先后受聘在省内博爱大新庄西寺、封丘荆圪垱西寺、博爱西关寺、小麻村寺、武涉木栾店寺、开封东大寺、

郑州北下街寺、焦作清真寺及安徽蚌埠清真寺、阜阳清真寺、亳州北京寺、南京二板桥寺任开学阿訇。出其门下的著名阿訇有：丹云峰、白本敬、艾军、卢延魁、庞兆明、程云海等以及杨万里、刘恒亮，丁四、何忠平、马平胜、马占元等年轻阿訇。

何国安阿訇在传承赵派经堂教育中的贡献在于前期代师授徒，为赵派形成务实基础做出贡献。自“文化大革命”后期的1972年在宗教政策尚未完全落实的情况下，接受开封东大寺聘请任开学阿訇，招收了5名经生，重振赵派经堂教育，为赵派的传承接续了关键的一环。所谓“承前启后”在何国安阿訇的经堂教育实践中得到了充分的印证。这两大贡献是赵派经师中是独一无二的，其历史地位是重要的。

孙万生，原籍长葛县白寨，生于1914年9月29日，卒于2002年10月31日，享年89岁。

孙阿訇出身于回族农民家庭，幼年起即在本村学习阿拉伯文，成年后寻学投大新庄清真东寺赵永清阿訇帐下。

先期在代师授徒的刘兆亮的讲经辅导下深造。由于常通宵达旦地研习经典，被同窗师友送一“熬干灯”的雅号。当时大新庄清真寺经生的膳食供养由村民包供，孙万生由一家做生意的买姓回民家庭供饭食，在学习闲暇时，经常帮买家干点生意。既精明又勤快的他后来成了买家的女婿。关于孙阿訇的这段经历，加之赵过早辞世，当时未能在大新庄穿衣挂幛，成为其一生的隐痛。

孙万生阿訇从伊赫瓦尼派经师启蒙，在格底目派著名经师处深造，奠定了他在经堂教育方面对各类经籍的深层次理解，也为他日后培养大量的经生提供了学术保障。

自1980年受聘至荥阳白寨、金寨任教，1983年11月任孟县桑坡上寺，1985年任沁阳水南关，1987年11月郑州北下街。从1989年起出其门下穿衣挂幛的经生共13届57人。名录依届次如下：

闪瑞奎　何中平　吴忠喜　马文强　买红星　刘恒志

马鸿宾　巴连生　马福军　马宝贝　海战红　张福有

马文领　买鸿亮　闪鸿生　马文学　杨会营　丁西岳

丁建新	王世敏	刘宪亭	陈鸿飞	刘宝忠	艾国慈
丁建伟	丁建彪	赵军才	朱国军	张龙驰	李相海
何　伟	白文亭	杨正亮	刘学峰	李建州	拜四海
闪胜利	张少民	高文智	赵元胜	刘松峰	刘建辉
拜福金	马保国	赵　建	陈要峰	赵德峰	马　宣
曹冠军	刘志涛	海　鹏	徐世才	马军峰	赵小旭
谢守伟	拜富强				

赵派经堂教育体系，从传承时间上，民国时期主要突显李希章、刘兆亮，民国后期是何国安，“文化大革命”后期重开经堂的第一位经师是何国安。自改革开放后，孙万生培育了赵派众多的经师，现在第二代赵派传人在经堂教育延续上成就较大者是买红星阿訇、马文强阿訇、巴连生阿訇等人，经常跟随他们学习的经生多达20余位。后期的何国安、孙万生两位赵派传人在经典传授上的共同之处是沿袭和继承了赵老阿訇的教育方法，讲经方法及大小同派分大小班授课。如孙万生不但精通“伟噶业”，也有选择地教授“沙密”等，教法学典籍。何、孙两位另一共同点是两位在投入赵派门下之前，都是由伊赫瓦尼经师启蒙成长，而后转投格底目教派门下。但从教育思想上，两位同门师兄却有着极为明显的差异。

赵永清的教育思想不拘泥于派别和门户，兼容并蓄，培养经汉两通的实用型人才，在教学方法上大小并收，教与学同步并举，在讲经方式上具有鲜明的特色。

何国安阿訇是从思想到教学的方式方法上，全面继承了赵派的传承体系。他学风严谨，但不失灵活，他讲经遵经守章，语言风趣幽默。他能用“太知威德”诵读经典，并能因材施教，鼓励某些基础较差的经生适当参阅汉译经典，重视“经汉两通”人才，显现了赵派的宽容。孙万生阿訇继承了赵的思想教育方法和讲经个性，但不主张经生经汉两通，甚至对经生参阅“汉克塔布”极为反感和排斥。孙对阿拉伯文、波斯文经典原文甚至旁注都能背默，却反对用汉文书写、记录。这方面的事例很多，笔者曾就马坚先生汉译古兰经与王静斋经堂语译古兰经向孙万生阿訇请教，孙的态度直接明了地反对马氏译注。孙治学严谨，一丝不苟，体现了赵派教育严格的一面。

四、赵派经堂教育传承的现状

改革开放后，随着经济大潮的扑面而来和阿拉伯语学校的涌现，河南格底目教派的经堂教育体制受到了极为强烈的冲击，经生数量逐年减少，很多经师帐下无徒，招收海里凡极为困难，一些阿訇甚至惊呼“阿訇后继无人”。难能可贵的是，赵派经堂教育体系虽然同样受到社会大环境的制约和冲击，但在第三代优秀学人的努力下并未断档，规模有所缩小但仍在延续，并以新的补充教育方式把经堂教育办得有声有色，体现了赵派灵活适用社会的生存发展能力。

郑州北下街清真寺是何国安、孙万生二位尔林的教学基地，孙去世后，其高足买红星阿訇接续了传承，开始了培养第四代经生的任务。买阿訇帐下的经生常年保持在20人左右，多年来已有4届计20名经生穿衣挂帐，受聘到省内各地清真寺任阿訇。目前在读经生尚有10名。协助教学的还有高文智阿訇、朱国军阿訇和兼任伊玛目的海鹏阿訇。为了适应穆斯林群众的实际宗教生活需求，在正常的经生教学以外，还开设了老年学习班、阿拉伯文书法研习班，利用节假日和电声设备开办经学讲座等，使回族伊斯兰教的经堂教育在新的形势下显现出引人注目的鲜明时代特征。赵派的经堂教育传承能在近百年时间内薪火相传，绵延不断，值得学术界深入研究。

结　语

河南伊斯兰教的经堂教育的历史悠长，不同时期不同的经师以及他们中的领军人物在中原大地上绽放了令后人难忘的风采，通过他们的知识灌输，才使得生活在中原大地上的回族穆斯林不间断地吸纳鲜活的精神营养，从而得到心灵的慰藉。

（原载于《河南穆斯林》，2014 年第二期）

河南经堂教育的历史脉络及谢门学派初探

海振坤

河南是穆斯林聚居的大省，也是回族伊斯兰文化传承活动比较活跃的地区之一。自明中叶至清代再到民国时期，中国伊斯兰教历史上一些重大事件及活动无不在中原大地打上深深的烙印。拂去历史的尘封，厘清一些历史脉络，可能会得到一些新的感悟。回溯河南经堂教育的发展历程及谢门（派）经堂教育思想，尝试做一些探讨，也算是对已故经师们的一种悼念。

一、河南传统经堂教育的历史脉络

伊斯兰教的经堂教育自胡登洲大师在明隆庆六年开始设帐收徒奠定传统经堂教育，不久河南即有经堂开办。据明万历年十四年所立开封东大寺《古制连班永遵碑》中已提及胡大师两大传人冯二先生、海巴巴文轩。据《经学系传谱》记载，冯二先生的长子冯少川“设帐于汴，约三年”。冯少川的弟子张少山（俗称状元巴巴）随冯少川至郑之貂谷（今刁沟村）设帐教学。山东学派的创始人常志美、李延龄来刁沟拜张少山为师约两年。其后常志美的高徒、经堂教育大家、经学大师舍起灵（1618—1730年）在襄城、洛阳、荥阳、太康、淮阳、郑州设帐20余处执教40余年，门人遍及河南，为经堂教育风行不衰奠定了坚实的基础，舍姓后人至今经师辈出，人数众多。史学家通常把山东学派分为常学和舍学，而河南则是舍学的传播地域。

另据伊斯兰教教育家庞士谦所著《中国寺院教育之沿革及课本》称：

“河南回文大学始自二杨阿訇也。”二杨阿訇是孟县桑坡人，名杨振龙，因排行老二，世称二杨阿訇。二杨阿訇曾在陕西西安小皮院清真寺随著名阿訇周老爷良骏学经，此周老爷按庞所排列之学统称海巴巴三传弟子。

杨振龙于咸丰年间回河南在开封善义堂清真寺设帐授徒，其子杨泰贞、杨泰恒及王宝云皆出其门下，成为名噪一时的大阿訇。

自清末民初，是河南省经堂教育大发展的时期，人才荟萃，名师辈出，学统有序，自成学派。除山东学派的舍学以及1917年传入的伊赫瓦尼派外，在老格底目中，形成经堂学派的有谢派、赵派及李派。这里的派并非学理上的派别，而是授业习惯、学术风格以及选课主张的差异。格底目的谢、赵、李三门派皆属陕西学派。谢派以陕西学派风格的“精而专”更为鲜明；赵派则以“博而熟”尤为突出；李派则讲究“细而准”，表现了典型的西北学风。

谢派的奠基者是郏县三郎庙人谢文光（1870—1927年）。谢自幼在家学经，结婚时被新娘的“侯昆”难住，负气赴西北访名师求学，此后与家人断绝音讯，12年后在西北成名，被洛阳清真寺请回并开始设帐授徒。谢先后在桑坡、禹州、鲁山、南阳任教，由于谢知识渊博，在民国时期就在河南培养出了知名度较大的阿訇，其中有买明德、程明德、丁光有、芦占魁及其弟谢文贵，其子谢锡三等一大批人。1931年，洛阳伊斯兰教务会上经众议选为“阿訇四大旗帜”之一（另三位分别是杨朝风、赵明堂、赵永清），参加此次教务研究会的知名阿訇还有米长春、海晴川、马长清、巴玉清等数十人。这四大旗帜中的杨朝风（1870—1945年）、赵明堂（1874—1931年）及谢文光均是在陕西成名后回河南开办经堂教育的著名阿訇。

赵派创始人赵永清（1876—1945年），自幼随开封杜云卓阿訇学经，其成名地是博爱大新庄清真寺。出自其门下的阿訇众多，著名的传人如李希章、刘兆亮、丹鹏举、买庆堂、兰玉田、杜青和、孙万生等，其再传弟子中已成名的有马文强、刘学峰、李建洲、陈鸿飞、马福军、巴连生、买红星等人。

李派的奠基人是李彦斌（1899—1979年），荥阳金寨人。其师为名震西北诸省的兰三阿訇。兰即兰秀斋，在西北号称“嘎最”状元，其门下学人济济，有四大学长。李是深得兰三阿訇真传的学长之一。李回到河南后即在水南关开学，出其门下的著名阿訇有刘世荣、盖世明、刘广庆、杨国瑞、王明经、兰玉田、袁乃栋、袁乃英、马汝田、白廉等，既是女婿又是传人的刘宝琦阿訇也出自其门下。再传弟子中有郭宽、李松林等。该派对海里凡在“知、行”上要求甚严。“嘎最”是一部阿拉伯文的“经注学”名著，是研究《古兰经》文法、修辞及历史背景的五大经著的上三路经。由于学习难度较大，只有精通阿拉伯语且中文水平较高者才适于使用和讲解此经，该学派的传人有严格遵守每天回经的习惯。

清末民初在河南伊斯兰教界的阿訇，有一条显著的求学道路即在河南完成初级教育—赴陕西求名师至学成—回河南收徒，创立学派。在谢文光、赵永清、李彦斌、赵明堂等著名尔林们之后，河南、山东、安徽诸省的青年纷纷来河南投入赵门、谢门、李门学经，逐渐代替了赴陕西学经的风潮。清末民初这一历史时期是河南经堂教育的鼎盛时期，也是文化传播最活跃的时期。在这一时期形成谢派、赵派、李派等经堂教育门派，是有深刻文化背景和经济、人口、地域等背景因素所共同促成的。“名因寺成，寺因名显”，大新庄、桑坡、白寨、山货、开封东大寺、郑州北大寺、博爱西关、水南关、木栾店、槐店等地开办经堂教育，为经学大家提供了“替主扬法、替圣传道”的基地，这些地方也因为有名师几十年孜孜以求、诲人不倦地弘扬伊斯兰文化，培养了一批批著名的阿訇，成为河南伊斯兰文化的传播中心。

二、谢克选经堂教育思想初探

谢克选（1936—2003 年），自幼随父谢锡三在开封东大寺、郑州北大寺学经。1957 年，在郑州北大寺穿衣。1958—1983 年是河南省经堂教育的中断时期，谢锡三阿訇被错划为右派，学生被迫遣散，谢克选、谢克亮等谢派的第三代被安排在区属企业工作。1984 年，清真寺恢复宗教活动，经堂教育随之开始在有条件的清真寺渐渐开办。1984—2003 年，谢克选阿訇分别在郏县北街清真寺和荥阳东郭清真寺、郑州旅郑清真寺、北大寺任教，并先后担任平顶山伊协、郑州伊协、河南省伊协的主任、会长、副会长等领导职务，兼任郑州经学院宗教经典教师两年。著有《关于信仰学》内部教材一书，整理谢锡三阿訇《教法解疑》遗稿译本，在《伊斯兰文化研究》等内部杂志上发表有关宗教内容的论文多篇。在1988—2003年间出其门下的经生达百余人之多，其中的佼佼者有杨万里、刘学强、马文杰、拜进营、王金亚、杨红军、李利峰、李延豪等，在河南阿訇中颇具知名度。

谢克选阿訇是谢派的第三代传人，是该派经堂教育思想的集中体现者和发扬光大者。谢派对传统的经堂教育既有明显的陕西学派的“精而专”的特征，又有明显的自身特征和时代特征，本文就此三个特征浅做分析和探索。

（一）“精而专”的学术风格特征

经堂教育通用的是14本经，基本上分为两个层次：初级阶段学习“连五本”，高级阶段学修辞学、逻辑学、《伟嘎耶》《嘎最》《凯俩目》“圣训”等。陕西学派和山东学派在选择教材上各有差异，陕西学派注重阿拉伯文的典籍，如《凯俩目》（认主学）、《白亚尼》（修辞学）、《嘎最》（古兰经注）等，而山东学派则选择波斯文典籍中的《虎托布》《米尔萨德》《艾尔白欧》（圣训四十则）、《侯赛尼》等，古兰经则是必修课。经生的成功之路有两条，“博学”是成名之路，“精专”也使相当有才华的海里发成为著名尔林。谢派的传人属于后者。

谢克选阿訇承谢文光、谢锡三两代尔林嫡传，在培养海里发的实践中，着重引导学生在《凯俩目》上下工夫，学透、领悟透。谢阿訇生前谈到《凯俩目》的学习时说：“信仰问题解决了，其他都好办。”谢克选阿訇所著的《关于信仰学》以奈赛非氏的《教典》（尔嘎一德）为蓝本，以适合教学而加注成册，共12课。在传统的陕西学派中通常用数年的时间由学生通读完成，谢派对此经的研究不愧为“精而专”的典范。

（二）“分层次，择而教”的治学特征

伊斯兰教的经堂教育担负着为清真寺培养具有一定宗教知识，能满足穆斯林日常宗教生活需要的“伊玛目”和“阿訇”，以及培养传承伊斯兰文化高层面的宗教学者，也就是要造就大阿訇这双重任务。

在谢派中，对经生的启蒙教育通常放在毕业不久尚需磨炼的年轻阿訇们那里，重点解决这些小海里发们的“知”和“行”。数年后经启蒙师傅选择推荐到谢派成名阿訇那里深造，而后“穿衣挂幛”，这后期的培养自1984年后主要由谢克选阿訇担任（当然，这其中也不乏在其他地方学经到一定程度后慕名投师的高材生）。从谢门下结业的16期百余名学生中可以看出，从投师到毕业，快则半年，慢到数年皆有。在河南伊斯兰教界内流传有“拾学生”之说，择优而选地“拾”，“拾”慕名而投师中的可选之材，培养成达到《经学系传谱》所说的“有学”“有传”“有德”“有言”“有守”的学者型的成名大阿訇。

（三）爱国爱教与时俱进的特征

经堂教育使用经堂语，是中国伊斯兰教，特别是回族、东乡族一种传统的模式。讲经、译经及宣讲教义（讲卧尔兹）时使用着一种阿拉伯语、波斯语和汉语混杂后的专用词语即为经堂语，俗称“三合土”，时至今日，河南的经堂教育中，一些汉文化底子薄弱的老阿訇仍在沿用，尽管清末民初一些伊斯兰学者大力提倡“经汉两通”，但真正达到“经汉两通”的人数不是很多，能经汉两通的往往是卓有名望的大阿訇。谢派在经堂教育中在培养“经汉两通”人才方面做出了有益的探索和努力。谢克选阿訇敢于面对“经堂语”的时代局限性，在执教的北大寺为经生聘用了汉语老师和阿拉伯语老师，采用学院式教育上大课的形式让经生从多侧面提高阿拉伯语和汉语知识水平，虽然也遭到一些墨守成规者的非议，但对培养适合现代社会的阿訇们确实有益。谢专程两度赴沙特阿拉伯朝觐，主要是为了考察伊斯兰教发源地现在使用的阿拉伯语和斋月的宗教生活情况。

在研究谢派经堂教育过程中可以发现一些与其他地方不同的特点，谢派的经生学习环境比较宽松，门规灵活，经生更像现代大学中的研究生，开学阿訇更像导师。古人说：“师者，所以传道授业解惑也”，谢克选阿訇为经堂教育加注了新的时代色彩。

阿訇作为授业解惑的人师，又是兼管一方清真寺教务的教长，在改革开放的现代社会中，又要担当穆斯林群众与政府之间的桥梁，过去那种不问政事，埋头于学问的尔林已不能适应新的环境和新的时代要求。谢在培养经生的过程中鼓励经生关心国家大事，了解民情，加强与政府管理部门的协调和沟通。他以身作则，参政议政，担任伊协会长、政协委员、人大代表，成为爱国爱教、与时俱进的表率。而其成名弟子在各地担任伊协会长、政协委员、人大代表的占有相当数量，充分体现了爱国爱教、与时俱进的时代特征。

本文对河南经堂教育与历史脉络进行了回顾，对在河南伊斯兰讲堂教育中有重大影响的学派特别是谢派的特征作了一些初步的分析和探索，由于时间仓促，史料匮乏，未能充分论述，希望伊斯兰文化研究大家们的斧正！

（原载于《伊斯兰文化研究》，2004 年总第十六期）

《经学系传谱》与河南伊斯兰教经师

马　超

一、《经学系传谱》简介

《经学系传谱》是唯一一本记述明朝后期和清朝前期中国回族、撒拉族著名伊斯兰经师和他们之间的师承关系及其社会活动等的珍贵资料，由清代著名经师舍蕴善的学生、清代康熙年间回族穆斯林学者赵灿编著。赵灿道号裕心贫者，今江苏常州武进县人。据赵灿“阅谱正义凡例”说：“此谱原稿一样两本，一存襄阳蕴善先师府上，一存余笥”，后“复誊录二本，微增，损之，一附南都远呈懋翁袁老先生台下，一存燕台金府”。也就是说该书成书后仅有4本，历经数百年而流传下一本，实属不易。

赵灿在《经学系传谱》中记述说他写作的起因是目睹很多逝世的伊斯兰学者“多有知姓而不知字讳”或“知人而不知乡贯者”，故不忍“听其湮没”，遂着手对已逝世和健在的著名学者“纪而辑之”。

《经学系传谱》于20世纪80年代在济宁东大寺被发现，经整理后由青海人民出版社于1989年7月出版，全书约9.3万字。正文前有舍蕴善以“真回破衲痴”名义写的序及赵灿先后写的8篇“叙”“系传总图”及“阅谱正义凡例”。著者序文的宗旨为劝学伊斯兰教义训诫，并分别命名为“告天下万世之学者”“勉天下万世之学者”“录考城乡耆公议戒约”及“录蕴善先生规序”。此外，还用两个篇章介绍了舍蕴善先生“收录门人法”及“授学教徒法”。《经学系传谱》正文共记载了27位著名经师，从许多方面反映了明末清初中国穆斯林社会和经堂教育的实际状况，是研究中国伊斯兰教经堂教育的发展变化和经师、学者思想的重要著述。

《经学系传谱》中记述了不少与当时河南伊斯兰教相关的经师等资料，笔者在闲暇之际将其进行了简单的梳理，由于时间仓促，不一定全面和准确，仅供参考。

二、《经学系传谱》中的河南伊斯兰教经师

伊斯兰教传入中原地区历史悠久，许多清真寺及穆斯林居住区久负盛名，如郑州的貂谷（今刁沟）、开封、朱仙镇、桑坡等。不少地方是著名经师曾经求学、设帐的地点，也给河南培育出了不少的著名经师、阿訇。下面简单介绍如下。

（一）设帐河南的经师及开学之地

曾经在中原地区设帐开学的有冯少川、张少山、舍蕴善、马续轩等，这些在《经学系传谱》中均有记载。

冯少川先生曾经在开封设馆开学，其是冯二先生的长子，因为没有子嗣，侄子冯养吾过继给他做子嗣。冯少川为咸宁杏园头人氏。《经学系传谱》35 页又记载云：“先生设帐于汴，约三年，乡耆有许小槐者，富而豪侠。与汴之七十二藩府交游，故名振中州……”

张少山先生是陕西临潼人，因为广学博雅，被称为状元巴巴。张少山后入赘郑州西南貂谷海氏，定居于此。《经学系传谱》第 41 页记载云：“先生本秦之骊山人也，从少川先生受业同心城，后随至郑之貂谷，因赘海氏，乐其地之山水秀丽，且素负‘道达则显，道穷则隐’之志，遂寄籍殖产焉。”山东学派创始人常志美、李延龄在貂谷跟随张少山先生学习。令人惋惜的是，对于张少山等在貂谷开学设帐等历史，现在的貂谷穆斯林已经没有了记忆，这不能不说是一件憾事。

舍起灵，字蕴善，自号破衲痴。经名阿卜杜勒·瓦哈卜，原籍湖南省

沅陵县。原系汉族，本姓魏名元都，后被一回族穆斯林将领舍应举收为义子，改名舍起灵，遂归信伊斯兰教。他先跟随胡登洲四传弟子马永安学习，后又求学于常志美、李延龄门下。他曾经提出了遵经革俗的18条意见，当时人称为“新行”派。金吉堂称他开近代中国回教新旧派别之端。《经学系传谱》就是其弟子赵灿在其指导下完成的，故《经学系传谱》79~92页对其进行了详细的记载。根据《经学系传谱》所述，舍起灵曾经在河南的塔儿湾清真寺（今洛阳塔西清真寺）、荥阳东郭清真寺、郘谷清真寺及襄城县、太康、考城（今兰考）、陈州（今周口淮阳）等地开学。关于舍起灵的事迹，《经学系传谱》中记载颇丰，故不再引用。

《经学系传谱》中还有马续轩在开封，马恒馥（讳景新，太康人，舍起灵弟子）因舍起灵赴辽宁沈阳开学，在兰考代位等事迹，不再一一赘述。舍蕴善的另一弟子李美吾，河北清苑县金家集人，曾在沁阳任设教，水南关清真寺中1722年所立的《重修清真寺正殿、栏杆并匣罩记》碑中有记载。

（二）在河南求学的经师

经堂教育山东学派创始人常志美、李延龄在郘谷跟随张少山学习，二人是表兄弟关系。后来开创了以注重宗教学识的“博而熟”，长于波斯文文法，阿拉伯文与波斯文兼授，讲授教法和教法学，同时讲授认主学和苏菲哲学，讲课时注意循序渐进，由浅入深。山东学派以北方流行的13本经为基本教材，以波斯文经典占相当大的比重为特点，山东、河北、北京、天津及东北深受该学派的影响。早期的河南经堂教育亦深受山东学派影响，至今在河南的女学女寺经堂教育中亦不乏山东学派的痕迹。《经学系传谱》中记载云：“后承少山先生青睐，相订往从，及抵郘谷，师知非凡品，乃加意栽培之。李接《费格》诸经，先生惟钻研于习《骚乌》并《满僚》并《白亚尼》，既拔此数经之精粹，则已获开诸经之钥矣！”

金陵人马君实（马忠信）亦在郘谷跟随张少山先生学习，《经学系传谱》53页云：后少山先生回郘谷，复追随学之，约五六载，学业大成，其回籍之日，阖城教中老幼，咸接江上。马君实弟子中有一人叫何孔焕，亳州掌教，不知道是否与原籍为安徽亳州，祖上十余代均为阿訇的何国安阿訇家族有关，有待细究。

此外，冯通宇在貂谷同舍起灵习经。舍起灵在开封借李秀峰之经书，在朱仙镇朝暮诵读。

马恒馥在周家口跟随舒师，在考城（兰考）跟随舍起灵，后在考城代位一年，并开学于太康、周家口。舍景善（舍起灵族弟）在洛阳跟随舍起灵学习肄业等，《经学系传谱》中均有记载，不再一一列举。

（三）河南籍经师及其弟子

正是由于当时中原地区发达的经堂教育以及诸多名师的设帐开学，引得河南各地穆斯林求学者众多，《经学系传谱》中记载的就有以下诸位，其中舍起灵弟子马恒馥还被单独详细记述。特列如下。

胡登洲三传弟子张少山的河南籍弟子有：“把继吾，郑州人氏，德行可嘉”。

胡登洲三传弟子马明龙的河南籍弟子有：“许景祥，朱仙镇人氏，中学。”开封、朱仙镇和繁城等地清真寺存有古行阿拉伯文碑铭，创作于伊斯兰教历一一二一年（1709 年），碑中的古行十三条主张被认为是凭着中国的筛海卧里“湖广马太巴巴”确定的，这位湖广马太巴巴很容易令人联想到武昌的经学大师马明龙，也许古行十三条是由朱仙镇的马明龙弟子许景祥传来。

胡登洲四传弟子常志美、李延龄的河南籍弟子有：“虎清宇，郑州人氏”，“李秀峰，汴城人氏”，“穆天凤，陈州人氏，廉介有守”。

胡登洲五传弟子舍起灵的河南籍弟子有：“马君锡，字之良，郑州人氏”，“虎巨卿，字廷辅，郑州人氏”，“李瑞寰，汴城人氏”，“把松之，字奇宗，郑州人氏”，“把汉光，郑州人氏”，“赛震寰，郑州人氏”，“刘省儒，字自明，陈州人氏”，“马恒馥，讳景新，太康人”。

胡登洲五传弟子马续轩的河南籍弟子有：“古伯玉，郑州人氏，汴城学”。

胡登洲六传弟子马恒馥的河南籍弟子有：“马炳然，侄子”。

舍起灵阿訇的河南籍弟子多来自郑州等地。因舍起灵也在郑州荥阳等地任教，故当地受其18条主张影响，形成了与传统格底目不同的传统，被称为“新行”，河南民间以“新古”称之。

三、《经学系传谱》中的河南经师碑文

《经学系传谱》中所记述的诸多与河南有关的经师，由于年代久远，相关资料大多湮没，至今仍存在并被发现的有襄城县的舍起灵衮白及碑刻资料以及郑州西止刘清真寺中舍起灵弟子马君锡的纪念碑铭。

（一）舍蕴善纪念碑铭

舍起灵的衮白位于襄城县城西南方向石庄自然村北地，衮白刻有“清真宗师”四字及碑文“舍太师讳起灵之墓，生于明崇祯十一年（1638年）九月十一日，殁于清康熙四十二年（1703年）九月七日，三修于一九八八年三月”，该碑文高约144厘米，宽49厘米。

襄城县石羊街清真寺内存有两块舍蕴善的碑铭，即《重立灵武山大师舍公碑》《流芳百代——重修清真宗师衮白序》，《重立灵武山大师舍公碑》高约246厘米、宽约74.5厘米，原碑风化严重，1994年又复制一块。《流芳百代——重修清真宗师衮白序》高约167厘米、宽约61厘米，镶嵌于北讲堂墙壁中。

重立灵武山大师舍公碑

云山大师舍公，既殁之后，一时亲得其教者慨慕弗已，爰刻诸石以志之，迄今盖九十有一载，而文字半就剥蚀，众惧其久而尽湮也，复购得贞珉，谋重刻焉。

考旧碑，大师讳起灵，字蕴善，号云山，古沅陵巨族也。祖元白公，

有隐德；父无锡公，明乡贡进士。笃生大师，幼而颖异，读书目下数行，年十八，博通经典，人咸以大器目之。乃弃青紫不取，独念渊源西域，自穆罕默德宣教以来，法本清正，而流入东土，鲜有能守者。于是汇儒、释、道三家之传，而化而口之，存乎变推而行之，存乎通神明所会，独有以契不二之宗，学者多趋附焉。

国朝定鼎，人获安集，聘请主教至于襄，至定之日，禀谒邑贤，候余如旧相识，后尝微服想见，与之谈论，竟日不能去，其为教，大则天地君亲，无敢不敬；细则动静食息，无敢不恪。与儒教同，而又所钦谨者：不信神，不奉佛；惟饮酒乱性食肉昏心犯之者，必重罚焉。盖惟众人皆浊，我独清；众人皆伪，我独正；沐浴斋戒，以清心寡欲，为主斯德。日以崇名，日以立福，日以臻至于翻译圣经，跪拜讽诵，无学有不学，殆罔弗遵也。

大师生于明崇祯十一年九月十一日，卒于清康熙四十二年九月七日，享寿六十七岁。生男六：光孝、光弟、光忠、光信、光礼、光义；女二：长适白，次适赵。孙十三：可铭、可训、可道、可德、可贤、可诚、可立、可兴、可法、可传、可闻、可誉、可绍。曾孙十五：文奇、文采、文祥、文师、文义、文忠、文璞、文惠、文乐、文玉、文林、文鹤、文成、文明、文友。元孙五：良臣、良士、良本、良知、良能。来孙一勇。

大师殁后，众推立其男光义为师；光义殁后，众推其曾孙文璞为师，盖能世其传云。

本邑儒学增生员铁银声撰文，吏部候选儒学训导贡生孟养浩删润，吏部候选左堂□虎一龙丁金标　书丹

大清乾隆六十年，岁次乙卯，孟冬月上浣　穀旦

流芳百代——重修清真宗师袁白序

当国初之时，有舍姓元白公举人之后裔，讳起灵，字蕴善，号云山者，生而颖异，聪明过人，目下十行，博极载籍，尤得穆罕默德圣人之真

传。其生平，游历天下，东西朔南，熏其德而善良者，弟子不啻三千。是以既殁之后，葬于襄城之野，令武山之阳；彷雁塔之意，修一衮白，上圆下方，一如六合。经今百余年来，颜色惨淡，几乎倾圮。其曾孙掌教在中公，讳文璞，目睹心伤，意重修而力未给，赖众乡老广为召募，共勷滋事，不数月而功成，墙垣磊落，焕然一新，诚盛事也，于是乎书。

本邑儒学增广生员铁骏声　撰文

本邑儒童虎廷献　书丹

大清嘉庆十七年岁次壬申仲春月仲浣瀚　毂旦

（二）马君锡纪念碑铭

郑州西止刘原存有马君锡巴巴墓，今不复存在，两块纪念碑文移存至止刘清真寺大殿后院。其一为阿拉伯文碑，高120厘米，宽50厘米，上书“永垂典型”和阿拉伯文泰斯米，正文26行内容由盖世明阿訇于1998年译出；其二为汉文碑，长约68厘米，宽35厘米。

（原载于《河南穆斯林》，2011年第三期）

民国河南伊斯兰教经师与经学

马　超[①]

庞士谦在《埃及九年》中提到："中国有许多阿訇，他们的生活非常简单，他们的精力主要使用在宗教学术上。可惜大多数的阿訇们不谙中文，又不能使用阿文写作，所以虽然有些学者们对于某种学问有所专长，而很少有行之于笔迹者。一旦他死去，他的学问也随之而亡了。"

清末民初，中华民族屡遭西方列强凌辱，国家与民族命途多舛。在此背景下，民族日益觉醒，尤其是新文化运动等一系列社会文化变革促进了人们的思想启蒙。在河南伊斯兰教的发展进程中，民国阶段起到了承前启后的作用，并开创了河南伊斯兰教文化的新繁荣。民国时期河南伊斯兰教出现的繁荣局面是在民族觉醒和新文化兴起的背景下实现的，也与当时中原地区经学兴盛和经师辈出有着密不可分的联系。本文试从民国时期河南经师和经学两大主题入手，探讨较为重要的几个问题。需要说明的是文中所指河南伊斯兰教经师，既包括河南籍的经师，也包括非河南籍，但曾在河南求学、开学并产生深远影响的经师。由于本地区伊斯兰教历史记载匮乏，本文除参考文献资料外，主要运用了口述史资料。

一、经师籍贯及经学重镇

所谓经师，即中国伊斯兰教经学大师。该称谓伴随着经堂教育的兴起

① 马超，1987年生，男，回族，河南方城人，陕西师范大学西北民族研究中心2012级民族学硕士研究生，师从马强教授从事中原地区回族伊斯兰教历史与文化研究。

而产生，一般指精通阿拉伯文、波斯文等，通晓伊斯兰教经典、教义学、教法学及教史知识，并教授经学学员的阿訇和毛拉。此外，经师也指在宣教传道及伊斯兰经堂教育中有重要贡献的学者和译著家。

河南省是回族穆斯林分布最为广泛的省份，超过百万的回族人口相对均匀地分布在全省绝大多数县（市），几乎所有的乡镇都有其身影。其中，南阳、周口、商丘、郑州、焦作、许昌等地又是回族人口较多的地区。河南回族群众习惯用“出阿訇的地方”或“开大学的地方”来形容传统上宗教氛围浓厚、经学兴盛的寺坊。此处所指经学兴盛，包括两方面：一是指本地海里凡[①]众多，经师辈出；二是指该清真寺是重要的经堂大学基地。研究河南经师籍贯的分布既能反映当地经学的状况，亦能体现彼此间经学交流的频度。

这一点可以从庞士谦的《中原回回》中体现出来，此文除介绍了杨振龙[②]与张古东[③]外，还列举了白恒升（桑坡）、白应堂（桑坡）、白朝臣（桑坡）、周德[④]（开封）、张秉礼（桑坡）、白五（桑坡）、马长清[⑤]（济源）、齐大阿訇[⑥]（开封）、谢文光[⑦]（郏县）、白玉光[⑧]（桑坡）、洪宝泉[⑨]

① 中原地区的回族群众常用“海里凡”称呼经堂大学中的经学学员，故本文仍沿用此种叫法。

② 杨振龙，河南桑坡人，周老爷晚年弟子，人称杨半面，因排行第二，又被称为二杨阿訇，一般认为其开创了河南近代的阿文大学，后人常把二杨误认为是其子杨泰恒、杨泰贞。

③ 张古东，又名张步玉，河南桑坡人，自幼跟随其父张有德念经，后前往陕西求学周老爷门下。

④ 据赵玉清阿訇听其老师穆宝和讲述，周德原为陕西西安人，受聘任教开封朱仙镇并与穆家结亲，后郑州西荥阳搬请周德任教，周未到任并由穆宝和的祖父代为前往。

⑤ 马长清，字澄晏（1857—1938 年），河南济源人，原籍郑州，曾跟随二杨、王魁祥、普洱马等求学，郑州北大清真寺内存有其坟墓碑刻，范庭三撰写。

⑥ 齐大阿訇为开封埽街人，相传马广庆早年曾跟随其求学。

⑦ 谢文光（1870—1928 年），河南郏县三郎庙人，河南经堂教育“谢派”经学传承系统的开创者，早年与虎延章、洪宝泉、赵明堂等求学于西北窑里阿訇、噶布阿訇等经师门下，其帐下培养出大批成名弟子，子谢锡立、谢锡三，孙谢克选均为著名经师。

⑧ 白玉光，清代晚期著名经师，河南桑坡人，根据沁阳水南关清真寺碑文记载，其于道光年间任教于此。

⑨ 洪宝泉，开封人，生于19世纪60年代，民国前期著名经师，早年同谢文光等一道求学于西北，20世纪30年代归真于洛阳东关任上，著有《明真释疑》，参编有《教款集正》。

（开封）、白玉衍（桑坡）、赵永清①（开封）、姜阿衡（开封）、马凌霄（朱仙）、杨振桂②（午阳）、杨泰恒③（桑坡）、老钱阿訇④（朱仙）、杨泰贞⑤（桑坡）、马自成⑥（洛阳）、刘豫振⑦（荥阳）、王宝云⑧（安徽）、刘宗贤⑨（荥阳）、杨竹平⑩（广东）、马大名⑪（通许）、李振铎⑫（安徽）、

---

① 赵永清（1876—1944 年），河南封丘海庄人，河南经堂教育“赵派”的开创者，弟子众多，影响深远。

② 杨振桂（1872—1943 年），今河南舞阳县北舞渡镇河北街人，归真于焦作桑坡，弟子有程守先、马伯麟、马景川、马文龙、马庆同等。

③ 杨振龙长子，18 岁穿衣，曾任开封东大寺教长，英年早逝，其弟杨泰贞与王宝云均为其高足，子杨良俊亦为著名经师。

④ 老钱阿訇，即朱仙镇著名经师钱德钦，临颍县繁城清真寺有其撰写的《遵古圣行——新刻古行碑记经文十三条》阿拉伯文碑刻。

⑤ 杨振龙四子（1857—1933 年），人称杨四阿訇，又称河南阿訇王，哈德成、马松亭、庞士谦、丁锡忍、马伯麟等均为其弟子。

⑥ 马自成（1886—1935 年），名诚，字自成，河南洛阳人，早年跟随刘宗贤、王宝云等学习，著有《历源真本》，其子马宏毅译有《布哈里圣训精华实录》。

⑦ 刘豫振（1863—1930 年），据其孙刘景云阿訇讲，应作刘玉振。河南荥阳东郭人，祖上 5 代阿訇，曾跟随张古东、云南小马阿訇、窑里马阿訇等求学，在小皮院清真寺住学 10 年，哈德成、尚希贤、穆清廉、刘鸿儒等均为其弟子。

⑧ 王宝云，安徽亳州人，因排行第四，又被称为王四阿訇，清末著名经师，早年跟随杨泰恒学习，亦曾求学于西北，弟子有丁锡忍、哈德成、马自成、赵永清、刘彬如、刘朗轩等，殁于民国初年。据其后人讲述，王家来自北京牛街，到王宝云已是 22 代经学世家，其侄王世臣（王殿辅）亦为著名经师，曾任教开封东大寺并代表格底目教派与马广庆“说经”，其重孙王振海阿訇，已年过八旬，居住上海松江清真寺。

⑨ 河南荥阳东郭人，其与堂兄弟刘玉振并称二刘，清末民初著名经师，早年跟随把春兴、张古东等人求学，其弟子有李振基、马自成等，其孙刘世荣阿訇，其四世孙刘学强为今朱仙镇清真寺教长。

⑩ 即杨竹坪，广东人，著有多种作品，曾任教河南开封东大寺等寺坊。

⑪ 河南通许人，其子为马鸿恩阿訇。

⑫ 安徽阜阳人，又称李大阿訇，相传为李振基阿訇的长兄，但李振基后人否认了这种说法，马振江曾跟随其学习。

刘兆亮[①]（开封）、杨良俊[②]、丁锡忍、虎廷璋[③]、马广庆[④]、尚希贤[⑤]、李振基[⑥]、李忠仁[⑦]、海清川[⑧]、马蓝田、刘兆明等经师。[⑨]庞阿訇的记述囊括了清末及民国时期河南的大多数知名经师，并标出其籍贯。王静斋也曾载："河南的阿衡很多很多，在我知道的，不过是常听人提到的几位：老派方面有洪宝全（应为洪宝泉，笔者注）、马长清（现在郑州讲学，年已八十余）、赵云卿（现在桑坡讲学）（应为赵永清，笔者注）；新派方面有马广庆、尚希贤等位。这全是在河南久负盛名的大阿衡。"[⑩]从上可知当时活跃在河南的经师绝大多数是本省籍，亦有来自周边省份的。本省籍的主要来自河南北部和中部的桑坡、开封、朱仙镇、荥阳、洛阳、济源、郑县[⑪]、舞阳等地，豫东、豫南等地的经师无涉及，可能因地域因素，庞士谦对其不甚了解[⑫]。省外籍贯经师以安徽亳州、阜阳和陕西西安等毗邻地区以及四川成都等地为主。

经师在省际的流动体现出彼此经学的交流与影响也是存在的。比如

---

① 刘兆亮为赵永清的高足，其弟刘兆才亦为著名经师。

② 杨振龙长孙，杨泰恒长子，曾求学与普洱马阿訇帐下。

③ 应为虎廷璋（约1871—1958年），王静斋称其"大虎"，称虎嵩山为"小虎"以作区别，四川成都人，早年跟随窑里马阿訇学习多年，擅长《开俩目》，原为格底目著名经师，后受马广庆影响改奉伊赫瓦尼，一生任教于河南及周围地区，晚年落户河南卢氏县，弟子有庞士谦、马振江、马明道等，其女婿马宏毅，其侄虎世文，王静斋称其为"中国回教经堂教育之导师"。

④ 马广庆，字儆吾（1880—1951年），开封埽街人，果园马万福弟子，河南伊赫瓦尼的首传人，弟子有盖兴运、范好古、王乃文、杜淑珍等。

⑤ 尚希贤（1884—1959年），被尊称为尚大阿訇，河南第一代改奉伊赫瓦尼的经师，出身阿訇世家，早年跟随赵永清、刘玉振等学习，其父尚清庵阿訇、伯父尚清选皆著名经师，其弟子有马坚、黄万钧、孙恩普、谢克智、宛俊章、尚明德、尚明礼等人。

⑥ 李振基（1883—1960年），安徽阜阳东关人，字培卿，因排行老四，又称为李四阿訇，早年跟随刘宗贤阿訇学习，洛阳塔西有老人讲其与海晴川为师兄弟，其弟子有何国安、马明道、李道全、盖兴运等。

⑦ 洛阳新安县人。

⑧ 应为海晴川，洛阳塔湾人，塔湾老人讲其与李振基为同窗，主编有《教款集正》。

⑨ 特瓦杜阿：《中原回回》，载李兴华、冯今源编：《中国伊斯兰教史参考资料选编（1911—1949）》（下册），银川，宁夏人民出版社，1985。

⑩ 王静斋：《中国近代回教文化史料》，载李兴华、冯今源编：《中国伊斯兰教史参考资料选编（1911—1949）》（下册），银川，宁夏人民出版社，1985。

⑪ 特指今郑县姚庄回族乡三郎庙村。

⑫ 如李智才、赵明堂、杨朝凤、巴玉清等著名经师。

“早年，中原各寺多聘请山东阿衡，如何三阿衡、老宋阿衡、洪五阿衡等”①。从舍蕴善开始，因受山东学派影响，外省籍经师以山东籍为主，尤其是山东临清，众多经师来豫开学。此外，清末民国初的天津籍经师穆振铎、河北通县的张瀛仙等均曾在开封东大寺开学。清末以来，中原地区经学系统受到陕西学派影响，加之河南省内经学的兴盛以及经堂教育重镇开封善义堂清真寺等有搬请陕西学派著名经师开学的传统，吸引了许多外省籍海里凡前往河南求学。前文提及的王宝云、李振铎、李振基等均为安徽籍，早年求学于河南，虎延章为四川成都人，早年求学于善义堂清真寺。这一时期的经师籍贯相对集中，除上述外，还有长葛白寨、禹州山货、襄城南关、南阳黄池陂、博爱清化、周口槐店等地的经师。

许多学者对河南的经学重镇给予过关注和记述。王静斋曾云：“河南回教文化，早年在开封最盛。”又言“开封以外当以桑坡开学最盛。清化、怀庆、郑州、许昌、驻马店、洛阳、周家口等处全有专门阿文学校。”② 庞士谦曰：“其中（回民）聚居在千户以上者约有十处之多：开封、郏县、洛阳、桑坡（战前）、沁阳、博爱、堰城、驻马店、周口、槐店等。在过去，这十处皆开大学，招收各方学子。”③ 河南回族学者海振坤也认为：“名因寺成，寺因名显，大新庄、桑坡、白寨、山货、开封东大寺、郑州北大寺、博爱西关、水南关、木栾店、槐店等地开办经堂教育，为经学大家提供了‘替主扬法、替圣传道’基地，这些地方也因为有名师几十年孜孜以求、诲人不倦的弘扬伊斯兰文化，培养了一批批著名的阿訇，而成为河南伊斯兰文化的传播中心。”④

通过纵向比较可知，以上经学重镇的经堂教育历史悠久，并绵延至今。一些寺坊在改奉伊赫瓦尼派后，仍延续其经学传统。这些经学重镇往

---

① 特瓦杜阿：《中原回回》，载李兴华、冯今源编：《中国伊斯兰教史参考资料选编（1911—1949）》（下册），银川，宁夏人民出版社，1985。

② 王静斋：《中国近代回教文化史料》，载李兴华、冯今源编：《中国伊斯兰教史参考资料选编（1911—1949）》（下册），银川，宁夏人民出版社，1985。

③ 特瓦杜阿：《中原回回》，载李兴华、冯今源编：《中国伊斯兰教史参考资料选编（1911—1949）》（下册），银川，宁夏人民出版社，1985。

④ 海振坤：《河南经堂教育的历史脉络及谢门学派初探》，《伊斯兰文化研究》（河南）“纪念谢克选阿訇归真一周年”特刊，2004（11），总第16期。

往搬请省内外著名经师任教，广招海里凡住学。经学重镇主要分布在河南中部和北部的原因在于：一方面这些地区的穆斯林分布较南部集中，经济实力较好，南部的穆斯林分布更为分散；另一方面这些地区的穆斯林信仰基础较南部好，其经学交流也比较频繁。

二、经学传承

经学知识和思想的继承是通过经师间的传承实现的，同时经学脉络的发展也通过师承展现出来，《经学系传谱》是记载明末清初著名经师师承关系的重要著作，该著作为我们研究经学传承问题提供了重要资料。有关河南伊斯兰教经师师承关系的研究较少，海振坤的《河南经堂教育的历史脉络及谢门学派初探》有所涉及，该文特点是简单介绍了民国以来在河南伊斯兰教格底目中形成的“赵派”“谢派”“李派”① 等经师传承系统，为我们深入研究提供了思路。近年来笔者对近代河南伊斯兰教经师的传承关系颇有兴趣，在查阅参考大量文献、文章以及做口述史调查之后，梳理出清末民国河南著名经师简单的传承脉络谱系图。由于资料缺乏，相关内容有待进一步挖掘，此文只为抛砖引玉，以期引起各界关注，丰富完善之。

据庞士谦的著名论断②，结合已有材料，可以将清末及民国时期经师的传承关系分为三个阶段。

第一，山东学派影响时期。河南多聘请山东籍阿訇，“如何三阿衡、老宋阿衡、洪五阿衡等”③。这一时期的阿訇传承脉络与山东学派有密切关系，如在河南开学的洪五阿訇的师承，便可以表示为：常杰—黑五筛海—洪五阿訇，而常杰是常志美的再传弟子。遗憾的是，在河南经学历史上有

---

① 赵派、谢派、李派是河南穆斯林对民国时期著名经师赵永清、谢文光、李彦彬等开创的不同的经学传承体系的称呼，这里的派强调的是经学的传承系统，而不是传统意义上的教派，或者称之为赵门、谢门、李门更为确切。

② 庞士谦最先提出中国经堂教育有学派之分，并在《中原回回》中划分了河南经学受不同学派影响的历史阶段。

③ 特瓦杜阿：《中原回回》，载李兴华、冯今源编：《中国伊斯兰教史参考资料选编（1911—1949）》（下册），银川，宁夏人民出版社，1985。

重要影响的舍蕴善，由于资料匮乏，除《经学系传谱》有所涉及之外，往后的传承谱系已无法考证，仅在郑州发现其弟子马君锡的碑刻。

第二，陕西学派影响时期。陕西学派对河南伊斯兰教经学产生过两次重要影响。第一次在清初，以冯、海二人来豫传播经学开始，后以貂谷（今郑州刁沟）为中心，众多经师在貂谷开学或住学，开创了早期河南经学的辉煌。第二次是在清末至民国阶段。其标志是二杨阿訇（杨振龙）、张古东等求学陕西学派周老爷门下，学成回豫设帐讲学。笔者根据已有材料，整理出该阶段三个重要的经学传承系统。

其一，庞士谦曾撰文："自从二杨阿衡在陕西成名回豫之后，设帐讲学，于是讲学之风大兴，而中原教门也一变而成为陕西学派的系统了。当时豫籍学子在陕著名者，先有张古东、二杨；后有周德、白五、齐大等阿衡（按：张、杨、白为桑坡人，周、齐为开封人）。二杨阿衡大约是乾隆年间人[①]，与其同时的有郑州马阿衡，在其本坊开学，招海里法四五十名。此后的知名阿衡大都出于杨门。与杨同时的，或在他以前的名阿衡亦复不少。"[②] 据笔者所掌握的资料，该系统可简单表述为两大分支：周老爷—杨振龙—杨泰恒—杨泰贞—丁锡忍、杨良俊、马松亭、庞士谦、哈德成、谢文光（谢派）等；周老爷—杨振龙—杨泰恒—王宝云—马自成、赵永清（赵派）、哈德成、刘郎轩、刘彬如、丁锡忍等。该传承系统是河南再次受陕西学派影响后首先形成的，知名经师辈出，再加上"赵派""谢派"开创者均为其传人，因此对河南的经学传承影响深远。此外，与二杨同窗的张古东，在博爱西关清真寺时，亦培养了诸多弟子，形成体系，如周老爷—张古东—刘宗贤—李振基、马自成等，周老爷—张古东—刘玉振—尚希贤、哈德成、刘兆亮、穆清廉、刘鸿儒、刘鸿钧、张国彦、海晴川、孙广明、刘恩沛、马大名、刘志三等。

---

① 此处应为庞士谦笔误，二杨阿訇是周老爷的弟子，庞士谦曾跟随其四子杨泰贞求学，因此其不可能为乾隆年间人。

② 特瓦杜阿：《中原回回》，载李兴华、冯今源编：《中国伊斯兰教史参考资料选编（1911—1949）》（下册），银川，宁夏人民出版社，1985。

其二，根据谢克亮《思念克选——缅怀先祖》[①] 一文及其他资料记载，加上笔者的调查，梳理出清末河南伊斯兰教经学又一发端于陕西学派的传承系统，其特点如下：窑里阿訇（马永成）、噶布阿訇、小马阿訇、云南黑阿訇—虎延章、谢文光（谢派）、洪宝泉、赵明堂、马松亭、兰秀斋、杨朝风、西宁常（常元举）—李彦彬（李派）、郭景福、杨勉斋等。

其三，近代河南伊斯兰教经学传承的第三个系统发端于荥阳东郭村的巴巴墓主人张圣瑞（1732—1797 年）。早期传承人大多为东郭籍，后期的传承人影响甚广，该传承系统早期与西北苏非派有关。据庞士谦记述，该地区历史上受苏非（华寺门宦）的影响[②]，东郭村的经学传承体系也能给予验证。从清中期甘肃张家川来东郭传教 37 年的张圣瑞开始，传承关系大致如下：张圣瑞—把成德[③]—把文兴—巴瑞清和张圣瑞—把元庆—把春兴—把玉清、马朝选、刘宗贤—李振基、马自成—马明道等。

第三，甘肃临夏、青海西宁伊赫瓦尼思想影响时期。民国初期河南伊斯兰教以伊赫瓦尼思想的传入为标志，开始出现教派分化。伊赫瓦尼在豫传播十分迅速，在阿文大学培养方面硕果累累。早期河南伊赫瓦尼派的著名经师中，除了虎延章、尚希贤、李振基、郭景福等出身于格底目经学培养系统，后受马广庆影响改奉伊赫瓦尼外，从马广庆开始，开创了在省内接受初步经学培养，后赴临夏、西宁等地求学于伊赫瓦尼著名经师门下的新潮流。这一时期河南伊赫瓦尼派因诸多著名经师的改奉，经学教育很快取得显著成就。一大批海里凡从求学开始便受伊赫瓦尼思想的影响，又前往西北临夏、西宁等地继续深造，早期有马广庆、刘志三等，后期有买永新、郭清心、黄万钧、王乃文、何中立、潘家修、马世真等。后期弟子在民国末年已崭露头角，新中国成立后，尤其是改革开放初期成为伊赫瓦尼经学教育的中间力量，弟子遍布中原，为中原地区伊斯兰教的发展做出了

---

① 谢克亮：《思念先祖——怀念克选》，载《伊斯兰文化研究》（河南）“纪念谢克选阿訇归真一周年”特刊，2004（11），总第 16 期。

② 特瓦杜阿：《中原回回》，载李兴华、冯今源编：《中国伊斯兰教史参考资料选编（1911—1949）》（下册），银川，宁夏人民出版社，1985。

③ 东郭村是回族巴姓的重要聚集地，从当地早期碑文可知早年做姓氏时均写作“把”，而“把”被“巴”所代替是渐进的过程，因此本文写人名时遵照原有记载。

重要贡献。

三、经学交流

经学泛指回族自经堂教育实施以来形成的伊斯兰文化传承体系，主要是指对伊斯兰知识的学习、解释、传播、流布等，包括：宗教经典和典籍的引入、讲授、译注，阿訇和满拉的教育制度（包括从师、游学、穿衣、聘任等），汉语和“消经”宣教文本的创作，地方性知识的记录（碑刻、报纸、杂志、书籍、网络等），以儒释伊的思想体系等。[①] 一般认为，中国伊斯兰教经堂教育自明末逐渐形成了陕西学派及延伸出的山东学派、金陵学派和云南学派。不同学派的差别主要是在经学的传授、讲经的特点、教材的使用等方面。即使是同一学派内的经师，在经学专长方面也不尽相同。中国穆斯林社会中清真寺阿訇的聘任制和海里凡的游学传统构成经学交流的重要形式，也促进了经学间的互补。本文主要以历史脉络为主线，着重阐述河南与其他省份的经学交流与互动，既有学派间的交流，又有同一学派内部的互动。

早期河南伊斯兰教中的经学交流主要体现在陕西学派对其的影响。开封、朱仙镇及貂谷成为该时期交流的重要地区，诸多著名经师在此学习和任教，开创了河南伊斯兰教经堂教育的第一次辉煌。山东学派的形成，尤其是舍蕴善来河南开学和定居，对河南经学交流方向的改变产生了重要影响，山东学派开始影响河南，河南与山东等地的经学交流成为本阶段的主流。山东学派诸多经师前往河南开学任教，一直延续到清朝中后期，直至周老爷中兴的陕西学派再次影响河南后。从二杨阿訇和张古东开始，诸多学子前往陕西求学，河南再次受陕西学派影响的局面形成。

民国时期河南与其他省份的经学交流，主要是指陕西学派不同地区间的交流。从二杨阿訇开始，河南籍经师在陕西求学归来后，就致力于开办

---

① 马强：《伊斯兰经学的流布方式及其本土转型——以滇粤经学的互动为例》，载《云南社会科学》，2008（2）。

经堂大学，培养经学人才，到清末已初见成效，河南本土经堂教育已颇具规模，吸引周边省份的学子前来求学。民国初期河南经堂教育中的马派（马长清）、赵派（赵永清）、谢派（谢文光）、李派（李彦斌）等相继形成，标志着当时经堂教育达到兴盛，哈德成、马松亭等全国知名经师也曾慕名前往。下面分别概述民国时期河南与周边省份的经学交流情况。

河南与山东的经学交流情况。兴盛一时的山东学派，对河南产生过重要影响，但在清末走向衰落。历史上曾有诸多山东籍经师受聘于河南，到民国时期，以往频繁的经学交流已辉煌不再。但两省相邻地区穆斯林众多，彼此联系密切，尤其是民国时期伊赫瓦尼传入两省后，山东菏泽等地区与河南商丘、开封的伊赫瓦尼派经师互动亦十分频繁。如山东籍的马体环①，河南籍的刘志三、丁克才等均跨省任教。直到今天，两省毗邻处的伊赫瓦尼派寺坊互动仍然频繁。

河南与安徽的经学交流情况。河南与安徽的经学交流历来频繁，主要体现在安徽籍海里凡前往河南求学。如清代后期王宝云求学于杨泰恒门下，终有所成，成为一代经师，并在豫北和安徽、江苏、上海等地开学，培养了诸多知名弟子。其后有李振基早年跟随刘宗贤求学，后受马广庆影响改宗伊赫瓦尼，成为民国时期河南四大阿訇②之一。王世臣求学于马长清门下，后在开封东大寺开学，并与马广庆讲经③。何国安出身阿訇世家④，早年求学于王殿辅、李振基、马长清、赵永清帐下，后在河南任教，颇有影响。马广庆也曾经受聘前往安徽亳州、太和任教长，传播伊赫瓦尼

---

① 马体环为山东伊赫瓦尼早期的传人之一，据其弟子马世真阿訇讲述，马体环在开封东张庄任教时受马广庆影响，改奉伊赫瓦尼，至今菏泽地区还流传着一句话："马体环的教门，新式的。"

② 根据民间的说法，河南穆斯林中流传的民国四大阿訇为马广庆、尚希贤、虎延章、李振基。严格地说，应为民国河南伊赫瓦尼派四大阿訇。

③ 马广庆所著《答王殿辅阿衡书》即是在此背景下产生的。1942 年 9 月开封东大清真寺阿訇王殿辅发布《勸告书》，劝说"新教""老教"要和合，并提出 7 条问题作为回应，马广庆著该书。

④ 何国安（1913—1985 年），出身安徽亳州北京寺宗教世家，祖上十余代均为阿訇，笔者疑其家族与《经学系传谱》中常志美、马忠信的弟子，安徽亳州掌教何孔焕有关。

思想。此外，对当代河南伊斯兰教影响颇大的王乃文[①]，早期赴河南商丘求学于马广庆帐下。除此之外，由于安徽亳州、阜阳等穆斯林较多的地区与河南周口、商丘毗邻，彼此交往频繁，许多安徽阿訇终身任教河南，河南阿訇终身任教安徽也很普遍。

河南与江苏的经学交流情况。民国时期河南与江苏的经学交流主要体现在诸多中原地区著名经师受聘前往江苏，尤其是镇江地区任教并开办经堂大学，如刘玉振、王宝云、李振基等，他们在当地培养了诸多弟子，哈德成、刘彬如等均在镇江受教。

河南与上海的经学交流情况。近代以来，上海在对外交往中处于前沿地带。民国时期上海的穆斯林人数不多，但因其地处对外交往的前沿，加上附近的南京等地穆斯林较多，使得上海成为当时伊斯兰教文化比较活跃的地区，涌现出一批关注族教前途命运的穆斯林学者、知识分子和实业家，伊斯兰文化十分繁荣。上海伊斯兰师范培养了大批优秀人才。在清真寺内，上海与河南的经学交流也十分频繁。上海与河南经学交流的特点是一大批河南籍经师前往上海开学、宣教以及参加宗教教育事业。较早的有周口人马殿安，知名的有任教小桃园、鸿寿坊清真寺的马广庆、刘志三以及创办中国回教经书局的买俊三等，还有著名汉族穆斯林望纯理[②]曾在此宣教。

河南与四川的经学交流情况。河南与四川虽有秦岭、大巴山相隔，四川穆斯林人数又较少，但并没有影响两省的经学交流。其特点是四川海里凡前往河南求学，后又任教河南各地，最著名的有民国时的虎延章。虎延章是四川成都唐家寺人，早年跟随窑里阿訇（马永成）在河南善义堂清真寺求学，后受马广庆阿訇影响改奉伊赫瓦尼。虎延章终生开学任教于河南各地及周边省份（四川成都、陕西西安、山东曹县），在河南颇有名望，

---

① 王乃文（1926—2003 年），安徽全椒人，早年求教于马品三、马广庆、马顺天等帐下，当代著名经师，弟子遍布中原大地。

② 望纯理（1896—1970 年），字乐天，河南卢氏人，汉族，20 岁时受《天方典礼》《天方性理》等影响皈依伊斯兰教，著有许多脍炙人口的清真通俗宣教诗歌，后前往西北，定居于宝鸡，行医传教。其子望学真，早年曾与张恒相（即张少臣，河南赛莱菲耶派著名经师）一道前往西北求学，后落户陕西铜川。

其弟子众多，至今许多老人提起虎延章仍充满尊敬之情。

河南与陕西的经学交流情况。主要有两个方面，一是河南籍海里凡赴陕西求学，二是豫、陕经师间的互动。民国时期河南的经堂教育已非常兴盛，虽然本土经学培养体系已形成，但仍有海里凡前往陕西求学，如尚希贤曾经求学于西安大皮院清真寺。此外，河南南阳地区因地缘因素与陕西安康的经学交流十分密切。南阳的海里凡向来有前往安康求学的传统，民国时期仍然持续，如现代豫西南著名经师丁炳南早年求学安康，学成归来后对南阳经堂教育产生了重要影响，李殿君也曾求学于安康岚皋。尤其是安康穆斯林改奉伊赫瓦尼时间较早，又间接影响到伊赫瓦尼在南阳的传播。陕西籍经师受聘河南开学的较多，尤其是善义堂清真寺等历来有搬请西北阿訇的传统，更促进了交流的频度。陕西籍经师郇振明也曾在开封文书清真寺、洛阳塔西清真寺等开学，影响颇大。此外，河南穆斯林定居在陕之后，往往建造清真寺，搬请河南籍阿訇任教长，这是河南籍阿訇前往陕西开学的主要原因。

河南与甘肃的经学交流情况。豫、甘二省的经学交流应分格底目与伊赫瓦尼两条路径。格底目方面是河南与甘肃平凉地区的经学交流，主要是河南籍海里凡赴平凉求学。此外就是阿訇的搬请和互动，如民国时期甘肃平凉籍经师冯振章及其外甥马明真，在河南开封东大寺、朱仙镇清真寺、郑州北大寺等多处开学。河南桑坡穆斯林曾部分迁居平凉。他们建寺后往往搬请河南籍阿訇，如开学定居平凉的白心斋。伊赫瓦尼方面是河南与甘肃临夏的经学交流，主要是河南籍海里凡求学于临夏诸多伊赫瓦尼经师帐下，如早期的马广庆，后期的买永新、王乃文、潘家修、何中立、张少臣、马世真等。

此外，青海东关清真大寺也是河南海里凡的求学地区之一。河南籍经师张古东等人也常受聘山西晋城、长治地区，对当地的经学产生了较大的影响。河南与京、津、冀、内蒙古乃至东北也有经学上的互动，河南与北方诸省份的互动体现在经师的互相搬请。例如，北京的王浩然、天津的穆振铎、河北通县的张嬴仙等曾任教于河南。河南籍的丁锡忍、刘志三、赵殿庆等曾在北京、东北等地任教讲学。

此外，河南与中南部诸多省份亦存在经学交流，一般是河南籍穆斯林定居当地后，多倾向搬请河南籍经师前往开学，如湖北武汉江岸路清真寺、河南寺和九江清真寺等，均以河南人居多，多搬请河南阿訇，马广庆就曾在武汉任教长。此外，广东省籍经师杨竹坪也曾在河南开封东大寺等处任教并著书立说，促进了两省的经学交流。

四、经师与教派、学派

（一）明清时期河南伊斯兰教的内部分歧

回顾中国伊斯兰教历史，历次宗教分歧乃至教派分化均由经师传入新思想所致。保存于开封东大清真寺刻于1586年的《古制连班永遵》碑表明当时河南伊斯兰教内部就存在宗教教义、教法以及宗教仪式等方面的分歧。现有资料表明，开封是历史上“独班”“连班”之争持续时间最久的地方，从明末一直持续到清乾隆年间。① 一般研究认为，“独班”“连班”之争，与胡登洲的弟子来豫传播新的宗教主张有关。清乾隆年间开始，河南伊斯兰教又出现“新行”“古行”之争。《河南省志》中认为“新行”受舍蕴善影响，清末全省普及。② 李兴华和胡云生则认为“新行”可能与陕西学派的再次传入有关。③ 开封与朱仙镇为“新行”“古行”之争的主要地区，除该地现存五块相关碑刻④外，临颍县繁城清真寺亦有阿拉伯文、

① 开封东大清真寺于清乾隆四十七年（1782年）立有《具甘结碑记》。该碑主要是讲李法圣等“具系连班老寺，学不正之言，违背连班老寺，寺以旁擅建新寺，行独班寺，经官令拆毁，圣等悔悟俱改前非……如有口是心非者，许老寺之人，结具禀以凭空逐甘结是实。勒碑为据。”类似“具甘结”碑铭在云南华宁县盘溪北门清真寺也有一块，均与教派争执有关。

② 《河南省志》（第9卷）（人口志、民族志、宗教志），河南省地方史志编纂委员会，河南人民出版社1994年9月版，笔者曾经请教撰写者陈廷良先生，该观点是其在河南各地调查之后所得。

③ 李兴华：《开封伊斯兰教研究》，载《回族研究》，2004（3）。又见胡云生：《传承与认同——河南回族历史变迁研究》，银川，宁夏人民出版社，2007。

④ 开封清真北大寺清乾隆八年（1743年）立《计开十三件碑记》、清乾隆九年（1744年）立《古行旧制——永传万代》，朱仙镇清真北寺清乾隆年间立《清真古行正教条例碑》、清嘉庆十年（1805年）立《古行十三件阿文碑记》、清道光十五年（1835年）立《清真古行碑亭》。

汉文碑刻①各一块。根据笔者对比研究，与李兴华、胡云生二先生的观点不同，“古行”所坚持的内容与至今西安、平凉的格底目传统几乎完全一致，而与舍蕴善的改革主张大都相反，因此，笔者初步认为河南的“新行”应与舍蕴善的学说有关。

无论是“独班”“连班”之争还是“新行”“古行”的说法均已难寻踪迹，② 在河南北部格底目中流传至今的是“新古”与“老古”之别。关于“新古”与“老古”的区别，知情者甚少，大多数人强调的是其地域分布，只有少数阿訇知道其部分差异。③ 一般认为，河南中东部的郑州、开封属于“老古”，荥阳、洛阳及博爱西关属于“新古”。这种说法恰与庞士谦的一段记述相印证：“中原回回原无什么派别，据说后来华寺巴巴朝觐回来，路经郑、洛传其华寺派，所以东起郑州，西迄洛阳皆为华寺派（新行），而豫北之清化（博爱）亦在其内。”④ 庞士谦的记载表明，“新古”可能与苏非派华寺门宦的传播有关。笔者发现，在荥阳等历史上“新古”分布地区在清代中后期有西北经师来此任教，当地也存在巴巴墓、筛海坟。

然而，笔者对“新古”“老古”的分歧反复比较发现，二者的分歧与舍蕴善的“十八条”基本一致。加之荥阳、洛阳等地是舍蕴善任教的地方，并且有众多当地弟子，而博爱西关清真寺向来有“十八反”（亦称“十八不同”）的说法。据此，笔者认为，该地区曾经受舍蕴善的主张影响，后来花寺马来迟来此讲学，因其在细节方面与舍蕴善的主张大都相

---

① 繁城清真寺存有《遵古圣行——新刻古行碑记经文十三条》阿拉伯文碑刻，钱德钦撰。清同治六年（1867 年）立《万事永赖》计开古行十三条碑刻。关于钱德钦其人，李兴华《朱仙镇伊斯兰教研究》一文有所涉及。

② 河南一位阿訇的说法很有意思，他说遵从舍蕴善学说的新格底目，在伊赫瓦尼传入后大多改奉了伊赫瓦尼学说。笔者曾经就此关注过舍蕴善任教过的洛阳塔湾、荥阳东郭、刁沟、襄城县石羊街、淮阳、兰考等地，其中洛阳塔湾、刁沟、淮阳均为伊赫瓦尼，襄城县石羊街后分为石羊街和南关两坊，南关为伊赫瓦尼，石羊街以及东郭和兰考等地均为格底目。

③ 笔者曾经请教郑州北大清真寺刘宝琦阿訇，开封东大寺马文强阿訇等，他们曾简单列举数条“新古”“老古”的区别之处。

④ 特瓦杜阿：《中原回回》，载李兴华、冯今源编：《中国伊斯兰教史参考资料选编（1911—1949）》（下册），银川，宁夏人民出版社，1985。在《埃及九年》中庞士谦对此问题又有进一步的阐述。

同，因此被当地所接受，并加深了其与其他地区格底目的区别，因其在舍蕴善之后，故加深了当地人认为其属于华寺派的观念。

（二）民国时期河南伊斯兰教的教派分化

一般认为，河南伊斯兰教真正出现教派分化的标志是1917年伊赫瓦尼思潮的传入。[①] 1917年开封埽街人马广庆回到开封传播伊赫瓦尼思想，对河南伊斯兰教的发展产生了深远影响。关于马广庆其人其事，笔者在《一代经师马广庆大阿訇传略》[②] 和《一代经师马广庆大阿訇与河南伊赫瓦尼概述》[③] 文中已详细介绍。

伊赫瓦尼的传入打破了河南伊斯兰教均为格底目教派的局面。从1917年起，伊赫瓦尼思想在文书清真寺周围以卖鱼为生的贫苦穆斯林中不断传播。[④] 然而传播者马广庆却因无法立足而受聘前往周口至元清真寺，直到1922年农历四月文书清真寺改奉伊赫瓦尼学说的坊民占据优势并搬请其任教长，才标志着开封伊赫瓦尼与格底目并立局面的形成。

民国时期，文书清真寺成为河南伊赫瓦尼派的中心，诸多著名经师在此开学任教，阿文大学十分兴盛。此外，马广庆受聘多处清真寺任教长并影响诸多格底目经师改奉伊赫瓦尼，也促进了伊赫瓦尼思想的传播和发展。1927年，庞士谦、刘志三和郑研真等成立"郑州研究社""桑坡研究

---

① 相关资料记载往往把1917年马广庆回到开封在文书清真寺附近传播伊赫瓦尼思想当做河南伊赫瓦尼传入的标志。但据吕金虎阿訇讲述，马广庆从安康回开封途中经过南阳地区，因当时处于民国初年，河南受清政府势力控制，在西北已经剃发的马广庆为躲避追查，在今邓州张村南寺任教约两年，张村南寺被称为南阳地区最早的伊赫瓦尼寺坊，这个时间早于1917年。又有杨云鹏考证说邓州林扒镇马祥呈曾在老河口跟随马万福学习，并于1897年回到林扒镇传播伊赫瓦尼思想。此外，洛阳偃师马屯有清末伊赫瓦尼从东南沿海传入当地的说法。所以，伊赫瓦尼思想真正传入河南的时间有待进一步考证。

② 马超：《一代经师马广庆大阿訇传略》，载《中国回族学会第十九次学术研讨会论文汇编》（上册），2010（8）。

③ 马超：《一代经师马广庆大阿訇与河南伊赫瓦尼概述》，载《灵性与资本——第八届宗教社会科学年会论文集》，2011（7）。

④ 相传文书清真寺旁边有个大池塘，当地回民把从黄河捕获而来待售的鱼存放其中，他们在结束经营后去附近的裕华楼澡堂沐浴，马广庆就在该澡堂宣传伊赫瓦尼思想。开封洪宝泉著的《明真释疑》和马广庆著的《答王殿辅阿衡书》中均涉及"业澡堂"问题，大概与其有关。

社”，研究教门中的问题，宣传伊赫瓦尼思想。[1] 伊赫瓦尼思想在河南的传播过程中，在开封、郑州、洛阳、周口、许昌等地区多次与格底目“讲经”[2] 辩论，就分歧问题阐述各自主张。亦有清真寺受教长影响而改奉伊赫瓦尼，如民国时貂谷清真寺教长牧东方朝觐归来宣传伊赫瓦尼思想，貂谷随之改奉。在一些地区，因教派分歧而产生矛盾，如貂谷清真寺改奉伊赫瓦尼后，传统上的荥阳十八坊清真寺均与其断绝来往。

伊赫瓦尼思想在河南的传播，整体来说是成功的。庞士谦云：“自从民初马广庆阿衡（果园弟子）由河州回豫，在文殊寺传伊哈瓦尼派（俗称新新教）以来，三十年间，全省改为伊哈瓦尼的已有三分之二，各处礼拜之人大增，妇女戴盖头的亦无大惊小怪者，渐而成为习惯。街上所见长须美髯头戴小白帽者，那必定是老回回了。”[3] 伊赫瓦尼思想在河南的发展中有个显著特点：在伊赫瓦尼传入较早的北部地区如开封、洛阳、郑州等，早期形成的教派分布格局延续至今，没有明显变化。然而，在豫东、豫南、豫西南地区，其传播十分迅速，周口、驻马店、南阳等地大多数清真寺已改奉伊赫瓦尼，甚至清一色均为伊赫瓦尼教派。大概因该地区回族宗教信仰基础薄弱，教派意识淡薄，便于新的宗教思想传播。

除伊赫瓦尼思潮外，该时期开封人吴宗周（吴荣轩）还创立了悟（吴）派，但因其逝世而昙花一现。偃师马屯的马仁甫、马光甫，受嘎德忍耶灵明堂影响，在家乡传播其思想，至今马屯仍有部分穆斯林遵奉。至于甘肃张家川人丁子正受聘临颍县繁城清真寺，传播赛莱菲耶思想，已是1952年的事了，超出了本文的研究时段。这一时期所形成的教派格局影响深远，基本确立了以后河南伊斯兰教的教派格局。

---

① 庞士谦：《埃及九年》，转引自《伊斯兰文化研究》（河南）“纪念庞士谦阿訇归真50周年特刊”，2008（11），总第22期。

② 民国时期河南格底目派与伊赫瓦尼派的讲经，据笔者掌握的材料，开封历史上大的有3次，1919年前后马广庆与洪宝泉等，1942年马广庆与王殿辅等，1944年郭清心等8人与马明真、王殿辅、冯振章等。在郑州主要是指刁沟（貂谷）与荥阳其他格底目寺坊。在洛阳主要是塔西清真寺邬振明与谢锡三等人。在周口是李振基与谢锡三等。在许昌（今属平顶山郏县）主要是谢锡三、谢锡名、谢文贵与张国顺、买永新（买永新是谢文光、谢文贵的外甥，原为谢文光弟子，后前往西宁东关大寺求学）等。

③ 特瓦杜阿：《中原回回》，载李兴华、冯今源编：《中国伊斯兰教史参考资料选编（1911—1949）》（下册），银川，宁夏人民出版社，1985。

（三）民国时期的河南伊斯兰教学派

有赖于陕西学派和山东学派的数次影响，清末到民国初期成就了河南伊斯兰教经学的辉煌，经师辈出，自成学派。格底目方面，形成了“赵派”“谢派”“李派”三个著名的经学传承系统。“赵派”的开创者是赵永清，“谢派”的开创者是谢文光，“李派”的开创者是李彦彬。“这里的派并非学理上的派别，而是授业习惯、学术风格以及选课主张的差异。格底目的谢、赵、李三门派皆属陕西学派。‘谢派’以陕西学派风格的‘精而专’更为鲜明；‘赵派’则以‘博而熟’亦尤为突出；‘李派’则讲究‘细而准’，表现了典型的西北学风。”① 所谓“派”强调的是出自同一传承系统。

除上述特点外，“赵派”的经学传承主要依托赵永清及其弟子和再传弟子，而“谢派”的经学传承则是依托谢文光祖孙三代完成的。“赵派”早期著名弟子李希章等，民国时期就广收门徒，弟子众多。赵派后期弟子何国安、孙万生在改革开放之后亦培养众多经学传人。“谢派”谢文光及其子谢锡立、谢锡三及孙谢克选均为著名经师，在不同阶段培养出大批弟子。“赵派”弟子主要在黄河以北的各清真寺任教，“谢派”弟子任教则主要集中在黄河以南各寺坊，“李派”弟子主要集中在荥阳等地。

民国时期河南格底目“谢派”“赵派”等经学传承体系的形成因素，除与当时经学的兴盛有关外，可能还有以下原因：其开创者赵永清、谢文光等经学水平一流；开创者任教之处经济基础相对较好，有能力招收并供养大量海里凡；诸多知名经师因年迈或去世，弟子多转投其门下；虎延章、尚希贤、李振基、郭景福等著名经师改奉伊赫瓦尼，河南格底目经师数量的减少也促使海里凡集中于他们门下。

河南伊赫瓦尼虽然没有在民国产生诸如“赵派”等明显的经学系统，但其著名经师的经学特色也十分明显。以河南伊赫瓦尼派的四大阿訇来

① 海振坤：《河南经堂教育的历史脉络及谢门学派初探》，载《伊斯兰文化研究》（河南）“纪念谢克选阿訇归真一周年特刊”，2004（11），总第16期。

说，尚希贤、虎延章、李振基三人原为格底目知名经师，均受马广庆影响改奉伊赫瓦尼。四人经学风格各异，各具特色，马广庆擅长讲“侯坤、买赛来”等教法问题；尚希贤的“尔林”好，经学水平高深①；虎延章承袭陕西学派学风，擅长“凯俩目”（认主学），“其讲‘卧尔兹’紧密联系穆民生活中的实际问题，潜心研究穆民在功修干办中遇到的困惑，予以解答，化难为易，使穆民轻轻松松地干教门。当时河南的穆民们传诵着一句赞语：虎延章阿訇讲经把骨头缝里的道理都讲清楚了”②；李振基经汉两通，他的经学思想和学说在洛阳塔西清真寺影响深远。除此之外，伊赫瓦尼派还有许多知名经师，如刘志三、郭景福③等，刘志三原本为汉族，早年受过私塾教育，汉文化水平高，擅长用汉语诗歌形式阐述经学知识和思想。以上诸位曾纷纷兴办阿拉伯文大学，培养了许多优秀伊赫瓦尼经学传人，如马明道、盖兴运等。还有部分弟子前往西北学习，回豫后均有所作为，如黄万钧、郭清心、王乃文、潘家修、马世真、何中立等。

五、经师与经堂教育

河南伊斯兰教经堂教育产生较早，早在明末就有与胡登洲同时代的张林在沁阳招收弟子。胡登洲弟子胡巴巴与海巴巴来河南传播其主张，而后又有冯少川在开封设馆开学，张少山在貂谷设帐开学等。这一时期貂谷的经学最为兴盛，山东学派创始人常志美、李延龄就在此学习。舍蕴善来河南设帐并定居襄城县，曾在河南塔儿湾（今洛阳塔西清真寺）、荥阳东郭、貂谷、襄城县石羊街、太康、考城（今兰考）、陈州（今周口淮阳）等地开学，又一次促进了河南经堂教育的发展，影响深远。

河南的经堂教育在清末民国初期又一次兴盛，这一时期经师众多，经

---

① 据尚希贤阿訇孙尚增光阿訇讲述，马坚先生曾经跟随尚希贤学习，新中国成立后仍保持联系。

② 马纪堂：《陈克礼传》，香港天马图书公司，2003。

③ 郭景福为郭清心之父，早年跟随西宁常（常元举）、坡里马（马金良）等人念经，其与刘志三为儿女亲家。

堂教育，阿文大学遍地开花。王宽受聘开封东大寺，设立10处经房并广收学员。王静斋记述："河南回教文化，早年在开封最盛。东灵寺（应为东大寺，笔者注）向由外省聘请校长（兼教长）。大名的宋阿衡，临清的洪五阿衡，北平的王浩然、张瀛仙等位，均在该寺服过职务。在开封还有个善义堂，是陕西人特创的专门宣传文化的机关，阿衡多由陕西聘来，学员亦多西北人。"①

民国中后期出现新的变化。首先，教派分化后，格底目派产生了"赵派""谢派"两大最主要的经堂教育传承系统。"赵派"创始人赵永清（1876—1945年），封丘海庄人，自幼随开封杜云倬②、穆振铎、王宝云、普洱马等学经，其成名地是博爱大辛庄清真寺。出自其门下的阿訇众多，著名传人如李希章、刘兆亮、丹鹏举、买庆堂、兰玉田、杜青和、何国安、孙万生等。"谢派"的开创者是郏县三郎庙阿訇谢文光（1870—1927年）。谢文光自幼在家学经，结婚时被新娘的"侯昆"难住，负气赴西北访名师求学，此后与家人断绝音讯，12年后在西北成名，被洛阳清真寺请回开始设帐授徒。其先后在桑坡、禹州、鲁山、南阳任教，由于知识渊博，在民国时期就在河南培养出了知名度较大的阿訇，其中有买明德、程明德、丁光有、芦占魁及其弟谢文贵、其子谢锡三等一大批人。1931年洛阳伊斯兰教务会上经众议选为"阿訇四大旗帜"之一。③当今河南的格底目阿訇，大多出自赵、谢二门，为其再传弟子或三传弟子，其深远影响可见一斑。

河南伊赫瓦尼提倡新式教育，中阿并重。经堂教育一般称作阿文大学。王静斋记载："民国十年以后，该处有座礼拜堂，人都称它'文殊寺'。在民国十年前后本人到开封的时候，属这文殊寺里附设的阿文大学最昌盛。阿衡先是马广庆（字儆吾），后来又请到西北的马阿衡（别号'锅干马'），学员为数很多。开封以外当以桑坡开学最盛。清化、怀及、

---

① 王静斋：《中国近代回教文化史料》，载李兴华、冯今源编：《中国伊斯兰教史参考资料选编（1911—1949）》（下册），银川，宁夏人民出版社，1985。

② 杜云倬是今郑州北大清真寺女寺著名女阿訇杜淑珍的祖父，其是赵永清启蒙老师，其子杜青和（杜淑珍父亲）又是赵永清的高足。

③ 海振坤：《河南经堂教育的历史脉络及谢派初探》，载《伊斯兰文化研究》（河南）"纪念谢克选阿訇归真一周年"特刊，2004（11），总第16期。河南阿訇四大旗帜指赵明堂、杨朝凤、谢文光、赵永清，他们均为格底目，四大旗帜的推出与伊赫瓦尼的传人有关。

郑州、许昌、驻马店、洛阳、周家口等处全有专门阿文学校。”[①] 马广庆的授课方式是“破晓礼拜后，于殿内向东盘坐，诸生环聚于前，讲授诵读天经之法”[②]。开封文书清真寺、洛阳塔西清真寺、漯河南寺、驻马店南寺、襄城县南关清真寺等均为当时伊赫瓦尼开设阿文大学的重要基地。

民国晚期开封王家胡同清真寺年轻阿訇郭清心等发起创办“河南阿文专修学校”，并聘请王静斋为名誉校长，刘志三为校长。“学校董事会由几十名政界、商界、教界等方面穆斯林社会贤达组成”，“教师主要有郭清魁、郭清心、郑国光、孙国才等人”，他们均为年轻有为的伊赫瓦尼青年阿訇。1946 年开始招生，生源主要来自豫鲁各地，以豫东为主。郭成美统计共有 116 人。“从 1946 年 6 月开学到 1948 年 9 月，阿专在开封办了二年又三个月。”[③] 后移居嘉兴，1949 年 12 月河南阿专解散。

河南伊赫瓦尼的经堂教育硕果累累，影响深远，培养出许多优秀人才。知名者如庞士谦、黄万钧、王乃文、马明道、潘家修、郭清心、杜淑珍、范好古、孙恩普、谢克智、宛俊章、尚明德、尚明礼、李道全、李尊祥、郭清奎、吕金虎等。他们在改革开放后大力办学，时至今日，河南的伊赫瓦尼派阿訇大多为其弟子或再传弟子。

六、经师与汉文经学著作

河南地处中原，汉文化传统深厚，许多经师早年接受私塾教育，汉文化知识水平较高。他们在认识和阐释宗教方面有自己的独到之处，在开学任教的同时往往用汉文创作宗教作品，供穆斯林大众学习、理解。虽然内容、水平各异，但对研究民国河南伊斯兰教经师和经学思想仍有帮助。

根据现有资料，可确定的作品有庞士谦的《和平之使命》《回教法学史》《埃及九年》《回教认识的派别——认主学家的派别》，马广庆的《答

---

① 王静斋：《中国近代回教文化史料》，载李兴华、冯今源编：《中国伊斯兰教史参考资料选编（1911—1949）》（下册），银川，宁夏人民出版社，1985。

② 《河南马儆吾阿衡致本社怨敷先生函》，载《清真周刊》，1921（5）。

③ 郭成美：《河南阿文专修学校与郭清心》，《开封文史资料》第 12 辑（1992 年）。

王殿辅阿衡书》，洪宝泉的《明真释疑》，盖兴运①的《教义捷径》《信仰问答》，赵明堂的译著《伟嘎耶教法经解》，张清林的《回教葬礼述要》，刘志三的《阿中叶韵合编》《清真通俗诗歌》，杨竹坪②的《赫忒音译》《讨白音译》，马自成的《历源真本》，许友义的《（河南）回教辨真》，唐庆安的《杂学》，洪宝泉、海晴川等合著的《教款集正》，望纯理的《清真通俗歌》《清真劝教歌》《回汉分别宣言略》《警诫阿临宣言略》，刘金亮的《清真劝教宣言录》，谢锡三、谢锡立的《伊玛尼歌》等。笔者择其一二，略作介绍。

《答王殿辅阿衡书》油印于1942年10月左右，内容是对开封东大寺阿訇王殿辅撰写的《劝告书》的回复，讲述伊赫瓦尼教派对有关问题的观点和主张。全书大体可分四部分：第一部分为自述；第二部分为“殿辅阿訇伟鉴”，回应其倡言的“和合”；第三部分是正文，是对七条侯坤的逐一答复；第四部分主要讲述“避免纠纷计，安定教胞计有与殿辅阿訇商榷”③的两点约定。

《明真释疑》原为洪宝泉的阿拉伯文著作，阿文书名音译《穆尼鲁·丁》（教门灯塔），全书阐述格底目思想及其主张依据。开封东大寺刘保国、巴占明、杜云倬、曹心德四位掌教与伊玛目尚清选共同译述，魏步云（字子青）校梓，王象贤、许良辰校订，1921年10月印于开封东大寺，内容形式为阿拉伯语、汉语对译。书名中“明真”意为阐明伊斯兰教为“清真纯正之教”，“释疑”意为解释在教内引起的疑端。序中认为“我教之真传，既非囿于风俗，亦非从乎习惯”。并阐述著述背景乃洪宝泉阿訇“以阐明教道为己任，殚精竭虑，汇集前贤百十卷之著作”④而成。序言后注明本书的著述者、译述者、校梓者、校订者以及书中经名、人名、地名等凡例和采辑经目。后有洪宝泉撰写的前言，全书内容共有28条注明并逐一

---

① 河南民权县人，早年曾跟随尕西木、李振基、马广庆念经，被称为文书清真寺四大“索哈白”之一。

② 杨竹坪本为广东人，一生著述颇丰，这两本书是其在河南任教长时在豫印刷的，故收录在内。

③ 马广庆：《答王殿辅阿衡书》，1942年油印。

④ 洪宝泉：《明真释疑》，1921年油印。

剖析，最后附有勘误表。

盖兴运的《教义捷径》著于20世纪20年代中期，郭成美曾经撰文介绍。该书在《序言》中强调了“伊玛尼”和“乃玛子”的关系及重要性。该书“共22篇，除‘以妈尼’、大小净及‘乃妈子’成坏、拜中六法等，还有‘赶拜’、‘拜中念法’、‘台拉威哈’、‘封斋成坏’、‘费土尔锁代盖’、‘出外的定限和短坐拜法’、‘主麻天命圣行’、‘大小节天命圣行’、‘者纳则站法’和‘游坟’等等。该书末页印有：‘至圣迁移麦底乃一千三百五十五年设阿八乃月头一个主麻再版。教义捷径全一册定价大洋二角。编辑者盖兴运。发行处开封文化街清真寺盖兴运。民国二十五年九月初二日再版。’上方的方框中是‘版权所有不准翻印’。”①

《阿中叶韵合编》，刘志三著，“这本书像一本同音字典，非常适合初入清真寺的海里凡学习中、阿文，编者按照中文折押韵的道理，将意思相对应的字排在一起，配注上阿文，再引出同音的汉语词并配注上阿文单词”②。《杂学》，民国末年唐庆安阿訇编写，祈祷性杂学书，书中多吉祥如意语，对研究济源地区回族风俗习惯有参考价值。

七、经师与经学的地位和影响

民国河南伊斯兰教经师与经学特色明显，成就斐然，涉及广泛。这一切都与当时的宗教信仰自由政策、整个中国的社会改革以及经学交流范围的扩大有密切关系。但因篇幅所限，诸如清真女学、女阿訇的经学教育与传承、经师间的亲缘关系和社会网络、经学世家、经师与掌教制度的演变、经师与宗教对话等问题本文未能涉及，实属憾事。

民国时期河南伊斯兰教经师与经学在其发展进程中地位重要，影响深远。首先，充分吸纳陕西、山东学派的经学特长和风格并与河南的经学传

① 转引自郭成美：《盖兴运阿洪及其“教义捷径”“信仰问答”》，载《河南穆斯林》，2011(2)。

② 马博忠：《刘志三阿洪轶事四则》，载《河南穆斯林》，2011（4）。

统交融，终在民国时期自成一体，形成了独具特色的经学传承和培养体系。其次，开创了民国河南伊斯兰教经学兴盛和伊斯兰文化繁荣的新局面，促进了中原地区穆斯林社会的发展。诸多经师在开学任教、传授知识的同时，开始关注社会问题，关注国家、民族、宗教的前途和命运，并为之实践和奋斗。伊赫瓦尼的传入对促进河南伊斯兰教的发展和穆斯林思想的解放有重要作用。再次，培养出一大批优秀的经学传人，继承了优良的经学传统。早期的弟子在民国时期即发挥重要作用，如全国知名阿訇哈德成、马松亭、庞士谦等；晚期弟子何国安、孙万生、谢克选、黄万钧、郭清心、买荣禧、潘家修、王乃文、丁炳南、吕金虎、张少臣等在改革开放宗教信仰自由政策恢复后承担了新的历史使命，大力兴办经学教育，培养了大批经学人才，促进了河南穆斯林文化的恢复，繁荣了新时期河南伊斯兰经学。庞士谦、陈克礼等还成为有影响力的穆斯林学者和思想家，他们的著作在河南乃至全国穆斯林社会中都有重要影响。此外，民国河南伊斯兰教出现的繁荣局面，也反映出当时中国穆斯林社会对构建伊斯兰教在中国的话语的重大尝试。

清末民国时期中原地区伊斯兰教经师师承关系图

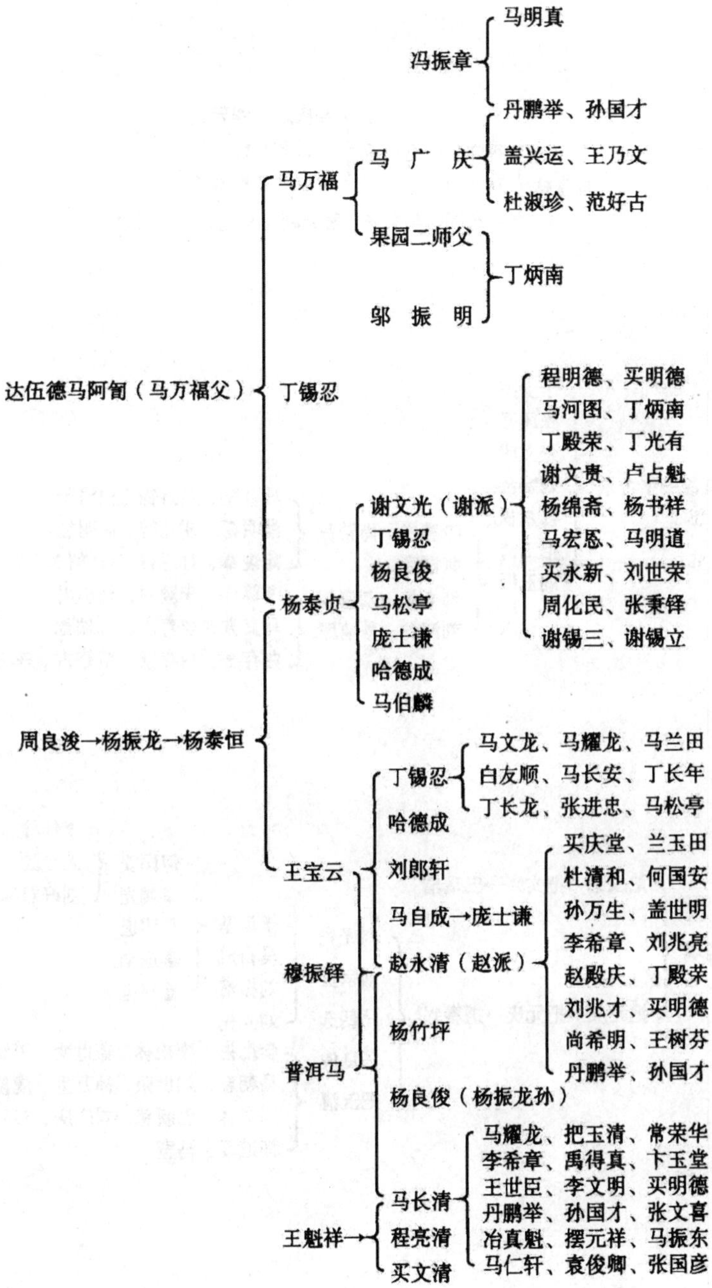

杨振桂
- 程守先、马伯麟
  - 马庆余、程云兹
  - 程云龙、程云英
  - 曹世勋、程福景
- 马景川
- 马庆同、马文龙→程云朝、马立志、程云浚

周良浚→张古东
- 于少杰
- 张风吾
- 张文明
- 刘宗贤
- 杨永福
- 把玉清
- 刘玉振
  - 哈德成、尚希贤
    - 马　坚、黄万钧、白清彰
    - 尚明德、谢克智、尚明礼
    - 宛俊章、孙恩普、舍学仁
  - 张国彦
  - 刘彬如、刘鸿儒
  - 刘鸿钧、穆清廉
    - 李尊祥、李颖中、马小川
    - 马义方、李青山、方瑞德
    - 白存德、白存惠、范好古、李慕堂

张圣瑞
- 把成德→把文兴→巴瑞清
- 把元庆→把元庆→把春兴
  - 刘光先
  - 刘宗贤
    - 李振基
      - 何国安
        - 李传林
        - 朱延龄
        - 刘好君
      - 秦鸿光
      - 马明道
      - 李道全
      - 盖兴运
    - 马自成
    - 刘振清
    - 刘光先
  - 马朝选
  - 马良俊
  - 把玉清
    - 李彦彬、李松林、盖世明、王绍清
    - 马朝忠、刘世荣、孙万生、虎俊杰
    - 刘书林、巴新慈、刘广庆、买明道
    - 韩道真、马宽

窑里阿訇
嘎卜阿訇
小马阿訇
云南黑阿訇
→虎延章
李振铎
→马明道、海晴川、庞士谦、孙恩普、马振江、马武舜、杨玉清（勉斋子）

传
谢文光、洪宝泉→谢锡立、谢锡三→吕化南、闪文成、刘文生、谢克选
赵明堂
马松亭
兰秀斋→李彦彬→刘世荣、盖世明、刘广庆、王明经、兰玉田、袁乃栋、白廉、刘宝琦
杨朝风
刘豫振
西宁常、坡里马→郭景福→李尊祥、郭清杰、郑国光、马忠信、兰玉田、郭清奎、白光道、王槐奇、刘子杰、孙清泉

虎延章、老袁阿訇、马体环、虎嵩山→刘志三→白清章、白敬一、沙伦义、郭清奎、郭清心（女婿）、丁存志、马世真

（原载于《世界宗教研究》，2013 年第五期）

民国时期河南伊赫瓦尼五大阿訇

马 超

民国时期的河南，伊斯兰教经堂教育兴盛，人才辈出，培养出了诸多的著名经师，他们对河南的伊斯兰教产生了深远的影响。在河南的穆斯林群众中，一直流传着民国时期四大阿訇的说法，但是，对于四大阿訇指的是哪四位，说法不一。有的说是马广庆阿訇、尚希贤阿訇、虎延章阿訇、李振基阿訇，有的说是马广庆阿訇、尚希贤阿訇、虎延章阿訇、刘志三阿訇。同时，我们应该注意到，民国时期的河南伊斯兰教界，经师大阿訇辈出。所以，四大阿訇的说法并不确切。因此，笔者根据以上几位阿訇的共同特点——均是河南伊赫瓦尼派的阿訇，并且具体是哪几位说法不一，认为把本文的题目拟定为“民国时期河南伊赫瓦尼派五大阿訇”更为确切，并分别予以简单介绍。需要说明的是，对于马广庆阿訇的介绍，在笔者的另一篇文章《一代经师马广庆阿訇与河南伊赫瓦尼》中已经详细叙述；刘志三阿訇的传记，郭成美等人已经详细撰文介绍过，本文中主要是参考了郭成美等人的文章。出于对五位阿訇进行全面介绍的考虑，特此重复写作，敬请原谅。

马广庆阿訇

马广庆阿訇，字儆吾（也作敬五），开封市郊埽街村人。生于1880年，卒于1951年农历三月十五。马广庆是民国时期的一位著名阿訇，也是河南伊赫瓦尼的首传者，当时其影响波及三省七市，可谓是一代经师。马广庆阿訇出生于一个笃信伊斯兰教的回族家庭中，父亲曾经跟随本村齐姓阿訇念经，自己后来也曾经在本地学习经学知识，结婚之后前往西北求学。系果园哈智马万福的弟子，曾经跟随其学习十余年之久。根据《答王殿辅阿訇书》中“故对阿文经典，学习十余年之久”及其后人关于其求学长达十多年的讲述以及勉伟霖在《中国回族伊斯兰教宗教制度概论》一书中记载可知，至少1907—1917年期间其跟随马万福学习，而学习之地，有陕西安康及甘肃河州，并且在马万福离开安康后在安康代理阿訇之位。

1917年马广庆阿訇回到开封后，早期在文殊寺附近以河道街裕华楼浴池为地点向回族渔民传播伊赫瓦尼受阻，1919年与开封东大寺洪宝泉阿訇曾经讲经辩论。1920年前往沈丘至元清真寺任教，1922年文书清真寺改宗伊赫瓦尼后，回文书清真寺任教长，并先后在文书清真寺任职3次。1929前后在武汉汉口南寺开学并于1933年买地兴建开封北门大街清真寺。1933年5月9日，与马天英、哈德成、马刚侯等30余人以“中国回族文化促进会筹备处”名义发为请组织新变调查委员会致行政院代电。1942年第二次与开封东大寺王殿辅阿訇辩论，1942年9、10两月，开封东大寺阿訇王殿辅（字世臣）发布两期劝告书，号召新教老教和合，作为回复，同年10月马广庆阿訇著《答王殿辅阿訇书》一书。1944年去上海赴上海小桃园清真寺、鸿寿坊清真寺开学。一生曾经在开封、郑州、周口、亳州、商丘、上海等地开学任教，从事伊赫瓦尼宣传40余年。解放之初，欲前往香港开学，后返回开封安排事项，后身患疾病，并于1951年归真于上海小桃园清真寺。马广庆阿訇有子女4人，其子马秉坤。孙辈后人中，孙子马衡，外孙蒋伍德以及重孙辈中的阿丹均在文书寺，每日恪守功课。

马广庆阿訇，平生只留下一遗著《答王殿辅阿訇书》，印于1942年左右。是中文讲述关于伊赫瓦尼教义主张的著作。书名表示对王殿辅阿訇1942年9、10月两期劝告书所倡言的“和合”的答复。全书大体有4部分。第一部分为自述，云“儆吾少年少读诗书，因奉伊斯兰教，故对阿文经典，学习十余年之久，求真主相助，稍得一知半解，已近三十年，对于学生教授及向教胞宣讲之经典，统根据真主皇言，圣贤审定之经典，绝不敢（以译本不受考者）参加期间”。第二部分为“殿辅阿訇伟鉴”，称其倡言的和合，虽系美名善词，但未言和合起来做合法合教律的事，还是相反，况人情与教律，不能相容，只言人情和合，乃片面名词。第三部分是正文，乃是对七条倲坤的答复。第四部分是最后一部分，主要是讲了为“避免纠纷计，安定教胞计”有与殿辅阿訇商榷的两点约定。

马广庆阿訇从事伊赫瓦尼宣传四十余年，名扬中原地区，培养弟子无数，王静斋阿訇在《中国近代回教文化史料》一文中曾说：“民国十年以后，该处有座礼拜堂，人都称它‘文殊寺’。在民国十年前后本人到开封的时候，属这文殊寺里附设的阿文大学最昌盛。阿衡先是马广庆（字儆吾），后来又请到西北的马阿衡（别号“锅干马”），学员为数很多。”可以从中看出当时的兴盛。只可惜因年代久远，有确切记录的不多。著名的有丹鹏举、盖兴运、王乃文、杜淑真、范好古等。

尚希贤阿訇

尚希贤（1884—1959 年），又名尚德真。民国时期河南伊斯兰教著名阿訇之一，亦是河南第一代改革“伊赫瓦尼”的阿訇。经名穆罕默德，河南开封人，出身经学世家，尚家原为开封东大寺世袭伊玛目，其伯父即为开封东大寺著名的尚清选伊玛目。1896—1909 年，先后在开封善义堂清真寺、怀庆（今沁阳市）、博爱、孟县、周口、西安大皮院清真寺、汲县（今卫辉市）、济源等地学习伊斯兰教经学知识，已知其跟随的老师有赵永清、刘玉振等经师。1909 年以后，先后在济源、许昌、沈丘至元老寺、郑州阜民里清真寺、长葛白寨、襄城、太和、驻马店南寺、漯河清真南寺和清真北寺、临颍县繁城清真寺、开封文书清真寺、三民胡同清真寺等地开学。他对伊斯兰教教义经典造诣颇深。能熟诵《古兰经》各章节及其典章规范，并能深入浅出地讲出对经典的独到见解，博得穆斯林的信服。当时河南的回民常说：“尚希贤的‘尔林’好，马广庆的‘买塞列’好”，被人尊称为“尚大阿訇”。王静斋阿訇分别在《中国近代回教文化史料》和《中国回教经堂教育的检讨》文中称其为“河南久负盛名的大阿訇”，“中国回教经堂教育之导师”。

中华人民共和国成立后，他为增进回族人民的团结以及回汉民族的团结做出了突出的贡献。尚希贤系伊斯兰教新派“伊赫瓦尼”阿訇。他在处理开封新、老派之争中，求大同存小异，增强了新、老教派之间的团结。他还主张清真寺不分大小，一律平等相处，促进了教派内部的团结。

尚希贤阿訇一生弟子诸多，可谓桃李满天下，所开学之处均经学教育兴盛。以开封市三民胡同清真寺为例，便有记载云："三民胡同清真寺亦设有武学、汉学、阿文等学校，直到民国十几年方停，其中阿文大学有学生20至40人，尤以尚希贤阿訇在时为盛。"曾经跟随尚希贤阿訇学习的学生中，既有穆斯林学者马坚教授，又有著名经师黄万钧、孙恩普、谢克智、宛俊章、次子尚明德、三子尚明礼等阿訇。马坚教授曾经跟随尚希贤阿訇学习十个多月，新中国成立后在北京工作期间，仍然与尚阿訇保持联系，经常给其寄送生活用品。再传弟子中亦人才辈出，知名者如著名经师、原全国人大代表、河南省伊斯兰教协会副会长、中国伊斯兰教教务指导委员会委员吕金虎阿訇等。

尚希贤一生正直坦诚，热情待人，深受回族群众的爱戴，曾任河南省人大代表和政协委员、开封市人大代表、河南省民族事务委员会委员、中国伊斯兰教协会委员等职务。1959年7月2日，尚希贤阿訇归真于河南开封。

虎延章阿訇

虎延章阿訇是民国时期一位著名的阿訇，被誉为河南民国时期四大阿訇之一。关于虎延章阿訇的记载很少，本文主要是根据以往的资料，对其进行介绍，以期引起知情人的关注。

虎延章阿訇是四川成都人，出身经学世家，成都人称其为虎四阿訇。其生卒年月（约1873—1958年）、经名均不详。自幼继承家业，前往陕西西安和河南开封善义堂清真寺跟随窑里阿訇马永成学习伊斯兰经学与汉文。其承袭陕西学派的学风，擅长"凯俩目"认主学。王静斋阿訇在《中国回教经堂教育的检讨》中称其为"中国回教经堂教育之导师"。

1917年，马广庆阿訇传入伊赫瓦尼，原系老派的虎延章阿訇起初对其甚是反感，1919年只身前往开封文书清真寺与马广庆阿訇彻夜辩经，最终为马广庆阿訇所说服，从此成为河南伊赫瓦尼的重要代表人物。河南省有两个地区的伊赫瓦尼传入与虎延章阿訇有关。一是洛阳，1921 年，虎延章与李振基阿訇分别在洛阳东通巷清真寺和塔西清真寺传播伊赫瓦尼学说，这是洛阳市里面最早的伊赫瓦尼记载。二是许昌，《中国少数民族史词典》"虎延章"词条写道："后受马广庆阿訇影响改奉伊赫瓦尼，主张革新旧习，使许昌地区从此不吃海底耶。"

虎延章阿訇讲经的特点是：讲卧尔兹紧密联系穆民生活中的实际问题；潜心研究穆民在功修干办中遇到的难题，予以解答，化难为易，使穆民轻轻松松地干教门。当时河南的穆民们传诵着一句赞语：虎延章阿訇讲经把骨头缝里的道理都讲清楚了。

虎延章阿訇的开学经历，大多在中原地区，根据各方面的资料记载，其开学的地方，已知的有以下几个：山东曹县东关清真寺，在这里，同为民国河南著名阿訇之一的刘志三阿訇曾经跟随虎阿訇启蒙学习经学知识；洛阳东通巷清真寺，这也是洛阳伊赫瓦尼的开始；许昌市城里清真寺和襄城县南关清真寺，在这里，著名学者陈克礼阿訇曾经跟随其学习；漯河临颍县繁城清真寺；西安建国巷清真寺；开封文书寺（开学两次），文书寺是河南伊赫瓦尼的主要传播地，民国时期河南的几位大阿訇马广庆、尚希贤、虎延章、刘志三、李振基均在此开学；卢氏县北关清真下寺；民权县胡集西寺等。

虎延章阿訇经学水平深厚，吸引众多海里凡前来求学，培养的弟子众多，因年代久远，知之者甚少，仅知庞士谦阿訇（孟州桑坡人）、孙恩普阿訇（长葛白寨人）、杨玉清阿訇（89 岁，方城券桥马庄人）为其弟子。刘志三亦曾跟随其启蒙学习经学知识。据洛阳塔西清真寺一位老人讲述，李振基阿訇与塔湾人海晴川阿訇亦是虎延章阿訇的弟子。

据卢氏马文明阿訇讲述，虎延章阿訇于 1958 年深秋归真于卢氏县。虎延章阿訇有三子一女，即虎世俊、虎世伟、虎世芳、虎世贞，其女婿为《布哈里精华实录》翻译者马宏毅，其侄为四川虎世文阿訇。

李振基阿訇

李振基阿訇（1883—1960 年），安徽阜阳东关人，因在弟兄中排行老四，故又被称为李四阿訇。王静斋阿訇在《中国回教经堂教育的检讨中》文中称其为“中国回教经堂教育之导师”。庞士谦阿訇在《中原回回》中称之为“设帐讲学而负有盛名者”，是一位经汉两通的著名阿訇。

李阿訇师从河南荥阳东郭经师刘宗贤（刘二平），白寿彝在马自成阿訇传记中也记载道，马自成跟随刘宗贤念经时，李振基是其大学长。亦有塔西清真寺老人讲述其曾经跟虎延章阿訇学习。1917 年，李振基阿訇在南京传统上经堂教育办得最好的七家湾大常巷清真寺经汉并授，开创了当地传统经堂教育的新局面。

1917 年，马广庆阿訇传入伊赫瓦尼到河南开封，后来又在周口至元寺开学，李振基等诸位大阿訇很是不服，讥讽相加，马广庆引经据典，耐心劝说，在马的感召下，他们均改为伊赫瓦尼。从此，李振基阿訇走上了宣传伊赫瓦尼，倡导尊经革俗的新道路。1921 年，李振基阿訇与虎延章阿訇，分别在洛阳塔西清真寺和东通巷清真寺宣传伊赫瓦尼，这是洛阳伊赫瓦尼的首次传入，从此洛阳便有新老教派之分，并延续至今。直至今天，塔西清真寺仍为洛阳市区唯一一座伊赫瓦尼坊，李振基阿訇在塔西清真寺开学两次。

1922 年，开封文书寺改宗伊赫瓦尼，马广庆阿訇从沈丘至元寺辞学前往文书寺占位，李振基阿訇前往周口至元寺开学到 1924 年。之后又曾前往在河南伊赫瓦尼中占据重要地位的开封文书寺开学。20 世纪 30 年代，李阿訇与穆清廉、赵子瑜、郑清奇被誉为豫东四大经师。1937 年，日本人轰炸洛阳，李锦文阿衡辞学，李振基阿訇接任塔西清真寺阿訇。1942 年出任界首清真南寺第一任阿訇。1947—1949 年，李振基任教安庆南关清真寺设立的阿文大学，并在镇江属于伊赫瓦尼派的回教堂任阿訇。漯河清真北寺（现已不存在）也是李振基阿訇曾经开学的地方。

李振基阿訇弟子众多，比较出名的有曾经跟随其学习《古兰经》经注学的何国安阿訇，河南沈丘槐店东关的李道全阿訇以及洛阳的秦富有（秦鸿光）阿訇、盖兴运阿訇等。

新中国成立之后，李振基曾当选为中国伊斯兰教协会第二届委员。1950—1958 年在沈丘至元寺第二次占位期间，参加许昌地委组织的慰问团，赴太康县挨户向回族穆斯林宣传《共同纲领》和政府民族政策，受到政府的嘉奖和回族穆斯林的爱戴，被尊称为和平老人。

刘志三阿訇

刘志三（1882—1969 年），又名刘冀周，河南民权颜集人。刘志三阿訇原系杨姓汉族，因家境困难，5 个月大时即被颜集一刘姓回族人家收养。刘阿訇孩时就进寺礼拜，他曾经上私塾，中秀才，考举人，所以汉文化水平颇高。因经常上寺礼拜，便有阿訇建议其念经，曹县东关清真寺的虎延章阿訇是其启蒙老师，后来在民权伯党清真寺跟随袁圣训阿訇的爷爷老袁阿訇学习。之后，又在开封文书寺、民权马楼寺、四川万县、湖南常德等地跟随马体环、虎嵩山等著名阿訇学习，再加上其扎实的汉文功底，对伊斯兰教经典真谛学习掌握很快，并能灵活运用。刘阿訇大器晚成，25 岁念经念成了一个大阿訇。

刘志三阿訇曾经开学的地方众多，河南太康宋屯、丁庄，民权伯党、柳河（据说跟马鸿奎当阿訇，马请去的），商丘西寺、车站皮行寺，开封文书寺，郑州小楼、阜民里，上海鸿寿坊、小桃园（副教长），山东济南穆家车门寺、青州，陕西武功，湖北，安徽亳县南京寺、太和、界首北寺等处均是其开学的地方。

刘阿訇擅长演讲，能诗善赋，擅长书法。对王岱舆、马文炳、刘汉英、刘介廉、马复初、黑鸣凤著经立说家的著作均有研究，其对《清真指南》《天方典礼》《天方性礼》《天方至圣实录》等尤为推崇，称："研经切学马文炳，著书愿学刘介廉。" 自称 "天方后学"，表示对他们的敬慕。《刘志三阿衡诗集》收录其诗作 200 余首。他花费多年精力编纂了《中阿协韵合编》，提取《古兰经》《维嘎也》中的阿拉伯语单词，编成阿拉伯文、中文相对照的协和押韵的口诀，记诵方便。这一学习方法对其弟子产生了深远的影响，马世真阿訇就曾经说过，其汉文方面的知识，均是念经时跟随刘冀周阿訇时学习的。刘志三阿訇和郑研真先生曾经在郑州筹备创建研究社。郑州研究社的纲领，是伊赫瓦尼派的设施，在内容方面与清真寺没有多大分别，不过顾名思义，这是一个研究教门中问题的机构。不是专供礼拜与吃‘海底业’的地方。在此之后，桑坡、平凉等地也纷纷成立研究社。

刘阿訇一生清贫，待人真诚，爱国爱教相结合。1932 年“一·二八事变”，日寇犯沪，他义愤填膺，反对侵略，叫当时 10 岁的次子刘重尚与一位百岁老翁李芳孝代表上海穆斯林到前线慰问奋起抵抗的十九路军。写下《日寇》诗百首，云：“日寇悖理兼逆天，恶迹太多难究完；吾今作诗一百首，盼望后人广流传。”1950 年，抗美援朝，保家卫国，他也表示支持，有诗为证：“放下顾虑抗敌美，提起精神援友朝；济国扶危谓杰士，抑强助弱称英豪”。他以实际行动贯彻了“爱国属于伊玛尼”这一圣谕。刘阿訇一生宣传教门，恪守宗教功课一丝不苟，在“教改”的困难时期，他作为知名阿訇，大会小会挨批判。即便如此，回到家，老人第一件事就是洗“小净”，礼拜。有段时间不能回家，老人就在那儿礼拜。礼拜时，管教人员在前面来回走，他全然不顾。

在将近半个世纪的宣教生涯中，刘志三阿訇以渊博的知识为伊斯兰教的继承和传播做出了贡献，培养了众多知名的阿訇、学者。新中国成立前名噪一时，被称为“小满克”的开封王家胡同清真寺阿专的校长就是刘志三阿訇。其弟子中佼佼者有白清章、白敬一、沙伦义、郭清奎、郭清心（女婿）、丁存志、韩至德、马世真等。1969 年 2 月 17 日，刘志三阿訇归真于陕西西安。其外孙郭成美是我国著名的回族史研究者。

（原载于《河南穆斯林》，2010 年第三期）

民国时期赴西北念经的河南经师

——郭清心阿訇访谈记

郭成美

关于河南伊斯兰教经堂教育，清康熙赵灿所著《经学系传谱》① 中记载了不少著名外省经师在河南各地设帐开学，如：冯少川“馆汴城等处”，“设帐于汴，约三年”；张少山在郑州貂谷开学，传人中有“继吾把师，郑州人氏，德行可嘉”；舍蕴善辗转洛阳塔儿湾、荥阳、郑州貂谷、襄县、太康、考城、陈州等地开学；马恒馥在陈州、李谦居在考城设帐等。历史上，亦有众多河南穆斯林学子不远千里赴西北陕甘青宁等地念经开学。“请进来”，“走出去”，经师们的互动，加强了两地教门的交流，促进了河南伊斯兰教的发展。

民国时期赴西北求学的河南伊斯兰青年，大多穿衣挂账，学成返豫，他们及其弟子成为当地教门的中坚，亦有落户西北的。家父郭清心阿訇今年92岁，20世纪三四十年代曾从开封赴青海、甘肃念经，兹根据其回忆，参考一些资料，整理一份民国时期赴西北求学的河南经师名录，其中包括一些在西北任教的河南经师、多年在河南任教的几位外省籍阿訇和个别解放初去西北念经的河南阿訇。文末附录黄登武《中国经堂教育与陕学阿訇》② 收录的杨振龙经传四世、张古东及12位在平凉任职的桑坡阿訇，以及家父所知的在西北念经的外省籍经师。民国赴西北念经的河南学子数以百计，因年代久远和家父经历所限，本文记录的仅为其中一小部分，不当之处，敬请斧正。

① 赵灿著，杨永昌、马继组标注：《经学系传谱》，西宁，青海人民出版社，1989。

② 黄登武：《中国经堂教育与陕学阿訇》，甘肃平凉。

通过整理本文，笔者有4点感想：一是河南与西北教门关系密切，除了经师的频繁流动，还在对方建了教坊，如1937年桑坡教胞到平凉建了旅平寺等8座清真寺[①]，西安等地也有河南穆斯林创建的寺坊；开封善义堂清真寺是西北穆斯林于清末创建的。二是河南穆斯林众多，经堂教育亦发达，周围有陕西学派、山东学派、金陵学派等，为何河南没有形成学派？三是伊赫瓦尼在河南的传播，与民国大量学子赴西北念经关系较大。四是民国时期河南经师热衷西北求学，经师传承盘根错节，属父子兄弟、儿女亲家关系亦多，有的外省籍经师如杨竹坪、虎延章、李振基等，汉族进教的经师如望纯理、刘志三等颇具名声。以下文中的“我”，皆为笔者父亲郭清心。

（1）沙瑞林，郑州人，家住北大寺附近。因得过天花病，背地里人称“沙麻子”。沙瑞林在甘肃河州东乡瓦力念经。据说当地“率立夫”（变字学）有名，一本率立夫要学习三年。沙瑞林落户平凉北沙石滩，开了一家裁缝店，闺女嫁给了一个曾跟其念经的河南阿訇，名字记不清了。我与郭清奎去西北念经，是跟随回河南接家眷的沙阿訇一路去的，在平凉马家湾寺跟他学习一年多。

（2）白志兰，南阳人，系前辈阿訇。在西宁路口子、东关大寺就学，他学习好，受老师喜欢，学成后在当地落户，曾在西宁公安局清真寺当阿訇。河南去西宁求学的有事常去找他，如周福祥、蒋连生、望学真等，白志兰对老乡十分照顾。记得有一次我与白老在马路见面说话，当地公安局撒拉族韩局长开着摩托遇见，立即刹车，道色兰打招呼，很是尊重念经人。

（3）孙恩甫，长葛白寨人。比我年长几岁，曾赴西北念经，师从河州西川莫泥沟何家寺尕福有阿訇。在郑州阜民里寺等多处任教，其在阜民里归真，安葬在白寨。孙恩甫的弟子有吕金虎、刘兴广等。

（4）孙松泉，长葛白寨人。孙恩甫之子，曾赴西北念经，亦跟郭景福学习过。曾在西安新市区东（建国巷寺）、漯河南寺等任职。

（5）买永新，郏县人，师从青海西宁马祥臣。买老去西北去得早，马

① 黄登武：《中国经堂教育与陕学阿訇》。

祥臣师当时还在路口子寺任教，后在西宁东关大寺执教。买老有两位夫人，有八九个孩子。其在太康东寺任职多年，对开封“河南阿文专修学校”十分支持，送学生，收学粮。“阿专”太康县学生最多，有37名，其子买光道亦是。买老解放后举家迁居新疆哈密。他家祖父子三辈均会医道，在哈密行医，主医烧伤、接骨等。

(6) 买光世，郏县人，系买永新的长子，曾上过军校，后去西宁东关大寺师从马祥臣，买氏父子念经和我是一个老师。

(7) 黄万钧，长葛白寨人。1937年赴西北就读于陇东伊斯兰师范学校。1949年在北京大学东语系学习，后在呼和浩特工作。“文化大革命”后曾在呼和浩特小寺、老家白寨寺、河南圪垱店、商丘西寺等办学执教，系当代河南知名阿訇。

(8) 望学真，卢氏人，现代河南知名伊斯兰学者望纯理（乐天）之子。望学真比我大好几岁，其当年和张恒相一起去西北求学，记得当时是夜里在郑州上火车，我和郭清奎送行，一直等火车启动，缓缓驰离眼界才转身返回，隔了一年，我们也踏上了同样的道路——西北念经。望学真在西宁东关大寺念经，后与大寺学董“十五营哈吉”的小姨子入赘成亲，落户当地。我们以后没有见过，后听说其以炸油条谋生。

其父望纯理系汉族进教，善于宣教，编写了许多通俗易懂的劝教歌谣。内人刘明真至今还记得几句讲述望纯理自己进教的顺口溜：“我当初进了教，劝家归顺；我家兄不愿意，把家给分；我不忍把家分，弃家来进；将业产诸舍下，归顺清真。”

(9) 周福祥，开封人，系我的表姐夫，早年在西宁东关大寺念经，比我早去两年，后在青海上五庄大寺沟寺任教。返豫后周在商丘东寺、开封曹三厅等寺任教。40年代末，其在上海重庆路寺任教长约两年。我们曾一起去探望沪上族教名流金少云先生。周福祥著有《耶稣——（尔撒）圣人与十字架的真相》，刊于1950年由上海回教堂教务会编辑发行的《卫道理论》。表姐叫倪秀兰，女阿訇，曾在开封曹三厅、洪河沿等女寺执教。

(10) 潘家修，睢县人。曾在开封张庄跟张振五念经，1949年赴甘肃河州铁家寺念经。潘家修在太康东寺、郑州小楼、睢县、长葛白寨等寺任职数十年。其子潘世杰在国外深造十余载，获博士学位，现在河南社会科学院工作。

(11) 郑国光，开封人，系我的大妹夫。郑国光也是在西宁东关大寺马祥臣老师处念经。老师患眼疾，我回河南后，曾托郑国光带去“白敬宇眼膏”。郑国光曾在河南阿文专修学校当教员，在开封家庙街寺、柘城洋绒城寺任过职。

(12) 袁圣和，袁圣和、买光世、方书绅、杨华清系在西北同时入学的，前三位系河南人，杨华清系湖北人。袁圣和父子、兄弟均为阿訇，其父在周口任教，我西北念经回来在周口见过。其兄袁圣品曾在界首任教。其岳父马西珍有几个女儿，其中我母亲是老二，袁圣和夫人马凤贤系老四，唐文藻夫人系老三。袁圣和，我叫“尕姨夫”的。袁圣和曾在武汉任教，其夫人马凤贤是小有名气的女阿洪，其内侄马忠义在叶县南马庄寺任教，马忠信亦是阿訇，我均见过。

(13) 张恒相（少臣），郏县人。他与望学真一起去西北，我和郭清奎到郑州车站送行。其父系张国瑞阿訇。

(14) 方书坤，许昌人，就读于西宁东关大寺。无联系。

(15) 马志德，洛阳人，比我大五六岁，我们在凉州东关大寺同学一年多。马志德在凉州跟马明宝老师学习过。后与其无联系，记得他善于言谈，会联络人。

(16) 李凤勋，襄县人，比我年长两三岁，曾在开封张庄寺同学。我去西北时，其在西安大学习巷清真寺跟马志俊阿訇念经。马志俊与家父郭景福同学。李凤勋后在平凉马家湾跟沙瑞林学习大约半年多。我曾与李凤勋一同到永登县清真寺跟马明宝师学习，后无联系。念经人知道“伊而拉布（语法）一张纸，罗艾提（词汇）一架山”，李凤勋用阿拉伯语、汉语编了一些词汇，以方便记忆。

(17) 郭清奎，开封张庄人。我的堂兄，长我 4 岁，我俩从小念经到办“阿专”，志同道合，同在平凉、固原念经。后分手，他在甘肃，我在西宁东关。回豫后，他在开封小北寺，我在王家胡同寺任职，然后在开封王家胡同寺办“河南阿文专修学校”，再转移至浙江嘉兴。1950 年他在太康北寺，我在东寺当阿訇。一年后我又回嘉兴任职，他北我南。

(18) 张文禧，孟县桑坡人，前辈阿訇，有尔领。我西北学成回豫正值抗战末期，路过宁陵东关，在当地办理“良民证”，张文禧正在东关寺任教，其为人热情，让我在寺里住了几天。证件系坊上杨宪堂的外甥帮助办妥的。张文禧曾在西北念经、任教。

（19）白廉，孟县桑坡人，系河南阿文专修学校学生，在平凉、洛阳等地任职。白氏弟兄有三：忠、孝、廉，白忠、白孝皆刘志三女婿，白忠夫人为刘志三的大女儿理真（如给也），白孝夫人为刘志三的三女儿纪真（法图麦）。白廉在洛阳上任，内人、刘志三的次女明真和我三妹洛阳女寺阿訇郭清智曾去祝贺。

（20）买荣禧，武陟圪垱店人。听说曾在博爱县及西安、甘肃平凉和宁夏吴忠等地念经，之后在郑州小楼、花园街等寺任教，系现代河南知名阿訇。

（21）盖世明（1917—1998 年），考城人。其祖父盖金鼎、父亲盖照华都是阿訇。盖世明先后在河南封丘、郑州、博爱、沁阳、焦作、荥阳和甘肃平凉、宁夏同心县韦州镇等地清真寺当海里凡。1942 年在韦州穿衣挂幛。在包头、呼和浩特北寺、郑州清平里寺、新乡市新荣街清真北寺任教，后担任河南省伊协会长等职。

（22）何中立，郑州人，与王乃文、马世真结伴赴甘肃广河和临夏，先后投师杨宗保和马天民。编著《哲俩来尼》字典。

（23）丹鹏举，开封人。曾去西北念经，回汴跟赵永清阿訇在河北大新庄住学。后经常去文殊寺马儆吾阿訇处听经。曾在开封三民胡同寺、文殊寺任教。

（24）白倖平，黄河北的人。白倖平和家父郭景福在西北念经，是同学，在开封北大寺（铁塔）与马福图阿訇是同学。白倖平先后在江西九江、河南开封张庄寺任教。

（25）马广庆（儆吾），开封人，现代河南、上海知名阿訇。马广庆，字儆吾，早年在西北跟马万福果园阿訇等念经。后曾在安徽亳县、河南开封任教，是文殊寺多任阿訇。马广庆系开封伊赫瓦尼首领，著有《答王殿辅阿衡书》，40 年代应邀赴上海小桃园、鸿寿坊清真寺任职，1951 年病故申城。

（26）郭景福，开封张庄人。家父郭景福到西北念经五六年，学成后在开封张庄、郑州阜民里、刁沟、小楼、沈丘、柘城洋绒城寺、驻马店蔡寨、安徽亳县大寺等地清真寺任职。

（27）马振东，开封人，原名郭景儒，从小过继给开封善义堂马家，系我三伯。与其弟家父郭景福一起赴西北念经。曾在封丘经疙瘩寺等任职。

（28）马振江（汇川，1895—1974年），卢氏人。其和郭景福系同窗，在甘肃平凉一带，跟“西宁常”“坡里马”两位大阿訇念经。他们在西北穿衣挂帐，那件衣服，家父珍爱收藏多年，我见过，是绿色，有里有面，摸上去挺厚实，拎起来沉沉的。马振江曾在桑坡北寺、洛阳塔湾寺、南阳镇平寺和卢氏寺及上海北站寺等担任教长。后在上海做生意，60年代调至外贸局、上海外国语学院授阿文。90年代初，我在上海小桃园寺任教开学，其女儿马素贞给学员上中文课。

（29）陈世英，开封张庄人。经名哈三，曾在西北念经，是开封郑国桢的女婿。陈能说会讲，在安徽、宁夏、开封文殊寺等地当几十年的阿訇，归真在安徽任上。

（30）李传林，沈丘人，系知名阿訇买俊三的女婿。李传林早年赴西北念经，当年我在西宁东关大寺住学，他在河州八方大寺住学。1986年我离浙赴豫任职，李传林接我的任，来嘉兴寺执教。李曾在周口等多地任职。

（31）李祥增，民权人，在开封张庄住学，后去西北念经。曾在开封王家胡同寺任职。

（32）郭宝斋，开封张庄人，曾去西北念经。1949年我在太康东寺应聘去浙江嘉兴任职，郭宝斋代的位。

（33）刘金亮，南阳人，前辈阿訇。曾在开封文殊寺和张庄寺、太康马头寺、陕西新安州寺等清真寺任职。据说他在陕西任职时，为该寺“班克楼”所谓压住当地汉族风水一事打过多年官司，跑穿了几双鞋底。最后刘老落户张庄，安葬张庄。

（34）杜清和，开封人。杜老念过经，热爱教门，先是当东大寺的社头，后来又在西安道北等清真寺坐过位，担任阿訇。会武术，70多岁高龄还能在单杠上翻转，回族企业家沙鹏程曾跟其习武。杜老据说在西安归真。杜老的小儿子杜华道跟我念过几天经，其长子杜华德在王家胡同坊上学过拳，其女杜淑贞早年跟王家胡同寺胡王氏阿訇念经，曾在郑州北大女寺任职。

(35) 刘子杰，通许人，曾师从家父郭景福，后在郑州清平里、西安建国巷寺任职。我1944年西北学成返途路过西安，适逢刘子杰卸任新市区东即建国巷寺，改为社头，虎延章接任，履新仪式上，刘把我介绍认识了虎。

(36) 丁炳南，南阳市河街人。师从谢文广、陕西乌振鸣，后去陕西安康投于果园二师父和袁哈志门下。学成后在南阳一带任教。

(37) 丁锡认，孟县桑坡人。曾在平凉、河州、西宁北关等地住学，去土耳其、巴基斯坦、伊朗等国外游学达6年。在桑坡、开封、洛阳、东北、西安、上海等多地任教，弟子众多。

(38) 李道全，沈丘人。少时师从李振基、李清泉，1941年西北求学辗转甘青7载。曾在豫皖项城、太和、界首、漯河、槐店等寺任教。

(39) 马武顺，南阳人，会武术。在西宁东罗家湾跟果园阿訇的孙子大师傅念经，曾在西宁东关大寺表演武术，我当时在该寺学习，观看了表演。后无联系。

(40) 白清章，民权伯党集人，和李祥祯一同赴西北念经，白也是刘志三的学生。曾先在山东郭庄东集、翟庄、朝庄，后在河南睢县谢集、开封文殊寺等寺任教。谢集离任后是内弟刘复礼阿訇接任。

(41) 李殿君，南阳小李庄人，曾在陇东师范学校念经。后在九江、洛阳塔湾西、西安大皮院和东新街等清真寺任教。

(42) 姚金铭，宁陵人，和李殿君一起在陇东师范学校念经。曾在睢县城里、商丘西寺、洛阳塔湾、郑州阜民里等清真寺任职。

(43) 郭清杰，开封张庄人，我的同父异母弟弟。1949年前后曾去西北念经。后在南阳、驻马店、周口、郑州、商丘、开封及山东曹县、浙江嘉兴等地清真寺执教。

(44) 李宝云，淮阳人，河南阿文专修学校学生，解放后曾去西北念经，后在淮阳一带寺坊及浙江嘉兴寺任职。

(45) 郭清心，开封张庄人。早年在汴习经，后赴青海、甘肃求学，先后师从郭景福、白俸平（小学）、马明宝、马祥臣、刘志三（大学）等，学成返豫，在开封王家胡同代职，当时李振基阿訇在文殊寺执教。我后与堂兄郭清奎在开封王家胡同寺创办河南阿文专修学校。1949 年在浙江嘉兴寺任教并定居，“文化大革命”后在开封王家胡同、商丘西、西安北关、上海小桃园等寺执教。

（46）虎延章，四川人。早年在西安和开封善义堂求学，任教开学多在中原地区，大致有洛阳东通巷、许昌南关、襄城南关、临颍繁城、西安建国巷、开封文殊寺、卢氏清真上寺、民权胡集西等寺坊，弟子众多。1944 年其在西安新市区东（建国巷）寺履新仪式我参加了。刘志三曾跟虎阿訇学习经学知识。虎系现代河南知名阿訇。

（47）蒋连生，山东人。在西北跟马步芳的叔父马哈毕阿訇念经，后我和蒋在甘肃永登住学，马哈毕路过该地，又把蒋带到青海，交给当地有名的尕果干阿訇，跟其念经。蒋西北回汴在文殊寺住学，并在该寺举办婚事。其先在豫东地区和上海斜桥、重庆路等寺执教，后在朱仙镇寺任职。

（48）王乃文（1926—2003 年），安徽全椒管坝乡坝王村人。曾师从马品山、马儆吾。1946 年秋与山东曹县马世真、河南何中立三人结伴，赴甘肃广河和临夏，先后投师杨宗保和马天民习经六年多。王乃文首任安徽亳州北京寺，后在河南柘城慈圣集、柘城西关、浙江嘉兴、睢县西关庄、山东定陶中沙海西寺、西安东郊、邓州穰东、武陟圪垱店、开封文殊寺、山东曹县侯集任职。王乃文生在安徽，求学于西北，大多在河南寺坊任教，归真在山东，把一生献给了教门。

（49）马世真，山东曹县人，1946 年秋与王乃文、何中立结伴赴西北求学，其亦是马体环、刘志三的学生。其岳父系商丘西寺苏化鹏社头。马世真曾在豫东、鲁西一带任教，其中河南的有郑州刁沟、社旗闪庄、民权许庄等寺坊。

附录一：赴西北求学的其他河南经师

（1）杨振龙阿訇经传四世。《中国经堂教育与陕学阿訇》中“九传弟子杨振龙与中原的经堂教育”记载：“杨振龙（1820—1910 年）河南经堂教育始祖；长子杨泰恒（生卒不详），十八岁穿衣，英年早逝；四子杨泰贞（1857—1933年）人称四少，河南阿訇王；孙杨良骏（1850 1953年）泰恒之子，近代中原大阿訇；重孙杨明涛（1893—1978年）曾在开封、郑州、平凉开学；重孙杨明轩（1902—1986年）曾在陕西、郑州等地开学。”[①] 杨振龙系孟县桑坡人。

（2）张古东（1818—1900年），本名张步玉，桑坡人。师从西安著名经师周老爷，后在河南、山西执教开学。后代住山西长治。见《中国经堂教育与陕学阿訇》“九传弟子张古东阿訇”[②]。

（3）平凉桑坡阿訇，《中国经堂教育与陕学阿訇》中“平凉桑坡阿訇简况”记载：“旅居平凉的桑坡阿訇：前辈已故的有白心斋（1895—1959年）、白文治（1890—1966年）、张文禧（1899—1959年）、白良轩（1905—1950年）、买福长（1910—1960年）、王安舜（1911—2000年）、马登贵（1916—1996年）、张文清（1916—1979年）、马宽（1920—1991年），现在世的有白廉（1930—75岁）、巴凤英（88岁）、张明英（78岁）。”[③] 12位阿訇中的张文禧、白廉，我认识，上文已有记载，其他不了解。

附录二：其他省份赴西北念经的经师

（1）李仁山，湖南常德人。著名经师，早年西北念经，曾任上海小桃园寺教长，开封马广庆系其继任者，也是李仁山介绍去的。

（2）马宜亭（乐远）、马勋，湖北沔阳人。马勋系马宜亭的义子，父子西北念经求学师从于同一老师——西宁东关大寺马祥臣，后均任职过上海的清真寺。

（3）唐元奇，籍贯不清，曾在开封文殊寺念经、结婚，后去甘肃平凉马家湾、宁夏等地学习。

（4）安徽人姚文忠、河北人王宝舟，均系河南阿文专修学校学生，并

---

① 黄登武：《中国经堂教育与陕学阿訇》。
② 黄登武：《中国经堂教育与陕学阿訇》。
③ 黄登武：《中国经堂教育与陕学阿訇》。

随学校南迁嘉兴，他俩在1949年以后去西北念经。

（5）安徽人马晓昔、云南人尹德安、安徽人王然然、山西人马世福、湖北人邱兰田，以及肥四川，民国时期均去西北念过经。

（原载于《河南穆斯林》，2012第四期）

改革开放以来的河南伊斯兰教经学概述

马　超

所谓伊斯兰教经学泛指回族自经堂教育实施以来形成的伊斯兰文化传承体系，主要是指对伊斯兰知识的学习、解释、传播、流布等，包括宗教经典和典籍的引入、讲授、译注，阿訇和满拉的教育制度（包括从师、游学、穿衣、聘任等），汉语和“消经”宣教文本的创作，地方性知识的记录（碑刻、报纸、杂志、书籍、网络等），以儒释伊的思想体系等。①

河南地处中原，历史上处于经堂教育陕西、山东、金陵三大学派的交汇处，又曾经受陕西、山东学派的交替影响，因此形成了颇具特色的经学传统。在清末民国时期，中原地区的伊斯兰教经学体系即日趋完善和兴盛。学界对中国伊斯兰教经学的研究涉猎较少，而内地的经学问题则更是遭到忽视。笔者在《民国河南伊斯兰教经师与经学》一文中已着重探讨了民国时期的河南伊斯兰教经学相关问题，本文主要对改革开放以来30余年中河南的伊斯兰教经学进行简单介绍和概述，以期引起学术界的关注。

一、改革开放以来河南伊斯兰经学兴起的背景

民国时期，河南涌现出了一批杰出的经学学者，他们共同推动了当时经学教育和伊斯兰文化的繁荣。中原地区的伊斯兰教经学传统体系，在民国中期由百花齐放的局面逐渐发展成为格底目中“赵派”“谢派”两家重

① 马强：《伊斯兰经学的流布方式及其本土转型——以滇粤经学的互动为例》，载《云南社会科学》，2008（2）。

要传承系统和伊赫瓦尼派四大阿訇经学传承各有特色的局面。然而，这些声望颇高的大成经师，在20世纪四五十年代进入暮年并相继归真。

新中国成立之初，诸多正值中年的经师成为经堂导师中的重要力量，他们在各处任教长之际招收经堂学员，实践经学传统。还有一批前往西北等地学成归来的优秀年轻阿訇，亦开始任教各处清真寺。然而，由于众所周知的原因，自1958起党的宗教信仰自由政策受到破坏，各处寺坊担任教长的阿訇们大都受到冲击，停止招收海里凡，被迫离开清真寺，赋闲在家或从事其他工作，直接导致河南伊斯兰教经学教育20余年的断层和宗教人员的青黄不接。1978年党的十一届三中全会之后，宗教信仰自由政策的落实极大地激发了河南回族群众爱国、爱教的热情，各地清真寺纷纷开放并搬请名师任教。然而，由于20余年的断层，阿訇短缺的境况十分明显，担任教长的大都是已步入中年或晚年又重新走上宗教岗位的。

面临后继乏人的困境，诸多经师深知培养青年宗教人才的重要性，而当时各寺坊阿訇的短缺更加剧了他们的紧迫感和危机感。为此，许多年事已高的经师，率先招收经堂学员，担负起培养宗教人才的使命。许多穆斯林青年纷纷投奔名师，走进清真寺系统学习经学知识。在20世纪80—90年代，诸位经师深厚的经学造诣，再加上寺坊民众的支持以及充足的生源等因素共同作用，使得河南的经学教育又一次走向辉煌。这一时期的经学教育，既延续了民国时期的传统，又有明显的时代特征和创新，也顺利实现了经学知识的传承与过渡。实践证明，兴起于20世纪80年代初的河南伊斯兰教经学教育为缓解20余年断层产生的危机做出了重要贡献。其培养出的数量众多的经堂学员，已经成为河南各寺坊教职人员的中坚力量。

这一时期的河南经学有一个显著的特点：传统经堂教育模式与经堂教育改良并存，同时又有民间阿拉伯语教育的实践，汉文经学作品和报纸杂志的创办亦丰富了经学的内容。因此，笔者将从这几方面概括描述这一时期的河南伊斯兰教经学。

二、传统经堂教育的辉煌

民国时期已经形成“赵派”“谢派”两大经学传承系统，影响深远。改革开放以来，河南伊斯兰经学教育中对传统经堂教育的继承和发展主要体现在两大传承系统中优秀弟子对其传统的坚持和取得的成就。“赵派”以“博而熟”为特点，注重基础知识，注重教法，对学生要求严格，其经学传承主要依托赵永清及其弟子和再传弟子；“谢派”更显现陕西学派“精而专”见长，并且哲理性强，讲授知识全面，注重认主学、逻辑学，其经学传承则是依托谢文光祖孙三代完成的。改革开放以来，尤其是从20世纪80年代末开始，两大经学传承系统分别涌现出来何国安、孙万生、谢克选以及杨国顺、丹云峰、白本敬等几位经师，培养了众多弟子，分别把两个传承系统的经堂教育推向新的高峰。

“赵派”弟子何国安（1913—1985年），早在民国晚期至新中国成立之初就兴办经堂教育，培养出买明道、马登宵、买荣禧、庞兆明、丹云峰、白本敬等经师。1973年，何国安受聘担任开封东大寺教长，之后开始招收经学学员，开办经学教育，开创了“文化大革命”后河南创办传统经堂教育的先河，培养出优秀弟子杨万里、马文杰、何忠平、巴兆奇等。

这一时期成就最大的“赵派”弟子是长葛白寨籍的阿訇孙万生（1914—2002年）。孙万生早年师从赵永清及其大弟子刘兆亮学习，因学习刻苦得绰号赵派“熬干灯”。20世纪80年代初期，孙万生在任教河南各寺坊时就招收经堂学员。80年代末，任职郑州北下街清真寺教长后，随着慕名而来的弟子增多，经学教育规模日益壮大。自1989年起，孙万生在北下街清真寺相继为11届学生“穿衣”，加之80年代早期培养成的经生，孙阿訇帐下相继共培养出“穿衣”弟子58位，知名者如刘学锋、闪瑞魁、买红星、马文强、巴连生、马福军、陈鸿飞等，他们均是河南中年阿訇中的佼佼者。

改革开放以来，经师谢克选（1937—2003年），把经堂教育“谢派”发扬光大和集大成。谢克选从小跟随其父亲谢锡三学习经学知识，并于

1957年在郑州北大寺“穿衣”毕业。1958—1983年，被安排在企业工作。1983年起谢克选辞掉工作，担任郏县北街清真寺教长，上任伊始就开始筹备招收经堂学员，相继有28名青年穆斯林前来学习。1987年任职荥阳东郭教长期间又招收23位学生。从1989年任郑州北大寺教长直至归真的15年间，谢阿訇在北大寺期间把当地的经堂教育推向了高峰，其常年招收弟子数十位，共为学生举行毕业“穿衣”者计16期146位。谢克选的教学风格既继承了传统的风格，又有时代的特征，海振坤将其分析为“精而专的学术风格，分层次、择而教的治学特征，爱国爱教与时俱进的特征”[①]。主要经学教育课程设置有“哲俩来尼”“圣训珠玑”“伟嘎耶”“灯光”“满俩”“白亚妮”“凯俩目”“噶追”“满退格”等，招收的学生大都为在别处初步学习后前来深造的。谢阿訇尝试在经堂教育中引进其他外语教学，邀请文化界人士来经堂授课。针对经生教材缺乏等问题，印刷大批传统经典，并整理谢锡三阿訇遗稿《教法解疑》，在穆斯林杂志发表多篇文章。其培养的优秀弟子有杨万里、刘学强、拜进营、王金亚、杨红军、李廷豪等，大多成为河南伊斯兰教界的精英，在大江南北的清真寺任教。

三、经堂教育的改良与发展

河南伊赫瓦尼派历来有办阿拉伯文大学的传统，改革开放以来，涌现出来的诸多经师，大都在民国期间完成经学学习，宗教政策恢复之后，大都已步入老年。由于宗教人才匮乏，纷纷在任职期间招收经堂学员。他们在办学过程中，对传统的教学模式和教材设置予以改革，如黄万钧、王乃文、潘家修、买荣禧、王耀东、丁炳南、吕金虎、马明道、郭清心、尚明德、张少臣、李道全、柏立岑、马洪耀等，其中影响最大的要属黄万钧、王乃文、潘家修、买荣禧、吕金虎5位经师。如今，以上诸位经师大都逝去，年近九旬的潘家修阿訇在郑州安享晚年，只有年逾七旬的吕金虎阿訇

① 海振坤：《河南经堂教育的历史脉络及谢门学派初探》，载《伊斯兰文化研究》（河南）“纪念谢克选阿訇归真一周年”特刊，2004（11），总第16期。

仍奋斗在担任教职和培养弟子的岗位上。

黄万钧（1917—2013 年）早年受教于尚希贤等经师，继而前往陇东伊斯兰师范和北平回教经学院学习，后毕业于北京大学阿拉伯语专业。“文化大革命”后期，黄万钧就开始在内蒙古教授伊斯兰知识。改革开放以来，他最早在河南用新式教学方法招收培养学生。1978 年，黄阿訇回到家乡河南白寨担任教长，创办当时河南第一所穆斯林学校，全国各地上百名学子前来学习。黄万钧早年丰富的求学经历，使其对各种教学模式和方法都熟稔于心，他顶住各方面压力培养出第一批弟子，并且在教学方法和课程设置等方面探索出宝贵的经验。他对传统经堂教育内容进行改革，教材以《古兰经》“圣训”为主，主要进行信仰和行为教育，再教授以简明语法，短平快的教育模式有助于迅速培养出急需之才。“黄万钧阿訇开创了以清真寺为依托，以改良伊斯兰传统教育为契机，不断吸收新内容的一种教育形式，其特点是以信仰教育为核心，培养学生的责任心，不脱离群众，学生与群众有一种自然亲切的关系，所以在这种教育模式下培养出的学生，大多选择去清真寺任阿訇，做基础工作，黄万钧阿訇堪称当代倡导中国伊斯兰新式应用教育第一人。”①

王乃文（1926—2003 年），安徽全椒人，早年求学于南京马品三、商丘马广庆等经师门下。1946 年秋前往甘肃临夏，先后投师杨宗保和马天民 6 年多，以优异成绩完成学业并穿衣挂幛。1953 年，王乃文首任安徽省亳州北京寺教长，1954 年秋任山东省曹县侯集清真寺教长。1957 年被错划为“右派”，先在当地，后被遣返原籍劳动改造 20 余年，1979 年“平反”后，即变卖家产，任河南省柘城县慈圣集清真寺教长，并在艰难困苦的情况下，用变卖家产的钱物创办了 20 余人的经学班，历时 3 年并取得成功，培养出改革开放后第一批宗教人才。此后，王乃文先后在河南柘城西关、浙江嘉兴、河南睢县西关庄、山东定陶县中沙海西寺、西安东郊，河南邓州穰东、武陟县圪当店、开封文殊寺，山东曹县侯集等寺坊担任教职并坚持办学，受教学生千余人，其中在华北、东北、华东等地区担任教长及阿拉伯语翻译者即达数百余人，可谓“桃李满天下”。

---

① 陈玉峰：《黄万钧与中国伊斯兰教教育》。

潘家修，1925 年出生，河南睢县人，13 岁时开始系统学习经学知识，先后跟随丁耀祖、卞玉堂、张振武等阿訇，后前往甘肃临夏求学于马郭干门下，4 年后毕业回河南任教长。1957 年被划为“右派”并劳动改造 20 余年。1980 年起在睢县创办阿訇进修班，刘文升、丁存志、白清真等阿訇在此进修。又相继任教郑州小楼寺、太康东大寺、白寨清真寺等寺致力于讲经授徒，学生多时达到 60 ~ 70 人。“他提倡传统经堂教育与教务实践相结合，要求学生不仅要精通《古兰经》和圣训及其各家著名注疏，而且还要熟悉伊斯兰教义学、教法学、逻辑学、伦理学和汉语知识。同时，他还安排海里发们坚持每周一次的班会，开发思维，研讨教门，锻炼他们讲‘卧祖’。他经常给学生讲，求知之术基于五个方面，即勤学、善问、好思、强记、多读，深钻一门，触类旁通。”①

买荣禧（1922—1993 年），河南武陟人。早年曾求学于丁殿荣、白心斋、李希章、何国安、郛振明等经师门下。学成不久因宗教改革等原因，在焦作工作数年后便回到家乡武陟圪垱店。改革开放后，买阿訇开始担任清真寺教长并招生办学，相继任职圪垱店清真寺、小楼清真寺、花园街清真寺、金寨清真寺、鲁山西关清真寺、穰东清真寺等。常年招收学生十余人，有时多达数十人，优秀者如韩道亮、潘世杰、李俊民、杜继真、丁新月、陈鸿飞、白正超等。

吕金虎，1938 年出生，河南镇平人，现任河南驻马店清真寺教长，兼任全国人大代表、中国伊斯兰教教务指导委员会会员、河南伊斯兰教协会副会长。吕金虎 15 岁开始系统学习经学知识，先后师从丁炳南、陈善斋、孙恩普三位经师。1981 年年逾不惑的他辞去皮革城采购员的工作，开始任职清真寺，相继任职穰东清真寺、太康东大寺、驻马店南寺（两任）、周口陈州街清真寺、西安建国巷清真寺等。不论任职何处，面对伊斯兰教人才缺乏的状况，深知办学重要性的他，坚持办学培养学生，门下弟子遍布中原各地。时至今日，已 75 岁高龄的吕阿訇仍坚持在为主道奋斗第一线，担任驻马店南寺教长之职并坚持办学至今。

如今许多优秀穆斯林人才，大都在各位经师的精心培育下成长起来，

① 杨少华：《穆民旗帜、阿訇楷模——记著名经师潘家修阿訇》。

他们一道共同努力，为河南乃至全国的穆斯林社会服务，为弘扬伊斯兰文化不懈努力。如潘世杰、陈玉峰、李海洋、王耀光、赵彦辉、杨兴文、王天方、马书才、杨纪玉、水明波、韩道亮、刘广乾、白正超、陶如勇、郭圣辉、孙继增、陈鸿飞、孙耀强、李俊民、杜继真、黄宏安、方伍营、吕云高、白俊耀、杨少华、王建平等，皆是其中佼佼者。

四、阿拉伯语学校的创办

回族穆斯林社会创办的民间阿拉伯语学校是改革开放以后兴起的，一般以 1978 年起甘肃临夏的白哈阿訇（马志信）创办中阿学校为标志。阿拉伯语学校的兴起是新时期中国穆斯林社会中教育模式探索的结果。30 余年来，全国各地相继创办数十所阿拉伯语学校，其办学规模、教学模式等方面各异。但是在办学宗旨等方面大同小异，都是立足于改革开放的大背景，培养清真寺急需的宗教人才和中外贸易往来中的语言人才等。由于阿拉伯语学校大都是依托民间社会力量的民办教育，因此在经费支持、教师力量等方面往往受到多种因素影响，学校的发展受到制约。

河南作为一个穆斯林人口大省，清真寺开放后，急需大量的教职人员。同时，也为了给穆斯林青年以更多的就业途径，各地纷纷以清真寺为依托，创办了数所阿拉伯语学校。诸如武陟县圪垱店阿拉伯语学校、郑州小楼寺的穆光阿拉伯语学校、邓州穰东阿拉伯语学校、长葛白寨阿拉伯语学校、周口阿敏阿拉伯语学校、开封文书寺的穆光阿校分校、洛阳塔西阿拉伯语学校、周口太康中原人才职业中专、开封王家胡同阿拉伯语学校等。之所以在这些地方创办阿拉伯语学校，其一是改革开放以后，诸多经师在当地寺坊开学任教，招收经堂学员，当地形成了兴办教育的传统，并且随着时代发展，从兴盛的传统经堂教育、经学班慢慢转向阿拉伯语学校教育，诸如圪垱店阿校、穰东阿校；其二是当地寺坊历史上有兴办经学的传统，在新时期又根据形势和环境，兴办阿拉伯语学校，最典型的是王家胡同清真寺于 1996—1998 年期间创办的阿拉伯语学校。这些各式的阿拉伯语学校，或设置在清真寺内，或依托清真寺建立专门校区。

以上数座阿拉伯语校是河南穆斯林社会为培养教职人员和阿拉伯语人才所做的努力和尝试，时至今日，这些阿拉伯语学校大多数因各种原因已停止办学。但是，作为民间阿拉伯语教育实践探索的一部分，他们也做出了一定的贡献。与传统经堂教育相比，民办阿拉伯语学校在课程设置等方面有很大的变化，以王家胡同清真寺阿拉伯语学校为例：主要给学生们开设《古兰经》诵读与讲解、圣训、教法、阿拉伯史地、伊斯兰教史、回族史、现代阿拉伯语、汉语以及英语、武术等课程。课程设置从传统上培养宗教职业者到主要面向改革开放以来飞速发展的对外贸易，以培养阿拉伯语翻译人才为主，为青年穆斯林提供更多的就业途径。周口太康中原人才职业中专将其培养目的明确为以提高民族素质、促进中外交流、拓展就业机遇、构建和谐社会为己任，立足中原，放眼世界，积极引导学生寻正途、守正道、务正业、成大器，着力培养具有实用型、职业型、开拓型德才兼备的多能专业人才。为顺应时代发展潮流，为缓解全球金融危机的影响，为现代人拥有一技之长，解决将要面对的就业和生活问题。

五、经学著述与报刊

历史上汉文的伊斯兰教著述十分匮乏，大多数中国穆斯林因为不懂阿拉伯语，对汉文著述的需求十分强烈。河南穆斯林向来有用汉文译著伊斯兰经典的传统。早在清代早期，定居河南襄城县的经学大师舍蕴善即译著《昭元秘诀》《推原正达》《归真必要》《省迷录》等作品，并指导其弟子著《经学系传谱》一书。

清末民初开始，河南穆斯林社会中开始出现大量汉文经学作品，既有译著又有著述，诸如洪宝泉的《明真释疑》，海晴川等合著的《教款集正》，马广庆的《答王殿辅阿衡书》，盖兴运的《教义捷径》《信仰问答》，庞士谦的《回教法学史》《回教认识的派别——认主学家的派别》，张清林的《回教葬礼述要》，马自成的《历源真本》，水献芝、水剑光的《刘介廉先哲五更月偈讲义》，许友义的《（河南）回教辨真》，望纯理的《清真通俗歌》《清真劝教歌》《回汉分别宣言略》《警诫阿临宣言略》，等等。

改革开放以来30余年来，随着社会的发展，为满足广大穆斯林的学习需求，出现了一批汉文经学作品，著者以阿訇为主。这些作品以介绍伊斯兰教知识、服务穆斯林学习为主，其中涌现出了不少高水平的作品。作品主要分为翻译和著述两大类。

此外，为方便穆斯林的交流与学习，河南穆斯林亦创办了数种民间报刊。

至今仍在出版发行的是《河南穆斯林》和《伊斯兰文化研究》。《河南穆斯林》是由河南省伊斯兰教协会主办的综合性宗教类刊物，创办于2002年，现为季刊，面向河南省内外的穆斯林群众发行。该刊物采用免费赠阅和民间捐助相结合的方式进行交流互动。其办刊宗旨是：积极宣传党的民族宗教政策、弘扬与繁荣伊斯兰文化，关注穆斯林生活，阐述解释经训教义，交流各地信息，促进共同进步。在杂志中主要开设了学者论坛、经训纵横、文史研究、人物春秋、教义问答、绿色文苑等栏目，满足了不同层次、不同人群的多角度、多内容的阅读需求。

《伊斯兰文化研究》是由热心穆斯林文化事业的各界人士发起创办的综合类宗教期刊，以介绍中原特色的伊斯兰教文化为主。1993年6月开始筹办，1994年9月第一期杂志问世，不定期出版发行。读者面向国内穆斯林群众，已经出版28期杂志。该刊物采用免费赠阅与民间资助相结合的形式运行。该杂志的办刊宗旨是：传播交流伊斯兰教文化知识，注释译解《古兰经》"圣训"，阐述教义、教法，帮助青年阿訇、哈里发提高学识水平，为广大穆斯林提供系统的学习参考资料。收集、整理回族伊斯兰历史文物、古迹，记录中原回族、伊斯兰教发展真实面貌。在办刊中亦不断进行创新探索，曾经用中、英、阿三种语言出版"《古兰经》与现代科技"专辑，先后为河南省著名经师学者谢克选、庞士谦、陈克礼以及民国时期中原留学埃及穆斯林学者出版纪念专辑。

小　结

近30年来的河南伊斯兰教经学的发展与繁荣，是在改革开放宗教信仰政策落实的背景下实现的。无论是传统经堂教育的继承还是新式教育的探索，均已形成完整的培养体系，实现了本土培养宗教人才的特色。传统经堂教育的继承、改良以及阿拉伯语学校的创办和经学著述、报纸杂志的出现，几方面相互影响、共同促进是当代河南伊斯兰经学的显著特点。21 世纪初，随着孙万生、谢克选、王乃文、黄万钧等经师的逝去以及经堂学员出现短缺等问题日益突出，对河南伊斯兰经学的继续发展产生了重大影响。然而，正是由于20 世纪 80—90 年代辉煌的经学发展和教职人员的培养，满足了当今河南穆斯林社会对宗教人才的需求，也为今后河南伊斯兰教经学发展道路的探索提供了强有力的支持。

（原载于《新月华》，2014 年第二期）

郑州伊斯兰教“来于唐时”辨析

海振坤①

郑州是中原大地上一座历史悠久的古城，伊斯兰教是何时，以何种方式传入的？这里的回回先民何时在此建坊并形成相对集中定居？史学界目前尚无系统的考稽和论证，历朝历代的地方志尚未发现较为明确的记载。伊斯兰教自唐代由大食传入中国，是目前史学界的共识。以伊斯兰教为纽带，经历唐、宋、元、明数百年的大变迁、大融合，把东来的西域各国各族穆斯林汇集成具有中国特色的穆斯林民族共同体——回回民族，也是史学界的共识。郑州的回族伊斯兰教在这个共性之中，同时也具有自己地方色彩的个性。

据《河南通志局·郑县采访稿》记载，“郑之回教来于唐时”。作为史志此稿却未明确指出来于唐时具体年代和具体过程。唐朝永徽二年（651年）大食国遣使朝献，这是《旧唐书》及以后各类史志中记载阿拉伯人东来的最早史录。在阿拉伯国家，当时正值鄂斯曼继艾卜·伯克尔和欧麦尔之后就任第三任“哈里发”王位时期。在此之后百余年内，《旧唐书》《册府元龟》中记述大食国遣唐使节37次之多，历永徽、长安、开元、天宝、大历、贞元等时期。东亚、西亚的两大军事、政治、文化强国的密切交往，促使大食及西域各国的“番客”“胡商”东来经商，穆斯林学者们也依据穆哈默德关于“学问虽远在中国，亦当求之”的圣训前来中国进行文化交流。他们的来往交通及逗留居住使伊斯兰教在中国的传播奠定了基础。大食、波斯等西域各国来华穆斯林的活动中心在都城长安，但他们的足迹和影响则不可能仅限于长安一城一地，唐朝的东都洛阳和重要城市汴

---

① 海振坤，回族，郑州市伊斯兰教协会原副会长。

州（开封）恐怕也是他们经商和进行文化交流的必然居处。因为在隋朝时已经在此大搞水利工程，炀帝大业六年已经有通洛渠、引黄入汴水，东注淮水、长江并能直通扬州的记载。洛阳、开封在唐时已是水陆交通便利、工商业发达的城市。郑州位于两地之间，想必会起到交通枢纽的作用，因伊斯兰教传入中国的两条主通道，一是从西北沿“丝绸之路”入华，二是从东南沿海上“香料之路”入华。地处东西官道必经之路的郑州京水镇（现回族聚居村），在唐时已是繁华的商业码头。作为州治所在地的郑州，有西域穆斯林在此经商、活动，也应在情理之中。郑州伊斯兰教起于唐时之说，很可能是以此作为论据推断得出的结论，不过到目前为止，尚未发现实证。

再从郑州在中国历史上的地位分析，虽在殷商时期曾建傲为之都城，但其城市规模及繁华程度远不及荥阳县、中牟县。从郑州历史的沿革变化可见一斑。明朝嘉靖时期的《郑州志》载：“后魏为东恒农郡，东魏置广武郡，后周置荥州，后改为郑州，隋置管州，炀帝初复为郑州。”寻废州，置荥阳郡，唐因之，属河南道，领县七（管城、荥泽、原武、荥阳、新郑、中牟、阳武）。另查《隋史》可见：隋开皇十六年（596 年），管城始从内牟（即中牟县）析置管城县，置管州。炀帝大业二年（606 年）又改管州为郑州。以上史实记载告诉我们，现郑州市区，即历史上的管城，隋朝始改名郑州。唐朝天宝至乾元年间又改为管城县，是荥阳郡管辖的一部分。由此可见，唐时的管城（郑州）还不具备供西域“番客”“胡商”落脚久居的条件，建立群居的穆斯林“番坊”和清真寺的可能极小。

郑州（管城）在隋、唐、宋乃至元朝，出现在史书记载中的往往是屯兵卫戍，具有重要军事战略地位的军镇，而不是经济与文化方面的史实。

据清朝徐杜《郑州揽胜赋》称：“迨秦鹿竞逐，转战京索；民困疮痍，户口凋落。文景抚绥，再获生乐。光武则起迹自宛，营都于洛，郑州近乎帝畿，而规模增其式廓。唐时人文，盛称荥阳。广武置于东魏，防御设于后梁。宋则名为西辅，资以夹持金汤，数用重臣出守（如曾公亮、陈尧佐辈）……”郑州自秦汉至宋元都是以“雄峙中枢，控制险要”著称，是兵家必争之地。那么在唐朝两百多年的历史上是否伴随战争发展过程而使伊斯兰教传入河南呢？与此相关的大规模战争是“安史之乱”。唐玄宗天宝十四年（755年），安禄山自范阳（今涿州市）起兵叛乱，克洛阳，攻潼关，陷长安。河北、河南、陕西陷于战乱之中。历史记载天宝末年（756年）及贞元初（787年）大食两次派兵助唐平叛，收复两京（长安、洛阳）。《册府元龟》载："至德二年九月元帅广平王领朔方、安西、回纥、大食兵十五万将收西京……大食等军从城南过灃水东下营。"据史书记载，兵马副元帅郭子仪曾与回纥人约定："克城之日，土地、土庶归唐，金帛、子女皆归回纥。"（见《旧唐书》卷十、《新唐书》卷六）由此可见，河南是平定安史之乱的主要战场，作为"控制险要"，连通东西各路官道咽喉的郑州，也应是双方必争之地，战乱平定后，对大食兵的去留未再提及。战争的影响定会留有痕迹，至今在河南民间回汉族群众中，仍有郭子仪借三千回回兵平反的传说。且郑州清真寺（北大寺）周围的街区有"回回营"的称谓，回回营又有马号营、内营、外营、营门之分。"回回营"的内外营西侧不远即是郑州县衙，而东侧直至东城墙是大片荒芜的"硝滩"。这都说明郑州的回族伊斯兰教与历史上回回军队驻扎有关，但由此还不能断定"回回营"即来于唐代，因为从元史、明史中也可以发现由于回回军队驻留在该地形成回族的例证。

笔者近见《郑州市志·宗教志》中伊斯兰教条目中也有"唐朝传入中国，并随即传入郑州"及"郑只回教来于唐时，后经宋元、明逐渐有所发展"的说法，感到作为地方志书作此定论似乎不太妥当。

（原载于《伊斯兰文化研究》，1996年总第三期）

郑州清真北大寺史迹考证

古凤英

郑州清真北大寺史迹资料的收集、整理始于1993年夏秋之间，1995年成文后刊载于《伊斯兰文化研究》总第二期全面记录了清真寺的真实历史及文化内涵，极受关注。但因碑文的字迹模糊难辨，当时未能全部收录发表。后经数年的不懈努力，于2005年终将寺存文史资料基本收集、整理齐全，并呈郑州市长、人大代表、政协委员及各级领导部门参阅，使之耳目一新，甚感欣慰，一致认为清真大寺确属文化内涵十分丰富且连续使用的地上遗存的古建筑群，郑州的古都建设项目应从两点一线改定为三点一线。从而使清真大寺和文庙、城隍庙、商城墙三点一线的巍巍景观成为古都郑州历史风采的最大亮点，为郑州市入列中国八大古都提供了重要的力证史料，还作为郑州电视台"古都记忆"栏目解说词的蓝本，在主流媒体向公众广泛介绍、宣传清真大寺，引起强烈反响，为清真寺晋升河南省及全国重点文物保护单位发挥重要作用。《郑州清真北大寺史迹考证》在2007年《伊斯兰文化研究》总第19期全文发表，深受专家学者青睐，且在互联网上转载，迅速传播，浏览下载者日众。而今又被原思明教授主编的《河南回族——中原大地的优秀一员》文史资料汇编选载，倍感荣幸。可毕竟时过境迁，不觉已逾多年，部分内容如今尚需作少许的调整和完善。

在清真大寺史迹考证的过程中，承蒙努尔·穆罕默德·马光援先生承担大量的收集、整理工作，时任寺管会主任主玛·沙荣昌多斯弟携哈里发苏莱曼·金君义提供碑文拓片，对以上诸君及所有帮助和支持中阿文化传播和弘扬的朋友们，在此一并诚致谢忱，敬祝吉安！

2014年11月10日笔者记

郑州清真北大寺，原名郑州清真寺，又名郑州城内清真寺，坐落在管城回族区政府东侧，是郑州创建最早、规模最为宏大的清真寺，也是中国较为著名的清真古寺之一。

据清乾隆年碑记可知，郑州清真寺在明朝时期已具规模，但始建的确切年代尚无考证。历经明清以来各代多次重修，至今已是一组较为完整的，独具特色的中国宫殿式伊斯兰古建筑群。寺院坐西向东，占地面积11497.2平方米，主体建筑有大门、望月楼、礼拜大殿、讲堂、沐浴室等，整体布局严谨对称，殿堂楼阁主次分明，建筑物既具中国古典宫殿建筑风格，又有阿拉伯式清真寺建筑色彩，既宏伟瑰丽，又威严庄重。

清真大寺是伊斯兰教在郑州传播的发源地，明代时教务管理已十分规范，清乾隆年间著名经师马振久阿訇在此开创经堂教育。寺内保存着许多珍贵的伊斯兰历史实物资料：驰名中外的“巴巴墓”是国内较早的伊斯兰教古墓之一，墓内安葬着明朝初年来郑宣教讲学的老山海（筛海）阿拉伯人默穆都哈，他执着地弘扬伊斯兰文化和维护民族团结的生动事迹广为流传；两个明朝制铜香炉注目于世，大香炉重22公斤，底部铸有“大明宣德五年监督工部官臣吴邦佐造”字样，小香炉重4公斤，底部铸有“大明宣德年制”字样，含金量都在25%以上；元代抱鼓石稳坐门首；清代石碣石碑匾额对联随处可见；数世纪古柏正茂，500年老槐欣荣……这里的一切对研究伊斯兰文化都具有重要的史料价值。

1953年及20世纪80—90年代清真寺多次进行全面修葺，重新油饰彩绘，装修后的古寺焕然一新，更显得庄严、肃穆，蔚为壮观。郑州清真北大寺1987年3月1日被公布为郑州市重点文物保护单位，2006年6月12日晋升为河南省重点文物保护单位，2013年5月5日被分布为第七批全国重点文物保护单位。

在各级领导的关怀下，清真寺古建筑维修计划已列入市政府的工作议程，巍峨的仿古新礼拜大殿综合楼竣工使用，仪门广场修整得开阔平整、清洁幽静，重建的寺前映壁墙复现古寺威容，广场前新建仿古大门及两个过街牌坊，与寺内古建筑群配套鼎立，增添了清真古寺无穷神韵。如今，每天都有众多的穆斯林前来沐浴礼拜，坚守全美各项宗教功课。每逢伊斯兰传统节日，更是盛况空前，还常有国际友人到此拜访，参加聚礼。

一、清真寺的主体建筑

据寺存清乾隆二十六年（1761 年）的碑文记载，“第由明以迄大清数百年，掌教者有三师……”，可知明代早期该寺已具规模。经乾隆十九年（1754 年）和四十七年（1782 年）两次重修，现存大门、望月楼、礼拜殿等，均为清代中叶以后建筑，有浓厚的伊斯兰教建筑色彩。

（1）大门。面阔三间，进深两间，单檐歇山顶，建筑面积为 69.1 平方米。房顶以灰筒板瓦覆盖，脊上浮雕莲花，戗脊前端置以云盘，檐下施一斗二升加麻叶头斗拱。明间用石柱四根为小八角形，周围用木柱，中间为质制通柱两根，两柱前后有高达一米的抱鼓石两对。原有实榻大门三合，分别设在正脊下方的中柱两侧。门前有月台 21.4 平方米，方砖墁地，月台前有垂带式踏跺四级，使整个大门显得威严庄重。

（2）望月楼。望月楼又名唤醒楼，是伊斯兰教寺院中的特有建筑，为阿訇观看月亮出没、确定斋戒时日、诵念宣礼词之用。平面正方形，重檐歇山阁式建筑，建筑面积为 49 平方米。整个瓦顶及山面饰有黄绿两色的琉璃瓦花纹和悬鱼博缝。脊上雕饰的莲花，有的刚露出水面，结成了花蕾，有的含苞待放，有的已结出了莲蓬，亭亭玉立。下檐用一斗二升加麻叶头斗拱，上檐置单昂三踩斗拱，转角用重昂把臂厢拱。望月楼周围用石柱 12 根，10 根小八角形，2 根四方形。前 4 根用汉文雕刻对联两副，后 4 根用阿拉伯文镌刻对联两副，中间用木通柱 4 根。中槛上方挂“正教昌明”大匾一幅，为清光绪二十一年（1895 年）钦命会办台湾军务头品顶戴尚书衔福建水师提督世袭云骑尉裴陵阿巴图鲁杨岐珍敬献，这足以证明此寺在清代末年是颇具影响的。望月楼小巧玲珑，从造型、结构、艺术等方面皆为此寺之精华。

（3）大殿。大殿乃穆斯林向真主礼拜的场所，是清真寺的主体建筑。清真大寺的大殿面阔五间，进深四殿相连：硬山式卷棚、前殿、后殿和庑殿式后窑，4 座不同形式的建筑组合一处，称为勾连搭式，建筑面积 423 平方米。殿顶用琉璃和灰筒板瓦，脊上均为浮雕花草纹饰。卷棚用 4 根石柱，为小八角形，上刻阿拉伯文对联。装修为深红色十字格心门 12 扇，地面全用木地板，殿内布置装饰给人以宽敞肃穆之感。

二、清真寺的建筑维修

数百年来，郑州清真寺历尽沧桑，几经重修，留传至今，现将已收集到的维修概况记录如下：

（1）清雍正三年（1726 年）重修寺前映壁墙。

（2）清乾隆十九年（1754 年）重修。

（3）清乾隆四十七年（1782 年）重修。

（4）清嘉庆七年（1802 年）重修大殿和窑殿。

（5）清道光二十三年（1845 年）重修巴巴墓。

（6）清光绪十三年至十四年（1887—1888 年）重修望月楼。

现在看到的望月楼是八角双层，脊顶置坐宝瓶，很可能是保持着清光绪时期的重修模式。据《郑州文物志》记载，清雍正前的望月楼是“八角双层，脊顶有卧狮”。

（7）清光绪三十三年（1907 年）重修大殿和滚白。

（8）1947 年在大殿前现北讲堂的位置修建两层砖木结构的楼房一栋，称为“春风化雨楼”，直到 1984 年拆除。

（9）1953 年河南省民委拨款 9000 元，重修清真寺和巴巴墓。又传：同年，中南少数民族访问团曾给清真大寺拨款 2000 元作为维修巴巴墓亭、大厅、甬道的费用，因将其中 500 元转赠郑州花园街清真寺，大寺又自筹 500 元资金，弥补工程所需。经过精心修饰的清真寺赏心悦目，穆斯林享受到更加优越、便捷的宗教活动服务。

新中国对少数民族的关怀，大大鼓舞了回回民众的爱国、爱教热情，他们在享受新生活的愉悦中，勤奋工作，建设国家；参加宗教活动，坚守回回民族的信仰和传统。1953 年郑州市回族自治区报告称，回族宗教生活较前呈发展趋势，参加开斋节会礼拜者已逾 3000 人之多，达到高潮。回族宗教生活的蓬勃发展，还与热心为清真寺和穆斯林服务的清真寺管理层息息相关。时任本寺社首总管的马瑞轩就是典型之一，他为修寺、管寺、保寺呕心沥血，默默奉献；他与热心教育事业的友人们克服重重困难，在清真大寺重新创办回民圣达小学，继而创办回民圣达中学；他与沙景昌创办《天风报》宣传伊斯兰教义，报头由中国回教协会会长白崇禧题书。作为郑州市回族自治区筹备工作委员会副主任，他为回族自治区的建立殚精竭虑。1953 年 1 月 24 日郑州市回族自治区成立，经首届一次人民代表大会选举，马瑞轩先生当选为区政府委员，后又连任政协郑州市委员会第三至五届委员，参政议政，为国效力。

（10）1980 年郑州市伊斯兰教协会重新修建巴巴墓墓亭。

（11）1982 年 4 月—1985 年底，对郑州清真寺进行全面修葺。第一期工程重修大殿、望月楼、大门，政府拨款 29 万元。第二期工程修建后院（以望月楼为界把清真寺分隔成前后院）及南北讲堂，政府拨款 5 万元。

（12）1986—1987 年，郑州清真寺自筹 5 万元修造前院南北讲堂。

（13）1991 年，郑州清真寺自筹 6 万元建造北院教学楼 8 间、食堂 5 间、锅炉房 5 间，并购置锅炉 3 台。

（14）1993—1994 年，大寺自筹资金 10 万元对前后院南北讲堂重新翻修，更换所有屋顶用料及柱子。

（15）为满足日益发展的宗教生活需求，2007—2009 年在清真寺北院修建仿古新礼拜大殿综合楼，2008 年 11 月整修仪门广场，重建寺前影壁墙，2013 年建成仿明代古建筑新大门及两个牌坊。

三、清真寺建筑物上的文字装饰

古老的清真寺内，建筑物上保存有 50 余款珍贵的文字装饰资料，具有一定的研究价值，按其形式可分为阿拉伯文选段、匾额、对联等类型。阿拉伯文选段有 30 余处，多在门楣、檐框或墙壁上，内容绝大部分选自《古兰经》，少部分选自《圣训》，个别出自名句格言。现存中文、阿拉伯文匾额 9 幅，阿拉伯文类内容均选自《古兰经》，中文类内容一部分用以标示建筑物名称，如“清真寺”“望月楼”等，其余大部分是针对有纪念意义的人或事而赠立，以表对安拉的崇拜和敬仰。对联有十余处，多为石雕、砖雕、木刻等，借以提醒人们要遵照真主的令喻扬善避恶，尊师重教。（注：下文所录文字原为繁体字，现改为简化字，字迹不清者以……表示。）

（一）大门门楼建筑物上的文字装饰

威严庄重的清真寺仪门——大门门楼是展现在人们面前的第一座建筑物，此处共有文字装饰8处。

1. 汉字匾额“清真寺”

“清真寺”苍劲韵逸、沉厚安详的三个大字匾额悬挂于正门上方，它日夜迎候着前来完美善功的穆斯林。

2. 石雕汉字对联

上联：海市蜃楼……把浮生景况……

下联：电光雷鸣……底功课方得极乐……

这副对联雕刻在正门左右两侧的小八角方形石柱上，由于常年风雨侵蚀，许多字迹已难以辨认，记录下来的几个字仍依稀可见。

3. 阿拉伯文选段

“清真寺是信士们纪念真主的建筑物。”

“万物非主，唯有真主，穆罕默德是主的使者。”

“真主所喜悦的宗教，确是伊斯兰教。”

这三段阿拉伯文分别书写在门楼正面居中及左右两侧的门楣上。

4. 阿拉伯文选段

“只有穆民才建立清真寺。”

“当礼拜完毕的时候，你们当散布在大地上，寻求真主的恩惠。”

“今世生活，只是欺骗人的享受。”

这三段阿拉伯文分别书写在门楼背面居中及左右两侧的门楣上。

（二）望月楼建筑物上的文字装饰

望月楼是一座小巧玲珑的古典式二层楼房建筑，在河南所有的清真寺中，这是保存最完整的一座望月楼古建筑，此处的文字装饰较多，共计22处，分布在望月楼内外及与其相邻的左右两扇门上。

1. 汉字匾额“望月楼”

悬挂于二楼正面。

2. 汉字匾额与对联

匾额题字：“万化朝真”。右书：“一九九三年元月三十四日。”左书：“回历一四一三年八月五日立。”

对联：“遵古兰宣扬正道，遵圣行真理长存。”

这套额、联悬挂于望月楼正门，由陕西大荔县牧望月乡老于1993年1月30日，伊斯兰教历一四一三年八月五日赠立，虽是寺内历时最短的一幅文墨，却蕴藏着很深刻的内涵。早在日军侵华时期，牧望月的故乡郑州惨遭敌机狂轰滥炸，毁掉了北大街一带无数个穷回回的家，牧望月家也未能躲过这场灾祸，无奈只好背井离乡，逃荒避难流浪在外，当他生还故土时，为清真寺赠立匾额、对联。

3. 石雕汉字对联

上联：“观听闻言参透当体消息即参透一切造化。”

下联：“荣枯贵贱悟彻妙用转关便悟彻个中玄机。”

此联雕刻在望月楼正门近旁左右两根石柱上。

4. 石雕汉字对联

上联：“天地间热闹繁华纵得意快心不过一时间打哄。”

下联：“身心内好歹干办才倒头闭眼只余两件紧跟随。”

此联雕刻在望月楼正门远旁左右两根石柱上。

5. 阿拉伯文选段

“真主所喜悦的宗教，确是伊斯兰教。”

“赞主清净！一切赞颂全归真主。”

“使者呀！请你拉着我的手吧！”

这三段阿拉伯文字分别书写在望月楼正面居中及左右两侧额枋上。

6. 汉字匾额“正教昌明”

右书：钦命会办台湾军务头品顶戴尚书衔福建水师提督世袭云骑尉裴陵阿巴图鲁杨岐珍敬献

御前行走紫禁城内骑马钦赐黄马褂赏戴三眼花翎御前人臣哈密郡王噶弟勒

左书：福建抚提十营　补用参将赏戴花翎纪录三次杨连珍

大清光绪二拾壹年正月朔日　榖旦

此匾悬挂在望月楼内中槛上方，面朝正门。

7. 汉字匾额“远瞩西域”

悬挂于望月楼背面二楼，朝向西方克尔白。

8. 石雕阿拉伯文圣训选段

“在圣寺里礼一拜胜似在别处寺里礼一千拜。在禁寺礼一拜强过在别处礼十万拜。”（注：圣寺在麦地那，禁寺在麦加。）

“礼拜寺是穆斯林做营运的地方，一切善行确是成功的。”

“你给黑夜徒步去礼拜寺的人报喜讯吧，他们到后世必得充分的光明。”

“穆民在清真寺中像鱼在水中一样，而伪信者在清真寺中像鸟在笼中一样。”

这四段圣训分别雕刻在望月楼背面南起1~4根石柱上。

9. 阿拉伯文选段

“万物非主，唯有真主，穆罕默德是主的使者。”

“真主确是与坚忍者同在的!”

“祝你们平安!”

这三段阿拉伯文字分别书写在望月楼背面居中及南北两侧额枋上。

10. 砖雕汉字对联

上联：“五时功课开门钥”，下联：“一部真经引路灯”，横批：“真经永存”。

这副砖雕位于望月楼正面南侧二门。

11. 砖雕汉字对联

上联：“要识得珠须返岸”，下联：“若思边海早修船”，横批：“理谈三世”。

这组砖雕位于望月楼正面北侧二门。

12. 砖雕阿拉伯文选段

“万物非主，唯有真主，穆罕默德是主的使者。”

“赞颂真主!”

这两副砖雕分别位于南、北二门门楣横批上方。

13. 阿拉伯文选段

“的确，安拉不喜欢一切作恶的人。”

“的确，安拉喜欢行善的人们。”

这两段阿拉伯文字分别书写在南、北二门背面的门楣上。

（三）礼拜大殿建筑物上的文字装饰

礼拜殿建筑物上的文字装饰共计23处，分布在卷棚、前殿、后殿和窑殿之中。

1. 阿拉伯文选段

“真主所喜悦的宗教，确是伊斯兰教。”

“一切清真寺，都是真主的，故你们应当祈祷真主，不要祈祷任何物。”

“拜功对于信士，确是定时的义务。”

“只有信仰真主的人才修造清真寺。”

“万物非主，唯有真主，穆罕默德是主的使者。”

这五段阿拉伯文字依次书写在大殿卷棚北起1～5门楣上。

2. 汉字匾额“天方净域”

清乾隆年举人沙健英赠送，悬挂于大殿木雕十字格心门正门上方。

3. 汉字匾额“其尊无对”

右书：“特授勲二位陆军上将祥武将军绥远都统马福祥题”

左书：“中华民国十三年七月仲浣穀旦”

马福祥将军任民国时期蒙藏委员会副委员长，他曾尽心竭力助教办学并赠印大量宣传伊斯兰教义书刊，其子马鸿逵系国民党将领。此匾悬挂于大殿木雕十字格心门北侧门上方。

4. 汉字匾额“泽被苍生”

右书：雅堂牧老阿衡　德政

叶湘梅拜题

左书：中华民国二十三年桂月吉日

下书赠立者姓名，计53位（其中6位只可见姓，已不可见名）：

古元德　李海彦　李大德　马振瀛　郭振江　把祥云　古良臣　把龙云　帖　彦　古　嵩　李松扬　沙继芳　古化源　沙继春

沙凌庆　把兆义　马提文　沙毓华　马□□　马□□　杨□□　李□□　金定一　牧聚才　虎清傑　赛明山　马逢有　海鸿賓

马鸣和　虎建勳　沙继彦　马光华　把而立　李保彦　苏乾元　马顺林　李绍德　杨文德　李福中　沙振標　孙保安　牧景贤

李兰祥　牧望月　杨文才　海文富　马　德　马□□　古□□　王聚力　永顺利　杨保松　古俊德

此匾悬挂于大殿木雕十字格心门南侧门上方，系本坊教民为表彰牧文秀阿訇而敬立。据传牧阿訇为解救旱情，应邀到郑州北郊临近黄河的杨桥潭乡，祈求真主慈悯雨水。牧阿訇虔诚祈祷，安拉特赐恩惠，普降喜雨，旱情解除，水足禾肥，民心欢畅。可当时牧阿訇等人头顶晴天烈日前往，身披倾盆大雨返回，备受辛苦，但他心系民忧，无怨无悔，且深感欣慰。乡民们为感赞真主恩典，彰显牧阿訇善行，特赠此匾以达心意。

5. 阿拉伯文选段

“信道的穆民应受到恭贺。”

“凡完成拜功且铲除邪恶的人，天园将为他开放。”

这两段阿拉伯文分别书写在大殿左右两侧门楣上。

6. 木刻汉字对联

上联：“清夜读经声赖神力维持干办无患”

下联：“真诚通帝座蒙甘霖沾足礼拜有功”

这副对联悬挂在大殿正门两侧。相传此对联与干旱求雨有关，上联的“干办”系重修时被误写，原文为“干旱”二字。

7. 木刻汉字对联

上联：“一天画图须知丹青无二”

下联：“满地文章当思运笔是谁”

此联悬挂在大殿内靠近正门第二排的两根柱子上。

8. 阿拉伯文匾额“奉普慈特慈的真主之名”

此乃大殿内悬挂的第一幅阿拉伯文大字匾额，由著名经师马长青阿訇敬书。据说，书写前阿訇自闭室内，虔心静坐，待精力凝聚，一气呵成，笔到、气到、意到，心意沉稳，力透纸背。用笔刚劲峻拔，笔画方润整齐，真正达到用笔、结体、章法清新高雅之境界，如此气势恢弘、大气磅礴的书法匾额弥足珍贵。

9. 阿拉伯文匾额“伟大的真主说：你们当崇拜真主，不要以任何物配他”

右书汉字：“大清乾隆拾肆年荷月穀旦”

左书汉字：“清真教生代全父志敬立”

这是大殿内悬挂的第二幅阿拉伯文匾额，书写于乾隆十四年即1749年。据传系著名经师马振久阿訇敬书，他一反硬笔书写阿拉伯文书法的常规，而用中文书法之软毛笔书写阿文，且字字被赋予清风出秀之神韵，美轮美奂之意境，笔势飘若浮云，矫若游龙，结体巧妙地调和着静谧开朗爽健之风，内涵端颖和婉雅韵逸之气，意、法、韵、势皆为上乘，是典型中国传统体阿文书法的代表力作。马阿訇祖籍郑州，中阿文化造诣俱深，且有高超的宗教功修。执教郑州清真大寺时，开创经堂教育之初始，至今仍有许多生动故事在民间流传。

10. 阿拉伯文选段

“对一切行善之人的回赐只是‘好’。”

书写在第二块阿文匾额的托框上。

11. 阿拉伯文选段

“真主是独一的主宰。”

“真主把慈悯降临给行善的人们。”

大字书写在大殿西墙左右两侧。

12. 木刻阿拉伯文选段

“真主是独一的主宰。”

“为世人而创设的最古老的房屋，确是在麦加的那所吉祥的天房，全世界的向导。”

“凡入其中的人都得安宁。”

三段阿拉伯文门饰依次雕刻在窑殿门楣上

13. 木刻阿拉伯文对联

右:“寻物要认真”,左:“叩门需虔诚”。

此联位于窑殿门的两侧。

14. 木刻中文对联

上联:“认真主无形影凭万物作证”

下联:“参造化非高远唯一理在心”

此联悬挂于窑殿正门两侧的柱子上。

15. 木刻阿拉伯文选段:

“你们的真主是独一的!”

“奉普慈特慈的真主之名!”

“万物非主,唯有真主,我们只崇拜他,诚心诚意地为崇拜他而做教门。”

“一切赞颂全归众世界的养主。”

这四段阿拉伯文字依次雕刻在窑殿内西墙上。

四、清真寺碑记

郑州清真寺内保存有清代石碑14通、民国时期石碑3通,现将已收集到的碑文整理、记录如下。

(一)重修清真寺映壁墙记

清真寺之有映壁其来旧矣,所以蔽内外肃观瞻也,久历年所风雨圮坏。乡老牧大定目睹心恻,约合李马二姓各输己资共成善举,移旧址于寺东,去东界三尺五寸,廓其旧规重为修理,数日而工告竣,巍峨大观,焕然一新。特勒贞珉,以示善举,不可不传世。以尔墙东地三尺五寸,后人不得泯没云,是为记。

乡老　马宽　马心亮　李武　牧大定　李斌　牧育英

雍正三年岁次乙巳五月六日敬立

此碑镌刻于雍正三年（1725 年），镶嵌于礼拜殿卷棚南侧墙壁内，现以 1997 年 4 月 4 日的复制碑更替之，原碑珍存寺内。

（二）大清乾隆己卯科举人牧天颜撰五梦歌

一梦五十年，得正道非等闲，为何不把功来办？恁为非不端，全不信真诠，苦苦只把红尘恋，贪荣华，好心宽，坟坑一问何言答飞仙。

一梦五十年，不醒悟罔徒然，百岁光阴如闪电，把作证不宣，撇五时朝参，复生怎将真主见，回答难，好伤惨，无常一到程程受熬煎。

一梦五十年，早回头撇尘凡，飞仙不定何时唤，忙追悔前愆，怕讨白门关，罪人难进主宫殿，苦难言，好可怜，挞算厂上一站数千年。

一梦五十年，忧死后搦空拳，万贯家产拿哪件，惟有随身干办，念锁拉桥颠险，细似牛毛快如剑，亲眼见，好凶险，紫火声嚎起黑烟。

一梦五十年，撇命令不交还，御问厂上难挞算，把文卷自宣，好羞愧，抱怨亲朋财势都无干，好心酸，但见恶蟒咬一口，疼痛几千年。

耆老　帖明远　赛鸣岐　立石

牧天颜，回族，乾隆二十四年（1759 年）举人，他创作的《五梦歌》用生动的语言宣传深奥的伊斯兰教义，此碑镶嵌于礼拜殿卷棚北侧墙壁内。

（三）清真寺公置供养三掌教地亩碑记

从来立教者必有以资之，而教乃兴，掌教者必有以养之而用乃赡。吾郑之有清真寺教众聚拜之所也，教众公请三掌教，真领袖之人也，第由明以迄大清数百年来掌教者有三师，而养师者无恒业。迨雍正九年，虎老师与把李石老师道其事，乡老……邦、马文援、马国孝、石渠总其成，约教众或输赀财，或捐地亩，共计其数若干，分给三掌教老师耕种以为供养赀，自置地时而……曰兹地也。乃养师行教之资，非一人一家之私业也，地随位转，粮随职行，师用不乏，传道有人，教门永兴在此一举矣。夫奉主为圣之诚心，动兴教兴道之善念，善念既遂，受赐靡涯，两世福庆也。爰曷极哉。第莫大之举不有以纪叙之，所以，……先是乾隆十九年立石纪言，固已人著其名，资举其数，地标其亩，然制度狭小，行不整齐，来阅者……有乡老……祥、金珍、李大经等重镌新碑以图壮观，是亦有光吾教者也，爰述其始末而为之序云。

皇清乾隆二十六年（1761年）岁次辛巳荷月吉日立石

“清真后学……”（以下为捐资人姓名，大部分模糊难辨，略录。据资料统计：捐资人约142位，其中马姓34位、李姓27位，有功名者34位，其中马姓7位、李姓9位。共捐银28350两，其中生员马心亮捐银100两，捐地71亩，生员李尔躬捐地18亩，举人牧天颜捐银3两）

此碑距今已有250多年历史，记录了教众为维护清真寺的生存和发展，输资财、捐地亩的善念善行，是研究本寺历史的重要文物史料。现存于望月楼前甬道北侧第一位，碑文中个别字已难辨认。

（四）乾隆四十七年《上谕》碑

乾隆四十七年七月日奉上谕：本日据萨载奏，接准广西抚臣朱椿咨拿回民海富润案内之改绍贤等三犯，当即转饬查办，解赴江苏抚臣究审一折，所办殊属非是。此案海富润有抄录回字经卷及汉字天方至圣实录年谱等书，其书内大意，约略揄扬西域回教之意居多。回民持颂经典，自唐宋以来，早已流传中国，现在相沿旧本，在回民中俱属家喻户晓。并无谤毁悖逆之语，则是回民之各奉其教，即与此时僧道喇嘛无异焉！能尽入其人，而火其书乎？此案前据朱椿奏到，既经降旨，通饬各省，督抚毋庸查办，乃萨载接准朱椿咨会，并不权衡事理之轻重，遽行飞饬各属，将改绍贤等搜查押解究审，如此矜张办事，殊非大臣实心任事之道，实属可鄙可笑。萨载久任封疆，在都抚中尚属老成历练明白晓事之人，乃亦与朱椿之初任巡抚，遇事茫无主见者相同，能不知所愧乎？夫凡地方官吏，遇有奸民倡立邪教及惑众敛钱之事，自当实力严查究办，务净根株以除风俗人心之害。若回教民人各省多有，无论西北省分居住者固多，即江省一带零星散处，其饮食作息俱与平民相等，不过不食狗猪肉耳！如以传习经卷与邪教悖逆之书一例查办，则安分守法之回民，转致无所措其手足。且从前山东王伦及甘省王伏林等滋事不法回民中，即有首先奋勇打仗者，即上年苏四十三之事，其旧教回民倡议率众协同官兵剿捕甚为出力，经朕节次奖赏，则朕之视回民人皆吾赤子，各省督抚安得其而二之乎？现在所办此案，查拿之改绍贤诸人，虽已据萨载折内声明，业经遵旨概行省释其书籍，板片亦即给还，并当出示详晰晓谕回民，务各循分守法，各安本业，毋致惊惶忧累。但各省督抚，若因此有旨遂致，因噎废食，将地方实系邪教重案，亦藉词慎重，姑息养奸，竟置不办，则是误会朕意，不度事理，将来发觉时，恐不能当其罪也，将此通谕中外知之。

乾隆四十九年嘉平月十四日敬立

此碑为铭记乾隆四十七年（1782 年）慎重处理回教案《上谕》立石，现存于望月楼前甬道南侧第二位。

（五）乾隆四十九年《上谕》碑

乾隆四十九年六月初一日内阁奉上谕：甘省逆回滋事，先经革职总督李侍尧等奏称，此事因小山回匪田五等谋兴新教起衅。朕以该犯等欲倡兴新教，何必纠众谋逆，降旨饬询。始据该督将本年正月内，由田五即至靖远哈得成、哈彦家商同谋逆各情节覆奏。又据西安将军傅玉奏记之，甘省居民佥称：众回匪于上年五月节修理石峰堡，并约定本年五月五日起事，通渭等处亦据报称，系同日被贼抢劫等语，是贼人肆逆不法，早已预蓄奸谋，并非因争教而起。夫内地回人其来已久，我国家威稷远播，平定准部、回部、西域，咸隶版图，新疆回人年班入觐，往来络绎。内地民人亦多至回疆贸易，其有查对经卷、讲习规条者，相习为常，例所不禁。遂有红帽、白帽、新教、旧教之名，其实新疆之回人正其旧教。且现在内地回民所习之教，所诵之经，皆与喀什噶尔、叶尔羌等处回人经教无异，原无新旧之别。况内外均属编民赤子，顺者恩有必加，逆者法无可宥。今贼首田五已就歼毙，其余党马胡子，李胡子等，胆敢于光天化日之下，聚众鸱张，攻城掠堡，即属回民之中邪教，如僧中之白莲教之类而已。昨已令大学士阿桂、陕甘总督福康安前往督办，并派京兵及飞调四川屯练降番暨阿拉善、鄂尔多斯各处蒙古兵丁到彼协剿，大兵云集，谅此妖魔小丑自无难逃就歼除。至阿桂、福康安于剿灭贼匪后，只需将贼人经过，煽诱之处，所有平时与贼勾结知情及贼人起事后，代为往来送信，接济粮食之人，即系邪教乱民，必须实力搜捕正法，毋使复如李侍尧之养痈……其余并未从逆之回人，不必更分旧教、新教，皆系良民，概毋庸波及，以免株连。总之，督办此事只当分别从逆与否，邪正之殊，不必论其教之新旧，即如僧道原非例禁，而白莲等邪教之必应查究者，亦以其左道惑民聚众滋事也。嗣后，阿桂等奏折内凡从逆回匪，俱称为邪教，不必复分新旧教名目，俾回民等咸知朕洞悉其教根源，不分畛域，断不肯因滋事贼匪将无辜守法良民一并株连之，至意将此通谕中外。并着阿桂、福康安及各直省，于凡有回民处所誊黄遍贴，宣示告之。钦此。

乾隆四十九年嘉平月十四日敬立

两通《上谕》碑同时镌立，无形中扩大了伊斯兰教的影响，提升了其在中国的合法地位。此碑碑阳为正文，碑阴刻 117 位捐资人姓名及资额，现置存于望月楼前甬道北侧第二位。

（六）大清嘉庆七年岁次壬戌嘉平月上浣重修后窑殿碑记

清真寺为善乐地，碑志无传，未详创建之始。寺内大殿二拜殿一俱五楹，檐连趾接，中通如一。前月楼，后窑殿，左讲堂，右客舍，又有两厢出其前，配殿、浴房次其侧。虽规模狭隘，而拜主有地，亦足乐也。不意壬戌暑月望日，窑殿倾圮，既无以肃观瞻，又难以励功课，教长患之，谋于乡老诸公……者……城内……四……从乡老各捐资财，昌助其费，约计得金叁佰余千，不数月而工竣，焕然一新……落成，因题其额，曰为善最乐殆亦权……其地，而吾教助之之意云……固是为记。

庠生李澄清沐手撰文并书丹

嘉庆七年（1802年）捐资修寺碑，碑额镌刻阿拉伯文“阿耶提”（古兰经选段），环以云龙图案。碑阳为碑记正文，碑阴为捐资人名录，但大部分字迹模糊难辨。此碑现置存于望月楼前甬道南侧第三位。

（七）积金会公议碑记

吾教遵行之道恃乎，经经之所传赖乎学，经学之设丞丞焉。况吾郑清真寺经学之所由来久矣，然欲兴吾教之隆，不无以助之，则其教不立；不无捐赀以助之，则其教亦不立。故以马君恩召与璺好善乐善之心，以为劝善归善之意，共约积金赀相助功程。一则曰奉主，再则曰尊圣，吾教大兴，近悦远来。志之于石，永垂不朽。公议罚约开列于后：

议会中人等不许半途而废，半途不算，会中佃钱与他无干。

议会中钱文不许私自外借，外借壹佰罚钱壹仟，入寺公用。

议会中钱文不许独专生息，专放壹仟罚钱贰仟，入寺公用。

马存基　沙鸿渐　把　梓　金　超　刘世臣　虎玉臣　把抡

元　马宗祥　金鸣驹　赛鸣岐　苏式洵　古　晋　马恩召

马　生　古道兴　虎凌云　沙占元　帖广禄　马应甲　马

西　金　栋　沙西山　海凤池　马宗三　马　雨　沙继三

石万春　杨　来　李法圣　把西林　谢来祥　马桂森　白受

采　白无玷　金文朝　牧振清　金兆南　石长福　马得青

复盛馆　虎振山　李法旺　马宗富　　　　耿明德　刻石

大清咸丰拾年岁次庚申贰月立

此碑记载了清咸丰十年（1860 年），郑州回民成立积金会，兴办经堂教育的历史，镶嵌于礼拜殿卷棚南侧墙壁内。

（八）清真寺积金会碑

闻之洪蒙开天运历千秋而不废，至圣立教……真主普慈之日。奈世风浇漓，人心不古，明德炼性之事每……真主洞澈幽明，烛照靡遗，立惩治之方以儆愚顽，示慈悯之念以后……遐迩异域弥新，又恐其遗而未周，并传谕我穆罕默德至圣，宣布真主之教于斋月中者，以斋月为至贵之月，传圣贵之言，比户张灯颂经……月始终内洁虔诚，外肃衣冠，同登拜主之堂，辉煌四壁，于此而心可明，于此而性可定……于此而……替也。是为序。

清真后学　运同衔……湖……嘉

儒生……

教长：马万禄马俊才沙良沙秀

总管：赛鸣岐

大清同治十二年岁次癸酉月

此碑刻立于清同治十二年（1873 年），记述了回回同胞欢度伊斯兰斋月的情景，碑文对斋月的至贵作了翔实生动的描述，现置于礼拜殿前，残蚀较重。

（九）清真寺积金会碑记

从来经学之设以育人才，人才之聚须备供养，供养乃经学之要事也，吾郑清真经学自阿衡及列位师长均有久远学田，惟于远方来学之士供养独缺。夫道以人传，非人才无以明道；财能助道，非储积何以成才。有马君恩召、赛君鸣岐等道念甚炽，知最要莫如兴学义举，非轻计众擎不难举事，同心协力，共约积金，累年积蓄若干。现当地二十亩，共当价壹佰壹拾贰仟整。托主相助，永远生息，养学育才，庶于吾教奉主遵圣之道不无小补也。是为序。

清真教生从九品牧方州沐手撰文并书丹

教长：马俊才　马万禄　沙长新　沙修业

乡老：马恩召　沙占元　金　栋　马日西　李法圣　白受采　金兆南　虎振山　沙鸿渐　虎玉臣　赛鸣岐　马　生

帖广禄　沙西山　沙继三　把西林　白无玷　石长福　李法旺　把　梓　把抡元　苏式洵　古道兴　马应甲　海凤池

石万春　谢来祥　金文朝　马得青　马宗富　金　超　马宗祥　古　晋　虎凌云　马　西　马宗三　杨　来　马臣森

牧振清　复盛馆　仝立石　　　　孟继祥　刻石

大清同治拾年岁次甲戌杏月中浣穀旦

碑文记述了该寺积金会在同治十三年（1874 年），佃地以换取经堂教育资金的情况，碑额镌刻阿文，现位于礼拜殿前。

（十）重修望月楼碑记

望月楼者，斋月望月之所也，未审创自何年，日久损坏，教众目睹心恻，欲修者久。丁亥岁，教众等坐寺谋重修事，佥曰：“工程浩大非强有力者不能胜其任也。”时有铭三沙老师、慎五马老师及总管绍楠马老夫子曰："欲兴钜工，必求惯于修工之人，不有古钧马老师维勤公乎，前设教吾郑曾兴工两次：首北陪殿，次南讲堂。今斯举也，殆惟此公可任欤！"众皆翕然称善。于是具关书修聘礼延请，马老师辱临甫下车数日，即同师长首事等邀众谋动工事，众心欢悦，各捐赀财共若干金，以预修工事。工始于丁亥岁终，于戊子年越两寒暑而工告竣。落成之日，佥曰："斯举也虽属众人之力，而要其克勤于始弗懈于终，则我马老师之功居多焉。"而马老师则曰："不有君等，仆其束手无策矣，仆何敢言功哉。抑吾闻之，谋之者人也，成立者主也。苟无主命，虽有人谋不成焉。仆又何功之有？"众皆唯唯。勒石之日命予为文，好自惟固陋愧无以应，不获已，爰谋之，绍楠马老夫子幸蒙指示用述其巅末，以志不忘云。

清真后学儒学生员　牧镇藩　沐手撰文

儒童　古化源　沐手书丹

在任候补直隶州特授开封府郑州正堂马玉麟三品衔补用府兼袭骑都尉加一云骑尉江苏候补抚民府马玉田捐银三十两……

(注：其余百余位捐资人名，字迹不清，不再详列)

大清光绪十四年岁次戊子季冬之月上浣

此碑立于1888年，阳面碑额刻有"赞善题名"四字，阴面碑额刻有"万善同归"四字，碑阳部分及碑阴全部刻录着百余位捐款人姓名。现存于望月楼前甬道北侧。

（十一）重修大殿滚白[①]碑文

夫大殿、滚白原系重地，风雨摧残日久损坏，非惟无以壮观瞻，亦且有害于圣教。长教首事等顾而忧之，曰：大殿，礼拜之所，宣讲圣言；滚白，山海之墓，隐寓真灵，苟或破碎，何以宣

① 滚白又称巴巴墓或筛海墓。

圣言而庇真灵乎？所以约众捐赀，为修理之。殚精竭虑，不数月间功成告竣，焕然一新。诸位乡老美董事诸君奇绩昭著，人心悦服，诚有功于寺内，扬名于一方也。虽非峻宇雕墙可备游目之乐，而润屋静室亦可蔽风雨之患，因而旌表虎君寿亭、沙君栋臣、虎君阁臣、马君信孚、马君勋臣、沙君茂林同心协力共办公事，差强人意谨为之序，永传勿替，以冀后人慕其义举踵而修之，庶几前创后述并垂名于千古也。

（注：约140位捐资人名，字迹不清不再详列）仝立

郡痒生马士瀛撰文并书丹

光绪三十三年十一月十七日仲浣穀旦

此碑1907年立石，现置存于望月楼前甬道南侧第一位。碑文记录了光绪年间，回回有识之士率众修复礼拜殿和巴巴墓的史实，表彰了诸位董事高尚的奉献精神，并期望后人能够继承发扬。文中采用楷书刻录的捐资人名字体比正文小，且模糊不清，尚未抄录。

（十二）马振久阿訇墓碑

公行三，振久道义人也，警世觉民，遐迩咸归，其化众德，传教中外，胥被其泽，以公行为，自当克昌阙后，何以子孙二世无传，马族人采所知者，録公之寿八十余岁，卒于前清道光二十五年，刻石志云。

阿訇教长马三公讳振久德政碑

男　兆易　　孙　百顺　百恩

中华民国三年三月吉日立

墓碑立于民国三年（1914年），碑额镌“流芳百代”四个大字，碑文未知何人所书，墓碑及坟墓存于清真寺大殿后。马振久阿訇早年执教郑州清真大寺任教长，招收哈里发（学员）设帐讲学，开经堂教育之先河，久负盛名。清道光二十三年（1843年）带领教众重修老山海默穆都哈坟墓，

在穆斯林中产生深远影响。于清道光二十五年（1845 年）归真，葬清真大寺后院。马阿訇为伊斯兰事业奉献终生，执着传播伊斯兰文化，创建丰功伟绩，享誉中外。穆民大众为铭记阿訇杰出贡献，传承其高尚品德，弘扬其博大精神，敬立德政碑。

马振久阿訇乾隆年间人，与桑坡二杨阿訇齐名，有无数生动故事流传至今。振久阿訇学成之初，任北京某小坊清真寺阿訇，适逢盛典，诸坊阿訇云集，论资排座，各归其位。时主宾大阿訇未到，振久阿訇即昂然首座，四周侧目。待大阿訇至，将所携经卷授之曰："今日请您讲此经！"振久阿訇曰："此经乃我开蒙时所背诵者也！不必看，吾背而讲之。"由是声望日隆。

（十三）郑县城内清真寺公产界石

此界石乃民国时期界定郑州清真寺地产范围的一件实物史料，是 1992 年在老坟岗东陈庄东街居民院中发现的，其地理位置在铭功路东约 300 米，西太康路南近 200 米处。界石四面镌字，分别为："郑县城内清真寺公产界石""回族祖茔地界""北中至西北角华尺四百四十六尺""第五号中华民国十一年（1922 年）小阳月重立"。

这块"第五号"界石是清真寺地产的又一史证，寺产数量逐年增加，地亩范围不断扩大，使清真寺得以生存和发展。

（十四）开郑教长马长清墓碑、墓志

墓碑碑阳刻有以下文字：

公生于咸丰六年五月十七日　卒于民国二十七年九月十一日享寿八十有二

孺人生于光绪十二年四月二十五日　卒于民国二十六年九月二十六日　享寿五十有二

郑县城内大寺教长：马润章　马化云　孙廷臣　牧文秀　马

维贤 沙文焕 李绍棠 杨宝华

受业：马耀龙 巴玉清 马鸣春 常荣华 李希章 禹得真 治真魁 摆元祥 卞玉堂 安福德 张国彦 齐金声

王士臣 马振东 李文明 白良宣 袁俊卿 马仁轩 买明德 魏麟章 唐庆安 孙国才 张文喜 丹鹏举 拜成章

少阿衡：良俊 良杰 少孙：文广 文章

河南开郑等处穆民教长马二公讳长清德配孺人马太君之墓

乡老：

牧国岐 沙宝玉 古镜清 马华民 马瑞轩 沙士杰 古云亮 沙毓华 马厚禄 李松扬 帖 彦 马德兴

把兆义 马题文 金广义 马宗瀛 郭振江 李 瑛 马松山 陈玉修 杨敬棠 杨茂林 杨继珍 海鸿章

马中成 金福恒 马景云 虎金国 李钦瀛 张鹤鸣 沙锦林 谢治宇 马景顺 把祥云 马景林 把而立

李桂芳 把秀云 海兰芬 沙福祥 马温良 李庆昌 杨文才 马中和 把宗瀛 沙宝生 金龙义 沙文蔚

帖宗圣 把恩科 李鹤鸣 马兆连 马玉保 马玉声 郭文成 虎朝元 把金德 李松如 古尚文 李鸣河

古良臣 沙振林 李保彦 仝 立

大中华民国二十七年岁次戊寅阳月仲浣榖旦

墓碑碑阴为马老阿訇墓志表。

公马姓，讳长清，字澄晏；行二，济源人也，原籍郑州。性颖悟，尤嗜学，岁将而立，即成阿衡品级。应各地之聘请，设帐而授徒，从其逊者，黄河两岸，大江南北，指不胜屈，开封郑州穆民荟萃之地，镇江太和回教有名之区，桑坡、博爱、沁阳、卫辉、卢氏均宗教兢盛所在，而穷经学人趋之若鹜，是皆阿訇一次二次而下榻者也，由是我国传教经师，半多其徒，余聆盛名，不远千里，九越峻岭，四渡洛河，抵卢氏亲炙其门。阿訇汉字能解大概，经学实系渊博，阿文法理，颇据独得之奇，教典教义，由三乘之途径，研一派之渊源，而且理学精深，凡真有幻有，知一见一之真谛，了然于心，腾诸其口矣。既明大世界之源委，又悉小世界来复，登殿礼拜，清风上达上帝，升堂讲经，化雨下普下民，蔼然和平之气，洋溢各方，确乎清真之光，陶铸众生，数十年口讲指画，天方经传，百余侣承先启后，赤泥门徒，剖析学术不懈，髦髫之秋，应受天恩无限快乐之境。最堪慰者，未归真前，梦穆圣来迎，仙童侍侧，信乎吾圣有云，吾教生学者，贵过前代圣人，享年八十有二，与妻马氏刚过一周，病祚学内，数十日归主，各方乡老，念阿訇两任是坊，功德难没，即葬于寺内田地，同妻马氏并葬。所遗二男，长名良俊，次名良杰，皆少壮英俊，从父学习，他年定能肯构，孙男文广、文章，孙女心爱、玉珍均在幼小。万上思慕盛德大业，共乐勒石，叙其学术，铭其功修，以儆来者，命余为文，余识浅何敢当此，因系业师，勉力为之。铭曰：

太行之麓，盘谷之隅，钟灵毓秀，乾坤发光。呜呼阿衡，诞降斯方，阿衡性禀，先天超常，万卷经典，中天发皇，天方正学，绥尼流芳，讲经说法，奠教彷徨，教育后学，有真主张，满门桃李，神州飘扬。穆穆圣道，克传克昌，学辟乎异，门杜其旁，州册天经，奥窔阐扬。卢氏数载，山林潜藏。开封两次，桑坡三坊，聘书纷纷，遣使颇忙，初到太和，驰声镇江，清化新庄，兢赞贤良，济源两寺，原系故乡，欲协子弟，晚年安康。敦意东里，重来相访，为道登车，莫敢或遑，未及一载，马氏先亡；偕子抱孙，不胜悲伤，始过一周，忽达帝乡。阿衡功德，山高水长，真宰眷顾，穆民表坊，尘世难留，荣升天堂，两世福泽，万寿无疆。

段长李仲华　古悦贤　监工铁笔　孙魁元

宁夏省政府参议受业范庭三沐浴敬撰

清优附生教下　马云祥沐手书丹

该碑位于大殿后院，碑文全面总结了马长青阿訇的宣教人生，他和他的薪传弟子、再传弟子，为伊斯兰文化的传播发挥了重大作用。著名学者王静斋大阿訇曾撰文赞曰：马长青是河南久负盛名的老坊大阿訇，是经堂教育之导师。①

郑州清真大寺的古建筑维护和基本建设，得到各级政府的支持与关注，尤其近10年来新建重修改造项目接连不断。2007—2009年，首先拆除了旧配殿的残垣断壁，将水房、伙房、学生宿舍楼等旧建筑夷为平地，新建一座古香古色的仿古新配殿综合楼，仿古建筑搭配以阿拉伯式拱形门窗，中阿合璧。45米的宣礼塔高耸入云，妆点以阿拉伯标志性文饰，中阿建筑风格融为一体，别具特色。占地面积1700平方米，建筑面积5700平方米，功能十分齐全，礼拜殿可供2000人同时礼拜。总投资1000万元人民币，政府项目投资400万、清真寺自筹150万、穆斯林群众捐助150万，启用老坟岗土地赔偿金300万。继而，管城回族区率清真大寺排除重重困难，美化周边环境，修整打造古寺仪门广场1395平方米，重建寺前映壁墙，墙高6米，长10米，投资700万元，2008年11月竣工②。2013年，管城区拨款200万元人民币，为清真大寺又新建一座仿明代古建筑大门及两个过街牌坊。于伊斯兰教历一四三四年十月一日开斋节启用，焕发古寺新颜。目前清真寺正在进行南院改造扩建工程，这是近10年来又一大型建设项目。

清真寺的不断重修扩建，是国泰民安的印证，是国富民强的象征！祝愿56个兄弟民族团结奋进，为实现中华民族的伟大复兴奉献心智和力量！

五、郑州巴巴墓

郑州巴巴墓是中国现存的回族古墓之一，也是郑州清真北大寺现存著名古迹之一。墓内安葬着阿拉伯友人穆斯林先贤默穆都哈，由于他具有高

① 此段文字据郭振勇著《河南省文献志选稿》第三辑稍加改动。

② 仪门东约30米处原有高大映壁一座，1961年坍塌。

深的宗教修养，被尊为“巴巴”，其坟墓亦敬称为“巴巴墓”。

据传，默穆都哈于明朝初年来到郑州清真北大寺，宣传伊斯兰教义。他知识渊博、品行圣洁、道德高尚，深受众人敬仰，尊其为“筛海卧力”。默穆都哈不远万里历尽艰辛来到中国，架起一座中阿文明交流的桥梁，促使中阿人民之间加深了解，增进友谊。他反对用暴力解决民族纠纷，主张各民族加强团结，消除隔阂，和睦相处，为后人树立了光辉典范。他毕生致力于伊斯兰文化事业，直至献出宝贵的生命，并立嘱把自己的遗体埋葬在中华大地上，成为中国与阿拉伯友好往来的历史见证。人们为他的坟墓建亭立碑，以表示深切怀念。

现存巴巴墓墓碑系道光二十三（1843 年）著名教长马振九阿訇带领教众重修老山海默穆都哈坟墓时所立，碑额镌刻阿拉伯文，译意为：“真主说：的确，真主喜爱的人们没有恐惧，也没有忧愁。”左右分刻日、月二字，碑文：“道光贰拾叁年桂月上浣重修马耿光捐修”。

六、山海默穆都哈大人墓

墓碑上刻如下文字：

教长：牧临清　马振九　沙登嵩　李殿元
监生：马忠义　经厅：沙凤来　举人：马其昌
武举：古金龙　沙继善　沙春元[①]　敬立

坟墓呈半圆形，滚白色，墓上有亭，亭前有走廊甬道及前厅，前厅门首悬有匾书“天方境”。

寺存清光绪三十三年（1907 年）“重修大殿和滚白碑文”记载“滚白，山海之墓，隐寓真灵，苟或破碎，何以宣圣言而庇真灵乎？所以约众捐赀，为修理之。殚精竭虑，不数月间功成告竣，焕然一新……”

据此可知，巴巴墓在清道光二十三年至光绪三十三年的 60 多年间，进行过两次维修，亦可知，在人们心目中对老山海及其坟墓的崇敬和尊重。

因仰慕山海默穆都哈学德兼优，回族群众有为其墓修亭者，有为其亭前修房者，有增额者，有为之筑垣者，更有旁修房屋佣人看墓者。且仕宦往来，多有拜谒者。回回民众还相继在墓地周围埋葬故人，这一带逐渐发展成为闻名遐迩的回民义地——郑州老坟岗。每逢伊斯兰重大节日，穆斯林民众都来墓地缅怀先贤，“巴巴墓”成为重要的宗教活动场所，对传播伊斯兰文化和默穆都哈事迹，具有深刻意义，产生了深远影响。但由于历史变迁，几经战乱，“巴巴墓”及其建筑遭到严重破坏。新中国成立后党和政府积极落实民族及宗教政策，老坟岗得以新生，巴巴墓重新修建。1953 年，河南省民委拨款 9000 元，重修清真寺和巴巴墓墓亭、大厅、甬道等处；1980 年，郑州市伊斯兰教协会重修巴巴墓墓亭。保存完好的巴巴墓如今已入列郑州众多文物资源中的古代遗址之一。

谨举几则相关例文，与读者共同怀念穆斯林先贤默穆都哈。

传说，昔时有某大将军，作战于西北某地，兵败渡河而去，追兵至河边，河水突然暴涨，将军之伍幸免于难。后至郑州，偶然发现巴巴墓一带河道及地形地貌，酷似当年兵败渡河后的地理状况，深感玄妙，特敬书“天方境”三字悬于墓亭，以表敬意。

道光二十三年，郑州西兑周村邑庠生金甲第之德配马氏，因敬重老筛海而为之树碑立传。“筛海默穆都哈墓志”由清优附生马云祥沐手撰文并书丹：“郑西关外金水之阳，有筛海墓，相传为西域异人。初至郑寺，告众曰‘（我）默穆都之哈，如疾不愈，希诸穆民殡焉’。及其归主，众为浴殡时，奇香满室，众豁然知为筛海。夫道德不巍巍如山之高，学业不渊渊如海之深，斯不堪名为筛海。而既以是名，其德学，可想知矣。若夫真诚通主座，代人求鸿恩，此固其能事者。是以有为其墓修亭者，有为其亭前修房者，有增额者，更有为之筑垣者，有旁修瓦屋三间佣人看墓者。且仕宦往来，多有拜谒者。夫有景落于前难每继墓后（《禹贡》编者按：此句疑有脱误）。故郑治西兑周村有邑庠生金甲第之德配马氏者，为之沏（砌）石，因嘱于予，义不获辞，略为之志云。”①

清咸丰二年（1852 年）蓝子羲著郑州真人墓志：“真人道号默穆都

① 原载《禹贡》半月刊。

哈。天方人也。来于河南郑州城内清真寺教化穆士林。得为忠信之士者多矣。昔于七月七日归真。真体大发真香。敬谨墓于州城之西门外大道之北。为固土补奥师。建有墓亭。立有碑记。斯地自安墓之后。渐长为山。其道旁浊水小沟。遂变而为清泉大涧。迄今山渐长而高。水渐大而河矣。昔日平地。今则岗陵。昔有三尺之沟。今乃河水洋洋。须过桥东上。而上其山坡。至其墓亭。乃见碑记也。当日郑州城内。回汉愚民结仇已深。约期打仗。期前暮时。西关有白帽回子进城者。如云涌而来。济济而入。时至三鼓回子来有数十万。遂鸣锣喊曰。回汉宜和不宜结怨。明日不打仗矣。明日不打仗矣。待旦寂无声色。安睹如常。明日刺史查城内。回子并无添人。西门外地方报曰。真人墓内出白帽回子。约数十万。是即奥师所显。因化解其祸也。此即固土补感应。人可不敬乎。其可不畏乎。当日刺史诣清真寺。劝化愚氓曰。回汉皆毋嫉妒。从来甚是相安。自此感慕真人。允宜保合大和。造尔生民之福。本州幸甚之至。尔等懔之慎之。凡属回汉百姓。均当敬谨毋违。”①

以上两篇墓志生动地记述了先贤默穆都哈的生平事迹及巴巴墓的历史渊源，为便于读者阅读参考，1993 年农历七月初七，即老山海归真纪日，笔者将“郑州真人墓志”译为白话文。

阿拉伯人默穆都哈是一位著名的伊斯兰学者、高级修士。来到河南郑州城内清真寺宣传伊斯兰教义，使很多受教者成为虔诚的穆斯林。晚年，于农历七月初七归真（逝世），遍体散发出浓郁的清香，被尊为“固土补奥师”（阿拉伯语音译，意为获高级教职，能创造特大奇迹的人）。敬葬于郑州西门外大道以北的地方，后人为他建墓造亭，树碑立传。此地自默穆都哈安墓以后，地势渐渐增高而成为小山丘。路边的浊水小沟也慢慢变成清水溪流，后来山丘逐日增高，水也缓缓变大成河。往日的平地今天已是岗陵，旧时的三尺小沟而今已是河水荡漾，往返必须过桥。若到墓地去，需过桥后再东登山坡，即可到达墓亭看见墓碑。

当时郑州城内的回汉两族百姓不和，结怨成愁，双方约定了械斗日期。但在开仗的前一天晚上，西关有戴白帽子的回回进城，来者多如云

① 选自中华民国十四年乙丑春（1925 年）北京牛街清真书报社印刷出版《天方正学》。

涌，结队而入。到夜半三更之时，进城的回回已达数十万之多，他们敲锣呐喊："回汉百姓应该讲和不应结怨，明天不要打仗了！明天不要打仗了！"待到黎明声迹俱无，和往常一样宁静。白天郑州的州官到城内巡查，回民并未增加一人，情形依然如常。可是，西门外地方官吏报告说："约有数十万戴白帽子的回回从真人墓内出来。"此时人们才恍然大悟，原来这是"奥师"为化解这场灾祸而显现的特大奇迹，乃"固土补"感应，对真人如此功德怎不令人敬仰呢！对此奥秘怎不畏惧呢？

当天州官到清真寺拜访，调解矛盾，规劝民众，他说："回汉百姓不要相互怨恨，应一如既往和睦相处，从而永远感念真人功德，同心协力维护友好安宁的局面，这定会给大家带来幸福。作为一州之长，我将会感到非常欣慰。希望所有回汉百姓，今后都必须严肃认真地遵照执行真人的旨意，不得违背。"

上文所含宗教专业词汇和外来语，在日常用语中很少见到，特作简要释义，以供参阅。

巴巴：穆斯林词汇，源于外来语。阿拉伯语、波斯语等多种语言均有此称谓，系对宗教修养高深的男性父老的尊称。

山海（筛海）：阿拉伯语音译，伊斯兰教职称谓。穆斯林对教内有名望的长者、老师、学者或有地位者的尊称。

真人：著名学者，高级修士。有些地方或教派把"沃里"和"固土补"译称真人。

沃里（吾里）：阿拉伯语音译，原意为"接近真主者"。穆斯林对德高望重、极受尊敬者的称谓。如著名伊斯兰教大学者，为主道殉难牺牲者，信仰虔诚、功修突出而行为高尚者，创造奇迹或传闻中超凡脱俗者，各教派内公认的宗教领袖等。

固土补：阿拉伯语 gutb 音译，原意为巨头、显要、杰出人物。我国穆斯林多指宗教功修杰出、云游四方，具有非凡奇迹和神秘色彩的人。

奥师：阿拉伯语音译，原意为地钉、地柱、地轴。译意为具有高级称谓的教职人员，著名学者，行为圣洁、虔诚、能创造奇迹者，人类痛苦的解救者。宗教界称奥师为真主派往各地的要人或代理者，是稳定大地的枢轴，可免除地震、地动、地陷等自然灾害。

巴巴墓虽近在咫尺，但数百年来，关于巴巴墓和默穆都哈史迹的文字记载，寺内尚无完好保存，有些文物史料也已不复存在，如筛海默穆都哈墓志碑和郑州真人墓志碑已无从寻觅，1953 年大修时巴巴墓门前悬挂的“天方境”大字匾额，如今已下落不明。故 1993 年和几位穆斯林朋友谈起收集整理郑州巴巴墓资料的设想，众友一致赞同，即组成默穆都哈课题组开始行动。1994 年 2 月我们将收集到的资料汇集出版，广为流传。《郑州巴巴墓》文字资料不仅迅速扩大了巴巴墓的影响，作为郑州清真寺文史资料的一部分，记录了清真寺真实的历史面貌。还为相关城区修立志书提供了参考和借鉴，之后出版的《管城回族志》《郑州市二七区志》均有引用。

伴随着国家的繁荣富强和长治久安国策的实施，修史立志工作也在深入进展。我们收集到 1991 年 2 月郑州市二七区出版的《地名资料汇编》第二集中描述郑州巴巴墓的文字。

相传明洪武年间，西域回教真人默穆都哈，来郑游历施教。因他道高德隆，为回族所敬仰，尊为“山海”，犹汉语圣贤之意，卒后葬于郑州西关外，该墓位于今解放路 52 号，墓高 0. 84 米，长 1. 82 米，呈半圆形，滚白色。墓上原建有大圆亭一座，抗战中被毁，解放初期，又建现存之六角亭，高约七米，坐北向南，墓前立有石碑，为道光二十三年由马耿光捐资，教长马振九等重修时所立，碑高 1. 72 米，宽 0. 56 米，厚 0. 16 米，中书“山海默穆都哈大人墓”，旁书年月及捐修人姓名，额镌阿拉伯文，意谓“真主曰：墓中人，完人也，殁后将享极乐”。左右分刻日月二字，亭前有走廊甬道，前通祭堂，为我国回族古墓之一，常有回民来此瞻拜。郑地回民因慕默穆都哈真人之道德，争在墓地附近购地为茔，历明清两代逐渐扩大为回民义地，墓冢累累，因地势高约十米，为一土岗，故俗称“老坟岗”。解放后，因扩建解放路，该处形成居民区，为回族聚居区之一，1979 年辟为农贸市场。

郑州市工商行政管理局 1990 年 10 月 1 日出版的老坟岗集贸市场简介中，也有关于巴巴墓的记载。

老坟岗地处郑州市中心，是一个历史悠久的具有一定规模的综合性集贸市场，闻名全国。……这里原为一蒿莱丛生的沙岗，明朝万历年间，西方回教真人，贤哲默穆都哈到郑游历教化，死后埋葬于此（今伊斯兰教协会院内立有墓碑），亦称“巴巴墓”。明清两代，这里逐渐扩大为回胞义地，坟墓累累，加之当时高出地面约十米，故称为“老坟岗”。1906—1908 年间，京汉、陇海（郑汴、郑洛段）先后通车，郑州便逐渐成为商埠，老坟岗以它有利的地理条件，日渐繁荣。……党的十一届三中全会后的 1979 年，经市政府批准，老坟岗不断开拓前进。

以上两例资料中，字里行间浸透着墓主默穆都哈先贤在人们心目中的美好印象。

郑州巴巴墓坐落于河南省省会郑州市中心的解放路 52 号院，东连二七广场与二七纪念塔并列，1923 年在巴巴墓身旁爆发的“二七”大罢工震惊中外，书写了中国工运史上的光辉篇章。巴巴墓还与郑州火车站毗邻，近在咫尺的火车站始建于 1904 年，扼守中原腹地，京广、陇海两大铁路干线在此交汇，是国家重要交通枢纽，在全国经济发展格局中具有承东启西、贯通南北的重要作用，因而荣获中国铁路客运“心脏”之美誉。巴巴墓位于著名商埠郑州的贸易中心，周围商厦林立，国际间的经济文化交流活动日益繁荣，已引起国内外穆斯林及其他国际友人的极大关注，特别是在与阿拉伯国家的经贸文化交流中，发挥着积极作用。

随着改革开放的不断深入，中国八大古都之一、国家级历史文化名城郑州，今天已发展成为世界历史都市联盟成员城市，并荣获全国文明城市、全国科技进步示范城市等称号。在这里有不少关于巴巴墓和先贤默穆都哈的传说，这些传说和相关文字资料，对研究中原伊斯兰文化和历代中外文化交流史具有一定价值。希望更多的有识之士参与此项研究工作，为发扬光大具有悠久历史的中阿文明尽力！为促进各民族同胞亲密团结、携手共建现代化的新郑州尽力！

（原载于《伊斯兰文化研究》，2007 年第四期，总第十九期，34 ~ 41 页）

回眸郑州清平里清真寺[①]

关晓成

郑州清平里清真寺始创于民国六年（1917 年），由回回巨商马良骏先生创建，位于郑州清平里 3 号。是郑州市城区除北大寺、北下街清真寺外最早创建的清真寺，距今已有 90 多年的历史。

一、优秀的清真寺创建者

马良骏先生祖籍陕西渭南，由于清同治年间西北回民大起义的原因，随起义军举家西迁化平，后定居于甘肃平凉。19 世纪 70 年代初，起义失败，为躲避迫害，又东迁至河南开封、郑州等地。马良骏先生的父亲马自忠老先生到中原后为维持生计，以经商贩马为业，起步十分艰辛，足迹遍及内蒙古和中原地区，所贩马匹在内地市场出售，有的还销往军队。经过艰苦奋斗，回民的生活逐渐恢复了生机，建立清真寺提上了首要的日程。在开封善义堂清真寺创建过程中，马自忠老先生挑头，先后捐银 4000 两建寺，清真寺大殿中的建寺捐银碑文清晰记载着此事，石碑保存得十分完好。

据马良骏先生的孙子马治中先生讲述，马自忠老先生在两个儿子成年后，即把家产分给了儿子，每个儿子分得 1000 两黄金。分家后，在父亲商业活动的基础上，马良骏先生艰苦创业，进一步扩展商业活动范围，除河

① 本文在收集资料和成文过程中得到马治中、金国芳、海景元、赵国保、吴孝全及沙志军等诸位先生的热情帮助，在他们提供的口碑及文字资料的基础上参考其他文献资料成文。

南、甘肃外，还将生意扩展到了京沪等地，设立掌柜进行管理，财富日渐积累。在从事商业和贩马生意的同时，又拓展业务，开设钱庄，并将积累的钱财换成金银，家产迅速扩大。其间，除储备金银外，还在河南郑州、开封，甘肃平凉及京沪等地置办了大量房产和地产。在平凉北沙石滩还建有一座清真寺（现在的甘肃平凉北寺）。马家在郑州的房产居多，郑州的昇平里、清平里、弓背街及上元街等街区都是这时形成的，二马路也有其部分房产，街区的房产基本上都是其私产，例如当时的清平里街道两端都设有街门，每到晚上街门关闭，外人不得穿行其间。据马治中先生讲，除了房产，马家在郑州的老坟岗及碧沙岗置有大片地产，上海平凉路及北京牛街有马家的银号和房产，开封的鼓楼街和马道街也有马家大量房地产。马治中先生还说道：爷爷马良骏从小接受严格的家教，刻苦学习阿拉伯文和《古兰经》，终生热心伊斯兰教事业，先后独创清真寺两座，并全力供养。且所到之处，无不资助当地宗教事业发展。清平里清真寺原为一座临时清真寺，祖父良骏老先生准备在条件成熟后在郑州再建一座具有一定规模的清真寺。该寺建成后不久，祖父便回平凉为大伯秀岐操办婚事，却在途中不幸遇险归真。其时，大伯秀岐尚未成家，父亲秀云只有 3 岁左右，三叔秀山刚出生不久。马良骏先生这一重大变故对家庭的伤害实在是太大了，对经济的打击是不可逆转的，自此以后，马家的重大变故连连发生，像一艘失去舵手的航船一样，失去了控制。1918 年，其长子马秀岐将马良骏先生修建的清平里清真寺南屋 5 间、大殿 3 间、北屋 7 间，全部永远捐赠给当地作为公共清真寺，向周围坊民开放，同时还捐洋 1000 元，供寺内各项费用开支，并立碑为证。

马君良骏，甘省化平人，在陕豫之间经商三十余年，勤苦拮据，始获厚背。其为人居心谨慎，行事开展轻财好义，济困扶贫，举动慷慨，颇类豪侠，固非寻常人所能及其万一。民国七年先生在郑购买宏农里改为清平里后，在此地修有临时清真寺一座，工竣后约张君玉盘回甘，为长子秀岐完婚。不意道经陕州西关大雨时行山水暴发，以致避逃弗及，竟卒于水。呜呼惨矣，古今来英雄豪杰往往死非其命，使后人咨嗟难息，而不能已，岂独良骏君哉？迨张君玉盘到陕州时见事已如此，只好暂为安葬干陕州城西，迄今业已三年。乃子秀岐等于十一月间由陕州搬埋体回郑，请汴郑以及他附近各寺阿衡开经并有亲友数百人泣送，埋也体挖于郑州城西五里处，事毕后其子秀岐等以伊父奔波半生，俭衣节食，积资修寺，无非为尊敬主圣发达教道起见，遂继其志而扩其事秀岐与姨母甘氏共商，情愿将清平里所修之寺，计大殿三间、南屋五间、北屋七间，永远改为公共清真寺并出洋一千元。此真乐善好施深明大义之举，吾教友又捐洋或生息或置产收余利作此寺每年各种开支。凡我教友不分畛域场可随时公正教友数人同秀岐经理寺内一切事务。秀岐永有问事之权，无论何人不可轻视每年择定圣忌日邀各寺阿衡掌教等与良骏君开经走坟，以作永远纪念。藉资鼓励吾教后学以上各等由秀岐、秀云、秀山、马连山、阿衡王君荫棠、马君子骏、白君敬甫、张君玉盘、马君润轩、篮君青林、于君俊魁、马君善之、铁君子禄、魏君子表、马君风祥等在寺内公同议决，立碑存案并在房契上注明此事，自此之后不拘何人不得藉故当卖，特此立碑作证。

中华民国十一年正月初一日立

二、庞士谦阿訇第一次到清平里开学

我国著名回族学者、教育家庞士谦阿訇在《埃及九年》一书中写道：“结婚后到沁阳汪街寺跟马连三阿訇念经……在马连三学里不到几个月，他就被郑州清平里寺所请。在他赴任前，先派我去代理。该寺是民国初年化平巨商马骏良先生所独创。我到郑州时，马君刚去世不久，寺内一切花费由马家独担，这时候还给我招了两位海里凡。每天除给他们俩讲经外就是预备个卧尔兹。两个人还是讲两种东西，一个是《法苏里》法尔西文的；另一个是《满俩》。当时我 22 岁，初出茅庐，缺少经验，只有边教边学。该坊虽是家数不多，他们原籍都是陕西。”

此时良骏先生已归真5年之久，马家虽连连遭受重大变故，但清真寺的供养还是得到充分保障，马家的经济实力还在艰难地维持着。庞阿訇曾讲："此时清平里清真寺正处兴旺之时……这时候寺隔壁就是马家的银号泰和成，经理白敬甫先生是我的同乡，每日在寺礼拜。他曾劝我深造，投考省立中学，情愿帮助。但我因为已走进阿訇行列……所以婉言谢绝之。很快一年过去了，在马（连三）阿訇上任后，我的任务完成了，就回家去。"庞士谦阿訇初次当阿訇，就在清平里清真寺。

三、庞士谦阿訇第二次莅临清平里清真寺

1926年，庞阿訇辞退了晋城崇实学校担任的课程，再次到了郑州。恰好刘志三阿訇和郑研真先生正在筹备创建研究社，研究社是一个研究教门中问题的机构。庞阿訇在《埃及九年》中记述："那时候郑州研究社是我和志三阿訇主持，设有一所小学，妇女讲演会和成人教义研究社。因不吃'海底业'，又加是一新创机构，很难养住我们两人，于是志三就离开那里，交我一人负责了。"庞阿訇对回族穆斯林的教育事业情趣很浓，认为办学校很有意义，为把小学办成为一个正规学校，就与众乡老们商量到外地募捐。于是庞老以学校名义到许昌、汉口、上海寻求捐助。由此也可判断，马良骏先生归真后，马家受到重创，经济实力已明显变弱，同时供养清真寺和小学财力明显不足。庞老此次在郑州前后三四年之久，后因接受马自成和马松亭阿訇之邀，于1929年赴京到成达任职，从此由郑州走出，开始了终生从事民族教育的新征程。

四、庞士谦阿訇第三次莅临清平里清真寺

1937年，庞阿訇受成达师范马松亭阿訇之托，率领法鲁克学生团赴埃及爱资哈尔大学留学。6月初，庞阿訇乘间隙回河南探亲，在准备返京时，卢沟桥事变爆发，平汉线被阻断，庞阿訇被滞留在家。

庞阿訇在《埃及九年》中记述："战争一天一天的扩大，回京之期更形遥远，在家赋闲也非常着急，于是我就到郑州去探望师友们，适值郑州清平里聘我担任教长。"

在庞阿訇此次任教长期间，有成达同学马全仁、郑道明、李希圣、马湘、杨连珍等为海里凡，并成立了临时小学。马全仁回忆这段时光时写道："在清平里寺随庞老师念经时，庞老师除每天教我们念经、礼拜、严守教法外，他老人家还坚持不断地自学经书，看报纸关心时事。在讲经堂门口阳光下，常可看到他手捧书本，反复钻研……庞老师喜欢吃素菜和郑州的玉米窝头，他老虽是一坊之长的经师，可总与我们海里凡同吃同住，同甘共苦，吃'摔面''揪片'，庞老师常亲自动手和面炒菜煮饭……他还经常给我们讲些爱国家爱民族的道理，对广大人民起来反抗日本侵略者由衷的高兴……对回族的复兴非常关心，认为，将来回族要发展，首先应当发展教育……"

在此期间，成达校长唐柯三大阿訇及王曾美、常子春、白孟余、王静斋大阿訇等都先后莅郑，有的还在郑居留一些时日。他们相聚在一起对留埃学生团相关事宜交换了意见，最后决议内地的留埃学生在郑州集中，不难想象，他们在郑州期间，都会与清平里清真寺结缘的。

在此期间发生的另一件大事是为中央陆军军官学校南宁分校第十五期建立回民总队代招回民青年学子，庞士谦阿訇认真厉行了这一委托。后来，这批学生与留埃学生四五十人齐聚郑州后，于1937年12月10日离开郑州去武汉。由此，庞阿訇又一次从清平里寺走出，踏上了埃及九年的留学之路，此行为国家和回族造就了大量顶尖英才。到中央陆军军官学校学习的回族热血男儿毕业后，纷纷奔赴抗日前线，与日军浴血奋战，为夺取抗日战争胜利做出了卓著贡献。

五、王静斋阿訇在清平里清真寺译经

抗日战争爆发后的1937年冬，中国近代四大阿訇之一的著名伊斯兰教学者王静斋阿訇莅临郑州，在清平里清真寺住了几个月，并于12月17日起开始翻译经堂语体《古兰经》，庞士廉阿訇于12月10日离郑后，清平里寺教务由王静斋阿訇担任。后来请到正式阿訇王鸿祥先生，两人轮流执掌教务工作。由于马家重大变故连连，加之日寇侵华战争造成的战乱和社会动荡，马家的经济实力已急骤败落，清平里清真寺的供养已大不如前，阿訇此时的日子已十分清苦，王静斋大阿訇在《我之译经小史》中对这段日子有着详细的描述。即使如此，不少回族穆斯林精英，还是先后驻足清平里寺。

六、“中国回民抗日救国协会”成立

王静斋阿訇在清平里寺期间还与时子周先生发起成立了“中国回民抗日救国协会”，拟具章程，呈请备案。1938年初，会址由郑州迁往武汉，并改组为“中国回民救国协会”，由民办改为官办。1939年迁至重庆，改为“中国回教协会”。[①] 作为抗日战争期间唯一的全国性穆斯林社团，协会积极开展抗日宣传和国民外交，争取民族平等权利，提倡宗教信仰自由，出版刊物，组织回民青年直接参加抗日武装，推动回民文化教育，救济遭受战乱的同胞，为夺取抗日战争的胜利做出卓著贡献。

这一时期，郑州一度成为全国伊斯兰教活动中心，其间发生的重大事件，大都与清平里这坊充满传奇色彩的小寺有着千丝万缕的联系，这一切都已成为郑州清平里清真寺的荣耀，也为郑州伊斯兰文化史书写了光辉的一页，且将会赢得历史的尊重。

---

① 中国回教协会在抗战胜利后迁至南京，1949年，国民党败退台湾，中国回教协会亦随之退到台湾，1951年，中国回教协会在台湾复会，直至今日。2004年6月，中国伊斯兰教协会（1953年5月成立）组团访问台湾。2005年5月，台湾回教协会组团访问大陆，先后访问了北京、银川、兰州、临夏、西安。访问期间，台回教协会负责人非常自豪地说：“台湾法务部门曾宣布：几十年来穆斯林在台湾的犯罪率为零，台湾穆斯林中没有一人参加民进党，大家都反对‘台独’。两岸穆斯林同胞实现了互访，期望在此基础上，大力推进‘一国两制’方针，早日实现祖国统一大业。”

七、经生白光道曾来清平里寺学经

20 世纪 30 年代，清平里清真寺曾请豫东知名阿訇郭景福任教长，经生白光道跟郭阿訇住学，此时白光道已是一位有胆有识的护教英雄。1929 年 9 月他在汉口南京路清真寺住学时，曾因陈立夫办的“世界电影院”放映辱教影片而义愤填膺，当场砸毁电影院的放映器材，制止了辱教影片的播放，砸后即投案自首，维护了教门和民族尊严，伸张了正义。当局很快登报申明不再放映类似影片，并赔礼道歉。白光道先生应是在事件后不久来清平里寺学经的，此后，他又先后到京、津、穗等地住学、游学，学成后成为一位知名阿訇。白光道阿訇的生平事亦曾在《伊斯兰文化研究》于 2007 年总 20 期发表。据郭景福阿訇的儿子郭清心阿訇回忆，20 世纪 40 年代，郭清心阿訇曾在清平里寺第一次见到白光道阿訇，与他成为亲密朋友，此时郭景福阿訇是第二次到清平里寺任教长。

八、郑州清平里清真寺历任教长

从 20 世纪 30 年代直到解放后的 1958 年，先后在郑州清平里清真寺担任教长的有郭景福、盖世明、孙恩普、蒋西真、刘自杰、郑恩庆等阿訇。其中，郭景福分别于 20 世纪 30 年代初、40 年代及 50 年代三次莅临清平里寺任教长，是一位比较受欢迎的高尔林阿訇；盖世明阿訇于解放前后，两次莅临清平里寺任教长，后来他曾任中国伊协副会长、河南省伊协会长、郑州伊斯兰教经学院院长等职。资料显示，孙子文阿訇 1935 年前后也曾在清平里寺任教长。孙恩普阿訇系现河南省伊协副会长吕金虎阿訇之师。

九、民族和宗教政策逐步得到贯彻落实

1958年，实行宗教改革，清平里清真寺关闭，变为菜市街办事处。党的十一届三中全会后，实行拨乱反正，党的民族和宗教政策逐步得到贯彻落实，清真寺也陆续返还。在这一时期，被占20多年的清平里清真寺寺产归还给宗教部门后，又临时赁租给一食品厂使用，直到1992年春。期间，为进一步落实党的宗教政策，恢复清平里寺的功能，马治中先生曾数次到省、市及中央有关宗教部门反映情况。还在北京拜见了白寿彝教授和中国伊协副会长马贤先生，恳求他们帮助。马贤先生和白寿彝教授答应向河南省有关部门反映此事，为恢复清真寺功能迈出了第一步。其后，为方便穆民的宗教生活，原清平里清真寺周围的坊民也开始着手解决恢复清真寺功能的问题。在沙志军、吴兵、马新安、李全德等十几位热心教门的回族青年努力下，食品厂最终搬出，但这时的清真寺已面目全非。他们又克服财力、物力的种种困难，日夜不停地对清真寺进行打扫、清理，艰难地恢复了清真寺应有的基本条件，最终实现了功能恢复。1993年4月，清平里寺重新开放，经重新登记，颁发了河南省宗教活动场所证书。1995年，政府对旧城进行改造，清平里寺在改造范围，被拆迁。1997年4月17日，一座阿拉伯建筑风格的三层楼清真寺在新址拔地而起，交付使用。新寺占地398平方米，大殿宽敞明亮，清真寺功能齐全，并可以房租和随心乜贴实现以寺养寺，进行正常的宗教活动。清真寺的恢复使用，也是创建者和捐赠者的初衷，对逝者也是一种莫大的安慰。清真寺恢复开放后，先有马新安先生临时担任伊玛目，带领穆民进行宗教功课，后有买忠祥、姚宗旺、马扬、海军伟相继担任伊玛目。

清真寺功能恢复后，1993年5月买忠祥任第一届阿訇，一直到1995年12月清平里寺拆迁。1996年6月—1997年7月，买忠祥阿訇到巴基斯坦国际伊斯兰大学接受世界伊玛目培训，回国后，于1997年7月—2004年8月继任清平里寺阿訇。买阿訇爱国爱教，积极参政议政，曾任郑州市十届、十一届政协委员，第十一届政协常委会委员。第三任阿訇姚宗旺，

任期为2004年底—2008年3月，曾到巴基斯坦国际伊斯兰大学接受世界伊玛目培训。第四任阿訇海军伟，任期从2009年3月至今。

买忠祥、姚宗旺两任阿訇任职期间，曾连续举办中老年阿拉伯文及宗教知识学习班，在郑州市区很受穆民欢迎。还举办了学生假期学习班，学习阿拉伯语和伊斯兰宗教的基本知识，并辅导、帮助学生完成假期作业，收到良好效果，深受学生和家长的赞赏，参与者日众。丁健哈吉对举办学习班给予了大力支持，所需桌椅及百余名学生的伙食均有由提供。

以上内容是对清平里清真寺历史的粗线条探索、调研，因时间久远，文字记录资料奇缺，知其历史演变进程的人大部分已归真，存世者已年迈，有的老人记忆含混、模糊，第一手记述资料不易获得。因此，本文也难以使清平里清真寺的历史十分清晰化，且记述内容难免有谬误之处，期望知情者斧正，并提供新鲜而准确的资料或口碑传述，尽力挖掘这一具有光荣历史的清真寺所发生的历史事件，发扬爱国爱教光荣传统，为共建和谐社会做出新贡献！

恢复宗教活动后历届寺管会人员名单如下：

第一届（1993—1995年）马志民　吴继军　周有顺　伍景泉　沙志军

第二届（1995—1998年）杨维金　周有顺　马宪法　沙志军

第三届（1998—2001年）杨维金　周有顺　马宪法　杨忠仁　吕秀珍

第四届（2001—2005年）杨维金　王明廉　金国芳　吕秀珍　沙志军

第五届（2005—2010年发稿时）陈强　吴斌　曹瑞德　王增福　姚巧云

参考文献：

[1] 庞士谦．埃及九年．北京：《月华》文化服务社，1951（4）．

[2] 郑州管城回族区史编委会管城回族志．郑州：中州古籍出版社，1995.

[3] 李华英．哲人仙逝，风范犹存．中国穆斯林，2002（4）．

[4] 庞月光．忆父亲．中国穆斯林，2001（4）．

[5] 马全仁．怀念伊斯兰教学者庞士谦．中国穆斯林，2002（纪念专辑）．

［16］余振贵．殷殷学子情拳拳爱国心——缅怀著名伊斯兰学者王静斋．中国穆斯林，2001（1）．

［7］郭成美．郭清心阿訇谈话录．河南穆斯林，2009（2）．

［8］白光道阿訇传．伊斯兰文化研究，2007（20）．

［9］邱树森主编．中国回族大词典．南京：江苏古籍出版社，1992.

［10］重阳子．台湾回族．回族文学，2010（1）．

（原载于《伊斯兰文化研究》，2010 年 1 月，总第 24 期，42 ~45 页）

沈丘清真古寺的创建与废兴

倪胜章

1999年，我有幸参与了沈丘县清真古寺升格为省级文物保护单位的申报工作，并负责有关史料搜集和文字整理工作。因此，我对沈丘清真古寺的创建与废兴等情况多有了解。前些年，我曾走访过已故县政协副主席李道全教长，已故县政协常委、伊协代会长李道同和已故县政协委员杜芾村（字绍棠）等社会贤达，写了一些有关清真古寺的文章。这次结合该寺的废兴及历史沿革，经过系统整理，叙述于后。

沈丘清真古寺旧称“至元寺”，坐落在沈丘县县城槐店回族镇东关大什字西南隅。因创建于元代至元年间而得名，近代称亦“老寺”和“清真古寺”。

元初，蒙古汗国为镇戍中原，从中亚征签一部分色目人和当地汉人加入“探马赤军”。其中由波斯人穆罕默德·阿李率其部落的4个营队驻屯于古项城县东郊（今沈丘县城），战时出征，平时屯聚牧养。阿李所部皆穆斯林，于至元十年（1273年），在此创建了豫东第一座“麦斯吉德”教坊——至元寺。并在营寨中间开凿了一眼“四方沿井”，供阿李的4个营队饮用。700多年来，沈丘穆斯林一直使用着这眼古井。明宣宗朱瞻基宣德三年（1428年），因陷河城废，项城县治所南迁。明孝宗弘治十五年（1502年），经西北洪洞大槐树迁入的穆斯林重建了至元寺，并称此地为“槐坊”。据寺内明碑刻记载：寺院规模宏大，占地15亩，仿庙式建筑，牌坊山式大门，“火墙叠檐，三进庭院，曲栏环绕，宽敞明静”。整座寺院内由大小63间房舍组成，是取先知穆罕默德（伊斯兰教创始人）寿数相同之意。明崇祯十七年（1644年），在闯军与明军的一次战役中，该寺遭兵燹。

到清世祖顺治十年（1653 年），经西北及黄河北迁入的穆斯林增多，以李、马、庞、海、倪、刘姓为主，散居槐坊四周，建 30 余村落，多以经商耕田为业，市井开始繁荣，“商贾云集，店铺林立，漕运兴旺，墙桅树密，水路交会之乡，财源堆积之薮”，槐坊逐渐成为豫东皖北商贸通衢重镇。时马氏来祖马辉倡导众穆民修寺，经马延缙之手，于清康熙四十二年（1703 年）完成修寺大业。重修的至元寺由主院、南庭院及北园林三部分组成。主院由门楼、过殿、卷棚、大殿及望月楼排列在一条中轴线上，两侧厢房为南、北讲经堂对称，具有中国古典宫殿式建筑特色。南庭院为磨房仓储、经匣房及海里凡歇息之地。经月亮门入北院进深为一处园林，园内有西讲堂、演武厅、兵器房。园中阁台亭榭、奇花异卉、古槐参天，是回民劳作之余休憩、健身习武之处所。整座寺院砖基、瓦顶、正脊、垂脊、檐口为绿色琉璃瓦嵌盖，屋面覆以铅灰色筒子瓦，雕梁画栋，纹檐绳桷，刻楹涂壁，悬匾垂联。大殿中央竖有古库法体“台思米”和“皇帝万岁牌位”。正门为牌楼形式，两侧为拱券门，正门上额由康熙年间进士马朝宣书“清真寺”匾一块。南北券门上各书“周中规”“折中矩”，意为陶冶回民性情，躬行规矩以求静心美德。北讲经堂上额悬挂清嘉庆六年（1801 年）河南巡抚使牛鉴题“明经堂”匾。过殿上方有直隶总督兼陕甘出抚使五品顶戴三级花翎巴图鲁 · 哈速鲁赠的“道源无极”匾。清同治十三年（1874 年）间一甲一名武进士，人称“满天星斗，天河一道，干国忠良”的云南督军张凤鸣（1850—1908 年，回族，祖籍西平）为寺院赠匾“道遵独一”。清光绪十九年（1893 年），沈丘籍御前侍卫、正定府镇台、副将马延襄赠匾“是有真宰”悬于卷棚上方。大殿中央明柱刻有中原书法名家李润科亲书楹联，上联“狱海火烈要是欲火点捻”，下联“考赛水甜究从德水发源”。清光绪年间本邑大伊玛目杜宽（字得众）哈只题匾“德步桑梓”“功补造化”匾悬于南讲经堂内。藏经室内有各种经书 1486 册，古手抄本 500 余册，其中大部分是明代黑伯李阿訇的手写经书，还珍藏有清末名噪颍、陈二州的书画家李东运大阿訇的《三阳开泰》画卷。同其他古建筑一样，该寺建筑物多有吻兽装饰，但由花卉图案组成，有远看是兽，近观是花之感，体现了伊斯兰的文化特色。

在清道光年间、咸丰年间及光绪三十一年（1905 年）曾三次对古寺礼拜殿进行修缮。民国二十八年（1939年），本坊乡老海容轩、杜芾村（字绍棠）、庞瑞甫、马继众、李道庆等在漯河等地募捐8000大洋，对寺内过殿、卷棚、地堂板进行维修。1953年，阿訇李道全率乡老刘继领、马文俊、杜绍良等自费赴沪，约在上海的回民老乡集资3000元，对寺院进行整修。

该寺院在“文化大革命”中被改建为化工厂，望月楼拆了当烟囱，寺院建筑遭到严重破坏。1980年开始修复。1993年5月，由已故河南省伊协常委、周口地区伊协会长、沈丘县政协副主席李道全大阿訇倡议重建古寺望月楼，得到沈丘县委、县政府的大力支持和社会各界的大力资助。1993年6月25日动工重建，1994年3月14日落成。2000年9月25日，该寺被列为省级重点文物保护单位。2004年，沈丘县在阿联酋做贸易的商人刘伟个人捐资12万元，社会捐资近10万元，在寺内原女拜殿处新建一座建筑面积260平方米的女寺，于2005年6月竣工。

重建的望月楼改在寺院门楼处，两侧增建了两层配楼20间，主楼高5层32.6米，楼体建筑面积733平方米。望月楼底层为门楼，两侧卧立一对青石狮刻。二层面外有4个无底拱孔装饰，三、四层为四角挑檐，覆绿色琉璃瓦，二至五层均建外廓槛栏，便于人们登临目送，览观市景。各层廓壁装格子枋棂拱式窗，四角挂风铃。五层为六角攒尖式建筑，上托绿色穹顶，顶心上方为宝葫装饰，顶杆竖新月、五星。全楼上下翼角呼应，振振欲飞。已故新华社原社长穆青为新落成的望月楼亲书“清真古寺”“望月楼”匾额。

一坊古寺，一方文化。至元寺经过700多年的重建扩建，雄伟壮观，气势恢宏，既有古典传统的庄严、肃穆，又不失伊斯兰文化的巍峨、典雅。举首望宇，日月辉煌近在眼前。登楼鸟瞰，人间胜景尽收眼底。这座中原民族文化瑰宝，已成为豫东一大人文景观。

附：清光绪年间《重修槐坊厅清真寺拜殿碑记》

皇图永固

自来办大事成大功者，果专恃财力乎？抑恃此心力耳。心力无怠，而财力复足以继之。于是协力同心，和衷共济，斯天下无不可为之事，而古今无不可成之功。知此者，其惟槐镇之重修拜殿一事。

清真寺之有拜殿，原为吾教中拜跪之所，以仰答上帝造化生成之恩者也。设废而不修，不惟无以壮观瞻，而五时课功之真诚，将何所寄！乃槐之拜殿，自道光、咸丰年间两次重修，数十年来，风雨剥蚀，渐形残缺。

迄光绪二十一年，乃有钦之庞君，目睹心伤，于是约辅臣马君，共见首事刘超文，到寺商之。阿衡马瑞甫、掌教杜得众佥曰："此善事也，宜速为之"。况前经□□□公已书捐资，因被黄水之阻，仅置砖树，从此催输而经营之，殚精竭虑，鸠工庀材，虽未能告厥成功，勒之于石，而其丰功伟绩，固彰彰在人耳目间矣。兹于光绪二十九年，阁方首事诸公，后踵其迹而赞成之，有始有终，任怨任劳、辉煌金碧、焕然一新。然非前此诸公之心力维坚，必不能创。兹义举，非后此诸公之心力克继，又谁兴成此巨观。语曰："众志成城"，又曰："有志者事竟成"，岂不然哉！工竣嘱余以记其事，余不获以不文辞。然深嘉诸公之心力无怠，窃幸吾教中拜跪有所，故援笔以志其颠末，并将首事诸公姓名胪列于后，及同人之捐资多寡志之碑阴，以为后来之劝云尔。

首事

刘飞鹏　耆民李柏龄　武举马忠乾　武童李兴运　监生庞锡之

马春田　监生刘月鹏

知印厅方耀廉　监生庞子襄　监生马孝治

监工

李攀桂　把总高俊德　掌书厅马广彦　李会科　监生马仁舜

武生马廷扬　武童马孝

芳把总海风鸣　监生马克敏　李顺亲

沈丘县学优廪生：李新珍（字聘甫）　撰文

国子监太学生：李英敏　书朱

监修

阿衡：马凤池

掌教（伊玛目）　杜宽（字得众）

铁笔：赵云海

木工：郭明善

泥作：王德心

（原载于《河南穆斯林》，2007 年第三期）

周家口伊斯兰教史话[①]

杨少华

周口市川汇区，旧称周家口，沙河、颍河、贾鲁河在此汇流。横穿市区，市区被自然分成河南、河北、河西三个区域，形成鼎足之势，状若武汉，因而素有“小武汉”之称。历史上这里一直是南北经济、文化交汇之地，客观上给宗教传播提供了有利条件。不论是源于中国的道教，或是后来自外国传入的佛教、伊斯兰教、天主教、基督教，在不同的历史时期各有不同程度的发展，使周家口成为豫东较有影响的宗教传播地区之一，在宗教史上占有相当重要的地位。近日，作者以周口怀庆清真寺阿訇的身份，对伊斯兰教在周家口的传入、发展、组织形式、活动场所进行了考察，走访了一些知情老人，查阅了清真寺的有关史料，现将其情况概述于下。

一、伊斯兰教的传入

伊斯兰教是一个传播广泛，具有世界影响的宗教。610 年，阿拉伯人穆罕默德在阿拉伯半岛开始传播伊斯兰教。在穆罕默德在世的短短数十年时间，伊斯兰教便发展成为地跨欧、亚、非三大洲的世界性宗教，伊斯兰教的复兴和发展在世界文明史中占有重要的地位。唐朝盛世，丝绸之路畅通，源自西域的伊斯兰教传入中国并先后发展成回族、维吾尔、哈萨克、乌孜别克、东乡、保安等 10 个少数民族信仰的宗教。明代伊斯兰教随着回

---

① 杨少华，政协川汇区第十一届委员，周口市川汇区怀庆清真寺阿訇。

民的迁徙传入周家口。

据周口市志记载，回族群众迁徙周家口起始于明隆庆元年（1567年），有盖、王两姓回民从万花集（今西华县李方口村）移居周口西寨。至明末清初，随着航运的发展，商业日趋兴盛，省内各地的回民来周家口经商者逐渐增多，其中有怀庆府（沁阳市）的买、丁、白、杨、张、拜等姓，荥阳、禹县（今禹州市）的艾、巴、刘、铁、马等姓，沈丘槐店的庞、李等姓，淮阳的沙、方、苏等姓，项城南顿的马、刘姓及开封、朱仙镇、太康、封丘等地的其他姓氏回民也先后来周家口经商。这可以从一些回族家谱中得以佐证，南顿回族《马氏宗谱》谱叙："马氏世居山西洪洞县，三迁以至项城之南顿……自九丰公以来，历代两朝纪世十二地，分数州支别百派"，"马氏沈邑之巨族也，户大而散处于四方，初处卜居于怀庆府之桑家坡，后迁郑州、周家口、陈州、通许、南顿、新站集、栏埠口以及太和等处"。另据淮阳《穆氏家谱》载："先祖兄弟二人，兄天才，弟永禄率全家由山西洪洞县枣林庄移民而来，后分居于淮阳城里、苏庄和周家口等地"。淮阳《苏氏家谱》也记载："先祖苏龙基时值山西洪洞县灾荒连年，颗粒不收，来祖高龄率领三子，苏立增、苏立端、苏立魁及其家眷，从山西省洪洞县枣林村迁入淮阳县境内。二世主苏立魁生子苏应元，先定居城内西北隅老车园，后迁居至苏花园、周家口等地。"《沈丘民族宗教志》记载了李氏一族的迁徙情况："先祖原居黄河北封丘县，现荆乡回族乡的后荆圪当村，兄李广，字兰亭，文秀才；弟李安，阿訇，字兰雨。来槐后置买庄田，分别以人名命村名，即今槐店镇马楼行政村的李广庄和北郊乡的李安庄。李广的后代发展到大李庄、北小李庄、大于庄、曾庄、豆楼、尤庄，李安的后裔在城东关和周家口居多。"

截止到1949年，周家口有回民5821人，占市区人口的11.8%，分布在周口西寨、北寨、南寨，形成回族聚居区。1982年，周家口有回族11885人，占川汇区总人口的5.75%，占城市总人口的12.04%。2003年，周家口有回族16060人，其中西寨聚居区有回族2403人，占回族总人口11.8%，主要居住在英雄街、创造街、仁义街等地。北寨聚居区有回族4985人，占回族总人口的32.74%，主要聚居在中和街、新阁街、后太平街、鲁班庙街。南寨聚居区是周口回族最多的聚居区，有8391人，占回族总人口的55.46%，主要聚居在陈州街、清和街、界牌街、前张营街、后张营街、宁庄街、阎庄等地。

二、伊斯兰教的宗教活动场所

清真寺为伊斯兰教聚众礼拜的场所，亦称礼拜寺。阿拉伯语音译“买斯吉德”，意为叩拜之处。中国唐代称礼堂。622年9月，先知穆罕默德从麦加迁徙麦地那途中，在麦地那东南3公里处的库巴首次修建了一座简易的清真寺。637年，第二任哈里发欧麦尔命令所有的宣教士，每开拓一个新地区，首先要在该地建造清真寺。因此，修建清真寺便成为穆斯林的重要任务，哪里有穆斯林，哪里就建有清真寺。伊斯兰教传入中国后，清真寺也随之建立。

周家口清真寺始建年代最早的首推河西老寨寺（今河西清真寺），建于明万历四年（1576年），其次为清天聪四年（1631年）所建的天房街清真寺。建于清代的清真寺还有建于清顺治十六年（1659年）的东老寺（今东大清真寺），建于清康熙四十八年（1710年）的明善堂清真寺和怀庆清真寺，建于清朝雍正二年（1723年）的陈州街清真寺，建于清朝乾隆年间的荥阳清真寺。同志清真寺和搬口清真寺建于民国时期。至新中国成立初期，周家口辖区有清真寺9座。1958年，实行合寺并坊后保留3座，“文化大革命”期间，清真寺全部停止活动，多数清真寺被占用。1979年，落实宗教政策，河西、陈州街、东大寺3座清真寺陆续开放，1994年后，荥阳、怀庆、同志、搬口4座寺也恢复了正常的宗教活动。至今，周家口共有清真寺8座。

周家口清真寺风格多为传统建筑形式。清真寺的建筑结构严整、质朴。其格局大多是礼拜大殿居中，两旁南北讲堂相对。礼拜大殿建筑一般呈凸字形，内部设置比较简单，墙壁素洁淡雅，不绘画人或动物景物，但可有阿拉伯艺术字体和几何线条图案。礼拜大殿地板一般铺以绒毯、垫褥或席子。礼拜大殿正面后墙称为正向墙，墙壁正中有一圆形凹壁，是礼拜朝向的标志。殿内右前方设有讲坛，供阿訇在聚礼日（主麻）及每年开斋节、古尔邦节两会礼日宣讲教义之用。较大的清真寺还有宣礼塔或望月楼，为召唤穆斯林前来礼拜和望月之用。每寺都设有水房（沐浴室），穆斯林在每日 5 次礼拜和聚礼日、会礼日都习惯来此做净仪。各寺建筑规模，以本坊回族穆斯林多少和经济实力而异。

清真寺的管理制度在过去由清真寺社首管理，社首一般是当地回族穆斯林中德高望重、教门素质好的人。1980 年以来，各坊清真寺普遍成立了清真寺管理委员会，用民主制度管理清真寺事务。清真寺一般都拥有寺产即宗教基金，作为寺内阿訇、寺师傅等宗教人员的生活费用。

（一）荥阳清真寺

荥阳清真寺位于界牌街中段路东。始建于清朝乾隆年间（1755 年），距今已有 250 多年了。据老年人回忆，界牌街为荥阳一带的回族皮货经销商出售贩卖皮张的集散地，以马大清倡导率众共同捐资鼎力相助在此兴建了荥阳清真寺。老寺院就坐落在界牌街中段路东，原有土地面积大约 4000 平方米，均有大殿、讲经堂、水房三项主要建筑，另有存放“它布”等杂乱物库房一所，院外紧靠一条太平车道的路，而寺院建筑物建在院子的东头。清光绪十五年（1890 年），大殿等建筑迁到寺院西部。大殿为中国古典传统式的宫殿建筑，飞檐斗拱、雕梁画栋，四角风铃风拂摇摆，悦耳动听。大殿携带卷棚三间，宽敞明亮，举目透观，殿门木格雕棂，精刻细作，剔透玲珑；大殿上方望月楼巍严耸立，楼面豺棂四现，楼脊四角斗俏，楼顶葫芦、月牙宝瓶傲然屹立，直插天穹。北屋三间讲堂，西边跨套室一间连接水房四间。南讲堂三间与之咫尺相对相望，紧凑合理，清静肃穆，使人望而生敬，敬而生畏。院内古柏遮日，池塘鱼跃，影路龙腾蛇越，交叉贯穿，与宫殿式的门楼合参，俨然一座园林式的清真寺院。

随着形势发展及行政区域的不断变化，界牌街开路东扩，寺院西部冲开达 800 多平方米。清真寺东侧的一片土地也被原地区机械销售公司等有关单位占用。1958 年“大跃进”和“文化大革命”时期，寺院停止了宗教活动，直到党的十一届三中全会后，在原地委、行署等各级领导的关怀重视下，为落实宗教政策，逐步归还清真寺大部分土地。1994 年正式恢复了宗教场所活动。

由于年代久远及历史变迁之故，清真寺仅以十余间破旧危房临时代用，为确保活动场所的安全，由社首穆子彬带领全体乡老，紧急发动，全面动员，个人捐资，四方求助，于1999年8月26日动工重建大殿5间，上下两层为平顶楼房，楼顶平房上方建成4个尖塔，尖塔顶端有星月标志。2000年4月完工，建筑面积为558平方米。2000年6月，新建水房4间，附带锅炉房两间，水房外建走廊。室内配备设施全美，使用方便。2001年10月，增建北讲堂楼两层，占地面积178平方米。2004年秋，在水房西侧又新建女大殿4间，供女穆斯林礼拜用。

该寺自恢复宗教活动以来的历任阿訇有：吕正良、何兆瑞、盖永祥、李海洋、马玉海、李新强等。

（二）怀庆清真寺

怀庆清真寺，位于人民西路路南，东临宁庄，原有面积20余亩。该寺始建于清朝康熙年间，至今已有近300年的历史。

当时正值康乾盛世，社会安定，周家口由于水陆交通便利，万商云集，市场繁荣。时有黄河北岸怀庆府桑坡一带姓买、白、丁、杨、张、刘、拜等姓氏的回民来周家口经商，为了谨守伊斯兰教的五番功课，便于宗教活动，在宁庄兴建清真寺一座，定名“怀庆清真寺”。历经几十年逐渐发展至清嘉庆十年（1805年）建成。至同治十三年（1870年）清真寺进行翻修。重建后的清真寺规模宏大、建筑宏伟、环境幽雅。头门是高大的牌坊式门楼，二门与头门相照，对应整齐。头门至二门之间有一条宽大的砖砌大道，路两边空地上栽种两排古松，翠绿峥嵘，庄严大气。二门以内有东廊房一排，院内建南北讲堂屋两座，西边有礼拜大殿与望月楼相连，雄伟高大，庄严肃穆。大殿北边是水房屋。这是男寺的规模。男寺南边有一拱形圈门与女寺相通。女寺建有北讲堂屋和女大殿。院内有月牙形花坛，清雅肃静。女寺南边是清真寺开办的志远学校，由花翎候补道丁殿邦任校长。有高小和初小各1班，后发展为4班（分为甲、乙、丙、丁班）。私办公助，以地方屠宰税款补助学校经费。开设课程有国文、算术、历史、地理、英语、图画等科。教师有韩超凡、马朝选等人。该校至抗日战争爆发后停办。

宗教改革时期，寺内房屋场地被皮毛三厂占用。后皮毛三厂与皮毛一厂合并定名为周口市皮毛工艺厂。清真寺南院八亩多地也先后被陈州办事处所属砖瓦厂、石灰窑厂、综合厂、车马挽具厂及周口市政工程处无偿占用。

1994年11月22日，怀庆清真寺恢复宗教活动。1995年11月，清真寺重建男寺大殿、卷棚各5间，新建望月楼一座，女寺大殿3间，大殿屋顶铺设琉璃瓦带卷棚。1997年元月新建阿拉伯建筑格式水房屋一处，东西宽3间，南北深10间，上下两层，计40余间。1998年5月，修建男寺南北讲堂各5间，女寺北讲堂5间。目前，寺内建筑功能完善，卫生设施先进，环境优美，是回族教胞颂经、礼拜、聚会，从事宗教活动的理想场所。

该寺自恢复宗教活动以来的首任阿訇是窦庆品，历任阿訇杨少华、刘勤龙等。

（三）陈州街清真寺

陈州街清真寺，位于颍河南岸，陈州西街路南，处于商业活动最繁荣的闹市区，是周家口建筑规模较大、坊内教胞人口较多的一座清真寺。

该清真寺始建于清朝雍正二年（1723年），同治元年（1862年）增建。原寺有两道门楼，大门和二门均为硬山如意式花门，分别建于清道光元年（1821年）和咸丰八年（1858年），灰瓦屋面，浮雕花脊，大门匾面为“达天俊路”四字。二门一间两层，前后出廊，廊深1.8米。一廊有屏风遮栏，上有匾书“来之去之”。前廊及后廊两侧有台阶三级。过二门楼是中院，东墙有月亮门，上书“昌明正道”。按清真寺建筑常规，应是坐西向东，但此寺不临街，故设门朝北，此月亮门虚设，以应坐西向东之名。戒墙位于中院之西侧，与月亮门东西照应，门相重合，为砖砌四柱三楼式。中门上部有龛，内雕“正大至中”，下又一龛，雕阿拉伯文，下开圈门，门两侧有对联，文曰：“归真齐趋清高路，履正共登广大门。”左门

“何道”，右门“寻源”，戒墙里是四合院。大殿为寺院的主体建筑，由两个单体建筑组合而成，中间有天沟相连，称为勾连搭式。前为硬山四檩卷棚，灰筒瓦覆盖，檐下柱头为单翘斗拱，柱下为青石鼓形柱础，明间是匾“天房圣地”，两次间分别悬挂“修道为教”“诚信独一”。后为硬山式殿，灰筒瓦覆盖房顶。正脊两端有龙头大吻，中有宝瓶，明间有清雍正元年（1723 年）八月悬挂的匾额“无极之真”，有数副对联分别是：“缅怀前人今何去谁能例外反复想亟应绝叹，坚信后世永久存自然规律善恶分毋庸废话”；“朝看日出夕观天河星转斗移年年中秋月月十五明日悄悄渡谁主沉浮，真主独一造化万物古圣天经世世传颂代代拜读圣贤辈辈出功贯今世”。另有一对联为：“无中有有中无真有无像，主非形形非主主形无疆。”女大殿三间配出厦。二殿前后交相辉映。南北讲堂各三间，北讲堂门有对联为：“学富东海丰彩照人问多事不愧师资，经贯北斗才华横溢化雨露雅看教幕。”这些匾文和对联言简意赅，内涵丰富，概括性强，把《古兰经》和圣训的内容与中国的传统文化相结合，把伊斯兰教知识和对真主的赞颂雕刻在广大回族群众生活的宗教活动场所，以汉语形式向回族教胞宣扬伊斯兰教文化的作用。南北二讲堂为硬山式灰瓦屋面，带前廊，系咸丰年间建，为讲授经书、斋戒时用。男女大殿中间有一座望月楼，该望月楼建于清光绪三十年（1904 年），是伊斯兰寺院中特有的建筑，重檐歇山式屋顶，浮雕花脊，供阿訇斋月观月时用。寺院内栽有梧桐树和古柏树，环境幽雅，建筑古香古色。

“文化大革命”期间清真寺遭到破坏，望月楼等建筑被毁掉。1980 年后，政府落实宗教政策，清真寺恢复了正常的宗教活动。现寺大门是 8 层高的大厦，门庭东西宽 5.5 米，南北进深 19 米，楼顶建有 6 个尖塔，中有圆顶，上有星月标志。寺内北讲堂是 3 层楼房共 42 间，东西长 56 米，南北深 8 米。南边水房屋是两层楼房，底上 15 间，东西 10 米宽，南北 25 米长，下为水房，上为会议室，样式新颖，宽敞华丽，楼头尖塔、圆顶、星月标志闪烁发光。寺南边是女学，女学内有东屋 4 间供女阿訇居住，南屋 5 间是水房屋。西边大殿 3 间带卷棚，东西深 15 米，南北长 11 米。男寺西边是正在重建的阿拉伯建筑格式的大殿，上下两层，南北长 30 米，东西宽 24 米，33 层台阶高，2 米出檐。全寺占地 3000 平方米，建筑面积 4400

多平方米。新大殿建成后，陈州街清真寺将以一个环境优美、建筑壮观的新面貌出现在世人面前。

该寺自恢复宗教活动以来的主要阿訇有：郑长义、买荣禧、白正超、陈献堂、吕金虎、马玉海、马孝顺、马超麟、杨怀江、王俊、马正全等。

（四）东大清真寺

东大清真寺，俗称东老寺，位于沙颍河北岸，小桥街以东，后太平街与东中合街之间。又因该寺北30米处原有土地庙一间，瓦垄间每年生有旺盛的韭菜，而又得名韭菜庙清真寺。清真寺始建于清顺治十六年（1659年），后几经修建。至19世纪40年代，清真寺已具有相当大的规模。寺内有大殿、卷棚、望月楼、水房、南北讲堂、女寺、伊斯兰学校等，寺院占地面积4700多平方米，院内有古槐一棵（现仍存），水房前有三人合抱的大皂角树一株（1959年伐掉）。

1959年清真寺被毁，望月楼拆除，大殿改作他用。1987年，老寺和同志寺合为一体，改名为河北清真寺。1987年因形势需要，老寺和同志寺分开。

近年来，由于到寺礼拜的回族教民不断增多，原来的大殿已不能适应形势的发展，特别是每逢开斋节，大殿和院子都容纳不下，经全体回族群众研究，确定重建东大寺。

新建的清真寺大殿建筑面积1030平方米，耗资92万元，建筑分为上下两层，上层是礼拜用的大殿，下层为男女水房及备用拜殿。从东边望去，两层玉石栏杆托起一座古色古香的卷棚和大殿，精美的彩绘把整个建筑装扮得金碧辉煌。宽敞明亮的大殿可供1000多人同时礼拜。从西望去，两座高耸入云的尖塔分列在巨大的宝鼎两侧，气势雄伟，叹为观止。

该寺曾在清末创办过宁远两等伊斯兰小学，由镇绅杜金章自捐房舍，与高俊德、杜长春、方耀先、庞赞宸、李学义、庞麟阁等各捐资200缗创办。1940年该校改名为周口伊斯兰小学校。1945年抗战胜利后，该校经费由淮阳县教育局拨发，至1948年春停办。

该寺自恢复宗教活动以来的主要阿訇有：李子海、丁凤林、马存喜、沙秀峰、马龙等。

(五) 同志清真寺

同志清真寺，位于后太平街，始建于1915年，原占地面积10亩。由数十位志同道合的教民，出资出力，筹建了该寺，故名同志清真寺。

1958年清真寺被迫关闭，寺内房屋相继被工厂占用。1994年，清真寺得到恢复开放，在全坊教民的共同努力下，清真寺得以维修扩建，建有北讲堂、教长小院、大门楼、女学、水房等。2003年，在寺内经济薄弱的情况下，寺管会大胆设想，发动群众向八方求援，在广大回族同胞积极响应和广泛支持下，清真寺扩建了大殿，使大殿西进4米，又加盖北讲堂，整修了女学。

重修后的清真寺布局协调，建筑有序，结构严谨，整齐划一。前院有大门楼，共分上下两层，上层3间供教学和开会用，下层5间，中间走道可通行中巴汽车，两侧各有房屋两间，中间两间东西门户相对，两侧各有1间。其顶层设置圆形尖塔3座，中间大型尖塔，中央立杆上端一弯弯新月熠熠生辉，大门外上方铸有金光闪闪的“同志清真寺”5个大字，气势磅礴，雄劲有力，格外引人注目。

进门后西南角有一独院，专供教长眷属居住。院内房舍7间，是寺内的一所小天地。独院北侧为礼拜大殿，占地面积125平方米，古式建筑，看上去庄重典雅，肃穆大方，其明柱和房檐均用绿漆涂就，上书金黄色《古兰经》选文。相对礼拜殿东侧设水房5间，室外用白色涂料粉饰，上面用绿色书写阿汉对照《古兰经》文，四桩明柱又书写中文楹联两副。东西建筑绿白相映，闪亮醒目，色调鲜明。水房外两棵桂花树，每当国庆节前后，满树金花，香气袭人。往后去有北讲堂平房5间，中间3间为客厅，左右两耳房，南北相对，供寺管会办公用。室外花坛两座，内植优质棕榈两棵，院内形态各异的松柏在8棵铁树盆景的衬托下，多姿多态，异彩纷呈。院内四面墙壁上悬挂着持久的标语牌，内容选录了《古兰经》、圣训、格言、警句，让人读后生感，流连忘返。

东北角有一女学（也叫女寺），院内西侧为女礼拜大殿3间，东侧水房3间，东屋讲堂3间。院落虽小而秀丽，可称其为小巧玲珑，相得益彰。

后院北侧有一座3层楼房，每层10间共30间，北面有大型生产房16间，另有东屋4间，北屋10间，门面房子3间，该房子大部分租赁。

该寺的历任阿訇分别是马忠廉、白希宽、白凤平、王宝周、盖兴运、李传霖、李广志、苏训法、李子海、马孝顺、丁景全、丁祥云、王胜利、何兆瑞、郭胜辉、窦庆品等。

（六）河西清真寺

河西清真寺位于三川交汇、三岸鼎立的贾鲁河西侧，南临颍河，故名河西清真寺。

河西清真寺，又名西寨老清真寺，是周家口第一座寺院，它始建于明万历四年（1576年），原寺占地面积4.5亩，位于两河交汇处，距岸边200米，位于今河西体育场南端滑冰场上，是当年西寨回族同胞聚会的宗教圣地。

老清真寺正门在寺院东南角向南开，距东围墙5米许，大门前有一个约15平方米方形小广场，门楼挑檐下，门楣上楷书“清真寺”3字。寺门楼是3间敞开式小瓦房，中间是过道。门楼西侧有3间讲堂屋，后遭兵匪烧毁。进入寺院，右侧有两间东屋，是用来存放丧葬用具和其他物品的，距东屋北墙两米处，有一东偏门，以方便礼拜人员的进出。从门楼往北有一条1.5米宽，约30米长的砖砌甬道，直通北讲堂。讲堂是砖木结构的小瓦房，宽敞明亮，除用作讲经外，也是本坊社首议事的所在。讲堂屋与寺门楼都是坐北朝南，同在一条中轴线上，只是讲堂屋多一间西暗室，乃阿訇居室。甬道西12米左右，到月台边，构成一个齐整的正方形院落，古式建筑的大殿，坐西朝东，长约17米，宽8米，墙高11米。整个殿宇拔地而起，高高耸立，宏伟壮观，在周口古老的高层建筑中，可列榜首。大殿的南北西三面是大砖墙体，砌工细腻，灰缝平直，数百年来保存完好；东面是全木结构，棂子门、棂子窗镶嵌在木柱上，门窗上下采用木群板，精雕细刻，玲珑剔透。整个殿内铺以木制地板，坚实稳固，全部涂以绿色油漆，大殿显得庄严肃穆。大殿层架是全木结构，用3排12根高粗坚实的木柱支撑，每根柱下立青石柱础，柱础高半米左右。梁架为3层垛子梁，柱梁以红色油漆，梁在柱上的接楔点，高低有别，错落有致，构成一个整体层架，数百年来巍然屹立。殿顶用小瓦扣砌，极其坚固，用古建筑中的大脊压顶，高近1米，殿顶中央装一宝瓶，用四根铁索制动。相传宝瓶内装有宝珠，夜间发光，后被人盗走。宝瓶上方装一根铁柱，顶端有伊斯兰教教徽，有防雷避电功能。整个殿顶无飞檐挑角，也未安装人畜鸟兽雕像，柱梁也无雕龙画凤，这与伊斯兰教的信仰和民族习俗相关，但其高大雄伟，气势磅礴，屹立在两河岸边，恢宏壮观。

大殿前有一土台，名曰“月台”。南北与大殿齐，东西8米余，东面和北面各有台阶上下。东南北三面用青条石和大砖砌成，青条石和大砖高低各半，其台顶和东南北三面花墙用大砖铺砌，花墙除防护安全外，并作为甬道进入大殿及演习武术之场地。开斋节时因人多，用此场地进行礼拜，为大殿的附属建筑，起点缀作用。大殿北侧，相对有7间水房，小瓦扣顶。房内有一眼井。水房与礼拜殿相隔10米余，自然构成北偏院，有一朝北的后门。北偏院是进入后院的通道。后院有一片柏树林，树高参天，既是景观，又是避暑胜地。

1974年，因兴修大闸等水利枢纽工程清真寺被拆除。1980年国务院188号文件下达后，在各级党委、政府的关怀支持下，民族宗教政策得到落实，在原清真寺旧址西北约200米处新划土地，经广大回族的共同努力，重新建立起新的河西清真寺，1983年落成。广大回族同胞又恢复了正常的宗教活动。

新建的河西清真寺，殿堂面积1260平方米，配套建筑和附属建筑面积1240平方米，平时礼拜人数近百人。

河西清真女寺（又称女学）始建于1601年，后因年久失修已成危房。河西回族群众采取多渠道全方位募捐集资和借贷，筹集资金近30余万元，于2001年2月份正式动工修建，于2002年5月份竣工。

新建女寺占地面积657.50平方米，建筑面积852平方米，是原来的2.5倍，框架结构全部两层，楼顶上高高地耸立着3个尖塔，尖塔上不锈钢的新月在阳光的照射下光芒四射，整体造型雄伟高大，宽敞明亮，全部采用铝合金门窗，磨砂玻璃，不锈钢栏杆，朴素大方。整个建筑布局严谨、合理，功能齐全，集宗教活动与教学为一体，既是礼拜的场所又是学习的场所。

该寺自恢复宗教活动以来的主要阿訇有：方瑞德、苏训法、李富鹤、王耀光、马正全、李尊祥、马军、孙耀强、孙继增、绽兴国等。

（七）天房街清真寺

天房街清真寺，始建于清天聪四年（1631 年），原占地面积 6 亩多，有房间 50 余间，其中有大殿 5 间，北讲堂屋 7 间，东讲堂屋 8 间，水房 4 间，大门两间，其他房屋 20 余间。其中大殿由琉璃瓦盖顶，上有吞脊滚兽，青色琉璃宝瓶装饰在殿顶正中。大殿四周的墙面，接缝严密，青白分明，殿前有抱厦罩护。整个建筑典雅肃穆，古色古香。

寺院建筑格式独树一帜，布局严谨，合理、朴素、典雅，院内苍松翠柏，绿树成荫，安静、优美、古香、古色，是豫东为数不多的一坊大寺。

民国元年（1912 年），由当时清真寺阿訇和穆长清、穆静修等社首发起，加上好义乐捐的商人赞助，在清真寺创办了回民子弟小学——惠远小学。学校有房屋 30 余间，班次不多，后因时局变化，该校于抗日战争爆发后停办。在惠远小学开办的数十年间，约有 400 余名回汉族学子，在幽静的清真寺院受过启蒙教育，至今仍有不少人健在。

天房街清真寺原有女寺一座，始建于 1655 年，有大殿、讲堂屋、水房、大门等房屋 20 余间。

“大跃进”的年代和“文化大革命”时期，天房街清真寺遭到了严重毁坏。清真寺的房屋相继被造纸厂、酱菜厂、消防队、公安局等单位占用。其中水房、讲堂屋、八角厅、女学等主要建筑先后被拆毁，清真寺残垣断壁，几成一片废墟。

党的十一届三中全会后，党的民族和宗教政策重新得到贯彻和落实。1981 年，本坊回族群众积极走访、多方联系，要求归还寺产。后经周口市人民政府认真调查研究，决定由周口市人民政府拨给天房街清真寺建寺资金 30 万元，再由川汇区人民政府解决建寺地皮一块，另建新寺。

（八）明善堂清真寺

明善堂清真寺，位于川汇区河北老街，紧靠贾鲁河东岸，创建于清康熙四十八年（1710年），占地面积4.5亩，有大殿3间，讲堂屋5间，水房7间，大门1座。清真寺在三义街、德化街有门面房屋20余间。女寺创建于1735年，有房屋十余间。

1975年8月发洪水时，位于河沿的清真寺部分房屋被冲毁，后来扩宽河道时整个清真寺被拆毁。寺内其他房屋也先后被居民和办事处、阀门厂、公安局等单位占用。

三、伊斯兰教的宗教教育

清真寺不仅是穆斯林进行沐浴、礼拜，举行婚丧嫁娶、节日大典等活动的场所，也是进行民族传统教育的场所。从明代起，清真寺一般都设有讲经堂，招收一些学员（称作“哈里发”或“满拉”），由开学阿訇向他们教授阿拉伯语、波斯语、《古兰经》、圣训及伊斯兰教教义、教法、教史等知识，以造就新一代的宗教人才。学员们在寺内吃、住、学习，整日生活在寺内，清真寺是他们成长的摇篮。明清时期，周家口的天房街、河西、陈州街、怀庆、东大等清真寺都先后创办了经堂教育。民国时期，周家口不少清真寺创办了清真义学或义塾，招收一些无力上学的学童或幼年失学的成年人，向他们进行一些启蒙教育。主要课程有语文、算术、地理、历史、自然等。这种义塾、义学也教授一些宗教常识，但讲课教师及主要内容均与经学堂有所区别，清真义学的创办为培养民族人才，推动社会发展起到了积极的作用。

清光绪三十四年（1908年），回族民众在南寨清和街创办了“崇正义学”，在西寨估衣街创办了“清真义学”。

清宣统二年（1910年），回民丁治辅等在南寨宁庄街创办了“致远”学校，分为甲、乙、丙班授课。“致远”开办后，崇正义学停办。

清宣统元年（1909 年），回民方兰亭、李仁辅、刘辅廷等，在北寨小桥街创办了“宁远”学校，班级有一至五年级。

宣统二年（1910 年），回民穆应旭等在西寨清真义学基础上扩建“定远”学校一座。

民国初年（1912 年），回民穆长青等在北寨天房街创办了“惠远”学校，班级有一至四年级。

这些学校招收学生，不限民族、性别。学校的经费都由学校董事会筹划，后经交涉，才从淮阳县血税（即屠宰税）税款项下拨给一部分。民国三十四年（1945 年）前后，因经费困难，相继停办。

抗日战争期间，回民刘子重在北寨小桥街宁远学校旧址创办了“伊斯兰”学校，并在南寨清和街崇正义学旧址创办了“伊斯兰”学校第一分校，在西寨定远学校旧址创办了“伊斯兰”学校第二分校。

四、伊斯兰教的派别

伊斯兰教传入周家口后，在清中叶以前并没有教派之分。清朝末年，由于受西北伊斯兰教的影响，周家口伊斯兰教有了格底目、伊赫瓦尼和赛来菲耶教派之分。

格底目，阿拉伯文的音译，意为“古行”，故称“尊古派”，通称“老派”，属逊尼派，教法上属哈乃斐学派。

格底目以《古兰经》和“圣训”为信条，虔守哈乃斐教法，反对标新立异，在教争中持折中调和态度。在长期发展过程中不断受到中国传统文化的影响，宗教仪式中渗进了不少儒家思想。

伊赫瓦尼，又称“艾赫里逊奈”，均系阿拉伯文音译，一意为“兄弟”和“尊经”，故有“兄弟派”或“尊经派”之称。它是为革除中国儒道文化对伊斯兰教的渗透，维护伊斯兰教的纯真而做出艰苦努力的一个学派。又由于与格底目和各门宦相区别而通称其为“新教”，属逊尼派，但在教法上属哈乃斐学派。伊赫瓦尼主张“凭经行教”“尊经革俗”，反对异端，同时，对妇女的要求比其他教派严格，主张妇女必须戴盖头。

赛来费耶，阿拉伯文的音译，意为“前三辈”（圣门弟子、再传弟子和三传弟子），因礼拜时抬三次手，又有“三抬”之称。

新中国成立后，各派穆斯林在各级政府的教育引导下，爱国爱教，守法遵经，互相尊重，团结办教。

五、伊斯兰教的宗教团体

抗日战争前，周家口伊斯兰教没有独立的宗教团体。民国三十二年（1943 年），开始在天房清真寺成立周家口回教协会，入会回族群众近千人，会上选出理事、监事共 30 多人。

该会提出主要的教务、教育、宣传工作有：①加强管理清真寺，制订清真寺管理办法；②推行主麻会运动；③创办回教学校，并加授教义课；④赈济教胞，补助贫苦教胞殡葬；⑤奖励回教书刊印刷出版等。

1988 年 6 月 10—11 日，在周口市召开的伊斯兰教第一次代表会议上周口市伊斯兰教协会宣布成立，会议通过的《周口市伊斯兰教协会简章》规定，协会的宗旨是：在宪法、法律、法规和政策规定允许的范围内开展教务活动，协助党和政府宣传、贯彻宗教信仰自由政策，开展对伊斯兰教界人士、广大穆斯林群众的爱国主义、社会主义教育，引导他们积极投身于社会主义现代化建设服务；维护法律尊严，维护人民利益，维护民族团结，维护祖国统一，抵制境外敌对势力利用宗教进行分裂和政治渗透；负责对伊斯兰教界人士和阿訇的培训、考核、管理和推荐中青年阿訇上经学院进修深造工作，不断提高他们的素质和经学水平；收集、整理伊斯兰教史料，开展有关伊斯兰教经典和学术文化研究，开展形式多样的，有利于促进社会发展进步的教务活动；维护伊斯兰教界人士和穆斯林的合法权益，反映他们的意见和要求，向党委和政府提出合理化的意见和建议，发挥桥梁、纽带作用；开展同兄弟市县及外省区伊斯兰教协会的联络交流，增进团结与合作；根据国家对外开放政策，积极开展同国外穆斯林和伊斯兰教界人士的友好往来；开展以自养为目的的生产服务和社会公益事业，大力倡导勤俭办教务，逐步减轻信教群众的负担。

周口市伊斯兰教协会第一届委员会会议选举郑长义阿訇为会长，李子海阿訇为副会长。

1994年3月28日，周口市伊斯兰教协会第二届委员会召开，苏训法阿訇当选为伊协会长，李子海阿訇、马文彬社首为副会长。

周口市伊斯兰教协会自成立以来，积极发挥广大穆斯林同人民政府之间的桥梁作用。向人民政府反映他们的意愿和要求，协调穆斯林与非穆斯林之间的合作关系，号召广大穆斯林发扬爱国爱教优良传统，奉公守法，加强团结，办好教务，积极协助广大穆斯林群众充分发挥自身优势，大力发展民族经济等各项社会事业，为周口的全面发展做出了积极贡献。

限于篇幅和笔者的水平，本文只是对周家口的伊斯兰教情况作了简要的概述，实际情况和笔者的愿望尚有距离，但愿能有更多的人和文章出现，使人们对周家口伊斯兰教有更深的了解和认识。

（原载于《周口政协文史资料专辑》，2009年第一期）

驻马店市清真寺及伊斯兰教发展概览

杨少华

早在唐代，伊斯兰教便传入了驻马店。据《驻马店地区志》载："唐则天后长寿年间（约693年），有东来的'胡商'在泌阳县象河留居，伊斯兰教随之传入我区"。而这一时期是否建有清真寺目前尚无文字记载。

元代，部分随蒙古军并肩作战的"回回军"先后分批迁居驻马店。据《元史》载："太宗四年（1232年），首将托雷带东归蒙军，迁回到邓州、唐州、蔡州（汝南），威胁金朝京都开封"。这些蒙军中的老、弱、伤员曾被留于上述诸州，该地回回人口开始增多。"至元二年（1265年），忽必烈分四亲王属州：郑州隶合丹，睢州隶勃罗赤，均州隶明里，蔡州隶海都。"所谓属州，就是亲王食禄的采邑。亲王手下有一些回回人为亲王经营蔡州出力，这些人也有定居蔡州的。"英宗至治三年（1323年）正月，遣回回炮手万户赴汝宁（汝南）、新蔡，遵世祖旧制，教习炮法"。另据汝南、新蔡、平舆等地回民口碑代代相传：咱回民的祖先元朝时被调到咱这里造炮、屯田，并在聚居地创建了礼拜寺。

元末，河南各地爆发了农民起义，驻马店是主要战场之一，受战争影响，人口大量减少，土地大面积荒芜。明初，官府强迫山西等人口相对较多的地方向河南等地移民，其中有不少回民迁到驻马店境定居，从本市一些回族家谱和清真寺创建碑文中可以反映出来。据西平县柏城镇吕氏家谱记载：吕氏回族，世代信仰伊斯兰教，元末明初，由山西省洪洞县城西北七里涝迁居于西平县北关，后分居于王店、狄庄、大吕庄、东吕庄、小吕庄、韩庄、五沟营、高桥、吴堂、小王庄、花马刘、蔡寨、徐庄、重渠等地，是西平县回族人口最多的宗族，约占全县回族总人口的30%。西平县环城乡花马刘张氏回族家谱也记载：张氏祖籍河南孟县桑坡，世代信奉伊斯兰教，元末明初，为逃避匪患，始祖举家迁至西平县城东方桥代庄，后分居于北关、花马刘、蔡寨、狄庄、张坡、吴堂和遂平县的石寨铺等地，并在聚居地修建了清真寺。

新蔡县李桥回族镇常氏先祖随蒙古军屯田到李桥，后在此定居繁衍，并在聚居地创建有草顶礼拜寺。元末农民起义领袖朱元璋的部将常遇春系李桥常氏。元末，常遇春随同其父外出乞讨流落至安徽怀远。时逢兵荒马乱，受形势所迫，常遇春在凤阳投军于朱元璋征战南北，直至推翻元朝，建立明朝。明统一大业后，普天同庆，天下太平，各地纷纷建立寺庙。常遇春为了光宗耀祖，于明洪武八年（1375 年）回到家乡柳家桥（李桥），在洪河南岸创建了一座宏伟壮观的清真寺。

明末清初，随着回族商业的不断发展，不少外地商贾纷纷迁入本市各县区定居经商，并在居住地建有清真寺。确山县《重修确邑清真寺碑序》记载：“言确邑城内寺兴于乾隆年间，拜公元雄者，独修清真寺一座。”据《上蔡县志》记载：“明末清初，北方连年遭灾，河南孟县桑坡白氏回民逃荒至上蔡县朱里乡宁庄落户，并创建了清真寺，从此上蔡始有回民定居。”其间，西平、遂平、泌阳、新蔡、正阳、汝南、平舆等县先后创建或重建了清真寺。

进入民国时期，由于受京汉铁路的影响，驻马店市的回族人口猛增，清真寺的数目由原来的 10 余座增加到 50 余座。到新中国成立时，全市清真寺发展到 65 座。1958 年实行宗教改革，一些清真寺被合并，全市仅有清真寺 25 座。“文化大革命”期间，全市清真寺或占或毁，无一完好，回族群众正常的宗教活动被迫停止。1979 年以来，市、县、区各级政府，恢复建立了民族宗教工作机构，宗教信仰自由政策逐步得到落实，全市大部分清真寺也先后得以恢复开放，到 2008 年年底，全市有清真寺 75 座，阿訇 78 人。

一、比较著名的清真寺

从 2005 年起，笔者就驻马店市清真寺的修建历史、建筑特色及宗教活动等情况，走访了一些回族老人，进行了实地考察，并查阅了有关资料，现将比较著名的清真寺概述于后，错误和遗漏之处请知情者补正。

（一）确山县盘龙镇清真寺

盘龙清真寺，坐落在确山县盘龙镇清真巷。该清真寺系于清乾隆三十年（1765 年），由河南沁阳穆民拜元雄出资修建。据寺内存重修清真寺寺碑载：大清乾隆三十年，河南怀庆穆民拜公元雄者，因见确山穆民众多，无清真寺，每逢婚丧节日事宜，必到外地聘人主持，甚为困难，便独自出资在城内买刘氏宅基一段，创建确邑清真寺。当时，清真寺建礼拜殿三间，北讲堂三间，水房两间，大门一座。清光绪十九年（1893 年），确山县遭受特大洪水，清真寺被冲毁。清光绪二十年（1894 年），经社首马万君、拜文理、吴忠玉等人发起，对清真寺进行重修。1921 年，由于军阀混战，清真寺房倒屋塌，蓬蒿满院。次年 2 月，经阿訇刘朝宗会同社首秦子明、孙志万赴驻马店、泌阳等地筹划捐款，重建礼拜殿 3 间，并修缮了南北讲堂。1942 年，确山沦陷，清真寺复遭破坏。日本投降后，阿訇刘朝宗率领全坊回民群众共同集资，使寺得以焕然一新。1976 年清真寺进行维修，1997 年重建了礼拜大殿。现该寺占地面积 1100 平方米，有礼拜殿、北讲堂、水房、大门等建筑，建筑面积 520 平方米。

清真寺内原有石碑数通，匾额数块，“文化大革命”时期，寺中多数文物遭到破坏，现仅存清光绪年间重建清真寺碑和民国期间清真寺办学碑。

（二）泌阳县百秩店清真寺

百秩店清真寺坐落在泌阳县板桥镇百秩店村，相传该村清真寺始建于明正统九年（1444 年）。清咸丰八年（1857 年）经马世昌阿訇重修。清光绪二十七年（1901 年）复建。建有礼拜殿、南北讲堂、水房屋及阿訇内宅等厅堂共计 30 余间。寺院宽敞，殿宇整洁，天井中奇花异草，古柏参天。卷棚两壁有清代候选主簿海原方书写中堂对联两副。其中一副上联是：

“直体为用是直人方可成就”，下联是“妙灵作象非妙品不能保全”。这副对联含蓄奥妙，意境很高，书法工整，苍劲有力，实为不可多得的古迹。“文化大革命”中清真寺遭到破坏，大部分文物遗失。1986年5月，经全坊回民群众集资重修礼拜殿3间，1993年重修卷棚3间，1998年重修会议室、水房6间。现寺院占地约4000平方米，有礼拜殿、北讲堂、水房等屋共计35间。

（三）遂平县石寨铺清真寺

石寨铺清真寺坐落在遂平县石寨铺乡东街。清真寺始建年月无考，据县志办公室的同志介绍，回民定居石寨铺始于明初，故清真寺的创建最迟应在明中叶。另据清真寺重修碑载（清乾隆五十八年立）：“现我吴房县东南二十五里石寨铺，有清真寺一座，不知创自何时，无碑可考。迄乾隆年间，经过各代风雨飘摇，历年久远，大殿损坏，门楼抱厦，俱为倾圮。”清乾隆五十八年（1793年），清真寺得到重修，寺院占地8亩，重修的门楼巍峨，颇为壮观。礼拜殿、卷棚前后共计7间，青砖绿瓦，三层屋脊，前出后包，四角八挑。殿内雕梁画栋，工艺精美。南北讲堂各5间，其他房屋13间。另有碑匾数块。1936年，清真寺重修。“文化大革命”中，清真寺房屋被生产队占用，碑匾被毁，建筑物遭到严重破坏。1997年，经当地回民群众集资十余万元，新建建筑面积350平方米的阿拉伯式礼拜殿一座，另重南北讲堂屋、水房等房屋十余间。

（四）西平县北关清真寺

北关清真寺，坐落在西平县城北关村。据寺内碑文记载：寺始建于清初。道光十八年（1838年），武生吕占鳌、王璞玉、吕肯堂等慷慨解囊，吕定州等重新扩建清真寺。扩建后的清真寺占地7亩余，分前后两个庭院，计有礼拜大殿、卷棚、南北讲堂、水房等房屋30余间。寺院建筑属中国宫殿式建筑格式，庭院宽敞，殿宇整洁。民国三年（1914年），清真寺重修南讲堂3间，同年，寺内创办回民小学，经县政府批准，正式命名为“北关清真寺伊斯兰小学”。阿訇兼校长，教师2名，设初小2班，学生60多名。1958年宗教改革，清真寺被改办为学校。1979年，落实民族宗教政策，清真寺得到恢复。1985年，经回族群众集资，重建礼拜大殿3间。1995年，重建北讲堂3间，阿拉伯式门楼上下5间。现清真寺占地3亩，各种房屋共计15间。

（五）西平县蔡寨清真寺

蔡寨清真寺，坐落在西平县蔡寨回族乡蔡寨村。清真寺始建于明隆庆五年（1571年）。清同治五年（1866年），捻军与清军大战于此，寺内大部分房舍被焚。是年底，在阿訇黄始伦、社首朱宝明的倡议下，通过到外地募捐、本坊回族同胞集资等形式重建清真寺。重建后的清真寺占地十余亩，寺院建筑系一进三式的院落，有礼拜大殿10间，窑殿高8米，卷棚高4米，前二门在礼拜殿东南，朝南开，进门有南北讲堂屋各10间，后大门与后二门相对应，后二门两侧建男女水房8间，阿訇住室5间。建筑面积达860平方米。建筑物属中国宫殿式建筑格式，明檐出厦，雕梁画栋，古香古色，肃穆壮观。寺院内种植松柏300余棵，解放前后被伐，寺内北侧宅地被学校占用，前后大门被扒。民国初期，寺内创办清真义学一所。1945年，清真寺成立了中国回教救国协会蔡寨支会，组织回民群众参加抗日救国。

“文化大革命”期间，清真寺礼拜大殿遭到破坏，寺内其他房屋分别被学校和大队占用。1979年，落实宗教政策，占房单位先后迁出。

1986年，经黄常庚阿訇发起，号召全坊回民群众捐资重建礼拜大殿5间。1990年重建北讲堂屋5间。1993年，建水房6间。1995年，增建阿拉伯式大门5间。1998年后，经回民群众多次募捐，筹资30余万元新建阿拉伯式礼拜大殿一座，大殿上下两层，上层是礼拜殿，下层是教室和学生住室。整座礼拜大殿建筑面积达796平方米。高大华丽的礼拜大殿与玲珑挺秀的大门楼相互对称，使整个寺院显得错落有致，典雅壮观。寺内原有石碑三通，匾额数块，现仅存清道光年间地亩碑一通。

（六）汝南县汝宁镇清真寺

汝宁清真寺，坐落在汝南县汝宁镇新华街，该清真寺始建于明嘉靖八年（1529 年），清代，清真寺几经重修、扩建，至民国初期，寺院已成为一套完整的古建筑群，占地面积达十余亩。据地亩碑载：“寺东至开源寺墙，西至平等街路，南至江南公馆，北至城墙根。”计有礼拜殿 9 间，殡仪室 5 间，南北讲堂各 3 间，南讲堂两侧有教学室 6 间，学生住室 5 间，仓库 3 间，北讲堂两侧有水房 5 间，阿訇住室 8 间。拜殿北侧有女寺一座，房舍 9 间。清真寺系牌坊式门楼。寺院内古柏参天，花草成畦，建筑物对称、协调，古朴雄伟。

“文化大革命”中，清真寺房屋被学校、工厂占用，许多文物遗失。1982 年后，清真寺进行重修。现寺占地 5 亩，有礼拜殿、南北讲堂、男女水房、门面房等房屋共计 55 间。

（七）新蔡县李桥镇河南清真寺

李桥河南清真寺，又名前进清真寺或石庄清真寺，坐落在新蔡县李桥回族镇南头。该清真寺始建于元大德十年（1306 年），因初建时为草顶，称草顶礼拜寺。原寺位于今寺西南 300 米。

明洪武八年（1375 年），明朝开国皇帝朱元璋的大将常遇春奉命重建清真寺。明万历年间（1613 年），清真寺移址于洪河南侧。清嘉庆年间（1769 年），清真寺进行扩建。扩建后的清真寺占地十余亩，寺院正中的礼拜殿为砖木结构，殿高 10 米左右，建筑面积 180 平方米。建筑物具有中国宫殿式建筑格式，明檐出厦，雕梁画栋，古香古色，肃穆壮观。礼拜殿前有花砖和彩石砌成的八卦乾坤路。路北侧有讲堂屋 3 间，阿訇宿舍 6 间。路南侧建有学堂 3 间，水房 2 间。清真寺东大门系牌坊式，门额刻有“清真寺”三个大字。门楼两边坐立着两尊大理石的钢察兽。寺院内植有银杏树一株，树胸径周长 4 米多，高 30 余米。据林业技术员鉴定，此银杏树的树龄已有 300 多年，是李桥河南清真寺的历史见证。

新中国成立后，清真寺被列为县级文物保护单位。“文化大革命”中，清真寺遭到严重破坏，众多文物被焚烧毁坏。后又经1975年洪水，清真寺沦为废墟。1990年，经广大民族群众集资，在原寺址重建礼拜殿3间，水房3间，伙房和殡仪室各一间。寺院占地面积1300平方米。

该寺原有石碑三通，一通系明洪武年间《御赞碑》，一通为常遇春重建清真寺纪念碑，一通是明万历年间重修清真寺碑。目前，除《御赞碑》外，其余两通碑均毁于1958年。

（八）驿城区清真南寺

清真南寺坐落在驿城区南地下道口北岸中华路99号，始建于清光绪三十三年（1907年）。由在中山街开旅社的王炳义等人发起，召集市内各姓回民集资购地1.7亩，预修清真寺，以作礼拜之所。之后，经社首王世彦、丁振邦、宛耀廷等人率众回民群众在地基上建草房7间，作为礼拜大殿、讲堂屋、水房。随着回族商业的不断发展，回民人口猛增，1927年，由市内回民皮油业和周口来的铁路职工共同捐资献物，清真寺得以扩建。重建礼拜殿3间，南北讲堂屋各4间，水房3间，大门1座。此后清真寺屡有修缮。

“文化大革命”期间，宗教活动被迫停止，清真寺大部分房屋被扒，后来街道办事处在原寺址建厂房7间，办起了手套厂和化工厂。1978年，落实宗教政策，街办工厂将房屋和企业全部归还清真寺。1979年底，清真寺正式开放。

1986年，成立清真寺民主管理委员会，并聘请吕金虎阿訇为本坊阿訇，主持教务，寺内各项工作得以全面展开。1987年，以吕金虎、黄松民、杨义振、马文德等为首的寺管会，利用政府拨款1万元、回民群众集资20余万元，重建了一座占地500多平方米的阿拉伯建筑风格礼拜大殿，殿高19米，殿顶修建5个圆形拱顶，上部装饰月牙标志，殿外墙壁装饰以黄、绿为主色调的马赛克。礼拜殿前部分，分上下两层，上层是学生教室，下层是卷棚；礼拜殿后部分为礼拜正殿，水泥铺底，上铺地毯。整座大殿外观高大雄伟，华丽壮观。1988年，重建南北楼各两层。北楼下层是讲堂屋和阿訇办公室，上层是学生宿舍；南楼下层是水房，上层是阿訇住房。1989年，建大门和两边配房9间。整座清真寺呈四合院式建筑。同年，寺管会用卖义地的钱在市风光路北段路东建四层民族楼一幢，下两层是民族饭店和银行；上两层是旅社，年收入十余万元。1990年，清真寺又在大殿南侧、南楼西侧新建水房7间。

1998年，清真寺购买清真寺南邻居民房，投资50余万元，兴建了一座建筑面积达1300多平方米的四层教学大楼和新月塔。主体楼高30米，新月塔两边各配一座20余米高的小六角尖塔，2003年竣工并投入使用。整座大楼气势雄伟，蔚为壮观，已成为中华路上一座标志性建筑。时任教长李尊祥。

（九）驿城区清真西寺

清真西寺，坐落在今驿城区富强路南段路西，始建于民国十年（1921年）。阿訇宛同德出于对教门的热心，因念广大回族同胞礼拜无所投归，延约乡老宛银廷、宛振嘉、孙银堂、何洁臣等人，动员全坊各姓，慷慨解囊，捐资输物，购地1.5亩，建草房7间。其中礼拜大殿3间、水房3间。1951年，清真寺遭遇火灾，多数房屋被烧毁。是年，宛同德阿訇仗义疏财，带头捐款，回族群众更是踊跃拿出自己的乜贴，重建礼拜大殿3间、门面4间。

1958年宗教改革中，由于受“左”的思想影响，回族同胞正常的宗教活动受到干涉，阿訇被强制参加社会主义改造，清真西寺被强行关闭，寺院被市房委会占用开回民伙。

1978年底，党的十一届三中全会胜利召开，党和政府全面贯彻落实了民族政策和宗教信仰自由政策，各地清真寺都逐渐得到了恢复，但清真西寺却因种种原因没能恢复开放。

1985年，经广大回族同胞积极努力，市有关领导出面协调，责成市房委会退出占用的清真寺房产，并参照相关政策对清真寺给予一定经济补偿。

由于清真寺多年被占用，且未曾重修，多数房舍颓危，不能满足广大回族同胞正常宗教活动的需要。1995年，经回族群众捐资，重建北讲堂屋上下两层各3间，另建水房4间。1997年，重修南屋上下两层各4间作为男女水房使用。

1998年，时任阿訇刘兴广、王如海凭着对教门的一片热诚，不顾身体有病，年老体弱，呕心沥血、勇于奉献，积极动员回族群众集资重建了礼拜大殿。新大殿系框架式钢筋混凝土结构，阿拉伯建筑风格，建筑面积约500平方米，分上下两层，上下大殿，内装裙板，下铺地毯，宽敞明亮，华丽典雅，可供数百人同时礼拜，总投资40余万元。同年，清真寺新建临街门面楼上下3层18间。

2002年清真西寺新建阿拉伯建筑格式门楼4层12间。两座高耸入云的尖塔分列在巨大的圆形拱顶两侧，穹顶上托一弯新月，直插天际，与蓝天、白云、红日构成一幅艳丽的彩色画，气势雄伟。

二、驻马店市清真寺金石录

回族在中国56个民族中人口总数居第三位，地域分布仅次于汉族，经济文化也比较发达，作为祖国大家庭的一员，在漫长的历史进程中，回族和其他兄弟民族一起，共同创造了祖国的悠久历史和灿烂文化，对丰富中华民族的物质文明和精神文明宝库，做出了重要的贡献。

驻马店市在历史上曾经是豫西、南的政治、经济、文化中心，早在唐宋时期，这里已有回回先人驻足，并创建了供他们举行宗教活动、举办宗教教育的礼拜堂。在旧中国，封建统治阶级实施民族压迫和民族歧视政策，以致史志中很少有关回族的记载，从而给回族史研究工作带来了诸多困难。

1986年后，为撰写《驻马店回族志》，受民族宗教处的委派，笔者以清真寺阿訇的身份，对全市（原驻马店地区）清真寺进行了考查，走访了一些知情老人，查阅了清真寺的有关史料。

历史上，驻马店辖区先后创建或重建了70余座清真寺，且大部分清真寺都树立了记述清真寺创建、重修、增建或修葺等内容的碑刻。近百年来，由于种种原因，不少清真寺的碑碣被挪作他用。特别是十年浩劫期间，这些文物惨遭破坏，使一部分清真寺已无可靠文字记载。为给后代留下一个较为完整的清真寺碑刻资料，我们对搜集到的清真寺碑刻进行了分类整理，现选录其中10通碑刻以供参考。

由于大多数清真寺的碑刻历史久远，加上因雨淋日炙，碑石剥落，字迹模糊，摘录、点校难度很大。自愧学浅难工，有负众望。然整理回族古籍责无旁贷，故知难而进，抛砖引玉，以求教于广大读者的批评指正。

（一）新蔡县李桥清真寺《御赞碑》

皇帝万岁

太祖高皇帝御制回辉教百字圣教：乾坤初始，天籍注名，西传圣教，普化众生，至德大圣，仁慈正烈，接受天经，三十部册。亿兆君师，万圣领袖，协助天运，扶佑国王。公直无私，普度群迷，五朝祈天，默祝太平，阐教祖师，灵明洪佑，拯民患难，超拔灵魂，脱离罪孽，降伏邪教，教名清真，穆合默德，至贵圣人。赞曰：“元气禀粹，圣人生成，道传万代，教授真经。”

大明洪武八年五月二十日

（二）遂平县石寨铺清真寺《重修清真寺碑记》

吾教中，主上天之载，无声无臭，而实教化枢纽，品啬之根柢也，无声无形也，而形形者莫非造化主，主无声也，而声之者，莫非造化主。夫主者，视之无形，听之无声，其大无外，其小无内，是诚造化万物之真主。但是有形、有像、有动、有静，皆主上之要为，洵可谓天地之主也。吾教降自西域，唐时至此，凡东土之地，无不知焉，名为清真，满克，现有天房可凭，认主独一，而他事无闻焉。自我先圣穆合默德，集列圣之大成，其所以引迷归心，宣传天经，阐微指南，必有天房朝向，劝人知一信一，感谢主恩，以守先传后之说道。

现我吴房县东南二十五里石寨铺，有清真寺一座，不知创自何时，无碑可考。迄乾隆年间，经过各代风雨飘摇，历年久远，大殿损坏，门楼抱厦，俱为倾圮。今有贤师周元方，因认主之一念，而心则勃然兴起，延约乡老、教人，商议协办，纠全坊各姓，俱皆心悦诚服，各捐资财，集少成多，勺水成海，焕然一新，而大成矣。今刊石清单，方为无弊。要非百余人，齐心协力，不能至此；非主上之默佑，亦何能如是哉！倘有后之贤者，效法于今，是以为望。因叙其原因以通于后。

大清乾隆五十八年，岁次癸丑季秋下浣穀旦。

（三）汝南县清真寺《重修汝阳礼拜寺碑记》

盖闻反本修古礼，经著其初之勿忘天命，圣言，前哲凛斯心之则畏，情缘得一真则无伪，虽对越常在心目之间。而恭拜必择清肃之建，则礼拜寺之设诚可缓哉。吾教自李唐中叶来至天方，受至中土。特蒙异数敕建蔡州礼拜寺，以安身。恭藏天经，时登堂而拜主。尊寺清规，门庭整洁。宣明教典，殿陛辉煌，迫后渊远而流长。是因本深而末茂。汝城内寺建立之历年已久，藏巍峨之丽渐史。近经风甚雨之飘，致兹败几毁垣，惧拜殿数□，竟致倾颓。□题数己就崩推。未等众列教未深感主恩，触目惊心，心惧将倾之。重修大殿，卷棚等项。既各捐乎已则以为鸠鸿工匠哲之用，复求助于众亲，以各上栋下字之资，曾为裒于集腋，合众志而城。以落修我墙皇清屋先崇其盖，制厚其垣，垣复焕于新，猷庶美轮唤来颂祷者，不愧壮丽之规。攸字攸宁深歌者，可复崇之望。赫泱泱得用，以报主恩者，非赖同济之力也。兹其铭于右，以垂不朽。

大清嘉庆十八年四月吉日立

（四）西平县北关清真寺《重修北关清真寺碑记》

戊戌春，西平县北关清真寺重修告竣，欲勒石以垂不朽。而属文于余。窃维清真寺者大约以清洁真诚是尚也，忆贞观二年，葛心对唐王曰：清者一尘不染，万渣俱净；真者，言无虚假，行无诈伪，此清真命名之义所由来。欣至若寺，朝拜真主，感谢原造之恩。时诵圣经，救济先人之厄，诚不可以凡常视之也。西平县北关，旧有清真寺一座，亦不知创于何时。但世远年湮，墙倾榍摧□。有武生吕占鳌、王璞玉、吕肯堂等触目伤怀，各破坚囊□，倡义举兼之教宗，乐善好施，不数旬而大殿、门楼、水房以及架帏，皆增其旧制，焕然一新。安知非主上之灵默为助也乎，故夫入其门，而泛□俱消，登其殿，而悃诚相将，岂止一时之伟观，新一时之耳目而已哉。于是为文以志云。

大清道光十八年岁次戊戌梅日吉日立

（五）平舆县庙湾清真寺《潘东震为庙湾清真寺捐地碑文》

教下监生潘东震率男殿庆、殿华、殿弼为承志先公，以作义事。缘先父在世，恒以济人利物为心，尝欲于教中做几件好事，有志未逮而逝。生仰承先志，情愿将先父所当吕方春地五段二十八亩充作清真寺，举以二十四亩所入，每年敬请阿衡（今作阿訇）掌教义学，乐育人才，凡过圣忌，均演大经，以报圣恩，并要禁止屠宰，以正清规。外四亩施作义地，无论本镇孤贫，外方客死，均听掩埋，并无阻拦，四亩中所收籽粒，暂用置买造板，来寄存寺中，于贫困者为殡殓资；所有柴草即作清真寺逐月烧水之用。以地完后为上二十八亩家产自充公后，即将当的收存清真寺，永远经管，将来地主或赎或卖，均以清真寺为主，生一门并无干涉，后无凭议，同诸教亲勒石存证。

庙湾镇亲谊，族人仝监正

龙飞大清光绪九年四月廿九日潘东震率男殿华

（六）确山县清真寺《重修确邑清真寺碑序》

太极未萌，阴阳未肇，涵万象于先，无具象理于元始。无动、无静、至渺、至冥。色象不能喻其妙，万物不能配其尊。见非凭目视无不察，闻非凭耳听无不理，言非凭舌治无不□。而吾始悠悠而年终，非人所生，亦无所生。重造天地，孕育众灵。至清，至净，无配。当思性命之原根，自何而有，有也何忌，生从何而死，从何生，父母未生前是何面目，至既死又何光景。所以要人得一个造化性灵之主。

真主归真复命正道，譬之，欲观帝王，必有一条正道可以往，可以来，然后恩威出自朝廷，赏罚必由正主，非众下所能擅其威福者。虽有一切歧途僻道，犹徘徊正途，一时错足，愈趋愈远。其始也，差之毫厘，其终也，谬之千里。若非正人指点，必不能溯本穷源，后回正道。所以清真至理，总是致知格物之功，到那极尽处方驻足。诚举太极未生，阴阳未有之前，至清、至净、无色、无声，惟有独一之真主执掌乾坤万物也。

言确邑城内兴乾隆年间，拜公元雄者，独修清真寺一座，咸丰年间，此寺之倾不堪。幸与马公毓麒者，又有本坊乡佬捐资，去外坊捐。重新为一次重修也。有前碑可凭，咸丰年间又至光绪十九年，风雨将大殿、北屋、至围墙、水房、大门口外的门场，被水冲坏，众目难视，痛伤心也。幸与守府李大老爷、有马客刘长清、闪总爷（官印）应录、阿訇洪福常，首事乡佬马万启、吴中玉、拜文连、李自德等同心协力，功成，吉后永垂不朽云。

大清光绪二十年孟秋日上榖旦

（七）泌阳县百秩店清真寺《重修清真寺碑记》

从来开创艰难，守成亦不易，非谓守之难于创也，盖守之而缮其或廓大其规模之为难耳。慈于百秩店清真寺而得其大风焉，原寺之所由建代远年湮，无法考。但缔造之初，仅拜殿三间，北讲堂三间，檐□屋鄙陋已拯迨。

咸丰元年，适有马阿訇，印世昌者，莅兹土，悯其卑鄙，不堪壮一坊之观。叹无华可能肃□拜之敬。因而□□之。劝教谆谆，型方俾阁□方之归真念切，使比户之服教心诚，不惜耗费，各捐赀财，欢乐茫公，争为趋赴。即于本年间修拜殿三间，大启尔宇至二年后，逐年兴工，渐此就理。其相继而奏绩者。又有南讲堂三间、后拜殿三间，其中经营创造，一□成功。虽主上之默佑使然，亦阿訇之周旋居多。今者，事过境迁，□维夙昔功程难忘。爰乃勒石铭功以志阿訇之美，而众特属文于今焉。余自惭渺见殊愧博闻，虽舌耕于贵坊，实亲友之抬爱，致以粗词俚语，率尔操觚者，渎大雅之观瞻哉。特思阿訇之功与阿訇之德，有不庸络，淹没于人世者，因不揣固陋，妄为涂才未耶，以慰众人之望，遂以答阿訇之灵。纵贻羞高明所不恤者，特为序。

龙飞光绪二十四年岁次戊戌季秋月下浣榖旦

（八）泌阳县百秩店清真寺《钦月见月碑序》

原夫月之悬，众于天也，在九重之一，其势至卑，其行稍迟。每日仅行三百五十二度有奇，钦天退十三度有奇。积二十七日，共退三百六十余度与天相会。故有一月一周天之说，至二十九日，月与日同宫是合朔。由合朔而望、而晦，至再合朔、而月成。此月之所由名，而非徒满三十日之谓也。是儒书之论月则，然未知有当于经典否。然经典之学不同，而经书之理则一。至其论同邑不无大同小异。大抵不外以见月之时为完满一月之期。可知所以清真正教，每逢钦月，总以见月为是。然自古传之，或封或开，每以见月为准。自今守之。或封或开，率以初三为常。殊不知以讹传讹，毫厘之差千里之谬耳。虽然天之不测，人所难晓。或逢云雾所遮，烟瘴所敝，亦不可泥于见月之说。其必以三十日为满上月之数则可为。倘若天光明媚，碧落澄清，务必以见月为然。即今见月于二十九日，以强于三十日，此一定之规，而不可致多者也。幸有世昌马阿訇莅任兹土，心乃悯之，不忍古制就湮。然伤之惟旧章恪守，因依经典为归宿。口讯指画，言之津津，奉圣行为遵循。面命耳提。海尔谆谆，所封，所开，仍照七月，革去前弊，不惑众论纷纷，恢复古典，独传已见卓卓。斯诚吾教之干城，穆民之宝箴焉。今者阿訇辞世已久，而回忆其德，党世之烈，炳若月星，翼教之功，重于河岳，殊不可令其湮没不彰。人亡而名兴俱亡也。于是勒诸贞珉，乘诸片石。使后之人，览碑下泪，不昧阿訇。提斯触石，怆怀如闻阿訇之警觉。则阿訇虽死犹生，虽亡如存焉。是为序。

大清光绪岁次戊兰月上浣穀旦

（九）西平县五沟营清真寺《刘占元阿訇功德碑》

大凡其功不足以及后世，其德不足以昭来，兹非功德之至者也。恭维刘老阿訇印占元，字魁者。其品学兼优，甚为一方领袖，不必备述。即其功德之巨，亦有历历可指焉。方其莅任兹土，讲堂鄙陋，杳不足道，心甚悯之。因仗义疏财，捐其学奉百千余，由此重修，遂使巍巍改观，兼有敞院一处。昔曾典当，今亦赎回，利归于公，不肥其私，此殆二十余年之功德，尤巨者也。拒不足以及后世而昭来，兹哉是以商之合方勒诸贞珉以志，其功德之不朽云。

大清宣统三年次辛亥季春上浣穀旦

（十）驿城区清真寺《创修清真寺碑记》

盖清真之道，非教不明，教非法不立。夫道也者，天理当然之则也；教也者，示人循是则而行之者也；法也者，析理欲辨是非，规天下于无妄也。故立清真寺，设教以传道，遵道以守法，使人认拜真主、报答原造之恩，以尽天道之职也。乃驻马店自铁道开行之始，车站仍然荒村，彼时回族仅有数家，对于教门甚为热心，因念礼拜无所投归，劝施捐款，于前清光绪三十三年三月购买顾姓田地一段，预修清真寺，以作礼拜之所；嗣因来驻贸易者络绎不绝，而发起诸先生苦心筹划，凡有过路客籍，并在驻寄居者，无不乐为叠次捐输；念年以来，创修大殿三间，先后续盖南北讲堂以及大门水房等，而礼拜者日见加赠，虽有诸社首捐资得力，若非蒙历任阿衡之领导，教门何能有此发达?！此乃今世之流芳，百代则后世回赐无疆，更为滔滔不断矣！兹将买地文约抄录于后。

立卖车站地基文约人顾聚五。因正用不便，自侠中人张中辅等说合，情愿将自置本业地一段壹亩，弓丈两明，东至耿姓地边灰石为界，西至张姓地边灰石为界，南至郑姓地边灰石为界，北至钟姓宅基墙外灰石为界，出入官道照旧，金石在内，土木相连，今出卖与清真寺名下修盖房屋永久为业，时值卖价官板制钱肆拾伍串文，同中约明价足，分文不欠，各无异说，如有亲邻人等狡扰卖主，中人一面承管，恐后无凭，立卖契文约为证。代笔人陈紫峰，中人闫富润、耿士恒、王子俞、钟润田，乡地陈万全、马相义。

驻马店清真南寺教长李朝祥敬撰

淮阳单级师范毕业刘向宸敬书

中华民国十九年岁次庚午小阳月中浣穀旦

（原载于《驻马店市政协文史资料汇编》，2007 年第二期）

伊斯兰教在新蔡

杨少华

新蔡县为古吕国，春秋时期，蔡平侯将国都迁到此地名为“蔡州”，后取名“新蔡”。位于河南省东南部，地处淮河流域，河南、安徽两省四市六县交界处。现辖22个乡镇，356个行政村，总人口104万人，其中回族人口11200人。早在元代新蔡就有回回繁衍生息，虽然他们屡遭劫难，但伊斯兰文化薪火传承，未曾断绝。

新蔡县回族的由来，最远可追溯到元代，据《元史》载：“太宗四年(1232年)，首将托雷带东归蒙军，迁回到邓州、唐州、蔡州，威胁金朝京都开封”。这些蒙军中有不少回回人，他们当中的老、弱、伤员曾被留于上述诸州，新蔡开始有回回人定居。“至元二年（1265年），忽必烈分四亲王属州：郑州隶合丹，睢州隶勃罗赤，均州隶明里，蔡州隶海都。”所谓属州，就是亲王食禄的采邑。亲王手下有一些回回人为亲王经营蔡州出力，这些人也有定居蔡州的。另据《驻马店地区志》载：“元世祖至元十八年（1281年），‘回回’军屯驻新蔡县柳家桥（李桥），并建有礼拜寺，由长者担任领拜、宰牲、主持婚丧、节日等事宜。”“英宗至治三年（1323年）正月，遣回回炮手万户赴汝宁（汝南）、新蔡，遵世祖旧制，教习炮法”，回回人批量迁居境内。明清时期，不少外地回民或因经商，或因逃荒、战乱等多种原因，先后由周口、项城、淮阳、沈丘、睢县、潢川、平舆、汝南、西平和山东省泰安等地迁居新蔡，并形成了古吕、李桥、砖店、黄楼、龙口、陈店、韩集、化庄等数个回族聚居区。

伊斯兰教是入世的宗教，这就决定了穆斯林走到哪里，伊斯兰教就随之传播到哪里，新蔡伊斯兰教也不例外，也是伴随着回族先民的到达而传入的。根据伊斯兰教的要求，如果有一定数量的穆斯林在一起，就要建立清真寺，以方便履行日常宗教功课，处理穆斯林内部民事纠纷，宣传伊斯兰教文化。

新蔡县清真寺始建年代最早的首推李桥河南清真古寺，根据现存资料记载，该寺始建于元大德十年（1306 年）。明洪武八年（1375 年），明朝开国功臣常遇春奉命重建清真寺。明万历年间（1613 年），清真寺移址于洪河南侧。清嘉庆年间（1769 年）清真寺进行扩建。扩建后的清真寺占地十余亩，建筑格式为中国宫殿式建筑风格，明檐出厦，雕梁画栋，古香古色，肃穆壮观。

古吕北关清真寺始建于明万历年间。清代创建的清真寺有清康熙五十七年（1718 年）所建的吴庄清真寺和清光绪三年（1877 年）所建的常湾清真寺。民国时期又创建了陈店、蒋庄、新汝边、龙口、化庄 5 座清真寺。“文化大革命”中，大部分清真寺被关闭。党的十一届三中全会后，各坊清真寺先后恢复开放，1994 年又新建常老庄、李桥北寺两座清真寺。目前，全县有清真寺 10 座，阿訇 10 位。

新蔡县回族穆斯林具有光荣的革命传统。1937 年以后，日本帝国主义大举入侵我国，使我国大部分省、市的土地沦陷为日本帝国主义的殖民地，祖国各族人民陷入殖民统治的苦难深渊，惨遭日军的蹂躏。在国家、民族处于生死存亡的紧急关头，新蔡县广大回族同胞积极参加抗日救亡活动。当时的县参议长，著名的爱国人士任芝铭先生（新中国成立后曾任全国政协委员、省政协副主席），受共产党的委托，先后 3 次到北关清真寺宣传、组织抗日。清真寺阿訇蒋瑞宇，社首李风吾积极配合。阿訇利用主麻日讲“卧尔兹”的时机，宣传、揭露日本军国主义侵华罪行，动员回民有钱出钱，无钱出力，参加抗日救国行列。1944 年农历正月十五，“新蔡回教抗日救国协会”宣告成立，抗日救国协会会长蒋瑞宇、副会长杨仲超，成员有李风吾、李好敬、李好勤、吕洪飞（共产党员）、马世彦、常鹏荣等人。李桥回族镇的广大回族同胞也积极行动起来，他们和新蔡县回族抗日救国协会密切联系，组织建立回族抗日救国服务队，联合汉族人民武装，集中各种枪支数百条进行抗日救国活动。这些抗日武装力量，有效防御了日寇南进的行动，保护了人民的生命、财产的安全，为中国人民抗日战争的胜利做出了一定的贡献。

（原文载《驻马店清真寺概览》一书，2008 年出版）

伊斯兰教在遂平

杨少华

一

元末社会矛盾加剧，天下大乱，中原一带战事频繁，"豫寇充炽，歼灭居民，地荒人稀，荆棘丛生，寄径无从，荒荫遮蔽天日，中原数千里，浑如洪荒草茫之区"。明初，为开发中原农业生产，实行"均田"制，从山西、山东等人口日繁之地进行南北移民，把居民从窄乡移到宽乡，从人多的地方移到地荒人稀的中原。自明洪武至永乐年间，西北一带居民，不断被官府集中到山西洪洞县南门外的广济寺内树身数围、荫蔽数亩的大槐树下，发"凭照川资"，迁往豫北怀庆府孟州诸地中转，有一部分被中转到遂平县境内。据石寨铺现存的《吕氏家谱》载：吕氏回族，世代信仰伊斯兰教，元末明初，由山西省洪洞县城西北七里涝迁居于西平县北关，后分居于王店、大吕庄、东吕庄和遂平县石寨铺、泌阳县百秩店等地。另据《玉山乡志》记载："玉山街古姓回族自明洪武时由山西洪洞县迁居襄城县，清光绪年间定居本街。"

按照一般情况来说，回族穆斯林迁居某地，应当在某地建立清真寺之前，两者相隔的时间不会太远。尽管当时的清真寺比较简陋，但是必须要有这样的场所。石寨铺清真寺重修碑记也佐证了回族家谱的相关记载。石寨铺《重修清真寺碑记》（清乾隆五十八年立）记载："现我吴房县（遂平）东南二十五里石寨铺，有清真寺一座，不知创自何时，无碑可考。迄乾隆年间，经各代风雨飘摇，历年久远，大殿损坏，门楼抱厦，俱为倾圮”。由此可见，此寺由于历年久远，风雨剥蚀等情况，以致迭次维修重建，说明此寺建立不会迟于元末明初。

清代是一个多民族大融合的朝代，回汉民族在经济、文化方面的交往更加频繁，在日常生活中的联系更加密切。这一时期省内外一些经商、避乱、逃荒的回民不断涌入遂平并定居下来。据玉山杨庄回族老人杨富有说：“清道光二十一年（1841 年），黄河开封段决口，先祖从黄河北荆圪答村（现封丘县后荆回族乡，也是回族聚居地）迁至玉山北街，原在街上以打烧饼为业，后来集下部分钱买了两只羊牧放，而羊经常去东部坡地杨树林吃草，主人不找不返家，于是先祖在此地建一羊圈，后形成一村庄，故名杨庄。”余庄、尹庄的回族老人们也传说他们先祖于清代由西平、叶县等地逃难流落到那里，现已经有 18 辈，坟地 9 亩多，他们小时候看庄稼时经常查一排排的坟，共 13 排，具体数目已经记不清了。在这一时期，还有张、马、海、周、李、白、艾、赵、丁、洪、孙、袁、潘、陈、蒋、吕、闪、苏等姓氏回民先后由西平、舞阳、叶县、南阳、泌阳、开封、禹州、孟县、唐河、社旗、郾城等地迁居县境的城关、玉山、阳丰、和店、韩店、赵陈、诸市、小李庄、尹庄、余庄等地。他们的聚居点由明清以来的少数几处，已扩大到十余处。清代后又有从外地迁入回族以及本县境内的回民互迁，至解放初期，全县回族人口已有 3250 人，清真寺 7 坊。

二

清真寺是穆斯林主要的宗教活动场所，有文字记载遂平县清真寺始建年代最早的首推石寨铺乡东街清真寺，建于元末明初。建于清代的清真寺有玉山镇杨庄、关王庙乡尹庄、沈寨乡和店三座清真寺。民国时期，又新建濯阳镇西关、诸市乡东街、石寨铺乡刁庄村小李庄三座清真寺。至解放初，全县共有清真寺 7 坊。“十年浩劫”中，7 坊清真寺均被拆毁。1979 年，落实宗教政策，全县清真寺陆续开放，恢复了正常的宗教活动。2000 年，根据河南省行政区域调整文件要求，将原属县境的诸市乡、关王庙乡分别划归驻马店市驿城区和高新区管辖，清真寺数目有所减少。目前，遂平县有濯阳镇西关、玉山镇杨庄、沈寨乡和店、和兴镇赵陈、石寨铺乡东街5坊清真寺，在位阿訇5人。

（一）濯阳镇西关清真寺

濯阳镇西关清真寺，位于莲花湖街道办事处的西关大道北段东侧，本坊回族人口1100人，主要分布在濯阳、莲花湖、车站3个街道办事处以及褚堂乡的西刘庄等地。

濯阳镇西关清真寺始建于民国五年（1916年），原寺址在遂平县城西关南海街，建有礼拜殿、讲堂屋、水房、阿訇住室、大门共计11间。1975年发洪水，清真寺房屋被冲毁。1985年后，经回民群众集资，重建了清真寺，建有礼拜殿、水房、讲堂屋、大门等房屋共计12间。因清真寺位于汉族居民区，距回族聚集区较远；2008年，时任清真寺管委会主任海珍珠凭着对伊斯兰的一片热诚，一马当先，东奔西跑，尽心尽力，任劳任怨，勇于奉献，积极动员回族群众捐资将清真寺迁址到现西关大道北段东侧，新建一座具有阿拉伯建筑格式的清真寺。新寺占地面积1200平方米，其中新大殿建筑面积320平方米，为框架式钢筋混凝土结构。殿内宽敞明亮、设施齐全，可容纳数百人做礼拜。殿顶建有圆包、尖塔。整个建筑物雄伟壮观，庄严肃穆。清真寺院内树木葱郁，花草成畦，每当花开之际，蜂蝶飞舞，满院飘香，使人赏心悦目。

（二）玉山镇杨庄清真寺

玉山镇杨庄清真寺，位于遂平县玉山镇康庄村回民杨庄，本坊回族人口780人，主要分布在杨庄、玉山镇北街、南街、阳丰乡西街、嵖岈山乡风景区等地。

清真寺始建于清同治三年（1864年），原址在玉山南街（今镇工商所院内），占地面积1300平方米，建有礼拜殿前后5间、北讲堂3间、水房3间、厢房2间、大门1座。寺内建筑物颇为考究，青砖对缝，结构严谨，古朴雄伟，庄严肃穆。“文化大革命”中，清真寺被拆毁，其宅基地被镇兽医站占用。为了过好正常的宗教生活，1984 年，经杨庄回民群众集资，在玉山东杨庄北头新建清真寺一座。建有礼拜殿、北讲堂、水房、大门等共计 12 间。1995 年，落实宗教房产政策，镇工商所、镇兽医站包赔原清真寺房产，杨庄清真寺管委会在玉山南街新建门面房 10 间，其收入用于清真寺自养。1999 年，经回民群众和社会各界捐资重建清真寺。新寺占地 1050 平方米，东南亚建筑格式，计有礼拜殿、南北讲堂屋、水房等房屋 14 间。

（三）沈寨乡和店清真寺

沈寨乡和店清真寺位于遂平县沈寨乡和店村北街，本坊回族人口 650 人，主要分布在和店、韩店等地。

和店清真寺始建于清末，原寺占地 1600 平方米，建有礼拜殿 4 间、讲堂屋 3 间、水房 3 间、大门 1 座。“文化大革命”中，清真寺被生产队占用。1982 年，清真寺恢复开放。1988 年，在社首马孝文、李发祥、海书秀等人的倡导下，经群众集资，将礼拜殿、讲堂屋、水房进行了翻修。2009 年，回族群众集资数十万元重建清真寺，历时年余，一座阿拉伯建筑格式的清真寺巍然屹立，现已投入使用。

（四）和兴镇赵陈清真寺

和兴镇赵陈清真寺位于遂平县和兴镇赵陈村，本坊回族人口 520 人，主要分布在赵陈、江庄等地。

赵陈村原来没有建清真寺，民国时期，曾有本村马忠堂阿訇代理教务活动。为了能让回族群众开展正常的宗教活动，1998 年春，经县政府批准，生产队在村东规划出一亩地作为建清真寺用地。在赵庄回族群众马长法、吕铁头、古东方、吕兆民等人倡导下，全村回族群众自觉捐款，新建礼拜殿 3 间、北讲堂 3 间、水房 4 间、大门 1 间，基本满足了回族群众开展正常宗教活动的需要。

（五）石寨铺乡东街清真寺

石寨铺乡东街清真寺，位于遂平县石寨铺乡东街，本坊回族人口1900人，主要分布在石寨铺东街、大魏庄、张庄、大陈等地。

石寨铺东街清真寺始建年月无考，据县志办公室的刘振乾同志介绍，回民定居石寨铺始于元末明初，故清真寺的创建最迟应在明初。初建时清真寺规模不大，后来随着回族人数的不断增加，清真寺也几经重修，到清乾隆五十八年（1793年），已具相当规模。重修后的清真寺占地8亩，正门仿北京紫禁城午门式样，门楼巍峨，颇为壮观。礼拜殿卷棚前后7间，青砖绿瓦，三层屋脊，前出后包，四角八挑。南北讲堂屋各5间，阿訇住所6间，水房4间，学生宿舍、临街房等其他房屋5间，其建筑格式均为中国宫殿式建筑格式。1936年，清真寺再次重修。“文化大革命”中，清真寺房屋被生产队占用，建寺碑记被砸，匾额被焚，建筑物遭到严重破坏。1997年，经当地回民群众集资十余万元，新建阿拉伯式礼拜殿一座，建筑面积320平方米，另外重建南北讲堂屋、水房等房屋十余间。

三

1937年以后，日本帝国主义大举入侵我国，使我国大部分省市的土地，沦陷为日本帝国主义的殖民地，祖国各族人民陷入殖民统治的苦难深渊，惨遭日军的蹂躏。1938年2月，全国性的回民抗日群众团体“中国回教救国协会”在重庆成立，相关各省设立分会，县城设立支会。民国二十九年（1940年）遂平县回教救国协会成立。协会由回族群众选举干事8人，负责一切会务，其组织分总干事1人、干事7人。总干事为古运明，干事中又分总务、演讲、文化、妇女等科，由吕作云、郑耀武、海志汉、李文学、张敬修、张方林等人为这些科室的负责人，当时有会员数百人。他们向各界群众宣传回族团结抗敌救国的重要性，阐述回教救国协会的宗旨，唤起各族人民对全民抗战的关心和支持，为抗日战争的胜利做出了贡献。

伊斯兰教协会是爱国爱教的群众性宗教团体，是党和政府联系团结广大回族穆斯林的桥梁和纽带。在党和政府的关心下，通过社会各界爱国爱教人士的倾心筹备、组织，2001 年 5 月 18 日，遂平县伊斯兰教协会正式成立，参加成立大会的回族穆斯林代表35 名，经过选举，选举潘殿祥为会长，杨保华、吕敬远、李志法、古林、吕五、马新胜为副会长，杨保华兼任秘书长。2009 年 8 月 15 日，遂平县伊斯兰教协会召开第二次代表大会，会议选举李富平为会长，李松波、陈金元、潘殿祥、古林、吕兆民、张富山为副会长，李富平兼任秘书长。近年来，遂平县伊斯兰教协会在中共遂平县委、县政府的正确领导下，在各有关部门的关心支持下，团结全县回族穆斯林群众，坚持圣训中“爱国是伊玛尼一部分”的教导，爱国爱教，努力弘扬伊斯兰教的优良传统，积极参加社会主义物质文明、精神文明和政治文明建设，帮助政府解决了数起引发社会不稳定的民族矛盾、宗教纠纷，为加强民族团结，维护社会稳定，促进伊斯兰教与社会主义社会相适应，建设和谐社会做出了重要贡献。

（原载于《河南穆斯林》，2014 年第一期）

伊斯兰教在西平

杨少华

一、伊斯兰教的传入与发展

伊斯兰教是随着回族的迁入而传入西平的。据《驻马店回族志》载："元世祖至元十八年（1281 年）回回军到开封、南阳一带屯田，后落户于豫东、豫南各县"，"英宗至治三年（1323 年）遣回回炮手万户赴汝宁、新蔡，遵世祖旧制，教习炮法"。西平在元代初期属南京（开封）路蔡州，至元三十年（1293 年）升蔡州为汝宁府，西平属河南江北行省汝宁府辖县，这些被派遣的"回回军""回回炮手"在汝南、新蔡、平舆、西平等地屯田牧居，教习炮法，并长期聚居在屯田区，形成西平回民来源的重要一部分。

元末，河南各地爆发了农民起义，西平县是主要战场之一，受战争影响，全县人口大量减少，土地大面积荒芜。明初，官府强迫山西等人口相对较多的地方向河南等地移民，其中有不少回民迁到西平境定居，从本县一些回族家谱和清真寺创建碑文中可以反映出来。据柏城镇吕氏家谱记载：吕氏回族，世代信仰伊斯兰教，元末明初，由山西省洪洞县城西北七里涝迁居于西平县北关，后分居于王店、狄庄、大吕庄、东吕庄、小吕庄、韩庄、五沟营、高桥、吴堂、小王庄、花马刘、蔡寨、徐庄、重渠等地，是西平县回族人口最多的宗族，约占全县回族总人口的 30%。另据环城乡花马刘张氏回族家谱记载：张氏祖籍河南孟县桑坡，世代信奉伊斯兰教，元末明初，为逃避匪患，始祖举家迁至西平县城东方桥代庄，后分居于北关、花马刘、蔡寨、狄庄、张坡、吴堂等地。

明、清时期，随着西平商业的不断发展，不少外地商贾纷纷迁入县境定居经商，其中有不少是回族人。如蔡寨回族乡肖洼村的白氏，原籍孟县桑坡，明代因经商迁居肖洼。在这一时期迁居县境的回族还有：芦庙乡坡寨村的周氏由郾城县周庄迁入，五沟营镇的李氏由郾城县前油李村迁入，芦庙乡大吕庄的艾氏由叶县红岭沟村迁入，芦庙乡小赵庄的赵氏由禹州市山货场迁入，出山乡罗岗村的马氏由泌阳县百秩店村迁入，蔡寨回族乡的黄氏由甘肃凉州（今武威县）迁入。

进入民国时期，由于受京汉铁路的修通和孙中山提出“五族共和”主张的影响，西平回族又有发展，他们的聚居点由明、清以来的少数几处扩大到30余处。随着回族人口的不断增加，全县清真寺数猛增到15坊，回族人口达5300人。1964年，全县回族人口8435人。1982年，全县回族人口猛增到12210人。到1990年全国第四次人口普查统计时，回族人口有13418人。2000年全国第五次人口普查回族人口有14420人。2005年时全县回族人口为16766人。目前，全县回族人口已达22820人，分布在全县14个乡、镇、街道办事处的37个自然村。其中回族人口超千人以上的有7个乡镇、街道办事处，分别是：蔡寨回族乡、柏城办事处、柏亭办事处、环城乡、五沟营镇、芦庙乡、出山镇。接近千人或千人以上的行政村有10个，分别是蔡寨回族乡的肖洼村、蔡寨村、崔庄村，柏城办事处的北关居委会，柏亭办事处的范吕居委会，环城乡的王店村、花马刘村，五沟营镇的北街村，芦庙乡的老庄村，焦庄乡的毛寨村。回族自然村33个。境内有清真寺19坊。

二、清真寺的创建与沿革

清真寺是穆斯林主要的宗教活动场所，它既是穆斯林沐浴、礼拜的地方，又是阿訇宣讲教义及宗教知识的讲坛，也是穆斯林举行婚、丧、嫁、娶的集会场所。凡是回族聚住区都建有清真寺。有文字记载西平县清真寺始建年代最早的首推柏城镇的北关清真寺，建于元末明初（约1365—1375

年)。元末明初，吕氏和张氏两姓回族先后由山西洪洞县与河南孟县桑坡等地迁入北关、代庄定居，并在聚居点创建了清真寺。其次为明隆庆五年(1569年)所建的蔡寨回族乡蔡寨清真寺。建于明代的清真寺另有蔡寨回族乡徐庄和重渠乡重渠两座清真寺。建于清代的清真寺有6座，即环城乡花马刘清真寺、五沟营镇五沟营清真寺、芦庙乡大吕庄清真寺、酒店乡狄庄清真寺、专探乡张坡清真寺和出山乡吴堂清真寺。民国时期，全县又新建清真寺5座，至新中国成立初期，西平县有清真寺15座。1958年，实行合寺并坊后保留6座，1963年增至13座，“文化大革命”期间，清真寺停止活动，北关、五沟营、蔡寨等处清真寺被占用，其他清真寺房屋大部分被拆毁。1979年，落实宗教政策，全县清真寺陆续开放，恢复了正常的宗教活动。至今，西平县共有清真寺19座。

北关清真寺，坐落在西平县城一里北关村。坊上回族人口1560人，分居在北街、北关、南关、东关、西关梅家胡同、戴庄等地。回族主要姓氏有吕、王、张、李、马、佟、白、丁、古、赵、周、杜、宛、伍、郑、贾、师、海、艾、朱、毛、沙、韩等。明成化、弘治年间，始有回民定居北关。据寺内碑文记载：寺始建于清初。道光十八年(1838年)，武生吕占鳌、王璞玉、吕肯堂等慷慨解囊，重新扩建清真寺。扩建后的清真寺占地7亩余，分前后两个庭院，计有礼拜大殿、卷棚、南北讲堂、水房等房屋30余间。民国三年(1914年)，清真寺重修南讲堂3间，同年，寺内创办回民小学1所，初设1班。民国二十八年(1939年)，经县政府批准，正式命名为“北关清真寺伊斯兰小学”。阿訇兼校长，教师2名，设初小2班，学生60多名。1958年宗教改革，清真寺被改办为学校。1979年，落实民族宗教政策，清真寺得到恢复。1985年，经回族集资重建礼拜大殿3间。1995年，重建北讲堂3间，阿拉伯式门楼上5间。现清真寺占地3亩，各种房屋共计15间。寺内现存石碑3通，一通为清道光十八年(1838年)重修礼拜大殿、门楼、水房纪念碑；一通为民国三年(1914年)创修南讲堂碑；一通为民国二十九年(1940年)重修清真寺碑。

蔡寨清真寺，坐落在西平县城西南16公里处的蔡寨街。坊上回族人口2780人，分居在蔡寨街、桂庄、闫庄、刘庄、老师庄、潘庄等自然村。回族主要姓氏有李、吕、佟、朱、周、王、海、郑、法、丁、宛、黄、马、闫、赵、孙、白、洪、方等。明隆庆年间（1567—1572 年），始有回民定居蔡寨。清初，蔡寨清真寺建立。同治五年（1866 年）正月二十六，捻军与清军大战于蔡寨，清真寺被焚。阿訇黄始伦、社首朱保明历时 30 年募捐重建清真寺。寺院占地 25 亩，房屋 80 余间，院内种植柏树 250 余棵。“文化大革命”期间，大殿遭到破坏，寺内其他房屋分别被学校、大队占用。1979 年，清真寺恢复开放，占房单位先后迁出。1986 年，全坊回族穆斯林捐资重建大殿 5 间。1990 年，重建北讲堂 5 间。1997 年，增建阿拉伯式大门 1 座。自 1998 年始，全坊回族穆斯林先后募捐 30 多万元，新建阿拉伯式礼拜大殿 1 座，面积近 400 平方米，上下两层，上层为礼拜殿，下层为教室和学生宿舍。寺内原存石碑 3 通，一通为《流芳百代》捐款碑，一通为《万世同归》重修碑，一通为清真寺地亩碑。

崔庄清真寺，又名蔡寨东寺，坐落在西平县城 16 公里处的蔡寨乡崔庄村。坊上回族人口 1680 人，分居在崔庄行政村的刘庄、老师庄、闫庄、桂庄、潘庄 5 个自然村，回族主要姓氏有宛、吕、张、周、佟、李等。清真寺建于 2008 年 2 月，寺院占地面积 2. 1 亩，大殿建筑格式是两层阁楼，北讲堂为 4 间平房，建筑面积 310 平方米。

五沟营清真寺，坐落在西平县城东北 15 公里处的五沟营镇北街。坊上回族人口 1650 人，分居在北街、东街。回族主要姓氏有李、吕、艾、刘、郑、王、杨、宛、张、马、买、杜、方、田等。明末清初始有回民定居五沟营，清中期始建五沟营清真寺。宣统三年（1911 年），在五沟营清真寺坐位 20 余年的刘占元阿訇仗义疏财，捐其学奉，重修清真寺。民国九年（1920 年），清真寺进行扩建。扩建后清真寺有礼拜大殿 3 间，南北讲堂各 3 间，水房、伙房、殡仪室等一应俱全。“文化大革命”期间，清真寺被毁。1979 年，清真寺恢复开放。1991 年，在社首李广田主持下对清真寺进行重建。新寺由寨内迁至北门西北隅，占地 5 亩余，建礼拜大殿 12 间，讲堂、阿訇住室、学员住室、水房、客厅、库房共 20 间。礼拜大殿、水房为阿拉伯建筑格式，讲堂为中国宫殿式建筑格式。寺内现存石碑两通，一通为清宣统年间《刘占元阿訇功德碑》，一通为民国年间《李保泰阿訇功德碑》。

大吕清真寺，坐落在西平县城西 31 公里处罗庙乡大吕庄。坊上回族人口1490人，分居在小赵庄、大吕庄、坡寨、周庄、合水等自然村。回族主要姓氏有周、李、赵、吕、洪、艾、张、杨、妥、刘、傅、王等。明末清初始有回民定居坡寨、小赵庄、大吕庄。清乾隆年间（1736—1795年），始建大吕庄清真寺。建有礼拜大殿、卷棚、南北讲堂、水房、门楼共22间，建筑格式为中国宫殿式。1985年重建清真寺。新寺从大吕庄西头迁到庄东南隅，寺院占地2亩，建筑面积460平方米，其中礼拜殿3间、北讲堂5间、东屋5间、门楼2间。

东吕庄清真寺，坐落在西平县城西3公里处的东吕庄。坊上回族人口1150人，分居在东吕庄、郝店等自然村。回族主要姓氏有吕、苏、李、穆、张、洪、艾、韩、孟、马、常等。清康熙年间（1662—1722年），始有回民定居东吕庄。东吕庄原来与北关同坊，参加礼拜要到几里外的北关清真寺，很不方便，于民国二十八年（1939年），在村东北隅始建清真寺。初建清真寺仅有草房3间。1949年，迁至村西北，建礼拜大殿3间、水房2间。1985年，本村回族企业家洪双年捐资重建清真寺。从原址西迁百米至河提边，现寺占地1亩，礼拜大殿3间，北讲堂、水房4间。2005年春始，全村回族穆斯林先后捐资50万元，其中洪双年捐资30万元，重建清真寺，历时年余，一座阿拉伯建筑格式的清真寺巍然屹立。

徐庄清真寺，坐落在西平县城南15公里处的蔡寨乡徐庄。坊上回族人口990人，分居在肖洼、徐庄、武庄等自然村。回族主要姓氏有吕、白、朱、佟、杨、李、陈、张、丁、海、洪等。清雍正年间（1723—1735年），始有回民定居徐庄、肖洼。徐庄清真寺始建年代不详，清光绪十七年（1891年）重修。重修后的清真寺占地5亩，有礼拜大殿5间、南讲堂3间、东屋2间。寺院内植柏树80余棵。后徐庄与蔡寨清真寺合坊并寺，徐庄清真寺被废毁。合坊后的第二年又分坊，重建徐庄清真寺。重建后的清真寺有礼拜大殿3间、东屋4间。“文化大革命”中寺院被毁。1982年始，经全坊回族穆斯林集资重建。重建后的寺院占地400平方米，新建礼拜大殿56平方米，讲堂、水房等房屋260平方米。2002年，全坊回族穆斯林集资重建清真寺，新建礼拜大殿4间、水房4间、讲堂4间、门楼1间。

王店清真寺，坐落在西平县城西北1公里处的王店。坊上回族人口980人，主要居住于南河沿（今王店南片）、北堂庄。回族主要姓氏有李、吕、海、张、周、赵、刘、贾等。清康熙年间（1662—1722 年），始有回民定居南河沿。南河沿原来与北关同坊，参加礼拜要到河东岸的北关清真寺，很不方便，在社首吕海泉、李书民、李如海等人的倡议下与北关分坊。1980 年 4 月，借用二队地建清真寺。新寺建有小瓦房大殿 3 间、讲堂 3 间、水房 3 间、大门 1 间。自 1997 年 5 月至 2002 年，先后投资 30 万元，建成一座占地 2.2 亩，礼拜大殿 10 间、南北讲堂 8 间、大门门面房 14 间的具有阿拉伯建筑格式的清真寺。

花马刘清真寺，坐落在西平县城西北 3 公里处的环城乡花马刘村。坊上回族人口 960 人，回族主要姓氏有张、李、刘、巴、宛、闫、吕、段等。清乾隆年间（1736—1795 年）始有回民定居花马刘村。花马刘村原来与北关同坊，光绪三年（1877 年），在社首李坦的主持下，与北关分坊，创建清真寺。清真寺占地 6 亩，建礼拜大殿 3 间、卷棚 3 间、南北讲堂各 3 间、门楼 1 座。1958 年，清真寺被毁。1990 年 5 月，经全坊回族穆斯林集资重建清真寺。寺院占地 2 亩，建礼拜大殿 3 间、北讲堂 4 间、南屋 3 间。1997 年，新建水房、大门、门面房 7 间。

毛寨清真寺，坐落在西平县城东南焦庄乡毛寨。坊上回族人口 720 人，回族主要姓氏有王、张、吕、马、古、杜等。清康熙年间（1662—1722 年），始有回民定居毛寨。毛寨原来与重渠同坊，民国二十五年（1936 年）与重渠分坊，建礼拜大殿 3 间、水房 2 间、门楼 1 间。“文化大革命”中清真寺被毁。1994 年后，经回族穆斯林集资在村东重建清真寺。新寺占地 1 亩，有礼拜大殿、北讲堂、水房等房屋 9 间。

吴堂清真寺，坐落在西平县城西 40 公里处出山镇吴堂村。坊上回族人口 420 人，主要居住于吴堂、罗岗庄、赵庄、出山镇等地，回族主要姓氏有吕、张、妥、王、马、吴、李、洪、蓝等。清康熙年间（1662—1722 年），始有回民定居吴堂村。光绪五年（1879 年），回民吕祥生募捐创建吴堂清真寺。建礼拜大殿 3 间、北讲堂 3 间、水房 1 间、伙房 1 间、门楼 1 座。民国二十八年（1939 年），在社首吕震乙、吕财成、吕占常、吕占宇的主持下，对清真寺进行扩建。1958 年，因合坊并寺，清真寺被废毁。1983 年，经回族穆斯林集资重建清真寺。新寺占地 1 亩，建礼拜大殿 3 间、北讲堂 3 间、南屋 3 间、大门 1 座。

小吕庄清真寺，坐落在西平县城西34公里处的芦庙乡小吕庄。坊上回族人口400人，回族主要姓氏有吕、杨、石、洪、艾、赵、海、李、买、张等。明末清初始有回民定居小吕庄。小吕庄原来与大吕庄同坊。民国十六年（1927年）两庄分坊，创建清真寺。建有礼拜大殿3间、北讲堂6间、南讲堂5间、北讲堂3间。“文化大革命”中清真寺被毁。1982年冬，在社首吕自群、吕连坡的主持下，全村回族穆斯林慷慨解囊，集资在原址重建清真寺。建有礼拜大殿3间、北讲堂3间、水房2间、门楼1座。

小坡清真寺，坐落在西平县城西南专探乡小坡村。坊上回族人口350人，主要居住于小坡、小王庄两个自然村，回族主要姓氏有张、吕、李、王、海等。清道光年间（1821—1850年），始有回民定居小坡。小坡清真寺始建于清光绪末年。原有礼拜大殿3间、北讲堂3间、水房2间、门楼1间。1975年8月，寺院被洪水冲毁。1985年，经本坊回族穆斯林集资重建。新寺占地1亩，有礼拜大殿、北讲堂、水房、大门等房屋9间。

重渠清真寺，坐落在西平县城东南9公里处的重渠南街。坊上回族人口320人，分居在南街、黄庄，回族主要姓氏有李、倪、吕等。清雍正、乾隆年间，始有回民定居小吕庄、重渠南街、黄庄。乾隆中期，一位由温县来重渠经营皮毛生意的闪姓回民捐资创建重渠清真寺。建有礼拜大殿3间、南北讲堂各3间、伙房1间、门楼1座。1958年，重渠清真寺被废毁。1993年始，在老阿訇吕万超的主持下，筹资1.7万余元，于1994年元月重建清真寺。新寺占地1亩余，建礼拜大殿3间、北讲堂2间、水房2间。

韩庄清真寺，坐落在西平县城西南的酒店乡韩庄。坊上回族人口280人，回族主要姓氏有吕、杨、周、马等。清乾隆年间（1736—1795年）始有回民定居韩庄。韩庄原来与狄庄同坊，1952年分坊，创建韩庄清真寺。分坊后由于回族人口较少，群众经济负担过重，不久两坊再次合并。1987年，韩庄回族穆斯林再次集资建韩庄清真寺。寺院占地2亩，建有礼拜大殿3间、北讲堂3间、水房3间、门楼1座。

重渠乡小吕庄清真寺，坐落在西平县城东南7公里处的重渠乡小吕庄。坊上回族人口190人，回族主要姓氏有吕、李等。清雍正年间（1723—1735年），始有回民定居小吕庄。小吕庄原来与重渠同坊，民国三十四年

(1945 年)，与重渠分坊创建小吕庄清真寺。1974 年重修，1986 年扩建。扩建后的清真寺占地 1 亩，有礼拜大殿 3 间、北讲堂 3 间、水房 2 间。

吴庄清真寺，坐落在西平县城西 40 公里处的吕店乡吴庄。坊上回族人口 180 人，分居在吴庄、王庄等自然村，回族主要姓氏有马、沙、佟、吕等。清代中后期，始有回民定居吴庄。吴庄清真寺创建年代不详，“文化大革命”中被废毁。1999 年初重建吴庄清真寺。新寺占地 100 平方米，建筑面积 56 平方米，有礼拜大殿 3 间、北讲堂 3 间、水房 2 间。

狄庄清真寺，坐落在西平县城西南 55 公里处的酒店乡狄庄。坊上回族人口 170 人，分居在狄庄、孟庄等自然村，回族主要姓氏有张、洪、李、马、吕、周、妥、傅等。清咸丰年间（1851—1861 年），始有回民定居狄庄。光绪年间（1875—1908 年）创建狄庄清真寺。民国元年（1912 年）重修，有礼拜大殿 3 间、北讲堂 4 间。1959 年清真寺被学校占用。1985 年始，经全坊回族穆斯林先后数次集资重修清真寺。2010 年，在回族企业家洪双年、李光辉等人的资助下，清真寺进行重建。新寺占地 1 亩，有礼拜大殿、北讲堂、水房、门楼，共计 12 间。

高桥清真寺，坐落在西平县城东北 16 公里处的人和乡河沿陈村。坊上回族人口 165 人，回族姓氏全是李姓。清嘉庆年间（1796—1820 年），始有回民定居河沿陈村。民国三十二年（1943 年），创建清真寺，建有礼拜大殿 3 间、水房 2 间。1953 年，清真寺毁于洪水。1987 年，经回族穆斯林集资重建高桥清真寺。新寺占地 1 亩，有礼拜大殿 3 间，北讲堂 2 间，门楼、门面房 4 间。

三、伊斯兰教职人员

阿訇一词系波斯语“奥呼尼”的音译，是伊斯兰教的教职称谓，是圣人的继承者，是广大穆斯林的形象代表，是穆斯林宗教事务上的领袖。自伊斯兰教传入西平以来，全县曾先后产生了一大批名载青史、流芳千古的优秀阿訇，如李世杰、张海州、张庆林、吕全志、吕万章、吕令智、李子英、吕存志、吕万超、吕贯贤、吕小庭、黄长庚等。他们不仅为推动民族的繁荣和发展做出了贡献，而且为各民族的团结和睦、社会稳定贡献了自己的力量。

据统计，晚清至今西平及外籍在西平任教的阿訇如下：丁丙南、丁军营、丁耀堂、马双、马书侠、马书堂、马廷斋、马连生、马应朝、马明龙、马明道、马明熙、马明德、马国成、马建民、马超凡、马富德、王强、王万如、王书堂、王世德、王永西、王松堂、王若海、王宗海、王恩德、王焕章、王新勇、丹云山、丹忠宽、巴文祥、巴廷建、巴堂清、艾新广、白玉庭、白国良、闪小堂、闪德宇、吕焕章、吕大衡、吕方章、吕万超、吕广超、吕书庆、吕令智、吕永锋、吕春生、吕西端、吕成才、吕存志、吕成真、吕全印、吕全志、吕志杰、吕阿立、吕明周、吕忠阳、吕国顺、吕保德、吕洪喜、吕冠贤、吕小庭、吕冠章、吕新坡、宋瑞堂、倪长荣、刘开启、刘占元、刘鸿勋、许显亮、买建岭、孙恩普、杨清川、杨少华、杨文、杨卫甫、杨奎英、杨遂科、杨天成、李长、李合、李世杰、李西端、李全志、李根、李广廷、李小松、李小英、李全保、李志亮、李广德、李松林、李国钧、李明甫、李保泰、李顺忠、吴忠海、佟九德、佟全志、沙豹、沙保林、张大安、张少臣、张永峰、张志德、张国栋、张金良、张建民、张海洲、张盘根、张清林、邵光荣、虎建永、虎游山、舍学仁、周凤山、周保健、郑恩庆、宛三民、宛彦清、宛建民、洪宣、袁海亮、铁健、徐清福、倪长荣、倪鹏图、海军、海运兴、黄始伦、黄长庚、蒋志真、葛书晋、韩道英、傅如意、穆荣旺等。

四、伊斯兰教社团

西平县回教俱进会。西平县回教俱进会是民国时期第一个西平回族群众团体。于民国三年（1914 年）成立。会址设在北关清真寺内。以“兴教育，固团体，回汉亲睦”为宗旨，联络回族各界知名人士，致力于兴办学校和振兴回族各项事业。通过发动回民群众集资创办伊斯兰小学一处，学校设在北关清真寺内，促进了回族教育事业的发展。1937 年抗战爆发后改称中国回教救国协会西平分会。

中国回教救国协会西平支会。中国回教救国协会西平支会是抗日战争时期西平县回族穆斯林抗日救国团体，由北关清真寺阿訇吕纯志和社首吕长富、刘景春等回族知名人士发起筹备，于民国二十八年（1939 年）5 月正式成立，会址设在北关清真寺内。吕纯志任理事长，刘景春任会长，吕长富、吕干臣、吕国栋、刘鸿勋等为理事。其任务是动员回民有钱出钱，无钱出力，参加抗日救国行列；宣传中国全民抗战到底的决心，揭露日本军国主义侵华罪行，唤起全世界穆斯林对中国全民抗战的关心和支持；组建抗日宣传队；振兴回民教育；在乡镇兴办回民小学。西平县五沟营曾设区会部，成立于民国二十七年（1938 年）正月，会址设在五沟营北街清真寺内。舍学仁当选为区会长，吕玉斋、李祥甫、李盼银、李子万、李宝亮、宛德九、刘贺、李银生为理事。西平县蔡寨区会成立于民国三十年（1941 年），朱政臣当选为区会会长，朱丙利、佟固本为理事。协会组织了抗日宣传队，深入回民聚居村庄，广为宣传抗日救国道理，教唱抗日歌曲，对唤起人民大众进行全面抗战起到一定的促进作用。

西平县伊斯兰教协会。西平县伊斯兰教协会筹备委员会于 1999 年 3 月 15 日宣告成立，由吕万超、黄长庚、王世德、马富德、马明龙、宛建民等阿訇和清真寺乡老代表组成。2002 年 12 月 21 日，西平县伊斯兰教协会正式成立，参加成立大会的回族穆斯林代表 60 名，经过选举，选出伊协委员 18 名，选举吕万超、黄长庚、王建超、洪双年为名誉会长，佟鸿恩为会长，周保健、丁军营、黄国祥、洪其春、郑心宽为副会长，吕成恩为秘书长。根据工作需要，2005 年 1 月 12 日，增补郑进功、海顺典为第一届伊协副会长。2006 年 3 月 8 日，召开了西平县伊协一届九次全委会议，推举吕建国为代理会长。西平县伊斯兰教协会第二次代表大会于 2007 年 12 月 11 日召开，参加会议的正式代表 86 人，特邀代表 25 人。经过选举，选出西平县伊斯兰教协会委员 31 名，常委 18 名，吕建国为会长，吕成恩、洪双年、周保健、郑进功、李景元、吕振生、王会典为副会长，周胜中为秘书长，张宝城为副秘书长。同时聘请吕银全、黄长庚、王建超、黄国祥、郑新宽、海顺典为名誉会长。会址设置在柏城镇北关清真寺内。宗旨是：协助人民政府贯彻党的宗教政策和法规；爱国爱教，维护社会稳定和民族团结；发挥伊斯兰教优良传统，代表伊斯兰教界人士和穆斯林的合法权益，办好教务；团结全县穆斯林群众，积极参加社会主义物质文明、精神文明和政治文明建设，引导宗教与社会主义社会相适应；努力发展民族经济。自从伊协成立以来，对加强全县穆斯林同人民政府之间的密切联系，协调各族穆斯林与非穆斯林之间的合作关系，号召穆斯林发扬爱国爱教的传统，奉公守法，加强团结，办好教务，以及发展民族经济等方面做出了积极贡献。

（原载于《河南穆斯林》，2011 年第二期）

伊斯兰教在临颍

杨少华

临颍县地处中原腹地，因濒临淮河的主要支流颍河而得名，元末明初伊斯兰教随着回族穆斯林的迁入传入县境。

元末，河南各地爆发了农民起义，临颍县是主要战场之一，受战争影响，全县人口大量减少，土地大面积荒芜，加上黄河泛滥成灾，荒旱、疫病年年发生，致使死亡百姓不计其数。朱元璋建立明朝以后，为巩固政权，缓和阶级矛盾，实行一系列恢复发展农业生产的措施，使中原复苏，其中“迁民垦殖”就是最重要的一项。据山西《洪洞县志》记载：“明洪武二十二年（1389 年）九月，山西沁州张从整劝一百一十六户无田者，迁往河南屯垦田”，“明洪武二十五年（1392 年）十二月，徒山西民于彰德、卫辉、怀庆、康平、大名、东昌、开封凡五百九十八户”。从明洪武立国起，到永乐十四年止，先后 49 年时间，大规模的迁民就有多次，除 3 次是从南方迁移的外，其余都是从山西迁移的。《临颍县志》也曾提到山西移民之事，当时临颍属开封府许州管辖，在移民迁往之列。繁城、埚壅口、城关等地回族穆斯林都说是从山西洪洞县迁来，与这一历史事实相符。

回族穆斯林具有传统的经商特长，回族穆斯林迁居临颍后之所以能长期居住下来，与回族穆斯林的经商特长有很大关系。那时繁城乃商业集镇。交通便利（许昌至北舞渡镇必经繁城），市面繁荣。锅壅口从前叫三义集，也是周围有名的集镇，回族穆斯林除男耕女织外，许多人从事牛羊买卖、饮食业和小买卖，渐渐手头有了节余，便在繁城、埚壅口、城关建了 3 座清真寺，尽管最初规模都不大，起码回族穆斯林的宗教功课有地方进行，这也为回族穆斯林能长期定居临颍提供了方便。从临颍县回族穆斯林的姓氏来看，主要有丁、白、张、孙、马、杜、洪、杨、王、李、刘、佟、赵、舍、艾、海、巴、铁、卢等姓氏，各姓氏人口悬殊比较大，可能不是同一时期迁来，也不是同一地方迁来。在调查中，丁姓、白姓回族有不少人说是明初从孟县（今孟州市）桑坡村迁来的。现在丁姓、白姓仍是桑坡村最大姓氏。埚壅口回族杨姓定居于明朝中期，现已发展到200多人，占全村回族人口将近一半，其附近的繁城、城关、黄连城的杨姓回族也多与之同宗。

到了清代，清兵入关以后，激起了回汉民族的强烈反抗，坚持数年艰苦的斗争，终遭失败。顺治六年（1649年），清朝廷采取了大量强迫疏散的政策，将回民从其他省份内迁。这一时期迁到临颍的回族以洪、杜、白、沙、舍、赵等姓居多。在调查中得知：洪姓自洪洞县迁往许州（今许昌）上坡村后又迁往繁城，杜姓迁自封丘县荆圪答村（现名后荆回族乡，也是回族聚居地），沙姓迁自河北大名府，舍姓自北京迁往襄城后又迁居临颍繁城，黄连城赵姓迁自禹县（今禹州市）山货场乡。这一时期迁来的回族有经商的，也有因逃荒或联婚等原因迁来的。从现在黄连城的情况来看，赵姓乃一大姓，约占全村回族的70%，城关赵姓也是由黄连城迁来的。黄连城回民赵丙欣讲："听祖上传说，我们赵家是清朝乾隆二年由禹县山货场逃荒到此定居下来的。"

进入民国时期，由于受京汉铁路的修通和孙中山提出"五族共和"主张的影响，临颍县回族又有发展，他们的聚居点由明、清以来的少数几处扩大到20余处。截至目前，临颍县回族人口已达6000多人。

清真寺是回族穆斯林进行宗教活动的场所，临颍县建筑最早的清真寺是始建于明嘉靖三年（1525年）的繁城清真寺，其次是创建于清康熙年间的南街村和埚壅口两座清真寺，黄连城清真寺创建于清同治六年（1868年）。"文化大革命"期间，所有清真寺或毁或占，无一完好，宗教活动被迫停止。1979年以来，各级政府恢复建立了宗教工作机构，宗教信仰自由政策逐步得到落实，全县4座清真寺也先后得以恢复开放。为方便礼拜，繁城回族穆斯林又在繁城清真寺东侧新建一座清真寺，名清真东寺。目前，全县有清真寺5座，阿訇5人。

南街村清真寺

南街村清真寺，位于临颍县城南隅的南街村。全村有回、汉两个民族，840户3200口人，其中回族人口1300人。该村企业组织——河南省南街村集团有限公司系国家大一型企业。以食品加工为龙头的村办企业现有26家，其中中外合资企业5家。1991年，南街村荣获省级“文明村”称号。1993年，又被省委命名为“河南省明星村”。1997年3月，南街村被中共中央宣传部确立为“全国创建精神文明示范点”。

南街村清真寺始建于清康熙五十年（1712年），民国时期重修。清真寺占地650平方米，建有礼拜大殿、卷棚、讲堂屋、水房各3间。“文化大革命”期间清真寺先后被占用，除大殿卷棚外，房屋均遭拆除。1978年后归还，因大殿年久失修，不敷使用。1979年，在有关各界支持下重建。1980年，又翻修了讲堂屋。1994年，增建了6间北屋，9间南屋。

为彻底改善回族穆斯林的宗教活动条件，体现党对少数民族的关怀，积极创建园林城市，南街村积极协调有关部门，筹集资金300万元，在南街村公园附近的护城河畔新建了一座既有民族风格又有时代特征的清真寺。工程于1998年9月开始动工，2000年12月竣工。清真寺建筑面积1800平方米，大殿内宽敞明亮、设施齐全，可容纳数百人做礼拜，清真寺绿化面积1300平方米，整个寺院幽雅美丽，气势宏伟，和谐完美。

繁城清真寺

繁城清真寺，位于临颍、许昌、襄城三县交界处的繁城回族镇。该镇是河南省政府1984年批准恢复建制的第一批民族镇之一，也是内陆特区漯河市唯一的民族乡镇。在这里生活着汉、回、蒙古、藏、壮、维吾尔等8个民族的群众近万人，其中回族人口2300余人。繁城是一个具有2000多年历史的文化名镇，春秋战国时代称狼渊，汉为繁阳亭，三国时期因曹丕在此受禅代汉，取“繁荣昌盛”之意而设置繁昌县，唐称繁城，相沿至今。早在明初，善于经商的回族就定居到这里，他们大多从事饮食、鲜货、制革、皮毛、医药、香料及运输等行业。

繁城清真寺始建于明朝嘉靖三年（1525年），寺院坐西向东，占地面积7850平方米，规模宏大。清嘉庆三年（1798年）清真寺得到重修。清真寺前门两侧有石狮一对。门前是十三级表石台阶，门楼是明三暗五，衔山磨角，送木挑檐，五脊六兽，彩色滚龙脊上，中间有两米多高的铁柱，上套着钧瓷串成的宝葫芦，有四根铁链拉向房坡。阳光之下，耀眼夺目。房檐四角持有铁马小铜钟，风吹钟响，声播全镇。门楼前檐是油漆木栅栏，3扇朱红油漆大门，布满了虎头钉。中门上方高悬着“天方国学”大字匾额。礼拜大殿面阔5间，进深3间。殿前是透花棂子门，刻有各种花卉鸟兽。正门4扇，高4米，宽4米；南北配门各4扇，高3米，宽4米；大殿正门与二殿内高悬清乾隆题写的金字“护国佑民”匾额。大殿内是雕梁画栋，外围16根柱子，青石柱墩，方砖铺地，殿高22米，建筑面积250平方米。大殿西墙有券门，通往四层望月楼，第一层用表石条筑成，二、三、四层为木质结构，迭木挑檐，尖圆顶子上有钧瓷宝瓶，角脊兽头，各立一只铁叶仙鹤，随风飞展，绚丽多彩，三、四楼之间悬有明嘉靖五年匾额，上刻“一中真宰”。

繁城清真寺与明初南京净觉寺建筑风格相同，礼拜大殿比开封东大寺略胜一筹。不幸的是该寺经历数百年的风雨侵蚀、战乱破坏，破旧不堪，岌岌可危，失去了壮观的原貌。1991年7月，在镇党委、镇政府的关心下，经过多方筹资，清真寺重建第一期工程正式开始，主要工程有前门、女寺、男水房、讲堂屋、学生住室、阿訇住室，建筑面积1057平方米，1992年10月1日竣工。清真寺重建第二期工程于1993年夏开工，是年12月份竣工，主体工程是大殿和卷棚，建筑面积653平方米。1997年，繁城清真寺的标志性建筑六层望月楼，经广大穆斯林的共同努力，又重新屹立在民族古镇的中央。望月楼样式新颖，宽敞华丽，楼头尖塔、圆顶、星月标志闪烁发光。为方便穆斯林妇女礼拜，在清真寺南侧新建女大殿一座，新打深水井一眼，寺院内安装了30多台健身器，寺院内种植了许多奇花异草，通观整个寺院，气势宏伟，典雅新颖，和谐完美，幽雅漂亮。

黄连城清真寺

黄连城清真寺，位于临颍县陈庄乡东南部15公里处的黄连城村村西。黄连城村是西华县、临颍县、郾城区交界的文化、经济、商贸中心。该村是一个回、汉混居村，现有村民549户，总人口2196人，其中回族950人。黄连城有回民定居始于清朝乾隆二年（1736年），清真寺创建于清同治六年（1868年），建有礼拜大殿、讲堂屋、水房等房屋共计8间。“文化大革命”中清真寺被破坏。1985年，经回族穆斯林集资，对清真寺讲堂屋、水房进行了修复。目前，清真寺占地1亩，建有大殿3间、北讲堂5间、南屋3间、门面3间、门楼1座。

埚壅口清真寺

埚壅口清真寺，位于临颍县繁城回族镇埚壅口村，坊上有回民420人，回族主要以杨、刘两姓氏为多。

埚壅口清真寺始建于清康熙十一年（1673年），原寺占地3亩，建有礼拜大殿、讲堂屋、水房、阿訇住室、大门，共计16间。清末重修，民国时期增修。“文化大革命”期间，清真寺遭到严重破坏，礼拜大殿、讲堂屋等房屋被强行拆除，回族穆斯林群众正常的宗教活动被迫停止。1980年，清真寺恢复开放。为了过好正常的宗教生活，1998—1999年，埚壅口回族穆斯林群众在极其困难的情况下共同集资，将寺院修复一新。现寺院占地1亩余，建有礼拜大殿、讲堂屋、水房各3间、大门1座。

（原载于《驻马店清真寺概览》，2008年）

伊斯兰教在确山

杨少华

确山县回族穆斯林迁入时间较晚，明末清初伊斯兰教随着回民的迁徙传入确山。

据《驻马店地区民族宗教志》载："明崇祯年间，陕西'老回回'马守应率领的一支回民武装曾转战于豫南，有部分老弱伤残士兵落户于确山、汝南等地。"

清代是回族穆斯林迁居确山的高峰期，清雍正、乾隆年间，确山的马、拜、盖、王、李、张、沙、刁、白、吴、杨、巴、吕、刘、周、丁等姓氏回族穆斯林由于经商、疏散、逃荒、战乱等多种原因，先后由本省怀庆府（今沁阳）、孟县（今孟州市）、西平、周口、南阳、正阳、泌阳、开封及安徽等地迁居确山。据确山县《重修确邑清真寺碑序》记载："言确邑城内寺兴于乾隆年间，拜公元雄者，独修清真寺一座。"

进入民国时期，由于受京汉铁路的修通和孙中山提出"五族共和"主张的影响，确山县的回族穆斯林又有发展，他们的聚居点已扩大到城关、新安店、任店、普会寺、臧集等数处。新中国成立后，由于大学毕业生分配工作，干部、职工的正常调动和不同地区的联婚，回族穆斯林在确山县的分布更广泛，回族人口也相应增多。

民国二年（1913 年）5 月，确山县回族穆斯林成立了回教俱进会确山县分会，会址设在城关清真寺内。以"兴教育，固团体，回汉亲睦"为宗旨，联络回族各界知名人士，致力于振兴回族各项事业。它是民国时期确山县第一个回族群众团体。同年 12 月，在回教俱进会会长巴瑞修的倡导下，集资创办了确山县清真初级中西学校。所开课程有国语、数学，还有传授宗教知识的初、高级班。招收回汉民子弟 70 多人入学，免收学杂、书抄费。1927 年，学校改名为“确山县回教公立小学”。1929 年，学校因经费短缺而停办。时任清真寺阿訇刘朝宗热心教育事业，不忍让学生学业荒废，自己节衣缩食，带头捐资办学，并东奔西走，多方呼吁，得到回族皮行、油行、估衣业公会捐助，学校得以重新开办。1944 年，确山沦陷，日本侵略军把学校房屋拆掉，家具破坏，弄得乱七八糟。日本投降后，刘朝宗阿訇把自己多年的积蓄全部拿出来，并号召大家捐款资助，回汉两族群众一月内便整修了学校，使之很快得以复课，解放后学校由县文教局接管。

确山县回族穆斯林具有光荣的革命传统，为反抗历代封建王朝、帝国主义的阶级压迫和民族压迫进行过英勇的斗争。1927 年，中共驻马店特别支部为迎接国民革命军北伐入豫，4 月 4 日，城关、新安店、任店等地回汉族同胞在共产党员马尚德（杨靖宇）、张家铎、张耀昶领导下对确山县城发起总攻，4 月 8 日攻占了确山县城，活捉了县知事王少渠。4 月 24 日，建立了全国第一个县级红色革命政权——确山县临时治安委员会。马尚德为代理主席，委员会下设财政、教育、清理逆产、管狱委员会及治安总队等机构，并组成学生联合会、妇女协会、工人运动委员会、反奉运动委员会等群团组织。4 月 30 日《汉口民国日报》载文称：“农工组织政府，确山首先实现”。1937 年 7 月 7 日，卢沟桥事变爆发，中国革命进入全面抗战时期。1938 年秋，中国回教救国协会确山分会在确山县城关清真寺筹建，由刘朝宗阿訇亲自负责，其任务是：动员回民有钱出钱，无钱出力，参加抗日救国行列；宣传中国全民抗战到底的决心，揭露日本军国主义侵华罪行，唤起全世界穆斯林对中国全民抗战的关心和支持。回族青年丁一（丁俊雅）积极参加党所领导的抗日救亡活动，组织发动确山青年，掀起了抗日救国高潮。1938 年 5 月，她奔赴延安参加革命，同年 10 月在陕西云阳入伍，次年 2 月在延安入党，抗日战争和解放战争时期，历任延安抗日军政大学区队长、军事教育干班、军委卫生部大队长、白求恩卫生部学校党委书记、冀中军区国际和平医院党委书记等职，为抗日战争和解放战争做出了贡献。

清真寺是伊斯兰教活动的场所，确山县曾先后建过 4 座清真寺，建造最早的是创建于清乾隆三十年（1765 年）的城关清真寺，其次是创建于民国时期的新安店、任店清真寺，臧集清真寺始建于解放前夕。“文化大革命”期间，4座清真寺全部停止活动。1980年后，各坊清真寺先后恢复开放。2001年12月25日，经国务院批准（国函〔2001〕172号），将确山县胡庙乡臧集村及所属清真寺划归驻马店市驿城区。目前，确山县有清真寺3座，阿訇3人。

城关清真寺，坐落在确山县盘龙镇清真巷。坊上有回民1500人，主要分布在盘龙镇、刘店、普会寺等地，回民的主要姓氏有马、刘、盖、李、王、买等。城关清真寺系于清乾隆三十年（1765年）由河南沁阳穆民拜元雄独资修建。据寺内现存重修清真寺碑载：大清乾隆三十年，河南怀庆（沁阳）穆民拜公元雄者，因见确山穆民众多，无清真寺，每逢婚丧节日事宜，必到外地聘人主持，甚为困难，便独资在城内买刘氏宅基一段，创建确邑清真寺。当时，清真寺建礼拜殿3间、北讲堂3间、南讲堂3间、水房2间、大门1座。清光绪十九年（1893年），确山县遭受特大洪水，清真寺被冲毁。清光绪二十年（1894年），经社首马万君、拜文理、吴忠玉等人发起，对清真寺进行重修。1921年，由于军阀混战，清真寺房倒屋塌，蓬蒿满院。次年2月，经阿訇刘朝宗会同社首秦子明、孙志万赴驻马店、泌阳等地筹划捐款，重建礼拜殿3间，并修缮了南北讲堂。1942年，确山沦陷，清真寺复遭破坏。日本投降后，阿訇刘朝宗率全坊回民群众共同集资，使寺得以焕然一新。1976年清真寺进行维修，1997年在李洪生阿訇的主持下重建礼拜殿3间，建筑面积210平方米，同年新建门楼3间。2002年重建北讲堂、水房两层上下6间，建筑面积220平方米。清真寺内原有石碑数通，匾额数块，“文化大革命”时期，寺中多数文物遭到破坏，现仅存清光绪年间重建清真寺碑和民国期间确山县回教俱进会创办确山县清真初级中西学校碑。清真寺现任阿訇李洪生。

新安店清真寺，坐落在确山县新安店镇新华书店南200米，坊上有回民800人，主要分布在新安店、顺山店、王冲、邱庄等地，回民的主要姓氏有张、李、沙、马、刁、白、吴、杨、巴、常、周、陈、任、丁、闻等姓。回民定居新安店始于清代。新安店回民口碑代代相传：新安店张、李、马、刁、白等姓氏回民系于清代或因经商、或因联亲先后由周口、南阳、正阳、泌阳等地迁居而来。新安店清真寺始建于民国五年（1916年），

1938 年，日本侵略军飞机轰炸，清真寺房倒屋塌，蓬蒿满院。时任阿訇巴文祥会同清真寺社首分赴驻马店、遂平、西平、漯河等处筹划捐款，终于 1939 年重新盖起礼拜殿 3 间、水房 2 间，重新修缮了讲堂屋。“文化大革命”中清真寺遭到破坏。党的十一届三中全会后，清真寺恢复开放。1982—1985 年，在阿訇刁明显和社首张学重、周会川等人的提倡下，清真寺进行扩建，新建礼拜殿 3 间、水房 4 间、讲堂屋 4 间，扩建后的清真寺面积达 1500 平方米。由于清真寺远离回民聚居区，回民群众过宗教生活不太方便。1997 年，在阿訇宛彦青和社首李喜、马山、沙改名、马景春、刁连慈、李树才等人的不断努力下，镇政府在新街闹市区新规划一块面积约 3000 平方米的地基，用于重建清真寺。1998 年，经回族群众集资，在新街新建礼拜殿、北讲堂、男女水房、门面房等十余间，目前，门面房已全部招租，清真寺每年将新增收入万余元，为今后清真寺的重建和自养定了基础。清真寺现任阿訇马存虎。

任店清真寺，坐落在确山县任店镇任店街，坊上有回民 550 人，回民主要姓氏有李、马、王、张、艾等姓氏。任店清真寺创建于民国初期。民国二十年（1931 年）重修，建有礼拜殿、讲堂屋、水房、门楼等共计 10 间，建筑格式为中国宫殿式。“文化大革命”期间，清真寺被毁。20 世纪 80 年代末清真寺恢复开放。2004 年，在阿訇刘孝武的主持下重建礼拜殿 3 间。2007 年，新建讲堂北楼两层上下 6 间。现寺占地 1 亩余，有礼拜殿、讲堂屋、水房、大门，合计 13 间，建筑面积 320 平方米。清真寺现任阿訇刘孝武。

（原载于《驻马店清真寺概览》，2008 年）

商丘县西关清真寺历史概述

孙俊山

河南省商丘县西关清真寺，又名归德府清真寺，位于黄河故道之南，豫东平原正中，系河南省东部最古老、最著名的清真寺之一，它在豫东平原诸多清真寺院中堪称佼佼者。聚居在寺周围的穆斯林人口约2000多，新中国成立后，在党的民族政策光辉照耀下，他们中有的经商，有的从政，有的任教，有的做工，安居乐业，各得其所。

西关清真寺，创建年代久远，无文字记载可考。但据先人传达，该寺始建于宋末元初。

西关清真寺，从始建至民国，许多历任阿訇无据考证。从民国九年（1920年）至今，历任阿訇有据可考者有白玉清、刘平、袁长修、白清廉、刘智三、蒋廉生、孙俊山等20余人。

清真寺大殿脊檩牵条上，至今尚有明朝“正德穀旦重修”6个字，黑红相间，字字清晰，这是该寺重修年代的确凿历史依据。1988年，根据商丘县文化馆对清真寺尚存两块特大青蓝色琉璃瓦进行的考古鉴定，确认此瓦为明朝烧制。

笔者在该寺任教期间，曾在北讲堂门台前地坪上发现了立于清嘉庆十三年（1808年）十一月的《清真寺碑记》残碑一块。目前有两块保存完好的重修清真寺碑刻，其所属年代分别为民国七年（1918年）和民国十三年（1934年）。

西关清真寺曾在清康熙五十二年（1712年）秋，因大旱之年求雨成功，由“归德府正堂加二级”陈姓官员恩赐“诚祷甘霖”和“诚能格天”两块金字匾额，以示褒奖。“诚祷甘霖”一匾至今仍悬挂在大殿门前，右上落款是“康熙壬辰孟秋之吉”，左下落款为“归德府正堂加二级陈□为祈雨而立”，“诚能格天”一匾于1960年丢失。清真寺的广厦大门也是同一时期赐建的。

西关清真寺地处苏、鲁、豫、皖四省交界之地，北有中国交通大动脉陇海铁路，南有古宋河绕城流过，位置优越，得天独厚，加之县城西关为历史上商贾云集之地，商业发达，居民较为富庶，因而，原清真寺建筑规模十分宏伟。

西关清真寺坐西朝南，占地面积约4550平方米，其中女寺占地1750平方米，有男、女两座礼拜大殿。男礼拜殿由卷棚三间，大殿3间、二殿3间及窑殿1间组成，是一处古建筑群体；女礼拜段由3间殿堂组成。另有大门楼5间、北讲堂4间、南讲堂3间、沐浴室4间、架子房2间、内宅6间、仓库3间，加上北屋3间、水房2间，共有各式房舍45间，均系元、明朝砖木结构式建筑。造型精美别致，巧夺天工，体式庄严肃穆，雄伟壮丽。大殿由琉璃瓦盖顶，上有吞脊滚兽，5个青色琉璃宝瓶装饰在殿顶正中，根根青石柱支撑着殿顶。大殿四周的墙面，接缝严密，青白分明，殿前有抱厦罩护。建筑之精巧，工艺之高超，既具有独特的艺术风格，又具有浓重的宗教色彩，真可谓古色古香，令人赞叹。

（原载于《回族研究》，1993年第一期）

睢县的回族和清真寺概述

杨少华

睢县乃中州之东辅，华夏之心腹。东达徐淮，西连汴洛，南接谯亳，北据黄河，实乃人杰地灵、物产丰富，参加睢县开发建设并使之日益发展的不仅有汉族，还有睢县最早居民之一的回族。

一、回族的历史渊源

元代以前，睢县有无回族居住，尚未有文献可证。至元代以后，睢县的回族形成大致有三个阶段：

第一阶段是元代初期随蒙古军中的“探马赤军”而进入的。元代，统治者把从中亚带来的一些“色目人”中的“回回军”、“回回工匠”编为“探马赤军”与蒙古军并肩作战，战后将这些人遣往各个要塞驻防屯田，长期居住下来。《元史》载：“至元二年（1265 年），忽必烈分四亲王属州：郑州隶合丹，睢州隶孛罗赤，钧州隶明里，蔡州隶海都”。所谓属州，就是亲王食禄的采邑。亲王手下有一些回回人为亲王经营睢州出力，这些人有定居睢州的。《元史》说：“南北混一后，以蒙古探马赤军屯于中原之地”，“列大府以屯之”，“至元十八年（1281 年）世祖诏令：括回回炮手散居它郡者，悉令赴南京路屯田”。睢州在元代属南京路，在“列大府以屯之”的屯田范围，进驻了前来屯田的回回军士。至元二十九年（1292 年），世祖命“探马赤军一体随地入社，依例劝课，与编民等”。这样，这些回回人，因“随地入社，与编民等”，受南京路屯田总府统辖，留居从事农业生产，成家立业，正式成为睢县的居民。

第二阶段是明代。明洪武五年（1372 年）下诏："色目人居中国，与中国人结婚，不许与本类自相嫁娶。"睢县的回回人口因此也得以发展了。明洪武十年（1377 年），先后有不少回族穆斯林因移民、经商、当官、逃荒、避难而迁入县境定居，从本县一些回族家谱中可以反映出来。据《睢州吴氏族谱》（1988 年修）记载："睢县吴氏家族原籍山东沧州（今为河北省辖市），我始祖于明朝初年携眷任睢州知州，建宅于城内西大街。"民国三十四年（1945 年）所修睢县刘氏族谱也有同样的记载："我刘氏始祖世居金陵（南京），迁居沧州代远年湮，无所考核，后传诿彦公于明洪武初年以锦衣卫指挥使官睢，遂为我刘氏来祖之始，于今十有五世矣。"另据《睢县杨氏族谱》记载："杨氏祖籍封丘后荆圪档，明初来睢为阿訇，建宅于城内清真寺南。"在明代初期，由于政治斗争激烈，朱元璋执政时搞了胡惟庸、蓝玉两大案，牵连数万人，一些文武官员先后来到河南避难。蓝党将士中的钱姓回族系在这一时期迁居睢县，原居住在南魏张（今魏张屯），后移居城南核桃园（东关）随着回民大量迁居县域，回族人口随之增多。其间，先后创建或重建了清真寺。

第三阶段是清代。清代，随着睢县商业的不断发展，不少外地商贾纷纷迁入县境定居经商，其中有不少是回族人。据睢县韩氏回族代代相传，韩氏回族，世代信仰伊斯兰教，元末明初由山西省洪洞县迁居柘城县慈圣，清初部分先祖因经商而迁居睢县。在这一时期迁居县境的回族还有：由民权及山东曹县迁入的马氏；由黄河北封丘县荆圪当村迁入的李氏，由民权县迁入的金氏、徐氏、朱氏、潘氏、白氏，由开封迁入的柳氏、海氏，由淮阳迁入的苏氏，由杞县迁入的王氏等。清代后又有从外地迁入回族以及本县境内的回民互迁。

二、回族的人口分布

睢县的回族分布特点与全国的回族分布一样：大分散小集中，在乡自成村落，在城镇自成街道，有大小不等的聚居区。现睢县回族人口在千人以上的乡镇有城关回族镇、潮庄镇、平岗镇、城隍乡、尤吉屯乡、白庙乡。各乡镇又具体分布不一，城关回族镇以东关、西门里、小门里为回族居住中心，潮庄镇的回族则大部分住在北街、西街和王栋庄。白庙乡的回族大多聚集在吴庄、潘庄、苏庄、前槽、后槽等村庄。

新中国成立前，封建主统治阶级不重视民族问题，回族人口发展无据可查。新中国成立后，随着人民生活水平的不断改善，回族人口的自然增长率也得到了提高。据睢县县委统战部统计，1964 年第二次人口普查时全县回族人口 8547 人，1982 年第三次人口普查全县回族人口 12731 人，1990 年第四次人口普查全县回族人口 15542 人，2000 年全国第五次人口普查，全县回族人口 17089 人。到 2005 年底，全县回族人口已达 22596 人。

三、回族的社会经济

回族人民在睢县定居数百年来，由于历史的原因，生活状况很恶劣。新中国成立前，经济上长期处于贫困状态，过着衣不蔽体、食不果腹的悲惨生活。农村回民多为贫农、雇农、佃农，间有小商小贩或屠宰牛羊者，还能勉强维持生计。城镇回民 90% 以上的为小商小购，以卖汤、卖馍、卖烧鸡以及其他小吃或宰屠牛羊为业，少部分以挖土打坯、抬轿、卖水度日，多处于半饥饿状态。当时群众中流传着一个歌谣："穷回民，有三光，米光、面光、柴光。大粪车子百十辆，日落西山回家乡。晴三天有吃有喝，下三天两（头）不动祸。"新中国成立以后，睢县的回族经济才有了根本好转。特别是党的十一届三中全会以后，随着党的民族政策的贯彻落实和改革开放的深入进行，睢县的民族经济得到了突飞猛进的发展，农业、工业、商业都取得了空前的成绩，回族群众的生活水平有了质的变化。

（一）农业

新中国成立初期，县委、县政府坚持党在过渡时期的总路线，对回族的农业、手工业和个体小商户进行了改造，实现了合作化。党的十一届三中全会后，回族群众在家庭联产承包责任制的基础上，积极学习科学种田和各种种、养植技术，优化种植结构，改善种植条件。从传统的粮食作物小麦、玉米、大豆发展到种植多种经济作物，如棉花、蔬菜、药材等，大大提高了单位土地的种植收入。回族聚居的村委还大力发展集体企业，走出了以工补农，共同发展的路子。从20世纪90年代初开始，少数民族群众的人均收入就超过全县的人均收入，西门里村、苏马楼村在全县率先迈进了“小康村”的行列。

全县回族农业人口共16000多人，占回族总数的91%以上，总耕地面积14400亩，人均0.9亩。粮食作物年平均亩产从1986年的309公斤达到了2000年的740公斤，有了大幅度提高。1991年，借在睢县搞经济试验区的东风，西门里村发展了经济林生产，栽种矮化苹果150亩，还建成12个塑料大棚进行蔬菜反季节种植，取得了很好的效益。1997年，东关南村村民吴爱民建成了城关镇花卉苗圃基地，现在已经有100多个系列400多个品种，同时也带动其他村民共奔富裕路，为农业产业结构调整迈向更高的层次和更广阔的市场做出了贡献。

发展养殖业也是回族群众致富的一个重要门路。稳定发展牛、羊、蛋鸡等生产，加快发展肉牛、肉羊和优良品种养殖，还出现了养鱼、养鸽、养蝎等专业户。西门里村委利用自身优势，重点发展村办企业，走农、工商一体化的道路，大大带动了农业的发展。

（二）工业

新中国成立前，睢县回族本无工业可言，新中国成立后其工业渐有发展。改革开放后，得到了迅猛的发展，全县先后办起了46个中小型民族企业，有个体工商户2115户，从业人员过一万多人，有力地推动了民族经济的发展。

城关回族镇西门里皮毛厂，是睢县民族企业的龙头企业，多年来，皮毛厂坚持以产品质量求生存，以花色品种适销对路求发展，以科学管理求进步，以及时的信息为行动指南。经过几年的技术改造和革新，大力发展创汇产品。截止到1995年，拥有职工628人，其中工程师3人、助理工程师3人、技术人员180人，拥有固定资产1940万元、流动资金740万元，有11个生产车间，现代化机器设备百余台（套）。产品拥有40多个品牌，100多个规格，出口到欧美、日本、韩国、东南亚及中国香港等20多个国家和地区，累计创汇3200万美元。1996年，又成立了大型集团化企业盛荣裘革皮制品有限公司，董事长兼总经理吴伯生。公司由睢县皮毛厂、睢县制革厂、兴洋福利皮毛厂、睢县第二皮毛厂、长岗民族制革厂、康河民族皮毛厂、聂楼皮毛厂、睢县海绵厂、睢县彩印包装公司9家企业组成。公司从1997年起，产值就超过亿元，平均每年创利税达1700万元，外汇1200万美元。白庙乡苏马楼玻璃仪器厂自1975年建厂以来，立足实际，勇于创新，到1993年，就已发展了3家分厂，其中一家在郑州。固定资产110万元，主要生产玻璃器皿，共六大系列，100多个规格，240个品种，销往全国10多个省、市。城隍乡1990年开办的康河清真肉联厂，重质量、守信用，次年就完成产值80万元，创利税8万元。截止到1993年，共兴建了8座冷库，1997年已发展成为库容达1400吨的中型冷库群。现年产值1600多万元，成为超百万元的利税大户。潮庄镇于1994年创办了潮庄面粉厂，在此基础上又兴建了饲料厂、养殖场和冷库，并于1996年成立了农畜产品有限公司，经理吴中良，产品销售遍及全国10多个省、市及周边地区，其精制系列面粉还出口到朝鲜和越南，年产值达1000多万元，上交税利80多万元。这些企业的成功发展，为睢县民族企业走集团化、集约化经营的道路探索出了一条成功的经验，也为振兴睢县经济、加速睢县经济发展起到了很大的促进作用。

企业的发展有力地支援了农业建设。1988年就架设了农电网，达到了30亩地一眼井，大大促进了农业的发展，现在农民下地干活已经不用出大力，基本实现了现代化。另外，村办企业的收入还年年支付全村村民的公粮款、农用水电费、各种统筹和对特困户、五保户的生活福利照顾。

（三）商业

经商是回族的传统行业，其所经营的项目多半与民族的生产习俗密切相关，局限于饮食、制革、皮毛、医药、香料及运输等行业。以前，城镇回族群众大多做些卖馍、卖药、卖皮货等生意；党的十一届三中全会以后，农村实行了家庭联产承包责任制，进一步贯彻党的改革开放、振兴民族经济政策，农村及城镇出现了前所未有的良好发展势头。回族群众经营的路子更加广泛，回族经营的熟食小吃、饭店、餐馆遍布县城各个角落和部分乡镇。据统计，睢县回族现有个体工商户 1267 家，从业人员 2984 人。城关镇西门里的吴家烧鸡远近闻名；东关清真寺旁边钱家羊肉汤别有风味；潮庄镇吴中良的麻花酥、脆、香，很有特色；县政府对面的吴家清真五香牛肉走俏市场……

四、回族的文化教育

睢县回族的教育事业，以中华人民共和国的成立为两个完全不同的阶段分界。新中国成立前，主要表现为回族中的社会贤达或较有资财的人士捐资兴办学校，同时还表现出教育上浓厚的宗教色彩；新中国成立后，党和政府对培养回族人才高度重视，先后建立了 7 所回民学校。

历史上，睢县的回族教育比较落后，受教育者为数很少。明清时期，城内西门里、潮庄等清真寺先后创办了经堂教育，寺内招收一定数量的学生，由开学阿訇向他们教授伊斯兰知识和一些简单的汉语知识。民国时期，部分热心于公益事业的回族人士，看到自己民族教育事业的落后，非常痛心，在回族群众的共同支持下，创办了一些回民义学，对回族青少年进行文化教育。据统计，在这一时期城内西门里、东关、平岗、潮庄、长岗、西吴庄清真寺先后创办了 6 所回民学堂，其中西门里清真寺创办的睢县伊斯兰小学是睢县最早的一所回民学校，创建于民国初，设一班，初为私塾性质，学生读四书五经，后逐渐改读普通小学课本。校长由阿訇兼任，教师由清真寺聘请，经费由清真寺自筹。

新中国成立后，人民政府十分重视发展回族教育事业，采取多种措施，改变回族文化教育的落后状况。经商丘地区行署和县人民政府批准，先后建起一批回族中小学校，同时，人民政府要求各地中小学校均应招收回族学生，解决回族子弟就学难问题。“文化大革命”中，民族学校的名称被取消。中共十一届三中全会后，全社会重视教育，群众热心办学。县财政每年拨出一定数量的教育经费，用于扶持回族教育事业的发展。全县先后恢复和重建了一批回族中小学校。据2002年统计资料，全县共建回族中小学校13所，在校回族学生3460人，其中小学生2818人，中学生以上793人，教师103人。

五、回族的革命斗争

睢县的回族和其他兄弟民族一样，勤劳勇敢，富于智慧，具有光荣的革命传统，为反抗帝国主义的压迫进行过英勇的斗争。

1937年，日军大举侵略中国，抗日烽火遍及全国各地，这个时期睢县城内清真寺成立了"回教救国协会"，宣传、发动回民群众参加抗日救国斗争。

1938年，中共河南省委派马庆华同志（回族）到民权县开展建党活动。他们在短时间内就建立了民权县委。马庆华后又担任睢县、杞县、太康地区游击队政委，水东特委书记，率领游击队在陇海铁路沿线神出鬼没，奇袭突击，破坏敌人的军事运输，并积极发动群众，建立革命根据地，领导人民坚持武装斗争。马庆华同志认真贯彻党的统一战线政策，注意团结一切可以团结的力量共同抗日，不断扩大胜利的战果。1939年8月，在一次伏击敌人的战斗中不幸中弹牺牲。

海风阁，回族，睢县东关人。1928年，赴开封，在冯玉祥部队无线电学校学习，毕业后在冯玉祥部队作报务工作。1931年，在江西宁都随十六路军起义而参加红军，后在红五军团十五军二十分队任无线电台队长。1932年，他先后参加了赣州、黄陂数次战役，并带领监护排十余名战士，活捉了龟缩在山上的敌五十九师师长陈世骥。红军长征途中，海风阁被调往红一军团工作，通过红色电波和党中央保持密切联系，及时地传达党中央的指示，为长征的胜利完成做出了贡献。1942年5月，日本侵略者出动6万人，对太行山区八路军总部驻地"铁壁合围"，在突围中，海风阁被炮弹击中，肠子外溢，但他毫不考虑个人安危，临牺牲前还一再嘱咐战士：

"不要抬我了，你们快撤，一定不能让电台密码本落到敌人手里。"海风阁烈士为革命流尽了最后一滴血。

睢县潮庄和蓼堤两个回族村庄都曾是抗日根据地。解放战争时期，这里的民兵大队异常活跃，侦察敌情，护送干部过路，保护革命同志的家属，还不断配合主力部队进行战斗，曾作为区分队战斗主力攻打过睢县县城，潮庄民兵大队还经常到敌人驻地扰乱，使敌人不得安宁。在县委领导下，他们还动员群众破坏铁路，使敌人惶惶不可终日。

在睢杞战役中，睢县回族群众积极支援革命斗争，东关清真寺主动腾出寺内大部分房子作为我军睢杞战役的指挥部，清真寺北讲经堂东头配房是粟裕将军当年居住过的小屋。

六、回族的宗教信仰

伊斯兰教在睢县的传播历史悠久。元代，伊斯兰教随回民入境传入。明代，回民大批迁居县内，回族人口随之增多，其间，东关、西门里先后创建了清真寺。

清真寺是伊斯兰教的宗教活动场所，虔诚的回族穆斯林不仅在清真寺沐浴、礼拜、封斋、学习经典，而且婚丧嫁娶等仪式都在这里办理，所以，凡是回族聚住区都建有清真寺。睢县始建年代最早的清真寺首推东关清真寺，由吴、刘、钱等姓氏回族创建于元末明初（约 1365—1375 年）。其次为明正统年间（1436—1449 年）所建的城内（西门里）清真寺。清代，随着睢县商业的不断发展，不少外地商贾纷纷迁入县境定居经商，其中有不少是回族人。建于清代的清真寺有潮庄、平岗、东吴庄 3 座，民国时期，因回族人口的不断增加，全县又新建清真寺 7 座。新中国成立后，社会主义制度为伊斯兰教的发展提供了优越的条件，回民的正常宗教活动得到了保护。1958 年，实行宗教改革，全县保留 4 座清真寺，1963 年增至 12 座，"文化大革命"期间，清真寺停止活动，东关、城内西门里、朝庄等处清真寺被占用，其他清真寺房屋大部分被拆毁。1979 年，落实宗教政策，全县清真寺陆续开放，恢复了正常的宗教活动。至今，睢县共有清真寺18座。

（一）睢县城内清真寺

睢县城内清真寺，又称西门里清真寺，坐落在西门里村东南部，坐东面西，西临民权—太康公路。始建于明朝正统年间，距今已有500余年的历史。原寺占地面积11亩。初建时期有大殿3间、北屋3间、水房3间，首任教长杨阿訇。据大殿脊檩字载，清同治十二年（1873年）六月初七清真寺得以重修。翻修后的清真寺有礼拜殿12间、望月楼3间、外卷棚6间，共21间。大门外修有照殿墙1座，宽1.5米，高9米。缘瓦封顶，四角屋沿八挑，壁上砖雕鸟兽花草。另有女寺一座，有房屋10间，建筑精巧。寺南墙外垮院，有房屋10余间，供教长家属、海里凡住宿用。晚清及民国间，历经兵火，寺房惨遭破坏。原存石碑4通全部遗失。新中国成立后，于1953年、1958年略有修复。“十年动乱”期间，党的宗教政策受到严重破坏，清真寺再次遭劫，先办工厂，又做学校，仅保留下来大殿北上房4间、南讲堂3间、男女水房5间、大门3间。党的十一届三中全会以来，各项民族宗教政策得到贯彻落实，群众几次筹资分别于1985年、1987年、1989年重修，建有大殿12间、北屋8间、男水房5间、女水房3间、南讲堂3间、门楼3间，其他房屋12间。建筑群体多是三层脊背，蓝砖绿瓦，雕梁画栋，飞椽花壁，红柱花雕，前出后包，四角八挑，雄伟壮观，气势磅礴。大门向西，门楣有横匾，上写“睢州清真寺”金字，苍秀兼蓄，庄严肃穆，清雅剔透。2000年7月以来，西门里广大穆斯林群众齐心协力，捐资80余万元，对清真寺进行全面重建。重建后的清真寺规模宏大、建筑雄伟。该寺现占地面积3200平方米，建筑面积1962平方米。其中新礼拜殿为阿拉伯建筑风格，建筑面积480平方米，顶部建一铝合金圆包，四角小圆顶错落有致，美观大方，殿内宽敞明亮，肃穆庄严。大殿左右各4间两层门面楼房。南北教学楼上下各9间，系瓷砖装面，白绿相间，具有浓郁的阿拉伯风格，包括男女水房、讲经堂、海里凡教室、宿舍、淋浴设备、锅炉供水。清真寺大门高3米，宽4米，绿底金球的大门显得格外肃穆庄严。另有仓库、女大殿、厨房、锅炉房、幼儿园教室等房屋

30 间。

（二）东关清真寺

东关清真寺，坐落在东关西村。关于此寺兴建年代，由于没有可靠史料，所以该寺现存碑文称“未详所始”。碑文又称“创立于囗国初焉”。根据回族迁居此地的时间，此处的“国”是指明代初年。因为清真寺的创建一般晚于回族的迁入，只有回族人口有了一定数目，才有创建清真寺的必要。睢县有回族迁入始于元代，明初，吴、刘、钱三姓回族相继迁入，故此寺的创建当在明初。此外，碑文还记载了重修清真寺的年代，此寺先后于雍正五年（1727 年）、道光四年（1824 年）、同治十年（1871 年）、宣统三年（1911 年）重修 4 次。新中国成立后，又于 1983 年、1995 年、1999 年修复 3 次。该寺现占地面积 2000 平方米，礼拜大殿建筑面积 240 平方米，呈明清建筑风格，前出后包，四角八挑，雕梁画栋。内外共 8 根 40 厘米的立柱，正门上方悬挂一块 3 米长的黑底金字浮雕横匾，上书“无像宝殿”4 个苍劲有力的大字。大门两侧分别竖着宣统三年（1911 年）、1995 年及 1999 年重修清真寺大殿的功德碑 3 座。讲经堂南北对称，各 5 间，均为三层背脊，蓝砖绿瓦，门窗为红色，雕刻精美。整个建筑古色古香。大殿北侧有一棵古皂角树，枝繁叶茂，郁郁葱葱，两人合抱有余。相传为钱氏祖所栽，据林业部门鉴定，已有 500 余年树龄。北讲经堂东头配房是粟裕将军居住过的小屋，该寺也是当年睢杞战役的指挥部。前院南北两所共 5 间，分别为女寺、水房。寺门为一座高大的门楼，门楣上挂匾额，上书“清真寺”3 个黑底金字，门两旁立一对近一人高的海蓝色门枕石鼓，更给人一种历史悠久、饱经沧桑的感觉。大门和大殿上均装上了彩灯，一到夜晚便映照出这座古建筑的轮廓，更显肃穆、幽静。

（三）睢县潮庄清真寺

潮庄清真寺，位于睢县潮庄镇潮南村，传说清真寺始建于明代，清光绪年间、民国三十四年（1945 年）两次重修。原寺占地 1. 2 亩，建有大殿、讲堂屋、水房各3间。“文化大革命”中清真寺遭受一定程度破坏，1982年后进行部分维修。2000年，经全坊穆斯林共同集资，在原寺址新建具有西南亚建筑风格的清真寺一座。新寺占地3.5亩，有大殿12间，南北讲堂屋各4间。2001年增建大门及幼儿园教室上下两层共8间。

（四）睢县平岗清真寺

平岗清真寺，位于睢县平岗镇平南村，始建于清同治九年（1870年），初为草房，清光绪二十七年（1901年）重修，将大殿改为砖瓦结构。后历经风雨侵蚀，在“文化大革命”期间又遭到破坏，残败不堪。1990年，由群众集资再次重修。现寺占地3亩，有大殿3间、北讲堂5间、男女水房5间、阿訇住室2间、大门3间。

（五）睢县东吴庄清真寺

东吴庄清真寺，位于睢县白庙乡苏庄村，始建于清乾隆初年（约1735年），当时只是一个十分简陋的清真寺，民国十一年（1922年）重修、扩建，有大殿、讲堂屋、水房等房屋8间。在极“左”思潮的影响下，特别是1958年后，清真寺被关闭，寺内面目全非。党的十一届三中全会后，党的民族和宗教信仰自由政策重新得到正确的贯彻和落实，1981年，东吴庄清真寺恢复了正常的宗教活动。1994年5月，在阿訇吴孝治、社首吴忠香的倡议下，发动回族群众集资，重建大殿3间。2002年，清真寺聘请到德才兼备的李月宝阿訇。他在任教时，极力振兴教务，取得了可喜的成绩。每逢主麻，来寺参加礼拜的穆斯林达200余人，挤满大殿庭院，盛况空前。随着礼拜人数的不断增加，大殿、水房远远不能满足需要。是年，在全坊穆斯林群众的共同努力下，清真寺不仅将大殿增建为两层，还新建水塔一座，打机井一口，男女水房都安装上了自来水管。

（六）睢县康河清真寺

康河清真寺，位于睢县城隍乡康河村。康河村教民原来与城内清真寺一坊，后因“路途较远，礼拜多有不便”而与城内寺分坊，于民国三十一年（1942 年）经群众捐资在村西头建清真寺一座。“文化大革命”中清真寺遭到破坏。党的十一届三中全会后，清真寺恢复开放。1982 年，清真寺得到维修。1994 年，经全坊上下齐心协力，自力更生，投资数十万元，建成了一座既有民族风格又有时代特征的礼拜大殿一座。大殿为钢筋混凝土两层建筑，采用阿拉伯式建筑风格，顶部为大型绿色装饰圆顶，上装宝瓶月牙，在阳光下熠熠生辉。大殿内宽敞明亮，可容纳数百人做礼拜。大殿南北两侧是讲堂屋和男女水房。2002 年，新建一座具有阿拉伯式建筑风格的大门，建筑造型别致，美观大方。通观整个寺院，气势宏伟，中西合璧，和谐完美，典雅新颖。

近年来，除这几座大寺外，其他 12 坊清真寺都进行了不同程度的重建和扩建。其中以聂楼和苏马楼等清真寺规模较大，大殿宽敞明亮，院落、建筑布局合理，各具特色。建筑面积一般都在 300 平方米以上，这里不做详述。

（原载于《河南穆斯林》，2011 年第四期）

民权县清真寺概览

杨少华

河南省民权县地处豫东平原东北部，北邻山东省。据县统计局统计，1997年全县回族人口34102人，分布在19个乡镇的58个行政村。回族人口分布比较聚集的乡镇有北关、城关、伯党、胡集、王桥等乡镇。

民权县建治于1928年，回族迁徙到民权境内的时间最早可追溯到元初。据《河南省民族志》载："民权县有回民涉足于元初。"据《元史》载："至元十八年（1281年），世祖诏令：括'回回炮手'散居他郡者悉令南京（开封）屯田。"民权境在金、元、明时期，先后属开封府、睢州所辖。元初时民权境内是否建有清真寺尚无文字记载。

民权县最早记载创建清真寺的文字，当属伯党白氏回族族谱。据该族谱载：白氏元末由河北真定府吴吉县（今无极县）高头村迁居伯党集，并在集上创建草寺一座，由长者主持婚丧等事宜。

明代，由于商业的发展，回族商人到境内做生意，并在一些集镇、码头定居下来。北关、大张庄、伯党等地先后创建或重建了清真寺。

清代，回族商业贸易较明代有较大发展，当时，开封、曹县、睢县、柘城、封丘、孟县等地有不少回族迁居境内，经营商业，进行贸易。他们的聚居点由元明以来的少数几处扩大到老城、睢州坝、褚庙、南张庄、马楼、潘庄、马庄、张楼、蒋柿园、盖庄、帽李庄、金楼、金庄、堤角、石柱等近20处。随着回族人口的不断增加，清真寺建筑由过去的3座增到11座。民国时期，又新建清真寺10余座。至新中国成立初期，民权县有清真寺27座。1958年实行合寺并坊后保留10座，1963年恢复到12座。1979年落实宗教政策，又有一些清真寺恢复了正常的宗教活动。至今，民权县有清真寺31座。

民权县清真寺风格多为传统建筑形式，由礼拜殿、望月楼、南北讲堂、水房等组成。各寺建筑规模以本坊回族多少和经济实力而异。

民权县的清真寺内，原来大部分都有碑碣。近百年来，由于种种原因，有许多碑碣被挪作他用。特别是十年动乱期间，这些文物惨遭破坏，使一部分寺史已无可靠文字记载。为给后代留下一个较为完整的清真寺史料，笔者走访了许多知情人士，对各清真寺的创建时间、建筑风格和回民迁入情况进行挖掘整理。现就民权县各坊清真寺介绍如下。

伯党清真北寺

伯党清真北寺，坐落于伯党回族乡伯党集东北头，坊上有回族居民3500人，主要分布在伯东、伯西两个行政村。

相传，伯党清真寺由迁居该集最早的白氏回民创建于元末明初。当时，由于回族人口不多，经济力量薄弱，因而清真寺建得比较简单，仅"以草房三间为礼拜之所"。明万历年间清真寺进行重修。清乾隆三十三年(1768年)，清真寺复修。清嘉庆元年（1796年）扩建，扩建后的清真寺占地5亩余，计有礼拜殿、望月楼、卷棚、南北讲堂、东西门楼、水房及阿訇家属院等。建筑物均为古典宫殿式，青砖绿瓦，三层屋脊，前出后包，四角八挑。寺院内古柏参天，花草成畦。整个寺院建筑对称、协调、静穆。"文化大革命"中，清真寺遭到破坏，东西门楼、南讲堂、女寺、阿訇家属院等被扒掉。寺内5通石碑被毁掉，现仅存清嘉庆元年（1796年）所立"师长公养碑"一通。1981年，清真寺得到恢复。1987年，经政府拨款和回族群众集资，重建礼拜殿、望月楼、南北讲堂、女寺礼拜殿、大门等房屋，共计41间。

该寺历任阿訇有：李艳彬、张世保、张振武、孙国才、张瑞生、白清艳、金先增、王宗圣、尤风舞、袁圣训、李玉杰、吕善永、赵文其、白会议、马建。

伯党清真南寺

伯党清真南寺，坐落于伯党回族乡伯党集南门里路西，坊上回族居民1800人，主要居住在伯南行政村。

伯南村回民原来与伯党清真北寺一坊。1946年因被与北寺分坊，由社首马振波等人发起，在现寺址创建礼拜殿3间、北讲堂4间、后宅4间、水房5间、北屋2间、门楼1座。“文化大革命”中，清真寺部分房屋被拆毁。党的十一届三中全会后，经回族群众次集资，将礼拜殿、水房、北讲堂等房屋进行了翻修。现寺占地1亩余，有房屋15间。

该寺历任阿訇有：张文锡、吴德甫、马振洪、刘炳生、王中学、马永忠、王中华、张业宣、沙四银。

翟庄清真寺

翟庄清真寺，坐落于伯党回族乡翟庄村，坊上回族居民500人，主要分布在翟庄和花园两处。

翟庄回民原与伯党集同坊，清同治年间，由坊民朱杰率全庄回族群众共同集资，建清真寺一座。有礼拜殿、北讲堂、水房等共计十余间。后因年久失修，礼拜殿、北讲堂颓危。1991年，经回族群众捐资献物，将北讲堂、水房翻修一新。1998年又对礼拜殿进行重建。现寺占地2.5亩，有礼拜殿6间、北讲堂7间、南屋5间、东屋3间、大门1座。此寺虽规模不大，但布局合理、紧凑。

该寺历任阿訇有：李阿訇、白玉海、李长青、赵广建、吴德章、姚宝祥、白云从、刘纪州、刘志三、王典生、吴进贤、吴德甫、白清志、马志衡、白清龙、郭阿訇、韩金领、丁齐祥、丁清恩、米阿訇、吴德章、白清真、沙仑玉、白清章、许方普、韩志江、白会议、郭君顺。

石柱清真寺

石柱清真寺，位于尹店乡石柱村，坊上有回族居民1200人，主要分布在石柱、尹店等地。

石柱清真寺由迁居石柱最早的徐氏回民于清末创建。最初仅有草房3间，随着回民人口的不断增加，原寺已不能满足教民正常宗教活动的需要。1931年，经回族民众共同集资，在原寺址重建礼拜殿3间，南北讲堂各4间。1957年，由于受到极“左”路线的影响，南北讲堂被扒毁。“文化大革命”中，礼拜殿遭破坏。1981年以后，经政府拨款、群众集资，对清真寺进行了翻修。该寺现占地3亩，有礼拜殿3间、北讲堂4间、水房6间、东屋3间、大门1座。

该寺历任阿訇有：刘志三、赵鹏九、白玉献、袁圣训、白清艳、徐远章、吴德章、白清章、金先登、方义福。

短岗清真寺

短岗清真寺，坐落于双塔乡短岗村，坊上有回族居民220人，主要分布在短岗村及人和镇内黄村、人和集等处。

短岗清真寺是在社首赵德明、赵德章、赵德俊的倡议下，于1915年创建的。原寺仅有草房3间。1940年建北屋5间。“文化大革命”中，清真寺被破坏。1986年以后，经群众集资，清真寺得到重建。该寺现占地0.5亩，有礼拜殿3间、北屋3间、水房2间。

该寺历任阿訇有：丁阿訇、白清志、白清章、吴德章、许本让、张培让、马振洪、刘启章、刘法荣、马生亮。

城关清真寺

城关清真寺，又叫车站清真寺，坐落于民权县城道南，坊上有回族居民3000人，分布在各街道。

解放初期，县城由李坝集（今城关镇老城村）迁至陇海铁路上的田庄火车站（今民权火车站）。此前，田庄仅是一个户不过数十，人不足百口的小村庄。一部分回民迫于生计，在此开店摆摊。为便于宗教活动，1946年春，在社首杜金魁、徐远志、王清林、王世德、盖万保等人倡导下，在今寺址建草房3间，作为礼拜场所。县城迁来后，许多外地商贾纷纷迁居县城，其中有不少是回族人。随着回族人口的不断增加，清真寺于1955年得到重修。“文化大革命”中，清真寺北讲堂被拆毁。1981年该清真寺重新开放。1983年，社首杜臣保、王茂荣、王书勤等人倡议重修清真寺，乡老、群众纷纷响应，积极捐款献物，重建北讲堂3间，水房1间。1996年，经群众再次集资，新建礼拜殿、北屋、阿訇住室、南屋等共计21间。

该寺历任阿訇有：韩金才、单献廷、袁华臣、吴德甫、李照坤、马福祥、吴学忠、王中华。

老城清真寺

老城清真寺，坐落在城关镇老城村，坊上回族居民1100人，主要居住在老城村。

老城旧称李坝集，1928年民权建县时为县城所在地，解放后，县城迁田庄火车站。旧县城所夺改称为老城。回民迁居老城始于清中叶，清光绪九年（1883年），经陈德禄阿訇倡议，召集村中丁、徐两大姓回族教民集资，在老城东门外创建清真寺一座。1940年，清真寺因遭兵燹，房屋被毁。是年，村中回民群众虽家境拮据，但不避艰辛，在阿訇马竹祖、马汝良、白云鹤等人的发起下，捐献乜贴（回族群众把施舍或捐赠的财物称为乜贴），重建清真寺于老城东门里。先后建起礼拜殿、北讲堂、南屋、大门共计十余间。“文化大革命”中清真寺房屋或扒或占，无一完好。1980年以后，经回族群众集资，将礼拜殿、南北讲堂、大门等房屋翻修一新。翻修后的清真寺占地2亩，礼拜殿建筑面积120平方米，其他房屋建筑面积230平方米。

该寺历任阿訇有：洪金山、白玉现、白清连、白志军、姚宝禄、丁启祥、潘心田、袁圣训、洪才友、苏义朋、丁爱民。

睢州坝清真寺

睢州坝清真寺，坐落在城关镇睢州坝村，坊上有回族居民700人，主要居住在睢州坝村。

睢州坝清真寺始建于清嘉庆年间，后于清光绪年间和民国末年两次重修，先后建礼拜殿、南北讲堂等房屋10间。1987年，经由政府拨款，群众集资，将清真寺重新整修。该寺现占地3亩，有礼拜殿、讲堂、女寺、大门等房屋，共计18间，其中礼拜殿建筑面积130平方米。

该寺历任阿訇有：李长青、苏运成、苏天福、袁常修、姚宝禄、苏传道、李明堂、袁圣训、袁德修、苏天贵、白德连、袁忠心。

胡集清真寺

胡集清真寺，坐落在胡集回族乡胡集村西头，坊上有回族居民2000人，主要分布在胡集、盖庄等处。

胡集回民原与大张庄同坊，1936年因“路途较远，礼拜多有不便”而与大张庄分坊。在社首朱文义、朱文汉、马文德、张金亮等人的倡议下，召集全坊回族群众在西街创建清真寺一座。因当时经费所限，建筑比较简单。1958年后，清真寺被一些单位占用。1981年，占房单位先后撤出，清真寺得到恢复。1987年以后，经群众数次捐款，对清真寺进行了全面翻修。该寺现占地2亩，有礼拜殿9间、北屋11间、水房3间、大门1座。

该寺历任阿訇有：许英才、虎彦章、郭清奎、郑廷治、马怀姚、金守真、金守成、王怀其、许方胞、金先刚、金叶胜、姚孝义。

大张庄清真寺

大张庄清真寺，坐落在胡集回族乡大张庄村，坊上有回族居民800人，主要分布在大张庄、金楼、李集、小马庄、金岗等村。

大张庄回族来源最早可追溯到明代。据张氏回族族谱载："始祖讳元述，字怀祖，生子三个，明嘉靖年间由旧德州迁考地建庄。"据《重建清真寺碑记》载：大张庄清真寺"创自明成化元年（1465年），筑草房三间"，"至清嘉庆二十二年（1817年），庄中众教民聚财积蓄，扩建寺院"。新扩建的清真寺占地12亩，地基高出地面3米，建有大门、二门、左右偏门、影壁墙、南北讲堂、水房、礼拜殿、望月楼、藏经室、对厅等房舍，共计24间。中国古典宫殿式建筑风格，明檐出厦，雕梁画栋，古香古色，肃穆壮观。院内满铺方砖，古柏花草，郁郁葱葱。1957年以后，由于受极"左"路线的影响，该寺遭到破坏，大部分文物遗失。1981年，该清真寺恢复开放，后经全坊教民多方筹资，对清真寺进行了重修。新寺现占地3亩，有礼拜殿3间、北讲堂5间、南屋3间、东屋7间、大门1座。

该寺历任阿訇有：刘德全、马锡珍、丁启顺、李富真、石万聚、刘心珍、李元明、金梦廷、姚曼如、白景生、谢锡礼、张瑞生、尚俊德、白清福、李喜俊、李兰生、马登峰。

辘轳湾清真寺

辘轳湾清真寺，位于胡集回族乡辘轳湾村，坊上有回族居民1100人，主要分布在辘轳湾、戴庄、郑庄、王尚庙（郑庄、王尚庙属兰考县）等地。

辘轳湾清真寺始建于1936年，1953年重修礼拜殿3间、北讲堂4间、水房2间。“文化大革命”中，清真寺水房被扒，礼拜殿被占用，阿訇被迫回家。1980年以来，党的宗教政策得到进一步贯彻落实，经集资，清真寺被修复一新。该寺现占地1.3亩，有礼拜殿3间、北屋7间、水房2间、大门3间。

该寺历任阿訇有：许本让、海敬史、张开良、刘祖领、金守真、陈友苏、朴留顺、吴国真、马福太、马照亮、马俊峰、金叶红。

西张庄清真寺

西张庄清真寺，位于胡集回族乡西张庄村，坊上有回族居民600人，主要分布在西张庄村。

西张庄原名张庄，有回民居住始于清代。据该庄《张氏族谱》载：清咸丰年间，因黄河决口，先祖从东昌府迁此屯居，并于村东头创建清真寺一座。清光绪三十一年（1905年），由阿訇何尚元和社首张世道、张世普、马同顺等人发起，将清真寺搬迁到村西头。新寺占地2亩，主要建筑有礼拜殿、北讲堂、南屋等。1981年后，经群众集资，清真寺得到重修。现寺有礼拜殿3间、北讲堂4间、水房3间、南屋4间、女礼拜殿2间、大门1间。

该寺历任阿訇有：何尚元、马孝忠、刘心珍、马锡珍、李文明、李秀如、何振军、何恩军、金梦廷、齐金廷、齐庆恩、吴德真、袁长修、苏银成、沙全德、丁耀贵、石万聚、白意同、王长现、白清福、张广臣、马芳兰、马振洪、王中宁、郭进启、白会议。

马庄清真寺

马庄清真寺，位于胡集回族乡马庄村，坊上有回族居民1000人，主要分布在马庄、帽李庄、郭庄等村。

马庄回民以马氏为大户，据马氏族谱载：马氏先祖，明代以前世居北京，明永乐年间，迁居开封。明崇祯十五年（1642年），河决开封，迁居考城县西南帽李庄。清乾隆十三年（1749年），马氏先祖率全坊教民捐资在今樊楼后街创建清真寺一座。清嘉庆初年，河决考城，清真寺被冲毁。清嘉庆二十四年（1819年），经本坊教民捐资在马庄建寺。寺院建礼拜殿、南北讲堂等房屋十余间。“文化大革命”中，清真寺部分房屋被扒。1987年后，经政府拨款和群众捐资，清真寺得到重修。今寺占地1.5亩，有礼拜殿3间，南北讲堂各7间，大门3间，其他房屋4间。

该寺历任阿訇有：白意同、石万聚、齐庆恩、吴德真、苏传道、白银从、苏天福、刘全德、杨国顺、赵传廷、马芳兰。

樊楼清真寺

樊楼清真寺，坐落在胡集回族乡樊楼村，坊上有回族居民1200人，主要分布在樊楼、麻花庄等村。

樊楼原与马庄同坊，后来，随着村中回族人口的不断增加，他们非常希望当地能有座清真寺。1994年，经部分教民发起，动员全坊群众慨解义囊，在村中建房4间，作为礼拜场所。1997年，经群众再次集资，新建礼拜殿5间、水房5间，寺院占地2亩余。

清真寺建成后，聘请禹州市的杨万全为首任阿訇。

王桥清真寺

王桥清真寺，坐落在王桥乡王桥集，坊上有回族居民550人，主要分布在王桥集、麻花庄等村。

王桥清真寺始建于1945年，后几经翻修，有礼拜殿3间、北讲堂4间、大门1座，占地1亩。

该寺历任阿訇有：郭阿訇、潘阿訇、丁启祥、王长现、铁正文、马长春、王国强、张同声、马振洪。

南张楼清真寺

南张楼清真寺，坐落在王桥乡南张楼村东南角，坊上有回族居民1200人，主要分布在南张楼、焦庄、麻花庄、五间楼、白老家、许庄等处。

南张楼原名张楼。该村清真寺始建于清乾隆八年（1743年），后历经清末、民国初期及新中国成立后数次重修，有礼拜殿4间，宽约6丈，高约4丈，殿顶有一似高塔状又如葫芦形的建筑装饰，殿的二屋筑有望月楼。另有北讲堂5间、南屋5间、大门1座，占地1亩。寺内有两株约200岁的大柏树，置身寺内，令人有肃穆之感。

该寺历任阿訇有：王正明、丁其祥、张文海、金梦德、丁可声、韩志杰、许玛乃、路文秀。

李摆头楼清真寺

李摆头楼清真寺，坐落在王桥乡李摆头楼村西头，坊上有回族居民650人，主要居住在李摆头楼村。

李摆头楼清真寺始建于1954年，清真寺占地0.5亩，有房屋3间。1982年，经群众集资，新建礼拜殿3间、北讲堂3间、水房2间、大门1座。

该寺历任阿訇有：金长贵、齐洪俊、盖阿訇、李林月。

蒋柿园清真寺

蒋柿园清真寺，坐落在王桥乡蒋柿园村，坊上有回族居民550人，主要分布在蒋柿园、杨楼等村。

蒋柿园清真寺始建于清光绪二十二年（1886年），占地0.5亩，后几经扩建重修，现有礼拜殿3间、北讲堂3间、水房2间、其他房屋1间。

该寺历任阿訇有：李阿訇、丁阿訇、何阿訇、金长贵、李林望、李林月、金先义、洪万友、袁明雷。

赵岗清真寺

赵岗清真寺，坐落在王桥乡赵岗村北头，坊上有回族居民450人，主要分布在赵岗、卢楼、花牛羊等村。

赵岗清真寺始建于1928年，占地2亩。1996年经群众捐资，将清真寺翻修一新，现寺有礼拜殿3间、北讲堂8间、大门1座。

该寺历任阿訇有：魏洪章、李宝金、许本华。

褚庙清真寺

褚庙清真寺，坐落在褚庙乡褚庙集西街，坊上有回族居民500人，主要分布在褚庙和小金庄两处。

褚庙清真寺是于清同治年间由社首马德来、李香萍等人发起创建的。1976年，清真寺得到翻修。1996年，在社首王军的倡议下，清真寺进行扩建，扩建后的清真寺占地1亩，有北讲堂5间、礼拜殿3间、水房3间。

该寺历任阿訇有：何志贤、何恩普、许梦怀、李阿訇、马金香、阎阿訇、张玉珍、许本祥、王洪祥、马振洪、马振亮。

林七乡金庄清真寺

金庄清真寺，坐落在林七乡金庄村，坊上有回族居民310人，主要分布在金庄、林七、杨庄户。

金庄清真寺原址在杨庄户村，始建于 1924 年。1961 年，在社首方富银的倡议下，将清真寺搬迁到金庄村，建房 4 间。1987 年，经群众集资，对寺内房屋进行了翻修，该寺现在讲堂 3 间、水房 1 间，占地 0.5 亩。

该寺历任阿訇有：袁荣真、袁金建、许本让、白学先、金守真、金长贵、刘学义、李阿訇、韩守信、苏天慈。

前大堤清真寺

前大堤清真寺，坐落在老颜集乡前大堤村，坊上有回族居民 430 人，主要分布在前大堤和老颜集村。

前大堤清真寺原址在老颜集。1927 年，在社首王世杰、朱万林等人的倡议下，将清真寺搬迁到前大堤村，建房 3 间。1938 年，清真寺重修一次。1997 年，经回民群众捐资，对清真寺进行扩建。现有礼拜殿 3 间、北屋 3 间、水房 2 间、大门 1 座，占地 0.9 亩。

该寺历任阿訇有：丁启恩、许阿訇、王洪祥、苏天修、马振洪、金长贵、丁耀廷、盖万庆、马胜亮、马广仁、王金学、刘陶。

北关清真寺

北关清真寺，坐落在北关镇南门里路西，坊上有回民 3500 人，主要分布在北关集、马家岗、白家堤等村。

北关有回民定居，始于明代。据北关《马氏族谱》载：吾祖世居开封，闯王放水河决开封时，先祖马登尤举家迁至考城。另据《重建清真寺碑》载：明崇祯年间，由马登尤之子马尚智捐施土地，在考城建寺一座。寺址在今寺南数百米。清顺治年间（1644—1661 年），城内马、张、金、杨等数姓回民群众奉献乜贴，对清真寺进行重修。清乾隆四十三年（1778 年），黄河决堤，城内寺俱毁。是年，城内回民在城东重建一寺（寺址在今寺年 300 米处）。清乾隆五十三年（1788 年），清真寺迁至今址。建有礼拜殿、卷棚、南北讲堂、水房、三门和内宅一所，占地8亩余。“文化大革命”中，清真寺房屋被占用。1980年，清真寺恢复开放。后由回族群众集资对望月楼、门楼进行了重建。现寺占地3亩，有礼拜殿3间、卷棚3间、望月楼1座、北屋3间、南屋5间、水房2间、门楼及门面房7间。寺院建筑物属中国古典宫殿式建筑格式，庭院宽敞，殿宇整洁。天井中奇花异草芬芳，古树参天。礼拜殿前悬挂清代大书法家李运科所书“无像宝殿”4个大字的巨幅匾额。匾额含蓄奥妙，书法苍劲有力。

该寺历任阿訇有：袁壁、马连昌、陈万善、苏振环、丁启顺、何恩军、吴德真、石万聚、王殿祥、李文明、白玉清、何恩荣、阎绍瑞、李志才、白清连、丁可才、王长猷、盖丙顺、金梦士、石贵明、丁广治。

潘庄清真寺

潘庄清真寺，坐落在北关镇潘庄村，坊上有回民1300人，主要分布在潘庄。

回民定居潘庄始于清朝中叶，据最早迁居此地的潘氏回族族谱载：潘氏祖居开封，明政德年间，河决开封，潘氏先祖由开封迁居考城县城西南隅（今堤角前）。清乾隆四十三年（1778年），河决考城，潘氏先祖举家由考城迁城东建庄。此后，苏、金、马、丁、朱等姓氏回民先后落户潘庄居住，回族人口日渐增多。

潘庄原与北关集同坊，1918年，因“路途较远，行教多有不便”，与北关分坊。在村中建礼拜殿3间、水房2间，后毁于兵乱。1947年冬，由社首潘立堂、潘立方、潘立甫、潘立合、潘立清、马广苗等人发起，号召本族民众募资在蔡家宅院建北屋3间、东屋2间，作为礼拜的场所。数年后，清真寺迁至村东北隅，建礼拜殿、北屋、东屋各3间。1980年后，清真寺几经翻修扩建。现有礼拜殿3间、北讲堂5间、水房5间、库房2间、大门2间，占地1.2亩。另在村中间建女寺一座，有房屋7间，占地0.8亩。

该寺历任阿訇有：潘立波、刘景云、金梦士、姚金明、金业胜、王俊江、杨少华。

堤角清真寺

堤角清真寺，坐落在北关镇堤角村，坊上有回民800人，主要分布在堤角和南丁庄两村。

堤角清真寺始建于1928年，原寺仅有北屋5间。后迁至村东头，建礼拜殿3间、北讲堂3间、南屋3间，占地1.7亩。1996年经群众集资，清真寺得到重建。现寺占地1.5亩，有礼拜殿3间、北讲堂3间、水房9间、东屋2间。

该寺历任阿訇有：丁魁元、何尚元、闪清华、张进明、马提恭、海文清、李林凰。

北关镇金庄清真寺

金庄清真寺，坐落在北关镇金庄村，坊上回民1100人，主要居住在金庄。

金庄清真寺始建于1938年，后几经翻修，现有礼拜殿10间、北讲堂3间、南屋4间、大门3间，占地1.3亩。清真寺北侧有女寺1座，有女礼拜殿3间、水房1间、阿訇住室1间。

该寺历任阿訇有：马连义、何尚元、何存仁、李长科、王祥普、金长贵、吕占敏。

吴庄寨清真寺

吴庄寨清真寺，坐落在北关镇吴庄寨村，坊上有回民500人，主要分布在吴庄寨和安新庙两处。

吴庄寨清真寺始建于1948年，后几经重修扩建，现占地1.5亩，有礼拜殿3间、北讲堂5间、水房2间、大门1座。

该寺历任阿訇有：王怀其、金守真、白清连、白清章、吴忠守、吴德章、金业正。

许庄清真寺

许庄清真寺，坐落在北关镇许庄村，坊上有回民800人，主要居住在许庄。

许庄清真寺始建于1935年，后经过数次重修扩建，现占地1.6，有礼拜殿6间、北屋10间、东屋4间、大门1座。

该寺历任阿訇有：马振光、杨连堂、徐光明、盖明忠。

丁道口清真寺

丁道口清真寺，坐落在北关镇丁道口村，坊上有回民500人，主要居住在丁道口。

丁道口始建于1915年，后几经翻修重建，现占地1亩，有礼拜殿3间、北屋6间、水房4间、东屋3间。寺北侧有内宅一处，占地0.5亩，有房5间，大门1座。

该寺历任阿訇有：丁可清、丁占魁、郭秀德、李俊德、王昌献、丁存治、王怀其、许方胞、沙志亮、王中华，刘学林、马俊杰。

李庄清真寺

李庄清真寺，坐落在北关镇潘庄行政村李庄，坊上有回族居民240人，主要居住在李庄。

李庄原与金庄同坊，1991 年与金庄分坊，在村北头建礼拜殿 3 间，北屋 3 间，南屋 3 间、女礼拜殿 3 间、大门 1 座，占地 2 亩。

该寺历任阿訇有：马振洪、李其忠、马心亮、金先河、刘亚南。

马楼清真寺

马楼清真寺，坐落在北关镇马楼村，坊上有回民 200 人，主要分布在马楼和三合村两处。

马楼清真寺始建于 1925 年，几经翻修重建，清真寺建筑规模渐渐扩大。计有礼拜殿、南北讲堂、大门等十余间。建筑物青砖对缝，明檐出厦，古香古色，肃穆壮观。“文化大革命”中，清真寺遭破坏，大部分房屋被扒毁。1981 年后，经群众集资，又修复一新。现寺占地 1. 2 亩，有礼拜殿 3 间、北屋 3 间、水房 3 间、南屋 4 间。

该寺历任阿訇有：李光明、马胜亮、马俊峰。

（原载于《民权文史资料》第五辑）

漯河五坊清真寺调研资料汇编

马文章　马宝光

河南省漯河市，古为一小村，明朝中期始设镇，明清之际筑寨墙，历属郾城县，新中国成立后划出，为县级市，现升格为地级市。漯河古称螺湾镇，由于“虫”旁不雅而改漯河湾镇、漯河镇、源汇寨，俗称河上街，简称漯河。

漯河市源汇区是豫中南地区回族穆斯林较为集中的城区。据新中国成立初期统计，回族有1070户6000余人，较集中地聚居在以5座清真寺为中心的寨内南街、火车站老街、南马路、复兴街、菜市街、铁路东水楼后街等处。由于城市改建，现只保留开放3座清真寺，尊奉格底目教礼，执行教坊社首（寺管理委员会）管理制。

回族穆斯林移居源汇区历史悠久，最早始于明初洪武年间，距今已有600多年历史。明清之际相继有几次迁入，大规模移居是在清末与民国年间。随沙河航运、公路、铁路的修建和发展，凭借流通优势，漯河迅速发展成为近代中原地区著名商镇，素有“水旱码头”的美称。这些发展商品经济得天独厚的条件，对善于经商的回族来说，无疑具有强烈的吸引力。回族大量移居漯河，养息、壮大了自己，也为发展漯河经济贡献了力量。从民国初期至1933年，相继建立了4座清真寺，展现了区内回族经济、文化发展的实力。“十年动乱”，清真寺及寺内文物遭到摧毁，现只能根据回族老人目睹耳闻的口碑资料，对5坊清真寺和当地回族经济发展状况进行简要介绍。

一、寨内清真寺

寨内清真寺原坐落在古源汇寨西寨墙内，临近漯河东岸河堤，是漯河修建最早、规模宏大的古寺。清真寺内曾立过4块碑记，现只残存1块，其余3块均在“文化大革命”期间被砸碎送窑烧成石灰。礼拜大殿于1975年修河堤时拆毁。

（一）回族移居源汇寨的时间

1. 明朝最早的四次迁入

源汇寨位于河南省中部，黄河、淮河冲积平原的西部，海拔80多米，为中原腹地。这里土地坦荡肥沃，河流纵横交错，气候温暖湿润，四季分明，优越的自然环境为人们的生存提供了良好的条件。但在明朝以前相当长的历史时期，这里频发战乱，加之黄淮水患，一直未形成聚落，地名时置时废。明初洪武年间，为了巩固政权，发展经济，实行了移民政策，组织大批人口由晋迁豫，以弥填战后空旷。民国七年（1918年）《郾城县河南省通志采访稿》记载，郾城县境内回族“自明洪武时由山西迁来”，说明了源汇寨回族穆斯林最早的迁入时间。据我们调查，寨内最早迁入的回族为李姓，系现在李发群、李志修、李宪当三兄弟的祖辈。他们家族原居住在南大街红石桥附近（现已拆迁），历代置有田产，祖坟占地面积很大，位于原盐市（现中学路）与南大街交汇处路东的住房后边。新中国成立后因城市建设，坟地被征用。起坟时先辈尸骨已粉不成形，足见埋葬年代之久，这与明初移居之说相符。

继之，早期还有三次回族迁入源汇区，均与漯河地区沙河航运发达及商业繁荣有关。漯河地区的水运始于战国，明朝进入鼎盛。史载明末源汇区“江淮百货萃，此处星辰罗”，展现了商业流通领域的繁荣。回族本是善于经商的民族，具有追随商业中心和交通要道聚居而从事商业活动的传统习惯，源汇区正是理想的落脚点。据《郾城县河南省通志采访稿》记载，回族在这一时期的进入为“明末淮庆（今孟县）桑坡迁来。”又据王惠民先生1984年调查，“明末由于桑坡回族皮毛业的发展，开始迁居豫东、豫南地区经商”。源汇区显然是理想的经商地点之一。相隔60多年的两次调查，资料完全吻合。据说，明末桑坡回族丁、白、张三姓为望族，查寻中没有寻到这一时期桑坡回族后人留居寨内的情况，仅知清咸丰年间丁成祥阿訇在寨内落户。

据回族老人古留发说：“古家祖籍襄城县前古庄，明朝迁居本区，居住在寨内槐树街和古家巷一带”。明清之际古姓为寨内回族中的望族，坟地有两大块。一块在牛行街牲畜服务部东边；一块在牛行街南部。两块加起来有二十多排坟墓，是按辈分排列埋葬的。共有20多排，说明古姓到源汇区有20多代，若按每代20岁计，至少有四五百年的历史。

寨内还有明朝后期从黄河北封丘县（荆疙瘩村）迁来的李姓，原住在寨内南门里路西（现修路拆迁），是李中运（现在李魁元、李景元之父）、李好（李桂元、李宝元之父）、李承运（现在李太和之父）的始祖，系明末躲避战乱及黄河水患迁来。老坟地在原来的海河附近，新中国成立后被省水利厅征用。

2. 清朝前期、中期的迁入

清康乾盛世，源汇寨水运发达，寨内形成顺河街、东大街、北大街、南大街、西大街、槐树街，盐市街等主要街道。街道两旁布行、粮行、油行、盐行、果子铺、钱庄、当铺等林立。绸缎布匹、各地杂货、土产特产，布满大街小巷。各地客商云集，尤以陕西、山西商人居多，乾隆三十五年（1770年）建有陕西会馆（今二中院内）。据传，沙河航道有专赖航运的船户700多家，有大小船只800多艘，运载能力达1.4万多吨。北经汝河可达襄城县，东顺沙河可至逍遥、周口、槐店、安徽界首和阜阳，素有豫中腹地最大河港之说。这些发展商业得天独厚的理想条件，对回族相继迁入本区从商谋生，无疑具有强烈的吸引力。

据调查，这时期迁入的回族来自临近的二县三地，以李姓为主。有从郾城归村迁来的李狗传、李狗留老二门，原住寨内南门里路东（已拆迁）。有从郾城县北关迁来的李套、李海元、李宝元、李振海、李振东、李六，为老六门，原住民生街附近。有从襄城县茨沟迁来的李大留、李振二户，住在原盐市街附近（现为中学路）。还有从开封迁来的马泉兄弟二人，住在北门外沙河对岸渡口小李村（已传9代）。还有从河北荆疙瘩迁来的海姓，住南门外干河陈村。

据马庆林、杨世英等回族老人讲，寨内清真寺咸丰年间（1851—1861年）碑记，寨内清真寺初建于清康熙五年（1666年），寺院占地面积九亩八分七厘二毫（5331平方米），流传有康熙三十三年（1694年）的万岁牌、虎头牌、黑红棒等物（坊内回族老人都见过这些文物）。通过这些描述，可见清真寺规模宏大之一斑。历史上回族有在交通要道或商品集散地聚居，并在聚居地修建清真寺的传统习惯。寨内清真寺的建造和历史文物足见当时回族以经商谋生为目的迁居后的经济发展规模。

3. 清末、民国初期的迁入

清光绪三十三年（1906年）京汉铁路通车后，漯河逐渐代替周口成为巨大的牲畜集散地。牛行街始建于1914年，很快闻名遐迩，1935年达到鼎盛。当年牲畜上市量高达80万头，成交量达28万头。牲畜行业的发展，不仅为寨内回族提供了新的谋生之路，而且吸引了各地一些回族迁入寨内。他们中富裕者开牛行或者宰牛；贫穷者卖牛料、卖牛粪（卖给做豆腐户），受雇于牛行（饲养牛）或押运牲口。这时期迁入的回族，明显具有数量大、范围广、姓氏杂的特点。初步统计有来自郾城县的周、马、宛、张、袁、许等姓，来自西华县的杨榜林（杨世英之父，是清末秀才），来自襄城县西街的马金祥（马庆林之祖），还有来自邓县马庄的马庆登、叶县马庄的马青山、舞阳县北午渡的丁成祥、南阳社旗的买更贤、南阳瓦房店的王书田、周口河西的姚富堂、商水南陵的刘兴旺、西华县老五坡孟庄的张世昌、开封的韩姓等。

1930年前后，商业中心逐渐移至火车站附近（当时叫五权镇），源汇寨逐渐萧条，寨内回族开始由迁进转为迁出，但流动数量不大。

（二）寨内清真寺的修建情况

1. 初建时间

清真寺的碑记在“文化大革命”期间被毁，现依回族老人马庆林、杨世英亲眼目睹过的清咸丰年间（1851　1861 年）碑记可知．清真寺初建于清康熙五年（1666 年），距今已有 330 年的历史。清真寺五月十二日竣工，占地面积九亩八分七厘二毫（5331 平方米），可见寺院规模之大。

康熙年间（1662—1722 年）是前清经济文化开始趋向昌盛时期，寨内回族有古、李两大姓三大望族，从明初洪武年间（1368—1398 年）至清初康熙五年（1666 年），期间历近 300 年的时间，当时源汇区已筑寨设镇，沙河航运发达，商业繁荣，回族人口和经济水平较定居初期有长足发展。从清咸丰年间清真寺碑记所载清真寺院的规模，即能反映当时回族穆斯林经济殷实的状况。

据 1986 年所修寨内清真寺寺志记载，民国期间清真寺内保存有康熙三十三年（1694 年）流传下来的“万岁牌”（高 30 厘米、宽 15 厘米、下镶底座）、三块“虎头牌”（长 40 厘米、宽 30 厘米，正面画虎头，背面书“肃静”二字）和两根黑红棍等遗物。关于这些遗物的作用，北京牛街清真寺保存的圣旨牌匾，即康熙三十三年颁发的恩诏有记述。清康熙皇帝针对奸人密奏“回民夜聚明散，图谋造反一事”私访牛街清真寺调查，了解真相后，颁发诏谕说：“通晓各省，如官民因怀忿，借端虚报回民谋反者，职司官先斩后奏。天下回民各守清真，不可违命。”清早期修建的规模宏大的清真寺大都具备这 3 种物件，作为护寺之用。由此可见，寨内清真寺初建在清康熙三十三年（1694 年）以前，确认为康熙五年是毋庸置疑的。

民国初期以前，寨内清真寺的初建者以古、李二姓居多，多由古姓和早期移居的李姓当家，故有古、李二家寺的说法。显然，此说法同寨内回族穆斯林的早期移居和捐资建寺有直接关系，足可佐证清真寺初建的时间。

2. 重修情况

在原大殿北山墙上镶嵌有一块长 50 厘米、宽 30 厘米的石碑，上刻：“古有才捐重梁一对，大清道光十九年，阿訇孟兴国。”还有大殿脊檩上用毛笔楷书后又漆上桐油的牵条，上写：“大清道光十九年九月十七日竣工，阿訇孟兴国，字发洲。”由这两处实物确证，寨内清真寺于清道光十九年（1837 年）进行了工程很大的重修工作。

从清康熙五年（1666 年）初建，到清道光十九年（1839 年）重修，经历 173 年之久，对砖木结构的古建筑来说，已经是极其坚固了。分析这次重修清真寺的原因，主要还是回族人口增长，穆斯林经济有所发展。据传，道光年间古家是寨内望族。当时古有才是源汇寨码头（在大槐树河堤附近）振得盐行（天津王金桥开），同德盐行及商、淮盐行的总杆头（码头工的总领班），家业殷实，捐重梁（大梁粗 1 尺、长约 3 丈，二梁长 2 丈，是建大殿的主体构件，价格昂贵）修清真寺，经济上是完全可以达到的。当时经济实力与他相当的也绝不会只此一家。由此可见，当时回族穆斯林对教门是极为热情和慷慨。

老人传说，在重修清真寺大殿时，陕西会馆主事曾以清真寺大殿正冲着会馆的大门，对他们不吉利为由，向社首们提出将大殿宅址东迁或西移的要求。回族穆斯林向他们解释了盖大殿只以清真寺院地产实际情况为准，不信迷信的道理，得到了他们的谅解，没有引起风波，加强了回、汉兄弟的团结。

道光十九年（1839 年）重修寨内清真寺后，直至 1975 年拆毁，历经 139 年没再进行过大型的重修。民国初期对清真寺院进行过修缮、装饰，在二门里添置屏门（扇屏顶帮牵条上墨书“中华民国九年教长宛同印”）。

3. 新中国成立前寺院规模、建筑和房地产

原寨内清真寺东西走向前后二进院落，占地九亩八分二毫。寺院面朝东筑有拱形刻花门楼，门楣雕刻“寨内清真寺”5 个大字。大门以里送来高大的迎宾墙。前院北，一排 5 间沐浴室，院内花木四季常青。二门外南侧筑高台水井一眼，周围圈围砖砌花墙，上搭葡萄架。二门也是刻花门楼，两侧垒花墙。迎门四扇绿底木板扇屏门，四周镶边，两侧立柱竖立在门座内（可以取下）。屏顶帮上楷书有：“巩固国基，维持教务”。镶有牵条，上书“中华民国九年教长宛同印”。扇屏背面正对大殿雕刻“行笃敬”3 个大字，每字 30 厘米见方，由清末秀才李清秀书写，字迹雍容，苍劲有力。后院南北讲堂各 3 间，正中是主体建筑礼拜大殿。大殿南偏院为女寺，盖有 3 间出厦礼拜大殿，水房 1 间。北偏院设有公共厕所。后院种有柏树、无花果树，两棵高大的梧桐树覆满庭院。

礼拜大殿由拜殿 3 间、卷棚 3 间、窑殿 1 间组成，三部分浑然一体，

布局匀称，建筑面积300多平方米，为砖木结构硬山式古典建筑。大殿内重梁起架，雕梁画栋，镶嵌风挡板，别致典雅，4根红漆立柱，贴山架梁，墙倒屋不倒，坚固耐用。大殿和卷棚间阳槽联结，接雨水两侧分流。大殿前庭装12扇透花棱子门，下置抵板防尘。殿内地铺虹漆地趟木板，八班拜垫整齐排列，能供270余人礼拜。

大殿棱子门楣上悬挂3块横匾，中间一块黑底金字，上书“开天古教”，为名将蔡锷属下陆军27师79团团长回富兴（天津人）于民国五年(1916年）所赠，南北两块蓝底枣红字，上书“至圣传薪”“风同道一”。三块横匾后边，风挡板上有清末书写的“朝拜真主之地”6个大字，每字约50厘米见方，“朝拜之地”四字为紫色，中间“真主”二字刷金。周围镶嵌透花棱子，呈现回族穆斯林民众对真主的无限崇拜和敬仰。卷棚脊下悬挂一块横匾，上书“认主独一”。该匾同大殿前“至圣传薪”“风同道一”，均系民国八年（1919年）众乡老贺刘玉贤阿訇的荣誉匾。由西华县老王坡孟庄迁居坊上的清末武传龙、张世昌，用清代盛行的馆阁体书写，字迹工整，气势非凡。北讲堂屋挂有民国年间乡老贺李超群阿訇座位匾“清真湛静”（蓝底白字）。

新中国成立前，寨内清真寺有瓦房17间、草房4间，共21间，均系起脊硬山民房建筑，现已变为青砖小瓦，坚实耐用，风貌朴实，这与当时的兵荒马乱不无关系。

4. 养寺田地产

历史上寨内清真寺重视购置养寺田地产，用以养寺，竖有两块碑记以防年代久远而流失。一块是清同治三年（1864年）吕兰亭阿訇化捐赎回李合林死后被养子（汉族）典卖的田地。据回族老人回忆碑文大意：众亲族不忍回民产业归属他人，大家公议化捐筹款，50串铜钱将李合林遗留田地一亩二分赎回，归清真寺所有。东自邵家坟，西至李用地界，北至文武穆地界，南至李向朝地界。落款为：大清同治三年阿訇吕兰亭。另一块是民国九年（1920年）宛同印阿訇率众乡老为李太平（河北荆疙瘩李后代）舍地给清真寺使用的名誉碑。这块名誉碑是此次调查中在寺内发现的，已残损，现已清刷拓了拓片，内容基本与老人回忆一致。残碑文曰：“鳏寡孤独，此事者天下之穷民也。善闻君子之所以于人者，以其存心也。李太平今年八十有六耳，因在寺办公甚久，人得其名焉。今者老将至，以目睹清真寺财务不足，不忍坐视，将自己所有田地，寨外路东海子沟地一段，三亩有余舍于清真寺使用……”落款：中华民国九年小阳月中教长宛同印。

据调查，寨内清真寺田地产还有牛行街兽医院附近二亩四分地，干河陈五亩多地，4 块合计 20 多亩。据回族老人回忆，清真寺养田地，年能收小麦两圈（6000 多斤），一圈归阿訇生活，一圈供寺内消费。临时急用款项，如买煤、柴、灯、油等由社首捐助或在坊上各户收牌子钱支付。

清真寺除办五功外，还要送埋亡人。捐资购置义地（坟地）两块，东义地 5 亩多，在现漯河高中前院东侧，新中国成立后被征用，又在市郊马夫张村购地二亩九分。另一块在马路街邮电局西侧约 3 亩多，圈有铁丝网，并有回族老人护坟，被当地老百姓称为清真坟，新中国成立后亦被征用。

历史上寨内清真寺社首治寺章程严谨，由坊上回族穆斯林推举德高望重、热心教门的廉贤担任。由于坊上古、李两姓为望族，多由古、李两姓长辈为主事的社首。寨内回族穆斯林公认寨内清真寺为古、李两家寺。

据了解，新中国成立前清真寺内挂有长鞭，宽 1.5 寸，长约 3 尺，一头夹在木把上，用牛皮制成。经阿訇、社首、公证人商讨教育那些不孝双亲、胡作非为的不肖之人，以正教法、民风，导人向善。

5. “文化大革命”后清真寺房地产清理落实情况

1980 年 12 月 31 日，按政府民族宗教政策，漯河房产局（樊海龙经手）退还被占用的清真寺房产瓦房 7 间，大殿折合 10 间；1982 年 9 月 17 日，市房产局又退回 4 间草房。因房屋全被拆毁，按瓦房每间 500 元，草房每间 300 元折价赔偿，21 间房屋共计 4700 元整。其中大殿折价款由占用者顺河街公社支付。

6. 寨内清真寺新貌（现为西寺）

1982 年市政府落实民族宗教政策，决定恢复重建寨内清真寺（原寺院被拆毁），院宅地在原清真寺院向东移 10 米左右。由于经济力量不足，只能利用市房管局赔款、清真南寺捐助和回族穆斯林个人捐款，所盖大殿、讲堂屋和水房屋均较简陋，仅满足了宗教生活的急切需求。随着市场经济的发展，回族穆斯林生活稍有改善后便同心共议筹建新大殿。1994 年，在年轻而又热爱教门的杨继玉阿訇主持下，重新翻盖大殿。

新修建的清真寺院，南北两进院落，南附三偏院，东西宽约50米，南北长约60米，占地面积2900平方米。清真寺大门朝东，紧邻中学路，大门两侧砖垒方门柱，上置拱形钢筋架，悬挂“源汇区清真西寺”牌。进大门北屋为讲堂屋，寺管会办公室和阿訇住室一排6间砖混结构平房。大门南有东屋2间库房，东南偏院内新盖的女寺、女大殿、水房各一间半。院南平房3间，中间一间对开门，往南又辟一偏院，建南房3间。院西是清真寺主体建筑礼拜大殿。大殿南为南院，进门为过道和公共厕所，西偏院盖北房2间、西屋7间。该院原为女寺，现租给家具厂，增加寺内收入，以便以寺养寺。大殿北为水房屋5间、锅炉房1间，墙外接半间，安装脱毛机，方便穆斯林和烧鸡店宰牲。

新盖清真寺大殿为砖混结构，中阿合璧建筑，和谐完美，典雅新颖。棚殿为二层楼房，高约10米。东墙两侧仿阿拉伯建筑成拱形向外凸出，上修圆顶，中立新月标志。墙壁粘贴浅蓝色瓷片，正中镶嵌“拜真殿”3个金色大字。大殿南北长10米，东西宽13米，南北两壁安装8扇高大明亮的玻璃窗户，顶棚装有电扇和吊灯，殿堂宽敞明亮，可以容纳240人礼拜。

（三）坐位阿訇和主要业绩

有了清真寺，就得请阿訇。建寺请阿訇不仅仅是为了满足回族穆斯林宗教生活以及娶活送死的需要，主要的还是教育后代，传播伊斯兰教知识，弘扬民族文化。寨内清真寺曾聘请过比较著名的阿訇，他们的品行、业绩在教坊内留下很高的威望，至今令人怀念不已，因所收集资料有限，只能做概略介绍。

孟兴国阿訇，清道光十九年（1839年）在位。他品学兼优，重新修建清真寺礼拜大殿，监工理事。这次新修建的大殿坚实耐用，设计合理，颇具匠心，一直使用到新中国成立后。

丁成祥阿訇，1851—1861年在位。主持立过碑记，在清真寺北邻安家。

吕兰亭阿訇，同治三年（1864年）在位。坐位时间长，一直在任到

“无常”，安葬在清真寺院外。

刘玉贤阿訇，宣统年间（1909 年）至民国八年（1919 年）在位。荥阳东人，1911 年辛亥革命爆发，源汇区回族民众为响应孙中山先生实行民主政治的号召，由刘阿訇首倡，于 1912 年 4 月 4 日成立漯河回族民主促进会，积极宣传三民主义的新思想。该会的主要成员有刘玉贤、马振瀛、古全城、古尚德、古振邦、古从德、张贯甲、张丙寅、张振西、李太平、李长海、李榜标、李满场、郭秀生等。1915 年，袁世凯窃国称帝，漯河回族民主促进会同汉族同胞一道声讨袁世凯的罪恶行径，积极促成驻漯河蔡锷部属七十九团团长回富兴南下会同蔡将军武装讨伐国贼、平民愤的正义行动。众乡老为表彰刘阿訇爱国爱教的业绩，给刘阿訇立了三块荣誉匾。

宛同印阿訇，1920—1922 年在位。郾城县人，修缮、装饰清真寺后院，安装扇屏门。仅从扇屏门上两幅条幅“巩固国基，维持教务”“行笃敬”，足见宛阿訇经书两通以及爱国爱教的崇高思想境界。西华县绿城小寨著名老中医杨子重曾为清真寺写过一幅赞圣对联：“覆载之中心非驻世，照临之下影不留尘”，足见寨内清真寺伊斯兰教思想文化的活跃。

马忠寅阿訇，1923—1924 年在位。

赵子玉阿訇，1925—1928 年在位，经书两通，开学讲经。

李超群阿訇（李大思之父），字尚志，1928—1929 年在位，乡老给李阿訇送过横匾。

常治广阿訇，1930—1935 年在位，郾城县人，河南四大阿訇之一尚希贤阿訇的学生。

李明伦阿訇，1936—1937 年在位，郾城县城关人。抗日战争爆发后，1938 年 1 月 22 日“郾城县抗日救国会”成立，李阿訇任该会委员，在寨内清真寺成立分会，组织教坊内回族穆斯林宣传抗日救国活动，深受回、汉同胞的爱戴。

齐金明阿訇，1938—1940 年在位，开封人。

杨书绅阿訇，字先斋，1941—1942 年在位，方城县人。经书两通，开学讲经，讲经认真，深入浅出，比喻生动有趣，声情并茂。至今坊上不少回族老人对杨阿訇讲经场面记忆犹新。

闪文明阿訇，1942—1946 年在位，支持寺办伊斯兰抚育园，后改为明德小学，对兴办教育事业做出了可贵的业绩。

马恒久阿訇，1947—1948 年在位，为人耿直，治教严谨。

齐金明阿訇，1949—1952 年在位。

宛俊章阿訇，1953—1958 年及 1962 年 4 月 12 日—1966 年 8 月 18 日在位，漯河市回族代表，为人耿直，热心教务，“文化大革命”期间受到批斗。

1958 年宗教改革，关闭了清真寺，直至 1962 年 4 月。1966 年 8 月 18 日至 1979 年，“文化大革命”期间寺被顺河街公社侵占。1975 年特大洪水后，修理河堤时，清真寺院被拆。1982 年恢复重建清真寺。

李景泉阿訇，1982—1992 年在位。

杨继玉阿訇，1993—1994 年在位，主持重建礼拜大殿，招收学生讲经授课，为一时之盛。

孙继增阿訇，1995—1996 年 3 月在位，长葛白寨人，收学生多人授课。

李志亮阿訇，1996 年 4 月至今在位，西平县人。年轻好学，热心教务，刚就位就自编教材，开办成人阿拉伯语夜读班，主持修建女大殿。

（四）新中国成立前寨内清真寺穆斯林经济状况

新中国成立初期，寨内清真寺教坊有回族 280 多户 1500 多人。其中大半为农业户。新中国成立前以种粮食为主，新中国成立后因人多地少，改种蔬菜。非农业户多为城市贫民，其谋生手段主要是宰牛羊、炸油条、卖菜和瓜果或出卖劳力、搬运装卸、帮牛行饲养、押运牲口、割草、扫牛粪等。

民国初期牛行街牲口交易日趋繁荣。寨内清真寺殷实的回族穆斯林随之起步开牛行。回族最先开办的牛行是“三兴长”牛行。由李贵元在南门外路东自己地里建房开办，实力雄厚，一直开办到新中国成立初公私合营转入牲畜服务部为止。相继还有李东明的“三兴祥”、杨中南的“杨天兴”、杨少清的“天庆长”、李西成的“同心永”及杨香久的“南天兴”牛行（租干河陈清真寺地）。抗战胜利后，外地回族穆斯林开办牛行的有襄城县白庙龚天德的“天丰”和西平县蔡寨白成章的“三太成”两家。直到 1949 年公私合营时并入牲畜服务部时，这些回族人开办的牛行才告终止。他们有的安排在牲畜服务部工作，有的安排在清真宰场工作。

民国年间，随着牲畜交易市场的兴旺，寨内回族穆斯林宰牛羊增多，皮行业也随之发展起来，东大街路南，由李林与两户汉族同胞合开的“三友”皮行，生意兴隆，实力可与临渠斜街清真寺场的四家老皮行相匹。

二、清真南寺

光绪三十三年（1906 年）京汉铁路修通，在距源汇寨 1 公里处设郾城火车站（现为漯河车站），致使火车站附近繁盛起来。从各地迁来经商的回民日见增多。从开封迁来的回族穆斯林聚居在火车站附近的南草园、南马路（现人民路）和复兴商场、马家院（现人民电影院东边，已拆迁）。因距离寨内清真寺远，宗教生活不便，迫切要求就近建寺。限于经济不及，1911 年在马家院借马德元的房子立寺，请刘振祥代阿訇解了燃眉之急。随后迁居的回族穆斯林增多，礼拜殿容纳不下，又借谢晋贤开的“清香池”澡堂楼上房子礼拜。经坊上回族穆斯林苦心惨淡经营，锐意积累，周树绅阿訇多方求助捐资，于 1920 年才在南菜园买地建立清真南寺。为铭记建寺艰辛，立碑两块记事流芳（“文化大革命”期间均遭砸毁）。现坊上回族穆斯林一致公认，清真南寺始建于 1911 年，是开封穆斯林建的寺。

（一）开封回族穆斯林移居火车站附近的时间和规模

据开封回族老人谢德林回忆，其爷爷谢红义于光绪年间（1875—1908 年）来漯河。先卖小吃后开饭店。按每代相隔 20 岁计算（谢德林是谢红义次子谢金生之子），谢家是在京汉铁路通车（1906 年）前迁入的，可能在 1890 年前后。同期相伴而来的还有杨姓、马姓（马德林家是其中一户）。据调查，开封回族穆斯林大量移居源汇区是在京汉铁路通车以后，他们集中聚居在票房（火车站）下沿，以卖开封风味小吃烫面角、小烧饼、油条、油菜为生，也有推车卖五香咸牛肉、烧鸡，摆地摊卖瓜子、糖块和茶鸡蛋、松花蛋等，经济宽裕户已开办澡堂和饭馆。

据查，这时从开封移居来的回族穆斯林有刘姓（刘祥等）、李姓（李文志、李清泉等）、马姓（马书旺、马德元等）、杨姓（杨洪恩、杨红义兄弟等）、徐姓（徐子卢、徐井卢等），还有买、尚、袁、铁、曹、赵等姓氏。新中国成立前夕，清真南寺坊有回族穆斯林250多户600多人，是源汇区回族聚居集中的三大片之一。

据开封清真北寺（铁塔寺）调查，“民国时，该坊回民迁至漯河、洛阳、郑州、西安、宁夏等地的甚多，以致周围荒凉”，提供了开封回族穆斯林迁居外地寻求生计的流向。开封漯河两地一出一进衔接吻合。再从开封回族穆斯林长达9年筹措资金建寺的艰难历程，可见他们移居源汇区后生活贫困的情况。由于早期的艰苦创业，回族在漯河终于站稳了脚跟，为周口、豫东、豫西各地回族大规模移居漯河奠定了基础，也为火车站流通市场的形成和繁荣做出了贡献。

（二）寺院建设情况

1. 艰辛的建寺历程

从1911年借房立寺到1920年买地建寺，回族穆斯林积蓄了9年之久的血和汗，资金仍然不足，后由周树绅阿訇八方求助，方才了却心愿。据回族老人回忆，初建的礼拜大殿非常简陋，系青砖小瓦民房式建筑，仅6间房，可供120多人礼拜，另外，讲堂屋、水房均为草房，维持了6年。1926年，由常冶广阿訇及社首筹资修建水房等，清真寺设施才稍有改善。

1930年前后，随着火车站商业市场日趋繁荣，坊上回族穆斯林经济状况大有改观，人口迅速增长。1947年，清真寺已具备相当财力，并将北讲堂屋改建为二层楼房，上下各4间。楼上作为穆光中学阿拉伯语培训班的教室和学员宿舍，楼下为讲堂屋和阿訇住室。1948年，又将大殿扩建为9间，可供200人礼拜，清真南寺的面貌大有改观。

据回族老人回忆，抗日战争前后，清真寺大门口一直挂着一块长60厘米、宽45厘米的玻璃框，内贴当时的国防部命令；“清真寺内禁止驻军”，中间盖有国防部的大红印章。据调查，源汇区内五坊清真寺大门口都挂过此牌，免遭了战乱之灾，保全了伊斯兰教活动的圣洁场地。

1958 年，实施宗教制度改革，清真寺遭到关闭，至 1961 年才交还回族穆斯林使用。1966 年 8 月，又因“文化大革命”再度关闭，大殿被马路街公社（现办事处）纸盒厂安装机器无偿使用。为保护清真寺房产，回族老人李广成从 1966 年 8 月到 1979 年 7 月，吃住在清真寺，长达 13 年之久，主动义务承担护寺之职，受到全区回族穆斯林的崇敬和赞誉。

1980 年，清真寺清理房产时，因大殿年久失修，脊顶漏雨，墙壁倾斜，大殿地趟板损坏，回族穆斯林决议同心协力重修大殿。清真寺适时、合理地利用了原市房产局退赔的所占 5 坊清真寺房产租金、租息和拆除寺院房屋折价款共计 63692. 16 元，1981 年初动工，年底竣工，建筑面积 224 平方米。这次大规模修建，经社首赵玉瑞、宛文彬、马孝山精打细算，仅花费了 34965 元，结余 23726. 52 元。

1983 年，清真寺获得省民委补助 1. 6 万元，自筹资金 3. 2 万元，翻盖东门楼和南水房楼共 24 间，新盖女寺门楼 6 小间，买宅地建了女水房。水房屋安装了锅炉、自动供水装置。现有二层水房 10 间，大净单间淋浴，小净水管自动供水，设施优于市内浴池。

清真南寺从 1911 年借房立寺到 1983 年重建，三度修建，现已建设成东西二进院落，中阿结合式的封闭建筑群，占地面积约 1000 平方米。清真寺朴素典雅，又很实用，成为源汇区回族穆斯林宗教活动的中心。

有了设施完善的清真寺，紧接着就应发展寺管穆斯林经济，以寺养寺，减轻坊上回族民众的负担。1985 年初，清真寺办起了招待所，下半年新盖 11 间临街营业房，又买下原市医院公司的房屋出租给区伊协办招待所。年底清真寺几项收入汇总，支付后尚能结余 1. 5 万多元。从此，清真寺开始实现自给并有了节余。

清真寺富裕，回族穆斯林光荣，物质富有后追求精神富有。现在清真南寺一边设计筹建漯河穆斯林大厦，一边开始着手穆斯林教育事业。李尊祥阿訇和回民中的贤达们清醒地认识到，科学技术文化落后的民族，在今后竞争激烈的市场经济中是没有立足之地的。他们凭着爱国爱教的热忱，于 1996 年夏季举办了首届回族少年阿拉伯语、武术培训班，学习阿拉伯语，习武健身，陶冶情操，吸引全区300多名回族少年踊跃参加学习。

2. 坐位阿訇和业绩

新中国成立前后在清真南寺坐过位的阿訇有刘振祥（代阿訇）、周树绅（郾城）、杨宝章（陕西），杨宝荣、常治广、李宝太（开封）、白新斋（河北大新庄）、白友顺（孟县桑坡）、尚希贤（开封朱仙镇）、张国瑞、张少臣（郏县三郎庙）、刁明峰（许昌西宛铺）、李道全（沈丘槐店）、郑光荣（开封）、张文祥（开封）、周子玉、马中平、李济民、尚明德、孙继增（代位）、孙松泉（长葛白寨）、李尊祥（沈丘）等20多位。他们来自豫中、豫东和各地，时跨新旧两个时代，对清真寺经济、文化、教育等都做出了贡献。尤其是周树绅（1920年）、常治广（1926年）、张少臣（1947年）、李济民（1983年）4位阿訇，为清真南寺修建、扩展呕心沥血，无私奉献，业绩铭刻在穆民心中。

白友顺阿訇重视对回族少年的启蒙教育，1934年率先在郾城县清真寺内办明达学校。1937年后在马庄清真寺办明智学校，在前油李清真寺办明远学校。1947年在寨内清真寺办明德学校，由袁志远任校长兼董事长，白阿訇及3个儿子白伟恭、白伟静、白伟成任教。

据不少回族老人回忆，白阿訇将伊斯兰教六大信仰编成歌曲，亲自教学生学唱。抗战期间，还教唱抗日救亡歌曲。紧跟时代步伐，改革传统经堂教育方式，成绩卓著。1947年，张少臣阿訇成立穆光中学阿拉伯文班，自编教材，亲自传授，带学生10～20人。积清真寺二次办学经验，新中国成立初期，政府在清真寺附近创建回族小学，解决了坊上回族少年入学的困难。

现任阿訇李尊祥，不顾年迈体弱，不仅开学传经，培养接班人，而且重视对回族少年教育，于1996年暑假举办首届阿拉伯文、武术培训班，招收学员316名，规模大，影响好。

（三）新中国成立前寺坊情况

河南省回族素来善于经商，尤以开封回族最为著名，新中国成立前由开封迁至漯河的回族穆斯林，大多经营小本生意，如饮食业、宰牲业，贫困者则摆小摊或者沿街叫卖，长期处于穷困状态，没有出现规模较大的实业家。早期迁入者稍为富裕，凭借火车站地位优势，开办澡堂、饭馆，团结穆民，克勤克俭，在实业界也有一番作为。现就清真南寺坊的实业情况分三项叙述。

1. 澡堂业（浴池）

京汉铁路通车后，火车站附近过往旅客流动量增大。开办澡堂本小利大，由开封迁来的回族就开办了澡堂“清香池”“卫生堂”，率先开始营业。“清香池”位于马路街中段路南，即现在马路街国营浴池的前身。由谢晋贤、郭文富和张炎君、张炎群兄弟合开。生意兴隆，发展很快，于民国初年盖新楼房。这几位回族穆斯林不仅信仰虔诚、恪守教规，而且朴素豪放，乐善好施，为清真南寺、东寺的修建做出过无私的奉献，受到两坊回族穆斯林的尊敬。

“卫生堂”位于和平街口，由开封迁来的杨氏独家经营，请袁祥久（汉族）任账房先生。继之郭文木、郭文富兄弟在东门外开办“元兴池”澡堂，旁边兼开“元兴”杂货店。抗日战争胜利后谢玉山（谢红义之后）收回电影院东边刘振邦（汉族）开的“民生池”（原为郑百云开的“玉花泉”），更名为“天香池”澡堂。

2. 饭馆、茶园

回族开的饭馆多集中在票房下沿和马路街东段，门面虽简，但色香味美，顾客盈门。比较出名的有“西来香”烩馍店，由陕西迁来的贾玉义（贾老八）经营。位于马路街“清香池”澡堂附近，一间门面二层楼房。贾老八精明能干，善于经营。两毛钱一碗的西北风味牛肉烩馍，外带四盘小菜，一碗牛肉汤，味美实惠。

买老二饭馆，由开封迁来的买金如经营，一间门面，位于和平街“卫生堂”澡堂隔壁。买老二烹饪技术高超，承办炒菜宴席，平时早晚卖开封风味小吃包子、烫面角、面条、油茶、甜食，每日座无虚席。

“顺兴”饭馆，抗日战争初期由汉口迁来的张老亚经营，位于火车站票房下沿，一间门面二层楼房。以炒菜出名，生意颇兴隆。

“三芳纯”饭馆，由马群芳兄弟三人合开，擅长炒菜，承办宴席。

谢红义家原在和平街口开“中漯香”小吃店，专卖开封风味小吃，后牛意发达，迁马路街“民生池”澡堂对门开“漯生园”饭馆，经营拉面、面条、承办宴席。

“一品香”茶园，由宛占林经营，位于火车站票房下沿，曾为寨内清真寺明德小学捐过铜鼓铜号。

3. 光明舞台

1906年京汉铁路通车后，火车站附近商业日盛，市场繁华，商贾云集，文化艺术也随之日益繁荣。清末流行在沙河流域著名的戏班，一部分流向火车站，投靠商务会，群众称之为“五班戏”；另一部分投靠寨内，接受牛街、南大街、顺河街、牛王庙街商业界赞助，群众称之为“四街戏”。这两种戏班的演出活动，大都是在一些极其简陋的席棚搭的小戏院演出。民国初期，这种小戏院有四家（“义和”“新华”“国民”“光明”），其中“光明舞台”由开封迁来的回族徐进卢开办。戏院位于马路街和老街西头（现市二医院和老街百货楼附近），土坯垒墙，席搭天棚。戏台用砖垒座，上铺木板。戏院分靖、座两种票价，有茶房供水和投递擦脸毛巾并让流动小贩进场卖香烟、瓜子、糖块。

三、清真北寺

清真北寺由周口地区的回族穆斯林捐钱修建，位于太新街路东，中华路路南。地处火车站商业市场繁华地段（现中华商场东端与区委院西端交接处）。据新中国成立初期统计资料，该坊有300多户600多口人，是当时回族聚居最大的一坊。

历史上，周口地区航运便利，同江浙一带商业交往频繁，经贸活动起步早。周口回族素有到南京、上海等大城市“滚当”（在当铺内廉价买回大捆旧衣服，经拆洗翻新后高价卖出）和做服装生意的传统。京汉铁路通车后，繁华的火车站市场、到武汉“滚当”便捷、铁路运输方便等吸引周口地区回族穆斯林移居火车站市场周围，逐渐形成以清真寺为中心的聚居带。

清真北寺坊原属清真南寺。最初因为宰牛产生意见不合，众议就近修建清真寺。其实，根本原因是因迁居人口迅速增长，经营发达，具备新建清真寺雄厚的经济实力。火车站繁华闹市，理应修建一座像样的清真寺，接待八方穆斯林来客。

1923 年，以周口回族穆斯林为主，捐钱买商务会长杨静宇（汉族）的地皮建寺。初建大殿 9 间，比较简陋，1925 年重新修建大殿，扩展到 18 间，由土坯墙改为砖墙，大殿建筑面积 250 平方米。寺院分北、南、东 3 个单独院落，总面积有 2000 多平方米。当时是王权镇（火车站市场繁荣后与源汇寨分立另设新镇）最大的清真寺，并成为全区回族穆斯林宗教活动的中心。

新中国成立前，清真北寺不仅寺院规模大，而且在郾城县和豫中地区也小有名气。抗日战争期间，郾城县“回民抗日救国协会”办事机构就设在清真北寺。全国著名大阿訇王静斋（1941 年）曾经住寺讲过经。河南著名四大阿訇中有尚希贤、李振基、穆清廉在寺坐过位。

新中国成立后，清真北寺被占用，接着被拆毁。现将值得纪念的事项叙述如下。

（一）清真寺大殿雄姿

清真北寺 1925 年重建的大殿 18 间，占地面积 180 多平方米。大殿砖木结构，重梁明柱，硬山式古典建筑。墙厚一尺半，4 根木质明柱架梁，高约 2 丈，直径 2 尺。滚龙瓦叠脊，上竖月牙标志。大殿前有 18 扇雕花棱格子门，一排展开，门高 2 米多，上嵌棱子格，下雕花卉（牡丹、石榴、荷花）。门楣高悬 3 块横匾，中书“无二上”，由周口前清秀才李运科书，书体苍劲磅礴；北书“参赞化育,”南书“最初天称”，由袁志远请郾城县县长李根白书。

大殿前月台，宽 6 米，前沿垒有花墙，中立圆顶门，两旁砖砌门柱上雕刻马恒久阿訇题的楹联：“聚群英复兴宗教，礼义廉挽救国风”。门楣雕刻横幅“和平宗教”。1945 年，将月台改建为卷棚，使两者浑然一体。聚礼时可站 15 班，供 400 人礼拜。

（二）杨静宇商务会长名誉碑

1925 年重修大殿，但宅地不足，多方托人请来了周口商界著名回族人士周十一向漯河商务会长（汉族）杨静宇求助。杨会长深明大义慷慨应允，捐出宅地，并表示盖寺需要多少地就用多少，使新建大殿 18 间顺利竣工，双方结下了深厚的情义。众乡老为赞颂此举，特为杨会长树立名誉碑流芳。此回汉互助的珍贵文物，在“文化大革命”期间不知去向。现坊上回族老人尚能记忆开头的名句：常闻富而好礼者难；富而乐善好施，疏财仗义者尤难……

（三）回族实业界情况

民国期间，清真寺在修建规模和社会活动方面都较寨内寺和南寺发展快，反映出该寺所处的优越地理位置和雄厚的经济实力。据调查，清真北寺坊回族实业界基础好，以经营服装、纸烟、装潢、包装材料为主，现将比较出名的简介如下。

1. 服装行业

旧衣店顺河街路北的“德生裕”号，民国初年由张冠泉开。另外还有煤市街（现公安街）苏老同店，马路街西段马风如店两家。

缝纫店由郭绍廉（字介甫）在大新街开店，两间门面，两台缝纫机，生意兴隆，家产殷实。

成衣店由杜绍军兄弟二人经营，做成的土布衣服去牛行街卖，细布料衣服在车站附近摆摊卖。另外还有正若坤等几家布店。

2. 纸烟装潢杂货店

民国年间寨内有几家私人卷烟厂。有周口袁占邦、赵永合、白存德、丁洪如、王寿昆、苏福成，项城李老岗，封丘赵如合等几家杂货店，以卖纸烟装潢包装材料为主，兼卖锅碗瓢勺等日用杂货。

（四）武术、曲艺

新中国成立前，回族就有习武健身的传统，周口、淮阳一带回族擅长查拳，河南省著名拳师李青山、吕瑞芳、丁忠福、李学明等都在北寺练武并传授武功。据调查，吕瑞芳、马忠福、马孝山的查拳，李发材、李学明、丁铁青的六合拳，李青山的大刀，周建山的单刀，周发喜的硬气功和三节鞭在当时均享有盛名。

回族评词艺人杨子仁，14 岁拜师学艺，擅长说济公传、小五义、汉唐等大书。新中国成立后参加市文化局说唱团，在漯河很有名气。

（五）坐位阿訇和主要业绩

在清真寺坐过位的阿訇相继有李书平、马恒久、尚希贤、穆清廉、孙恩甫、买俊山、李振基、周子玉等人。其中马恒久阿訇深受爱戴，连坐 6 任，历时 18 年之久。马阿訇祖籍南京，出生于十五代阿訇世家。他自幼勤奋好学，经书两通，为人耿直，治教严谨。据不少回族老人讲，清真北寺坊回族居住分散，片大面广，为了便于管理，马阿訇按片编组，主麻聚礼按组点名，办事由分片社首召集，教务管理有条不紊。他还热心为大家办事，1922 年刚上位就不辞劳苦，积极筹款，为拓宽大殿宅地呕心沥血，同商务会杨会长结下了深厚的友谊，主持建成源汇区最大的一座清真寺大殿。为减轻教坊回族负担，马阿訇将南院东院建房出租，增加清真寺收入。抗日战争爆发后，1938 年初以漯河为中心，联合郾、漯回族人民成立“抗日救国会”，马阿訇任副主任，主持日常会务，协调联络各分会抗日宣传活动。从马阿訇为大殿阅台门所题写的楹联“聚群英复兴宗教，礼义廉挽救国风”上可以看出马阿訇爱国爱教的崇高思想境界。

李振基（河南四大阿訇之一），兄弟排行为四，所以教亲们都称李四阿訇，安徽阜阳东关人，经书两通，被回族穆斯林尊敬地称为“和平老人”。1950—1958 年坐位期间，曾参加许昌地委组织的慰问团，赴太康县挨户向回族穆斯林宣传“共同纲领”和政府民族政策，受到政府的嘉奖和回族穆斯林的爱戴。

（六）北女寺

1925年，在华平街（和平街）电影院西南角另置宅地建女寺。临街盖3间西屋楼房，楼上为礼拜殿，楼后有2间水房，占地面积约100平方米，寺院十分简朴。据调查，女寺请洪师娘坐位25年之久。新中国成立后相继有杜师娘、石师娘坐位。二位女阿訇在商业繁华闹区带领回族穆斯林妇女虔诚履行各项功课，深受世人敬重。女寺1958年被关闭，后被拆毁。

四、临渠街清真寺

临渠街清真寺习称原清真西寺，位于临渠斜街路西，南临兴隆街（现勤俭街），系1924年由郾城县周庄、马庄一带回族移居源汇区的宰牛宰羊户捐钱买地修建的清真寺。清真西寺地处火车站商业市场和牲畜交易市场之间，东西分别临近消费市场和货源地，而且当时这一带开发程度不高，地阔人稀，是发挥传统宰牲的最佳落脚地。据调查，新中国成立初期，该教坊有回族七八十户200多口人，以周姓、马姓为主，大部分从事宰牛羊业，生活比较贫困。

（一）简陋而又宽大的清真寺院

该坊原属火车站清真北寺，因宰牛羊户增多，屠宰量加大，请阿訇往来有诸多不便，便拟定就近建寺。从捐款购置二亩四分七厘宅地，到建成三进院落（东院为女寺，西院为礼拜大殿和讲堂屋，中院为宽阔的场地，这为宰牛提供了方便的条件），都能说明建寺的这个需要。宅形为长20丈，宽7丈，除礼拜殿南讲堂阿訇住室6间瓦房外，其余14间全是草房。礼拜殿为砖木结构普通民房建筑，东西长5丈，南北宽2丈，可容纳100人礼拜。西寺从1924年建寺到1958年关闭，34年时间，只请过李大恩、闪文民、周子郁三位阿訇。每位阿訇都在位 10 年以上。三位阿訇不仅为人谦和，热心为穆民办事，而且各有一技之长，或开点心铺或行医治病，都有生活来源，所以他们对于坊上没有什么过高的经济要求，深受大家爱戴。寺内人员配备也很简单，除阿訇外只请一名寺师傅管理杂务。1945 年抗日战争胜利后，因牛羊屠宰数量大又专请一位二阿訇宛占邦代刀。寺内各项开支非常节省。

据老人回忆，新中国成立前宰牛羊户生活都十分艰辛，全家老少长年累月没有闲着的时候。每天起大早去集上卖肉，然后即去牛行街牲畜市场买牛羊。大人剥剔，妇女小孩收拾杂碎。冬天大人小孩双手肿的像发面馍一样。西寺简陋的寺院房舍和机构设置都是这种贫困生活的反映。

（二）周子郁阿訇轶事

周阿訇从 1946 年开始在西寺坐位长达 12 年。他医术高明，擅长治疗乳腺炎和毒疮杂症。他医德高尚，遇见穷人看病便少收钱或者不收钱，遇上富人看病，他就照收诊费。天长日久大家明白了他那善良的用意，不由得对他更加崇敬。他药到病除，被称为“神医”。一次李俊山生铁骨瘤疮，八方医治无效，最后找到周阿訇。周阿訇告诉他一个月内担保病除如初。果然 30 天后行走自如。相传，“文化大革命”期间，一位干部生毒疮，各大医院久治不愈，后来托人请周阿訇治疗。当时周阿訇正挨斗，偷着为他治好了病。这位干部深为他的医术医德所折服，深有感触地说：像这样的人也遭批斗真不可思议。据说，在解放前许耀西（曾任淮阳专员朱国喜的秘书）依仗权势妄图勒索西寺的钱财，周阿訇硬顶压力，仗义执言，受到大家称赞。

（三）兴盛的皮行业

豫中地区黄牛板皮质优价廉，驰名中外。西寺宰牛羊的发展吸引皮货商人接踵而至，相继有几家皮行开业。最早的两家皮行，一家是周口张灵肖开的“隆昌皮行”，地点在原临渠斜街路西；另一家是禹县山货场王盛甫开的皮行，地点在坊子街路北。继之，干河陈村马森也到临漯斜街路西开皮行。马氏家族擅长皮革加工，在坊上收购生皮，在家开作坊熟制加工纹皮、鞋底皮等多种产品的皮料。他精通业务、讲究信用，不拖欠宰牛户的款项，家境较殷实，并与上海等大皮商有业务联系。后来宰牛户也步入了此业，周掌、周子俊兄弟先后在顺河街石坡附近开了“振义昌”“茂记”两家皮行，生意也相当红火。

五、清真东寺

清真东寺位于铁路东水楼后街，原由居住在铁路东的七家掌鞋户筹建。

（一）艰难的建寺历程

民国年间，火车站商业市场日趋繁华，引来了各行各业的谋生民众。1912 年，禹县山货场赵国栋几户回族掌鞋匠来到源汇区火车站票房下沿摆摊修补鞋子，租住在铁路东万庄一带。到 1929 年，有赵九、王成、王树发、王树喜、何得海、何有泉和谢家相继从禹县举家迁来。因回族老人去清真北寺礼拜不便和遇红白事请阿訇不可能随叫随到，被迫就近建寺。由于户少人穷，经济力量有限，就在万庄租了 3 间草房立寺，由南阳李阿訇当代位阿訇(后为阿訇)。水房是在院中用席搭的临时棚子，其凄凉程度可见一斑。他们的虔敬之心感动了回民大众。1930 年，捐款在水楼后街买夏小宝家地产 728 平方米，盖起大殿 3 间、东屋水房 4 间、南屋 4 间，全为草房。由于贫困，有时连烧水的煤都买不起，幸有慷慨的谢晋贤全力相助，购置水壶家什，并由自己的“清香池”澡堂供给清真东寺煤炭。自此，铁路东回族穆斯林群众总算有了自己的清真寺，豪迈地称清真寺为禹县山货场寺。

1958 年，东寺被迫关闭，寺院被街道工厂占用。1984 年，经乡老赵万章、穆如章、马朝文、李世彦多方交涉，要回了清真寺。寺院损坏严重，急需重新整修。1987 年，经社首赵万章、杨文赐呕心沥血筹集资金，盖起了南北楼 16 间，适时利用了市房产局包赔的 4200 元及南寺支援的 1.4 万元才使东寺的面貌大有改观。

新中国成立初期，东寺有回民50多户200多口人，是漯河聚居最小、最穷的一坊。新中国成立后人口增长，原来的3间大殿已不能满足使用，1994年初筹备重建礼拜殿。侨居香港的回族教胞穆友坤回漯省亲获悉，慷慨捐助港币2500元，年逾古稀的回族老人杨文赐捐出多年盖私房的积蓄2000元，李济民阿訇捐出5000元，并向郑州、西安、上海等地筹措资金8.2万元，于年底动工，第二年初竣工。还修缮、装饰了水房屋和北讲堂，装了电话，使清真东寺彻底改变了旧貌。

（二）坐位阿訇

清真东寺户少人穷，历来教风清廉，全凭虔诚支撑，1938—1939年河南四大阿訇之一的尚希贤阿訇在寺内坐过位，另外还有李阿訇（南阳人）、宛俊章（郾城人）、买永新、穆清廉（周口人）、曹运清（周口人）、李景泉（郾城人）、袁圣品（周口人）、李明伦（郾城人）、李明甫（郾城人）、方瑞德（周口人）、马义喜（周口人）、李济民（叶县旧县人）等阿訇。

现任阿訇李济民，已68岁高龄。1994年到任后就不辞劳苦为筹集资金费尽心血。相继从西安集资8000元，从武汉集资6000元，从上海集资2000元，从郑州集资1000元，求得南寺支援1.5万元，现清真西寺支援5000元。回族穆斯林捐助1.5万元，仅用半年多时间就筹集8.2万元。凭各地穆斯林的支持，在全区人口最少的回坊，修建起了一座全区最新颖美观的礼拜大殿，受到大家的高度赞誉。

后 记

本文由马文章、马宝光进行实地调查，先后采访马庆林（68岁）、马教山（78岁）、宛文斌（75岁）、周建三（86岁）、巴福来（75岁）、孙学善（72岁）、尚志德（80岁）、杨文赐（90岁）、周庆（65岁）、赵万章（68岁）、马铭凤（68岁）、李济民（68岁）、谢先生（70岁）等30

余位知情人并参照有关文中资料综合写成，力求将本地5坊清真寺的真实情况如实表述出来，为从事伊斯兰教研究者留下点有用的资料。由于水平所限，疏失之处尚待方家赐教。

（原载于西安市伊斯兰文化研究会编：《伊斯兰文化论丛》，宗教文化出版社，1997）

河南省襄城县石羊街清真寺

张效章

河南省襄城县是陈克礼阿訇的故乡，石羊街清真寺是陈克礼阿訇的启蒙母校。石羊街清真寺修建于清顺治十三年（1656 年）。相传远在唐代，几户西省避乱来内地的穆斯林在现寺对面建有小寺，现存清真寺的前身是明代成祖年间兵部尚书许廓的家祠，后经回民群众集资，由舍太师亲自组织，改建为寺。该寺坐落在襄城县城内西北隅，石羊街之中间，占地面积 3500 平方米，坐西向东，现有各类房屋 60 间，其中以大殿、卷棚、南北讲堂为主体建筑，序列整齐，整体建筑结构协调，布局严谨，具有古老浓厚的民族特色。

该寺的大殿为明代古典式宫殿建筑，原为九脊八坡歇山顶，后改建成五脊单檐琉璃瓦顶，下辟 3 道拱券门。前檐保留 9 个斗拱，殿内矗立着四柱，托为鼓式青石莲花，木架为柱托梁檩椽，砖石结构，建造奇巧，其卷棚窑殿等建筑均属相继增建。300 多年来，曾先后进行了数十次较大规模的扩建和重修，方具现在的规模。

该寺殿堂廊房造型别致，卷棚、大殿、窑殿三部分呈波浪式逐层升高，又泾渭分明地联为一体，气势雄伟，巍峨壮观。院内苍松翠柏，郁茂葱茏，奇花异草，四季芬芳，丹墀上下，碑石林立，两株二人合抱不拢有 600 岁树龄的古柏，挺立于卷棚前月台两旁大门前的平台上，雄狮峙卧，古槐森森。穿二门进园门，过栅屏门，直通内殿，院内各门楣上及卷棚、大殿内悬挂着不同时期的匾额，从而使整个寺院更显得庄严肃穆。

清真寺高大的门楼前悬挂 3 个凸形大字“清真寺”，大门楼内悬挂着题为“西域真传”，二门上悬“实有真宰”，里边挂着“至诚无息”的匾额，红石刻花圆门，两边配有镶边的石联，上边镶嵌着两米长的石额，上书“教化永存”。两边为“休得认为虚诞路，莫教放入浮华人”。栅屏门上悬挂的是题为“有感斯通”的匾额。大殿和卷棚相接处，有3个弧形的拱门，上边的匾额题为“清真根本”“开天古教”“性天乐地”。大殿的门上悬挂的是题为“清真郑汜”“无极之真”“理守清真”的匾额，卷棚内的柱子上各有木质长方形对联。大殿内高悬大型黑底涂金阿拉伯文匾，圆柱上镌有阿拉伯文对联。这些匾额最早是大门上的“清真寺”匾，立于康熙年间，最晚是大殿内的阿拉伯文匾，立于民国九年（1910年）。匾额上的书法各有千秋，有的潇洒流利，有的庄严端正，都是不可多得的书法珍品。在众多匾额中，有近代回族抗日名将、民族英雄左宝贵题写的亲笔，即二门上的“实有真宰”，落款为“钦命头品顶戴赏穿黄马褂简放提督广东高州镇总兵总理奉天营务翼长总统奉军马步兵等营铿色巴图鲁左宝贵敬立”。还有清光绪军务大臣宋庆、宁夏苏尔相、广西提督马雄等题的匾额。

大殿后边的窑殿，系双层砖石结构。据传，其外形是按照南京净觉寺窑殿的模式，仿雁塔之意，上圆下方，一如六合。内放3只香炉，其中两只是大明宣德混金炉，一只是风摩铜质。每逢节日大典，炉插焦兰，满院芳香，令人意清神怡。寺内原珍藏的一部手抄古兰经，据传，此经出自一位土耳其籍大宗教家之手，他一生仅写成这样的两部经，一部留在土耳其，一部在其来中国游历讲学时留在中国。该经字迹潇洒，端正清秀，确系稀世珍品。本县一位姓杜的穆斯林当时在山东做省官，得知此经甚为珍贵，爱惜至极，几经周折方用100两银子从济南大寺买回，赠送该寺珍藏。

该寺的奠基人舍太师，名起灵，字蕴善，号云山，经名哈桑·伊本·阿布都·瓦哈布，是我国清代伊斯兰教著名学者。祖籍湖南沅陵，侨寓陕西渭南。云山出身，书香门第，自幼在家学习汉文和阿拉伯文。16岁在济宁拜常志美门下学习经典，学成后，游学各地，曾先后受聘于襄城、北京、陈州、沧州等地任阿訇。倡导“遵经革俗”，为改俗派大师，其弟子达3000人之多，遍布辽、冀、鲁、皖、豫诸省，影响颇巨。著有《醒迷录》，并对几种阿拉伯文书籍进行了译著，因教授过康熙皇帝，得太师之美誉。太师晚年落户襄城并卒葬于襄城西灵武山之阳，遂使该寺成为许、宛、洛、平一带著名大寺。

据舍姓后裔代代相传，现将有关太师一生概略生平分述于后。

（1）求学于常巴巴。云山宗师，幼受庭训颇通经书，16岁父无锡公命随常巴巴求学，以期深造。（常翁者，当时之明师也）云山宗师遵父命，整理经书、衣物，并备毛驴一头，直奔济宁。途中遇一官长，停轿呼而问曰："尔非学生？"答曰："然。""何往？"答曰："寻师求学。"又曰："吾教你可否？"答曰："吾回教学子，习宗教学也。"官叹曰："此子如加以学业造诣，卿相之才也！"

一日到济宁甫进寺，知常巴巴外出，朱姓寺师傅见其行装、毛驴，少见多怪，出言不逊，恶言相讥，云山宗师想已难留，题壁留言他去。常翁回寺见壁上字，命朱速追，连追十余里，婉言劝返寺中入学受课，专心攻读，遂得深造。

（2）当阿訇于北京。云山宗师在北京齐化门上坡清真寺当阿訇，时值钦斋月，穆民大众，白日封斋，不吃不饮，少事营业，夜晚齐集寺中礼拜诵经，研究教义。盛极一时，讵料惹人非议，暗奏朝廷云："回教人夜聚明散，必萌反意。"入晚，皇太子微服简从，混于穆民伙中入寺，随之沐浴礼拜，听讲教道，始知回教大道，忠学并重，反责彼辈妄奏。以后常至寺内，聆悟造化之妙，天人之机，称云山宗师为师，因有太师之尊，至今襄城教中父老仍称"太师老人家"，云云。

（3）陈州来聘。陈州即今河南省淮阳，清康熙年间有回民富绅苏应元，字仁寰，号伟斋，职奉政大夫，生六子皆贤，传均载府志，笃意聘云山宗师至陈。苏亲到北京敦聘，因挽留情殷，颇费周折。苏公则缓图之，每天请哈里发吃饭，一天一位，食毕再赠白银十两，月余间，全学熟悉，甚为同情。寺师傅特与银二十两，并密授以计。翌日聚礼，午时各乡老到寺，寺师傅照例打扫大殿。才到大门口，高声喊道：不好了，苏老大人上吊啦！众人急将苏公从闵拜上拖下。公曰：吾来京请阿訇，今已多日无成，吾已无颜重见陈州教胞矣。众曰：吾等给你老先生口唤，请命于阿訇，择期赴陈，苏公遂道赛俩目致谢。

（4）离京赴陈州。云山宗师，应陈州之聘，准备启程集合全学哈里发曰：吾已受任陈州启程在即，尔等愿往否？众诺，遂各整行装，以待行前饯行送礼，自不待言。唯临行前特备珍贵物品一桌为赠。云山宗师一一看过，择选三件：第一件是瓦砚一具，其砚一底一盖，上刻篆文，唯上角楷书曰："大汉十八年未央宫东阁瓦丞相萧何监造"，此砚传至八代万绿公赠人。第二件举箸夹了一块沉香，此物广为济众，患心疼病者，以碗滴水少许磨而饮之甚效，传至七代用尽。第三件是一件元青马褂，用手一提其重镇手，知内有物，急命拆去。因云山宗师视富贵如浮云，金钱一层随来随去，虽处境优越，仍两袖清风耳。众乡老甚不过意，金条十八根，暗藏衣内为赠，既发觉仍不受。陈州社首苏公早已雇妥车辆轿马，全学哈里发连同寺师傅，四十九乘小轿，以及眷属行李车辆，浩浩荡荡向陈州赴任。因获朝廷（康熙）照文，沿途官府迎送频频。

（5）在陈州。云山宗师到陈州后，教门大兴。陈州府志曰："回回教清真寺在治城西北隅，康熙八年教长舍起灵，社首苏应元"，重修寺内什物记碑第一项云："舍师在州传教遗（古兰经）经一部"，所惜今碑仍在，经已无存矣。

（6）在襄城。云山宗师到襄城当阿訇，寺院殿厅较小，常感拥挤，后购汉教许姓家祠一所，改建为寺，今襄城石羊街古寺现有大殿即祠堂之大厅也。宗师一生服务宗教，游历亦广，有迹可考者，或代代相传者，为北京、沧州、陈州、寿州、襄城，其余一年一处。关于宗师传记甚多，然似神话，尤属渺茫，谈之无益，兹不赘述。

（7）家境略述。云山宗师，求学时代，父丧渭南，为师时家境衰落，到襄城置宅居焉，母葬襄城西城门外迤北，后人称"魏奶奶坟"。宗师殁后葬于城西，七里之遥，令武山阳，后人起造滚白亭一座，前面石额书"清真宗师"四字。所遗宅基在城内石羊街中间路东，距寺数十步，面积亩许，至六代卖去一角，其余一片荒凉。至七世恒志公，老年失明，无以奉养，卖于邻家陈姓，惜哉！先人遗业，尽属他人矣。舍姓自始祖云山公起，至今已14代，又散居禹州皂角坪、许昌、襄城西安寨等处之舍姓，皆宗师后裔。

石羊街清真寺自创建至今300多年历史中，有许多知名的阿訇、学者在此任教，有据可考者计30人之多，其中有舍起灵、舍光义、舍文璞、马辅清，马金德、马广业、黑景祥、虎天衢，陈恒立、于宝泉、张国瑞、巴兆恒、石鸿恩、石万聚、孟玉林、孙奇子、杨朝奉、马锡珍、马负图，杜文明、陈克礼、杨宝光、丁殿荣、杜尚慈等。这些阿訇以其渊博的学识、优秀的品德，对伊斯兰教的传播起到了良好的推动作用。现任教长杨玉清阿訇系成达师范毕业，德才兼备，品学兼优，不惜年事已高，尽力宣扬教门，做出了很大贡献。

近代史上，对建寺办学有重大贡献者，是杜文明阿訇，他幼年时精学阿拉伯文，学成后，在本坊办回民小学阿文班，搞启蒙教育，执教 35 年，桃李满天下。在杜阿訇的学生中，以 20 世纪 40 年代成达师范毕业生陈克礼、龚清志、杜尚慈、龚保全成就较高且影响甚大。此外还有北京经学院毕业生海东营等。

该寺历史上就是襄城县回教协会的所在地。它有着爱国爱教的光荣传统，1938 年在当时的进步县长李峰倡导下，在这里成立了襄城县回教救国协会，设有会长、教官，组织全县四乡回族同胞，定期在该寺训练，在当时影响很大，该协会属爱国性质的抗日组织。“十年动乱”中，除残破的房舍及几株古柏、古槐外，所有雕刻、彩绘、文物皆荡然无存。所有木质匾额、对联全部被毁，无一幸免。院中的碑林只有镶嵌在墙垣上，用泥巴封闭才得以保存下来。全寺的主体建筑礼拜殿被当做密封食盐仓库达 10 年之久，腐蚀严重，致使这一古老建筑遭受毁灭性的破坏。动乱除乌云散，光明再现。党的十一届三中全会以来，党的民族宗教政策得到全面落实。国家曾先后拨出巨款，于 1986—1990 年对该寺进行了规模空前的扩修，并改建了清真女寺，重修了舍太师墓房。自大门至窑殿全部予以整修，各门楣上匾额已经重立，又从北京邀请中国伊协安士伟会长、龚清志副秘书长为大寺题写了新的匾额，使古寺又恢复了古风古貌。

整修后，清真寺先后收到美籍华人白英林、文颖五夫妇赠的克尔白图壁毯，邑人龚清志访问巴基斯坦时由巴国赠给的铜质经牌一面。1995 年，石羊街清真寺概况被收录在《中国清真寺综览》一书中。目前，石羊街广大穆斯林群众在党的英明民族宗教政策的关怀下，充分享受宗教信仰自由的权利，生活水平有很大提高，正在阔步向小康迈进。根据广大穆斯林群众的意愿，寺管会及教务组决定继续努力，自力更生，使大寺进一步得到完善，建起水泥结构的唤拜楼及其他必要建筑，为古寺的进一步发展做出新的贡献。正如碑文记载：“……作者创之于前，述者继之于后，鸠工庀材、原非一朝一夕之故，其所由来者渐矣，向非日积月累，贸贸然欲成此功，亦戛戛然乎难矣。今殿阁巍峨，栋宇辉煌，仰不愧穆罕默德西域之遗泽，俯不作云山太师舍公之薪传……”

（原载于《伊斯兰文化研究》，2005年总第十七期）

禹州市清真寺概述

杨玉润[①]

禹州市位居河南省中部，这里历来就是全国中药材集散地，商贾辐辏，人文繁华。唐宋时期即有番客前来贸易。元代，属南京路，有成批回回军士来禹屯田定居。明清时期又有从郑、汴、荥、洛以及山西洪洞等地迁来的回民从事农商者。如今，全市境内居有回族穆斯林两万余口，分居城乡各地。其所在之村街，均建有清真寺。兹将禹境27个教坊清真寺概述于下。

一、城关朝阳门清真寺

寺址位于禹州城区南大街朝阳门内。原为元代回回营地址（今名清真寺前街），元代已有简陋设施，供礼拜用。历经重修扩建，至明嘉靖十五年（1536年），已建成砖木结构大殿3间，面积100平方米窑殿1间以及门楼、院墙等设施，并正式命名为朝阳门清真寺。清康熙五十五年（1716年）重建的山门门额上黢有石遂一块，上书“清真寺”三字，侧书“清康熙五十五年重建”，此匾现存于寺内。本教坊位于禹州城区，居有回族穆斯林4000余口，大部分以工、商、机关干部、第三产业为职业。寺内现有建筑有房间百间以上。大殿原为宫殿式。卷棚石柱上，刻有对联一副，文曰：“圣德难名，就日瞻云咸虎拜；天恩普被，黄童白受共山呼。”全殿于

① 杨玉润，回族，1916年生，禹州市第二人民医院主治医师，曾参与《禹州市民族暨宗教志》的编写工作，退休后任职于禹州市伊协。

1998年改建为阿拉伯式建筑，占地面积470平方米，大殿前宽两梯五开门，七间门头，两侧各为四窗两开门，进深六间，上下两层。殿顶四角各建有邦克楼一座，窑殿上方有望月楼一座，统高27米。本殿改建后，可容千余人礼拜。2000年开斋节，来寺礼尔德拜者达800余人，颇为壮观。本寺历年开办经学，曾培养出穿衣阿訇数十名，分别到省内外各清真寺坐位。清末民初，还办有汉文化义学一所，培养远近回、汉子弟数以千计。20世纪60年代曾有巴基斯坦穆斯林客人来寺参观访问。1999年，知名教授马光援先生曾来寺内讲学。清乾隆四十八年（1783年）重修正殿碑记文内容可参见《禹州回族志暨宗教志》[①]。

二、山货厂老清真寺

山货厂村位于禹州城东15公里处，为回民聚居村庄。村内只有清真寺，无其他庙宇。现居有回族4000余口，从事农耕养殖、皮革加工。清真寺址位于村庄西部石梁河岸边上。《禹县志》载："北宋时期，石梁河能通船舶，州境所产山货药材由山货厂村装船外运。"现在河水渐少，已无舟楫之便，20世纪70年代疏浚石梁河，从寺门外河底挖出半截碑一块，上边记载为："明万历十五年（1581年）重建山贷厂清真寺碑记"。可知老寺创建时间为1581年以前。而其后因河不通航，药商迁城。留居本村的农耕回民仍谨守教门及五功，清真寺仍不断发展。本村清真寺现有建筑60余间。大殿原为五楹三进宫殿式，由明代式样的大砖大瓦砌成。1997年拆老建新，重建为七楹三进的宫殿式建筑，面积较前扩大一倍有余，占地460平方米。窑殿3间3开门。金殿整体可见红柱绿瓦，木雕桁檩，玻璃门窗，甚为壮观。南北两讲堂宽大明亮。前院水房8间，住室8间。二门上砖刻对联一副，文曰："玉壶境内无俗气，金经篇中有泰和"。横额曰："天房妙境"。女寺在北院，大殿卷橱各5间、水房4间，为20世纪80年代兴建。北院原为学校校园，学校迁出后，所遗排房仍堪利用。两院占地总面

① 河南省禹州市民族宗教事务局：《禹州回族志暨宗教志》，1989。

积 12 亩，建筑面积千余平方米，由寺管会统一管理。本寺历来实行三教长制，海里凡最多时 20 余名。经堂教育培养出穿衣阿訇数十位，分别到省内外清真寺任职，为伊斯兰教在我国的发展做出历史性贡献。现在山货厂清真寺存放有乾隆五十八年施地碑记的碑文，见《禹州回族志暨宗教志》。20 世纪 80 年代，曾有河南省回族伊斯兰学者陈廷良、王惠民等专家来到山货厂村做考察调研工作。

三、巴庄清真寺

巴庄清真寺位于禹州城东南 9 公里巴庄村。村内有回民近千人。传说清真寺始建于明天启元年（1621 年），经过数次重修，现有大殿卷棚 6 间，为宫殿式。南北讲堂各 3 间，是砖木结构。水房 4 间，是钢筋水泥结构。殿前大松树一株，胸径 50 厘米，树龄数百年。

四、砖桥坡清真寺

砖桥坡清真寺位于禹州城南 4 公里砖桥坡村西头。全村居有回民近 2000 人。村内只有清真寺，无其他神庙。砖桥坡清真寺传说创建于明天启元年（1621 年），经多次重修，现有大殿、卷棚、窑殿共 7 间，为宫殿式建筑。北屋讲堂 8 间、男水房 6 间、女水房 5 间、住室 5 间。20 世纪 90 年代添建女大殿 5 间，以应急需。门楼为阿拉伯式水泥结构。寺内立有清乾隆四十七年（1783 年）圣谕碑一通。“文化大革命”时被砸烂，烂碑现存于寺内，碑文内容可参见《禹州回族志暨宗教志》。寺内历年开学，培养出多名穿衣阿訇。

五、枣园清真寺

枣园清真寺位于禹州城西25公里枣园村。史载："元代初叶，回回人马曰合乃率括来回回降民来钧州（即禹州）兴煽铁冶。"现今禹州西部的枣园、皂角坪一带回民聚落的老住户，即为冶铁回回人的后裔。本寺创建碑记记载该寺"创建于清乾隆三十五年"。枣园、专桥两村居有回民500人。寺址原在村内，已逾数百年。院内有古柏树一株，一半为柏，一半为松，老当益壮。1986年因枣园煤矿采煤，使老寺成为陷区而作废。当年在村西另建新寺一座，大殿卷棚各3间，窑殿望月楼1间，为中式宫殿式建筑。北屋讲堂、南屋水房各4间。合计15间。创修清真寺碑记现存枣园寺内，碑记文字可参见《禹州回族志暨宗教志》。

六、磨河清真寺

磨河清真寺位于禹州城西北磨河村，有回民200余人。据《禹县志》记载，该寺"创建于清嘉庆二年（1797年）"。老寺址在20世纪60年代因修白沙北干渠，渠从寺院通过，拜殿作废。1984年迁到今址，新寺先建成北屋3间，为民房式砖石平房结构。1995年扩建后，现有大殿3间、水房3间。

七、皂角坪清真寺

皂角坪清真寺位于禹州城西20公里皂角坪村东沟。全教坊居有回民约2000人，就东西两沟洞穴而居，原寺为洞穴3条。1956年，在洞殿之前的平地上建成水泥钢筋结构新大殿一座，面积3丈见方，可容200人礼拜。1988年，添建殿前卷棚3间、南屋讲堂3间、北屋水房3间、临街住室4

间。寺貌更为宽畅。男女参加聚礼人数日渐增多。大门两侧题有对联一副，文曰："古兰伊斯兰灯塔，圣训穆斯林指南"。20 世纪 80 年代人户迁入坪上新村，寺仍留在东沟。创建碑记现存于寺内，文字内容可参见《禹州回族志暨宗教志》。

八、东刘庄清真寺

东刘庄清真寺坐落于禹州城东南 5 公里东刘庄村。据《禹县志》载，该寺"创建于清嘉庆二十年（1815 年）。"大殿脊檩上书有"清同治十一年重修"字样。现有大殿 3 间、卷棚 3 间、窑殿 1 间，为宫殿式建筑。有南北讲堂 8 间、水房 2 间、门楼 1 间。院内大皂角树一株，胸围 160 公分，约有百余年树龄。本村居有回民约 700 人，由本村老年阿訇任教长。

九、路庄清真寺

路庄清真寺位于禹州城东北 16 公里的路庄行政村以北的刘庄自然村。有回民约 700 人。清光绪二十一年（1895 年）创建。当初只有五脊房顶北屋 3 间。民国十六年（1927 年）添建西屋宫殿式大殿 3 间、窑殿 1 间、南屋水房两间。现有创建大殿碑记 1 通。

城关朝阳门清真寺、山货厂老清真寺、巴庄清真寺、砖桥坡清真寺、枣园清真寺、磨河清真寺、皂角坪清真寺、东刘庄清真寺、路庄清真寺 9 座清真寺，皆为明、清时期创建。

十、刘楼清真寺

刘楼清真寺坐落在禹州城北 13 公里的刘楼村。本村回民近 500 人。民国十二年（1923 年）由本村乡老艾麟阁捐地 4 亩，作为寺产，建成大殿 3

间、水房1间，为民宅式清真寺。民国二十六年（1937年），艾又将自己耕地3亩捐为寺产，陆续建成卷棚3间、北讲堂3间、窑殿望月楼1间。1983年又添建水房3间，成为一座完整的清真寺。艾麟阁无子女，他归真后，乡老们感念他捐地建寺的善行，每年开斋拜下来，集体去给他走坟以示纪念。

十一、东太和清真寺

东太和清真寺坐落于禹州城东4公里东太和村西头。本村回汉民共居，有回民400余口。民国二十年（1931年）在村西北部创建清真寺一座，有简易大殿、水房等房间。20世纪80年代本村建设排房时，原寺作废，在本村西头划地560平方米重建新寺一座，建成西屋大殿3间、望月楼1间、北讲堂3间，南屋男、女水房各1间，为民宅式。大门楼1间，为阿拉伯式。大殿于1999年扩建，以适应礼拜人数之增多。扩建之新大殿，面积较前增大一倍。

十二、谷水河清真寺

谷水河清真寺坐落于禹州城西15公里谷水河南村。本村为回汉民共居村庄，居有回民300余人。原寺位于村内，于民国三十一年（1942年）创建，为大殿瓦房3间、北屋数间，系民宅式建筑。1988年，原寺房子退给村集体，在村西划出地皮重建新寺，西屋大殿3间、窑殿1间、北屋讲堂3间，南屋水房为平房建筑。

十三、雷庄清真寺

雷庄清真寺位于禹州城北16公里雷庄村。本村居有回族穆斯林200余人。民国三十二年（1943 年）由本村回民发起创建，至 1953 年建成为西屋大殿 3 间、水房 2 间。1983 年搬迁到村南头重建，占地面积 3 亩，大殿、讲堂、水房具备，较前宽大，布局得体。1990 年又添建女水房 1 间、大门 2 间为民宅式建筑。

十四、邵村清真寺

邵村清真寺位于禹州城西北 20 公里邵村。村内居有回民 300 余口。民国三十五年（1946 年）创建。有礼拜大殿 4 间、讲堂两间、水房两间，还有厢房，共 12 间，为瓦房民宅式建筑。寺院内花木扶疏，像个小花园。

十五、上白庙清真寺

上白庙清真寺位于禹州城西 30 公里上白庙村。上、下白庙村共有回民 300 余人。民国三十五年（1946 年）创建有瓦房 3 间。1999 年扩建后，现有大殿 3 间、望月楼 1 间、北讲堂 3 间。

十六、张得村清真寺

张得村清真寺位于禹州城南 15 公里张得东村。该教坊居有回民 200 余人。民国三十七年（1948 年）创建。当时租借民房 3 间，暂作拜殿、水房之用。1974 年，以张东村第四村民组院子 1 处集体房子 9 间拨给回民，供清真寺使用。分作礼拜殿、讲堂、水房住房之用。2000 年将大殿扩建之后，新殿面积增大，光照充足。

刘楼清真寺、东太和清真寺、谷水河清真寺、雷庄清真寺、邵村清真寺、上白庙清真寺及张得村清真寺 7 座清真寺，均于民国年间创建。

十七、城关清真北寺

城关清真北寺位于禹州城内杆草市街路西。1950 年，由于经济发展，人口增多，为满足广大穆斯林礼拜等宗教活动的需要而创建城关北寺，对于城关朝阳门清真寺也是一个补充。先在福地街路西借民宅暂用。1952 年，集资在杆草市街路西购买宅子一处，建成城关北寺，为西屋大殿 3 间，前添卷棚，后添窑殿望月楼。北游堂 4 间、南水房 4 间、临街房 4 间、门楼 1 间，共 16 间。2000 年秋季全面扩建，新建成殿庑间数同前，房屋钢筋水泥结构，临街屋建成楼房，建筑面积增宽，门窗增大，壮观而又入时，新北寺的景象焕然一新。

十八、白沙清真寺

白沙清真寺位于禹州城西北白沙村，距城 30 公里。村内原有回民 100 多人。1951 年白沙水库开工，大量治水人员来到白沙，所来人员中，回民有数千人，由白沙村划出南北两寨之间地皮数分，建成新寺，为西屋大殿 3 间，北屋住室、水房 3 间。1951 年夏季水库完工，当年在本寺礼开斋拜的约千人，带动本教坊数十年来教门兴旺。

十九、神后清真寺

神后清真寺位于禹州城西 30 公里神后镇西大街。神后镇是一个工业区，盛产钧瓷、陶瓷、煤炭、铝矾土等。新中国成立以来，发展甚快。迁入回族人户日渐增多，现已达到 200 余人。1953 年，集资在镇内西大街购买宅子一处，面积一分五厘，建有平房 3 间，其中西两间为拜殿，东一间为住室，院内搭有简易水房，可供使用。原批寺址在“文化大革命”期间被企业占用。

二十、南海庄清真寺

南海庄清真寺位于禹州城东南6公里南海庄西侧，有回民约400人。清真寺于1983年建成。老人们传说："数十年前，在海庄村之南与裴家楼村之间地带原有清真寺一座，因坍塌作废。"现有的清真寺为1983年始建，1997年扩建。有西屋大殿3间、窑殿1间，其侧有女大殿3间，均宽大明亮。另有北讲堂5间、水房4间、门楼1间。村道柏油路从禹襄路往东1.6公里直达寺门口，禹州回民公墓位于村北。

二十一、山货厂东清真寺

山货厂东清真寺坐落于禹州城东15里山货厂村东部的赵庄。由于山货厂村近20年以来经济不断发展，人口逐渐增多，群议创建东寺，以减轻西头老寺之压力。于1986年在山货厂村东头、赵庄北侧建东寺一座，以利五礼。新寺坐西向东，大殿、水房、讲堂具备，但较狭窄，于2000年春季集资扩建，秋季完工。新建大殿前宽5间，深广相当。殿顶望月楼、邦克楼突出高空，与宽大明亮之殿体互相映衬，甚是壮观。南院创建女殿一座，明为3间，暗为5间宽，亦甚壮观。北屋讲堂5间，南屋男、女水房5间及住室门楼均焕然一新。

二十二、西刘庄同心清真寺

西刘庄同心清真寺位于禹州城南4公里西刘庄村中部。全村回民近2000人。早年不曾建寺，礼拜听讲，婚、丧大事，均使用邻村砖桥坡清真寺。近年经济发展，教门兴盛，尤其女子来寺礼拜者日见增多，对于砖桥坡村清真寺的压力甚为突出。群议在西刘庄创建新寺。张麦屯首摄捐出一笔3万元，很快募到乜贴30万元。选用本村中部一片污水坑塘，填土建房。于1995年春季开工，年底竣工。建成西屋大殿，前宽5间，接建卷棚5间，深广相当。窑殿1间。上覆穹隆式望月楼、邦克楼，颇有气派。大殿南侧接建女大殿3间，前连卷棚3间，大门为楼式穹隆顶。新寺是全村穆斯林同心协力建成的。为有别于其他刘庄的寺名，命名为西刘庄同心清真寺。1999年夏季曾有数位巴基斯坦穆斯林游客来该寺参观访问。

二十三、北海庄清真寺

本村有回民约250人，先前使用东刘庄清真寺。后因发展需要，于20世纪80年代在本村创建新寺一座，建成大殿3间，水房、住室具备。由本村穿过衣的海里凡任阿訇。

二十四、花石清真寺

花石镇是个繁华大镇，有回民近百人，原先使用白沙清真寺。20世纪80年代在本村建成新寺、大殿3间，为民房式建筑，水房、阿訇住室具备。

二十五、马寨清真寺

马寨清真寺位于城西25公里马寨村。有回族穆斯林近200人。原先与枣园村是一个教坊。为了便利，于1998年在本村创建新寺一座，建西屋礼拜殿3间、北讲堂及阿訇住室3间、南屋水房1间。

二十六、边楼清真寺

边楼清真寺位于城西 6 公里边楼村，是个回、汉民共居村庄。新中国成立后，回、汉民族紧密团结。村里有回民近百人。原属朝阳门清真寺教坊。为了便利，于 1999 年在本村创建清真寺一座，为西屋大殿 3 间、北屋讲堂住室 3 间、水房 1 间。朝阳门清真寺帮助该教坊一部分建寺乜贴及殡葬用架子一套。

二十七、冀寨清真寺

冀寨清真寺位于城西 6 公里冀寨村。有回民近百人。1999 年，创建清真寺一座，有大殿 3 间，住室、水房各 1 间。

城关清真北寺、白沙清真寺、神后清真寺、南海庄清真寺、山货厂东清真寺、西刘庄同心清真寺、北海庄清真寺、花石清真寺、马寨清真寺、边楼清真寺、冀寨清真寺 11 座清真寺为新中国成立以后建成的。

（原载于《伊斯兰文化研究》，2001 年总第十期）

伊斯兰教在叶县

法国强[①]　杨少华[②]

河南省叶县地处南襄隘道北口，夏属豫州地，商、周为应侯国，春秋初置叶邑，秦置叶阳，汉改为叶县。叶县是我国伊斯兰教传入较早的地区之一，早在宋代这里就有回族先民繁衍生息，最早的清真寺是叶县旧北（旧县北村）清真寺，始建于宋末，距今已有800多年的历史。

一

宋代，朝廷对中外贸易非常重视。开国不久，太宗雍熙四年（987年），即遣内侍8人，分四纲，赴海外诸国，勾招进奉，博买备药、犀牙、珍珠、龙脑等。叶县地处四方通衢之中心，早在宋代就有不少阿拉伯和波斯的穆斯林商人及其后裔在此定居。据《叶县回族志》（征求意见稿）载：宋英宗治平七年（1067年），黄庭坚任叶县尉时（1067—1072年），为叶县县城（今叶邑镇）"黄公祠"碑刻撰文并书丹："……黄公祠奠于城北关，坐向新建礼拜堂偏东北即志……"黄庭坚将此地回族先民的礼拜堂作为地理坐标，足见当时此地回族先民人数已经不少。另据河南人民出版社1984年出版的《河南省志·宗教卷》"清真寺章"载："叶县旧北清真寺始建于宋末……"

叶县旧县北村回族代代口碑相传，宋末，西域来旧北清真寺传教的哈吉禹

① 法国强，原叶县民族宗教局局长、党组书记，《叶县回族志》特邀编修。

② 杨少华，驻马店市清真西寺阿訇，市文史资料副主编。

阿訇，主持扩修旧北清真寺，晚年归真后安葬于街城墙外、刘秀庙西北侧。禹阿訇墓冢至今犹在，当地回民每逢开斋节走坟，先到此为其走坟，延续至今。

到了元代，西域等地信仰伊斯兰教的民众大批移居中国，他们被通称为“回回人”。地处中原的叶县曾有不少回回人移居于此。元初至元年间，“礼部尚书”“南阳郡侯”西汉杰尔，“昭勇大将军”“范阳郡侯”马秃塔儿和“南阳府尹”宣帖木儿，领军在叶县堰口灰河两岸驻扎；西汉杰尔、马秃塔尔、宣帖木儿故后分别葬于叶县县西南、城北荆山及城东堰口。当时军中回回人居多，他们随其领主生息于此，遂于堰口西南、灰河南岸立村、建寺。至今马庄村部分马氏流传其祖先是这批“探马赤军”中的回回后裔。元朝后期，元廷派遣各地任职的回回官吏“达鲁花赤”甚多，其中任方城县达鲁花赤的艾米那氏，晚年隐居叶县境内老青山东麓，故后葬于此地一山巅，后被人称为“回回墓山”，其后裔是中原艾氏的望族。

明、清时期，随着叶县商业的不断发展，不少外地商贾纷纷迁入县境定居经商，其中有不少是回族人。据 1924 年编纂出版的《叶县乡土志》，到民国初期，“全县共有清真寺七处，回教徒约 2800 余人”。目前，全县回族人口已达 2257 户 11600 人，分布在全县 11 个乡镇百余个自然村。

二

回族涉及叶县最早的姓氏为叶邑镇李氏、禹氏、丁氏、赛氏，始于宋代。元代是中华民族大融合时期，也是回族进入中原的高潮时期。叶县境内任“达鲁花赤”的艾米那氏、“探马赤军”的马氏、原居住在旧县境内加入伊斯兰教的王氏后裔，是这个时期叶县境内出现的回族先民。明代洪洞大迁徙，使回族的居住格局发生了很大的改变。在明朝统治者“山陕填豫”政策的胁迫下，大量移民离开了熟悉的生活区域迁入河南。此时出现了“洪洞李氏、王氏”，“七根椽马氏”，“洛阳马氏”，“桑坡白氏”，“崇义买氏”等回族先民。清代已进入居民稳定期，大的迁徙活动已基本停止，代之而来的小的迁徙活动一直没有中断。有的是因为严重的自然灾害而被迫远徙，有的则为躲兵燹而外遁他乡，有的为投亲而选择新的栖息地。这些都为叶县回族增加了新的力量，使叶县的回族人口有了较大的发展。这一时期迁居叶县的回族姓氏有：从山西省同州府大荔县迁入旧县居住的李姓，从黄河北封丘县荆圪垱村迁入李庄村居住的李姓，从平顶山焦店村迁入李庄、水郭、和平岭村等村居住的虎姓，从武陟县、鲁山县迁入旧县、县城南关居住的买姓，从襄城县颍桥回族镇芦堡村迁入龙泉乡赵庄村居住的芦姓，从禹县（今禹州市）山货厂迁入常村乡居住的赵姓，从襄城县茨沟村迁入马庄乡水郭村居住的张姓，从山东省莘县张鲁集迁入马庄乡居住的黑姓等。民国时期，由于外地回民的迁入以及内部回民的互移，县境内回族姓氏更为复杂，回族人口数也相应增多。

据2011年资料统计，叶县回族共有60多个姓氏，其中千人以上的有5个姓氏：马姓2279人、李姓2193人、王姓1728人、杨姓1046人、艾姓1006人。百人以上、不及千人的有17个姓氏：白姓481人、买姓442人、虎姓348人、刘姓327人、赵姓250人、吕姓200人、铁姓163人、巴姓150人、张姓148人、谢姓142人、芦姓126人、海姓114人。50人以上、不及百人的有4个姓氏：丁姓97人、卢姓69人、法姓65人、金姓53人。10人以上、不及50人的有17个姓氏：孙姓48人、党姓42人、宛姓39人、拜姓34人、龚姓33人、贾姓18人、高姓18人、杜姓17人、沙姓16人、周姓16人、路姓15人、许姓14人、洪姓13人、潘姓12人、苗姓11人、韩姓11人、曹姓10人。10人以下的有以下姓氏：何、田、郭、赛、翟、衡、穆、关、姚、任、焦、荣、薛、刁、黑、温、闫、撒、石、曲、黄、陈、程、朱、姬、董、储等。

三

有文字记载叶县清真寺始建年代最早的首推旧北清真寺，始建于宋末。该寺位于县城南30华里旧县乡北村，回民人口约2000余人。清嘉庆十二年（1804年）重修，清嘉庆二十一年（1813年）、民国六年（1917年）、民国二十九年（1940年）数次扩建。1985年扩建后的清真寺保留的老大殿、卷棚，均为重梁起架的宫殿式建筑。大殿内南、北、西墙壁绘有山水画。南墙壁山水画两侧对联为：“主德深鸿造天地包藏万物，圣恩光大教愚贤独尊一人”；北墙壁山水画两侧篆书对联为：“明灯高照天堂路，圣经难劝迷人心”；西墙均为绘花草竹林。字画虽在“大跃进”“文化大革命”期间用白灰水涂盖，又被粮仓、宣传队、大队部等单位占用多年，退还后字画仍隐约可见。大殿前卷棚青石为基，青砖蓝瓦，重梁立架，五脊六兽，扇屏相隔、石柱鼎立，饰纹木雕精细，花、草、云、水栩栩如生。

其次为马庄清真寺，始建于元初，约有700余年历史。该寺位于县城南5华里马庄回族乡马庄村中，全村2500余人均为回族。马庄清真寺由元时“探马赤军”落户于此创建，清初清真寺仍为土坯草房。清咸丰四年（1854年），坊民拆除土坯草房翻建青砖蓝瓦大殿、门楼、北讲堂3间及院墙，增修草房南讲堂3间。清同治八年（1869年），南阳镇右营叶县汛部厅守备海鹤园，会同首事乡老杨占奎、教长马英奎，续建重梁起架、雕梁画栋卷棚3间。清光绪十八年（1892年），时任阿訇穆振铎率众将南讲堂土坯草房翻修为砖瓦结构，修缮了北讲堂。“文化大革命”中清真寺遭到破坏，1979年，落实宗教政策，清真寺得到恢复。1999年7月，经回族群众集资，将原礼拜殿拆除，新建阿拉伯建筑格式礼拜殿一座，上层为1386平方米的男礼拜殿；下层分设男女水房、女礼拜殿、储藏室，南、北、东三个方向设走廊，大殿东架设二级台阶直达二层礼拜殿。院内埋设排水管道，地面铺彩砖，种植塔松、国槐、垂柳、黄杨等景观树木，架设景观灯，焊设金属条式透花东墙，配置欧式大门，使整个清真寺显得雄伟壮观，庄严肃穆。

明代，叶县新增清真寺4座，但后废弃3座。嘉庆四年（1525年）仙台创建清真寺；万历年间（1573—1620年）寨底、保安、艾黄岭分别创建清真寺，不久后均废弃。清代，叶县复建清真寺1座，新建清真寺5座，但后废弃1座。即咸丰九年（1859年）艾黄岭清真寺重建；道光廿四年（1844年）南关创建清真寺（后废），光绪六年（1880年）西王庄、廿一年（1895年）冷岗和红顶寺先后创建清真寺，宣统二年（1910年）常村街创建清真寺。中华民国时期复建2座、创建1座清真寺：1930年复建保安清真寺、1926年复建寨底清真寺、1938年创建和平岭清真寺。中华人民共和国成立后又建清真寺9座：建于1949年的李庵清真寺、建于1950年的康庄清真寺、建于1962年的雷庄清真寺、建于1979年的北王庄清真寺、建干 1980 年的大陈庄清真寺、建干 1983 年的水郭清真寺、建于 1985 年的李庄清真寺、建于 1994 年的任店街清真寺、建于 1998 年的庙岗村清真寺。如今，全县有 21 坊清真寺，阿訇 26 人。

四

“9·18”事变后，日本帝国主义悍然发动全面侵华战争，给中国人民带来了深重灾难。为了保家卫国，反抗侵略，回族爱国人士时子周、王静斋、马松亭、达浦生、哈德成等倡导并成立了“中国回教救国协会”，号召全国回教同胞以各种方式积极投身这场正义的民族自卫和解放战争。1938 年秋天，叶县回族知名人士艾峙生（叶县早期党员，时任县保安大队大队长）、李少芳（新创叶县第一高等学堂体育教师，淮阳师范毕业），在县城召集地方绅士、大家富户、各大商号、大坊阿訇乡老共同商议，成立“叶县回教救国协会”，组建“叶县回民抗日自卫队”。与会者爱国激情高涨，一致推选李少芳为会长，艾协久、李廷栋为副会长，李克亭为协会秘书，办公地点设南关清真寺。推选艾峙生为“叶县回民抗日自卫队”队长，马俊卿、买双喜为副队长，杨二怀、白德云为联络员。自卫队由全县百余名回族青壮年组成，统一着黄色军装，佩戴橘黄色“叶县回民抗日自卫队”胸章，自备枪支 41 支，无枪者每人发锋利大片刀一把。自卫队集结县城，由县保安大队提供军事教练，在县大操场集训月余。后分成 4 个小分队，去马庄、常村、旧县、仙台驻扎。叶县地下党陈继尧、王文卿等领导的抗日游击队伍异常活跃，而陈、王与杨三元（回族、马庄人）是拜把弟兄。在著名进步人士艾协久（艾峙生长兄，早期共产主义大同盟成员）的周旋下，以“叶县回民抗日自卫队”为基础，成立“叶县回民抗日游击队”，杨三元为队长，与中共领导的游击队密切配合，他们在向当地回汉族青年宣传、传授抗日救国本领，团结叶县广大回汉族人民，坚持开展敌后抗日游击战争等方面做出了积极的贡献。

（原载于《河南穆斯林》，2013 年第一期）

洛宁县王范清真寺

丹庭林　丹庭训

王范系河南省洛宁县一座较大的城镇，位于原县城西五里。在民国时期，贾商云游，与东、西二京均有经济交往，故王范较为驰名，外省商界知有王范而不知有洛宁。目前县城与王范已建成新城区。王范是回族较为集中之地，有2000余名穆斯林，占全县回族人口近半。现已建立洛宁县王范回族镇。王范清真寺位于王范东街路北，坐西向东，是洛宁10座清真寺中建筑最早、最有影响、最为壮丽的一座。

该寺院现有正殿、献殿各三大间，北讲堂4间、南讲堂5间，东门楼上下14间、浴房6间。建筑总面积为2659平方米。其中献殿建筑最为华丽，为卷棚式，单檐歇山，飞檐高举，上有正脊、垂脊、戗脊。正脊鸱吻为龙张嘴吞脊状，中有火球。因年久失修，动乱破坏，各脊流动兽俱无。内有匾额两方，一方榜书为“亘古清真”，系嘉庆年间题制，现已丢失。一方榜书为“开天古教”，系光绪二十八年（1902年）之作，字迹雍容典雅，结体规整，为清代盛行之馆阁体书法。檐下单挑斗拱，耍头雕绘成龙首形，阁额及额下方用堆金汤粉手法绘成云龙等纹饰，柱头及阁额镶嵌透雕木饰，分别为龙首、牡丹、荷花、水禽等纹样，造型生动，刻工精湛。整个建筑大方妥帖，金碧辉煌，惜无创建碑记可查。从献殿之建筑看，属于明末清初的建筑。现列为县重点文物保护单位。

王范清真寺为何年代建筑，由于年代久远，碑记丢失，现无字迹可查。据历代老者口传，始建于明末清初。清顺治年以前，仅有3间瓦房为礼拜殿。直至清雍正年间，人员繁衍，财力所及，始建太殿3间、北讲堂3间。至咸丰年间，又新建献殿3间，月台及南讲台3间及大门楼，构成一座四合院式清真寺院。民国二十三年（1934年）将大门楼改为学堂，作为回族学生学习文化的场所，设阿拉伯文课。大门移至南侧，改古门楼为欧阳式门楼（当时的欧阳专员规定学校统一格式的大门楼，故为欧阳式）。民国二十八年（1939 年）在原大门北侧又新建教室一座三间。回汉学生兼收。中华人民共和国成立后，1949 年为王范第二小学，1950 年改为回汉联合完小第二院，1958 年春学校迁出清真寺院。

民国三十三年（1944 年）抗日战争期间，兵荒马乱，为了保护清真寺不受损失，白崇禧以国民党军委名义，给清真寺悬挂了“清真寺内不准驻兵”的布告，始保清真寺未遭破坏。中华人民共和国成立后，制定了民族宗教政策，确保广大穆斯林过正常的宗教生活。“十年动乱”时，假借“破四旧、立四新”之名，正脊、垂脊的兽头均遭到破坏。在极“左”路线推动下，北讲堂曾作为大队的产妇院，大殿及献殿也曾作过电影放映场。加之年久失修，房舍门窗破烂，献殿倾斜匾额丢失，文物古迹被毁，今幸存清乾隆时民族练武举重抱石一块，宽 21 厘米，厚 37 厘米，高 65 厘米，上部两侧各有手抓圆窝一处，上刻“乾隆叁拾年，抱石叁佰斤”字样。

在中国共产党十一届三中全会后，纠正了极“左”路线，从各方面进行了拨乱反正，党的民族宗教政策得到了正确的贯彻。王范清真寺于 1980 年 9 月经中共洛阳地委统战部批准予以开放，广大穆斯林恢复了正常的宗教生活，并成立了民主管理委员会。广大穆斯林及管委会成员，对这座清静幽雅的清真寺被毁成千疮百孔目不忍睹，始集资 8000 余元，请河北平陆县古建筑队工匠进行了修缮，对大殿进行了粉刷、整理，对基石陷落、倾斜十余度的献殿进行了矫正，解除了倒塌的风险。1991 年，管委会又带领广大穆斯林将大殿的门窗以及献殿的雕梁画栋进行了修补、刷新，对寺院进行了绿化。1995 年，集资 20 余万元，扩充地基 200 多平方米，将门房改建为上下两层，14 间盝顶式建筑，门楼仿古，飞檐高纵，窗格雅典。梁架彩绘花卉图案，门额黑底金字，立体楷书“王范清真寺”五字，系偃师人孙子豪手迹，字体浑厚中透出秀气，与大殿、献殿、南、北讲堂格局统一，浑然一体。原浴房 3 间，现改建为 6 间砖混平顶结构，宽敞明亮。整个院落基本形成为一座四合院式的古建筑群，是洛宁县现存保护基本完整的明末清初的古建筑。

寺内现有阿訇及海里凡6名，礼拜人员与日俱增。献殿内南北两侧墙壁及大门洞内各涂黑板一块，专人负责刊登宗教知识及有关民族宗教政策，聚礼日围看者甚多，受到了很大教育。每逢开斋、圣纪等节日，县委、县政府主要领导及主管部门的负责同志前往祝贺，对广大穆斯林进行慰问。

（原载于《伊斯兰文化研究》，2002年总第十二期）

洛宁县清真寺概要

丹庭林

河南省洛宁县属于西山区，东西长110多公里，南北宽90多公里，全县21个乡镇，为洛阳地区穆斯林较多的县。全县有回族4928人，分布在9个乡镇，聚集在11个自然村，人口较多的为王范回族镇，有2000余人，占全县回族近半。其次长水、中原、王沟较为集中，其余分布在西、南山区。根据聚居人口多少和生活条件许可，分别建起清真寺。具有一定规模的有王范、中原、王沟、长水、丰衣口等地清真寺，一般有大殿、卷棚、水房、阿訇住室，有的还有南北讲堂，用以进行经堂教育。个别附设学堂，培养回、汉子弟。经济条件较差的清真寺仅有大殿、水房，个别地区租赁民房窑孔。

王范清真寺，在洛宁10座清真寺中建筑较早，占地面积957.06平方米，建于明末清初，洛宁伊斯兰教协会设立在此，为洛宁各方穆斯林宗教、文化研究中心。

中原清真寺建在王范以西，与王西村毗邻，亦属王范回族镇，现有回族122户635人。该村北张坡村有回族20户65人，属王村乡，但与中原同为一坊。中原清真寺建于清咸丰八年（1858年），有大殿、卷棚、浴房、南北讲堂等建筑，寺院面积约2250平方米。

王沟清真寺设立在县城以北，属小界乡王沟村，依岭靠涧水，清静幽雅，寺院建筑面积约750平方米，有大殿、浴房、阿訇住室，南学堂（现已迁出）。初建于清朝，当时村中回族只两姓，人员稀少，仅有窑洞两孔，后人员逐渐增多，至清光绪二十年（1894年），始建起如今的寺院。

长水清真寺，初建于明末，有大殿、水房、阿訇住室、南教堂。民国十三年（1924年），因兵荒马乱，寺院全部被烧毁。大部分回民迁至长水街东二三里的缝衣口村，租赁民房暂为拜主之地。后社会逐渐平静，部分回民迁回长水街中，又建起13间较为简陋的寺院。从此分为长水、缝衣口两坊。因年久失修，长水寺院房舍破烂倒塌。1988年，部分热心教门乡老发起募捐，外方亦鼎力帮助，在长水街北坡根，北靠风翼山、南临洛卢公路处，又重新建起了一座新的清真寺。

除此之外，兴华乡的兴华清真寺、上戈镇的上戈清真寺、河庄村的清真寺，因回族人员稀少，聘请阿訇时断时续，若有婚丧嫁娶则需到外方聘请阿訇举行婚葬仪式。

1989年，穆斯林经过多年奔走，多方义捐，在王范、中原两地先后建起女寺，两女寺的位置均与男寺毗邻，王范女寺还请有女阿訇。另在长水、王沟两地的男寺中为女穆斯林另设礼拜之地。

（原载于《伊斯兰文化研究》，2002年总第十二期）

伊斯兰教在正阳

杨少华

河南省正阳县为古慎国，位于驻马店市东南部，地处淮北平原，南与罗山、信阳隔淮河相望，东邻新蔡、息县，北靠汝南、平舆，西与确山接壤。全县共辖6个镇、13个乡。总人口76万人，其中回族人口6880人。回族定居正阳始于元末明初，最早的清真寺是正阳县北关清真寺，建于明洪武年间，距今已有600多年历史。

据《驻马店地区民族宗教志》载："光州"是中国古代的一个州（郡）级政区，辖境相当于今河南潢川、光山、新县、固始、商城等县及安徽金寨县西部。它是南北交汇之地，东西连通之区，地理位置十分重要，历来为兵家所必争。元时的光州因土地肥沃，四季分明，被元世祖忽必烈辟为探马赤军军屯的重点地区，以实现元廷扩大耕地面积，尽快增加财赋收入的目的。至元二十九年（1293年），"命蒙古、探马赤军一体入社，依例劝课"，在此情况下，探马赤军的回回与周边各民族群众，尤其是汉族群众通婚，兵营的军事性质逐渐淡化，而代之以回回聚居村镇的形式出现在世人面前。元代被称为"中原硕儒"的马祖常（回族），在光州任达鲁花赤，其后裔至今仍居住在潢川县、固始县。元末，由于战乱和灾荒，潢川、固始的回汉族人民不断背井离乡，辗转迁往其他地方，部分回族人到汝宁府（今汝南）谋生，途经正阳，并留居于此。清中叶，又有一些回民或因逃荒，或因当佃户，先后由泌阳、确山、平舆、西平、淮阳等地迁居正阳。据正阳县自治筹备处1928年调查统计，全县有回民800余户5000多人。主要分布在正阳县的城南、北关、城北李庄、马庄、晏庄、汝南埠、同中街、大阎庄、小阎庄、武庄、肖庄、熊寨街、吕河的武小庄、尚庄、雷寨的张武店、寒冻街等地。

正阳县清真寺始建年代最早的首推北关清真寺，建于明洪武年间（约1368年），其次为清乾隆十五年（1750年）所建的阎庄清真寺和清嘉庆年间（约1796年）所建的汝南埠清真寺。民国以前，正阳县有6坊清真寺：正阳城内北街南寺和北街北寺（现北关清真寺）、汝南埠清真寺、铜钟街清真寺、阎庄清真寺、熊寨街清真寺。“文化大革命”中，大部分清真寺被拆毁。1982年后，正阳县北关、汝南埠、阎庄3座清真寺先后恢复开放。

北关清真寺，坐落在正阳县真阳镇北大街，坊上有回民2200人。主要分布在真阳、慎水两乡镇，回民主要姓氏有杨、武、李、倪、马、蒋等姓氏。清真寺始建于明洪武年间（约1368年），清道光八年（1828年）、清同治五年（1866年）重修。清真寺大殿为砖木结构，重梁起架，画栋雕檐，殿前有抱厦罩护。大殿前有数副对联，其中一幅是：“望空非是空，雷雨风云孰执掌；无象真有象，乾坤日月大经纶。”另有一对联为：“无中有，有中无，真有无像；主非形，形非主，主形无疆。”这些对联言简意赅，内涵丰富，概括性强，把《古兰经》和圣训的内容与中国的传统文化相结合，把伊斯兰教知识和对真主的赞颂雕刻在广大回族群众生活的宗教活动场所，以汉语的形式向回族教胞宣扬伊斯兰教文化。1953年，在马孝良阿訇的倡导下翻修清真寺。“文化大革命”中清真寺遭到破坏。1980年，清真寺恢复开放。1996年，在邵光荣阿訇的主持下重修。现寺院占地1.5亩，建有礼拜殿、水房、讲堂屋、门面房及后院，建筑面积700平方米，其中大殿建筑面积290平方米。

汝南埠清真寺，坐落在正阳县汝南埠镇清真街，坊上有回民1500人，主要分布在汝南埠、温庄、武庄、白庄等地。回民的主要姓氏有武、马、白、杨、潘、丁等姓氏。汝南埠镇因是汝河南岸埠口而得名，位于正阳县城东34公里处，明末清初部分回民在此开店设铺，清嘉庆年间，汝南埠逐渐发展成为一个物品丰富、商贾云集的集市，来此经商的回民逐渐增多。道光、咸丰年间汝南埠设立“汝宁分府”，又有不少回族商人相继迁入此地经商谋生。汝南埠清真寺始建于清嘉庆年间（约1796年），清同治六年（1867年）重修，其间两度被毁，1927年重建。“文化大革命”中清真寺被关闭，1983年清真寺恢复开放。1998年，经回民群众和社会各界捐资，重建阿拉伯式礼拜殿一座，建筑面积110平方米。现寺占地1.5亩，有礼拜殿、讲堂屋、水房、门面房等建筑。

阎庄清真寺坐落在正阳县铜钟乡阎庄村，坊上有回民1620人，主要分布在大阎庄、小阎庄、铜钟等地。阎庄清真寺始建于清乾隆十五年（1750年），清光绪十九年（1893年）重修。1958年清真寺被破坏，1963年重修，1966年又遭毁坏，1985年重修。现寺占地1.8亩，建筑总面积200平方米，礼拜殿建筑格式为砖瓦出厦庑殿式，建筑面积72平方米。

清末民初，内忧外患交集，中国社会处于大动荡、大变革的重要关头，一方面是列强纷争、清廷腐败，把中华民族推到了生死存亡的危急时刻；另一方面则是人们日益强烈的思变意识。回族作为中华民族的重要成员之一，在这样的社会背景下，也在不断觉醒，一批先进的回族知识分子兴教育，办报纸，慷慨陈词，为中华民族的生存奔走呼号。1912年，正阳县回民成立了正阳回教俱进会。会长倪春秀，副会长潘正心、李本生。回教俱进会在城内北街清真寺创建回民小学一所，是驻马店市创建最早的回族学校之一。第一任校长是李本正，第二任校长是友青史，第三任校长是龚子敬、潘执信。当时教员有李震久、张树勋、王震卿、窦满昌。学校历时30多年，培养回汉族学生不计其数，直至日寇陷城，学校才停办。

1938年以后，日本帝国主义大举入侵，各族人民惨遭日军蹂躏。1938年2月，全国性的回民抗日群众团体“中国回民救国协会”在重庆成立。各省设立分会，县城设立支会。根据总会的要求，正阳县回民成立了正阳回民抗日救国支会。支会设干事9人，主持抗日救国后援事宜。正阳支会由全体回民直接选举潘执信、海子平、武性初、洪凌云、倪玉山、武志轩、李忠进、马秀峰、洪云程9人为干事，并由潘执信出任总干事。办公地点设在城内北街清真寺。正阳回民抗日救国支会成立后，迅速开展工作，首先在铜钟镇南的大阎庄、小阎庄回民聚居区成立了回民战地救国服务队。1944年，正阳县沦陷，服务队由阎锡明、阎锡舆、阎锡爵、阎锡贤领导，有步枪20余支，联合在淮河北一带驻防的乔玉林大队长，共同防御日寇北犯，为抗日战争的胜利做出了贡献。

（原载于《河南穆斯林》，2011年第四期）

河南南阳市清真寺大事记

田济铨

元太宗五年（1232 年），信仰伊斯兰教的诸色目人，随探马赤军进入南阳境屯田，不少回回屯户落籍。

明宣德年间（1426—1435 年），唐河县三基屯建清真寺。

明嘉靖五年（1526 年），镇平县城关西清真寺开始创建。

明崇祯年间（1628—1644 年），唐河县湖阳清真东寺、井楼清真寺、社旗镇清真寺创建。

明朝年间，南阳县黄池陂建清真寺。

同期，方城县城关米市街建清真寺。

明天启五年（1625 年），新野县沙堰建清真寺一座。

明朝末年，南阳县瓦店建清真寺一座。

清康熙年间（1662—1722 年），唐河县湖阳北清真寺建立。

清康熙三十四年（1695 年），李顺重修湖阳东清真寺。（皇帝赐给题为“天方典礼教隆真一”的匾额一面）

康熙五十二年（1713 年），邓县海营清真寺建立。

雍正年间（1723—1735 年），南阳县石桥建立一座清真寺。

乾隆十五年（1750 年），唐河县马营建一座清真寺。

同年，邓县城关清真西寺建立。

同年，方城县城关清真寺建立。

乾隆四十六（1781 年），方城县独树建立一座清真寺。

嘉庆二年（1797 年），邓县城关创建南寺。

嘉庆十二年（1807 年），镇平县城关东清真寺建立。

嘉庆十五年（1810 年），方城县牛庄清真寺创建。

道光年间（1821—1861 年），桐柏县城建立清真寺。

咸丰五年（1855 年），邓县马庄建立清真寺。

咸丰二年（1852 年），南阳县黄池陂外清真寺创建。

同治元年（1862 年），内乡县城关清真寺创建。

光绪二年（1876 年），方城券桥马庄清真寺建立。

光绪十五年（1889 年），方城县阎岗清真寺创建。

光绪二十二年（1896 年），方城县金庄清真寺建立。

中华民国期间，全区新建清真寺 26 座。

同期，有 3 名教徒赴麦加朝觐。

1938 年，全区相继成立了“中国回教救国协会支会”，部分县还成立了回教抗日救国武装组织。

1943 年，丁炳南、赵子珍等赴西北学习。新派传入南阳。

1949 年，新中国成立初期，全区有清真寺 120 座。

1954 年，南阳县阿訇周化民出席全国第二次伊协代表会议。

1956 年，全区阿訇 128 人。

1958 年，宗教制度改革实行了民主管理和合寺并坊，全区保留清真寺 30 座。

1963 年，全区有 49 座清真寺正常活动。

1966—1976 年，清真寺被占用或拆除。

1979 年，落实宗教政策，有 34 座清真寺恢复了正常的宗教活动。

1980 年，南阳市刘金跃、陈永清，南阳县马庆明，邓县麻光甫出席省三教会议，刘金跃被选为省伊斯兰教协会委员。

1985 年 3 月，南阳市伊斯兰教协会成立，主任刘金跃。

12 月，地区举办伊斯兰教经学班，有 16 人参加了为期 3 个月的学习，并获得了结业证书。被占用的清真寺房产全部归还。

（原载于《伊斯兰文化研究》，2009 年总第二十三期）

沁阳北大寺探碑记

郭成美

全国重点文物保护单位

早春二月，生机盎然。我从江南慕名来到河南沁阳，瞻仰伊斯兰教古寺古碑。沁阳，旧称怀庆府，曾出现过司马懿、韩愈、李商隐、郭熙、张渭、朱载育等历史名人，还有陈氏太极拳、四大怀药、怀梆戏、竹林七贤、愚公移山故事等闻名于世。回族在沁阳也有悠久的历史。宋末元初回回首领曷思麦里及子捏只必、密里吉，孙俺撒，重孙忙兀带就驻守怀孟，担任达鲁花赤等官职。沁阳老城西北街中段有一座清真寺，俗称北大寺，全国重点文物保护单位。我站在寺门口朝里看，大门、过厅、大殿，建筑层层叠叠，飞檐翘壁，雕梁画栋。缓步进入，依次瞻仰，令人不得不佩服寺院建筑的精湛。北大寺不愧为是河南保存较完整、规模较大、年代较早的清真寺。

历史的记录

参观过程中，我不禁被寺院内众多的碑刻所吸引。我去过我国不少的清真寺，较少见到一个寺院保存这么多、这么完好的碑刻。它们经历了多少风雨摧残，经历了多少运动磨难啊。寺大门口的《重修清真寺记》立于明万历十一年，即1583年，距今已有425年。该记云："我怀有清真寺旧矣，或云创于元至正间，或云自国初，载籍莫稽考。今府东铺其夙迹也。"人们从中了解了泌阳清真寺的起始。撰写泌阳、河南回族伊斯兰教史都少不了要引用它。碑记弥补了地方史志的阙如。

回族伊斯兰文化，是伟大的中华文化的一部分，是祖国大花园里的奇葩。一块块碑石，刻录了泌阳穆斯林造寺修寺，维护伊斯兰文化的历程，记录了数百年来北大寺艰难行进的足迹。我看到，北大寺明万历十一年进行了重修，万历十八年建造了礼拜殿，民国三年（1914年）修缮寺院，次年又创建前院北讲堂，1990年维修与扩建沐浴室，1999年新修水房、水厕等等。还有一方《覃怀清真寺缮记》，由于风雨侵蚀，字迹模糊，年代没有辨认出来，估计是清代修寺时立的。

奉献者的丰碑

一块块碑石，或矗立在大门两旁，或排列在走廊过道，或镶嵌在殿堂墙壁。它们已和北大寺融合在一起，是北大寺不可分割的一部分。我仔细地辨认碑文，越来越多的奉献者的姓名和事迹进入我的眼帘。有施送房屋、田地的，有赠送房款的，更多的是捐款。如清宣统元年（1909年），有18家回民联名向北大寺捐献"市房"。民国二十一年（1932年），8家回民联合起来为北大寺修理厨房，添置物品。民国三十三年（1944年），有一位叫麻太的女乡老向北大寺贡献房契。民国三年（1914年）《复缮怀郡北隅清真北寺碑记》镌刻阿訇、董事乡老捐款人名单及数量，我大致统计竟达200多人。这类碑刻，年代较早的是嘉庆二十三年（1818年），最近的是1999年《泌阳清真北大寺购置坟地碑记》。该碑双面铭文，背面是捐款单位、人员的名称及金额。其中泌阳长城集团捐款62万元、泌阳市自治街办事处捐款10万元，个人捐助者达300多人。无论是过去、现在，无论是单位、个人，无论是回民、汉民，他们都是乐善好施的实践者。我抚摸着碑石，眼前晃过一个个姓名，对捐助者的崇敬之情油然而生。靠他们，北大寺得以今日辉煌；靠他们，回族伊斯兰文化得以薪传。古人已入天堂，我祈求真主升高其在天堂的品位。今人在生活工作，我祈求真主佑护他们美满幸福，衷心祝愿为清真寺捐钱捐物的单位集体繁荣昌盛。

张冠李戴

我发现在北讲堂前有一方道光二十六年（1846 年）《创建北西街新寺碑记》。北大寺已有明万历修缮刻碑两方，怎么还会有道光二十六年“创建”？该碑记云：“十家妥议各输己财，共积千有余金。道光十四年买房叁间。上房作拜殿，厢房作水房，名之曰清真新寺。”道光二十六年又“增修大殿”。碑记就是捐款买房创建清真寺的十家“仝立”，他们是：袁国富、马士口、范廷华、丁口魁、丁有印、王成玉、杨克元、马魁大、拜占元、马登俊。我算是弄明白了，是沁阳另一座清真寺的刻碑，被安置在北大寺了。北西街清真新寺今安在？我不知道。若在，有朝一日是碑或将重回故里。

还有个张冠李戴的例子。寺大门两旁的两块万历碑，他们的碑头也被不小心调换了。现在是明万历十一年的《重修清真寺记》，碑额上书“鼎建清真寺拜殿记”。明万历十八年的《鼎建清真寺拜殿记》，碑额上书“重修清真寺记”。据说张冠李戴几十年了，不知哪一年它们能各就各位，名副其实。

碑刻名录

我被古寺的碑刻所迷恋，索性拿出卷尺和纸笔，从外向内，将碑刻的名称、年份、大小尺寸、重要特征一一记录。对于碑文名称、年份等，我睁大眼睛，努力辨认，头都碰到了碑石。有些模糊不清的刻文，识别出来，心里不禁一阵喜悦。登记完，已近暮色。没校对，也不知遗漏差错在哪里。我急于去大马路拦车赶回郑州，不得不匆匆告辞古老的北大寺，告辞这些珍贵的碑铭。

我登记的碑刻是：

(1)《重修清真寺记》，明万历十一年（1583 年）立，碑身高 190 厘米、宽 80 厘米、厚 33 厘米，额高 106 厘米，底座高 38 厘米。额上有“鼎建清真寺拜殿记”8 字。

(2)《鼎建清真寺拜殿记》，明万历十八年（1590 年）立，碑身高 190 厘米、宽 77 厘米、厚 30 厘米，额高 116 厘米，底座高 37 厘米。额上有“重修清真寺记”6 字。

(3) 无名碑。高 82 厘米、宽 78 厘米、厚 20 厘米，底座高 37 厘米。碑上半部已残缺。估计该碑系清代的所立。

(4)《沁阳清真北大寺购置坟地碑记》，1999 年立，高 220 厘米、宽 50 厘米、厚 19 厘米，底座高 26 厘米。双面铭文，背面是捐款单位、人员的名称及金额。其中沁阳长城集团 62 万元、沁阳市自治街办事处 10 万元。

(5)《创建北西街新寺碑记》，道光二十六年（1846 年）立，高 97 厘米、宽 50 厘米、厚 12 厘米，底座高 35 厘米。系沁阳清真新寺的碑刻，为捐款买房创建该寺的 10 户人家所立。

(6)《创建怀郡城北隅清真北寺前院北讲堂碑记》，民国四年（1915 年）立，高 150 厘米、宽 56 厘米、厚 16 厘米，底座高 31 厘米。

(7)《复缮怀郡北隅清真北寺碑记》，民国三年（1904 年）立，高 164 厘米、宽 58 厘米、厚 17 厘米，底座高 23 厘米。双面铭文，背面镌刻阿訇、董事乡老捐款人名单及捐款数量，有 200 多人。

(8) 无名碑。高 58 厘米、宽 62 厘米。有众多捐款人姓名和银两。估计系清代所立碑。

(9) 无名碑。高 50 厘米、宽 94 厘米。

(10) 无名碑。嘉庆二十三年五月（1818 年）立，高 45 厘米、宽 86 厘米。修理寺院，碑文中有捐款人姓名。

(11)《覃怀清真寺缮记》，高 54 厘米、宽 64 厘米。估计是清代所立碑。

(12)《清真北寺膳田碑记》，民国五年（1916 年）立，高 164 厘米、宽 58 厘米、厚 16 厘米。额上刻“经界既正”4 字。

(13)《遵古开斋》，民国四年（1915 年）立，高 148 厘米、宽 53 厘米、厚 13 厘米。双面铭文，背面铭刻阿拉伯文字，仅有“汴梁周儒珍撰”

6 个汉字。

（14）无名碑，光绪十五年（1889 年）立，高 60 厘米、宽 66 厘米。送物送房。

（15）《施送房田碑记》，民国十一年（1922 年）立，高 48 厘米、宽 92 厘米。

（16）无名碑，1955 年，高 40 厘米、宽 83 厘米。施送房物等。

（17）《施送房款碑记》，民国二十六年（1937 年）立，高 38 厘米、宽 93 厘米。

（18）《八家修厨房置物品碑记》，民国二十一年（1932 年）立，高 50 厘米、宽 82 厘米。

（19）无名碑，民国三十三年（1944 年）立，高 53 厘米、宽 64 厘米。麻太送房契。

（20）《聚金钱会十八家送市房碑记》，清宣统元年（1909 年）立，高 62 厘米、宽 64 厘米。

（21）《沁阳清真北大寺维修与扩建沐浴室碑记》，1990 年立，高 180 厘米、宽 64 厘米、厚 28 厘米，底座高 30 厘米。

（22）《新修水房水厕碑记》，1999 年 12 月立，高 203 厘米、宽 73 厘米、厚 28 厘米，底座高 33 厘米。

（原载于《中国穆斯林》，2008 年第五期）

博爱县大新庄清真东大寺

——河南省赵派阿衡发祥地

陈廷良

大新庄清真东大寺位于焦作市博爱县许良镇大新庄村，该村有3坊清真男寺和3坊清真女寺。东大寺原称清真东寺，为方便村东头老年人礼拜，20世纪40年代创立一坊小寺，被人称为东小寺，原来的东寺即成为清真东大寺。

大新庄是个回族聚居的大村子，全村约有7000多人，回族有近6000人，主要姓氏为闪、拜、买、丹、丁、马、陈、王、孙、李、吴等，其中人数最多的为闪、拜、买、丹、丁等。他们居住在村子中间，两头为汉族人，回汉民众和睦相处，20世纪50年代，该村曾经建立过大新庄民族乡，后来在乡镇合并中，并入许良镇。

博爱县是1927年冯玉祥将军新设的县，他把原河内县分为沁阳（今沁阳市）和博爱两个县，两县都属于元朝时的怀州。成吉思汗西征时，西辽谷则斡儿朵（今吉尔吉斯斯坦）人曷思麦里于1216年率柯散城等地官员迎降，成为蒙古西征大军先锋哲别的先锋。蒙古第一次西征后，曷思麦里率先锋部队回到中原，随成吉思汗征战。1231年，又随元太宗窝阔台伐金，驻军于怀、孟（今孟州市），授怀孟州达鲁花赤（镇守官），后以功进职为怀、孟、河南二十八处都达鲁花赤。1251年，曷思麦里卒，其长子捏只必亦早卒，次子密里吉袭为怀孟达鲁花赤。1262年，随元世祖忽必烈攻南宋，战死于淮西，其子俺撒、孙忙兀带均先后袭为怀、孟达鲁花赤。曷思麦里祖孙四代人长期驻军于怀孟州，忙兀带的后裔在何处，史书虽无记载，但按当时情况推论，其后裔也必然居于怀、孟州。曷思麦里所率军队成员为原部下和在西征时于亦八里城收的降卒，他们都是回回人，其后裔也必然屯驻于怀孟州。今沁阳和博爱回族中的大姓闪、拜、买、丹、丁等，当是曷思麦里部下的后裔。他们是元代东来的穆斯林，这是没有疑问的。大新庄的回回亦是元代东来的穆斯林，但姓氏来历不得而知。

回回信仰伊斯兰教，凡有穆斯林居住之地，都有大小不等的礼拜场所。随着时间的推移和经济的发展，会逐渐创建规模较为宏伟的清真寺。沁阳城内自治街的北大寺存明万历十一年（1583 年）《重修清真寺碑记》中载："我怀有清真寺旧矣，或云创于元至正（1341—1368 年）间。"这时的"清真寺"已能与道教和佛教的道观寺院相媲美，可见元初当有不少简陋的清真寺。大新庄在元初有穆斯林屯驻，也应建有清真寺。今天清真东大寺的主体建筑为明代建筑，后世不断修缮，形成今天的规模。

战乱和变革中的破坏，使清真寺中和坟上的石碑荡然无存，寺中仅留几块清代镶于墙的小石碑。雍正二年（1724 年）碑载："怀郡北离城卅里许大新庄村有清真寺一座，不知创自何代。"雍正十年（1732 年）碑载："去怀城卅里之遥，有村曰新庄，其我回民居中者过半，旧有是寺一区。"这些足以说明此寺之古老。东大寺位于村中东西大街路南，大门坐南面北，寺大门对面有一座照壁，上面写有劝教《五更月歌》。大门西边是二人合抱的千年古槐，树心已空，但枝杈茁壮挺拔，象征着古寺仍焕发青春。大门是宫殿式仿孔庙大门，琉璃构件覆盖房顶，层层斗拱上有精美浮雕，左右两个精致的扇面书卷形上刻有明太祖朱元璋的御制百字赞："乾坤初始，天籍注名，传教大圣，降生西域，受授天经，三十部册，普化众生。亿兆君师，万圣领袖，协助天运，保庇国民。五时祈佑，默祝太平。存心真主，加志穷民，拯救患难，洞彻幽冥。超拔灵魂，脱离罪业，仁覆天下，道冠古今。降邪归一，教名清真。穆罕默德，至贵圣人。"大门是下面建有城墙垛的大门，在河南独一无二，大门脊檩的牵杆上写有："时大明天启五年岁次乙丑孟夏月宏拓至元清净寺晋门叁间谨志。""天启"为明熹宗朱由校的年号。"五年"为 1625 年。"至元"为元世祖忽必烈的年号（1264—1294 年）。"清净寺"是北宋真宗（赵恒）大中祥符二年（1009 年）阿拉伯人在福建泉州涂门街建造的一座规模宏大的古阿拉伯式伊斯兰教清净寺（今译为艾苏哈卜清真大寺），即圣友寺。"晋"即进。这别致的大门反映出它是明代建筑，又是仿效古清净寺建的，所以是很有价值的古典建筑。前院有"武学"，是具有数百年历史的武术学校，从这里走出过武进士、总兵等人批武术人才，周口地区的査拳就是大新庄村丁吉林传去的。焦作市的武术精英，现大部分仍出自大新庄村。二门也是坐南面北，进二门是宽敞寺院。东部为十几间房的沐浴室和一排清真小学教室，西部有南北讲堂各十几间，部分墙砖印有“大明”字样。高大宽广的月台上坐落卷棚、大殿、窑殿，共三进三跨，大殿面阔5间，进深6间，总面积近千平方米，原有许多匾联，现皆已毁坏。巍峨高耸的窑殿保留阿拉伯式圆形拱顶，整个棚、殿雕梁画栋，房顶上的绿、黄琉璃瓦在阳光照射下熠熠生辉，成为国内少有的中阿合璧的建筑物。院中有假山、喷水池，栽种有奇花异草、各种树木，每年农历八月，郁郁葱葱的桂花树桂花怒放，香飘十里，沁人心脾。宏伟的建筑和参天大树相互映衬，院中显得深邃幽静。

1927年，赵永清阿訇到东大寺执教。这一年发生了怀庆府8个县的地主武装——红枪会围攻大新庄事件。当时村中回汉族人们惊慌失措，群龙无首，眼看红枪会就要攻入村中，并扬言血洗大新庄。危急时刻赵阿訇一手拿《古兰经》，一手持宝剑，组织群众防守家园，打退敌人的进攻。在赵阿訇的组织下，人们分守各个村口，打退敌人一次又一次的进攻。在沁阳县吁部等汉族村庄的支援下，红枪会的阴谋没有得逞。后来，吉鸿昌将军以武力使双方停战、讲和。冯玉祥把河内县一分为二，划出博爱县，把大新庄改为中山庄。事过之后，人们非常感激赵阿訇的挺身而出，阿訇在人们心目中享有崇高地位。

赵阿訇永清（1876—1945年），字玉光，河南省封丘县海庄（原属开封县）人。终生从事宗教事业，先后在开封东大寺、封丘、武陟、辉县、沁阳、郑州、博爱县大新庄等地开阿文大学，学识渊博，年高德昭，他到大新庄后，又被开封、郑州、封丘、武陟、辉县等地清真寺聘请，他同时任五坊大寺的教长，常住大新庄，由成名弟子去各坊代位。

赵阿訇注重民族内部团结。1927年以前，开封东大寺和文殊寺分属于格底目和伊赫瓦尼，两派之间发生过中国伊斯兰教内部的教派之争。赵阿訇到东大寺占位后，和文殊寺的马广庆阿訇和好，各行各得。他们经常在一起研讨《古兰经》，开斋节时互送油香，私交甚笃。他们的弟子可以互改教派，如丹鹏举阿訇系赵阿訇弟子，属于老派，但他在新牌坊上开学。赵阿訇鼓励弟子和乡老要互相学习，不要拘泥于门户、教派之偏见。

赵阿訇一生光明磊落，急公好义，仗义疏财，热心公益事业，身为教长带头出散乜提，他从不积蓄，在大新庄收的乜提也不少，但这个手收，那个手又散出去了，家中上无片瓦，下无立锥之地，赵阿訇归主后，家中一贫如洗。对阿訇的人品，至今人们还赞不绝口。

赵阿訇数十年在阿文大学任教，要求学生经、汉两通。他常说："我们是中国人，只学阿拉伯文和波斯文不行，还应该念四书、《三字经》《百家姓》《千字文》。"他赞赏兴办回民学校，让海里凡也学算术，打算盘，对旧的经堂教育作了一些改革。

赵阿訇对学生要求严格，学生们所学的功课扎实。大弟子在上学期间即可代位，各坊反映很好。大弟子经常代老师为小弟子上课。李希章穿衣挂帐后，即在博爱县清化镇西关清真寺开阿文大学，也招收50名海里凡。经常有数十名海里凡跟赵阿訇学习，他一生中教授的弟子约有数百人，成名弟子也有上百人之多，他们在河南各地教授阿文大学，担任教长，也有的人在北京、河北、山西、山东、安徽、江苏等地任教长。从20世纪20年代起至今赵阿訇的弟子和再传弟子，在河南伊斯兰教界形成一支重要的经师队伍，人称赵派，今天赵派仍有很大影响。1945年春天赵阿訇归主后，其长子赵殿庆在大新庄东大寺继任阿訇；赵殿庆归主后，其子赵振英又在大新庄东大寺任阿訇，直至归主。后任阿訇马正平、白正超、刘保奇。现任阿訇刘保忠。

1945年，赵永清阿訇的弟子们为其立碑纪念，碑上有前期70位弟子名单。这些人有的已经归主，有的还在教授弟子，他们的名单如下：买金秀、马跃龙、李希章、卞玉堂、刘兆亮、丁殿荣、曹国祥、曹金柱、马忠、黄宗贤、舍学曾、张国彦、马振东、买化宝、曹世勋、何国安、买立庆、范学正、闪太杰、白清彦、买庆堂、沙子玉、黄延兰、李长科、刘鸿儒、买明道、闪保真、艾廉斋、曹赓、买楼、闪殿清、买庆祥、沙云章、丁绍友、刘子元、尚希明、范学良、黄宪章、魏文峰、马良赓、杨占波、海景河、于庚恒、王明德、王文彬、白俊卿、白志先、兰玉田、李金馨、金光玉、孙延杰、买凤荣、马光耀、王鸿玉、钱玉祥、洪德志等。

（原载于《伊斯兰文化研究》，2001年总第十一期）

人 物 篇

曷思麦里[1]

陈廷良

曷思麦里（?—1251 年）原为西辽[2]谷则斡儿朵[3]人，是西辽皇帝直鲁古[4]的大臣，任西辽柯散城[5]八思哈[6]长官。

1204 年，乃蛮部[7]太阳罕被成吉思汗所败，其子屈出律在 1211 年趁西辽皇帝外出打猎之机篡夺西辽政权，曷思麦里久有为直鲁古复仇的愿望。1216 年蒙古大军哲伯[8]奉命西征，1217 年到达楚河[9]一带。曷思麦里率柯散等城官吏迎降。经成吉思汗允许，哲伯命曷思麦里为蒙古西征军先锋部队的先锋，率军进攻屈出律，斩屈出律于撒里黑昆[10]，并以屈出律之头颅传示西辽各地，诸城池望风归降。

---

① 《曷思麦里传》，见《元史》卷 120，列传 7，2969～2970 页。《曷思麦里传》，见《新元史》卷 131，列传 28。

② 西辽亦称“哈喇契丹”“黑契丹”，古国名。中国的辽王朝被金王朝打败，辽贵族耶律大石率部西迁西域、中亚后所建立的王朝，史称西辽。1124 年耶律大石称王，1132 年又称帝，传三世五帝共 88 年，1211 年被乃蛮王子屈出律篡位，继续沿用西辽国号，于 1218 年为蒙古所灭。

③ 谷则斡儿朵，在今吉尔吉斯斯坦托克马克以东。

④ 直鲁古（?—1213 年），西辽最后一个皇帝，1211 年在行猎时被乃蛮王子屈出律篡位，1213 年卒。

⑤ 柯散城，在今乌兹别克斯坦卡散。

⑥ 八思哈，为突厥语，意为镇守官，如元朝时的达鲁花赤。

⑦ 乃蛮部，亦做乃蛮，属突厥语族。辽金时游牧于阿尔泰山与杭爱山之间，蒙古地区强部之一，受畏兀儿影响，经济文化水平较高。先后臣服于辽和金。1204 年，太阳罕与成吉思汗争雄，兵败被杀。其子屈出律逃奔西辽，篡位自立为帝，1218 年为成吉思汗所灭。

⑧ 哲伯，亦作“者别”“哲别”等。蒙古汗国大将。1202 年兵败降铁木真（成吉思汗），赐名哲别。在统一各部中，以骁勇善射著称，蒙古汗国建立时为十大功臣之一。西征中为先锋，1224 年回军途中病死。

⑨ 楚河，源出天山，是哈萨克斯坦和吉尔吉斯斯坦境内的河流。

⑩ 撒里黑昆，在今新疆南部塔什库尔干县。

1219年，曷思麦里随哲伯大军西征，大败花剌子模[①]国王扎剌丁，得其眷属，收其大量珍宝。1221年，率先锋部队随哲伯征乞卜察克部，大败之。1223年，乞卜察克求斡罗思[②]出兵8万余人，曷思麦里在战斗中俘获斡罗思国王密只思腊。并斩三王十七侯，全歼斡罗思军队。1224年，又随征康里国，平乞卜察克部，大获全胜。蒙古军西征回军之时哲伯病逝，由曷思麦里率西征先锋部队回到西夏成吉思汗大营。回师后，将在几年征战中获得的珍宝悉数奉献并请求随成吉思汗攻打西夏，成吉思汗大喜，向群臣说："哲伯常称曷思麦里之功，其躯干虽小，而声闻甚大。"[③] 让他就所献珍宝尽力携取，并任命他为必阇赤[④]。他要求去亦剌八里，率其驻扎在这里的部队，随成吉思汗参战，被允许，常随侍在成吉思汗左右。

1231年，又随太宗窝阔台[⑤]伐金，驻防于怀（沁阳）孟（孟州），1232年，进攻金军于三峰山[⑥]，大胜。被任命为怀孟州达鲁花赤，佩金符。1233年，金军中京留守强申率主力围攻怀州，经过一场恶战，挫败金兵。他又派人去招降金军总帅范真，以军民万余来降。这一年，太宗以曷思麦里宣劳西域多年，命其二子捏只必、密里吉分袭怀孟达鲁花赤、必阇赤；曷思麦里以扎鲁忽赤[⑦]回西域原籍养老，蒙古大帅察罕、行省平章帖木迭儿奏请将其留下，太宗允许他们的奏请。1234年，进职为怀孟、河南二十八处都达鲁花赤。皇帝强调："所隶州郡不从命者，制令藉其家。"[⑧]

---

① 花剌子模，中亚古国，712年被阿拉伯人征服，信仰伊斯兰教，996年建立花剌子模国。13世纪初曾征服呼罗珊、西伊朗、阿富汗，灭黑契丹国，1220年为成吉思汗军队所灭，成为钦察汗国的一部分。

② 斡罗思，即今日之俄罗斯。

③ 《元史》，2970页。

④ 必阇赤，亦作"笔且齐""必砌砌"，蒙古官名。《元史·兵志》："为天子主文史者。元代应用广泛，除"怯薛"中设此职，书写宣发圣旨，掌奏事选法，应办刑名文字，蒙古翰林院、蒙古国子监、太子诸王等处亦置，执掌文书事宜。

⑤ 窝阔台（1186—1241年），蒙古国大汗。1229—1241年在位。成吉思汗第三子，蒙古军西征中立大功，1229年即汗位，1233年联南宋灭金。后派拔都统兵西征，由钦察进军斡罗思，深入欧洲中部，进军至波兰、匈牙利、捷克及奥地利等地。1266年，追谥英文皇帝，庙号太宗。

⑥ 三峰山，在今河南省禹州市。

⑦ 扎鲁忽赤，又译为扎鲁火赤、扎儿忽赤、扎鲁花赤，蒙古官名，意为断事官，职掌财赋，治政刑。

⑧ 《元史》，2970页。

宪宗蒙哥汗五年（1255 年），曷思麦里病逝①，长子捏只必早卒，次子密里吉除袭必阇赤外，又袭职怀孟州达鲁花赤。1262 年，密里吉随元世祖忽必烈攻宋，战死于淮西。密里吉子俺撒袭为怀孟州达鲁花赤，中统四年（1263 年）以管民官兼统怀孟等军，俺撒战死于汴梁。俺撒子忙兀带世袭万户，佩金虎符。

（原载于《河南回族》，280 ~ 282 页，郑州，中州古籍出版社，2014）

① 《新元史》上记卒于宪宗元年（辛亥年，1251 年）。

马文升述略

丁　力

马文升是明代回族著名政治家。

马文升，字负图，别号约斋，又号友松道人，世居河南钧州（今河南禹县）。其高祖马伯川，曾祖马献，祖马志刚，父马某，都未入仕。文升兄弟四人，长兄文玉，次兄文麟，弟文驭，事迹不详。

文升生于宣宗宣德六年（1426 年）八月二十七日，他自幼聪慧好学，为父兄及尊长所称道。正统十二年（1447 年）文升 22 岁，参加乡试，中举人。景泰二年（1451 年）中进士。吏部尚书王直赏识文升的才华，推荐他任浙江道监察御史，这是一个司法的官职。文升勤力自勉，得到主领御史台事的王文、王翱的礼遇和器重，文升在御史任上，先后出按山西和湖广，所到之处，剪暴除奸，震动甚大，有“神君”之称。

英宗天顺七年（1463 年），文升出任福建按察使。他一到福建，就解决了拖延 17 年的王小三冤案。福建当道冯某，贪暴横行，百姓为患，唯有文升能使他稍有收敛。由于文升为官清正，廉明奉公，风裁甚著，成化元年（1465 年），他被召为南京大理寺卿，成为掌管断案审案的主官。当他离开福建时，福建的百姓流传着这样的歌谣：“马使留来天有眼，冯公不去地无皮”，以表示对他的赞扬和怀念。

一、边事功绩

成化四年（1468 年），平凉、固原一带有满四变乱，官军进讨不利，形势甚为紧急。九月，朝廷急召当时因父丧而归家的马文升为右副都御史巡抚陕西，协助总督项忠等对满四进行围剿。马文升迅速赶到固原，擒获了满四，解了明朝边疆之危。文升以功擢为左副都御史，继续巡抚陕西。他在陕西修筑关塞要隘，增设卫所，选将练兵，还用茶叶向北方少数民族交换了8000多匹壮马装备了军士。待防务能力得到加强后，文升又平定了西北一带与朝廷对抗的割据势力。成化九年（1473年）冬，惭元孛罗忽、忽都鲁、别加思兰等率军队分多路进犯边镇，文升将其一一击败，并擒获其平章迭烈孙，名声大震。文升还向朝廷请得了五万两银子及数万石粮食赈济受灾百姓。文升在陕西数年，苦心经营，基本上实现了西北地区的安定。成化十一年（1475年）春，文升进为提督甘、凉、宁夏三镇军务。

不久，文升进为兵部右侍郎，成化十四年（1478年）又进为左侍郎，十九年（1483年）再进为左副都御史。这期间辽东多事，文升先后三次受到朝廷派遣巡抚辽东，整饬辽东军务，安抚辽东一带的女真等少数民族部落。他修城堡，练兵士，利兵甲，特别注重抚恤军民，整肃军纪，从而使百姓安业，社会宁靖。

弘治初年，新疆哈密卫被吐鲁番人占据。为了重新赢得朝廷对哈密的控制，弘治四年（1491年），已任兵部尚书的文升向朝廷提出：哈密归附元朝时间较长，其地方“有回回、畏兀儿、哈剌灰三种”（回回，这里主要指信仰伊斯兰教的维吾尔人；畏兀儿，指当时仍信仰佛教的维吾尔人；哈剌灰，指当地信仰伊斯兰教的蒙古人）人，而“北山又有小列秃乜克力相侵逼”，必须派元人后裔去管理，方可慑服其地。孝宗采纳了文升的这个意见，封原哈密忠顺王脱脱的近族后裔名叫陕巴的为哈密新忠顺王，并派人亲自送往哈密。这一举动惹恼了吐鲁番统治者阿黑麻。弘治六年（1493年），阿黑麻夜袭哈密，劫走了陕巴及明朝授予的金印。消息传入朝廷，引起明朝廷的严重关注。首先，在马文升的建议下，明朝廷拘留了吐鲁番派遣入贡的使者亦满速儿等40余人。随后，文升请求亲自往哈密一行，他不主张用武力解决哈密问题，认为“西域贾胡，惟图窥利，不善骑射，自古岂有西域为中国大患者，徐当静之”。当朝廷对这一问题进行讨论时，担心文升若去哈密，四方兵事无人能管，因而没有同意文升的请求和意见。弘治八年（1495年），阿黑麻愈肆骄横，于是文升挑选了精锐之兵，派遣总兵刘宁、巡抚许进等率领，联合西北军一道日夜兼程，奔袭哈密，迫使阿黑麻于弘治十年（1497年）送回了陕巴，哈密又重新置于明朝的控制之下。

文升还曾向朝廷陈奏了“御边三案”，就如何加强明朝边防问题，提出了系统的建议。在加强宣化、大同的防御方面，处理贵州及安南等处少数民族与官府的纠纷方面，文升同样为朝廷立下了功劳。

二、辅佐朝政

弘治年间，是文升仕途中较受朝廷器重的时期。孝宗还在东宫时，素闻文升之名，知文升之贤。他即帝位后，召见了文升，并赐大红金织衣一袭，拜为左都御史命掌院事。自此，文升成为孝宗身边的重臣和近臣，孝宗行事，文升往往不离左右，即使孝宗到太学读书，文升亦常随从听讲。文升“偶有龃龉”，孝宗“皆以身当之”。弘治二年（1489年），因文升久历边事，熟知戎务，被进为兵部尚书兼提督十二团营。此后，累官至吏部尚书加少师兼太子太师，忠心耿耿，供事于朝。他的政治业绩，概括有以下几方面。

（一）整肃军旅

鉴于正统以来明廷与各少数民族，特别是北方瓦剌、鞑靼等部落的冲突较多，而明廷军事力量日趋削弱，因此，文升在兵部任上时，极力主张整肃军旅，并采取了许多措施。

文升认为：“克敌制胜，莫先于军事之效劳，养锐蓄威，必在乎衣食之充足。古之名将，所以与士卒同其甘苦而颇加犒劳者，盖以此也。”他提出了“军心”及“富国”才能“强兵”这个根本问题。他很注意了解军心，关心士卒生活。他详细了解军卒的衣食、哀乐、所想、所为乃至家庭赡养、家乡种纳等情况，能够比较公允地体贴下层军卒的甘苦，从而向朝廷反映情况，提出建议。他在给皇帝的奏疏中明确指出：士兵们之所以不精心地喂养自己的马匹，之所以不用心进行操练，甚至不安心于自己的守卫，皆为军官的敲诈勒索所致。他按照一定的标准对军中将校进行了严格的挑选，凡不合要求的，一律予以汰除。一次，文升因罢黜贪懦将校30余人而引起他们的怨恨，有人夜持弓弩，藏于他家门附近，还写下文书射入东长安门内，对文升进行诽谤。孝宗闻知此事后，立即严令锦衣卫校官缉访，捉捕罪犯，并赐配文升12名金吾骑士，护卫他的安全。

文升指出：近年朝廷派出的将官，往往跟同事官员之间“偏执己见，各逞所长，不相协合”，如此下去，只能是“徒劳王师远出”，“欲望成功，盖亦难矣”。因此，他多次建议朝廷，直接召集各路总兵共同商量防守事宜。

文升主持兵部13年，不但在严军纪、择良弁、刊武书、熟操练、习兵法、利甲兵等多方面有所建树，而且在屯田、马政、储备等方面亦数上奏折，提出建议。他自己还亲自制定了五花营八阵图法教授于士兵。

（二）辅君恤民

文升从他的亲身经历中领悟到“民心”的得失是直接关系到明朝统治能否巩固的要务。因此，“安民”“抚民”可以说是他政治思想的核心。他认为“天下之生财有限，不在官则在民”，“民为邦本，本固邦宁，民心之向背，天命之去留，宗社之安危系焉”。要安民心，首先要爱民，“自古人君之有天下，未尝不以爱养斯民为首务也”。文升把爱民与节俭联系起来，多次上疏提出“爱民者必先于节用”，他提醒皇帝要“视民如己之子，节财如己之肉”，“存一分，国有一分之宜。宽一分，民受一分之赐”。在漕运、赈济、赋税、徭役等方面，要减轻百姓的一些负担和痛苦。文升在职权范围和力所能及的情况下，尽力推行他的政治主张。

弘治初年，文升又上《陈治道疏》，提出了选贤能以任风宪，禁摭拾以戒赃官，择人才以典刑狱，责成效以革奸弊，申命令以修庶务，逐术士以防煽惑，择守令以固邦本，严考核以示惩敬，禁公罚以励士风，广储积以足国用，恤士兵以防后患，清僧道以杜游食，敦怀柔以安四夷，节财用以苏民困，足兵戎以御外侮等15条时政主张。

文升是封建官吏，他希望君主“圣明”。从维护封建地主阶级的统治出发，他也能对皇帝提出一些劝诫，如请谕教皇储、请勤于政事、阻止册封妃嫔等。弘治元年（1488 年）二月，孝宗刚即位，教坊司以杂戏进于孝宗，戏中或出狎语，文升厉色道："新天子当使知稼穑艰难，岂宜以此渎乱宸聪。"将其斥退。然而，当御史徐瑁、贺霖违背了皇帝的旨意，孝宗欲将其治罪时，文升又劝诫皇帝：即位之初，不宜治罪朝官。这两件事反映出文升为辅君"圣明"用尽心思。

（三）整顿吏治

文升针对吏治混乱、贪官污吏充塞朝府的现象，极力主张振作纲纪，整顿吏治。为此，他提出必须"申明律意"，实际上就是要重视《大明律》的作用，以法治国。文升亲眼目睹和具体感受了朝廷官员于律多"置而不讲"，以致造成"伤和启灾"的危害。他要求天下大小衙门并两京都属官吏，必须各置《大明律》一本，"朝夕熟读，用心讲解，务晓其意"。并通过各处巡按、御史、按察司、分巡官遵照《大明律》的规定，对官吏进行考校，凡不称职者，该降该罚，依律施行。

文升整顿吏治采取的另一项措施是裁汰冗官，选贤任能。他看到了贪官污吏败坏世风、紊乱纲纪的严重性，在弘治初年，文升即协助当时的吏部尚书王恕考察五品以下官员，汰除冗职 2000 余人。弘治十四年（1501 年），时文升已近 80 高龄，按例早应当退，因无适当的继任人选，文升又被推荐为吏部尚书。不久，文升即上言三事，一曰裁冗官，二曰杜奔竞，三曰革滥进，都得到孝宗的采纳。弘治十七年（1504 年）八月，孝宗早朝毕，将文升召入暖阁，对文升说："明年又值天下诸司百官朝觐之时，卿一定用心访察，以求择黜至当。"因文升年高耳聋，孝宗再呼而曰："卿听得见么?"仍命宦官扶其下阶而还。次年五月，孝宗死。文升以承遗诏的名义毅然汰去传奉官 763 人，展现出他的魄力。

明朝中期政治腐朽的显著特点之一是宦官专权。文升经历了英宗朝王振、曹吉祥，宪宗朝汪直，武宗朝刘瑾等宦官窃权乱政的时期，他曾与宦官进行过不同层次的斗争，也受到宦官不少迫害。文升在巡抚辽东时，因战功受到宦官汪直的妒恨，遭到诬告，被拘捕入锦衣卫，以后又发配到重庆。一直到汪直伏诛，文升才得以获释复官。弘治初年，太监陈喜等打着皇帝的招牌在祠庙内伪撰碑文，以刮骗百姓的财物，文升察知后，即上《祛除邪术以崇正道疏》，陈述利害，并借皇帝之名除去了此害。

正德初年，当文升承孝宗遗诏汰除传奉冗官后，太监王瑞又以“成造大婚礼器”为借口，请求起用新汰者 7 人，文升坚持不从，他说：“此辈皆本部考黜冗食人数，不可再录。”表示了他与宦官斗争的决心和革除弊政的意志。王瑞诬文升“违上欺君”，武宗竟听信王瑞谗言，内外大臣们都为文升力辩，给事中安奎称：“陛下于老臣马文升之论列尚且置之不信，拒之不从，但不知此外可信从者何人?”才使文升免蒙危难。这时，朝中政柄已为宦官所把持，且文升年事已高，他连续上了 21 道奏疏，辞去了官职，结束了他的仕官生活，回到家乡。归家后，文升足迹不到城府，而屏居于三峰山的别墅中，更号“三峰居士”。取周公明农意，匾其堂曰“乐农”。在文升回家 3 年后，宦官刘瑾乱政，竟又罗织罪名，将文升除名，其家小皆遭株连。在文升被除名的第二年，即正德五年（1510 年）六月初八，文升即含愤逝世，时年 85 岁。文升逝世后，葬于家乡以北大隗山麓。一直到刘瑾伏诛，文升之冤才得以昭雪，被追赠为特进光禄大夫、太傅，隘端肃。嘉靖初年，又加文升左柱国、太师。其曾祖父母、祖父母、父母，皆因文升而赠为太子太保、兵部尚书和一品夫人。

三、奏议和诗文

史籍载，文升“能以功名全其始终”，“好学读书，春秋虽高，手不释卷，凡子史及性理诸书皆能熟记，为文尚理趣，诗亦典重，有《约斋集》及《奏议》《三事记》若干卷行于世”。《约斋集》已佚，《奏议》今有《马端肃公奏稿》16 卷本、《马端肃公奏议》四库全书 12 卷本。另外，文升还有《西征石城记》《抚安东夷记》《兴复哈密记》3 篇记述自己经历的散文，合称《马端肃公三记》，流传于世，有多种版本。

文升一生为官，他的文章也几乎全部与时政有关。其奏疏陈词恳切，心诚情溢，辩理性强。他的奏疏反映了他的政治思想及政治主张。

文升能文亦能诗。明代李维桢、罗文素都曾为他的诗做过序。明末清初人钱谦益辑《列朝诗集小传》时，亦曾为文升做传。可见钱谦益时代，文升的诗集还流传于世。现今所存文升诗仅在清刻本《马端肃公奏议》之后附录有若干首。他的诗同样与时政相关，《南征过桃花源》《抚陕征西过陇关》等诗，都有边塞诗的特点，这与他多年的戎务生活是分不开的。

文升有四子，长子璁，曾任六安州知州，累进阶亚中大夫。最初，璁曾以乡贡士待选于吏部，文升请求将其外放任职。当时，朝廷权贵子弟，多留作京官。文升说："大臣的儿子都必须做京官，外边的官谁又去做呢?"明人王鏊曾有《赠和六安州马大夫序》，即是为璁写的。次子琇，曾随文升征战于陕西，做过锦衣卫指挥；三子玠，为七品散官；四子璐，武举出身，官至锦衣卫冠带舍人。文升有五女，均不见史传。

（原载于《中国回回民族史》，867～875页，北京，中华书局，2003）

反封建礼教的旗手李贽

马增奎

李贽（1527—1602 年），原名李载贽，字宏甫，号卓吾，又号笃吾、温陵居士、思斋居士、龙湖叟等。明代嘉靖六年出生在泉州晋江（今福建省晋江县）一个回族家庭。李贽祖先数代航海经商，后家道中落。他幼时丧母，父以教书为业，家境贫寒。早年从父读书，稍长离家外出谋生。嘉靖三十一年（1552 年），他 25 岁时在福建乡试中考上举人，但后来会试未第。迫于生计，遂放弃科举，承父业做教书匠。30 岁时被选作河南共城（今河南辉县）教谕。之后历任南京国子监博士、北京礼部司务、南京刑部员外郎，都是没有实权、公务不多、薪俸微薄的低级职务。他 51 岁时，被调任荒远贫瘠的云南姚安府知府，这是他一生为官的最高职务，也是最后一个职务。在封建社会，不论地所贫富，知府都是能捞钱的肥差，但李贽秉性刚直廉洁，不贪钱财，始终穷困潦倒，这在封建官吏中实为罕见。

自宋代至明代，学术思想界盛行并占统治地位的是所谓“理学”，又称“道学”。道学家们打着尊孔的招牌，宣扬封建礼教。他们大讲“仁义道德”“礼义廉耻”“忠孝节义”，提倡“去人欲，存天理”，“饿死事极小，失节事极大”，等等。封建统治阶级为达到“长治久安”的目的，将道学奉为正统经典，确定为知识分子的必修课程和科举选才的理论依据，并以道学规范人民的思想言行，把道学作为欺骗人民、压迫人民、奴化人民的精神枷锁。由宋到明，道学越来越神圣逼人。在它的摧残下，无数平民百姓失去了自由幸福，无数有见识、有作为的人才惨遭迫害，许多进步的思想观点受窒息夭折，成为中国社会一大祸害。

李贽是一位个性鲜明的读书人。他执着追求真理，不肯迎合时俗，迷信所谓“圣贤”和“经典”。由于他愤世嫉俗，厌恶道学，敢于表达自己的思想观点，来自上司和外界的诬蔑、诽谤、围攻、陷害伴随了他愤懑的一生。他自己总结说："余惟以不受管束之故，受此磨难，一生坎坷，将大地为墨，难尽写也。"他在历任县教谕、国子监博士、礼部司务和刑部员外郎时，因相继提出有悖于道学伦理的主张而屡受上司斥责。在远离两京出任姚安知府时，李贽通过调查研究，认为当地人民困苦、社会矛盾尖锐，是由于"上官严刻"造成的，毅然提出对"远方杂夷"（指边疆少数民族）要"宽法缓征"的建议，结果不仅未被采纳，反而因此触怒了上司。李贽目睹官场腐败，政界昏暗，感到当了官的尚且不能讲真话，不能为民办事，便愤然于任满前两个月主动辞去知府职务。由于李贽为官清廉，体恤各族百姓，大得人心，卸任离姚安时，"囊中仅图书数册，士民遮道相送，马不能前进"。

李贽辞职后，为专心钻研学问，搬迁到湖北麻城，在朋友耿定理家居住，同耿定理、耿定向兄弟一起交流思想，切磋学术。但时过不久，在如何对待封建礼教这一重大问题上，李贽同观念陈腐的耿定向发生了严重分歧，展开了激烈争论，以致两人失和。一次，做大官的耿定向为讨好权相，保住自己的乌纱帽，在朋友何心隐受人诬陷入狱后，虽有能力也不去搭救，这使李贽彻底看清了这位道学先生假仁假义的丑恶灵魂。

万历十二年（1584 年），耿定理病死，李贽无法继续与耿家相处，便托人把他家眷送回原籍福建，自己开馆讲学。其间，他广收男女学生，讲授实际有用的知识并大量著书立说，猛烈抨击吃人的封建礼教，旗帜鲜明地阐述自己的思想观点和文学、史学观点。正当李贽倾注身心讲学著书时，统治者对他的迫害不断升级。他们恶意地给年老的李贽滥加"左道惑众""有伤风化"的罪名，谩骂他是"狂士""妖人"，诬陷他蓄意"造反"。为保护李贽，躲避灾祸，朋友马经纶把他接到遥远的通州（今北京市通州区）居住。

李贽刚到通州不久，诬蔑他的流言蜚语便接踵而来。一些官僚为标榜自己"正统"，有意识地置他于死地，竟给他罗织多种罪名，并上疏皇帝，对李贽大肆诽谤。明神宗闻奏大怒，立即降旨逮捕李贽。早已身患重病的李贽，在狱中照旧读书写作，不向封建统治者屈服。李贽入狱后病情进一步恶化，不能站立行走。万历三十年（1602 年）三月，听说官府将把他押解到原籍福建，他不堪忍受病痛和数千里跋涉之苦，立志以死抗争，题诗留言道：

志士不忘在沟壑，勇士不忘丧其元。
我今不死更何待，愿早一命归黄泉！

诗罢，寻机自刎而死，终年75岁。

李贽生前虽攻读儒学，但临终前留下遗言，要求对他的后事，按照回族的习俗办理，白布缠身，不用棺木。

李贽有许多进步思想，主要表现在四个方面。

第一，大胆揭露和嘲讽道学家的丑恶面目和虚伪行径。

李贽说，道学家们自命清高，而实际上意在高官厚禄。这些人是假道学、伪君子、两面派。他们“阳为道学，阴为富贵，穿着儒雅，行若猪狗”，表面上不言“利”和“欲”，骨子里恨不能扒开人家的墙角去偷东西。他们满嘴仁义道德的言词，一肚子荣华富贵的欲火。这些人还到处去讲学，骗人、骗钱、骗官做，其实还远不如言行一致的市井民夫。平民们做生意就说做生意，种田就说种田，倒是津津有味的有德之言。李贽嘲笑道学家：“平时无事，只解打躬作揖，终日匡坐，同于泥塑。以为杂念不起，便是真实大圣大贤人矣”。他尖锐指出，正因为朝廷专用这种人，才弄得政局不堪收拾。

第二，反对神化孔子，不以孔子的是非为是非。

在封建社会，儒教的创始人孔子一直被当做神圣的偶像受到顶礼膜拜，人们不敢反对他，甚至没有想到怀疑他。李贽可谓封建社会知识分子中公开反对迷信孔子的第一人。他认为，孔子是人，而不是神，也需要穿衣吃饭，也要高官厚禄。如果不让他做鲁国的司寇、摄相，恐难以在鲁国安身。他和普通人的私心并无两样。天生一个人自有一个人的用处，不必事事都学孔子。

李贽并非全盘否定儒家学说，但他认为应从实际出发，主张不应一切以孔子的是非为是非。他分析说，是非标准并不是固定不变的，它随着时代的变化而不断变化，就像四季的变化、昼夜的更替一样。昨天认为是，今天认为非，明天可能又认为是。就是孔子重生，他的是非观也会改变。正因为大家没有独立的是非观，唯孔子的是非为是非，便没有是非了。李贽所提出的是非标准的相对性，是对“万古不变”的封建教条的勇敢挑战。

第三，主张男女平等，向封建教育制度宣战。

李贽反对儒学宣扬的“男尊女卑”“女子无才便是德”等陈腐观念。在芝佛院开馆办学时，他力主学院打破仅仅招收男学生的旧规，实施男女学生兼收，这在当时是惊世之举。据史料载，李贽在芝佛院讲学时，“从者几千、万人”，其中竟有近一半的女学生。对这一做法，有识之士深表赞许，然而，周围的道学家们却群起而攻之。面对围攻辱骂，李贽毫不动摇，针锋相对著文予以批驳。他表示反对以性别作为区分见识长短的标志，提出女子和男子在才智上没有差别的观点，并举出史例，说明女子一样能参政治国，写诗作文。并由此得出结论：“谓人有男女则可，谓见有男女岂可乎？谓见有长短则可，谓男子之见尽长，女人之见尽短，又岂可乎？”李贽还进一步指出，如果说女人见识短的话，那也是由于把她们禁锢在闺阁之中，不让她们走出家门所造成的，罪恶的根源还是在封建礼教。

李贽反对以科举为中心的陈旧教育制度和僵化无用的教学内容。在芝佛院讲学时，他不以传统的四书、五经为“定本”，主张以“当下百姓日用之道”教人，以“穿衣吃饭”之需教人，教育不应脱离现实生活。

第四，敢于公开独特的史学观点。

李贽在他丰富的史学著作中，摆脱传统史学的影响和束缚，对历史事件和历史人物认真分析，自有褒贬，观点敏锐而独特。李贽依据翔实的史料，对被世代骂为“千古罪人”的秦始皇做了别开生面的评论，称赞他是统一诸侯的“千古一帝”。李贽赞颂秦末农民起义领袖陈胜，并把陈胜与开国帝王并列。李贽以正直的史学家的胆识，著文称赞武则天的政治成就，称赞汉代寡妇卓文君与司马相如私奔是勇敢果断，大胆追求自由幸福，称赞隋末名女红拂自订姻缘是善于择配，从而否定了“三从四德”的封建礼教。

李贽一生著作很多，主要有《藏书》《续藏书》《焚书》《续焚书》

《初潭集》《九正易因》《说书》《南间录》《李氏丛书》《道学钞》等。他的著作虽为封建统治者所不容，但受到历代有识之士的喜爱，在民间频频刊印，广为流传。

（原载于《回族杰出人物》，77～81页，西安，陕西人民教育出版社，1999）

舍起灵[①]

陈廷良

舍起灵，字蕴善，号云山，经名哈三·努布尼·阿布都里万哈比，道号破衲痴。原籍湖南省沅陵县，后定居河南省襄城县石羊街，为襄城县舍姓始祖。生于明崇祯十一年（戊寅年1638年）九月十一日，清康熙四十二年（癸未年1703年）九月初七卒于襄城县家中，享年66岁。

舍起灵系湖南沅陵县望族，原姓魏，名元都，幼而颖异，至8岁日诵千言辄记不忘，习诗经，学文艺，殊多秀句。11岁过继给舍应举（号凤山，陕西渭南人）为养子，改姓舍，名起灵，字蕴善。

舍起灵过继后，开始习经，初随军营阿訇学习，后回渭南县随冯四师、马永安习经，后又到山东济宁随常志美[②]、李延龄[③]习经，因记忆力和理解力极强，所学经书，先生讲前半本，而后面“经文俱能自阅而竞其义”。后在开封朱仙镇和郑州刁沟闭门研修获益更大，在刁沟又与冯通宇先生“闭户温习”，“盖冯先生刻苦搜括，必臻其境，先生（指起灵）则见景生情，亦臻其境，故两获资益。凡济学之所出者，多次陶熔，不若二先生之神工纯粹，故终身事业亦自不群，通宇先生如壁立千仞，先生之如斗岳难攀者也”。

---

① 本文材料来源：除在襄城县调查外，参考赵灿：《经学系传谱》，79～80页，西宁，青海省人民出版社出版及北京市政协文史资料研究委员会：《北京牛街志书——冈志》，北京，北京出版社，1991。

② 常志美，名志美，字蕴华，山东济宁市人，师从马真吾、张少山。于本坊开学40余年，弟子众多，人才森列，当时人称东土四镇之一。寿至六十有三，创立中国伊斯兰教经堂教育山东学派。

③ 李延龄，名永寿，字延龄，山东济宁市人，师从马真吾、张少山。于本坊开学50余年，弟子众多，人才森列，寿至七十有余。

舍起灵22岁开学授徒。先后在渭南林口镇、洛阳塔湾、渭南良田坡、荥阳东郭、郑州刁沟、襄城石羊街、安徽亳州、安徽太和、河南太康、考城（今兰考）、沈阳、安徽寿州、沈阳、北京朝阳门外、北京东厂、陕西普陀原、陈州（今淮阳）、北京昌平、都门、泊头等25处设帐讲学，共达40余年，“门人遍及寰宇，而大成设馆授徒者，如列星然”。

舍起灵对学生要求十分严格，制定学规38条，接收学生要面试并有5条规定，在教学上又有9条要求。因为他认为“自胡太师创传经学，数代相沿，至蕴华家师，欲宏其学，寤寐难安，唯恐泯灭其传”，所以“课徒愈严，而从者日众，盖门下之徒，俱系秦、楚、吴、越、燕、齐、滇、粤之负笈而从者，每授徒常百十余辈，由此多士之成就，其严惮之所使耳。”

他诲人不倦，教学生“精神饱满，对卷授徒，终日不倦”。年逾60，仍“昼夜训诲不辍”。

舍起灵认为，中国伊斯兰教礼俗中之不合经义者有18处，即“十八条不准”，从胡登州[①]开始，历经冯二先生[②]、张少山[③]、常志美，看到不合经义之处要求变革，遇到守旧者顽强抵制。舍起灵利用其弟子“不啻三千”的优势，在全国各地进行变革。如礼拜是独班制，斋月是见月把，见月开，每天是先开斋后礼拜，不准在礼拜大殿中有万岁牌等，其他多是葬礼、饮食等方面的要求。

舍起灵曾译三经：将《米而撒德》译名《推原正达》，将《勒默阿忒》译名《昭元秘诀》，将《默格索特》译名《归真必要》。起灵后裔为阿訇者，世代不绝。

（原载于《河南回族》，299～300页，郑州，中州古籍出版社，2014）

---

① 胡登洲，名登洲，字明普，陕西省咸阳东胡家沟人，经名穆罕默德·阿卜杜拉·伊勒亚斯，创立中国伊斯兰教经堂教育陕西学派。

② 冯二先生，讳少川，陕西省长安县人，为胡登洲之徒，设帐于家，宣传胡登洲的主张。

③ 张少山，字少山，陕西省临潼人氏，从师冯少川、冯伯庵，因广学博雅，咸异其才，故俗称状元巴巴。入鳌郑州刁沟海氏，遂定居之。设帐金陵、长安等处。

闻名遐迩的回族学者蒋湘南

韩 敏

蒋湘南（1795—1854年），字子潇，回族，河南固始县人。幼年孤贫，聪敏好学，常负笈千里求教名师学者，刻苦钻研经、史、诸子百家及古文诗词。嘉庆十八年（1813年）考中秀才，道光十四年（1834年）举副榜贡生，次年中举，后多次参加礼部会试，皆不第。道光二十四年（1844年）科挑副榜，补虞城教谕。他性格刚介，不遂流俗，无意仕宦，辞而不任，游学四方，潜心治学。晚年寓居陕西，先后主讲关中书院、丰登书院，生徒众多，咸丰四年（1854年）卒于同州（今大荔县）丰登书院。

蒋湘南知识博大精深，初工诗，中年废诗专经，后又由经入史，对经学、文学、史学、算学、地理、天文历法、水利、刑名、医学及释道两藏等都能寻其源流，穷其精奥，究其得失，有独到的见解和造诣。他治学严谨，继承了清初顾炎武不泥古、不凿空的朴学学风。柏泮西先生在《蒋子潇先生游艺录跋》[①]一文中说："先生客游三十年，在途在馆，未尝一日废书，每尽一卷辄下一签……除《十四经日记》三十卷外，凡诸子百家之论，务按日月排次，定为十六卷名之曰《读书日记》，后自删其所论之未当者、与前人说暗合而当时不知者，大概皆条析源流以辨得失"。著述立意新颖，"大微特抗衡古人，直破其藩篱"，"发前人未泄之奇"，绝无语蹈袭古人。他名震大江南北，一时为学界极口称誉。[②]

鸦片战争前后，清王朝已呈"日之将夕"腐朽没落的衰世，外国资本主义侵入，民族矛盾和阶级矛盾日益尖锐，中国的社会面临严重社会危

---

① 《柏泮西先生遗集》。

② 《春晖阁诗选》。

机，鸦片战争中清政府战败，签订丧权辱国条约，中国的社会性质开始半殖民地半封建化，社会思想也发生重大变化，被清朝封建统治者奉为正统思想的程朱理学和盛行一时的汉学考据学派已无法挽救社会危机，学术思想潮流转向经世致用，主张把学术研究与治理国家联系起来。后来又在此基础上，冲破传统思想的束缚，提出了学习西方的新思想。

蒋湘南处在中国社会巨变和学术思想转向的时代，他结识了当时全国许多进步思想家和著名学者，如龚自珍、魏源、齐梅麓、旬正燮、吴兰雪、顾申雅等，同他们一起互相切磋学问，“议论、考稽、商榷”各种学术问题，也得到林则徐的赞赏。他的学术思想深受经世致用思潮的影响，提出了许多独特的见解。

第一，论学不分宋、汉。他认为程朱理学和汉学“都不无可议”。汉学考证训诂，烦琐主义，使学者一生埋头于诗书辨证之中，脱离社会现实。程朱理学“空谈性命”，崇尚空疏，亦无可取。他说：“汉学宋学之争皆无与周学者也”，主张以经正经，不拘宋、汉门户之见。蒋湘南的经学观点，虽然师宗许、郑，崇尚周学，主张读孔子书，以周礼为修身之本，但他对宋学与汉学的批评，已经跨出了汉学的藩篱，与经世致用思想是一致的。

第二，鸦片战争前夕，外国资本主义侵略中国并大量倾销鸦片，造成中国社会严重危机，于是朝野上下有禁烟之议。道光十八年（1838 年）五月，鸿胪寺卿黄爵滋上书《请严塞漏卮以培国本折》，主张重治吸食。六月，林则徐上书《查禁鸦片章程折》。道光皇帝在林则徐等严禁派的影响下，决定采取严禁主张。同年十二月，钦差大臣林则徐赴广州掀起了轰轰烈烈的禁烟运动。蒋湘南关心时事，道光二十年（1840 年）他致书黄爵滋说：“不禁鸦片，固非为政之体，而严禁鸦片，亦有难挽之势。”[①] 首先肯定了禁烟的重要性，抵制外国鸦片侵略是正义的，是关乎国家和民族命运的重大举措。同时他又指出，沿海文武官员腐败走私鸦片和朝廷至地方官吏普遍吸食鸦片是禁烟的最大障碍，也是鸦片难以禁绝的重要原因。所以，严厉打击鸦片利益集团和禁止中央及地方官吏吸食鸦片是禁烟的关

① 《七经楼文钞》。

键。他的禁烟主张表现了政治的远见和胆量，也表现了他对国家和民族命运的关切。

第三，学术研究不凿空，不泥古，重视研究社会问题、国计民生问题。蒋湘南重视社会调查，游学四方，考察各地的山川形势、地理沿革及风土人情，并“验之于经，正之于事”，把学术研究与社会实际结合起来，学以致用。道光八年（1828 年），他应陕甘学使周之祯的延聘，游学陕甘各地，作《西征述》《熊百山籀字碑歌》《宋二体石经残碑歌》，写了大量反映西北少数民族生活的文章，他研究的范围广泛，多关乎国计民生问题，对刑名、钱谷、河盐诸大政，皆提出了自己的见解和主张。他曾谒见治河大师栗毓美，撰写《砖工记》为其创用砖工辩解，又作《九河既道解》诗，陈述自己的治河主张。他将大清刑律与唐律、明律进行了比较研究，“酌古准今，为治狱者之助”，对佛教、道教也能究其支派与源流，论其得失。他编著了陕西、河南许多地方志书，对地方历史、地理及社会进行研究。他所著的地方志考证详核，叙次有法，其他州县志书皆不及。

第四，蒋湘南史学和文学主张也值得称道。当时文坛有专主唐宋者，有专主秦汉者。蒋湘南的文章不仿唐宋，也不标榜秦汉。他反对虚文，主张反映社会现实。他列举“汉书中志传为史记所无者，签而出之，以示古文之门径，曰：‘学纯论证，深华味腴，直起直往，不用语助虚字，足为伪八家对病之药。’”① 反对脱离实际的虚文，反对唐宋八大家空虚和形式主义的文风，反对清代桐城派的古文运动。他认为，“宋以来论史、汉异同者，多右马而左班，乃空坯之见也。”他对《史记》《汉书》评价很有见地，《汉书》虽体例大体与《史记》相同，但创编《刑法》《五行》《地理》《艺文》四志，成为后世纪传体史书的范本，其价值不在《史记》之下。他的诗自成一体，“辟前人未开之境，不袭李，不剿杜，不规韩”。②

蒋湘南著述甚多，有 100 多卷，今可稽考者有：《春晖阁诗钞》（6 卷）、《七经楼文钞》（6 卷）、《十四经日记》（30 卷）、《读书日记》（16 卷）、《读道藏日记》（4 卷）、《读释藏日记》（4 卷）、《黄教源流》（4

① 夏寅官：《蒋湘南传》，见《碑传补》，卷 50。
② 夏寅官：《蒋湘南传》，见《碑传补》，卷 50。

卷)、《杂记小品》(2卷)、《蒋氏学算记》(8卷)、《江西水道考》(5卷)、《游艺录》(1卷)、《卦气表》《周易郑虞通旨》《辅礼论》《中州河渠书》等。

蒋湘南对地方志的编著贡献很大，编纂的陕西地方志有:《华岳图经》《陕西通志》《蓝田县志》(16卷，道光二十年刻印)、《留坝厅志》(10卷，道光二十二年刻印本，附《足征录》4卷)、《泾阳县志》(30卷，道光二十二年刻本)、《同州府志》(34卷，首1卷，末1卷，《文征录》3卷，咸丰二年刻本《咸阳县志》)。河南地方志有《夏邑县志》《鲁山县志》及未完成的《江苏省通志》。

蒋湘南的著作，同治年间大部分毁于战火，今仅存《春晖阁诗选》《七经楼文钞》及地方志。

(原载于《第十五次全国回族学研讨会论文汇编》，258~259页，2005)

沙春元血染大沽炮台

史作杰

沙春元（?—1858 年），字梅芳。他是河南郑县城内人，但他的名字更紧密地同天津大沽联系在一起。

大沽在渤海边，是天津的门户。这里有古炮台，现在成为一处重要的爱国主义教育基地。它像一位见证历史的老人，向后人讲述着一百多年前的那一段历史，让人们永远记住当时西方列强的蛮横，记住国弱就要挨打的教训，更记住为保卫祖国而英勇献身的先烈。1858 年 5 月 20 日，这里曾经硝烟滚滚，炮声隆隆。清军将士在孤立无援的情况下英勇抗击英法侵略军的进攻，以血肉之躯谱写了一首捍卫国家的悲壮之歌。其中，血溅大沽炮台的就有回族将领沙春元。

沙春元出生在一个贫苦的回族家庭，幼年丧父，由其母抚养成人。他深知母亲养育自己的艰辛，对母亲特别孝敬，为邻里所称道。沙春元因家贫无条件读书识字，但是他爱听别人讲述历史故事，对古代忠臣志士非常仰慕。在中华民族传统文化的熏陶下，渐渐形成了忠孝意识和爱国思想。艰苦的生活环境、不平等的民族地位，也磨炼出了他那刚毅的性格。

沙春元虽未学文，但爱习武。他体格强壮，臂力过人，他要拳弄棒，尤善射箭。1831 年，他参加乡试，凭着超群的武功，成为武举。第二年（道光壬辰科）参加会试，进而考取武进士。以蓝翎侍卫出任山西吉州营都司，从此成为清军中一名下级军官。1852 年，沙春元奉调到安徽、河南两省交界一带，参与镇压捻军起义。他在“忠君”意识支配下，积极参战，立下战功，被提升为游击。虽然穿上了更鲜美的军服顶戴，但今天看来他这段历史并不光彩。1856 年，调任天津镇标右营游击。这时已是咸丰六年。就在这一年，英法为了进一步侵占中国，谋求更多利益，以强凌弱。10月，悍然对我国发动武装侵略。1857年，英法联军攻陷广州，并向清政府提出赔偿军费、增开通商口岸等无理要求。1858年，英法两国政府进一步施展炮舰外交，他们指使舰队沿海北上，攻向天津。天津地近北京，又是水路运输的枢纽，如天津不保，北京将受到直接威胁。清政府委派直隶总督谭廷襄负责天津防卫。危急时刻，沙春元调往大沽，站在了抗击英法侵略军的第一线。

4月中旬，英法联军的舰队到达大沽水面，内有英舰10余艘、法舰6艘、舢板20余只，有海军陆战队2000多人。中方在大沽建有4座炮台，有大炮30尊，有八九千名驻军。游击沙春元、都司陈毅等率军分驻北炮台和南炮台。在侵略者炮舰威胁面前，清政府把希望放在美、俄两国的调停上。同时，尽量避战，委曲求全。咸丰皇帝在接到谭廷襄关于大沽形势的奏折后，饬令守军不得先行开炮，以免给敌方抓住动武的借口。而谭廷襄则认为英法不过是以武力相要挟，不会真正开战，因而不进行认真备战。清政府请美俄两国进行调停，但两国却貌似公允，暗助英法，希望英法压服中国，他们也从中取利。就这样，在美俄假意调停，中国退让求和的一段时间里，英法在大沽口续增兵力，作了战斗的充分准备。

5月20日，英法联军自恃已集结了足够的兵力，挑起了战端。这天上午8时，向谭廷襄发出最后通牒，限两小时撤走大沽炮台守军，否则，将攻击炮台。10时，英法舰队闯入大沽口，开炮向大沽炮台轰击，南炮台都司陈毅、千总常荣奎，北炮台游击沙春元率领守军开炮还击，一场激战爆发了。

隆隆炮声，震破了清政府腐朽官僚的胆，最高指挥、直隶总督谭廷襄逃离了驻地，副都统福勒敦泰听说敌势凶猛，也率部后逃，使得守卫大沽炮台的清军将士孤军作战，失去支援。战斗一开始，敌我态势的优劣和胜负结果就已经确定了。

和清政府文武大员临阵怯战形成鲜明对照的，是大沽口守军在沙春元、陈毅等将领率领下对强敌的殊死搏斗。他们与英法侵略军展开激烈的炮战。敌方六七艘舰船被击伤，4只舢板被击沉，法国炮艇“霰弹号”受到重创，船长被打死。但终因敌强我弱，又得不到支援，形势渐趋险恶。南炮台守军将领陈毅、常荣魁率众杀伤多名敌兵后，在战火中壮烈殉国。

沙春元更是不惧强敌，他在北炮台首先向敌舰开炮射击。他亲自点燃火炮，击毁敌舰两艘。激战中，敌舰炮弹把我炮台顶盖炸开，沙春元等失去屏障，万分危险。有部下劝他说：“这里太危险了，请您快下去吧。”沙春元坚决拒绝，并厉声说：“众兵士丧生，阵地不保，我唯有一死可报国家，这正是应该拼死坚守的地方，不必多言！”就这样，他暴露在地面上坚持战斗。突然，敌人一颗炮弹袭来，沙春元被击中腹部，英勇牺牲，为国捐躯。

大沽保卫战终因清政府腐败无能而失败了。沙春元等将士的鲜血和生命虽未能阻止住侵略军的侵袭，但其英勇抗击侵略者而不惜牺牲个人生命的爱国主义精神，永远放射着光辉。

在沙春元的家乡，当人们听到大沽口失守的消息，乡亲们都预料到沙春元必死无疑了。因为家乡父老深知沙春元的为人，从性格到品行，都决定了他为尽忠报国，绝不会在强敌面前退缩。咸丰皇帝下令将沙春元入昭烈祠，并赐封云骑尉世职。后来，南阳人李莲舫以“男儿欲报君恩重，死到沙场是善终”的诗句来赞颂沙春元。的确，沙春元战死于疆场，有着忠君的因素，但更主要的是他是为保卫国家而战，是为中华民族的独立而献身。“死到沙场”是“善终”，是死得其所，是死得重于泰山。

大沽口炮台的炮声已经远逝，硝烟已经散尽，而沙春元等为保卫国家而捐躯的英烈们将永远为后人所怀念。

（原载于《回族杰出人物》，119～121页，西安，陕西人民教育出版社，1999）

捻军起义的重要回族将领苏天福

史作杰

19世纪50年代，在太平军起义的影响下，豫皖一带爆发了捻军起义。苏天福是捻军的一位重要发动者和领导者，是农民群众反对封建统治的一位不屈的斗士。

苏天福原来是河南永城苏家寨一位普普通通的回族小生产者。他家人多地少，比较贫寒。为生计，他领着弟弟开过粉坊和油坊，并贩卖过私盐。他性情豪爽，在外出经商活动中，结交了一些江湖好汉。1851年，结识了在“捻”的人物张乐行和龚得树，3人意气相投，便效仿桃园结义，结拜为异姓弟兄。他们情深义厚，胜似同胞。

鸦片战争以后，清政府割地赔款，劳动人民的负担更加沉重，生活更加艰难。1851年，洪秀全在金田发动了太平军起义，全国各地各民族的劳苦大众反对封建压迫的情绪更加强烈。不久，陆续爆发了捻军起义、云南杜文秀起义、上海小刀会起义和西北回民起义等。其中捻军起义就是由张乐行、苏天福、龚得树发动和领导的。

“捻”即“捻子”，本来是河南、安徽一带的民间秘密组织，参加者称为“捻党”。该组织把农民结成一股团体势力，抗拒官府的苛捐杂税和地主恶霸欺压百姓的行为，维护自身的利益，是一支反对封建统治的农民群众组织，有较强的斗争性和革命性。

1852年，皖北一带发生饥荒，对穷苦的农民来说，无疑是雪上加霜。要活命，就要反对封建王朝和地主阶级的压迫与剥削。在此情况下，张乐行和龚得树带领捻党群众在亳州雉河集（今涡阳）发动起义，队伍有1万多人。他们听说结义兄弟苏天福在家乡永城吃官司，坐了监狱，便率领起义军进入河南，把永城包围起来。在起义军的压力下，官府被迫将苏天福释放。由此，苏天福恨透了官府，同时，不仅与张乐行、龚得树加深了兄弟情谊，在思想感情上也贴近了捻军。

1854年，太平天国的起义军攻占了庐州（今合肥），在安徽境内与张乐行的起义军南北呼应，声势大振。3月间，正在亳州的苏天福聚合了一批捻党，发动武装起义。不久，太平军举行北伐，苏天福即率部随太平军进兵河南，攻占了自己的家乡永城。太平军继续北上，苏天福所部成为一支孤军。永城的地主豪绅便组织力量对抗苏天福的捻军队伍。时太康知县受命总办归德、陈州（今商丘、淮阳）的地方武装——团练，也派人马进攻苏天福。在敌众我寡的情况下，苏天福率众退到安徽境内的亳州。河南永城的团练进行追击，也越过省界进入亳州地方，并在当地烧杀抢掠，引起亳州各界的反对，于是形成了永城和亳州两地的对立，互相攻斗。事态不断扩大，河南、安徽两省的官员也互相指责，诿过于对方，互不相让。这样，两地互相争斗，两省互相斥责，刀光剑影，吵吵嚷嚷，倒使得苏天福声名远扬，有更多的捻党和农民加入到苏天福的捻军队伍。此时，张乐行的起义军已经受了清政府的招抚，不再同清军作战，但是，却暗中支持苏天福。6月间，苏天福再次进攻永城时，张乐行曾派一部分人马予以协助。张乐行到底是不是真正接受了招抚，在清朝地方官员中产生了怀疑和争论。为此，清政府负责进剿捻军的官员袁甲三，要求张乐行把苏天福拿获，交给官府，以此来表明他是真正归顺了朝廷。张乐行决不肯伤害结义兄弟，便重新公开打出了起义的旗号，又开始了反对清朝的武装斗争。

1855年8月，捻军的四支队伍，其中有结义三兄弟张乐行、苏天福和龚得树各自统率的三支队伍，另一支是王贯三所部，在亳州雉河集举行首领会议，商量组织联盟和配合作战的问题。决定由张乐行为盟主，各部分别采用不同颜色的旗帜，苏天福部定为黑色旗，形成了捻军的五旗建制。这一措施，从整体上加强了捻军队伍的战斗力。此后，张乐行与苏天福两旗部队配合，转战于豫皖两省，攻占和袭击夏邑、亳州、蒙城、鹿邑、颍上等地，打败了河南道员张维翰的清军。年底，在豫皖边界的麻种集之役中，又大败清政府负责镇压捻军的提督武隆额，打得武隆额率残兵败将奔夏邑，走虞城，窜归德，忙于逃命，闭门固守，不敢再战。为此，开封城曾一度戒严。清政府见武隆额无能，再派河南巡抚英桂负责攻捻军务。这时，捻军已发展到十几万人，军势正盛。1856年初，张乐行、苏天福率领起义军分兵五路进攻河南，击败了清军总兵丘联恩和崇安的部队，并把英桂围困在归德城内。清廷震怒，英桂受到斥责，丘、崇二总兵被革职，有的指挥官受到查办。

1857年3月，太平军将领李秀成和陈玉成率部北上，张乐行、苏天福、龚得树率捻军南下接应，两军配合作战，共同抗击清军，经过一番战斗，两支起义军在霍丘胜利会师。会师后，捻军首领接受了太平天国的封号和领导。张乐行被封为沃王，苏天福被封为立天侯。捻军还改用太平军的旗帜。此后数年内，两军多次并肩作战，在淮南的六安、凤阳、三河、桐城等地几度重创清军。在三河战役中击毙了曾国藩的弟弟曾国华，歼灭了6000多名清军。

1862年，形势发生变化。在中外反动派联合镇压下，太平天国陷入困境。在安徽、庐州失守，陈玉成遇害。捻军几次作战均告失利。清政府派科尔沁郡王僧格林沁统率军队进攻捻军。在雉河集决战中，捻军溃败。张乐行苏天福突围时因叛徒出卖而被俘。二位起义将领宁死不屈，被凌迟处死。

雉河集决战失败，起义首领牺牲，捻军受到很大损失。但是，他们在张乐行的侄子张宗禹带领下继续坚持反清斗争。在太平天国失败后的第二年，张宗禹在山东曹州巧设埋伏，大败僧格林沁率领的清军，并杀死僧格林沁，为张乐行、苏天福报了仇。

苏天福作为捻军的重要首领，进行了10年之久的反清斗争，最后慷慨就义，其母亲和妻子也被杀害。

（原载于《回族杰出人物》，137~139页，西安，陕西人民教育出版社，1999）

缅怀一代宗教经师——河南开郑等处穆民教长马长清

李法仁

2004年9月11日是河南著名回族阿訇、杰出的经学教育家、开封郑州等处穆民教长，两任郑州清真北大寺（原名郑州清真寺，又名郑州城内清真寺）的老阿訇马长清归真66周年，特搜集、整理写成此文，以示怀念。

郑州的回族源于唐宋，兴于元代，发展于明清和民国。数百年间，郑州清真大寺的著名阿訇有3位。传说明洪武年间，天方人氏默穆都哈，来到郑州清真寺布教，使很多受教者成为虔诚的穆斯林。《天方正学》中有《郑州真人墓志》一文对其进行了详细记载："真人道号默穆都知哈，天方人也，来于河南郑州城内清真寺……当日刺史诣清真寺，劝化愚顽曰：回汉皆毋嫉妒，从来甚是相安，自此感慕真人。"被后人尊为"筛海"。

清乾隆年间，著名阿衡马振久在清真寺设帐，培养伊斯兰教接班人，伊斯兰教传播进一步扩大。马长清阿訇为发展、巩固清真大寺所做的贡献功不可灭，值得后人永远纪念。他是民国初年河南著名的"四清"阿訇之一，即马长清、赵永清、程亮清、把玉清。

马长清阿訇，原籍郑州黄河岸边京水村人，生于咸丰六年（1856年）五月十七卒于民国二十七年（1938年）九月十一日，享年82岁。马阿訇自幼颖悟，嗜学，"岁将而立，即成阿衡品级，应各地之聘请，设帐而授徒"。《镇江回回》文中提到，六合蔡阿訇、马常清阿訇（1921年离镇）二阿訇先后均在穆源小学教过阿拉伯文。因马阿訇"经学实系渊博，阿文法理，颇具一格，教典教义，由三乘之途径，研一派之渊源，而且理学精深"，所以1938年以前，马阿訇曾两任郑州大寺掌教。

宁夏学子范庭三在恩师马长清阿訇墓志中写到："余聆盛名，不远千里，九越峻岭，四渡洛水，抵卢氏亲炙其门”，“黄河两岸、大江南北，开封、郑州、镇江、太和、桑坡、博爱、沁阳、卫辉、卢氏等穷经学人，趋之若鹜”。郑州大寺历任阿訇把玉清、汴玉堂、李希章、王士巨等，开封张国彦、洛阳孙廷臣等皆是马阿訇的门徒，真可谓桃李满天下。当年李希章任阿訇时，乡老们信不过，主麻时李阿訇讲了一次“沃尔滋”，众穆民心悦诚服，称赞马阿訇没有选错接班人。马阿訇有一次去开封讲学，备受开封众学子的热烈欢迎。

92 岁的白良慧阿訇回忆说：“68 年前我从北京成达师范回济源结婚时，还是马阿訇给我念的依扎布，当时马阿訇身兼沁阳、清化两寺阿訇，语重心长地教导我说：‘你比你两个兄弟（指马阿訇之子，良俊、良杰）强，好好念经吧！’充满了前辈对后人的希望和寄托。”82 岁的把士华老人也应和着，众乡老你一言，我一语，缅怀深情溢于言表。

据 88 岁金振国老人说：“马阿訇归真后，埋葬在金水河北面，赵家菜园西墙下，墙外还有一棵核桃树。”金老还说：“马阿訇坟上有盏灯，夜明高悬，有人曾到坟上提过这盏灯，人向西，灯在东，人向东，灯在西，灯总悬着，但你总够不着，提不走。日本侵略者占领郑州时，夜里总向灯明处放枪，穆民便将坟迁移到寺内大殿西南角，位于马振九阿訇的坟西边安放。”77 岁的李福安老人说：“马长清阿訇坟上明灯的事，人人皆知，这是马阿訇德政的重现，绥民流芳啊！”

开封、郑州等处众穆民思慕马长清阿訇盛德大业，郑县城内大寺 8 位教长、25 位学子、63 位乡老仝立墓碑。由其学生范庭三沐手撰文，由 12 岁就是秀才的马云祥沐手书丹，其书法艺术价值冠寺存 14 通碑文之首。由监工铁笔孙魁元刻石的墓碑，耸然屹立在清真大寺大殿西角供人瞻仰。我阅后亦顿生仰慕之情。

马阿訇虽然离开我们 66 年了，而他那温文尔雅的音容笑貌，魁伟的身躯，雍容大度、不卑不亢、和蔼可亲的形象仍然活在众穆民心中。他为伊斯兰教事业辛勤耕耘、恩泽众生数十年，口讲指画天方经，“传百余侣、承先启后，赤泥门徒，剖晰学术不懈”的崇高精神，后人仍然念念不忘，“阿衡功德，山高水长，真宰眷顾，穆民表坊”。两世福泽，荣升天堂。

（原载于《河南穆斯林》，2004 年第三期，32 页）

辛亥革命武昌首义参加者马德和烈士回族族籍考

杨运鹏

1911年10月10日（农历辛亥八月十九日），随着一声炮响，武昌首义打响了辛亥革命的第一枪。刹那间，中华大地风起云涌，推翻封建帝制，开启民主共和新纪元。马德和是辛亥革命武昌起义的参加者，和中国各民族先烈们一起奋勇杀敌、不怕牺牲，缔造民国的丰功伟绩。但迄今为止在所有有关武昌首义的文史资料中却没有发现对马德和回族族籍的明确记载。在纪念辛亥革命100周年之际，笔者就马德和的回族身份进行考证，以志纪念。

一、马德和事略

马德和（1881—1911年），又名星瑞，回族，河南邓州市城关人，邓州塔院马氏家族后人，与清代武状元马殿甲的状元马氏家族为同一家族。清光绪三十四年（1908年），两湖总督张之洞组建新军，师从回族武术大师马凤贵而精通武术的马德和欣然前往襄阳应募为学兵。入伍后，他在湖北新兵八营工程队与熊秉坤、徐万年等加入爱国志士组织“共进会”。清宣统三年（1911年）八月十九日晚，在武昌，他与熊秉坤、马修和（邓州回族）、马修道（修和之弟）、马修轩（修和之弟）等率领其他革命志士冲进了中和门，并迅速占据了楚望台军械库，德和取出了炸药，他和熊秉坤首先发难，打响了武昌首义的第一枪。一个月后，德和被提升为协统。不久，在汉口保卫战役中中弹阵亡。

二、马德和族人马蜚声的口述

马德和族人马蜚声生前告诉我：马德和少聪颖，倜傥有大志，其父名振甲，母李氏，邓县（今邓州市）塔院马氏家族后人。清光绪年间，德和公加入湖北新军。其姐姐家中曾保存有一帧德和公穿着清制军官服装，手扶指挥刀的合影像，像中的一位同志好似彭楚藩烈士。1927 年，他在《新湖北杂志》上看到胡祖舜写的《辛亥革命述略》一文，文中云：武昌起义首先发难者，为八营工程队熊秉坤、马德和，俱为共进会会员。1930 年他在辛亥革命老人王庚先（1867—1934 年）的倡议和帮助下，撰写了一份德和传略，并附德和遗像两帧和《新湖北杂志》一张，寄给南京国民政府中央党部。经审查，1933 年通知发抚恤金 200 元，托由邓县旅学南京学生——唐采源的儿子代领。他还说，1912 年秋，德和父往汉口探寻，见德和夫人。德和有一子，但后与族人断来往。不久，德和弟迁到邓县白牛乡农村居住，那里回民极少，加上德和的侄媳妇们全是汉民，后被汉化，1959 年后户籍全报成了汉族。1979 年后，邓县相关部门在调查马德和儿子不见的情况下，找到了已汉化的德和的侄孙们，但没有仔细追问就把德和先烈的族籍定成了汉族，以致使有关马德和的文章都没有明确记载马德和是回族。

三、汉族穆斯林马雷石的口述

我的汉族穆斯林朋友马雷石是民间心意拳大师，1966 年生于邓县白牛公社。雷石君说，马德和是他亲大爷。他说他家和邓州穰东状元马氏家族是同一家族，始迁祖是明初来邓州的，世居邓州宋塔塔院里，人称塔院马家，迁移到穰东的塔院马家一支中的马殿甲清嘉庆十六年（1811 年）参加辛未科考中武状元，马殿甲的后人人称“状元马”，他们的家谱排辈诗是：洪修连子明，德礼万世昌；三元成福厚，宗祖显荣光。雷石君说他是

“万”字辈，他的父辈们生前都是回族，只是到了他们这一代才被汉化，但2000年他已在海洪良、金胜利等阿訇的帮助下开始信奉伊斯兰，且又从白牛乡迁回邓州城内，其孙子现在已恢复为回族。这充分证明了马德和是回族。

四、马德和的牺牲对内乡辛亥首次起义的影响

据邓州回族学者马祥友和汉族穆斯林马雷石等考证，马德和自幼习武，随马风贵习练心意六合拳及唐氏枪法。同时学艺的有王玉臣、孟华臣、胡月珍、陈世奎、陈世喜、陈世高、陈喜昌、陈世丰、陈银昌、陈洪昌、陈兴昌、黑银昌、陈兴涛、杨守田、杨景贵、杨洪义、杨洪汉、马祥和、马干臣、马祥呈、马书顺、马书江、马书保、孙玉璋等，而且除了杨洪义和杨洪汉外，马德和及其所有的师兄弟们都拜为结义兄弟。除了孙玉璋（邓州十林镇北河池村人）、王玉臣（邓州刁河店人）、孟华臣（邓州城郊人）和胡月珍（邓州林扒镇人）4人外，其他全是回民，其中的杨守田、杨景贵、杨洪汉、杨洪义是内乡回民，杨守田与杨景贵是堂兄弟，杨洪汉、杨洪义是杨守田的侄子。笔者是内乡杨氏家族的后人，我的族伯父杨华志生前多次告诉我，杨守田与邓州回民马德和、陈世丰之间关系最为密切，马德和是邓州城内人，陈世丰是邓州张村人。这又更加充分证明了马德和是回族。

清光绪三十四年（1908年），湖广总督张之洞组建新军，在襄阳招募学兵，马德和、孟华臣和胡月珍都去应募从军。孟华臣被分配到湖北第8镇32标炮队当兵，后秘密参加“军队同盟会”，武昌起义时，是起义炮兵部队的领导人之一。起义成功后，华臣任军政府革命第二协四标炮兵管带（相当今炮兵团长），辛亥年十月二十七日（1911年12月17日）过江追击清军时，在汉口的六渡桥壮烈牺牲。胡月珍被分配在陆军特别小学当学兵，后参加“军队同盟会”，而后到42标，为该革命组织“文学社”的总代表。武昌起义时，月珍率领42标一营起义同志，占领龟山及兵工厂。起义成功后，月珍在安、襄、荆招讨使季雨霖部下，任独立第19标营长，后

被黎元洪杀害。

辛亥武昌起义成功及马德和、孟华臣二位结义兄弟牺牲的消息传到了与武昌相距不远的河南内乡后，身为“江湖会”内乡首领的杨守田感到反清的时机已经成熟，为了给马德和、孟华臣二位结义兄弟报仇，暗中与邓州革命志士项春元、孙玉璋、陈世丰等联络，试图在内乡举事。辛亥年腊月三十日（1912 年 2 月 17 日），项春元、孙玉璋、陈世丰等率领邓州张村、十林等一带义民（多系回民）300 多人，高举两面五色国旗和一面七星旗，手持长矛大刀，浩浩荡荡地开往内乡，当日下午抵达内乡城下。杨守田命人打开城门，欢迎义军入城。革命军攻入县衙，抓住县丞邱铭勋，逼其把县印交给杨守田，接着打开监狱放出犯人，又张贴安民告示，还分发县官们的银两给贫民，要求男子们剪辫子，女子放小脚。次日，革命军遭驻守在淅川荆紫关清军任福元的攻击，陈世丰遇难，杨守田逃跑。不久，杨守田被清军杀害于内乡县衙门前。这就是由回族领导和主要由回族参加的辛亥内乡首次起义，而辛亥武昌起义的成功及杨守田之结义兄弟马德和、孟华臣的牺牲，无疑对这次起义的发生产生了非常积极的影响。由此从另一个角度佐证了马德和是回族。

笔者今撰此文，概述了回族先烈马德和等 100 年前与中国各民族先烈们一起奋勇杀敌，不怕牺牲，缔造民国的丰功伟绩，借以恢复马德和族籍的本来面目，并激励后人为振兴中华而努力奋斗。

（原载于《伊斯兰文化研究》，2012 年第四期，总第二十八期，63 ~64 页）

辛亥革命首义回族志士马骥云

答振益

马骥云原名马少青，回族，河南省固始人，出身于城市贫民的家庭。因家境贫寒，为生活所迫，流落武汉，被迫入伍后，在新军第八镇十五协二十九标当兵。他痛恨清朝廷的专制、腐败和民族压迫政策，反对帝国主义在中国横行，同“本标高尚志、杜武库、龚振炮（霞初）、甘绢熙、谢超武……等均富有革命命思想，以是常相过从，作排满活动”①，积极参与了湖北革命团体的组建工作。

1905年2月，刘静庵、曹亚伯等在武昌组织日知会，次年2月正式成立。刘静庵等每逢星期日常在武昌圣公会内之日知会及文华书院等处讲演中国之危亡及世界革命史，宣传革命，经常到会听讲者达数百人。马骥云也经常前往参加集会，遂加入日知会。②

当日知会酝酿组织的时候，1905年8月，同盟会在日本东京成立，成为全国革命领导中心，并很快和日知会建立了联系。1906年，同盟会湖北分会成立时，马骥云“在汉口参加了同盟会”③，为湖北早期同盟会会员之一。

同年，同盟会会员刘道一在湖南发动萍乡、浏阳、醴陵会党起义。日知会密谋在湖北响应，为清政府察觉，刘静庵等9人被捕，日知会被查封。“曾参加日知会之各界人士，激于义愤，纷纷组织革命团体。”④ 在这些革

① 《辛亥首义回忆录》（二），56页。

② 《辛亥首义回忆录》（二），59页。

③ 《马骥云简历表》，存湖北省委统战部。

④ 《辛亥首义回忆录》（二），57页，关于马骥云组织振武尊心社一事，蔡寄鸥《鄂州血史》第18页和杨玉如《辛亥革命先著记》第21页均有记载。

命小团体中，就有“马骥云、陈人杰等人组织的振武尊心社”[1]。马骥云在日知会解散后的困难条件下，仍然坚持了斗争。

1908 年，为了统一革命力量，经蔡济民等人联络，二十九标中各种革命团体合并为军队同盟。其领导层除标代表、副标代表外，下设交际、宣传、登记、军备、庶务 5 个组，马骥云为登记组负责人，[2] 是该组织重要领导成员之一。后来蔡济民之所以能与孙武、蒋翊武鼎足而立，即得力于军队同盟。

1909 年，孙武等人在汉口成立共进会，二十九标蔡济民等人首先加入，不久，马骥云也加入该会。1910 年 4 月，长沙饥民暴动，群治学社和共进会鄂部总会力谋响应。事情泄露后，孙武避走，共进会活动暂停。1911 年春，随着全国革命形势的急剧发展，共进会再度恢复活动，在武汉地区分别设立秘密机关多处，马骥云在武昌昙华林的住处奇英学舍就是当时设立的秘密活动机关之一。[3] 当时由邓玉麟负责设在武昌黄土坡二十号的同兴酒楼，是专门“结纳新军吸引同志”的秘密联络机关。在侦探密布的情况下，马骥云不顾个人安危，经常前往联系，[4] 为在新军中发展扩大革命力量做了不少工作。

武昌首义前夕，马骥云作为二十九标和共进会的代表之一，多次参加起义前革命党人的秘密会议和起义的筹划工作。9 月 24 日，他参加了在武昌胭脂巷机关部召开的共进会与文学社的联合大会，商定首义日期和制订起义计划。[5] 在这次革命党人骨干分子参加的会议上，商定起义后军政府组成人员时，他被推为军政府的司勋[6]，作司令和军事筹备员。[7] 武昌小朝街八十五号，原为文学社总机关，自文学社、共进会两团体正式合作后，

---

① 《辛亥首义回忆录》（二），57 页，关于马骥云组织振武尊心社一事，蔡寄鸥《鄂州血史》第 18 页和杨玉如《辛亥革命先著记》第 21 页均有记载。

② 《辛亥首义回忆录》（二），59 页。

③ 杨玉如：《辛亥革命先著记》，28 页。另外《辛亥首义回忆录》（一）第二版第 57 页和（三）第 84 页均有记载。

④ 《辛亥首义回忆录》（一）第二版，第 95 ~ 96 页。

⑤ 蔡寄鸥：《鄂州血史》，59 页；《辛亥首义回忆隶》（一）第二版第 22 页。

⑥ 杨玉如：《辛亥革命先革记》。

⑦ 《辛亥首义回忆录》（二），128 ~ 129 页。

便成为起义军事总指挥部，一切有关军事上的问题，均在此处商讨。马骧云作为军事筹备员，常到此处汇报情况，研究武昌街道分布和起义时队伍具体布置计划。① 10月9日，孙武在汉口俄租界宝善里秘密机关赶制炸弹失慎爆炸，沙俄巡捕闻声赶到，将枪支、旗帜、册籍、文告全部搜去，秘密机关遂遭破坏。清吏根据沙俄巡捕房提供的名册，大肆搜捕革命党人。在这千钧一发的时刻，黄元吉、杨玉如、马骧云等人挺身而出，在汉口开紧急会议商讨对策，会后很快将汉口宝善里机关被破获的情况告诉了武昌革命党人，② 避免了更大的损失。

武昌首义爆发后，马骧云积极参与了进攻督署的战斗。工程八营打响了武昌首义的第一枪，民军很快占领了楚望台军械库。为了摧毁清王朝在湖北反动统治的首脑机关，起义军决定分左、中、右三路进攻总督衙门，其中左路军负责进攻总署正面的战斗，最为激烈。马骧云和杨选青、夏一鸣等人主动赶往参加战斗，"以必死之心冒敌人炮火喊杀前进，至督署衙门以内"③。在炮兵和其他两路起义军的配合下，很快攻占督署，取得了武昌首义具有决定意义的胜利。

攻占督署后，蔡济民与马骧云等又率队参与攻占善后电报等局战斗。

11日，汉口光复。13日，"军政府以夏口地域重要，诚恐战端一开，内而军需困亟，外而交涉频繁，非有适当机关，不足以资内应，佥议设驻汉军政分府，就近处理。……即委托詹大悲主其事……分设司令、参谋、军需、军政、军械、军法、稽查八处。其重要职员有吴昆、马骧云、温楚珩……及其他人员约八十人"④。这就是说，汉口光复后，马骧云参加了汉口军政分府的领导工作。

武昌起义的战火硝烟未散，革命党人的血迹未干，资产阶级立宪派和旧官僚利用革命党人的软弱幼稚，轻易地进入了军政府。革命党人对他们没有坚持革命立场，甚至为其分化，革命领导权很快落入了以黎元洪为代表的旧势力手里，致使军政府处于涣散无力的境地。为了改变这种状况，

① 《辛亥首义回忆录》（二），134～135页。
② 《辛亥首义回忆录》（三），86～89页。
③ 《辛亥首义回忆录》（二），68页。
④ 杨玉如：《辛亥革命先著记》，91页。

担负起组织领导军政府的责任，以蔡济民为首的革命党人组织了与旧势力相抗衡的决策机构、起义后的革命领导核心——谋略处，作为处理当时急要事务的机关。谋略处的工作人员绝大多数“都是首义前后的革命核心分子”。它的成立，在当时起到了巩固新生的资产阶级革命政权，保卫革命成果的作用。马骥云作为革命党人的代表，参与了谋略处的工作。①

辛亥革命失败后，马骥云继续参加了反袁和反对北洋军阀统治的斗争。1912 年春，马骥云任鄂军第四镇第八协统领，兼施鹤宜稽查使。虽然第四镇自成立起始终是拥护黎元洪的，但袁世凯对革命党人掌握兵权仍不放心，1913 年把他调往北京陆军部任部附闲职。②

1913 年，邓玉麟在函复袁世凯报告辛亥武昌首义有功人员时说：经“邀集同志，互相回忆前年有功人员，计六百八十五人，分甲乙丙丁四种”，其中甲种计 136 人，马骥云名列 35 名，排在方兴、吴兆麟、熊秉坤之前，③ 由此可见其在辛亥革命武昌首义中的地位和作用。

1915 年，袁世凯称帝阴谋暴露后，熊晋槐受孙中山的委托，在汉口组织领导湖北革命党人进行反袁斗争。1916 年春，先后两次发动南湖炮队起义（第二次起义尚未发动即遭镇压）。在此前后，革命党人还进行了反对王占元特务统治的斗争。马骥云不仅积极参与了这些斗争，而且在斗争中极为勇敢。他和革命党人“身上都带有三角形的药水刀子，对反动派的走狗，哪里遇到就在哪里同他们干。就这样，侦缉老爷们被党人弄死了不少……向海潜、马骥云、吕丹书等杀死了走狗几十个。……经过党人这种坚决的斗争，王占元的稽查长周三毛甘愿两不相犯”④，沉重地打击了敌人的反动气焰，保证了反袁斗争在湖北的进行。

袁世凯死后，段祺瑞操纵北京中央政权。1917 年 7 月，孙中山为反对

---

① 《辛亥首义回忆录》（四），100 页。关于谋略处的成立，胡祖舜《武昌开国实录》、张难先《湖北革命知之录》、杨玉如《辛亥革命先著记》均有记载。但所述成员不尽相同，且都不满 15 人。杨玉如谓：“谋略处成立后首义干部李作栋、马骥云、蔡汉卿、潘公复、熊秉坤、黄元吉、方兴、李翊东、钱芸生、赵士龙、徐万年、邢伯谦、陈磊、胡祖舜等，悉凭个人熟人兴趣与需要以执役……”此说较合实际。故熊秉坤说马骥云参加谋略处工作是可信的。

② 《马骥云简历表》，存湖北省委统战部。

③ 《武昌起义档案资料选编》（上卷），邓玉麟：《致北京稽勋局公函》。

④ 《辛亥首义回忆录》（四），208 页。

北洋军阀政府解散国会，提出拥护约法、恢复国会的主张。8月，在广州成立护法军政府，就任大元帅。后因桂系军阀排挤，于1918年5月辞职，离开广州赴沪。1920年桂系军阀被击溃后，孙中山回到广州，于1921年5月就任非常大总统，准备北伐。这一时期，马骥云追随孙中山坚持斗争，曾任“大元帅府参事，兼豫南剿匪第一路军司令”[①]，直到1922年孙中山被迫出走上海后，他才离开广东。

自此以后，马骥云除在1927—1929年担任第六路军总指挥部秘书处主任外，基本上没有参与军政事务，一直定居武汉靠行医维生。新中国成立后，任湖北省文物保管委员会委员。1952年于武昌去世。

（原载于《回族历史文化论集》，321～326页，香港，香港天马图书有限公司，2005）

① 《马骥云简历表》，存湖北省委统战部。

辛亥革命斗士马骥云

史作杰

马骥云，原名马少青，1883 年生于河南固始，回族。青年时代，因为家境贫寒无以为生，流落到武汉。后来投军，在湖北省新军第 8 镇 15 协 29 标当兵。

早在 1895 年，两江总督张之洞就开始在湖北改造旧军。他购置洋枪，创办汉阳兵工厂，聘请德国、日本教官。1905 年，清政府下令成立新军，即新式军队，参照德、日等国模式，配备新式武器，改换新式服装。第二年，张之洞即把湖北常备军整编为陆军第 8 镇，张彪任统制，和第 21 混成协，黎元洪任协统。镇、协、标分别相当于师、旅、团。

当时的武汉，民主革命的思潮日益高涨，民主革命志士纷纷组织革命团体，酝酿发动推翻帝制的革命斗争。新军中不少下级军官是留日学生出身，士兵为学兵制，入伍后先当学兵，都能粗识文字，并吸收不少学生参军，因此新军下层比较容易接受民主思想，军中也建立了秘密革命团体。马骥云受革命思潮的影响，成为新军中激进的民主主义者，走上了民主革命的道路。

1906 年 3 月，刘静庵、曹亚伯、张难先等在武昌成立日知会，经常组织演讲，鼓吹革命，同时向军学两界散发《猛回头》《警世钟》《革命军》《民报》等进步书刊。马骥云经常到日知会聆听刘静庵的演讲，不久就加入日知会，迈出从事民主革命的第一步。同年，马骥云在汉口加入同盟会，成为湖北同盟会早期会员之一。这一年，同盟会会员刘道一在湖南发动会党起义，日知会密谋在湖北采取行动，响应湖南起义，但是被官府察觉，日知会被查封，刘静庵、张难先等 9 人被捕。日知会的会员们一度消沉后斗志再起，纷纷组织新的革命团体，马骥云与陈人杰等在新军中组织建立了振武尊心社，继续开展革命活动。1908 年，马骧云等把新军 29 标中的几个革命团体联合起来，结成同盟。

1905 年，同盟会在日本成立后，清政府大为震惊。在清政府的要求下，1907 年，日本政府迫使孙中山离开日本，同盟会失去领袖，出现分裂，焦达峰等人发起组织共进会以求革命志士的团结。1908 年，共进会派人员回国分赴各省建立分支机构。在共进会担任参谋部长的孙武当年冬回到武汉，建立起共进会湖北分会。马骧云拥护共进会主张，加入了共进会，积极参加了共进会的活动。

湖北共进会的同志们知道，要推翻清政府，靠会党赤手空拳不行，但是建立自己的武装，又没有那么多的财力。于是想到，把新军中的人员争取过来，让敌人的实力变为革命的力量，岂不是上策？他们就把扩大共进会组织的重点放在新军方面。马骧云在这方面发挥了不小的作用，成为共进会在新军中的骨干之一。他的住处成为革命党人的一个秘密活动地点，当然这要担很大风险。但他不顾个人安危，积极为壮大共进会的力量奔走。1911 年初，另一个重要革命团体振武学社改名为文学社，基础全在新军，各协、标、营、队都有很多士兵是文学社社员。7 月 22 日，共进会和文学社协商组成联盟，建立总部。9 月 24 日，两个革命团体正式联盟，成立湖北革命军指挥部，并制定了起义计划。马骧云作为 29 标共进会的代表，参加了两组织结盟的活动。指挥部由文学社负责人蒋翊武和共进会负责人孙武分别任总指挥和参谋长，马骧云被推举为日后军政府的司勋和军务筹备员。

武汉的局势越来越紧张，一方面由于七八月间湖南和两广会党暴动失败，湖北总督瑞徵闻到了火药味，派军警密探四出活动，为了防止新军士兵起事，还收封了子弹。另一方面，革命会党也加紧暴动的准备。湖南、湖北两省相连，湖南饥民掀起抢米风潮，湖北有新军中的革命会党作骨干，这都利于发起武装起义。湖南革命党负责人焦达峰来武汉，与湖北方面孙武、蔡新民、彭楚藩以及新军代表马骧云等商定两省互相配合，共举大事。

但是起义计划被意外事件打乱了。10 月 9 日，孙武在试制炸弹时不慎发生爆炸，并受伤住院。俄国巡捕闻声赶来搜查，把为起义准备的旗帜、符号、名册等尽行搜去。瑞徵立即下令全城戒备，搜查革命党人。形势骤然紧张，革命军指挥部决定当日晚 12 时举行起义，规定以炮声为号。不料，点发信号的命令没有送达到炮兵手里，当晚起义指挥机关又遭破坏，总指挥蒋翊武逃出，刘复基、彭楚藩、杨洪胜遇害。此刻，革命党如不发动起义，就只能坐以待毙了。在失去指挥的情况下，10 月 10 日晚，新军第 8 镇工程营共进会会员熊秉坤带领士兵仓促发难，打响了武昌起义的第一枪。各标、营、队的会党成员也随之按原计划行动起来，以楚望台军火库和督署衙门为主要攻击目标。马骧云参加了攻打督署的战斗，经过激烈拼杀，起义军攻战了督署，湖北总督瑞徵、第 8 镇统制张彪狼狈逃命。起义军取得了决定性的胜利。紧接着，马骧云又去参加了攻占电报局的战斗。

武昌起义胜局已定。起义会党考虑需要一位有名望的人来掌握局面，当晚就劫持并逼迫 21 混成协统领黎元洪出来做头领。黎本来反对起义，不肯答应。熊秉坤、马骧云等将黎送至谘议局，迫使他出任“中华民国军政府湖北都督”。第二天，汉口被起义军占领，13 日成立汉口军政府，马骧云参与了军政府的领导工作。不久，革命党人成立了以蔡济民为首的决策机构——谋略处，由武昌起义的革命核心分子组成，马骧云为谋略处的一名成员。

武昌起义发展为辛亥革命，结束了封建帝制。马骧云积极参加了起义的准备工作和武装起义的过程。他为民主革命奔走不息，不畏艰险，是辛亥革命的一名斗士。

辛亥革命因袁世凯的倒行逆施而失败了。马骧云又参加了反对袁世凯和北洋军阀的战斗。从 1912 年春至 1929 年，他任过鄂军第四镇第八协统领、国民革命军第六路军总指挥部秘书处主任等职。以后退出军界，定居于武汉。新中国成立后任湖北省文物保管委员会委员，1952 年去世。

（原载于《回族杰出人物》，182～185 页，西安，陕西人民教育出版社，1999）

庞士谦阿訇其人其事

李华英[1]

庞士谦阿訇于1902年1月16日出生在河南孟县桑坡村一个穆斯林家庭。他秉承父志，自幼便开始接受伊斯兰教启蒙教育。庞阿訇在青少年时代读过四书五经，但主要是攻读伊斯兰经典。因天资聪明，学习成绩始终处于佼佼者地位。加上受当年新思潮的影响，其思想敏锐、见地深邃。1924年，在他22岁时就走进阿訇行列，但因发现清真寺的传承方式过于陈旧，便离开阿訇队伍而独辟蹊径，走上了一条更艰辛、对伊斯兰事业贡献更大的人生道路。尽管他的阿訇生涯极为短暂，而且又是过早地离开人世，但由于他温文尔雅，仪表堂堂，既有长者气质，又有学者风度，人们多以"庞阿訇"或"庞老"相称，以示崇敬。庞阿訇离开郑州后，先是回到故乡创办"经汉小学"，后来又到山西晋城培养经、汉两用人才的崇实学校任教。1926年，在庞阿訇24岁时，他与同仁一起在郑州创办了伊斯兰研究社。该社除了开展伊斯兰教研究外，还建立了小学、成人班和妇女讲演会等文化教育设施。这在当时穆斯林不愿学习汉文化的情况下，庞阿訇主持这个伊斯兰文化机构达4年之久，是相当不容易的。1930年，庞阿訇应聘到北平成达师范学校任教。这是一个以"宗教救国"为宗旨的新型穆斯林学校。到庞阿訇莅任时，从教学制度到课程设置已趋于正规。这对一位缺乏教学经验，又不到"而立"之年的教师来说，无疑是严峻的考验。然而，本着对伊斯兰事业高度的使命感和责任感，他发愤图强，边教边学，逐步胜任了教学工作。

庞阿訇并未受过系统的普通教育。为了弥补这一缺憾，他在生活极为

① 李华英，回族，《人民画报》译审。

清苦的情况下，除了完成本职工作外，还潜心提高汉语水平，旁及各种知识，并逐步开始了翻译、写作，先后发表了不少文章。他以深厚的伊斯兰文化底蕴和简练的笔触，在顾颉刚先生主办的学术杂志《禹贡》1937 年 7 卷第 4 期上发表的《中国回教寺院教育之沿革及课本》一文具有很高的学术价值，以至被白寿彝教授当作范文辑入其《中国伊斯兰史存稿》一书附录。时年 35 周岁的庞阿訇，靠自学成才，能写出这样高水平的学术论文实属难能可贵！

1938 年，庞阿訇率中国留埃及学生团一行 16 人，漂洋过海，来到开罗，进入爱资哈尔大学攻读教法、圣训学。尽管他当时已近不惑之年，却以惊人的毅力，刻苦钻研，最后成为不可多得的中国穆斯林学者。由于庞阿訇处处为人师表，他在开罗期间，颇受人们敬重。他除了被校方委任为中国学生部部长外，还应聘担任埃及国王东方文化事务顾问、爱资哈尔大学中国文化讲座讲师等职务。他利用这个有利条件，对外介绍中国的悠久历史及灿烂文化。他还用阿拉伯语著有《中国与回教》一书。凡此等等，都是庞老在中阿文化交流史上留的光辉足迹。

庞老在开罗留学期间，国内的抗日烽火连天，基于民族义愤，他与马坚等 30 多位同学一道积极为抗日战争奔走呼号，受到我国著名教育家陶行知先生的高度赞扬。陶行知先生在《海外的故事》一书中写道：“他们（指庞士谦、马坚等 31 位中国留学生）所进的学校，是世界上最古老的学府——爱资哈尔大学……他们在勉强的生活费中，还提出一些钱，在海外对侮辱祖国的日本帝国主义，作强烈的抵抗宣传。”他还写道：“到了埃及，还有一件事是我印象最深的。在尼罗河畔阳光笼罩的金字塔下，一曲雄壮的《义勇军进行曲》传向沙漠的边际去。这是三十一个中国回教徒留学生工作之余的歌声。”不仅如此，陶先生感动之余，触景生情，写下了这样的诗句：“巍巍金字塔，浩浩尼罗河。法老如犹在，惊醒问谁歌?”

日本占领中国大片河山后，竟然拼凑一个朝觐团到圣地麦加进行欺骗宣传。庞老接到达浦生、马松亭阿訇的通知后，不辱使命，遂与马坚先生等同学在 3 日内组织了一个 28 人的朝觐团，浩浩荡荡前往麦加，履行穆斯林的朝觐义务。同时在各国朝觐者中广泛散发《告世界回教教胞书》，并通过发表演讲，接受记者采访的方式，揭露日寇侵略中国，杀害无辜百姓的暴行，粉碎了敌人的阴谋。

作为一位穆斯林学者，庞老教门虔诚。其弟子，已故北京大学教授刘麟瑞先生回忆说："我们与庞士谦老师，前后相处15年之久，他坚持斋拜，始终不渝。在我的脑海里，他留下的是一个虔诚的穆民和谦和的穆斯林学者的形象，他永远是我崇敬的前辈。"庞阿訇自幼热爱回回民族，关心回族的历史和发展。他视野开阔，追求光明。为了使自己的民族兴旺发达，他强调伊斯兰教是两世并重的宗教。这就是穆斯林在履行自己的宗教义务以绸缪后世的同时，还应该追求今生的幸福，二者不可偏废；主张在不违背伊斯兰教精神的前提下，应该不断创制出新的教律，从而使宗教与时俱进；为提高穆斯林的民族素质，他还提出"治贫治愚"两大目标，一再强调"将来的回教建设应由教育入手"。此外，庞老对新生事物一向持积极支持态度。1951年土改期间，他在《光明日报》上以《共产党领导回民翻了身》为题著文，歌颂了中国共产党领导的土地改革，从而打消了部分穆斯林在这个问题上的错误认识。

庞老在埃及度过9年后，于1946年率留埃学生团回国。1947—1949年，他除了在马松亭阿訇主办的北平经学院任教外，还恢复了《月华》杂志，创办了《月华周报》。在其担任两刊主编期间，曾撰写了大量学术论文。

新中国成立初期，庞老在积极参与筹建北京回民印刷厂的同时，还整理出版了《埃及九年》《回教法学史》《和平之使命》《回教认识的派别》等译著。1952年，庞老与包尔汉、达浦生、马坚等穆斯林知名人士一道，发起并筹建中国伊斯兰教协会。1953年，该会成立时，庞老当选为该会常务委员。

庞老的弟子杨有漪教授说："受过庞老师教诲的学生遍及各地。"由于庞老在中国伊斯兰新型学校工作时间最长，恐怕他的弟子不少于好几百人，其中留埃学生团的学子更是人才济济。他们或在回民学院、中国伊斯兰教经学院协助庞老教书育人，或到北京大学、北京对外贸易学院、上海外语学院教授阿拉伯语。庞老在北平经学院任教时间虽短，但此间的弟子也为数不少，如陈克礼、杨永昌、龚清志、刘景隆、辛智等先生，他们都在各个领域发挥了重要作用。

庞老以无比兴奋的心情迎接了新中国的成立。希望在千载难逢的和平环境中，为中国伊斯兰事业尽心尽力。尽管当年北京的对外贸易学院敦聘庞老为之创办阿拉伯语专业，却被他婉言谢绝，而始终安于在回民学院、中国伊斯兰教经学院任教，表现出他老人家对穆斯林教育情有独钟的思想境界。

在新中国成立后短短几年中受庞老教诲者也有一二百人之多。其中中国伊斯兰经学院的学生经过数年的学习，大都受到良好的教育，成为中国伊斯兰教事业的接班人。这当然是与中外（当年先后有4位埃及专家在校任教）老师们的悉心培养分不开的，但作为伊斯兰学科带头人的庞老更是发挥了关键作用。改革开放后，随着党的知识分子政策和宗教政策的落实，这些一度颇受冷落的庞门弟子，有的已经是颇有影响的宗教大师；有的担任全国政协常务委员、委员，全国人大代表，中国伊协会长、副会长，中国伊斯兰教经学院院长、副院长等要职；有的被评为教授、副教授，研究员、副研究员，译审、副译审等学术职称；有的成为其所在领域的学科带头人，荣膺有突出贡献的国家级专家称号；有的在国家级学术机构占有一席之地；有的潜心从事学术研究，著书立说；有的努力钻研阿拉伯文书法艺术，不光在国内得到广泛承认，而且多次荣膺国际奖得主称号。

庞老的人品、学品及其为国为民的巨大贡献有口皆碑，但就是这样一位难得的穆斯林学者在反右斗争中也在劫难逃。其自尊心和人格遭到践踏，精神上的折磨使之一病不起，遂于1958年11月28日含冤离开人世，享年仅56岁。一次白寿彝教授和笔者谈到庞老时，曾十分惋惜地说："士谦阿訇和静斋阿訇都是学者型的宗教家，可惜士廉阿訇还没有得到发挥就被窝囊死了。"白教授寥寥数语，既表达了他对庞老的无限同情，也说明了他对庞老被冤枉致死的无奈，好在历史终究还是为庞老讨回了公道。

（原载于《伊斯兰文化研究》，2003年第七期，总第十四期，12～13页）

著名穆斯林学者庞士谦年谱

李华英　庞宝光

庞士谦，字益吾，经名穆罕默德·塔瓦杜阿①，1900 年② 1 月 16 日（农历庚子年十二月十六），生于河南省孟县（今孟州市）桑坡村庞氏家族。

孟县，在黄河北岸，自古就是人类活动十分活跃的地区。春秋战国时期属河内，秦时为河雍县，汉时为河阳县，唐末为孟州，明代改为孟县，改革开放后改为孟州市。桑坡是孟州市东部的一个村子，当时人口逾万，全为回民。桑坡名称的由来，据传说，当地是后晋集贤殿大学士（相当于宰相）桑维翰葬身之地，且地势北高南低，呈坡状，故而得名。

孟州桑坡回族的历史，据史料可追溯到宋末回族先民来华之时。《孟县志·职官志》载：南宋理宗绍定四年（1231 年），蒙古国窝阔台汗西征途中命曷思麦里率部驻军怀（怀庆府，今河南沁阳市）、孟（孟州，今河南孟州市），以防金兵南下。次年，委任曷思麦里为怀孟达鲁花赤，从此怀孟达鲁花赤一职在曷思麦里家族中传承了 4 代百余年。曷思麦里是中亚吉尔吉斯回回人，原为柯散城八思哈长官，后降蒙古军，其所率之军队，为探马赤军中之回回军，任务是“上马则备战斗，下马则屯聚牧养”。有关这支回回军进驻怀孟地区的情况，虽缺乏史料记载，但种种迹象表明，

---

① 塔瓦杜阿，阿拉伯语音译，意为谦逊、谦和。其尾音“阿”，也有译为“尔”的。按阿拉伯语的读音，汉字“阿”与之靠近。庞老师生前在使用这一名字时，都写为“阿”，名从主人，以拼写为“塔瓦杜阿”为宜。

② 庞老师的生年，在一些材料里有两种说法，一是 1900 年，一是 1902 年。根据现存 1941 年埃及开罗中国领事馆为之签发的华侨登记证推算，当为 1902 年，而其知情人断定庞老师是鼠年生人，从这个角度讲，说他是 1900 年生人为宜。

桑坡不仅是他们的驻地，而且是他们安家落户、繁衍生息的地方。其一，在历史上，桑坡是孟州境内唯一的纯回民村落。其二，桑坡虽为农村，其村民却不以耕种为谋生手段，而以皮业为经济命脉，这明显是探马赤军从事牧养，为蒙古军生产御寒装备和骑兵装备的经济生活的遗风。其三，桑坡有着虔诚的伊斯兰教信仰，宗教教育发达，有“小麦加”之称，历史上出过许多知名的阿訇，深受中亚伊斯兰文化的影响。其四，桑坡人的姓氏，大多具有由阿拉伯文名字首音或尾音转化为汉姓的特点，桑坡人的名字，除小名、学名外，都另有经名。其五，有些桑坡人明显或不明显地有阿拉伯人、波斯人或中亚人的体貌特征。其六，桑坡人的语言中保留有不少阿拉伯语和波斯语语汇。其七，桑坡人的社会生活与周边村落存在着比较显著的差别。

庞氏家族在桑坡人口中是极少数，在1000多户中只有十几户。庞士谦之父庞同禹，兄弟三人中行二，以制皮为业，笃信伊斯兰教。其母买氏，生庞士谦及其弟两人。桑坡庞氏的来源缺乏史料记载，但从庞氏家族，特别是庞士谦三叔一支的体貌特征来看，深眼窝，高鼻梁，大胡子，波浪式头发，颇具中亚、西亚人的风采。

1905—1909年

庞士谦4岁4个月零4天的时候，被其父送到桑坡清真西寺丁长升阿訇门下接受伊斯兰教启蒙教育。其间，庞士谦因阿拉伯文的教材难度较大，曾多次要求读书，但由于此念在当时有悖于回族的历史传统，而未被允许。

1910年

经过庞士谦再三要求，其父允许他到本村姬绍公先生的私塾去读书。在那里学习了《百家姓》、四书，还旁听了《二论典故》《最新国文》和《修身》，初步掌握了一些汉文。

1911 年

“辛亥革命”成功，一些有钱人家的子弟到县城去读高小，为防止庞士谦再次提出读书的要求，其父带他到洛阳丁继高阿訇门下，读了几个月的阿拉伯文，然后又回到桑坡。

1912—1914 年

在桑坡跟随王松岭、买广德、石万聚三位阿訇学习。先读“连五本”（阿拉伯文基础知识），随后深入学习《满俩》（阿语语法大全）和《白亚尼》（阿拉伯语修辞学）等。在这一段时间里，庞士谦仍不时到姬绍公先生处学汉文。

1915—1916 年

在桑坡随丁锡忍阿訇学习《勒目阿提》（理学）、《伟戛业》（教法经）和《开俩目》（认主学）。

1917 年

北京的穆斯林学子马松亭到桑坡，也跟丁锡忍阿訇学习《勒目阿提》，二人同窗。马松亭长庞士谦 6 岁，二人志同道合，终生为友，为中国新式伊斯兰教文化教育事业共同奋斗。

1918—1920 年

在桑坡跟随杨泰贞、马蓝田二位阿訇学习阿拉伯文经典，同时跟张秉礼阿訇学习波斯文。1920 年，庞士谦 20 岁，经媒人介绍，父母做主，与桑坡马岗马氏之女结为夫妻。

1921 年

到沁阳汪街清真寺投马连三阿訇门下念经，在这里“穿衣挂幛”。其间马阿訇接到郑州清平里清真寺的聘书，但他在汪街清真寺的任期未满，于是便命学有所成的得意门生庞士谦前去代位。（这说明学有所成的庞士谦至此开始步入社会。笔者作为他的弟子，不宜再直呼其名，故以下均以庞老师称之。）

1922 年

在郑州清平里清真寺代位期间，庞老师招了两名海里凡，一人学习阿拉伯文语法《满俩》，一人学波斯文词法《法苏里》。

在此期间，泰和成银号经理白敬甫先生发现庞老师每日读报，有志于学，便劝他考省立中学，并表示愿予以资助。庞老师碍于已投身教门，且有家庭负担，再去读书已不现实，便婉言谢绝了。

1923 年

马连三阿訇到清平里清真寺上任后，庞老师遂回故里桑坡。此间，庞老师应聘主持该村新建“经汉小学”工作。由于庞老师没有学过教育，又没有办学经验，因怕“误人子弟”，时过不久便告辞了。

庞老师随后到山西晋城，在马自成阿訇门下深造。马阿訇是有名的大阿林，不仅以讲授认主学见长，而且毕生致力于经汉教育，其为人为学对庞老师都有很大影响。

1924 年

庞老师到许昌师从擅长讲《克俩目》的虎延璋阿訇。虎阿訇是河南新派中数一数二的大阿訇，有许多新的见解，对庞老师有很大影响。

1925年

庞老师不愿意以“海底业”为生活来源，而打算从商。他把自己想去甘肃买生皮，回桑坡熟制，做成皮衣，然后到大城市出售的想法告诉父亲，但其父另有让他去甘肃念经的念头，二人的想法虽有不同，但到甘肃去的目标却是一致的，于是便成行了。

当时从河南到甘肃，火车只通到观音堂（今河南陕县附近），还未出河南省，再往西就要徒步而行。时值寒冬腊月，途中做礼拜洗小净，冻得手脚裂口，难于行动，但是他们硬是克服重重困难，到了张家川。后来，庞老师在回忆这段生活时写道：“这是不懂‘侯坤’（教规）所致。殊不知旅行的人应用‘土净’，那样冷的天也应用‘土净’，教门是益济人而不是伤害人的。”

在张家川，庞老师一方面采购生皮，一方面到清真东寺听安宏宝阿訇讲经。半年后，他将采购的生皮运回桑坡熟制，制成皮衣后到汉口出售。由于庞老师没有做生意的经验，连吃带住，再加上旅途费用，货卖完了，钱也花光了，于是又到晋城投奔马自成阿訇。

1926—1929年

这时，马自成阿訇正在办“崇实学校”①，就留庞老师在校任教。后因校董办事不力，庞老师便辞去教职前往郑州。

在郑州，庞老师与友人刘志三阿訇、郑研真先生共同创办了“伊斯兰文化研究社”，这是在郑州建立的新设施。它的指导思想是要把清真寺变为集礼拜、研究教门中问题，融教育和社会活动于一体的场所。除清真寺

---

① 崇实学校，系山西省教育厅厅长马君图先生出资，由马自成阿訇负责，在山西晋城创办的回民学校，有小学部和中学部，小学部又称“崇实小学”，创办于1920年，中学部又称“崇实中学”，创办于1926年。崇实学校提倡实业教育，带有职业教育性质，并有这方面的课程安排。抗战期间，师生随山西回民抗日义勇队转移，实行流动教学，原校址和教学设备于1941年为日军焚毁。1943年，马君图先生因内奸出卖而被捕，于1945年壮烈殉国，学校也随之停办。

应有的设施外，还设有成人教义研究班、妇女演讲会，订有书报杂志供回民群众阅读，在阅读过程中遇到共同关心的问题或疑难问题，随时提出并进行讨论，交流看法，以提高社会知识、科学文化知识和宗教知识。“研究社”还创办了一所小学，以培养回民子弟。为了给小学筹集建校经费，庞老师曾到许昌、汉口、上海等地进行募捐，所募之款一部分用于建筑校舍，一部分作为基金以维持学校的开支。在当时回民社会尚未走出“读汉文变汉人”误区的状况下，开办“研究社”是一个大胆的尝试，给回民带来了新的曙光。星星之火可以燎原，渐渐地这颗火种在桑坡、平凉等地也燃烧了起来。

1930 年

庞老师帮助张文正先生在桑坡创办了一所正规的回民小学，命名为“桑坡公立完全小学校”。庞老师十分关心该校的发展，不仅经常与校领导研究教学和学校发展问题，而且给同学讲话，讲时事，讲学习，讲民族，讲教门，启迪大家的思想。这所学校有三大特点：一是适应桑坡人的民族宗教生活，每周以“主麻日”为星期天，斋月上半天课，回民节日放假；教学内容安排有《回民常识》等课程。二是适应桑坡人的经济生活，暑假期间，组织三年级以上学生拜师学习熟皮制革技能；麦收季节，组织高年级学生参加麦收，低年级学生帮助捡拾麦穗。三是强调师资质量，从上海、山西等地聘请大学毕业生来校任教，教学质量高，在全县小学中名列前茅，很受村民欢迎，周边汉族学子慕名前来就读者也不乏其人。学校毕业生大都考入山西晋城崇实中学、北平成达师范以及后来的陇东师范。抗战军兴后，不少青年学子投笔从戎，参加了步兵、炮兵、通信兵、空军和青年军，抗击日本侵略者。据不完全统计，参加中央军校各分校、各期的学员达 43 人之多，有的壮烈牺牲于沙场。

本年，庞老师应老友，北平成达师范学校①代校长马松亭阿訇之邀到该校任教，一方面教授阿拉伯语启蒙读本、阿拉伯语语法，一方面兼训育工作。

北伐胜利以后，全国各族人民士气大振，回民振兴民族、振兴教门的思潮也大为活跃。此间，在北平各大专院校学习的回族青年，联合起来组织了“伊斯兰学友会”，成为最早的回民青年组织。1930 年，该会会员条件放宽，庞老师等年纪稍长者也相继加入。该会会址设在北平东四牌楼清真寺，与成达师范在一起，其思想活动对成达中青年教师和学生产生了很大影响。

本年，庞老师担任《月华》杂志②编辑，并开始关注各国穆斯林的动态，发表了《立陶宛的穆斯林》（载《月华》第 2 卷第 34 期）。

同年，庞老师结发妻子马氏夫人因病在桑坡归真。

1931 年

“九一八事变”后，全国各地抗战活动风起云涌，伊斯兰学友会在《月华》杂志上发表《学友会抗日宣言》。成达学生积极参加校外的游行示威和宣传抵制日货的活动，在校内组织了“抗日铁血团”，出版油印小报《铁血周刊》。庞老师对学生的爱国活动给予积极支持，对油印工作多方面提供方便，对稿件文字经常提出修改意见。平日，庞老师对学生的起居生活、伤痛疾病、品行陶冶、言行操守，都关怀备至，耳提面命。考试期

---

① 成达师范学校，回民群众集资创办的一所中等学校，1925 年成立于济南。校长唐柯三先生，实际主持人（一般称“代理校长”）为马松亭阿訇。其宗旨是培养伊斯兰的“教长”、回民学校的“校长”、回民群众组织的“会长”（俗称“三长教育”）。1928 年“济南惨案”后迁北平，在全国回民支持下，有了初步发展。1937 年“七七事变”后迁校桂林，1944 年湘桂撤退时迁重庆，1946 年抗战胜利后复员北平。1941 年被迫改为国立，学校性质变成为一所普通的师范。1949 年解放后，与西北中学、燕山中学合并，组建为回民学院。

② 《月华》杂志是民国时期回民创办的一本出版时间最长、发行面最广、影响最大的刊物。1929 年由回族名人马福祥、唐柯三、马邻翼、马松亭等创办于北平。在其 20 年的刊龄中，经历了抗战以前、抗战期间和胜利以后三个阶段，三次迁徙。其方针任务在这三个阶段中，文字表述各有侧重，但其主体思想却是一脉相承的，即发扬伊斯兰教之适合时代潮流的精神，报道国内外穆斯林的动态，增进回民文化教育事业的发展，促进回民经济生活与政治地位的提高。1948 年终刊。

间，对躲藏在僻静之处开夜车的学生，多规劝其早点休息，以利于养精蓄锐。对个别犯了错误的同学，总是循循善诱，使之幡然悔悟。在训育岗位上，庞老师的做法是：与学生打成一片，在共同的生活中，教学相长，以身作则，以自己的言行感化学生，启发、诱导学生。

本年，庞老师发表了一系列文章，关于伊斯兰世界的有：《苏俄统治下的伊斯兰民族状况》，这是我国第一篇介绍社会主义制度下信仰伊斯兰教民族的作品，此外还有《阿尔日利亚（今译阿尔及利亚）的教育状况》，均发表于《月华》第3卷第1期。针对教门中存在的一些有争议的问题，接连发表了《为分信问题答李忠诚阿訇》《新月纠纷面面观》《对于前定问题贡献一点意见》等文章，分别发表于《月华》第3卷第1、6、7期。

1932年

《月华》主编赵振武先生随马松亭阿訇访问埃及，编务与社务均交庞老师负责。恰在此时，汪精卫、曾仲明之流唆使一些反动文痞挑起《南华文艺》和北新书局的侮教案事件。庞老师旋即组织了《月华》同人，全力以赴，从第4卷第30期到第36期，连续发表文章进行跟踪报道和舆论反击，并发号外3期，据理维护回回民族的合法权益。在这一斗争中，《月华》连发3期号外的做法，在新闻出版史上极为罕见。

此间，发展中的“伊斯兰学友会”，内部思想上发生了分歧，一部分人主张回回是一个民族；另一部分人认为回回不能称其为民族，终于在1932年导致组织的分裂，前者成立了“回族青年会”，后者成立了“追求学会”。“回族青年会”的宗旨是争取回族的自由平等，在国内实现民族自治、自决，在国际上联合穆斯林共同反对帝国主义；“追求学会”的宗旨主要是深入研究伊斯兰教教义。庞老师由于明确支持“回族青年会”的宗旨，被该会主要负责人薛文波先生誉为“高扬振兴回族的阿訇”。

1933年

庞老师在教学之余集中研究伊斯兰教法学，并翻译《伊斯兰教法史》，

在《月华》第5卷第1-36期连载。此外，还撰写了《呜呼法依萨勒王死矣》。(见《月华》第5卷第31期)

是年，埃及国王福瓦德应成达师范申请，派达理和福力腓乐两位博士来成达师范任教，北平回民各团体联合召开群众大会热烈欢迎，成达师范教务主任刘柏石先生致欢迎辞，庞老师担任翻译。(见《月华》第5卷第25期)

1934年

1934年伊始，庞老师开始给成达师范第三班学生用白话文讲解《古兰经》，并教授《台吉维德》（古兰经诵读学）历时两年之久。用白话文讲解《古兰经》，如今已不足为奇，但在当时却不同凡响。因为当年回族经师讲解《古兰经》，无不借助于“经堂语”（即夹杂阿拉伯、波斯语汇而远未规范化的汉语）。故用白话文取代“经堂语”，在当年堪称创举！

是年，成达师范组织教内著名学者成立“《古兰经》译注委员会”，准备集思广益，翻译出一本大家比较满意的汉文译本来，庞老师当选为该委员会委员。

为了普及伊斯兰基本知识，庞老师与赵振武、王梦扬先生合作编译了一套《小学教义课本》，并由成达师范学校出版部出版。这套教材经过成达附小试用后，在回族社会曾风靡一时。此外，庞老师还翻译了《那德尔汗小史》。(见《月华》第6卷第7期)

经介绍，庞老师与北平牛街粮行马家幼女素臣结婚，其配送嫁妆为教子胡同北口路东61号院的十多间房产，从此庞老师在北平重新安家。

1935年

庞老师的恩师，时任成达师范训育主任的马自成阿訇归真，庞老师与回族历史学家金吉堂先生合作撰写了《马自成阿訇传》（发表于《月华》第7卷第14期），以示缅怀。此后庞老师接任成达师范训育主任。

庞老师这年暑假回乡探亲时，带回《三国演义》《水浒传》《西游记》

《红楼梦》等古典文学名著及《古文观止》、古诗词著作，作为两个儿子的课外读物。

1936年

为成达师范第三班开讲《台弗森勒奈赛斐》（奈赛斐氏经注）。

同年，马松亭阿訇第二次访问埃及，与爱资哈尔大学校长麦拉额先生洽谈，决定由成达师范送20名学生到该校留学，在校的一切费用由埃及新任国王法鲁克一世负担。

1937年

庞老师参加留埃学生的考选工作：拟定招生简章，组织考试委员会，确定考试科目，决定考试分两次进行，6月先考取成达本校报考学生10名，7月再考外地报考学生10名。为纪念法鲁克国王的善举，这个留埃学生团便命名为“中国法鲁克留埃学生团”，任命庞老师为团长，负责组织领导工作。第一次考试后，庞老师回乡探亲辞行。恰在此时“七七事变”爆发，庞老师在郑州与途经于斯的回族著名人士唐柯三、王曾善、常子春、白孟余、王静斋诸先生交换意见，决定留学埃及计划不变，其本人暂留郑州，以集合内地的成达师生，并接受委托代中央军校第六分校第十五期回民大队在郑州招生。12月10日，庞老师带所集合的成达学生和所招收的军校学员四五十人到武汉，军校学员交第六分校住汉口办事处，成达学生则到湖南衡阳，与水路迁校的师生汇合。庞老师留在汉口，与唐柯三校长一起办理留学生的出国手续。由于受战事影响，留学生的第二次考试无法实现，第一次录取的考生有的也发生了变化。经再三商定，最后确定成达11名、上海2名、新疆2名，共15名，分别为马继高、马宏毅、张怀德、熊振宗、杜寿之、高福尔、马维芝、刘麟瑞、张文达、范好古、杨有漪、金茂荃、王世清、丁在钦、李鸿青。

是年初，庞老师就经堂教育[1]的形成、发展及所采用的教材进行研究，撰写了《中国回教寺院教育之沿革及课本》（发表于《禹贡》半月刊第7卷第4期）。这是我国研究经堂教育的第一篇系统的学术著作。

1938年

以庞老师为首的留埃学生团一行16人的出国手续，经过许多周折，终于办妥。由于经费问题，无力乘坐直达埃及的客轮，不得已而决定分段成行。1月5日，先由香港乘英轮“摩摩号”到印度加尔各答。在船上，庞老师多次演讲，宣传我国的全民抗战。抵达仰光时，恰逢“古尔邦节”，上岸做了会礼，并拜访了正在仰光访问的印度回教学者会会长穆夫提·克法耶统拉。抵加尔各答后，因该地无驶向埃及的客轮，只好重返孟买。在加尔各答和孟买停留期间，庞老师访问了当地穆斯林士绅，参观了著名清真寺，考察了当地穆斯林的文化、教育和社团活动情况。经过一个多月的逗留，乘意大利“康特尔号”客轮驶向埃及。3月23日抵达开罗，在车站受到爱资哈尔大学代表、中国留学埃及学生以及他们的朋友的热烈欢迎。为了纪念这一天，便把3月23日定为“团日”，每年举行纪念活动。抵达开罗后，庞老师即向校方注册，并与樊哈姆副校长长谈，介绍留埃学生团的产生经过和学生们的情况。为了提高全团的阿拉伯语口语水平，庞老师一方面聘请教员到宿舍进行辅导，一方面组织大家集体读报，以增强大家的听读能力，同时也帮助大家了解国际形势和埃及的社会生活。

暑假后开始正式上课，庞老师帮助学员根据各自的爱好和国内伊斯兰教的需要，选择自己所学学科。庞老师自己进入法学院，学习经注学、圣训学、教法原理、教法史、各学派之比较、伦理学及哲学，并自修英语。

4月16日，中国和埃及穆斯林学人在开罗成立“中埃文化协会”，以促进中埃文化交流，增进中埃人民之间的友谊。成立大会选举世界回教青年会会长阿布都哈米德为会长，埃及教育总督学哈力德坦、爱资哈尔大学

---

① 经堂教育，即清真寺内实施的宗教教育，也叫“回教寺院教育”或“海里凡教育”，后来逐渐统一为“经堂教育”。

中国学生部部长沙儒诚、中国法鲁克留埃学生团团长庞士谦三人为干事。

受中国回民救国协会（后改名为“中国回教救国协会”）委任，庞老师担任该会驻埃及全权代表，负责对阿拉伯—伊斯兰国家的宣传，并代表该会与各国取得民间联络。

6月初，团员王世清、熊振宗、张怀德发现《爱哈拉日报》（即《金字塔报》）和《法塔尼罗》周刊，发表文章歪曲污蔑我国的抗战，立即向庞老师汇报，庞老师指示他们约同我国留埃工程实习员粟宗嵩先生一同向报社及作者进行质问，介绍我国抗战之正义性，严正指出所发文章的谬误，责令其承认错误并公开道歉。经过反复交谈，作者道出该文的写作系受日本 人指使，材料亦为日本人提供，当场进行了道歉，并一再表示要再撰写一文向读者揭露前文写作经过，以正视听。

庞老师与马坚先生等30多位中国穆斯林留埃学生一道积极为抗日战争奔走呼号，受到国人的高度赞扬。我国著名教育家陶行知先生由欧洲返国途经开罗时，曾受庞老师等留埃学生的热情欢迎，在其《海外的故事》一书中写道：“他们（指留埃学生）所进的学校是世界上最古老的学校——爱资哈尔大学……他们在勉强的生活费中，还提出一些钱，在海外对日本帝国主义，做强烈的抵抗宣传。”他还写道：“到了埃及，还有一件事是我印象最深的，在尼罗河畔阳光笼罩的金字塔下，一曲雄壮的《义勇军进行曲》传向沙漠的边际去。这是中国回教留学生工作之余的歌声。”不仅如此，陶先生还触景生情，以《中国回教同学在开罗以唱〈义勇军进行曲〉欢迎我》为题写下了以下诗句：

巍巍金字塔，浩浩尼罗河。
法老若犹在，惊醒问谁歌？

大家依依不舍地到车站送别陶先生的情景更是动人心弦：一声声饱含深情的祝福词、一曲曲振奋民族精神的《义勇军进行曲》和抗战歌曲，感动了无数围观者的心！

是年，一批著名穆斯林学者在桂林组成了旨在阐扬伊斯兰文化的“中国回教文化学会”（1941年改名为“中国伊斯兰文化学会”），庞老师为该会会员。

1939年

2月18日，中国回教救国协会副理事长唐柯三，常务理事孙燕翼、达浦生、马松亭先生联名致电庞老师，要求他以团长身份，率留学埃及的历届中国留学生组成“中国回教朝觐团”赶赴麦加，在履行朝觐义务的同时，承担宣传中国的抗战、监视华北伪政权所派朝觐代表的活动。当时距离埃及发往朝觐圣地的最后一班客轮只剩5天时间。其间，除去主麻、星期两天休息外，实际只有3天，时间非常紧急。庞老师分析了情况，根据每个学生的特点，安排了具体任务，像指挥一场战斗一样，召开紧急会议，进行安排部署。经过28名团员的共同努力，于23日顺利成行。25日，船抵沙特阿拉伯腊比格受戒。26日，经吉达到达麦加，饮“则木则木”泉水，游天房七巡。28日，由庞老师为首的中国朝觐团在完成朝觐的主命之后，与华北伪政权所派的朝觐代表邂逅。这批被用来粉饰敌占区太平的“朝觐者”，在对日寇群情激昂，且有一定威慑力量的爱国青年面前，不仅毫无招架之功，而且在乡情、教情的感召下，他们只好无奈地表白说：“我们此次出来只为朝觐，没有其他意图，而且由于语言不通，也不可能有非分之举……”尽管这样，以庞老师为首的中国朝觐团始终没有放松对这伙“朝觐者”的跟踪。结果，正如他们所承诺的那样，的确没有发现他们有“非分之举”。

朝觐团按朝觐的日程规定，次日奔赴米娜，后又奔赴阿尔法，完成了朝觐中的第二项主命，并在此并礼了撇申和底盖尔两番拜功。黄昏抵姆兹德里法山，并礼了沙目和虎夫滩两番拜功。然后返回米娜，在那里举行第一次射石、宰牲，然后开戒。黄昏时返回麦加，游天房，完成朝觐中的最后一项主命。然后净身更衣，重返米娜。

3月1日，应邀参加伊本·沙特国王的阅兵典礼，并举行第二次射石。2日，举行第三次射石后返回麦加。4日，参见国王，向他介绍了中国穆斯林与全中国人民携手共同抗击日本侵略者的斗争，赠送了礼品，并合影留念。5日，离开麦加，临行前再次游天房，行告别礼，至晚抵达吉达。

在候船期间，向埃及各报刊寄送了朝觐团活动的宣传报道，起草了《告世界回教同胞书》和通讯，并寄往国内各大报纸。在回程的客轮上，通过访谈、播音，介绍了中国地大物博、历史悠久及与日本侵略者作艰苦斗争的精神。20日，返回开罗。庞老师为1939年留埃学生朝觐团活动撰写了日记并附在其《埃及九年》一书之后。

7月1日，庞老师接中国国际宣传委员会寄来的《告世界回民书》英、法、阿拉伯三种文本，要求在埃及印为合订本，于7月7日前印发各伊斯兰国家，印刷费、邮费由驻埃及使馆垫付。但使馆不答愿垫付所需费用，时间紧张，庞老师最后决定只印阿拉伯文本3000份，在埃及散发，并邮寄至土耳其、沙特阿拉伯、伊拉克、叙利亚、伊朗、印度等国家，所有费用均由留学埃及学生团的生活费中挤出。

7月7日，留埃学生及华侨齐集驻开罗使馆，追悼抗战阵亡将士及死难同胞。

庞老师极其关注我国对伊斯兰世界的宣传工作。7月，在向中国回教救国协会汇报工作时反映：自近东访问团①访问近东各国，各伊斯兰国家中的中国留学生和华侨广泛开展对日本侵略者暴行的宣传后，各伊斯兰国家与中国的关系发生了显著的变化，群众开始抵制日货，提高警觉避免受日人利用，与日贸易大为缩减，仅埃及向日本出口的棉花一项，过去占总产量的60%，1938年已全部停止供应，形势对我十分有利。为进一步发展这一大好形势，庞老师向救国协会提出两点建议：第一，今后有关外交、政治、军事方面的宣传材料及重要言论、政策，请迅速寄来，以便及时进行宣传；第二，为便于各个伊斯兰国家及时并准确地了解中国穆斯林抗日救国工作及抗战动态，建议协会转请中央设立阿拉伯语广播。如此则消息既速，收效也就更大。

“中国回教文化研究会”在重庆成立。唐柯三、郭沫若、老舍、宋之的、马彦祥、万家宝（曹禺）、阳翰笙、王静斋、王曾善、马宗融等教内

① 近东访问团，全称为“中国回教近东访问团”，由中国回民救国协会倡导，于1937年组成。团长王曾善，团员马天英、薛文波、张兆理、王世明。该团访问了中近东各国特别是伊斯兰国家，揭露了日寇侵略我国的暴行，表达了我国各族人民抗战到底的决心，争取了各国的同情与支持。

外著名人士出席，庞老师被大会推选为理事。

1940 年

受爱资哈尔大学之聘，庞老师担任该校“中国文化讲座”讲师，听课学员既有埃及学生，也有其他国家留学埃及的学生，庞老师向他们系统地介绍了中国文化和中国穆斯林生活并教授汉语。在伊斯兰教最高学府开设中国文化讲座，聘请中国穆斯林学者任教，这在中国—伊斯兰文化交流史上实属首创，当时埃及的报纸和画报都作了专题报导。与此同时，庞老师还应埃及国王法鲁克一世之聘，担任其东方文化事务顾问，负责向其介绍中国穆斯林情况及中国抗日战争的动态，并帮助其鉴别所收藏的中国邮票和钱币。一位中国穆斯林学者受聘为埃及国王的顾问，这是绝无仅有的。

是年，埃及王后法丽德喜得千金，埃及国王特为之举行盛大宴会以示庆贺，庞老师应邀出席。席间二人交谈甚密，谈到中国学生的学习和生活，国王特别对庞老师在沟通中国与阿拉伯文化交流方面所付出的辛劳和做出的贡献表示钦佩，并表示准备授予他在埃及的永久居留权，帮助他就地另组家庭，以便照顾生活。庞老师向国王介绍了中国穆斯林的家庭构成和夫妻关系，委婉地回答了国王所提的问题。交谈还涉及中国穆斯林妇女的受教育情况，国王并借此转达了王后希望中国派 5 名女生到埃及国立大学留学的心愿。宴会后，庞老师就此向回教协会做了专门报告。回协为此特别成立了“留埃女生教育委员会”，下设主试委员和监考人，分别在重庆和昆明两地公开招生，录取了 5 名学员。后因国民党教育部不予支持，未能成行。

鉴于德、意、日法西斯国家四处发动侵略战争，庞老师特撰写了《回教世界与战争》一文于《月华》第 12 卷第 19 ~21 期发表。

1941 年

爱资哈尔大学聘请庞老师担任该校中国留学生部部长，负责爱大中国留学生的管理工作。

庞老师要求爱资哈尔大学中国留学生在学好所选专业的同时，一定要掌握阿—汉互译的本领。在庞老师的鼓励下，马宏毅先生在听圣训课的同时，陆续翻译圣训，寄《月华》杂志发表。马继高先生将叶圣陶先生的著名童话《稻草人》翻译成了阿拉伯文，在开罗出版。许多同学用阿拉伯文创作诗歌、散文等体裁的作品，在开罗报刊上发表。

由于意大利出兵侵占埃及，庞老师翻译了《意大利侵略埃及及埃及的立场》，向国内读者介绍了这一事件，同时还撰写《古兰经》第 8 章第 1 节译解，分别在《月华》第 13 卷第 1 ~ 3 期和第 11 ~ 12 期上发表。

1942 年

是年，全体留学埃及学员均已学成，获得了爱资哈尔大学毕业文凭。由于战事阻隔，加之旅费无着，一时无法回国，继续留校学习。

在向埃及国王、埃及人民和各国留埃人士介绍中国历史与现状以及在“中国文化讲座”讲课的基础上，庞老师用阿拉伯文撰写了《中国与回教》一书，在开罗出版发行，受到热烈欢迎。《中国与回教》共 210 页，16 章。前 6 章介绍中国的历史、哲学、教育、社会、文化、经济、妇女、孙中山及其三民主义，后 10 章分别介绍中国伊斯兰教的发展史，译著活动，社团组织，历史名人，中埃关系以及新疆、西北、华北、东北、东南等地的回民状况。在中国近代史方面，着重揭露了日本帝国主义对中国的侵略。该书系埃及穆斯林兄弟会伊斯兰世界丛书的一种。兄弟会创始人哈桑·班纳为之作序，称赞庞老师为“尊敬的兄弟”“实干的学者”和“高贵的客人”，赞誉“书的内容翔实”“思想缜密”“雅俗共赏”，在伊斯兰世界一定会产生非同一般的影响。

此间，庞老师写信给在桂林成达师范学习的长子，叮嘱其要学好数理化，将来有机会报考大学时学理工科，以便有能力为祖国建设服务。

1943 年

庞老师为新创刊的中国回教文化研究会主办的《回教文化》第 1 卷第

2期，撰写了学术论文《认土学与认主学家》。

1944—1945年

由于轴心国军事上的溃败，德、意、日侵占的原英、法殖民统治的阿拉伯—伊斯兰各国人民纷纷开展反对法西斯统治、争取民族独立解放的斗争。庞老师十分关注国际形势变化中伊斯兰国家的动向以及斗争形势的发展，并开始搜集有关这些国家的历史、政治、经济、文化等方面的阿拉伯文和英文资料进行研究，以填补我国在这方面研究的空白。

与此同时，庞老师撰写了《全国清真寺海里法教育改良刍议》和《回回》两文，分别发表于1946年出版的《月华》第16卷第4~6期和第13~15期。

1946年

经过多年的等待和多方面的联系，归国的期盼终于成为现实。4月17日和22日，中国驻埃及使馆和驻亚历山大领事馆先后传来有船只驶往中国的消息，由于亚历山大领事馆联系的船只是上海利华公司购得的货船，由国人支配，且乘客也少，庞老师登船查看后，决定乘此船回国。

随后，庞老师分别向埃及国王法鲁克一世和爱大校长辞别，向他们汇报了学员们9年来的学习和生活情况，对他们的无私帮助表示了感谢，同时赠送了《中国与回教》一书作为纪念。他们一致勉励同学们回国后要对伊斯兰教和中埃两国的友谊继续做出贡献。最后，国王再一次表示，欢迎中国再派20名学生来埃学习。庞老师及时将此消息通报于马松亭阿訇。马松亭阿訇借率重庆回教经学班学员复员途经南京之机，多次与国民政府教育部、外交部、蒙藏委员会等有关部门联系，终因教育部不予批准而未能实现。

决定回国后，同学们纷纷向爱大有关教授、同学和在开罗的各方面人士、朋友道别，并开始整理各自的行装。庞老师除了整理所存书刊资料外，还采购了市面上能够购得到的重要图书以及各种字体、型号的阿拉伯文铅字，准备回国后，在国内刻制成铜模，以充实、丰富国内阿拉伯文的印刷设备，发展伊斯兰文化事业。全团行李除随身所带衣物外，共装了20多只木箱。

6月2日，庞老师率归国留学生由开罗乘火车到亚历山大。前来送行的有：驻埃及使馆秘书马天英先生、驻开罗领事馆领事王世明先生及他们的眷属，使馆职员、中国在开罗的商界朋友、埃及各团体代表、各国友好人士和爱大领导及同窗好友。到亚历山大领事馆报道后，得知该船须待检修后方能成行。

6月6日，驻亚历山大领事馆领事陈克懋先生转告庞老师，由于船上人手少，船长要求学员们能在船上负担一定的工作，帮助把船带回上海。庞老师答应了他们的要求，并对每个学员都做了具体安排，自己担任誊写工作。

6月14日，开始登船。这本来是一件颇费周折的事，但留埃学生团在海关经朋友介绍，交验了埃及财政部签发的许可证，向检查员法西穆说明了情况，不但很顺利地通过，而且还免除了一切费用。

6月15日，陈领事登船送行，船长以中国茶点招待，庞老师作陪。是日，向埃及友好人士再次道别，并向国内诸亲友报告开船日期。

6月16日清晨，船驶离亚历山大港，向目的地上海进发。

6月25日，抵亚丁。探望了故友努阿曼先生（原也门教育部部长，时任也门自由党主席）、拜哈尼先生（盲人学者，时任教长），了解了亚丁的文化教育情况。

7月9日，抵达科伦坡，25日离开，停了16天。在科伦坡，庞老师出席了当地回教学者会在最大的穆斯林学校扎西里学院举行的会议，拜访了中国驻科伦坡领事馆，了解了锡兰（今斯里兰卡）穆斯林及中国回族侨胞情况。

8月4日，抵新加坡，22日离开，停了18天。9—10日，庞老师到柔佛，拜会了同学哈三先生（时任柔佛穆夫提——大教长），交流了别后情况，日寇在马来亚（今马来西亚）的暴行，还交换了对建立远东回教联谊会的看法。此外，还拜会了柔佛政府各部部长，参观了因战争而停建的政府大楼和山喀甫学校。

在新加坡居民中，华人占多数，但会讲普通话的却是凤毛麟角。11日，庞老师与一个会讲普通话的青年华工进行了长谈。该青年从当地的国民政府领事官气十足，只知享受，不办正事，谈到国民党一党专政，只知为自己争天下，为极少数人争权夺利，想方设法剥夺国民财力。国民党对回族根本不是平等相待，因此，靠国民党是靠不住的。美国对中国是有野心的，一句话就是侵略，不如趁早把他们赶出去。庞老师把与这个青年的谈话记在自己的日记里，后来又公开发表，完全是借他人之口道出自己对国民党的不满。

8月17日，印度尼西亚共和国建立一周年，庞老师参加了当地穆斯林举行的纪念活动。庞老师在开罗时，就与印尼留埃学生交往密切，认为印尼的独立运动遭到残酷的镇压，完全是美英帝国主义支持荷兰殖民主义者造成的。不屈的印尼人民通过艰苦的斗争，终于取得了胜利，是对侵略者的沉重打击。为庆祝印尼人民的胜利，庞老师翻译了《印度尼西亚共和国》，在《月华》第16卷第7～9期发表，向全国各民族人民介绍了这一新兴的伊斯兰国家。

8月19日，新加坡“回教青年会”与“回教布道会”联合召开欢迎会，欢迎留埃及学生团。布道会会长伊布拉欣·欧玛尔和青年会会长艾哈默德·伊布拉欣的代表赛尔东·祖拜尔热情洋溢地致了欢迎词，庞老师致答谢词，表示此次聚会是相识相助之开始，今后要多加联系，增强团结。会上庞老师对印尼人民为独立自由而奋斗的精神表示赞扬，对马来亚正在酝酿成立的“马来亚同盟”表示支持，并预祝其成功。

8月30日，船进中国海，庞老师在日记中颇有感触地写道：“由亚历山大经亚丁、科伦坡、新加坡，直到中国海，还没有跑出英帝势力范围。落后的国家呀！还不赶快团结，急起直追！否则会永远被人宰割。”其忧国忧民之情跃然纸上。

9月2日，抵香港，故地重游，经过战争的破坏已今非昔比。香港穆斯林大抵来自中国内地、印度和马来亚，国内人建的清真寺称“博爱社”，印度人所建的清真寺俗称“摩啰庙”。在香港受到张广义阿訇、留学埃及先期回国的学员熊振宗先生和穆斯林同胞的热烈欢迎。庞老师在出席欢迎会的致辞中提出：“治贫治愚是我们奋斗的两大目标，要多提倡教育，尤其是职业教育，鼓励回民生产。”

9月23日，抵福州。访问了福州清真寺，了解了福建回民的分布和人口情况。

10月5日，轮船进入黄浦江，上海到了。在上海稍事休息后，庞老师带领全体归国学员，在专程到上海欢迎他们的马松亭、周仲仁、张秉铎等先生陪同下，来到南京，出席中国回教协会举行的隆重欢迎会，参观了南京的名胜古迹，然后学员各自返里省亲，中国法鲁克留埃学生团至此结束。庞老师也返回河南探望父母。当时因豫北情况复杂，到洛阳后难以渡河，他便接双亲在洛阳见了面，团聚一两个月。

1947年

春节那天，庞老师回到北平，回到自己的家。

在胜利后的北平，庞老师与原成达师范代理校长马松亭阿訇和原成达师范教务主任艾宜栽先生重逢，交换了对今后回族复兴的看法，认为关键是要发展文化教育，只有加大力度于回民智力的开发，才是回族复兴之路。为此，他们创办了“北平回教经学院”，复刊了《月华》杂志，成立了“月华文化服务社”。

创办经学院的思想，可以说是创办成达师范思想的延续，认为阿訇在回族社会有相当的号召力和组织力，培养新时代的阿訇，由他们教导一坊，领导一坊，可收到事半功倍的效果，所以经学院也可以说是成达的继续，不过程度要高一级。经学院的课程主要有两大类：一是阿拉伯语文和伊斯兰教专业课，主要由庞老师和留埃及的原成达师范学生担任；一是相当于大学程度的汉语文课，主要邀请北京师范大学的叶苍岑、孙崇义教授担任。

《月华》由重庆迁回北平后，除了按月出版学术性、理论性的杂志版外，为适应回民青年的需要，也为培养年轻一代回族文化工作者，又组织在北京大学学习、原重庆回教经学研究班毕业的部分学生，创办了《月华周报》，侧重于时事新闻和通讯报道，并设有多种适合于青年人阅读的副刊。一刊一报的主编由庞老师本人负责。

月华文化服务社是一个集出版、印刷、发行于一体的文化服务组织。它经营《月华》杂志、《月华周报》和北平回教协会的机关刊物《回协》月刊的出版，同时也印刷、发行一些汉文和阿拉伯文书籍。它有自己的发行渠道，也有自己的包括汉文和阿拉伯文排字设备的印刷厂。月华文化服务社的出版、印刷地点在东四牌楼清真寺的西南角，销售部在西单牌楼清真寺。

是年，北京师范大学开设阿拉伯文化讲座，聘请庞老师任兼职教授，直至北平和平解放。

归国后，庞老师除忙于北师大、经学院的教学工作，《月华》的编务和月华文化服务社的工作外，还埋头于研究和写作。1947 年是庞老师多产的一年，其作品关于回族的有：分别发表于《月华》6 月号和 7 月号的《中原回回》《史料（小儿锦①）——回民起义》《法鲁克留埃学生团归国日记》，分别发表于《回协》创刊号和 4 月号的《回民教育与留埃学生》《世界回民运动与中国回民运动》。关于伊斯兰世界的有：在北平广播电台作的广播演说《为印尼战争向全国同胞请命》（发表于《回民青年》），《南斯拉夫穆斯林与其现在的政治动向》（发表于《月华》8 月号），此外，在《大公报》还发表了多篇专论，在《东方杂志》第 42 卷第 11 号发表了《论阿拉伯联盟》。关于伊斯兰教的有：《伊斯兰与现代》，《回教对于十字军战争的态度》（均发表于《月华》7 月号），《回教对西班牙文明的影响》（发表于《回协》月刊 4 月号），《回教主义——既不是共产主义又不是资本主义》（译文，发表于河南《伊斯兰》杂志 5、6、7 号），《穆圣》（译文，发表于《月华》9 月号），《法图麦小传》（发表于《回协》4 月号）。出版的单本著作有：《脑威四十段圣谕》（北平黎明学社于本年 11 月出版）。

1948 年

庞老师 1947 年集中精力翻译埃及著名学者郁苏夫・第吉威著的《和平之使命》，1948 年 1 月由月华文化服务社出版。这是一本用科学观点阐

---

① 小儿锦，过去经堂教育中使用的一种以阿拉伯文字母拼写汉语的拼音文字，是汉语最早的一种拼音文字，但其中包括了不少阿拉伯语和波斯语语汇。由于过去回民习惯把用阿拉伯文字母书写和印刷的图书称为“经”，所以为区别其与伊斯兰教经籍，又称其为“小经”。

述伊斯兰教的理论著作。犹太复国主义在美帝国主义的扶持下，在巴勒斯坦强行建立以色列国，引起全世界穆斯林和主持正义的民族的愤慨。北平回民举行声势浩大的反犹援阿大游行。在庞老师主持下，《月华周报》作了跟踪报道，他还亲自翻译了《以斯列（以色列的旧译）与犹太侵略主义》（见《月华》4～6月号）、撰写《犹太人听着》（见广州《怀圣》月刊2月号），对以色列的侵略行径进行揭露和强烈谴责。

本年，庞老师翻译和撰写有关伊斯兰世界的文章还有《新阿富汗》（见《月华》1～3月号）以及分别发表于《月华周报》31号和52号的《也门政变的经过》和《海德拉巴》。

1949 年

北平和平解放，庞老师应聘在西单牌楼清真寺主持教务。

10月，原北平的3所回民中等学校——成达师范、西北中学和燕山中学合并，成立“回民学院”。庞老师因受聘在回民学院主讲伊斯兰教基本知识而辞去西单清真寺教长职务。同年《月华》杂志停刊后，由庞老师领衔创办的《回民大众》杂志，经北平市军管会新字67号登记批准，于11月正式出版。《回民大众》虽属草创，但作为新中国第一份回民刊物，由于其具有舆论导向正确、内容丰富多彩等特点而令读者爱不释手。以创刊号为例，除了刊发《发刊词》、编辑部文章《七百年斗争的总结》和庞老师的署名文章《读〈论人民民主专政〉后》之外，还发表了马坚先生的《为争取和平而奋斗》、马金鹏先生的《在米纳山下的献牲》、陈克礼先生的《劳动生产建设富强》等著名穆斯林学者的文章。从回族历史来看，这一期有对过去的总结，也有根据党的民族政策阐述回族今后的发展方向；从办刊来讲，这一期表明了该刊的宗旨与方针。但是由于种种原因，这个新生儿只出版两期就夭折了。

此间，庞老师与同人商议后，将月华文化服务社改组为“回民印刷厂”和“回民大众书社”两部分。印刷厂由艾宜栽先生负责，承印汉文和阿拉伯文排印业务，厂址由东四牌楼迁到王府井。书社由庞老师本人负责，并请其友人具体经营，主要销售原月华文化服务社库存书刊，实际上只是一个小书摊，地址在西单清真寺前院。

1950 年

庞老师应邀向外交部介绍阿拉伯—伊斯兰国家的历史和现状，对新中国制定相关政策起了一定作用。

2 月，马宏毅先生翻译的《布哈里圣训实录精华》由黎明学社出版。庞老师在为该书作序时，阐述了“圣训”在伊斯兰教中的重要地位及其搜集、编撰和发展的过程，并介绍了马宏毅先生译本产生的始末，文字言简意赅，很有分量。

1951 年

1 月，陈克礼先生所著《从穆罕默德看伊斯兰教》一书出版。庞老师为之作序，指出：我国有关伊斯兰教的图书多是译作，很少著作，更缺乏有创见的作品，内容多是高深的理论和有关五功之作，很少谈到社会问题，而伊斯兰教恰恰是简单易行解决社会问题的宗教。这本书就是根据伊斯兰教原理来探讨解决现世的问题，以达到来世永久快乐而写的，虽然有些地方牵强，但大体上是正确的。在这篇序言中，庞老师希望从事伊斯兰教学术工作的朋友们能有更多的、适应时代要求，发挥伊斯兰教教义的作品问世。

5 月，庞老师参加政协全国委员会组织的土地改革参观团，被分配在河南分团。5 日，由北京出发，先到郑州。8 日，到开封，出席了开封 13 坊回民的欢迎会，并在会上宣讲了三大运动和民族政策，解答了群众提出的问题。10 日抵陕州，听取了地委书记对当地土改情况地介绍，访问了回民群众，在座谈会上明确指出“汉人是回回的睹什曼”这句话不利于民族团结，是反动时代民族政策和剥削压迫制度所造成的一种恶果，现在产生这句话的条件已不复存在，这句话当然应该立即废止。12 日，到乾濠乡，住在老乡家里，并参加了一些具体工作，在同吃、同住、同劳动、同学习中，目睹了农民分得土地后的兴奋心情。这次活动，对老师来说是一次难得的受教育机会，回京后写了《共产党领导回民翻了身》，在《光明日报》1951年8月28日发表。同年9月12日，回民大众书社出版了单行本。

7月，庞老师日记体裁著作《埃及九年》由回民大众书社出版。该书记录了具有1000多年历史的埃及爱资哈尔大学概况、中国留埃学生的沿革、中国法鲁克留埃学生团的产生及在埃及的学习与生活，记录了从离开埃及亚历山大港到登陆上海的112天海上生活，记录了在船上对故乡和自己中青年时代的回忆，记录了自己对20世纪以来回族状况，特别是对文化、教育和宗教事业发展的回顾，提出了有关回族复兴和全面系统发展回民普通教育、改良经堂教育的设想。在书中庞老师还对教门中的一些争论问题进行了排队梳理，提出自己的看法，是一部研究近代回族和伊斯兰教问题的非常有价值的著作。

本年，北京外贸学院为开展中国同阿拉伯—伊斯兰国家的贸易，拟开设阿拉伯文专业，多次延请庞老师前去任教并主持此项工作，为培养青年一代，庞老师力荐原法鲁克留埃学生团的马宏毅前往就任。

11月，庞老师译著的《回教认识的派别——认主学家的派别》一书，由回民大众书社出版，这是研究伊斯兰哲学思想的重要参考。

1952年

7月，庞老师与包尔汉、刘格平、赛福鼎、达浦生、马坚、杨静仁、马玉槐等回族、维吾尔族知名人士，共同提出建立中国伊斯兰教协会的倡议，并举行了筹备会议。

8月，庞老师参加新中国成立以后的第一届穆斯林朝觐团。该团抵达巴基斯坦后，因受西方反华宣传的影响，未能获得沙特阿拉伯的入境签证，一度滞留于巴基斯坦。在滞留期间，庞老师与巴方官员、学者、群众和伊斯兰国家驻巴领事馆官员进行了广泛的接触。对他们中的无论旧友还是新交，无不热情地介绍了新中国的民族宗教政策和各族穆斯林的幸福生活，并赠送了《中国穆斯林》画集，为解放后中国穆斯林开展的第一次人民外交活动做出了应有的贡献。

9月，回民学院成立阿拉伯文专修班后，庞老师遂担任了该班的专职教师。

是年，经北京协和医院诊断，庞老师疾患糖尿病。

1953年

5月，中国伊斯兰教协会举行成立大会，庞老师当选为该会的常务委员。

6月，庞老师翻译的《孩提》（《古兰经》选读），以阿拉伯文、汉文对照形式出版。

在北京大学任教的马金鹏先生，以学生身份，烦请庞老师为之斧正其所译《伊本·白图泰游记》前半部分，并称其翻译蓝本已于1944年桂林撤退时遗失，无法继续完成。庞老师表扬了马金鹏先生的敬业精神，当即答应要为之解决这一难题。庞老师言必行，行必果。他很快将自己珍藏的原著以及为查找原著引用的《古兰经》原文所需的工具书《弟兄明灯》（《古兰经》索引）一并从书斋中找出，专程送到马先生家里，要求他一定要继续译下去，将这部记载着中阿友谊的书完整地介绍给中国读者。马金鹏先生经过27年的风风雨雨，其译作于1985年终于问世，成为中国—摩洛哥的友谊之桥，也实现了庞老师的心愿。

是年，回民印刷厂经过两三年的惨淡经营，最后连工人带机器设备合并于民族印刷厂。

1954年

庞老师集中精力于伊斯兰—阿拉伯各国的研究。同时，又积累资料，准备编纂一部《阿拉伯文—中文词典》。

1955年

9月，经国务院批准，在回民学院阿专班基础上成立了中国伊斯兰教经学院。

1956 年

社会主义改造运动在全国开展，有关方面把“回民大众书社”定为私人资本主义，要求填写资方负责人上报，在无奈的情况下，庞老师成了“资本家”，一个没有资本的“资本家”。

1957 年

庞老师因糖尿病并发心脏病住进北京天坛医院。由于重病在身，庞老师没有参加整风鸣放，但在反右斗争中竟然被打成“右派”。原因是，经学院的领导派人去医院探望庞老师时，要求这位谨言慎行穆斯林学者一定要给领导提些意见。庞老师勉为其难地发表了“要重用专业人员去办教育，要团结各方面的人去搞建设，这样才可以收到事半功倍的效果。要健全法制，以法治国，靠搞运动是会出偏差的”这些真知灼见，竟被上纲上线，成为“外行不能领导内行”“破坏党群关系”“反对党的领导”的证据，成为其被划成右派，被批判斗争的罪证。

1958 年

庞老师在被错划成“右派”后，他所在地区的领导，以区上要办工厂为由，派人到其家中勒令庞老师一家“必须立即腾出住房”。尽管在大刮“共产风”的非常时期，非法强行剥夺公民居住权的现象可谓司空见惯，但根据“不给出路的政策，不是无产阶级的政策”的传统说法，根据当时的惯例，强行被征用住房的住户，户主所在单位是应该负责为其解决住房问题的。但当时庞老师所在单位明明由于当年因干部下放而腾出许多住房，却偏偏对这位爱国情操斑斑可考的贤哲型穆斯林学者的无家可归不屑一顾，硬说无法为之解决住房问题。无奈之下，庞老师的长子只好向其所在单位借了 3 间房子，作为庞老师全家 10 口人的栖身之地。由于居住面积狭小，庞老师原来两大间书房的藏书、资料、手稿等，不得已捐的捐，毁的毁，一些衣物、家具，也都卖的卖，送人的送人，庞老师一生的心血，就这样毁于一旦。重病中的庞老师连续3年遭受如此沉重的打击，身心健康受到严重伤害，病情急剧恶化，于1958年11月28日顺命归真。次日“邦达”拜后，与之同甘共苦40年之久，几乎同时被错划为“右派分子”的马松亭阿訇为他站了“者那则”，并于当日在北京西北旺回民公墓入土为安。

历史是公正的，谁也否定不了，谁也篡改不了。庞老师归真20年后，历史发生了巨变，“四人帮”被粉碎了，路线由“左”转入了正轨，人的尊严受到了尊重，冤假错案得到了平反昭雪，庞老师的贡献得到了承认，历史恢复了庞老师的本来面目，他老人家不愧是一位与时俱进、勇于革新的大家学者，一位辛勤耕耘、多有创见的伊斯兰学者，一位具有系统教育思想、丰富教学实践的教育家，一位爱国、爱教、爱护回回民族的贤哲型思想家。为了纪念庞老师，弘扬他创建的理论，表彰他做出的贡献，1988年中国伊斯兰教协会举办了庞老师归真30周年纪念大会，2002年中国伊斯兰教协会举办了庞老师100周年诞辰座谈会，2008年，《中国穆斯林》和河南《伊斯兰文化研究》为庞老师归真50周年出版了纪念专辑和特刊。

在这三次重大活动中，许多知名阿訇、学者和亲朋好友，或讲话，或写文章，或题词，进行隆重的纪念。原国务院副总理、中共中央统战部部长、国家民委主任杨静仁亲笔题写“纪念庞士谦阿訇归真卅周年”条幅。原全国政协副主席、中国伊斯兰教协会主任（会长）包尔汉送上祝词：“我国穆斯林青年应学习马坚、庞士谦二位先生爱国、爱教，严谨治学，教书育人的精神，为发扬伊斯兰优良传统，为伊斯兰事业竭诚服务。”

（原载于《伊斯兰文化研究》，2013年12月，总第三十一期，31~40页）

河南省留埃回族学生生平事略

马博忠

一、庞士谦阿訇生平事略

庞士谦（1902—1958 年），回族，经名特瓦杜阿，字益吾，河南孟县人。出生于伊斯兰教虔诚世家。幼年入清真寺学经，后赴河南洛阳、许昌、沁阳，甘肃张家川，山西晋城等师从虎延璋、马自成、丁锡忍等名师求学，得各位真传，经汉学业坚实。1922 年，在河南沁阳清真寺马连三阿訇门下穿衣挂帐，并首任郑州清平里清真寺阿訇开学讲经。1923 年，返回故乡孟县桑坡创办经汉小学，任校长，招收回民子弟，中阿文兼授。

1926 年，在郑州参加伊斯兰文化研究社创办工作，兼任该社小学部长，还任清真寺教长。1930 年，应马松亭阿訇之邀赴北平成达师范学校任教并兼任该校训育主任。1932 年，马松亭、赵振武赴埃及期间临时负责《月华》主编工作，并成为《月华》主要撰稿人之一。1934 年，成达师范成立《古兰经》译注委员会，当选为委员，并为成达师范学生《古兰经》“圣训”诠释指导老师。同时，教授阿拉伯语课程和教法课。1937 年，被公推成达师范第二批留埃成员并任领队。“七七事变”后成师南迁，庞士谦阿訇于河南郑州集合旱路南迁师生，把他们送到衡阳集中。后又与马松亭阿訇一道往返香港、广州办理出国手续，并率“中国法鲁克留埃学生团”到埃及留学，就读于爱资哈尔大学教法学院，攻读《古兰经》“圣训”和教法等科，任中国留埃学生部长兼埃及国王中文辅导教师。1938

年，他与马坚一起率中国留埃学牛朝觐团赴麦加朝觐，与日伪派出的朝觐团人员进行面对面斗争，宣传抗日。1942 年，任埃及国王法鲁克东方事务顾问和爱资哈尔大学中国文化讲座讲师，并用阿拉伯文撰写了《中国与回教》一文在开罗发表，为中阿文化交流作出贡献。1946 年底归国并著有《埃及九年》一书，介绍了留学经历，是今天研究中国留埃学生史最权威的参考书。

1947 年，返回北平，应马松亭阿訇之邀共同创办回教经学院，继续成达师范的方针并受命主编《月华》。1948 年，《月华》停刊后又续办《月华周报》并任主编。1948 年，马松亭阿訇赴西北，庞士谦阿訇主持回教经学院工作，同时任北京师范大学阿拉伯语教授，还同马松亭阿訇一起继续办月华文化服务社。

新中国成立后，主编《回民大众》杂志，并在回民学院阿专班任教。1952 年，发起并参与筹建中国伊斯兰教协会，当选为第一届中国伊斯兰教协会常务委员。中国伊斯兰教经学院成立后，任校务委员，兼阿拉伯文和教法教授。

庞士谦阿訇支持新人从教事业。1951 年，北京外贸学院聘他担任阿拉伯文教授，他推荐留埃学生马弘毅任职，马弘毅翻译《布哈里圣训精华实录》和马金鹏翻译《伊本·白图泰游记》，他都热情地给予帮助和指导，深受学生尊重。

1957 年，反右斗争中，庞阿訇因讲真话，遭受迫害，被当权者划为右派，1958 年含冤归真，归真时年仅 56 岁，是中国伊斯兰教界的重大损失，后平反。

庞士谦阿訇是继中国现代四大阿訇之后，有学问、宗教操守虔诚、爱国爱教的著名伊斯兰学者和阿訇，是当代“学者型阿訇”的典范。

庞士谦阿訇一生著译作颇丰，有《埃及九年》《中国与回教》（阿文版）《中国回教寺院教育之沿革及课本》《回民教育与留埃学生》《和平之使命》《伊斯兰教史》《回教法学史》《瑙威四十段圣谕》《回教认识的派别》等。

他学风严谨，主张用现代化科学知识的观点，理性化地全面研究伊斯兰文化，反对用神话和传说作为学术研究的依据。

二、张秉铎先生生平事略

张秉铎（1915—2004 年），经名苏莱曼，河南省洛宁县人，回族，生于伊斯兰世家。父张文正是河南知名回族教育家，1928 年在博爱县大辛庄公立第 11 完小任校长，回汉兼收，张秉铎曾在该校就读。1930 年，考入四川万县伊斯兰师范学校，师从李仁山阿訇，打下了良好的阿拉伯语语法基础。1931 年，产生了到各地游学的想法。其父与马松亭阿訇联系，成为北平成达师范学校第一班插班生。1932 年毕业，作为自费生入选留埃生行列（张秉铎先生生前口述自筹路费约 500 大洋）。入埃及爱资哈尔大学攻读阿拉伯语和伊斯兰哲学，1938 年毕业获学士学位。同年和沙儒诚先生、韩宏魁先生一起归国。在埃期间，苏德战争爆发，见报刊上登载苏联招考飞行员消息，曾报名应试，因身体不合格未被录取。回国后一度在中国回教救国协会工作，任回协驻西康视导员。1939 年回教文化研究会成立，他成为该会会员。在回协期间，曾因为是否向孙中山像鞠躬问题上和白崇禧发生争论。同年参加第七期中央训练团，同样在是否向孙中山像鞠躬问题和朱家骅发生激烈争论，名声大振。结业时，蒋介石接见他，并介绍他到重庆中央电台主持阿拉伯语广播，成为中国对阿拉伯世界广播事业的奠基人。同年开始用韵体翻译《古兰经》部分章节，在回协《会刊》上发表。在回协举办的 1939 年开斋节招待会上，郭沫若先生朗诵了其中一篇，并称赞是“好诗”。1940 年，回成达师范学校任阿拉伯文教员。1942 年，中国伊斯兰青年会在渝成立，张秉铎当选为干事，同年在陇东师范学校任阿拉伯文教员，翻译《伊斯兰之普遍与永恒》，由伊斯兰文化学会出版。1943 年，回家省亲，转赴西北。抗战胜利后移居上海，潜心完成《古兰经》一二卷翻译，1948 年由买俊三主办的中国回教出版局发行。同年，赴南京参加中国回教协会第三届大会，当选为理事，任回协文教宣传组组长和回协编译委员召集人。参加抗战后中国回教第一个朝觐团赴麦加朝觐，访问东南亚各国。1949 年，他作为新中国第一届政治协商会议特约代表出席会议，周总理把他介绍给毛主席说：“这是张秉铎同志。”他是中国留埃回族学生中唯一一位见过国共两党最高领袖的人。1952 年，参加中国伊斯兰教协会筹备委员会工作，之后在中苏友好协会、中央民委任职。1955 年，调中国伊斯兰教协会工作，参加包尔汉为团长的新中国第一届朝觐团，任翻译，随团访问亚非十国。1957 年反右运动中，伊协某领导找他谈话说："你是从旧社会过来的人，思想需要改造。"谈话后，被无端戴上右派帽子。1963 年，调至中央人民广播电台，获编译和译审职称。1980 年，当选为中国伊斯兰教协会副会长，伊协编译组组长，先后代表中国伊协出席在日本、巴基斯坦、阿尔及利亚等国召开的伊斯兰国际会议。1983 年，当选为中国翻译家协会第一届理事会理事。1987 年，再次当选中国伊协副会长。1992 年，荣获有突出贡献国家级专家称号。1940—2003 年，长达 60 多年时间从事《古兰经》翻译，为了追求译文准确，不断自我否定，几易其稿。终于在归真前完成翻译工程。2004 年 7 月 1 日归真，终年 89 岁，安葬于北京卢井回民公墓。

欣闻先生的《古兰经》汉泽本将由中国伊斯兰教协会出版。

三、马宏毅先生生平事略

马宏毅（1910—1967 年），字重远，河南洛宁人（因自幼随父在山西晋城生活，故史称山西人），回族，生于阿訇世家。其父是著名阿訇马自成。受家庭熏陶，6 岁入山西晋城崇实小学，毕业后转该校中学部。1929 年，考入北平成达师范学校第二班就读，在校期间勤于写作，据不完全统计，在《月华》《成师月刊》《伊斯兰》等刊物发表文章近 40 篇。1935 年毕业。1937 年，考取法鲁克留埃学生团。1938 年，入埃及爱资哈尔大学法学院攻读阿拉伯语和圣训学。1939 年，参加回教朝觐团，完成朝觐功课，并执行中国回教救国协会指示，监视日伪华北朝觐团人员行动，揭露日寇侵华暴行，散发《告世界回教教胞书》。1940 年，开始翻译《布哈里圣训实录精华》。1942 年，从爱大毕业，获学士学位，等待回国期间，打工度日，曾服务于英国驻开罗大使馆新闻处，任《新闻战报》翻译。1946 年 10 月回国，经白崇禧向教育部推荐，分配至国立陇东师范学校任阿拉伯文教员。1947 年，在北平西单清真寺专事《布哈里圣训实录精华》翻译工作，此书由马树元先生资助，1950 年由黎明书社出版，填补了中国没有汉译圣训的空白。1951—1954 年，任西单清真寺阿訇。1954 年，应聘担任北京外贸学院阿拉伯语专业讲师，是该校阿拉伯语专业创始人，担任该校阿拉伯语教研室主任、校务委员会委员等职务。

马宏毅先生信仰坚定，坚持个人功修，“文化大革命”中遭批判，身心受到严重摧残，1969 年在故乡河南洛宁归真，安葬于洛宁，终年 57 岁。

四、范好古先生生平事略

范好古（1910—1993 年），经名阿卜杜拉，字敏之，回族，河南省淮阳县人，生于伊斯兰家庭。幼年入清真寺学经，并入乡村完小读书，1924 年小学毕业，后在周口、淮阳、南京等地清真寺学经当海里凡。先后投于穆清廉、李铭文门下，后转汉口马广庆门下，专修伊斯兰教律学和认主学。1932 年，经庞士谦阿訇介绍，考入成达师范学校，插入第三班学习，在学校回文作文比赛中获得第三名。1936 年毕业。同年考取法鲁克留埃学生团。1938 年，入爱资哈尔大学文学院攻读阿拉伯语和伊斯兰典籍。1939 年，参加中国回教朝觐团，完成个人朝觐功课，同时执行中国回教救国协会监视日伪华北朝觐团人员活动的指示，油印《告世界回教教胞书》散发。1943 年，爱资哈尔大学毕业，获学士学位。1946 年归国，经白崇禧向教育部推荐，分配至国立陇东师范学校任阿拉伯文教员，阿文专修班撤销后返回家乡。先后在郑州、周口、淮阳等地清真寺当阿訇。1955 年，中国伊斯兰教经学院成立，受聘担任该校阿拉伯语教员。1958 年，借调至上海对外贸易学院任讲师。1960 年，调上海外国语大学担任讲师，是该校阿拉伯语专业创建者之一。1973 年退休，全身心投入到河南省伊斯兰教工作中，先后当选中国伊斯兰教协会第五届委员、河南省伊斯兰教协会副会长兼秘书长、郑州市伊斯兰教协会会长。1985 年，创办郑州伊斯兰教经学院，亲授阿拉伯文。

范好古先生还曾当选第七届、第八届全国人民代表大会代表，郑州市第七届人大代表及政协第七届委员。1993 年因病归真，终年 83 岁，安葬于郑州回民公墓。

五、张怀德先生生平事略

张怀德（1910年—?），字澄衷，河南省庐氏县人，生于信仰伊斯兰教普通农民家庭。自幼进家乡清真寺学经兼学汉文，1932年经买俊三阿訇介绍考入上海伊斯兰师范学校插班就读。学生时代在《伊斯兰学》杂志发表多篇文章，展示才华，1935年毕业。1936—1937年，任上海中国回教宣传所主任，编辑发行《晨镜报》。1938年，入选法鲁克留埃学生团，赴埃及爱资哈尔大学哲学院学习阿拉伯语和伊斯兰哲学。1939年，参加中国回教朝觐团，完成朝觐功课，并执行中国回教救国协会监视日伪华北朝觐团人员行动的指示，散发《告世界回教教胞书》。1943年，从爱大毕业，获学士学位。1944年，自筹资金加上在轮船上打工回国，是法鲁克留埃学生团第一名归国者。著有《出国日记》。张怀德回国仅一周便应中国回教救国协会之邀，担任该会1944年在重庆举办的大专院校回教学生夏令营讲座主讲，题目是“回教信仰大纲”，后经白崇禧推荐任黄埔军官学校第七分校（临洮分校）中校教官。1949年，军校向台撤退，他离校返回故里。1949年，应开封草三厅清真寺邀请任该寺教长。1950年去兰州后不知所终，望知情人提供资料，以期补正。

（原载于《伊斯兰文化研究》，2011年第九期，总第二十七期，14~16页）

父亲叶尔古白·马瑞轩生平简历

马光援

我和家人早于1995年就看到了《郑州管城回族志》刊载的马瑞轩老父亲的简历资料，后来兄长马三阳又陆续提供了一些父亲的生平轶事，但因为《伊斯兰文化研究》杂志稿件太多，每期的版面总是密的不能再密，挤的不能再挤，可还有很多稿子排不上，所以始终没有把这篇报道列入收集、整理、排版计划。直至2009年10月第18次中国回族学会在郑州召开，河南省民委副主任李尊杰主编的《河南回族区乡镇》出版，马瑞轩老先生的简历再次被收录发表，令我们感到深深的内疚，一位虔诚穆斯林为回回民族的文化教育事业辛勤耕耘，付出满腔心血的生动事例就在身边，可一直未能得到考证和梳理。今年，老人家已归真37周年，三阳兄（1929—2004年）也已归真6周年，知情人渐渐离去，早期的资料被淹没，现今考证起来困难重重。在我步入古稀之年的时日，将收集到的部分历史资料汇集成文，呈献于众。既为怀念父亲的高风亮节，更为彰显先辈们为族的兴旺、教的弘扬，含辛茹苦，勤奋开拓的责任心、使命感和家国情怀，借此以尽孝道。孝道是华夏民族的优良传统，敬主孝亲是伊斯兰文明的核心，不仅我们这一代要模范遵行，还要带领子孙后代发扬光荣传统，做爱国爱教、建设国家杰出的穆斯林。

据《郑州管城回族志》第八章《回族人物》载：

马瑞轩，男，1902年生，郑州市北大街人，回族。1935年石家庄警官学校毕业，曾在平汉铁路郑州段任巡官。1938年回家务农。解放前后曾任郑州清真寺（现称郑州清真北大寺）社首总管，并担任清真寺董事会董事。在此期间，为发展民族教育事业，他先后创办了回族圣达小学和圣达中学。1953 年，成立郑州市回族自治区筹备工作委员会时，任筹委会副主任。后任郑州市第三至第五届政协委员，1973 年病故。

寥寥数语，概括了一位回族穆斯林平凡且完美的一生，用实际行动诠释了爱国爱教的人生历程。他热爱清真寺，维护、管理清真寺，并用身心捍卫清真寺的纯洁和神圣。他尊重知识，热心办学，为回族的教育事业奉献出满腔热情。他积极参政议政，无私助人，得到众乡邻的交口称颂。

父亲马瑞轩，经名叶尔古白，字兆麟，1902 年出生于世居郑州管城的回族之家。曾祖父马元兴原是一位外科医生，后涉足商界，曾经取得辉煌的成就。曾祖母贤惠、善良，受人敬仰，郑县知府叶济（字作舟，清末举人）曾赠匾赞誉其为“巾帼完人”。后因大火家境败落，但全家数十口人仍聚居在一起，其乐融融。祖父厚仁，行五，豪爽诚信，见义勇为，曾助邻里救火摔残左腿。父亲堂兄弟姐妹共 19 人，他位居第七。因院落宽大，人口众多，街坊邻里以大宅（郑州方言念作“zhan”）门院相称。

少年瑞轩 1910—1913 年在本街私塾读书，1913—1915 年在北关外小学就读，1915 年后在官办书院高级小学等校学习。

青年瑞轩 1920 年 18 岁时，考入京汉铁路第二总段。因当时瘟疫流行，扩散、蔓延严重，他临危受命，勇任卫生警察之职，随同路医到车站各处检查防疫实况，面对危难，不惧风险，奋力向前，直到疫情被完全控制后，方调回京汉铁路六分段郑州站任巡警。1922 年，调京汉铁路总段任守卫巡长，带领十数名巡警，负责守护保卫工作。1925 年，升任京汉铁路六分段巡官，不久又调任许昌火车站巡官。在许昌任职历时三年有余，曾发生了许多见义勇为伸张正义的动人故事，仅举一例“许昌救乡邻”与读者共享。

郑州城内北大街一带是回族聚居区，可这里却寸草不生，是一片白茫茫的盐碱地，同胞们只能用最原始的生产方法手工熬制硝酸盐，维持贫困的生活。硝酸盐是制造火药和柔顺皮革的化工产品，造鞭炮或制革都必须使用。一日，金合林、白志恒、穆友林、马新民、马老三等乡亲，手推独轮板车给外地商户送火硝，车辆破旧，道路崎岖，乡邻们艰难地行进在路途中。谁料为生存苦苦挣扎的穷回回们再遭磨难祸殃，竟被国民党军队以私贩军火罪名抓去充当壮丁。

当时在许昌火车站警务段任巡官的马瑞轩先生，出巡时查看到这批被抓的壮丁都是老实巴交辛勤操劳的回民乡亲，可怜其家中妻儿老小，都望眼欲穿地盼亲人带回度日口粮。瑞轩先生向军方问明原委，心中暗自盘算着如何救助友邻们平安返乡。

他即刻传令：要收审这帮“不法私卖军火物品的嫌犯”，听候立案处理，连同车、货一起押送到警务处，增加岗哨严密把守，不许任何人进出。暗中将众乡亲送进警务段后院，让他们洗漱，茶饭款待，派人传话给乡亲们切勿多言，亦不要惊慌。晚上众人被送入特意安排的闷子车，车门加锁，前后车厢都有武装巡警看守，押往郑州“交上峰处理”，嘱咐押送人员每到一站都要报告车上人员安全情况。当列车行进到郑州南郊小李庄站时，将此节闷罐车箱放下，趁着黑夜，将人货点清，送回郑州安全地带。押运人员完成任务回许昌交差，乡亲们平安回家，车货无损。直到今天，老人们还常常谈起此事，交口称赞“瑞轩真是位善人啊!”

父亲1929年调回郑州，任京汉铁路护车巡官到1930年秋。他在铁路系统工作的十余年间，曾与两位风云人物接触，这对他此后人生道路的选择产生了一定影响。

1924年10月，冯玉祥将军发动北京政变，冯将军所属部队改称“国民军”。11月10日，冯部第二军攻占郑州。一天，冯玉祥将军在郑州车站短暂停留，看到车站外面车水马龙，商业繁华，遂漫步走到侧门想出外视察，但值班巡警上前阻止：“此处不准出站!”无论如何解释，值班巡警仍是不允，双方陷入僵局，气氛紧张。就在此时，巡长马瑞轩闻讯赶到，向冯将军说明了情况：“这是车站的制度，请将军不要见怪。”冯将军面对这位英武的年轻巡长，颇有爱惜赞赏之意，含笑说：“你的巡警真厉害!”“这是为保障将军的安全!”“好好好！带兵就得这样，要令行禁止，才能打胜仗，你干得不错!”“瑞轩陪您出去走走?”“不必了，以后有机会。”

马福祥将军让出绥远都统的位置后，以“西北边防会办”一职闲居京津，潜心研究伊斯兰教经典。1928年的一天，将军乘坐的火车行进到许昌车站，由于机车检修延误了行车时间，此时正值马瑞轩巡官当值，当马福祥将军得知这位英俊飒爽的青年巡官是位穆斯林时，非常高兴，与其畅谈关于加强民族教育和民族团结等问题，两人的谈话在亲切、默契的氛围中进行，不觉时光飞逝，意犹未尽，瑞轩巡官便请马福祥将军品尝河南的清真餐饮，将军赠其由自己出资刊印的伊斯兰知识图书资料给青年瑞轩留作纪念。

父亲出生于虔诚的穆斯林之家，接受正统的中华文化和伊斯兰文化的熏陶，培养成心胸坦荡、正直豪爽、果敢坚强的性格。正当他顺风顺水、平步青云之际，却义无反顾地离开了铁路系统。在他步入老年时，我曾问过："您为什么要离开?"他摇头说："当时太黑暗了!""有人说您去当县长了?""那只是别人的恭维和猜测，因工作做得很好，却无故离开。"父亲很少谈及他自己，更不炫耀他的过去。

20 世纪 20—30 年代，政治腐败，军阀混战，时局动乱，民不聊生，对于一位 20 多岁气血方刚的回族青年来说，何去何从，是他最应慎重思考，认真观察，正确选择的关键所在。瑞轩先生 1930 年秋经友人介绍，到山东潍县地方税局任邮包税分局局长。1931 年，随同友人到寿光县公安局担任侯镇分局局长。1932 年，同友人到日照县政府税务科工作。

据乡里李新民传述，他 13 岁在泰山脚下当学徒时听大人们讲，泰山有名的土匪刘黑子被抓获，当局八大处坚决主张要判死刑，立即执行。当时警察局的马瑞轩警官，受进步人士指引，头脑冷静清醒，提出只可放虎归山而不可杀的处理意见。在案情处理尚未确定之时，匪方为救其主子，变本加厉继续作案，绑架一财主的老生子作为人质，出口索要五麻袋银元，目的是企图赎回匪首，并扬言要马瑞轩警官进山议事，方能放回财主之子。土财主老来得子，后继有人，视若珍宝，急切盼望马警官进山救子。在这种恶性循环棘手案情面前，马警官英雄虎胆，当即决断，孤身单骑，亲自送被抓获的泰山名匪首刘黑子进山，婉言谢绝匪方酬谢，救回人质，并尽力规劝这支武装弃暗投明，为抗日保存积蓄了力量。这支武装后来整编为抗日铁道护路队，归冯志安部，再后来在高树勋部下起义，成为八路军部队。

在山东工作期间，他一心一意为民排忧解难，维护老百姓切身利益和生命安全，广大民众感佩不已，曾敬赠万民伞表达对马瑞轩先生的敬仰之情，且以此彰显其高尚情操。

父亲历经数年，与志同道合之友奔赴各地，在不同行业探索追求，但他最后的选择是继续读书深造，渴求知识。经友人陈小轩推荐，到河北省警察厅警官学校学习。这一事实充分说明，他对知识的尊重与向往。也正因为此，直至中年，他仍孜孜不倦地为发展回族教育而创办学校。

瑞轩先生 1935 年警官学校毕业后，先在唐县公安局任巡官，1937 年调天津静海县独流镇警察分局任局长。

1938 年“七七”事变，日寇铁蹄践踏我中华大好河山，沿津浦铁路南犯，父亲满怀爱国热情，奋力投入到抗日战争的洪流中。他带领静海县警察局警察，参加东路抗日前敌指挥陈春荣部（归属冯治安部）与敌奋战，从静海一直打到沧州，后全部警察调冯治安总部，负责守桥、送伤员及做冯部的外围保卫工作。继而，又随军挺进德州，因冯治安部西调大名整编，所部警察全体交归保安处，德州由刘德泉、庞炳勳、韩复榘部接防。

因祖父病危，父亲 1938 年底回到家中，致使此间与同乡友人陈小轩商定要共同投奔革命的计划未能实现。（陈小轩，共产党员，抗美援朝期间任某军军长，在前线英勇牺牲。）

清真寺是穆斯林的精神家园，父亲 1938 年底返乡后，他即到寺内坚守宗教功课，弘扬伊斯兰精神，被众穆民推举为清真寺社首及董事会董事，参与清真寺的管理和维护工作。从郑州清真寺（又名郑州城内清真寺，现称清真北大寺）大殿后院保存的开郑教长马长清墓碑碑文中可以看出，他一回到家中便投入到清真寺的各项工作之中。墓碑由郑县城内大寺马润章、马化云、孙廷臣、牧文秀、马维贤、沙文焕等 8 位教长，马耀龙、巴玉清、马鸣春、常荣华、李希章、李文明等 28 位受业弟子，牧国岐、沙宝玉、古镜清、马华民、马瑞轩、沙士杰、古云亮、沙毓华、马厚禄等 63 位乡老及马长清阿訇子孙仝立，此碑记录了珍贵的伊斯兰历史资料及当时郑州城内清真大寺的经堂教育盛况。

父亲除每天到寺里礼拜行教门之余，便一直在家务农，以种地、熬硝维持生计。但当他看到郑州火车站一带被日军炸成废墟，1939 年郑州清真大寺附近的几条街道又遭日寇敌机轰炸，房倒屋塌，回民百姓死伤近百人的惨状时，他仰天长啸。此间人们常常见他双眉紧锁，虎目凝视，牙关紧咬，他这是在强迫自己压抑胸中的仇恨与怒火！之后便发生了挺身护卫清真寺及救乡亲于危难中等等历史事件。

1941 年 10 月，日军从东、北两个方向攻陷郑州，只见一支日军荷枪实弹，气势汹汹地强行进入清真寺，企图长期侵占，还要把大殿霸做马棚。父亲正在清真寺礼拜，见此情景，怒不可遏，挺身而出，站在寺院当中，举手制止鬼子前行。一个凶神恶煞般的军曹，指手画脚，举起东洋刀，刷地一声逼在父亲的脖颈上，“什么的干活？刺拉刺拉地！”满腔仇恨再也无法克制，如火山迸发喷涌，父亲厉声喝道：“让你们的长官出来，刺拉地可以！”并通过翻译警告日军，“这里是伊斯兰教敬主拜主的朝房，是清净的宗教圣地，不可造次。在你们日本也有许多宗教寺庙，难道可以随意践踏吗？”父亲不畏强暴的果敢行为，侃侃而谈的威严仪态，令日寇震惊。但日军官仍不甘心，疑惑不定，在这危急关头，父亲带领众穆民高诵古兰经文，顿时，《古兰经》首章法提罕铿锵激扬的韵律从寺院中朗朗传出，敌人的嚣张气焰被一扫而光，日军官伸出拇指喊道：“尧西！”挥手让日军退出。清真寺免遭一场劫难，瑞轩先生保护清真寺的壮举在穆民中传扬。

1944 年 4 月，日军第二次侵占郑州，在城内清真寺街强占一民宅，成立日本鬼子鸠井宪兵特务队，指挥官是日军中曹鸠井勇一，豢养民族败类百余人为其鹰犬，敲诈勒索，无恶不作。平民百姓无辜被他们抓去索要钱财，且必须在限期内将银元、金条、毒品等如数交齐，否则，就坐水牢，被狼狗咬，更有甚者是座山雕啄眼叼肉，残暴无比。郑州东大街有位汉族名医李鑫斋，在行医期间，因对汉奸的野蛮行为不满，被抓进日本特务队，索要 30 担小麦、2 两黄金、百元袁大头，并声言必须在三天内交齐，不然就要人头落地。

为救亲人，李医生家人焦急万分，但又毫无办法，在走投无路之时，想到侠肝义胆的回民朋友瑞轩先生，便急急前来求助。父亲见此冤情，义愤填膺，为了营救乡友，东奔西跑，到处求助，无奈国难当头，家家拮据，哪有多余钱财。可事态紧急，迫在眉睫，经苦苦思索，想方设法，最终谋得救人良策。郑州北大街、东大街一带硝户虽无多余现金和存款，但都存有一定数量的火硝，若集中借用，将能以应急。为救乡亲性命，父亲走街串户向邻里说明情由，硝户闻言家家相助，个个赞同。几经周折，火硝集中售出，及时将人赎回，众邻放心。李鑫斋大夫回家后变卖家私产业，将债务一一还清，并向硝主们深表感谢。对瑞轩先生的大义凛然以及不畏强暴的真诚相助深受感动，特赠“德隆望众”匾额一幅，诚表谢忱。郑州城内回汉同胞团结一心，共同对敌的这一范例，至今仍被传为佳话。

1946 年夏，国防部长白崇禧由武汉乘车来郑，视察黄河花园口堵口工程进展情况。应郑州回教协会马会长恳请，到郑州城内清真寺街的清真古寺访问，会见了聚集在这里的回族群众和学生们，并发表热情洋溢的讲话。中国回教协会白崇禧会长神采奕奕，满面笑容地向回族同胞们问好祝安：“安瑟俩目尔莱昆!”然后说道：“今天我以回教穆斯林的身份和郑州的回回兄弟们见面，感到非常高兴。”接着他在讲话中提出三点意见：一是回民一般文化落后，教育不发达，今后要多办学校提高文化水平；二是回民对卫生工作不够重视，今后应改善环境卫生，免生疾病，维护身体健康；三是希望回回同胞和汉族及其他民族和睦相处，各安其业。白会长在郑州回教协会马会长的陪同下，参观了郑州清真大寺。

白崇禧将军的讲话引起强烈反响，父亲作为城内清真寺董事会董事，对此做出相应举措。

由于历代统治者一贯奉行民族歧视政策，回族教育事业一直处于落后状态。进入民国以后，也有少数受过中高等教育的回族学子，如古化源、金承绪、马瑞轩、金振铎等。然而绝大多数回族子弟极少有受教育的条件和机会，文盲比比皆是。据调查，解放前夕，回族聚居的北大街，在 383 户回民中仅有高中毕业生 2 人、初中毕业生 5 人、小学毕业生 60 人，约占这条街回族人口的 4%，其余均是目不识丁的文盲。其实不仅北大街，郑州所有回民聚居区都是如此。随着新文化运动的兴起，郑州清真寺最早于 1908 年及 1915 年相继创办回民学校。但因军阀混战，日寇入侵，迫使清真寺小学也难以维持，不得不停办。我父马瑞轩与城内一些热心教育事业的回族人士古化源、沙景昌等克服重重困难，在原清真寺小学的基础上，于 1947 年重新创办了一所含初小和高小的完全小学——回民圣达小学。1948 年春，扩招初中班，继而创办回民圣达中学。圣达中学教职员仅六七人，学生不足百人，简陋的校址设在清真寺内，经费依靠寺产地租收入，邀请回族医科大学毕业生金振铎任校长。作为董事会成员，父亲为办学费尽了心力。

1948年郑州解放，人民政府对少数民族教育非常重视，1952年将私立圣达中、小学改为公办，两校分别改名为省立郑州市回民中学、市立郑州市回民小学。今天，回民中学已发展为近4000名学生、近百亩校园的郑州市重点、示范学校，在全国的民族中等学校中具有一定影响。回族青少年在这里受到良好的基础教育，他们满怀理想奔向高等学府的课堂，这里成为国家培养各学科优秀人才的摇篮。

为传承和弘扬伊斯兰知识，活跃穆斯林文化生活，提高其综合素养，报道回教协会动态，在1948年回民圣达中学开课之前的3~4月间，父亲还与教友沙景昌朵斯弟共同创办了《天风报》，中国回教协会会长白崇禧为之题书报头。当时郑州伊斯兰教报刊很少，这应是郑州清真大寺最早主办的一份报纸，但我们未收集到实物资料。

针对这一段艰难的办学经历，我们查找到文史资料刊载的马瑞轩先生遗作《郑州回族圣达中学创建前后》、金振铎先生遗作《圣达中学建校初期》和曹奔疾先生著作《解放前郑州报业史话——〈天风报〉》等文章，现选载于后，与广大读者重温这段历史。

马瑞轩遗稿《郑州回族圣达中学创建前后》[①]：

> 郑州解放前中学很少，仅有省立中学、私立明新中学和基督教办的圣德中学。回族圣达中学，是1948年暑期，郑州解放前三个月，才勉强建立起来的。
>
> 回民世居郑州城的北半部，解放前夕约有六百多户三千多人，百分之九十以上是贫苦农民和小商贩，这里的文化教育基础很差，只有两个回汉兼收的初级小学，一是北关小学，是由崇圣寺庙田开支经费；一是清真寺小学，由清真寺产开支经费。这两所小学大约是民国二至三年间（1913—1914年）创建的，设备都很简陋，都是只有1~2个老师，担任参差不齐的好几个年级的课

① 《郑州文史资料》，1992年第1辑（总第十一辑），118~120页。

程。由于这里的居民生活十分贫穷，能赚几个钱，就赶紧送孩子去上学，没有饭吃时，就停学。开学时学生还不少，以后学生逐渐减少，到期终学生所剩无几，多数学生还是上上停停，停停上上。有时候因战乱学校被驻军占用，或因筹措不到课租、经费不足也得停课。后来北关小学改名为博爱镇小学，清真寺小学改名为维新镇保立小学。

1945年抗战胜利后，清真寺小学因无人主持陷入瘫痪状态，清真寺董事会决定把清真寺小学办成寺立中心小学，开设高小，并更名为圣达小学。由于国民党政府不予支持，直到1947年暑期，圣达小学才正式办成完全小学。北关小学，因战乱筑城防工事，到处挖沟拉铁丝网，附近的居民都迁移走了，学校也变成了废墟，也不得不几经迁移校址，直到解放后，在人民政府的支持下，于1953年开始创办高小，到1958年又新建楼房87间，班次扩大20个，师生达千余人，发展成为一个有一定规模的完全小学。

在创办圣达小学的同时，为了保护清真寺的寺产和解决回民子弟上中学的问题，决定创建圣达中学。为创办圣达中学，经过几年的周折，首先是清真寺委员会内部认识不统一，再就是国民党当局教育局百般刁难，后来经过向郑县参议员、县银行行长罗叔樵和郑县教育长冯小定请客、送礼，才准予圣达中学备案。直到1948年暑期，圣达中学才在清真寺南院因陋就简地开了课。因报考学生数量不足，只得在圣达小学五年级的学生中挑选了一些成绩好的学生，凑足50名一个班学生开课。

圣达中学创建初期，学校只有十几间房，大门是个“节孝牌坊”，教具及课桌是从圣达小学挤出来的。这时，正巧遇上国民党十二绥靖区由新乡南迁过郑，火车上载有国立十中一部分教具。我弟弟马朝栋当时在郑州绥靖公署任勤务营长，利用他的职权，让圣达中学的师生到火车站列车上搬回一些黑板、桌凳和床铺，补充了学校教具之不足。

学校经费开支：最初学校的总务处设在清真寺内，所需的笔墨纸张等每天去寺里领取，很不方便。后来校董会一再向清真寺交涉，才把顺河街、迎河街（现解放路）寺产地皮拨给学校一部分，地皮租金收入70%归圣达中学，30%归圣达小学使用。当时地租每月收小麦1.5万斤至2万斤，本来这些租金足以维持学校经费开支，但当时国民政府的苛捐杂税、通货膨胀、物价一日数涨，租户们有的已食不饱腹，衣不遮体，哪还有钱向学校交租？所以每月只能收到租金的三五成，这样，学校教职员只得过着分窝窝头、喝白开水的生活。

在学校备案时，要求学校校长必须是大学毕业的人担任。解放前回族中这样的人很少，当时只得把唯一的一位医科大学毕业的医师金振铎请来担任校长。教职员数量也不少，但多数是兼职，有些人还不具备当教师的条件，就这样总算勉强把学校办起来了。

1948年10月郑州解放了，人民政府对我市这个唯一的回民学校在各方面给予大力支持。1952年暑假时，圣达中学已经发展为8个班级600多名学生，教职员有40多人，扩建楼房24间，平房10余间，原来没有教学仪器和图书，这时已购置图书1000多册，增添了不少教学仪器。1953年春，市政府拨地80亩、基建费27.4万元，新建楼房200间，学生24班1000多名，教职员85人，并将圣达中学正式定名为“郑州回民中学”。

马瑞轩

1964年6月

（原文附作者马瑞轩介绍，此不再重载）

金振铎遗著《圣达中学建校初期》①（节选）：

1947年下半年，郑州清真寺董事会会长沙景昌，董事马瑞轩等人找我，谈到清真寺想创办一所中学，方便回族子弟上学，提高回族人的文化水平，并以此来保护老坟岗的寺产。郑州老坟岗，原是清真寺的义地，面积约有500多亩，是埋葬死人的地方。

① 《郑州文史资料》，1992年第一辑（总第十一辑），121页。

随着郑州商业城市的逐渐发展，这里建起不少的房屋，小商贩聚居，形成街道，逐渐繁华起来。抗日战争胜利后，越发繁荣。这时，国民党政府打算将寺产老坟岗义地收归公有。清真寺经多方联系，得悉只有以寺产养校，办一所中学，既利于回族子弟上学，又可保留清真寺的产权，是唯一的好办法。……

金振铎

1992 年 4 月 30 日

曹弃疾著《解放前郑州报业史话——〈天风报〉》①：

《天风报》是由郑县清真大寺主办的四开周报，创刊于 1948 年三四月间，报头由中国回教协会会长白崇禧题书。该报由沙景昌任社长兼总编辑。报纸内容有时事、教会消息。副刊办有《大风》和《天方》，前者为回族青年文学作品，后者宣传伊斯兰教义，由社头马瑞轩编写。当时，回教报刊甚少，据知仅北京有《回族论坛》，郑州有《天风报》。《天风报》停刊于郑州解放时。

数百年来郑州清真寺历尽沧桑，几经重修，留传至今。父亲参与的清真寺维修有两次，1947 年，在大殿前现北讲堂的位置，修建一栋两层砖木结构的楼房，命名为“春风化雨楼”，直到 1984 年拆除。他作为管理层成员，一边紧锣密鼓地在清真寺创办学校、编辑报纸，一边为清真寺经堂教育的发展创造条件，春风化雨，教学楼的建设解决了学生上课、教长经师备课办公及经生海里发自学读经所需。1953 年，由中南少数民族访问团拨款 2000 元（其中 500 元转赠花园街清真寺），郑州清真寺又自筹 500 元，用于重修巴巴墓的大厅、墓亭、甬道等。河南省民族事务委员会又拨款 9000 万元（旧币 1 万合今人民币 1 元），重修清真寺和巴巴墓。这是自 1907 年维修以来，近 50 年后进行的重大维修施工工程。担当起郑州清真寺社首总管重任的父亲，把清真寺的建筑维修列入了议事日程的头等大

① 《郑州文史资料》，1991 年第一辑，总第九辑，13 页。

事，对古建筑进行重修维护责任更加重大。项目资金的筹措、使用，材料的选择，工程的质量和进程，等等，这一切都需要运筹帷幄、统筹安排，父亲抱定了虔心、决心和恒心，带领众人齐心协力投入到艰苦的工作之中，清真寺和巴巴墓维修保护工程顺利完成。经过精心修饰的清真寺容光焕发，更现英姿。1953年，回族宗教生活蓬勃发展，参加开斋节会礼拜者已逾3000人之多，达到高潮。得到民主自由，得到关怀和尊重的回族民众，对生活充满热情，充满希望，在祈祷着新中国的繁荣富强！

解放后父亲积极参与土地改革，走合作化道路，成为有代表性的农民和带头人。进入20世纪50年代，父亲积极参政、议政，更加繁忙。1952年12月26日，郑州市回族自治区筹备工作委员会成立，他当选为筹委会副主任。筹备委员会由27人组成，其中回族委员占78%。筹委会主任李家荣（回族），副主任姚济堂（回族）、马瑞轩（回族）、李乃软（汉族）。1953年初，郑州市回族自治区人民政府成立，在回族自治区首届一次人民代表大会上父亲当选为政府委员。1953—1954年，曾任省政协委员会工作组组员。1959年起，父亲连任政协郑州市第3～5届委员会委员，参加每期毛泽东著作学习班和时事政策讲习班的学习，参加市政协定期组织举办的报告会、座谈会、学习会。通过历次会议，就国家政治生活和党的统一战线有关重大问题进行协商，积极开展活动，在团结、教育各界人士的实际工作中取得很大成绩。瑞轩委员曾与各界委员到北京及三门峡、洛阳、鹤壁、焦作、七里营人民公社和郑州市一些厂矿企业进行参观学习考察。

郑州市政协1959年第三届、1961年第四届参会委员均多达178人，1964年第五届参会委员174人。“文化大革命”开始后，政协郑州市委员会被迫停止活动，市政协机关撤销，人民民主统一战线遭到了严重破坏。

由于篇幅所限，还有很多传奇故事不再一一刊出。

1973年11月18日，父亲走完了他的人生历程，回归到真主那里。

此文在收集整理过程中，自始至终得到《伊斯兰文化研究》古凤英主编的鼎力协助，谨此深表谢忱！

（原载于《伊斯兰文化研究》，2010年第一期，总第二十四期，60～63页）

金孚光名垂桐柏革命史

马迎洲　王惠民

金孚光，字绍成，曾用名复光、佛广、广慈、金克清、李克清等。1907年出生于河南桐柏县城郊乡西杨庄村一个回族农民家庭。6岁始读私塾，11岁进入桐柏县第一高等小学堂读书。1921年，14岁的金孚光赴开封考入河南留学欧美预备学校英文科。在该校国文教员共产党人江梦霞的影响下，金孚光如饥似渴地学习马克思主义理论，积极投身革命。1923年，他参加了共产党员冯品毅组织的反对外国传教士的斗争。1924年冬，经马景山介绍，加入了中国共产党。从此，金孚光走上了为共产主义事业奋斗终生的革命道路。

1925年“五卅”惨案发生后，全国各地掀起了声势浩大的抗议英、日帝国主义暴行的爱国运动。6月，为了支援上海工人运动，开封各界援沪联合会和学生联合会号召各县学生返回原籍发动群众，开展斗争，组织支持。金孚光与其他桐柏籍学生先后回到家乡。他们首先做好进步人士李树敏的工作，以李为校董，在北关义仓筹建桐柏平民学校，作为党组织的活动基地。与此同时，又联络各界人士，在县城文庙大院召开声援上海工人运动大会。金孚光首先登台演讲，愤怒地控诉英、日帝国主义在上海残杀我同胞的罪行，号召群众奋起抵制日货。会后，在金孚光等同志的带领下，数百人参加了游行示威，查封并焚烧了十几家商店的日货，声援活动波及城乡，震撼全县。从此，在这个偏僻的山区，播下了革命的火种。

1925年8月，桐柏平民学校开学。除聘请进步人士任教外，共产党员轮流授课。金孚光等人白天教小学，晚上办成人夜校，并成立“读书会”，宣传马克思主义，培养革命骨干。他们在教室里高挂马克思的画像，教唱革命歌曲，沉睡的桐柏山第一次响起激昂雄壮的《国际歌》声。

在组织声援上海工人运动以及筹建桐柏平民学校的过程中，金孚光、汪世昌、桂仲锦、周耀杰等5名党员于1925年7月在县城北关义仓建立了中共桐柏县第一个党组织，金孚光为负责人。10月，中共豫陕区委派金孚光前往广州黄埔军校学习，成为军校第四期第一团一连三排学员，后升入军官队“政治科”学习。1926年春，为准备北伐，学员中部分革命骨干分子奉命提前毕业。金孚光受北伐军总政治部的派遣，返回豫南，发展党组织，扩大农民武装，迎接北伐军进军河南。

金孚光回桐柏后，继续担任党的领导工作，并在西杨庄发展金荣贞（金孚光之胞姐，回族，桐柏县第一位女党员）、张天有、喻广谦、段景亭、喻广顺、石显长等一批共产党员，建立了西杨庄党小组，金孚光兼任组长，后由金荣贞接任。随着党组织的发展和斗争形势的需要，1927年4月，以县城为活动中心的桐柏党组织，建立了中共桐柏特别支部委员会，金孚光任书记。7月，金孚光调赴武汉，随国民革命军第四军教导团南下，任该团少校参谋，参加了“八一”南昌起义。此后又随部队参加了广州起义。

广州起义失败后，金孚光再次返豫，在桐柏、信阳、泌阳等地开展革命活动。他组织党员深入农村，宣传、发动贫苦农民，建立农民协会和农民武装，推动了农民运动的发展。1928年2月，桐柏爆发万余农民的围城斗争，把农民运动推向了高潮。这次大规模的武装斗争，是为了配合豫南苏区根据地的反“围剿”而发动的。围城斗争是以农民自卫军和四望山革命根据地工农革命军一部为主力，并发动了万余农民，旨在消灭盘踞在县城的反动武装严山谦部。19日夜，万余农民手持大刀、长矛、土枪、农具，将县城围得水泄不通。20日拂晓，农民军攻破城池，严山谦部龟缩在县高小学堂校院内，负隅顽抗。22日，围城农民武装挖通暗道，攻入校院。敌军大部做了俘虏，严山谦被活捉并当众处决。县知事闻风而逃，围城农民占领官府，缴获长短枪220余支。缴获的大量财物，都分给了围城农民。围城斗争的胜利，鼓舞了群众的斗志，扩大了桐柏苏区的范围，震慑了地方反动势力。

1928年夏，中共桐柏特支划归中共豫西南（南阳）特委领导，金孚光根据特委指示，立即着手组建中共桐柏县委。7月初，中共桐柏县委成立，金孚光任书记。1929 年春，为了推动桐柏革命形势的迅速发展，在金孚光领导下，开展了推翻旧桐柏政权，建设新桐柏政权运动。新桐柏委员会（简称“新桐会”）是人民当家做主的新政权，她的建立和日益壮大，越来越深刻地影响着桐柏革命形势的发展，如火如荼的革命斗争迅速波及全县，给旧桐柏政权以巨大的冲击。

9 月，为加强豫南军事领导力量，金孚光奉调到豫南工作。12 月，金孚光被派到豫东南革命根据地红军三十二师九十七团任党代表。当时，由商城起义而改建的红三十二师成立仅有半年，官兵中存在着严重的地方观念、宗派主义和个人英雄主义等非无产阶级思想。金孚光到任后，首先抓士兵工作，做了大量艰苦细致的思想政治工作，在九十七团成立了全师第一个“士兵委员会”，加强士兵的自我教育，提高了士兵的政治素质，增强了战斗力。12 月 25 日，金孚光率九十七团参加了第一次解放商城的战斗，一举取得了胜利。

1930 年 2 月，金孚光调任中共信阳中心县委委员，负责军委工作，兼负巡视豫西南之任务。金孚光受中心县委派遣，到信南太平山指导实施“麦收暴动”计划。金孚光和太平山赤卫队队长杨青山等同志共同领导了这次暴动。5 月的一个夜晚，太平山暴动开始，赤卫队员闯进台子畈保公所，将保长孙登吾捆绑至大街，当众公布其罪行执行枪决，并在街上张贴了“穷人起来革命”“打土豪分田地”等大幅标语，有力地打击了地方反动势力。

7 月，金孚光遵照中共京汉区特委的决定，赴正阳白狗庙发动了农民武装暴动。18 日，金孚光（化名金克清）带领部队悄悄包围了张板桥恶霸张包住处，他身先士卒，只身缴了门岗的枪，闯入院内。张包躲藏在炮楼中负隅顽抗，因楼高墙坚，久攻不克，且天已拂晓，不便继续战斗，金孚光遂将 150 余队员集合于白狗庙，宣布成立“豫南工农红军先遣队”，在正阳的梁庙、熊寨一带开展游击活动。7 月底至 8 月初，正阳县委又先后发动了中心庙、龚湾暴动，这两支暴动队伍后来也加入了“豫南工农红军先遣队”，京汉特委任命金孚光为队长。红一军给先遣队补充了枪支弹药，先遣队随红一军先后攻打了潢川、光山县城。

10 月，金孚光被任命为鄂豫边执行委员会执行委员。10 月 16 日，先

遣队又随红 军解放了罗山县城。月底，红一军南下，金孚光率先遣队和罗山县地方党员干部共400余人留在当地坚持斗争。11月上旬，在光山县李家集将先遣队整编为先遣总队，金孚光（化名李克清）任总队长，下辖3个大队9个中队。1931年1月，先遣总队和红十五军在光山县的郭家河合并，总队人员编为红十五军第一团，金孚光任团长兼政委。

革命的发展，红军的壮大，使国民党反动派惶恐不安，于是，国民党军队加紧了对豫皖苏区围剿。红一军在六安一带与敌作战。1月上旬，红十五军奉命东征与红一军会师。金孚光率红十五军一团在沙窝（今河南新县）的山岭上与敌遭遇，他身先士卒，果敢地指挥战斗，打退了敌人一次次的进攻，战斗中，他不幸腹部中弹。郑国荃同志要背他后撤，被他拒绝。他说："我已不行了，你赶快走，我来掩护，这是革命的需要，这是命令，请你执行！"年仅24岁的优秀指挥员金孚光，以大无畏的革命精神、顽强的战斗作风，坚持到流尽最后一滴血，以他宝贵的生命，掩护部队安全撤退。

金孚光为了中华民族的解放事业献出了自己年轻的生命，然而，他播下的革命火种燃遍了桐柏山区，在桐柏苏区的革命历史上留下了光辉的一页。他在大别山和桐柏人民的心中树起了一座光辉的丰碑。

（原载于《回族杰出人物》，331~334页，西安，陕西人民教育出版社，1999）

袁良惠[1]

陈廷良

袁良惠（1907—1934 年），字叔忠。河南省济源市下街村人，回族。袁良惠自幼聪明好学，上学时品学兼优，同时学习阿拉伯语。后考入冯玉祥办的陆军测量学校，在此又学习英语。1927 年毕业，编入国民革命军第 26 路军。蒋介石为了消灭异己，于 1931 年春调 26 军至江西前线，进攻红军，企图一箭双雕。1931 年 12 月 14 日，袁良惠参加以 26 路军总参谋长赵博生、旅长董振堂等领导的宁都起义，改编为中国工农红军红五军团，粉碎了蒋介石妄图消灭异己、一箭双雕的美梦。袁良惠参加围攻赣州，东征漳州，南击广东军阀，北克宜黄、乐安等战役，升任中国工农红军红五军团 34 师参谋长。1934 年 10 月，中央红军主力从江西根据地西行，进行战略转移，北上抗日，开始了举世闻名的二万五千里长征，红五军团 34 师担任长征部队的殿后掩护工作。蒋介石在中央红军西进路上设置四道严密、坚固的封锁线，妄图阻止红军前进。中央红军渡漳水，占城口，克宜章，接连突破三道封锁线。蒋介石调集 40 万兵力以及飞机、大炮，分三路追堵红军。11 月，在湘江东岸，面对强敌的围追堵截和敌机的狂轰滥炸，袁良惠率军临危不惧，沉着指挥，不分昼夜，抗击尾追之敌。打败追上来的广西军阀部队，掩护大部队安全渡过了湘江，胜利地突破第四道封锁线。12 月 1 日，敌人从三方面压过来，前面是湘江，敌人截断渡江道路，展开一场生死的决战，34 师完全处于敌人包围之中，袁良惠和 34 师官兵大部分壮烈牺牲。

（原载于《河南回族》，325～326 页，郑州，中州古籍出版社，2014）

---

① 材料来源：调查资料和《红军长征》一书，12～17 页、100～110 页、229 页、271 页。

20世纪80年代以来的白寿彝研究

王付平

白寿彝（1909—2000年）先生是中国当代历史学界的宗师、巨匠，他不仅在中国通史、中国史学史、中国思想史、中国民族关系史、中国伊斯兰教史、史学理论等研究领域功勋卓著，而且是中国回族史研究的奠基者和开拓者。2005年是白寿彝先生诞辰96周年，逝世5周年，本文拟从以下6个方面就20世纪80年代以来学术界对白寿彝先生在各研究领域的学术成就和学术思想等方面的研究进行总结，以示纪念。

一、白寿彝先生学术成就的研究

由北京师范大学史学研究所教授、北京师范大学史学理论与史学史研究中心主任瞿林东先生撰写的《白寿彝史学的理论风格》（河南大学出版社2001年出版）一书，汇集了作者1981—2000年间撰写的研究和评介白寿彝先生学术思想及著述的论文和文章共26篇。其中主要包括：专题论文6篇，读后感、书评8篇，谈白寿彝先生的读书与治学2篇，书序2篇，会议纪要2篇，对《中国通史》的编撰和内容的介绍文章4篇等。这是研究、评述和介绍白寿彝先生学术成就的第一部专著。梁向明的《白寿彝先生学术成就概述——为白寿彝教授90华诞而作》（《回族研究》1999年第一期）一文，着重论述了白寿彝先生在中国史学史、中国民族关系史以及回族和伊斯兰教等学术研究领域所取得的突出成就。瞿林东的《白寿彝和二十世纪中国史学》（《回族研究》2003年第二期）一文，论述了白寿彝先生对20世纪中国史学的贡献。刘雪英的《白寿彝教授传》（《回族研究》

1999年第三期）和《白寿彝先生学谱（简编）》（《回族研究》1999年第三期）等文章，也对白寿彝的学术成就进行了概述。

二、多卷本《中国通史》的研究

多卷本《中国通史》是白寿彝先生学术成就的典型代表，是21世纪中国最大规模的史学著作之一，无论是在思想观点还是在具体研究等方面，都反映了中国史学的最新研究成果，得到了史学界的高度评价。1999年，白寿彝先生主编的多卷本《中国通史》出齐后，北京师范大学举办了祝贺白寿彝教授九十华诞暨多卷本《中国通史》全部出版大会。《回族研究》也出版了“祝贺白寿彝教授90华诞暨多卷本《中国通史》全部出版专号”，刊登了吴怀祺的《当代史学上的创举——关于多卷本〈中国通史〉第二卷的认识》，陈琳国的《写出三国两晋南北朝的历史特点和历史地位——多卷本〈中国通史〉第五卷读后》，刘统的《中华早期文明的全景画——白寿彝先生总主编〈中国通史〉第三卷读后》，屈文军的《元史研究的力作——评白寿彝总主编、陈得芝主编的〈中国通史〉第八卷》，陈振的《谈谈白寿彝先生史学思想中的民族平等思想——主编〈中国通史〉第七卷的一点体会》，瞿林东的《白寿彝总主编〈中国通史〉第一卷简介》，林甘泉的《继承·探索·创新——读〈中国通史〉第四卷》，刘统的《隋唐强盛的深层探索——多卷本〈中国通史〉第六卷读后》和《白寿彝先生总主编〈中国通史〉第七卷读后》，刁之的《读〈中国通史·明时期〉卷》，阎崇年的《读〈中国通史·清时期〉卷》，史革新、张林的《中国近代史研究的突破和创新——读多卷本〈中国通史·近代前编〉卷》，朱汉国的《在开拓中创新从史实处求是——读〈中国通史〉第十二卷》和张美娣的《二十年磨一剑——白寿彝先生与〈中国通史〉》等14篇对白寿彝先生主编的多卷本《中国通史》研究的文章，这些文章对多卷本《中国通史》的主要内容、特点进行了论述，并高度评价了白寿彝先生主编的多卷本《中国通史》的学术价值和现实意义。瞿林东的《白寿彝教授与〈中国通史〉》（《人民论坛》1999年第十期）一文，认为白寿彝教授总主编的《中国通史》，“是20世纪中国几代史学家编撰中国通史的总结性和创造性相结合的巨著，它开辟了21世纪中外读者认识中国历史和中华文明的新途径”。陈其泰的《史学体系的重大创新——白寿彝先生主编〈中国通史〉成就略论》（《史学理论研究》2000年第一期）一文，对白寿彝先生主编的《中国通史》的学术成就进行了论述，认为“多卷本《中国通史》，是一部以马克思主义为指导的、内容丰富的皇皇巨著。它集中了‘积一代之智慧’的研究成果，在历史理论指导上达到了新的高度，并且在体裁上创造了新综合体的崭新形式，实现史学体系的重大创新”。周文玖的《白寿彝先生的治学与他的中国通史编纂》（《回族研究》2003年第二期）一文，认为“多卷本《中国通史》在白先生的学术生涯中具有很重要的地位，研究大通史的编纂及其史学思想，对深刻领会白寿彝先生的学术思想，认识白先生的学术贡献，都是非常必要的”。

三、白寿彝先生史学思想的研究

瞿林东的《白寿彝史学思想浅论》（《北京社会科学》2002年第二期）一文，从神圣的社会责任意识、执著的理论追求和突出的通识全局三个方面对白寿彝先生的史学思想进行了论述。认为“白先生治学的道理，首先是出于社会责任感，这也是他的史学思想的根基”。周文玖的《白寿彝史学思想的发展历程》（《回族研究》2000年第三期）一文，就白寿彝先生在解放前、解放后27年和粉碎“四人帮”以后三个阶段的史学思想的内容、形成进行了论述、归纳并概括了白先生史学史思想的特点。瞿林东的《唯物史观与史学创新——简论白寿彝史学研究的理论风格》（《人民日报》2001年第一期）一文，认为白寿彝史学研究的理论风格概括为“在马克思主义唯物史观基本原则指导下，结合具体的研究领域或具体的研究对象，根据充分的和可靠的历史资料，从辩证的和发展的视野综合种种问题，提出新的认识和新的理论概括”。龚书铎、瞿林东的《白寿彝先生的史学思想和治学道路》（《北京师范大学学报》1989年第一期）一文，对白寿彝先生的治学历程进行了简要论述，重点论述了白先生的史学思想中的通识、创新特点和历史教育思想。史学史思想是白寿彝史学思想的组成部分。瞿林东的《继承白寿彝先生的史学史思想遗产》(《北京师范大学学报》2000年第三期)一文,对白寿彝先生的史学史思想进行了论述,认为白寿彝先生关于中国史学史学科建设的理论,对史学史领域一些重大问题的认识,如史学遗产、对于历史本身的认识发展过程、史学的社会作用的发展过程、史学史对于历史教育的意义、探索中国史学发展规律、史学与经学及子学的关系、怎样看待史学史的古今论述、中国史学史的分期问题等,以及发展史学史研究的设想等方面,都包含有丰富的思想和深刻的见解。瞿林东的《白寿彝先生和〈史学概论〉》(《云南民族大学学报》2003 年第四期)一文,认为“白寿彝先生主编的《史学概论》的显著特点在于:对历史唯物主义同史学概论的关系,史学遗产同史学概论的关系,近代史学、马克思主义史学同史学概论的关系等,都有深刻的理解和恰当的处置,具有科学研究和教学实践的参考价值”。郑珺的《努力揭示中国历史的基本特征——白寿彝先生史学思想探析》[《首都师范大学学报(社会科学版)》2001 年第三期]一文,就白寿彝主编的多卷本《中国通史》体现出的新史学思想进行了初步梳理。

历史教育思想是白寿彝先生史学思想的重要组成部分,郑师渠的《白寿彝先生历史教学改革思想初探》(《史学史研究》1998 年第二期)、姚继荣的《白寿彝先生的历史教育思想》(《史学月刊》2001 年第二期)、尤学工的《白寿彝先生历史教学论分析》(《云南民族大学学报》2003 年第五期)、张显传的《白寿彝先生对历史教育的贡献——读〈白寿彝史学论集〉》(《史学史研究》1994 年第四期)、李传印的《白寿彝先生历史教育思想再认识》(《史学史研究》2002 年第一期)、吴怀祺的《学习历史,推动历史,献身于新时代的历史教育事业——学习白寿彝先生历史教育思想的体会》(《史学史研究》1998 年第一期)等文章,对白寿彝先生的历史教育思想的形成与发展、内容、特点等方面进行了论述。

四、回族史与中国伊斯兰教学术贡献的研究

白寿彝先生对回族史与中国伊斯兰教的研究做出了杰出的贡献,这方

面的研究成果颇丰。牙含章的《回回民族的杰出史学家》（《史学史研究》1989年第一期）一文，论述了白寿彝先生对回族史研究的贡献。林松的《回族和伊斯兰教研究新学科的开拓与发展——敬祝这一领域的主要奠基人白寿彝教授九十寿辰》（《史学史研究》1999年第二期）一文，从各个方面论述了白寿彝先生对回族和伊斯兰研究新学科的开拓与发展，并对白先生的作风、学风和文风进行了高度概括与评价。认为白寿彝先生，“作为回族史、回族学学科的创立者、奠基者，在70年漫长的学术生涯中，焚膏继晷，全面丰收，著作等身，蜚声海内外；在培养栋梁之才的高等学府，呕心沥血，辛勤育苗，扶植后代，桃李满天下。他顽强的拼搏精神，严谨的治学态度，统筹兼顾的工作安排和连续作战的坚韧毅力，为后生晚辈树立了榜样。特别是他那学者所具备的人品、道德、文章，或者说是作风、学风和文风，其影响和感召力是很深远的”。李松茂的《白寿彝与中国回族研究》（《云南民族学院学报》2002年第三期）和《白寿彝先生关于回族史和伊斯兰教史的研究》（《回族研究》1999年第三期）两文，记录了白寿彝先生从事中国回族史和伊斯兰教史学术研究的历程，体现了学术成就的重要方面，对于了解白先生的学术生涯有重要的参考价值。认为1945年重庆商务印书馆出版的白寿彝先生编著的《咸同滇变见闻录》，“这是我国第一部回族专题史料，标志回族史料学的诞生”。王东平的《白寿彝先生对回族史与中国伊斯兰教史研究的学术贡献》（《史学史研究》2000年第一期）一文，从通史性著作的撰著，历史人物的研究，史料的收集、整理与刊布，重大问题上的创见，治学方法的贡献五个方面，论述了白寿彝先生在回族史与中国伊斯兰教史研究所取得的学术成就。认为白先生在回族族源的论述、回族与伊斯兰教的关系、回族对汉文化的贡献等方面的研究有很大的贡献。翁乾麟的《论白寿彝先生回族史研究的成就》（《回族研究》1998年第二期）一文，从拓宽回族史研究的新领域、运用马克思主义唯物史观指导回族史的研究、关于新编回族史体例的探索和关于回族史料的收集和整理等方面论述了白寿彝先生回族史研究的成就。认为“白寿彝先生学识渊博，成就卓著，为我国回族史的研究做出了杰出的贡献。他的著作代表了我国回族史研究的一个时代，在我国回族史研究的历史上占有崇高的地位。认真学习白先生的治史经验，研究和深入体会白寿彝先生的史学思想，对于推动我国回族史研究的进一步发展，具有重要意义”。常启明的《白寿彝对广西回族史研究的贡献》（《回族研究》2001年第二期）一文，论述了白寿彝对广西回族史研究的贡献，认为白先生撰写的《柳州伊斯兰与马雄》一文给广西回族留下了一份宝贵的精神财富。

杨怀中的《积累四十年终成四册书——回忆白寿彝先生主编〈回族人物志〉》（《回族研究》1999年第一期）一文，就白寿彝先生主编《回族人物志》的经历及《回族人物志》的主要内容和参考文献进行了论述。朱桂同的《回族史研究的新成果——白寿彝先生主编〈回族人物志〉综述》（《回族研究》1993年第一期）一文，对白寿彝先生主编的《回族人物志》进行了评述，认为《回族人物志》编纂成书，“是白先生在民族史研究领域杰出的学术成果，也是他几十年从事回族史研究的总结和升华，凝聚着先生成熟的思考和精心的准备”。同时，“《回族人物志》是回族史研究工作中的第一部系统的人物传记，也是中国少数民族史研究工作中出现的第一部系统的少数民族人物传记，是回族史研究上的新成就，具有开创性的意义”。李珍的《论〈回族人物志〉的史学价值》（《民族研究》2001年第三期）一文，认为“《回族人物志》是中国第一部系统的回族历史人物合传，具有重要的学术价值。从回族史研究来看，它在历史研究的指导思想、新型回族史的编撰体例等方面，提出了许多可资借鉴的设想：从历史人物研究来看，它在人物评价的基本原则与正确处理民族感情方面，具有突出的理论建树；从史学史研究与民族史学研究角度看，它在史料搜集、整理、运用和体例制定、文字表述等方面，均有相关理论论述与具体成就，具备了多方面的参考价值”。陈其泰的《白寿彝先生编纂〈回民起义〉的学术价值》（《回族研究》2002年第二期）一文，对白寿彝先生编纂的《回民起义》的学术价值进行了论述，认为“此书的突出学术价值为：搜集文献丰富，种类齐全，除官书和奏议外，还有大量私人著述和方志、碑刻资料，编者并作了精审的考证；善于剔别旧记载的偏见和诬枉，保留其中有价值的成分。故此书出版后一向受到近代史和民族史研究者的重视”。朱桂同的《回族史研究中的民族感情与科学态度——再读〈白寿彝民族宗教论集〉有感》（《回族研究》2000年第三期）一文，通过对《白寿彝民族宗教论集》的再次阅读和阐释，梳理出了白寿彝先生的一系列论述和观点以及对从事回族史和伊斯兰教史研究工作的重要指导意义。

五、中国史学史的学术贡献的研究

安作璋、耿天勤的《白寿彝先生对中国史学史研究的杰出贡献》（《史学史研究》1995 年第一期）一文，论述了白寿彝先生在中国史学史研究方面的贡献。贡献在于“阐明了中国史学史研究的任务和范围，为中国史学史学科建设奠定了基础；提出了关于中国史学史分期的独到见解，为科学地解决中国史学史的分期问题做出了贡献；全面论述了史学遗产问题，在继承史学优良传统的同时又有创新；取得了中国史学史研究的丰硕成果，带动了史学史的学术研究和培养了许多史学史教学和科研人才，为史学史专业队伍建设作出贡献”。瞿林东的《白寿彝先生和中国史学史学科建设》（《回族研究》2004 年第二期）一文，从白寿彝先生关于中国史学史研究任务的论述，关于中国史学史上重大问题的提出，以及关于中国史学史学科建设的具体目标的规划等方面，对白寿彝先生在中国史学史学科建设方面的贡献进行了论述。周文玖、王记录的《白寿彝的治学经历及其史学史研究》（《河南大学学报》2002 年第二期）一文，对白寿彝先生的治学经历及其史学史研究的特点进行了论述。认为白寿彝先生的史学史研究具有重“通”、重视理论的学习和运用等特点。海涛的《从史学漫谈到史学史研究》（《史学史研究》1998 年第一期）一文，论述了白寿彝先生对中国史学和史学史研究的贡献。周少川的《自得、创新与建树——读白寿彝先生的〈中国史学史论集〉》（《史学史研究》2000 年第一期）一文，认为“《中国史学史论集》阐明了中国史学史研究的重要任务，为学科建设奠定了基础；深刻阐述了历史科学的社会意义和社会作用；研究了中国史学发展的过程及其规律，在批判继承史学遗产的问题上进行了理论的总结和概括；集结了白先生对中国史学史各个方面的开拓性研究成果，是新时期史学史研究精深水平的代表作。《中国史学史论集》的出版，对于中国史学史和中国历史的学习与研究，也必将产生深刻和久远的学术影响”。余敏辉的《“建立历史文献学这门学科是我的夙愿”——白寿彝先生和中国历史文献学学科建设》（《回族研究》2004 年第二期）一文，论述了白寿彝对中国历史文献学学科建设的贡献。认为白寿彝先生“从事学科创建时间早，历时久，成就突出；构建学科体系缜密完善，影响深远；提出新的学科研究大纲，为学科建设指明了方向”。白先生是历史文献学科当之无愧的创建者之一，也是这一学科走向全面建设的有力推动者，在学科发展史上享有崇高地位。

六、民族史研究学术贡献的研究

哈正利的《白寿彝对中国民族史研究的理论贡献》（《西北第二民族学院学报》2001 年第四期）一文，对白寿彝先生在中国民族史研究的理论贡献进行了综述性考察，认为“白寿彝先生构建的中国民族史理论框架是马克思主义唯物辩证法的思想与中国历史实际结合的产物，也是马克思主义的史学理论和民族平等思想与中国史学优良传统结合的产物”。王东平的《白寿彝先生民族史研究的理论与方法》（《北京师范大学学报（人文社会科学版）》2000 年第三期）一文，海涛的《白寿彝先生和民族》（《史学史研究》2000 年第二期）一文，论述了白寿彝先生的民族观。认为白寿彝先生热爱本民族，确认主体民族的历史地位，以民族友好的中心思想贯穿三个理论和两个主流说，为中华民族的团结统一与伟大复兴做贡献。他的民族观的动力源自爱国主义、民族平等思想和唯物辩证法。梁向明的《谈著名回族史学家白寿彝先生对我国民族关系史研究的杰出贡献》［《西北民族学院学报（哲学社会科学版）》1999 年第二期］一文，从应当把民族关系史置于中国历史发展的大背景下加以考察，既要反对大汉族主义又要反对狭隘的民族主义，要把爱国主义思想教育同民族史结合起来三方面论述了白寿彝先生在我国民族关系史研究方面的杰出贡献。

附：白寿彝研究论文索引

张孟伦：《关于马端临〈文献通考〉的人民性的问题——与白寿彝先生商榷》，载《兰州大学学报（哲学社会科学版）》，1980（1）。

瞿林东、朱尔澄：《通俗性和科学性的统一（评白寿彝主编〈中国通史纲要〉）》，载《历史教学》，1983（2）。

凌晨：《史学家的自觉精神（读白寿彝〈历史教育和史学遗产〉）》，载《读书》，1983（12）。

陈其泰：《刻意的追求新辟的境界——白寿彝著〈中国史学史〉第一册评介》，载《史学史研究》，1987（1）。

汪扬：《评白寿彝著〈中国史学史〉第一册》，载《史学史研究》，1987（1）。

施丁：《成一家之言：评白寿彝著〈中国史学史〉第一册》，载《历史研究》，1987（2）。

龚书铎、瞿林东：《白寿彝先生的史学思想和治学道路》，载《北京师范大学学报》，1989（1）。

刘雪英：《白寿彝先生撰述目录》，载《史学史研究》，1989（1）。

张岂之：《白寿彝先生和侯外老的学术友谊》，载《史学史研究》，1989（1）。

牙含章：《回回民族的杰出史学家》，载《史学史研究》，1989（1）。

高敏：《读白寿彝先生主编之〈中国通史〉导论卷》，载《历史学（人大复印资料）》，1990（12）。

朱桂同：《回族史研究的新成果——白寿彝先生主编〈回族人物志〉综述》，载《回族研究》，1993（1）。

陈其泰：《不断开拓史学史学科的新境界——读〈白寿彝史学论集〉》，载《史学史研究》，1994（3）。

张显传：《白寿彝先生对历史教育的贡献——读〈白寿彝史学论集〉》，载《史学史研究》，1994（4）。

许殿才：《白寿彝教授史学思想座谈会侧记》，载《史学史研究》，1994（4）。

吴怀祺：《朱熹研究的一家言——读〈白寿彝史学论集·朱熹撰述丛考〉》，载《史学史研究》，1994（3）。

刘先照：《中国民族史研究的一代开拓者——评白寿彝先生对中国民族史的研究》，见《历史科学与历史前途》，河南人民出版社，1994。

林甘泉：《马克思主义与民族史研究——在“白寿彝教授史学思想讨论会”上的发言》，载《史学史研究》，1995（1）。

张越：《记白寿彝教授史学思想讨论会》，载《史学理论研究》，1995（1）。

吴怀祺：《当代史学上的创举——关于多卷本〈中国通史〉第二卷的认识》，载《史学史研究》，1995（3）；《回族研究》，1999（3）。

许凌云：《评〈白寿彝史学论集〉》，载《中国史研究》，1996（1）。

王培华：《地理条件和历史发展——学习白寿彝先生关于历史发展的地理条件的理论》，载《史学史研究》，1996（3）。

章华天：《中国史前史建设的力著——白寿彝总主编〈中国通史〉第二卷简介》，载《史学史研究》，1996（3）。

刘统：《历史统一大趋势的展示——白寿彝先生总主编〈中国通史〉第五卷读后》，载《史学史研究》，1996（4）。

吴怀祺：《马克思主义社会形态理论与新时期的通史编撰——再读多卷本〈中国通史·导论〉卷》，载《史学史研究》，1997（2）。

吴怀祺：《学习历史，推动历史，献身于新时代的历史教育事业——学习白寿彝先生历史教育思想的体会（与北京师范大学历史系97届本科新生的谈话）》，载《史学史研究》，1998（1）。

海涛：《从史学漫谈到史学史研究》，载《史学史研究》，1998（1）。

翁乾麟：《论白寿彝先生回族史研究的成就》，载《回族研究》，1998（2）。

郑师渠：《白寿彝先生历史教学改革思想初探》，载《史学史研究》，1998（2）。

杨共乐：《对白寿彝先生课程设置改革的认识》，载《史学史研究》，

1999（1）。

许殿才：《七十年心血铸就的丰碑》，载《史学史研究》，1999（3）。

张显传：《也从〈三字经〉说到历史教育——贺白寿彝先生九十华诞》，载《史学史研究》，1999（1）。

陈连开：《祝史界不老松百年常青——庆贺白寿彝教授九十华诞》，载《史学史研究》，1999（1）。

梁向明：《谈白寿彝先生对我国民族关系史研究的杰出贡献》，载《青海民族学院学报》，1999（1）。

梁向明：《白寿彝先生学术成就概述——为白寿彝教授90华诞而作》，载《回族研究》，1999（1）。

杨怀中：《积累40年，终成四册书——回忆白寿彝先生主编〈回族人物志〉》，载《回族研究》，1999（1）。

吴怀祺：《民族理论与民族史理论的辩证法——重读多卷本〈中国通史·导论〉》，载《回族研究》，1999（1）。

林松：《回族和伊斯兰研究新学科的开拓与发展——敬祝这一领域的主要奠基人白寿彝教授九十寿辰》，载《史学史研究》，1999（2）；《回族研究》，1999（3）。

李松茂：《白寿彝先生关于回族史和伊斯兰教史的研究》，载《回族研究》，1999（3）。

梁向明：《谈著名回族史学家白寿彝先生对我国民族关系史研究的杰出贡献》，载《西北民族学院学报（哲学社会科学版）》，1999（2）。

史念海：《风雨春秋，亦师亦友——祝贺白寿彝教授九十华诞》，载《史学史研究》，1999（3）。

瞿林东：《白寿彝总主编〈中国通史〉第一卷简介》，载《史学史研究》，1996（2）；《回族研究》，1999（3）。

刘统：《中华早期文明的全景画——白寿彝先生总主编〈中国通史〉第三卷读后》，载《史学史研究》，1997（1）；《回族研究》，1999（3）。

林甘泉：《继承·探索·创新——读〈中国通史〉第四卷》，载《史学史研究》，1997（2）；《回族研究》，1999（3）。

陈琳国：《写出三国两晋南北朝的历史特点和历史地位——多卷本

〈中国通史〉第五卷读后》，载《史学史研究》，1997（3）；《回族研究》，1999（3）。

屈文军：《元史研究的力作——评白寿彝总主编、陈得芝主编的〈中国通史〉第八卷》，载《史学史研究》，1998（1）；《回族研究》，1999（3）。

陈振：《谈谈白寿彝先生史学思想中的民族平等思想——主编〈中国通史〉第七卷的一点体会》，载《史学史研究》，1998（4）；《回族研究》，1999（3）。

刘统：《隋唐强盛的深层探索——多卷本〈中国通史〉第六卷读后》，载《史学史研究》，1998（3）；《回族研究》，1999（3）。

刘统：《白寿彝先生总主编〈中国通史〉第七卷读后》，载《回族研究》，1999（3）。

习之：《读〈中国通史·明时期〉卷》，载《回族研究》，1999（3）。

阎崇年：《读〈中国通史·清时期〉卷》，载《史学史研究》，1998（2）；《回族研究》，1999（3）。

史革新、张林：《中国近代史研究的突破和创新——读多卷本〈中国通史·近代前编〉卷》，载《回族研究》，1999（3）。

朱汉国：《在开拓中创新从史实处求是——读〈中国通史〉第十二卷》，载《回族研究》，1999（3）。

张美娣：《二十年磨一剑——白寿彝先生与〈中国通史〉》，载《回族研究》，1999（3）。

刘雪英：《白寿彝先生学谱（简编）》，载《回族研究》，1999（3）。

刘雪英：《白寿彝教授传》，载《回族研究》，1999（3）。

白滇生：《我的父亲》，载《回族研究》，1999（3）。

向燕南：《祝贺白寿彝教授九十华诞暨多卷本〈中国通史〉全部出版大会综述》，载《回族研究》，1999（3）。

海涛：《白寿彝先生和传统》，载《史学史研究》，1999（4）。

王东平：《研究民族史的大道》，载《史学史研究》，1999（4）。

沙鹏程：《心灵感悟遥寄京华——恭祝白寿彝教授九十华诞》，载《中国穆斯林》，1999（6）。

海涛:《白寿彝先生和辩证法》,载《民族研究》,1999(8)。

梁向明:《谈著名回族史学家白寿彝先生对我国民族关系史研究的杰出贡献》,载《民族研究》,1999(6)。

瞿林东:《白寿彝教授和〈中国通史〉》,载《人民论坛》,1999(10)。

陈其泰:《白寿彝先生通史研究的成就》,载《群言》,1999(10)。

王东平:《白寿彝先生对回族史与中国伊斯兰教史研究的学术贡献》,载《史学史研究》,2000(1)。

陈其泰:《史学体系的重大创新——白寿彝先生主编〈中国通史〉成就略论》,载《史学理论研究》,2000(1)。

周少川:《自得、创新与建树——读白寿彝先生的〈中国史学史论集〉》,载《史学史研究》,2000(1)。

周少川:《当代史学理论的财富:读〈白寿彝史学论集〉》,载《东方》,2000(2)。

北师大历史系、史学所:《深切怀念白寿彝先生》,载《史学史研究》,2000(2)。

海涛:《白寿彝先生和民族》,载《史学史研究》,2000(2);《回族研究》,2000(3)。

朱桂同:《回族史研究中的民族感情与科学态度——再读〈白寿彝民族宗教论集〉有感》,载《回族研究》,2000(3)。

周文玖:《白寿彝史学思想的发展历程》,载《回族研究》,2000(3)。

瞿林东:《继承白寿彝先生的史学史思想遗产》,载《北京师范大学学报》,2000(3)。

王东平:《白寿彝先生民族史研究的理论与方法》,载《北京师范大学学报》,2000(3)。

臧克家:《怀念寿彝》,载《史学史研究》,2000(3)。

高敏:《怀念白老》,载《史学史研究》,2000(3)。

张忠培:《永不忘却的纪念——悼念白寿彝老》,载《史学史研究》,2000(3)。

郭预衡：《读白寿彝著〈中国史学史论集〉》，载《史学史研究》，2000（3）。

齐世荣：《永不磨灭的印象——深切怀念历史学家、历史教育家白寿彝先生》，载《史学史研究》，2000（3）。

安作璋：《忠实·执著·求索·创新——怀念史学界一代宗师白寿彝先生》，载《史学史研究》，2000（3）。

施丁：《治史学要成家——缅怀白寿彝先生》，载《史学史研究》，2000（3）。

陈光崇：《涑水而后有斯人——悼念白寿彝先生》，载《史学史研究》，2000，（3）。

杨翼骧：《悼念杰出的历史学家白寿彝先生》，载《史学史研究》，2000（3）。

李希泌、刘统：《深切悼念白寿彝教授》，载《史学史研究》，2000（3）。

张美娣：《一个历史学家的神圣使命》，载《史学史研究》，2000（3）。

张岂之：《忆寿彝先生和外庐先生的一次谈话》，载《史学史研究》，2000（3）。

林甘泉：《“中国的脊梁”》，载《史学史研究》，2000（3）。

张越：《记“纪念白寿彝先生逝世一周年学术座谈会”》，载《史学史研究》，2001（2）。

吴怀祺：《永恒的薪火——怀念我的老师白寿彝先生》，载《史学月刊》，2001（2）。

井建斌：《把历史知识交给更多的人——白寿彝先生一个重要的历史教育观点及其思考》，载《中学历史教学参考》，2001（10）。

常启明：《白寿彝对广西回族史研究的贡献》，载《回族研究》，2001（2）。

周文玖：《辛勤探索四十年汇聚心血两代人——读白寿彝先生主编的〈中国史学史教本〉》，载《史学史研究》，2001（1）。

杨钊：《忆白寿彝同志》，载《史学史研究》，2001（1）。

刘雪英：《在白寿彝先生身边十七年》，载《史学史研究》，2001（1）。

李松茂：《无尽的思念——忆白寿彝师的教诲》，载《史学史研究》，2001（1）。

瞿林东：《唯物史观与史学创新——简论白寿彝史学研究的理论风格》，载《四川党史》，2001（1）。

姚继荣：《白寿彝先生的历史教育思想》，载《史学月刊》，2001（2）。

郑珺：《努力揭示中国历史的基本特征——白寿彝先生史学思想探析》，载《首都师范大学学报（社会科学版）》，2001（3）。

龚书铎：《怀念白寿彝先生》，载《求是》2000年第13期、《回族研究》，2001（2）。

哈正利：《白寿彝对中国民族史研究的理论贡献》，载《西北第二民族学院学报》，2001（4）。

关增建：《白璧中的微瑕——对白寿彝主编〈中国通史〉中科技史知识的"吹毛求疵"》，载《自然科学史研究》，2001（4）。

李传印：《白寿彝先生历史教育思想再认识》，载《史学史研究》，2002（1）。

李传印：《白寿彝的治学经历及其史学史研究》，载《河南大学学报》，2002（2）。

李松茂：《白寿彝与中国回族研究》，载《云南民族学院学报》，2002（3）。

瞿林东：《白寿彝先生和20世纪中国史学》，载《史学史研究》，2002（3）、《回族研究》，2003（2）。

瞿林东：《白寿彝史学思想浅论》，载《北京社会科学》，2002（2）。

张剑平：《略论白寿彝先生对〈史记〉的研究》，载《回族研究》，2002（2）。

沙鹏程：《东方之子——痛悼白寿彝老人》，载《回族研究》，2002（3）。

陈其泰：《白寿彝先生编纂〈回民起义〉的学术价值》，载《回族研究》，2002（2）。

周文玖：《白寿彝先生的治学与他的中国通史编纂》，载《回族研究》，2003（2）。

瞿林东：《白寿彝先生和〈史学概论〉》，载《云南民族大学学报》，2003（4）。

尤学工：《白寿彝先生历史教学论分析》，载《云南民族大学学报》，2003（5）。

张越：《重视理论建设继承进取创新——读瞿林东教授著〈白寿彝史学的理论风格〉》，载《回族研究》，2003（2）。

李松茂：《白寿彝与顾颉刚的学术交谊》，载《史学史研究》，2003（2）。

史明文：《白寿彝古籍整理理论初探》，载《贵州文史丛刊》，2003（2）。

白至德：《父亲白寿彝与挚友白亮诚先生》，载《回族研究》，2004（2）。

赵梅春：《世纪的丰碑珍贵的遗产——白寿彝先生和中国通史编纂》，载《回族研究》，2004（2）。

瞿林东：《白寿彝先生和中国史学史学科建设》，载《回族研究》，2004（2）。

余敏辉：《“建立历史文献学这门学科是我的夙愿”——白寿彝先生和中国历史文献学学科建设》，载《回族研究》，2004（2）。

张桂萍：《一个史学家谈文学修养——读〈白寿彝史学论集〉的一点启示》，载《回族研究》，2004（2）。

（原载于《第十五次全国回族学研讨会论文汇编》，208～216页，2005年）

马庆华血洒抗日战场

马迎洲　王惠民

马庆华（1913—1939 年），回族，原籍河北省邯郸市，生于开封。其父是开封铁路工人。由于家庭贫困，马庆华从开封扶轮小学毕业后便开始自谋生路。接触共产党人后，走上革命道路，1935 年参加中国共产党。先后在扶轮小学、杞县大同中学等地进行革命活动。

1938 年夏，河南省委在豫东地区中心地带的睢县、杞县、太康开辟了抗日根据地，并组建了豫东抗日游击第三支队。党组织派遣马庆华到第三支队领导武装斗争。9 月，他到河南省委所在地的确山县竹沟汇报工作，又被任命为东进工作组组长，与刘勤初、万忠人到豫东民权县开展建党活动。先后发展了李德樵、马德馨、崔传韶等 50 多名党员，迅速建立起民权县道南和道北（陇海铁路南北）两个党支部，领导广大回汉群众积极开展抗日斗争。

同年 10 月，彭雪枫率新四军游击支队进入睢杞太地区，与三支队合编后，建立了豫皖苏边区抗日根据地。当主力部队撤离后，由马庆华负责中共豫东特委工作。他带领着三支队留下来的 34 名战士组成游击支队（仍沿用三支队番号）驻杞县赵村，坚持武装斗争。

与此同时，一些兵痞流氓拉起队伍，自封“司令”，各霸一方；一些溃散的国民党军官和土豪劣绅也趁机收编土匪武装。他们卖身投靠日本侵略军，有恃无恐地在睢杞太中心地区的龙曲、傅集、圉镇、长岗、板木等集镇建立维持会，并到处搜捕和追击马庆华率领的游击支队。

在敌众我寡、环境恶劣的斗争中，马庆华和他领导的人民武装，认真贯彻省委“继续发展武装力量，扩大活动地区”的指示精神，遵循党中央和毛主席关于团结多数、打击少数、利用矛盾、各个击破的政策和策略，努力团结一切抗日的人们，成立了睢杞太抗日自卫总团，马庆华任政委，知名爱国民主人士孟子桓任总团长，中共党员王介夫任副总团长，团部设在杞县赵村。此外，马庆华又率部深入太康县发动群众，建立了 5 个自卫分团，每个分团都拥有百余人，还为水东独立团和新四军六支队输送了 500 多名战士。在自卫团成立之际，新四军游击支队主力 113 营（淮阳营）回师睢杞太地区，接连打了几个大胜仗，将缴获的枪支弹药分送给各自卫分团，从而增强了自卫团的战斗力，马庆华政委领导的三支队也扩充到 200 多人，成立了睢杞太独立大队。

新四军游击支队撤离后，日伪军向睢杞太抗日根据地大举进攻。独立大队被挤压到南北长 30 里，东西宽 6 里狭小范围内的 20 多个村庄里。面对日伪军的“铁壁合围”，独立大队给养难筹，有时一天难进一餐，有时一夜转移两三次，枪支弹药得不到及时补充，伤病员无药医治。在重重困难之下，马庆华一面率部队行军作战，一面发动和组织群众开展抗日斗争，先后在杞县又成立 9 个自卫分团，在太康成立了 3 个自卫分团，在睢县成立了 3 个自卫分团，使自卫分团发展到 20 多个，独立大队扩充到 500 余人。自卫分团配合独立大队向日伪军和土、顽、劣势力不断主动出击，终于肃清了睢杞太地区的土匪武装，壮大了抗日力量。

1939 年 5 月，为了进一步组织水东地区（1938 年 6 月，国民党军队在郑州花园口扒开黄河，使河水泛滥，河流改道，因睢杞太地区位于新黄河之东，故称水东地区）的抗日斗争，省委决定建立中共水东特委，任命马庆华为特委书记。在水东特委领导下，睢县、杞县、太康、淮阳、民权、通许等县建立了中共县委。在军事方面，成立了水东独立团，马庆华任政委。同时，各县大队、区队和联防队及警卫连等也相继建立。在政权方面，建立了水东办事处，各县办事处和区分会。在群众工作方面，特委设有民运部，独立团设有民运股，党政军自上而下建立了组织机构。在特委统一领导下，各县大队和自卫分团不时向敌人出击，给日伪军以重大打击，巩固了抗日根据地。

1939 年 8 月 5 日，驻在杞县大郑庄的水东独立团获悉日军百余人从杞太公路通过的情报后，马庆华立即布置了袭击日军的作战方案，并亲率任荣华中队埋伏在宋庄东头的公路边。部队刚刚隐伏下来，日军就走进了包围圈，我军即向敌人展开猛烈射击。经过激烈战斗，击毙日军数十名，日军大佐连人带马滚进沟里，被一颗手榴弹炸死，其残部则弃尸丢甲，狼狈逃窜。马庆华从苇坑边跳到公路上，向伏击的战士们喊道："追！彻底消灭敌人！"溃散的日军以坟地为掩护负隅顽抗，战斗中，日寇罪恶的子弹穿过马庆华的胸膛，年仅26岁的英雄壮烈牺牲。战斗结束后，部队把烈士的遗体安葬于杞县傅集（今傅集卫生院中）。

马庆华牺牲后，为了适应抗日战争的需要，激励人们的抗日热情，1944年8月，撤销睢杞太办事处，在太康县建立抗日民主政府，并用抗日英雄马庆华烈士的名字命名此县，以表示对烈士的怀念。8月18日，在太康县郑寨召开"庆华县"成立大会，自此，太康县改为庆华县。在党的领导下，在马庆华烈士精神的鼓舞下，庆华县人民在抗日战争后期多次与日军交锋，不断取得斗争的胜利。1945年，日本帝国主义无条件投降后，根据形势发展的需要，上级决定撤销庆华县，恢复太康县。

（原载于《回族杰出人物》，365～67页，西安，陕西人民教育出版社，1999）

令人难以忘却的穆斯林学者

——为纪念张秉铎先生归真一周年而作

李华英

我国著名的穆斯林学者、杰出的阿拉伯文专家张秉铎先生于2004年7月1日归真的消息传来，令人不胜悲伤。

早在我孩提时，已听到过有关张秉铎先生的传闻。只是在20世纪60年代初，我到《人民画报》工作后才与他有了接触。当时我国的外事、外宣部门（如外交部、外文局、新华社和广播电台等）的阿拉伯文专业人员在业务上尚处于起步阶段。我所在的《人民画报》阿拉伯文版的同仁也不例外。在这种情况下，张秉铎先生便成了支持我们工作的社会力量之一。先生学识渊博，阿拉伯文造诣精深，他的译文因具有典雅、流畅、表达力强等特点而受到同行的赞誉。通过学习张先生的译文，加上不断向他求教，自己潜移默化地从中受到不少教益。先生不仅专业知识过硬，其为人也十分正派，他表里如一，对朋友满腔热情，对事业有献身精神，在我屈指可数的师表中，先生是我十分敬重的一位。值得一提的是，在与先生几十年"淡如水"的交往中，我深深感到自己始终得到这位老前辈的关爱，他对我的点滴进步总是真诚地给予鼓励。因此，我对先生敬重之外，还对他怀有深深的感激之情。

张秉铎先生在中国伊斯兰教史、中国翻译史上，都是一位不可多得的历史人物。但由于主、客观的原因，这位才华横溢的穆斯林学者的其人其事却鲜为人知。尽管先生归真后，《中国穆斯林》杂志发表的消息对其生平事迹提纲挈领地做了介绍，但那只是"蜻蜓点水"。为了弘扬张秉铎先生的爱国爱教精神，为了使先生的事迹不至于湮没在历史的波涛之中，笔者将记忆所及有关先生的逸事进行记录，以飨读者。

壮志凌云　学有大成

张秉铎先生，河南洛宁人，于1915年出生于一个回族穆斯林家庭。由于历史的原因，在相当长的时期内，中国穆斯林只重视在传统的经堂学校学习宗教知识，而忽视汉文化的学习，这对穆斯林的自身发展十分不利。自20世纪初王浩然大阿訇开创建立新式伊斯兰学校一代新风之后，全国各地涌现出一批热心创办新式伊斯兰学校的志士仁人。张秉铎先生之父张文正先生笃信伊斯兰教，他虽是行伍出身，却非常热心穆斯林的公益事业，早年曾在家乡办过“汉经小学”。为了弘扬伊斯兰教，他一心想把自己的儿子张秉铎培养成为一名“经汉两通”的伊斯兰学者。张秉铎秉承父志，9岁时便接受伊斯兰启蒙教育，并立志献身伊斯兰事业。1929年，在他13岁时就开始受业于四川万县伊斯兰师范学校。该校经、汉并重，不仅设有阿拉伯文和伊斯兰教教义课程，而且还教授国文、历史、地理等文化课程，从而使张秉铎受到经、汉两种教育，这在当时来说并不多见。他曾回忆说：“在万县师范任教的李仁山阿訇教学有方，他老人家给我打的阿文基础非常扎实，这使我受益终生。”1931年，他转学于北平成达师范学校。1932年，受该校派遣，他与马金鹏、王世明、金殿桂、韩宏魁同学赴埃及留学。这位天资聪颖的中国穆斯林青年进入伊斯兰世界最高学府——爱资哈尔大学之后，如鱼得水，在长达6年的学习历程中，始终如饥似渴地汲取阿拉伯—伊斯兰学术文化知识。当时不管是论个头还是论年纪，张秉铎在几十位中国留埃同学中，抑或在众多的各国同学中，都属于“小同学”之列。但他人“小”志气大，从他跨进爱大校门之日起，就不负父亲的厚望，下决心要学出个名堂。在当时仍沿用千古未变的古老教育制度的爱大，用世界上最难掌握的语言之一——阿拉伯语，去汲取浩如烟海的伊斯兰文化，对弱冠之年的张秉铎来说谈何容易！然而，他始终以百折不挠的刻苦精神一心扑在学习上。时过不久，他便在侪辈中崭露头角，成为名副其实的高材生。到了1937年，张秉铎以大无畏的精神决心报考爱资哈尔大学的“学者文凭”。“学者文凭”，顾名思义，是爱资哈尔大学最高的学术证书，与爱资哈尔大学的毕业文凭不同，只有学习成绩特别优异者才可申报此种文凭。据荣获过爱大“学者文凭”的纳忠教授讲，他本人为了报考学者文凭，曾在一位专门辅导学者文凭考生的教授指导下埋头书案达一年之久。他说：“学者（文凭）的考试很严格，题目也复杂，一共考 12 门课，量很大，以口试为主。考生必须具备广博的知识，对一些原文要准确记忆。”纳老进一步介绍说：“学者的监考由 5 人小组负责，12 门课的内容混在一起进行……5 个考官齐排排地坐在监考席上，考生一个个进去，气氛十分严肃。5 个考官交叉提问，上、下午各考 3 个小时。”就这样，闭门苦读了一年的纳忠，终于用阿拉伯语回答了考官们提出的一个个问题，一次次过关，获得了追求已久的学者文凭。由于考试难度太大，加上张秉铎考前准备不像纳忠那样充分，他在 1937 年的考试算是“名落孙山”了。这对十分要强的张秉铎来说是一次不小的打击，他曾打消了再上考场的念头。而了解其学业功底的中外同学一方面为他这次败下阵来而惋惜，另一方面都鼓励他来年再进考场。但这毕竟不是一件容易的事，在张秉铎进退维谷之时，智谋过人的马坚同学不仅帮他分析了这次落榜的原因，而且还鼓励他说：“下次你肯定能榜上有名，要不我们打赌好了。”马坚先生的这一中肯之言，燃起了张秉铎重新报考学者文凭的希望火花。他在 1938 年与另一位中国学生的佼佼者海维谅先生一同再次报考学者文凭。结果是双双金榜有名，他们获得的虽是宗教院校的学者文凭，但是在国人仍被贬称为“东亚病夫”的抗日战争时期，能有两个中国穆斯林青年同时拿到爱大的最高文凭，对于鼓舞国人的士气，对于增强国人的民族自豪感具有很大的意义。以致当年留学埃及的中华儿女（穆斯林和非穆斯林）在经济条件较差的情况下，还摆了一次“百鸡宴”以示庆贺。在感谢海外赤子对他与海维谅君关爱之情的时刻，尤其使他不能忘怀的是马坚同学。他多次讲：“‘听君一席话，胜读十年书’，不是马大哥的鼓励，我肯定会失去这样的机会。”

尤其可贵的是，张秉铎虽身在异国，但作为一位中国穆斯林学子，他在刻苦学习阿拉伯—伊斯兰专业知识的同时，对华夏文化的学习也未放松。与此同时，他还潜心学习英语，以扩大自己的知识领域。总之，张秉铎没有辜负其父文正公和成达师范学校的期望，于 1938 年以优异的成绩学成载誉回国，成为我国“经汉两通”的优秀人才。

大敌当前　投笔从戎

张秉铎先生是由中国穆斯林学校派往埃及的第二批留学生之一，但这批留学生的归国时间却早于首批留学生一年之久。他们在埃及学有所成对整个中国穆斯林来说是一件大事，因为多少年来穆斯林中的仁人志士一向认为培养出一批“经汉两通”的穆斯林知识分子，是在中国弘扬伊斯兰教，甚至是加强回汉民族团结的必由之途。然而，受客观环境的制约，当年在埃及学成回国的留学生用非所学的情况十分严重。张秉铎先生也未能幸免。

1938年，这位穆斯林学子回国之日，正是国难当头之时。当年，包括他的家乡中原地区在内的大半个中国的锦绣河山早已沦为失地，因战火遍及大江南北，无辜百姓死伤者成千上万。在国人的生存权利都得不到保障的情况下，我国方兴未艾的伊斯兰文化教育事业基本上陷于停顿状态，以至连中国伊斯兰文化领域的先驱达浦生、哈德成、王静斋、马松亭四大阿訇，都难于为自己毕生奋斗的事业尽心尽力，像张秉铎先生这样的晚辈，在这个领域就更没有用武之地了。面对这种局面，他虽义愤填膺，却无计可施。伟大的抗日战争如火如荼，国共两党已经组成广泛的民族统一战线，广大穆斯林群众积极投入抗日救国运动，充满着必胜的信心。在举国上下对日寇同仇敌忾的氛围中，这位血气方刚的穆斯林青年满怀“天下兴亡，匹夫有责”的爱国思想，毅然决然地奔赴重庆，走上了自己艰难、曲折而富有特色的人生道路。和张秉铎先生一同出国的王世明先生，因被当时的中国驻埃及大使馆录用而滞留海外，成为职业外交官。其余三位同窗好友马金鹏、金殿桂、韩宏魁先生，虽然历经艰险于1939年回到了已流亡桂林的母校怀抱，但他们在这所处于风雨飘摇之中、朝不保夕的学校任教是很难人尽其才的。更不幸的是后来兼管学校财务的韩宏魁先生，为了保护公款，在学校迁往重庆的途中惨遭匪徒杀害。

出师不利　壮志难酬

一般来说，回民从业，往往要考虑到自己的饮食问题，固有“回回道窄”之说。作为一个刚刚回国的穆斯林留学生，张秉铎在走向社会之时，倒没有遇到饮食问题。回族学者薛文波先生回忆说：“国民党中央办了个党政训练班。各方来到重庆的青年，都寻个机会受训，为期一个月。毕业后，由该班派给工作。我由回族青年会会员杨敬之介绍给朱家骅（当时国民党的教育部长）批准我受训，主要是受军事训练，由当时的高级党政人员授课，训育员都是一些名流。回族青年参加训练的记得有李廷弼（回族青年会会员）、张秉铎（留埃学生）、张兆理（回教近东访问团团员），还有刘盛荣（中央政校毕业生）。单设清真灶，我们在一起过得很好。”

张秉铎在饮食问题上没有遇到障碍固然是一大幸事，但他在另一问题上却捅了个“马蜂窝”。薛文波先生记述说：“（受训）期间发生了一件事，就是在总理（孙中山先生）纪念周时，要向总理遗像鞠躬，张秉铎就是不鞠躬，被该班队长发现后，报告到队部。当时认为是件大不敬的事，这事就翻腾起来。大队长王东元是典型的军人，叫张秉铎站出来，问他为什么不鞠躬，张秉铎理直气壮地说：‘我是伊斯兰教信士，伊斯兰教义绝对不许向偶像鞠躬，总理遗像是偶像，因此我不鞠躬。’”，“这事后来闹到回教救国协会，有的阿訇和稀泥，附会着说可以鞠躬。”“关于此点要谈谈马松亭阿訇，他本着教义说，不应该行礼。这事我看得清清楚楚，不由得佩服张秉铎君的奋斗精神，自愧不如”。[①] 笔者在本文的开头讲自己孩提时就听到过有关先生的传闻，指的就是此事，其影响之大可见一斑。不过当时传得有些邪乎，以至说在这个问题上“张秉铎敢于舌战委员长”，这当然是一种言过其实的说法。事实是当时此事非同小可，它不仅惊动了国民党的教育部长朱家骅，而且也的确引起训练团总督管蒋介石的注意。原因是多少年来“委座”一直企图实现其一个政党、一个领袖、一个主义的一

① 《雪岭重泽》卷一，95～96页。

元化政治（即“一党专政”）梦想，而在形式上极力推崇革命先驱孙中山先生则是他实现这一梦想的重要手段。然而，一个名不见经传的小青年在“天子脚下”不仅敢于向“党国”挑战，而且没有丝毫悔改之意。这对忠于“党国”的人们看来，简直“是可忍，孰不可忍”了，好在当时支持张秉铎先生这一观点的穆斯林大有人在。作为一个政治家，“委座”很懂“法不责众”的道理，加上缘于维护团结抗日的局面，才对此事采取了宽容态度。一天，张秉铎先生得知“委座”要接见他的消息，不免有些紧张。未料，在十分简短的接见过程中，“委座”态度沉稳。在询问了他的姓名、身世、专长之余，特意询问了他的志愿。张秉铎斩钉截铁地表示要参加抗战。“委座”对张的回答感到满意，并表示拟用他的一技之长向阿拉伯国家宣传抗日，“以联合世界上一切以平等待我之民族共同奋斗”。军训结束后，当局根据他的专长分配他到中央国际广播电台工作。他不辱使命，以极大的爱国热忱，夜以继日地编译有关抗战的新闻节目，然后通过电波传递给阿拉伯各国。

从张秉铎决心参加抗战及其工作表现中不难看出他对祖国的真挚热爱，而从他在“鞠躬与否”问题上的原则立场上，又不难看出他对伊斯兰教“认主独一”信仰的无比坚定。先生的长子张宏模君对其人格魅力做过这样的描说：“父亲以‘贫贱不移，威武不屈，富贵不淫’为座右铭，身体力行，终其一生，为儿女后代树立了高尚的人格榜样。他是一个敢于坚持己见的人，‘三军可以夺帅，匹夫不可夺志也’，只要他认为他是对的，那么，不管面前是多么强暴的力量，他绝不低头。”

尽管当年的国民党政府在舆论的压力下，不得不高举抗日这面旗帜，但像张秉铎这样十足正派的知识分子在国民党营垒中工作，就不可能没有难言之隐。只是出于抗日救国的信念，他才勉为其难地在国际广播电台工作了7个月（1939年5—12月）。

1937年，由王静斋阿訇和时子周先生发起成立的中国回教救国协会，是当年全国性的穆斯林抗日组织。该组织从成立之日起，便吸引着全国各地成千上万的穆斯林热血青年，对张秉铎来说更是如此。1940年1月，先生辞去了电台俸禄颇丰的职务，兴致勃勃地投入了穆斯林的抗日救亡运动。

在重庆期间，先生除了开创中国用阿拉伯语对外广播的先例和参与回协的工作外，还多次参加郭沫若、马寅初、老舍、马宗融等文化名人组织的笔会。有趣的是，在一次笔友集会时，郭沫若先生主动与张秉铎先生探讨起了《古兰经》问题，这对张秉铎先生来说是件喜出望外的事。于是他便驾轻就熟地即席介绍了《古兰经》的基本知识，从而使在座的各位无不感到耳目一新。为了进一步了解《古兰经》的内涵，大家一直要求他选译部分经文，以便下次笔会上朗读。结果张秉铎如约译出的《古兰经》文，博得笔友们的一致好评。特别令他高兴的是，他的译文经诗人郭沫若先生抑扬顿挫地一番朗读就更显得铿锵有力、妙趣横生了。尽管这是一次非正式的《古兰经》鉴赏活动，但它却向我国知识界的精英们首次展示了这部经典的风貌。当大家得知《古兰经》尚无汉译定本时，郭沫若等先生曾异口同声地鼓励他要肩负起翻译《古兰经》的重任。

在张秉铎辞去国际电台工作之后，曾几易工作，但他基本上从事的是伊斯兰文化教育工作。如1940年1—12月，在重庆中国回教救国协会担任视导员；1941年1月—1942年7月，在桂林成达师范学校任教；1942年9月—1945年7月，在甘肃平凉陇东师范学校任教；1945年7月—1946年2月，在宁夏省府担任参议（1946年2—5月在甘肃平凉赋闲）；1946年5月—1947年8月，在上海中国回教书局任翻译；1947年8月—1949年初，在南京中国回教协会任主任干事。

从上述简历中不难看出，在这段时间内（1940—1949年），因受环境制约，张秉铎先生没有也不可能人尽其才。但是此间他除了为伊斯兰教育事业做出应有贡献外，也作了一些翻译工作。他曾在宁夏翻译了6卷《古兰经》（未出版）；在上海翻译了两卷《古兰经》（1947年出版于上海）。此外，作为通晓阿拉伯语的穆斯林学者，先生曾先后于1947年8月—1948年1月及1948年7月—1949年1月，两次为中国穆斯林朝觐团承担翻译任务。其中1947年的朝觐团不仅人数空前（200余人），而且破例受到官方重视。以至朝觐者在1947年8月3日出国前及1948年元旦回国后，都曾受到国民党政府主席蒋介石的接见。

欣逢盛世　有所作为

随着解放战争的节节胜利，在国统区出现了国民党与共产党争夺知识分子的斗争。在这种情况下，是跟国民党走，还是跟共产党走，这对这些知识分子都是一次严峻的考验。具体到张秉铎本人，他不仅曾为旧政权服务，而且在重庆和南京曾多次见过蒋介石。也曾听到过诸如“共产党杀回灭教”的反共宣传，但受进步人士的影响，面对国民党的腐败统治和苍生百姓的痛苦生活，他朴素地认识到伊斯兰教的价值观与当时“解人民于水火之中”的革命理论应该是“殊途同归的真理”。基于这样的信念，他挣脱了有关方面要他流亡海外的诱惑，与白寿彝、马继高先生等进步友好人士转移到苏州，以在顾颉刚先生主办的文通书局从事编辑工作为掩护，迎接全国解放。1949 年 10 月起，张秉铎义无反顾地先后在当年的华北大学、革命大学学习政治理论。从 1950 年 4 月起，先后在中苏友协、中央民委、中国伊协任职，其阿拉伯语的专长得到了较为充分的发挥。

尽管阿拉伯语传入中国已有 1000 多年的历史，但是自从明洪武年间禁止使用“胡语”之后，阿语基本上成了伊斯兰教的专用语言。至于较广泛地将阿语用于我国社会实践，则是始于 20 世纪 30—40 年代的事。张秉铎先生就是最早涉足这一领域的阿拉伯语专家之一。

新中国成立初期，由于国际上反华势力的造谣中伤，绝大多数伊斯兰国家与我国没有外交关系。当时，我国需要一定数量的行家里手开展与这些国家的友好活动，而张秉铎先生就是当时这方面的最佳人选之一。2004 年《中国穆斯林》杂志第四期载文纪念张秉铎先生说：“作为精通阿拉伯语的穆斯林学者，他在（解放后的）短短几年中，参与了许多重大的外事活动，无论在周恩来总理等国家领导人接见阿拉伯友人的重要场合，还是在亚洲及太平洋区域和平会议期间，都能见到他的身影。”文章接着指出：“1955 年，埃及政府代表团（解放后第一个阿拉伯国家政府访华代表团）对中国友好访问的成功，1956 年，以全国政协副主席中国伊协会长包尔汉为首的朝觐团顺利完成朝觐功课，圆满顺访亚非十国，对于打破帝国主义对我国的封锁，对中华民族跻身世界民族之林，曾产生过重要影响。而当年这些意义重大的外事活动，无不借助于张秉铎先生娴熟的翻译媒介作用。”与此同时，他不仅完成了中国伊协编印的三本中、阿、英三种文字对照的中国穆斯林画册的翻译任务，还承担了该会拍摄的大型电影纪录片《中国穆斯林》的翻译、解说工作，并参与了1954年通过的《中华人民共和国宪法》阿文版的译审工作和埃及总统纳赛尔《革命哲学》艺术中文版的审订工作。这些开拓性的翻译作品，流传下来的已经成为珍贵的历史文献。

反右蒙冤　本色依然

“天有不测风云，人有旦夕祸福”。1957年，正当时年42岁的张秉铎先生踌躇满志地为发展中外穆斯林的传统友谊贡献力量之时，霎时间，在全国范围内开展的“反右斗争”席卷各行各业。未料，这位淡泊名利、为人正直的穆斯林学者在这场突如其来的政治运动中受挫。这不仅对其本人是个冤案，对回族乃至对国家也是一个损失。令人敬佩的是，即使在逆境之中，他对伊斯兰教的坚定信念和对祖国的真挚热爱仍使他浩气长存。他认为，“人生在世无异于来去匆匆的过客。每个人的是非功过，到头来自有公论，不必为一时的荣辱得失去争一日之短长”。这是何等坦荡、宽广的胸怀！这又包含着多么深邃的哲学理念！先生是这样说的，也是这样做的。值得指出的是，尽管先生对自己的冤屈泰然处之，但按当时的政治标准，“右派分子”的问题毕竟属于“敌我矛盾”。他们中的大多数人（包括颇有影响的社会名流）难免受到“改造”之苦，更不用说得到重用了。然而，国家急需的特殊人才倒也有例外，张秉铎先生就是其中之一。

在国内如火如荼地开展“反右斗争”的过程中，国际形势日趋紧张。以苏联为首的社会主义阵营与以美国为首的帝国主义阵营矛盾激化，而阿拉伯国家则属于两大阵营之间的第三世界。为了扩大我国的国际影响，中央决定加强对包括阿拉伯国家在内的亚、非、拉地区的宣传。经过一番紧锣密鼓的筹备，新华通讯社、中央人民广播电台、外文出版社等中央喉舌单位于1957年起先后设置了阿拉伯文专业机构。然而，当时选调一般的阿语专业人员已经相当不易，至于寻觅专家级的阿语人才更是难上加难。由于张秉铎先生当时已经是遐迩闻名的阿拉伯文专家，加上在伊协又无所事事，他必然成为上述单位的首选。尽管先生政治上已被列入另册，但在“政治任务高于一切”的情况下，这些单位对其政治面貌也就不以为然了。影响所及，伊协领导对张秉铎先生的看法也发生了微妙的变化。所以，当新华社来人商调他时，他们只是勉为其难地同意“借调”，而不同意调离。这就是先生在新华社“担任客座阿文专家”达3年之久的缘由。1961年，先生回到伊协，一方面从事《古兰经》的翻译工作，间或给经学院研究班开设专题讲座。此间，到伊协商调张秉铎先生的人络绎不绝，但伊协始终都不肯忍痛割爱。到了1963年，一些领导迫于权威方面的压力，才不得不同意张秉铎调至中央人民广播电台工作。

忠于职守 成绩斐然

张秉铎先生1963年调至广播电台工作时已经48周岁，但他精力充沛，体魄健壮，可谓年富力强。当时，遍及全国的三年自然灾害已经过去，社会生活已步入正轨，从而为这位阿文专家发挥自己的聪明才智创造了有利条件。在这种情况下，他以饱满的热情全身心地投入了我国的对外宣传事业，在这个领域中整整度过了20个春秋，他于1983年退休时已经是68岁的老人了。尽管张秉铎先生此间受到过红卫兵的冲击，也曾到“五·七”干校进行过劳动锻炼，但是他的这段经历在某种程度上进一步体现了他的人生价值，使先生有如进入了生命的第二个春天。先生在电台工作期间，始终处于高负荷运转状态。之所以是这种情况有两方面的原因：其一，电台是中央的喉舌单位，其广播内容涉及政治、经济、文艺、科技等各个领域，具有政治性强、任务重、时间紧、要求高等特点，要用规范的阿拉伯语精确表达出来绝非易事。其二，先生刚到电台阿文部工作时，其翻译人员绝大部分是刚刚走出校门的大学毕业生。而诸如外交部、新华社、外文局等单位的阿文专业人员业务上也都处于起步阶段。因此，作为一位众望所归的中国阿文专家，先生自然就要“能者多劳”了。具体地讲，他不仅要完成电台颇为繁重的翻译、定稿任务，还要负责辅导年轻一代，必要时还得向兄弟单位伸出援助之手。笔者长期从事中译阿工作，恰与先生“志同道合”，对个中甘苦体会颇多，所以对先生十分崇敬，曾向他讨教多学科中译阿的经验。先生谦虚地说：“我这个人很一般，说我是什么‘专家’，盛名之下其实难副。事实上我是被‘逼上梁山’的。也就是说工作迫使我不停地学，不停地用，才有所进步。至于经验，的确谈不上。”事实上，其所谓“不停地学，不停地用”就是他的经验之谈了。一位了解先生的朋友说：“张老师的敬业精神很强。他一向主张翻什么要像什么，绝不允许自作聪明。为了避免闭门造车，他每遇到专业性强的翻译任务，在动笔前他都要不厌其烦地阅读与该专业有关的书刊。”由此可见，“好学不倦”是先生事业成功的基本保证。

先生治学严谨，工作勤奋，无论在新华社，还是在广播电台，在业务工作中都起到了中流砥柱的作用。说他“以自己非凡的聪明才智为我国的对外宣传事业做出了突出的贡献”（2004 年《中国穆斯林》第四期）一点都不过分。然而，先生的贡献更表现在他对新一代阿语专业人员的培养方面。笔者熟知的几位同行好友华维卿、刘元培、张乃谦、王玮珠等同志，每逢谈到张秉铎先生时，除了以各自的亲身体会赞扬他刚直不阿、坚持真理、表里如一的人格魅力外，就是大谈其诲人不倦的优秀品德。据他们讲，先生调至电台工作时，大家在业务上还都是新手，他不仅有计划地从语音、语调到词法、语法手把手地给予辅导，而且通过改稿、释疑解惑等方式帮助大家提高业务水平。他曾以《穆罕默德生平》和阿拉伯文豪塔哈·侯赛因的作品等阿文原著为教材，在电台开设阿文讲座，不仅使本单位的专业人员受益，外单位前去听讲的同行也不乏其人。另外，每当外交部、新华社、外文局等单位业务上求助先生时，他也总是竭诚提供帮助。总之，我认为先生不是一位普通的翻译专业人员，而是中国阿拉伯文翻译领域的资深翻译家。作为学科带头人，先生于 1983 年当选为中国翻译工作者协会第一届理事会理事，并于 1992 年荣获有突出贡献的国家级专家称号。

综观先生的人品、学品，无论在穆斯林群体里，还是在阿拉伯文翻译界，都是不可多得的人才。尽管先生曾在“反右运动”中蒙冤，却未曾动摇过对国家的忠诚。经过20多年的勤奋工作，先生不仅在专业方面得到国家和社会的广泛承认，成为公认的阿拉伯文专家，更重要的是先生在政治上得到了彻底平反，先生于1980年、1987年两次当选为中国伊斯兰协会副会长，成为20世纪30年代留学埃及的同学中唯一担任这一职务者。

老骥伏枥　志在千里

张秉铎先生秉承父志，自幼立志献身伊斯兰事业。1938年，他学成回国后，便有翻译《古兰经》的雄心壮志。后来在重庆，郭沫若等知名学者给他的鼓励对他决心从事《古兰经》的翻译也是个促进。不过，这是非常难以完成的巨大工程。肩负这项任务的译者必须具备某些条件。比方说，要有献身伊斯兰事业的精神，要有丰富的伊斯兰文化知识，要有雄厚的中、阿、英三种文字的功底，要有丰富的翻译实践经验。用这样的标准衡量，初出茅庐的张秉铎先生，除了翻译实践经验不足外，自然是个合格的人选。未料，其《古兰经》的翻译工作却经历了漫长而曲折的历程。自从20世纪30年代末先生有志于此，到1983年退休的43年当中，他曾3次启动《古兰经》翻译工程（1941年在宁夏翻译了6卷，1946年在上海翻译了两卷，1961年在北京翻译了两卷），但受条件限制都没有进行到底，但各种汉译版本却相继出现。尽管王静斋阿訇和马坚教授的《古兰经》译本深受海内外穆斯林信赖与欢迎，但这两个译本也无不存在某些不足，因此，我国广大穆斯林和伊斯兰学术界希望见到更加完备的《古兰经》译本的呼声越来越高。到了1983年，年近古稀的张秉铎先生决心再次启动《古兰经》翻译工作。但其工作单位因工作需要，却迟迟未准予他退休。尽管如此，他因翻译《古兰经》的壮志未酬，谢绝了领导让他再超期“服役”的意向。从此，张秉铎先生第四次启动了其《古兰经》翻译工程。第四次重操旧业时，作为一位退休老人，固然可以自由支配时间了，但这个有利因素，却被其年老体弱、视力锐减的不利因素所抵消。虽然如此，先生却豪迈地表示一定要在有生之年完成《古兰经》的翻译任务。结果，从先生1983年动笔到他2004年7月归真前，译文全部脱稿，整整经历了21个寒暑。这样旷日持久的翻译历程，令许多关心《古兰经》翻译事业的教内外朋友疑惑不解。

作为先生的后学，笔者对各种缘由有一定了解：大凡涉足翻译而实事求是的人，在谈到诗篇和经文的翻译时，无不“一言以蔽之”地说：“难!”翻译诗词和经文之所以难，就“难”在解决译文“信”与“顺”的矛盾问题上。因为不少经文、诗篇的神韵只能意会，不可言传，以至在“翻译界”曾有“美文不可译”之说。诸如“白日依山尽，黄河入海流。欲穷千里目，更上一层楼”等脍炙人口的千古绝句，不要说译成外文会失去其原有的神韵，就是用汉文变换一种说法，也会黯然失色，甚至相当乏味。鉴于《古兰经》内容之浩瀚，文词之优美，哲理之深邃，音韵之铿锵，都是一般经典、诗篇无法比拟的，所以其翻译难度之大可想而知。早在1946年10月，张秉铎先生曾在其汉译《古兰经》的例言中写道：“古兰原文，简洁明美，或款款叙说，亲切温厚，或叱咤呵责，严逾君师；或指陈宇宙之妙迹，以证真宰之德能；或缕述既往之史实，示人类以成败之由；天国乐园，诱人为善；火狱严刑，戒人作恶；乃至颁法制礼，垂训万世，莫不殷殷恳恳，曲曲折折，经纬错综，妙文天成，译述实不能传其形貌，达其神韵于万一。”如果说1946年张秉铎先生如是这般估计翻译《古兰经》的难度的话，那么，经过半个多世纪的业务实践，他对翻译《古兰经》难易程度的认识应该有所变化。然而，先生仍一如既往地认为，翻译《古兰经》是一项十分艰巨的工程，绝不可能轻而易举地完成。这想必是先生无法早日完成《古兰经》翻译的主要原因。

出于对伊斯兰事业的责任感，先生每动笔翻译一节经文，必花费大量时间，通过阅读阿、英文“经注”，深入领会经文的精神实质。先生译经时，始终坚持以“信”为经，以“达”为纬，力争“雅”的翻译原则。因此，在21年的译经实践中，先生吃了不少作茧自缚之苦。比方说，由于他对自己的译文总是不满意，在其翻译过程中往往会出现“译了烧，烧了再译”那样的“恶性循环”。有人说，“张秉铎先生翻译《古兰经》的过程，始终是一个自我否定的过程”这种说法不过分。据先生的家人讲，他除了零零星星地随译随焚之外，还两次集中焚烧过全部译稿。一次约在

1992年，另一次约在1996年。这样一丝不苟的工作方式势必会大大影响其翻译进度。不过，令人钦佩的是，他每次焚毁译稿，并不表明他“以失败而告终”了。相反，他在稍事休整后便又投入翻译工作中。先生的长子宏模君回忆说：“尤其在罹患重病之后，自觉生日无多，更是焚膏继晷，笔耕不辍。”在先生最后启动《古兰经》翻译的过程中，他曾主动把其译文念给夫人听，并问她是否听得懂？当夫人表示已经听懂时，他高兴地说：“那么，我以后就不再焚烧了。”然而，这不等于说先生对自己的译文已经满意。他认为提高《古兰经》翻译水平是一个永恒的课题，每个译者的译文只能是其本人对《古兰经》的理解，他的译本当然毫不例外。因此，先生曾多次表示，他翻译《古兰经》是一个认真学习《古兰经》的过程，至于其译本能否出版，倒是次要。先生还表示如果说他的译本有出版价值，也必须由各方面的行家里手进行认真审订才是。否则，也只能是束之高阁。张秉铎先生对《古兰经》严肃认真态度可见一斑！

张秉铎先生在耄耋之年，以对伊斯兰事业极端负责的精神，完成了《古兰经》的翻译任务，这在中国翻译史和伊斯兰教史上都是一件大事。可喜可贺！尽管笔者尚未领略先生译本的全貌，但从自己见到的部分译文不难看出这的确是一部以“信”为主，以“顺”为辅，不求藻饰、不增己见的译作，具有用词典雅、结构严谨、表达力强等特点。不过，张秉铎先生在他的译本出版前撒手人寰，这与马坚先生在他的译本由社会科学出版社出版前过早地离开人世同样令人感到遗憾。接受马坚先生译本没有注释的教训，张秉铎先生译本似应弥补这一不足。

品德高尚　有口皆碑

张秉铎先生的学品为人称道，其人品同样出类拔萃。凡是与他接触过的人无不被他的人格魅力所感染。为了缅怀这位爱国爱教的穆斯林学者，笔者缀拾琐屑零忆书后。

先生在中国伊斯兰教史和中国阿文翻译史上都是不可多得的人才。出于对先生的崇敬，笔者曾两次试图将其生平事迹分别辑入《中国翻译家辞典》和《中国穆斯林著名人物》两书。未料，先生却以自己“业绩平平”而婉言谢绝。先生的态度固然使我感到有些失望，但是，对先生更加敬重之情却不禁油然而生。

20世纪80年代，某词典编辑人员，为了增加所编词典的权威性，慕名敦请张秉铎先生参与词典的主编工作。先生说他正忙于《古兰经》的翻译，故无暇他顾。对方却称：“实际上词典已基本大功告就。您只要抽查部分词条，您就是词典的当然主编。”应该说，这样的条件是够“优惠”的，而社会上不费吹灰之力堂而皇之当挂名主编者早已司空见惯。然而，先生却斩钉截铁地说：“你们这不是让我沽名钓誉吗？这我就更无法从命了。”寥寥数语却道出了先生光明磊落的气节。

张秉铎先生有四儿一女。如果说先生对自己的子女都很疼爱的话，那么，他对唯一的女儿宏燕更是疼爱有加。在1963年，宏燕秉承父志，考取了北京外国语学校阿拉伯语专业。身材瘦弱的宏燕人小志高，自幼立志要继承父亲张秉铎先生的事业。未料，她的理想却被“十年浩劫”冲得烟消云散。宏燕不得不到黑龙江进行劳动锻炼。可贵的是，宏燕在旷日持久的艰苦生活中，仍情系自己热爱的阿拉伯语专业，并“冒天下之大不韪”偷偷摸摸地学习阿拉伯文，艰苦的努力使其进步很大。如果在“文化大革命”结束后，宏燕得以专业对口的话，她肯定在这个领域会有所作为。但是，令人遗憾的是，她在阿拉伯文专业方面却未能人尽其才。造成这种结果的原因，主要是她所处的那个时代埋没了人才。但无可讳言，张秉铎先生的过于耿直也是原因之一。大概是1980年，张秉铎先生曾和我闲话过宏燕的工作问题。由于当时各单位尚处于无序状态，人事冻结，我曾建议以借调的形式让宏燕到我所在的画报阿拉伯文版实习一段再说。先生因担心这样做有“走后门”之嫌，对我的建议很不认同。我解释说，受“共产主义大协作”口号的影响，单位间无偿借调人员不足为奇，只要双方单位都同意，这不算是“走后门”。我本人就曾接连借调过三位同志到画报工作。先生考虑良久之后对我说：“宏燕单位领导倒是同意调离，而不同意借调。只好让她继续在原单位工作好了。”我说：“宏燕用非所学很可惜。要不，就找找关系干脆把她调出来。”先生不以为然地说：“在外宣的圈子里，我倒是认识几个人，比如说电台的领导丁莱夫同志就与我很要好。但我宁肯女儿不从事阿拉伯文工作，也不愿意靠‘后门’关系解决她的工作问题。”寥寥数语，先生厌恶“后门”时弊的正义情怀溢于言表。他是这样说的，也是这样做的。

作为一位穆斯林学者，先生十分爱教自不待言，作为中国一名知识分子，其爱国热忱的实际表现更是不胜枚举。其中，先生与次子宏图君的一段纠葛就是最好的例子。宏图是一位颇有名气的画家。改革开放后，他开始在美国以绘画为生。这无论从国家政策角度，还是从伊斯兰教义来讲都无可非议。尽管对于有真才实学的人来说，入美国国籍并不困难，但他原来从未想过这个问题。1989 年北京“六·四”风波发生后，当宏图需要到第三国开展业务时，他持中国护照在美国申请某些西方国家的入境签证遇到了障碍。为了生存，宏图从此产生了入美国国籍的念头。对一般人而言，有机会入美国国籍简直是一件可望不可即的事。但当宏图就这个问题征求张秉铎先生的意见时，他语重心长地对儿子说：“你到美国去谋生，我不反对。现在你要入美国籍，我就无法赞同。因为你入美国国籍，就要尽美国公民的义务。美国不同于其他国家，不仅历史上与中国结怨很深，即使现在，在台湾、人权等问题上，也和中国存在着严重分歧。如果有朝一日，美国发动侵华战争，作为一个美籍华人，你到底站在哪一边?”先生真可谓是一言中的。尽管宏图受环境制约，最后不得不入美籍，但这个问题始终也没有得到父亲“口唤”（首肯）。以至宏图几次恭请先生到美国小住，他始终没有应允。诚然，从传统观念来理解，国人入美国籍，的确令人难以接受，这和跨国婚姻是同样的道理，但此类事情也实难避免。随着时间的推移，此类事情不仅已越来越被人们认可，而且国家还为外籍华人报效祖国创造了条件。据 2005 年 3 月 16 日的《法制晚报》报道：包括著名物理学家杨振宁先生、张治中将军的三女儿张素初女士在内的 11 位外籍人士第一次领到了可以在北京永久居住的“绿卡”。从这个角度讲，宏图在不得已的情况下入美国籍，非但在法律上毫无问题，而且也不影响他报效自己的祖国。虽然他们父子之间的这场纠葛是个仁者见仁、智者见智的问题，但先生不同寻常的爱国热忱由此可见一斑！

张秉铎先生因受华夏传统文化和伊斯兰文化的双重熏陶，一身正气，两袖清风，从不占公家便宜。据先生的家人反映，他这一辈子始终坚持公私分明，甚至从未占用过公家的一张信纸和一个信封。

受西方媒体的误导，在我国伊斯兰教受到误解，甚至受到歪曲的情况时有发生。但是张秉铎先生认为，伊斯兰教受到误解、受到歪曲并不可怕，真正可怕的是因多数穆斯林不了解教义而无法面对来自各方面的挑战，以至每当遇到类似情况就会出现有理难辨的局面。事实上，作为一个千年古教，伊斯兰教正是在误解、歪曲中发展壮大的。因此，先生不仅主张正面宣传伊斯兰教义，而且自己身体力行，抓住一切机会，向周围的回汉朋友介绍伊斯兰文化，特别在"9・11"事件后伊斯兰教面临严峻挑战的情况下更是如此。即使与谈话对象有思想交锋，他也能本着"求同存异"的精神，"以最好的态度与他们辩论"，而不失和气。笔者认为，这对增进穆斯林与非穆斯林间的了解，对消除民族隔阂，甚至对避免同室操戈现象的发生都是有益的。但是对那些压迫弱小民族的邪恶势力，张秉铎先生则深恶痛绝地谴责他们的罪恶行径。他经常引证圣训："见到邪恶，当用行动制止之；如办不到，则用语言制止之；如再办不到，则从内心里痛恨之。这是最微弱的信仰"，借以说明作为穆斯林，必须旗帜鲜明地表明自己对邪恶势力的态度，绝不能采取明哲保身的态度。

能够反映先生高尚品德的遗闻逸事还有很多，但由于篇幅所限，在先生归真一周年之际，谨以此文勉抒伤逝之长痛。

（原载于《伊斯兰文化研究》，2011 年第九期，总第二十七期，33 ~40 页）

穆斯林学者的风范——纪念张秉铎先生归真六周年

马明德

我国著名穆斯林学者，杰出的阿拉伯语专家、翻译家，教育家张秉铎先生，因病医治无效，于2004年7月1日在北京归真，享年90岁。

张秉铎先生，河南省洛宁县王范村人，1915年出生于一个回族穆斯林家庭。1929年（即14岁）赴四川万县伊斯兰师范学校读书。在万县伊斯兰师范学习时，得到李仁山阿訇悉心教导，李阿訇经汉两通，教学有方，使他的阿拉伯文基础非常扎实。1931年，他转学北平成达师范学校。1932年，受该校派遣，与马金鹏、王世明、金殿桂、韩宏魁赴埃及留学。张秉铎天资聪明，进入伊斯兰世界最高学府——爱资哈尔大学之后，如鱼得水，在6年的学习生涯中，始终如饥似渴地汲取阿拉伯、伊斯兰学术文化知识。在众多的各国学生中，属他年龄最小，但他人小志大，决心要学出成绩来。他始终以百折不挠的刻苦精神，专心致志地学习，在众多的同学中崭露头角，成为名副其实的高材生。1938年赴重庆，当局分配他到国民党中央国际广播电台工作。他以极大的爱国热忱，夜以继日地精心编译有关抗日新闻节目，通过电波传递给阿拉伯世界各国。1940年1月，先生辞去了电台俸禄颇丰的职务，积极地投入到穆斯林的抗日救亡运动。在重庆期间，先生开创了中国用阿拉伯语对外广播的先河。他在重庆参加了回协工作，并多次参加郭沫若、马寅初、老舍、马宗融等文化名人组织的笔友会。一次笔友会上，郭沫若先生主动与张秉铎先生探讨起了《古兰经》的问题。于是他借机介绍了《古兰经》的基本知识，从而使在座的各位文豪感到耳目一新。为了进一步了解《古兰经》内涵，大家一致要求他选择部分经文在下次笔友会上朗读。张秉铎如约译出的《古兰经》章节，博得笔友们一致好评。特别令他高兴的是，他的译文经诗人郭沫若先生抑扬顿挫地一番朗诵，更显得铿锵有力、生动感人。他向我国高层知识界的精英们首次展示了《古兰经》的文采。当大家得知《古兰经》在我国尚无汉译定本时，郭沫若等先生异口同声地鼓励他要肩负起翻译《古兰经》的重任。他从1940年起基本上从事伊斯兰文化教育工作。如1940年1—12月，在重庆担任中国回教协会辅导员；1941年1月—1942年7月，在桂林成达师范学校任教；1942年9月—1945年7月，在甘肃平凉陇东师范学校任教；1945年7月—1946年2月，在宁夏省府担任参议；1946年5月—1947年8月，在上海中国回教书局任翻译；1947年8月—1949年初，在南京中国回教协会任主任干事。

1947—1949年，张先生曾先后两次为中国穆斯林朝觐团承担翻译任务。

张秉铎先生面对国民党腐败统治和亿万百姓的痛苦生活，认识到伊斯兰的价值观和“解人民于水火之中”的革命理论应该是“殊途同归真理”。基于此信念，他挣脱了有关方面要他流亡海外的诱劝，与白寿彝、马继高等进步友好人士转移到苏州，在顾颉刚先生主办的文通书局从事编辑工作，并以此为掩护迎接全国解放的到来。1949年10月起，张秉铎先生义无反顾地参加了革命工作，在华北大学、革命大学学习政治理论。1950年4月起先后在中苏友协、中央民委、中央伊协任职。

作为精通阿拉伯语的穆斯林学者，张秉铎先生在短短的几年中参与了国家许多重大外事活动，无论是在周恩来总理等国家领导人接见阿拉伯友人的重要场合，还是在亚洲及太平洋区域和平会议期间，都能见到他的身影。值得指出的是，1955年，埃及政府代表团（解放后第一个阿拉伯国家政府代表团）对中国友好访问的成功；1956年，以全国政协副主席、中国伊协会长包尔汉为首的朝觐团顺利完成朝觐功课并圆满访亚非十国，对打破帝国主义对我国的封锁，对中华民族跻身于世界民族之林曾产生过重要影响。在当年这些意义重大的外事活动中，张秉铎先生以高超的翻译水平，发挥了重要作用，为新中国的外交事业做出了应有的贡献。然而，先生后来的人生道路并不平坦，1957年的“反右”斗争和1966年的“文化大革命”浩劫，都给他带来了不少的磨难。令人敬佩的是，即使在逆境之中，先生仍是浩气长存，对工作恪尽职守，对朋友满腔热忱，对前途充满信心。1963年，先生调至中央人民广播电台工作之后，其深厚的阿拉伯语专业知识和他那精益求精的工作作风，不仅得到了人们的广泛认同，而且他刚正不阿、坚持真理、表里如一的人格魅力更是有口皆碑。

先生以自己非凡的聪明才智为我国对外宣传事业做出了突出贡献，与此同时，他不仅完成了中国伊协编印的三本中、阿、英三种文字对照的中国穆斯林画册的翻译任务，而且还承担了该会拍摄的大型电影纪录片《中国穆斯林》的翻译解说工作，并参与了1954年《中华人民共和国宪法》阿文版的议审工作和埃及总统纳赛尔《革命哲学》一书中阿文版的审定工作。这些开拓性的翻译作品流传下来已成为珍贵的历史文献。

张秉铎先生治学严谨，工作勤奋，无论在新华社还是在广播电台，在业务工作中都起到了中流砥柱的作用。先生于1983年当选为中国翻译工作业协会第一届理事会理事，并于1992年荣获有突出贡献的国家级专家称号。以张秉铎先生的人品、学品，他在穆斯林的群体里，在阿文翻译界，都是不可多得的优秀人才。“文化大革命”后，先生在政治上得到了彻底平反，于1980年、1987年两次当选为中国伊斯兰教协会副会长，成为20世纪30年代留学埃及同学中唯一担任这一职务者。

1983年，张秉铎先生退休，从此先生第四次启动了其《古兰经》翻译工程。作为一位退休老人，固然可以自由支配时间了，但他却被年老体弱、视力锐减等不利因素所困扰。结果，先生从1983年动笔到2004年7月归真前夕，译文全部脱稿，整整经历了21个春秋。

张先生的人品出类拔萃，凡是与他接触过的人无不被他的人格魅力所感动。

在张秉铎归真六周年之际，他的故乡——河南省洛宁县王范村广大穆斯林深切缅怀这位著名的穆斯林学者、阿语专家，对他光辉的一生怀有崇高的敬意。他的高尚品德是我们学习的楷模，他的可贵精神必将永远激励着我们每个穆斯林。

（原载于《河南穆斯林》，2010年第一期，37~38页）

努尔丁·盖世明阿訇生平

李　琼　于　敏

努尔丁·盖世明，回族，字光宇，1917 年 2 月生于伊斯兰宗教世家，1998 年 11 月 23 日归真，终年 82 岁，按照穆斯林的习俗，安葬于他的家乡——河南省兰考县茨蓬村盖氏老坟里。

盖世明是一位爱国爱教的著名大阿訇，曾任河南省伊斯兰教协会会长，在河南乃至全国伊斯兰教界德高望重。他对中外伊斯兰教史、阿拉伯文、波斯文和《古兰经》、圣训都有一定的造诣，毕生研究和宣传伊斯兰教。他勤奋刻苦，广辑博览，治学严谨；在教务上，他尊重前辈，继承传统，又不泥守陈规，对研究教理更是勇于探索和开拓创新。他在传播伊斯兰文化以及沟通中国同阿拉伯国家的文化交流等方面做出了卓越贡献。

盖世明身为阿訇，在办好教务的同时，认真学习国家的有关法律政策，注意利用自己的特殊身份，广泛宣传党的民族政策和加强民族团结的重大意义，身体力行，做民族团结的表率。多年来，在处理涉及不同民族间的纠纷事件中，他积极与党和政府配合，多次深入现场做疏导工作，教育广大群众相信并依靠党和政府，珍惜河南省安定团结的大好局面，在政策和法律的范围内解决问题，从而为维持社会稳定、民族团结，发挥了一个民族宗教界上层人士的特殊作用。

一、求学

盖世明的祖父盖金鼎、父亲盖照华都是阿訇，母亲也深谙教理，幼年时期的盖世明在这样浓郁的教门环境中，深受伊斯兰教的熏陶，从小立志要继承父辈事业，长大后也当一名阿訇。他从幼年就开始在本村清真寺学习，对阿拉伯文和伊斯兰教义都已打下了基础。11岁起先后在河南封丘、郑州、博爱、沁阳、焦作、荥阳，甘肃平凉及宁夏同心等地清真寺当海里凡，受业于赵永清、李彦彬、马金良、买化宝等伊斯兰教著名经师门下。在当时的旧中国，人们过着饥寒交加的日子，各地清真寺的生活都比较清贫，海里凡们在学习期间生活费用也没有保障。而在这样艰苦的条件下，盖世明仍然发愤学习，刻苦钻研。他的阿拉伯语、波斯语和伊斯兰教经典知识都已达到了很高的水平。1942年，在宁夏同心县韦州清真寺举行了"穿衣挂幛"仪式，实现了他"立志继承父辈事业"的夙愿。从那时起，他先后在内蒙古包头清真寺、呼和浩特清真北寺和河南郑州清平里清真寺等处担任阿訇和阿拉伯语教师等职务。

二、逆境

就这样年复一年，日复一日，他在艰苦的环境中度过了30多个春秋，养成了吃苦耐劳、刚毅勇进的精神。1952年秋，盖世明阿訇由郑州到新乡市新荣街清真北寺当阿訇。在此后的很长时间中，他曾受到"左"的错误对待，尤其是"文化大革命"的冲击，这对于一位壮志满怀、前程似锦的热血男儿来说，无疑在心中笼罩了一片阴影，但是他没有放弃，他始终坚信中国共产党是伟大的、正确的，坚信中国共产党的民族政策和宗教政策总会得到落实的，"坚定不移跟党走"的爱国之心从未动摇过。

1958年，我国开始进入"历史灾难"的年月，他被迫离开清真寺到新乡市食品公司牛羊肉加工厂劳动，由一位伊斯兰宗教职业者变成了体力劳动者。他说："劳动是光荣的，阿訇也是人，走自力更生的道路是正确的。"在工作期间，他先后学会了屠宰、加工、采购、记账等工作，群众夸奖他"干什么，爱什么"。由于他勤学肯干，认真负责，各项工作都完成得很好，多次被评为厂、公司、局和新乡市先进工作者和劳动模范，受到领导的表扬和奖励。

三、规劝

盖世明阿訇在日常生活中关心回、汉群众，经常帮助他们排忧解难，凡是熟悉盖世明阿訇的人，都齐口称赞：盖世明阿訇真是一位一心扑在民族团结进步事业上的热心人和带头人。

1984 年，新乡市在市政建设中拓宽南干道，需要占用回民坟地。一部分回民知道后有点想不通，当时担任新乡市人大常委会委员和新乡市伊斯兰教协会会长的盖世明阿訇积极协助新乡市人民政府向回民群众进行宣传解释工作，强调要顾全大局，绝不能影响城市统一规划，动员迁坟，同时，他又为了广大回民群众的利益着想，向市政府提出妥善解决回民坟地的建议。最终，市政府采纳了他的建议，把新乡市西部旧窑厂划作新的回民坟地，既保证了市政建设，又满足了回民群众的合理要求。盖世明阿訇的这一举措使新乡市的群众对他更加尊敬和佩服。

四、参政

盖世明阿訇作为河南省回族和伊斯兰教界的著名人士，他几十年如一日，始终同中国共产党真诚合作，肝胆相照，积极参政议政，认真配合党和政府宣传贯彻党的民族、宗教政策，联系团结民族、宗教界人士及群众，为增强民族团结、维护祖国统一、维护社会稳定、促进社会主义物质文明和精神文明建设做了大量的工作，曾连续多届当选省人大代表、省人大常委和新乡市人大常委会副主任等职务。

五、朝觐

1981 年，盖世明阿訇终于实现了他前往麦加朝觐的心愿。当时，盖世明阿訇与朝觐团一行 21 人，从北京乘飞机出发，在巴基斯坦的卡拉奇参观访问三四天后，飞往沙特阿拉伯的吉达港，此后，开始了朝觐活动——奔走于萨法与麦尔卧两山之间，进驻阿尔法特山，举行射石驱魔、游天房等仪式，于希吉拉历十二月十日开戒宰牲，欢度古尔邦节。

盖世明阿訇参加的中国伊斯兰教协会朝觐团在沙特阿拉伯朝觐期间，所到之处都受到热烈欢迎和友好接待。在沙特阿拉伯，他们结识了许多国家的穆斯林朋友，向他们介绍了我国穆斯林的幸福生活，发展同各国穆斯林的友好关系。

六、访问

盖世明阿訇在 1991 年 1 月的下旬，作为中国伊玛目代表，应伊朗伊斯兰共和国驻华大使布鲁杰丁的邀请，同中国伊斯兰教协会的艾买提·瓦兹丁和翻译阿一明一起，从北京乘飞机抵达伊朗首都德黑兰，参加伊朗伊斯兰共和国国庆纪念活动并参观访问。

在伊朗期间，盖世明受到伊朗政府和宗教组织热情隆重的接待，并以贵宾身份参加了纪念霍梅尼的宗教仪式和其他参观访问活动，盖世明阿訇热情友好地向伊朗及其他国家的伊玛目、穆斯林介绍了中国共产党和中国政府的民族、宗教政策，介绍了中国穆斯林的正常宗教活动和美满、幸福的生活，受到了他们的好评与欢迎。在伊朗，盖世明阿訇既会见了老朋友，又结交了新朋友，为中、伊两国穆斯林的友好交流与往来开辟了一条新途径。

七、勤俭

生活中的盖世明阿訇勤俭节约，从不为衣食计较打算，他珍惜来之不易的每一粒粮食，从不挑食挑穿。他说：这些都是真主给予的恩惠，都应该喜欢。如果食物掉在桌子上或者地上，他都会捡起来，绝不会浪费一粒粮食。盖阿訇担任的社会职务较多，经常到外地出差，可他从来不乘坐软卧，尽量乘坐那些便宜、普通的车，住宿选择平常的旅馆住，从来不住高级宾馆。

八、归真

1998年1月中旬，德高望重的盖世明阿訇作为新当选的河南省九届人大代表，在郑州出席省九届人大一次会议的时候，显得格外精神，多次被《河南日报》和河南电视台的记者采访。当九届人大一次会议胜利闭幕后，盖世明阿訇回到新乡家里，当时正好是斋月期间，可没想到就是在斋月里盖阿訇却永远地离开了我们，离开了他的穆斯林朋友，离开了他一生钟爱并敬业的伊斯兰宗教，许多穆斯林都说："盖阿訇在斋月里归真，真是好'干办'"。

盖世明阿訇归真后，国务院宗教事务局，中国伊斯兰教协会，河南省人大常委会，省委统战部，省民族事务委员会，省政府宗教事务局，省伊斯兰教协会，郑州伊斯兰教经学院和新乡市委、市人大、市政府、市政协等有关方面领导与生前好友都发表唁电或前来吊唁，对盖世明阿訇的逝世深表哀悼，正确评价了他生前的功绩。

盖阿訇虽然已经离开了我们，但他的业绩是不可磨灭的。他的一生勤勤恳恳，任劳任怨，把自己毕生的精力献给了宗教、祖国和人民，他是一个令人怀念和钦佩的人，一个有益于人民的人，他不愧是我国回族的优秀阿訇，他的优良品质和崇高的精神，将永远留在我们心中。

（原载于《河南穆斯林》，创刊号，2002年4月，17~19页）

陈克礼阿訇传略

姚欣则　丁建设[①]

尤素夫·陈克礼（1923—1970年），回族，河南襄城石羊街人，中国现代著名的伊斯兰学者、翻译家。

陈克礼于1923年出生在一个虔诚的穆斯林世家，父亲陈文灿，信仰虔诚，为人忠厚。克礼弟兄三人，其位居小。7岁时便随父进寺礼拜，接受经堂教育。其师杜文明阿訇见克礼天资聪敏，勤奋努力，于1938年秋将他举荐于颍桥镇名师马负图门下深造，陈克礼不仅刻苦攻读阿拉伯文经典，而且对汉语也下了很大工夫。

接着便在鲁山、平凉等地访师求学，尔后又入国立陇东师范学校阿文专修班师从王静斋大阿訇学习。经名师的培养、指教和自己的刻苦用功，他的阿文经学已日臻成熟，汉文水平也大有提高，更重要的是此时他已确立了弘扬伊斯兰教的远大抱负。1945年，从陇东师范学校阿文专修班毕业后返回家乡，继续潜心学习，寻师访友，切磋教义。1949年，与黄万钧、龚宝泉等同学辗转投学于北平回教经学院，受业于马松亭、庞士谦、马坚等著名经师、学者，学业大进，其间参与《伊联报》的宣传写作，曾用笔名伊帆、罕戈、刻理，撰写翻译文章百余篇，发表在国内回民诸报刊。

北平经学院毕业后，回到家乡颍桥镇清真寺任阿訇，一年后撰写出《从穆罕默德看伊斯兰教》，1951年在北京出版，深受海内外穆斯林的欢迎，很快被译成阿拉伯文、印尼文、乌尔都文。1952年，经北京大学马坚教授介绍，陈克礼到北大东语系任助教。北大藏书丰富，他广泛地阅读大

---

① 姚欣则，著名回族作家、诗人、中国少数民族作家协会常务理事；丁建设，郑州利民回族食品厂职工。

量中外书刊，收集和整理了许多文学、史学、历史、诗歌等有益的资料，重点攻读了阿拉伯文典籍，为以后的事业打下了坚实的基础。在此期间，他除了继续翻译《圣训经》外，先后翻译了苏联巴托尔德的《伊斯兰文化史》和西班牙学者伊本·图菲勒的哲学小说《觉民之子永生》等。在北大任教期间，由于他知识丰富，讲课新颖独特、深入浅出，深受广大师生的喜爱。

1956年，陈克礼为了能更专心致力于伊斯兰文化的翻译和写作，毅然辞去北大职务，暂居海淀清真寺。不久即被中国伊协经学院教导主任杨永昌邀聘到该院任教，主讲认主学和伊斯兰哲学。

1957年反右运动在全国开始后，陈克礼同全国许多优秀知识分子一样，出于对党和国家的前途命运的赤诚之心，秉公直言而遭厄运，从此便在无休无止的政治运动中受尽了折磨和迫害，受尽漂泊流离之苦，于1962年带着右派分子的帽子被遣回原籍。

政治上的残酷迫害，家庭的穷困不幸，身体的虚弱多病，一齐向这位学者包抄而来，但他没有屈服，没有倒下，在劳动监督和无情的批斗之余，又默默地开始了他宏伟的“十年译作计划”。

在不足3个月的时间内，完成了《圣训经》中、下册的译稿和长达万言的《波斯史诗列王记》，接着又完成了《伊斯兰发展简史》《阿拉伯文学史纲要》。在“四清”运动前夕，他已先后完成了《古兰经字母概论》《政治伦理学》《古兰经学》《伊斯兰社会思想运动史》《伊斯兰文化简史》《伊斯兰学术论丛》《中国与阿拉伯》《伊斯兰思想维新论》《历史导论》《中世纪穆斯林旅行家传记》《伊斯兰史料辑要》《中国与伊斯兰艺术》等十几种专著的翻译工作。同时又完成了两部著作：《论阿拉伯文学对世界文学的影响》和《伊斯兰学概论》。接着又着手编写《伊斯兰论》《中国论》《世界论》宏伟的三部曲著作。

这位坚强的学者的翻译和写作已达到了忘我的境地，但辛勤劳作取得的累累硕果又被一场史无前例的风暴给摧毁了。数十年的心血，除了《圣训经》译稿有幸转移在外，其余的稿件均被洗劫一空，我们尊敬的学者的心碎了，他看到中国回族的命运和我们的国家一样，在各个领域遭受了前所未有的浩劫。沉默和忍受被愤怒替代，他义无反顾地上书中央和国家领导人，秉笔直言，历陈“文化大革命”给国家和人民造成的种种灾难，建议立即停止，以挽救祖国的前途和命运，提出了许多建设性的意见。此举并未唤起“篡党夺权”者的良知，反而恼羞成怒地向这位学者举起了屠刀，陈克礼如同许多关心祖国命运的优秀知识分子一样被残酷地杀害了，1970 年 7 月 5 日，陈克礼牺牲在故乡颍河桥畔，享年 47 岁。

然而善恶终有报，祸国殃民的“四人帮”终于被推上历史的审判台。在新的中央政府的领导下，拨乱反正，正本清源，于 1981 年陈克礼阿訇的冤案被彻底平反昭雪。

陈克礼阿訇虽然牺牲了，但他爱国爱教的思想深深地激励着我们，鞭策我们努力学习，提高我们民族的文化素质，无私地为我们的祖国和民族做出贡献。

（原载于《伊斯兰文化研究》，1996 年总第三期，20 ~ 21 页）

我的父亲尤素夫·陈克礼

陈月华

我的父亲尤素夫·陈克礼含冤蒙难已经整整40年了！40年来，作为女儿的我无时无刻不在心中呼唤着他老人家！失去父亲的切肤之痛无时无刻不在刺着女儿的心！每当看到他的名字，心中便是一阵战栗和揪紧！每当看到他的照片，泪水便夺眶而涌！爸爸！您在哪里！女儿想念您呀！

父亲是一位献身伊斯兰文化事业的学者，也是一位著作颇丰的译著家。不幸的是，命运过早地结束了他的生命，历史的尘埃又把他深深地掩埋。然而，诚如李华英先生所言：历史不会忘记这样的穆斯林学者！这些年来，尤其是父亲平反昭雪30年来，穆斯林同胞们纷纷怀念他、宣传他，表达了对他深深的敬意和爱戴。但是，由于历史的原因，他的著作出版面世的很少，他的大量手稿也消失在“文化大革命”的动乱之中，他的坎坷经历更是鲜为人知，掩埋在他身上的历史尘埃还未散尽。许多穆斯林同胞向我表示渴望了解他，渴望了解他的成功历程，渴望了解他的学术成就，更渴望了解他含冤蒙难的前前后后。作为他的女儿，父亲健在时，年少无知的我整天依偎着他，无忧无虑；失去父亲后，我才知道自己对他的过去和他的事业竟知之甚少！许多年来，我一直在努力多方地收集、整理他的资料和遗物，这个过程才使我知道了父亲为什么值得穆斯林们对他那么的崇敬和爱戴！又是什么值得父亲以生命为代价去顽强地坚持和追求！一个人格高大、博学睿智、可歌可泣的父亲巍然矗立在女儿的心中！现在，让我们共同走近他——我的父亲陈克礼！

一

1923年4月4日，父亲出生在河南省襄城县城北兵部营村一个贫苦回族家庭，他的童年是在乡下度过的。8岁那年随我的祖父迁到县城内石羊街居住，不久即进石羊街清真寺学习阿拉伯文和经典。祖父期望他日后学成当阿訇，也能养家糊口。父亲进清真寺学习不久，他那旺盛的求知欲望和对阿拉伯文特殊的理解与接受能力很快表现了出来，加之他学习勤奋，下工夫比别人大，学业成绩比同龄学生高出许多。父亲当时的同学龚明亮老人回忆说："克礼那是真聪明，老师讲的东西他听一遍就记得很清，可以说是过目不忘。老师总是讲了课就交给克礼辅导我们。"几年下来，用父亲的话说是"茅塞顿开"。他日益觉得对学校和所学内容不满足，于是便踏上了负笈求学的漫漫长路。先是在家乡附近的鲁山、郏县、禹州、洛阳等地，而后又于1943年春转赴青海、甘肃、宁夏等地清真寺学习。这段日子是非常苦的，20年后，父亲在他的回忆文章中这样描述："经堂生活很苦，自己做饭、缝补衣袄、伺候老师、扫地擦桌、铺床叠被、奉仰乡老、给教民大众办事等。很多人半途而废改行去了。只有少数有恒劲的人才能穿衣挂幛。我学的虽不好，但总算如愿以偿了。"

1943年秋天，父亲考入甘肃平凉国立陇东师范学校阿文专修班，这是父亲第一次进正规学校学习，他很激动，甚至为自己取了一个新的名字——陈慧，去迎接新学习生活的开始。他很幸运，在这里他得到了王静斋、张秉铎、马汝邻等名师的精心培养。他很珍惜这个机会，学习刻苦勤奋，努力不懈，他的陇师同学龚宝泉老人回忆说："克礼比我们谁都下工夫多，真是用功，他把《突厥字典》拆开分装在口袋里，随时随地拿出来诵读，就连去厕所的时间也不耽误，掏出来看着念着。每回考试他总是第一名。"父亲的勤奋和好学引起了王静斋老师的极大关注，他觉得这个陈慧可塑性很强，于是便对我父亲偏爱有加。经常让他誊抄文稿，有意让他比别的学生多接触一些新的知识，开阔视野，潜移默化地影响和培养他的个人爱好、人生志向及阿拉伯文水平。甚至在日后父亲离开陇师之后，王静斋老师依然保持着对他的关注和扶持，在写给父亲的信中谆谆告诫“不要荒废宝贵的光阴”。父亲在当时的日记中写到：“我以后应该跟静老学。按我的性情，很可能走到静老的路子上去，他的衣钵我应该继承。”陇师学习三年下来，他的学习目的由一个以念经当阿訇养家的朴素目标上升到这样的高度：“将来，我还想作进一步的深造，以后的工作目标有三：1. 配合回民生活习惯，兴办伊斯兰教育，以发扬回族文化，解决‘贫’‘愚’的问题，而补国家教育之不足，促进各民族间的真正平等。2. 作教长，组训回族同胞，加强其政治警觉，改良寺院教育制度，创建新的教育体系。3. 翻译经典，提高教胞宗教知识，博得教外人士之了解，以除回汉间之隔膜。这三件，是当务之急，是我的天职，也是我的归宿。”

1947 年春，父亲又考入北平回教经学院学习，在这里，他更有幸接受了马坚教授、马松亭阿訇、庞士谦阿訇、白寿彝教授等当代伊斯兰名家大师的言传身教，尤其是马坚教授和庞士谦阿訇对他倾注了非常多的心血。得益于经学院三年学习和名家大师的真传，父亲的中阿文翻译水平趋于成熟，献身伊斯兰事业的人生志向得以确立。他在当年自己的学习报告中这样写道：“黄金屋、颜如玉、万种粟，都给我滚开！欺诈、吹嘘、自矜、谄媚，都给我滚开！我要像一头牛、一只驼，一点一滴去工作。我要用我的生命之火烧尽回民间的仇恨，我要用我的命泉之水洗涤历史加给我们的污垢。今后的我已不存在，我准备好作主圣的牺牲、作穆斯林的无名英雄。”当北平解放，从经学院匆匆毕业时，同学们各奔东西去寻找自己的人生道路，父亲清醒地做出了“回乡著书，献身教门”的人生抉择，毅然走上了一条充满艰辛的人生道路。

回乡不久的父亲厚积薄发，在庞士谦阿訇的支持下，《从穆罕默德看伊斯兰教》一书很快面世发行。在这本处女作的序言里，他特意深情地提到自己的恩师王静斋阿訇：“在写此书伊始，听到家父文灿公遇难而葬于西平的噩耗，至今已经二年，又听到恩师王静斋阿訇的归主，而葬于贵阳。先父对我的求学帮助很大，先师对圣教贡献颇多，凄怜之余，谨以此书作纪念。并请读者作好杜阿，求大仁的安拉，慈悯他俩进乐园。”由此可以看出，王静斋老师在父亲心中的位置是多么的重要。

1953 年春，在马坚教授的极力推荐下，父亲应聘到北京大学东语系工作。一个没有留过洋、没有进过大学校门的年轻人，如今来到中国首屈一指的知名学府任教，体现了北京大学任人唯贤的治学传统，同时这件事本身已经对父亲的学识水平做出了充分的肯定。来到恩师马坚教授的身边，父亲开始了新的生活，向着伊斯兰文化事业的殿堂又迈出了新的一步。然而，由于身体的原因，父亲于1955年不得不因病辞职返乡，再一次面临着人生道路上十字路口的选择。此时，白寿彝先生亲自出面向高教部、北师大、科学院等单位极力推荐父亲去工作，北师大亦欣然表示愿意接收，然而一场席卷全国的政治运动改变了这一切，白先生自顾不暇，北师大工作也无了下文。但即在此时，白先生仍然很中肯地向父亲建议："①注意身体。②以后调科学院作蒙古史或亚洲史。③以后不要再译小册子，在学术上不解决问题，应译阿人大部头的重作。④把伊斯兰哲学暂放下。你的语文天分够、求进步、劲头不小。不安于现状才能进步，你的文章写、译都行，在回族小圈子里还是宝贝，你是学术人才，不是宗教活动家。"虽然父亲最终也未去科学院工作，但关键时刻白先生的指点与关心着实让父亲受益匪浅。

纵观父亲的一生，探寻他立志、成长、成功的人生轨迹，研究他的学术思想和学术成就，我们不难发现：是王静斋、马坚、庞士谦、白寿彝这些"伯乐"们的慧眼识真、精心培养和大力扶持，一步步把他引进了伊斯兰文化事业的殿堂，加之父亲的不懈努力，使他成长为继这些大师之后的一位卓有成就的后起之秀。没有这些大师名家的言传身教和帮助扶持，父亲可能只是一名穿衣挂幛的称职阿訇，而中国伊斯兰界将会缺少一位著作等身的学者和翻译家。

二

父亲是一个事业心极强的人，他志向高远、思想开阔、兴趣广泛、目标明确、持之以恒，在他的心中，一直蕴藏着一个庞大的译著计划。在《我的求知和学术生活》一文中他这样写道："我很喜欢宗教学问，尤其各宗教的书，特别是比较宗教学、宗教哲学和理论，我有志作个宗教学家。

我很爱社会科学，尤其是哲学和文学，我有志作个翻译家、哲学家和文学家。我想从原有的各派哲学创造新的哲学体系。又爱文艺理论和文艺批评，对旧书展开批判，创造反映时代精神的哲理小说。我不大爱自然科学，但常用其法则和规律说明自己的论点。我很爱理论的东西，博览过多家的学说和主义，想搞一套中国主义和走自己道路的东西。我很爱地理知识，游行大半中国，想到国外作学术考察，成个当代大旅行家。总之，自己的思想上是一匹脱缰的马，如果客观条件许可，我的求知欲是无穷的，天地是宽广的，成就可能是很大的。”遗憾的是，他的人生一直在漂泊和多难中挣扎，短暂而坎坷，让他施展抱负的客观条件极为不利。早年负笈求学漫漫长路十几载，刚刚步入事业有成的而立之年即和极左年代不期而遇，漂泊、劳教、迫害牢牢地粘贴着他，使他安坐书桌、写书译作的日子极其有限。就是在这极其有限的岁月中，父亲驾驭着没有刹车的创作之舟，跨激流、越险滩，一直驶到了生命的彼岸，在岁月的沿途给我们留下了大量的精彩华章和优美诗篇，展现着他丰富多彩的写作生涯和坎坷曲折的人生历程。

父亲是一个中阿兼精的翻译人才，他的著作分中、阿文两部分。留下的阿文著作不多，仅只几本阿文札记，字迹娟秀流畅，工整洁净，堪称得上精美的阿文书法工艺品。这里主要介绍他的中文作品。

父亲是一个非常热爱文学和写作的人。他的文学功底是从少年时代参加地方政府举办的“国民夜校”开始的，此后坚持自学中文数年如一日，尤其是进入陇师和北平回教经学院学习、接受系统的中文教育和写作训练，使他的中文写作水平日趋成熟，形成了通俗、简朴、通顺、表现力强的特点。

他的译著生涯始自陇东师范学习年代。这一时期的文稿主要是经典翻译习作和文学小品，如《五功浅释》《龙隐寺游记》等，从现存手稿看得出，此时他已经熟练地掌握了对文字和写作技巧的驾驭能力，得到了老师的充分肯定和好评。张秉铎先生在他的译作《五功浅释》上批注：“以谦虚之态度述深奥之教典，简明扼要，非常有素养，宜珍藏之留作宣教资料。”

进入北平经学院之后，父亲的译作热情如井喷一般，一发而不可收。

他担任《伊联》报的编辑，在《伊联》上开辟“古兰译解”专栏，几年下来，在《伊联》《月华》《伊理》等各地伊斯兰刊物上发表各种文章、译作70多篇，并向海外伊斯兰国家邮寄稿件十几篇，以声援这些国家反对帝国主义、争取民族独立的斗争。他还翻译、整理了《回教常识问答》一书，被北平回民学校采用，作为“回教常识”课本。此时他对文字的处理和中阿翻译技巧的掌握均已达到游刃有余、炉火纯青的地步。20世纪50年代初，父亲把这一时期的各种文章整理汇集，作序待版，取名为《回教选集》，后因忙于《圣训经》等书的翻译工作及赴北京大学任教，将此书搁置。1956年父亲返乡时，翻出此书稿，并特意在序言稿上批注：“后来者应跨过我去，写新的东西，不应抄袭或偷窃我的东西。”50年后，我们经多方努力把这本《回教选集》上的文章收集出版，实现了父亲的宿愿。

1949年春，父亲从北平回教经学院毕业后返乡，到襄城颍桥清真寺任阿訇，在此度过了3年时间。此时的他还不到而立之年，然而已胸怀大志，厚积待发。母亲回忆说：“他一个人住在寺里北厢房，整天钻进屋里写呀写，夜里，那罩灯一直亮到鸡叫还不熄灭。”颍水河畔，父亲掀起了他的第一波译著高潮。1950年9月，他的处女作《从穆罕默德看伊斯兰教》完成了，他在这本书的序言中写到：“让穆圣在人们心里复活，让《古兰经》还原真精神，使伊斯兰社会化、化社会、大众化、化大众、成为人人的灯塔。”时至今日，许多穆斯林兄弟对我讲，每当他们打开这本书，看到这些激动人心的话语时，没有一个不为之热血沸腾。这本书不久即再版重印，并被译成多国文字介绍到了其他伊斯兰国家。此后又完成了《回教信仰基础》《回教与社会》以及《圣训经》上卷的翻译工作。

1953年6月，父亲去北京大学工作，译著工作只能在教学之余进行。1955年离开北大后，他又到中国伊斯兰教经学院做过教师工作，此后他的工作、生活开始动荡不安起来，尤其是随着国家政治生活的变化而越发不正常，父亲一步步地陷入极“左”路线的魔掌，开始了长达7年的游荡、漂泊、劳教的苦难历程，译著活动被迫中断，但他胸中的译著理想一刻也没有泯灭。这一时期他的主要译著作品有《圣训经（下）》《叙利亚短篇小说集》《红色信笺》《土耳其短篇小说集》《巴基斯坦诗选》《伊斯兰国家短篇小说集》《阿拉伯古史选》《阿拉伯语言翻译研究》《觉民之子永生》《阿拉伯文学的新生》《伊斯兰文化史》《走向高峰》等。

1962年，父亲解除劳教后，带着我和哥哥返回襄城，来不及喘息和休养，便拖着3年劳教的疲惫和病体投入到了他译著写作的第二次高潮之中。这时家中一贫如洗、家徒四壁，经常吃了上顿没下顿，忍饥挨饿是经常的事。写作的条件更是无从谈起，甚至连写字坐的凳子也找不到，只得将伯父家一个缺两条腿的板凳找来，一头用砖石垫起，他便坐在上面写作。父亲几十年从事书写工作，屁股上形成了长年不愈的坐板疮，脓血常常浸透他的衣裤，无奈只好用一只脚蹲在凳子上写字，以减少臀部的压力。没有纸张，父亲把用过的纸反过来用；为了节省纸张，他把字体写得越来越小；没有墨水，他去化工商店买来颜料，自己拿水冲制土墨水；没有钢笔，就捡用我们废弃的蘸笔，这就是他当年的写作条件。就是从这样的阵地出击，向译著的高峰发起了8年的艰难冲锋！白天，父亲去街道上接受劳动改造，参加批斗会作检查；晚上，我们睡下了，他便在煤油灯下开始写作，我一觉醒来，他还在写，昏黄的油灯映影着父亲弓身蹲凳、伏案疾书的身影，仿佛一尊活的雕塑，那一刻至今仍历历在目，永远定格在了我的脑海中。每当这时候，年少无知的我总是天真地想：他还有多少字没写完？他怎么这么多作业？现在我才知道，那是父亲在作生命中的最后一搏！正如他在《从穆罕默德看伊斯兰教》一书的序言中所言："事业太神圣了，时代太伟大了，使命太艰巨了；只是力量太薄弱了，弱得像午夜的萤火，大戈壁的驼铃。必须坚毅而勇敢地跨过敬爱的逝者，跨过一切阻力向前奋进！"

桌子上的书稿一天天在增高，父亲的译著计划在紧锣密鼓地实现着。他将已完成书稿中的《觉民之子永生》、《阿拉伯文学的新生》《伊斯兰文化史》《现代阿拉伯诗选》《叙利亚短篇小说集》《走向高峰》等手稿分别投寄给了中华书局、交通书局、人民文学出版社、财政经济出版社、作家出版社、世界文学出版社等出版机构，从现存出版社的来信中看到，各出版社均有答复，其中世界文学出版社、中华书局、作家出版社、财政经济出版社还作了安排出版发行的计划。但终因多种原因未能出版发行。

"文化大革命"前夕，应他的挚友甘肃临夏马志仲的要求，父亲把《圣训经》手稿寄往临夏，以满足他誊抄一遍的愿望，不曾想到，这竟使

《圣训经》躲过了浩劫。这个时期，他还将过去的书稿重新作了认真的校阅和修改润色，截止到“文化大革命”前夕，返乡几年间写作、修改的书稿有:《中国著作中有关阿拉伯的记载》《阿拉伯著作中有关中国的记载》《阿拉伯通史参考资料》《阿拉伯文学简介》《回教派别简介》《阿拉伯文学对世界文学的影响》《历史资料辑要》《伊斯兰的科学方法》《中国与阿拉伯关系史》《中国的一千万穆斯林怎样生活》《阿拉伯语和波斯语在中国的传播》《中国和阿拉伯的关系》《中国与伊斯兰艺术》《阿富汗小史》《阿拉伯史学概论》《阿拉伯文学史纲要》《阿拉伯文学简史》《伊斯兰思想维新论》《历史概论》《伊本·拜图泰（中世纪穆斯林旅行家）传》《波斯史诗——列王记》《伊斯兰艺术论丛》《伊斯兰社会思想运动史》《世界体系与回教哲理》《伊斯兰发展简史》《宗教政治学》《古兰经学概论》《宇宙体系摘要》《印度尼西亚伊斯兰概况》《政教伦理学》《古兰经字母概论》《回教法理学》《古兰经学》《世界回教发展简史》《宗教政治学》《译诗集》和《走向高峰》等。

1966年，“文化大革命”狂飙骤起，父亲用心血写就的几十本手稿连同他的书籍、资料被横冲直闯的红卫兵席卷一空，老人被革命小将们推倒在地上，无奈和痛苦写满了他的脸庞，久久站不起来。从此，追寻这些书稿成为父亲此后几年间多次上访、信访的主要内容，但到他含冤蒙难那一天，这些书稿再也没有回到他的身边。幸运的是，他的《圣训经》手稿被甘肃临夏的马志仲老人冒着生命危险完整保存了下来。其他书稿中的一部分也被一位名叫张大建的穆斯林同胞冒着极大的风险从即将被焚烧的火堆旁捡了回来，妥善保存到了重见天日的今天，45年后重新回到了我们身边。这些残存的手稿是:《回教选集》《中国和阿拉伯的关系》《觉民之子永生（阿拉伯古典哲理小说）》《红色信笺（现代阿拉伯诗选）》《阿拉伯史学概论》《历史资料辑要》《阿拉伯文学史纲要》《伊斯兰思想维新论》《历史概论》《伊本·拜图泰（上）（中世纪穆斯林旅行家传）》《列王记（下）（波斯史诗）》《阿拉伯文学简介》《伊斯兰学术论丛》《叙利亚短篇小说集》《伊斯兰社会思想运动史》《世界体系与回教哲理》《各教派别简介》《伊斯兰发展简史》。我们应该万分感谢这两位勇敢的朵斯梯，为圣教保存下了一份无价的精神财富！在看到这些失而复得的书稿的那一刻，我百感交集，泪如泉涌，我把这些书稿紧紧地抱在怀里，去找寻父亲留在上面的余温，仿佛又回到了老人家的怀抱！这些手稿的字里行间倾注着父亲的深情！字字句句浸透着父亲的心血！这些书稿是父亲的化身，也是矗立在人世间的一座丰碑！父亲啊，女儿一定会把这些残存的书稿尽快付印发行，奉献给穆斯林大众，实现您未了的心愿！

手稿书籍被抄走之后，父亲无书可看，无书可译，但他没有消沉颓废，笔没有停下来，又将写作的笔触转向哲学、人学、杂学、社会学、民俗学等方面，到父亲被捕之时他已写就了各种文章、诗歌700多篇。他在《我的求知和学术生活》一文中这样写道："这些是我这次回家，从六二年到六六年五年间抱病所写所译的东西。解放后十余年来在北京收集的材料已用完。六六年被抄家时都由一中红卫兵收走，多次奔走询问至今没有下落。此时已由伊斯兰教转入伊斯兰教国家文化—学术问题，建设'阿拉伯学'和'伊斯兰学'。计划中要写的东西：1.'社会哲学三部曲'。'中国论'、'伊斯兰论'、'世界论'，综结三十年来所学，建立世界革命新理论体系，以重要历史现象为单位，写他人没写过的东西，说他人没说过的话。2.'回忆录'：自传性小说，综结个人历史奋斗经过。3.'哲理学说'：反映时代精神。4.'论毛泽东思想及其体系'：综合毛著和几十年来的历史，分门别类，用自己的语言述说现代史和领袖言行的伟大。现在没一本书读，死的资料已用完，只得用活的资料，计划写这些东西。在什么时间写什么东西。'杂学'是这时期主要的研究和创作形式。已由伊斯兰问题转向社会、国家一般问题，主要对象是'人学'，进行科学研究，即资料加方法、加系统的新结论。"

尤其值得一提的是这一时期父亲写作计划中的社会哲学三部曲《中国论》《世界论》《伊斯兰论》。据父亲日记中记载：这三论的文章目录所列分别是《中国论》30篇、《伊斯兰论》40篇、《世界论》50篇，这些文章已全部完成，进入修改阶段。三论书稿如能面世，那将是父亲译著生涯中继《圣训经》之后的又一标志性著作。万分可惜的是父亲被捕入狱时这些文稿也一同消失了，经过几十年的寻找，始终没有发现这些文章的任何线索。如果这些文稿仍在世上，托靠万能的真主，让它早日回到我们的身边吧！

父亲是一个热爱生活、才华横溢、天真烂漫的知识分子，他十分热爱诗歌，喜欢写诗、译诗，以诗言志、以诗抒情。他的诗作具有哲理性强、结构严谨、想象力丰富浪漫、语句通顺、朗朗上口、感染力强的特点，充分体现了父亲深厚的文字功底和文学素养。他在诗歌创作、诗歌翻译方面的活动是他几十年译著生涯的一个重要方面，很值得后人去发掘、研究。现在发现的他的诗作始于北平回教经学院学习期间，他曾在文章中说，这时期在各种刊物上发表诗歌几十首。但现在能找到的仅有下面这十几首：《唱给安拉的队伍》《牺牲歌》《跟着千万支队伍前进》《哭巨人，怀诗圣》《血的歌咏》《转夜》《向阿卜度先生敬礼》《生命的低诉》《给白杨》《杀、杀、杀》《生之歌》《跨过一切阻力前进》《行乞妇——伟大的母亲》及《真梦》等。此后在不同时期均有诗作出现，如陕北劳教期间的《台湾是我们的》《新春乐》《跃进颂》《劳动万岁》《红旗炉炼铁》《跃进矿采煤》《夜战药王山麓》《硬闯王瑶公路》《墓碑》。在家乡遭受迫害时期也有诗歌出现，甚至在向街道政府上交的“思想小结”中，诗歌也频频出现。这一时期的诗歌多是翻译阿拉伯国家的诗作，如《我们是伊斯兰人》《和平的翅膀》《唱给真理的队伍》等。我计划在适当的时候，把父亲的诗作收集整理出来，与穆斯林同胞们共同分享这些美好的诗篇！

近些年来，我们在收集父亲遗物和资料的过程中，整理出了他的书稿目录40余部，不同时期的文章、诗歌目录700多篇。遗憾的是这些书稿和文章大都消失在了“文化大革命”动乱之中。如果命运再给他十年、二十年……

这里特别介绍的是父亲1960年5月7日在陕西劳教时期，于铜川冯家渠工地创作的《墓碑》诗。当时父亲由于劳累过度，身患重病，有大病不成之感，于是向劳教场管教干部递交申请，要求把其送回故乡，以防万一大病不治而葬于他乡。与此同时，写下了这首墓志铭式的诗作《墓碑》，意寓为自己时年36岁的生命作一总结，也表达了作者对残酷迫害的无奈与抗争。诗中提到的“伊帆”是父亲的笔名。

墓碑

这是我青春的花朵。
这是我青春的影片。
这茁壮的种子已散播在全中国，
植根在良善的伊斯兰青年的心中。
这心血的结晶已洒到伊斯兰世界。
海外远方的朋友们，
把它译为阿拉伯文、印尼文、乌尔都文。
有五万万人举着它前进。
不久它将被译为世界各种语文，
成为爱好真理的人类的路碑。
我是黑暗虚伪的叛逆，
被埋在罪恶丛中的伊帆呵！
从良心上说你是个好人！

三

我的父亲含冤蒙难和平反昭雪曾经牵动了许多人的心，他的冤案形成和身前身后事至今仍是许多教内外人士关注和研究的话题。多少年来，我也同关心父亲的人们一样，一直在多方探寻这个冤案的真相，一直在努力思考这个悲剧的成因。为的是告诉我们的后人在我们国家的昨天曾经发生过一件什么样的事，一个才华横溢的民族英才如何英年早逝！但是，由于案件的档案尚未解密，寻找冤案始末的真相仍非易事，以至于蒙在父亲身上的历史尘埃还须慢慢散去。现在我只是把有关父亲的一些零星情况讲给大家，作为人们了解冤案始末的佐证材料。

父亲的厄运始自20世纪50年代的反右运动。当时他是中国伊斯兰教经学院的代课老师，当轰轰烈烈的运动来临时，他初始还天真地认为自己是代课教师，是临时工，运动与己无关。然而运动一开始，他就被锁定为运动对象。从现有资料上看，有人揭发他：①陈克礼在课堂上只讲经典，不讲马列主义，有学生问他为什么不讲马列主义，他说这里是经学院，不是马列学院，经学院应该把经讲好，经学院老师讲马列主义未必能讲好。②陈克礼讲把鸟关在笼子里打着他唱是唱不好的，百家争鸣实际上是一家争鸣。③陈克礼讲中国的法制不健全，光靠运动不行，运动来时人好一些，运动过后恢复原样。④陈克礼讲中国只能学习人家，不能独创前进，中国的革命理论应该是土生土长的，可参照外国的，不可抄袭等。于是经学院准备批斗他，父亲得知消息后，立即决定离开此地。他冲破门卫的阻拦，强行闯出了经学院大门。但从此，极“左”的魔鬼便开始粘上了他，至死也没有挣脱出他们的追杀。

我的父亲确是一个事业有成的学者，但他不是一个埋头书斋两耳不闻天下事的书呆子，文弱书生的外表下面是一颗忧国、忧民、忧教的赤子之心。他同中国历史上许多知识精英一样，“位卑未敢忘忧国”，具有强烈的社会责任感，据此判断以上言论出自他口是可能的。

父亲是北平解放的亲历者，他欢呼新中国的诞生，他歌唱新时代的到来。他在处女作《从穆罕默德看伊斯兰教》一书的序言中这样写道：“现在好了，毛主席领导的人民革命胜利了，宣布了封建王朝的死刑，全国人民翻了身，少数民族也得到了平等待遇，政治、经济、文化有了进展的机会，宗教、语文、习惯再不受人的轻视。拿出一切力量，为新中国的建设和消灭帝国主义的侵略而奋斗！”

祖国强盛和民族振兴是父亲毕生为之奋斗的美好愿望。他关注着新中国前进的每一步，他不愿意看到这个多难的国家和民族再走弯路、走错路，他一心要为这个国家和民族好，所以就把自己的心交出来，就把自己的心里话掏出来。虽然人微言轻，虽然同社会的声音不太和谐，这他不管，他仍然要把自己的观点和建议说出来、写出来。这也是由他的性格使然，他是一个内方外方的人，敢想敢说，不遮不掩，心直口快，磊落耿直，并终其一生而本性不移。正如李华英先生这样形容我的父亲：“他只顾仰望星光璀璨的夜空，而无暇顾及脚下的泥泞。”

至此，人们应该对父亲在经学院的所谓“右派”言论的来历背景有所了解了。

也是在同一时期的1956年元月28日，父亲在写给马汝邻先生的信中阐述了自己的如下观点：“马列主义作为思想和工作方法，只有当它能指导实践时，它才是真理。正如恩格斯所说，辩证法本身就不是什么绝对不变的东西。马列主义本身是马克思、列宁解决他们时代问题的方法、理论，受时代限制，勉强指导现实便无好处，阻碍历史进程。过于教条主义地迷信洋理论，对工作的开拓是有害的。马列主义虽不可修正，但可发展，更可创造发展新的规律。马、恩、列、斯也非不可批判的完人超人。”

父亲以上阐述的实事求是、实践检验真理、与时俱进的观点，在今天的人们看来，这是毫无争议、全民共识的基本理论，然而在50多年前提出以上的观点那可是大逆不道的反动言论，甚至是要冒杀头之险的。我们国家最终达成以上的全民共识是在付出了惨痛的历史代价，甚至还激烈地进行了一场席卷全国的“真理标准”大讨论之后，而此时，父亲的这番观点已经提出了20多年，他的观点的正确性和前瞻性不得不使人折服。可悲的是，父亲没能看到他的观点被社会认同的那一天。

离开北京的父亲失去了工作，生活无法保障，只好带着我和哥哥四处游荡。多年之后，他曾对我说：“那时想把你领到西北去，找个回族家庭送给人家养你长大。”1958年9月29日，在我们前往西北的火车上父亲因车票问题被查处收容，审查期间得知其是从北京经学院漏网的右派分子，于是被送至铜川附近的劳教场，经历了3年炼狱般的折磨。一个学者和翻译家正值盛年的3年宝贵年华就这样消磨在了陕北的山川沟壑之中。

1962年2月，被释放出狱的父亲从西安市儿童教养院中把我们兄妹找到，返回襄城故乡。刚出牢狱的父亲天真地认为这下总该自由了，总能坐下来写点东西吧！殊不知，刚出牢狱便又钻进了那个年代早已为他布好的天罗地网。首先是工作问题无着落、生活无保障，译著工作更无从谈起，于是1962年4月，因要求工作问题，父亲给周总理和陈毅外长写信。信中写道：“函请能安置工作，完成我的译著计划，或通过外交手续，让我和二子到沙特阿拉伯、埃及、波斯或其他回教阿拉伯国家，以偿宿愿而终天年，将来或可取些有益于中国的经典。无条件，能将就生活工作即行，丧失心爱的专业真是最大的惩罚。”光明正大地向国家领导人反映自己的要求和想法，即便信中要求和语言有失斟酌，应该说也是光明磊落的合法正当之举，但那是“千万不要忘记阶级斗争”的年代，他的信件立即被作为

“宗教上层分子里通外国嫌疑”的阶级斗争新动向受到了严重关注，不但工作没有安排，更残酷的迫害随即拉开了序幕。

1963 年 5 月，父亲被宣布戴上“右派分子”帽子，接受管制、劳动改造。（据当事人讲戴帽的依据依然是经学院时的右派言论）与此同时，对他的往来信件、日常言论不择手段地开展了严密监视。每十天要按时向街道政府上交书面“思想小结”一份，外出活动先申请后行动，往来客人走后要汇报。特别奇怪的是从此几个貌似亲密无间、实为卧底监视的“民族兄弟”，开始频繁来到家中，和父亲切磋教门、议论国事、高谈阔论。这个“家庭论坛”一直持续到父亲入狱之时。现在看来，这个“家庭论坛”和父亲的冤案绝对不无关系。

不久，四清运动开始，父亲的家庭出身由贫农改划为富农，又一顶帽子扣在了他的头顶。

父亲在极端恶劣的环境中痛苦地煎熬着，即使在这种情况下，他依然顽强地坚持着对伊斯兰文化事业的挚爱，白天被管制劳动，晚上即坐在书桌前，在煤油灯的微光之下，笔耕在伊斯兰文化事业的沃野上。他利用每旬向街道政府交心的“思想小结”的机会，引用马、恩、列、斯著作中有关伊斯兰教的论述，摘录国内外报刊对阿拉伯文化研究和评价的文章，不遗余力地宣传伊斯兰文化。总结自己十几年来在伊斯兰文化事业方面的成果，甚至干脆把翻译成果抄写下来，汇报上去。如 1965 年 11 月中旬的“思想小结”上，通篇竟是父亲翻译的“现代阿拉伯诗选”中的几首诗歌，甚至连诗歌出处、注解内容都书写得工工整整，完整无缺。类似这样的诗歌译作仅 1965 年就十几次出现在“思想小结”之中。他还利用“思想小结”作阿拉伯文练习，如 1966 年元月上旬的“思想小结”竟是用阿文翻译的《资本论》片断、《宪法》片断和埃及国歌。他还利用“思想小结”之机，抒发自己报国、报教无门的满腔无奈和悲愤之情，如 1965 年 12 月下旬的“思想小结”中这样写道：“在回族社会里生活了二十年，对民族做过一些事，自信还对得起自己的民族。”“有时痛恨这个永不停止运动的大脑和结实的躯体，但为了事业，又不能不珍惜这个不易多得的生命。”“应该学牛，为人献出毕生精力，最后把肉体供人宰食，我们就是这样为人类服务的。”这哪里是一个被管制改造的四类分子的“思想小结”，这分明是一个宣讲伊斯兰文化的课堂和阵地！1964—1966 年“文化大革命”开始前的 3 年间，类似的“思想小结”上交了 70 多篇。这些“思想小结”肯定不是加害者希望看到的东西，而成了对作者加紧迫害的证据材料和重磅炮弹，以至于数年后父亲遇害时被罗列的罪状中就赫然写道“1964 年以来，书写反动文章七十多篇”。这些材料是研究我父亲思想轨迹和学术成果的宝贵材料，可惜，只找到了其中极少一部分。

反右运动以后，我们国家的政治生活在极不正常的道路上越走越远，最终酿成了“文化大革命”的十年浩劫。被极“左”路线反复蹂躏的父亲注定在劫难逃。无数次的抄家批斗，挂牌游街，几十部书稿被抄走没有下落。父亲悲愤地对我哥哥说：“现在的‘文化大革命’是没有法律，只有帽子、棍子。”

在极“左”路线的阴霾里苦苦挣扎的父亲身心受到长期摧残，生活上没有经济来源，陷入极度贫困，坚持开展伊斯兰文化研究非常困难。无奈的父亲数次向各级政府和领导发出求助的呼喊。1962—1969 年，先后向毛泽东、周恩来、陈毅、国务院办公厅以及河南省委统战部、中共襄城县委、襄城县城关镇党委各级领导数次去信，对自己的遭遇进行申诉，要求安排工作、解决生活困境，要求归还手稿，但终无回音。走投无路的父亲在 1969 年 11 月 16 日写给周恩来总理的信中悲愤地呐喊道：“周恩来总理：我原来研究阿拉伯文和伊斯兰国家问题，解放后在北大和中国伊斯兰经学院任职多年，后因病离职返家。在家全靠自己维持生活，休养并从事译著。当权派视我为眼中钉，始终不给安排出路，先扣押，后戴帽，抄家、限制、打击、困死。收走稿子十几种、现金和参考书很多。我一个普通人，旧社会受压迫，新社会仍受压迫，过去受歧视，现在仍受歧视。人权和真理何在？过去的‘国务’令人失望，近来的‘国务’使人遗憾。牺牲胜过无聊的生活。苦闷的时代应该结束了。”

这是父亲最后的抗争，是他生命的绝唱！两个月后他便被捕入狱。

父亲被捕之后，经历了惨无人道的虐待和折磨。他被押至各地游斗批判，参加过批斗大会的人曾对我讲：你父亲的胳膊都被绳勒掉膀了。他在狱中的处境更是可想而知。父亲入狱时是 1970 年的 2 月末，还是初春，穿着厚衣服，以后天气变暖了，我把他的薄衣服整理出来想给他送进狱中，但在监狱门口被严厉拒绝了，无奈之下，只好托街道上一个出身好的长辈想办法送进去。几年之后，这位老人无奈地告诉我：他也没有送得进去。五六月份在我们河南，气温已经很高了，父亲仍穿着绒衣绒裤顶着烈日出现在批斗大会的会场上。那些加害者为了折磨父亲的心灵，还专门把他拉到我和哥哥下乡插队的地方开专场批斗大会。我们躲在自己的小房中，不忍到会场去目睹父亲的惨状，只能在震耳欲聋的口号声中暗自落泪。而此时跪在台上的父亲一定是心如刀绞！因为他知道他的儿女就近在咫尺而不得相见！这种生离死别的痛刻骨铭心！

1970 年 7 月 5 日，父亲在给周总理信中预言到的牺牲实现了。一个才华横溢的学者在他 46 岁的盛年惨遭杀害！令人发指的是，惨无人道的刽子手竟用一条手指粗的尼龙绳紧紧勒住了他的嘴巴，剥夺了父亲临终诵念清真言的权利！

父亲被捕之后，哥哥曾偷偷地潜回家中，从门洞中钻进屋内。从一片狼藉中搜寻到了父亲的一张照片，还在水胶鞋里边摸到了父亲藏下的几张纸片，上面是父亲写下的随笔札记，内容已不记得了，如果保存到现在应该是十分宝贵的遗物。哥哥把这些东西藏在贴身的口袋里返回了乡下。后来由于形势越来越紧张，他的住处时常被查抄，无奈之下哥哥被迫在上山采石的石坑中把这些纸片焚烧了。他把父亲的照片紧贴在胸前的内衣中，一直装到了平反昭雪的那一天。后来这张充满折皱的照片流传到了各地，虽经多次翻拍，细心的朵斯梯们仍可分辨出上面的折皱，那条条折皱仿佛在向人们诉说着这张照片经历的劫难！

哥哥潜回家中时，发现饭锅中存有水煮的红薯块，桌子上还有半碗盐水凉拌的白萝卜条，这就是父亲在家中最后一餐的食物，生活困境可见一斑。然而就是这顿饭分明也是没有让他吃完，便被强行抓走了。看着父亲这最后的晚餐，哥哥的泪水夺眶而出，马上又用手紧紧地捂住嘴巴，没敢哭出声来。

父亲遇难的当天晚上，我回到家中，空荡荡的房中，往日充满父爱的家如今充斥着寂寞和肃杀，街道上不时传来专政人员的摩托声，没有人敢来安慰。我在可怕的黑暗中坐了一夜，任泪水随意长流。天不亮，我便逃出了这个曾经给了我许多温暖的家，茫然地在茫茫旷野里狂奔着，这时才敢放声地大哭出来。

此后的岁月，我和哥哥分别在异乡忍受着失去父亲的痛苦煎熬，忍受着难以言表的社会歧视和屈辱。我们不敢哭，不敢往人多的地方去，人们也像躲避瘟疫一样躲着我们。我们只能在夜深人静的时候躲进被窝中，把对父亲的思念化作泪水横流。我的哥哥思父心切，曾经无奈地钻进贮藏红薯的地窖中大哭一场，此后这竟成了哥哥寄托思绪的经常去处。1972 年春节，漫天大雪，知青点上只剩下我一个人，每逢佳节倍思亲，此时我分外地想念父亲，也牵挂远在他乡的哥哥，满腹悲痛地跑进漫天飞雪的旷野中号啕痛哭，大声地呼喊着爸爸。大雪把旷野中的我堆成了雪人，泪水和着雪水流淌。

在煎熬中度过了一年又一年，我们兄妹下乡插队的知青点上，一起下乡的同学们一个一个都离开了。推荐招工、上学的机会从来没有光顾过我们，贫困、孤独、无奈却始终与我们形影不离。1975 年的春节，已经下乡插队 10 年的哥哥绝望地走上了京广铁路的路基。铮亮的铁轨没入天际，那是父亲的去处，他沿着枕木一步一步地向父亲走去……巡道的铁路工人把哥哥强行拖出了铁轨，飞驰的列车呼啸而去。我们永远感谢这位素不相识的好心人，如果不是他，父亲的悲剧将会上演催人泪下的续集。

许多年来，哥哥曾无数次地回绝过别人的采访，穆斯林兄弟们理解他吧，他实在不愿回首那被泪水浸泡的记忆。

1980 年 12 月 17 日，在痛苦中煎熬了 10 个年头之后，终于盼来了父亲平反昭雪的这一天，有关部门在我们家乡襄城县人民剧院召开了“陈克礼平反昭雪大会”。哥哥在平反大会上发言时泣不成声，短短两页纸的发言稿，竟数次哽咽地念不下去，那撕心裂肺的哭声，使参加会议的人无不为之动容！那一天，是我们解放的日子！

走出平反大会的会场，迎面是县城的东风市场，10 年前父亲就是从这里出发，慷慨赴难。10 年后，又是在这里，为他老人家讨回了清白，洗雪了冤屈，恢复了尊严。

父亲去世后，我们作为陈克礼的子女，一直在努力继承和发扬父亲的优良传统，传承他的优秀品格，严格要求自己，争气要强，在各自的工作岗位上努力工作，获得了社会的认可，我还被推选为河南省许昌市政协委员和襄城县政协常委，自认还没有给父亲丢脸。我们坚持教育我们的下一代：做人就做父亲那样的人，堂堂正正、铁骨铮铮；做事就像父亲那样，认认真真、兢兢业业。如今，父亲的4个孙子辈均学业有成，事业兴旺：长孙晨晨武汉大学研究生毕业，次孙小虎河南师范大学毕业，外孙楠楠郑州大学毕业，孙女小雨从事商业经营，事业成功。父亲在后世也应欣慰有加了！

我的父亲平反昭雪已经30年了。30年来，我们的国家和民族走过了那个目无法治、因言获罪的荒唐年代，选择了思想解放、文明和谐的正确道路，从十年浩劫的废墟上复兴、崛起，迎来了社会和谐、民族团结、经济腾飞、国家强大的盛世今天，这不正是父亲和那些千千万万牺牲者、先行者朝思暮想并为之献身的理想吗？今天我们怀念我的父亲，不只是回顾过去，更应该珍惜今天，放眼未来。让我们在中国共产党的领导下，紧紧抓住今天这千载难逢的太平盛世之机会，努力做好本职工作，努力弘扬民族文化，把我们的伊斯兰文化事业推向新的高峰，为构建民族团结、社会文明、经济发展的和谐社会而努力奋斗！

（原载于《中国穆斯林》，2010年陈克礼先生归真40周年纪念专辑，7~15页）

沉痛悼念答振益教授

哈正利

当代著名的中国民族史学家暨回族史学家，中南民族大学教授伊斯玛仪·答振益先生因病医治无效，于2009年11月21日上午11点46分去世，享年73岁。

我们怀着极其悲痛的心情，深切地缅怀这位昔日坦诚相见的同事、耿直率真的长者、和蔼又严格的导师，更是我们可亲可敬的回族穆斯林学者、朋友！

答振益教授1937年10月出生于河南固始县一个回族家庭。1955年，考入河南师范学院历史系。1959年，分配到中南民族学院从事教学工作。1980年以来，先后任学校历史系副主任、教务处长、民族学系主任兼民族研究所所长、校纪律检查委员会委员等党政职务。勤勤恳恳地耕耘在民族教育事业的第一线，为民族教育事业的发展做出了巨大的贡献。

作为我国回族史研究的重要学术带头人之一，他努力开创了国内最早的回族史硕士点之一，经过多年的发展，不仅培养了一批回族研究的后起之秀，而且培育了中南民族学院回族研究的学术梯队，从而奠定了中南民族学院在全国回族学研究中的学术地位，使中南民族学院成为国内回族学界的学术重镇。先生不愧当代回族学界的中坚力量！

他还将毕生的精力奉献在民族研究的事业中，曾历任中国民族学会理事、中国回族学会常务理事、中国南方回族古籍丛书编委会委员、湖北省伊斯兰教协会副会长，湖北省民族学学会常务理事、湖北省中国史学会理事、武昌辛亥革命研究中心理事等职务。其研究的主要范围为回族历史和文化，曾经完成国家社科基金、国家民委重点项目以及中南民族学院社科基金项目多项。1982年至今，先后发表论文60余篇，参与编写和独自撰写的著作有8部。

在50年的学术生涯中，本着对民族的炽热感情，时刻关注国家和民族的命运，并把这种民族责任心自觉投入到自己的研究中。在地方回族史、近现代回族史、回族经济史、散杂居民族关系、回族古籍和史料研究等多个领域做出了杰出的贡献。

他在回族学界独树一帜，从湖北回族史研究开始，进而至于研究整个中南地区回族历史。而且他的研究特点和方法是文献与调查结合，局部与全局并重，既重视历史文献，又不拘泥于官方正史记载，而是把它与方志、谱牒、碑刻、历史遗迹及民间传说资料有机地结合，使研究显得更加全面和厚重。

他求真务实，在任何场合总喜欢讲真话，从不敷衍，从不拐弯抹角，即使在政治挂帅的年代也不例外。在做学问上，他一直强调："做学问和做人一样，就是要讲真话，要讲自己的心里话。如果连自己心里都不能认同的思想你讲给别人听，那不等于欺骗别人吗?"他不仅这样说，也始终以自己的言行彰显着为人师表的风范!

他自工作以来始终耕耘在教育第一线，兢兢业业，教书育人，作为华师的一高中历史教师，曾多次指导学生考出了湖北省的优异成绩。作为大学教师，为全国各地培养一届又一届的少数民族优秀人才。身为学术导师，培养出了较为成熟的学术梯队。

在行政工作中，他始终甘于清苦，一卷图书，两袖清风，处处以大局为重。20世纪90年代初期，他出差到北京，不住几十元的房间，而在地下室住10元一晚的简易铺位。作为系领导，他往往以他人利益为重，在职称评定上，当系领导获得名额时，他总是慨然推荐给其他条件成熟的教师，从不以权谋私。同时，作为长辈，先生十分关心年轻教师的成长，为了让他们能安心搞好教学和科研工作，他不仅积极给他们争取待遇的提高、住房问题的解决、职称的晋升等，更不遗余力地给年轻人创造最佳工作环境。不论在年轻教师还是老教师中，他的师德风范都是有口皆碑的!

答振益教授一生秉性耿直，待人真诚、处事方正，为学勤奋求真，其道德文章堪为后生楷模。晚年仍老骥伏枥，心系学术，不仅自己积极开拓新的研究领域，还发表许多论文。甚至在缠绵病榻之际，依然十分关心学校学科建设的发展，希望中南民族学院民族学走在国内的前列。他的一生就是孜孜不倦的学习和研究的一生。

（原载于《伊斯兰文化研究》，2010年第一期，总第二十四期，32页）

甘棠遗爱，教范犹存

——忆我的父亲优素福·何国安阿訇

何玉珍

1985年12月23日（农历十一月十二日）下午2点35分，一代经师，我最亲爱的父亲何国安阿訇在礼罢“撇申尼”拜后顺命归真。28年来，他老人家的谆谆教诲及音容笑貌时刻伴随着我，他高尚的宗教情操及为伊斯俩目宣教事业奉献终生的精神一直激励着我，我深切地怀念我的父亲何国安阿訇。我的父亲是一位秉承教义、善于忍耐、德高望重、胸怀坦荡的伊斯兰教学者。他遵纪守法，爱国爱教，生活节俭，一身清白。他一生从事宣教事业，无论在哪坊任伊玛目教长，都受到广大穆斯林群众的爱戴和敬仰。

我的父亲优素福·何国安，字少亭，祖籍北京，1913年出生在安徽亳州一个宗教世家。祖上从明末至今代代都出阿訇。父亲幼承庭训，聪颖过人，9岁从父习阿拉伯文，在其父亲的精心培育下，熟读了阿文字变学、语法学、修辞学、逻辑学四部基础经典。又授受于皖、浙、豫一代名师王世臣（王殿辅）、李振基大阿訇学内专攻古兰经注学，22岁首任安徽宣城清真寺阿訇。24岁被公派到埃及留学，行至上海后，因时局动荡未能成行。后来到河南求学于马长青、赵永清两位大阿訇，在赵永清大阿訇门下穿衣挂帐毕业成名。

父亲毕业后先后受聘于博爱大辛庄清真西寺、清真东大寺，安徽蚌埠清真寺、亳州北京寺、阜阳清真寺，江苏南京二板桥清真寺，河南博爱西关清真寺、封丘荆圪垱清真寺、武陟县小麻村清真寺、木栾店王李庄清真寺（胜利街寺）、开封东大寺、郑州北下街寺、焦作清真寺等坊任开学伊玛目教长。

父亲性情宽厚，为人谦和，爱国爱教，注重穆斯林内部的团结，一旦发现问题，总是想方设法予以化解。他在焦作清真寺任职期间，有两个社头闹矛盾，经常发生纷争，虽然多方调解，但是效果甚微。在一次“主麻”聚礼后，父亲把他们留在大殿内，先从振兴教门谈起，苦口婆心加以劝解。但观其二人并无和好之意，父亲就说：穆圣教导我们团结兄弟，宽以待人，不能记仇。如果你们仍不能消除隔阂，我现在就举意，绝不迈出大殿半步，直至你们和好为止。他们均被父亲的真诚所感动，立即表态，愿以安定团结大局为重，同心协力搞好寺内的工作，父亲脸上才露出欣慰的笑容。三人携手走出大殿，守候在大殿外的众乡老报以热烈的掌声，并齐声向父亲道“色兰”。此后父亲曾到多坊上任，但焦作清真寺只请伊玛目，教长的位置一直为他保留着，直至他老人家顺命归真。

父亲平易近人，爱寺如家，这在郑州北下街寺已被传为佳话。1981年，父亲在郑州北下街寺当阿訇，当时的北下街寺是一座狭小的两层建筑，一层是水房，二层是大殿和讲堂。用来连接上下两层的楼梯，笔直地竖在水房屋的正中央。那些按时来礼拜的乡老，大多是上了年纪的老人，每天上下楼梯非常吃力。父亲看在眼里，记在心里，他主动找寺管委会商量，提出扩建大殿和改建楼梯的设想。这一合理化建议得到了众社首的支持，父亲带头捐款，大家纷纷响应，出钱出力，经过多方筹集，共同努力，最终得以实施。改建后的楼梯呈半环形，从水房外拾阶而上非常方便，他的这一举措，给多斯蒂们提供了方便，得到了大家一致赞扬。如今的北下街寺虽已重建，今非昔比，然而父亲当年亲笔书写的“台思米”和古兰经文依然镶嵌在新建大殿的墙壁上。它提醒众教民要认主独一，坚持五功，祈求真主慈悯大家两世的幸福和吉祥。

1972年，在党的宗教政策没有完全落实的情况下，父亲欣然接受了开封东大寺的聘请，荣任了自1958年宗教改革以来该坊第一任教长，同时招收了几个学生，分别是白连清、马文德、李保军、李开忠、蒲凯军等人，开创了河南招收海里凡的先河。经过宗教改革和“文化大革命”，东大寺面貌全非，一片苍凉。前院被工厂占用，后院杂草丛生，大殿凌乱不堪，父亲带领众乡老打扫寺院，清理大殿，使之焕然一新。自伊斯兰教传入中国，我国穆斯林礼拜前做小净用的都是“汤瓶壶”。在经过国内宗教改革及一系列政治运动以后，东大寺水房内“汤瓶壶”丢失严重，仅存的也是破旧不堪。为了能使多斯弟们尽快地洗小净，父亲大胆提议：在水房内安装自来水管道，让锅炉内的热水直接流到水房。既满足了当时礼拜者洗小净的需求，又使东大寺成为河南省内第一个使用热水龙头做小净的清真寺。正当他踌铸满志振兴教门时，社会上掀起一股“反右倾翻案风”的浪潮，受时局所迫，未能实现大张旗鼓重振教门的心愿。

父亲是一位心胸豁达、性格开朗、和蔼慈祥的老人。当年我们的母亲归真时，撇下了4个孩子，最大的才13岁，最小的刚满1岁多。用父亲的话说：每当看到这几个没有娘的孩子，我的心就像被猫抓一样难受，但这是真主的定然，我得打起精神振作起来，担负起抚养你们的职责。父亲凭着坚定的信仰，很快调整好心态，重新投入到教学和现实生活中。他带着我们东奔西走，四海为家，他不仅让我们得到了慈母般的父爱，也使我们感受到做父亲的责任和博大胸怀。当时阿訇们的生活都非常清苦，但是，他毫不犹豫地送我们去上学，让我们学习文化知识。在我们上学期间，感谢政府提供多方面的帮助，才使我们得以完成学业。

记得小时候，我们家的生活很苦，但只要有父亲在我们就倍感温暖。每年的斋月，父亲总是想方设法弄点吃的让我们封斋。在后来的宗教改革和三年自然灾害中，阿訇们的生活更加艰难。每逢斋月到来，父亲就变卖家里所谓的值钱东西（我清楚记得，一个洗脸盆卖了两块钱），赴山西、跑郑州，买点粮票之类的以便我们继续封斋。特别是在“文化大革命”动乱年代，清真寺被封闭，街道上还组织了巡逻队，不准穆斯林进寺礼拜。此时，父亲每天五番拜功都是偷偷地在家里礼。斋月一到，五更天起来吃封斋饭，怕被巡逻队员发现，屋里连灯都不敢亮，父亲就塞给我们每人一个蒸馍。即便是在那个非常时期，我们也没有失撇一天斋。直至今日，我们的斋、拜也未曾间断过。我们由衷地感谢父亲，是他老人家的言传身教把我们引到了伊斯俩目教门的正道上，我们为有这样的父亲感到骄傲与自豪。

在那场史无前例的“文化大革命”中，父亲是宗教界人士也未能幸免。家被洗劫一空，人被关押受审，他不仅经历了轮番挨批斗的折磨，还遭受了游街示众的屈辱。他被迫劳动改造，身无分文，陷入困境。当我们前去探望时，他却笑着对我们说：这场“白俩”乃是真主对我的考验，只要我们时刻记想真主，祈求真主的襄助，磨难很快就会过去，父亲的坦然，让我备受感动。父亲遇事不惊，善于忍耐的品行及对安拉的坚定信念，使我由衷地钦佩和敬仰。

父亲在教授、培养学生方面有自己独到的见解和主张，尤其注重对学生品德和宗教操守的教育。他曾说过："欲造就品学兼优的阿訇，必须从根本抓起，我不但教授他们知识，更要教他们如何做人。"在教学上父亲积极探索，勇于创新，特别是到了晚年表现得尤为突出。因传统的经堂教授对某些学生来说接受比较困难，父亲大胆启用了新编阿拉伯语教材，对那些能力差的学生，有针对性地进行辅导，在父亲深入浅出的教授下，他们在短期内有了长足的进步。这在当时来说，的确是一种创举，同时也反映了一个伊斯兰教育家的卓识远见。

父亲师出赵门学派，是继刘兆亮阿訇之后，在赵永清大阿訇身边的一代经师，也是最后一位经师。他不但继承和发扬了赵派"渊博精深，熟而能详"的教授特点，还根据自身条件形成了独特的教学风格。他思维敏捷，口齿伶俐，讲经吐字清晰，语言风趣幽默，学生心领神会，受益匪浅。因此，慕名投其门下的穆斯林青年数量众多。当年父亲在博爱大辛庄东大寺设帐开学时，每天晨礼后的讲经时间，除了40名驻学海里凡，仅按时来听经的学生就坐满了三间北讲堂。后来父亲无论在哪里任职开学，前来听经的多斯弟仍然络绎不绝。

1984年春天，父亲患急性心肌梗死，虽被抢救过来，但因身体状况欠佳，婉言谢绝了来自多方的聘请，暂时在家休养。此时的父亲人在家里，心里且始终牵挂着教门。值得庆幸的是，1984年父亲在病中为他的几位高徒举行了毕业典礼。这也是自1958年宗教改革以来，河南省首例为海里凡穿衣挂帐，此后，河南省的伊斯兰经堂教育步入了崭新时代。

1985年12月20日是一个主麻日。当时的焦作清真寺准备翻修大殿，因资金不到位，迟迟不能开工。父亲得知此事后，利用讲"卧尔兹"的塞拜布，在大殿上宣讲出乜提盖"买思吉德"的回赐。父亲说：凡是出"算得盖"修建大殿者，只要大殿存在一天，只要有一个人来礼拜，真主就回赏给盖寺者最好的赛瓦布。他老人家率先捐款100元，继而你30，我50掀起捐款高潮。父亲的这一善举，受到了阖坊社首的称赞。

1985年12月23日下午2点35分，代经师，我的父亲在礼完‘撒申尼’拜后顺命归真。消息一经传出，黄河两岸众穆斯林都悲痛万分，前来为他老人家站礼‘者那则’拜的，除了本坊的众多斯弟，还有来自山西、河南等地60余坊的在位阿訇（多数为父亲的弟子）。来送别的人站满了寺院，盛况空前。出殡时父亲的‘塔布’由自发组织起来的青年穆斯林，轮换抬着走在前面，后面紧跟着40余辆汽车组成的送殡队伍。十余里的山路，父亲的‘塔布’被那些年轻的穆斯林兄弟，一步一步地抬到了墓地。我们向当年曾经为父亲送殡的众多斯弟表示感谢，祈求真主慈悯他们两世吉庆平安。

我的父亲学识渊博，严于律己，淡泊名利，光明磊落。他的一生，是为伊斯兰宣教事业奋斗的一生，是忠于主圣，劝化教民的一生。在他近50年的宣教生涯中，他擎起赵门学派大旗，脚踏黄河两岸，兢兢业业，辛勤耕耘培养了200余名伊斯兰教才俊，其中较著名的弟子有买明道、王明径、马登宵、买荣喜、丹云峰、白本敬、艾均、卢廷魁、李长明、庞兆明、程云海、沙光亮、孔繁清、梁宵俊、王高重、闪银慈等。他们分布在山西、河南各地，肩负着替主言法、替圣传教的神圣使命，广受穆斯林群众的拥护及爱戴。父亲当年的这些弟子，如今健在的也都是上了年纪的老人，他们仍在为伊斯俩目教门默默奉献着，求真主赐福于他们。

父亲在改革开放落实宗教政策以后，又教授了一批年轻的穆斯林学子，如杨万里、何忠平、刘恒亮、马文杰、马占元、巴兆奇、丁四、马平胜、马保国、闪和平等，现在他们均是在位的阿訇及伊玛目。他们不仅是年轻的宗教学者，也是伊斯兰教宣教事业的希望。他们秉承师训，尽职尽责，赢得各坊穆民和社首的认可及喜爱。

今年，是一代经师，我的父亲归真28周年，特写此文，以示悼念。目前在我们兄弟姊妹四人中，已有三人先后赴麦加完成了朝觐的功课，其中两位还是在位的阿訇。我们决不辜负他老人家的期望，一定要坚定信仰，谨守五功，乐善好施，争做一名合格的穆斯林。

（原载于《河南穆斯林》，2014年第二期，34~36页）

爱国一生的闪老

马博忠

北京的秋天，天气凉爽，乘着秋风我到新街口三不老胡同去看望闪克行老人。

闪老的住处是 20 世纪 50 年代的楼房，外表虽显旧，但楼道宽大，层高在 3 米以上。我踏上四楼按响了门铃。开门的是一位 20 岁出头的姑娘，对她说明来意，她叫我等一下，显然要征得闪老的同意。不一会姑娘开门说："请进。"走进里屋，只见一位满头白发的老人坐在沙发上，向我点了点头表示欢迎。我和闪老打过招呼。闪老微笑着说："欢迎欢迎！"闪老今年 89 岁，除了腿有些不便外，耳聪目明，思维敏捷，谈吐自如，对往事记忆犹新。从老人透红的脸庞看出精神很好，两眼炯炯有神。我与闪老攀谈起来。在交谈中，他向我讲述了他一生的经历，现记述如下。

闪克行老人又名闪克。1916 年 4 月出生在河南省博爱县大新庄回族村一户贫苦的穆斯林家庭。自幼受到伊斯兰教熏染。少年时在张明远先生任校长的公立回民小学学习，成绩优秀，深受张校长喜爱。15 岁那年，北平成达师范学校招生，河南省招生工作由张校长负责，闪老应试并以优异的成绩被录取，成为该校第三班学员。

北平成达师范学校是一所由唐柯三先生、马松亭阿訇等创办的伊斯兰师范学校，1928 年济南"五三"惨案后迁到北平东四牌楼清真寺，学校对学生要求严格，生活也比较苦。少数学生因此不能坚持而退学，而闪老一直以坚强的毅力、坚定的信念刻苦学习，在班里成绩一直名列前茅，深得唐柯三校长、马松亭阿訇和各位老师的喜爱。当时主编《月华》报的赵振武先生认准闪老是一个好苗子，动员、鼓励他为《月华》撰写稿件，由此展露出才华并一发不可收，到 1937 年毕业前夕短短两年半时间，据笔者不完全统计，在《月华》上发表的文章就达17篇之多，这在当时学生中也是为数不多的。其中《知识的侮教》《福德图书馆成立筹委会》和《福德图书馆建筑始末记》等文，已成为今天研究成达师范历史的珍贵资料。闪老的文章不仅文字流畅、条理清晰、资料翔实，也浸透了一个伊斯兰学子的爱国爱教思想，受到松亭阿訇好评。经过6年学习，1937年闪老以班内第一名的骄人成绩毕业。

当时，正值松亭阿訇第二次访埃归来，从爱资哈尔大学争取到20个留学生名额，经学校董事会决定：面向社会公开招考优秀回族青年赴埃深造。闪老和很多人一起报名应试。在1937年6月4日举行的第一次公开招考中，闪老以中文、阿拉伯文及各科总成绩第一名的佳绩名列榜首。大家纷纷向他表示祝贺，他心中十分高兴，因为赴埃及爱资哈尔大学留学在当时是每一位有志回族青年心中的梦想，这个梦想就要变为现实，心头的喜悦是无法用言语表达的。于是，他和入选学生一起请松亭阿訇开了经，愿真主襄助成达越办越好，大家一起接了“都阿宜”。唐校长和松亭阿訇看到又一批学子即将赴埃，办学者心头收获的一阵阵喜悦展露在眉梢。

当大家都沉浸在欢乐之中时，中国近现代史上一件重大事件发生了。1937年7月7日日寇发动了震惊中外的卢沟桥事变。北平危机，华北危机，卢沟桥事变是动员令，中国军民的抗日行动是宣言书，抗战成为有爱国心的中国人的共同心声。热血青年为之怒发冲冠，多少爱国志士为之振臂高呼，这一切像巨大的冲击波冲击着青年闪克行的心，“国家有难，匹夫有责”“先天下之忧而忧，后天下之乐而乐”在他脑海中像波涛一样翻滚。在这国难当头之际怎能出国去清修学问？一种发自内心的民族感情促使他找到学校向松亭阿訇表示：国难当头要放弃出国深造机会留下来参加抗战，为国家为民族做一点事情。唐校长和松亭阿訇为学校有这样的爱国青年高兴，肯定了他的爱国行动，也希望他听从学校的安排。当时，对闪克行的行动也有些人不理解，认为不出国留学太可惜了。也有人认为他傻，抗日又不缺你一个人。在众说纷纭面前，闪老并没有丝毫的动摇，他坚定地认为：爱国是信仰的一个组成部分，今天国难当头，参加抗战是每一个青年人的责任。

面对闪克行的选择，唐柯三校长、松亭阿訇、部分老师和董事会成员进行了交流，大家一致认为，学校有这样爱国学生出现，说明成师教育成功的一面，符合“爱国是信仰的一部分”的伊斯兰教义，学校应尽力满足青年人的爱国要求。

1937年底，当留埃同学集中香港准备出发之际，唐柯三校长经过联系派闪克行赴甘肃省教育厅任职，他告别了留埃同学，与王国华（马湘同班）同学一起奔赴兰州。

1938年，他先在甘肃从事民族教育，由于地方势力排挤成达学生，又不准宣传抗日，3个月后，唐校长又介绍他到兰州西北中学任训导主任。经过他的努力，兰州西北中学一时间不但教学质量大有提高，抗日救国气氛和伊斯兰气氛都很浓，深得广大穆斯林群众的拥护和支持，在西北产生很大影响，但也因此得罪了国民党CC派人物西北中学校长马焕文。闪克行在西北中学工作了3个学期，后经时任中国回教救国协会副理事长的唐柯三先生聘请，到重庆回协工作，先后任干事、理事兼第三组（文教组）组长，长期从事协会会刊、会报和回教文化等刊物的编辑工作。

当时的中国回教救国协会担负着宣传、组织广大回族群众抗日救国的重任，第三组是文教组，工作任务首当其冲，十分繁忙。闪老不分昼夜地工作着，在他的主持之下，会刊发行顺利，文稿丰富，包括：报道抗日前线英雄人物及各国反法西斯情况；介绍各伊斯兰教国家文化交流文章及伊斯兰教教律、教义专题；西北及全国各地回族教育情况调查，为开发大西北助威；还及时连载了中国《古兰经》翻译史上首开先河的张秉铎先生汉译《古兰经》韵文体；等等。为动员各界回族群众参加抗日，他抽空亲自撰写各类文章十多篇，不但其爱国爱教思想得到展现，编辑组织才能也得到充分发挥。回顾这一段经历，他对唐柯老满怀感激之情：“没有唐柯老的支持和扶植就没有我的成长。”为了支持闪克行的工作，唐柯老也撰写了十多篇文章发表在会刊上。

除了第三组工作外，闪老还做了大量的协会事务性工作，如协助各地建立分会，组织赴西北从事民族教育的王国华、马毓贵同学调查了解西北回族教育状况，组织赴泉州任教长的张玉光阿訇撰写泉州回族历史和现状，组织并实施对各地回族贫困大学生补助金发放，支持抗日爱国剧目《国家至上》的演出。还参加并协助组织“中国回教文化研究会”会刊编辑工作。

在回协内，为了提高工作人员的中文、阿拉伯文水平和伊斯兰教知识，举办业余伊斯兰文化教育，他担任阿文教学工作，由于他认真负责和卓有成效的工作，受到各界穆斯林群众的好评，也深得唐柯三先生的器重，称之为“爱国爱教的好青年”。因此，在这个人员流动性很大的组织中，克行先生一直工作了近十年，是协会中任职时间最长的人员之一。

1946年，蒋介石发动内战，闪老撰写了反对内战的文章，题为《尊重少数民族利益》，密送《新华日报》发表。他的爱国主义思想得到进一步发展，因此也引起回协内国民党CC派不满，派人对他进行监视，由于拿不出有力的证据而不了了之。二次大战后，国际航线恢复，国内回族、维吾尔族等信仰伊斯兰教少数民族要求朝觐呼声日盛，国民政府委托回协主办此事，回协授权闪克行办理各种手续。此时国民党要员吴忠信亲信周昆田极力拉拢闪，并许诺“蒙藏委员会委员头衔”，闪老一心为回族群众服务，不愿卷入国民党派系。对其利诱不予理睬，全身心投入到组织朝觐团工作中。为加强团内阿拉伯文力量，又特约河南同乡好友留埃高才生张秉铎先生同行。

1947年10月，中国战后第一个朝觐团从上海乘船出发，先到印度加尔各答，在那里了解到印度穆斯林与印度教徒之间流血冲突的原因和事实真相。继而赴巴基斯坦访问，受到该国创始人真讷的热情接见，闪老代表中国穆斯林向真纳先生表示祝贺并交流了两国伊斯兰教发展情况，为发展中巴友谊做出贡献。

中国朝觐团随后赴沙特阿拉伯，受到沙特国王接见和宴请，还应邀参加该国一年一度的盛大阅兵典礼，受到贵宾待遇。这在中国穆斯林朝觐史上也是第一次，成为中沙友谊的见证。而后，在中国驻吉达领事王世明同学陪同下，赴麦加圣地完成了一个穆斯林一生中应完成的朝觐功课，获得“哈志”荣誉称号。

归国途中又访问了马来西亚、新加坡等国，拜会了马天英先生。参观游览了各地的著名清真寺，与各地穆斯林座谈交流，受到当地穆斯林青年会的欢迎宴请。后取道香港访问了回教博爱社，与香港教胞欢聚交流，然后回国，历时3个月，行程1万多公里。

1949 年 2 月，国内局势明朗，国民党政权的没落已是指日可数，爱国主义又有了新的时代内涵。历史关头闪克行先生没有理睬国民党各派的利诱和许诺，而是毅然加入了农工民主党地下组织，又一次表现出爱国主义情怀。

1949 年 3 月，回协委托闪克行主持回协迁武汉工作，国民党华中公署又许诺他出任“研究委员和白崇禧秘书一职”，实际上是挂空名。1950 年桂系大败。国民党 CC 派马焕文又拉他去台湾，他都一一拒绝。

解放后，闪老任农工民主党广西省机关秘书，1951 年赴北京华北革命大学政治研究院学习，毕业后任农工民主党中央宣传干事。1952 年，农工民主党北京市委成立，任秘书长、专职副主任委员多年，并任两届北京市政协常委会委员计 10 年时间。

“文化大革命”中闪老受到冲击，去台国民党 CC 派人物马焕文又用马述尧之名写信对其进行诬陷。造反派和公安部一起来人调查。当得知写信人就是马焕文时，诬陷也就不攻自破了。

闪老利用各地政协调研机会，看望了许多成达师范校友，帮助他们解决一些实际困难，并介绍一些学友子女加入到民主党派中，为化解矛盾，团结大多数人跟党合作，做出一定贡献。

农工民主党以医卫为主，1981 年闪老主持举办“医学讲座”，约请中西医专家教授讲学，一时轰动全市医务界，7 年中参加听讲人数共 7 万多人次，造福百姓，受到中央统战部的奖励。

农工民主党响应中央号召，开展“智力支边”工作，派出各界专家 30 多批，先后赴内蒙古、宁夏等省区讲学，传授技术经验，受到广泛欢迎。

闪老受市政府委派，参加 1992—1993 年廉政纠风的明察暗访工作，3 个多月查访 10 多家单位。

闪老受农工党中央委派，于 1994 年率领医学专家两批，应邀前往新疆军医学校为教师讲课半个多月，受到自治区委统战部亲切接见，并召开调至新疆的农工党成员举行座谈。

1993 年，闪老以 77 岁高龄离休，此后，又为发展民族文化事业和中国伊斯兰教事业撰写大量回忆文章，其中著名的有《回族爱国名人唐柯三》《成达师范简史》《回忆马松亭老师》《前事不忘》等，分别刊载在

《廾拓》和《阿拉伯世界》等杂志上。

今天89岁高龄的闪老，虽已不再动笔，但仍支持一些热心伊斯兰教文化教育事业的青年人的工作。为他们讲述一些当年的历史，继续着他爱国爱教的思想历程。

（原载于《伊斯兰文化研究》，2015年4月，总第33期，18~19页）

96岁的全国“十大最美医生”眼科泰斗张效房教授

古凤英

在惠风和畅、气清天朗的2016年3月14日，中央电视台隆重举行2015“寻找最美医生”大型公益活动颁奖典礼，96岁的眼科泰斗张效房被评选为全国“十大最美医生”。这位年近百岁的老人，体形笔挺，步履轻盈，精神矍铄，谈笑风生，仪容优雅，毫无龙钟之态，颁奖台上下，一片惊讶：“哇，老先生真帅！”世界卫生组织驻华代表施贺德博士对张效房教授极尽赞誉：“中国为全球卫生事业做出了巨大贡献，上世纪五十年代中国科学家发现了沙眼的病因，这一发现让全球数百万人避免了失明，而这离不开张效房的贡献。”

阿里·张效房教授在眼科医学的泱泱长河中，已整整跋涉了71个春秋，他71年如一日，刻苦求知，辛勤执教，精心行医，执着探索，发奋创新，勇攀高端，倾心奉献，他用言行书写着医学人生的大爱情怀，成为眼科学界一代宗师。现已96岁高龄，仍满怀激情地工作在医疗、教学、科研第一线，担当着郑州大学医学院及一附院眼科教授、主任医师（退休返聘），河南省眼科医院名誉院长、河南眼外伤研究所名誉所长、《中华眼外伤职业眼病杂志》名誉总编辑、中华医学会资深（终身）会员、国际眼科手术远征队（Surgical Eye Expeditions International）成员、世界眼科基金会（Word Eye Foundation）理事、世界眼科基金会中国分会会长、美国《眼外伤杂志》编委、美国眼科学会资深会员等职。还兼任暨南大学附属深圳市眼科医院顾问、客座教授，郑州市眼科研究所名誉所长，南阳市眼科研究所名誉所长，开封眼病医院名誉院长及江苏、湖北、陕西、辽宁、河北、河南多所医院名誉院长、名誉所长、顾问、客座教授等职务。

他曾兼任卫生部科技委员会眼科专题委员，中华医学会眼科分会常务委员及眼外伤学组组长，《中华眼科杂志》编委，中华医学会河南省分会常务理事及名誉副会长，河南省医学会眼科学会第1~3届主任委员，河南省科协第1~3届委员，河南省政协第2~5届委员，河南省残联名誉主席，“视觉第一中国行动”中方顾问委员会首席顾问、专家组组长，国际眼外伤理事会理事，全国白内障手术复明专家组副组长等职。还曾兼任《中华眼底病杂志》《中国实用眼科杂志》《国际眼科杂志》《眼科研究》等专业杂志编委及河南医学院工会主席。

11世纪，穆斯林医学家伊本·阿·海桑（965—1040年）在当时的人类视力学领域做出了基础性的新发现和开创性研究，贡献卓著，被誉为“第一位正确表述人类的眼睛如何看到物体的科学家”和“现代眼科学之父”。千余年后穆斯林医学家阿里·张效房教授在眼科学领域再创辉煌。

一、深受双重优秀文化滋养

1920年10月6日（农历八月二十五日），阿里·张效房出生在当时河南省会开封的回族之家，他的家是开封回族的名门望族。祖父张家义，字幹卿，号世元，任清代官职，是开明士绅，创办有多家生意，因善经营，义为先，被推选为棚彩业商会会长。清光绪年间豫东大旱，他自设粥棚施惠灾民，为国分忧，清廷政府为褒奖其善举，授予官职，并允世袭。他信仰虔诚，热心教门，身为河南首坊——开封清真东大寺社首，精心管理解决寺内各项事务，当寺内经费遇到困难时，他总是慷慨解囊。当年由他带头出资、募资修建的开封东大清真寺的大殿等古建筑群，国务院已于2006年公布为第6批全国重点保护文物。他兴办养正学堂，培养回族子弟。据河南回族历史学家陈廷良先生传述，他还出资帮助赵永清阿訇到桑坡跟随安徽王四阿訇学经，为经学教育的弘扬做出重大贡献。祖父德高望重，在开封回族中备受尊重，作为穆斯林家庭的家长，他为后代子孙树立了光辉典范。祖母赵氏虔诚、善良、慈祥，关爱、照顾着一家四辈人，默默地奉献一生，至今张效房对祖母仍深怀感念之情。父亲张金镛字景宣，在兄弟十人中排行第九，高中毕业后就读于医学专科学校，学业大成，就职于河南省立医院，历任外科医生、药房主任。父亲待人诚恳、正直，为医药事业殚精竭虑，勤勉终生。父亲承担着全家的生活重担，孝亲抚弟，对两个儿子要求很严："你将来要对人以诚，处事以公"，"要心胸坦荡，宽厚为人，热心助人"。母亲王帼贤，出身名门，大家闺秀，自幼读书达理，学习伊斯兰经典。她未外出工作，专心照顾家庭，是一位贤妻良母。她虔心向主，与人为善，常年向亲朋邻里无偿提供治病验方和催奶药品。这个家庭体现了母慈子孝、兄友弟恭的中华文化特质，更体现着伊斯兰文化的治家之本，敬主爱人、孝亲友邻、接济孤寡、助危扶困、劝善戒恶等道德理念洋溢在虔诚的穆民之家。

张效房自幼沐浴在浓郁的伊斯兰文化及中华文化的家庭氛围之中，树立起爱国、爱教、爱人的高尚情操，培养成正直坚强、勇于担当的优秀品德及吃苦耐劳、勤俭节约等良好生活习性。他在家中是一个孝顺、懂事、听话、勤劳、节俭的好孩子；在学校是勤奋好学、多才多艺、全面发展、爱国爱校的好学生；走上工作岗位，他尽职尽责，全心全意为国分忧，为民解除病痛，为我国的眼科事业做出了卓著贡献。

张效房 7 ~ 13 岁在河南省第六小学读书，功课一直是前两名。他学习好，爱运动，爱音乐，唱歌、演讲等都很好，被选为童子军中队长，参加各种知识的训练，受益匪浅，曾带领数十人的小分队热心为 1932 年华北运动会驻场服务。

1933 年 13 岁时考入两河中学读初中，他学习勤奋，又有名师授课，成绩优秀。1935 年 12 月，在进步教师带领下，积极参与开封轰轰烈烈的声援"一二·九"运动的学生游行及卧轨等活动，显现出他少年时代高度的爱国热情。

1936 年，考上河南省立第一高级中学（开封高中），老师都是北大的高才生，为他打下了坚实的知识基础。他刻苦学习，成绩优异，每年都荣获奖学金。1937 年抗日战争爆发，张效房与进步同学参加著名爱国音乐家冼星海先生组织的"黄河歌咏队"，跟随冼先生学习、演唱抗日歌曲，学习谱曲和大众指挥，参加开高剧社，创办开高歌咏队，被选为剧社社长和歌咏队队长，经常带队到农村、学校巡回演出救亡、抗日话剧、歌曲，鼓舞国民抗战热情，收到良好的宣传效果。同时还担任《抗日周报》的编辑，青年张效房满怀抗日激情，积极投入到抗日宣传工作之中。

为坚守自己民族信仰的生活准则，中学时代，他付出了加倍的努力和辛劳。当时的中等学校很少为回民师生开设清真灶，就餐很不方便，他坚持作不住校的外宿生，从初中到高中，无论寒冬酷暑，风雪无阻，每天披星戴月，从开封东城到西城，长途跋涉，赶赴学校，奔波于求知的艰辛之路，从而练就了吃苦耐劳的品质和竞走的好本领，直到老年他仍步履稳健，行速快捷。

1939 年，张效房以全国统一招生第一名的成绩被国立河南大学医学院录取，大学 6 年间，他仍继续进行抗日宣传工作，组织“胜利剧社”及歌咏队，演出抗日话剧、抗日歌曲，很受欢迎，既鼓舞了民众的抗日热情，也支援了浴血奋战在抗日前线的勇士们。战火纷飞，学校搬迁至偏僻山区，受尽颠沛流离之苦，但同学们都十分珍惜来之不易的大学学习机会，怀着救民族于危亡的拳拳报国之心，刻苦用功学习。由于日寇封锁，不仅笔记本、墨水等学习用品难以买到，连各种课本也都买不到，只好印讲义给同学们用。1939 年，张效房一入学就承担起抄写讲义印讲义的任务，尤其德语课很多，每星期 8 节课，天天晚上都得写。他义务给学校写讲义、印讲义，无任何报酬。他还帮助老师画教学用挂图，担任家庭教师和代课教师，边读书边做工，度过大学前 5 年的苦难岁月。

即使在这最艰难的时刻，他仍关心、帮助更贫困的同学共渡难关。在同仇敌忾的抗战时期，极其难得的是医学院拥有很强的师资力量，图书、仪器、设备也很齐全，当时国立河南大学医学院在全国医学院中位居前三名。在全国一流教授的精心教导下，张效房发奋图强，克服了生活和学习上的种种艰难困苦，半工半读完成学业。真可谓“求学于‘河南大学在潭头’的艰难抗战时期，受教于‘济济多士，风雨一堂’的诸位学术大家，磨砺于风雨如磐的动荡年代，收获于新中国的蓬勃发展时期”。

1945 年毕业，张效房任职于河南省医院并兼任国立河南大学医学院眼科助教。1949 年，任眼科讲师。学院后更名为河南医学院、河南医科大学，2000 年合校后名为郑州大学医学院，张效房任眼科教授。他把身心、智慧、知识、财富全都奉献给祖国的医学事业。

二、关爱生命，潜心医学研究

张效房大夫刚上班不久，便投入到对先进医学科学的探求和研究之中，他的每一项研究项目都饱含着医者的仁心，饱含着他对生命的关爱和尊重。

从1950年开始他自发带领同事们组成医疗队，利用星期天和学校放假的休息时间到乡村、工矿、学校义务进行眼病普查和沙眼防治，坚持8年，治疗了一大批病人，掌握了丰富的第一手资料，发现致盲首因的沙眼发病率很高，危害十分严重。他看在眼里，急在心里，发奋努力，刻苦钻研，设计改进沙眼治疗用药方法，简化睑内翻手术程序，取得一定研究成果，在开封万隆乡创造性开展沙眼及并发症手术治疗，短期内使300多位病人得到有效治疗免于失明。1958年，学校、医院迁到郑州后，他们继续到农村、学校、工厂、矿区进行调查，诊治眼病，从未间断。

1958年，张效房大夫在卫生部召开的“全国沙眼防治工作会议”上作学术报告，并代表河南省做全省限期消灭沙眼规划的汇报，得到中华眼科学会主委毕华德老教授的肯定和鼓励。

他早期的科研项目很多，例如，自1953年起率先开展的角膜移植术研究，在临床上不仅进行了部分穿透性移植，还进行了深板层移植，得到卫生部表彰。他率先进行的眼病深板层移植术，较西方后来提倡这项手术早30余年。为了推广角膜移植手术，1956年《中华眼科杂志》编发了两期角膜移植专号，专号上破例发表了张效房的3篇论文，实属罕见。他还曾于1966年协助上海第二医学院广慈医院（现名瑞金医院）的王永龄教授开展角膜移植手术。

再如，1961—1962年进行的有关青光眼常数研究等均获可喜成果，初步确定了中国人的正常眼压值（10～20.55mmHg）、昼夜眼压曲线、房水流畅系数（C值）、房水排出率（F值）、眼壁硬度系数等数据，被推荐在1962年11月第一次“郑州眼科学术会议”上作报告，并被制定我国标准时采用。

三、开展眼内异物研究，取得38项革新发明，居世界领先地位

张效房教授是我国眼内异物研究的奠基人和眼外伤专业的学术带头人，在眼内异物的定位和摘出方面完成了38项革新和发明，对国际眼科学事业做出重大贡献。

新中国工业生产蓬勃发展，但工人眼外伤情况非常普遍。张效房大夫和同事们自1955年开始有计划地进行眼内异物的定位和摘出研究，经过连续50余年的实验及临床研究，建立了一套完整的眼内异物定位和摘出方法，其中薄骨定位法、方格定位摘出法等曾被眼科学界称为“张效房法”①。电子计算机自动绘图定位法、玻璃体切除眼内异物摘出联合手术等，都在国际上开展最早且处于领先地位。②

截至21世纪初，已对全国眼内异物患者进行手术8000余例，摘出成功率达99.62%，创当时国际上例数最多、成功率最高纪录。

1965年，在第一次全国眼科学术会议上，眼内异物的定位与摘出方法得到充分肯定。

1972年，新华社向五大洲许多国家发布了报道眼内异物科研成果的新闻稿。

1972年开始至今，在全国除西藏外各个省、区、直辖市的100多个城市（包括香港、澳门和台北）办学习班、作学术报告和手术表演200余场，其中包括在北京同仁医院、广州中山医科大学、山东医科大学、山西医科大学、第四军医大学二附院等院校以及湖北、河北、贵州等省进行手术表演。

1973年，由中国医学科学院推荐，“眼内异物”项目作为全国医药卫生方面的先进典型，参加广交会（广州交易会），在医药卫生展览馆展出。

---

① 《眼科检查与诊断》，上海，上海科学技术出版社，1983。

② 钱信忠主编：《中国医学科学年鉴》，466页，1984。

以图片为主的大版面展出，引起外国人的广泛兴趣，反复观看。这个项目还被带到香港去展出。眼内异物摘出手术整个过程的短片，被广州复制借鉴。展出期间，中山医学院的中山眼科医院邀请张效房大夫作学术报告，而早在1962年，他已曾在此做报告及眼内异物摘出手术表演。

1974—1976年，受卫生部委托连续举办了5期眼内异物摘出学习班，每期3~4个月，学员来自北京同仁医院、协和医院、各省的许多医学院校及各大军区总医院。他曾接受两位美国医学博士来学习眼内异物摘出，最长的达两个月。

1976年1月，张效房大夫出版专著《眼内异物的定位与摘出》引起国内外同行的重视，大大提高了我国眼科学在国际上的地位。

1978年，在全国科学大会上“眼内异物的定位和摘出”获“优秀成果奖”，这是全国眼科获奖的两个项目之一。

1979年，中央人民广播电台对台广播将“眼内异物摘出”誉为“举世瞩目的成果”。

1979年，北京科教电影制片厂专程来郑州摄制眼内异物摘出的科教电影片，在全国各地上映。

1980年，张效房教授应世界眼科基金会邀请参加美国眼科学会年会，受到热情欢迎。会后，在戴维斯加州大学做“眼内异物的定位和摘出”学术报告；在萨克罗门多医院会诊复杂的眼外伤病人；在阿肯色大学所在地凡蒂维尔市的地区医院接受记者采访，当天在本地电视台播出；在阿肯色州首府小石城获时任州长的比尔·克林顿（后曾任美国总统）接见，并获赠金钥匙。

1982年，张教授再赴美国，在第24届国际眼科大会上报告《三千例眼内异物摘出手术的体会》，他用英文演讲，另有四种语言同步翻译，他的报告引起轰动。当场就有两所美国大学邀请他去讲演。他先后在8所美国大学和2所日本大学做专题学术讲演，还在十余次国际学术会议作报告，在加拿大、瑞士、菲律宾等国讲演。

1988年、1993年、1996年，连续在郑州主办三届国际眼外伤学术会议，均由张教授担任大会主席，展示了我国在眼内异物方面的成就。来自四大洲多国及中国港、澳、台地区的数百位眼科专家与会，进一步扩大了国际影响，提高了国际学术地位。

1993 年在瑞士，2000 年在加拿大，张教授两次参加国际眼外伤理事会组织的国际眼外伤会议，在会上做了眼内异物的学术报告，与会者均为世界各地的眼外伤专家。

1993 年，美国联邦眼外伤登记中心授予他“眼外伤手术方面突出成就奖。”

2005 年，在天津召开的中华眼科学会全国眼科学术会议上，中美眼科学会为张效房教授颁发“金苹果”奖，眼外伤学组组长、北大第三医院的马志中教授在颁奖介绍词中说：“眼内异物研究是建国以来我国眼科学对世界眼科学的两大贡献之一。”

四、跨学科研究，造福河南，惠及国人

钩端螺旋体是一种细菌，一种病原体，钩端螺旋体病属于内科病，属于热带病，张效房大夫从眼科角度首次发现并证实了钩端螺旋体病在河南的爆发流行，进行了大范围的治疗工作，历尽千辛万苦，事迹特别感人。

1963 年夏秋之交，豫东的几个县，以郸城县为主，连续暴雨造成涝灾，继而爆发流行病，很多人患病发高烧，病治好后眼睛却出现疼、酸，看不清，越来越严重，发病的人数也越来越多，服药打针都不管用，造成几千人几近失明。为了尽快找到病因及治疗方法，迅速遏制疾病的蔓延，张效房与同事们一头扎进资料堆里，不分昼夜地翻阅报刊图书、历史文献及有关专著，寻找参考资料。此时副省长张柏园点名对张效房大夫说：“你去调查，卫生厅派人协助，国庆节之前回来向省政府报告。”他临危受命，不辞艰辛，到病人最集中的地方，一村一户进行调查，询问当地村民、老中医、医生、病人，他们都异口同声地说：“从来没有见过有这么多的人害眼病！这真是千年不遇。”他克服种种困难，进一步了解当时的灾情、病情、治疗及生活环境等各个方面情况，再根据文献资料反复进行分析研究，做出正确判断。他否定了专家权威的论断，力排众议，向省委、省政府和卫生厅进行详细汇报。卫生厅长亲自主持会议，两位副厅长

也都参加，他给厅长提出三条建议：一是建议抽血做凝溶试验、补体结合试验来确定是否为钩端螺旋体病，是哪一种类型；二是建议把治疗钩体性葡萄膜炎应用的几种紧缺药品调配齐全，按救灾物资拨发；三是建议省里派医疗队加强病区的眼科力量。厅长非常同意三点建议，当场进行安排。张大夫第一个报名参加医疗队，再亲自去灾区调研，千方百计扩大工作范围，不辞辛劳，到离县城最远的边缘乡村去调查访问，诊断治疗，又经反复分析，写出总结报告，确认这个病是无黄疸型钩端螺旋体病。省防疫站带着各种器械下乡给村民们抽血，血样送到北京，化验的结果证实，这个病的确是钩端螺旋体病。

1964 年元月，特邀张效房大夫在广州召开的全国性内科学术会议上作报告，题目为《钩端螺旋体病型葡萄膜炎》。会议很重视这篇论文，破例安排在临床报告的第一位发言，并把此文发表在 1964 年 7 月《中华内科杂志》上，这是全国第一篇关于钩体性葡萄膜炎的报告。

在此项研究中，他提出了分型和治疗方法，引起我国北方对这个热带病防治的重视，在疾病的救治中发挥显著作用。1964 年秋天南阳地区，1972 年，周口地区的商水、西华、沈丘和项城几个县再发内涝，出现了钩端螺旋体病及葡萄膜炎，沈丘县和项城县最多，卫生厅都派张效房大夫前去救治。

张效房大夫带领医疗组总是赶往灾情最严重的地方去调查治疗，只要看到病人，他们即刻放下行李，来不及喘口气，就赶快给病人进行治疗。接着又风尘仆仆马不停蹄地赶往灾情、病情严重的其他村庄进行调查。到灾区去调查治疗，十分艰苦，在天气已很寒冷的 11 月秋冬季节，他带头蹚过宽 40 多米、水深淹没膝盖以上的冰冷河水去为村民检查治疗。他们调查得很细致，无论远近，每一个村子，每一个角落，每一户人家，每一个人都要检查到，他亲切地对待每一位病人，需要治疗的治疗，需要给药的给药，需要做手术的病人，不管是否为钩端螺旋体病引起的葡萄膜炎，都极为负责地进行手术治疗。张大夫做手术严格认真，一丝不苟，不辞辛苦，不怕冷，不怕累。县卫生局局长曾专门召开全县医院、防疫站的医务人员大会，表彰张效房大夫的敬业精神，作为典型及楷模，让全县的医务工作者向他学习。

钩端螺旋体病的研究成果，使更多病人得到治疗，让大批医务工作者受到培训，更好地服务社会。

当年，在张效房大夫赶往南阳救治之前，信阳地区也发生了内涝，出现了钩端螺旋体病及葡萄膜炎，医院急于组织医疗队去救治病人，院长就请张大夫给医疗队讲解钩端螺旋体病，以使病人能够得到更妥善的救治。1972 年，他不顾个人安危，在周口地区开办钩端螺旋体病学习班，对省内疫区的眼科大夫进行培训，使之尽快掌握专业知识和治疗技术，为病人解除病痛，同时还讲授了眼科的系统知识。1975 的年春天，特邀张效房教授在广西南宁召开的全国钩端螺旋体病学习班授课，夏天，又应邀到四川医学院在峨眉山上举办的学习班授课，均讲授钩端螺旋体病眼并发症，因为四川有几年钩端螺旋体病很重。会议结束后，四川医学院又在成都组织了学术报告会，请张效房大夫作眼内异物研究方面的报告，受到专家学者的热情欢迎。还应邀参与《钩端螺旋体病学》眼并发症等章的编著工作，他把自己总结的治疗经验都写进书中，希望对大家有所帮助。

五、为国分忧，替民解难，勇于担当

白内障就是眼睛里的晶状体浑浊，造成光线进入眼内的障碍，即视力的障碍。

各种致盲眼病中白内障占第一位，目前还没有很好的预防方法，药物治疗也没有肯定的效果，只有做摘出手术。中国的白内障患者众多且大部分在农村和山区，只靠大城市的医院医生治疗是杯水车薪，力不从心的，超声乳化手术虽具有很多优点，但操作复杂，手术难以掌握，设备复杂，价格昂贵，当时在我国基层医院普及有一定困难。作为一名眼科医疗工作者，张效房教授认为自己有责任和义务找到一种适合我国国情，既简便易行又安全有效且广大基层医院都能开展的手术方法，解决广大白内障患者的痛苦，让他们重见光明。决心已定，他即刻广泛搜集国内外资料，不懈实践，积极探索。

张效房教授引进国外一种小切口无缝线白内障囊外摘出人工晶状体植

入手术设备，经过反复实践试验，逐步改进，简化手术步骤，优化操作方法，形成了系统的“手法小切口白内障摘出手术”。改良后的白内障手术方法操作简便，眼科医生易于掌握；切口小，减少了组织的损伤；手术时间大大缩短，减少病人痛苦；手术费用低廉，手术效果可与超声乳化手术相媲美，特别适合于我国基层医院。之后，他出资十余万元购买超声乳化机，免费提供给各地医院使用，不收取任何费用。有人说不收费用不行，消耗后还得再补充，机器也要维修，但这一切他都要自己承担。

受中国残联和河南省残联委托，1992 年在郑州举办第一期全国性的学习班，有 25 个省派 400 多位学员参加学习，他们连续主办了 8 次全国培训班，进行推广，使一大批眼科医生掌握了这一简单有效的手术方法，取得了非常好的复明治疗效果。这一手术方式，越来越受到我国眼科医生，特别是广大基层眼科医生的欢迎，现已成为我国基层医院应用最多的白内障手术方法，也成为白内障盲人恢复视力的主要手术方法。

2002 年 10 月，张效房教授在美国眼科学会万人大会及泛美眼科学术会议上报告了他和河南省残联刘景梅理事合写的《中国河南省大范围白内障手术复明工作的经验》，其中包含 7 分钟的手术录像。这个报告是此次会议上中国大陆代表发表的唯一一篇报告，博得与会专家学者的肯定和赞扬。

20 余年来这项手术已使全国近 1000 万白内障盲人复明，节省医疗费数十亿元。被国家定为“视觉第一　中国行动”各级医疗队和治疗点的规范手术方式，在我国白内障盲人复明工作中发挥了至关重要的作用。他们的足迹从黑龙江到海南岛，遍布祖国的千山万水。踏遍青山人未老的张效房教授，受中国残联委托，2007 年举办西藏白内障手术医师进修班；在人民大会堂举行的建立“西藏白内障无障碍区”的启动仪式上，受到全国人大常委会副委员长何鲁丽的勉励和褒扬。

张效房教授作为“视觉第一　中国行动”中方顾问委员会首席顾问和专家组组长，2002 年、2009 年分别撰写这一行动的两期工作总结并在大会上作报告，他用英文作技术总结报告，同时播放中文幻灯片。

六、传播知识，毫无保留，益济众人

从以上的文字中可以看出，张效房教授凡是取得了新的科研成果，或医学理论有新的突破，或手术方法得到改进提高，他必定及时举办学习班，大力推广，毫无保留地把一点一滴的体会、经验、失败教训、挫折都讲给参加学习的大夫们，以使更多人受益。他多次举办眼外伤及眼内异物摘出手术学习班、钩端螺旋体病眼并发症学习班、手法小切口白内障摘出手术学习班……当时有人曾经劝他说："张主任，你这么艰苦取得的经验可不要随随便便都教给人家啊，你留一手。"他知道这是好意，但他总觉得应该毫无保留地把知识教给人家，把先进的医学理论传播弘扬，发展光大，使我国的医学水平迅速提高，使病人得到更及时、妥善的救治，利国利民，何乐而不为？他完美的医德、医术、医者仁心是所有医生都应具备的高尚品德，是应彰显的时代精神。

仅举眼内异物和眼外伤学习班为例，在全国包括台湾省在内的33个省市自治区中，他曾先后到32个省市自治区（含重庆）做过学术报告，除西藏没有去以外，其他的地方他都去过。在全国100多个城市中巡回举办学习班、作学术报告或手术表演200多次。除卫生部举办过许多眼内异物专题学习班外，他在山西、河北、内蒙古等地多次举办眼内异物学习班或眼外伤学习班。眼外伤学组、眼科杂志及眼外伤杂志也办过许多次学习班，在昆明、大理、大连、秦皇岛、襄樊、西安、深圳、漳州、杭州、奉化、苏州、扬州、重庆、绵阳、张家界，都办过眼外伤的学习班，眼内异物是其中一项重要内容，都由张效房教授主讲。

学习期间只要有人提出问题，每次他都详细讲解，认真回答，毫无保留。他胸怀大爱，传播、弘扬医学知识，益济众人。

七、加强学科理论队伍建设，发展眼科事业

张效房教授不仅注重科技创新，攀登医学高峰，同时注重学科建设和理论队伍的增强。为发展河南及全国的眼科事业，鞠躬尽瘁，不遗余力。

他创建了全国眼外伤职业眼病学组。按照中华医学会的规划，要成立眼科四个学组，分别是沙眼、眼外伤、青光眼和角膜病。1978 年，张效房教授与上海眼病防治所杨敬文副所长捷足先登，率先创建眼外伤学组，这个学组是四个学组中最早成立的，当时名为“全国眼外伤职业眼病协作组”。只要是益于学科建设的工作，他总是一马当先，雷厉风行。学组成立大会上，张效房被选为学组组长，杨敬文为副组长。在 1978—1992 年他担任学组组长的 15 年中，举行全国眼外伤职业病学术会议 9 次，举办全国性学习班 11 期，为眼外伤病防治学术交流与传播搭建平台，为学术的迅速发展竭尽全力。

他创建了河南眼外伤研究所。在医学院领导的积极倡议下，经张效房教授努力筹备，得到省领导支持，省编委会批准，1980 年创建河南眼外伤研究所。当时张教授已满 60 岁，虽被任命为名誉所长，但他不辞辛苦主持全面工作，另设副所长辅助。

他创建了河南省眼科医院。为满足日益发展的眼科事业的需要，经张教授在河南省卫生厅与河南医科大学之间进行协调，1988 年河南省眼科医院正式成立，从此河南有了眼科的专业医院，张效房教授大力推荐年轻新秀任院长，自己义务任名誉院长。

张效房教授非常关心基层眼科事业的发展，经他多次向河南省有关地市领导反映情况和积极争取，或协助组织筹划、或关心鼓励支持建立的地市县级眼科医院及眼科研究所有十余所，不仅帮助他们筹划、绘制新院建筑布局草图，还在技术上给予大力支持。要问他图什么呢？他说：我什么都不图，就是觉得这是眼科事业，只要大家需要，只要自己有这个力量，我都尽量支持，希望为发展眼科事业多尽一点力。他还说：周口市眼科医院、南阳市眼科医院、南阳市眼科研究所、商丘市眼科医院、开封眼病医

院，这几所医院都是我尽力扶持或鼓励建立的，确实付出了很大努力，但我没有收取任何报酬及一点好处，只想为病人尽一份心。

新密市眼科医院，伊川县眼科医院，洛阳神州眼科医院以及郑州成立的三所民办眼科医院、一所眼耳鼻喉科医院，都曾邀请张教授担任最高职务，他坚持“三不”原则：不再担任名誉职务，不到医院上班，不要任何待遇。他说：“我只是尽我的力量，尽我所能，帮助鼓励各地建立眼科医院，这是发展河南省的眼科事业，有利于河南眼病病人的治疗。我帮助任何一所眼科医院，都是出于这样的愿望和期待。”在他的心目中，时时刻刻把国家的利益放在第一位，把病人的利益放在第一位。

张教授曾经说过：“很多人找我想成立一个张效房眼科医院，中国人、美国人都有，他们出钱，我当院长，我都谢绝了。我现在没有什么成就，就是做了一点工作，那也是医学院、医院培养的结果。我在这个医学院上学，毕业以后在这里工作，我感恩学校的培养、领导的关怀、同志们的帮助，所以我不能脱离医学院另外再搞个医院，我绝不离开培养我的医学院。我反复讲过这个话，在医院大会小会都说过，会上讲，公开讲，给领导们我也是这样讲。”

他不只关注河南省眼科事业的发展，全国各地无论哪个省市只要需要，他都会不遗余力地把知识和技术奉献给兄弟单位。

济南市中心医院是山东医科大学的一个教学医院，张教授无私帮助他们培养主治大夫专门学习眼内异物，帮助医院做手术，协助开展眼内异物摘出手术，还任鉴定委员会的主任委员，进行成果鉴定。为帮助山西医科大学第二附属医院开展人工晶体植入和玻璃体切除手术，张教授带着宋绣雯、陈国岭两位大夫去了两次，住了好多天，路费、住宿费都没让他们出。非亲非故，只要人家求援，就尽量帮助。他还帮助河北省邯郸市第三医院、湖北武汉空军医院开展人工晶体植入和玻璃体切除手术，还有江苏省无锡市第三医院等单位，纯粹是无私帮助，他什么也不图，什么报酬也不要。暨南大学附属深圳市眼科医院规模很大，曾经是国内所有眼科医院中设备最新、最全的，请张教授做高级技术顾问和客座教授，他去做过学术报告，查过病房，但首先声明不要任何待遇。张教授早年还帮助上海第二医学院的瑞金医院开展角膜移植手术。

八、创办《眼外伤职业眼病杂志》

《眼外伤职业眼病杂志》是张效房与杨敬文、楼苏生三位教授共同筹备创办的，在无人手、无经费、无处所、无纸张的情况下，于1979年创刊。张教授先请几位同事进行编辑及对外联系工作，又积极联络热心眼外伤事业的专家们，聘请30余位眼科学者作为杂志的编委，他们来自全国各地的学校、医院和大的研究机构。所有参与者都是义务制，无任何报酬或补助，不为名利，甘为人梯，无私奉献。张效房教授任主编30多年，力争把杂志办成广大眼科工作者施展才华、展现科研成果的平台，成为读者的良师益友，得到广大眼科学者及有识之士的爱护和支持。杂志的学术水平、编辑、印刷质量不断提高，从季刊改为双月刊，又改为月刊，逐步走上正轨，已连续三届被评为“中文核心期刊”。2010年被批准参加中华医学会系列，更名为《中华眼外伤职业眼病杂志》，是除《中华眼科杂志》外，我国最早出版的眼科原创性杂志。

月刊《中华眼外伤职业眼病杂志》已创刊37年，截至2015年12月，共连续出版37卷，316期，发表论文13654篇。由此可知张老付出了多少心血。目前张老仍任主编，编辑部有8位副主编，60余位编委，遍布全国各地；4位顾问、18位名誉编委，都是老一代眼外伤专家。编辑部办公室有正副主任各一位、编辑6位。

张教授对杂志有很深的情感，看稿子、改稿子已成为他生活的一部分，每年12期，每一期的主要文章都要仔细地阅读修改。除了修改文章的格式、字句、题目外，更大的工作量是要梳理文章的理论问题，每一位作者都有自己的意见、观点、认识，主编得把它梳理清楚。为了解作者的观点和想法，还要经常通过各种方式不断地与作者联系，与他们沟通交流，在知识技能、论文撰写方法技巧等方面提出诚恳建议，有时还要查阅中外文献，验证、补充作者的理论根据及学术观点。

九、著书立说，总结经验，造福后人

1951—2014 年，张效房教授在国内外专业期刊发表学术论文 252 篇，其中第一作者 205 篇。《角膜移植术》（《河南大学论文集》，1951 年）、《非穿通性角膜移植术》（《中华眼科》，1956 年）、《眼球内非磁性异物及其新的定位法——方格定位法》（《河南医学院学报》，1959 年）、《钩端螺旋体性葡萄膜炎 314 例分析》（《中华内科》，1964 年）、《眼内异物的超声诊断和定位》（《中华医学》，1964 年）、Three Thousand Cases of Intraocular Foreign Body Extraction（1983 年）、《玻璃体切除与眼内异物摘出联合手术》（《中华眼科》，1989 年）、《介绍一种小切口非超声乳化人工晶状体植入手术》（《眼外伤职业眼病杂志》，2000 年）、Experience of Large - scale Sight Restoration for Cataract Patients in Henan Province，China（2002 年）等论文曾产生巨大影响。

张效房教授出版专著 23 部，其中主编 7 部、主译 1 部。其中《眼内异物的定位与摘出》（第 1、2、3 版，1976、2001、2009 年）、《机械性眼外伤》（1987 年）、《新编临床眼科学》（1996 年）、《眼外伤学》（1997 年）、《眼科学》（高等医学院校本科教材，协编，第 1、2 版，1991、1996 年）、《眼科内镜手术学》（主译，2010 年）等获奖。

至今他仍笔耕不辍，为眼科事业奉献着夕阳余晖。现仅以《眼内异物的定位与摘出》为例，来了解张效房教授极其尊重知识和精益求精的敬业精神。

1972 年，人民卫生出版社的编审王兵来到河南医学院科研处约稿撰写一本眼内异物方面的书籍，领导把这个任务交给了张效房教授。书名初步定为《眼内异物的定位与摘出》，拟写好提纲后，院领导让他带着这个提纲到北京、天津、济南、南京、上海等地去征求眼科专家的意见。他到了 6 个城市，十几所医院，向二十多位专家征求意见，大家提出很多宝贵意见，对这本书给予很大希望，盼望早日出版。他每到一处都受到热情欢迎，并应邀作学术报告或眼内异物摘出手术。带着各位专家的殷切期盼回到郑州，他立即着手充实修改提纲。为尽快完成书稿，他循着提纲不分昼夜地写作，把几十年的心血倾注于笔端，化作一段段形象的文字。功夫不负有心人，他终于完成了《眼内异物的定位与摘出》这部20多万字的专著，书中的插图就有几百幅。

书稿是好，可其中的辛苦多多，一天突然停电了，一停就是两三个月，晚上他就在一盏小小电石灯的陪伴下奋笔疾书，昼夜不停，夜以继日。那时没有电脑，一字一句，一笔一画都是用手写出来的，金星钢笔就用坏两支，至今那厚厚一摞子书稿他都还保存着！

为查阅文献更费尽周折，那时没有电脑不能上网，必须到图书馆才能够查找，本院图书馆的相关资料他都查遍了，然后就到上海、北京查，北京图书馆也去查过。中国医学科学院图书馆的文献最全，图书馆每天开放，且有几天晚间也开放，他就上午去，午饭时不出来，下午去晚饭时不出来，吃点面包，喝点水，然后继续查资料。他查阅、收集了很多国家的文献，其中新出版的英国Duk－Elder的《眼科全书》（*A System of Ophthalmology*）第14卷是眼外伤，分上下两册，眼内异物是其中一部分，内容非常丰富。

张效房教授收集了200多篇文献，书上引用的文献有将近100篇，另外，他还当面或者写信请教了许多眼科专家。凡是为此书提供帮助的朋友，他都在书上标注显示出来，尽量不埋没人家的功劳。有些不同的意见也都写出来，写这本书他下了很大工夫。

《眼内异物的定位与摘出》1976年1月由人民卫生出版社出版，出版社要求高，审查严，一个字也不含糊。为校对书稿他前后去了5次人民卫生出版社，住在北京校对、修改、补充文字内容和图表，非常认真。一位编辑还亲自到郑州来了解情况，很负责任。拿到校样后，张教授就和季林纾大夫、朱淑蕙护士长3个人昼夜进行修改。她们很能干，工作非常细致，校对整个下午都在进行，晚上再从7点钟一直校对到12点。张教授上午看门诊，或查房，或手术，下午和晚上就跟她们一起校对修改，20多天后付印。因校对书稿付出了极大的努力，20几万字的一本书，出版后仅发现了一个错字。

人民卫生出版社的负责同志讲：这本书一定要写好、印好、出版好，因为要向国外发行，像东南亚这些有中国人的地方，很欢迎这一类的书。教科书国外也都有，不需要我们的，总结我们自己经验的书，对他们来说是新知识，很受欢迎，因他们没有这个经验。所以咱们要做好每一个工作环节。

此书出版之前就用作卫生部学习班的教材，一直沿用了5期。

科学出版社于2001年出版第二版，2009年1月出版第三版，每版张老都要组织人员重新修改、加工，充实增加新材料，校对时更是要连续奋战几昼夜，直至完成新书稿的校对工作。每版都比前一版的内容要充实得多。

近悉，人民卫生出版社计划“抢救式”出版我国著名老专家的专著。出版社几位领导专程到郑大一附院要求编写《张效房眼外伤学》一书，现已组成以张效房和杨培增为主委的编委会，积极进行组稿、撰写工作。预计全书200余万字，定于2019年出版，为张教授百岁寿辰献礼。目前抢救性专著眼科方面仅此一本。

十、国际交流，增进友谊，共同提高

1980—2008年，张教授先后10次到美国参加眼科学术会议、讲学、考察等。他访问过华盛顿特区、纽约、旧金山、洛杉矶、芝加哥、费城、波士顿、达拉斯等30多个城市，哈佛、斯坦福、霍普金斯、伊利诺、坦布尔、南加州等14所大学，威尔默眼科研究所、多海内眼科研究所、美国国家卫生研究所、视网膜研究所等7个研究所，还访问了旧金山的太平洋医学中心、麻省总医院、斯坦福医学中心、费城的维尔斯眼科医院等16所医院。

1980年，张效房教授应世界眼科基金会邀请参加在芝加哥召开的美国眼科学会年会，受到热情欢迎。会上，受大会主席摩曼尼的邀请，参观了著名的霍普金斯大学威尔默眼科研究所，它是美国乃至世界最好的眼科研究所，历史悠久，设备先进，水平很高，成绩斐然。谁要是到威尔莫研究所进修过，写在他的履历和名片上，就把身价提高了。摩曼尼所长是著名的青光眼专家，他的夫人是眼科遗传病专家，也在威尔默研究所工作。张教授参观了研究所、研究室、霍普金斯大学医学院的附属医院及图书馆。此次一个多月的美国之行，他访问了9个城市，与顶级眼科专家学者进行广泛的学术交流，在戴维斯加州大学做眼内异物的定位和摘出的学术报告；在其萨克罗门多医院会诊复杂的眼外伤病人；在阿肯色大学所在地的地区医院接受两家媒体记者采访，当天在本地电视台播出。还受到克林顿州长——后来的美国总统的接见，由世界眼科基金会主席罗伊教授陪同前往。

1987年、1998年两次到日本讲学，访问了东京、大阪、横滨、神户等9个城市，昭和大学、横滨大学等3所大学，2个研究所和4所医院。访问过亚洲的新加坡和菲律宾，参加亚太眼科学术会议并作报告。访问过欧洲的瑞士，参加国际眼科会议并作报告；还访问了非洲的阿尔及利亚，作为代表参加经贸和科学技术友好交流。此外，还顺访了德国、法国、西班牙、荷兰、比利时等国。张教授的足迹遍布国内外数百个城市、乡镇，但回族人的生活习惯他始终未变。

十一、设立医学学术基金，倾心奉献

1998年，因科学研究和医疗教学工作方面取得的突出成就，张效房教授被河南省政府评选为十大科技功臣。医药卫生方面仅他一人，省委副书记范钦臣为他颁发获奖证书及5万元奖金。他连家都没回，拿着5万元奖金直接交财务捐献出来，回家后，从他和爱人岳桂芳夫妻两个多年的积蓄中又拿出5万元捐献出来，这一次共捐出10万元。学校领导建议命名为张效房医学学术基金。

为了解除白内障病人的痛苦，他用10多万元买一台超声乳化机器，让基层医院大夫使用，不收任何费用，这也算是基金的一部分。不久就是老人80岁生日，很多单位也积极为基金捐助，又捐了十几万，基金达到30多万。

2008年到美国开会，会议之外又访问了美国最大的3个研究所和几所大学，很紧张，回来以后第二天就出现了脑血栓，做了手术，术后肢体的力量恢复得很好，没有留下后遗症。老人2000年1月80岁时曾做前列腺手术，2004年右肾切除，步入老年，肌体故障，大大小小的手术做了十几个，但他闯过一道道难关。接二连三的事件使他感悟到：我这么大年龄了，不定什么时候说不行就不行了，钱财是身外之物，生不带来，也带不走。于是将积蓄的100万捐出，基金本金达到了130多万元。

张老年老多病，需要救治，需要照顾，可他没有考虑为自己储存资金，以备急用，在他心里只有国家的眼科事业，只有病人。他只知奉献，不会索取。他请科里的一位老主任来做基金管理委员会的主席，订出制度：家属和亲戚不享有优先权，不能因为是捐献者家里的人就优先。

资助哪些方面呢？一是到国外留学，一是进行眼科医学学术研究，目前基本上是利用100多万的利息，利息不够时也可以动用本金。

钱从哪里来呢？一部分是退出河南宇宙人工晶状体研制公司时退的股金，除了偿还贷款外，剩下的全捐到基金会了；一部分是省吃俭用积蓄来的。张老这样回答："我不收红包，我不要药品回扣，至今没有收过一个红包，没有要过一分钱的药品回扣，以后我也不会。""我平常很简朴，不吃山珍海味，不吸烟，无饮酒、喝咖啡等嗜好。不穿什么高档衣服，买一双棉皮鞋30块钱，穿了8年多。有房子住，医院按照房改提供的房子很便宜。我的两个儿子一个女儿，他们生活条件都不错，我的孙子孙女、外孙女也都不错，有个孙女在医学院读书，上学也不需要我的钱，她有父母。所以我要钱没有用，应该捐出来。也不能说倾其所有吧，反正是我凑凑，够一百万。"

张老始终坚持清廉自守，对不正之风深恶痛绝。他说："如果让红包遮住了眼睛，心灵之窗有了灰尘，还能把手术做好吗?"他从不收红包、不拿回扣，还无私捐款建立"张效房医学学术基金"，用于发展眼科事业。张教授廉洁奉公、一身正气、两袖清风，是当之无愧、实至名归的医界楷模。

十二、慈心园丁，桃李芬芳

张效房教授特别爱护学生，越是爱护要求就越是严厉，严是爱，宽是害，没有严师，哪有高徒？他对学生严教严管。他坚持用英语同研究生交流，用英语给外国留学生授课，要求研究生用英语报告病例，用英语查房，练就过硬基本功，以便与世界交流。对于学生的不良习惯毫不客气，严肃批评。在张教授的严格教育下，大批后起之秀茁壮成长，在各自岗位上传承着恩师的医德、医术。他 1978 年开始带眼科硕士研究生，继而担任博士后导师，至今已培养研究生 60 余人，指导博士后 6 人，其中美国博士后 2 人。目前（2017 年）在这些学生中，有 16 位取得博士学位，5 位担任博士生导师，12 位在国外工作，6 位担任大学副校长、医院院长、副院长，3 位担任研究所所长，12 位担任科主任，郑州大学医学院眼科主任中就有 4 位是他的学生。他的学生遍布河南、重庆、广东、北京、浙江、上海、山东及美国、加拿大等国内外的许多城市，在不同工作岗位上，刻苦努力，奋发有为，成果斐然，贡献社会，报效国家。仅举几位代表作简单介绍。

杨培增，教授，博士生导师，长江学者，致力于葡萄膜炎的研究，创作《葡萄膜炎的诊断与治疗》《临床葡萄膜炎学》《葡萄膜炎》等巨著。通晓英、德、法、日、俄、西班牙等 12 种文字，常到欧洲、美国等地做研究工作。曾担任卫生部眼科实验室主任、中华医学会眼科分会免疫学组组长，中山大学眼科中心副主任、眼科医院副院长，重庆医科大学第一附属医院副院长及眼科主任等职，获全国医德楷模称号，曾任党的十八大代表。

雷博，教授，张教授的硕士研究生，在以色列获博士学位，在美国获博士后学位，曾任美国密歇根大学的眼科研究所所长，博士生导师。

郭海科博士，教授，广东省人民医院眼科主任，很有成就，已在全国各地做白内障超声乳化手术 20 万例，是全球眼科医生中白内障手术量最大的，是中国眼科的骄傲。一次在上海复旦大学的一家医院，90 分钟做了 18 台手术，包括手术之间的衔接时间，约 5 分钟一台。美国把他请到路易斯安那州的新奥尔良做手术表演，据悉中国大夫去美国表演手术的仅此一人。

王丽娅，教授，博士生导师，张教授指导的博士后。曾任河南省人民医院副院长，河南省眼科研究所所长，河南省眼科学会主任委员。

赵宏，主任医师，眼底病专家，张教授指导的博士后。现任郑州市中心医院副院长。具有高超的创业才能和领导才能，曾先后创立了两个市级眼科中心，现又主管郑州市规模最大的眼科——郑州市二院眼科及郑州市眼科医院。

张成，教授，在美国获博士、博士后学位，神经眼科学专家，曾在全美国最好的眼科研究所——威尔曼研究所工作，现在纽约大学任教。

施光普，博士，美国唯一的国家医学研究所（NIH）眼科研究所研究员。

张金嵩，教授，博士生导师，著名眼屈光学专家，眼外伤专家，撰著我国首部《眼屈光手术学》及《高度近视》。曾任河南省眼科医院副院长、河南省眼科学会主任委员及中华医学会眼科学会委员。曾到美国西部最好的研究所——南加州大学多海内研究所进修深造。

朱豫，博士，教授，博士生导师，著名眼眶病专家，曾任郑州大学一附院眼科副主任、教学科研处副处长，中华医学会眼科分会眼外伤眼成形眼眶病学组副组长。

李一丁，博士，硕士毕业后，在奥地利维也纳获博士学位，那里曾是世界眼科中心。后考取美国的医师执照，成为美国纽约的医生。

刘景梅，河南省残疾人联合会理事、康复部部长，河南省康复协会会长。长期从事白内障手术复明低视力康复工作，她以非凡的勇气和卓越的才能主导河南省的《视觉第一》工作，使之居全国领先地位，成就突出，业绩显著，曾获中央六部委及中残联、河南省多项奖励。与张教授合作撰写《中国河南省大范围白内障手术复明的体会》，在美国作报告。

雷方，博士，教授，曾任郑州大学第二附属医院院长，现任河南科技大学副校长。曾获河南省十大女杰、全国三八红旗手、全国助残先进个人等光荣称号，党的十八大代表，曾受胡锦涛总书记接见，2009 年在北京人民大会堂做报告。

吕炎，在加拿大从事视网膜血管研究，任研究室主任。

崔红平，博士，教授，眼外伤、青光眼专家，上海同济大学附属东方医院眼科主任。

还有陈彬川、吕勇、张凤妍、万光明、金学民、王文战、赵岩、穆红梅、盛迅伦、吴苗琴、罗小玲、陈刚等等，他们大多身为博士、博士后，教授、博导或主任医师，院长或主任，总之均是成就卓著的眼病专家，他们共同为自己冠名为“张效房教授的学生”，这一响亮的称号将伴随他们像老师一样，为眼科事业奋斗终生。学生还有很多很多，不再一一介绍。

张效房教授对待荣誉如是说：“从1945年我大学毕业算起，至今没有间断医疗、教学工作，坚持治疗病人，教过很多班级的课，不过我觉得这都是应该的，既然是一个教师，是一个医生，分内的事情就应该做，假如没有做，做得不好，做得不够那是失职，对这样的荣誉，我真是受之有愧。”

张效房教授曾获各种奖项30余项，其中科技成果奖12项。

1978年，荣获全国科学大会颁发的全国优秀科技成果奖。新中国成立以来眼科仅有两项成果获奖，一项即眼内异物摘出研究，另一项是20世纪50年代沙眼病原体发现。

1978年，荣获全国医药卫生科学大会显著成绩奖。

1978年，荣获六项河南省重大科技成果奖：眼内异物摘出、角膜移植的研究、钩端螺旋体性葡萄膜炎等。

1980年，视网膜裂定位荣获河南省优秀科技成果三等奖。

1981年，单疱病毒疫苗治疗荣获河南省重大科技成果二等奖。

1997年，《眼科学》荣获河南省新闻出版局河南省优秀图书一等奖。

1998年，《眼科学》荣获河南省科技进步一等奖（医疗卫生项目首次荣获此奖项）。

1998年，磁共振成像荣获河南省科技进步三等奖。

1998年，《眼外伤学》荣获中国图书奖评委会第十一届中国图书奖。

由于张效房教授对眼科医学的卓著贡献，曾荣获个人奖20余项：1978年荣获全国科学大会先进工作者（全国劳模）；1978年荣获全国医药卫生科学大会先进工作者奖；1978年荣获河南省先进科技工作者奖；1989年荣获河南省优秀科技工作者奖；1991年获国务院特殊津贴；1994年荣获国家科委国家科技成果完成者（眼内人工晶体）；1995年获中华医学会资深会员证书，他1947年参加中华医学会，是河南省医学各个学科中唯一荣获中华医学会资深会员证书的；1996年荣获美国眼外伤登记中心突出成就奖；

1997年荣获中国科协全国优秀科技工作者奖；1998年荣获河南省科技功臣（十大功臣之一）奖；2002年荣获中央六部委全国残疾康复工作先进个人；2004年荣获河南省扶残助残先进个人奖；2005年荣获中美眼科学会金苹果奖；2010年荣获中国医师协会眼科医师奖；2016年荣获全国十大最美医生称号；此外，还荣获郑州市劳模、眼外伤终身成就奖以及各级优秀党员、优秀教师、优秀研究生导师、职业道德模范等奖项。

张效房教授70余年一直勤勤恳恳地治病，为病人解除痛苦，孜孜不倦地答疑解惑，教书育人，虽已于1986年退居二线，1993年办退休手续，但他退而不休，如今已近百岁高龄，仍辛勤耕耘在医疗、教学和科研园地，仍继续担任《眼外伤职业眼病杂志》荣誉总编辑，扶持新人，竭力促进眼科事业的新发展。老骥伏枥，志在千里，他无以伦比的敬业精神令人敬佩。

现在他每周还上一次门诊，查一次病房，还给五年制，七年制的同学们上大班课，对于其中的外国留学生，全部用英文授课。还经常做一些整理文献、翻译资料的工作。

他深怀对母校及医院的感恩之情，退休二十几年来，受医院返聘，在本院工作，没有到外面任何医院去上班或做手术，别的医院请他去会诊，去看看病人，他也去，但从来不收会诊费。他担任社会兼职很多，但均不要报酬，不要待遇。至今他没有收过一个红包，没有要过一分钱的药品回扣。

他对医术精益求精，看病非常认真，所以病人很多，因每周只上一次门诊，病人就希望这一次能够解决问题，得到诊断，定出治疗方案。他理解病人的心情，不愿让病人失望，尽量让每个病人的病都得出结果，一次看好，让每一个病人都满意。有的病人提前好几天在这里等候，经张教授诊断后，感到非常满意，从内心发出由衷的感叹：这一趟来得值，等这三天也等得值！

张教授义务任《眼外伤职业眼病杂志》主编（总编辑）工作30多年，得到广大眼科医务工作者的拥护和爱戴，订阅者、投稿者都很多。退休后投入精力最多的还是这个杂志，每年12期的主要文章都要仔细阅读、修改。他一生最欣慰的是能为人诊病，能为青年医生修改论文。

他常说，给作者改文章是莫大的享受，作者收集文献资料，开展研究工作，统计病例，总结经验，费了很多工夫，我先睹为快，这是一个很好的学习机会。他还认为修改文章可以让人消减病痛，忘却烦恼，度过漫长的等待，好处真是太多了。有年张老在雪地里摔倒了，手腕部骨折打上石膏，疼得晚上睡不着觉，用药物等什么办法都不行，但当他全神贯注修改文章、深入思考时，就完全忘记了疼痛。在做前列腺摘除和肾脏摘除手术后，他都采用这个办法来止痛，确实非常管用。他到外地出差也带着文稿，等飞机或飞行时就阅读、修改文章，有时飞机晚点，待机时非常着急，可一看文稿就不着急了。

张老发奋求知，勤恳工作，坦然面对生死，视死如归。活一天，就学习一天，工作一天，奉献一天。摘选张老的几段话语，与众友共勉。

“这次获奖很惭愧，因为我只是做了一个医生该做的事情。不过，也是鼓励和鞭策，鼓励自己以后把工作做得更好。”

“患者说好的医生，才是好医生。”

“医生的天职是救死扶伤，只有具备高超的医术，才能更好地为患者除病驱痛。”

“我没有什么长寿秘诀，平常就是只想一个问题，就想把病人的眼睛治好，改进治疗方法、手术方法，给病人带来更好的疗效，病人好了，病人高兴了，我也就高兴了，其他小事情不放在心上。”

“我没有老想着我多大年龄了，我只是想着尽量地活下去，尽量地学习，尽我所能来工作。”

“活一天能工作一天，有事情做，这是很幸福的一件事。人生都有归宿，只不过早一点晚一点，一个人活在世上，就应该尽自己的能力，做出最大的贡献，这是对社会的责任。”

最后引用两位学生的感言来结束本文。张金嵩是张效房教授1978年带的第一届研究生，是研究生中“最大弟子”，他表示要牢记老师教导，像张老师那样：规规矩矩做人，勤勤恳恳做事，认认真真做好医生。他说：“老师还在坐诊，我能好意思闲着？”26岁的付淑颖是郑州大学眼科专业的研三学生，她说：“跟随张老师学习，受益匪浅，他就像一本百科全书。”“张老师轮流检查我们的英文病历，同时一点点帮我改论文。”谈及张老师，她最大的感受就是：勤恳、严谨、博学、多才。

感谢郑州师范学院的刘忠红、张瑛两位教授帮助整理编辑张老的传记资料！

感谢马跃伟、王谦、贾春琪等先生为我们提供的援助！

（原载于《伊斯兰文化研究》，2016 年 10 月，总第三十五期）

后　记

渴望已久的《河南回族——中原大地的优秀一员（文史资料选编)》即将出版问世。在此大家都兴奋喜悦之时，我们想再回顾一下书籍编辑的历程，记住各方给予的贡献，表达深挚的谢意，同时也不忘其中之辛苦及经验，将以后事情做得更好，因为这确实是在全省上下，包括多位领导和离退休干部、教师、学者、青年学生，回汉民族、多方众多人士共同努力，特别是在教育部人文社科重点研究基地河南大学黄河文明与可持续发展研究中心执行主任苗长虹教授强力帮助指导之下，由回族研究所所长艾少伟副教授参与主编，历经近四年之久最终完成的，其中之酸甜苦辣也是一笔宝贵的财富。

四年前，河南大学民族研究所前所长原思明教授提出了将开封市以外河南省其他地方回族文史资料再作一次收集汇编，和以“河南回族——中原大地的优秀一员”为其书名及内容基本框架的初步意见，并在获得大家同意支持后，开始了身边所收藏资料的打印及进一步资料搜集和电子版制作、全书编辑等协调、组织和主持工作。此书后来在编辑过程中得到教育部人文社科重点研究基地河南大学黄河文明与可持续发展研究中心执行主任苗长虹教授的热情支持。苗主任不仅想办法解决本套丛书的出版经费问题，而且安排其回族研究所所长艾少伟副教授直接参与主编工作。艾教授在主持编辑和出版工作过程中尽心尽力，不仅为本书编辑贡献文章资料，还带领研究生进行了资料收集及有关内容撰写工作，更提出了《民族地理丛书》计划并致力于推动学科的交叉融合，这使得纳入丛书的《河南回族》在意义价值上得以更加突显。

全书文稿的具体审阅、校对、修改、定稿等重要工作，主要是由河南省六位著名回族学专家担任副主编负责完成的。

陈廷良先生作为副主编之一，在年逾八旬的情况下，不仅参与完成了本书第一册“历史篇”书稿的一次又一次审阅、校对、修改工作，而且亲自撰写了其中多篇重要的文章，并为全书的资料收集和编辑提供了许多宝贵的意见。

宛磊教授虽因多方面客观原因未更早参与本书副主编工作，但其从本书编辑开始就提交了多篇自己撰写的好文章，并为本书资料收集做出了宝贵贡献，后期在陈廷良老师身体不适遇到困难时，又停止手中工作，利用一切可能时间，完成了本书“历史篇”内容的最终审阅、校对、修改和定稿工作。

本书第二册“经济篇、文化篇”内容是由沙旭升和郭宝光两位著名回族学专家分别具体负责完成其多次文稿审阅、校对、修改和定稿任务的。另外，作为较早参与本书编辑的两位副主编，对本书的整体编辑、资料收集，包括各方联络、关系协调、文字打印等工作，二位老师也都做出了突出的贡献。

第三册“宗教篇、人物篇”分别由李传明和古凤英二位老师负责完成全部内容的审阅、校对、修改、定稿工作。另外，作为本书副主编，二位也为全书的资料收集、文字打印和编辑做了许多贡献。古凤英老师主编的《伊斯兰文化研究》刊物，还成为了此次《河南回族》一书选取资料最多的一个资料来源。

由于此次负责编辑工作的同志多数年龄都较大，电脑技术有限，电子版制作任务繁重，对此，郑州工业应用技术学院副教授贾灵充（汉族）及其学生杨帆、李韦燕、冯秋霞、马露文、许亮及黄河科技学院教师、现中央民族大学在读博士生代高峰（汉族），河南师范大学历史文化学院教授买文兰（回族）、王守谦教授（汉族）及学生孙伟、魏星、霍震宇，开封市东大清真寺杨子龙、胡玉凤、王壮，河南大学黄河文明可持续发展研究中心研究生牛莉、吕一村，中央民族大学博士生张一靓，贵州民族大学硕士研究生柳松等也为本书编辑做出了宝贵的贡献。

另外，河南省人大前副主任铁代生、河南省民委前副主任李尊杰、现任副主任黄旭东都对本书编辑给予了热情鼓励和支持，河南省社科院研究员、全国著名回族学者水镜君，中国回族学会副会长、河南省伊斯兰教协会副会长、河南省社科院研究员潘世杰、郑州大学退休教师马光援、《河南穆斯林》刊物编辑刘新建、郑州轻工业学院民族职业学院教师王瑶、开封市民族事务委员会张杰等也为本书的资料收集和文字打印，做出了宝贵贡献，河南大学民族研究所前硕士研究生、现兰州大学博士研究生陈亮，则不仅为本书前期资料收集做了大量工作，而且还承担了本书第一册“历史篇”的主要文字打印工作。

没有上述各方面同志的贡献，就难有今日事业之成功。除此之外，我们还要特别感谢全国著名散杂居民族问题研究专家、中国回族学会副会长、中南民族大学研究生院前院长、博士生导师许宪隆教授和宁夏大学副校长、回族研究院院长、中国回族学会副会长、博士生导师马宗保教授，二位百忙之中不仅都对本书的编辑给予了特别热情鼓励指导，而且许教授还为本书撰写了序言。当然此书收录文章资料的所有作者及民族出版社编辑部的李志荣老师等也是我们应深表感谢的，因为没有他们的辛劳、支持和科学指导，怎能有我们今日的成功。

另外，资料收集、整理、编辑等工作有很多是在业余时间由离退休人员完成的，人员缺乏，物力、财力、精力条件有限，在此过程中遇到的困难和辛苦是可以想见的，但也正是在此条件下认真、持续的努力，才最终获得了成功，这也是我们一个重要收获。

当然，由于我们自身能力水平有限和所收集文章资料来源不一，许多非正式出版刊物质量水平参差不齐，一定存在这样那样不足和缺陷，对此恳请各位领导专家不吝赐教，使以后工作做得更好。

原思明

2017 年 12 月 1 日